Dever de Gestão dos Administradores
de Sociedades Anónimas

# Dever de Gestão dos Administradores de Sociedades Anónimas

2018 · Reimpressão

Pedro Caetano Nunes

**DEVER DE GESTÃO
DOS ADMINISTRADORES
DE SOCIEDADES ANÓNIMAS**

AUTOR
Pedro Caetano Nunes

EDITOR
EDIÇÕES ALMEDINA, S.A.
Rua Fernandes Tomás, nºs 76-80
3000-167 Coimbra
Tel.: 239 851 904 · Fax: 239 851 901
www.almedina.net · editora@almedina.net

DESIGN DE CAPA
FBA.

PRÉ-IMPRESSÃO
EDIÇÕES ALMEDINA, S.A.

IMPRESSÃO E ACABAMENTO
DPS – DIGITAL PRINTING SERVICES, LDA
Abril, 2018

DEPÓSITO LEGAL
342630/12

Apesar do cuidado e rigor colocados na elaboração da presente obra, devem os diplomas legais dela constantes ser sempre objecto de confirmação com as publicações oficiais.

Toda a reprodução desta obra, por fotocópia ou outro qualquer processo, sem prévia autorização escrita do Editor, é ilícita e passível de procedimento judicial contra o infrator.

BIBLIOTECA NACIONAL DE PORTUGAL – CATALOGAÇÃO NA PUBLICAÇÃO

NUNES, Pedro Caetano

Dever de gestão dos administradores de sociedades anónimas. – (Teses de doutoramento)
ISBN 978-972-40-4752-2

CDU    347

O texto que se publica corresponde à dissertação de doutoramento apresentada na Faculdade de Direito da Universidade Nova de Lisboa, em Fevereiro de 2011, e discutida, em Novembro, perante um júri constituído pelos Professores Doutores Pedro Pais de Vasconcelos, Jorge Manuel Coutinho de Abreu, José Augusto Engrácia Antunes, Manuel Carneiro da Frada, Carlos Ferreira de Almeida, Rui Pinto Duarte e Vítor Pereira das Neves.

Renovo os agradecimentos aos membros do júri.

Agradeço à *Ruprecht-Karls-Universität Heidelberg* e ao seu *Institut für deutsches und europäisches Gesellschafts- und Wirtschaftsrecht,* na pessoa dos Professores Doutores Christian Baldus, Peter-Christian Müller-Graff e Werner F. Ebke, e à *Università Cattolica del Sacro Cuore,* em Milão, na pessoa do Professor Doutor Giuseppe B. Portale, o apoio que me concederam.

Uma palavra especial de agradecimento é devida ao Professor Doutor Rui Pinto Duarte, que assumiu o encargo da orientação da elaboração da dissertação. Não apenas pela inexcedível disponibilidade e pelo sábio aconselhamento manifestados nessa orientação. Também pela sua presença ao longo de vários anos, que tanto tem marcado a minha evolução como jurista.

Dedico este escrito à Sofia, aos meus filhos, aos meus pais e ao meu avô paterno.

# Abreviaturas

| | |
|---|---|
| AcP | *Archiv für die civilistische Praxis* |
| ADHGB | Allgemeine Deutsche Handelsgesetzbuch |
| AG | *Die Aktiengesellschaft* |
| AktG | Aktiengesetz |
| AöP | *Archiv des öffentlichen Rechts* |
| BB | *Betriebs-Berater* |
| BFDUC | *Boletim da Faculdade de Direito da Universidade de Coimbra* |
| BfuP | *Betriebswirtschaftliche Forschung und Praxis* |
| BGB | Bürgerliches Gesetzbuch |
| BGHZ | *Entscheidungen des Bundesgerichtshofes in Zivilsachen* |
| BMJ | *Boletim do Ministério da Justiça* |
| CadMVM | *Cadernos do Mercado de Valores Mobiliários* |
| CalLRev | *California Law Review* |
| CAPM | Capital Asset Pricing Model |
| CC | Código Civil |
| CJ | *Colectânea de Jurisprudência* |
| CSC | Código das Sociedades Comerciais |
| DB | *Der Betrieb* |
| DCF | discounted cash flow |
| DCGK | Deutscher Corporate Governance Kodex |
| DSR | *Direito das Sociedades em Revista* |
| DStR | *Deutsches Steuerrecht* |
| ECFR | *European Company and Financial Law Review* |
| GC | *Giurisprudenza Commerciale* |
| GG | Grundgesetz |
| GmbHR | *GmbH Rundschau* |
| GoU | Grundsätze ordnungsmäßiger Unternehmensführung |
| HGB | Handelsgesetzbuch |
| JCorpL | *Journal of Corporate Law* |

| | |
|---|---|
| JhJb | *Jherings Jahrbücher für die Dogmatik des heutigen römischen und deutschen Privatrechts* |
| JuS | *Juristische Schulung* |
| JZ | *Juristenzeitung* |
| KonTraG | Gesetz zur Kontrolle und Transparenz im Unternehmensbereich |
| KWG | Kreditwesengesetz |
| LQR | *The Law Quarterly Review* |
| MdLRev | *Maryland Law Review* |
| MdR | *Monatschrift für deutsches Recht* |
| MitbestG | Gesetz über Mitbestimmung der Arbeitnehmer |
| MoMiG | GesetzzurModernisierungdesGmbH-RechtsundzurBekämpfung von Missbräuchen |
| NJW | *Neue Juristische Wochenschrift* |
| NYULRev | *New York University Law Review* |
| NwULRev | *Northwestern University Law Review* |
| NZG | *Neue Zeitschrift für Gesellschaftsrecht* |
| RabelsZ | *Zeitschrift für ausländisches und internationales Privatrecht* |
| RDComm | *Rivista del Diritto Commerciale* |
| RDE | *Revista de Direito e Economia* |
| RDES | *Revista de Direito e de Estudos Sociais* |
| RdS | *Revista de Derecho de Sociedades* |
| RDS | *Revista de Direito das Sociedades* |
| RFDUL | *Revista da Faculdade de Direito da Universidade de Lisboa* |
| RFDUP | *Revista da Faculdade de Direito da Universidade do Porto* |
| Riv.Dir. Impr. | *Rivista di Diritto dell`Impresa* |
| RLJ | *Revista de Legislação e Jurisprudência* |
| ROA | *Revista da Ordem dos Advogados* |
| RS | *Rivista delle Società* |
| RT | *Ratio Juris* |
| TransPuG | Gesetz zur weiteren Reform des Aktien- und Bilanzrechts, zu Transparenz und Püblizität |
| UMAG | Gesetz zur Unternehmensintegrität und Modernisierung des Anfechtungsrechts |
| VnLR | *Vanderbilt Law Review* |
| WACC | Weighted Average Cost of Capital |
| WM | *Wertpapiermitteilungen* |
| ZGR | *Zeitschrift für Unternehmens- und Gesellschaftsrecht* |
| ZHR | *Zeitschrift für das gesamte Handelsrecht und Wirtschaftsrecht* |
| ZIP | *Zeitschrift für Wirtschaftsrecht* |
| ZRP | *Zeitschrift für Rechtspolitik* |

# 1. Introdução

A má gestão dos administradores de sociedades anónimas constitui incumprimento de um dever? Quais os limites de sindicabilidade judicial da gestão dos administradores de sociedades anónimas?

Proponho-me realizar um estudo sobre o dever de gestão dos administradores de sociedades anónimas.

Para o efeito, começarei por analisar a constituição da situação jurídica de administração. De seguida, traçarei um panorama dos poderes jurídicos dos administradores. Para, por último, entrar na análise dos deveres jurídicos dos administradores, aprofundando a descrição do dever de gestão e contrapondo-o face ao dever de lealdade.

A análise do negócio jurídico constitutivo da situação jurídica de administração força-me a debater três grandes temas: a natureza da deliberação; a teoria da separação entre a procuração e o mandato; e certas conceções organicistas. Estes temas, por seu turno, convocam alguns aspetos da teoria do negócio jurídico e da teoria das normas jurídicas. Analisarei o problema da pluralidade de pessoas na estrutura do negócio jurídico, distinguindo as declarações negociais singulares, as declarações negociais conjuntas e as declarações negociais deliberativas. Descreverei as normas de conduta, com base em raciocínios de lógica deôntica, apontando para a incompatibilidade lógica entre a permissão bilateral e a obrigação ou a proibição. Farei referência à contraposição entre normas de conduta e normas de poder, autonomizando a figura do poder jurídico da figura do direito subjetivo. As considerações que tecerei sobre estas questões mais profundas ressurgirão ao longo de todo o estudo, marcando a compreensão dos poderes jurídicos e dos deveres jurídicos dos administradores.

DEVER DE GESTÃO DOS ADMINISTRADORES DE SOCIEDADES ANÓNIMAS

Ciente de que a informação que transmito pode ser mais valiosa do que as opiniões que sustento, esforçar-me-ei, nos capítulos sobre poderes jurídicos e deveres jurídicos dos administradores, por descrever, com um mínimo de objetividade, alguns dos regimes estrangeiros mais relevantes e as posições adotadas pela doutrina nacional. Só posteriormente expressarei a minha opinião sobre as diversas matérias.

Não procederei a uma descrição das diversas manifestações do dever de lealdade dos administradores, limitando-me a tecer algumas considerações genéricas, de forma a operar uma contraposição face ao dever de gestão. Acrescento que tal contraposição reclamará uma referência à figura dos negócios jurídicos fiduciários em sentido amplo.

Não analisarei a configuração dos deveres dos administradores de sociedades em relação de grupo.

Não procederei igualmente à delimitação dos deveres dos administradores em situações de proximidade da insolvência.

Como resulta do título, não abordarei a situação passiva dos administradores de outros tipos de sociedades comerciais.

Não desenvolverei o tema das consequências jurídicas da violação do dever de gestão e os seus problemas de distribuição do ónus de prova.

# 2. Constituição da situação jurídica de administração

Neste capítulo procederei à análise do negócio jurídico constitutivo da situação jurídica de administração.

Descreverei, de forma panorâmica, as diversas conceções em confronto. Começarei por dar conta da perspetiva de recondução da administração ao mandato, que inspirou os códigos comerciais oitocentistas. Darei nota da teoria da separação entre a procuração e mandato e de certas conceções organicistas, que estiveram na base da rejeição da perspetiva de recondução da administração ao mandato. Nesta sequência, descreverei a teoria analítica (ou dualista) germânica. Farei um aceno ao debate doutrinário italiano sobre a matéria.

De seguida, de forma menos sucinta, descreverei as posições adotadas pela doutrina nacional, para então explanar as minhas opiniões sobre a matéria.

Para justificar a adoção de uma conceção contratual, começarei por apontar para o valor jurídico do ato de aceitação da designação.

De seguida, procederei a uma discussão mais ampla sobre três grandes temas que podem dificultar a recondução da designação e da aceitação à figura do contrato: a natureza da deliberação; a teoria da separação entre a procuração e o mandato; e certas conceções organicistas. Realço que estes temas têm alguns pontos de intersecção, forçando algumas referências cruzadas.

Num momento posterior, rebaterei alguns outros argumentos contrários à conceção contratual da situação jurídica de administração.

Por último, equacionarei, de forma sumária, se o contrato de administração constitui um tipo contratual autónomo, aflorando a questão do seu lugar na paleta dos tipos contratuais.

## 2.1. Panorama das teorias explicativas

A natureza da situação jurídica entre a sociedade e o administrador é controversa. Existem diversas teorias explicativas, que foram sendo sustentadas ao longo dos tempos. Algumas – as teorias contratuais – consideram que os atos de designação e de aceitação formam um contrato. Outras – as teorias unilaterais – concebem a designação dos administradores como um ato ou negócio jurídico unilateral. Particular destaque merece a teoria analítica (ou dualista) germânica, que concebe a existência simultânea de um ato unilateral, que gera uma relação orgânica, e de um contrato, que gera uma relação obrigacional.

Farei uma referência sumária aos principais pontos de reflexão sobre a matéria[1], com enfoque nos argumentos contra a natureza contratual da relação de administração, para mais tarde os tentar rebater.

### 2.1.1. Mandato

A situação jurídica de administração começou por ser reconduzida ao mandato. O art. 31 do *Code de Commerce* francês de 1807 dispunha que a sociedade anónima *"est administrée par des mandataires à temps, révocables, associés ou non associés, salariés ou gratuits"*. O artigo seguinte determinava que *"les administrateurs ne sont responsables que de l`exécution du mandat qu`ils ont reçu"*.

No espaço germânico surgiram igualmente referências legais ao mandato, nomeadamente na Lei Prussiana sobre Caminhos-de-Ferro de 1838 e na Lei Prussiana sobre Sociedades por Ações de 1843.

Em Portugal, a recondução ao mandato teve apoio legal no Código Comercial de 1833 (Código Ferreira Borges), que, no seu § 538, sob inspiração do referido *Code de Commerce*[2], referia que as companhias, que estão na origem das atuais sociedades anónimas, são administradas *"por mandatarios temporarios, revogáveis, accionistas ou não accionistas, assalariados ou gratuitos"*. Por sua vez, o § 542 estabelecia que *"os mandatarios administradores d`uma companhia só respondem pela execução do mandato recebido e acceito"*.

A Lei de 22 de Junho de 1867 estabeleceu, no seu art. 13, que *"as sociedades anonymas são administradas por mandatarios temporários, revogáveis, retribuídos ou gratuitos, escolhidos d`entre os associados"*. O artigo seguinte reforçava a afirmação da livre destituibilidade dos administradores. O art. 16 referia que *"os mandata-*

---

[1] A exposição será bastante sintética, em extensão e em diversidade, dado que não se trata do tema central da investigação. De resto, existem exposições extensas sobre o tema na doutrina portuguesa, nomeadamente Cordeiro, António Menezes, *Da responsabilidade...*, pp. 335-359, e Correia, Luís Brito, *Os administradores...*, pp. 293-786. Na doutrina estrangeira destacaria Baums, Theodor, *Der Geschäftsleitervertrag*, pp. 1-32, e Allegri, Vincenzo, *Contributo...*, pp. 1-66.

[2] Borges, José Ferreira, *Jurisprudencia...*, p. 36, em nota.

*rios das sociedades anonymas só respondem pela execução do mandato conferido e aceito"*, esclarecendo que *"são porem pessoal e solidariamente responsaveis, conforme as regras de direito comum, para com a sociedade e para com terceiros, pela falta de execução do seu mandato, violação dos estatutos e preceitos d'esta lei"*. Por sua vez, o art. 18 estabelecia que *"os mandatarios de qualquer sociedade anonyma não podem fazer por conta da sociedade operações alheias ao seu objecto ou fim, sendo os factos contrarios a este preceito considerados violação expressa de mandato"*.

O Código Comercial de 1888 (Código Veiga Beirão), no seu art. 172, referia-se à eleição dos diretores por certo período de tempo e consagrava a regra da revogabilidade do *"mandato"*. Por sua vez, o art. 173 estabelecia a responsabilidade pessoal e solidária dos diretores, perante a sociedade e perante terceiros, *"pela inexecução do mandato e pela violação dos estatutos e preceitos da lei"*. O mesmo preceito isentaria de responsabilidade os diretores *"que não tiverem tomado parte na respectiva resolução, ou tiverem protestado contra as deliberações da maioria"*. O art. 173 reproduzia ainda o teor do art. 18 da Lei de 22 de Junho de 1867.

Tendo a experiência das grandes companhias coloniais sido caracterizada, sobretudo no espaço continental, pela intervenção política, pelo carácter publicista e pela concentração de poder na administração, a conceção dos administradores como mandatários favorecia uma maior atribuição de poder aos sócios.

### 2.1.2. Teoria germânica da separação entre procuração e mandato

O surgimento do Código Comercial Alemão (*Allgemeine Deutsche Handelsgesetzbuch* – ADHGB) de 1861 foi acompanhado pelo advento da teoria germânica da separação entre procuração e mandato. Como será desenvolvido *infra*, um amplo movimento doutrinário, marcado pela pena de *Paul Laband*, sustentou que o poder de representação não decorria do mandato, mas sim de um negócio jurídico autónomo – a procuração.

O desenvolvimento doutrinário da teoria da separação entre procuração e mandato determinou que a procuração fosse maioritariamente perspetivada como um negócio jurídico unilateral.

Por força da teoria germânica da separação entre procuração e mandato haveria que distinguir a procuração, enquanto negócio jurídico unilateral que institui o poder de representação, do contrato gestório (frequentemente, um contrato de mandato), enquanto negócio jurídico bilateral, no âmbito do qual é estipulado o dever (ou a permissão) de atuação em nome do representado.

O paralelo com a teoria da separação entre procuração e mandato apontava para a perceção da nomeação do administrador como um negócio jurídico unilateral e dificultava a recondução da situação jurídica de administração ao mandato.

DEVER DE GESTÃO DOS ADMINISTRADORES DE SOCIEDADES ANÓNIMAS

No entanto, a plena importação da distinção entre procuração e mandato para a relação jurídica de administração afigurava-se discutível, dada a dificuldade de separação entre os poderes e os inerentes deveres do administrador. A nomeação acarretará não apenas o poder de representação, mas igualmente os correspondentes deveres orgânicos[3.]

### 2.1.3. Conceções organicistas

Com o organicismo de *Otto von Gierke*, a pessoa coletiva foi perspetivada como um organismo social, composto de órgãos. A designação de pessoas para preencher esses órgãos seria um ato respeitante à conformação do organismo social[4]. A nomeação foi concebida como um ato interno, de natureza corporacional. A recondução ao contrato foi afastada. A conceção da sociedade como realidade social não se coadunava com a perspetiva dos administradores como mandatários dos sócios.

*Otto von Gierke* realiza uma distinção, pressuposta na afirmação do carácter interno da nomeação, entre o ordenamento jurídico em geral (*Individualrecht*) e um ordenamento específico da pessoa coletiva (*Sozialrecht*)[5]. A conformação do organismo social não seria regulada pela lei geral, mas sim por um regime jurídico corporativo.

Numa formulação do organicismo, o órgão é identificado com a pessoa designada. Numa outra formulação do organicismo seria realizada uma distinção entre órgão e titular do órgão[6]. Por vezes refere-se que a primeira perspe-

---

[3] Baums, Theodor, *Der Geschäftsleitervertrag*, pp. 11-12, 27-28 e 41-50, Hefermehl, Wolfgang e Spindler, Gerald, "Münchener...", 2ª ed., § 84 AktG, Rn. 7, e Thüsing, Gregor, "Bestellung...", p. 100. Na perspetiva de *Theodor Baums*, o poder de representação do administrador não surge logo com a nomeação, mas só após a aceitação, o que constitui novo obstáculo à importação da distinção entre procuração e mandato para a relação jurídica de administração. *Vide* ainda Reuter, Dieter, "Bestellung..." pp. 488-501, que considera não poder ser configurada a existência de um contrato gestório, em paralelo à nomeação, na medida em que a nomeação gera não apenas o poder de representação, mas também os deveres orgânicos.
Para alguma doutrina germânica menos recente, a necessidade de aceitação da nomeação para o surgimento dos deveres orgânicos constituía precisamente o argumento central para a recondução da nomeação e da sua aceitação à figura do contrato (contrato de nomeação, *Bestellungsvertrag*) – Godin, Reinhard Freiherr von e Wilhelmi, Hans, *Aktiengesetz*, 2ª ed., p. 318. Também Weipert, O., "Aktiengesetz", § 84, Anm. 3.
[4] Gierke, Otto von, *Die Genossenschaftstheorie...*, pp. 673-674 e 714-716.
[5] Gierke, Otto von, *Die Genossenschaftstheorie...*, pp. 155-168, e Gierke, Otto von, *Deutsches Privatrecht*, I, pp. 26-27.
[6] Na distinção entre órgão e titular de órgão merece destaque Wolff, Hans Julius, *Organschaft...*, II, pp. 224-252. O próprio *Otto von Gierke* parece distinguir órgão e titular do órgão, quando aborda a matéria da constituição do órgão (Gierke, Otto von, *Die Genossenschaftstheorie...*, pp. 673-685),

## CONSTITUIÇÃO DA SITUAÇÃO JURÍDICA DE ADMINISTRAÇÃO

tiva de identificação do órgão com a pessoa designada exclui, por falta de alteridade, a existência de uma relação jurídica entre o administrador e a sociedade[7]. Em todo o caso, mesmo para os adeptos da segunda perspetiva, a designação é sempre considerada um ato unilateral, de natureza orgânica ou corporacional, relativo à conformação do organismo social.

O desenvolvimento do organicismo gierkiano, marcado pela pena de *Hans Julius Wolff*, conduziu a um conceito institucional de órgão, como centro de imputação subjetiva dos efeitos de normas jurídicas (normas jurídicas de competência), distinto da pessoa ou das pessoas físicas em jogo – os titulares do órgão.

A construção dogmática publicística que contrapunha cargo e titular do cargo – contraposição equivalente à contraposição entre órgão a titular de órgão – constituía um paralelo que apontava para a negação das conceções contratuais sobre a relação jurídica de administração.

O paralelo com conceitos publicísticos, como argumento para a negação das conceções contratuais sobre a relação jurídica de administração, ocorria igualmente com o conceito de ato administrativo de nomeação[8]. Na dogmática do ato administrativo carecido de colaboração, a figura da aceitação da nomeação para o cargo não é comummente perspetivada como um obstáculo ao carácter unilateral do ato administrativo, na medida em que não é concebida como uma declaração de aceitação de uma proposta contratual, mas sim como mera condição de eficácia do ato unilateral de nomeação. Aqui, o paralelo com os conceitos publicísticos favorece a conceção da aceitação da designação como mera condição de eficácia do ato unilateral de designação[9].

---

pese embora rejeite tal distinção quando discute a definição de órgão e a sua atuação (Gierke, Otto von, *Die Genossenschaftstheorie...*, pp. 624-625). Realçando também que ambas as formulações – identificação entre órgão e pessoa designada e distinção entre órgão e titular do órgão – podem ser encontradas nos textos do próprio *Otto von Gierke*, Baums, Theodor, *Der Geschäftsleitervertrag*, p. 25, n. 8. Imputando ao próprio *Otto von Gierke* a distinção entre órgão e titular do órgão, Schmidt, Karsten, *Gesellschaftsrecht*, 4ª ed., p. 415, n. 45.

[7] Frè, Giancarlo, *L'organo...*, pp. 9-10.

[8] *Vide* Mayer, Otto, *Deutsches Verwaltungsrecht*, 3ª ed., pp. 374-376.

[9] Em minha opinião, este paralelo terá perdido grande parte da sua relevância, à medida que foi sendo aceite e desenvolvida a categoria dos contratos administrativos. Penso, aliás, que a distinção entre negócio jurídico unilateral e contrato e entre ato administrativo e contrato administrativo tende a ser um problema comum, a reclamar as mesmas ferramentas analíticas. Para uma comparação entre o ato administrativo e o negócio jurídico unilateral, Silva, Vasco Pereira da, *Em busca...*, pp. 556-561, e Almeida, Mário Aroso de, *Anulação...*, pp. 91-92.

## 2.1.4. Teoria analítica germânica

O referido Código Comercial Alemão de 1861 (ADHGB) estabeleceu, no seu art. 227 III, a regra da livre destituibilidade dos administradores das sociedades por ações, sem prejuízo das pretensões indemnizatórias decorrentes dos contratos existentes[10].

Este regime de coexistência da possibilidade de livre destituição do administrador com uma pretensão indemnizatória do administrador destituído determinou uma evolução jurisprudencial, que culminaria na distinção entre duas relações jurídicas, fundadas em atos constitutivos diferentes: uma relação orgânica, decorrente da nomeação (*Bestellung*), no âmbito da qual operaria a regra da livre destituibilidade do administrador; uma relação de emprego, decorrente de um contrato (*Anstellungsvertrag*), que fundamentaria as pretensões indemnizatórias do administrador, em caso de falta de fundamento bastante para a sua extinção.

Surgiria, assim, como produto de uma lenta evolução jurisprudencial, a denominada teoria analítica germânica, que, com algum desfasamento temporal, acabaria por ser acolhida pela maioria da doutrina germânica[11].

Com a Lei das Sociedades por Ações (*Aktiengesetz* – AktG) de 1937, o legislador passou a referir-se expressamente, no seu § 75 (atual § 84), à revogação da nomeação (*Widerruf der Bestellung*), por um lado, e às pretensões resultantes do contrato de emprego (*Ansprüche aus dem Anstellungsvertrag*), por outro.

Procedendo a uma descrição mais pormenorizada da teoria analítica germânica, realço, em primeiro lugar, que esta teoria implica uma distinção de atos constitutivos. Importa considerar, por um lado, a nomeação, cuja eficácia depende de aceitação[12], e, por outro, o contrato de emprego.

---

[10] *"Ihre Bestellung ist zu jeder Zeit widerruflich, unbeschadet der Entschädigungsansprüche aus bestehenden Verträgen."*. *Vide* Auerbach, W, *Das Gesellschaftswesen...*, p. 386.

[11] Na evolução doutrinária é frequentemente destacado Molitor, Erich, "Die Bestellung...", nomeadamente pp. 46-53. Mas a distinção entre o ato social da nomeação e o contrato individual de emprego tem origens mais remotas. Por exemplo, Fischer, Rudolf, "Handbuch...", pp. 213, 216 e 220. Em tom crítico, realço que *Erich Molitor* considerava que o dever de diligência, então previsto no § 241 HGB, não tinha origem negocial, sendo antes equivalente ao dever de um gestor de negócios sem mandato

[12] Apesar da ausência de uma indicação legal expressa nesse sentido, é comum a exigência de uma declaração de aceitação da nomeação. *Vide* nomeadamente Tuhr, Andreas von, *Der Allgemeine Teil...*, I, p. 521 (este Autor apenas exige a aceitação para a génese dos deveres do administrador, não para a génese do poder de representação), Meyer-Landrut, Joachim, "Großkommentar...", 3ª ed., § 84, Anm. 1, Schilling, Wolfgang, "Großkommentar...", 3ª ed., § 93, Anm. 3, Flume, Werner, *Allgemeiner Teil...*, I, 2, p. 344, Mertens, Hans-Joachim, "Kölner...", 2ª ed., § 84, Rn. 3, Mertens, Hans--Joachim, "Kölner...", 2ª ed., § 85, Rn. 12, Mertens, Hans-Joachim e Cahn, Andreas, "Kölner...", 3ª ed.,

CONSTITUIÇÃO DA SITUAÇÃO JURÍDICA DE ADMINISTRAÇÃO

Nas sociedades por ações, a nomeação consiste, por regra, numa deliberação (*Bestellungsbeschluss*), que é da competência do conselho de supervisão. A exigência de aceitação implica alguma interação comunicativa com o nomeado. Todavia, a qualificação da deliberação como declaração negocial é rejeitada. Daí que alguma doutrina conceba a existência de uma declaração negocial de nomeação (*Bestellungserklärung*), posterior à deliberação, em execução da deliberação e com carácter recipiendo[13]. Nas sociedades por ações, tal declaração negocial de nomeação será vulgarmente realizada pelo presidente do conselho de supervisão.

Ainda assim, a maioria da doutrina germânica considera a nomeação um negócio jurídico unilateral de natureza corporacional ou orgânica[14]. Neste contexto, a aceitação da nomeação é, por vezes, concebida como um negócio jurídico acessório[15], constituindo mera condição de eficácia da nomeação[16].

Em todo o caso, importa ressalvar que alguns defensores da teoria analítica germânica tendem a aproximar a nomeação e a sua aceitação à figura do contrato. *Uwe Hüffer* considera que a declaração negocial de nomeação e a aceitação constituem dois negócios jurídicos unilaterais relacionados entre si[17]. *Walther Hadding* sustenta que a declaração negocial de nomeação e a aceitação formam um negócio jurídico análogo ao contrato, defendendo a aplicação, pelo menos analógica, do regime jurídico do contrato[18].

O contrato de emprego é celebrado normalmente através de declarações negociais conjuntas, pelo nomeado (ou pelo futuro nomeado) e por membros

§ 84, Rn. 2, Schmidt, Karsten, *Gesellschaftsrecht*, 4ª ed., p. 416, e Thüsing, Gregor, "Bestellung...", pp. 102, 111, 113 e 118.

[13] Baums, Theodor, *Der Geschäftsleitervertrag*, pp. 78-79, Flume, Werner, *Allgemeiner Teil...*, I, 2, p. 344, Mertens, Hans-Joachim, "Kölner...", 2ª ed., § 84, Rn. 3, Mertens, Hans-Joachim e Cahn, Andreas, "Kölner...", 3ª ed., § 84, Rn. 2, Schmidt, Karsten, *Gesellschaftsrecht*, 4ª ed., pp. 416 e 439--440, Hüffer, Uwe, *Aktiengesetz*, 8ª ed., § 84, Rn. 4, Hüffer, Uwe, "Hachenburg...", 8ª ed., § 46, Rn. 42, Hadding, Walther, "Soergel...", 13ª ed., § 27, Rn. 8-10, e Reuter, Dieter, "Münchener...", 5ª ed., § 27, Rn. 15-16. Referindo-se genericamente ao poder de representação da sociedade, atribuído aos membros do colégio que aprovam uma deliberação, em matéria de execução da deliberação, Mertens, Hans-Joachim, "Kölner...", 2ª ed., § 78, Rn. 5, e Mertens, Hans-Joachim e Cahn, Andreas, "Kölner...", 3ª ed., § 78, Rn. 5.

[14] Neste sentido, mas sustentando igualmente que a nomeação e a aceitação formam um ato bilateral, Beuthien, Volker, "...Abstraktionsprinzip?", pp. 105-106.

[15] Jacoby, Florian, *Das private Amt*, pp. 485-488.

[16] Weick, Günter, "Staudingers...", 13ª ed., § 27, Rn. 10, e Reuter, Dieter, "Münchener...", 5ª ed., § 27, Rn. 15-16.

[17] Hüffer, Uwe, *Aktiengesetz*, 8ª ed., § 84, Rn. 4, e Hüffer, Uwe, "Hachenburg...", 8ª ed., § 46, Rn. 43-44. Também Kort, Michael, "Großkommentar...", 4ª ed., § 84, Rn. 39.

[18] Hadding, Walther, "Soergel...", 13ª ed., § 27, Rn. 8-10.

do conselho de supervisão, autorizados pelo próprio conselho de supervisão ou por uma sua comissão[19].

Realço, em segundo lugar, que a par da distinção de atos constitutivos, a teoria analítica germânica implica igualmente uma distinção de relações jurídicas. A nomeação, quando aceite, origina uma relação orgânica. O contrato de emprego gera uma relação obrigacional.

As fronteiras entre as duas relações não são precisas, estando sujeitas a flutuações doutrinárias[20]. De acordo com formulações bastante frequentes, incluir-se-ão na relação orgânica todos os poderes e deveres inerentes ao cargo, nomeadamente os poderes de direção, de administração e de representação, a proibição de concorrência e o dever de sigilo, bem como a imposição de atuação diligente e o dever de lealdade[21]. A relação obrigacional compreenderá nomeadamente o direito à remuneração, prestações retributivas relativas à reforma, à segurança social e a seguros e a delimitação do direito a férias. No âmbito da relação obrigacional poderão ser nomeadamente acordadas obrigações pós-contratuais de não concorrência, deveres de residência e cláusulas penais. Poderá também ser concretizada ou ampliada a proibição de concorrência[22].

Nesta sequência, há quem afirme que, em determinados casos, o contrato de emprego constitui um contrato modificativo da relação orgânica[23].

A separação entre relação orgânica e relação obrigacional gera problemas práticos. A destituição pode ser considerada uma resolução do contrato de emprego tácita. A resolução do contrato de emprego pode ser considerada uma destituição tácita. Por vezes diz-se que, apesar da separação formal, existe uma forte interferência fáctica e jurídica entre a relação orgânica e a relação obrigacional[24]. De acordo com a teoria da primazia (*Vorrangtheorie*), a relação orgânica teria alguma prevalência sobre a relação de emprego[25].

---

[19] Thüsing, Gregor, "Bestellung...", p. 126.

[20] Realçando este aspeto, Martens, Klaus-Peter, "Die außerordentliche Beendigung...", p. 506.

[21] Hüffer, Uwe, *Aktiengesetz*, 8ª ed., § 84, Rn. 8-9, e Thüsing, Gregor, "Bestellung...", p. 113.

[22] Sobre o âmbito do contrato de emprego, Mertens, Hans-Joachim, "Kölner...", 2ª ed., § 84, Rn. 55-84, Mertens, Hans-Joachim e Cahn, Andreas, "Kölner...", 3ª ed., § 84, Rn. 60-97, Hüffer, Uwe, *Aktiengesetz*, 8ª ed., § 84, Rn. 16-18, e Thüsing, Gregor, "Bestellung...", pp. 119 e 130-132 e 139-154. Sobre este último aspeto, Mertens, Hans-Joachim, "Kölner...", 2ª ed., § 88, Rn. 7 e 26, e Mertens, Hans-Joachim e Cahn, Andreas, "Kölner...", 3ª ed., § 88, Rn. 7 e 33.

[23] Jacoby, Florian, *Das private Amt*, pp. 546-547.

[24] Thüsing, Gregor, "Bestellung...", p. 101, Mertens, Hans-Joachim, "Kölner...", 2ª ed., § 84, Rn 94, Mertens, Hans-Joachim e Cahn, Andreas, "Kölner...", 3ª ed., § 84, Rn. 4, Fleischer, Holger, "Kommentar...", § 84, Rn. 8, e Hüffer, Uwe, *Aktiengesetz*, 8ª ed., § 84, Rn. 24.

[25] Martens, Klaus-Peter, "Die außerordentliche Beendigung...", pp. 495-519. Tal primazia manifestar-se-ia nomeadamente na relação entre as cláusulas estatutárias e as cláusulas do contrato de emprego, em determinados aspetos da cessação da relação de emprego, no regime da ade-

## CONSTITUIÇÃO DA SITUAÇÃO JURÍDICA DE ADMINISTRAÇÃO

Ao aprofundarem a descrição da relação obrigacional, no confronto com a relação orgânica, diversos autores referem-se a um dever gestório contratual, a par de um dever gestório orgânico. Por vezes, assume-se a identidade de conteúdo entre ambos os deveres[26]. Outras vezes, a descrição do conteúdo do dever contratual é menos precisa. Assim, *Hans-Joachim Mertens* refere, em determinado ponto do seu discurso, que a relação obrigacional compreende um dever de exercício das competências orgânicas (*Pflicht, die aus der Organstellung folgenden Aufgaben ordnungsgemäß wahrzunehmen*)[27], e, noutro ponto, que, por força do contrato de emprego, o administrador se obriga a observar os deveres orgânicos (*Durch den Anstellungsvertrag verpflichtet sich das Vorstandsmitglied (...), die Organpflichten (...) einzuhalten*)[28].

Todavia, entre os defensores da teoria analítica germânica, há quem rejeite a ideia de um dever contratual de exercício das competências orgânicas, considerando que os deveres orgânicos decorrentes da nomeação não deixam espaço à configuração de um dever gestório contratual. Sustenta-se que o contrato de emprego apenas gera um dever de aceitação e de manutenção do cargo (*Übernahme und Beibehaltung des Amtes*)[29].

Na crítica à teoria analítica germânica merece destaque *Theodor Baums*. Por um lado, rejeita a perspetiva de duplicação de deveres – orgânicos e contratuais[30]. Por outro, defende a existência de uma única relação jurídica obrigacional entre o administrador e a sociedade, por regra decorrente da nomeação e da consequente aceitação[31].

Tendo consciência de que a referência legislativa à revogação da nomeação e às pretensões resultantes do contrato de emprego poderá constituir um

---

quação da remuneração... *Vide*, igualmente, Thüsing, Gregor, "Bestellung...", pp. 100-101. Referindo-se à acessoriedade da competência de celebração do contrato de emprego, Reuter, Dieter, "Bestellung...", pp. 487-488 e 495-498. Apontando já para a ideia de primazia da relação orgânica, Fischer, Rudolf, "Handbuch...", p. 220.

[26] Jacoby, Florian, *Das private Amt*, pp. 544-546, e Schürnbrand, Jan, *Organschaft...*, pp. 347 e 355. Utilizando a terminologia dever gestório orgânico (*gesellschaftsrechtliche Amtsführungspflicht*) e dever gestório contratual (*schuldvertragliche Geschäftsbesorgungspflicht*), Beuthien, Volker, "...Abstraktionsprinzip?", p. 107.

[27] Mertens, Hans-Joachim, "Kölner...", 2ª ed., § 84, Rn. 33.

[28] Mertens, Hans-Joachim, "Kölner...", 2ª ed., § 93, Rn. 3.

[29] Reuter, Dieter, "Bestellung...", pp. 488-501. Criticando esta posição, por considerar que a remuneração estabelecida no contrato de emprego não constitui uma contraprestação de aceitação da nomeação, mas sim do continuado exercício dos deveres orgânicos, Jacoby, Florian, *Das private Amt*, pp. 542-543.

[30] Baums, Theodor, *Der Geschäftsleitervertrag*, pp. 31-32 e 55-56.

[31] Baums, Theodor, *Der Geschäftsleitervertrag*, pp. 37-64, 211-213, 335-336, 344-347, 351-399 e 449-452.

obstáculo à sua construção, *Theodor Baums* acrescenta que o dever de remuneração do administrador destituído sem justa causa constitui o afloramento de um princípio geral, consagrado em matéria de cessação do contrato de empreitada (§ 649 BGB), não implicando a configuração de duas relações jurídicas distintas[32].

Segundo alguns autores, a justificação dogmática para a configuração analítica da situação jurídica de administração no espaço germânico terá residido essencialmente no paralelo com a referida teoria da separação entre procuração e mandato[33]. O pensamento organicista terá também seguramente contribuído para a configuração da teoria analítica germânica[34]. A natureza jurídica da deliberação será igualmente um dos argumentos essenciais para a rejeição da recondução da nomeação e da aceitação à figura do contrato.

### 2.1.5. Referência à doutrina italiana

Na doutrina italiana é frequente a rejeição da recondução da relação de administração à previsão do contrato e, especificamente, à previsão do mandato. Tal rejeição é patente em construções de inspiração publicística, que concebem os poderes dos administradores como poderes de ordem pública, decorrentes da lei[35]. A rejeição das perspetivas contratualistas funda-se, outras vezes, na

---

[32] Baums, Theodor, *Der Geschäftsleitervertrag*, p. 336. Criticando esta perspetiva e o recurso comparativo ao § 649 BGB, Jacoby, Florian, *Das private Amt*, p. 542.
Terei a oportunidade de desenvolver a crítica à duplicação de deveres – orgânicos e contratuais – decorrente da teoria analítica germânica sobre a situação jurídica de administração, após análise crítica da teoria da separação entre procuração e mandato e de algumas conceções organicistas. Por agora, limito-me a invocar algumas dificuldades conceptuais (ou mesmo paradoxos) da teoria analítica germânica sobre a situação jurídica de administração. Como compatibilizar a recondução do direito à remuneração à relação obrigacional com a possibilidade de fixação judicial da remuneração em caso de nomeação judicial, caso esse em que não é celebrado um contrato de emprego? Sobre esta possibilidade, Thüsing, Gregor, "Bestellung...", p. 112, e Wiesner, Georg, *Münchener...*, IV, 2ª ed., p. 179. Considerando, no entanto, que a nomeação judicial origina uma relação obrigacional, Mertens, Hans-Joachim, "Kölner...", 2ª ed., § 85, Rn. 17, e Mertens, Hans-Joachim e Cahn, Andreas, "Kölner...", 3ª ed., § 85, Rn. 16. Como explicar que o contrato de emprego possa regular aspetos da proibição de concorrência quando esta se integra na relação orgânica? Como compatibilizar a dissociação entre o direito à remuneração e os deveres orgânicos com o regime da adequação da remuneração (§ 87 AktG)?
[33] Cordeiro, António Menezes, *Da responsabilidade...*, p. 351, e, noutros quadrantes, Wolff, Hans Julius, *Organschaft...*, II, pp. 231-232 (para quem remete, em matéria de fundamentação da teoria analítica germânica, Schmidt, Karsten, *Gesellschaftsrecht*, 4ª ed., p. 416, n. 48).
[34] O percurso argumentativo de *Theodor Baums* (Baums, Theodor, *Der Geschäftsleitervertrag*, *passim*) e a pensamento de *Volker Beuthien* (Beuthien, Volker, "...Abstraktionsprinzip?", pp. 105-108) denotam este aspeto.
[35] Soprano, Enrico, *Della responsabilità...*, pp. 37-38.

CONSTITUIÇÃO DA SITUAÇÃO JURÍDICA DE ADMINISTRAÇÃO

adoção de conceções organicistas[36]. Por vezes fala-se da nomeação (unilateral) para um cargo privado[37]. Como argumentos para a rejeição das teses contratualistas, é nomeadamente referido que a nomeação de administradores é obrigatória[38], que os seus poderes e deveres não são derivados do conjunto dos sócios, mas sim originariamente impostos por lei, que os seus deveres transcendem a disciplina do mandato, e que os administradores são autónomos e independentes do conjunto dos sócios[39]. O argumento de que a deliberação não pode ser vista como uma declaração negocial geradora de um contrato também é invocado pela doutrina italiana[40].

Em todo o caso, apesar do surgimento de diversas teorias e de fortes argumentos contrários à natureza contratual da relação de administração, algumas vozes foram sustentando que a relação de administração seria gerada por um contrato, contrato esse qualificado, por vezes, como um tipo autónomo[41].

## 2.2. Doutrina portuguesa

Observado este curto panorama de algumas das formas de compreender a relação jurídica de administração, importa descrever, de forma resumida e não exaustiva, as posições adotadas na doutrina portuguesa[42].

A doutrina portuguesa começou essencialmente por reconduzir a relação de administração ao mandato, acompanhando as referências legais constantes dos referidos Código Comercial de 1833 (Código Ferreira Borges), Lei de 22 de Junho de 1867 e Código Comercial de 1888 (Código Veiga Beirão).

Logo após a publicação do código de que foi autor material, *Ferreira Borges* afirmava que a sociedade anónima é administrada por mandatários e que estes são responsáveis pela execução do mandato[43].

Em meados do século XIX, *Coelho de Rocha*, referindo-se às sociedades civis, considerava que a atribuição da administração a um dos sócios poderia ser "*arbitrariamente revogada por deliberação, por conter especie de mandato*"[44].

---

[36] Frè, Giancarlo, *L'organo*..., pp. 27-28.

[37] Ferrara, Francesco, Jr. e Corsi, Francesco, *Gli imprenditori*..., 7ª ed., pp. 503-504.

[38] Nomeadamente Frè, Giancarlo, *L'organo*..., pp. 27-28.

[39] Entre outros, Ferrara, Francesco, Jr. e Corsi, Francesco, *Gli imprenditori*..., 7ª ed., pp. 503-504, e Borgioli, Alessandro, *L'amministrazione*..., pp. 27-31.

[40] Frè, Giancarlo, *L'organo*..., pp. 27-28.

[41] Minervini, Gustavo, *Gli amministratori*..., pp. 1-70 (contrato de administração).

[42] Remeteria, de novo, para a exposição de Correia, Luís Brito, *Os administradores*..., pp. 375-409.

[43] Borges, José Ferreira, *Diccionario*..., pp. 17 e 108 (posteriormente Borges, José Ferreira, *Diccionario*..., 2ª ed., pp. 14 e 88).

[44] Rocha, M. A. Coelho da, *Instituições*..., I, 6ª ed., p. 673.

Em 1872, mas ainda em comentário ao Código Comercial de 1833, *Teixeira Duarte* reconduzia a situação jurídica de administração ao mandato, realçando que o mandato dos administradores não será, por regra, gratuito. Referia-se ainda à necessidade de observância dos estatutos e das instruções no cumprimento do mandato[45].

Já após a publicação da Lei de 22 de Junho de 1867, *Sousa Duarte* limitava-se a remeter para as referências legais ao mandato dos administradores e à responsabilidade dos administradores pela execução do mandato[46].

*Forjaz de Sampaio* referia-se aos administradores como mandatários, realçando igualmente que se tratava de um cargo de confiança[47].

*Tavares de Medeiros* criticava a opção legislativa de exigir que os administradores fossem acionistas, sustentando que "*a administração em muitos casos seria mais proveitosa sendo feita por pessoas estranhas á sociedade*". Neste contexto, afirmava que seria "*mais franco e mais rasoavel dar a verdadeira latitude aos principios que regem o mandato*". Em sede de considerações gerais, referia-se aos administradores como "*perfeitos mandatários delegados da sociedade*", realçando que "*os seus atos, direitos e obrigações se regulam em geral pelas disposições que regem as relações entre mandante e mandatário*"[48].

Já após a publicação do Código Comercial de 1888, *Veiga Beirão* referia-se ao mandato dos administradores[49].

O *Visconde de Carnaxide* referia-se ao mandato conferido aos diretores pela eleição, distinguindo a responsabilidade pela violação dos estatutos e preceitos da lei, por um lado, e a responsabilidade pela inexecução do mandato, por outro[50].

*Adriano Anthero* sustentava que o mandato dos administradores não era um mandato ordinário, porque os seus poderes eram fixados na lei orgânica e não podiam ser modificados pela assembleia geral e ainda porque podiam recusar o cumprimento de deliberações ilegais. Considerava que se tratava de um mandato especial[51].

*Cunha Gonçalves* referia-se aos administradores como mandatários[52].

---

[45] Duarte, Ricardo Teixeira, *Commentario...*, pp. 31-32 e 34-35.
[46] Duarte, Inocêncio de Sousa, *Diccionario...*, pp. 27, 79 e 458.
[47] Pimentel, Diogo Forjaz de Sampaio, *Annotações...*, II, pp. 35-38.
[48] Medeiros, João Tavares de, *Commentario...*, pp. 110-115 e 123-131.
[49] Beirão, Francisco da Veiga, *Direito...*, p. 70.
[50] Visconde de Carnaxide, *Sociedades...*, pp. 147-150, 284-288 e 400-403.
[51] Anthero, Adriano, *Comentario...*, I, p. 331.
[52] Gonçalves, Luiz da Cunha, *Comentário...*, I, pp. 421-429.

CONSTITUIÇÃO DA SITUAÇÃO JURÍDICA DE ADMINISTRAÇÃO

*José Tavares* defendia que nas sociedades anónimas a administração tem o carácter de um mandato especial[53].

*Pinto Coelho* referia-se à responsabilidade dos administradores pela inexecução do mandato[54].

Ainda em momento anterior à vigência do CSC, surgiram vozes que negaram a recondução da relação de administração ao mandato e que, inclusivamente, questionaram a sua natureza contratual.

Num estudo publicado em 1960, *Raúl Ventura* criticava a qualificação do administrador como mandatário, realçando que o administrador é um órgão e que os seus deveres surgem na sua esfera por força da lei. Sustentava que a relação orgânica é constituída por dois atos jurídicos unilaterais: a designação e a aceitação. Afirmava que a aceitação determina a eficácia da designação, como uma condição suspensiva que se verifique[55].

*Fernando Olavo*, em comentário ao art. 173 do Código Comercial de 1888, referia que a alusão legal ao mandato não é rigorosa, já que o mandato institui uma representação voluntária e em matéria de sociedades anónimas estamos perante uma representação necessária. Considerava, porém, que há que recorrer às normas reguladoras do mandato para efeitos de integração de lacunas[56].

*Ferrer Correia* começava por afastar a recondução da relação de administração ao mandato. Considerava que a figura do mandato pressupõe a liberdade de celebração, enquanto a designação de administradores é imprescindível, indispensável. Referia que uma das características essenciais do regime do mandato é a subordinação e a inerente faculdade de emissão de instruções pelo mandante, ao passo que os administradores exercem as suas funções com autonomia. Referia ainda que o mandato só pode dirigir-se à prática de atos jurídicos, sendo que a administração compreende operações puramente materiais. Apontava como entendimento preponderante o de que os administradores, sendo indispensáveis ao funcionamento do ente coletivo, se encontram ligados à sua estrutura por uma relação de organicidade. Se a teoria orgânica inicialmente excluía a existência de uma relação jurídica e de um dualismo subjetivo entre a sociedade e os administradores, entretanto permitia a distinção entre órgão e titular do órgão. Propendia para a conceção analítica germânica, distinguindo o negócio jurídico unilateral de nomeação, que compreenderia os poderes de gestão e de representação, e o contrato de emprego, que seria fonte da obrigação de gerir e da obrigação de remunerar. Não excluía em absoluto a aplicação de normas

---

[53] Tavares, José, *Sociedades...*, p. 309.
[54] Coelho, José Gabriel Pinto, *Lições...*, II, p. 31.
[55] Ventura, Raúl, *Sociedades comerciais...*, II, pp. 127-151, 163-164 e 177.
[56] Olavo, Fernando, *Direito comercial*, II, p. 30.

do regime do mandato, dadas as afinidades entre a relação de administração e o mandato, sustentando que tal aplicação não deve ser realizada diretamente, mas por analogia[57].

*Durval Ferreira* documentava o abandono da conceção contratualista da relação de administração, em favor de uma institucionalização orgânica do cargo da administração. Considerava a nomeação um ato unilateral. Referia-se igualmente à administração como um cargo de direito privado[58].

*Pinto Furtado* criticava a conceção legal da administração como um mandato, considerando que a administração constitui o órgão ao qual incumbe, autónoma e originariamente, o exercício da administração e o poder de representação da sociedade[59].

*Vaz Serra*, ao analisar a constituição da posição dos gerentes das sociedades por quotas, sob inspiração germânica, distinguia a nomeação ou eleição, respeitante à concessão da posição de gerente para efeitos externos, do contrato de prestação de serviço, que regula a relação interna entre o gerente e a sociedade[60].

Embora tivesse inicialmente adotado uma conceção unilateral, *Raúl Ventura* mudaria de perspetiva, destacando-se na crítica as conceções analíticas de inspiração germânica. Em 1969, num escrito partilhado com *Brito Correia*, *Raúl Ventura* considerava que não existia base legal para sustentar uma distinção, semelhante à germânica, entre nomeação e contrato de emprego[61]. Defendia que a designação e a aceitação formam um contrato de administração. Considerava concebível que tal contrato não se limite à assunção pelo administrador de um estatuto predeterminado, antes este possa ser modificado ou ampliado por acordo, nomeadamente em questões como as do tempo de trabalho, das férias e das tarefas especialmente atribuídas a certo administrador[62].

A mudança de perspetiva de *Raúl Ventura* parece ter sido fortemente determinada pela ideia de que os deveres do administrador não surgem na sua esfera por força da lei, mas antes são configurados pela lei, obtendo a sua eficácia no contrato de administração[63].

---

[57] Correia, António Ferrer, *Lições...*, pp. 385-390.

[58] Ferreira, Durval, *Do mandato...*, pp. 90-100.

[59] Furtado, Jorge Pinto, *Código...*, II, tomo I, pp. 309 e 315-318. Recentemente, Furtado, Jorge Pinto, *Curso...*, 5ª ed., pp. 339-342.

[60] Serra, Adriano Vaz, "Anotação...15 de Junho de 1978", *RLJ*, ano 112, 1979-1980, p. 58.

[61] Num escrito posterior, *Raúl Ventura* esclareceria que o regime português da destituição, que seria essencial para ancorar uma construção analítica, aponta para a existência de uma única relação jurídica (Ventura, Raúl, *Sociedades por quotas*, III, pp. 28-33).

[62] Ventura, Raúl e Correia, Luís Brito, "Responsabilidade...", *BMJ*, nº 192, 1970, pp. 53-54 e 92-93.

[63] Veja-se Ventura, Raúl e Correia, Luís Brito, "Responsabilidade...", *BMJ*, nº 192, 1970, pp. 53-54.

CONSTITUIÇÃO DA SITUAÇÃO JURÍDICA DE ADMINISTRAÇÃO

Procedendo à descrição da doutrina na vigência do CSC, temos que uma primeira corrente doutrinária sustenta a natureza contratual da relação de administração[64].

Refere-se que a designação não produz efeitos constitutivos da relação de administração independentemente da aceitação[65]. Critica-se a desvalorização da vontade do administrador em aceitar a nomeação, rejeitando a ideia de aceitação como mera condição de eficácia da nomeação[66].

Discutindo a questão da natureza jurídica da deliberação, afirma-se que a deliberação pode não só ser um negócio jurídico, como pode ainda ser uma simples declaração negocial, apontando-se o exemplo da deliberação de designação de um administrador[67]. Acrescenta-se que a deliberação de designação se projeta para o exterior, propondo ao escolhido a aceitação da escolha[68].

Rejeita-se o paralelo entre a procuração e a designação dos administradores, realçando que esta última não implica apenas poderes de representação, mas também deveres[69]. Acrescenta-se que a representação passiva da sociedade por administrador que não aceitou a designação, tendo a designação sido inscrita no registo, constitui um efeito de proteção de terceiros decorrente do próprio registo (ou da necessidade de tutela da aparência decorrente do registo)[70].

Afirma-se que a vinculação dos administradores aos estatutos é apenas mediata, decorrendo da incorporação dos estatutos no contrato de administração[71].

---

[64] Guedes, Agostinho Cardoso, "A limitação...", *RDE*, 1987, pp. 144-151, Ventura, Raúl, *Sociedades por quotas*, III, pp. 28-33, Correia, Luís Brito, *Os administradores...*, pp. 412-786 (posteriormente, Correia, Luís Brito, "Admissibilidade...", *DSR*, nº 2, 2009, pp. 11-14), Correia, Miguel Pupo, *Direito...*, 10ª ed., pp. 243-244, Labareda, João, *Direito societário...*, pp. 68-70, Almeida, António Pereira de, *Sociedades...*, 5ª ed., pp. 231-233, Oliveira, António Sarmento de, "O contrato...", *Revista de Ciências Empresariais e Jurídicas*, nº 5, 2005, pp. 183-188, Figueiredo, Isabel Mousinho de, "O administrador...", *O Direito*, 2005, pp. 576-578 e 595-596 (embora distinguindo o substrato obrigacional entre administrador e sociedade do substrato organizacional interno da sociedade, no confronto da sociedade com terceiros), Gomes, Júlio Vieira, *Direito do trabalho*, pp. 163-172, Almeida, Carlos Ferreira de, *Contratos*, II, pp. 195-196, e Sequeira, Alexandra Marques, "Do exercício...", *Maia Jurídica*, 2007, pp. 39-44.

[65] Correia, Luís Brito, *Os administradores...*, pp. 419-420 e 460-478.

[66] Correia, Luís Brito, *Os administradores...*, pp. 419-420 e 460-478, e Gomes, Júlio Vieira, *Direito do trabalho*, pp. 163-172.

[67] Correia, Luís Brito, *Os administradores...*, pp. 425-454, e Figueiredo, Isabel Mousinho de, "O administrador...", *O Direito*, 2005, pp. 576-578.

[68] Ventura, Raúl, *Sociedades por quotas*, III, pp. 28-33, Correia, Luís Brito, *Os administradores...*, pp. 444 e 459, e Oliveira, António Sarmento de, "O contrato...", *Revista de Ciências Empresariais e Jurídicas*, nº 5, 2005, pp. 183-188.

[69] Correia, Luís Brito, *Os administradores...*, pp. 460-462.

[70] Correia, Luís Brito, *Os administradores...*, p. 462.

[71] Guedes, Agostinho Cardoso, "A limitação...", *RDE*, 1987, pp. 144-151.

Sustenta-se que o facto de a remuneração do administrador poder ser fixada em momento posterior à designação, de forma unilateral, não constitui um obstáculo às conceções contratualistas, pois existem muitos contratos onerosos em que a contraprestação é fixada posterior e unilateralmente[72].

Sustenta-se que a predeterminação legal do conteúdo da relação jurídica (ou o elevado grau de tal predeterminação legal) não afasta o carácter contratual da relação[73]. Refere-se que o acordo excede, sem contrariar, as previsões legais e estatutárias[74].

Uma segunda corrente doutrinária acolhe a construção analítica germânica e a inerente distinção entre o negócio jurídico unilateral de designação, por um lado, e contrato de emprego, por outro[75]. Consequentemente, faz-se referência a duas relações jurídicas – a orgânica e a contratual.

Uma terceira corrente doutrinária aponta a necessidade de distinção das diversas formas de constituição da relação jurídica de administração[76]. Afirma-se que a relação de administração fundada no contrato de sociedade, quando o administrador seja sócio, tem natureza contratual[77]. Acrescenta-se que na hipótese de designação pelo conselho geral e de supervisão seria possível configurar um contrato[78]. Relativamente ao caso paradigmático da deliberação de designação, seguida de aceitação, rejeita-se a sua natureza contratual[79].

---

[72] Correia, Luís Brito, Os administradores..., pp. 494-495.

[73] Ventura, Raúl, Sociedades por quotas, III, pp. 28-33, Correia, Luís Brito, Os administradores..., pp. 419-421, e Oliveira, António Sarmento de, "O contrato...", Revista de Ciências Empresariais e Jurídicas, nº 5, 2005, pp. 183-188.

[74] Almeida, Carlos Ferreira de, Contratos, II, pp. 195-196.

[75] Rodrigues, Ilídio Duarte, A administração..., pp. 111-115, e Martins, Alexandre de Soveral, Os poderes..., pp. 37-59. Ao analisarem o regime das associações, Hörster, Heinrich Ewald, A parte geral..., pp. 399-400, e Fernandes, Luís Carvalho, Teoria geral..., I, 3ª ed., p. 629. Aparentemente neste sentido, ao distinguir a deliberação de designação do contrato de administração, celebrado em execução da referida deliberação e com um carácter frequentemente informal e tácito, Vasconcelos, Pedro Pais de, A participação..., 2ª ed., pp. 116-117 (também, Vasconcelos, Pedro Pais de, Teoria geral..., 6ª ed., pp. 165-166, e Vasconcelos, Pedro Pais de, "Business...", DSR, nº 2, 2009, p. 72).

[76] Cordeiro, António Menezes, Da responsabilidade..., pp. 335-396 (posteriormente, Cordeiro, António Menezes, Manual..., I, 2ª ed., pp. 855-883, e Cordeiro, António Menezes, "Código...", Int. arts. 71-84, an. 20-24), Ascensão, José de Oliveira, Direito Comercial, IV, pp. 449-450, Abreu, Jorge Coutinho de, "Administradores e trabalhadores...", pp. 11-14 (também, Abreu, Jorge Coutinho de, Governação..., pp. 71-73, Abreu, Jorge Coutinho de, Curso..., II, 3ª ed., pp. 534-538, e Abreu, Jorge Coutinho de, Governação..., 2ª ed., pp. 72-76), Dias, Gabriela Figueiredo, Fiscalização..., p. 59, e Antunes, José Engrácia, ...sociedades, p. 317.

[77] Abreu, Jorge Coutinho de, Governação..., p. 71, e Dias, Gabriela Figueiredo, Fiscalização..., p. 59.

[78] Cordeiro, António Menezes, Da responsabilidade..., p. 394.

[79] Cordeiro, António Menezes, Da responsabilidade..., p. 395, Ascensão, José de Oliveira, Direito Comercial, IV, pp. 449-450, Abreu, Jorge Coutinho de, "Administradores e trabalhadores...",

CONSTITUIÇÃO DA SITUAÇÃO JURÍDICA DE ADMINISTRAÇÃO

No seio desta terceira corrente doutrinária, há quem admita que, a acrescer à deliberação de designação, seja celebrado um contrato entre a sociedade e o designado, concretizando o seu estatuto. Mas realça-se, em crítica às conceções analíticas, que tais contratos não são indispensáveis[80]. Acrescenta-se que a perfeição da relação de administração não exige outro ato além da designação[81].

Para as duas últimas correntes doutrinárias, a deliberação de designação constitui um negócio jurídico unilateral[82]. Aponta-se para o paralelo com as nomeações públicas[83].

Por sua vez, a aceitação é descrita como um negócio jurídico unilateral[84] ou como condição de eficácia da designação[85]. Em todo o caso, afirma-se que o mandato do administrador se inicia no momento em que a aceitação da designação chega ao poder ou ao conhecimento da sociedade, invocando-se o art. 224, nº 1, do CC, aplicável por força do art. 295 do CC (que possibilita a extensão do regime dos negócios jurídicos aos atos jurídicos)[86].

Em suporte das duas últimas perspetivas, afirma-se que a deliberação é encontrada no seio do órgão deliberativo e fica perfeita, logo nesse nível[87]. Aponta-se o carácter interno das deliberações[88]. Afirma-se que a deliberação designa, não propõe a designação[89]. Refere-se que à conjunção eleição-aceitação não se aplica o regime dos contratos, mas antes um conjunto preciso de regras de natureza deliberativa e societária[90].

Invoca-se a falta de completude do ato de designação[91].

---

pp. 12-13, e Dias, Gabriela Figueiredo, *Fiscalização...*, p. 59. Aparentemente, Antunes, José Engrácia, *...sociedades*, p. 317

[80] Ascensão, José de Oliveira, *Direito Comercial*, IV, pp. 449-450, e Abreu, Jorge Coutinho de, "Administradores e trabalhadores...", pp. 11-14.

[81] Abreu, Jorge Coutinho de, "Administradores e trabalhadores...", p. 13.

[82] Cordeiro, António Menezes, *Da responsabilidade...*, p. 395, Abreu, Jorge Coutinho de, "Administradores e trabalhadores...", pp. 12-13, Rodrigues, Ilídio Duarte, *A administração...*, pp. 111-115, e Frada, Manuel Carneiro da, "A business...", p. 210, n. 15. Um ato unilateral, na conceção de Ascensão, José de Oliveira, *Direito Comercial*, IV, pp. 449-450.

[83] Cordeiro, António Menezes, "Código...", art. 391, an. 4.

[84] Rodrigues, Ilídio Duarte, *A administração...*, pp. 111-115, e Frada, Manuel Carneiro da, "A business...", p. 210, n. 15.

[85] Abreu, Jorge Coutinho de, "Administradores e trabalhadores...", p. 12.

[86] Cordeiro, António Menezes, "Código...", art. 391, an. 11.

[87] Cordeiro, António Menezes, *Da responsabilidade...*, p. 345.

[88] Rodrigues, Ilídio Duarte, *A administração...*, pp. 111-115. Afastando-se deste argumento, Abreu, Jorge Coutinho de, "Administradores e trabalhadores...", pp. 12-13.

[89] Abreu, Jorge Coutinho de, "Administradores e trabalhadores...", pp. 12-13.

[90] Cordeiro, António Menezes, *Da responsabilidade...*, p. 395.

[91] Rodrigues, Ilídio Duarte, *A administração...*, pp. 111-115.

Aponta-se também para o facto de a deliberação de eleição ser registável e impugnável judicialmente, independentemente da aceitação[92].

## 2.3. Posição adotada
### 2.3.1. Aceitação

Sumariamente descritas as posições da doutrina portuguesa sobre a natureza da relação jurídica de administração, resta explanar a minha opinião. Penso que a relação jurídica de administração tem natureza contratual, sendo o contrato de administração formado pela declaração de designação e pela declaração de aceitação[93].

A designação pode traduzir-se em diversos atos. No que respeita exclusivamente às sociedades anónimas, podem ser elencados os seguintes atos: designação no negócio jurídico constitutivo da sociedade (*inter partes* ou de um terceiro); designação pelo conjunto dos sócios; designação por minorias especiais de sócios; cooptação; substituição automática[94]; designação pelo conselho fiscal; designação pela comissão de auditoria; designação pelo conselho geral e de fiscalização; designação pelo Estado (ou por entidade pública a ele equiparada); e designação judicial[95]. A designação de uma pessoa coletiva confere a esta o

---

[92] Abreu, Jorge Coutinho de, "Administradores e trabalhadores...", pp. 12-13.

[93] A tese da natureza contratual da relação de administração é bastante frequente na jurisprudência nacional. Na jurisprudência do Supremo Tribunal de Justiça, por exemplo, o acórdão de 26.11.87 (Lima Cluny), publicado em BMJ 371-490, e o acórdão de 15.2.00 (Francisco Lourenço), publicado em CJ-STJ 00-I-101. Considerando que um acordo celebrado entre uma sociedade anónima e um administrador, prevendo uma indemnização em caso de cessação de funções, "*integra-se, mais latamente, no âmbito do contrato de prestação de serviços no órgão (...) da sociedade (contrato de administração)*", o acórdão do Tribunal da Relação do Porto de 24.5.01 (Alves Velho), publicado em CJ 01-III-201. Em sentido divergente, aderindo à conceção de *Ferrer Correia*, o acórdão do Supremo Tribunal de Justiça de 3.11.94 (Miranda Gusmão), publicado em BMJ 444-650. Manifestando preferência pela posição sustentada por *Menezes Cordeiro* quanto à natureza jurídica da relação de administração, o acórdão da Relação de Lisboa de 22.2.07 (António Neto Neves), publicado em CJ 2007-I-116.

[94] Em caso de substituição automática, o processo de formação da relação jurídica de administração é complexo, compreendendo, por parte da sociedade, um ato de prévia designação do suplente e um ato de chamada do suplente pelo presidente do órgão (art. 393, nº 3, alínea a), do CSC) e, por parte do designado, um ato de aceitação. Sobre a substituição automática, Ventura, Raúl, "Nota sobre a substituição...", *O Direito*, 1993, pp. 252-253.

[95] Não procederei à análise da natureza das relações de administração constituídas por designação administrativa ou judicial, por entender que ultrapassa o escopo da investigação.
Refira-se, no entanto, que a questão se encontra relacionada com a distinção entre ato administrativo (carecido de colaboração) e contrato administrativo. Na doutrina portuguesa é preponderante o critério de Correia, José Manuel Sérvulo, *Legalidade...*, pp. 343-353 e 773. Existirá ato administrativo quando a declaração do administrado constitua mero requisito de legalidade ou de eficácia; existirá contrato administrativo quando a declaração "*do administrado surgir como requisito de existência*

CONSTITUIÇÃO DA SITUAÇÃO JURÍDICA DE ADMINISTRAÇÃO

direito potestativo de designação de uma pessoa singular para exercer o cargo em nome próprio, implicando assim um posterior ato de designação[96]. A aceitação é expressamente prevista no art. 391, nº 5, do CSC[97]. Esta referência legal à aceitação constitui um corolário do princípio da intangibilidade da

do ato". *Vide* nomeadamente Caupers, João, *Introdução...*, 10ª ed., pp. 230 e 278-279, Sousa, Marcelo Rebelo de, *O concurso...*, p. 15, Sousa, Marcelo Rebelo de e Matos, André Salgado de, *Direito...*, III, pp. 69-70, Silva, Vasco Pereira da, *Em busca...*, pp. 470-481, Gonçalves, Pedro, *O contrato...*, pp. 12-44, e Martins, Afonso D'Oliveira, "Para um conceito...", pp. 479-480. Noutros quadrantes, em termos semelhantes a *Sérvulo Correia*, Schimpf, Christian, *Der verwaltungsrechtliche...*, pp. 33-41 (referindo ainda que a distinção deverá proceder da interpretação da vontade da administração ao emitir a sua declaração negocial, consoante esta pretenda praticar um ato unilateral ou um contrato, podendo tal vontade resultar da utilização dos termos "contrato" ou "ato administrativo" num documento escrito), Eberhard, Harald, *Der verwaltungsrechtliche...*, pp. 32-34, e Maurer, Hartmut, *Allgemeines Verwaltungsrecht*, 16ª ed., pp. 200 e 375-377 (apontando ainda como critério diferenciador para casos de fronteira o exercício de influência sobre o conteúdo pelo particular). Apontando como critério de distinção entre o ato e o contrato administrativos a admissibilidade de liberdade de estipulação pelo particular, Wolff, Hans Julius et al., *Verwaltungsrecht*, II, 6ª ed., pp. 209-210. Para uma crítica a este último critério, com base na comparação com o contrato de adesão civilístico, Correia, José Manuel Sérvulo, *Legalidade...*, pp. 349-350, n. 16, e Schimpf, Christian, *Der verwaltungsrechtliche...*, p. 37.

Sem pretender desenvolver a matéria, gostaria de deixar três notas. A primeira nota para referir, em comentário crítico ao pensamento de *Sérvulo Correia*, que a *"existência"* de um contrato administrativo (ou de um ato administrativo ou de um negócio jurídico) decorre de um juízo normativo de qualificação jurídica, a operar de acordo com determinados critérios, sendo que tais critérios não são oferecidos. A segunda nota para sugerir que, se a eficácia jurídica de um ato performativo (nomeadamente de um suposto ato administrativo) depender da sua aceitação, então tal aceitação não poderá deixar de ser igualmente compreendida como um ato jurídico performativo, gerando-se um contrato (nomeadamente um contrato administrativo). Penso que a conceção da aceitação enquanto condição de eficácia de um negócio jurídico unilateral (ou de um ato administrativo) será, do ponto de vista analítico, de rejeitar. A terceira nota para referir que, em minha opinião, nada obsta à qualificação da designação administrativa ou judicial como proposta contratual, tendo como declarante a entidade administrativa ou judicial (no prefixo comunicativo) e tendo como agente a sociedade (no conteúdo proposicional), sem prejuízo da eventual existência de uma outra relação jurídica entre o designado (gestor público...) e o Estado ou a entidade pública. Nas duas últimas notas utilizo terminologia oferecida por *Ferreira de Almeida*, que terei a oportunidade de descrever.

[96] Não pretendo analisar o problema da designação de pessoas coletivas para órgãos de outras pessoas coletivas.

[97] Na prática negocial, a aceitação da designação poderá ser prévia à deliberação de designação. Nesse caso, invertem-se os papéis de proposta contratual e de aceitação. A referência legal à aceitação, constante do art. 391, nº 5, do CSC, não significa que a declaração negocial do designado tenha que ser posterior à deliberação de designação, de forma a constituir uma aceitação de uma proposta contratual, para efeitos dos arts. 224 e seguintes do CC. Significa apenas a necessidade de consentimento contratual.

esfera jurídica alheia[98]. Seria inadmissível a constituição de uma relação jurídica com inúmeros e pesados deveres sem o consenso da pessoa sujeita a tais deveres.

Em minha opinião, a referência legal à aceitação e o referido princípio da intangibilidade da esfera jurídica alheia devem ser relacionados com o regime civilístico dos vícios da declaração negocial[99]. O art. 391, nº 5, do CSC e o princípio subjacente impõem a qualificação da aceitação como uma declaração negocial, para efeitos de aplicação do regime civilístico dos vícios da declaração negocial. Seria inadmissível a constituição de uma relação jurídica com inúmeros e pesados deveres com o consenso viciado da pessoa sujeita a tais deveres.

A relevância jurídica dos vícios da declaração de aceitação da designação é incompatível com a sua qualificação como mera condição de eficácia da designação. Os vícios da declaração de aceitação da designação repercutir-se-ão necessariamente no negócio jurídico gerado pela declaração de aceitação. A relevância jurídica dos vícios da declaração de aceitação da designação impõe a sua qualificação como declaração negocial de aceitação de uma proposta de designação, integradora de um negócio jurídico bilateral.

Importa pois concluir que o art. 391, nº 5, do CSC, o princípio da intangibilidade da esfera jurídica alheia e a relevância jurídica dos vícios da declaração de aceitação da designação impõem a conceção de que a relação jurídica de administração é formada através de um contrato, constituído pela declaração de designação e pela declaração de aceitação.

A defesa da natureza contratual da relação jurídica de administração implica a rejeição de diversos argumentos, reclamando sobretudo a análise da natureza jurídica da deliberação, da teoria da separação entre procuração e mandato e de certas conceções organicistas. Abordarei de forma compartimentada estas três questões, embora realçando, mais uma vez, que as questões, por vezes, se intersectam.

De seguida, tomarei posição face a outros argumentos contrários à recondução da relação jurídica de administração ao contrato para, numa síntese final, concluir, de novo, pela natureza contratual da relação jurídica de administração.

### 2.3.2. Deliberação

Alguns dos atos de designação podem consistir em deliberações. Dado que a natureza jurídica da deliberação é apontada como um dos argumentos centrais

---

[98] Sobre este princípio, Almeida, Carlos Ferreira de, *Texto...*, pp. 451 e 771-782. Recorde-se que na doutrina alemã é comum a exigência de uma declaração de aceitação da nomeação, apesar da ausência de uma indicação legal expressa nesse sentido.

[99] Fazendo referência ao problema dos vícios da declaração de aceitação da designação, Correia, Luís Brito, *Os administradores...*, p. 471, e Wiesner, Georg, *Münchener...*, IV, 2ª ed., p. 180.

CONSTITUIÇÃO DA SITUAÇÃO JURÍDICA DE ADMINISTRAÇÃO

para a negação da natureza contratual da relação jurídica de administração, proponho-me aprofundar este aspeto.

O debate sobre a natureza da deliberação releva da teoria do negócio jurídico. Joga-se o problema da pluralidade de pessoas na estrutura do negócio jurídico[100], que engloba a figura vizinha do ato conjunto (*Gesamtakt*)[101].

Começarei por descrever o debate doutrinário sobre a figura da deliberação, para, de seguida, tomar posição.

Sustentarei que a deliberação, quando provida de eficácia negocial, não constitui uma modalidade de negócio jurídico, mas sim uma modalidade de declaração negocial. Distinguirei a declaração negocial singular, a declaração negocial conjunta e a declaração negocial deliberativa. Defenderei que a declaração negocial deliberativa pode não apenas originar um negócio jurídico unilateral, como contribuir para a formação de um contrato. Concluirei que a deliberação de designação de um administrador constitui uma proposta contratual[102].

Para chegar a estas conclusões percorrerei um caminho algo longo, visitando, ainda que de forma muito sumária, alguns aspetos da teoria do negócio jurídico. Assim, para não deixar dúvidas sobre as expressões que vou utilizando ao longo deste estudo, posicionar-me-ei em matéria de noção e fundamento do negócio jurídico. De seguida, descreverei os diversos critérios explicativos da distinção entre negócio jurídico unilateral e contrato. Farei referência a distinção entre enunciado negocial, declaração negocial e negócio jurídico, apontando, desde logo, para a contraposição entre declaração negocial plural e declaração negocial singular. Analisarei a estrutura da atuação negocial representativa, aprofundando os termos da contraposição entre representação voluntária e representação orgânica. Tecerei algumas considerações sobre a figura do ato conjunto.

---

[100] Defendendo o tratamento unitário dos casos de pluralidade não contratual de pessoas e utilizando, para o efeito, a expressão "negócio plural", que englobará a deliberação e o negócio conjunto, Cordeiro, António Menezes, *Tratado...*, I, tomo I, 2ª ed., p. 310, n. 663.

[101] Traduzindo a expressão *Gesamtakt* por "ato conjunto", Almeida, Carlos Ferreira de, *Texto...*, p. 846. Traduzindo-a por "negócio conjunto", Cordeiro, António Menezes, *Tratado...*, I, tomo I, 2ª ed., p. 310, n. 663. Prefiro não utilizar o termo negócio, pois penso que a análise da figura deverá percorrer a distinção entre enunciado negocial, declaração negocial e negócio jurídico. Sustentarei que os atos conjuntos não relevam como modalidade de negócio jurídico, mas sim como modalidade de declaração negocial.

[102] Ressalvo que a proposta contratual não apenas constitui uma declaração negocial tendente à formação de um contrato como, por si só, constitui um negócio jurídico unilateral, na medida em que gera o direito potestativo de aceitação e a correspondente sujeição (Almeida, Carlos Ferreira de, *Texto...*, pp. 787-790, e Almeida, Carlos Ferreira de, *Contratos*, I, 4ª ed., p. 135). Em todo o caso, o aspeto que pretendo realçar nesta exposição é o de que a deliberação pode contribuir para a formação de um contrato.

Só então me debruçarei sobre a figura da deliberação, analisando o processo deliberativo e a estrutura da deliberação, de forma a concluir que, não raro, as deliberações constituem declarações negociais. Aprofundarei a descrição da declaração negocial deliberativa para, de seguida, discutir o seu lugar no panorama das declarações negociais. Por último, tecerei algumas conclusões finais sobre a figura da deliberação e sobre a deliberação de designação.

### 2.3.2.1. Conceções sobre a natureza da deliberação

A deliberação é, por vezes, descrita como uma decisão de um órgão coletivo sobre uma proposta[103]. Prefiro referir-me à deliberação como resultado da votação de um órgão coletivo.

A deliberação implica a existência de um processo – o processo deliberativo –, que compreende nomeadamente a formulação de uma proposta de deliberação e a votação incidente sobre tal proposta. Como resultado, a deliberação será necessariamente reconduzida ao conjunto coordenado dos votos. É esta figura da deliberação como resultado que pretendo analisar, discutindo o seu lugar na teoria do negócio jurídico[104].

A deliberação constitui uma atuação de uma pluralidade de pessoas tipicamente caracterizada pela sujeição à regra da maioria. Todavia, a figura de deliberação, enquanto precipitado histórico, compreenderá alguns fenómenos de atuação plural sujeita à regra da unanimidade. Existem algumas previsões legais que exigem a adoção de determinadas "deliberações" por unanimidade. É aquela figura de atuação de uma pluralidade de pessoas tipicamente caracterizada pela sujeição à regra da maioria que pretendo analisar[105].

*Otto von Gierke* perspetivava a deliberação como um ato de vontade coletiva de um organismo social[106]. Desta forma valorizava a unidade e desvalorizava os

---

[103] Neste sentido, Cordeiro, António Menezes, *Manual...*, I, 2ª ed., p. 685, Baltzer, Johannes, *Der Beschluß...*, pp. 42 e 171, e Schmidt, Karsten, *Gesellschaftsrecht*, 4ª ed., p. 434.

[104] Manifestando esta mesma preocupação de distinção entre processo e resultado, Almeida, Carlos Ferreira de, *Texto...*, p. 847.

[105] Veja-se Cordeiro, António Menezes, *Tratado...*, I, tomo I, 2ª ed., p. 311. Privilegiando igualmente a análise da deliberação sujeita à regra da maioria, Baltzer, Johannes, *Der Beschluß...*, p. 16. Adiro ao entendimento de que a decisão do sócio único (nomeadamente a prevista no art. 270-E do CSC) não constitui uma deliberação. Quando tenha eficácia negocial, será, na minha opinião, uma pura declaração negocial singular. Sobre a terminologia e as classificações subjacentes remeto para as considerações que vou tecer.

[106] Gierke, Otto von, *Deutsches Privatrecht*, I, p. 501 (confirme-se igualmente Gierke, Otto von, *Die Genossenschaftstheorie...*, pp. 603-630). Para as *Gesamthandsgemeinschaften*, ao contrário das *Körperschaften*, a deliberação não é vista como um ato de vontade coletiva de um organismo social, mas sim como uma decisão conjunta dos *Gesamthänder* (Gierke, Otto von, *Die Genossenschaftstheorie...*, pp. 565-571 e 619, *maxime* 568).

CONSTITUIÇÃO DA SITUAÇÃO JURÍDICA DE ADMINISTRAÇÃO

votos, enquanto meros elementos de tal vontade coletiva. Excluía a deliberação e os votos do universo do negócio jurídico[107].

A exclusão da deliberação e dos votos do universo do negócio jurídico foi criticada. Numa rutura em que teve destaque *Andreas von Tuhr*, considerou-se irrecusável o enquadramento da deliberação e dos votos nas categorias civilísticas gerais[108].

Nesta sequência, os votos passaram a ser comummente qualificados como declarações negociais[109], dessa forma possibilitando a aplicação do regime civilístico geral dos vícios das declarações negociais.

A deliberação passou a ser frequentemente considerada um negócio jurídico[110], formado através de tais declarações negociais de voto. Que modalidade

---

[107] Gierke, Otto von, *Deutsches Privatrecht*, I, p. 283, n. 2. Na doutrina nacional, não reconduzindo a deliberação e os votos ao universo do negócio jurídico, por exemplo, Marques, José Dias, "A simulação...", *ROA*, 1951, pp. 333-336, e Furtado, Jorge Pinto, *Deliberações de sociedades...*, pp. 133-167 (anteriormente, Furtado, Jorge Pinto, *Deliberações dos sócios*, pp. 37-54, entre outras obras).

[108] Tuhr, Andreas von, *Der Allgemeine Teil...*, I, pp. 514-517, e Tuhr, Andreas von, *Der Allgemeine Teil...*, II, tomo I, pp. 233-234. Veja-se também Bartholomeyczik, Horst, "Der Körperschaftsbeschluß...", *ZHR*, nº 105, 1938, p. 334, Schilling, Wolfgang, "Gesellschafterbeschluß...", pp. 261-262, Schmidt, Karsten, *Gesellschaftsrecht*, 4ª ed., pp. 435-437, e Grundmann, Stefan, "Großkommentar...", 4ª ed., § 133, Rn. 40.

[109] Tuhr, Andreas von, *Der Allgemeine Teil...*, I, pp. 514-517, Tuhr, Andreas von, *Der Allgemeine Teil...*, II, tomo I, pp. 233-234, Bartholomeyczik, Horst, *Die Stimmabgabe...*, *passim*, Bartholomeyczik, Horst, "Die Anfechtung...", *AcP*, 1938, pp. 329-330, Bartholomeyczik, Horst, "Der Körperschaftsbeschluß...", *ZHR*, nº 105, 1938, p. 294, Bohn, Matthias, *Wesen...*, pp. 87-93, Baltzer, Johannes, *Der Beschluß...*, pp. 142-147 e 152, Enneccerus, Ludwig e Nipperdey, Hans Carl, *Allgemeiner Teil...*, 15ª ed., p. 911, Schilling, Wolfgang, "Gesellschafterbeschluß...", p. 262, Larenz, Karl e Wolf, Manfred, *Allgemeiner Teil...*, 8ª ed., pp. 206 e 446-447, Schmidt, Karsten, *Gesellschaftsrecht*, 4ª ed., pp. 436--437, Zöllner, Wolfgang, *Die Schranken...*, pp. 10 e 358-359, Zöllner, Wolfgang, "Beschluss...", pp. 821-822, Noack, Ulrich, *Fehlerhafte Beschlüsse...*, p. 16, Semler, Johannes, *Münchener...*, IV, 2ª ed., p. 519, Hüffer, Uwe, *Aktiengesetz*, 8ª ed., § 133, Rn. 18, Volhard, Rüdiger, "Münchener...", 2ª ed., § 133, Rn. 3 e 19, e Axhausen, Michael, *Anfechtbarkeit...*, pp. 13.14. Na doutrina nacional, nomeadamente Correia, António Ferrer, *Lições...*, p. 395, Xavier, Vasco da Gama Lobo, *Anulação...*, p. 467, n. 109, e pp. 583-584, n. 59, Serra, Adriano Vaz, "Assembleia geral", *BMJ*, nº 197, 1970, pp. 108-110, Coelho, Eduardo Lucas, *A formação...*, pp. 160-166 (também, Coelho, Eduardo Lucas, "Formas...", p. 337), Abreu, Jorge Coutinho de, *Curso...*, II, 3ª ed., pp. 239-240, Cordeiro, António Menezes, *Manual...*, I, 2ª ed., pp. 687-688, e Maia, Pedro, "Deliberações...", 9ª ed., pp. 237-238. *Vide* ainda Vasconcelos, Pedro Pais de, *A participação...*, 2ª ed., pp. 112-116. Diversamente, qualificando os votos como negócios jurídicos singulares, Ascensão, José de Oliveira, *Teoria Geral*, II, 2ª ed., pp. 19-20.

[110] Referindo-se à deliberação como negócio jurídico, sem discutir o seu lugar nas modalidades de negócio jurídico, Xavier, Vasco da Gama Lobo, *Anulação...*, p. 554, n. 14, Frada, Manuel Carneiro da, *Renovação...*, p. 5, n. 4, e Monteiro, Henrique Salinas, "Critérios...", *Direito e Justiça*, 1994, p. 254, n. 109. Referindo-se à deliberação, em regra, como negócio jurídico, Abreu, Jorge Coutinho de, *Curso...*, II, 3ª ed., pp. 239-240, e Maia, Pedro, "Deliberações...", 9ª ed., pp. 237-238.

de negócio jurídico? Alguns autores reconduzem a deliberação a uma espécie de negócio jurídico plurilateral (*mehrseitige Rechtsgeschäft*)[111]. Outros autores qualificam a deliberação como um negócio jurídico unilateral[112]. Outros autores, hoje em dia em grande número, referem-se a um negócio jurídico específico[113]. Há também quem sustente que o conjunto dos votos forma um contrato plural[114].

Em contraponto, *Ferreira de Almeida*, baseando-se na distinção analítica entre enunciado negocial, declaração negocial e negócio jurídico, caracteriza os votos como enunciados negociais e, nessa sequência, qualifica a deliberação como declaração negocial. Afirma que a deliberação constitui uma declaração negocial formada pelo conjunto coeso e coerente dos enunciados negociais de voto[115].

É frequente a perspetiva de que as deliberações, inclusivamente as deliberações com eficácia externa perante terceiros, como as deliberações de designação ou destituição de um administrador, não podem constituir propostas contratuais, geradoras de um contrato[116].

---

[111] Tuhr, Andreas von, *Der Allgemeine Teil...*, I, pp. 514-516, Tuhr, Andreas von, *Der Allgemeine Teil...*, II, tomo I, pp. 232-236, Baltzer, Johannes, *Der Beschluß...*, pp. 177-178, Zöllner, Wolfgang, "Kölner...", § 133, Rn. 15, e Schilling, Wolfgang, "Gesellschafterbeschluß...", p. 263.

[112] Considerando a deliberação um negócio jurídico unilateral plural (ou um negócio jurídico unilateral singular, para o caso das deliberações de um único sócio), Bartholomeyczik, Horst, "Der Körperschaftsbeschluß...", *ZHR*, nº 105, 1938, pp. 325-334. Entre nós, Cordeiro, António Menezes, *Tratado...*, I, tomo I, 2ª ed., pp. 310-311, Cunha, Paulo Olavo, *Direito...*, 4ª ed., p. 609, e, aparentemente, Serra, Adriano Vaz, "Assembleia geral", *BMJ*, nº 197, 1970, pp. 108-110. Qualificando a deliberação como ato complexo coletivo unilateral, podendo consistir ou não num negócio jurídico, Ascensão, José de Oliveira, *Teoria Geral*, II, 2ª ed., pp. 16-20, e Ascensão, José de Oliveira, *Direito Comercial*, IV, pp. 415-418.

[113] Andrade, Manuel Domingues de, *...relação jurídica*, II, pp. 39-41, Cordeiro, António Menezes, *Manual...*, I, 2ª ed., p. 688 (também Cordeiro, António Menezes, *Sociedade anónima...*, pp. 152-153), Coelho, Eduardo Lucas, *A formação...*, pp. 210-211 (também, Coelho, Eduardo Lucas, "Formas...", p. 337), Noack, Ulrich, *Fehlerhafte Beschlüsse...*, pp. 15-17, Wiedemann, Herbert, *Gesellschaftsrecht*, I, pp. 178-179, Larenz, Karl e Wolf, Manfred, *Allgemeiner Teil...*, 8ª ed., p. 207, Schmidt, Karsten, *Gesellschaftsrecht*, 4ª ed., pp. 436-437, Emde, Raimond, "Die Bestimmtheit...", *ZIP*, 2000, p. 59, Hüffer, Uwe, *Aktiengesetz*, 8ª ed., § 133, Rn. 3-4, Volhard, Rüdiger, "Münchener...", 2ª ed., § 133, Rn. 3, Habersack, Mathias, "Münchener...", 3ª ed., § 108, Rn. 11, Hopt, Klaus e Roth, Markus, "Großkommentar...", 4ª ed., § 108, Rn. 12, Spindler, Gerald, "Aktiengesetz...", § 133, Rn. 2, Becker, Michael, *Verwaltungskontrolle...*, pp. 411-413, Bork, Reinhard, *Allgemeiner Teil...*, 2ª ed., pp. 166-167, e Axhausen, Michael, *Anfechtbarkeit...*, pp. 11-16.

[114] Grundmann, Stefan, "Großkommentar...", 4ª ed., § 133, Rn. 41.

[115] Almeida, Carlos Ferreira de, *Texto...*, pp. 846-847.

[116] Tuhr, Andreas von, *Der Allgemeine Teil...*, II, tomo I, p. 236. Também, Bartholomeyczik, Horst, "Der Körperschaftsbeschluß...", *ZHR*, nº 105, 1938, pp. 299-300, Baltzer, Johannes, *Der Beschluß...*, pp. 176-178, Schmidt, Karsten, *Gesellschaftsrecht*, 4ª ed., pp. 436-437, Jacoby, Florian, *Das private Amt*, pp. 550-552, e, entre nós, Cordeiro, António Menezes, *Manual...*, I, 2ª ed., p. 688. Apesar de

CONSTITUIÇÃO DA SITUAÇÃO JURÍDICA DE ADMINISTRAÇÃO

Todavia, este ponto não é totalmente pacífico. *Matthias Bohn* defende, relativamente a deliberações com eficácia externa, a conceção de uma declaração negocial contida na deliberação[117]. *Wolfgang Schilling* admite que, em certos casos excecionais, como o da deliberação de nomeação a que assiste o nomeado, a deliberação constitua simultaneamente a declaração negocial da sociedade perante o designado[118]. Entre nós, diversas vozes sustentam que a deliberação pode constituir uma declaração negocial geradora de um contrato[119].

Existem vários argumentos para a perspetiva maioritária de que a deliberação não pode constituir uma proposta contratual. Por um lado, argumentos respeitantes à própria estrutura da deliberação. Por outro lado, argumentos respeitantes à organização funcional da sociedade.

São vários os argumentos respeitantes à estrutura da deliberação, que justificam que a deliberação não seja perspetivada como uma declaração negocial.

Em primeiro lugar, realçaria que a deliberação é vista como um produto de declarações negociais; não como uma declaração negocial em si[120].

Em segundo lugar, as conceções sobre a existência de um efeito comum e unitário aos vários tipos de deliberação, incluindo as deliberações negativas e as deliberações positivas de conteúdo negativo[121]. *Horst Bartholomeyczik* considera que qualquer deliberação tem como efeito a modelação da relação corporativa[122]. Outros autores germânicos consideram que qualquer deliberação (do conjunto dos sócios) tem um efeito de vinculação dos sócios, dos titulares

---

qualificar a deliberação como declaração negocial, também *Ferreira de Almeida* parece negar que possa gerar um contrato (Almeida, Carlos Ferreira de, *Texto...*, p. 847).

[117] Bohn, Matthias, *Wesen...*, pp. 136-138.

[118] Schilling, Wolfgang, "Gesellschafterbeschluß...", p. 264.

[119] Correia, Luís Brito, *Direito comercial*, III, p. 117 (mais tarde, Correia, Luís Brito, *Os administradores...*, p. 440), Santo, João Espírito, *Sociedades...*, pp. 378-380, n. 1023, e Figueiredo, Isabel Mousinho de, "O administrador...", *O Direito*, 2005, p. 577. Dando o exemplo da concordata falimentar Telles, Inocêncio Galvão, *Manual dos contratos...*, 3ª ed., p. 22, em nota (esta referência foi omitida em Telles, Inocêncio Galvão, *Manual dos contratos...*, 4ª ed., pp. 29-30).

[120] Tuhr, Andreas von, *Der Allgemeine Teil...*, II, tomo I, p. 236, Bartholomeyczik, Horst, "Der Körperschaftsbeschluß...", *ZHR*, nº 105, 1938, pp. 299-300, Baltzer, Johannes, *Der Beschluß...*, pp. 176--178, Schmidt, Karsten, *Gesellschaftsrecht*, 4ª ed., pp. 436-437, e Jacoby, Florian, *Das private Amt*, pp. 550-552.

[121] As deliberações negativas são caracterizadas pelo vencimento dos votos negativos. As deliberações positivas de conteúdo negativo são caracterizadas pelo vencimento dos votos positivos e pela formulação negativa da proposta de deliberação. Sobre estas deliberações, Coelho, Eduardo Lucas, *A formação...*, pp. 103-107. Terei a oportunidade de, em nota, esclarecer melhor o que entendo por uma proposta de deliberação de conteúdo negativo.

[122] Bartholomeyczik, Horst, *Die Stimmabgabe...*, pp. 11-25, e Bartholomeyczik, Horst, "Der Körperschaftsbeschluß...", *ZHR*, nº 105, 1938, pp. 300-302.

dos órgãos e da sociedade[123]. A produção sistemática de tais efeitos jurídicos justificará a qualificação sistemática como negócio jurídico e, simultaneamente, dificultará a qualificação como proposta contratual, como comunicação negocial destinada à produção de (futuros) efeitos jurídicos em caso de aceitação.

Importa, no entanto, ressalvar que algumas vozes questionam a existência de um efeito formal comum aos vários tipos de deliberação[124]. E importa ainda ressalvar que alguns dos defensores da existência de um efeito comum e unitário aos vários tipos de deliberação sentem a necessidade de distinguir o efeito material das deliberações positivas face ao efeito meramente formal das deliberações negativas[125]. Neste contexto, *Horst Bartholomeyczik* realça que as deliberações podem ter outros efeitos jurídicos, para além do efeito a modelação da relação corporativa, dando precisamente destaque ao exemplo da deliberação de nomeação[126].

Em terceiro lugar, importa atender às diversas conceções sobre quem é o declaratário dos votos (para além da conceção do voto como declaração não recetícia)[127]. Para alguns, os demais sócios votantes seriam os declaratários dos votos. Para outros, todos os sócios. Para outros, a sociedade (para alguns, representada pelo presidente da mesa da assembleia geral). Para outros ainda, o presidente da mesa da assembleia geral. Repare-se que tais conceções serão todas incompatíveis com a perspetiva da deliberação como uma proposta dirigida a terceiros.

Em quarto lugar, chamaria a atenção para a conceção segundo a qual os votos têm o efeito jurídico-negocial de aprovação ou de rejeição da proposta de deliberação (ou de contributo para a aprovação ou rejeição da proposta de

---

[123] Baltzer, Johannes, *Der Beschluß...*, pp. 91-96, 128-129 e 171-176, Bohn, Matthias, *Wesen...*, pp. 57-74 e 63-64, *maxime* 58, Zöllner, Wolfgang, "Beschluss...", pp. 821-823, e Volhard, Rüdiger, "Münchener...", 2ª ed., § 133, Rn. 3.

[124] Xavier, Vasco da Gama Lobo, *Anulação...*, pp. 554-555, n. 14, e pp. 562-563, n. 28.

[125] Considerando que quer a deliberação negativa, quer a deliberação positiva têm um efeito formal de vinculação, mas que só a deliberação positiva tem um efeito material de vinculação, Baltzer, Johannes, *Der Beschluß...*, pp. 91-96, 128-129 e 171-176. Equiparando o efeito de vinculação da deliberação (efeito formal comum) ao efeito formal decorrente da concessão de poder de representação e realçando que as deliberações podem ter outros efeitos jurídicos (efeitos substanciais), Bohn, Matthias, *Wesen...*, pp. 57-74 e 63-64, *maxime* 58.

[126] Bartholomeyczik, Horst, *Die Stimmabgabe...*, pp. 11-12, e Bartholomeyczik, Horst, "Der Körperschaftsbeschluß...", *ZHR*, nº 105, 1938, p. 316.

[127] Utilizando este argumento, Spindler, Gerald, "Aktiengesetz...", § 133, Rn. 2. Em geral, sobre a determinação do declaratário dos votos, Coelho, Eduardo Lucas, *A formação...*, pp. 166-178, Bartholomeyczik, Horst, *Die Stimmabgabe...*, pp. 25-35, Bohn, Matthias, *Wesen...*, pp. 93-99, e Baltzer, Johannes, *Der Beschluß...*, pp. 147-148.

CONSTITUIÇÃO DA SITUAÇÃO JURÍDICA DE ADMINISTRAÇÃO

deliberação)[128]. Esta visão dificulta a consideração de efeitos jurídico-negociais decorrentes da interação negocial com terceiros.

Como referi, existem também argumentos respeitantes à organização funcional da sociedade. A deliberação (do conjunto dos sócios) é reconduzida à formação interna da vontade da pessoa coletiva e não à sua manifestação para o exterior[129]. A representação da sociedade caberia em exclusivo ao órgão executivo.

Mas precisamente a deliberação de designação é, por vezes, considerada um caso excecional de eficácia externa, em que o conjunto dos sócios atua diretamente face a terceiros[130].

Ainda assim, a qualificação da deliberação como declaração negocial é rejeitada, sendo frequentemente realizada uma destrinça entre a deliberação e um negócio jurídico de execução da deliberação[131]. Quando a pessoa designada se encontra presente na assembleia geral, a própria proclamação da deliberação será considerada um negócio jurídico de execução da deliberação de designação concludente. Por vezes, a autonomia de tal negócio jurídico de execução em

---

[128] Baltzer, Johannes, *Der Beschluß...*, pp. 142-146. Sobre estas posições, em geral, Coelho, Eduardo Lucas, *A formação...*, pp. 157-160, Bartholomeyczik, Horst, *Die Stimmabgabe...*, pp. 10-11, e Bohn, Matthias, *Wesen...*, pp. 92-93.

[129] Nomeadamente Andrade, Manuel Domingues de, *...relação jurídica*, I, pp. 115-117, Xavier, Vasco da Gama Lobo, *Anulação...*, p. 101, n. 7, e p. 425, n. 76, Tuhr, Andreas von, *Der Allgemeine Teil...*, I, pp. 521-522, e Larenz, Karl e Wolf, Manfred, *Allgemeiner Teil...*, 8ª ed., pp. 446-447.

[130] Neste sentido, Xavier, Vasco da Gama Lobo, *Anulação...*, pp. 101-104, n. 7, e p. 425, n. 76, Ventura, Raúl, *Sociedades comerciais...*, II, pp. 147-151, Ventura, Raúl, "Funcionamento da gerência...", *O Direito*, 1968, p. 152, n. 5, Serra, Adriano Vaz, "Anotação...29 de Junho de 1976", *RLJ*, ano 110, 1977--1978, pp. 220-221, Correia, Luís Brito, *Os administradores...*, pp. 448-449, Frada, Manuel Carneiro da, "Deliberações...", p. 328, n. 27, e Abreu, Jorge Coutinho de, *Do abuso de direito...*, pp. 144-145 (posteriormente, Abreu, Jorge Coutinho de, "Administradores e trabalhadores...", pp. 12-13, Abreu, Jorge Coutinho de, *Governação...*, pp. 71-72, e Abreu, Jorge Coutinho de, *Curso...*, II, 3ª ed., p. 536).

[131] Neste sentido, Vasconcelos, Pedro Pais de, *A participação...*, 2ª ed., pp. 116-117, Bartholomeyczik, Horst, "Der Körperschaftsbeschluß...", *ZHR*, nº 105, 1938, pp. 316-319, Baltzer, Johannes, *Der Beschluß...*, pp. 128-129 e 172-176, Noack, Ulrich, *Fehlerhafte Beschlüsse...*, pp. 51-52, e Schmidt, Karsten, *Gesellschaftsrecht*, 4ª ed., pp. 439-440. Questionando se a deliberação pode constituir uma proposta contratual, sem dar uma resposta, mas fazendo uma remissão, em nota, para a questão da distinção entre deliberação e negócio jurídico de execução, Zöllner, Wolfgang, "Beschluss...", p. 822. Defendendo a necessidade de um ato executivo da deliberação de designação, mas com mero carácter notificativo, não negocial, Xavier, Vasco da Gama Lobo, *Anulação...*, pp. 103-104, n. 7, p. 425, n. 76, e p. 561, e Frada, Manuel Carneiro da, "Deliberações...", p. 328, n. 27. Referindo que, apesar de a assembleia formar e declarar a vontade frente ao designado, a deliberação permanece um ato unilateral, Frè, Giancarlo, *L'organo...*, p. 29, n. 1, e pp. 66-67.

## DEVER DE GESTÃO DOS ADMINISTRADORES DE SOCIEDADES ANÓNIMAS

relação à deliberação é reforçada, nomeadamente no que respeita à anulação por vícios na formação do negócio jurídico[132].

Parece, em todo o caso, que o principal motivo para a negação da possibilidade de qualificação da deliberação como proposta contratual residirá na própria estrutura da deliberação[133].

Aprofundando um pouco mais a matéria da estrutura da deliberação, temos que a proposta de deliberação não constitui uma declaração negocial[134]. Os eventuais vícios na formação da proposta de deliberação não afetarão os votos ou a deliberação.

Algumas vozes, com destaque para *Horst Bartholomeyczik*, referem que o conteúdo das declarações de voto corresponde ao conteúdo estereotipado da proposta de deliberação, com indicação positiva (voto positivo) ou com indicação negativa (voto negativo)[135].

Vários autores, de novo com destaque para *Horst Bartholomeyczik*, consideram que a deliberação é constituída exclusivamente pelo conjunto dos votos maioritários; não é integrada pelos votos minoritários[136].

### 2.3.2.2. Posição adotada
### 2.3.2.2.1 Noção e de fundamento do negócio jurídico
Em matéria de noção e de fundamento do negócio jurídico, adiro à perspetiva, marcada pela pena de *Ferreira de Almeida*, de que o negócio jurídico constitui um ato jurídico performativo, isto é, um ato de linguagem que tem efeitos jurídicos

---

[132] Nesta direção, Schmidt, Karsten, *Gesellschaftsrecht*, 4ª ed., p. 440, e Hüffer, Uwe, "Hachenburg...", 8ª ed., § 46, Rn. 43-44. Considerando, no entanto, que, nestes casos, o terceiro não beneficia da proteção decorrente da autonomia do poder de representação de um órgão de execução, Bartholomeyczik, Horst, "Der Körperschaftsbeschluß...", *ZHR*, nº 105, 1938, p. 317 (e p. 323).

[133] Esta também parece ser a opinião de Xavier, Vasco da Gama Lobo, *Anulação...*, p. 103, n. 7.

[134] Bartholomeyczik, Horst, *Die Stimmabgabe...*, p. 1, Zöllner, Wolfgang, *Die Schranken...*, pp. 358-359, Bohn, Matthias, *Wesen...*, pp. 82-85, Baltzer, Johannes, *Der Beschluß...*, pp. 113-114, Semler, Johannes, *Münchener...*, IV, 2ª ed., p. 515, e, entre nós, Coelho, Eduardo Lucas, *A formação...*, pp. 118-145.

[135] Bartholomeyczik, Horst, *Die Stimmabgabe...*, pp. 1 e 23-24, e Zöllner, Wolfgang, *Die Schranken...*, pp. 12-13 e 358-359. Afirmando que o conteúdo e o sentido dos votos e da deliberação se aferem pelo conteúdo e pelo sentido da proposta, Coelho, Eduardo Lucas, *A formação...*, p. 113.

[136] Bartholomeyczik, Horst, "Der Körperschaftsbeschluß...", *ZHR*, nº 105, 1938, pp. 302-309 (que refere ainda que os votos minoritários não gozam de eficácia negocial, sendo meros pressupostos da eficácia da deliberação), e Larenz, Karl e Wolf, Manfred, *Allgemeiner Teil...*, 8ª ed., p. 447. No mesmo sentido interpreto a referência à *"conexão coesa e coerente dos múltiplos enunciados"* de Almeida, Carlos Ferreira de, *Texto...*, p. 847. Referindo que a deliberação é *"produto da emissão conjunta de todos ou da maioria dos votos"*, Olavo, Carlos, "Impugnação...", *CJ*, 1988, p. 21.

CONSTITUIÇÃO DA SITUAÇÃO JURÍDICA DE ADMINISTRAÇÃO

conformes ao seu significado, cujo fundamento reside nas regras constitutivas sobre a prática dos negócios jurídicos[137].

Esta perspetiva vem sendo criticada, sobretudo com o argumento de que a análise da linguagem não superará a controvérsia relativa ao fundamento do negócio jurídico, pois não explica porque se ligam aos enunciados consequências jurídicas. A questão decisiva seria saber qual o aspeto que orienta as regras constitutivas que ligam aos enunciados consequências jurídicas. Importaria saber se as regras constitutivas seriam nomeadamente orientadas pela vontade ou pela confiança[138].

Em resposta, diria que esta conceção é tributária do pensamento filosófico segundo o qual as regras do jogo constituem o jogo (ou as regras da prá-

---

[137] Almeida, Carlos Ferreira de, *Texto...*, pp. 121-138 e 225-243. Sobre outras formas de compreender o negócio jurídico, por exemplo, Andrade, Manuel Domingues de, *...relação jurídica*, II, pp. 25-30 e 121-128, Marques, José Dias, *Teoria geral...*, II, pp. 27-32, Machado, João Baptista, "Tutela...", pp. 349-354 e 358 (com referências à função originária da palavra e à distinção entre vinculação negocial e tutela da confiança), Cordeiro, António Menezes, *Tratado...*, I, tomo I, 2ª ed., pp. 301-305, Frada, Manuel Carneiro da, *Contrato...*, pp. 64-67, Pinto, Paulo Mota, *Declaração tácita...*, pp. 10-67, 411-435 e *passim*, Pinto, Carlos Mota et al., *Teoria geral...*, 4ª ed., pp. 379-383 e 413-416, e, noutros quadrantes, Savigny, Friedrich Karl von, *System...*, III, nomeadamente pp. 5-7 e 98-99, Zitelmann, Ernst, *Irrtum...*, nomeadamente pp. 200-316, Windscheid, Bernhard e Kipp, Theodor, *Lehrbuch...*, I, 9ª ed., pp. 310-312, Larenz, Karl, *Die Methode...*, *passim*, Larenz, Karl e Wolf, Manfred, *Allgemeiner Teil...*, 8ª ed., pp. 473-483, Flume, Werner, *Allgemeiner Teil...*, II, 4ª ed., pp. 23-34 e 45-62, Bydlinski, Franz, *Privatautonomie...*, nomeadamente pp. 109-113 e 122-175, Canaris, Claus-Wilhelm, *Die Vertrauenshaftung...*, pp. 411-451, e Betti, Emilio, *Teoria generale...*, nomeadamente pp. 44-74. A minha adesão a esta conceção sobre a noção e o fundamento do negócio jurídico determina que, ao longo da exposição, utilize, por vezes, as expressões ato jurídico performativo, comunicação negocial e regras constitutivas da prática institucional. Da mesma forma, tendo a omitir referências à vontade, à exteriorização da vontade, à autorregulamentação de interesses, à declaração de vigência (ou validade) ou a outros termos que denotam diferentes conceções sobre a noção e o fundamento do negócio jurídico.

[138] Pinto, Paulo Mota, *Declaração tácita...*, pp. 40-43, 422 e 428-429, n. 472, Fernandes, Luís Carvalho, *Teoria geral...*, II, 3ª ed., pp. 127-128, Ascensão, José de Oliveira, *Teoria Geral*, II, 2ª ed., pp. 116-118, Frada, Manuel Carneiro da, *Teoria da confiança...*, pp. 68-74, n. 51, e pp. 793-798, n. 885, Albuquerque, Pedro de, *A representação...*, pp. 442-443, n. 2237, e Reis, Nuno Trigo dos, "A eficácia...", *Cadernos O Direito*, nº 4, 2009, pp. 194-202. *Carneiro da Frada* oferece um segundo argumento crítico: a conceção de *Ferreira de Almeida* implicaria um trânsito do ser para o dever-ser (em violação da denominada lei de *Hume*). Penso que uma resposta a este último problema pode ser obtida através das posições sustentadas em Brito, José de Sousa e, "A constituição do direito...", p. 715. O pensamento filosófico segundo o qual as regras do jogo constituem o jogo não implica uma dedução lógica do dever-ser a partir do ser. Tal pensamento não afirma que determinadas regras são definidas por práticas, mas antes que determinadas práticas são definidas por regras. Trata-se de regras ou normas constitutivas, por oposição às regulativas. Estas últimas orientam o comportamento; as primeiras explicam e fazem valer determinadas práticas.

tica constituem a prática), pensamento esse com raízes em *Ludwig Wittgenstein, J. L. Austin, John Rawls* e *John Searle*, entre outros[139]. De *Ludwig Wittgenstein* destacaria as seguintes palavras: "*Não tenho dúvida de que agora quero jogar xadrez, mas o jogo de xadrez só o é através de todas as suas regras, etc. Não sei então, o que quero jogar antes de ter jogado? Ou estão antes todas as regras contidas no meu ato de intenção? (...) Onde é feita a conexão entre o sentido das palavras "Vamos jogar uma partida de xadrez" e todas as regras do jogo? – Bem na lista das regras do jogo, no ensino do jogo, na prática quotidiana de jogar.*". Realçaria as referências de *J. L. Austin* a atos performativos e a regras convencionais. No que respeita a *John Rawls*, chamaria atenção para as referências a regras que definem práticas e a atuações especificadas pelas práticas. Relativamente a *John Searle*, destacaria as referências a regras constitutivas e a factos institucionais.

Este pensamento filosófico de matriz analítica implica a rejeição de perspetivas reducionistas, que procurem um fundamento para o negócio jurídico que esteja para lá das regras constitutivas da prática de celebrar negócios jurídicos, com destaque para o regime decorrente do art. 236 do CC[140].

Ao longo da história e nas mais diversas latitudes, a prática de atos jurídicos performativos envolve frequentemente formas solenes, bem como atos de comunicação que praticamente só têm significado jurídico (por exemplo: a aposição da assinatura)[141]. O mero olhar para os estados subjetivos dos agentes

---

[139] Para além de *Ferreira de Almeida*, entre nós, Brito, José de Sousa e, "A constituição do direito...", pp. 712-718, e Brito, José de Sousa e, "O positivismo...", pp. 901-919. Noutros quadrantes, Wittgenstein, Ludwig, "Investigações...", 2ª ed., §§ 197, 205 e 567, pp. 318-319, 322-323 e 457, Austin, J. L., *How to do things...*, 2ª ed., nomeadamente pp. 14, 22-24, 26-35, 45-47, 105, 107, 113-117, 119--122 e 128, Rawls, John, "Two concepts...", pp. 31-33 e 36-43, Searle, John R., *Speech acts...*, pp. 33-42, 50-53, 62-64 e 175-198, Searle, John R., *The construction...*, pp. 1-147, e Ross, Alf, *Directives...*, pp. 53-57. Próximo Saussure, Ferdinand de, *Curso...*, nomeadamente pp. 129-130, 141, 154 e 188, de que destaco a afirmação, a propósito de signos linguísticos, de que "*se se quiser demonstrar que a lei que se aceita numa coletividade é algo que se suporta, e não uma regra livremente consentida, teremos na língua a prova mais convincente*".

[140] Bem como o regime decorrente dos arts. 244 (reserva mental), 247 (erro na declaração) e 246 (falta de consciência da declaração) do CC. Relativamente a este último artigo, manifesto a minha preferência por leituras mais sistemáticas, em coordenação com os regimes da interpretação negocial e do erro, tais como as de Almeida, Carlos Ferreira de, *Texto...*, pp. 111-114, e Cordeiro, António Menezes, *Tratado...*, I, tomo I, 2ª ed., pp. 575-578. Rejeitando estas leituras, por apego à intenção do legislador, mas criticando, no entanto, a opção do legislador, Pinto, Paulo Mota, *Declaração tácita...*, pp. 221-252. Sobre a figura da falta de consciência da declaração citaria ainda Pinto, Carlos Mota et al., *Teoria geral...*, 4ª ed., pp. 490-492, e Fernandes, Luís Carvalho, *A conversão...*, pp. 27-92.

[141] Raz, Joseph, "Voluntary...", p. 453.

– vontade; confiança; vontade e confiança – não explica estas práticas institucionais e a sua eficácia jurídica.

Ressalvo que existem outros atos jurídicos performativos, como os legislativos ou jurisdicionais.

Como critério de distinção entre o negócio jurídico e os outros atos jurídicos performativos, aponta-se a ideia de reflexibilidade passiva[142]. Tratar-se-á de uma ideia próxima da ideia de auto-vinculação. Realço que algumas situações negociais de hetero-vinculação (como a instrução e a atuação negocial representativa) pressupõem uma prévia auto-vinculação.

Por contraposição à categoria do negócio jurídico, o ato jurídico não negocial constituirá um ato humano consciente com relevância jurídica que não produz efeitos jurídicos conformes ao seu significado[143]. Fala-se, por vezes, de uma categoria intermédia – o ato jurídico quase-negocial[144] –, em que a produção de efeitos jurídicos transcenderia o seu significado (ou a vontade do declarante, nos termos da tradicional teoria da vontade). O exemplo mais divulgado será a interpelação.

Todavia, alguns dos apontados atos jurídicos quase-negociais, nomeadamente a interpelação, produzem (alguns) efeitos jurídicos conformes ao seu significado[145]. No caso da interpelação, a fixação do tempo de cumprimento é um efeito jurídico conforme ao significado do ato. A existência de outros efeitos jurídicos que determinadas normas legais associam à interpelação, enquanto elemento da sua previsão normativa, não escamoteia a existência do referido efeito negocial e não preclude a consideração da interpelação como um ato de linguagem que tem efeitos jurídicos conformes ao seu significado.

Partindo da consideração de que a contraposição entre negócio jurídico e ato jurídico quase-negocial é um precipitado histórico, *Ferreira de Almeida* oferece como critério distintivo entre negócio jurídico e ato jurídico quase-negocial a autossuficiência estrutural (e o carácter inovador)[146]. Num escrito posterior

---

[142] Almeida, Carlos Ferreira de, *Texto...*, pp. 244-250.

[143] Não analisarei os diferentes critérios de distinção entre negócio jurídico e ato jurídico, dado que aderi à conceção do negócio jurídico como ato performativo.

[144] Por exemplo, Marques, José Dias, *Teoria geral...*, II, pp. 30-31, Pinto, Carlos Mota et al., *Teoria geral...*, 4ª ed., pp. 357-358, Almeida, Carlos Ferreira de, *Texto...*, p. 255, n. 441, Larenz, Karl e Wolf, Manfred, *Allgemeiner Teil...*, 8ª ed., pp. 436-438, e Kramer, Ernst, "Münchener...", 5ª ed., Vor § 116, Rn. 35-37.

[145] Almeida, Carlos Ferreira de, *Texto...*, pp. 251-252.

[146] Almeida, Carlos Ferreira de, *Texto...*, pp. 244-257.

sugere a desconsideração da distinção[147]. Repare-se que o critério da autossuficiência estrutural tem carácter relativo e gradativo[148].

Questiono a utilidade da distinção entre negócio jurídico e ato jurídico quase-negocial. Considero inevitável a aplicação do regime do negócio jurídico aos atos jurídicos com performatividade jurídica, na medida da sua performatividade jurídica, enquadrando-os na definição legal de negócio jurídico. Realço que a aplicação do art. 295 do CC a determinado ato jurídico pressupõe a prévia exclusão da qualificação de tal ato jurídico como negócio jurídico. Assim, quando, no decurso desta exposição, recorrer ao exemplo do ato de instrução, não equacionarei a sua caracterização como um ato jurídico quase-negocial, remetendo-o, desde logo, à categoria do negócio jurídico.

### 2.3.2.2.2 Negócio jurídico unilateral e contrato

São apontados diversos critérios para distinguir o negócio jurídico unilateral do contrato.

Segundo o critério da unidade ou pluralidade de partes, o negócio jurídico unilateral implica uma única parte e o contrato uma pluralidade de partes. É, no entanto, pacífico que várias pessoas podem constituir uma única parte.

Trata-se precisamente do apontado problema da pluralidade de pessoas na estrutura do negócio jurídico, que convoca as figuras de deliberação e do ato conjunto. Quais, então, os critérios alternativos?

De acordo com o critério da identidade ou contraposição de interesses, haverá uma unidade ou conjugação de interesses no negócio jurídico unilateral e existirá uma pluralidade ou contraposição de interesses no contrato[149]. Tal critério é criticável, na medida em que existem contratos sem contraposição de interesses, como a doação, e existem negócios jurídicos unilaterais com contraposição de interesses, como a promessa pública onerosa[150].

---

[147] Referindo-se à contraposição entre negócio jurídico e ato jurídico, mas tendo em mente os atos jurídicos comunicacionais, ou seja, pensando nos atos jurídicos performativos quase-negociais, Almeida, Carlos Ferreira de, *Contratos*, I, 4ª ed., pp. 23-24.

[148] Um contrato de transação extrajudicial sobre um litígio gerado por um contrato poderá ter um grau de auto-suficiência estrutural (e de inovação) menos intenso. Quanto a este aspeto, Almeida, Carlos Ferreira de, *Texto...*, p. 289.

[149] Nomeadamente, Moncada, Luís Cabral de, *Lições...*, 4ª ed., pp. 517-520, Ascensão, José de Oliveira, *Teoria Geral*, II, 2ª ed., p. 33, e Vasconcelos, Pedro Pais de, *Teoria geral...*, 6ª ed., pp. 439-440. Partindo deste critério, mas conjugando-o com o critério anterior, Fernandes, Luís Carvalho, *Teoria geral...*, II, 3ª ed., pp. 55-61. Aparentemente aderindo ao critério da identidade de interesses, Abreu, Luís Vasconcelos, "A parte...", pp. 372-373.

[150] Argumentos oferecidos por Almeida, Carlos Ferreira de, *Texto...*, pp. 265-266, 520 e 844. Sobre a promessa pública onerosa, veja-se também Varela, João Antunes, *Ensaio...*, p. 132.

CONSTITUIÇÃO DA SITUAÇÃO JURÍDICA DE ADMINISTRAÇÃO

Face ao critério do paralelismo ou da contraposição das declarações negociais, no negócio jurídico unilateral existirá uma declaração negocial ou existirão várias declarações negociais concorrentes ou paralelas; no contrato existirão várias declarações negociais com sentidos opostos[151]. Penso que a referência ao "paralelismo de declarações negociais" constituirá uma forma imprecisa de evidenciar a identidade de conteúdo de declarações negociais.

Segundo o critério da diferenciação de efeitos em relação aos intervenientes, no negócio jurídico unilateral os efeitos não diferenciarão as pessoas que nele tenham intervindo; no contrato os efeitos diferenciarão as pessoas que nele tenham intervindo[152]. Em crítica, deve salientar-se que a "diferenciação de efeitos" decorrerá necessariamente da diversidade de conteúdo de declarações negociais[153]. O critério distintivo deve ser identificado a montante.

Aponta-se para a ideia de identidade ou diversidade de conteúdo de declarações negociais[154].

*Ferreira de Almeida* sustenta que os enunciados de conteúdo idêntico expressos por uma pluralidade de pessoas integram uma única declaração negocial. Com base nesta premissa, conclui que a distinção entre negócio jurídico unilateral e contrato reside simplesmente na unidade ou pluralidade de declarações negociais[155]. Subjacente encontra-se a distinção analítica entre enunciado negocial, declaração negocial e negócio jurídico.

Penso que esta última é a pista adequada para a compreensão do problema da pluralidade de pessoas na estrutura do negócio jurídico. Passo a desenvolvê-la.

---

[151] Nomeadamente, Moreira, Guilherme Alves, *Instituições...*, I, pp. 389-390, Andrade, Manuel Domingues de, *...relação jurídica*, II, pp. 37-39, Pinto, Carlos Mota et al., *Teoria geral...*, 4ª ed., p. 385, e Tuhr, Andreas von, *Der Allgemeine Teil...*, II, tomo I, pp. 229-232.

[152] Nomeadamente, Cordeiro, António Menezes, *Tratado...*, I, tomo I, 2ª ed., pp. 307-311.

[153] Neste sentido Almeida, Carlos Ferreira de, *Texto...*, pp. 845.

[154] Fazendo referência à identidade de conteúdo das declarações, a par da referência ao seu sentido paralelo, Larenz, Karl e Wolf, Manfred, *Allgemeiner Teil...*, 8ª ed., p. 444. Caracterizando o ato conjunto pela identidade de conteúdo das declarações, Wiedemann, Herbert, *Gesellschaftsrecht*, I, p. 178. Fazendo uma referência à diferença de conteúdos ao distinguir contrato e deliberação, Ascensão, José de Oliveira, "Invalidades das deliberações...", p. 19, n. 5.

[155] Almeida, Carlos Ferreira de, *Texto...*, pp. 762 e 842-848, Almeida, Carlos Ferreira de, "As pessoas...", p. 526, e Almeida, Carlos Ferreira de, *Contratos*, II, p. 39. Utilizando, num escrito menos recente, como critério de distinção entre negócio jurídico unilateral e contrato a unidade ou pluralidade de declarações negociais, Cordeiro, António Menezes, *Direito das obrigações*, I, p. 553, n. 422.

### 2.3.2.2.3 Enunciado negocial, declaração negocial e negócio jurídico. Declaração negocial plural e declaração negocial singular

Seguindo *Ferreira de Almeida*, distingo três categorias no processo de formação do negócio jurídico: o enunciado negocial, a declaração negocial e o negócio jurídico.

Desenvolverei os termos da distinção entre declaração negocial e negócio jurídico, para depois abordar a destrinça entre enunciado negocial e declaração negocial.

A autonomização da declaração negocial face ao negócio jurídico é evidente nos contratos, dado que são formados através de uma pluralidade de declarações negociais. Mas deve igualmente ser realçada nos negócios jurídicos unilaterais. A exata compreensão da distinção entre declaração negocial e negócio jurídico é obtida através da comparação analítica da constituição sintagmática da declaração negocial com a constituição sintagmática do negócio jurídico.

A constituição sintagmática do negócio jurídico é integrada pelos seguintes elementos: as partes, a função eficiente, a função económico-social, o objeto e as circunstâncias (P, Fef, Fes, O e C)[156]. Relativamente às partes, importa distinguir os agentes, que são as pessoas que produzem e legitimam a eficácia jurídico-negocial, e os beneficiários e sujeitos, que são os destinatários da eficácia jurídico-negocial, consoante esta seja favorável ou desfavorável para o próprio[157].

A declaração negocial insere-se no plano comunicativo de formação do negócio jurídico, sendo a sua constituição sintagmática integrada pelos elementos do negócio jurídico em formação – o conteúdo proposicional –, acrescida de elementos de comunicação – o prefixo comunicativo. O prefixo comunicativo da declaração negocial é composto pelos elementos declarante, declaratário, função comunicativa e circunstâncias de comunicação (De, Do, Fc e Cc). O conteúdo proposicional da declaração negocial integra os elementos do negócio jurídico em formação, ou seja, as partes, a função eficiente, a função económico-social, o objeto e as circunstâncias (P, Fef, Fes, O e C)[158].

Não apenas no processo de formação do contrato, mas também no processo de formação do negócio jurídico unilateral ocorre um plano comunicacional, que apenas respeita à estrutura da declaração negocial e não releva do conteúdo do negócio jurídico.

Exemplificando, temos que, no contrato de mandato oneroso, a função eficiente é a de obrigar e a função económico-social engloba a prestação de um serviço (*"um ou mais atos jurídicos por conta da outra"*) e o pagamento de um preço

---

[156] Almeida, Carlos Ferreira de, *Texto...*, nomeadamente pp. 334-402.
[157] Almeida, Carlos Ferreira de, *Texto...*, pp. 573-581.
[158] Almeida, Carlos Ferreira de, *Texto...*, pp. 313-318 e 759-770.

CONSTITUIÇÃO DA SITUAÇÃO JURÍDICA DE ADMINISTRAÇÃO

– art. 1157 do CC. A declaração negocial de proposta do contrato de mandato oneroso é integrada por estes mesmos elementos, ao nível do conteúdo proposicional, mas compreende também um prefixo comunicativo, em que a função comunicativa é a de propor. No negócio jurídico unilateral de instrução, a função eficiente é a de obrigar e a função económico-social é a prestação de um serviço especificado – art. 1161, alínea a), do CC. A declaração negocial de instrução é integrada por estes mesmos elementos, ao nível do conteúdo proposicional, mas compreende também um prefixo comunicativo, em que a função comunicativa é a de ordenar.

Interrompo a descrição da distinção analítica entre enunciado negocial, declaração negocial e negócio jurídico, para aprofundar a caracterização da figura da instrução (*Weisung*) ou ordem, que surge frequentemente no contrato de mandato, no contrato de trabalho e nas relações inter-orgânicas. A ordem constitui um ato jurídico performativo com eficácia obrigacional, praticado em exercício de um poder normativo (poder jurídico), decorrente nomeadamente de um negócio jurídico prévio, que gera uma imposição normativa (dever jurídico) não para o agente, mas sim para o sujeito (ou, em termos talvez mais sugestivos, mas menos precisos, para a contraparte)[159]. Trata-se de um negócio jurídico unilateral[160].

Por vezes é realizada a distinção entre instruções vinculativas e instruções não vinculativas. Creio que as denominadas instruções não vinculativas correspondem à figura do conselho ou recomendação (*Beratung, Empfehlung*). Do ponto de vista da teoria do negócio jurídico, o conselho ou recomendação será um ato performativo sem eficácia jurídica obrigacional, cuja função comunica-

---

[159] Almeida, Carlos Ferreira de, *Contratos*, II, p. 192, e Almeida, Carlos Ferreira de, *Texto...*, pp. 257, 451 e 468. Utilizando igualmente o termo "ordem", a par do termo "autorização", ao analisar o significado das deliberações do conjunto dos sócios dirigidas ao órgão executivo, Xavier, Vasco da Gama Lobo, *Anulação...*, p. 102, n. 7, p. 336, n. 85, p. 347, n. 100, p. 349, n. 101. Afirmando que se a assembleia geral deliberar a celebração de um contrato com terceiro, a deliberação constitui uma ordem à administração, Serra, Adriano Vaz, "Anotação...29 de Junho de 1976", *RLJ*, ano 110, 1977-1978, p. 220. Considerando a ideia de ordem subjacente ao termo instrução, Albuquerque, Pedro de, *A representação...*, pp. 927-928, n. 1456. Realçando que o vínculo obrigacional é integrado por direitos potestativos, com destaque para o poder de direção do empregador e o poder de dar instruções do mandante, Cordeiro, António Menezes, *Tratado...*, II, tomo I, p. 491. Diferentemente, considerando que a ordem não constitui um ato de direito privado, mas tão só de direito público, Carvalho, Orlando de, "Contrato...", pp. 169-170.
Quanto à terminologia que emprego, terei a oportunidade de analisar a contraposição entre poder normativo (poder jurídico), permissão normativa (direito subjetivo) e imposição normativa (dever jurídico).

[160] Recorde-se que desvalorizei a figura do ato jurídico quase-negocial.

tiva é de recomendação[161]. O conselho distingue-se claramente da ordem, pois não gera deveres para a contraparte.

Ao longo da exposição utilizarei o termo instrução (*Weisung*) sempre como sinónimo de ordem, com o significado de negócio jurídico unilateral, com eficácia obrigacional, que gera uma imposição normativa para o instruído.

Considerando que o termo "declaração negocial" é utilizado de forma ambivalente em diversos preceitos do CC, *Ferreira de Almeida* opera a contraposição entre enunciado negocial e declaração negocial. A categoria enunciado negocial significa qualquer conjunto de sinais com unidade de emissor, de tempo e de espaço e com vocação para ser integrado numa declaração negocial. A categoria declaração negocial fica reservada para a declaração negocial completa[162].

Joga-se, por um lado, a compreensão da complexidade objetiva no processo de formação da declaração negocial, decorrente da dispersão espácio-temporal dos atos de comunicação negocial de um único declarante. Pense-se nas situações em que as cláusulas contratuais gerais constam de um enunciado negocial autónomo – cláusulas contratuais gerais externas[163].

Joga-se, por outro lado, a compreensão da complexidade subjetiva no processo de formação da declaração negocial, consistente na pluralidade de declarantes. Os enunciados de conteúdo idêntico expressos por uma pluralidade de pessoas integram uma única declaração negocial[164].

Opto por utilizar a expressão declaração negocial plural[165] para me referir às declarações formadas por um conjunto de enunciados negociais de conteúdo idêntico expressos por uma pluralidade de declarantes. Contraponho à declaração negocial plural, em que existe uma pluralidade de declarantes, a declaração negocial singular, em que existe um único declarante.

É incontornável a existência de situações em que comunicações negociais de conteúdo idêntico formam uma unidade destinada a uma interação com uma declaração negocial de um terceiro (ou com várias declarações negociais de ter-

---

[161] Almeida, Carlos Ferreira de, *Texto...*, p. 468, incluindo n. 59.

[162] Almeida, Carlos Ferreira de, *Texto...*, pp. 259-290, 309-318, 577 e 665-758. Num escrito mais recente, utilizando a terminologia "declaração completa" e "declaração incompleta" em alternativa à terminologia "declaração" e "enunciado", mas advertindo que aquela terminologia alternativa é menos clara e rigorosa, Almeida, Carlos Ferreira de, *Contratos*, I, 4ª ed., pp. 94-95.

[163] Almeida, Carlos Ferreira de, *Direito do consumo*, p. 128, e Almeida, Carlos Ferreira de, *Texto...*, pp. 882-883. O § 305 I 2 do BGB distingue as situações em que as cláusulas constituem uma parte externa do contrato e as situações em que as cláusulas constam do próprio documento contratual.

[164] Almeida, Carlos Ferreira de, *Texto...*, pp. 762 e 842-848.

[165] Quanto à utilização do termo "plural", *vide* a referência a "declarante plural" (a par da referência a "enunciação conjunta") em Almeida, Carlos Ferreira de, *Texto...*, pp. 762 e 281, respetivamente, e a referência a "negócio plural" em Cordeiro, António Menezes, *Tratado...*, I, tomo I, 2ª ed., p. 310.

CONSTITUIÇÃO DA SITUAÇÃO JURÍDICA DE ADMINISTRAÇÃO

ceiros, no caso de formação de um contrato plurilateral). Tal unidade não constitui já um negócio jurídico, mas apenas uma declaração negocial – a declaração negocial plural. O negócio jurídico só surge após interação com a declaração negocial do terceiro.

A distinção analítica entre enunciado negocial, declaração negocial e negócio jurídico é indispensável à compreensão das situações de pluralidade de pessoas na estrutura do negócio jurídico.

A perspetiva de que os enunciados de conteúdo idêntico expressos por uma pluralidade de pessoas integram uma única declaração negocial permite chegar à conclusão de que a distinção entre negócio jurídico unilateral e contrato reside simplesmente na unidade ou pluralidade de declarações negociais[166].

O problema da pluralidade de pessoas na formação e no conteúdo do negócio jurídico deve ser analisado distinguindo, por um lado, declaração negocial singular e declaração negocial plural, em função da unidade ou da pluralidade de declarantes, e, por outro, negócio jurídico unilateral e contrato, em função da unidade ou da pluralidade de declarações negociais.

### 2.3.2.2.4 Declaração negocial representativa. Representação orgânica

Na constituição sintagmática da declaração negocial idealizada por *Ferreira de Almeida*, em caso de representação, o representante é o declarante (ou declaratário, na representação passiva), surgindo ao nível do prefixo comunicativo, e o representado é a parte, constituindo um elemento do conteúdo proposicional[167].

A consideração, na constituição sintagmática da declaração negocial, do representante como declarante e do representado como parte decorre da regra da *contemplatio domini* (ou princípio da exteriorização), consagrada no art. 258 do CC (*"negócio jurídico realizado pelo representante em nome do representado"*)[168].

---

[166] Almeida, Carlos Ferreira de, *Texto...*, pp. 762 e 842-848, Almeida, Carlos Ferreira de, "As pessoas...", p. 526, e Almeida, Carlos Ferreira de, *Contratos*, II, p. 39.

[167] Almeida, Carlos Ferreira de, *Texto...*, pp. 765-766, Almeida, Carlos Ferreira de, "As pessoas...", pp. 518-519, e Almeida, Carlos Ferreira de, *Contratos*, II, pp. 30-31.

[168] Creio que a caracterização da representação através do princípio da exteriorização (através da constituição sintagmática da declaração negocial emitida pelo representante) constitui um dado legislativo incontornável. Sendo assim, opto por não desenvolver os termos da querela entre a denominada teoria do dono do negócio savigniana (*Geschäftsherrntheorie*), a teoria ou as teorias da representação (*Repräsentationstheorien*) e a teoria da cooperação ou mediação (*Vermittlungstheorie*). Opto igualmente por não analisar o distinto modelo anglo-americano de "atuação representativa". É certo que os estados subjetivos do representado têm relevo para a eficácia do negócio representativo (art. 259 do CC). Acresce que se discute se as declarações negociais do representado poderão ser relevantes para a interpretação do negócio representativo. Todavia, partilho a perspetiva de

O desfasamento entre o declarante e a correspondente parte denota a atuação negocial representativa.

Utilizarei a expressão declaração negocial representativa para significar a declaração negocial em que uma pessoa (o representante) surge no prefixo comunicativo como declarante e outra pessoa (o representado) surge no conteúdo proposicional como a correspondente parte.

Em minha opinião, a expressão "declaração negocial representativa" é mais precisa do que a expressão "negócio jurídico representativo", na medida em que a atuação representativa apenas se reflete no prefixo comunicativo da declaração negocial, estando ausente do texto do negócio jurídico. Repare-se também que a expressão "negócio jurídico representativo" tem o inconveniente de poder significar não apenas o negócio jurídico formado por uma declaração negocial representativa, mas também o negócio jurídico formado por duas (ou mais) declarações negociais representativas (negócio jurídico duplamente representativo, se se quiser).

Creio que, para além da invocação da atuação em nome de determinada pessoa, imposta pela regra da *contemplatio domini* (ou princípio da exteriorização), será frequente na prática negocial a invocação do poder de representação ou da qualidade de representante. Nos termos gerais (art. 217 do CC), o enunciado negocial em que se invoca o poder de representação ou a qualidade de representante de determinada pessoa pode ser expresso ou tácito. Em minha opinião, a invocação do poder de representação ou da qualidade de representante pode ser individualizada como um dos elementos circunstanciais do prefixo comunicativo da declaração negocial.

Opto por apelidar este elemento circunstancial do prefixo comunicativo da declaração negocial de circunstância de legitimidade (Cl)[169].

---

que estes fenómenos não contendem com a caracterização da representação através da constituição sintagmática da declaração negocial emitida pelo representante. Reitero que não pretendo desenvolver estas matérias.

[169] Quanto à utilização do termo "legitimidade", *vide* nomeadamente Collaço, Isabel de Magalhães, "Da legitimidade...", *BMJ*, nº 10, 1949, pp. 20-112, Telles, Inocêncio Galvão, *Manual dos contratos...*, 4ª ed., pp. 398-406, 419-421 e 426, Almeida, Carlos Ferreira de, *Texto...*, pp. 845 e 316, Ascensão, José de Oliveira, *Teoria Geral*, II, 2ª ed., pp. 107-113, Cordeiro, António Menezes, *Tratado...*, I, tomo IV, pp. 15-26, Fernandes, Luís Carvalho, *Teoria geral...*, I, 3ª ed., pp. 135-138, Pinto, Carlos Mota et al., *Teoria geral...*, 4ª ed., pp. 260-261 e 411-412, e Brito, Maria Helena, *A representação...*, p. 104, n. 65. Noutros quadrantes, nomeadamente, Carnelutti, Francesco, *Teoria generale...*, 3ª ed., pp. 238--239, e Betti, Emilio, *Teoria generale...*, pp. 221-232. A utilização do termo "legitimação" é bastante frequente na literatura germânica sobre a representação. Operando uma distinção entre competência (*Zuständigkeit*) primária e secundária, correspondente à distinção entre legitimidade direta e indireta, Müller-Freienfels, Wolfram, *Die Vertretung...*, pp. 65-103.

CONSTITUIÇÃO DA SITUAÇÃO JURÍDICA DE ADMINISTRAÇÃO

Farei, de seguida, uma referência às figuras do núncio, da autorização constitutiva ou legitimação (*Ermächtigung*) germânica, da autorização integrativa (*Zustimmung*) e da autorização justificativa ou consentimento prévio (*Einwilligung, vorherige Zustimmung*), distinguindo-as entre si e face à representação.

Por oposição ao representante, o núncio não é declarante, não é autor da mensagem, mas mero meio de transmissão da mensagem. A distinção entre representante e núncio não se afere pelo grau de liberdade negocial, mas sim pela estrutura da declaração negocial emitida[170]. O representante é o declarante, integrando-se no prefixo comunicativo da declaração negocial; o núncio é mero transmitente da declaração de outrem, não se integrando sequer no prefixo comunicativo da declaração negocial.

Diferente da representação é igualmente a figura germânica da autorização constitutiva ou legitimação (*Ermächtigung*). Esta figura germânica gera um poder (um poder normativo, na terminologia que terei a oportunidade de explicar) de disposição ou atuação sobre uma esfera alheia, através do qual o legitimado atua em nome próprio, realizando ele próprio o negócio autorizado. Face a esta caracterização, parece que, ao contrário do representante, o legitimado surgirá não apenas no prefixo comunicativo da declaração negocial como declarante, mas também no conteúdo proposicional da declaração negocial como parte[171].

Esta autorização constitutiva ou legitimação germânica (*Ermächtigung*) não deve ser confundida com a autorização integrativa (*Zustimmung*)[172], que é bastante frequente no regime das sociedades comerciais e no de outras pessoas cole-

---

[170] Sobre a distinção entre representante e núncio, em termos semelhantes, para além de *Ferreira de Almeida*, por exemplo, Pinto, Carlos Mota et al., *Teoria geral...*, 4ª ed., pp. 543-544, Guichard, Raúl, "Sobre a distinção...", *Scientia Iuridica*, 1995, pp. 317-322, Brito, Maria Helena, *A representação...*, p. 91, e, noutros quadrantes, Flume, Werner, *Allgemeiner Teil...*, II, 4ª ed., pp. 755-759, Larenz, Karl e Wolf, Manfred, *Allgemeiner Teil...*, 8ª ed., pp. 869-872, e Tuhr, Andreas von, *Der Allgemeine Teil...*, II, tomo 2, pp. 337-341. Com referências ao grau de liberdade negocial, mas distinguindo essencialmente o núncio do representante pelo teor das declarações perante a contraparte, Enneccerus, Ludwig e Nipperdey, Hans Carl, *Allgemeiner Teil...*, 15ª ed., pp. 1087-1091. O ponto não é, contudo, pacífico.

[171] Na tradução do termo *Ermächtigung* aponto quer a nomenclatura sugerida por Jorge, Fernando Pessoa, *O mandato...*, pp. 390-396 e 400-404, quer a sugerida por Cordeiro, António Menezes, *Tratado...*, I, tomo IV, pp. 22-23. Sobre a distinção entre representação e *Ermächtigung* (distinção essa que tem pressuposta a caracterização da representação através do referido princípio da exteriorização), por exemplo, Larenz, Karl e Wolf, Manfred, *Allgemeiner Teil...*, 8ª ed., pp. 865-866 e 972-973, Flume, Werner, *Allgemeiner Teil...*, II, 4ª ed., pp. 903-904, e Pawlowski, Hans-Martin, *Allgemeiner Teil...*, 7ª ed., pp. 330-331. Reconduzindo a *Ermächtigung*, tal como o poder de representação, a uma competência (*Zuständigkeit*) secundária (correspondente a uma legitimidade indireta), Müller-Freienfels, Wolfram, *Die Vertretung...*, pp. 98-103.

[172] Na tradução do termo *Zustimmung*, neste contexto, sigo a nomenclatura sugerida por Jorge, Fernando Pessoa, *O mandato...*, pp. 390-396 e 400-404.

tivas (ou pessoas coletivas rudimentares), como forma de limitação ou partilha inter-orgânica de competências. De acordo com uma determinada perspetiva, a autorização integrativa constitui um negócio jurídico unilateral complementar, mas autónomo face ao negócio jurídico do autorizado[173]. Noutra perspetiva, a comunicação negocial de autorização integrativa e a comunicação negocial do autorizado formarão uma única declaração negocial[174]. Em minha opinião, a autorização integrativa tem como efeito jurídico-negocial a supressão de uma limitação ao poder de atuação negocial do autorizado. Produz uma modificação de um poder normativo. Reitero que terei a oportunidade de desenvolver esta terminologia. Assim, uma autorização integrativa concedida ao abrigo do art. 246, nº 2, alínea c), do CSC ampliará o poder normativo de representação orgânica dos gerentes[175]. O reconhecimento de que a autorização integrativa produz efeitos jurídico-negociais na esfera jurídica do autorizado aponta para a referida perspetiva de autonomia da autorização integrativa face ao negócio jurídico do autorizado[176].

Teço mais dois comentários relativos à figura da autorização integrativa (*Zustimmung*). O primeiro comentário para referir que se pode questionar se

---

[173] Por exemplo, Larenz, Karl e Wolf, Manfred, *Allgemeiner Teil...*, 8ª ed., pp. 969-970. Considerando a autorização um ato jurídico autónomo, Cordeiro, António Menezes, *Tratado...*, I, tomo I, 2ª ed., p. 311.

[174] Afirmando que o autorizante surge no prefixo comunicativo da declaração negocial como co-declarante, Almeida, Carlos Ferreira de, *Texto...*, p. 766.

[175] Não pretendo aprofundar a questão de saber se a autorização integrativa prevista no art. 246, nº 2, alínea c), do CSC apenas produz uma ampliação do poder normativo de representação orgânica interna (poder de administração) dos gerentes ou se produz uma ampliação do seu poder normativo de representação orgânica externa (poder de representação *tout court*; vinculação perante terceiros). Sobre a questão, considerando que a autorização prevista no art. 246, nº 2, alínea c), do CSC afeta a vinculação perante terceiros, Ventura, Raúl, "Adaptação...", *Documentação e Direito Comparado*, nº 2, 1980, p. 143, Ventura, Raúl, *Sociedades por quotas*, III, p. 163, e Santo, João Espírito, *Sociedades...*, p. 284. No sentido oposto, Albuquerque, Pedro de, "A vinculação das sociedades...", *ROA*, 1995, p. 702, Castro, Carlos Osório de, "Da prestação de garantias...", *ROA*, 1996, p. 587, Martins, Alexandre de Soveral, "Capacidade...", pp. 493-494, Domingues, Paulo de Tarso, "A vinculação...", *RFDUP*, 2004, pp. 296-297, e Abreu, Jorge Coutinho de, *Curso...*, II, 3ª ed., pp. 561-562.

[176] Na doutrina nacional sobre a autorização em geral, para além dos autores já citados nas notas anteriores, por exemplo, Andrade, Manuel Domingues de, *...relação jurídica*, II, p. 296, Collaço, Isabel de Magalhães, *Da legitimidade no ato jurídico...*, pp. 173-177, Telles, Inocêncio Galvão, *Manual dos contratos...*, 4ª ed., p. 426, Alarcão, Rui de, *A confirmação...*, pp. 121-128, Pinto, Carlos Mota et al., *Teoria geral...*, 4ª ed., p. 545, Brito, Maria Helena, *A representação...*, pp. 102-103, Albuquerque, Pedro de, *A representação...*, pp. 582-586, em nota, Leitão, Luís Menezes, *A responsabilidade do gestor...*, pp. 201-209, Mendes, Armindo Ribeiro, *A gestão...*, pp. 283-294, Vasconcelos, Pedro Leitão Pais de, *A procuração...*, pp. 69-73, Pinto, Rui, *Falta e abuso de poderes...*, p. 27, e Prata, Ana, *Dicionário...*, I, 5ª ed., pp. 196-197. Numa perspetiva diferente da sustentada, integrando a representação numa figura ampla de autorização, Ascensão, José de Oliveira, *Teoria Geral*, II, 2ª ed., pp. 250-251.

CONSTITUIÇÃO DA SITUAÇÃO JURÍDICA DE ADMINISTRAÇÃO

o negócio jurídico de autorização integrativa tem como declaratário o autorizado ou o terceiro. Trata-se de uma discussão paralela à discussão sobre se a procuração tem como declaratário o representante ou o terceiro, discussão essa que terei a oportunidade de abordar e para a qual remeto. Também em paralelo com a figura da procuração, poderá equacionar-se a proteção do terceiro através do instituto da tutela da aparência. O segundo comentário para realçar que, na comunicação negocial, os declarantes podem invocar a autorização integrativa ou a qualidade de autorizado. Na constituição sintagmática da declaração negocial, tal comunicação integrará o prefixo comunicativo, constituindo uma circunstância de legitimidade (Cl).

Com a autorização integrativa (*Zustimmung*) não deve ser confundida a autorização justificativa ou consentimento prévio (*Einwilligung, vorherige Zustimmung*) para a prática de atos que de outra forma violariam determinados deveres. Podem ser colhidos exemplos nos arts. 254, nº 1 e 398, nº 3, do CSC. Esta autorização justificativa ou consentimento prévio, ao contrário da autorização integrativa (*Zustimmung*), não respeita a questões de eficácia da atuação negocial, mas sim a questões de exigibilidade de conduta (licitude). Remeto para as considerações que terei a oportunidade de tecer sobre a distinção entre normas de poder (ou de competência) e normas de conduta[177].

Defendo uma conceção estrutural da representação[178]. Considero que a regra da *contemplatio domini* e a inerente caracterização da declaração negocial representativa pelo desfasamento entre o declarante e a correspondente parte se aplicam a todos tipos de representação, isto é, na representação voluntária, na representação legal e na representação orgânica.

Contudo, este aspeto não é pacífico, sobretudo no que respeita à assimilação da representação orgânica[179].

---

[177] Também o termo ratificação pode ser utilizado quer em questões de eficácia da atuação negocial (normas de poder), quer em questões de exigibilidade de conduta (normas de conduta), parecendo adequadas as expressões ratificação integrativa e ratificação justificativa.

[178] Adotando uma conceção estrutural da representação, por exemplo, Collaço, Isabel de Magalhães, *Da legitimidade no ato jurídico...*, pp. 192-195, e Almeida, Carlos Ferreira de, *Texto...*, pp. 313, 574-580 e 765-766. Noutros quadrantes, por exemplo, Tuhr, Andreas von, *Der Allgemeine Teil...*, I, pp. 460-465, Larenz, Karl e Wolf, Manfred, *Allgemeiner Teil...*, 8ª ed., p. 861, Flume, Werner, *Allgemeiner Teil...*, II, 4ª ed., pp. 780-781 e 791-792 (e Flume, Werner, *Allgemeiner Teil...*, I, 2, pp. 377-379), Baums, Theodor, *Der Geschäftsleitervertrag*, p. 27, Schramm, Karl-Heinz, "Münchener...", 5ª ed., Vor § 164, Rn. 1-9, e Schilken, Eberhard, "Staudingers...", 13ª ed., Vor. §§ 164 ff, Rn. 21.

[179] Dissociando a representação orgânica da representação voluntária, por exemplo, Andrade, Manuel Domingues de, *...relação jurídica*, II, pp. 288-289, Ventura, Raúl, *Sociedades comerciais...*, II, pp. 135-151, Abreu, Jorge Coutinho de, *Curso...*, II, 3ª ed., pp. 57, 204-205 e 538-539, Ascensão, José de Oliveira, *Teoria Geral*, II, 2ª ed., pp. 257-260, Cordeiro, António Menezes, *Tratado...*, I, tomo IV, pp. 44-47, Cordeiro, António Menezes, *Manual...*, I, 2ª ed., pp. 348-355, e Pinto, Carlos Mota

Em matéria de representação das pessoas coletivas existe uma antiga querela entre a teoria da representação, formulada por *Friedrich Karl von Savigny*, e a teoria orgânica, formulada por *Otto von Gierke*[180].

De acordo com a teoria da representação savigniana, a pessoa coletiva não tem capacidade de querer e de agir. Tal como uma pessoa física incapaz, a pessoa coletiva carece de representantes para a celebração de negócios jurídicos. *Friedrich Karl von Savigny* sustenta igualmente que as pessoas coletivas não têm capacidade delitual, na medida em que a culpa pressupõe capacidade de querer e de agir.

De acordo com a teoria orgânica gierkiana, a que já fiz alguma referência, a pessoa coletiva constitui um organismo social com capacidade de exercício, atuando através dos seus órgãos. A vontade e a atuação dos órgãos são a vontade e a atuação da pessoa coletiva. A atuação dos órgãos é uma atuação da própria pessoa coletiva. A perspetiva da atuação dos órgãos como uma atuação da própria pessoa coletiva permite sustentar a responsabilização delitual da pessoa coletiva. *Otto von Gierke* opera uma distinção radical entre a representação voluntária e a representação da pessoa coletiva através dos seus órgãos.

Do ponto de vista histórico é importante realçar que a teoria orgânica gierkiana constituiu uma justificação teórica para um movimento de aprofundamento da responsabilidade extra-negocial (delitual) das pessoas coletivas[181].

Quer os defensores da teoria da representação, quer alguns defensores da teoria orgânica reconhecem a necessidade de uma operação de imputação da atuação das pessoas físicas que integram a organização da pessoa coletiva[182].

---

et al., *Teoria geral...*, 4ª ed., pp. 315-318. Noutros quadrantes, por exemplo, Wolff, Hans Julius, *Organschaft...*, II, pp. 280-302 (afirmando que, apesar de distinta, a representação orgânica é uma forma de representação), Wolff, Hans Julius e Bachof, Otto, *Verwaltungsrecht*, I, 9ª ed., pp. 248-254, Beuthien, Volker, "Zur Theorie...", pp. 87-109, Beuthien, Volker, "...organschaftliche Stellvertretung?", *NJW*, 1999, pp. 1142-1146, e Beuthien, Volker, "Gibt es im Gesellschaftsrecht...", pp. 41-48. Em termos dubitativos, Vasconcelos, Pedro Pais de, *Teoria geral...*, 6ª ed., pp. 328-329.

[180] Sobre os termos da querela, para além dos autores citados nas duas notas anteriores, nomeadamente Savigny, Friedrich Karl von, *System...*, II, pp. 236-241, 281-284 e 310-323, Gierke, Otto von, *Die Genossenschaftstheorie...*, pp. 603-714, Gierke, Otto von, *Deutsches Privatrecht*, I, pp. 518-533, Enneccerus, Ludwig e Nipperdey, Hans Carl, *Allgemeiner Teil...*, 15ª ed., pp. 607-619, e Schmidt, Karsten, *Gesellschaftsrecht*, 4ª ed., pp. 247-288.

[181] Schmidt, Karsten, *Gesellschaftsrecht*, 4ª ed., pp. 251-253.

[182] Entre os primeiros, por exemplo, Flume, Werner, *Allgemeiner Teil...*, I, 2, pp. 377-379. Entre os segundos, nomeadamente, Baltzer, Johannes, *Der Beschluß...*, pp. 23-24 e 49-52, Schmidt, Karsten, *Gesellschaftsrecht*, 4ª ed., p. 252, Jacoby, Florian, *Das private Amt*, pp. 201-216 e 269-275, e Schürnbrand, Jan, *Organschaft...*, pp. 10 e 20-21. *Karsten Schmidt* considera que o reconhecimento da necessidade de uma imputação não é estranho ao pensamento do próprio *Otto von Gierke*. Analisando o pensamento de *Otto von Gierke*, realço que este Autor enumera as condições de existência de uma

Outros defensores da teoria orgânica sustentam que não existe qualquer operação de imputação da atuação das pessoas físicas que integram a organização da pessoa coletiva, verificando-se simplesmente uma atuação da própria pessoa coletiva através dos órgãos[183].

Embora reconhecendo a necessidade de uma operação de imputação, certos defensores da teoria orgânica consideram que na representação orgânica, ao contrário da representação voluntária, o próprio ato é imputado à pessoa coletiva, não sendo apenas imputados os seus efeitos[184].

Em defesa da distinção entre a representação voluntária e a representação orgânica é frequente a afirmação de que a representação orgânica, ao contrário da representação voluntária, é indispensável (que é obrigatória a designação de pessoas físicas que integrem a organização da pessoa coletiva)[185].

Em defesa da distinção entre a representação voluntária e a representação orgânica é, por vezes, sustentada a diferente natureza das situações jurídicas em jogo. Assim, *Paul Laband* considera que na atuação orgânica, ao contrário da atuação negocial representativa, não existe um poder de representação, mas sim funções (*Funktionen*) atribuídas ao órgão da pessoa coletiva[186].

---

atuação orgânica – atuação de um órgão, atuação no âmbito da sua competência e atuação na forma estatutariamente requerida –, afirmando que a atuação será imputada aos titulares do órgão caso não estejam reunidas estas condições (Gierke, Otto von, *Die Genossenschaftstheorie...*, p. 714, e Gierke, Otto von, *Deutsches Privatrecht*, I, pp. 524-525). Realço que *Otto von Gierke* utiliza o termo imputação (*Zurechnung*) para a recondução da atuação da pessoa física à sua própria esfera jurídica, omitindo tal termo na recondução da atuação da pessoa física à esfera jurídica da pessoa coletiva (Gierke, Otto von, *Die Genossenschaftstheorie...*, p. 714, e Gierke, Otto von, *Deutsches Privatrecht*, I, p. 525).

[183] Recentemente Beuthien, Volker, "...organschaftliche Stellvertretung?", *NJW*, 1999, pp. 1142-1144. Contudo, este Autor, a p. 1142, afirma simultaneamente que o ato é imputado à pessoa coletiva e que é a própria pessoa coletiva que atua através dos órgãos. Creio que este discurso padece de uma contradição interna: o ato ou é próprio ou resulta de uma imputação.

[184] Nomeadamente Wolff, Hans Julius, *Organschaft...*, II, pp. 235, 242-243, 280-283 e 289-294, *maxime*, p. 293, n. 1 (em tempos mais recentes, Wolff, Hans Julius e Bachof, Otto, *Verwaltungsrecht*, I, 9ª ed., p. 252), Jacoby, Florian, *Das private Amt*, pp. 273-275, Schürnbrand, Jan, *Organschaft...*, pp. 17-29, e, entre nós, Ascensão, José de Oliveira, *Teoria Geral*, II, 2ª ed., pp. 257-260.

[185] Para além de *Otto von Gierke*, *vide* nomeadamente Wolff, Hans Julius, *Organschaft...*, II, pp. 296-299, e Schmidt, Karsten, *Gesellschaftsrecht*, 4ª ed., pp. 248 e 254. Realçando que, quer na representação orgânica, quer na representação legal, ao contrário da representação voluntária, o representado não pode atuar negocialmente, mas tão só o representante, Pawlowski, Hans-Martin, "Die gewillkürte...", *JZ*, 1996, p. 130.

[186] Laband, Paul, "Zum zweiten Buch...", *AcP*, 1888, pp. 187-188. O Autor refere-se, em rigor, não a poder de representação, mas sim a autorização de representação (*Stellvertretungsbefugnis*). A opção de tradução deve-se não só ao facto de a posição jurídica de representação idealizada por *Paul Laband* ter passado a ser comummente caracterizada como um poder, distinto da autorização ou permissão, como também ao facto de a posição jurídica de representação ter estado precisamente

Explanados sinteticamente os termos da querela entre a teoria da representação savigniana e a teoria orgânica gierkiana, resta apontar alguns argumentos que justificam a opção pela referida conceção estrutural da representação (entenda-se: da atuação negocial representativa).

Perfilho a perspetiva de que a atuação negocial representativa orgânica é uma atuação de uma pessoa física e não da pessoa coletiva ou dos seus órgãos. Existe sempre um problema de imputação[187].

Partilho a perspetiva de que a imputação da atuação negocial representativa orgânica, tal como a imputação da atuação negocial representativa voluntária, tem como pressupostos o poder de representação e a *contemplatio domini*. Trata-se de um regime decorrente do art. 258 do CC, cuja aplicação à representação orgânica defendo[188]. Está em jogo um problema de qualificação jurídica. O art. 258 do CC constitui uma regra constitutiva, que define a prática institucional da atuação representativa. Repare-se que de outra forma seria impossível distinguir a atuação negocial representativa orgânica da atuação negocial da pessoa física em nome próprio.

Como resulta literalmente do art. 258 do CC, trata-se de uma imputação de efeitos jurídicos. Não é o próprio ato que é imputado. Se assim não fosse seria impossível explicar a responsabilidade das pessoas que integram a organização pelo incumprimento dos seus deveres orgânicos (o ato é da pessoa coletiva ou do devedor?).

A indispensabilidade (ou obrigatoriedade) da representação orgânica (isto é, da designação de pessoas físicas que integrem a organização da pessoa cole-

na origem da própria distinção dogmática entre poder jurídico e permissão jurídica (ou autorização). Remeto para a conceção de poder de representação de *Alois Brinz* e para a distinção entre normas de poder (ou de competência) e normas de conduta, que terei a oportunidade de descrever.

[187] Em sentido divergente, veja-se o acórdão do Supremo Tribunal de Justiça de 19.6.08 (Custódio Montes), publicado em CJ-STJ 2008-II-115. Neste aresto nega-se a aplicação da presunção do art. 503, nº 2, do CC a um gerente, por se entender que entre o gerente e a sociedade por quotas não existe uma relação de comissão, argumentando-se no sentido de que, por força do nexo de organicidade, tudo se passa como se fosse a própria sociedade a conduzir o veículo. Criticando esta argumentação, sem pôr em causa a solução do acórdão, diria que a demonstração de que não se verifica uma relação de comissão não implica a negação da existência de uma operação de imputação da conduta do gerente à sociedade.

[188] Sustentando a aplicação à representação orgânica do equivalente § 164 I BGB, que consagra o princípio da exteriorização, nomeadamente Schmidt, Karsten, *Gesellschaftsrecht*, 4ª ed., p. 255, Jacoby, Florian, *Das private Amt*, pp. 211-212, 229, 234, 270-271 e 276, Schürnbrand, Jan, *Organschaft...*, p. 22, Schramm, Karl-Heinz, "Münchener...", 5ª ed., Vor § 164, Rn. 9, e Habersack, Mathias, "Großkommentar...", 4ª ed., § 78, Rn. 14. Contra, sem contudo esclarecer se considera inexigível a invocação da atuação em nome do representado (*contemplatio domini*), Beuthien, Volker, "...organschaftliche Stellvertretung?", *NJW*, 1999, p. 1144.

CONSTITUIÇÃO DA SITUAÇÃO JURÍDICA DE ADMINISTRAÇÃO

tiva) não releva para efeitos de análise da estrutura da atuação negocial representativa. Não constitui um argumento a atender em sede de compreensão da declaração negocial representativa (ou do negócio jurídico representativo). Será, quanto muito, um argumento a atender em sede de compreensão do negócio jurídico institutivo do poder de representação.

Do ponto de vista analítico, as situações jurídicas em jogo na representação voluntária e na representação orgânica têm a mesma natureza. Em ambos os casos existe um poder normativo de emitir declarações negociais em nome de outrem, decorrente de uma norma de poder (ou de competência). Trata-se de uma terminologia que terei a oportunidade de desenvolver.

Apesar de a teoria orgânica gierkiana ter surgido associada ao desígnio de fortalecer a responsabilização delitual da pessoa coletiva, penso que a adoção de uma conceção estrutural da atuação negocial representativa não contende necessariamente com uma ampla defesa da responsabilidade da pessoa coletiva pela atuação extra-negocial (delitual) das pessoas físicas que integram a organização da pessoa coletiva[189].

Apesar de sob a capa da representação orgânica serem comummente tratadas as matérias da atuação negocial representativa orgânica e da atuação ilícita (delitual) orgânica, creio que são matérias próximas, mas distintas[190]. Vejamos.

As matérias da atuação negocial representativa orgânica e da atuação ilícita (delitual) orgânica implicam o recurso a princípios não inteiramente coincidentes. Pese embora ambas sejam intersectadas pela questão da personalidade coletiva e da organização coletiva, a primeira respeita ao tema do negócio jurídico, enquanto a segunda respeita ao tema do delito (ou ao tema da responsabilidade extra-negocial, em geral).

Os pressupostos da imputação da atuação negocial representativa orgânica tendem a ser distintos dos pressupostos da imputação delitual orgânica. Ao contrário da atuação negocial representativa orgânica, as situações de imputação delitual orgânica não tendem a ter por base o requisito da *contemplatio domini*. Percebe-se: inúmeras previsões delituais respeitam a atos humanos sem um texto, sem carácter comunicacional.

Penso que, em rigor, não existe uma norma jurídica que, de forma genérica, defina a imputação delitual orgânica. Os pressupostos da imputação delitual orgânica não decorrem de uma norma jurídica autónoma (com uma previsão

---

[189] Entendo que não cabe no âmbito desta exposição uma análise (crítica) do regime da responsabilidade extra-negocial (delitual) das pessoas coletivas.

[190] Considerando que a diferença de regimes jurídicos entre a representação orgânica e a representação voluntária não ocorre na atuação negocial, mas apenas atuação delitual, Tuhr, Andreas von, *Der Allgemeine Teil...*, I, p. 463.

DEVER DE GESTÃO DOS ADMINISTRADORES DE SOCIEDADES ANÓNIMAS

e uma estatuição autónomas), mas antes decorrem de uma parcela da concreta norma jurídica delitual em jogo[191]. Neste contexto, o art. 165 do CC (tal como o § 31 BGB) constituirá uma mera parcela de norma.

Na imputação delitual orgânica está em jogo uma (parcela de) norma de conduta impositiva, da qual decorre uma obrigação de indemnizar, ao passo que na imputação da atuação negocial representativa orgânica, como referi, está em jogo uma norma de poder (ou de competência), da qual decorre a eficácia de determinada atuação negocial. Reitero que terei a oportunidade de desenvolver esta terminologia.

Estes dados reforçam a necessidade de distinção entre a atuação negocial representativa orgânica e a atuação ilícita (delitual) orgânica[192].

Concluindo, reitero que a referida constituição sintagmática da declaração negocial representativa ocorre não apenas na representação voluntária e na representação legal, mas também na representação orgânica.

Tive a oportunidade de referir que, na representação voluntária, para além da invocação da atuação em nome de outrem (*contemplatio domini*), será frequente na prática negocial a invocação do poder de representação ou da qualidade de representante, que individualizei como um elemento circunstancial do prefixo comunicativo da declaração negocial representativa – a circunstância de legitimidade (Cl). Acrescento agora que, na representação orgânica, a invocação do poder de representação ou da qualidade de representante parece ser imposta por preceitos como os arts. 260, nº 4, e 409, nº 4, do CSC. Como já referi, o enunciado negocial em que se invoca a qualidade de representante pode ser tácito[193]. A invocação do poder de representação orgânica ou da qualidade de

---

[191] Referindo-se à extensão às pessoas coletivas de regras respeitantes às pessoas físicas e a um novo uso das regras legais, com um significado radicalmente distinto do inicial (analisando o exemplo da extensão a certas sociedades da responsabilidade por ilícitos envolvendo intenção ou outros elementos mentais), Hart, Herbert L., "Definition...", *LQR*, 1954, pp. 50, 53-54 e 56-59.

[192] É interessante referir nesta sede o acórdão da Relação de Lisboa de 30.3.95 (Almeida Valadas), publicado em CJ 1999-II-98. Este aresto optou pela responsabilização simultânea da sociedade e do seu gerente num caso de ofensa à integridade física provocada pelo ruído de um estabelecimento comercial. A ponderação do valor dos bens protegidos e as inerentes necessidades de tutela terão estado seguramente na base desta opção de responsabilização simultânea do gerente, apesar da imputação orgânica. Penso que esta jurisprudência (merecedora de aplauso, em minha opinião) é mais facilmente compreendida se se conceber a imputação extra-negocial orgânica como um problema distinto do problema da atuação negocial representativa orgânica.

Referindo que o privilégio da irresponsabilidade dos administradores pode ser quebrado por circunstâncias especiais, Cordeiro, António Menezes, "Código...", Int. arts. 71 -84, an. 8.

[193] A matéria é objeto do Acórdão de uniformização de jurisprudência nº 1/2002 (Afonso de Melo), de 6.12.2001, publicado no DR I-A nº 20/2002, de 24.1.2002. Na doutrina, por exemplo, Abreu, Jorge Coutinho de, *Curso...*, II, 3ª ed., pp. 540-542.

CONSTITUIÇÃO DA SITUAÇÃO JURÍDICA DE ADMINISTRAÇÃO

órgão corresponde à circunstância de legitimidade do prefixo comunicativo da declaração negocial representativa orgânica.

Assente a conceção estrutural da representação, resta-me tecer algumas sumárias considerações sobre os traços distintivos da representação orgânica.

A ideia de indispensabilidade ou de necessidade como traço distintivo da representação orgânica face às outras formas de representação é insuficiente, na medida em que a diferencia face à representação voluntária, mas não a distingue da representação legal. Quer na representação orgânica, quer na representação legal, o representado não tem a possibilidade de atuar negocialmente; apenas o representante tem a possibilidade de atuar negocialmente[194].

*Otto von Gierke* refere-se à atuação orgânica atendendo à sua delimitação pelo complexo de normas que regulam a vida do organismo coletivo[195]. Recordo a distinção entre ordenamento jurídico em geral (*Individualrecht*) e ordenamento específico da pessoa coletiva (*Sozialrecht*). Nesta tradição, *Hans Julius Wolff* caracteriza a representação orgânica ou organicidade pela imanência a um regime jurídico de grupo – a uma organização[196].

Adiro a esta caracterização da representação orgânica pela imanência a um regime jurídico corporativo ou estatutário, sem prejuízo de defender a apontada conceção estrutural da representação.

Neste contexto, realço, em primeiro lugar, que a organicidade se reconduz à representação orgânica. O conceito de órgão será aferido pela titularidade de um poder normativo[197] de representação orgânica.

Realço, em segundo lugar, que a personalidade coletiva e a personalidade coletiva rudimentar implicam um regime corporativo ou estatutário, que identifique as pessoas físicas que atuam negocialmente em nome da pessoa coletiva ou pessoa coletiva rudimentar. A representação orgânica será inerente ao regime estatutário da pessoa coletiva ou da pessoa coletiva rudimentar.

A referência à personalidade coletiva rudimentar pressupõe a adesão à conceção segundo a qual podem existir diversos graus de personificação jurídica[198].

---

[194] Pawlowski, Hans-Martin, "Die gewillkürte...", *JZ*, 1996, p. 130, e Wolff, Hans Julius, *Organschaft...*, II, pp. 296-299. Remeto para as considerações que tecerei sobre norma de poder (ou de competência) e poder normativo.

[195] Gierke, Otto von, *Die Genossenschaftstheorie...*, nomeadamente pp. 672-673. Na doutrina germânica mais recente, Schürnbrand, Jan, *Organschaft...*, p. 19.

[196] Wolff, Hans Julius, *Organschaft...*, II, pp. 91-93, 102-104 e 280-302.

[197] Terei a oportunidade de caracterizar a norma de poder (ou de competência) e o poder normativo.

[198] Entre nós, destaco Andrade, Manuel Domingues de, *...relação jurídica*, I, pp. 52-53, Cunha, Paulo, *Teoria geral...*, pp. 236-242, Duarte, Rui Pinto, *...sociedades*, pp. 35-37 (anteriormente, Ribeiro, José António e Duarte, Rui Pinto, *Dos agrupamentos...*, p. 20, n. 2; também Duarte, Rui Pinto, *O ensino...*, pp. 45-48, e Duarte, Rui Pinto, *...direitos reais*, 2ª ed., pp. 125-126), Cordeiro, António Menezes,

A figura da personalidade coletiva rudimentar tem correspondência na figura germânica da *Teilrechtsfähigkeit*[199]. Na origem estão as ideias de subjetividade jurídica (*Rechtssubjektivität*) – centro de imputação subjetiva dos efeitos de pelo menos uma norma jurídica – e de personalidade ou capacidade jurídica fragmentária ("*fragmentarische Persönlichkeit oder besser Rechtsfähigkeit*") de *Hans Julius Wolff*, por sua vez tributárias da conceção normativa de personalidade jurídica de *Hans Kelsen*[200].

---

*Tratado...*, I, tomo III, pp. 514-535, e Abreu, Jorge Coutinho de, *Da empresarialidade...*, pp. 197-204, sobretudo p. 202.

[199] Fazendo esta correspondência, Cordeiro, António Menezes, *Tratado...*, I, tomo III, p. 522. Na consagração do termo *Teilrechtsfähigkeit*, merece destaque Bachof, Otto, "Teilrechtsfähige Verbände...", *AöR*, 1958, pp. 257-279. *Vide* também Wolff, Hans Julius e Bachof, Otto, *Verwaltungsrecht*, I, 9ª ed., pp. 207-209.

[200] Wolff, Hans Julius, *Organschaft...*, II, pp. 247-252, Wolff, Hans Julius, *Organschaft...*, I, pp. 88-105, 128-152, 198-207 e 229-230, sobretudo pp. 198-207, Kelsen, Hans, *Teoria pura...*, 6ª ed., pp. 208-230 e 236-265 (no original, Kelsen, Hans, *Reine Rechtslehre*, 2ª ed., pp. 150-167 e 172-195). Sobre a natureza da personalidade coletiva, para além dos escritos já citados, destaco Hart, Herbert L., "Definition...", *LQR*, 1954, pp. 37-60, Raiser, Thomas, "Gesamthand...", *AcP*, 1994, pp. 495--512 (também Raiser, Thomas, "Der Begriff...", *AcP*, 1999, pp. 118-119), d`Alessandro, Floriano, "*Persone...*", *passim*, Ascarelli, Tullio, "Considerazioni...", *RDComm*, I, 1954, *passim*, Galgano, Francesco, "Struttura...", *Rivista di Diritto Civile*, I, 1965, pp. 553-633, e, entre nós, Cordeiro, António Menezes, *Da responsabilidade...*, pp. 265-320, Abreu, Jorge Coutinho de, *Curso...*, II, 3ª ed., pp. 161-175, Vasconcelos, Pedro Pais de, *Teoria geral...*, 6ª ed., pp. 132-140, Antunes, José Engrácia, *...sociedades*, pp. 215-219, Santo, João Espírito, *Sociedades...*, pp. 17-99, e Pimenta, Alberto, "Suspensão...", *Revista dos Tribunais*, 1964, pp. 399-402. Recordaria ainda a conceção de facto institucional de Searle, John R., *The construction...*, pp. 1-147 (chamando a atenção para a sua análise da moeda, por considerar que se trata de um facto institucional com semelhanças com o facto institucional pessoa coletiva).

Manifesto a minha adesão às explicações da personalidade coletiva de raiz analítica, nomeadamente à ideia central de que as referências a pessoas coletivas não descrevem realidades; convocam regimes jurídicos. Seguindo Herbert Hart (e afastando-me nomeadamente de Floriano d`Alessandro e de Hans Kelsen), rejeito a perspetiva de redução de tais regimes jurídicos à mera regulamentação indireta das posições das pessoas físicas eventualmente envolvidas, na medida em que tal perspetiva reducionista não apreenderá diversos aspetos relevantes, nomeadamente o significado autónomo da atribuição normativa de posições jurídicas à pessoa coletiva e a carga simbólica e normativa da analogia com a pessoa singular.

No espaço germânico, a discussão sobre a natureza da personalidade coletiva é condicionada pela contraposição entre corporação (*Körperschaft*) e mão comum germânica (*Gesamthand*) e pela discussão sobre a natureza da mão comum germânica. Tradicionalmente algumas figuras societárias são reconduzidas à corporação, enquanto outras são reconduzidas à mão comum germânica, sendo a sociedade civil um caso paradigmático destas últimas. Só as corporações gozariam de personalidade coletiva. Na origem, Beseler, Georg, *System...*, I, pp. 357-382, Gierke, Otto von, *Die Genossenschaftstheorie...*, pp. 5-14 e 339 e ss., e Gierke, Otto von, *Deutsches Privatrecht*, I, pp. 479-483 e 663-669. Ultimamente, sustentando o abandono do recurso à construção dogmática da mão

CONSTITUIÇÃO DA SITUAÇÃO JURÍDICA DE ADMINISTRAÇÃO

A referência aos estatutos pressupõe o reconhecimento de uma regulamentação corporativa, que acompanha o desenvolvimento da vida da pessoa coletiva ou da pessoa coletiva rudimentar. Partilho a perspetiva de que é possível divisar no negócio jurídico institutivo da pessoa coletiva ou da pessoa coletiva rudimentar certas cláusulas – as estatutárias –, que estabelecem um regime normativo de organização e que podem ser alteradas, por regra, sem exigência de unanimidade (de acordo com o princípio da suficiência da maioria). Na origem estará, de novo, a ideia gierkiana de um ordenamento específico da pessoa coletiva (*Sozialrecht*)[201].

Faço uma ressalva à ideia de recondução da representação orgânica ao regime estatutário das pessoas coletivas e das pessoas coletivas rudimentares. Penso que será adequado incluir no âmbito da representação orgânica e da organicidade as situações de atuação negocial deliberativa fora do regime das pessoas coletivas ou das pessoas coletivas rudimentares, nomeadamente as situações de atuação negocial deliberativa nos regimes de contitularidade românica (de que é exemplo a atuação deliberativa prevista no art. 1407, n. 1, do CC). Como terei a oportunidade de explicitar, a atuação negocial deliberativa pressupõe sempre a atribuição de um poder normativo a um órgão deliberativo, enquanto centro autónomo de imputação subjetiva dos efeitos de normas jurídicas no interior de uma organização. Nestas situações, a representação orgânica será inerente ao regime de contitularidade.

### 2.3.2.2.5 Declaração negocial conjunta

Na origem da terminologia ato conjunto (*Gesamtakt*) encontra-se *Johannes Kuntze*, que aponta quer situações de atuação conjunta unilateral, quer situações de

---

comum germânica e a adoção de uma noção mais abrangente de personalidade coletiva, Raiser, Thomas, "Gesamthand...", *AcP*, 1994, pp. 495-512, e Raiser, Thomas, "Der Begriff...", *AcP*, 1999, pp. 104-144. *Vide* ainda Schmidt, Karsten, *Gesellschaftsrecht*, 4ª ed., pp. 181-216. Entre nós, sobre a mão comum germânica e a contraposição à contitularidade românica, por exemplo, Duarte, Rui Pinto, *...direitos reais*, 2ª ed., pp. 61-64, Vasconcelos, Pedro Pais de, *Teoria geral...*, 6ª ed., pp. 127--133, Cordeiro, António Menezes, *Direitos reais*, pp. 437-440, e Ascensão, José de Oliveira, *...Reais*, pp. 172-173 e 271-272.

[201] Sobre os estatutos, entre outros, Duarte, Rui Pinto, *...sociedades*, pp. 15-19, Andrade, Manuel Domingues de, *...relação jurídica*, I, pp. 93-95, Antunes, José Engrácia, *...sociedades*, pp. 39-40 e 174-185, Abreu, Jorge Coutinho de, *Curso...*, II, 3ª ed., pp. 103-104, Vasconcelos, Pedro Pais de, *Teoria geral...*, 6ª ed., nomeadamente pp. 148 e 167, e Fernandes, Luís Carvalho, *Teoria geral...*, I, 3ª ed., p. 430. Noutros quadrantes, Schmidt, Karsten, *Gesellschaftsrecht*, 4ª ed., pp. 75-95. Não pretendo desenvolver a discussão doutrinária sobre a natureza dos estatutos e do negócio jurídico institutivo da sociedade.

atuação conjunta com vista à formação de um contrato, em que uma ou ambas as partes são plurais[202].

Ao analisarem a figura do ato conjunto, *Ludwig Enneccerus* e *Hans Carl Nipperdey* distinguem, por um lado, as declarações negociais paralelas e concordantes e, por outro, a declaração comum (*gemeinschaftliche Erklärung*) de uma parte contratual constituída por uma pluralidade de pessoas. Repare-se que, enquanto a referência a declarações negociais paralelas e concordantes aponta para a recondução da figura do ato conjunto ao negócio jurídico unilateral, a referência a uma declaração comum aponta para a recondução da figura do ato conjunto a uma modalidade de declaração negocial[203].

Recorde-se que, na esteira de *Ferreira de Almeida*, considero que os enunciados de conteúdo idêntico expressos por uma pluralidade de pessoas integram uma única declaração negocial[204]. Entendo, consequentemente, que os atos conjuntos não constituem uma modalidade de negócio jurídico, mas sim uma modalidade de declaração negocial.

Opto por apelidar esta modalidade de declaração negocial de declaração negocial plural conjunta ou, simplesmente, declaração negocial conjunta.

Nesta linha terminológica, temos que os enunciados que integram uma declaração negocial conjunta constituirão enunciados negociais conjuntos.

É frequente na doutrina a qualificação dos atos conjuntos como negócios jurídicos unilaterais[205].

O meu afastamento face a esta perspetiva não radica apenas na ideia de que os atos conjuntos não constituem uma modalidade de negócio jurídico. Penso que esta perspetiva tem também o inconveniente de apenas focar as situações de atuação conjunta unilateral, esquecendo as situações de atuação conjunta com vista à formação de um contrato, dessa forma desvalorizando a intuição

---

[202] Kuntze, Johannes Emil, "Der Gesammtakt...", nomeadamente pp. 31-32 e 43-48. Distinguindo igualmente estas duas situações, Tuhr, Andreas von, *Der Allgemeine Teil...*, II, tomo I, pp. 229-232. *Johannes Kuntze* também reconduzia ao ato conjunto as situações de constituição de sociedades.

[203] Enneccerus, Ludwig e Nipperdey, Hans Carl, *Allgemeiner Teil...*, 15ª ed., p. 911. Aplaudo a intuição de que o ato conjunto corresponde a uma única declaração negocial. Trata-se de uma intuição idêntica à de *Ferreira de Almeida*. Critico *Ludwig Enneccerus* e *Hans Carl Nipperdey* por não terem estendido a conceção de declaração negocial comum à formação de negócios jurídicos unilaterais. A sua construção torna-se contraditória: o ato conjunto corresponde a uma única declaração negocial (comum), quando está em causa a formação de um contrato; o ato conjunto corresponde a uma pluralidade de declarações negociais (paralelas), quando está em causa a formação de um negócio jurídico unilateral.

[204] Cito, de novo, Almeida, Carlos Ferreira de, *Texto...*, pp. 762 e 842-848.

[205] Sirvam de exemplo Cordeiro, António Menezes, *Tratado...*, I, tomo I, 2ª ed., p. 310, e Larenz, Karl e Wolf, Manfred, *Allgemeiner Teil...*, 8ª ed., pp. 443-444.

CONSTITUIÇÃO DA SITUAÇÃO JURÍDICA DE ADMINISTRAÇÃO

inicial de *Johannes Kuntze*. Joga-se a necessidade de tratamento unitário de todas as situações de pluralidade de pessoas na estrutura do negócio jurídico.

Considero que a declaração negocial conjunta tanto pode originar um negócio jurídico unilateral, como, em conjugação com outra ou outras declarações negociais, um contrato.

Acrescento que os efeitos de uma declaração negocial conjunta tanto se podem repercutir nos próprios declarantes, como podem ser imputados a terceiros. Neste caso, tratar-se-á de uma declaração negocial conjunta representativa.

Jogando com estas duas últimas variáveis, penso ser útil proceder a uma classificação quadripartida das declarações negociais conjuntas, a saber: declaração negocial conjunta não representativa que gera um contrato; declaração negocial conjunta representativa que gera um contrato; declaração negocial conjunta não representativa que gera um negócio jurídico unilateral; declaração negocial conjunta representativa que gera um negócio jurídico unilateral.

Retomo os exemplos do contrato de mandato oneroso e do negócio jurídico unilateral de instrução, para melhor explanar esta classificação quadripartida das declarações negociais conjuntas.

A proposta de mandato para a venda de um prédio, realizada pelos seus comproprietários, caso seja aceite, origina um contrato. Trata-se de uma declaração negocial conjunta. Ao nível do prefixo comunicativo, os declarantes são os comproprietários. Ao nível do conteúdo proposicional, os comproprietários são uma das partes.

A proposta de mandato para a venda de um prédio, realizada por alguns administradores, em nome da sociedade sua proprietária, caso seja aceite, origina um contrato. Trata-se de uma declaração negocial plural conjunta representativa. Ao nível do prefixo comunicativo, os declarantes são os administradores. Ao nível do conteúdo proposicional, a sociedade é uma das partes.

A instrução no mandato para a venda de um prédio, realizada pelos seus comproprietários, corresponde a um negócio jurídico unilateral. Trata-se de uma declaração negocial plural conjunta. Ao nível do prefixo comunicativo, aos declarantes são os comproprietários. Ao nível do conteúdo proposicional, os comproprietários são a parte.

A instrução no mandato para a venda de um prédio, realizada por alguns administradores, em nome da sociedade, corresponde a um negócio jurídico unilateral. Trata-se de uma declaração negocial plural conjunta representativa. Ao nível do prefixo comunicativo, os declarantes são os administradores. Ao nível do conteúdo proposicional, a sociedade é a parte.

Fecho esta curta análise à figura do ato conjunto recordando a afirmação da necessidade de tratamento unitário das figuras do ato conjunto e da deliberação, enquanto casos paradigmáticos de pluralidade de pessoas na estrutura do negócio jurídico. Ao debruçar-me sobre a figura da deliberação, terei a oportunidade de realizar um paralelo com a figura do ato conjunto, apelando à classificação quadripartida das declarações negociais conjuntas que acabei de realizar.

### 2.3.2.2.6 Processo deliberativo e estrutura da deliberação

Referi-me à deliberação como resultado da votação de um órgão coletivo. Tal resultado pressupõe um processo.

O processo deliberativo compreende normalmente a formulação de uma proposta de deliberação, enquanto escolha prévia de uma solução possível, e a votação sobre a proposta, que se traduz na alternativa dialética do voto positivo (voto de aprovação) e do voto negativo (voto de rejeição).

Caso existam propostas concorrentes, não se verificará a alternativa dialética do voto positivo (voto de aprovação) e do voto negativo (voto de rejeição), sendo antes oferecida a possibilidade de voto numa das propostas concorrentes. Haverá tantas possibilidades de voto quanto o número de propostas concorrentes sob votação. Caso paradigmático de propostas concorrentes é o de existência de diversas listas candidatas à administração.

Em processos deliberativos informais, que poderão ocorrer sobretudo em sociedades com um número de sócios muito reduzido, poderá ser difícil autonomizar uma proposta de deliberação. Penso que, quando não seja possível autonomizar uma proposta de deliberação, o papel de escolha prévia de uma solução possível será realizado pela primeira declaração de voto a ser enunciada, dessa forma garantindo o carácter dialético da votação.

Partilho a perspetiva, sustentada nomeadamente por *Horst Bartholomeyczik*, de que a proposta de deliberação não consiste numa declaração negocial – uma proposta contratual. Na proposta contratual, o declarante propõe a celebração de um contrato por si (ou por um representado), em coordenação com outro ou outros. A proposta contratual tem carácter reflexivo. Trata-se de um ato de comunicação dirigido à prática de um negócio jurídico pelo próprio declarante. Pelo contrário, na proposta de deliberação, o declarante sugere a adoção de um determinado ato (ou, no caso de proposta de deliberação de conteúdo negativo, sugere a não adoção de um determinado ato) por terceiros. A proposta de deliberação não tem carácter reflexivo. Trata-se de um ato de comunicação dirigido à prática de um ato não pelo próprio declarante, mas sim por terceiros. Recorde-se que os eventuais vícios na formação da proposta de deliberação não afetarão os votos ou a deliberação. Penso que as funções comunicativas da proposta contratual e da proposta de deliberação são diferentes. Em minha opinião, a função comunicativa da proposta de deliberação não consiste numa proposta (em propor), mas antes numa sugestão (em sugerir)[206].

O ato cuja adoção é sugerida na proposta de deliberação pode consistir numa declaração negocial tendente à formação de um contrato (isto é, numa proposta contratual) ou numa declaração negocial tendente à formação de um negócio jurídico unilateral[207]. Pense-se, por um lado, na proposta de deliberação de designação de um administrador e, por outro, na proposta de deliberação de instrução dirigida a um administrador e na proposta de deliberação de destituição de um administrador. Em ambos estes casos, o processo deliberativo é um processo de formação de um negócio jurídico.

Mas o ato cuja adoção é sugerida na proposta de deliberação pode igualmente consistir num ato sem performatividade jurídica[208]. Pense-se no "voto de louvor". Pense-se numa proposta de deliberação de conteúdo negativo[209]. Nes-

---

[206] Considerando que a proposta de deliberação constitui uma recomendação (*Empfehlung*), Baltzer, Johannes, *Der Beschluß...*, pp. 113-114. Tive a oportunidade de caracterizar a figura do conselho ou recomendação (*Beratung, Empfehlung*) como um ato performativo sem eficácia jurídica obrigacional, cuja função comunicativa é de recomendação. A proposta de deliberação constitui igualmente um ato performativo sem eficácia jurídica obrigacional. Creio que o termo "sugestão" (ou o verbo sugerir) descreve melhor a função comunicativa da proposta de deliberação do que o termo "recomendação" (ou o verbo recomendar).

[207] Recorde-se que optei por não autonomizar a figura do ato jurídico quase-negocial.

[208] A doutrina nacional frequentemente realça que nem todas as deliberações têm conteúdo negocial, nomeadamente Xavier, Vasco da Gama Lobo, *Anulação...*, p. 555, n. 14, e p. 560, n. 20, Almeida, Carlos Ferreira de, *Texto...*, p. 847, Abreu, Jorge Coutinho de, *Curso...*, II, 3ª ed., p. 239, e Correia, Luís Brito, *Os administradores...*, p. 438. Sobre a questão, também Abreu, Jorge Coutinho de, *Do abuso de direito...*, p. 142, n. 333.

[209] Referi em nota anterior que as deliberações positivas de conteúdo negativo são caracterizadas pelo vencimento dos votos positivos e pela formulação negativa da proposta de deliberação, tendo prometido um esclarecimento. O critério da formulação positiva ou negativa é necessariamente relativo, dependendo de um ponto de referência... Creio que a distinção entre a figura da deliberação positiva de conteúdo positivo e a figura da deliberação positiva de conteúdo negativo se torna útil quando o ponto de referência é um negócio jurídico. Adotando este ponto de referência, temos que a formulação positiva da proposta de deliberação possibilita a adoção de um negócio jurídico, enquanto a formulação negativa apenas possibilita a (decisão de) não adoção de um negócio jurídico. Tomando como exemplo o já referido negócio jurídico de autorização justificativa ou consentimento prévio (*Einwilligung, vorherige Zustimmung*), uma deliberação que aprove uma proposta de *"não se opor"* ao exercício de uma atividade concorrente por um administrador (art. 398, n. 3, do CSC) constituirá uma deliberação positiva de conteúdo positivo. Tomando como exemplo o já referido negócio jurídico de instrução (ordem) inter-orgânica, uma deliberação que aprove uma proposta de *"ordenar à gerência que não venda"* determinado prédio constituirá uma deliberação positiva de conteúdo positivo. Tomando como exemplo o já referido negócio jurídico de autorização integrativa (*Zustimmung*), uma deliberação que aprove uma proposta de *"não autorizar a venda"* de determinado prédio constituirá uma deliberação positiva de conteúdo negativo. Tomando como exemplo o

tes outros casos, o processo deliberativo não consiste, à partida, num processo de formação de um negócio jurídico.

O significado de cada voto positivo corresponde exatamente ao significado da proposta de deliberação. Independentemente do tipo de significante utilizado, o voto positivo traduz-se sempre na reiteração da proposta de deliberação. Existe um fenómeno de remissão e de apropriação linguística do significado da proposta de deliberação. No caso de existência de propostas concorrentes, o significado de cada voto (necessariamente positivo) corresponde ao significado de uma das propostas sob votação. Nos referidos processos deliberativos informais, em que o papel da proposta de deliberação no processo deliberativo é desempenhado pela primeira declaração de voto a ser enunciada, será o significado desta primeira declaração de voto a ser objeto de remissão e de apropriação linguística pelas restantes declarações de voto.

O significado de cada voto negativo corresponde à negação do significado da proposta de deliberação. Existe também aqui um fenómeno de remissão e de apropriação linguística, a par da adição do elemento de negação.

O conteúdo dos votos, positivos ou negativos, é estereotipado. Trata-se de uma situação em que uma pluralidade de pessoas – o conjunto das pessoas que votaram a favor ou o conjunto das pessoas que votaram contra – diz o mesmo.

Concordo com a conceção de *Horst Bartholomeyczik*, segundo a qual a deliberação, enquanto resultado, é constituída pelo conjunto dos votos maioritários. Isto é, dos votos que fizeram vencimento, consoante as normas legais ou estatutárias que determinam a maioria exigível. A deliberação, enquanto resultado, não é integrada pelo conjunto dos votos minoritários.

Penso que a deliberação positiva, constituída pelo conjunto dos votos positivos, que aprovaram a sugestão de adoção de um determinado ato, tem por significado o próprio ato, reiterado por cada voto positivo.

Por seu lado, a deliberação negativa, constituída pelo conjunto dos votos negativos, que rejeitaram a sugestão de adoção de um determinado ato, tem o significado de negação de determinado ato.

Quando o ato tem performatividade jurídica, a deliberação positiva constitui uma declaração negocial, formada pelo conjunto dos enunciados negociais de voto maioritários. Trata-se de um ato de comunicação, praticado pelas pessoas que emitiram os votos maioritários, tendente à formação de um negócio jurídico – é uma declaração negocial[210].

---

negócio jurídico de delegação, uma deliberação que aprove uma proposta de *"não delegar"* a gestão de determinadas matérias constituirá uma deliberação positiva de conteúdo negativo. Terei a oportunidade de caracterizar a figura da delegação.

[210] Reitero a citação de Almeida, Carlos Ferreira de, *Texto...*, p. 847.

CONSTITUIÇÃO DA SITUAÇÃO JURÍDICA DE ADMINISTRAÇÃO

Quando o ato não tem performatividade jurídica, a deliberação positiva não constitui uma declaração negocial. Recorde-se o "voto de louvor" e a deliberação positiva de conteúdo negativo como casos de ausência de performatividade jurídica.

A deliberação negativa nunca é uma declaração negocial. Não se traduz num ato com performatividade jurídica, mas sim na negação de um ato. A deliberação negativa não é um ato de comunicação, praticado pelas pessoas que emitiram os votos maioritários, tendente à formação de um negócio jurídico[211].

Opto por utilizar a terminologia declaração negocial deliberativa para significar a deliberação positiva com performatividade jurídica.

Prossigamos a análise tendo apenas em mente a declaração negocial deliberativa.

### 2.3.2.2.7 Declaração negocial deliberativa

A declaração negocial deliberativa é paradigmaticamente uma modalidade de declaração negocial plural, sendo formada por uma pluralidade de enunciados negociais (o conjunto dos votos positivos).

Todavia, importa ressalvar as situações menos frequentes ou menos paradigmáticas em que a deliberação é formada por um único voto positivo[212]. Nestes casos, a declaração negocial deliberativa constitui, em rigor, uma modalidade de declaração negocial singular.

A análise prosseguirá tendo essencialmente por referência as situações mais frequentes ou mais paradigmáticas em que a deliberação positiva é formada por vários votos positivos. Em todo o caso, terei a oportunidade de voltar a abordar este aspeto, ao reanalisar o lugar da declaração negocial deliberativa no panorama das declarações negociais.

Alguma doutrina germânica aponta como pressupostos da imputação da deliberação a existência de uma pessoa coletiva (ou de uma associação sem personalidade, em sentido lato), a existência de um órgão deliberativo, a competência orgânica, a realização do processo deliberativo e a coordenação dos votos no processo deliberativo[213].

---

[211] Penso que poderá ser útil realizar uma comparação com a declaração de rejeição de uma proposta contratual, que igualmente não deverá ser considerada uma declaração negocial. Quanto a este último aspeto, Almeida, Carlos Ferreira de, *Texto...*, p. 801.

[212] Destacando estas situações, por exemplo, Xavier, Vasco da Gama Lobo, *Anulação...*, pp. 206--207, n. 94, Abreu, Jorge Coutinho de, *Curso...*, II, 3ª ed., p. 239, n. 68, e, noutros quadrantes, Bartholomeyczik, Horst, "Der Körperschaftsbeschluß...", *ZHR*, nº 105, 1938, pp. 325-334, e Zöllner, Wolfgang, *Die Schranken...*, p. 11.

[213] Baltzer, Johannes, *Der Beschluß...*, pp. 49-52 (nas páginas posteriores são aprofundados os diversos pressupostos), e Schmidt, Karsten, *Gesellschaftsrecht*, 4ª ed., pp. 434-435.

Mais do que de pressupostos, penso que se trata de condições de legitimidade[214] dos declarantes (isto é, do conjunto de pessoas que emitiram os enunciados de voto maioritários), necessárias à projeção dos efeitos jurídicos da deliberação.

Opto por apontar como condições de legitimidade, necessárias à projeção dos efeitos jurídicos da deliberação, a existência de uma pessoa coletiva, de uma pessoa coletiva rudimentar ou de um conjunto de pessoas, como centros de imputação dos efeitos da deliberação, a competência de um órgão deliberativo e a realização do processo deliberativo.

Nem sempre os efeitos da deliberação são imputados a uma pessoa coletiva ou a uma pessoa coletiva rudimentar. Pense-se nas deliberações dos comproprietários, previstas no art. 1407, n. 1, do CC[215].

A referência ao processo deliberativo permite evidenciar que os votos minoritários, não integrando a estrutura da deliberação, relevam enquanto condições de legitimidade da deliberação. Pense-se no problema da relevância dos vícios dos votos e na denominada "prova de resistência".

Opto por não autonomizar a coordenação dos votos no processo deliberativo como uma condição de legitimidade, por considerar que o processo deliberativo é essencialmente um processo de coordenação de votos.

Tentando analisar a constituição sintagmática da declaração negocial deliberativa, diria que, ao nível do prefixo comunicativo, a declaração negocial deliberativa tem como declarantes as pessoas físicas que emitiram os enunciados negociais de voto maioritários. Como acabei de realçar, os votos minoritários não integram a estrutura da deliberação.

Utilizarei a expressão enunciado negocial deliberativo para me referir a cada um dos votos maioritários que integrem uma deliberação com performatividade jurídica.

---

[214] No que respeita à utilização do termo legitimidade, remeto para as referências doutrinárias realizadas em nota anterior, destacando agora Collaço, Isabel de Magalhães, "Da legitimidade...", *BMJ*, nº 10, 1949, pp. 20-112 (em especial, p. 62, onde a Autora se refere precisamente a casos de atos conjuntos e de deliberações), e Almeida, Carlos Ferreira de, *Texto...*, pp. 845 e 316.

[215] Pense-se igualmente nas deliberações do conjunto de obrigacionistas. Sobre a natureza do conjunto dos obrigacionistas, por exemplo, Vasconcelos, Pedro Pais de, "As obrigações...", pp. 321-329, Cordeiro, António Menezes, *Manual...*, II, pp. 701-705, e Barbosa, Nuno, *Competência...*, pp. 51-57. Pode ainda equacionar-se a hipótese de uma (única) pessoa física instituir um órgão com o poder normativo de emitir declarações negociais deliberativas em seu nome (ou de a lei impor a instituição de um órgão com o poder normativo de emitir declarações negociais deliberativas em nome de uma pessoa física). Nesse caso, os efeitos da deliberação serão imputados a essa pessoa física. A terminologia poder normativo será oportunamente explicitada.

CONSTITUIÇÃO DA SITUAÇÃO JURÍDICA DE ADMINISTRAÇÃO

A declaração negocial deliberativa pressupõe um poder normativo (poder jurídico) dos membros do órgão deliberativo de emitirem enunciados negociais em nome da pessoa coletiva, da pessoa coletiva rudimentar ou de um conjunto de pessoas. Este poder normativo integra-se na esfera jurídica de cada membro do órgão deliberativo. Trata-se do poder normativo de emitir enunciados negociais deliberativos ou, simplesmente, do poder jurídico de voto[216].

A declaração negocial deliberativa pressupõe ainda um poder normativo do órgão deliberativo, enquanto centro *autónomo* de imputação subjetiva dos efeitos de normas jurídicas no interior da organização[217], de emitir uma declaração negocial em nome da pessoa coletiva, da pessoa coletiva rudimentar ou de um conjunto de pessoas.

Na declaração negocial deliberativa, ao contrário da declaração negocial conjunta, não é possível reconduzir o poder de atuação negocial ao conjunto dos membros do órgão (dos potenciais votantes), pois não é exigida a atuação conjunta de todos esses votantes. Basta o voto positivo de alguns dos membros do órgão. O poder de atuação negocial é necessariamente atribuído a uma entidade idealizada – o órgão deliberativo.

A figura da deliberação exige a idealização de uma subjetividade jurídica que transcende o conjunto das pessoas físicas que emitiram os votos maioritários. Recordo que utilizo o termo subjetividade jurídica (*Rechtssubjektivität*) no sentido de centro de imputação subjetiva dos efeitos de pelo menos uma norma jurídica[218]. O órgão deliberativo constitui uma subjetividade jurídica, na medida em que, por força de uma ou de várias normas de poder (ou de competência), são-lhe atribuídos um ou vários poderes normativos.

Os enunciados negociais deliberativos são emitidos na qualidade de membro do órgão deliberativo da pessoa coletiva, da pessoa coletiva rudimentar ou do conjunto de pessoas. A invocação da qualidade de membro do órgão deliberativo da pessoa coletiva, da pessoa coletiva rudimentar ou do conjunto de pessoas pode ser expressa ou tácita (art. 217 do CC). Na estrutura do prefixo comunicativo da declaração negocial deliberativa, a invocação pelo conjunto dos declarantes (votantes maioritários) da qualidade de membros do órgão deliberativo da pessoa coletiva, da pessoa coletiva rudimentar ou do conjunto de pessoas constituirá a circunstância de legitimidade (Cl).

---

[216] Terei a oportunidade de caracterizar o poder normativo (poder jurídico) e as correspondentes normas de poder (ou de competência), contrapondo-os face à permissão normativa (direito subjetivo) e à imposição normativa (dever jurídico) e as correspondentes normas de conduta permissivas e impositivas.

[217] Oportunamente desenvolverei a matéria do conceito de órgão.

[218] Como já tive a oportunidade de referir, na origem da terminologia está *Hans Julius Wolff*.

Analisando agora o conteúdo proposicional da declaração negocial deliberativa (equivalente ao texto do negócio jurídico), diria que os efeitos da deliberação são imputados à pessoa coletiva, à pessoa coletiva rudimentar ou ao conjunto de pessoas. Sendo um ato das concretas pessoas físicas que emitiram os votos maioritários, os efeitos da deliberação não serão imputados às pessoas físicas que emitiram os votos maioritários. Parte no conteúdo proposicional da declaração negocial deliberativa (e no texto do negócio jurídico) é a pessoa coletiva, a pessoa coletiva rudimentar ou o conjunto de pessoas.

Nesta sede, é interessante dar nota da distinção entre a imputação definitiva (*endgültige Zurechnung*) à pessoa coletiva, à pessoa coletiva rudimentar ou ao conjunto de pessoas e a imputação intermédia ou transitória (*transitorische Zurechnung*) ao órgão[219]. Trata-se de um tema que terei a oportunidade de desenvolver, ao analisar certas conceções organicistas. Joga-se a ideia de que os efeitos da atuação negocial das pessoas físicas que emitiram os enunciados negociais de voto maioritários são imputados, num passo intermédio, ao órgão deliberativo e, num passo definitivo, à pessoa coletiva, à pessoa coletiva rudimentar ou ao conjunto de pessoas. Sustentarei que estes fenómenos de imputação são algo distintos. O fenómeno de imputação definitiva significa que os efeitos jurídico-negociais da atuação representativa se verificam na esfera jurídica do representado. O fenómeno de imputação transitória não respeita à atribuição dos efeitos jurídico-negociais da atuação representativa, apenas descrevendo aspetos do regime das normas de poder, que atribuem poderes normativos de representação.

A consequência jurídica das normas de poder (ou normas de competência) que atribuem os referidos poderes normativos (do órgão deliberativo e de cada votante) consiste na referida imputação definitiva dos efeitos da declaração negocial deliberativa à pessoa coletiva, à pessoa coletiva rudimentar ou ao conjunto de pessoas. O reflexo de tais poderes normativos (do órgão deliberativo e de cada votante) será a situação jurídica de sujeição da pessoa coletiva, da pessoa coletiva rudimentar ou do conjunto de pessoas.

Reitero que, na constituição sintagmática da declaração negocial deliberativa, as pessoas físicas que emitiram os enunciados negociais de voto maioritários surgem no prefixo comunicativo, como declarantes, e a pessoa coletiva, a pessoa coletiva rudimentar ou o conjunto de pessoas surgem no conteúdo proposicional, como parte. Está afastada a possibilidade de uma identidade entre os

---

[219] A distinção deve-se a Wolff, Hans Julius, *Organschaft...*, II, pp. 235, 239 (n. 5), 242-243 e 250 (mais recentemente, Wolff, Hans Julius e Bachof, Otto, *Verwaltungsrecht*, I, 9ª ed., pp. 207-208). *Vide* ainda Wolff, Hans Julius et al., *Verwaltungsrecht*, III, 5ª ed., pp. 216-218, Schmidt, Karsten, *Gesellschaftsrecht*, 4ª ed., p. 435, Jacoby, Florian, *Das private Amt*, pp. 157-159, 203-204, 212-216 e 269, e Schürnbrand, Jan, *Organschaft...*, pp. 44-46 e 57-59.

declarantes e a parte na declaração negocial deliberativa. As pessoas físicas que emitem os votos maioritários nunca são partes no conteúdo proposicional da declaração negocial deliberativa (e no texto do negócio jurídico).

Face a estes dados, é possível concluir que a declaração negocial deliberativa constitui sempre uma declaração negocial representativa[220]. A constituição sintagmática da declaração negocial deliberativa observa necessariamente a constituição sintagmática da declaração negocial representativa.

A declaração negocial deliberativa corresponderá a um caso de representação orgânica (melhor: de atuação negocial representativa orgânica). A declaração negocial deliberativa é obtida no seio de um órgão deliberativo. Frequentemente tratar-se-á de um órgão de uma pessoa coletiva ou de uma pessoa coletiva rudimentar. Mas nem sempre o órgão deliberativo faz parte de uma organização com personalidade coletiva ou com personalidade coletiva rudimentar. Recorde-se a referência à possibilidade de imputação da deliberação a um conjunto de pessoas.

Em minha opinião, a deliberação positiva com performatividade jurídica, enquanto declaração negocial, pode gerar um negócio jurídico unilateral ou pode gerar, em conjugação com outra ou outras declarações, um contrato. A deliberação pode consistir numa proposta contratual.

Recordo, neste momento, a necessidade de realizar um paralelo com a figura do ato conjunto, evocando a referida classificação quadripartida das declarações negociais conjuntas.

No que respeita à figura da deliberação, a classificação é bipartida, dado que a declaração negocial deliberativa é sempre uma declaração negocial representativa. Assim, temos, por um lado, a declaração negocial deliberativa representativa que gera um contrato e, por outro lado, a declaração negocial deliberativa representativa que gera um negócio jurídico unilateral.

Quando me referi a classificação quadripartida das declarações negociais conjuntas, utilizei como exemplos a proposta de contrato de mandato oneroso e o negócio jurídico unilateral de instrução. Agora que analiso a classificação bipartida das declarações negociais deliberativas, pretendo socorrer-me de

---

[220] Afirmando que, nas hipóteses excecionais de eficácia externa, a assembleia representa a sociedade, Xavier, Vasco da Gama Lobo, *Anulação...*, p. 102, n. 7, e p. 560, n. 19, e Santo, João Espírito, *Sociedades...*, pp. 378-380, n. 1023. Referindo-se à imputação à sociedade dos *efeitos* da deliberação, Bartholomeyczik, Horst, "Der Körperschaftsbeschluß...", *ZHR*, nº 105, 1938, p. 306. Referindo-se à imputação à pessoa coletiva ou a um coletivo (nos casos em que não é atribuída personalidade coletiva), Baltzer, Johannes, *Der Beschluß...*, pp. 11-12 e 49-52. Referências à imputação da deliberação à sociedade podem ser colhidas, por exemplo, em Correia, Luís Brito, *Os administradores...*, pp. 440-441, e Schmidt, Karsten, *Gesellschaftsrecht*, 4ª ed., p. 435. Referindo-se à imputação à *autoria* da sociedade, Vasconcelos, Pedro Pais de, *A participação...*, 2ª ed., pp. 112-115.

exemplos paralelos: a deliberação de designação de um administrador e a deliberação de instrução de um administrador[221].

A deliberação de designação de um administrador, enquanto declaração negocial deliberativa, apresenta a seguinte constituição sintagmática: ao nível do prefixo comunicativo, os declarantes são o conjunto de pessoas que emitiram os votos positivos, o declaratário é o designado e a função comunicativa é a proposta; ao nível do conteúdo proposicional, a sociedade é agente/beneficiário e o designado é agente/beneficiário. Repare-se que a função comunicativa da deliberação de designação poderá não ser formulada de forma expressa[222]. A deliberação de designação e a aceitação formam um contrato.

A deliberação de instrução, enquanto declaração negocial deliberativa, apresenta a seguinte constituição sintagmática: ao nível do prefixo comunicativo, os declarantes são o conjunto de pessoas que emitiram os votos positivos, o declaratário é o administrador e a função comunicativa é a ordem; ao nível do conteúdo proposicional, a sociedade é agente e o administrador é sujeito. A deliberação de instrução forma um negócio jurídico unilateral.

As considerações que acabo de tecer sobre a deliberação de instrução permitem-me questionar a distinção entre "órgãos deliberativos", que formam a vontade interna da pessoa coletiva, e "órgãos representativos", que executam e projetam para o exterior aquela vontade[223]. A dissociação entre deliberação e execução envolve paradigmaticamente o recurso à deliberação de instrução. A deliberação de instrução não se reduz à mera formação da vontade da pessoa coletiva, antes constituindo um negócio jurídico (ato jurídico performativo).

Com base nas considerações anteriormente tecidas sobre a figura da deliberação, aponto mais duas críticas à distinção entre "órgãos deliberativos" e "órgãos representativos". Em primeiro lugar, a declaração negocial deliberativa constitui sempre uma declaração negocial representativa, pelo que os "órgãos deliberati-

---

[221] Equiparando a deliberação de instrução à instrução no mandato, por exemplo, Bartholomeyczik, Horst, *Die Stimmabgabe...*, pp. 21-22. Esta perspetiva de equiparação é também adotada por *Stefan Grundmann*, ao proceder a uma análise sistemática das relações fiduciárias (Grundmann, Stefan, *Der Treuhandvertrag...*, pp. 122-132, 220-222 e 278-281).

[222] Almeida, Carlos Ferreira de, *Texto...*, p. 443.

[223] Por exemplo, Gierke, Otto von, *Die Genossenschaftstheorie...*, pp. 693-705, Tuhr, Andreas von, *Der Allgemeine Teil...*, I, pp. 511-516, e, entre nós, Andrade, Manuel Domingues de, *...relação jurídica*, I, pp. 115-116. Para uma crítica a esta contraposição, entre nós, Ventura, Raúl, *Sociedades comerciais...*, II, pp. 147-149. Ressalvo que o próprio *Otto von Gierke* refere que a formação da vontade social, desde que juridicamente organizada, implica sempre uma declaração (exteriorização) da vontade e que a realização de um ato de execução pressupõe sempre alguma vontade. E realço que o próprio *Andreas von Tuhr* afirma que, quando a assembleia delibera a celebração de um contrato com um terceiro, a deliberação tem o alcance de uma instrução ou ordem (*Weisung, Instruktion*).

CONSTITUIÇÃO DA SITUAÇÃO JURÍDICA DE ADMINISTRAÇÃO

vos" são simultaneamente "órgãos representativos". Em segundo lugar, a declaração negocial deliberativa pode corresponder inclusivamente a um caso de representação orgânica externa (perante terceiros), sendo exemplos paradigmáticos os das deliberações de designação e de destituição. Este aspeto reforça a afirmação de que os "órgãos deliberativos" também são "órgãos representativos"[224].

### 2.3.2.2.8 Contra-argumentos

Ao descrever as diversas conceções doutrinárias sobre a natureza da deliberação, tive a oportunidade de elencar diversos argumentos que são invocados para rejeitar a qualificação da deliberação como declaração negocial. Recordo que uns respeitavam à própria estrutura da deliberação e que outros respeitavam à organização funcional da sociedade. Passo a tentar rebater estes argumentos, aprofundando um ou outro aspeto da figura da deliberação.

A perspetiva de que a deliberação constitui um produto de declarações negociais e não uma declaração negocial em si pode ser afastada, como sustento, através do recurso à distinção tripartida entre enunciado negocial, declaração negocial e negócio jurídico. Como tive a oportunidade de referir, penso que esta distinção é indispensável para a compreensão do problema da pluralidade de pessoas na estrutura do negócio jurídico.

Esta distinção tripartida – enunciado negocial, declaração negocial e negócio jurídico –, quando aplicada às figuras da deliberação e do ato conjunto, implica um cuidadoso manuseamento do regime dos vícios na formação do negócio jurídico.

Por um lado, importa atender à possibilidade de aplicação aos enunciados negociais constitutivos de uma declaração negocial plural de normas respeitantes aos vícios na formação do negócio jurídico. Realçaria que este fenómeno ocorre não apenas relativamente à deliberação, mas também em relação ao ato conjunto.

Por outro lado, importa ponderar devidamente os reflexos dos vícios dos enunciados negociais na declaração negocial plural e no negócio jurídico. Existe um regime específico de vícios na formação da deliberação, vigorando a regra da

---

[224] Ao contrário da terminologia "órgãos deliberativos" e "órgãos representativos", a terminologia "órgãos internos" e "órgãos externos" tem valor explicativo, ainda que com uma ressalva. Terei a oportunidade de tecer algumas considerações sobre distribuição de competências orgânicas internas e externas e de referir que, nas organizações complexas, quer as competências internas, quer as competências externas tendem a ser distribuídas pelos diversos órgãos. Assim, tendem a não existir órgãos exclusivamente internos ou órgãos exclusivamente externos. Mas existe uma tendência histórica de concentração do poder (ou competência) de representação orgânica externa num único órgão. Sustentarei ainda que esta tendência histórica tem por fundamento a proteção do terceiro e a própria funcionalidade do instituto da representação orgânica.

"prova de resistência" (que constitui um corolário do princípio da suficiência da maioria). Os vícios nos enunciados negociais apenas afetarão a declaração negocial plural e o negócio jurídico se os enunciados afetados forem determinantes para a obtenção da maioria exigível. Quanto aos atos conjuntos, vigorará, em princípio, a regra de que o vício num único enunciado negocial se repercute na declaração negocial plural e no negócio jurídico (o que constituirá um corolário da exigência de unanimidade). Repare-se que, em rigor, existirá não apenas um regime específico dos vícios na formação da deliberação, mas também um regime específico dos vícios na formação do ato conjunto...

Por último, a conjugação do regime específico dos vícios na formação da deliberação com o regime geral dos vícios na formação do negócio jurídico não levantará graves dificuldades, mesmo nas situações em que a deliberação constitua uma proposta contratual (uma declaração negocial plural geradora de um contrato). O regime específico dos vícios da deliberação prevalecerá, na estrita medida do necessário, sobre o regime geral dos vícios na formação do negócio jurídico. Os vícios da deliberação, enquanto proposta contratual (declaração negocial que concorre à formação de um contrato), afetarão não apenas a deliberação, mas também o subsequente contrato.

Recorde-se que as conceções sobre a existência de um efeito comum e unitário aos vários tipos de deliberação (e as inerentes referências à modelação da relação corporativa e ao efeito vinculativo de todas as deliberações) constituem um apontado motivo de rejeição da qualificação da deliberação como declaração negocial. Em minha opinião, estas conceções devem ser rejeitadas.

Analisemos primeiro as deliberações sem performatividade jurídica (nas quais se incluem as deliberações negativas, as deliberações positivas de conteúdo negativo, as deliberações que aprovam um "voto de louvor"...). O eventual efeito jurídico associado a uma deliberação sem performatividade jurídica não decorrerá da deliberação em si, mas sim de normas legais. Importa distinguir com clareza o efeito negocial da deliberação, que consiste num efeito jurídico conforme ao seu significado, do efeito jurídico que determinada norma legal possa associar a uma deliberação, enquanto elemento da sua previsão legal, sem que esse efeito jurídico seja conforme ao significado da deliberação[225]. No primeiro caso, a deliberação consistirá numa declaração negocial (geradora de um negócio jurídico unilateral ou, em conjunto com outra ou outras declarações negociais, de um contrato). No segundo caso, a deliberação será um mero ato jurídico não performativo.

---

[225] Sobre a distinção entre efeitos legais e efeitos negociais, por exemplo, Machado, João Baptista, "Acordo...", p. 53.

CONSTITUIÇÃO DA SITUAÇÃO JURÍDICA DE ADMINISTRAÇÃO

Analisemos agora as deliberações (positivas) com performatividade jurídica, geradoras de um negócio jurídico. Mesmo estas deliberações não são caracterizadas pela vinculação dos sócios que não votaram com a maioria. Ou melhor, as deliberações geradoras de um negócio jurídico não se caracterizam pela afetação da esfera jurídica dos sócios. A afetação dos sócios, caso exista, ocorrerá de forma mediada pela personalidade coletiva (ou pela personalidade coletiva rudimentar). Do ponto de vista técnico-jurídico, os efeitos negociais da deliberação produzir-se-ão na esfera social, pois a sociedade será o agente no negócio jurídico adotado. Existe apenas a possibilidade de, em casos pontuais, a esfera jurídica dos sócios ser afetada quando o concreto negócio jurídico adotado tem os sócios como beneficiários ou sujeitos (ou, em termos talvez mais sugestivos, como contraparte).

Ainda em sede de crítica às conceções sobre a existência de um efeito comum e unitário aos vários tipos de deliberação, importa ter presente que um dos apregoados efeitos comuns – o efeito de vinculação da sociedade – pode ser confundido com o efeito de imputação da deliberação à pessoa coletiva (ou à pessoa coletiva rudimentar). Este efeito de imputação, característico dos fenómenos negociais representativos, não resulta da deliberação em si (da declaração negocial deliberativa representativa), mas sim das prévias normas negociais ou legais que atribuem o referido poder normativo ao órgão deliberativo. Recorde-se a referência às condições de legitimidade necessárias à projeção dos efeitos jurídicos da deliberação. Importa distinguir o efeito de imputação da deliberação à pessoa coletiva (ou à pessoa coletiva rudimentar), que decorre da norma jurídica que atribui um poder normativo ao órgão deliberativo, dos eventuais efeitos jurídico-negociais da deliberação, que decorrem do próprio conteúdo da deliberação.

Creio que as conceções sobre a existência de um efeito comum e unitário aos vários tipos de deliberação desvalorizam o facto de algumas deliberações produzirem efeitos jurídico-negociais (ou seja, efeitos jurídicos conformes ao seu significado), impedindo uma correta inserção da figura da deliberação na teoria do negócio jurídico.

Referi anteriormente que as diferentes conceções sobre o declaratário dos votos serão incompatíveis com a perspetiva da deliberação como possível declaração negocial dirigida a terceiros. Resta tomar uma posição nesta matéria.

Creio que em situações de pluralidade de pessoas na estrutura da declaração negocial (deliberação e ato conjunto) ocorre necessariamente um processo de coordenação dos enunciados negociais tendentes à formação da declaração negocial plural. Em situações de pluralidade de pessoas na estrutura da declaração negocial (deliberação e ato conjunto) é inevitável reconhecer a existência não apenas de um processo de formação do negócio jurídico (através de uma ou de várias declarações negociais), mas também de um processo de formação da declaração negocial plural. Melhor: é inevitável autonomizar um processo de formação da declaração negocial plural, consistente na coordenação dos enunciados negociais, no âmbito de processo global de formação do negócio jurídico.

Esta coordenação de enunciados negociais tendentes à formação de uma declaração negocial plural é frequentemente realizada através da intervenção de certas pessoas. Na deliberação, a receção e a contagem dos votos pelo presidente da mesa da assembleia geral integra o processo de coordenação dos enunciados negociais. Nos atos conjuntos, a coordenação de enunciados negociais é frequentemente realizada por advogados, juízes ou notários. Pense-se numa transação judicial em ata ou num contrato celebrado por escritura pública, em que uma das partes é constituída por um número extremamente elevado de contitulares, sendo os enunciados negociais conjuntos de adesão à proposta de ato conjunto (aqui, tal como na proposta de deliberação, a função comunicativa é de sugestão) proferidos, respetivamente, frente ao juiz e ao notário.

Em minha opinião, estas pessoas que intervêm no processo de coordenação dos enunciados negociais tendentes à formação de uma declaração negocial plural não devem ser qualificados como declaratários da declaração negocial plural, para efeitos do disposto no art. 236 do CC.

Por força do disposto no art. 236 do CC, a determinação do declaratário, incluindo o declaratário de uma declaração negocial plural, deverá ser sempre realizada em função do conteúdo da declaração negocial[226].

No caso da deliberação de designação, o declaratário será a pessoa designada. No caso da deliberação de instrução, o declaratário será a pessoa instruída. No caso da deliberação de destituição, o declaratário será a pessoa destituída.

A eventual ausência do declaratário na assembleia geral não afetará esta conclusão, na medida em que é sempre possível a transmissão da declaração negocial por terceiro (isto é, por um núncio).

Discordo da conceção segundo a qual os votos têm o efeito jurídico-negocial de aprovação ou de rejeição da proposta de deliberação. Em primeiro lugar, gostaria de realçar que o efeito da deliberação e o efeito dos votos não se distin-

---

[226] Repare-se que *Lobo Xavier* considera que o ato notificativo das deliberações com eficácia externa deve ser interpretado do ponto de vista do seu declaratário (Xavier, Vasco da Gama Lobo, *Anulação...*, p. 561). *Lucas Coelho* distingue o destinatário da declaração de voto e o declaratário da declaração de voto, considerando este último o titular dos interesses afetados pelo voto e pelos efeitos jurídicos que este tende a produzir (Coelho, Eduardo Lucas, *A formação...*, p. 175, n. 299). Penso que estas posições doutrinárias são, em alguma medida, tributárias da necessidade de determinação do declaratário em função do conteúdo da declaração negocial.

CONSTITUIÇÃO DA SITUAÇÃO JURÍDICA DE ADMINISTRAÇÃO

guem, dado que os votos constituem enunciados estereotipados que formam e integram a deliberação. Em segundo lugar, no que respeita às deliberações positivas, reitero que os seus efeitos negociais não residem na aprovação da proposta de deliberação, mas sim nos efeitos conformes ao seu significado. Talvez seja útil nesta sede estabelecer um paralelo com as declarações negociais constitutivas de um contrato (nomeadamente com a proposta e a aceitação): o efeito jurídico-negocial destas declarações negociais consistirá na aprovação do contrato ou consistirá antes no efeito negocial conforme ao seu significado? Mais útil ainda poderá ser o paralelo com os enunciados negociais que integram uma proposta contratual conjunta (pense-se no já referido exemplo da proposta de mandato para a venda de um prédio, realizada pelos seus comproprietários): o efeito jurídico-negocial consistirá na aprovação da atuação conjunta ou consistirá antes no efeito negocial conforme ao seu significado? Em terceiro lugar, relativamente às deliberações negativas, reitero que não têm efeitos negociais, traduzindo-se na negação de um ato.

Recorde-se que, na sequência da tradicional rejeição da qualificação da deliberação como declaração negocial, é frequentemente realizada uma destrinça entre a deliberação e um negócio jurídico de execução da deliberação. Tal negócio jurídico de execução da deliberação consistiria na proclamação do presidente da mesa da assembleia geral (sobretudo no caso da deliberação de designação de um administrador, estando o designado presente na assembleia-geral) ou num outro ato de comunicação realizado por determinada pessoa. Penso que esta conceção tradicional é incompatível com algumas normas que definem a competência dos sócios, nomeadamente as relativas à designação de administradores. A atribuição legal de competência aos sócios para a designação de administradores implica que os efeitos jurídico-negociais dessa designação resultem da deliberação dos sócios, sendo incompatível com a consideração de uma declaração negocial autónoma, a proferir pelo presidente da mesa da assembleia geral ou por um terceiro, geradora dos efeitos jurídico-negociais da designação. Penso ainda que a questão da competência legal deve ser relacionada com o regime dos vícios da declaração negocial. A atribuição aos sócios da competência legal para a designação de administradores implica que os vícios da declaração negocial deliberativa que designa o administrador afetem a relação jurídica de administração, sendo incompatível com a consideração de que os vícios de uma suposta declaração negocial de execução da deliberação possam afetar a relação jurídica de administração[227].

---

[227] Considerações como as que acabo de tecer talvez estejam na origem da posição de *Lobo Xavier*, de acordo com a qual é necessário um ato executivo da deliberação de designação, mas com carác-

Discordo ainda da perspetiva de que a proclamação da deliberação constitui uma declaração negocial[228]. A proclamação da deliberação insere-se no processo deliberativo, mas não integra a estrutura da deliberação. Esta, como foi referido, é composta pelo conjunto dos votos maioritários. A proclamação constituirá uma mera transmissão da deliberação. O presidente da mesa, como aliás qualquer pessoa que transmita a outrem o teor da deliberação, poderá ser um núncio, mas não será um declarante.

### 2.3.2.2.9 A declaração negocial deliberativa no panorama das declarações negociais

Tive a oportunidade de referir que a declaração negocial deliberativa é paradigmaticamente uma modalidade de declaração negocial plural, sendo formada por uma pluralidade de enunciados negociais (o conjunto dos votos positivos).

Ressalvei as situações menos frequentes ou menos paradigmáticas em que a deliberação é formada por um único voto positivo, tendo referido que, nestes casos, a declaração negocial deliberativa constitui, em rigor, uma modalidade de declaração negocial singular.

Aprofundando a análise da declaração negocial deliberativa, importa delimitá-la face à declaração negocial conjunta.

A distinção entre a declaração negocial conjunta e a declaração negocial deliberativa resulta da contraposição entre a regra da unanimidade e a regra da maioria[229].

---

ter meramente notificativo (Xavier, Vasco da Gama Lobo, *Anulação...*, pp. 103-104, n. 7, p. 425, n. 76, e p. 561).

[228] No mesmo sentido, Bartholomeyczik, Horst, "Der Körperschaftsbeschluß...", *ZHR*, nº 105, 1938, pp. 313-314. Sobre a proclamação, *vide*, por exemplo, Xavier, Vasco da Gama Lobo, *Anulação...*, pp. 217-218, n. 94, e pp. 321-330, n. 72, Abreu, Jorge Coutinho de, *Curso...*, II, 3ª ed., pp. 531-532, e Zöllner, Wolfgang, "Beschluss...", pp. 826-831. No Direito alemão, no que respeita às sociedades por ações, em contraste com outros tipos societários, é especificamente exigida a proclamação da deliberação pelo presidente da mesa. Em rigor, é exigida a consignação em ata notarial da proclamação da deliberação pelo presidente da mesa – § 130 II AktG. Esta exigência legal constitui um aspeto preponderante na discussão doutrinária sobre a natureza da proclamação da deliberação. Entre nós não existirá uma exigência legal equiparável.

Relativamente à ata, realçaria que, entre nós, a mesma constitui, segundo formulações comuns, uma formalidade externa à deliberação (por exemplo, Cordeiro, António Menezes, *Manual...*, I, 2ª ed., pp. 699-708, Abreu, Jorge Coutinho de, *Curso...*, II, 3ª ed., pp. 449-461, Abreu, Jorge Coutinho de, "Deliberações...", pp. 14-22, e Maia, Pedro, "...documentação", pp. 655-657). Reforçando esta perspetiva, acrescentaria que a ata constitui um metatexto (sobre esta terminologia, Almeida, Carlos Ferreira de, *Texto...*, pp. 318-321).

[229] Sobre conjunção e colegialidade, numa perspetiva algo distinta da que adoto, Maia, Pedro, *Função...*, p. 208.

Tive a oportunidade de referir que a deliberação constitui uma atuação de uma pluralidade de pessoas tipicamente caracterizada pela sujeição à regra da maioria. Ressalvei que a figura de deliberação, enquanto precipitado histórico, compreenderá alguns fenómenos de atuação plural sujeita à regra da unanimidade, na medida em que existem algumas previsões legais que exigem a adoção de determinadas "deliberações" por unanimidade. Penso que, do ponto de vista material e analítico, tais fenómenos de atuação plural sujeita à regra da unanimidade originam declarações negociais conjuntas.

O problema da delimitação recíproca da declaração negocial conjunta e da declaração negocial deliberativa suscita-me mais dois comentários.

O primeiro comentário para recordar que não apenas a formação de uma declaração negocial deliberativa pressupõe um processo, como também a formação de uma declaração negocial conjunta. Qualquer coordenação de enunciados negociais implica necessariamente um processo. O processo de formação de uma declaração negocial conjunta também poderá compreender a formulação de uma proposta – de uma proposta de ato conjunto (cuja função comunicativa, tal como a da proposta de deliberação, consiste na mera sugestão). Tal proposta de ato conjunto poderá, por exemplo, constar de um documento oferecido à subscrição conjunta.

O segundo comentário para aprofundar a ideia de que o critério material de distinção entre a declaração negocial deliberativa e a declaração negocial conjunta reside na sujeição, respetivamente, à regra da maioria e à regra da unanimidade. O processo de formação de uma declaração negocial deliberativa comporta a possibilidade de formulação de enunciados contraditórios (votos positivos e negativos), enquanto o processo de formação de uma declaração negocial conjunta implica a formulação de enunciados uniformes. No processo de coordenação de enunciados negociais conjuntos não é admissível a formulação de enunciados contraditórios.

No contexto deste último comentário, poder-se-á questionar se a denominada atuação conjunta maioritária (pense-se, por exemplo, no art. 408, nº 1, do CSC) é compatível com este critério material de distinção entre a declaração negocial deliberativa e a declaração negocial conjunta. A minha resposta é de que é compatível. Na atuação conjunta maioritária verifica-se um processo de formação de uma declaração negocial plural que apenas comporta a formulação de enunciados uniformes. As eventuais divergências, se existirem, são exteriores ao processo de formação da declaração negocial plural. As eventuais divergências não se poderão verificar no processo de coordenação de enunciados negociais. Mantenho, assim, que, numa perspetiva material, a declaração negocial conjunta (incluindo a declaração negocial conjunta maioritária) é caracterizada pela sujeição à regra da unanimidade, enquanto a declaração negocial deliberativa é caracterizada pela sujeição à regra da maioria.

Este último comentário evidencia que a declaração negocial deliberativa tem a marca distintiva de facultar a discussão e ponderação coletiva no próprio processo de formação de uma declaração negocial.

Passarei a utilizar a seguinte classificação das declarações negociais: declaração negocial deliberativa; declaração negocial conjunta; e declaração negocial singular.

A classificação tem subjacente a caracterização da declaração negocial deliberativa paradigmaticamente como uma declaração negocial plural sujeita à regra da maioria, com a referida ressalva de poder constituir uma declaração negocial singular precedida de um processo deliberativo.

A classificação pressupõe ainda a caracterização da declaração negocial conjunta como uma declaração negocial plural sujeita à regra da unanimidade. Do ponto de vista material, as "deliberações" a adotar necessariamente por unanimidade são reconduzidas à declaração negocial conjunta.

Por último, utilizo nesta classificação a terminologia declaração negocial singular de forma a não englobar as declarações negociais singulares precedidas de um processo deliberativo. Estas últimas constituirão as referidas hipóteses menos frequentes de declaração negocial deliberativa.

### 2.3.2.2.10 Conclusões

A deliberação é uma figura complexa.

Quando dotada de performatividade jurídica (isto é, quando produz efeitos jurídicos conformes ao seu significado), a deliberação constitui uma declaração negocial, podendo originar um negócio jurídico unilateral ou concorrer para a formação de um contrato.

Quando não seja dotada de performatividade jurídica (isto é, quando não produz efeitos jurídicos conformes ao seu significado), a deliberação constitui uma mera decisão de um órgão plural, não se inserindo no universo do negócio jurídico. Pense-se no exemplo de uma deliberação de louvor.

A distinção entre as situações de performatividade jurídica e as situações de carência de performatividade jurídica é essencial à adequada integração da figura da deliberação na teoria do negócio jurídico[230].

---

[230] Haverá ainda que ressalvar as deliberações com performatividade jurídica não negocial, nomeadamente as relativas a atos legislativos (por exemplo, uma deliberação de aprovação de uma proposta de lei) e jurisdicionais (por exemplo, um acórdão de um tribunal). Remeto para a anterior

CONSTITUIÇÃO DA SITUAÇÃO JURÍDICA DE ADMINISTRAÇÃO

Afirmei de início que preferia referir-me à deliberação como resultado da votação de um órgão coletivo, mais do que como decisão de um órgão coletivo sobre uma proposta. Neste momento posso explicar melhor esta opção.

Creio que a referência à deliberação como decisão de um órgão coletivo se conjuga melhor com a perspetiva de que qualquer deliberação produz um efeito comum e unitário (recorde-se o referido efeito de modelação da relação corporativa ou o referido efeito vinculativo comum a todas as deliberações), com a perspetiva da deliberação como um negócio jurídico específico.

Em contraste, ao referir-me à deliberação como resultado da votação de um órgão coletivo pretendo evidenciar que, por vezes, a deliberação é uma declaração negocial e que, outras vezes, a deliberação é uma mera decisão sem eficácia negocial.

Retomando o olhar sobre as deliberações com performatividade jurídica, reitero que tais deliberações não relevam como modalidade de negócio jurídico, mas antes como modalidade de declaração negocial – a declaração negocial deliberativa –, podendo originar um negócio jurídico unilateral ou concorrer para a formação de um contrato, caso se conjuguem com outra ou outras declarações negociais.

Face a esta conceção, a deliberação de designação consistirá numa declaração negocial – uma proposta contratual[231] –, que tem o designado como declaratário, e que, em conjugação com a declaração negocial de aceitação do designado, forma um contrato.

---

referência à distinção entre o negócio jurídico e os outros atos jurídicos performativos, realçando que apenas pretendi discutir o lugar da deliberação no universo do negócio jurídico.

Deixaria, no entanto, um comentário que extravasa a discussão sobre o lugar da deliberação no universo do negócio jurídico. Recorde-se que associei a figura da deliberação ao princípio da suficiência da maioria (sem prejuízo de, enquanto precipitado histórico, a figura de deliberação compreender alguns fenómenos de atuação plural sujeita à regra da unanimidade). A finalidade central da figura da deliberação reside precisamente em possibilitar uma criação de normas ou efeitos jurídicos que extravasam o universo das pessoas físicas que emitiram os votos maioritários. Esta caracterização permite realçar a correlação entre deliberação e democracia. A democracia, na sua faceta jurídica, entronca nomeadamente na deliberação (frequentemente na modalidade de deliberação sobre propostas concorrentes – eleição) e implica, em minha opinião, um fenómeno de subjetivação jurídica – a atribuição de poderes normativos a órgãos deliberativos (inspirando-me em *Hans Julius Wolff*, terei a oportunidade de desenvolver a caracterização dos órgãos deliberativos como centros autónomos de imputação subjetiva dos efeitos de normas jurídicas no interior de uma organização).

[231] Ressalvo, na sequência de nota anterior, que a aceitação da designação poderá ser prévia à deliberação de designação, o que implicará uma inversão dos papéis de proposta contratual e de aceitação. Nesse caso, a deliberação de designação não constituirá uma proposta contratual. Mas será, ainda assim, uma declaração negocial destinada à formação de um contrato.

Concluo no sentido de que a natureza jurídica da deliberação não constitui um obstáculo à natureza contratual da relação jurídica de administração.

### 2.3.3. Procuração e mandato

Como referi anteriormente, a teoria da separação entre procuração e mandato constitui um invocado motivo de rejeição das teses contratualista sobre a relação jurídica de administração. Tecerei algumas considerações sobre esta matéria, ainda que de forma sintética[232], na estrita medida necessária para apurar se a construção dogmática da separação entre procuração e mandato subjaz ao regime de constituição da relação jurídica de administração. Não pretendo desenvolver a generalidade dos temas relevantes em matéria de representação[233].

Farei uma descrição sumária do surgimento e da afirmação no espaço doutrinal germânico da teoria da separação entre procuração e mandato, para, num segundo momento, analisar os reflexos de tal teoria nas conceções germânicas sobre a natureza da situação jurídica de administração.

Posteriormente, descreverei a receção da teoria da separação entre procuração e mandato no espaço civilístico nacional. Mais tarde, analisarei a possí-

---

[232] De resto, existem na doutrina nacional diversos estudos sobre a matéria, com profunda análise histórica e comparatística, nomeadamente Correia, António Ferrer, "A procuração...", *BFDUC*, 1948, *passim*, Brito, Maria Helena, *A representação...*, pp. 83-300, (também Brito, Maria Helena, "A representação sem poderes...", *Revista Jurídica*, 1987, pp. 17-80, e Brito, Maria Helena, "...Convenção de Haia...", pp. 143-194), Albuquerque, Pedro de, *A representação...*, *passim*, e Cordeiro, António Menezes, *Tratado...*, I, tomo IV, pp. 27-113. Quanto a elementos históricos referentes ao período de formação da teoria da separação entre mandato e procuração, destacaria Müller-Freienfels, Wolfram, "Die Abstraktion...", pp. 144-212.

[233] Recordo que já tive a oportunidade de me referir à constituição sintagmática de declaração negocial representativa, à circunstância de legitimidade, enquanto elemento circunstancial do prefixo comunicativo da declaração negocial, à distinção entre a atuação do representante e a atuação do núncio, à distinção entre a representação e a autorização constitutiva ou legitimação germânica (*Ermächtigung*) e à querela sobre a natureza da representação orgânica (teoria da representação savigniana e teoria orgânica gierkiana...). Já tive também a oportunidade de afirmar que considero que a caracterização da representação através do princípio da exteriorização (através da constituição sintagmática da declaração negocial representativa) constitui um dado legislativo incontornável, tendo optado por não desenvolver os termos da querela entre a denominada teoria do dono do negócio savigniana (*Geschäftsherrntheorie*), a teoria ou as teorias da representação (*Repräsentationstheorien*) e a teoria da cooperação ou mediação (*Vermittlungstheorie*) e por não analisar o distinto modelo anglo-americano de "atuação representativa".

Opto por não abordar diretamente a discussão sobre a natureza abstrata ou causal do negócio jurídico institutivo do poder de representação (de forma sintética: a discussão sobre a abstração da procuração). Terei a oportunidade de expor as preocupações que me levam a não eleger o tema da abstração da procuração como ponto de abordagem para a análise do negócio jurídico institutivo do poder de representação e da situação jurídica poder de representação.

CONSTITUIÇÃO DA SITUAÇÃO JURÍDICA DE ADMINISTRAÇÃO

vel influência da teoria da separação no regime nacional relativo à situação jurídica de administração.

Ao tomar posição, analisarei primeiro a situação jurídica poder de representação para, num segundo momento, olhar para os negócios jurídicos institutivos da situação jurídica poder de representação.

A primeira tarefa forçar-me-á a uma pequena incursão na teoria das normas jurídicas. Descreverei as normas de conduta, com base em raciocínios de lógica deôntica, apontando para a incompatibilidade lógica entre a permissão bilateral e a obrigação ou a proibição. Distinguirei as normas de poder das normas de conduta, autonomizando a figura do poder jurídico face à figura do direito subjetivo. Concluirei que o poder de representação constitui um poder normativo (poder jurídico), sendo autónomo face à obrigação ou permissão gestórias.

Com base nesta conclusão, sustentarei que a autonomia entre o poder de representação e a obrigação ou permissão gestórias não implica a separação entre procuração e mandato. O poder de representação e a obrigação ou permissão gestórias podem decorrer do mesmo negócio jurídico – o mandato qualificado. Ou podem resultar de negócios jurídicos distintos – a procuração externa e o mandato.

Dedicar-me-ei ainda a um aprofundamento da caracterização da procuração-documento, enquanto exemplo paradigmático de procuração externa, para, nessa sequência, analisar com mais detalhe a situação jurídica decorrente da procuração externa, expondo as suas diferenças face à situação jurídica decorrente do mandato qualificado (ou da procuração interna).

Analisarei, de forma muito breve, as proposições normativas do CC sobre a procuração e o mandato, tentando confirmar as posições assumidas.

Por último, concluirei no sentido de que as conceções contratualistas da relação de administração não devem ser afastadas por força da teoria labandiana da separação entre procuração e mandato.

Antes de prosseguir, gostaria de realçar que não pretendo essencialmente analisar e interpretar as normas do CC sobre representação e mandato, mas sim tecer algumas considerações sobre os fundamentos dogmáticos da separação entre procuração e mandato, por forma a melhor compreender as normas do CSC sobre a génese da relação jurídica de administração.

### 2.3.3.1. Teoria germânica da separação entre procuração e mandato
No sistema do *Code Civil* francês, os poderes de representação eram conferidos através do contrato de mandato. Mandato e representação não eram dissociados. A palavra procuração era comummente utilizada para des-

crever o documento ou título no qual era consignado o mandato (procuração-documento)[234].

Porém, na primeira metade do século XIX, alguma doutrina germânica começou por distinguir no mandato uma vertente interna e uma vertente externa[235]. *Albrecht Schweppe* distinguiu a procuração-documento do contrato (consensual) de mandato, considerando que a procuração-documento não constitui uma versão escrita do contrato de mandato, antes se destinando a legitimar o representante (perante o terceiro)[236].

Já na segunda metade do século XIX, *Rudolf von Jhering* vincou a distinção entre a vertente interna e a vertente externa do mandato, realçando que podem existir mandato sem representação e representação sem mandato[237]. Seria acompanhado nomeadamente por *Alois Brinz* e por *Levin Goldschmidt*.

Entretanto, o Código Comercial Alemão (*Allgemeine Deutsche Handelsgesetzbuch* – ADHGB) de 1861, em relação a certas figuras com extensas competências de representação, como o *Prokurist* e os administradores de sociedades por ações, delimitou de forma injuntiva os poderes de representação, não admitindo a sua modificação ou limitação pelo principal, por forma a tutelar o interesse de terceiros e do tráfego jurídico. Relativamente aos membros da direção (*Vorstand*) das sociedades por ações, o referido código estabeleceu, no seu art. 231, que as limitações ao poder de representação decorrentes dos estatutos ou de deliberações dos sócios não tinham qualquer efeito perante terceiros[238].

Em 1866, inspirado, como referi de início, por este regime legal, *Paul Laband* propôs a distinção conceptual entre dois negócios jurídicos autónomos – a procuração e o mandato. A prestação de serviços entre mandante e mandatário seria originada pelo contrato de mandato. Corresponderia a uma relação interna.

---

[234] Entre nós, Rocha, M. A. Coelho da, *Instituições...*, I, 6ª ed., pp. 619-620.

[235] Sigo Müller-Freienfels, Wolfram, "Die Abstraktion...", pp. 156-164. Segundo este Autor, também na primeira metade do século XIX, mas noutros quadrantes, o dinamarquês *A. S. Ørstedt* distinguia procuração e mandato, atendendo nomeadamente à necessidade de proteção do terceiro. Por seu turno, o holandês *G. Diephuis* afirmava que pode existir mandato sem representação.

[236] Schweppe, Albrecht, *Das Römische Privatrecht...*, III, 4ª ed., p. 267.

[237] Jhering, Rudolf von, "Mittwirkung...", p. 156.

[238] *"Der Vostand ist der Gesellschaft gegenüber verpflichtet, die Beschränkungen einzuhalten, welche in dem Gesellschaftsvertrage oder durch Beschlüsse der Generalversammlung für den Umfang seiner Befugniß, die Gesellschaft zu vertreten, festgesetzt sind.*
*Gegen dritte Personen hat jedoch eine Beschränkung der Befugniß des Vorstandes, die Gesellschaft zu vertreten, keine rechtliche Wirkung. Dies gilt insbesondere für den Fall, daß die Vertretung sich nur auf gewisse Geschäfte oder Arten von Geschäften erstrecken, oder nur unter gewissen Umständen oder für eine gewisse Zeit oder an einzelnen Orten stattfinden soll, oder daß die Zustimmung der Generalversammlung, eines Verwaltungsraths, eines Aufsichtsraths oder eines anderen Organes der Aktionäre für einzelne Geschäfte erfordert ist."*

CONSTITUIÇÃO DA SITUAÇÃO JURÍDICA DE ADMINISTRAÇÃO

O poder de representação seria gerado por um outro negócio jurídico – a procuração –, com efeitos perante o terceiro. Corresponderia a uma relação externa[239].

*Paul Laband* realçou que o mandato não implica necessariamente poder de representação, pois poderia existir mandato sem representação. Rejeitou a ideia da procuração como uma mera qualificação do contrato de mandato, reafirmando a sua autonomia. Realçou ainda que o poder de representação não está necessariamente associado ao mandato, surgindo também nomeadamente com as figuras do *Prokurist*, do sócio-gerente e do administrador de sociedades por ações.

*Paul Laband* considerou que a procuração gera a possibilidade de celebração de contratos em nome alheio, eficazes e vinculativos para o principal, em autonomia face ao mandato. Sustentou que as instruções dirigidas pelo principal ao representante responsabilizam o representante, mas não afetam o poder de representação perante o terceiro. Considerou que o poder de representação pode ser mais extenso que o mandato.

*Paul Laband* realçou que a autonomia entre o poder de representação e a relação gestória possibilita uma legitimação do tráfego jurídico. Sustentou uma conceção formal de poder de representação, desta forma obtendo a tutela de terceiros e do tráfego jurídico[240].

Ao adotar a teoria da separação entre procuração e mandato, *Bernhard Windscheid* distinguiu o dever (*Müssen*) decorrente do mandato do poder jurídico (*rechtliches Macht*) decorrente da procuração[241].

*Alois Brinz* concebeu o poder de representação, enquanto poder jurídico (*rechtliches Macht*), não como uma permissão ou autorização (*Dürfen*), contraposta a um dever (*Müssen*), mas antes como uma possibilidade (*Können*) de produção de efeitos jurídicos, contraposta à simples impossibilidade (*Nichtkönnen*) de produção de efeitos jurídicos. *Alois Brinz* entendeu a procuração como um negócio jurídico autónomo face ao mandato, que gera apenas tal poder jurídico[242].

A compreensão da posição do representante e do terceiro face à procuração gerou controvérsia. Para *Ernst Zimmermann*, o destinatário da procuração seria o

---

[239] Laband, Paul, "Die Stellvertretung...", *ZHR*, nº 10, 1866, pp. 203-209.

[240] Laband, Paul, "Die Stellvertretung...", *ZHR*, nº 10, 1866, pp. 238-241.

[241] Windscheid, Bernhard, *Lehrbuch...*, I, 3ª ed., pp. 175-176, n. 1. A primeira edição desta obra é anterior ao escrito de *Paul Laband*. Nessa primeira edição *Bernard Windscheid* não sustentava a separação entre procuração e mandato.

[242] Brinz, Alois, *Lehrbuch...*, IV, 2ª ed., pp. 373-374 e 377. A relevância do pensamento de *Alois Brinz* é nomeadamente realçada por Hupka, Josef, *La representatión...*, pp. 9-10, n. 1, e p. 28, n. 2, Lindahl, Lars, *Position...*, pp. 194-211, e Alexy, Robert, *...Grundrechte*, 3ª ed., p. 211, n. 153. Terei a oportunidade de desenvolver a caracterização do poder de representação.

representante[243]. Para *Otto Bähr*, o destinatário da procuração seria o terceiro[244]. *Eduard Hölder* considerava que a procuração gerava uma dupla legitimação (*Ermächtigung*), para o procurador e para o terceiro, quer nas situações de comunicação direta entre o representado e o terceiro, quer nas situações em que não existisse tal comunicação direta[245]. *Otto Lenel* concebeu o poder de representação como um efeito reflexo da declaração perante o terceiro[246].

O desenvolvimento doutrinário conduziu à distinção entre as situações em que a concessão do poder de representação é realizada diretamente ao representante – procuração interna – e as situações em que a concessão do poder de representação é realizada frente ao terceiro ou ao público – procuração externa. De forma paradigmática, *Bernhard Windscheid* passou a realçar que as situações de outorga do poder de representação face ao terceiro ou ao público, nas quais se incluiriam os casos de apresentação de uma procuração-documento (documento de legitimação) ao terceiro, não poderiam deixar de implicar uma proteção do terceiro ou do público face à extinção do poder de representação e face a instruções limitativas do poder de representação[247].

O Código Civil alemão (*Bürgerliches Gesetzbuch* – BGB) de 1896 terá acolhido a distinção conceptual entre procuração e mandato, regulando as figuras em locais diferentes. Delineou a procuração como um negócio jurídico unilateral[248].

A diferenciação entre as situações de procuração interna e as situações de procuração externa foi adotada pelo Código Civil alemão. O § 167 I BGB refere que a procuração pode ser outorgada quer mediante declaração dirigida ao representante, quer mediante declaração dirigida ao terceiro[249].

---

[243] Zimmermann, Ernst, *Die Lehre...*, p. 89.

[244] Bähr, Otto, "Entwurf...", *Kritische Vierteljahresschrift für Gesetzgebung und Rechtswissenschaft*, nº 30, 1888, pp. 340-343 (dando sobretudo relevância à procuração-documento).

[245] Hölder, Eduard, "Zum Allgemeinen Teil...", *AcP*, 1888, pp. 117-122.

[246] Lenel, Otto, "Stellvertretung...", *JhJb*, nº 36, 1896, pp. 13-16 e 23-25.

[247] Windscheid, Bernhard, *Lehrbuch...*, I, 6ª ed., pp. 211-213, texto e notas (em edição posterior, Windscheid, Bernhard e Kipp, Theodor, *Lehrbuch...*, I, 9ª ed., pp. 358-360, texto e notas; na tradução italiana, Windscheid, Bernhard, *Diritto...*, I, tomo I, pp. 291-292, texto e notas). O Autor havia expressado posições divergentes em Windscheid, Bernhard, "Wille...", *AcP*, 1880, pp. 92-93. Sustentando que a procuração externa (que distinguia da procuração-documento e de outros casos de comunicação ao terceiro) implicava o poder de representação apenas perante o terceiro-declaratário e não perante outros terceiros, Isay, Hermann, *Die Geschäftsführung...*, p. 222.

[248] Nos trabalhos preparatórios, "Motive...", p. 479. *Paul Laband* havia perspetivado a procuração como um contrato, tendo tal perspetiva sido rejeitada pela maioria da doutrina germânica.

[249] A distinção operada pelo § 167 I BGB é desconsiderada por alguma doutrina de língua germânica. Assim, concebendo a procuração como um ato jurídico unilateral abstrato, que não é dirigido ao representante ou ao terceiro, mas que pode ser comunicado a um ou a outro, Hupka, Josef, *La representatión...*, pp. 109-110.

Os §§ 170 a 173 BGB estabelecem um regime de proteção do terceiro em caso de extinção do poder de representação, distinguindo diversas formas de comunicação ao terceiro da concessão do poder de representação.

O § 170 BGB refere-se à declaração negocial institutiva do poder de representação realizada perante o terceiro, determinando a sua vigência até que a sua extinção seja comunicada ao terceiro.

O § 171 BGB prevê a comunicação especial a terceiro ou o anúncio público da concessão do poder de representação a determinada pessoa, estabelecendo a vigência do poder de representação até que a revogação do poder de representação seja comunicada da mesma forma.

O § 172 BGB equipara à situação prevista no parágrafo anterior a situação de entrega ao representante de uma procuração-documento, que é exibida ao terceiro, determinando a vigência do poder de representação até que o documento seja restituído ou publicamente declarado sem efeito (nos termos do § 176 BGB).

O § 173 BGB determina o afastamento das anteriores regras de proteção do terceiro quando este conheça ou deva conhecer a extinção do poder de representação.

Realçaria que este regime de proteção do terceiro em caso de extinção do poder de representação apenas é expressamente consignado para as situações de comunicação ao terceiro da concessão do poder de representação, nas quais se inclui a procuração-documento. As situações de procuração interna, em que não existe uma comunicação ao terceiro ou perante o terceiro da concessão do poder de representação, parecem não convocar, da perspetiva do legislador civil germânico, o mesmo nível de proteção do terceiro.

A maioria da doutrina de língua germânica considera que os casos de comunicação ao terceiro (ou ao público) referidos nos §§ 171 e 172 BGB, nos quais se inclui a procuração-documento, não correspondem, em rigor, a uma declaração negocial dirigida ao terceiro – procuração externa –, mas sim à mera transmissão ao terceiro de uma anterior declaração negocial dirigida ao representado – comunicação ao terceiro da procuração interna[250].

---

[250] Tuhr, Andreas von, *Der Allgemeine Teil...*, II, tomo 2, pp. 379-384, Isay, Hermann, *Die Geschäftsführung...*, pp. 231-232 e 239-240, Enneccerus, Ludwig et al., *Lehrbuch...*, I, 1, 29ª ed., pp. 332-333 e 463-464, Enneccerus, Ludwig e Nipperdey, Hans Carl, *Allgemeiner Teil...*, 15ª ed., pp. 1132-1133, Larenz, Karl e Wolf, Manfred, *Allgemeiner Teil...*, 8ª ed., pp. 906 e 921-924, e Canaris, Claus-Wilhelm, *Die Vertrauenshaftung...*, pp. 32-39. Distinguindo os casos de procuração externa dos casos de mera comunicação ao terceiro da existência de uma anterior procuração interna e considerando que esta comunicação ao terceiro não consiste em si numa procuração, exceto nos casos em que a anterior procuração interna é ineficaz, Hupka, Josef, *La representatión...*, pp. 158-168.

Tais comunicações ao terceiro não constituiriam declarações negociais[251], mas antes declarações de conhecimento. Não se declararia perante o terceiro conceder o poder de representação ao representante ("declaro conceder..."). Dar-se-ia conhecimento ao terceiro sobre a existência de um anterior negócio jurídico de concessão do poder de representação dirigido ao representante ("declaro que concedi...").

Para os defensores da teoria da vigência ou validade (*Geltungstheorie*)[252], que perspetivam a declaração negocial como uma declaração de vigência ou validade (*Geltungserklärung*), as comunicações ao terceiro previstas nos §§ 171 e 172 BGB não constituiriam atos de pôr a valer. Não teriam a força constitutiva própria das declarações negociais.

Segundo *Claus-Wilhelm Canaris*, nas situações em que alguém entrega ao representante uma procuração-documento, destinada a ser apresentada ao terceiro pelo representante, cujo texto não faça referência a uma anterior procuração interna ("declaro que concedi..."), antes declarando a concessão do poder de representação ("declaro conceder..."), a entrega da procuração--documento não constituiria, ainda assim, uma declrção negocial. Porque a entrega não se traduziria, por si só, num ato de pôr a valer. Porque lhe faltaria a característica da definitividade (*Endgültigkeit*)[253].

Embora considerando que as comunicações ao terceiro previstas nos §§ 171 e 172 BGB não constituem declarações negociais, diversas vozes qualificam-nas como atos jurídicos quase-negociais, reclamando a aplicação do regime jurídico das declarações negociais[254], nomeadamente o regime de incapacidade (dos menores), o regime dos vícios das declarações negociais e inclusivamente a regra da interpretação em função do horizonte interpretativo do declaratário[255]. De acordo com esta última perspetiva, a extensão do poder de representação será determinada não pela interpretação da procuração interna, em função do

---

[251] Opto por traduzir *Willenserklärung* por declaração negocial, mas com duas ressalvas: a tradução literal será declaração de vontade; ao contrário do BGB, o nosso CC evitou a referência à vontade, pelo que o diálogo doutrinal alemão é condicionado pela referência legal à vontade, de uma forma que não ocorre entre nós. Sobre tradução de termos jurídicos, Almeida, Carlos Ferreira de, *Direito comparado...*, pp. 130-135.

[252] Larenz, Karl e Wolf, Manfred, *Allgemeiner Teil...*, 8ª ed., pp. 479-481, e Canaris, Claus-Wilhelm, *Die Vertrauenshaftung...*, pp. 413-428.

[253] Canaris, Cl us-Wilhelm, *Die Vertrauenshaftung...*, pp. 33-34.

[254] Tuhr, Andreas von, *Der Allgemeine Teil...*, II, tomo 2, pp. 379-384, Larenz, Karl e Wolf, Manfred, *Allgemeiner Teil...*, 8ª ed., pp. 921-924, Medicus, Dieter, *Allgemeiner Teil...*, 8ª ed., pp. 368 e 375, e, excecionando os casos de comunicação a um conjunto indeterminado de terceiros, Canaris, Claus-Wilhelm, *Die Vertrauenshaftung...*, pp. 35-39.

[255] Quanto a este último aspeto, Larenz, Karl e Wolf, Manfred, *Allgemeiner Teil...*, 8ª ed., p. 922.

CONSTITUIÇÃO DA SITUAÇÃO JURÍDICA DE ADMINISTRAÇÃO

horizonte de compreensão do representante, mas sim pela interpretação da procuração-documento ou do outro ato de comunicação ao terceiro, em função do horizonte de compreensão do terceiro. Em todo o caso, tratar-se-á não de um poder de representação de origem negocial, mas sim de um poder de representação de origem legal, baseado num ato jurídico quase-negocial.

Uma parte minoritária da doutrina germânica, com destaque para *Werner Flume*, considera que as comunicações ao terceiro (ou ao público) previstas nos §§ 171 e 172 BGB consistem em verdadeiras declarações negociais dirigidas ao terceiro, com valor e eficácia autónomos[256].

*Werner Flume* sustenta que a comunicação prevista no § 171 BGB constitui uma declaração negocial autónoma constitutiva do poder de representação, realçando que o poder de representação assim constituído não é afetado pela ineficácia de uma eventual procuração interna anterior[257]. Relativamente à procuração-documento prevista no § 172 BGB, sustenta que a eficácia constitutiva do poder de representação resulta do ato de entrega do documento (*Aushändigung der Vollmachtsurkunde*)[258].

Algo próxima está a posição doutrinária assumida por *Thomas Lobinger*, que qualifica as situações previstas nos §§ 171 e 172 BGB como negócios jurídicos de tomada do risco do terceiro em relação à verificação do poder de representação – negócios jurídicos de garantia (*Zusicherung*). Na sua perspetiva, as situações previstas nos §§ 171 e 172 BGB não instituem o poder de representação, não sendo procurações. São antes negócios jurídicos de disposição, que modelam a distribuição do risco[259]. Aprofundando a descrição da consequência jurídica decorrente destes negócios jurídicos de garantia, *Thomas Lobinger* refere-se a uma obrigação (*obligatorische Verpflichtung*) de atuar como se tivesse atribuído o poder de representação descrito na comunicação ao terceiro, em caso de vícios da procuração interna ou de menor extensão do poder de representação resultante da procuração interna[260].

---

[256] Flume, Werner, *Allgemeiner Teil...*, II, 4ª ed., pp. 823-828 e 858-859. Próximo, Pawlowski, Hans-Martin, "Die gewillkürte...", *JZ*, 1996, pp. 126-129 (também Pawlowski, Hans-Martin, *Allgemeiner Teil...*, 7ª ed., pp. 357-368). Em tempos mais afastados, Brodmann, Erich, "Handbuch...", p. 118. Próximo, em relação à procuração-documento, Schilken, Eberhard, "Staudingers...", 13ª ed., § 172, Rn. 2. Admitindo, no âmbito do § 171 BGB, quer situações de verdadeira declaração negocial, quer situações de mera comunicação não negocial, Schilken, Eberhard, "Staudingers...", 13ª ed., § 171, Rn. 3.

[257] Flume, Werner, *Allgemeiner Teil...*, II, 4ª ed., pp. 824-825.

[258] Flume, Werner, *Allgemeiner Teil...*, II, 4ª ed., pp. 826-827.

[259] Lobinger, Thomas, *Rechtsgeschäftliche...*, pp. 246-256.

[260] Lobinger, Thomas, *Rechtsgeschäftliche...*, pp. 247-248.

Um olhar sobre os trabalhos preparatórios do Código Civil alemão demonstra que, nos *Motive*, tais casos de comunicação ao terceiro (ou ao público) foram explicados não como uma mera transmissão de uma anterior procuração interna, mas sim como uma declaração negocial assegurando ao terceiro o poder de representação de determinada pessoa[261]. Já nos *Protokolle*, tais casos de comunicação ao terceiro são distinguidos dos casos de declaração negocial ao terceiro, mas é realçado que valem como procuração, que estão sujeitos ao regime dos vícios das declarações negociais e que a sua eficácia não é condicionada pela inexistência ou invalidade da anterior procuração interna[262].

A querela doutrinária ora descrita está relacionada com o problema das conceções de fundo sobre o fundamento da tutela do terceiro na representação voluntária, nomeadamente face à extinção da procuração. De acordo com a perspetiva maioritária, tal proteção do terceiro não constituirá um efeito negocial, mas sim um efeito legal decorrente da aparência de representação[263] (ou da confiança do terceiro[264]). Para a perspetiva minoritária, a proteção do terceiro terá fundamento no próprio negócio jurídico institutivo do poder de representação, sobretudo nos casos de procuração externa[265].

Haverá que ressalvar a hipótese de a proteção do terceiro ser nomeadamente obtida através de mecanismos registrais, quando a concessão do poder de representação é publicitada nos registos públicos[266].

---

[261] "(...) *nicht bloß ein Hinweis auf die Thatsache der Bevollmächtigung, sondern die Erklärung, daß der Dritte sich darauf verlassen kann, daß die betr. Person Vertretungsmacht habe.*" – "Motive...", pp. 483-484.

[262] "Protokolle...", pp. 740-741.

[263] Nomeadamente Larenz, Karl e Wolf, Manfred, *Allgemeiner Teil...*, 8ª ed., pp. 920-921 e 924-925, Canaris, Claus-Wilhelm, *Die Vertrauenshaftung...*, pp. 32-52, 107-119, 132-138 e 144-149, Fikentscher, Wolfgang, "Scheinvollmacht...", *AcP*, 1955, pp. 1-21, e Schramm, Karl-Heinz, "Münchener...", 5ª ed., § 170, Rn. 1-3. Na origem, Wellspacher, Moriz, *Das Vertrauen...*, pp. 79-113, bem como Seeler, Wilhelm von, "Vollmacht...", *Archiv für bürgerliches Recht*, 1906, pp. 1-52. Para uma descrição do pensamento dos primeiros defensores da teoria da aparência (nomeadamente *Moritz Wellspacher, Paul Oertmann e Rudolf Müller-Erzbach*), para além da citada obra de *Claus-Wilhelm Canaris*, Demelius, Heinrich, "M. Wellspachers...", *AcP*, 1954, pp. 1-16.

[264] Não abordarei a questão da relação entre a tutela da aparência jurídica e o pensamento da confiança. Sobre a questão, por exemplo, Cordeiro, António Menezes, *Da boa fé...*, pp. 1234-1251, nomeadamente n. 147, Cordeiro, António Menezes, *Tratado...*, I, tomo IV, pp. 100-107, Frada, Manuel Carneiro da, *Teoria da confiança...*, pp. 24-61 (incluindo nn. 31, 40 e 41), 94-95, 429-830 (n. 918) e 615--617 (n. 658), e Canaris, Claus-Wilhelm, *Die Vertrauenshaftung...*, nomeadamente pp. 5-9 e 491-552.

[265] Em tempos menos afastados, o principal defensor desta posição será Flume, Werner, *Allgemeiner Teil...*, II, 4ª ed., pp. 825-828 e 858-859. Defendendo a natureza negocial da proteção do terceiro, mas, como referi, com base num negócio jurídico de garantia, Lobinger, Thomas, *Rechtsgeschäftliche...*, pp. 237-256.

[266] Não abordarei a questão de saber se a tutela registral pode ser, em alguma medida, reconduzida à tutela da aparência jurídica (e ao pensamento da confiança).

Para a corrente doutrinária germânica que considera que os casos de comunicação ao terceiro referidos nos §§ 171 e 172 BGB não correspondem, em rigor, a uma declaração negocial dirigida ao terceiro, mas antes à mera transmissão ao terceiro de uma anterior procuração interna, a proteção do terceiro face à extinção da procuração prevista em tais normas não será nunca uma proteção negocial, mas sim uma proteção legal decorrente da aparência de representação. A comunicação ao terceiro não consiste, à partida, numa real procuração. A comunicação ao terceiro gera a aparência de existência de uma procuração.

No que respeita aos casos de indiscutível procuração externa, previstos no § 170 BGB, a proteção do terceiro face à extinção da procuração não é, ainda assim, reconduzida ao negócio jurídico. É também reconduzida à aparência. Segundo esta corrente doutrinária germânica, a comunicação da revogação da procuração ao representante (revogação interna) implica desde logo a extinção do poder de representação. A extinção do poder de representação não depende da comunicação ao terceiro (revogação externa) ou do conhecimento do terceiro sobre a revogação. Acresce que a morte do principal, bem como outros fenómenos, operam imediatamente a extinção do poder de representação. A extinção do poder de representação não depende da comunicação ao terceiro ou do conhecimento do terceiro sobre tais factos. A proteção concedida ao terceiro pelo § 170 BGB em caso de extinção da procuração não constituirá um efeito negocial; constituirá um efeito legal, com base na aparência de representação.

Para outra parte da doutrina, a extinção da procuração não opera imediatamente, antes depende de uma comunicação ao terceiro. A proteção do terceiro face à extinção da procuração externa será explicada pela conceção do terceiro como declaratário da procuração, na medida em que as regras gerais de interpretação do negócio jurídico não só o imunizam face a declarações desconhecidas, como terão por referência o seu horizonte interpretativo. A proteção do terceiro terá justificação no próprio negócio jurídico.

Importa reter que a teoria da aparência não se limita a concorrer com as explicações negociais para a tutela do terceiro em caso de extinção de uma procuração eficaz. Tem também um campo de aplicação totalmente autónomo. A jurisprudência e a doutrina germânicas procederam a um desenvolvimento da tutela de terceiros com base na aparência de representação em situações de ausência de qualquer negócio jurídico institutivo do poder de representação ou de invalidade ou ineficácia de tal negócio. A ideia de tutela da aparência de representação permitiu nomeadamente a formação, com base na jurisprudência, de duas figuras jurídicas, cujos contornos são discutidos – a procuração aparente (*Anscheinsvollmacht*) e a procuração tolerada (*Duldungsvollmacht*). Esta última figura pode gerar problemas de distinção face à procuração tácita.

O instituto do abuso de representação (*Mißbrauch der Vertretungsmacht*) não se encontra regulado de forma expressa no Código Civil alemão. Os seus contornos são fluidos. De acordo com uma formulação frequente na doutrina germânica, nas situações de abuso de representação o representante atuará no âmbito do seu poder de representação (*rechtliches Können, posse*), mas em violação do seu dever ou autorização gestórios (*Müssen* ou *Dürfen, licere*) ou de deveres de conduta (de lealdade, nomeadamente[267]). Estará em causa uma atuação contrária aos fins da representação ou aos interesses do representado. A atuação negocial representativa em abuso de representação será, em princípio, eficaz perante o principal. Porém, em caso de conluio ou em caso de conhecimento ou (para parte da doutrina germânica) de dever de conhecimento do abuso de representação pelo terceiro, o principal poderá obter a paralisação da eficácia do negócio representativo.

Tratar-se-á, para uma parte relevante da doutrina germânica, de uma pretensão/exceção do principal, com fundamento na boa fé objetiva (ou nos bons costumes, no caso de conluio)[268]. Realço que, mesmo nesta perspetiva que associa o abuso de representação ao pensamento da confiança, o abuso de representação não se traduz numa situação de mera tutela da aparência de poder de representação, antes implicando a efetiva existência do poder de representação.

A exata compreensão da natureza do poder de representação constitui um aspeto central, mas controverso[269]. O poder de representação é qualificado como legitimação, competência, autorização (*Zustimmung*), capacidade, pressuposto de eficácia, poder jurídico, direito subjetivo, direito potestativo, poder funcional...

A conceção do poder de representação como possibilidade de produção de efeitos jurídicos (*rechtliches Können*), distinto de uma permissão (*Dürfen*), sus-

---

[267] Quanto a este último ponto, *vide* as indicações de Cordeiro, António Menezes, *Tratado...*, I, tomo IV, p. 112, incluindo n. 303.

[268] Por exemplo, Schramm, Karl-Heinz, "Münchener...", 5ª ed., § 164, Rn. 106-128, e Larenz, Karl e Wolf, Manfred, *Allgemeiner Teil...*, 8ª ed., pp. 894-897 (este Autor refere-se ao desmerecimento da confiança do terceiro, mas enquadra o abuso de representação como uma pretensão/exceção do principal decorrente do § 242 BGB). Um panorama das diversas posições doutrinárias germânicas sustentadas sobre o abuso de representação pode ser confrontado em Brito, Maria Helena, *A representação...*, pp. 146-149, e Albuquerque, Pedro de, *A representação...*, pp. 604-934. No que respeita à teoria da evidência do abuso de representação, para além de *Werner Flume*, citaria Schott, Clausdieter, "Der Mißbrauch...", *AcP*, 1971, pp. 390-402, e Pawlowski, Hans-Martin, "Die gewillkürte...", *JZ*, 1996, p. 129.

[269] *Vide*, por exemplo, as sínteses de Larenz, Karl e Wolf, Manfred, *Allgemeiner Teil...*, 8ª ed., pp. 874-875, e, na doutrina nacional, de Brito, Maria Helena, *A representação...*, pp. 102-104.

CONSTITUIÇÃO DA SITUAÇÃO JURÍDICA DE ADMINISTRAÇÃO

tentada por *Alois Brinz*, terá sido adquirida pela maioria da doutrina de língua alemã[270].

Esta conceção é frequente associada a referências ao poder de representação como legitimação[271]. Compreende-se: a possibilidade de produção de efeitos jurídicos na esfera do principal traduz-se numa legitimação.

Enquanto *Josef Hupka* entende que o poder de representação se traduz numa legitimação formal externa (*"formale äussere Legitimation"*), independentemente de ter sido declarado perante o representante ou de ter sido declarado ou comunicado perante o terceiro[272], *Werner Flume* considera que o conceito labandiano de poder de representação foi traçado tendo por referência o modelo da procuração externa. E sustenta que nas situações de procuração interna tende a não existir uma divergência entre o âmbito do poder de representação (*rechtliches Können*) e o âmbito do dever ou autorização gestórios (*Müssen* ou *Dürfen*). Ressalva os casos de determinação legal do âmbito do poder de representação, como o caso do *Prokurist*[273].

Uma parte minoritária da doutrina de língua alemã, com destaque para *Wolfram Müller-Freienfels*, adota uma posição crítica face ao conceito de poder de representação traçado por *Alois Brinz*, não dissociando o poder de representação da autorização ou obrigação gestórias[274].

---

[270] Destacaria, pela diversidade das suas posições de fundo sobre a procuração e a proteção do terceiro, por um lado, Hupka, Josef, *La representatión...*, pp. 9-10, n. 1, e p. 28, n. 2, e, por outro, Larenz, Karl e Wolf, Manfred, *Allgemeiner Teil...*, 8ª ed., pp. 874-875, 894-895 e 901-902. Caracterizando a competência orgânica como uma possibilidade (*Können*), distinta de uma permissão (*Dürfen*), Gierke, Otto von, *Die Genossenschaftstheorie...*, p. 705.

[271] Referindo-se à legitimação formal do tráfego, o próprio Laband, Paul, "Die Stellvertretung...", *ZHR*, nº 10, 1866, p. 241. Referindo-se ao poder de representação como legitimação ou competência, Hölder, Eduard, "Zum Allgemeinen Teil...", *AcP*, 1888, p. 116. Também Flume, Werner, *Allgemeiner Teil...*, II, 4ª ed., pp. 784-787 (que refere ainda que a noção de poder de representação como mera legitimação constitui um importante legado de *Paul Laband*), Pawlowski, Hans-Martin, "Die gewillkürte...", *JZ*, 1996, pp. 126-127 (também Pawlowski, Hans-Martin, *Allgemeiner Teil...*, 7ª ed., nomeadamente p. 372), e Schramm, Karl-Heinz, "Münchener...", 5ª ed., § 164, Rn. 68.

[272] Hupka, Josef, *La representatión...*, pp. 202-203, 370 e 390-392.

[273] Flume, Werner, *Allgemeiner Teil...*, II, 4ª ed., pp. 842-843. Próximo, Pawlowski, Hans-Martin, "Die gewillkürte...", *JZ*, 1996, pp. 126-127 (também Pawlowski, Hans-Martin, *Allgemeiner Teil...*, 7ª ed., pp. 372-375).

[274] Müller-Freienfels, Wolfram, *Die Vertretung...*, pp. 74-79, e Frotz, Gerhard, *Verkehrschutz...*, pp. 263-265 e 337-339. Com antecedentes nomeadamente em Seeler, Wilhelm von, "Vollmacht...", *Archiv für bürgerliches Recht*, 1906, pp. 1-9, *maxime* p. 4. Não apreendendo corretamente os termos da distinção brinziana entre *Können* e *Dürfen* e referindo-se a uma declaração unilateral de autorização do representado (*"Erlaubnis zur Vertretung durch eine einseitige Erklärung des Vertretenen"*), que autonomiza face à procuração e ao próprio contrato de mandato, Gerke, Eckhard, *Vertretungsmacht...*, pp. 3, 6-7, 23-43 e 67.

*Wolfram Müller-Freienfels* considera que a distinção entre poder formal externo (*rechtliches Können, posse*) e permissão interna (*Dürfen, licere*) determina uma análise fragmentária da atuação do representante, separando a questão da sua eficácia (ou validade) jurídica e a questão da sua licitude (ou exigibilidade). Realça que o referido conceito de poder de representação implica um tratamento indistinto da atuação negocial representativa lícita e da atuação negocial representativa ilícita. Considera que o referido conceito de poder de representação desconsidera o momento axiológico e valorativo associado à permissão interna (*Dürfen, licere*). Divergindo da referida conceção do poder de representação, entende que este integra não apenas o poder (*Können*), mas também a permissão (*Dürfen*) de representação. Consequentemente, adota o entendimento de que a proteção do terceiro em caso de atuação negocial representativa para lá de tal permissão constituirá sempre uma tutela legal, baseada na boa fé do terceiro e nas necessidades de segurança do tráfico[275].

Apesar de a teoria da separação entre a procuração e o mandato ter obtido grande acolhimento doutrinário, algumas vozes contestaram a construção labandiana, nomeadamente com base na ideia de que a atribuição do poder de representação pode decorrer do mandato (ou de outro contrato gestório)[276].

Num período anterior à publicação do Código Civil alemão, *Ludwig Mitteis* sustentou que o negócio representativo é integrado, com maior ou menor extensão ou intensidade, não apenas pela vontade do representante, mas também pela vontade do representado (teoria da cooperação ou mediação – *Vermittlungstheorie*). Neste contexto, a autonomia e a abstração da procuração são desconsideradas. *Ludwig Mitteis* considera que a atribuição do poder de representação pode integrar ou estar implícita no mandato ou noutro contrato

---

[275] Como referi anteriormente, *Wolfram Müller-Freienfels* define ainda o poder de representação como uma competência secundária, por oposição à competência primária, numa construção semelhante à que distingue legitimidade indireta e legitimidade direta. Embora rejeite a cisão labandiana entre poder formal externo (*rechtliches Können, posse*) e a permissão interna (*Dürfen, licere*), *Wolfram Müller-Freienfels* acaba por não perspetivar o poder de representação como um direito subjetivo. Penso que este último aspeto é nomeadamente motivado pelo facto de desvalorizar os efeitos jurídicos decorrentes da procuração, na medida em que sustenta a tese de que a procuração e o negócio representativo constituem um negócio jurídico unitário (cfr. Müller-Freienfels, Wolfram, *Die Vertretung...*, pp. 40-47, 83-86 e 190 e ss.).

[276] Uma extensa descrição de algumas posições doutrinárias críticas da teoria labandiana da separação entre procuração e mandato, posições doutrinárias essas que frequentemente também questionam a teoria ou as teorias da representação (*Repräsentationstheorien*), pode ser confrontada em Albuquerque, Pedro de, *A representação...*, nomeadamente pp. 405-470.

CONSTITUIÇÃO DA SITUAÇÃO JURÍDICA DE ADMINISTRAÇÃO

gestório[277]. Refere igualmente que o mandato pode relevar para a representação, determinando o teor do negócio representativo[278].

Pouco tempo depois da publicação do Código Civil alemão, *Siegmund Schlossmann* adota uma noção ampla de relação de representação, que abarca quer a representação direta, quer a representação indireta. Enquadra na representação todo o trabalho ou serviço no interesse de outrem. Considera o mandato uma forma de relação de representação, a par nomeadamente da tutela (representação legal) de incapazes e da *negotiorum gestio*[279]. Critica a construção labandiana da procuração como um negócio jurídico autónomo do mandato. Considera que a lei associa a eficácia da representação direta à própria relação de representação, ao inerente dever de atuação no interesse de outrem e a uma atuação do representante conforme ao seu dever. Na sua construção, a eficácia da atuação negocial representativa pode decorrer do mandato[280].

Na mesma altura, *Hermann Isay* concebe a gestão de negócios como um instituto jurídico unitário, correspondente à atuação no interesse de outrem, na qual integra quer a representação direta, quer a representação indireta. Considera que a gestão de negócios poderá ter por base um contrato ou uma imposição legal (por exemplo, a representação legal de incapazes), que autoriza e impõe a gestão de negócios. Mas também poderá não ter por base qualquer autorização ou imposição – gestão de negócios sem mandato (*negotiorum gestio*). Como exemplos de contratos que fundamentam a intervenção gestória, aponta nomeadamente o mandato, a prestação de serviços, a empreitada e a sociedade. Tais contratos originam a denominada relação subjacente à gestão de negócios. Considera que o mandato tem como efeito apenas a criação de uma gestão de negócios, sendo que os posteriores efeitos jurídicos em jogo não se reconduzem ao mandato, mas sim a essa relação de gestão de negócios[281]. No que respeita à configuração da relação de gestão de negócios, *Hermann Isay* distingue a autori-

---

[277] Mitteis, Ludwig, *Die Lehre...*, p. 185, incluindo n. 201.

[278] Mitteis, Ludwig, *Die Lehre...*, p. 184, incluindo n. 197. Neste ponto do seu discurso, *Ludwig Mitteis* parece associar o mandato às situações de maior extensão ou intensidade da vontade do representado na estrutura do negócio representativo.

[279] Sobre o instituto da gestão de negócios, entre nós, por exemplo, Serra, Adriano Vaz, "Gestão...", *BMJ*, nº 66, 1957, *passim*, Mendes, Armindo Ribeiro, *A gestão...*, *passim*, Leitão, Luís Menezes, *A responsabilidade do gestor...*, *passim*, e Gomes, Júlio Vieira, *A gestão...*, *passim*.

[280] Schlossmann, Siegmund, *Die Lehre...*, I, pp. 262-276, sobretudo p. 270, e Schlossmann, Siegmund, *Die Lehre...*, II, nomeadamente pp. 9-54. Realço que *Siegmund Schlossmann* acabaria por aceitar que, em determinadas situações de representação legal, a eficácia da atuação negocial representativa é aferida pelas competências atribuídas, no interesse do tráfico jurídico, abstraindo do teor da relação de representação (Schlossmann, Siegmund, *Die Lehre...*, II, pp. 525-530).

[281] Isay, Hermann, *Die Geschäftsführung...*, pp. 6-28.

zação gestória (*Gestionsbefugnis*) do poder de representação[282]. No que respeita aos aspetos passivos da posição do gestor, *Hermann Isay* considera que o gestor terá que orientar a sua conduta pela defesa do interesse do principal ("*Interessen zu wahren*"), inclusivamente sob pena de responsabilidade (dever de indemnização pela violação culposa do interesse do principal), mas não se refere expressamente a um dever gestório[283].

Pouco depois, *Stanislaus Dniestrzanski* reconduz a representação ao contrato de mandato, que concebe como a figura contratual destinada à negociação com terceiros. O contrato de mandato compreenderá, por um lado, a vertente interna de regulação da relação entre o representado e o representante e, por outro lado, a vertente externa de regulação da relação entre o representado e o terceiro. Perspetiva a procuração como uma face da relação de mandato[284]. Criticando *Paul Laband*, considera que o poder de representação do *Prokurist* e de outros representantes comerciais resulta de um contrato de mandato, apesar da diferente configuração da relação interna e da relação externa[285]. Sustenta a possibilidade de existência simultânea de um contrato de prestação de serviços e de um contrato de mandato, pois, na sua perspetiva, a interação negocial com terceiros implica necessariamente um contrato de mandato[286].

Ainda no início do século passado, *Wilhelm von Seeler* considera que toda a atuação representativa para lá da autorização gestória constitui uma aparência de poder de representação, pois, como tive a oportunidade de referir em nota, não autonomiza o poder de representação da autorização gestória. Neste contexto, considera que o poder de representação não decorre de um negócio jurídico unilateral, mas sim de um contrato gestório (*Geschäftsführungsvertrag*) celebrado com o representante[287].

Numa monografia publicada em 1908, *Leo Rosenberg* acolhe a perspetiva de que a procuração externa constitui um negócio jurídico unilateral, autónomo face à eventual relação obrigacional entre o representado e o procurador. Mas, relativamente às situações em que o poder de representação é constituído perante o representante, afirma que, embora o poder de representação e a

---

[282] Isay, Hermann, *Die Geschäftsführung...*, pp. 169, 173-174 e 194.

[283] Isay, Hermann, *Die Geschäftsführung...*, pp. 107-116.

[284] Dniestrzanski, Stanislaus, *Die Aufträge...*, pp. 114-115 e 291-295. Reconduz ao contrato de mandato não apenas a representação direta, mas também a representação indireta e o mandato a favor de terceiro, apontando ainda o mandante, o mandatário e o terceiro como partes no contrato de mandato (Dniestrzanski, Stanislaus, *Die Aufträge...*, pp. 301-302).

[285] Dniestrzanski, Stanislaus, *Die Aufträge...*, pp. 88-93.

[286] Dniestrzanski, Stanislaus, *Die Aufträge...*, pp. 109-110.

[287] Seeler, Wilhelm von, "Vollmacht...", *Archiv für bürgerliches Recht*, 1906, pp. 1-25.

CONSTITUIÇÃO DA SITUAÇÃO JURÍDICA DE ADMINISTRAÇÃO

relação obrigacional sejam institutos jurídicos distintos, podem ser constituídos através do mesmo ato[288]. Acrescenta que o poder de representação pode decorrer tacitamente do contrato de mandato[289]. E refere que, no caso de constituição do poder de representação e da relação obrigacional através do mesmo ato, será aplicável o § 139 BGB, sobre nulidade parcial dos negócios jurídicos[290].

Em tempos menos afastados, como já tive a oportunidade de referir, *Werner Flume* considera que nas situações de procuração interna tende a não existir uma divergência entre o âmbito do poder de representação (*rechtliches Können*) e o âmbito do dever ou autorização gestórios (*Müssen* ou *Dürfen*). Acrescento agora que *Werner Flume* sustenta a aplicação do § 139 BGB, sobre nulidade parcial dos negócios jurídicos, ao mandato e à procuração interna, de forma a possibilitar a afetação da procuração interna pela invalidade do mandato[291]. E realço sobretudo que *Werner Flume* considera que, nas situações de instituição do poder de representação perante o representado, nada obsta à sua inclusão num contrato[292].

Num escrito publicado em 1972, *Gerhard Frotz* aceita a distinção entre procuração interna e mandato, mas considera que existe uma unidade natural entre o mandato e a procuração interna, sendo a procuração interna afetada pela invalidade do mandato, por aplicação do regime de nulidade parcial dos negócios jurídicos consagrado no § 139 BGB. Relativamente à procuração externa, defende que não existe a referida unidade natural com o mandato, mas tão só uma conexão. Considera que a autonomia da procuração como forma de proteção do tráfego apenas releva da procuração externa[293].

Num artigo publicado em 2000, *Volker Beuthien* refere que a distinção entre poder (*rechtliches Können*) de representação e permissão (*rechtliches Dürfen*) gestória não implica que a procuração não possa constituir uma parte do contrato de mandato[294]. Realça sobretudo que a procuração interna não pode deixar de ser integrada no contrato de mandato, apesar da possível divergência de conteúdo do poder de representação e do dever gestório. Relativamente à procuração externa, *Volker Beuthien* considera que, por regra, não é eficaz com a comunica-

---

[288] Rosenberg, Leo, *Stellvertretung...*, pp. 153, 162-174, 605-608 e 753-774.
[289] Rosenberg, Leo, *Stellvertretung...*, pp. 172-173, n. 1, 757-758, 763-764 e 768.
[290] Rosenberg, Leo, *Stellvertretung...*, pp. 764-765 e 769.
[291] Flume, Werner, *Allgemeiner Teil...*, II, 4ª ed., pp. 572 e 841-843. No mesmo sentido, Tietz, Christoph, *Vertretungsmacht...*, p. 28, para além de *Gerhard Frotz*, como aponto no texto.
[292] Flume, Werner, *Allgemeiner Teil...*, II, 4ª ed., p. 823. Aderindo a esta perspetiva, Tietz, Christoph, *Vertretungsmacht...*, p. 4.
[293] Frotz, Gerhard, *Verkehrschutz...*, pp. 258-265 e 329-341.
[294] Beuthien, Volker, "...Abstraktionsprinzip?", pp. 83-84, 89-90 e 99-100.

ção ao terceiro, mas sim quando o representante a utiliza. Conclui que, face a este dado, a procuração externa constitui, por regra, uma competência externa reconduzível ao conteúdo do contrato de mandato[295]. Ressalva a existência de procurações isoladas, emitidas sem que exista um contrato de mandato, acrescentando que, nestes casos, a abstração do poder de representação deve ser especialmente estipulada[296].

### 2.3.3.2. Reflexos na teoria analítica germânica sobre a natureza da situação jurídica de administração

Esboçada uma descrição sintética do surgimento e da afirmação no espaço germânico da teoria da separação entre procuração e mandato, importa analisar os reflexos de tal teoria nas conceções germânicas sobre a natureza da relação jurídica de administração.

Embora, como referi anteriormente, a teoria da separação entre procuração e mandato tenha influenciado os contornos da teoria analítica germânica sobre a relação jurídica de administração, posso agora realçar que a teoria analítica germânica sobre a situação jurídica de administração não corresponde a uma verdadeira transposição da teoria labandiana da separação entre procuração e mandato.

Face à teoria analítica germânica, a nomeação do administrador não constitui um negócio jurídico exclusivamente institutivo do poder de representação, autónomo face a um contrato gestório, no âmbito do qual se integrariam os deveres gestórios.

Face à teoria analítica germânica, a nomeação do administrador é objeto de aceitação.

Recorde-se que a plena importação da distinção entre procuração e mandato para a relação jurídica de administração se afigurava discutível. Por um lado, dada a dificuldade de separação entre os poderes e os inerentes deveres do administrador. A nomeação acarretará não apenas o poder de representação, mas igualmente os correspondentes deveres orgânicos. Por outro lado, por força da perceção de que o surgimento do poder de representação e dos deveres orgânicos do administrador depende da aceitação da nomeação.

Como referi de início, o pensamento de *Hans Julius Wolff* é apontado em sede de justificação da teoria analítica germânica sobre a natureza da situação de administração[297]. Creio que o pensamento de *Hans Julius Wolff* poderá aju-

---

[295] Beuthien, Volker, "...Abstraktionsprinzip?", pp. 92-93.
[296] Beuthien, Volker, "...Abstraktionsprinzip?", p. 95.
[297] Recordo Schmidt, Karsten, *Gesellschaftsrecht*, 4ª ed., p. 416, n. 48.

CONSTITUIÇÃO DA SITUAÇÃO JURÍDICA DE ADMINISTRAÇÃO

dar a compreender este desfasamento entre a teoria analítica germânica sobre a natureza da situação de administração e a teoria labandiana da separação entre procuração e mandato. Todavia, o pensamento de *Hans Julius Wolff* é marcado por conceções organicistas, pelo que opto por não proceder de imediato à sua descrição e análise crítica.

*Volker Beuthien*, que, como acabei de referir, critica a separação labandiana entre procuração e mandato, reconduzindo a procuração, sobretudo a interna, ao mandato, perspetiva de forma discordante a situação jurídica de administração. Sustenta que a nomeação (*Bestellung*) é autónoma e abstrata face ao contrato de emprego (*Anstellung*). Para justificar esta conceção, invoca a perspetiva de que a nomeação constitui um ato da organização interna da pessoa coletiva[298]. Esta justificação respeita igualmente a conceções organicistas, pelo que, de novo, remeto para a exposição que terei a oportunidade de realizar.

### 2.3.3.3. Receção nacional da teoria da separação entre procuração e mandato

Realizada uma descrição sumária do surgimento e da afirmação no espaço doutrinal germânico da teoria da separação entre procuração e mandato e analisados os reflexos de tal teoria nas conceções germânicas sobre a natureza da situação jurídica de administração, resta descrever a receção da teoria da separação entre procuração e mandato no espaço civilístico nacional.

A teoria da separação entre procuração e mandato seria recebida entre nós, a partir do final da primeira metade do século XX, nomeadamente pela pena de *Galvão Telles* e de *Ferrer Correia*[299].

*Galvão Telles* enfatiza a constatação de que o mandato não implica necessariamente poder de representação e a constatação inversa de que o poder de representação não está necessariamente associado ao mandato. Refere igual-

---

[298] Beuthien, Volker, "...Abstraktionsprinzip?", pp. 105-108. Para justificar esta conceção, *Volker Beuthien* invoca ainda a necessidade de proteger os terceiros (melhor: a eficácia da atuação representativa perante terceiros) face aos vícios do contrato de emprego.

[299] Telles, Inocêncio Galvão, *Dos contratos...*, pp. 262-263 e 269-273 (entre as edições posteriores, por exemplo, Telles, Inocêncio Galvão, *Manual dos contratos...*, 3ª ed., pp. 311-315, e Telles, Inocêncio Galvão, *Manual dos contratos...*, 4ª ed., pp. 419-442), Telles, Inocêncio Galvão, "Contratos civis...", *RFDUL*, 1953, pp. 210-213, e Correia, António Ferrer, "A procuração...", *BFDUC*, 1948, pp. 253-293. *Vide* ainda Collaço, Isabel de Magalhães, *Da legitimidade no ato jurídico...*, pp. 209-229, Andrade, Manuel Domingues de, *Teoria geral da relação jurídica*, pp. 271-294 (anteriormente, Andrade, Manuel Domingues de et al., *Direito...*, pp. 326-351), Jorge, Fernando Pessoa, *O mandato...*, nomeadamente pp. 20-24, Alarcão, Rui de, "Erro...", *BMJ*, nº 102, 1961, pp. 171-174 (também Alarcão, Rui de, "Do negócio...", *BMJ*, nº 105, 1961, pp. 263-267, e Alarcão, Rui de, "Breve motivação...", *BMJ*, nº 138, 1964, pp. 103-114) e Costa, Mário Júlio de Almeida, "A vontade...", *BMJ*, nº 127, 1963, pp. 145-174.

mente que as instruções impõem um dever gestório, mas não afetam o poder de representação.

Em *Ferrer Correia*, a justificação da teoria da separação entre procuração e mandato é desenvolvida. Para lá das referências ao mandato sem representação e a outros contratos gestórios com poderes de representação, este Autor questiona os motivos de rejeição da conceção alternativa de um contrato gestório qualificado pela inserção de uma cláusula representativa. Afasta esta conceção alternativa, sufragando a teoria da separação entre procuração e mandato, invocando as situações em que o poder de representação anda ligado a diversas relações de gestão (ou seja, as comumente designadas situações de procuração suspensa ou isolada) e, sobretudo, considerando que o negócio jurídico institutivo do poder de representação é dirigido ao terceiro, por ser ao terceiro que a vinculação do principal interessa. A adoção da teoria labandiana da separação entre procuração e mandato por *Ferrer Correia* parece visivelmente determinada por preocupações de tutela do terceiro.

Referências enfáticas à estrutural conceção do poder de representação como um poder material juridicamente relevante (*rechtliches Können, posse*), autónomo face ao dever ou autorização gestórios (*Müssen* ou *Dürfen, licere*), surgiriam posteriormente, nomeadamente nos escritos de *Maria Helena Brito, Paulo Mota Pinto* e *Pedro de Albuquerque*[300].

Olhando para os trabalhos preparatórios do CC é possível verificar que na Exposição de Motivos de *Galvão Telles* é afirmado que "*o mandato não é fonte da representação, nem mesmo quando esta o acompanha: porque pode haver o primeiro sem a segunda e a segunda sem o primeiro*". Mais se refere que "*podendo a representação faltar no mandato e existir sem ele, daí se infere que tem necessariamente a sua origem noutro ato jurídico, que se cumulará com o mandato quando este seja representativo, dele se conservando porém sempre distinto*". Designa-se tal ato atributivo de poderes de representação de procuração. Afirma-se ainda que "*o mandato é um contrato*" que "*impõe a obrigação de celebrar atos jurídicos por conta doutrem*", enquanto "*a procuração é um ato unilateral*" que "*confere o poder de celebrar atos jurídicos em nome doutrem*"[301].

Na Motivação de *Rui de Alarcão* é explicado que na representação voluntária os poderes representativos advêm "*por via de um negócio jurídico unilateral a que se chama procuração (ou também, mas impropriamente, mandato)*" e que se regula "*a representação voluntária com autonomia em relação ao contrato de mandato*", pois

---

[300] Brito, Maria Helena, *A representação...*, pp. 102-106 (e também p. 237), Pinto, Paulo Mota, "Aparência de poderes...", *BFDUC*, 1993, pp. 599-600, n. 19, e Albuquerque, Pedro de, *A representação...*, nomeadamente pp. 347 (n. 1782), 365-368, 477, 605, 682-683, 727 e 902-916.

[301] Telles, Inocêncio Galvão, "Contratos civis...", *RFDUL*, 1953, pp. 210-213.

CONSTITUIÇÃO DA SITUAÇÃO JURÍDICA DE ADMINISTRAÇÃO

*"acha-se claramente estabelecida na doutrina a dissociação entre o contrato de mandato e a representação"*, na medida em que *"se estas figuras podem coexistir, e amiúde assim sucede, também pode haver mandato sem representação e representação (mesmo voluntária) sem mandato"*[302]. É ainda referido que a procuração tem habitualmente por base uma relação subjacente, *verbi gratia* o mandato[303].

Na vigência do Código Civil de 1966, a procuração é entendida pela generalidade dos autores como um negócio jurídico unilateral institutivo do poder de representação, autónomo face ao mandato (ou outro contrato gestório).

É frequentemente afirmado que a estipulação do poder de representação no clausulado do contrato gestório não desvirtua a existência de uma procuração autónoma, enquanto negócio jurídico unilateral[304]. *Januário Gomes* adota este mesmo entendimento, mas excecoina as situações em que a instituição do poder de representação constitui um elemento caracterizador do negócio gestório ou uma consequência resultante da lei[305]. *Menezes Cordeiro* refere que o poder de representação pode advir de um negócio misto que, no seu seio, tenha elementos da procuração[306]. Refira-se ainda que, num quadro legal anterior à vigência do atual CC, *Pessoa Jorge* parecia entender que o poder de representação dos gerentes, auxiliares e caixeiros resultava do próprio contrato gestório[307].

Uma parte da doutrina nacional identifica o terceiro (ou o público[308]) como declaratário da procuração[309]. Outros consideram que o negócio institutivo do

---

[302] Alarcão, Rui de, "Breve motivação...", *BMJ*, nº 138, 1964, p. 103.

[303] Alarcão, Rui de, "Breve motivação...", *BMJ*, nº 138, 1964, p. 110.

[304] Nomeadamente Brito, Maria Helena, *A representação...*, p. 122, e Ascensão, José de Oliveira, *Teoria Geral*, II, 2ª ed., pp. 262, 267 e 269 (afirmando inclusivamente que a procuração pode resultar tacitamente do contrato gestório). Nos trabalhos preparatórios do Código Civil alemão é feita referência a uma única declaração de vontade que compreende um mandato e uma procuração ("Motive...", p. 479). Penso que a ideia subjacente será a de que um mesmo conjunto de sinais linguísticos emitido pelo principal origina duas declarações negociais: a proposta de contrato gestório e a declaração correspondente ao negócio jurídico unilateral institutivo do poder de representação.

[305] Gomes, Manuel Januário da Costa, *Em tema de revogação...*, pp. 239-240, n. 676.

[306] Cordeiro, António Menezes, *Tratado...*, I, tomo IV, p. 79.

[307] Jorge, Fernando Pessoa, *O mandato...*, p. 22, n. 15.

[308] *Vide*, nomeadamente, Brito, Maria Helena, *A representação...*, pp. 118-121. Sobre o regime de interpretação de declarações não-recipiendas, sugerindo o recurso à ideia de perfil do declaratário real coletivo, Almeida, Carlos Ferreira de, *Texto...*, pp. 190-193 (em termos semelhantes, Larenz, Karl e Wolf, Manfred, *Allgemeiner Teil...*, 8ª ed., p. 906).

[309] Correia, António Ferrer, "A procuração...", *BFDUC*, 1948, pp. 270-291, Brito, Maria Helena, "A representação sem poderes...", *Revista Jurídica*, 1987, pp. 29-34, Brito, Maria Helena, *A representação...*, p. 119, n. 103, e Pinto, Paulo Mota, "Aparência de poderes...", *BFDUC*, 1993, pp. 608-609, n. 34. Referindo-se nomeadamente aos terceiros como declaratários, Guichard, Raúl, *Da relevância jurídica...*, p. 66, n. 90.

poder de representação tem como declaratário o representante[310]. Outros ainda consideram simultaneamente o representante e o terceiro como declaratários da procuração[311]. Entre estes últimos, *Pedro de Albuquerque* sustenta que, para certos efeitos – os da vinculação do principal –, a procuração deve ser interpretada na perspetiva do terceiro e, para outros, na perspetiva do representante, admitindo inclusivamente uma falta de concordância entre os sentidos obtidos.

A perspetiva de admitir que podem ocorrer quer situações de outorga de poderes de representação perante o representado, quer situações de outorga de poderes de representação perante o terceiro, tentando posteriormente delimitar os seus regimes, parece não colher a adesão da maioria da doutrina nacional. No nosso CC não se verificará uma consagração legal expressa da distinção entre procuração interna e procuração externa, em termos equivalentes aos realizados no § 167 I BGB. Parte da doutrina nacional afirma mesmo a impossibilidade de operar esta distinção face ao regime civilístico português[312].

Em matéria de fundamento da proteção do terceiro face a modificações e à extinção da procuração, parte da doutrina nacional aponta nomeadamente a conceção do terceiro como declaratário da procuração como explicação[313].

Para outra parte da doutrina nacional, o fundamento da proteção de terceiros face a modificações e à extinção da procuração residiria nos mecanismos de tutela da aparência jurídica (ou da tutela da confiança)[314].

---

[310] Marques, José Dias, *Teoria geral...*, II, p. 326, Gomes, Manuel Januário da Costa, *Em tema de revogação...*, pp. 232-235, e Mota, Helena, *Do abuso de representação...*, pp. 96-99, n. 183. Aparentemente neste sentido, nomeadamente ao afirmar que o Direito português não discrimina a procuração externa, Cordeiro, António Menezes, *Tratado...*, I, tomo IV, pp. 99 e 102. Aparentemente admitindo que o terceiro não possa ser declaratário da procuração, Pereira, Maria de Lurdes, "Os estados subjetivos...", *RFDUL*, 1998, pp. 146-148.

[311] Vasconcelos, Pedro Pais de, *Teoria geral...*, 6ª ed., pp. 341-342, e Albuquerque, Pedro de, *A representação...*, pp. 647-648 (n. 398), 828-831 e 1191.

[312] Neste sentido, Gomes, Manuel Januário da Costa, *Em tema de revogação...*, p. 234, e Albuquerque, Pedro de, *A representação...*, p. 13, n. 8, p. 526, n. 74, p. 646, n. 398, e pp. 830-831. Equacionando a questão, sem adotar uma posição expressa, Pinto, Paulo Mota, "Aparência de poderes...", *BFDUC*, 1993, pp. 606-607, n. 33. Aparentemente admitindo a distinção (ao destrinçar as situações em que os terceiros são declaratários e as situações em lhes é dado conhecimento dos poderes de representação), Guichard, Raúl, *Da relevância jurídica...*, p. 66, n. 90.

[313] Nomeadamente Pinto, Paulo Mota, "Aparência de poderes...", *BFDUC*, 1993, pp. 606-609 (n. 34), 618 e 627-628 e Guichard, Raúl, *Da relevância jurídica...*, pp. 66-67, n. 90 (que distingue tutela da aparência e conformação negocial dos poderes de representação, referindo-se aos terceiros como destinatários da procuração).

[314] Nomeadamente Cordeiro, António Menezes, *Tratado...*, I, tomo IV, pp. 38 e 99-102 (já antes, em termos semelhantes, Cordeiro, António Menezes, *Da boa fé...*, pp. 1244-1245, n. 147; em termos idênticos, Cordeiro, António Menezes, *Da modernização...*, I, p. 192, e Cordeiro, António Menezes, "A representação...", p. 412), Gomes, Manuel Januário da Costa, *Em tema de revogação...*, p. 237,

CONSTITUIÇÃO DA SITUAÇÃO JURÍDICA DE ADMINISTRAÇÃO

Importa referir que a tutela de terceiros, nomeadamente face a modificações e à extinção da procuração, pode ainda ser obtida através de mecanismos registrais[315].

Realçaria que, se a conceção do terceiro como declaratário da procuração implica, diria, uma proteção negocial do terceiro, a ideia de tutela da aparência e os mecanismos registrais traduzem-se em formas de proteção legal do terceiro.

Existem amplas referências na doutrina nacional às figuras da procuração aparente e da procuração tolerada, sendo frequentemente enfatizada a necessidade de operar uma distinção desta última figura face à procuração tácita[316]. A procuração tácita consiste num efetivo negócio jurídico institutivo do poder de representação, formado através de uma declaração negocial tácita. Discute-se entre nós a admissibilidade e a extensão da tutela da aparência jurídica de representação com base na aplicação analógica de previsões normativas específicas ou por força de cláusulas gerais.

O abuso de representação é regulado de forma expressa no art. 269 do CC. Ao interpretar a norma, a maioria da doutrina aponta para uma atuação no âmbito do poder de representação, mas em desacordo com o interesse do representado, em contradição com a finalidade da atuação gestória, em oposição com a relação gestória[317].

---

Monteiro, António Pinto, *Cláusula penal...*, pp. 79-80, n. 177, Pinto, Rui, *Falta e abuso de poderes...*, pp. 98-103, Vasconcelos, Pedro Leitão Pais de, *A procuração...*, pp. 62-63, Frada, Manuel Carneiro da, *Teoria da confiança...*, pp. 49-61, nn. 40-41, Ascensão, José de Oliveira, *Teoria Geral*, II, 2ª ed., p. 295, Mota, Helena, *Do abuso de representação...*, nomeadamente pp. 104 e 158, e Albuquerque, Pedro de, *A representação...*, nomeadamente pp. 555-557 (n. 132), 956, 963-969, 991, 1035 e 1069-1079. Mas repare-se que *Pedro de Albuquerque* não só concebe o terceiro como um dos declaratários da procuração, como, por vezes, se refere à eficácia das instruções/modificações como um problema de interpretação negocial, dependente da acessibilidade do terceiro às mesmas (Albuquerque, Pedro de, *A representação...*, nomeadamente pp. 688, 886, 888, 906, 915 e 1070, n. 1830). Na literatura em português, ainda Schwarz, Hubertus, "Sobre a evolução...", *RDES*, 1972, pp. 120-121. Sobre a teoria da aparência e os títulos de crédito, Cabral, Rita Amaral, "A teoria...", *ROA*, 1984, *passim*.

[315] Nomeadamente, Brito, Maria Helena, *A representação...*, pp. 134 e 159-160, n. 206, Albuquerque, Pedro de, *A representação...*, p. 889, n. 1338, e, numa perspetiva geral, Almeida, Carlos Ferreira de, *Publicidade...*, pp. 274-280.

[316] Realçando esta necessidade de distinção, nomeadamente, Pinto, Paulo Mota, "Aparência de poderes...", *BFDUC*, 1993, pp. 629-630, Ascensão, José de Oliveira e Frada, Manuel Carneiro da, "Contrato celebrado por agente...", *RDE*, 1990-1993, pp. 47-59, Hörster, Heinrich Ewald, *A parte geral...*, p. 484, n. 36, Guichard, Raúl, *Da relevância jurídica...*, pp. 61-73, n. 90, Frada, Manuel Carneiro da, *Teoria da confiança...*, p. 49, n. 40, e Albuquerque, Pedro de, *A representação...*, pp. 1014-1015, n. 1716. Sobre representação tolerada, também Ataíde, Rui de Mascarenhas, *A responsabilidade...*, *passim*.

[317] Por exemplo, Alarcão, Rui de, "Breve motivação...", *BMJ*, nº 138, 1964, pp. 112-113, Brito, Maria Helena, "A representação sem poderes...", *Revista Jurídica*, 1987, pp. 37-38, Brito, Maria Helena, *A representação...*, pp. 146-157, Pinto, Paulo Mota, "Aparência de poderes...", *BFDUC*, 1993, pp. 599-

*Pedro de Albuquerque* reconduz o abuso de representação à falta ou excesso de representação. Entende que o abuso de representação consiste numa atuação sem poder de representação, correspondente a uma desconformidade entre o negócio representativo e a vontade do representado, na medida em que privilegia a vontade do representado na interpretação da procuração e na consequente delimitação do poder de representação[318].

Entre nós, a teoria da separação labandiana tem sido objeto de profundas críticas, que, por um lado, pugnam por uma síntese entre a procuração e o contrato gestório e, por outro, contestam a autonomia do poder de representação face à relação gestória[319]. *Pedro de Albuquerque* destaca-se na contestação da dissociação entre o âmbito do poder de representação (*rechtliches Können, posse*) e o âmbito da permissão ou autorização gestória (*Dürfen, licere*). Afirma nomeadamente que a instrução interna delimita o poder de representação estabelecido perante o terceiro. A atuação representativa em violação de tal instrução interna consistirá numa atuação com falta de poder de representação. A possível tutela do terceiro decorrerá da aparência de poder de representação.

### 2.3.3.4. Reflexos nas conceções sobre a natureza da situação jurídica de administração

O CSC não consagra, de forma expressa, a separação entre um negócio jurídico unilateral com eficácia institutiva do poder de representação e um contrato de administração. As normas relativas à constituição da relação jurídica de administração fazem referência a um único ato, uma única declaração negocial emitida em nome da sociedade – a designação. Por sua vez, as normas relativas à extinção da relação jurídica de administração referem-se precisamente a uma única relação jurídica, não observando uma distinção entre relação interna e relação externa. Não existe um equivalente à distinção entre factos extintivos da procuração e factos extintivos do contrato gestório.

---

-600, n. 19, Cordeiro, António Menezes, *Tratado...*, I, tomo IV, pp. 111-113, Guichard, Raúl, "Notas...", *RDES*, 1995, pp. 33-38, Pinto, Rui, *Falta e abuso de poderes...*, pp. 47-64, Mota, Helena, *Do abuso de representação...*, pp. 135-176, Pinto, Carlos Mota et al., *Teoria geral...*, 4ª ed., p. 550, Lima, António Pires de e Varela, João Antunes, *Código...*, I, 4ª ed., p. 249, e, aparentemente, Ascensão, José de Oliveira, *Teoria Geral*, II, 2ª ed., pp. 291-294. *Vide* ainda Abreu, Jorge Coutinho de, *Do abuso de direito...*, pp. 68-69.

[318] Albuquerque, Pedro de, *A representação...*, pp. 764-811.

[319] Destacaria Ascensão, José de Oliveira, *Teoria Geral*, II, 2ª ed., pp. 264-267, Vasconcelos, Pedro Pais de, *Contratos...*, pp. 301-311, Vasconcelos, Pedro Pais de, *Contratos...*, 2ª ed., pp. 305-316, Vasconcelos, Pedro Pais de, *Teoria geral...*, 6ª ed., pp. 324-325, Cordeiro, António Menezes, *Tratado...*, I, tomo IV, pp. 48, 56, 61, 74-75, 77, 79 e 92-94, e Albuquerque, Pedro de, *A representação...*, sobretudo pp. 497-1219.

CONSTITUIÇÃO DA SITUAÇÃO JURÍDICA DE ADMINISTRAÇÃO

Parece, assim, que o CSC não acolheu a separação labandiana entre procuração e mandato[320]. Parece igualmente que o CSC não baseia a proteção de terceiros num esquema de autonomia de um negócio jurídico unilateral institutivo do poder de representação face a um contrato gestório[321].

A doutrina aponta algumas justificações para tal opção legislativa. Recorde-se a dificuldade de separação entre os poderes e os inerentes deveres do administrador[322], que, como se referiu de início, estará na base da configuração da teoria analítica germânica. De acordo com esta teoria, a relação orgânica de administração é integrada quer pelos poderes, quer pelos deveres do administrador, não se observando a separação civilística entre poder de representação e dever gestório. Recorde-se ainda a ideia de que o surgimento do poder de representação do administrador depende da aceitação da designação, ideia esse que poderá ter entre nós o conforto acrescido da exigência legal expressa da aceitação da designação – art. 391, nº 5, do CSC.

Todavia, arrisco afirmar que a explicação para tal opção legislativa pode ser mais profunda, implicando uma análise dos motivos que justificam a própria construção dogmática da separação entre procuração e mandato. Proponho-me, assim, tecer algumas considerações críticas sobre tal construção dogmática. Gostaria, no entanto, de reforçar a afirmação de que não pretendo essencialmente discutir a interpretação das normas do CC sobre representação e mandato. Pretendo questionar os fundamentos da construção labandiana, na esperança de melhor enquadrar a interpretação das normas do CSC sobre a génese da relação de administração.

---

[320] Como já referi, adoto uma construção estrutural de representação. Para quem autonomize a representação orgânica face à representação voluntária (nomeadamente atendendo à perspetiva orgânica gierkiana), a própria comparação entre o regime de designação dos administradores previsto no CSC e a teoria civilística da separação entre a procuração e o mandato poderá ser rejeitada. Em todo o caso, chamaria a atenção para o facto de as teorias unilaterais e analíticas sobre a natureza da situação jurídica de administração serem profundamente marcadas pelo paralelo com a teoria civilística da separação entre a procuração e o mandato.

[321] Considerando que o esquema de tutela de terceiros adotado pelo CSC nada tem a ver com o modelo subjacente à doutrina da abstração da procuração, antes se traduzindo num mecanismo de proteção da boa fé dos terceiros sem desligar o poder de representação da relação subjacente, Albuquerque, Pedro de, *A representação...*, p. 541, n. 107.

[322] Não dissociando igualmente os poderes e os deveres do administrador, Albuquerque, Pedro de, *A representação...*, p. 964, n. 1555.

DEVER DE GESTÃO DOS ADMINISTRADORES DE SOCIEDADES ANÓNIMAS

## 2.3.3.5. Posição adotada

### 2.3.3.5.1 Poder de representação. Normas de conduta e normas de poder

Começaria por tecer algumas reflexões sobre a natureza do poder de representação, de forma a enquadrar as minhas críticas à teoria da separação entre procuração e mandato.

Recordo que, de acordo com a conceção de *Alois Brinz*, o poder de representação se traduz na possibilidade (*Können*) de produção de efeitos jurídicos, contraposta à simples impossibilidade (*Nichtkönnen*) de produção de efeitos jurídicos. Não se traduz numa permissão ou autorização (*Dürfen*), contraposta a um dever (*Müssen*). Nesta construção, o poder de representação não consiste em absoluto numa permissão[323]. Recordo ainda que, de acordo com a conceção oposta de *Wolfram Müller-Freienfels*, o poder de representação integrará não apenas o poder (*Können*), mas também a permissão (*Dürfen*) de representação.

A questão da natureza do poder de representação está relacionada com os conceitos de direito subjetivo e poder jurídico (e direito potestativo). Não cabe no âmbito deste escrito uma ampla discussão e análise destes conceitos, acompanhada da descrição da evolução história do debate doutrinário sobre a matéria. Limitar-me-ei a tomar posição sobre a matéria, desenvolvendo um ou outro aspeto.

Adiro à conceção jurídico-formal, que associa as situações jurídicas às normas jurídicas[324].

Tecerei, de seguida, algumas considerações sobre classificação de normas jurídicas, na esperança de melhor esclarecer a natureza do poder de representação.

Entre as normas jurídicas avultam as normas de conduta (*Verhaltensnormen*). A categoria das normas de conduta compreende as normas de permissão, as normas de proibição e as normas de obrigação. Proibição (*prohibition, Verbot*), obrigação (*obligation, Gebot*) e permissão (*permission, Erlaubnis*) são as três categorias básicas de lógica deôntica[325].

---

[323] Para além do referido *Alois Brinz*, Hupka, Josef, *La representatión...*, pp. 27-28, Lindahl, Lars, *Position...*, pp. 194-211, e Alexy, Robert, *...Grundrechte*, 3ª ed., p. 212, n. 159.

[324] Entre nós, merece destaque Cordeiro, António Menezes, *Tratado...*, I, tomo I, 2ª ed., pp. 147-184. Na discussão nacional sobre os conceitos de direito subjetivo e de poder jurídico destacaria ainda Silva, Manuel Gomes da, *O dever...*, pp. 15-57, Vasconcelos, Pedro Pais de, *A participação...*, 2ª ed., pp. 437-490, e Vasconcelos, Pedro Pais de, *Teoria geral...*, 6ª ed., pp. 239-301. Criticando a referida conceção jurídico-formal de direito subjetivo, em tempos mais recentes, Júnior, Eduardo Santos, *Da responsabilidade...*, pp. 65-73.

[325] Na origem da investigação analítica das referidas categorias deônticas, Bentham, Jeremy, *On laws...*, pp. 57-58 e 95-99. *Jeremy Bentham* enuncia quatro categorias: obrigação (*command*), proibição, não-obrigação (*non-command*) e permissão. Sobre o pensamento de *Jeremy Bentham* quanto a este aspeto, Hart, Herbert L., *Essays...*, pp. 162-193, e, entre nós, Brito, José de Sousa e, "Droits...",

A interdefinibilidade dos conceitos de obrigação e de proibição será pacífica[326]. A obrigação (imposição positiva) de uma conduta consiste na proibição da negação dessa conduta. A proibição (imposição negativa) de uma conduta consiste na obrigação da negação dessa conduta.

Num primeiro escrito sobre categorias deônticas[327], *Georg Henrik von Wright* sustentou a recondução da permissão simplesmente à negação de uma proibição. Tal conceção possibilitava a interdefinibilidade da permissão face à proibição (e, consequentemente, à obrigação).

Todavia, a regra de que a negação de uma proibição constitui uma permissão pressupõe uma ideia de completude do ordenamento jurídico. Com fundamento na incorreção dessa ideia de completude do ordenamento, *Georg Henrik von Wright* alterou a sua conceção sobre a categoria deôntica permissão[328]. Passou a operar a distinção entre permissão fraca e permissão forte. A permissão fraca traduzir-se-á na mera ausência de uma proibição – a referida negação de uma proibição. Não terá correspondência numa norma (de permissão), antes decorrendo da ausência de uma norma de proibição. A permissão forte traduzir-se-ia numa permissão qualificada, intencionada ou autorizada por uma norma – uma norma de permissão[329].

---

*Archives de Philosophie du Droit*, 1981, pp. 93-118. Apontando igualmente como precursor *G. W. Leibniz*, Alexy, Robert, *...Grundrechte*, 3ª ed., p. 182, n. 82.

A terminologia que adoto não é pacífica. Utilizando a terminologia "imposição (=obrigação positiva)", em vez da terminologia "obrigação (=imposição positiva)", Duarte, David, "Os argumentos...", *RFDUL*, 2002, pp. 258-261, e Cordeiro, António Menezes, *Tratado...*, I, tomo I, 2ª ed., p. 186 (sendo que este último Autor utilizou a terminologia que adoto em Cordeiro, António Menezes, *Da responsabilidade...*, p. 319). Utilizando os termos "imperativo" e "proibição", Pinto, Paulo Mota, *Interesse...*, pp. 471-472, n. 1351. Utilizando a expressão "normas impositivas" para aglutinar as "normas preceptivas" e as "normas proibitivas", Machado, João Baptista, *Introdução...*, pp. 93-94.

[326] Wright, Georg Henrik von, *Norm and action...*, pp. 83-85. De novo, Bentham, Jeremy, *On laws...*, pp. 95-96. Entre nós, Duarte, David, "Os argumentos...", *RFDUL*, 2002, p. 260.

[327] Wright, Georg Henrik von, *Logical Studies*, pp. 60-61. Esta monografia não constitui, em rigor, o primeiro escrito do Autor sobre categorias deônticas, antes contendo a reprodução desse primeiro escrito – o artigo "Deontic Logic", publicado na revista *Mind*, em 1951.

[328] A nova conceção terá sido inicialmente explicitada no artigo "On the logic of negation", publicado em 1959, tendo sido difundida em Wright, Georg Henrik von, *Norm and action...*, pp. 85-92. *Vide* também Wright, Georg Henrik von, "The logic...", pp. 156-157, e Wright, Georg Henrik von, "Deontic logic...", *RT*, 1999, pp. 36-38.

[329] Para além de *Georg Henrik von Wright*, Raz, Joseph, *Pratical reason...*, 3ª ed., pp. 85-97 e 207, n. 4, Weinberger, Ota, *Rechtslogik*, pp. 205-209, Weinberger, Christiane e Weinberger, Ota, *Logik...*, pp. 104-135, e Alchourrón, Carlos e Bulygin, Eugenio, "Permission...", pp. 349-371. *Vide* também a análise de Searle, John R., *The construction...*, p. 107. Entre nós, Cordeiro, António Menezes, *Noções...*, pp. 268-272. Numa perspetiva divergente, sustentando a completude do ordenamento e a inexistência de permissões fracas, com base na consideração de que em todos os ordenamentos existe

Segundo *Georg Henrik von Wright*, a permissão forte implicará a possibilidade de opção de conduta – permissão bilateral (*free choice permission, bilateral liberty, Freistellung*[330]). Isto é, implicará simultaneamente a permissão da conduta (permissão positiva) e a permissão de negação da conduta (permissão negativa)[331].

Dado que a permissão positiva é incompatível com a proibição (imposição negativa) e que a permissão negativa é incompatível com a obrigação (imposição positiva), a categoria deôntica permissão bilateral opõe-se simultaneamente às categorias deônticas proibição e obrigação[332]. Existe uma incompatibilidade lógica entre a permissão bilateral e a obrigação ou a proibição[333].

Utilizarei a expressão permissão normativa para me referir à situação jurídica ativa básica – o direito subjetivo[334]. Partilho a perspetiva de que o direito subjetivo, enquanto situação jurídica ativa básica, corresponde à figura da permissão deôntica forte ou bilateral, envolvendo a possibilidade de opção de conduta[335], baseada numa norma jurídica – uma norma de permissão. Ressalvo que a expressão direito subjetivo pode ser utilizada não apenas para significar a situação jurídica ativa básica, mas também como situação jurídica ativa complexa aglutinadora de diversas situações jurídicas básicas.

Utilizarei a expressão imposição normativa para me referir à situação jurídica passiva básica – o dever jurídico. Recordo que a situação jurídica passiva básica (dever jurídico) poderá corresponder quer a obrigações deônticas (impo-

---

uma norma permissiva geral – uma norma geral de liberdade de condutas humanas –, Duarte, David, "Os argumentos...", *RFDUL*, 2002, pp. 272-281.

[330] *Freistellung* é a terminologia adotada por Alexy, Robert, *...Grundrechte*, 3ª ed., p. 185. Utilizando o termo *Freistellung* apenas para significar a permissão negativa, Adomeit, Klaus, *Rechtstheorie...*, 2ª ed., pp. 41-45. Utilizando a expressão dupla permissão, Teles, Miguel Galvão, "Direitos...", p. 667.

[331] Wright, Georg Henrik von, *Norm and action...*, pp. 85-92. Associando as normas que atribuem direitos à ideia de opção de conduta, também Hart, Herbert L., "Definition...", *LQR*, 1954, p. 49, Hart, Herbert L., *Essays...*, pp. 188-189, e Raz, Joseph, "Voluntary...", p. 454. Apesar de ser um adepto da teoria imperativista e de considerar que a liberdade está fora do universo das normas jurídicas, *Alf Ross* refere-se à liberdade como a posição simultaneamente não proibida e não obrigatória (Ross, Alf, *Directives...*, pp. 128-130). Na origem, utilizando a expressão liberdade (*liberty*) para abarcar simultaneamente as referidas categorias não-obrigação (*non-command*) e permissão, Bentham, Jeremy, *On laws...*, pp. 97-99.

[332] Alexy, Robert, *...Grundrechte*, 3ª ed., pp. 182-194.

[333] Sobre lógica e conflito de normas, Hespanha, António Manuel, *O caleidoscópio...*, pp. 587-588.

[334] Destaco, de novo, Cordeiro, António Menezes, *Tratado...*, I, tomo I, 2ª ed., pp. 147-184.

[335] Hart, Herbert L., *Essays...*, pp. 162-193, *maxime* pp. 188-189 (com ressalva dos direitos fundamentais, que reconduz à figura da imunidade), e Raz, Joseph, "Voluntary...", p. 454. *Vide* também Rego, Margarida Lima, *Contrato de seguro...*, p. 527, n. 1425.

## CONSTITUIÇÃO DA SITUAÇÃO JURÍDICA DE ADMINISTRAÇÃO

sições deônticas positivas), quer a proibições deônticas (imposições deônticas negativas), categorias deônticas essas que são interdefiníveis.

A par das normas de conduta (*Verhaltensnormen*), discutem-se os contornos e a autonomia de uma outra categoria de normas jurídicas – as normas de poder (ou normas de competência; *Ermächtigungsnormen*). Normas, por exemplo, como as que atribuem a possibilidade de celebrar contratos, nomeadamente em representação de outrem, de outorgar testamentos, de votar, de legislar ou de julgar. A semelhança analítica entre poderes públicos e privados é generalizadamente admitida.

De acordo com enunciações frequentes, as normas de poder serão caracterizadas por atribuírem a possibilidade de criar normas ou efeitos jurídicos, de acordo com o conteúdo dos atos jurídicos praticados[336]. É também frequente a recondução das normas de poder a regras constitutivas, no sentido cunhado por *John Searle*, bem como a sua associação a atos performativos, na formulação de *J. L. Austin*[337]. Diria que, de acordo com estas descrições, as normas de poder

---

[336] Sobre a caracterização das normas de poder (ou de competência), Hart, Herbert L., *O conceito...*, 3ª ed., pp. 34-53, 78-80, 89, 105-106 e 264-265, Ross, Alf, *On law...*, pp. 32-34, 50-51 e 202-204, Ross, Alf, *Directives...*, pp. 130-133 (e pp. 41-43), Bydlinski, Franz, *Juristische Methodenlehre...*, 2ª ed., pp. 191-199, Raz, Joseph, *Pratical reason...*, 3ª ed., pp. 97-106, Raz, Joseph, "Voluntary...", pp. 451-454, Wright, Georg Henrik von, *Norm and action...*, pp. 116-118 e 189-207, Bulygin, Eugenio, "On norms...", *Law and Philosophy*, nº 11, 1992, pp. 201-216, MacCormick, Neil, *...Hart*, pp. 71-87 (p. 84 com referência ao poder de representação do administrador de uma sociedade), MacCormick, Neil, "Powers...", pp. 496-497, Larenz, Karl, *Metodologia...*, 4ª ed., p. 356, e Spaak, Torben, "Norms...", *RT*, 2003, pp. 91-92. Entre nós, Cordeiro, António Menezes, *Noções...*, pp. 272-274.
Segundo *Robert Alexy*, será possível distinguir entre a possibilidade de prática de um ato de criação de normas, gerais ou individuais, e a possibilidade de prática de um ato de alteração de situações jurídicas (Alexy, Robert, *...Grundrechte*, 3ª ed., p. 212).
Na origem, de novo, Bentham, Jeremy, *On laws...*, nomeadamente pp. 18-30 e 80-92, bem como Hohfeld, Wesley N., *Fundamental legal...*, pp. 50-60. Realçaria que *Wesley Hohfeld* se refere especificamente ao poder do *agent*. Precursor em matéria de normas de poder, também Kelsen, Hans, *Teoria pura...*, 6ª ed., pp. 35-37, 171-176 e 184-230 (no original, Kelsen, Hans, *Reine Rechtslehre*, 2ª ed., pp. 15-16, 120-124 e 130-167). Sobre o pensamento de *Jeremy Bentham* quanto a este aspeto, Hart, Herbert L., *Essays...*, pp. 194-219, e, entre nós, Brito, José de Sousa e, "Hart's criticism...", *Rechtstheorie*, 1979, pp. 449-461, Brito, José de Sousa e, "Droits...", *Archives de Philosophie du Droit*, 1981, pp. 93-118, e Teles, Miguel Galvão, "Direitos...", pp. 659-660, n. 44.
A distinção entre normas de conduta e normas de poder é apontada como equivalente à distinção hartiana entre normas primárias e normas secundárias (Hart, Herbert L., *O conceito...*, 3ª ed., p. 91).
[337] Ross, Alf, *Directives...*, pp. 53-57 e 130-131, Hart, Herbert L., *Essays...*, pp. 217-219, Alexy, Robert, *...Grundrechte*, 3ª ed., pp. 214-218, MacCormick, Neil, *...Hart*, pp. 71-76 e 82-83, Bulygin, Eugenio, "On norms...", *Law and Philosophy*, nº 11, 1992, pp. 207-213, e Ruiter, Dick W. P., "Legal...", p. 474.
Remeto para as referências anteriores a atos jurídicos performativos (e a regras constitutivas), citando, de novo, Austin, J. L., *How to do things...*, 2ª ed., nomeadamente pp. 14, 22-24, 26-35, 45-47,

serão caracterizadas por atribuírem essencialmente a possibilidade de praticar atos jurídicos performativos.

Mas, como referi, a autonomia das normas de poder face às normas de conduta é controversa.

Uma corrente de pensamento, na qual se destaca *Georg Henrik von Wright*, concebe o poder normativo (ou a competência) como uma permissão forte, com correspondência numa norma permissiva. Desenvolvendo a sua conceção, *Georg Henrik von Wright* sustenta que a norma que possibilita a delegação de competência será também um caso de norma permissiva, mas ressalva que os limites da delegação de competência constituirão proibições. Aceita que o poder normativo coexista com uma obrigação de exercício da competência, referindo-se a uma combinação de uma norma de permissão com uma norma de obrigação[338].

Os defensores da teoria imperativista apenas reconhecem as normas de conduta. Enquadram os poderes como pressupostos de imposições, reduzindo as proposições normativas sobre poderes a parcelas de normas. Todavia, tendem a autonomizar a figura do poder jurídico[339]. A autonomização da figura do poder jurídico é particularmente evidente em *Alf Ross*, ao dissociar a questão da exigibilidade (ou da licitude) da conduta da questão da eficácia (ou da validade) da atuação jurídica e ao reconhecer que o exercício da competência pode constituir quer uma liberdade, quer um dever[340].

Ainda no âmbito das correntes de pensamento que não autonomizam as normas de poder face às normas de conduta, há quem adote o entendimento de que as normas que consagram poderes compreendem simultaneamente a estatuição de um poder de alterar o ordenamento e um operador deôntico de permissão ou de imposição. Haverá, de acordo com este entendimento, normas de competência de permissão e normas de competência de imposição[341].

---

105, 107, 113-117, 119-122 e 128, Searle, John R., *Speech acts...*, pp. 33-42, 50-53, 62-64 e 175-198, e Searle, John R., *The construction...*, pp. 1-147.

[338] Wright, Georg Henrik von, *Norm and action...*, pp. 192-207. Enquadrando as situações de poder (ou competência), nomeadamente as situações de prática de negócios jurídicos, através do conceito deôntico de permissão, Lindahl, Lars, *Position...*, pp. 193-284.

[339] Kelsen, Hans, *Teoria pura...*, 6ª ed., pp. 90-91 (no original, Kelsen, Hans, *Reine Rechtslehre*, 2ª ed., pp. 57-58), Engisch, Karl, *Introdução...*, 6ª ed., pp. 41-46 e 71-73, Ross, Alf, *On law...*, pp. 32-34 e 50-51 (normas de poder reconduzidas a normas de conduta dirigidas ao juiz), Ross, Alf, *Directives...*, p. 118, Brito, José de Sousa e, "Falsas...", pp. 290-300 (entre os escritos menos recentes, Brito, José de Sousa e, "Droits...", *Archives de Philosophie du Droit*, 1981, pp. 104-105), e Spaak, Torben, "Norms...", *RT*, 2003, pp. 89-104.

[340] Ross, Alf, *On law...*, p. 204, e Ross, Alf, *Directives...*, p. 131 (utilizando os exemplos da atuação do *agent* e da atuação das autoridades públicas).

[341] Duarte, David, *A norma de legalidade...*, pp. 125-128, incluindo n. 49. Aparentemente neste sentido, num escrito mais antigo, Cordeiro, António Menezes, *Noções...*, p. 274.

CONSTITUIÇÃO DA SITUAÇÃO JURÍDICA DE ADMINISTRAÇÃO

Uma outra corrente de pensamento, na qual se destaca *Herbert Hart*, autonomiza as normas de poder face às normas de conduta, rejeitando quer a recondução das normas de poder a normas de permissão, quer a teoria imperativista[342]. *Alois Brinz* terá sido precisamente um precursor desta corrente de pensamento[343].

A autonomia das normas de poder face às normas de conduta é nomeadamente sustentada no argumento, enfatizado por *Herbert Hart*, de que as normas de conduta respeitam à questão da exigibilidade (ou da licitude) da conduta, enquanto as normas de poder respeitam à questão da eficácia (ou da validade) da atuação jurídica[344]. A consequência jurídica de uma norma de poder é diferente da consequência jurídica de uma norma de conduta. A norma de poder (ou de competência) não permite ou impõe uma conduta, antes determina a eficácia (ou a validade) de uma atuação jurídica. As funções sociais das normas de poder e das normas de conduta são radicalmente distintas.

Em reforço deste argumento, alguns autores referem-se às situações de subsistência da eficácia (ou da validade) do ato exercido, apesar da existência de uma proibição do seu exercício, dando o exemplo da venda eficaz de coisa furtada ou da representação eficaz violadora de instruções gestórias[345].

A associação do poder jurídico à figura dos atos performativos é também apontada como um argumento no sentido da autonomização das normas de poder face às normas de conduta. Estariam em jogo regras constitutivas, no

---

[342] Hart, Herbert L., *O conceito...*, 3ª ed., pp. 34-53, 78-80, 89, 105-106 e 264-265, Larenz, Karl, *Metodologia...*, 4ª ed., pp. 353-359, Bydlinski, Franz, *Juristische Methodenlehre...*, 2ª ed., pp. 191-199, Raz, Joseph, *Pratical reason...*, 3ª ed., pp. 104-105, Raz, Joseph, "Voluntary...", pp. 451-463, Bulygin, Eugenio, "On norms...", *Law and Philosophy*, nº 11, 1992, pp. 204-216, Alexy, Robert, *...Grundrechte*, 3ª ed., pp. 212-218, MacCormick, Neil, "Powers...", pp. 503-506, e Weinberger, Ota, "Prima facie...", *RT*, 1999, p. 245. Entre nós, num escrito mais recente, distinguindo as normas de poder das normas permissivas e remetendo para *Herbert Hart*, Cordeiro, António Menezes, *Tratado...*, I, tomo I, 2ª ed., p. 171 (também Cordeiro, António Menezes, *Tratado...*, II, tomo I, p. 351).
*John R. Searle* concebe o poder convencional como categoria-base, da qual derivam as permissões – *can do* – e as imposições – *must do or must not do* (Searle, John R., *The construction...*, pp. 79-112).
[343] Neste sentido, Alexy, Robert, *...Grundrechte*, 3ª ed., p. 212, n. 159. Outros antigos defensores da distinção jurídica entre *Können* e *Dürfen* terão sido Gierke, Otto von, *Die Genossenschaftstheorie...*, p. 705, e Jellinek, Georg, *Sistema...*, pp. 50-56.
[344] Hart, Herbert L., *O conceito...*, 3ª ed., pp. 34-50 (também, Hart, Herbert L., *Essays...*, pp. 210--219), Bulygin, Eugenio, "On norms...", *Law and Philosophy*, nº 11, 1992, pp. 213-214, e Alexy, Robert, *...Grundrechte*, 3ª ed., pp. 213-218, incluindo n. 161. Referindo-se a estes aspetos, apesar de ser um defensor da teoria imperativista, Ross, Alf, *On law...*, p. 204, e Ross, Alf, *Directives...*, p. 131.
[345] Hart, Herbert L., *Essays...*, p. 212, e Bulygin, Eugenio, "On norms...", *Law and Philosophy*, nº 11, 1992, pp. 204-216.

sentido cunhado por *John Searle*, que funcionariam mais como instruções, do que como imposições[346].

O afastamento da teoria imperativista, de forma a sustentar a autonomia das normas de poder face às normas de conduta, convoca a discussão sobre o conceito de norma jurídica e sobre os critérios de individualização de normas jurídicas. Neste contexto, a teoria imperativista é criticada por não facilitar, mas antes dificultar a elaboração das leis e a compreensão e aplicação dos regimes jurídicos[347].

A corrente de pensamento que autonomiza as normas de poder face às normas de conduta concebe a possibilidade de associação entre normas de poder e normas de conduta. O exercício do poder (ou da competência) pode ser permitido ou imposto[348]. Eficácia (ou validade) e licitude do exercício permanecem questões independentes[349].

Adiro à perspetiva doutrinária que autonomiza as normas de poder (ou de competência) face às normas de conduta, inserindo-me na tradição iniciada com *Alois Brinz*.

Opto por utilizar a expressão poder normativo (ou competência normativa), para me referir à situação jurídica básica descritiva da possibilidade (*Können*) de produzir normas ou efeitos jurídicos – o poder jurídico.

Considero que o poder de representação constitui um poder normativo, tendo correspondência numa norma de poder (ou de competência). Rejeito a recondução do poder de representação a uma norma permissiva. Rejeito igualmente a recondução do poder de representação a uma norma de competência de permissão ou de imposição.

Advogo a autonomia entre o poder de representação e a obrigação ou permissão gestórias. Considero que tal autonomia decorre simplesmente da autonomia entre norma de poder (ou de competência) e norma de conduta. Repare-se que esta autonomia não é prejudicada pelo facto de a norma de poder (ou de

---

[346] Hart, Herbert L., *Essays...*, pp. 217-219.

[347] Raz, Joseph, "Voluntary...", pp. 459-463, Larenz, Karl, *Metodologia...*, 4ª ed., pp. 353-359, Bydlinski, Franz, *Juristische Methodenlehre...*, 2ª ed., pp. 191-199, e Hart, Herbert L., *Essays...*, p. 211. Próximo, MacCormick, Neil, "Powers...", pp. 505-506. Não pretendo desenvolver a questão dos critérios de individualização de normas jurídicas.

A contraposição entre a teoria imperativista e a teoria que autonomiza as normas de poder relaciona-se ainda com a discussão em torno da existência e da configuração da *Grundnorm*, discussão essa onde se destacam as posições de *Hans Kelsen* e de *Herbert Hart*. *Herbert Hart* argumenta no sentido de que a *Grundnorm* não pode ser perspetivada como uma parcela de uma norma de conduta. Trata-se de uma questão que igualmente não pretendo desenvolver.

[348] Ross, Alf, *Directives...*, p. 131, Alexy, Robert, *...Grundrechte*, 3ª ed., pp. 212-213, incluindo n. 160, Raz, Joseph, "Voluntary...", p. 454, e MacCormick, Neil, "Powers...", p. 501.

[349] Ross, Alf, *On law...*, p. 204.

CONSTITUIÇÃO DA SITUAÇÃO JURÍDICA DE ADMINISTRAÇÃO

competência) poder estar associada a uma norma permissiva ou a uma norma impositiva. Assim, o poder de representação pode jogar quer com uma obrigação gestória, quer com uma permissão gestória. Pense-se no poder de representação associado à obrigação do mandatário, por um lado, e no poder de representação conferido no interesse do representante, associado a uma permissão gestória decorrente da relação subjacente.

Para fundamentar a adoção da conceção do poder de representação como um poder normativo e para rejeitar as conceções alternativas, remeto sobretudo para o argumento, enfatizado por *Herbert Hart*, de que as normas que atribuem o poder de representação regulam exclusivamente a questão da eficácia da atuação negocial representativa; não regulam a questão da exigibilidade (ou da licitude) da conduta do representante. A consequência jurídica das normas que atribuem o poder de representação reside na eficácia ou ineficácia da atuação negocial representativa; não reside na licitude ou ilicitude da atuação negocial representativa. Sirvam de exemplo a norma relativa à eficácia do poder de representação do procurador (decorrente da conjugação dos arts. 258 e 262 do CC) e a norma relativa à obrigação gestória do mandatário (consagrada no art. 1161, alínea a), do CC).

As situações de associação do poder de representação com a obrigação gestória oferecem mais dois argumentos no sentido da autonomização das normas de poder face às normas de conduta e da crítica às conceções alternativas.

O primeiro desses argumentos respeita à já referida possibilidade de eficácia do ato exercido, apesar da proibição do seu exercício. Repare-se que este argumento é particularmente corrosivo para a conceção doutrinária que sustenta a existência de normas de competência de imposição (recorde-se a perspetiva de que as normas de poder compreendem simultaneamente a estatuição de um poder de alterar o ordenamento e um operador deôntico de permissão ou de imposição).

Desenvolvendo este primeiro argumento, diria que podem ocorrer quer situações de coincidência entre o âmbito de atuação competente e o âmbito de atuação devida, quer situações de desfasamento entre o âmbito de atuação competente e o âmbito de atuação devida. Todavia, verifica-se uma tendência histórica de definição legal e negocial de um âmbito de atuação competente mais amplo do que o âmbito de atuação devida. A tradição legislativa e a prática negocial demonstram que o poder de representação é frequentemente delimitado por categorias de atos jurídicos, enquanto a obrigação gestória tende a ser concretizada num ato específico. As normas de competência descrevem comummente o poder de representação em função de categorias de atos. As normas impositivas descrevem comummente a obrigação como um ato individualizado, por vezes sujeito a um profundo processo de concretização, nomeadamente em função do interesse do credor. Para saber se a atuação negocial representativa é eficaz bastará apurar se o ato praticado se insere numa categoria de atos. Para saber se a obrigação gestória foi cumprida será necessário concretizar o ato devido, nomeadamente em função do interesse do credor. Como marco da apontada tradição legislativa referiria o regime do *Prokurist* e dos diretores de sociedades por ações estabelecido pelo Código Comercial Alemão (*Allgemeine Deutsche Handelsgesetzbuch* – ADHGB) de 1861. Como exemplo da referida prática negocial invocaria as procurações-documento com poderes gerais associadas a contratos de mandato.

Penso que esta tendência histórica não é essencialmente ditada por razões de tutela do terceiro, mas sim por razões de funcionalidade do próprio instituto da representação negocial (direta), estando intrinsecamente associada à divisão do trabalho e ao desenvolvimento dos mercados nas sociedades modernas[350].

Esta tendência histórica de definição legal e negocial de um âmbito de atuação competente mais amplo do que âmbito de atuação devida reforça sobremaneira a autonomia entre o poder de representação e a obrigação gestória. Não só as consequências jurídicas em jogo são distintas – eficácia *versus* licitude –, como a sua aplicação em concreto tende a ser discordante – eficácia apesar da ilicitude.

O segundo argumento possibilita um olhar crítico sobre a conceção de que o poder de representação envolve uma permissão (recordo *Wolfram Müller-Freienfels*) e sobre a corrente de pensamento que reconduz, em geral, o poder jurídico a normas permissivas (recordo *Georg Henrik von Wright*). Nas situações de associação do poder de representação com a obrigação gestória (ou de um qualquer poder jurídico com um dever jurídico), a conceção do poder de representação (ou de um qualquer poder jurídico) como uma permissão geraria conflitos de normas. Recordo a referência à incompatibilidade lógica da permissão deôntica forte ou bilateral (direito subjetivo) com a imposição deôntica positiva ou negativa (dever jurídico). A norma relativa à obrigação gestória imporia uma determinada prestação, sem possibilidade de opção de conduta. A norma relativa à representação, se entendida como uma norma permissiva, conferiria ao representante a possibilidade de opção de conduta. Creio que não existem conflitos de normas. Simplesmente, o poder de representação não constitui uma permissão, não versa sobre a exigibilidade da conduta.

Concluo no sentido de que o poder de representação constitui um poder normativo (ou competência normativa). Trata-se da situação jurídica básica

---

[350] Relacionando o desenvolvimento dos mercados nas sociedades modernas e a crescente especialização e divisão do trabalho com o florescimento da representação direta, Müller-Freienfels, Wolfram, "Die Abstraktion...", pp. 144-145.

CONSTITUIÇÃO DA SITUAÇÃO JURÍDICA DE ADMINISTRAÇÃO

descritiva da possibilidade (*Können*) de produzir normas ou efeitos jurídicos – o poder jurídico. Tem correspondência em normas de poder (ou de competência).

Concluo igualmente no sentido de que o poder de representação é autónomo face à obrigação ou permissão gestórias (eficácia *versus* licitude) – questão da autonomia entre poder normativo e imposição ou permissão normativas.

Concluo ainda no sentido de que se verifica uma tendência histórica de elevada autonomia do poder de representação face à obrigação gestória, que se traduz numa dissociação entre o âmbito de atuação competente e o âmbito de atuação devida (eficácia apesar da ilicitude) – questão do *grau* de autonomia entre poder normativo e imposição normativa.

Como tive a oportunidade de referir, o poder de representação pode jogar quer com uma obrigação gestória, quer com uma permissão gestória. Ou seja, o poder normativo (poder jurídico) pode estar associado a uma permissão normativa (direito subjetivo) ou a uma imposição normativa (dever jurídico). Estas associações de situações jurídicas básicas podem ser descritas através de situações jurídicas complexas.

Para descrever a associação de um poder normativo (poder jurídico) a uma imposição normativa (dever jurídico) são frequentemente utilizadas as expressões poder-dever, poder funcional e dever funcional[351]. Utilizarei preferencialmente a terminologia poder-dever para significar a situação jurídica complexa descritiva da associação de um poder normativo (poder jurídico) a uma imposição normativa (dever jurídico)[352].

---

[351] Sobre o significado destas expressões, Cordeiro, António Menezes, *Tratado...*, I, tomo I, 2ª ed., pp. 181-182 e 191. Sobre a figura do poder-dever (*Pflichtrecht*) no espaço germânico, Larenz, Karl e Wolf, Manfred, *Allgemeiner Teil...*, 8ª ed., pp. 321-322. Referindo-se, entre nós, ao poder-dever dos administradores, por exemplo, Abreu, Jorge Coutinho de, "Deveres de cuidado...", p. 22, n. 13, e pp. 29-30, n. 44, Abreu, Jorge Coutinho de, *Responsabilidade civil...*, p. 25, n. 37, e p. 36, n. 68, Ramos, Maria Elisabete Gomes, *Responsabilidade civil...*, p. 77, e Cordeiro, António Menezes, "Código...", art. 64, an. 9. Utilizando igualmente a expressão direito potestativo funcional, Cordeiro, António Menezes, "Código...", art. 405, an. 2-4, e Leitão, Adelaide Menezes, "Responsabilidade...", *RDS*, 2009, p. 662.

[352] Creio que a terminologia poder-dever expressa melhor a associação de um poder normativo a uma imposição normativa. A expressão poder funcional não evidencia de forma tão intensa a aglutinação de uma imposição normativa (dever jurídico). A terminologia dever funcional não expressa tão bem a existência de um poder normativo (poder jurídico). A expressão direito potestativo funcional tem o inconveniente de invocar a existência de uma permissão normativa (direito subjetivo), quando apenas se joga a associação de um poder normativo (poder jurídico) a uma imposição normativa (dever jurídico). Ainda em crítica à utilização da expressão direito potestativo funcional, recordo a ideia de incompatibilidade lógica entre permissão normativa (permissão deôntica forte ou bilateral) e imposição normativa (imposição deôntica positiva ou negativa).

O manuseamento de situações jurídicas complexas descritivas da associação de um poder normativo a uma imposição normativa (poder-dever) deve ser extremamente cuidadoso, dada a referida possibilidade de desfasamento entre o âmbito de atuação competente e o âmbito de atuação devida (eficácia apesar da ilicitude). A dissociação analítica do poder normativo (poder jurídico) face à imposição normativa (dever jurídico) é essencial à compreensão dos regimes jurídicos em jogo.

Utilizarei a expressão direito potestativo para significar a situação jurídica *complexa* descritiva da associação de um poder normativo (poder jurídico) a uma permissão normativa (direito subjetivo)[353].

Com elevada frequência, os direitos subjetivos não envolvem ou não envolvem apenas a opção de praticar atos jurídicos não performativos (atos jurídicos não negociais), mas também a opção de praticar atos jurídicos performativos (nomeadamente negócios jurídicos). É difícil pensar em direitos subjetivos que não sejam passíveis de exercício jurídico... Os direitos subjetivos tendem a envolver poderes jurídicos[354].

Em todo o caso, creio que, do ponto de vista analítico, o reconhecimento das frequentes situações de associação de um poder normativo a uma imposição normativa (poder-dever) e a incompatibilidade lógica da permissão deôntica forte ou bilateral (direito subjetivo) face às imposições deônticas positiva e negativa (dever jurídico) forçam a emancipação da figura do poder jurídico de

---

[353] Afirmando que o direito potestativo é conferido por uma norma de poder, através do entremear de normas permissivas, Cordeiro, António Menezes, *Tratado...*, I, tomo I, 2ª ed., pp. 170-171. Noutra perspetiva, considerando que o direito potestativo corresponde simplesmente a uma norma de poder, Alexy, Robert, *...Grundrechte*, 3ª ed., p. 211. Afirmando que o direito potestativo corresponde em grande medida a um poder, Rego, Margarida Lima, *Contrato de seguro...*, p. 495, n. 1325. Destacaria ainda Pawlowski, Hans-Martin, *Allgemeiner Teil...*, 7ª ed., pp. 155-156, Enneccerus, Ludwig e Nipperdey, Hans Carl, *Allgemeiner Teil...*, 15ª ed., pp. 441-443, nomeadamente n. 12, e Tuhr, Andreas von, *Der Allgemeine Teil...*, I, pp. 159-167. Na origem da terminologia direito potestativo (*Gestaltungsrecht*), Seckel, Emil, *Die Gestaltungsrechte...*, nomeadamente pp. 5-21. Anteriormente, utilizando a terminologia *Recht des rechtlichen Könnens*, para descrever a situação jurídica consistente na possibilidade de produzir efeitos jurídicos através de negócios jurídicos, Zitelmann, Ernst, *Das Recht...*, I, p. 23.

[354] *Herbert Hart* refere-se à centralidade dos poderes jurídicos para a conceção de direito subjetivo, realçando que "*it is hard to think of rights except as capable of* exercise" (Hart, Herbert L., *Essays...*, p. 184, com sublinhado no original). Noutro ponto do seu discurso, distingue os direitos subjetivos relativos à prática de atos naturais dos direitos subjetivos relativos à prática de negócios jurídicos (*acts-in-the-law*), associando a figura do poder jurídico a estes últimos (Hart, Herbert L., *Essays...*, p. 188).

CONSTITUIÇÃO DA SITUAÇÃO JURÍDICA DE ADMINISTRAÇÃO

universo do direito subjetivo e determinam a inerente caracterização do direito potestativo como uma situação jurídica complexa[355].

Nestes termos, reforço a caracterização do poder normativo (poder jurídico) como uma situação jurídica básica, autónoma face à permissão normativa (direito subjetivo), embora reconheça que a figura do direito subjetivo não possa deixar de ser explicada em conexão com a figura do poder jurídico.

Antecipo que algumas destas últimas considerações serão essenciais à compreensão de diversos aspetos da situação jurídica de administração. Chamo, desde já, a atenção para alguns desses aspetos. Joga-se a associação de um poder normativo a uma imposição normativa (poder-dever). Ocorre frequentemente um desfasamento, com diferentes graus de intensidade, consoante esteja em causa o poder de administração ou o poder de representação, entre o âmbito de atuação competente e o âmbito de atuação devida (eficácia apesar da ilicitude).

### 2.3.3.5.2 Procuração externa e mandato qualificado

Tecidas estas considerações sobre a natureza do poder de representação – questão da natureza da situação jurídica –, resta-me proceder à análise crítica da teoria da separação entre procuração e mandato – questão da natureza e da estrutura do negócio jurídico que está na base da situação jurídica.

Em minha opinião, a autonomia entre o poder de representação e a obrigação ou permissão gestórias – isto é, entre norma de poder (ou de competência) e norma de conduta – não implica a separação entre procuração e mandato – isto é, entre um negócio jurídico gerador da norma de poder (ou de competência) e um negócio jurídico gerador da norma de conduta[356].

As situações de elevado *grau* de autonomia entre poder normativo e imposição normativa também não justificam a separação entre um negócio jurídico

---

[355] Destaco as seguintes palavras de *Joseph Raz*: "*It is commonly thought that powers are a species of rights. This is a mistake. Though powers are essential to the explanation of rights, they are not in themselves rights. It is possible to speak of a power-right only if one is at liberty to use or not to use the power at will. But often one has a power which one is obliged either to use or not to use, without having any choice in the matter*" (Raz, Joseph, "Voluntary...", p. 454). *Joseph Raz* prossegue dando os exemplos do *agent*, das autoridades públicas e, precisamente, dos administradores de sociedades. Penso que não estarei longe de Cordeiro, António Menezes, *Tratado...*, II, tomo I, p. 351.

[356] Recordo que *Werner Flume* sustenta que as situações de outorga do poder de representação perante o representante podem resultar de um contrato (Flume, Werner, *Allgemeiner Teil...*, II, 4ª ed., p. 823). Destaco também Beuthien, Volker, "...Abstraktionsprinzip?", pp. 83-84, 89-90 e 99-100, embora ressalvando que, quanto a outros aspetos, tais como a natureza da procuração externa, a natureza da representação orgânica, o conceito de órgão e a configuração da situação jurídica de administração, esteja bastante distante de *Volker Beuthien*.

gerador da norma de poder (ou de competência) e um negócio jurídico gerador da norma de conduta. As situações de definição legal de um âmbito de atuação competente mais amplo do que o âmbito de atuação devida, como a do *Prokurist* e a dos administradores de sociedades de capitais, que tanto marcaram o pensamento de *Paul Laband*, são igualmente compatíveis com a ideia de mandato qualificado. Estas situações reclamam a autonomia entre o poder de representação (norma de poder) e a obrigação gestória (norma de conduta), como acabei de referir, mas não reclamam a separação entre procuração e mandato (a dissociação do mandato qualificado em dois negócios jurídicos distintos).

Do ponto de vista conceptual, o poder de representação (norma de poder) e a obrigação ou permissão gestórias (norma de conduta) podem decorrer do mesmo negócio jurídico. Isto desde que a declaração negocial do principal destinada a gerar o poder de representação e a obrigação ou permissão gestórias seja realizada perante um único declaratário – o representante[357].

Neste contexto, penso que devem ser distinguidas as situações de outorga do poder de representação perante o representante e as situações de outorga do poder de representação perante o terceiro.

Nas situações de outorga do poder de representação perante o representante tenderá a apenas existir um mandato qualificado (mandato com poder de representação) ou um outro contrato que compreenda o poder de representação.

---

[357] Da mesma forma, a instrução gestória (norma de conduta) e a modificação do poder de representação (norma de poder) podem decorrer de um único negócio jurídico dirigido pelo principal ao representante.

Questão diversa (e controvertida) será a da eficácia de uma modificação interna (representante como declaratário) do poder de representação estabelecido por uma procuração externa (terceiro como declaratário).

Gostaria ainda de referir que o negócio jurídico dirigido pelo principal ao representante contendo uma instrução gestória não tem que ser necessariamente interpretado no sentido de conter simultaneamente uma modificação do poder de representação (simultaneamente instrução gestória e modificação interna do poder de representação). Esta até pode ser a interpretação mais frequente; mas não é a única interpretação possível. A declaração negocial do principal perante o representado pode igualmente ser interpretada, de acordo com o horizonte interpretativo do representado, no sentido de delimitar a obrigação gestória e de não delimitar o poder de representação. Tratar-se-á então de uma mera instrução gestória (norma de conduta), não constituindo simultaneamente uma modificação do poder de representação (norma de poder). *Vide* Brito, Maria Helena, "A representação sem poderes...", *Revista Jurídica*, 1987, pp. 35-36, Pinto, Paulo Mota, "Aparência de poderes...", *BFDUC*, 1993, p. 600, n. 20, e Hupka, Josef, *La representatión...*, pp. 206-208.

A instrução gestória respeita à questão da licitude ou da exigibilidade da conduta (norma de conduta); a modificação do poder de representação respeita à questão da eficácia da atuação jurídica (norma de poder). Saber se um determinado negócio jurídico constitui uma instrução gestória ou uma modificação do poder de representação é matéria de interpretação negocial, a realizar de acordo com o horizonte interpretativo do declaratário, nos termos do art. 236 do CC.

O enunciado negocial institutivo do poder de representação perante o representante integrar-se-á no mandato qualificado (ou num outro contrato qualificado). Apenas haverá que ressalvar a hipótese, de ocorrência e utilidade diminutas, de o poder de representação ser conferido perante o representante, sem que seja igualmente acordada uma obrigação ou permissão gestória. As situações de outorga do poder de representação perante o representante tendem a não decorrer de uma procuração interna, enquanto negócio jurídico autónomo do mandato. A concessão do poder de representação perante o representante tende a ocorrer através de uma cláusula do mandato (ou de um outro contrato).

Nas situações de outorga do poder de representação perante o terceiro existe um negócio jurídico unilateral autónomo face ao mandato (ou a qualquer outro contrato celebrado com o representante) – a procuração externa[358].

Creio que a autonomia face ao mandato da declaração negocial institutiva do poder de representação perante o terceiro é exclusivamente imposta pela diversidade de declaratários. Nas situações de outorga do poder de representação perante o terceiro e de celebração de um mandato com o representante existem duas distintas comunicações negociais do principal, uma tendo o terceiro como real declaratário e outra tendo o representante como real declaratário. Ainda que as comunicações negociais do principal utilizem os mesmos signos ou palavras, a diversidade de declaratários implica diferentes percursos interpretativos. Diferentes percursos interpretativos produzem diferentes conteúdos ou significados. Diferentes conteúdos ou significados traduzem-se em diferentes negócios jurídicos.

Este raciocínio pressupõe a adesão a determinadas conceções sobre o negócio jurídico e a interpretação negocial. O conteúdo ou significado do negócio jurídico é determinado pelas regras de interpretação negocial, sendo que o art. 236 do CC consagra o critério da compreensão de um declaratário normal, colocado na posição do real declaratário (com a ressalva de imputabilidade ao declarante)[359]. O negócio jurídico não é um dado prévio à atividade de interpre-

---

[358] Recorde-se que *Ferrer Correia* rejeita a conceção de um mandato qualificado essencialmente com o argumento de que o negócio jurídico institutivo do poder de representação é dirigido ao terceiro, considerando ser ao terceiro que a vinculação do principal interessa (Correia, António Ferrer, "A procuração...", *BFDUC*, 1948, pp. 266-268).

[359] Melhor: o art. 236 do CC, devidamente interpretado, consagra o critério da compreensão de um enunciatário normal, colocado na posição do real enunciatário, em função da autoria efetiva de cada mensagem transmitida (acrescido da referida ressalva de imputabilidade ao enunciante). *Vide*, por todos, Almeida, Carlos Ferreira de, "Interpretação...", *O Direito*, 1992, pp. 642-643. O mesmo critério do horizonte interpretativo do enunciatário decorre, de forma expressa, do art. 11 do D.L. nº 446/85, de 25 de Outubro, embora com abandono da ressalva de imputabilidade ao enunciante e com o acrescento da regra *ambiguitas contra stipulatorum*.

tação negocial, sendo antes definido pela atividade de interpretação negocial[360]. Conteúdos ou significados diferentes não podem deixar de se traduzir em negócios jurídicos distintos.

A declaração negocial institutiva do poder de representação perante o terceiro constituirá necessariamente um negócio jurídico autónomo do mandato (ou de outro contrato) – a procuração externa.

É certo que o mandato qualificado tem por finalidade uma interação negocial com o terceiro. Trata-se da faceta externa do mandato com representação, destacada por *Rudolf von Jhering*. E é certo que tal interação negocial com o terceiro levanta problemas de tutela do terceiro. Porém, a necessidade de tutela de terceiro não impõe a separação labandiana entre procuração interna e mandato. Em primeiro lugar, porque a "transformação" da cláusula do mandato que institui o poder de representação num negócio jurídico autónomo (procuração interna) não determina, por si só, qualquer proteção do terceiro. Em segundo lugar, porque os mecanismos de tutela de terceiro são compatíveis com a ideia de mandato qualificado. Pense-se nos mecanismos registrais e na ideia de aparência de poderes de representação.

Em minha opinião, a eficácia da atuação negocial representativa, para além de se poder basear na tutela da aparência e nos mecanismos registrais – fundamentos *legais* da eficácia da atuação negocial representativa –, pode basear-se quer num negócio jurídico institutivo do poder de representação perante o terceiro (procuração externa), quer num negócio jurídico institutivo do poder de representação perante o representado (mandato qualificado, por regra, ou procuração interna) – fundamentos *negociais* da eficácia da atuação negocial representativa.

A perspetiva oposta, que nega que o terceiro possa ser declaratário do negócio jurídico institutivo do poder de representação (procuração externa), limita a eficácia da atuação negocial representativa, a proteção do representado (se tiver interesse na eficácia do negócio representativo) e a proteção do terceiro (se tiver interesse na eficácia do negócio representativo). Mas esta perspetiva não é a única a desproteger o terceiro. A outra perspetiva oposta, que nega que o representado possa ser declaratário do negócio jurídico institutivo do poder de representação (mandato qualificado, por regra, ou procuração interna), limita igualmente a eficácia da atuação negocial representativa, a proteção do representado (se tiver interesse na eficácia do negócio representativo) e a própria proteção do terceiro (se tiver interesse na eficácia do negócio representativo). Pode ser do interesse do terceiro sustentar a eficácia do negócio representa-

---

[360] Destaco Almeida, Carlos Ferreira de, *Texto...*, nomeadamente pp. 139-243.

tivo com fundamento num negócio jurídico institutivo do poder de representação perante o representado (mandato qualificado, por regra, ou procuração interna), nomeadamente quando não existe uma procuração externa, uma situação de tutela da aparência ou o registo da atribuição do poder de representação. Paradoxalmente, a tese de que apenas o terceiro pode ser declaratário do negócio jurídico institutivo do poder de representação, rejeitando a figura do mandato qualificado (e da procuração interna), acaba por poder conduzir a situações de desproteção do terceiro.

*Ferrer Correia* invoca como argumento contrário à conceção de um mandato qualificado a existência de procurações suspensas ou isoladas. Em minha opinião, a prática de instituir um poder de representação associado a diversas e eventuais relações gestórias não justifica por si a separação labandiana entre mandato e procuração. Constituirá uma procuração externa (suspensa ou isolada), enquanto negócio jurídico autónomo do mandato, caso o terceiro seja o declaratário. Poderá ser um contrato preliminar, caso o representante seja o declaratário.

Concluo no sentido de que as situações de outorga do poder de representação perante o terceiro correspondem a um negócio jurídico autónomo do mandato (procuração externa) e no sentido de que as situações de outorga do poder de representação perante o representante tendem a não corresponder a um negócio jurídico autónomo do mandato (procuração interna), mas sim a uma cláusula qualificativa do mandato (mandato qualificado – mandato com poderes de representação).

Retenho dois pensamentos centrais na crítica à teoria labandiana da separação entre procuração e mandato.

Por um lado, a ideia de que a autonomia entre o poder de representação e a obrigação ou permissão gestórias não implica a separação entre procuração e mandato. A natureza da situação jurídica poder de representação não condiciona a natureza e a estrutura do negócio jurídico que está na sua base.

Por outro lado, a perspetiva de que a separação entre procuração e mandato tende a apenas ocorrer nas situações de outorga do poder de representação perante o terceiro, por força da diversidade de declaratários.

Prossigo com uma referência muito breve ao tema da abstração da procuração, de forma a expor as preocupações que me levaram a não eleger este tema como ponto de abordagem para a análise da procuração e do poder de representação.

Creio que o tema da abstração da procuração pode ser confundido com mais do que um problema, pelo que optei por analisar previamente tais problemas. Quais problemas? Três. Em primeiro lugar, o problema da autonomia entre o poder de representação (poder normativo) e a obrigação ou permissão gestórias (imposição ou permissão normativas). Em segundo lugar, o problema do grau de autonomia entre o poder de representação e a obrigação gestória. Recorde-se que distingui as situações de definição legal ou negocial de um âmbito de atuação competente coincidente com o âmbito de atuação devida (eficácia e licitude concordantes) e as situações de definição legal ou negocial de um âmbito de atuação competente diferente do âmbito de atuação devida (eficácia apesar da ilicitude). Em terceiro lugar, o problema da distinção entre o negócio jurídico institutivo do poder de representação perante o terceiro (procuração externa) e o negócio jurídico institutivo do poder de representação perante o representante (mandato qualificado, por regra, ou procuração interna).

Não pretendo desenvolver a discussão sobre os conceitos dogmáticos de abstração, de causa e de mera autonomia[361]. Limito-me a deixar duas notas.

A primeira nota para realçar que talvez seja incorreto perspetivar da mesma forma realidades diversas. Pense-se, por um lado, na procuração externa e no mandato qualificado. Pense-se, por outro lado, nas situações de elevado grau de autonomia entre o poder de representação e a obrigação gestória (por exemplo, a procuração isolada e as situações do *Prokurist* e dos administradores de sociedades comerciais) e nas situações de diminuto grau de autonomia (por exemplo, a procuração especialíssima).

A segunda nota para sugerir que nos negócios jurídicos com eficácia institutiva de um poder normativo o aspeto marcante será mais a sistemática autonomia (e o grau de autonomia) entre poder normativo e imposição ou permissão normativas, do que a eventual omissão da função económico-social. A autonomia entre poder normativo e imposição ou permissão normativas ocorre quer na procuração externa, quer no mandato qualificado, incluindo as situações do *Prokurist* e dos administradores de sociedades comerciais. A omissão da função económico-social ocorre na procuração externa, incluindo a procuração especialíssima. Não ocorre no mandato qualificado. Nas situações do *Prokurist* e dos administradores de sociedades comerciais o grau de autonomia entre poder normativo e imposição ou permissão normativas é elevado, apesar de não ser omitida a função económico-social. Na procuração especialíssima o

---

[361] Sobre estes conceitos, por exemplo, Almeida, Carlos Ferreira de, *Contratos*, II, pp. 105-128 (antes Almeida, Carlos Ferreira de, *Texto...*, pp. 500-514), Duarte, Rui Pinto, *Tipicidade...*, pp. 90-96, Cordeiro, António Menezes, *Tratado...*, II, tomo II, pp. 601-627, Gomes, Júlio Vieira, *O conceito de enriquecimento...*, pp. 475-486, Ascensão, José de Oliveira, *Teoria Geral*, II, 2ª ed., pp. 299-310, Coelho, Francisco Manuel Pereira, *A renúncia...*, pp. 8-12, Coelho, Francisco Manuel Pereira, "Causa...", pp. 423-457, Pereira, Maria de Lurdes e Múrias, Pedro Ferreira, "...sinalagma", *passim*, e Duarte, Diogo Pereira, "Causa...", *passim*.

grau de autonomia entre poder normativo e imposição ou permissão normativas é diminuto, apesar de ser omitida a função económico-social. Foi a elevada autonomia entre poder normativo e imposição normativa nas situações do *Prokurist* e dos administradores de sociedades comerciais que impressionou *Paul Laband...*

### 2.3.3.5.3 Procuração-documento. Garantia de eficácia representativa

Prossigo com algumas considerações sobre a procuração-documento e, na sequência de tais considerações, com um aprofundamento da descrição da situação jurídica resultante de uma procuração externa.

Como referi anteriormente, a maioria da doutrina germânica, com destaque para *Claus-Wilhelm Canaris*, procede a um afastamento da procuração-documento do universo do negócio jurídico, afirmando que não consiste numa declaração negocial. Tratar-se-ia, por regra, de uma mera declaração de conhecimento. Mesmo nos casos em que não constituísse uma declaração de conhecimento, faltar-lhe-ia o carácter de declaração de vigência (ou validade) e a definitividade.

*Claus-Wilhelm Canaris* refere igualmente que a permanência da procuração-documento nas mãos do representante constitui uma aparência de poder de representação, determinando a eficácia da atuação negocial representativa, e que tal aparência é imputável ao principal por força da entrega do documento[362].

Recordo que aderi à conceção do negócio jurídico como ato jurídico performativo, sustentada por *Ferreira de Almeida* (e que é marcada pelo pensamento filosófico de *Ludwig Wittgenstein, J. L. Austin, John Rawls* e *John Searle*, entre outros)[363]. De acordo com esta linha de pensamento, as regras do jogo negocial constituem o jogo negocial (ou as regras da prática negocial constituem a prática negocial). Recordaria ainda as referências a atos performativos e regras convencionais (*J. L. Austin*), a regras que definem práticas e atuações especificadas pelas práticas (*John Rawls*) e a regras constitutivas e factos institucionais (*John Searle*).

A entrega de uma procuração-documento constitui uma prática institucional com vários séculos de existência. Creio que a "invenção" desta prática institucional está precisamente associada a dois elementos referidos por *Claus-Wilhelm*

---

[362] Canaris, Claus-Wilhelm, *Die Vertrauenshaftung...*, pp. 135-137.

[363] Citaria, de novo, Almeida, Carlos Ferreira de, *Texto...*, pp. 121-138 e 225-243, Wittgenstein, Ludwig, "Investigações...", 2ª ed., §§ 197, 205 e 567, pp. 318-319, 322-323 e 457, Austin, J. L., *How to do things...*, 2ª ed., nomeadamente pp. 14, 22-24, 26-35, 45-47, 105, 107, 113-117, 119-122 e 128, Rawls, John, "Two concepts...", pp. 31-33 e 36-43, Searle, John R., *Speech acts...*, pp. 33-42, 50-53, 62-64 e 175-198, Searle, John R., *The construction...*, pp. 1-147, e Ross, Alf, *Directives...*, pp. 53-57.

*Canaris*: a eficácia da atuação negocial representativa, face à permanência da procuração-documento nas mãos do representante, e a imputação ao principal por força da entrega do documento. Em minha opinião, a relação entre estes elementos não é aleatória. A eficácia da atuação negocial representativa, face à permanência da procuração-documento nas mãos do representante, decorre das regras constitutivas da prática institucional de entrega de uma procuração-documento. É esse o jogo. Trata-se de um jogo performativo, com carácter negocial.

O ato de entrega da procuração-documento pelo principal ao representante constitui um enunciado performativo, tendo por significado a garantia de eficácia representativa perante o terceiro a quem a procuração-documento seja exibida. A exibição da procuração-documento ao terceiro e a garantia de eficácia representativa não são estranhas ao ato de entrega da procuração-documento pelo principal ao representante. É esse o significado institucional do ato de entrega da procuração-documento.

Para quem fundamente a eficácia negocial na vontade (teoria da vontade), poder-se-á dizer que a eficácia da atuação negocial representativa, face à permanência da procuração-documento nas mãos do representante, é intencionada pelo principal, através da entrega da procuração-documento. A exibição da procuração-documento ao terceiro e a consequente garantia de eficácia representativa são finalisticamente determinadas pelo principal

Embora na nossa prática negocial e tabeliónica seja frequente a redação das procurações-documento com referência à concessão do poder de representação ("declaro conceder..."), é também possível a referência a uma anterior procuração interna ("declaro que concedi..."). Tratar-se-á, neste último caso, de uma asserção (declaração de conhecimento ou de ciência, na terminologia tradicional). Todavia, tal enunciado assertivo estará conexionado com um enunciado performativo[364]. O enunciado performativo relevante face ao terceiro será o ato de entrega da procuração-documento, cujo significado consiste na garantia de eficácia representativa perante o terceiro a quem a procuração-documento venha a ser exibida.

No jogo negocial da procuração-documento, o principal não estará vinculado apenas enquanto não "muda de ideias". A desvinculação pressupõe a observância de determinadas regras. Vigora a regra geral de que a revogação da procuração deve ser levada ao conhecimento do terceiro. No que respeita à procuração-documento, a restituição do documento assume uma relevân-

---

[364] Sobre enunciados assertivos e a sua conexão com enunciados performativos, Almeida, Carlos Ferreira de, *Texto...*, pp. 286-290, 682-693 e 737-753.

cia prática central[365]. No jogo negocial da procuração-documento, o principal que se pretenda desvincular deverá, antes de mais, tentar obter a restituição da procuração-documento.

Nestes termos, considero que o ato de entrega da procuração-documento pelo principal ao representante constitui um negócio jurídico – uma procuração externa[366].

Em minha opinião, o poder normativo (situação jurídica) gerado pela procuração externa é algo distinto do poder normativo (situação jurídica) gerado pelo mandato qualificado (ou pela procuração interna).

Embora também possa ser designada por poder de representação (perante o terceiro), creio que a situação jurídica gerada pela procuração externa constitui uma garantia de eficácia representativa (ou, simplesmente, garantia de representação).

A procuração externa não determina a eficácia da atuação negocial representativa do procurador perante qualquer contraparte no negócio representativo, mas apenas perante o declaratário da procuração externa. A participação do terceiro-declaratário no negócio é condição da eficácia representativa. Do exposto resulta que a situação jurídica em jogo não constitui simplesmente uma possibilidade (*Können*) de produzir normas ou efeitos jurídicos na esfera do representado pelo procurador, mas sim uma possibilidade (*Können*) de produzir normas ou efeitos jurídicos na esfera do representado pela atuação simultânea do procurador e do terceiro-declaratário. O poder jurídico (poder

---

[365] O CC não estabelece um regime específico para a revogação da procuração-documento. Mas a regra geral de que a revogação deve ser levada ao conhecimento do terceiro, decorrente do art. 266, nº 1, do CC, induz a necessidade de obtenção da restituição da procuração-documento. Já o Código Civil alemão estabelece, como referi anteriormente, um regime específico para a procuração-documento, no qual a restituição do documento assume um papel central. O § 172 II BGB determina a vigência do poder de representação até que o documento seja restituído (ou publicamente declarado sem efeito).

[366] Acompanho Flume, Werner, *Allgemeiner Teil...*, II, 4ª ed., pp. 826-827. Noutro ponto do seu discurso, admitindo que o ato de entrega da procuração-documento tem uma faceta de força jurídico-negocial, Canaris, Claus-Wilhelm, *Die Vertrauenshaftung...*, p. 33 – "(...) *die Kundegebungen nach § 171 Abs. 1 und die Aushändigung einer Vollmachtsurkunde i.d.R. nicht bloße Deklaration sind, sondern ein Element der Bekräftigung enthalten und eine zusätzliche Legitimation darstellen.*"

O problema da natureza da procuração-documento tem similitudes com o problema da natureza dos títulos de crédito e dos atos cambiários, com particular destaque para a questão da relevância do ato de entrega do título. Ambos os problemas são tratados de forma sistemática e integrados na teoria da aparência por *Claus-Wilhelm Canaris*. No enquadramento dos títulos de crédito e dos atos cambiários na teoria do negócio jurídico, colocar-se-á a questão paralela de saber se a entrega do título será um enunciado performativo. Trata-se de uma matéria que não pretendo abordar, pois entendo que extravasa o âmbito da investigação.

normativo) gerado pela procuração externa também respeita ao terceiro-declaratário.

O âmbito do poder jurídico (poder normativo) em jogo não é definido em função do horizonte interpretativo do procurador, mas sim em função do horizonte interpretativo do terceiro-declaratário. O poder jurídico (poder normativo) gerado pela procuração externa não pode deixar de ser primacialmente descrito em função do terceiro-declaratário.

Tive a oportunidade de referir que, nos *Motive* do Código Civil alemão, a comunicação ao terceiro foi descrita como uma declaração negocial *assegurando* ao terceiro o poder de representação de determinada pessoa[367]. Esta descrição sugere a caracterização do poder jurídico (poder normativo) gerado pela procuração externa como uma *garantia* de eficácia representativa (ou, simplesmente, garantia de representação).

Recordo que *Thomas Lobinger* considera que a procuração-documento não é um negócio jurídico institutivo do poder de representação, mas sim um negócio jurídico de tomada do risco do terceiro em relação à verificação do poder de representação – negócio jurídico de garantia. E recordo que descreve a consequência jurídica decorrente da procuração-documento como uma obrigação (*obligatorische Verpflichtung*) de atuar como se tivesse atribuído o poder de representação descrito na comunicação ao terceiro, em caso de vícios da procuração interna ou de menor extensão do poder de representação resultante da procuração interna[368]. Apesar de ambos utilizarmos o termo garantia, sob inspiração dos *Motive*, fazemo-lo com diferentes significados. O negócio jurídico de garantia de *Thomas Lobinger* parece gerar uma imposição normativa (norma de conduta). A procuração externa, tal como a concebo, gera um poder normativo (norma de poder).

Recordo que *Eduard Hölder* considerava que a procuração gerava simultaneamente uma legitimação (*Ermächtigung*) para o procurador e uma legitimação para o terceiro, quer nas situações de comunicação direta entre o representado e o terceiro, quer nas situações em que não existisse tal comunicação direta[369]. Divirjo, ao considerar que a afetação da esfera jurídica do terceiro apenas ocorre nas situações de outorga de uma procuração externa, não resultando do mandato qualificado (ou da procuração interna). No que respeita às situações de outorga de uma procuração externa, realço que se trata de uma legitimação conjunta. A procuração externa não gera duas normas de poder – uma atribuindo a

---

[367] "(...) *nicht blos ein Hinweis auf die Tatsache der Bevollmächtigung, sondern die Erklärung, daß der Dritte sich darauf verlassen kann, daß die betr. Person Vertretungsmacht habe.*" – "Motive...", pp. 483-484.

[368] Lobinger, Thomas, *Rechtsgeschäftliche...*, pp. 247-248.

[369] Hölder, Eduard, "Zum Allgemeinen Teil...", *AcP*, 1888, pp. 117-122.

possibilidade (*Können*) de produzir normas ou efeitos jurídicos ao procurador; outra atribuindo a possibilidade (*Können*) de produzir normas ou efeitos jurídicos ao terceiro-declaratário. A procuração externa gera uma única norma de poder, que atribui a possibilidade (*Können*) de produzir normas ou efeitos jurídicos pela atuação simultânea do procurador e do terceiro-declaratário.

Acrescento que nada impede que, a par de um mandato qualificado (ou de uma procuração interna), exista simultaneamente uma procuração externa. Isto é, em determinado caso concreto, o representado poderá não apenas celebrar um contrato de mandato qualificado com o representante (ou instituir uma procuração interna perante o representante), como também outorgar uma procuração externa perante o terceiro. Deste mandato qualificado (ou procuração interna) resultará uma norma de poder, que atribui ao representante a possibilidade (*Können*) de produzir normas ou efeitos jurídicos na esfera do representado, perante qualquer terceiro – poder de representação. Da procuração externa resultará uma outra norma de poder, que atribui a possibilidade (*Können*) de produzir normas ou efeitos jurídicos na esfera do representado pela atuação simultânea do procurador e do terceiro-declaratário – garantia de eficácia representativa (ou, simplesmente, garantia de representação). Ocorrerá um concurso de normas de poder.

### 2.3.3.5.4 Proposições normativas sobre a procuração e o mandato

Creio que as considerações que teci sobre os fundamentos dogmáticos da separação entre procuração e mandato permitem uma melhor compreensão das normas do CSC sobre a génese da relação jurídica de administração. Mas antes de aprofundar a interpretação das normas do CSC sobre a génese da relação de administração, gostaria de proceder a uma análise sintética das proposições normativas do CC sobre a procuração e o mandato.

Rejeito a tese da impossibilidade de distinção entre as situações de outorga do poder de representação perante o terceiro e as situações de outorga do poder de representação perante o representante.

Em minha opinião, os princípios e as regras gerais sobre negócios jurídicos determinam a necessidade de distinção entre as situações de outorga do poder de representação perante o terceiro (procuração externa) e as situações de outorga do poder de representação perante o representante (mandato qualificado, por regra, ou procuração interna).

Por um lado, poderão ocorrer situações em que o representado declara conceder o poder de representação perante o terceiro. Pense-se, por exemplo, num diálogo oral e presencial entre o representado e o terceiro. Nestas situações haverá uma procuração tendo o terceiro como declaratário. E parece correto entender que existe poder de representação e que a atuação representativa é eficaz (não apenas por força do art. 258 do CC, mas também por força do princípio da liberdade negocial e da inerente auto-vinculação). Por outro lado, poderão ocorrer situações em que o representado declara conceder o poder de representação perante o representante e em que o terceiro celebra o negócio representativo sem que o representado lhe comunique, diretamente ou indiretamente (nomeadamente por intermédio do representante), a concessão do poder de representação. Repare-se que a mera invocação pelo representante da atuação em nome do representado (*contemplatio domini*) não pode ser interpretada como uma comunicação tácita da concessão do poder de representação. O representante pode limitar-se a comunicar, de forma expressa ou tácita, que atua em representação, não transmitindo ao terceiro, como núncio, o teor da declaração negocial do representado que concedeu o poder de representação. Nestas situações não será possível divisar uma procuração tendo o terceiro como declaratário. E parece correto entender que existe poder de representação e que a atuação representativa é eficaz (não apenas por força do art. 258 do CC, mas também por força do seu art. 406, nº 1)[370].

A referência já realizada aos trabalhos preparatórios do CC, sobretudo à Exposição de Motivos de *Galvão Telles*, permitiu percecionar que a procuração foi descrita como um negócio jurídico unilateral autónomo do mandato, tendo sido afastada a ideia de mandato qualificado. Este argumento histórico aponta para a impossibilidade de reconduzir as situações de outorga do poder de representação perante o representante ao mandato qualificado.

Contudo, existem argumentos de interpretação objetiva e sistemática que apontam noutro sentido. Creio que uma adequada interpretação do regime jurídico efetivamente consagrado no CC aponta para a distinção entre a procuração externa, enquanto negócio jurídico unilateral que institui o poder de representação perante o terceiro, e o mandato qualificado, enquanto contrato que institui o poder de representação perante o representante. Vejamos.

O art. 262, nº 1, do CC define procuração como "*o ato pelo qual alguém atribui a outrem, voluntariamente, poderes representativos*". A letra do preceito identifica a procuração como um ato individualizado, o que aponta para a sua qualificação

---

[370] Creio que a tese da impossibilidade de distinção entre as situações de outorga do poder de representação perante o terceiro e as situações de outorga do poder de representação perante o representante poderá ainda implicar uma restrição do campo de aplicação do art. 236 do CC, caso se entenda que a própria identificação do declaratário deve ser realizada de acordo com a perspetiva de um declaratário normal, colocado na posição do *potencial* real declaratário (sem prejuízo da ressalva de imputabilidade ao declarante).

CONSTITUIÇÃO DA SITUAÇÃO JURÍDICA DE ADMINISTRAÇÃO

como um negócio jurídico unilateral, autónomo face ao mandato (ou a outro contrato).

Por sua vez, o art. 1178, nº 1, do CC determina a aplicação *"ao mandato"*, quando *"o mandatário for representante, por ter recebido poderes para agir em nome do mandante"*, do regime estabelecido nos arts. 258 e seguintes. Em minha opinião, é correto interpretar esta norma no sentido de que a atribuição de poderes de representação ao mandatário não resulta de uma procuração, enquanto negócio jurídico unilateral autónomo face ao mandato, mas sim do próprio contrato de mandato qualificado (mandato com poderes de representação). Caso contrário seria dificilmente percetível o conteúdo útil da estatuição normativa de remissão para o regime estabelecido nos arts. 258 a 269 do CC. Se a atribuição de poderes de representação ao mandatário resultasse de uma procuração, a remissão para o regime estabelecido nos arts. 258 a 269 do CC teria um conteúdo útil dificilmente percetível. Quais as normas decorrentes dos arts. 258 a 269 do CC que seriam relevantes para a relação gestória?[371] Concluo no sentido de que resulta do art. 1178, nº 1, do CC que a estipulação de poderes de representação perante o representado pode ser realizada através de uma cláusula contratual qualificativa do mandato. A outorga de poderes de representação perante o representado pode integrar um mandato qualificado (mandato com poderes de representação).

Face a esta interpretação do art. 1178, nº 1, do CC, a correspondente leitura sistemática do art. 262, nº 1, do CC aponta para a definição da procuração, enquanto negócio jurídico unilateral autónomo face ao mandato, como um ato de outorga de poderes de representação perante o terceiro – a procuração externa.

Haverá apenas que ressalvar a hipótese da procuração interna, que também poderá ser reconduzida ao art. 262, nº 1, do CC. Trata-se da hipótese, improvável e de utilidade diminuta, de o poder de representação ser conferido perante o representante, sem que seja igualmente acordada uma obrigação ou permissão gestória.

Esta leitura conjugada dos arts. 262, nº 1, e 1178, nº 1, do CC tem a vantagem de facilitar a distinção entre as situações de outorga do poder de representação perante o terceiro (procuração externa) e as situações de outorga do poder de representação perante o representante (mandato qualificado), distinção essa que, como referi, é imposta pelo princípio da liberdade negocial e pela ideia de auto-vinculação.

---

[371] Repare-se que o regime do art. 264 do CC poderá ser útil para a relação gestória. Todavia, já é objeto de remissão específica pelo art. 1165 do mesmo código.

Creio, assim, que o regime jurídico efetivamente consagrado no CC não incorpora a teoria da separação entre procuração e mandato nos termos exatamente concebidos por *Paul Laband*. Face ao nosso CC, a instituição de poderes de representação perante o representante tende a não corresponder a uma procuração, mas sim a um mandato qualificado (mandato com poderes de representação). Já a instituição de poderes de representação perante o terceiro corresponde necessariamente a um negócio jurídico unilateral e autónomo face ao mandato.

A definição legal consagrada no art. 262, nº 1, do CC deve ser utilizada para completar os diversos preceitos do regime civilístico da representação que utilizem o termo "procuração"[372]. Isso aponta, de acordo com a interpretação que sustento, para a aplicação dos preceitos em causa às situações de procuração externa (e à hipótese improvável de procuração interna). Por seu turno, a remissão legal constante do art. 1178, nº 1, do CC aponta para a aplicação das diversas normas do regime civilístico da representação às situações de mandato qualificado.

Mas serão todas as normas do regime civilístico da representação estabelecido nos arts. 258 a 269 do CC aplicáveis quer à procuração externa, quer ao mandato qualificado (ou à hipótese improvável de procuração interna)? A potencial aplicabilidade, decorrente dos referidos arts. 262, nº 1, e 1178, nº 1, do CC, deve ser confirmada em concreto, através da adequada interpretação de cada norma jurídica em jogo.

Algumas normas do regime da representação estabelecido nos arts. 258 a 269 do CC aplicam-se seguramente quer a situações de concessão do poder de representação perante o terceiro, quer a situações de concessão do poder de representação perante o representado. Pense-se, por exemplo, nos arts. 258, 259, 261, 268 e 269 do CC.

---

[372] Partilho a perspetiva de que as definições legais são proposições normativas incompletas, mas plenamente vinculativas, que, em conjunto com outras proposições normativas, devem ser utilizadas pelo aplicador do Direito na descoberta das normas jurídicas. As definições legais valerão como previsão normativa ou como parte da previsão normativa, sem prejuízo de a tarefa global de aplicação do Direito poder acabar por implicar a atribuição ao definido de um sentido diverso do inicialmente dado pela definição legal. Destaco Duarte, Rui Pinto, *Tipicidade...*, pp. 71-79, e Larenz, Karl, *Metodologia...*, 4ª ed., pp. 359-362 (em especial, a referência a proposições jurídicas aclaratórias). Também Hespanha, António Manuel, *O caleidoscópio...*, p. 494, Machado, João Baptista, *Introdução...*, pp. 110-111, Vasconcelos, Pedro Pais de, *Contratos...*, pp. 168-179, Vasconcelos, Pedro Pais de, *Contratos...*, 2ª ed., pp. 174-185, Almeida, Carlos Ferreira de, *Texto...*, pp. 405-416, Almeida, Carlos Ferreira de, *Contratos*, II, p. 24, Cristas, Maria de Assunção Oliveira, *Transmissão...*, pp. 516-520, Guichard, Raúl, "Tópicos...", *Revista de Ciências Empresariais e Jurídicas*, nº 17, 2010, pp. 39-55, e Hart, Herbert L., "Definition...", *LQR*, 1954, pp. 37-60.

CONSTITUIÇÃO DA SITUAÇÃO JURÍDICA DE ADMINISTRAÇÃO

Mas existem outras normas do regime da representação estabelecido nos arts. 258 a 269 do CC que não podem ser indistintamente aplicadas a situações de concessão do poder de representação perante o terceiro e a situações de concessão do poder de representação perante o representado. Sirva de exemplo o art. 266 do CC, que, apesar da remissão operada pelo art. 1178, nº 1, do CC, não poderá, sem mais, ser aplicado a toda e qualquer situação de mandato qualificado.

Analisando um pouco melhor o regime de proteção do terceiro do art. 266 do CC, diria que este será seguramente aplicável a situações de procuração externa. Penso que o regime de proteção do terceiro do art. 266 do CC também poderá ser aplicado a situações em que é dado conhecimento ao terceiro da existência do mandato qualificado (ou da procuração interna). Será de rejeitar a sua aplicação a situações em que nem sequer existe esta comunicação. No primeiro caso, joga-se uma proteção do terceiro de base negocial, ainda que com limites. No segundo caso, a proteção do terceiro não tem fundamento negocial, apenas convocando as ideias de aparência e de confiança. No terceiro caso, não ocorre uma tutela do terceiro com base no art. 266 do CC.

Não procederei a uma análise mais desenvolvida de outros aspetos do regime civilístico da representação[373]. Recordo que pretendia essencialmente aprofundar os fundamentos dogmáticos da separação entre procuração e mandato,

---

[373] Em todo o caso, farei ainda uma referência ao art. 269 do CC (abuso de representação). Creio que o seu manuseamento pressupõe a referida autonomia do poder de representação, enquanto poder normativo, correspondente a uma norma de poder (questão da eficácia), face à obrigação gestória (ou face aos limites da permissão gestória), enquanto imposição normativa, correspondente a uma norma de conduta (questão da exigibilidade ou licitude). A norma do art. 269 do CC tem como pressupostos uma atuação dentro do âmbito de competência do representante, mas em violação do âmbito de atuação devida (por violação de deveres de prestação; por violação de deveres acessórios de conduta, com realce para o dever de lealdade).

Como referi em nota anterior, a instrução gestória apenas delimita a obrigação gestória (norma de conduta), pelo que a violação de uma instrução pode reclamar a aplicação deste art. 269 do CC. Já a modificação do poder de representação (norma de poder) poderá reclamar a aplicação do art. 266, nº 1, do CC. Como também referi na mesma nota, saber se determinada declaração perante o representante constitui uma modificação do poder de representação (norma de poder) ou uma mera instrução gestória (norma de conduta) é uma questão de interpretação negocial. Já as declarações perante o terceiro constituirão necessariamente modificações do poder de representação (norma de poder). A relação gestória é estranha ao terceiro.

Ainda relativamente ao art. 269 do CC, diria que, relativamente ao comportamento do terceiro, as situações de conluio são frequentemente enquadradas na tradição histórico-jurídica da cláusula geral dos bons costumes, enquanto as situações de conhecimento e de dever de conhecimento (da violação do âmbito de atuação devida) são frequentemente enquadradas na tradição histórico--jurídica da cláusula geral da boa fé, implicando uma intensa ponderação e valoração judicial. Trata-se de uma matéria que não pretendo aprofundar.

de forma a melhor compreender as normas do CSC sobre a génese da relação jurídica de administração.

### 2.3.3.5.5 Conclusão

Tecidas algumas considerações sobre o poder de representação e sobre os negócios jurídicos institutivos do poder de representação, resta apurar o relevo das conclusões obtidas em sede de interpretação das normas do CSC sobre a natureza da relação de administração.

A designação de um administrador não se traduz numa declaração negocial dirigida a terceiros, garantindo a eficácia representativa da atuação negocial do designado (procuração externa). Trata-se de uma declaração negocial que, enquanto tal, é exclusivamente dirigida ao designado.

Ao designar o administrador, as pessoas que emitiram a correspondente declaração negocial, em nome da sociedade, não pretendem dar a conhecer a terceiros o poder de representação do designado, em relação a um determinado negócio ou a um conjunto de eventuais negócios; pretendem tão só dirigir-se ao designado, atribuindo-lhe um poder geral de representação orgânica. Não pretendem sequer conformar a extensão do poder de representação do designado, na medida em que as normas que definem a extensão do poder de representação dos administradores são injuntivas. É facilmente percetível por qualquer terceiro que entre em contacto negocial com a sociedade que a declaração de designação de um administrador não constitui um negócio jurídico unilateral e autónomo, dirigido a terceiros, assegurando o poder de representação do designado.

O regime do CSC, ao não estabelecer uma distinção equivalente à distinção entre procuração e mandato, não opera qualquer fratura sistemática, nem sequer constitui uma opção legislativa infeliz, dada a inexistência em sede de designação de administradores de uma comunicação negocial direta entre os designantes e o terceiro, assegurando o poder de representação do designado (procuração externa). A teoria labandiana da separação entre procuração e mandato não se justifica em sede de génese da relação de administração.

Concluo no sentido de que a designação pode ser concebida como uma proposta contratual que, em conjunto com a aceitação, gera não apenas deveres gestórios, mas também o poder de representação.

A reapreciação da teoria labandiana da separação entre procuração e mandato que acabei de realizar possibilita um (novo[374]) olhar crítico sobre a teo-

---

[374] Já tive a oportunidade de chamar a atenção, em nota, para algumas dificuldades conceptuais (ou paradoxos) gerados pela teoria analítica germânica sobre a natureza da situação jurídica de administração.

CONSTITUIÇÃO DA SITUAÇÃO JURÍDICA DE ADMINISTRAÇÃO

ria analítica germânica sobre a natureza da situação jurídica de administração. Recorde-se que alguns autores entendem que na base da configuração da teoria analítica germânica está uma dificuldade de separação entre os poderes e os inerentes deveres do administrador, que impediria uma desejada assimilação total dos termos da teoria labandiana da separação entre procuração e mandato. Creio que esta explicação é insuficiente. Penso que por detrás da não assimilação dos termos da teoria labandiana da separação entre procuração e mandato está o facto de o poder de representação do administrador ser outorgado perante o administrador (representante). Se o poder de representação do administrador fosse outorgado perante um terceiro (ou o público) a doutrina germânica não teria seguramente deixado de reconhecer a distinção entre um negócio jurídico unilateral (equivalente à procuração externa), que geraria apenas o poder de representação do administrador, e um contrato gestório, que geraria quer os deveres do administrador, quer o seu direito à remuneração[375].

Resta-me realçar que, ainda que se entendesse que a teoria labandiana da separação entre procuração e mandato deveria ser observada em sede de génese da relação de administração, seria, em todo o caso, necessário configurar a existência de um contrato gestório. A designação teria que ser perspetivada não apenas como um negócio jurídico unilateral institutivo do poder de representação, mas também e sempre como uma proposta contratual geradora dos deveres gestórios. Ainda que fossem aceites os pressupostos da teoria labandiana da separação entre procuração e mandato em sede de génese da relação de administração, a faceta contratual da relação de administração seria inelutável.

Por tudo o exposto, penso que as conceções contratualistas da relação de administração não devem ser afastadas por força da teoria labandiana da separação entre procuração e mandato.

### 2.3.4. Conceções organicistas
Como referi de início, o organicismo de *Otto von Gierke* esteve na base do movimento de rejeição das teses contratualistas sobre a relação jurídica de administração.

Descreverei algumas construções de inspiração organicista associadas à rejeição das conceções contratuais sobre a natureza da situação jurídica de administração. Em primeiro lugar, darei nota da perspetiva de que a designação constitui um ato da organização interna da pessoa coletiva, a qual convoca a dis-

---

[375] Discutindo a hipótese de o poder de representação do administrador ser outorgado não perante a sociedade, mas sim perante terceiros, sem contudo discutir se tal hipótese se reconduz a um negócio jurídico unilateral (equivalente à procuração externa), Baums, Theodor, *Der Geschäftsleitervertrag*, pp. 176-177.

cussão sobre os estatutos. Em segundo lugar, descreverei as conceções doutri-nárias sobre a figura do órgão, dando conta da perspetiva de contraposição entre órgão e titular do órgão e da discussão em torno das ideias de imputação defini-tiva e imputação transitória da atuação orgânica. Em terceiro lugar, analisarei a forma como a doutrina configura a posição do titular do órgão, testemunhando a tendência de duplicação de deveres gestórios.

Ao proceder a uma análise crítica de tais conceções, sustentarei que o reconhecimento da dimensão estatutária das pessoas coletivas não é incom-patível com o carácter contratual da designação dos administradores e da sua aceitação.

De seguida, discutirei o conceito de órgão, rejeitando os termos da distinção entre órgão e titular de órgão. Defenderei que a atuação orgânica deliberativa implica uma subjetividade jurídica orgânica e que, diversamente, na atuação orgânica conjunta e na atuação orgânica singular, o poder normativo de repre-sentação orgânica é atribuído às pessoas físicas que integram a organização, não surgindo uma subjetividade jurídica orgânica distinta das pessoas físicas. Acres-centarei que os membros dos órgãos deliberativos são, por sua vez órgãos, de acordo com o critério da titularidade de um poder normativo de representação orgânica. Sustentarei que a atuação orgânica é sempre definitivamente impu-tada à pessoa coletiva (ou pessoa coletiva rudimentar).

Posteriormente, analisarei a posição jurídica das pessoas físicas que integram a organização, criticando a perspetiva de duplicação de deveres gestórios.

Concluirei, de novo, pela recondução da designação e da aceitação do admi-nistrador à figura do contrato.

### 2.3.4.1. Designação e estatutos

Recorde-se que, de acordo com a conceção organicista de *Otto von Gierke*, a desig-nação de pessoas para o preenchimento dos órgãos das pessoas coletivas seria um ato interno, de natureza corporacional, respeitante à conformação do orga-nismo social. Recorde-se ainda a distinção, pressuposta na afirmação do carácter interno da nomeação, entre o ordenamento jurídico em geral (*Individualrecht*) e um ordenamento específico da pessoa coletiva (*Sozialrecht*). A conformação do organismo social não seria regulada pela lei geral, mas sim por um regime jurí-dico corporativo.

Neste contexto, *Paul Laband* sustentou que a qualidade de órgão resulta da constituição da pessoa coletiva, não resulta de um negócio jurídico[376].

---

[376] Laband, Paul, "Zum zweiten Buch...", *AcP*, 1888, pp. 187-188.

CONSTITUIÇÃO DA SITUAÇÃO JURÍDICA DE ADMINISTRAÇÃO

*Hans Julius Wolff* considera que a qualidade de órgão (organicidade, *Organschaft*) se distingue da qualidade de representante por ser imanente a uma organização, a um ordenamento jurídico de grupo (*Gruppen-Ordnung*)[377].

Neste contexto surge a ideia, de que já dei nota, de que a nomeação (*Bestellung*) constitui um ato da organização interna da pessoa coletiva. Não constitui uma proposta dirigida à formação de um contrato.

Particular destaque merece *Volker Beuthien*, dado que, apesar de criticar a separação labandiana entre procuração e mandato, sustenta que a nomeação é autónoma e abstrata face ao contrato de emprego, nomeadamente com o argumento de que a nomeação constitui um ato da organização interna da pessoa coletiva[378].

Esta linha de pensamento cruza-se com a distinção entre contrato de sociedade (ou negócio jurídico unilateral institutivo da sociedade) e estatutos. Os estatutos corresponderão a uma regulamentação corporativa, que acompanha o desenvolvimento da vida da pessoa coletiva. A relação orgânica, decorrente da nomeação e da aceitação, seria configurada pelos estatutos.

Em todo o caso, realço que também existe uma necessidade de coordenação entre os estatutos e a relação de emprego (*Anstellung*). Abordando este problema, alguma doutrina germânica sustenta que as regras estatutárias constituirão um limite ao poder de representação do órgão que celebra o contrato de emprego, desta forma possibilitando a conformidade do contrato de emprego com os estatutos[379].

## 2.3.4.2. Conceito de órgão e de titular do órgão

Como explicitei de início, *Otto von Gierke* parece identificar o órgão com a pessoa designada, ao definir órgão como uma parte do organismo, com capacidade de querer e de agir. Mas distingue órgão e titular do órgão, quando aborda a matéria da constituição do órgão.

Realço agora que *Otto von Gierke* considera que os colégios e outros órgãos organizados não podem ser reconduzidos à soma das pessoas físicas que os compõem, constituindo antes uma unidade dotada de personalidade orgânica (*Organpersönlichkeit*)[380].

---

[377] Wolff, Hans Julius, *Organschaft...*, II, pp. 91-93, 102-104 e 280-302.

[378] Beuthien, Volker, "...Abstraktionsprinzip?", pp. 105-108.

[379] Reuter, Dieter, "Bestellung...", pp. 488-501 (referindo-se à compatibilização entre as regras estatutárias sobre a remuneração dos administradores e o contrato de emprego), e Flume, Werner, *Allgemeiner Teil...*, I, 2, pp. 348-349 (afirmando que as regras estatutárias constituirão um limite ao poder de representação do órgão que celebra o contrato de emprego, exceto se o órgão em causa for o conjunto dos sócios).

[380] Gierke, Otto von, *Die Genossenschaftstheorie...*, pp. 682-683.

A matéria do conceito de órgão e da distinção entre órgão e titular do órgão seria aprofundada sobretudo pela doutrina publicística germânica.

Enquanto parte da doutrina reconduziu o órgão às pessoas físicas que atuam em representação da pessoa coletiva[381], outra parte da doutrina defendeu a distinção entre órgão e titular do órgão. Entre estes últimos, *Georg Jellinek* sustentou que o órgão não se traduz numa subjetividade autónoma face à pessoa coletiva, na medida em que o órgão e a pessoa coletiva formam uma unidade. *Georg Jellinek* atribuiu ao órgão competências, que caracterizou como limites à representação da pessoa coletiva. Reconheceu a possibilidade de existência de conflitos orgânicos, mas entendeu que não correspondem à contraposição de direitos subjetivos (*licere*, *Dürfen*), mas à delimitação de competências (*posse*, *Können*) ao nível do direito objetivo. Relativamente ao titular do órgão, considerou que a sua esfera jurídica é composta por direitos e deveres inerentes ao exercício de funções, mas que não integra as competências, pois estas relevam do direito objetivo[382].

*Hans Julius Wolff* adotou um conceito normativo e institucional de órgão, concebendo-o como um complexo normativo, um conjunto de competências de atuação para a pessoa coletiva. Esta conceção reforça a distinção entre órgão (ou cargo, *Organ* ou *Amt*) e titular do órgão (ou titular do cargo, *Organwalter* ou *Amtswalter*). Órgão será o complexo de competências. Titular do órgão será a pessoa física que exercitará tais competências[383].

A conceção wollfiana de órgão pressupõe a adoção, sob inspiração do normativismo kelseniano, de um conceito de subjetividade jurídica (*Rechtssubjektivität*), como centro de imputação subjetiva dos efeitos de pelo menos uma norma jurídica. Recordo que tive a oportunidade de dar conta deste conceito em momento anterior.

Na sistematização de *Hans Julius Wolff*, em contraste com a pessoa coletiva e a pessoa coletiva rudimentar (*fragmentarische Persönlichkeit* ou *Rechtsfähigkeit*), o órgão constitui uma subjetividade jurídica cingida ao interior da organiza-

---

[381] Nomeadamente Mayer, Otto, *Deutsches Verwaltungsrecht*, 3ª ed., p. 369. Noutros quadrantes, Michoud, Léon, *La théorie...*, I, pp. 131-151.

[382] Jellinek, Georg, *Sistema...*, pp. 245-255, Jellinek, Georg, *Allgemeine Staatslehre*, 3ª ed., pp. 559--565, e Jellinek, Georg, *L'État...*, II, pp. 248-255. Em *Georg Jellinek* realçaria ainda as referências à origem etimológica da palavra órgão, como argumentos para significar órgão como instrumento, rejeitando os significados metafórico (antropomórfico) e ideológico da palavra característicos em *Otto von Gierke* (Jellinek, Georg, *Sistema...*, pp. 39-41). Sobre este último aspeto, também Wolff, Hans Julius, *Organschaft...*, II, p. 175.

[383] Wolff, Hans Julius, *Organschaft...*, II, pp. 226-229, 234-236, 247-249 e 274-275. Mas, nomeadamente a p. 242, *Hans Julius Wolff* utiliza o termo órgão para se referir à pessoa singular...

ção; não constitui uma subjetividade jurídica para efeitos da ordem jurídica (exterior)[384].

Com esta construção está relacionada a já referida distinção entre a imputação definitiva (*endgültige Zurechnung*) à pessoa coletiva e a imputação intermédia ou transitória (*transitorische Zurechnung*) ao órgão. Segundo *Hans Julius Wolff*, a atuação jurídica dos titulares do órgão é transitoriamente imputada ao órgão e definitivamente imputada à pessoa coletiva. Com uma ressalva: nas relações inter-orgânicas, *Hans Julius Wolff* admite a imputação definitiva aos órgãos[385].

*Hans Julius Wolff* considera que a distinção entre órgão (enquanto subjetividade jurídica) e titular do órgão é igualmente necessária relativamente a órgãos individuais. Assim, a competência de representação da pessoa coletiva advirá ao administrador único na qualidade de titular do órgão singular de administração[386]. Esta perspetiva é nomeadamente fundamentada na necessidade de divisar uma subjetividade jurídica que não seja afetada pelas mudanças de titulares do órgão[387].

*Hans Julius Wolff* sustenta que, enquanto as competências respeitam ao órgão/cargo, os deveres orgânicos incidem sobre o titular do órgão/cargo[388].

O conceito wolffiano de órgão como subjetividade jurídica e a sistemática distinção entre órgão e titular do órgão tiveram larga repercussão na doutrina publicística germânica[389].

Uma parte da doutrina publicística germânica reforçou a ideia de que imputação transitória ao órgão seria correta para efeitos da ordem jurídica exterior, de atuação perante terceiros, mas seria de rejeitar em matéria de relações internas, inter-orgânicas. Em matéria de relações inter-orgânicas ocorreria a imputação definitiva aos órgãos. Tal posição doutrinal tem nomeadamente em mente situações de conflito orgânico e a possibilidade de recurso a tribunal pelos órgãos[390].

---

[384] Wolff, Hans Julius, *Organschaft...*, II, pp. 248-252.

[385] Wolff, Hans Julius, *Organschaft...*, II, p. 250.

[386] Wolff, Hans Julius, *Organschaft...*, II, p. 240.

[387] Wolff, Hans Julius, *Organschaft...*, II, p. 105, e Wolff, Hans Julius e Bachof, Otto, *Verwaltungsrecht*, II, 4ª ed., p. 30.

[388] Wolff, Hans Julius, *Organschaft...*, II, pp. 228-229, 236-247 e 253-254.

[389] Sirvam de exemplo Maurer, Hartmut, *Allgemeines Verwaltungsrecht*, 16ª ed., pp. 531-536, Wolff, Hans Julius et al., *Verwaltungsrecht*, III, 5ª ed., pp. 210-220 e 245-247, e Rupp, Hans Heinrich, *Grundfragen...*, 2ª ed., p. 24.

[390] Böckenförde, Ernst-Wolfgang, "Organ...", pp. 272-305, Schnapp, Friedrich, "Dogmatische...", *AöR*, 1980, pp. 250-261 e 276-277, e Wolff, Hans Julius et al., *Verwaltungsrecht*, III, 5ª ed., pp. 216--217, 220 e 252-253. Esta posição doutrinal, que sustenta a possibilidade de imputação definitiva ao órgão, tem em mente, para além do problema dos conflitos orgânicos, algumas situações de complexidade organizacional na administração pública.

DEVER DE GESTÃO DOS ADMINISTRADORES DE SOCIEDADES ANÓNIMAS

Discute-se inclusivamente se o exercício dessas competências inter-orgânicas se traduz num direito subjetivo[391].

Uma outra parte da doutrina publicística germânica sustenta a sistemática conceção de órgão como subjetividade jurídica meramente interna e a inerente regra de imputação transitória ao órgão e de imputação definitiva à pessoa coletiva. Tal conceção é nomeadamente sustentada na ideia de que, mesmo em conflitos orgânicos, a competência dos órgãos não constituirá conteúdo de um direito subjetivo, mas antes objeto de um dever. A atuação orgânica será sempre uma atuação para a pessoa coletiva[392].

Na doutrina privatística de língua germânica, uma parte dos autores reconduz o conceito de órgão à pessoa ou ao conjunto de pessoas que atuam com efeitos para a pessoa coletiva[393]. Por vezes, assume-se a rejeição da conceção institucional de órgão de *Hans Julius Wolff*[394].

Uma outra parte da doutrina privatística, inspirando-se em *Hans Julius Wolff*, adota um conceito institucional de órgão, valorizando a distinção entre órgão e titular de órgão. Esta distinção entre órgão e titular de órgão é realizada mesmo nos casos de órgão singular. O órgão é nomeadamente descrito como uma parte da pessoa coletiva, que perdura independentemente da designação ou da falta de designação de pessoas físicas para o seu preenchimento. As competências orgânicas não serão atribuídas pessoalmente ao titular do órgão, mas sim ao órgão[395].

Não raro acolhe-se a ideia wolffiana de que, nas relações inter-orgânicas, a regra da imputação definitiva à pessoa coletiva é afastada, sendo a atuação orgânica definitivamente imputada aos órgãos[396]. Para justificar esta ideia é apontado

---

[391] Contra, Böckenförde, Ernst-Wolfgang, "Organ...", pp. 302-304. Aparentemente no sentido positivo, Schnapp, Friedrich, "Dogmatische...", *AöR*, 1980, pp. 276-277 (sobre o pensamento deste ultimo Autor, *vide* a interpretação do privatista Bork, Reinhard, "Materiell-rechtliche...", *ZGR*, 1989, p. 6, n. 18).

[392] Rupp, Hans Heinrich, *Grundfragen...*, 2ª ed., pp. 80-101.

[393] Tuhr, Andreas von, *Der Allgemeine Teil...*, I, pp. 460-465, Wiedemann, Herbert, *Gesellschaftsrecht*, I, pp. 212-213, Larenz, Karl e Wolf, Manfred, *Allgemeiner Teil...*, 8ª ed., pp. 169-171, e Hadding, Walther, "Soergel...", 13ª ed., § 26, Rn. 3.

[394] Flume, Werner, *Allgemeiner Teil...*, I, 2, p. 377, incluindo n. 3. Todavia, noutro ponto do seu discurso, *Werner Flume* parece distinguir órgão e titular do órgão, ao considerar que apenas sobre o titular do órgão incidem deveres (Flume, Werner, *Allgemeiner Teil...*, I, 2, pp. 405-408).

[395] Beuthien, Volker e Gätsch, Andreas, "Vereinsautonomie...", *ZHR*, 1992, pp. 467-469, Beuthien, Volker, "Zur Theorie...", pp. 97-98, Beuthien, Volker, "...organschaftliche Stellvertretung?", *NJW*, 1999, pp. 1143-1144, Jacoby, Florian, *Das private Amt*, pp. 155-174 e 478, Schürnbrand, Jan, *Organschaft...*, pp. 41-43, Dose, Stefan, *Die Rechtsstellung...*, pp. 41-42, Hommelhoff, Peter, "...Organstreit...", *ZHR*, 1979, pp. 294-296 e 303-305, e Bork, Reinhard, "Materiell-rechtliche...", *ZGR*, 1989, p. 3.

[396] Bork, Reinhard, "Materiell-rechtliche...", *ZGR*, 1989, pp. 14-15, Jacoby, Florian, *Das private Amt*, pp. 158-159, e Schürnbrand, Jan, *Organschaft...*, pp. 43-45, 57-59 e 375-376.

CONSTITUIÇÃO DA SITUAÇÃO JURÍDICA DE ADMINISTRAÇÃO

o argumento de que, num conflito orgânico judicial, a pessoa coletiva não pode ser simultaneamente parte processual ativa e passiva[397].

Entre os civilistas adeptos do conceito institucional de órgão, há quem sustente que as competências inter-orgânicas constituem direitos subjetivos[398]. Embora utilizando a terminologia direitos orgânicos (*Organrechten*), há quem rejeite a recondução das competências inter-orgânicas à figura do direito subjetivo, realçando que devem ser exercidas no interesse de outrem[399]. E há quem refira que as competências inter-orgânicas não constituem, de todo, direitos, mas sim poderes jurídicos[400].

Entre os defensores do conceito institucional de órgão, há quem sustente que os deveres orgânicos podem incidir sobre órgãos coletivos[401]. Mas o aspeto é controverso, havendo quem defenda que os deveres apenas incidem sobre os titulares dos órgãos[402].

Entre os críticos do conceito institucional de órgão, refere-se que a atribuição de deveres a um órgão coletivo é desprovida de sentido, dado que, ainda que se possa atribuir personalidade judiciária passiva a tal órgão coletivo, será impossível obter a execução do dever. Apenas seria equacionável uma mera ação declarativa, mas ainda aqui seria necessária a demanda de todos os membros do órgão. Rejeita-se a ideia de que os órgãos podem agir processualmente entre si em defesa de direitos e deveres próprios (conflitos orgânicos)[403].

Entre nós, uma parte da doutrina reconduz o órgão às pessoas físicas[404].

Uma outra parte da doutrina, com destaque para *Marcello Caetano*, perspetiva o órgão como uma instituição, um centro de imputação dos efeitos de normas jurídicas, distinguindo consequentemente o órgão do titular do órgão[405].

---

[397] Schürnbrand, Jan, *Organschaft...*, pp. 367-370.

[398] Bork, Reinhard, "Materiell-rechtliche...", *ZGR*, 1989, pp. 6-14.

[399] Hommelhoff, Peter, "...Organstreit...", *ZHR*, 1979, pp. 302-303. Nesta linha, embora considerando que os direitos orgânicos já podem ser enquadrados na figura dos direitos subjetivos em sentido amplo (cujos contornos não esclarece...), Schürnbrand, Jan, *Organschaft...*, pp. 377-379.

[400] Jacoby, Florian, *Das private Amt*, p. 476.

[401] Bork, Reinhard, "Materiell-rechtliche...", *ZGR*, 1989, pp. 15-17. Próximo, Hommelhoff, Peter, "...Organstreit...", *ZHR*, 1979, pp. 300-301.

[402] Schürnbrand, Jan, *Organschaft...*, p. 46.

[403] Flume, Werner, *Allgemeiner Teil...*, I, 2, pp. 405-408.

[404] Nomeadamente Queiró, Afonso Rodrigues, *Lições...*, pp. 300-302, Andrade, Manuel Domingues de, *...relação jurídica*, I, p. 115, e Ventura, Raúl, *Sociedades comerciais...*, II, pp. 135-141.

[405] Caetano, Marcello, *Manual...*, I, 10ª ed., pp. 202-207. Entre os civilistas, por exemplo, Pinto, Carlos Mota et al., *Teoria geral...*, 4ª ed., p. 277, Abreu, Jorge Coutinho de, *Curso...*, II, 3ª ed., p. 57 (também Abreu, Jorge Coutinho de, *Governação...*, pp. 97-98), Vasconcelos, Pedro Pais de, *Teoria geral...*, 6ª ed., pp. 164-165, Antunes, José Engrácia, *...sociedades*, pp. 267-270, 311-312 e 316-317,

*Freitas do Amaral* adota o conceito institucional de órgão, para efeitos da teoria da organização administrativa, e reconduz os órgãos aos indivíduos para efeitos da teoria da atividade administrativa[406].

Entre os defensores nacionais do conceito institucional de órgão, surge a perspetiva de que os deveres incidem sobre os titulares dos órgãos e não sobre os órgãos[407]. Mas também parece haver quem se refira a deveres de órgãos colegiais[408].

### 2.3.4.3. Configuração da posição jurídica do titular do órgão

Na análise da posição jurídica dos titulares dos órgãos pela doutrina germânica de inspiração organicista merece destaque *Hans Julius Wolff*, pelo que passo a proceder à descrição do seu pensamento, realçando que a sua construção de base organicista é igualmente marcada pelo problema da separação entre a procuração e o mandato.

*Hans Julius Wolff* distingue duas relações jurídicas, não apenas em situações de representação orgânica (ou organicidade, *Organschaft*), mas também em situações de representação voluntária. Refere-se, por um lado, a uma relação de gestão de negócios (*Geschäftsbesorgungsverhältnis*), que poderá compreender ou não um poder ou faculdade de representação. No primeiro caso, a relação de gestão de negócios é também apelidada de relação de representação (*Vertretungsverhältnis*). Refere-se, por outro lado, a uma relação de mandato ou relação subjacente (*unterliegende Grundverhältnis*)[409]. Como inspiração, aponta para o pensamento de *Hermann Isay*, citando ainda *Siegmund Schlossmann* e *Stanislaus Dniestrzanski*[410]. Recordo que tive a oportunidade de descrever o pensamento destes autores.

*Hans Julius Wolff* considera que a relação de gestão de negócios não constitui efeito de um contrato, antes resultando do exercício da atividade de gestão (*Geschäftsbesorgung*) em conexão com uma procuração (*Bevollmächtigung*) ou uma nomeação (*Bestellung*)[411].

---

Cordeiro, António Menezes, *Tratado...*, I, tomo III, pp. 582-586, Fernandes, Luís Carvalho, *Teoria geral...*, I, 3ª ed., pp. 431-435, e Correia, Luís Brito, *Direito comercial*, III, p. 5.

[406] Amaral, Diogo Freitas do, *Curso...*, I, 2ª ed., pp. 589-592 (equivalente a Amaral, Diogo Freitas do et al., *Curso...*, I, 3ª ed., pp. 759-763).

[407] Antunes, José Engrácia, "O regimento...", *DSR*, nº 2, 2009, p. 93.

[408] Aparentemente imputando deveres de informação a órgãos colegiais, Torres, Carlos Maria Pinheiro, *O direito à informação...*, p. 199, n. 279.

[409] Wolff, Hans Julius, *Organschaft...*, II, pp. 163-203 e 231-232.

[410] Inspiração assumida nomeadamente em Wolff, Hans Julius, *Organschaft...*, II, pp. 182-184 (e p. 178, n. 2).

[411] Wolff, Hans Julius, *Organschaft...*, II, pp. 182-187 e 189-190. *Hans Julius Wolff* refere-se ainda à tomada de posse (*Einweisung*) como elemento relevante para o surgimento da relação de gestão de negócios.

CONSTITUIÇÃO DA SITUAÇÃO JURÍDICA DE ADMINISTRAÇÃO

*Hans Julius Wolff* sustenta, de novo sob inspiração de *Hermann Isay*, que a relação de gestão de negócios é integrada por um dever de prossecução do interesse do representado, dever esse que não surge com a procuração ou a nomeação, mas sim com o exercício da gestão de negócios[412]. Por sua vez, funda na relação subjacente um dever de atuação gestória[413].

Focando a análise apenas nas situações de representação orgânica, temos que a posição orgânica do titular do órgão ou cargo (*Amtswalterverhältnis, Organwalterverhältnis*), correspondente à relação de gestão de negócios, compreende o dever de exercício do cargo, o dever de sigilo e o direito ao desempenho do cargo. E temos que a relação de emprego (*Grundverhältnis, Anstellungsverhältnis*), correspondente ao mandato ou a outra relação-base, compreende a remuneração e o dever principal de defesa, de conservação ou de exercício do cargo (*Wahrnehmungspflicht*)[414].

A distinção de duas relações jurídicas na esfera do titular do órgão é extremamente frequente na doutrina civilística germânica, sendo um traço marcante da teoria analítica: relação de nomeação (*Bestellung*), por um lado, e relação de emprego (*Anstellungsverhältnis*), por outro.

Tive a oportunidade de referir, ao descrever a teoria analítica germânica, que uma parte da doutrina distingue um dever gestório orgânico e um dever gestório contratual. Outra parte da doutrina considera que os deveres orgânicos decorrentes da nomeação não deixam espaço à configuração de um dever gestório contratual, sustentando que o contrato de emprego apenas gera um dever de aceitação e de manutenção do cargo.

### 2.3.4.4. Posição adotada
### 2.3.4.4.1 Designação e estatutos

Partilho a perspetiva de que a instituição de pessoas coletivas e de pessoas coletivas rudimentares envolve o surgimento de um regime jurídico corporativo (*Sozialrecht*[415]; *Gruppen-Ordnung*[416]). Tive a oportunidade de associar a figura dos estatutos a esta ideia de regulamentação corporativa, que acompanha o desenvolvimento da vida da pessoa coletiva ou da pessoa coletiva rudimentar[417].

---

[412] Wolff, Hans Julius, *Organschaft...*, II, pp. 182-184 e 194-196.

[413] Wolff, Hans Julius, *Organschaft...*, II, pp. 194-196.

[414] Wolff, Hans Julius e Bachof, Otto, *Verwaltungsrecht*, II, 4ª ed., pp. 34-42 (também Wolff, Hans Julius, *Organschaft...*, II, pp. 231-234 e 263-280).

[415] Recordo Gierke, Otto von, *Die Genossenschaftstheorie...*, pp. 155-168, e Gierke, Otto von, *Deutsches Privatrecht*, I, pp. 26-27.

[416] Recordo Wolff, Hans Julius, *Organschaft...*, II, pp. 91-93, 102-104 e 280-302.

[417] Acrescento que esta regulamentação corporativa pode ser estratificada, apontando o exemplo do regimento do órgão de administração. *Vide* Antunes, José Engrácia, "O regimento...", *DSR*, nº 2, 2009, p. 81.

Creio que o reconhecimento desta dimensão estatutária das pessoas coletivas e das pessoas coletivas rudimentares não é incompatível com a recondução da designação dos administradores e da aceitação à figura do contrato. Vejamos.

Os poderes normativos (competências) e as imposições normativas (deveres) dos administradores, apesar de delimitados pelos estatutos (e pela lei), apenas surgem na esfera jurídica dos administradores por força da designação e da aceitação – do contrato. Os poderes normativos (competências) e as imposições normativas (deveres) dos administradores constituem efeitos jurídicos contratuais[418]; não constituem meros efeitos jurídicos estatutários.

A compatibilização entre as normas estatutárias e as normas contratuais opera através da delimitação estatutária da possibilidade de configuração das normas contratuais. Os estatutos limitam o poder normativo de designação dos administradores e de configuração da relação de administração.

Recordo que um raciocínio análogo é operado por alguma doutrina germânica ao abordar o problema da compatibilização entre o regime estatutário e o regime do contrato de emprego (*Anstellungsvertrag*)[419]. O mesmo raciocínio poderá ser aplicado em relação à nomeação (*Bestellung*), permitindo um novo olhar crítico sobre a teoria analítica germânica sobre a natureza da situação jurídica de administração.

### 2.3.4.4.2 Conceito de órgão

Prossigo com a análise crítica do conceito de órgão e da distinção entre órgão e titular de órgão.

Recordo que, na esteira de *Hans Julius Wolff*, associei organicidade e representação orgânica[420], aferindo o conceito de órgão pela titularidade de um poder normativo de representação orgânica (competência orgânica). Reconduzo a

---

[418] Recordo que a adesão de *Raúl Ventura* à tese da natureza contratual da relação jurídica de administração, afastando-se de uma posição anteriormente sustentada, parece ter sido fortemente determinada pela ideia de que os deveres do administrador não surgem na sua esfera por força da lei, sendo antes configurados pela lei e surgindo na esfera jurídica do administrador por força do contrato de administração (confronte-se Ventura, Raúl, *Sociedades comerciais...*, II, p. 131, com Ventura, Raúl e Correia, Luís Brito, "Responsabilidade...", *BMJ*, nº 192, 1970, p. 92). Recordo a ideia de que a vinculação dos administradores aos estatutos é apenas mediata, decorrendo da incorporação dos estatutos no contrato de administração, em Guedes, Agostinho Cardoso, "A limitação...", *RDE*, 1987, pp. 144-151.

[419] Recordo Reuter, Dieter, "Bestellung...", pp. 488-501, e Flume, Werner, *Allgemeiner Teil...*, I, 2, pp. 348-349.

[420] Wolff, Hans Julius, *Organschaft...*, II, pp. 91-93, 102-104 e 280-302. Desvalorizo, nesta parte da exposição, as situações em que a representação orgânica e a organicidade não surgem no âmbito do regime das pessoas coletivas ou das pessoas coletivas rudimentares, como o referido caso da atuação negocial orgânica deliberativa em situações de contitularidade.

CONSTITUIÇÃO DA SITUAÇÃO JURÍDICA DE ADMINISTRAÇÃO

integração na organização de uma pessoa coletiva ou de uma pessoa coletiva rudimentar à titularidade de um poder normativo de representação da pessoa coletiva ou da pessoa coletiva rudimentar.

Tive a oportunidade de referir que o poder normativo de representação será orgânico quando for inerente ao regime estatutário da pessoa coletiva (ou da pessoa coletiva rudimentar).

Subjacente à ideia de inerência ao regime estatutário da pessoa coletiva (ou da pessoa coletiva rudimentar) encontra-se a distinção entre ordenamento jurídico em geral (*Individualrecht*) e ordenamento específico da pessoa coletiva (*Sozialrecht*), traçada por *Otto von Gierke*[421].

Considero que a titularidade de uma imposição normativa (dever jurídico) de atuação no interesse da pessoa coletiva (ou pessoa coletiva rudimentar) não é critério de aferição da organicidade. Por dois motivos. Em primeiro lugar, porque o poder normativo de representação orgânica pode não estar associado a uma imposição normativa (dever jurídico), mas sim a uma permissão normativa (direito subjetivo). Não haverá um poder-dever[422], mas sim um direito potestativo. Pense-se no direito de voto dos sócios[423]. Em segundo lugar, porque o

---

[421] Apesar de *Hans Julius Wolff* caracterizar o órgão como uma subjetividade jurídica no *interior* da organização, alguma doutrina publicística, ao analisar a complexa organização da administração pública, dá conta de determinados órgãos que constituem subjetividades externas (*vide* Rupp, Hans Heinrich, *Grundfragen...*, 2ª ed., pp. 86-90 e 101-103). Em minha opinião, a análise da organização da administração pública pode convocar dois conceitos de organização: o conceito de organização interna inerente ao regime estatutário de uma pessoa coletiva (ou de uma pessoa coletiva rudimentar); e o conceito de organização da atividade administrativa, envolvendo diversas pessoas coletivas (ou pessoas coletivas rudimentares), bem como as respetivas organizações internas. A noção de órgão, tal como traçada por *Otto von Gierke* e *Hans Julius Wolff*, convoca o referido conceito de organização interna inerente ao regime estatutário de uma pessoa coletiva (ou de uma pessoa coletiva rudimentar), tendo subjacente a distinção entre ordenamento jurídico em geral (*Individualrecht*) e ordenamento específico da pessoa coletiva (*Sozialrecht*). A utilização do termo órgão para descrever a organização da atividade administrativa corrompe esta distinção entre ordenamento jurídico em geral (*Individualrecht*) e ordenamento específico da pessoa coletiva (*Sozialrecht*).

[422] Recordo que a expressão "poder funcional" também descreve a situação jurídica complexa descritiva da associação de um poder normativo a uma imposição normativa, pelo que, pelos mesmos motivos, rejeito a sua utilização na caracterização da organicidade.

[423] Partilho a perspetiva de que o direito de voto dos sócios constitui um direito subjetivo (uma permissão normativa, correspondente a uma permissão deôntica forte ou bilateral), embora conheça limites. Realço que se trata de uma perspetiva que tem subjacente a tutela constitucional da propriedade. Sobre o tema, em geral, Abreu, Jorge Coutinho de, *Curso...*, II, 3ª ed., pp. 234, 240 e 310-311, Vasconcelos, Pedro Pais de, *A participação...*, 2ª ed., nomeadamente pp. 491-492 e 497-498, Antunes, José Engrácia, *...sociedades*, pp. 384-387, e Cordeiro, António Menezes, *Manual...*, I, 2ª ed., pp. 574-575. Sobre a socialidade e a propriedade, Antunes, José Engrácia, *A aquisição...*, pp. 63-82. O aprofundamento do tema reclamaria uma análise crítica da corrente doutrinária, de origem

poder normativo de representação orgânica pode não estar associado nem a uma imposição normativa (dever jurídico), nem a uma permissão normativa (direito subjetivo). Terei a oportunidade de sustentar que os órgãos deliberativos constituem subjetividades jurídicas, cuja esfera jurídica apenas é integrada por poderes normativos de representação orgânica.

Partilho a distinção entre posição orgânica originária (*geborene Organstellung*), de que é exemplo a posição orgânica dos sócios e do colégio dos sócios, e posição orgânica derivada (*gekorene Organstellung*), de que é exemplo a posição dos membros do conselho de administração[424].

Relativamente aos sócios, realço que a organicidade apenas abarca as situações de titularidade de um poder normativo de representação orgânica, de que é exemplo paradigmático o direito de voto. A atuação dos sócios em nome próprio não releva da organicidade.

Em matéria de atuação negocial orgânica é frequente a distinção entre a atuação colegial, a atuação conjunta e a atuação disjunta. Opto por não utilizar os termos colegial e disjunta. Prefiro utilizar os termos deliberativa, conjunta e singular, na medida em que correspondem à distinção analítica entre declaração negocial deliberativa, declaração negocial conjunta e declaração negocial singular.

Assim, ao longo da exposição, distinguirei a atuação negocial orgânica deliberativa, a atuação negocial orgânica conjunta e a atuação negocial orgânica singular.

Em minha opinião, a atuação orgânica deliberativa envolve a atribuição de um poder normativo de representação orgânica (competência orgânica) a uma subjetividade jurídica orgânica – um centro *autónomo* de imputação subjetiva dos efeitos de normas jurídicas no *interior* da organização.

Diversamente, na atuação orgânica conjunta e na atuação orgânica singular, o poder normativo de representação orgânica (competência orgânica) é atri-

---

germânica, que caracteriza a socialidade (*Mitgliedschaft*) através de um dever de prossecução da finalidade comum (*Zweckförderpflicht*), também apelidado de dever de lealdade (*Treuepflicht*). Terei a oportunidade, num capítulo posterior, de fazer uma curta descrição da caracterização doutrinária germânica do dever de lealdade dos sócios, de forma a contrapô-la à caracterização do dever de lealdade dos administradores. Opto por não aprofundar o tema do dever de lealdade dos sócios.

[424] Neste sentido, por exemplo, Ventura, Raúl, *Sociedades por quotas*, III, p. 31, e Schmidt, Karsten, *Gesellschaftsrecht*, 4ª ed., pp. 415-416. Dando conta, entre nós, da semelhante distinção entre *Selbstorganschaft* e *Fremdorganschaft*, Antunes, José Engrácia, *...sociedades*, pp. 311-312.

*Manuel de Andrade* afirma que a intervenção dos órgãos resulta dos próprios estatutos, ao passo que a intervenção dos representantes voluntários resulta de uma deliberação dos órgãos (Andrade, Manuel Domingues de, *...relação jurídica*, I, p. 116). Esta afirmação deve ser interpretada com cuidado, na medida em que os órgãos com uma posição orgânica derivada são frequentemente designados por deliberação de um outro órgão.

CONSTITUIÇÃO DA SITUAÇÃO JURÍDICA DE ADMINISTRAÇÃO

buído às pessoas físicas[425] que integram a organização, não surgindo uma subjetividade jurídica orgânica distinta das pessoas físicas.

Nestes termos, adoto a conceção institucional de órgão de *Hans Julius Wolff* relativamente a órgãos deliberativos. No que respeita a órgãos singulares, rejeito a conceção institucional de órgão, bem como a inerente distinção entre órgão e titular do órgão. Rejeito igualmente a conceção institucional de órgão relativamente a órgãos coletivos não deliberativos. Realço que, ao apontar a ideia de personalidade orgânica (*Organpersönlichkeit*), *Otto von Gierke* teve em mente, sobretudo, os colégios...

Nesta sequência, opto por distinguir dois conceitos de órgão: um conceito restrito de órgão, enquanto centro *autónomo* de imputação subjetiva dos efeitos de normas jurídicas no interior da organização – órgão como subjetividade jurídica –, e um conceito amplo de órgão, englobando o órgão em sentido restrito e a pessoa física titular de um poder normativo de representação orgânica – órgão como elemento da organização. Serão órgãos em sentido restrito os órgãos deliberativos. Serão órgãos em sentido amplo os órgãos deliberativos e as pessoas físicas que integram a organização.

Aprofundando esta caracterização, acrescento que a pessoa física constitui um órgão (no sentido amplo) não apenas quando seja titular de um poder normativo de emitir declarações negociais em nome da pessoa coletiva (ou da pessoa coletiva rudimentar), mas também quando seja titular de um poder normativo de emitir *enunciados* negociais em nome da pessoa coletiva (ou da pessoa coletiva rudimentar). E acrescento ainda que o poder normativo de emitir *enunciados* negociais em nome da pessoa coletiva (ou da pessoa coletiva rudimentar) pode ocorrer quer na atuação orgânica conjunta, quer atuação orgânica deliberativa. Consequentemente, a pessoa física que integra um órgão deliberativo, para além de ser membro de um órgão no sentido estrito, constitui ela própria um órgão no sentido amplo, na medida em que é titular de um poder normativo de emitir enunciados negociais deliberativos.

Exemplifiquemos.

O conselho de administração, enquanto órgão deliberativo, constitui um órgão no sentido restrito (subjetividade jurídica). O conselho de administração tem o poder normativo de emitir declarações negociais deliberativas representativas da sociedade.

O administrador de uma sociedade anónima constitui um órgão no sentido amplo, pois é titular de poderes normativos de representação orgânica, inte-

---

[425] Como já tive a oportunidade de referir, não pretendo analisar o problema da designação de pessoas coletivas como elementos de uma organização.

grando a organização. O administrador poderá ter, por si, um poder normativo de emitir declarações negociais singulares representativas da sociedade; poderá ter, em conjunto com outros administradores, um poder normativo de emitir enunciados negociais conjuntos representativos da sociedade; e poderá ter, enquanto membro do conselho de administração (subjetividade jurídica), um poder normativo de emitir enunciados negociais deliberativos representativos da sociedade.

Face a estes dados, tendo a não utilizar a expressão "titular do órgão", quando contraposta ao termo órgão. Em situações de atuação orgânica singular ou conjunta, não existe um órgão, enquanto subjetividade jurídica autónoma, que se contraponha a um "titular do órgão"; existem apenas pessoas físicas com poderes de representação orgânica. Em situações de atuação orgânica deliberativa, os membros do órgão deliberativo são também órgãos, a par do órgão deliberativo, pois têm o poder normativo de emitir enunciados negociais deliberativos representativos da sociedade.

Para fundamentar esta conceção, começarei por explanar os motivos pelos quais considero que o órgão deliberativo constitui uma subjetividade jurídica. De seguida, criticarei a conceção institucional de órgão singular e a inerente distinção entre órgão singular e titular do órgão. Posteriormente, explicarei as razões porque não diviso a existência de uma subjetividade jurídica orgânica nas situações de atuação conjunta.

Como já tive a oportunidade de referir, quando analisei a natureza da deliberação, a declaração negocial deliberativa pressupõe, como condição de legitimidade, a atribuição ao órgão deliberativo de um poder normativo de emitir declarações negociais em nome da pessoa coletiva (ou da pessoa coletiva rudimentar). Tal poder normativo de emitir declarações negociais deliberativas em nome da pessoa coletiva não pode ser atribuído ao conjunto dos membros do órgão, porque a atuação deliberativa é caracterizada pela desnecessidade de intervenção conjunta de todos os membros do órgão. A figura da deliberação implica uma norma de poder (ou norma de competência), que atribui o poder normativo (ou a competência normativa) de representação orgânica deliberativa a uma subjetividade jurídica (*Rechtssubjektivität*) – centro de imputação subjetiva dos efeitos de pelo menos uma norma jurídica

Aponto dois motivos para a rejeição da conceção institucional de órgão singular e da inerente sistemática distinção entre órgão singular e titular do órgão.

Recorde-se que a sistemática distinção entre órgão singular e titular de órgão singular é frequentemente justificada na necessidade de divisar uma subjetividade jurídica que não seja afetada pelas mudanças de titulares do órgão. Esta justificação deve ser rejeitada. Por um lado, porque as vicissitudes podem não só ocorrer ao nível das pessoas físicas que integram a organização da pessoa coletiva (ou da pessoa coletiva rudimentar), como também podem ocorrer ao nível das competências orgânicas. O órgão, como subjetividade jurídica, é igualmente "perecível"[426]. Isto é, os estatutos da pessoa coletiva (ou da pessoa coletiva rudimentar) podem retirar, em parte ou no todo, o poder normativo de representação ao suposto órgão singular. Por outro lado, porque, como o próprio *Hans Julius Wolff* sustenta, a atuação orgânica é definitivamente imputada à pessoa coletiva (ou à pessoa coletiva rudimentar), constituindo esta uma subjetividade jurídica que não é afetada pelas mudanças das pessoas físicas que integram a sua organização.

O argumento mais forte contra a conceção institucional de órgão singular de *Hans Julius Wolff* respeita, em minha opinião, à indistinção entre a situação jurídica atribuída ao suposto órgão singular e a situação jurídica atribuída ao suposto titular do órgão singular. O suposto órgão singular, enquanto subjetividade jurídica autónoma, seria essencialmente caracterizado pela atribuição do poder normativo de emitir declarações negociais em nome da pessoa coletiva. Acontece que as declarações negociais são necessariamente emitidas por pessoas físicas. Sendo assim, a esfera jurídica do suposto titular do órgão seria necessariamente integrada pelo mesmo poder normativo de emitir declarações negociais em nome da pessoa coletiva, ainda que fosse concebível uma imputação intermédia ou transitória ao suposto órgão singular. A situação jurídica atribuída ao suposto órgão singular, que supostamente o autonomizaria como subjetividade jurídica, não seria distinguível da situação jurídica atribuída ao suposto titular do órgão. Existiriam duas normas de poder: uma atribuindo um poder normativo a uma subjetividade jurídica orgânica; outra atribuindo o mesmo poder normativo a uma pessoa física. Esta construção não colhe. Existe uma única norma de poder, atribuindo um poder normativo de representação orgânica singular a uma pessoa física.

No que respeita à atuação orgânica conjunta, temos que, ao contrário da atuação orgânica deliberativa, não é reclamada a atribuição a uma subjetividade jurídica orgânica de um poder normativo de representação da pessoa coletiva (ou da pessoa coletiva rudimentar). O poder normativo de representação da pessoa coletiva (ou da pessoa coletiva rudimentar) é antes atribuído a um conjunto de pessoas físicas. O poder normativo de emitir enunciados negociais

---

[426] Pense-se na hipótese de aprovação de um plano estratégico empresarial pelo conselho de administração executivo e de autorização integrativa desse plano estratégico empresarial pelo conselho geral e de supervisão. Creio que o plano estratégico empresarial não perderá a sua eficácia pelo facto de a sociedade anónima abandonar a organização de matriz germânica e adotar a organização tradicional.

conjuntos em nome da pessoa coletiva (ou da pessoa coletiva rudimentar) integra as esferas jurídicas de um conjunto de pessoas físicas, sendo incorreto divisar um centro autónomo de imputação subjetiva dos efeitos de normas jurídicas no interior da organização.

A distinção entre as situações em que o órgão constitui uma subjetividade jurídica – situações de atuação orgânica deliberativa – e as situações em que o órgão constitui uma pessoa física – situações de atuação orgânica singular ou conjunta – tem reflexos em matéria de imputação da atuação orgânica.

Os efeitos das declarações negociais representativas orgânicas, quer deliberativas, quer conjuntas, quer singulares são sempre definitivamente imputados à pessoa coletiva (ou à pessoa coletiva rudimentar). Nas declarações negociais representativas orgânicas deliberativas, para além da imputação definitiva à pessoa coletiva (ou à pessoa coletiva rudimentar), ocorre um fenómeno de imputação transitória ao órgão deliberativo[427]. Diversamente, no que respeita às declarações negociais representativas orgânicas singulares e às declarações negociais representativas orgânicas conjuntas, não ocorre um fenómeno de imputação transitória.

Adiro, por conseguinte, à distinção entre imputação transitória e imputação definitiva sustentada por *Hans Julius Wolff*. Mas faço-o com duas ressalvas.

Em primeiro lugar, restrinjo a ideia de imputação transitória ao órgão às situações de atuação orgânica deliberativa, as únicas que, em minha opinião, implicam a existência de um órgão enquanto subjetividade jurídica.

Em segundo lugar, realço que os fenómenos de "imputação" em jogo são algo distintos. O fenómeno de imputação definitiva significa que os efeitos jurídico-negociais da atuação representativa se verificam na esfera jurídica do representado, por força de normas de poder, que atribuem poderes normativos de representação. O fenómeno de imputação transitória não respeita à atribuição dos efeitos jurídico-negociais da atuação representativa, apenas descrevendo aspetos do regime das normas de poder, que atribuem poderes normativos de representação[428].

---

[427] Trata-se de um aspeto a que já tinha feito referência, ao analisar a estrutura da declaração negocial deliberativa.

[428] Os fenómenos de imputação transitória não ocorrem apenas na atuação negocial orgânica deliberativa, podendo surgir noutras situações de atuação negocial representativa. Pense-se na substituição do procurador (art. 264 do CC). A atuação do substituto é transitoriamente imputada ao procurador e definitivamente imputada ao representado. É também possível a ocorrência de situações de imputação transitória sucessiva. Pense-se na atribuição de poderes de representação para o exercício do direito de voto (art. 380 do CSC). Aqui, a atuação do representante do sócio é transitoriamente imputada ao sócio e, num segundo momento, transitoriamente imputada ao órgão deliberativo, para acabar por ser definitivamente imputada à sociedade.

CONSTITUIÇÃO DA SITUAÇÃO JURÍDICA DE ADMINISTRAÇÃO

Prossigo, tentando aprofundar a descrição da atuação negocial orgânica com base na análise da constituição sintagmática da declaração negocial, tal como proposta por *Ferreira de Almeida*.

Recordo que a constituição sintagmática da declaração negocial é integrada, por um lado, pelo prefixo comunicativo e, por outro, pelo conteúdo proposicional. O prefixo comunicativo é composto pelos elementos declarante, declaratário, função comunicativa e circunstâncias de comunicação (De, Do, Fc e Cc). O conteúdo proposicional é integrado pelas partes, pela função eficiente, pela função económico-social, pelo objeto e pelas circunstâncias (P, Fef, Fes, O e C).

Recordo também que, na declaração negocial representativa, o representante é o declarante, enquanto elemento do prefixo comunicativo, e que o representado é uma das partes, integrando o conteúdo proposicional. O desfasamento entre o declarante e a correspondente parte denota a atuação negocial representativa.

Recordo, por último, que, em minha opinião, o prefixo comunicativo da declaração negocial pode ser integrado pela circunstância de legitimidade (Cl). Sustentei que, na declaração negocial representativa, a circunstância de legitimidade corresponde à invocação, expressa ou tácita, do poder de representação ou da qualidade de representante.

Voltando ao problema da atuação negocial orgânica, temos que a imputação definitiva à pessoa coletiva (ou à pessoa coletiva rudimentar) significa que esta é sempre parte, integrando o conteúdo proposicional da declaração negocial representativa orgânica.

As pessoas físicas que integram a organização são sempre o declarante, enquanto elemento do prefixo comunicativo da declaração negocial representativa orgânica. Na atuação orgânica singular, o declarante será uma única pessoa física. Na atuação orgânica conjunta, os declarantes serão as pessoas físicas que emitiram os enunciados negociais conjuntos. Na atuação orgânica deliberativa, os declarantes serão as pessoas físicas que emitiram os enunciados negociais deliberativos (isto é, as pessoas físicas que emitiram os votos positivos).

A invocação do poder de representação orgânica ou da qualidade de órgão pelas pessoas físicas constitui a circunstância de legitimidade do prefixo comunicativo da declaração negocial representativa orgânica. Na atuação orgânica singular, a pessoa física poderá comunicar que tem poder de representação orgânica singular (ou que é um órgão). Na atuação orgânica conjunta, as pessoas físicas poderão comunicar que têm poder de representação orgânica conjunto (ou que são órgãos). Na atuação orgânica deliberativa, as pessoas físicas poderão comunicar que são membros de um órgão deliberativo (ou que têm um poder de voto) e que o órgão deliberativo tem poder de representação orgânica.

A imputação transitória ao órgão deliberativo (enquanto subjetividade jurídica) não se reflete no conteúdo proposicional da declaração negocial representativa orgânica. Reitero que os órgãos nunca são partes, dado o fenómeno de imputação definitiva à pessoa coletiva (ou à pessoa coletiva rudimentar). A imputação transitória ao órgão deliberativo apenas se reflete na circunstância de legitimidade do prefixo comunicativo da declaração negocial representativa orgânica, na medida em que os declarantes poderão invocar não apenas o seu poder de voto, mas também o poder de representação do órgão deliberativo.

Exemplifiquemos.

Numa instrução dirigida pelo conjunto dos sócios de uma sociedade por quotas aos gerentes, a constituição sintagmática da declaração negocial observa as seguintes características: as pessoas físicas que emitiram os votos (enunciados negociais deliberativos) positivos são declarantes; a invocação da qualidade de membro do órgão deliberativo e da competência do órgão deliberativo corresponderá à circunstância de legitimidade; os gerentes são os declaratários; a sociedade é a parte ativa; os gerentes são a parte passiva. No texto do correspondente negócio jurídico é a sociedade que instrui os gerentes.

A constituição sintagmática da declaração negocial tem as mesmas características na autorização integrativa para a venda de um imóvel, dirigida pelo colégio dos sócios de uma sociedade por quotas aos gerentes. No texto do correspondente negócio jurídico é a sociedade que retira uma limitação ao poder normativo de representação da sociedade que, em conjunto, integra a esfera jurídica dos gerentes.

Recorde-se que, de acordo com determinada perspetiva doutrinária, a ideia de imputação transitória ao órgão seria correta em matéria de relações externas – atuação perante terceiros –, mas seria de rejeitar em matéria de relações internas – atuação inter-orgânica, nomeadamente em conflitos orgânicos (*Organstreit*). Na atuação inter-orgânica ocorreria uma imputação definitiva ao próprio órgão.

Afasto-me desta perspetiva, reiterando que as declarações negociais representativas orgânicas são sempre definitivamente imputadas à pessoa coletiva (ou à pessoa coletiva rudimentar).

A atuação negocial orgânica não consiste numa atuação gestória sem poder de representação (que entroncaria na tradição do mandato sem representação), mas sim numa atuação gestória com poder de representação (que entronca na tradição do mandato com representação).

Se, numa atuação inter-orgânica, um órgão extravasar as suas competências, teremos uma declaração negocial representativa da pessoa coletiva (ou da pessoa coletiva rudimentar) ineficaz, por falta de poder de representação, mas, ainda assim, uma declaração negocial representativa da pessoa coletiva (ou da pessoa coletiva rudimentar).

Em crítica à ideia de imputação definitiva ao próprio órgão, convoco a figura da instrução orgânica. Recordo que caracterizei a instrução (*Weisung*) como uma ordem – um ato jurídico performativo com eficácia obrigacional, praticado em exercício de um poder normativo, decorrente nomeadamente de um negócio jurídico prévio, que gera uma imposição normativa (dever) não para o agente, mas sim para o sujeito. A instrução orgânica procede a uma especificação de uma prestação gestória, prestação essa que tem como credora a sociedade. Se a instrução orgânica não for definitivamente imputada à sociedade, mas sim ao órgão emitente, como explicar a especificação da prestação gestória no confronto com a sociedade?

Aprofundando a descrição da instrução orgânica, importa distinguir, por um lado, o poder normativo de representação orgânica interna na emissão da instrução, que integra a esfera jurídica do órgão e que tem como reverso a situação jurídica de sujeição da pessoa coletiva, e, por outro, o poder normativo de instruir/ordenar, que integra a esfera jurídica da pessoa coletiva e que tem como reverso a situação jurídica de sujeição da pessoa física que se insere na organização. O poder normativo de representação orgânica interna na emissão da instrução, que integra a esfera jurídica do órgão, não deve ser confundido com o poder normativo de instruir/ordenar, que integra a esfera jurídica da pessoa coletiva.

Critico também a conceção, frequentemente associada à ideia de imputação definitiva ao órgão, de que as competências orgânicas constituem direitos subjetivos. As competências orgânicas constituem poderes jurídicos (poderes normativos); não constituem direitos subjetivos (permissões normativas). Retomando as considerações sobre lógica deôntica que tive a oportunidade de tecer, acrescento que, nas situações em que o poder de representação (poder normativo) está associado a uma obrigação gestória (imposição normativa), a adoção da conceção do poder de representação como um direito subjetivo (permissão normativa) implicaria contradições lógicas.

Desvalorizo o argumento de que, num conflito orgânico judicial, a pessoa coletiva (ou pessoa coletiva rudimentar) não pode ser simultaneamente parte processual ativa e passiva. Num conflito orgânico judicial, a atuação negocial orgânica é sempre imputada à pessoa coletiva (ou à pessoa coletiva rudimentar). Quando a pessoa coletiva (ou a pessoa coletiva rudimentar) seja simultaneamente parte processual ativa e passiva, a diferenciação dos intervenientes perante o tribunal é realizada ao nível da circunstância de legitimidade do prefixo comunicativo das declarações negociais, através da invocação da qualidade de órgão (ou do poder de representação orgânica)[429].

Partilho a perspetiva de que as imposições normativas orgânicas (deveres orgânicos) incidem necessariamente sobre as pessoas físicas que integram a organização. As subjetividades jurídicas orgânicas (órgãos em sentido restrito) não são titulares de imposições normativas orgânicas (deveres orgânicos)[430].

Subjacente a esta perspetiva está nomeadamente a ideia de que a susceptibilidade de ser titular de situações jurídicas passivas é indissociável da capacidade jurídica patrimonial (recorde-se a regra do art. 601 do CC). Os órgãos em sentido restrito não têm capacidade jurídica patrimonial.

Refira-se que o CSC é algo impreciso e assistemático quanto a este aspeto, pois, por vezes, reconduz os deveres orgânicos às pessoas físicas que integram a organização e, outras vezes, aparenta reconduzir os deveres orgânicos a órgãos em sentido restrito (subjetividades jurídicas orgânicas). Sirvam de exemplo o art. 65, nº 1, do CSC, que atribui aos administradores o dever de relatar a gestão e apresentar contas, e os arts. 451, nº 1, e 453, nº 1, ambos do mesmo código, que (aparentemente) atribuem ao conselho de administração o mesmo dever (ou aspetos parcelares do mesmo dever).

### 2.3.4.4.3 Posição jurídica das pessoas físicas que integram a organização

Rejeito a perspetiva de que sobre as pessoas físicas que integram a organização podem incidir dois deveres gestórios – um orgânico, outro contratual[431].

Na teorização desta duplicação de deveres gestórios destaca-se *Hans Julius Wolff*, sendo que o seu pensamento revela, em minha opinião, algumas fragilidades. Vejamos.

Recordo que *Hans Julius Wolff*, ao distinguir o dever gestório orgânico e o dever gestório contratual, aponta para o pensamento de *Hermann Isay*, de *Siegmund Schlossmann* e de *Stanislaus Dniestrzanski*. Todavia, quer *Siegmund Schlossmann*, quer *Stanislaus Dniestrzanski* adotam construções que redundam na

---

[429] Não pretendo analisar a questão de saber se e em que circunstâncias é admissível o recurso aos tribunais em situações de conflito orgânico nas sociedades anónimas. Sobre a matéria, por exemplo, Schmidt, Karsten, *Gesellschaftsrecht*, 4ª ed., pp. 421-424, Raiser, Thomas e Veil, Rüdiger, *Recht...*, pp. 133 e 172, Mertens, Hans-Joachim, "Kölner...", 2ª ed., Vor § 76, Rn. 3-9, Mertens, Hans-Joachim e Cahn, Andreas, "Kölner...", 3ª ed., Vorb. § 76, Rn. 3-8, Hefermehl, Wolfgang et al., "Münchener...", 2ª ed., Vor § 76, Rn. 130-135, e Kort, Michael, "Großkommentar...", 4ª ed., Vor § 76, Rn. 54-59.

[430] Destaco Wolff, Hans Julius, *Organschaft...*, II, pp. 228-229, 236-247 e 253-254, e Flume, Werner, *Allgemeiner Teil...*, I, 2, pp. 405-408. Entre nós, Antunes, José Engrácia, "O regimento...", *DSR*, nº 2, 2009, p. 93.

[431] Acompanho Baums, Theodor, *Der Geschäftsleitervertrag*, pp. 31-32 e 55-56.

CONSTITUIÇÃO DA SITUAÇÃO JURÍDICA DE ADMINISTRAÇÃO

solução tradicional de recondução do dever gestório ao mandato ou a outro contrato gestório. Com *Hermann Isay*, o dever gestório, que tradicionalmente caracteriza o mandato ou outro contrato gestório, transfere-se para uma relação jurídica de gestão de negócios (e representação), distinta do mandato ou contrato gestório. Em todos estes autores não se assiste a uma duplicação de deveres gestórios do representante. As razões para a duplicação de deveres gestórios operada por *Hans Julius Wolff* ficam por explicar.

Recordo também que *Hans Julius Wolff* sustenta que a relação de gestão de negócios é integrada por um dever de prossecução do interesse do representado, dever esse que não surge com a procuração ou a nomeação, mas sim com o exercício da gestão de negócios. Esta última referência remete-nos para a figura da gestão de negócios sem mandato, revelando uma confusão entre o universo do contrato e da eficácia negocial e o universo do quase-contrato e da eficácia legal[432].

A perspetiva de duplicação de deveres gestórios admite mais do que uma formulação, sendo paradigmático o discurso de *Hans-Joachim Mertens*. Recordo que, num determinado ponto do seu discurso, *Hans-Joachim Mertens* afirma que a relação obrigacional compreende um dever de exercício das competências orgânicas (*Pflicht, die aus der Organstellung folgenden Aufgaben ordnungsgemäß wahrzunehmen*). Noutro ponto do seu discurso, refere que, por força do contrato de emprego, o administrador se obriga a observar os deveres orgânicos (*Durch den Anstellungsvertrag verpflichtet sich das Vorstandsmitglied (...), die Organpflichten (...) einzuhalten*).

Na primeira formulação – dever gestório contratual como dever de exercício das competências orgânicas –, o dever gestório orgânico e o dever gestório contratual teriam conteúdos idênticos. Tratar-se-ia de imposições normativas (deveres jurídicos) com o mesmo conteúdo, incidentes sobre a mesma pessoa. Creio que esta identidade torna impossível distinguir as duas supostas situações jurídicas. Na realidade, existe uma única imposição normativa, decorrente de uma única norma de conduta impositiva. Remeto para as considerações que tive a oportunidade de tecer sobre lógica deôntica, ao classificar as normas de con-

---

[432] O pensamento de *Hans Julius Wolff* é ainda criticável quando distingue, sob alegada inspiração de *Paul Laband, Otto Lenel e Josef Hupka*, entre, por um lado, a autorização (*Dürfen*) e a possibilidade (*Können*) de atuar em representação, e, por outro, a permissão (*Berechtigung*) e o dever (*Verpflichtung*) de atuar em representação (Wolff, Hans Julius, *Organschaft...*, II, pp. 180-181). Criticando o conceito de competência (*Zuständigkeit*) de *Hans Julius Wolff*, Alexy, Robert, *...Grundrechte*, 3ª ed., pp. 211-212, n. 154. *Hans Julius Wolff* não formula adequadamente os termos da distinção entre normas de poder (ou de competência) e normas de conduta. Se o fizesse, talvez não encontre-se motivos para distinguir duas relações jurídicas e dois deveres gestórios.

duta, realçando que estará aqui em causa uma única imposição deôntica (proibição ou obrigação deôntica).

Na segunda formulação – dever gestório contratual como dever de observar os deveres orgânicos –, o dever gestório contratual consistiria num dever de observação de um outro dever. Tratar-se-ia de uma imposição da imposição de uma conduta humana (dever de um dever). As imposições deônticas têm por objeto uma conduta humana; não tem por objeto uma outra imposição.

Creio que sobre as pessoas físicas que integram a organização apenas incide um dever gestório.

Como tive a oportunidade de referir, a organicidade é aferida pelo poder normativo de representação orgânica, sendo que os órgãos podem ser pessoas físicas ou subjetividades jurídicas autónomas.

A esfera jurídica das subjetividades jurídicas orgânicas apenas é integrada pelo poder normativo de representação orgânica. Não compreende uma imposição normativa (dever jurídico) ou uma permissão normativa (direito subjetivo).

O poder normativo de representação orgânica das pessoas físicas que integram a organização pode estar associado a uma permissão normativa (direito subjetivo) ou a uma imposição normativa (dever jurídico). No primeiro caso haverá um direito potestativo. No segundo caso haverá um poder-dever. Como exemplo de direito potestativo orgânico, temos a posição de representação orgânica dos sócios (direito de voto dos sócios). Como exemplo de poder-dever orgânico, temos a posição orgânica dos administradores.

O poder-dever orgânico traduz-se num poder de representação orgânica associado a um único dever de atuação por conta e no interesse de outrem. A ideia de duplicação de deveres gestórios é de rejeitar. O conjunto das competências orgânicas e o conjunto dos deveres de prestação orgânicos perante a pessoa coletiva (ou a pessoa coletiva rudimentar) constituem aspetos parcelares do poder-dever orgânico.

O termo função (*Aufgabe*) é, por vezes, utilizado na caracterização dos órgãos[433]. Em minha opinião, a caracterização funcional constitui uma delimitação de poderes-deveres orgânicos. O termo função não parece apto para descrever direitos potestativos orgânicos, pois convoca a ideia de dever jurídico e joga mal com a ideia de direito subjetivo. Como tive a oportunidade de referir, o termo função é inclusivamente utilizado na identificação da situação jurídica complexa descritiva da associação de um poder normativo (poder jurídico) a

---

[433] Por exemplo, Duarte, Rui Pinto, ...*sociedades*, pp. 41-48, e, noutros quadrantes, Semler, Johannes, *Die Überwachungsaufgabe...*, *passim*, Zöllner, Wolfgang e Noack, Ulrich, "Kommentar...", 18ª ed., § 35, Rn. 28-36, e § 43, Rn. 8 e 17-18.

uma imposição normativa (dever jurídico), nomeadamente através da expressão poder funcional. Neste contexto, utilizarei o termo função para caracterizar o poder-dever orgânico dos administradores. Não o utilizarei para descrever o direito potestativo orgânico dos sócios.

Reitero a perspetiva de que o poder-dever orgânico das pessoas físicas que integram a organização, apesar de delimitado pelos estatutos (e pela lei), apenas surge na esfera jurídica dessas pessoas por força de um contrato. Recordo também a ideia de que a compatibilização entre as normas estatutárias e as normas contratuais opera através da delimitação estatutária da possibilidade de configuração das normas contratuais.

#### 2.3.4.4.4 Conclusão

Por tudo o exposto, concluo no sentido de que a conceção contratualista da relação de administração não deve ser rejeitada atendendo a argumentos organicistas.

### 2.3.5. Argumentos residuais

Resta rebater alguns argumentos residuais contrários à natureza contratual da relação jurídica de administração.

A existência de um amplo regime legal injuntivo e da inerente limitação da liberdade de estipulação não constituem um obstáculo à consideração da existência de um contrato. O grau de liberdade de estipulação não constitui critério das previsões legais relativas ao contrato. Aliás, existem diversas previsões legais que pressupõem contratos com um grau de liberdade de estipulação bastante reduzido.

Da mesma forma, a necessidade de designação de pessoas para o preenchimento do órgão de administração não constitui um obstáculo à consideração da existência de um contrato. A designação é sempre voluntária[434].

A comparação do regime da administração com o regime do contrato de mandato (comum) não constitui um argumento contra a natureza contratual da relação de administração. Será, quando muito, um argumento contrário à recondução da relação de administração ao mandato (comum).

Como argumento contra a natureza contratual da relação jurídica de administração é referido que a deliberação de eleição designa, não propõe a designação. Em contraponto, recordo que a função comunicativa da deliberação de designação poderá não ser formulada de forma expressa[435].

---

[434] Minervini, Gustavo, *Gli amministratori...*, p. 7.
[435] Almeida, Carlos Ferreira de, *Texto...*, p. 443. Creio, aliás, que a não verbalização expressa do elemento comunicativo da proposta será bastante frequente, inclusivamente em tipos contratuais de elevada dispersão social, como a compra e venda ou a doação.

O facto de a deliberação de designação ser registável e impugnável judicialmente, independentemente da aceitação, é apontado como um argumento contra a natureza contratual da relação jurídica de administração. Como contra-argumento pode ser referido o facto de o pedido de registo indiciar que a designação foi aceite[436]. Em todo o caso, em minha opinião, o registo e a impugnação não são incompatíveis com a qualificação como proposta contratual[437].

A falta de completude da deliberação de designação é, por vezes, apontada como um argumento contra a natureza contratual da relação jurídica de administração. A designação não poderia valer como proposta contratual. Repare-se que o legislador autonomiza o ato jurídico (performativo) de fixação da remuneração (preço) face à designação e à aceitação – art. 399, nº 1, do CSC. O ato jurídico de fixação da remuneração pode ser (e é frequentemente) posterior à designação e à aceitação[438]. Todavia, em minha opinião, não se verifica um problema de falta de completude da designação, valendo esta como proposta contratual. Em primeiro lugar, chamaria a atenção para o facto de ser frequente a conclusão de contratos sem a fixação da contraprestação monetária (preço), servindo de exemplo o regime do art. 883 do CC (cujo âmbito de aplicação é ampliado pelos arts. 939 e 1211, nº 1, do mesmo código). Em segundo lugar, realçaria que, em geral, a questão da completude da proposta apesar da omissão da contraprestação deve ser apurada em concreto, em função das regras de interpretação decorrentes do art. 236 do CC[439]. As regras de interpretação negocial dirão se as partes pretenderam celebrar um contrato sem especificação da contraprestação (caso em que será aplicável um regime de fixação da contraprestação, de que é exemplo o previsto no referido art. 883 do CC) ou se, pelo contrário, existe uma falta de completude da proposta. Por último, sustentaria que a leitura conjugada dos arts. 391, nº 1 e nº 5, e 399, nº 1, do CSC aponta para um regime específico em matéria de completude da proposta: a designação e a aceitação determinam por si o surgimento dos poderes e deveres do administrador,

---

[436] Baums, Theodor, *Der Geschäftsleitervertrag*, p. 43. Considerando que melhor seria que o registo só pudesse ser lavrado quando o ato de designação fosse acompanhado de aceitação, Domingues, Paulo de Tarso, "A vinculação...", *RFDUP*, 2004, p. 283.

[437] Recordo inclusivamente que aderi à perspetiva de que a proposta contratual não constitui apenas uma declaração negocial, mas também um negócio jurídico unilateral (Almeida, Carlos Ferreira de, *Texto...*, pp. 787-790, e Almeida, Carlos Ferreira de, *Contratos*, I, 4ª ed., p. 135).

[438] Versando sobre um prévio acordo de fixação da remuneração, celebrado por um órgão incompetente, o acórdão do Tribunal da Relação de Coimbra de 19.3.96 (Cardoso Albuquerque), publicado em CJ 96-II-16. Sobre o ato de fixação da remuneração, também o acórdão do Tribunal da Relação do Porto de 12.12.94 (Ribeiro de Almeida), publicado em CJ 94-V-228.

[439] Almeida, Carlos Ferreira de, *Contratos*, I, 4ª ed., pp. 115-117.

apesar da omissão de fixação de remuneração (preço), pelo que a designação não pode deixar de ser concebida como uma proposta contratual completa.

## 2.3.6. Contrato de administração. Confronto face ao mandato

Contextualizada a referência legal à aceitação da designação e rejeitados os argumentos contrários à natureza contratual da relação jurídica de administração, nomeadamente os relativos à natureza jurídica da deliberação, à conceção labandiana da separação entre procuração e mandato e a certas conceções organicistas, resta concluir que a declaração negocial de designação e a declaração negocial de aceitação formam um contrato.

O contrato formado pela declaração negocial de designação do administrador e pela declaração negocial de aceitação pode ser apelidado de contrato de administração.

O regime específico do contrato de administração estabelecido no CSC é bastante pormenorizado, abarcando nomeadamente aspetos relativos à formação do contrato, à delimitação dos poderes do administrador, à configuração da prestação (dever de gestão), à delimitação do poder de instrução do conjunto dos sócios, à prestação de contas e à concretização de deveres de lealdade. O grau de especificidade do regime justifica que se conclua tratar-se de um tipo contratual autónomo[440].

---

[440] Seguindo nomeadamente *Pinto Duarte*, refiro-me a tipo contratual no sentido de espécie de contrato, social e legalmente reconhecível.

Sobre os significados de tipo e sobre tipicidade contratual, nomeadamente Duarte, Rui Pinto, *Tipicidade...*, pp. 17-130 (antes, Duarte, Rui Pinto, "A locação...", pp. 77-79), Vasconcelos, Pedro Pais de, *Contratos...*, nomeadamente pp. 21-203 (equivalente a Vasconcelos, Pedro Pais de, *Contratos...*, 2ª ed., pp. 21-208), Carvalho, Orlando de, *Critério...*, pp. 657-660 (n. 355), e 750-877, *maxime* 834-846 e 872-877, Almeida, Carlos Ferreira de, *Texto...*, pp. 405-416, Brito, Maria Helena, *O contrato..., maxime* pp. 159-170, Cordeiro, António Menezes, *Direitos reais*, pp. 329-338, Cordeiro, António Menezes, *Da boa fé...*, pp. 1184-1187, Cordeiro, António Menezes, *Tratado...*, II, tomo II, pp. 207-280, Neves, António Castanheira, *Questão-de-facto...*, pp. 662-665, Ascensão, José de Oliveira, *A tipicidade...*, pp. 19-65, Gouveia, Jorge Bacelar, *Os direitos...*, pp. 56-66, Sousa, Miguel Teixeira de, "Linguagem...", *passim*, Rego, Margarida Lima, *Contrato de seguro...*, pp. 31-40, Guichard, Raúl, "Tópicos...", *Revista de Ciências Empresariais e Jurídicas*, nº 17, 2010, pp. 72-73, Larenz, Karl, *Metodologia...*, 4ª ed., pp. 650-697, Engisch, Karl, *Die Idee...*, pp. 237-294 (na tradução castelhana da segunda edição, Engisch, Karl, *La idea...*, pp. 415-497), e Pawlowski, Hans-Martin, *Methodenlehre...*, 3ª ed., pp. 77-83.

A discussão do tipo, como categoria intelectual, está associada a diversos problemas metodológicos, cotejando nomeadamente o tema da qualificação jurídica. Não cabe no âmbito deste estudo discutir tais matérias, mas talvez seja adequado que tome posição sobre dois aspetos, de forma a possibilitar uma melhor compreensão das afirmações que faço no texto. Como já tive a oportunidade de referir, concordo com a conceção segundo a qual as definições legais (de contratos) constituem parcelas de normas, gozando da vinculatividade das normas jurídicas. Seguindo *Pinto Duarte*, perspetivo

Tendo concluído que o contrato de administração constitui um tipo contratual legal autónomo, resta abordar, de forma sumaríssima, a sua articulação com outros tipos contratuais[441].

A administração traduz-se numa prestação de serviço. Reconduz-se à previsão do art. 1154 do CC. A prestação de serviços constituirá um macro-tipo[442]. Repare-se que a recondução à prestação de serviços não implica a aplicação de um regime (o do mandato), dada a existência de um regime especial – art. 1156 do CC.

O contrato de administração constitui um contrato de troca para a prestação de serviço, caracterizado pela bilateralidade de custos e de benefícios para as partes e pela divergência de finalidades típicas de cada uma delas[443]. Administrador e sociedade trocam a prestação de um serviço por um preço (remuneração).

Discute-se se o contrato de administração constitui um subtipo do contrato de mandato (com representação)[444]. Reformularia os termos da discussão, de forma a não deixar dúvidas de que está em causa uma questão de qualificação e aplicação de normas jurídicas e não apenas uma tarefa classificatória de natu-

---

a qualificação contratual como um passo na tarefa global de aplicação das normas, a realizar de acordo com a correta (não subsuntiva ou conceitualista...) metodologia geral de aplicação do direito.

[441] Opto por não abordar o problema da recondução da situação jurídica de administração ao contrato de trabalho, limitando-me a citar, entre outros, Abreu, Jorge Coutinho de, "Administradores e trabalhadores...", pp. 11-21, Abreu, Jorge Coutinho de, *Governação*..., pp. 72-74, Cordeiro, António Menezes, *Da responsabilidade*..., pp. 384-393, Cordeiro, António Menezes, *Manual*..., I, 2ª ed., pp. 867-876, Gomes, Júlio Vieira, *Direito do trabalho*, pp. 163-172, Correia, Luís Brito, *Os administradores*..., pp. 520-740, Ventura, Raúl, *Novos estudos*..., pp. 194-196, Monteiro, Luís Miguel, "Algumas notas...", pp. 235-250, Figueiredo, Isabel Mousinho de, "O administrador...", *O Direito*, 2005, p. 595, e Oliveira, António Sarmento de, "O contrato...", *Revista de Ciências Empresariais e Jurídicas*, nº 5, 2005, pp. 183-205. Teceria um comentário, que aliás constitui um argumento justificativo desta opção de não aprofundar o problema da recondução da situação jurídica de administração ao contrato de trabalho. De acordo com determinada perspetiva, a possível qualificação como contrato de trabalho decorrerá não do conteúdo das declarações negociais trocadas entre o designante e o administrador designado, mas sim das condições concretas de execução da prestação gestória. Creio que este aspeto aponta para a não recondução das declarações negociais trocadas entre o designante e o administrador designado à figura do contrato de trabalho... Pretendo limitar a investigação à análise das declarações negociais trocadas entre o designante e o administrador designado e à análise do conteúdo do contrato tal como resultante de tais declarações negociais.

[442] Duarte, Rui Pinto, "Contratos de intermediação...", *CadMVM*, nº 7, 2000, pp. 355 e 372.

[443] Sigo Almeida, Carlos Ferreira de, *Contratos*, II, pp. 125-132 e 184-196 (antes, Almeida, Carlos Ferreira de, *Texto*..., pp. 514-529).

[444] Neste sentido, por exemplo, Almeida, Carlos Ferreira de, *Contratos*, II, p. 196. Em sentido divergente, nomeadamente Correia, Luís Brito, *Os administradores*..., nomeadamente pp. 529-563, Figueiredo, Isabel Mousinho de, "O administrador...", *O Direito*, 2005, pp. 595-597, e Campobasso, Gian Franco e Campobasso, Mario, *Diritto commerciale*..., II, pp. 355-356.

reza não normativa. Discute-se a aplicabilidade direta das normas do regime do mandato ao contrato formado pela declaração negocial de designação do administrador e pela declaração negocial de aceitação.

O art. 1157 do CC define mandato em função da imposição da prática de atos jurídicos por conta de outrem. Descortinam-se na proposição legal duas características essenciais para a qualificação do mandato: a prática de atos jurídicos e a atuação por conta de outrem. A referência à prática de atos jurídicos não significará a exclusão da prática de atos materiais, desde que sejam acessórios ou dependentes[445]. Em todo o caso, importa realçar que o Código de Seabra não fazia qualquer referência expressa à prática de atos jurídicos e que o legislador civil de 1966 terá expressamente restringido o mandato à prática de atos jurídicos, de forma a distingui-lo ou especificá-lo face a outras prestações de serviços[446]. Diria ainda que, em minha opinião, o (amplo) poder de instrução do mandante, descrito no art. 1161, alínea a), do CC, constituirá igualmente uma característica relevante para a qualificação do mandato.

A administração implica a atuação por conta de outrem. Já o cerne da prestação de gestão poderá não estar essencialmente na prática de atos jurídicos, mas mais na tomada de decisões empresariais, bem como na atividade de vigilância[447]. Relativamente aos administradores não executivos (entenda-se: não delegados; sem encargo especial[448]; membros da comissão de auditoria...) será particularmente difícil considerar que a sua prestação consiste essencialmente na prática de atos jurídicos. Nas sociedades anónimas, de acordo com a perspetiva que perfilho e que terei a oportunidade de descrever, o conjunto dos sócios não tem o poder de instrução do administrador – arts. 373, n.º 3, e 405, n.º 1, do CSC. Apenas existirá, de acordo com a perspetiva que sustentarei, um poder de instrução do conselho de administração (ou de comissões ou comités instituídos no interior do conselho de administração) sobre os administradores.

Penso que se verificam suficientes divergências para justificar a rejeição da aplicação direta das normas do regime do mandato à administração.

Ficará aberta a porta para a aplicação por analogia de normas do regime do mandato – art. 10 do CC.

---

[445] Gomes, Manuel Januário da Costa, *Contrato...*, p. 15, e Almeida, Carlos Ferreira de, *Contratos*, II, p. 196.

[446] Telles, Inocêncio Galvão, "Contratos civis...", *RFDUL*, 1953, pp. 210-211, Duarte, Rui Pinto, "Contratos de intermediação...", *CadMVM*, n.º 7, 2000, pp. 365-366, e Gomes, Manuel Januário da Costa, *Contrato...*, pp. 11-13.

[447] Estes aspetos serão posteriormente discutidos.

[448] Terei a oportunidade de sustentar que o encargo especial constitui uma forma de delegação.

# 3. Panorama dos poderes dos administradores

Ainda antes de aprofundar o estudo dos deveres dos administradores de sociedades anónimas, opto por realizar uma análise sumária dos seus poderes ou competências.

Recordo as referências anteriores a poder normativo (ou a competência normativa) e a norma de poder (ou norma de competência), bem como a sua distinção face à permissão normativa, à imposição normativa e às normas de conduta permissivas ou impositivas. Recordo ainda as referências a situações jurídicas complexas descritivas da associação de um poder normativo a uma imposição normativa (poder-dever) e à possibilidade de desfasamento entre o âmbito de atuação competente e o âmbito de atuação devida (eficácia apesar da ilicitude). Esta analepse permitirá perceber o que entendo por poder ou competência.

Não pretendo realizar uma descrição exaustiva dos problemas que se colocam em matéria de poderes (ou competências) dos administradores de sociedades anónimas. Pretendo tão só realizar uma pequena incursão nesta matéria, de forma a facilitar o posterior estudo dos deveres dos administradores de sociedades anónimas.

Começarei por fazer uma referência ao regime alemão, dada a sua marcada influência em diversos aspetos do regime nacional. Farei uma pequena incursão no regime italiano, concentrada sobretudo no problema da delegação de competências no interior do conselho de administração. De seguida, descreverei as posições assumidas na doutrina nacional, para então tomar posição sobre os principais problemas em matéria de poderes dos administradores de sociedades anónimas.

Ao tomar posição sobre os principais problemas, começarei por tecer algumas considerações gerais sobre os poderes dos administradores. Qualificarei o poder de administração (ou gestão) como um poder de representação orgânica interna (inter-orgânica) e o poder de representação como um poder de representação orgânica externa (perante terceiros). Distinguirei poderes genéricos e poderes específicos (ou melhor: poderes de representação orgânica de conteúdo genérico e de conteúdo específico). Tecerei algumas considerações sobre distribuição de competências orgânicas. Numa síntese intercalar, realçarei que os termos administração e gestão surgem como sinónimos em mais do que um contexto, clarificando esses diversos significados. De seguida, procederei a uma análise sintética do poder de representação e do poder de administração dos administradores. Tecerei algumas considerações gerais sobre delegação, para realizar uma análise sintética da delegação do poder de administração e da delegação do poder de representação. Por último, equacionarei se as necessidades de obtenção de informação implicam a atribuição de poderes individuais aos administradores.

Realço, desde já, que o problema da delegação no interior do órgão de administração respeita não apenas à matéria dos poderes (ou competências), mas também à matéria dos deveres dos administradores. Cindirei a análise do problema da delegação, de forma a abordar neste capítulo a faceta da delegação relativa a poderes (ou competências), reservando para um capítulo posterior a faceta relativa à esfera passiva dos administradores.

Recordo que, em matéria de modalidades de atuação negocial orgânica, optei por não utilizar a terminologia colegial, conjunta e disjunta. Prefiro utilizar os termos deliberativa, conjunta e singular, na medida em que correspondem à distinção analítica entre declaração negocial deliberativa, declaração negocial conjunta e declaração negocial singular.

### 3.1. Referência ao regime germânico
### 3.1.1. Direção, administração e representação
O § 76 I da Lei das Sociedades por Ações (*Aktiengesetz* – AktG) de 1965, sob a epígrafe "direção da sociedade por ações (*Leitung der Aktiengesellschaft*)", determina que a direção (*Vorstand*) conduza a sociedade sob a sua própria responsabilidade[449].

O § 77 AktG, sob a epígrafe "administração (*Geschäftsführung*)", estabelece um regime de administração pelo conjunto dos membros da direção, que pode ser alterado pelos estatutos ou por regulamento (*Geschäftsordnung*) da direção.

---

[449] Para uma tradução portuguesa da versão primitiva, Pimenta, Alberto, "A nova lei alemã...", *BMJ*, nº 175, 1968, pp. 353-355. Opto por manter a tradução de *Vorstand* por "direção", apesar de "administração executiva" ser a atual nomenclatura adotada pelo CSC para o órgão de administração no sistema de governo de matriz germânica. De igual forma traduzo *Vorstandmitglieder* por "diretor".

PANORAMA DOS PODERES DOS ADMINISTRADORES

Por sua vez, o § 78 AktG, sob a epígrafe "representação (*Vertretung*)", estabelece um regime supletivo de representação ativa conjunta dos diretores, quer judicial, quer extrajudicial, bem como um regime de representação passiva singular dos diretores[450].

O § 111 IV 1 AktG, que versa sobre as competências do conselho de supervisão, determina que não podem ser confiadas ao conselho de supervisão (*Aufsichtsrat*) competências de administração (*Geschäftsführung*). No entanto, o § 111 IV 2 AktG preceitua que os estatutos ou o conselho de supervisão podem estabelecer que determinadas categorias de negócios só podem ser efetuados com o seu consentimento.

O § 119 II AktG, que versa sobre as competências da assembleia geral, determina que a assembleia geral só pode decidir sobre matérias de administração (*Geschäftsführung*) a solicitação da direção.

O § 82 I AktG estabelece que o poder de representação (*Vertretungsbefugnis*) da direção não pode ser limitado.

O § 82 II AktG determina que, nas relações com a sociedade, os diretores são obrigados a observar as limitações do poder de administração (*Geschäftsführungsbefugnis*) estabelecidas pelos estatutos, pelo conselho de supervisão, pela assembleia geral e por regulamento da direção ou do conselho de supervisão.

Segundo uma determinada perspetiva doutrinária, a administração (*Geschäftsführung*) corresponderá à atuação interna da direção, na relação com o conjunto dos sócios e os demais órgãos, enquanto a representação (*Vertretung*) corresponderá à atuação externa da direção, compreendendo a relação com terceiros (nomeadamente com os sócios que apareçam nessa qualidade), quer a nível judicial, quer a nível extrajudicial[451].

Numa outra perspetiva, a administração englobará toda a atividade material ou jurídica dos diretores, incluindo a representação. A representação consistirá na atuação perante terceiros, através de negócios jurídicos[452]. Neste contexto,

---

[450] Na sequência de uma alteração legislativa de 23.10.2008 – *Gesetz zur Modernisierung des GmbH-Rechts und zur Bekämpfung von Missbräuchen* (MoMiG) –, o § 78 AktG passou também a estabelecer um regime de representação passiva singular pelos membros do conselho de supervisão em caso de inexistência de diretores.

[451] Schlegelberger, Franz et al., *Aktiengesetz*, 3ª ed., § 70, Rn. 10, Schmidt, Karsten, *Gesellschaftsrecht*, 4ª ed., pp. 171-172 e 804-807, Mertens, Hans-Joachim, "Kölner...", 2ª ed., § 77, Rn. 3, e § 78, Rn. 3-4, Semler, Johannes, *Die Überwachungsaufgabe...*, pp. 8-9, e Theisen, Manuel René, *Überwachung...*, pp. 40-41. Aparentemente também, Kort, Michael, "Großkommentar...", 4ª ed., Vor § 76, Rn. 22, e § 76, Rn. 11, Kort, Michael, "Vertretungs- und Geschäftsführungsbefugnis...", Rn. 1, 9, 27-38 e 82, Mertens, Hans-Joachim e Cahn, Andreas, "Kölner...", 3ª ed., § 77, Rn. 2, e § 78, Rn. 3-4.

[452] Godin, Reinhard Freiherr von e Wilhelmi, Hans, *Aktiengesetz*, 2ª ed., pp. 303-304, Wilhelmi, Hans e Wilhelmi, Sylvester, *Aktiengesetz*, 3ª ed., pp. 388-389, Schmidt, Walter e Meyer-Landrut,

destaco que alguma doutrina reconduz as instruções dirigidas aos trabalhadores ao poder de administração[453].

Próxima desta última está a perspetiva doutrinária de recondução da administração e da relação interna à questão da permissão (*Dürfen*), em contraponto da recondução da representação e da relação externa à questão da possibilidade de atuação eficaz (*Können*)[454]. Invoca-se, por vezes, neste contexto, a separação labandiana entre procuração e mandato.

No espaço doutrinário germânico há ainda quem descreva o conceito de administração por recurso ao conceito civilístico de atividade gestória (*Geschäftsbesorgung*)[455].

Existe alguma controvérsia doutrinal quanto à delimitação recíproca dos conceitos de direção (*Leitung*) e de administração (*Geschäftsführung*), referidos respetivamente no § 76 I AktG, por um lado, e nos §§ 77, 82 II, 111 IV 1, e 119 II AktG, por outro.

Repare-se que os dados fornecidos pelo legislador alemão não facilitam uma clara delimitação de conceitos, na medida em que o § 76 I AktG utiliza o termo direção (*Leitung*) para definir a competência da direção, em contraposição a outros órgãos, e, por sua vez, os §§ 111 IV 1, e 119 II AktG utilizam o termo admi-

---

Joachim, "Großkommentar...", 2ª ed., § 70, Anm. 3, Meyer-Landrut, Joachim, "Großkommentar...", 3ª ed., § 76, Anm. 3, Flume, Werner, *Allgemeiner Teil...*, I, 2, pp. 357-358, e Wiesner, Georg, *Münchener...*, IV, 2ª ed., p. 224. Também Abeltshauser, Thomas, *Leitungshaftung...*, pp. 28-29. Aparentemente também, Fleischer, Holger, "Kommentar...", § 77, Rn. 3, Spindler, Gerald, "Münchener...", 3ª ed., § 77, Rn. 6, e Mertens, Hans-Joachim e Cahn, Andreas, "Kölner...", 3ª ed., § 77, Rn. 2. Referindo que os atos de representação perante terceiros também têm o carácter de atos de administração, Kort, Michael, "Großkommentar...", 4ª ed., § 77, Rn. 3.

[453] Schmidt, Walter e Meyer-Landrut, Joachim, "Großkommentar...", 2ª ed., § 70, Anm. 3 (posteriormente, Meyer-Landrut, Joachim, "Großkommentar...", 3ª ed., § 76, Anm. 3). Já antes, Lehmann, Karl, *Das Recht...*, II, p. 283. Em sentido divergente, enquadrando a modelação das relações de trabalho e as instruções dirigidas aos trabalhadores no poder de representação, Mertens, Hans--Joachim, "Kölner...", 2ª ed., § 78, Rn. 3, e Mertens, Hans-Joachim e Cahn, Andreas, "Kölner...", 3ª ed., § 78, Rn. 3.

[454] Baumbach, Adolf et al., *Aktiengesetz*, 13ª ed., pp. 225-226, Hefermehl, Wolfgang, "Aktiengesetz", § 77, Rn. 1, Wiedemann, Herbert, *Gesellschaftsrecht*, I, pp. 525-531, Hüffer, Uwe, *Aktiengesetz*, 8ª ed., § 77, Rn. 3, e Nicolaysen, Isaschar, *Leitungsermessen...*, p. 7. Aparentemente também Kort, Michael, "Großkommentar...", 4ª ed., § 77, Rn. 1, Kort, Michael, "Vertretungs- und Geschäftsführungsbefugnis...", Rn. 80, Habersack, Mathias, "Großkommentar...", 4ª ed., § 78, Rn. 6, Fleischer, Holger, "Kommentar...", § 77, Rn. 5, e Spindler, Gerald, "Münchener...", 3ª ed., § 77, Rn. 6.

[455] Kort, Michael, "Vertretungs- und Geschäftsführungsbefugnis...", Rn. 70. De referir que *Michael Kort* recorre ao conceito civilístico de atividade gestória para descrever o conceito de administração (*Geschäftsführung*) ao contrapor este conceito face ao conceito de direção (*Leitung*). Creio, contudo, que a posição de *Michael Kort* releva sobretudo da distinção entre administração e representação.

## PANORAMA DOS PODERES DOS ADMINISTRADORES

nistração (*Geschäftsführung*) precisamente para definir a competência da direção face a outros órgãos.

De realçar que o § 76 I AktG 1965 e o termo direção (*Leitung*) tiveram origem no antigo § 70 I AktG 1937, que consagrou a denominada conceção moderna de sociedade anónima, atribuindo à direção uma competência própria e exclusiva face ao conjunto dos sócios (e aos demais órgãos). Assim, na história do termo direção (*Leitung*) encontra-se fundamentalmente um problema de delimitação da competência da direção face ao conjunto dos sócios (e aos demais órgãos)[456].

O § 76 I AktG refere-se literalmente à condução da *sociedade*. Tal redação é frequentemente criticada com base na perspetiva de que o conceito de direção (*Leitung*) respeita mais à gestão estratégica da *empresa*, do que à condução da sociedade[457].

De acordo com uma determinada perspetiva doutrinária, o conceito de direção compreenderia ambos os conceitos de administração e de representação[458].

Numa perspetiva doutrinária diferente, os conceitos de direção e de administração seriam idênticos[459].

De acordo com uma outra perspetiva doutrinária, atualmente maioritária, a direção seria uma parte da administração – a atividade de alta direção e de condução estratégica[460]. A gestão corrente constituiria uma atividade de simples administração, não integrando o conceito de direção.

---

[456] Destacando este aspeto, Fleischer, Holger, "Leitungsaufgabe...", Rn. 10.

[457] Hommelhoff, Peter, *Die Konzernleitungspflicht...*, pp. 43-44, Mertens, Hans-Joachim, "Kölner...", 2ª ed., § 76, Rn. 4-9, Hefermehl, Wolfgang e Spindler, Gerald, "Münchener...", 2ª ed., § 76, Rn. 15-17, Henze, Hartwig, "Leitungsverantwortung...", *BB*, 2000, p. 209, Fleischer, Holger, "Zur Leitungsaufgabe...", *ZIP*, 2003, p. 1-3, Fleischer, Holger, "Leitungsaufgabe...", Rn. 2, e Abeltshauser, Thomas, *Leitungshaftung...*, pp. 28-32. Próximo, Kort, Michael, "Großkommentar...", 4ª ed., § 76, Rn. 39-40.

[458] Schlegelberger, Franz et al., *Aktiengesetz*, 3ª ed., § 70, Rn. 2, Schmidt, Walter e Meyer-Landrut, Joachim, "Großkommentar...", 2ª ed., § 70, Anm. 3, Meyer-Landrut, Joachim, "Großkommentar...", 3ª ed., § 76, Anm. 3, Semler, Johannes, *Die Überwachungsaufgabe...*, pp. 6-10, Semler, Johannes, *Leitung...*, 2ª ed., pp. 5-8, Semler, Johannes, "Münchener...", 2ª ed., § 111, Rn. 95, n. 195, Teichmann, Christoph, *Binnenmarktkonformes...*, pp. 542-544, e Theisen, Manuel René, *Überwachung...*, p. 42.

[459] Hefermehl, Wolfgang, "Aktiengesetz", § 76, Rn. 10, e Paefgen, Walter G., *Unternehmerische...*, pp. 11-12.

[460] Schwark, Eberhard, "Spartenorganisation...", *ZHR*, 1978, pp. 214-216, Mertens, Hans-Joachim, "Kölner...", 2ª ed., § 76, Rn. 4, Fleischer, Holger, "Zur Leitungsaufgabe...", *ZIP*, 2003, pp. 1 e 3, Fleischer, Holger, "Leitungsaufgabe...", Rn. 11, Fleischer, Holger, "Kommentar...", § 76, Rn. 14, e § 77, Rn. 6, Hefermehl, Wolfgang e Spindler, Gerald, "Münchener...", 2ª ed., § 76, Rn. 16-17, Spindler, Gerald, "Münchener...", 3ª ed., § 76, Rn. 16-18, e § 77, Rn. 5, Henze, Hartwig, "Leitungsverantwortung...", *BB*, 2000, p. 209, Hüffer, Uwe, *Aktiengesetz*, 8ª ed., § 76, Rn. 7, Wiesner, Georg, *Münchener...*, IV, 2ª ed., p. 163, Kort, Michael, "Großkommentar...", 4ª ed., § 76, Rn. 28-29 e 36, Kort, Michael, "Vertretungs- und Geschäftsführungsbefugnis...", Rn. 69-72, 78 e 82-85, Löbbe, Marc, *Unternehmenskontrolle...*, pp. 41-42 e 169, Schneider, Sven H., *Informationspflichten...*, pp. 86-87, Seibt,

Esta última posição doutrinária é criticada nomeadamente com o argumento de que a atividade de gestão corrente não pode, por maioria de razão, estar sujeita a instruções do conselho de supervisão[461].

Alguma doutrina considera que as decisões de alta direção e de condução estratégica empresarial são partilhadas pela direção, pelo conselho de supervisão e pelo conjunto dos sócios[462].

Alguns autores realçam que o conceito de direção (*Leitung*) desempenha diversas funções, tendo diversos significados[463].

Parte da doutrina sustenta que a atribuição da competência de direção operada pelo § 76 AktG desempenha também a função de delimitar o regime de distribuição de tarefas (*Ressortverteilung*) no interior da direção[464]. Esta posição doutrinária conjuga-se com a referida caracterização da direção como uma atividade de alta direção, de condução estratégica.

O § 76 AktG terá igualmente a função normativa de fundamentar um dever de direção da empresa (*Pflicht zur Unternehmensleitung*)[465]. Tal dever é caracterizado como um poder-dever (*Pflichtrecht*)[466].

---

Christoph H., "Dekonstruktion...", p. 1470, e Mertens, Hans-Joachim e Cahn, Andreas, "Kölner...", 3ª ed., § 76, Rn. 4, e § 77, Rn. 3. Aparentemente também, Schmidt, Karsten, *Gesellschaftsrecht*, 4ª ed., p. 806. Na origem da caracterização doutrinária da direção como a atividade de alta direção e de condução estratégica, Dose, Stefan, *Die Rechtsstellung...*, pp. 47-54 (e também p. 123). *Stefan Dose* restringia o conceito de administração à gestão corrente, pelo que não considerava a direção uma parte da administração, autonomizando totalmente os conceitos de direção e de administração.

[461] Teichmann, Christoph, *Binnenmarktkonformes...*, pp. 542-543. Criticando os reflexos desta posição doutrinária em matéria de deveres e de limitação da responsabilidade dos diretores, por considerar que a discricionariedade empresarial dos diretores baseada no § 76 I AktG não se limita à atividade de alta direção e de condução estratégica, Roth, Markus, *Unternehmerisches Ermessen...*, pp. 78-79.

[462] Abeltshauser, Thomas, *Leitungshaftung...*, pp. 28-48. *Vide* também Mutter, Stefan, *Unternehmerische Entscheidungen...*, pp. 116-162.

[463] Fleischer, Holger, "Zur Leitungsaufgabe...", *ZIP*, 2003, p. 1, e Paefgen, Walter G., *Unternehmerische...*, p. 9.

[464] Henze, Hartwig, "Leitungsverantwortung...", *BB*, 2000, p. 209, Fleischer, Holger, "Zur Leitungsaufgabe...", *ZIP*, 2003, pp. 2 e 4-11, Fleischer, Holger, "Zum Grundsatz...", *NZG*, 2003, p. 450, Fleischer, Holger, "Leitungsaufgabe...", Rn. 5 e 54-55, Kort, Michael, "Großkommentar...", 4ª ed., Vor § 76, Rn. 156, e § 76, Rn. 33, Hüffer, Uwe, *Aktiengesetz*, 8ª ed., § 76, Rn. 7, e Wiesner, Georg, *Münchener...*, IV, 2ª ed., p. 163.

[465] Hommelhoff, Peter, *Die Konzernleitungspflicht...*, pp. 43-45, Paefgen, Walter G., *Unternehmerische...*, p. 9, Fleischer, Holger, "Zur Leitungsaufgabe...", *ZIP*, 2003, p. 2, Fleischer, Holger, "Leitungsaufgabe...", Rn. 7, Raiser, Thomas e Veil, Rüdiger, *Recht...*, p. 142, e Seibt, Christoph H., "Dekonstruktion...", pp. 1463 e 1466. Na doutrina suíça, Druey, Jean Nicolas, "Verantwortlichkeit...", pp. 136-137.

[466] Paefgen, Walter G., *Unternehmerische...*, pp. 9 e 20, Fleischer, Holger, "Zur Leitungsaufgabe...", *ZIP*, 2003, p. 2, Fleischer, Holger, "Leitungsaufgabe...", Rn. 7, e Seibt, Christoph H., "Dekonstruktion...", pp. 1463 e 1466. Também Schneider, Sven H., *Informationspflichten...*, pp. 81-83.

## 3.1.2. Administração

Aprofundando a análise do regime de administração da sociedade por ações germânica, realço que o poder de administração é limitado pelas competências dos restantes órgãos, nomeadamente do conjunto dos sócios. Diversas decisões societárias fundamentais são da competência do conjunto dos sócios (*vide* § 119 AktG).

A jurisprudência germânica, na sequência da decisão *Holzmüller*, vem reivindicando um espaço de competência não escrita do conjunto dos sócios, que dessa forma limita o poder de administração (*Geschäftsführung*) ou de direção (*Leitung*) da direção[467].

Realço que este alargamento jurisprudencial do espaço de competência do conjunto dos sócios é realizado através da imposição da autorização integrativa do conjunto dos sócios para a adoção de determinadas medidas pela direção.

A linha jurisprudencial iniciada com a decisão *Holzmüller* foi clarificada, sobretudo através da decisão *Gelatine*, no sentido de que a descoberta judicial de competências do conjunto dos sócios respeita apenas ao âmbito interno da sociedade, não afetando o poder de representação (*Vertretung*) da direção face a terceiros[468].

O poder de administração é igualmente limitado pelas competências do conselho de supervisão.

Recorde-se que os estatutos ou o conselho de supervisão podem estabelecer a necessidade de autorização pelo conselho de supervisão para a prática de determinados atos da direção (§ 111 IV 2 AktG)[469]. A necessidade de autori-

---

[467] Referindo-se a limitação do poder de direção, enquanto parte do poder de administração, Mertens, Hans-Joachim, "Kölner...", 2ª ed., § 76, Rn. 41 e 51-53, e Kort, Michael, "Großkommentar...", 4ª ed., § 76, Rn. 79-87 (também Kort, Michael, "Vertretungs- und Geschäftsführungsbefugnis...", Rn. 78).

[468] Kort, Michael, "Vertretungs- und Geschäftsführungsbefugnis...", Rn. 13 e 24. Anteriormente, Habersack, Mathias, "Großkommentar...", 4ª ed., § 78, Rn. 11, e Henze, Hartwig, "Leitungsverantwortung...", *BB*, 2000, p. 211.

[469] Na sequência de uma alteração legislativa de 19.7.2002 – *Gesetz zur weiteren Reform des Aktien- und Bilanzrechts, zu Transparenz und Publizität* ou, simplesmente, *Transparenz- und Publizitätsgesetz* (TransPuG) –, o § 111 IV 2 AktG passou a estabelecer não apenas a possibilidade de estipulação de autorizações, mas também o dever de estipulação de tais autorizações. Esta alteração legislativa teve origem numa recomendação da Comissão Governamental sobre o Governo das Sociedades (*Corporate Governance Regierungskommission*), sendo que a matéria é desenvolvida no Código Alemão de Governo Societário (*Deutscher Corporate Governance Kodex*). Vide nomeadamente Semler, Johannes, "Münchener...", 2ª ed., § 111, Rn. 12, 15, 22 e 410-413, Habersack, Mathias, "Münchener...", 3ª ed., § 116, Rn. 4 e 101, Hopt, Klaus e Roth, Markus, "Großkommentar...", 4ª ed., § 111, Rn. 15-18, 29, 49-50, 64 e 600-604, Lutter, Marcus e Krieger, Gerd, *Rechte...*, 4ª ed., Rn. 103-104, e Altmeppen, Holger, "Grenzen...", pp. 25-26.

zação apenas tem efeitos internos, não afetando o poder de representação da direção[470].

Afirma-se que a faculdade prevista no § 111 IV 2 AktG deve igualmente ser limitada, por confronto com o § 76 I AktG, não sendo admissível a estipulação da necessidade de autorização pelo conselho de supervisão para a prática de "todos os negócios importantes" ou para uma parte substancial dos atos de administração[471].

Esta autorização é frequentemente caracterizada como um direito de veto (*Vetorecht*), na medida em que não pode redundar numa ingerência positiva do conselho de supervisão na competência da direção[472].

É frequente a afirmação de que a faculdade prevista no § 111 IV 2 AktG constitui um instrumento de fiscalização preventiva[473]. É igualmente frequente a afirmação de que a faculdade prevista no § 111 IV 2 AktG possibilita a participação do conselho de supervisão nas decisões de estratégia empresarial[474].

---

[470] Por exemplo, Mertens, Hans-Joachim, "Kölner...", 2ª ed., § 111, Rn. 86, Lutter, Marcus e Krieger, Gerd, *Rechte...*, 4ª ed., Rn. 114, Semler, Johannes, "Münchener...", 2ª ed., § 111, Rn. 430, Hopt, Klaus e Roth, Markus, "Großkommentar...", 4ª ed., § 111, Rn. 28 e 702, Kropff, Bruno, "Mitwirkung...", p. 356, e Pentz, Andreas, "Vorstand...", p. 570. Apontando o exemplo da autorização para a adoção de planos empresariais, Semler, Johannes, "Münchener...", 2ª ed., § 111, Rn. 397, Hopt, Klaus e Roth, Markus, "Großkommentar...", 4ª ed., § 111, Rn. 652-653, Hüffer, Uwe, *Aktiengesetz*, 8ª ed., § 111, Rn. 18, e Hoffmann-Becking, Michael, *Münchener...*, IV, 2ª ed., p. 326.
Já no âmbito de vigência do Código Comercial Alemão (*Allgemeine Deutsche Handelsgesetzbuch* – ADHGB) de 1861, considerando que a necessidade de autorização do órgão de controlo constituía uma limitação interna, Auerbach, W, *Das Gesellschaftswesen...*, p. 386, n. 8.

[471] Lutter, Marcus e Krieger, Gerd, *Rechte...*, 4ª ed., Rn. 109-113, Fleischer, Holger, "Leitungsaufgabe...", Rn. 49, Semler, Johannes, "Münchener...", 2ª ed., § 111, Rn. 372, 399-400 e 412, Hopt, Klaus e Roth, Markus, "Großkommentar...", 4ª ed., § 111, Rn. 627-630, 641-644 e 652-657, Hüffer, Uwe, *Aktiengesetz*, 8ª ed., § 111, Rn. 18, e Hoffmann-Becking, Michael, *Münchener...*, IV, 2ª ed., p. 326.

[472] Hefermehl, Wolfgang e Spindler, Gerald, "Münchener...", 2ª ed., § 76, Rn. 21, Spindler, Gerald, "Münchener...", 3ª ed., § 76, Rn. 22, Lutter, Marcus e Krieger, Gerd, *Rechte...*, 4ª ed., Rn. 103, Hüffer, Uwe, *Aktiengesetz*, 8ª ed., § 76, Rn. 11, e § 111, Rn. 18, Kort, Michael, "Großkommentar...", 4ª ed., § 76, Rn. 43, Fleischer, Holger, "Leitungsaufgabe...", Rn. 49, Semler, Johannes, "Münchener...", 2ª ed., § 111, Rn. 394, 432 e 444, e Hopt, Klaus e Roth, Markus, "Großkommentar...", 4ª ed., § 111, Rn. 66, 341, 561, 583 e 585.

[473] Lutter, Marcus, "Zur Wirkung...", pp. 422-423 (posteriormente, Lutter, Marcus, "Defizite...", *ZHR*, 1995, pp. 289-290, e Lutter, Marcus e Krieger, Gerd, *Rechte...*, 4ª ed., p. 40), Semler, Johannes, *Die Überwachungsaufgabe...*, pp. 82 e 86 (posteriormente, Semler, Johannes, *Leitung...*, 2ª ed., pp. 124-125), Mutter, Stefan, *Unternehmerische Entscheidungen...*, pp. 55-57, Kropff, Bruno, "Mitwirkung...", p. 356, Hüffer, Uwe, *Aktiengesetz*, 8ª ed., § 111, Rn. 5, 16 e 19, Götz, Heinrich, "Leitungssorgfalt...", *ZGR*, 1998, p. 542, e Hopt, Klaus e Roth, Markus, "Großkommentar...", 4ª ed., § 111, Rn. 58-60 e 583.

[474] Lutter, Marcus, "Zur Wirkung...", p. 422, Abeltshauser, Thomas, *Leitungshaftung...*, pp. 10 e 34-38, Kropff, Bruno, "Mitwirkung...", pp. 357 e 364, Paefgen, Walter G., *Unternehmerische...*, p. 13,

PANORAMA DOS PODERES DOS ADMINISTRADORES

Uma parte da doutrina adota uma visão mais ampla da faculdade prevista no § 111 IV 2 AktG, referindo que terá subjacente a necessidade de consenso entre a direção e o conselho de supervisão sobre a política empresarial de longo prazo[475]. Outra parte da doutrina adota uma visão menos ampla da faculdade prevista no § 111 IV 2 AktG, realçando que o excessivo envolvimento do conselho de supervisão nas decisões de política empresarial pode prejudicar a sua função de fiscalização[476].

Refira-se que, na vigência do Código Comercial Alemão (*Allgemeine Deutsche Handelsgesetzbuch* – ADHGB) de 1861, seria frequente a estipulação simultânea de um conselho de administração (*Verwaltungsrat*) e de um conselho de supervisão (*Aufsichtsrat*), para além da direção (*Vorstand*), possibilitando alguma diferenciação entre funções de fiscalização e as funções de participação na gestão. O art. 231 II 2 do referido código, na redação conferida pela *Aktienrechtsnovelle* de 1870, chegou a fazer uma referência expressa ao conselho de administração (*Verwaltungsrat*). Com a *Aktienrechtsnovelle* de 1884, o legislador pretendeu impedir tal prática, erigindo o conselho de supervisão (*Aufsichtsrat*) como órgão de fiscalização, com a possibilidade de estipulação estatutária da necessidade de autorização para a prática de determinados atos[477].

As competências dos restantes órgãos também são limitadas no confronto com a competência de administração da direção.

Por força do § 76 I AktG, não será possível a emissão de instruções (*Weisungen*) dirigidas à direção pelo conselho de supervisão ou pelo conjunto dos sócios[478]. A proibição de adoção de medidas de administração pelo conselho de supervisão, estabelecida no § 111 IV 1 AktG, terá este mesmo significado[479]. Ape-

---

e Hopt, Klaus e Roth, Markus, "Großkommentar...", 4ª ed., § 111, Rn. 66. Referindo que a faculdade prevista no § 111 IV 2 AktG possibilita uma influência do conselho de supervisão sobre a administração da direção, Hüffer, Uwe, *Aktiengesetz*, 8ª ed., § 111, Rn. 16. Referindo-se à participação na administração, Hoffmann-Becking, Michael, *Münchener...*, IV, 2ª ed., p. 325.

[475] Semler, Johannes, "Münchener...", 2ª ed., § 111, Rn. 391-393.

[476] Hopt, Klaus e Roth, Markus, "Großkommentar...", 4ª ed., § 111, Rn. 55, 66, 621-624 e 639-640.

[477] Hommelhoff, Peter, "Eigenkontrolle...", ZGR, Sonderheft 4, 1985, pp. 91-94. Nos trabalhos preparatórios da *Aktienrechtsnovelle* de 1884, "Entwurf...", ZGR, Sonderheft 4, 1985, pp. 459-461.

[478] Hefermehl, Wolfgang e Spindler, Gerald, "Münchener...", 2ª ed., § 76, Rn. 21, Spindler, Gerald, "Münchener...", 3ª ed., § 76, Rn. 22, Hüffer, Uwe, *Aktiengesetz*, 8ª ed., § 76, Rn. 10-11, Kort, Michael, "Großkommentar...", 4ª ed., Vor § 76, Rn. 8, e § 76, Rn. 2 e 42, Kort, Michael, "Vertretungs- und Geschäftsführungsbefugnis...", Rn. 11, Fleischer, Holger, "Leitungsaufgabe...", Rn. 48-49, Fleischer, Holger, "Kommentar...", § 76, Rn. 51-52, Semler, Johannes, *Die Überwachungsaufgabe...*, p. 86, Semler, Johannes, *Leitung...*, 2ª ed., p. 129, e Hopt, Klaus e Roth, Markus, "Großkommentar...", 4ª ed., § 111, Rn. 84, 97, 557, 568 e 647.

[479] Hopt, Klaus e Roth, Markus, "Großkommentar...", 4ª ed., § 111, Rn. 81, 557 e 563-568 (que realça que quer o ADHGB, na versão posterior à *Aktienrechtsnovelle* de 1884, quer o HGB de 1897

nas haverá que ressalvar o regime de emissão de instruções no âmbito de grupos de sociedades.

Ao caracterizar o monopólio de competência interna da direção, alguma doutrina refere-se nomeadamente ao poder de iniciativa da direção[480].

O poder de administração será delimitado pelo objeto social.

Alguma doutrina realça que tal delimitação não incidirá sobre concretas medidas que extravasem o objeto social, mas sim sobre alterações relevantes da atividade social. O objeto social apenas descreverá o ponto nevrálgico da atividade social[481].

Excecionalmente, poderá impor-se a prossecução de atividades próximas da atividade social ou a defesa de oportunidades de negócio[482].

Focando agora a análise no problema da distribuição do poder de administração no seio do órgão de direção, recordo que o § 77 AktG estabelece um regime supletivo de exercício conjunto do poder de administração pelos membros da direção. O regime supletivo impõe a atuação conjunta de todos os diretores para administrar a sociedade.

Este regime supletivo é raramente praticado, na medida em que é pouco prático, sobretudo em direções compostas por muitos membros[483].

---

admitiam a estipulação estatutária da faculdade do conselho de supervisão emitir instruções dirigidas à direção).

[480] No âmbito da AktG 1937, Schmidt, Walter e Meyer-Landrut, Joachim, "Großkommentar...", 2ª ed., § 70, Anm. 10. No âmbito da AktG 1965, Meyer-Landrut, Joachim, "Großkommentar...", 3ª ed., § 76, Anm. 2, Semler, Johannes, *Die Überwachungsaufgabe...*, pp. 49-50 e 86, Semler, Johannes, *Leitung...*, 2ª ed., p. 53, Fleischer, Holger, "Zur Leitungsaufgabe...", *ZIP*, 2003, pp. 2-3, Hopt, Klaus e Roth, Markus, "Großkommentar...", 4ª ed., § 111, Rn. 28, 84-90, 557 e 640, Abeltshauser, Thomas, *Leitungshaftung...*, pp. 33 e 35, e Mertens, Hans-Joachim, "Kölner...", 2ª ed., § 111, Rn. 66. Na doutrina austríaca, Doralt, Peter, "Die Unabhängigkeit...", pp. 33-34. Recorrendo à ideia de iniciativa para descrever a função da direção, Hommelhoff, Peter, *Die Konzernleitungspflicht...*, pp. 169-170.

[481] Kort, Michael, "Vertretungs- und Geschäftsführungsbefugnis...", Rn. 16 e 83, Kort, Michael, "Großkommentar...", 4ª ed., § 77, Rn. 4, Habersack, Mathias, "Großkommentar...", 4ª ed., § 82, Rn. 23, e Peltzer, Martin, "Vorstand/Board...", pp. 239-240.

[482] Kort, Michael, "Vertretungs- und Geschäftsführungsbefugnis...", Rn. 16 e 83, Kort, Michael, "Großkommentar...", 4ª ed., § 77, Rn. 4., e Fleischer, Holger, "Sorgfaltspflicht...", Rn. 11. Referindo que a direção pode realizar negócios auxiliares da atividade principal, ainda que tais negócios extravasem o objeto social, Habersack, Mathias, "Großkommentar...", 4ª ed., § 82, Rn. 24, Hefermehl, Wolfgang e Spindler, Gerald, "Münchener...", § 82, Rn. 27, e Oltmanns, Martin, *Geschäftsleiterhaftung...*, pp. 207-208.

[483] Hefermehl, Wolfgang e Spindler, Gerald, "Münchener...", 2ª ed., § 77, Rn. 5, Spindler, Gerald, "Münchener...", 3ª ed., § 77, Rn. 10, Kort, Michael, "Großkommentar...", 4ª ed., § 77, Rn. 20, Kort, Michael, "Vertretungs- und Geschäftsführungsbefugnis...", Rn. 86, Vetter, Eberhard, "Risikobereich...", 2ª ed., pp. 506-507, e Wiesner, Georg, *Münchener...*, IV, 2ª ed., p. 228.

## PANORAMA DOS PODERES DOS ADMINISTRADORES

O regime supletivo pode ser alterado pelos estatutos ou por regulamento (*Geschäftsordnung*) emitido pelo conselho de supervisão ou pela direção. Ao contrário do regime do poder de representação, o regime do poder de administração pode ser configurado pela própria direção[484].

Pode ser nomeadamente estabelecido que as deliberações da direção sejam adotadas por maioria simples ou qualificada, afastando-se a regra da unanimidade[485]. Pode ainda ser estabelecido um regime que preveja diversas maiorias deliberativas em função do objeto da deliberação[486].

Pode ser atribuído voto de qualidade a um diretor, nomeadamente ao presidente da direção (*Vorsitzender des Vorstands*) ou ao diretor com o pelouro em cujo âmbito se insere a deliberação, salvo se apenas existirem dois diretores[487].

Pode ser atribuído um direito de veto ao presidente da direção, a outro diretor ou a um conjunto de diretores, exceto nas sociedades abrangidas pela legislação sobre cogestão dos trabalhadores (*Mitbestimmung der Artbeitnehmer*), na medida em que o direito de veto implicaria uma restrição do poder de administração do diretor responsável pelo pelouro das relações laborais (*Arbeitsdirektor*)[488].

O afastamento do regime supletivo de administração conjunta pela totalidade dos diretores é frequentemente determinado pela necessidade de repartição de pelouros (*Ressortverteilung, Geschäftsverteilung*).

---

[484] Aspeto realçado nomeadamente por Hefermehl, Wolfgang e Spindler, Gerald, "Münchener...", 2ª ed., § 77, Rn. 5, e Spindler, Gerald, "Münchener...", 3ª ed., § 77, Rn. 10.

[485] Mertens, Hans-Joachim, "Kölner...", 2ª ed., § 77, Rn. 9, Kort, Michael, "Großkommentar...", 4ª ed., § 77, Rn. 21, e Spindler, Gerald, "Münchener...", 3ª ed., § 77, Rn. 12-13.

[486] Hefermehl, Wolfgang e Spindler, Gerald, "Münchener...", 2ª ed., § 77, Rn. 12, Spindler, Gerald, "Münchener...", 3ª ed., § 77, Rn. 12-13, Kort, Michael, "Großkommentar...", 4ª ed., § 77, Rn. 21, Kort, Michael, "Vertretungs- und Geschäftsführungsbefugnis...", Rn. 99, Kort, Michael, "Geschäftsverteilung...", Rn. 3, e Hüffer, Uwe, *Aktiengesetz*, 8ª ed., § 77, Rn. 10-11.

[487] Mertens, Hans-Joachim, "Kölner...", 2ª ed., § 77, Rn. 9, Hefermehl, Wolfgang e Spindler, Gerald, "Münchener...", 2ª ed., § 77, Rn. 14, Spindler, Gerald, "Münchener...", 3ª ed., § 77, Rn. 14, Kort, Michael, "Großkommentar...", 4ª ed., § 77, Rn. 26 e 56, Kort, Michael, "Geschäftsverteilung...", Rn. 12 e 14, Fleischer, Holger, "Kommentar...", § 77, Rn. 13, Hüffer, Uwe, *Aktiengesetz*, 8ª ed., § 77, Rn. 11, Mertens, Hans-Joachim e Cahn, Andreas, "Kölner...", 3ª ed., § 77, Rn. 12, e Vetter, Eberhard, "Risikobereich...", 2ª ed., p. 523.

[488] Mertens, Hans-Joachim, "Kölner...", 2ª ed., § 77, Rn. 10-11, Hüffer, Uwe, *Aktiengesetz*, 8ª ed., § 77, Rn. 12-13, Hefermehl, Wolfgang e Spindler, Gerald, "Münchener...", 2ª ed., § 77, Rn. 17-19, Spindler, Gerald, "Münchener...", 3ª ed., § 77, Rn. 17-19 e 70-71, Kort, Michael, "Großkommentar...", 4ª ed., § 77, Rn. 27-29 e 56, Kort, Michael, "Geschäftsverteilung...", Rn. 12-14, Fleischer, Holger, "Kommentar...", § 77, Rn. 16-18, Mertens, Hans-Joachim e Cahn, Andreas, "Kölner...", 3ª ed., § 77, Rn. 13-14, e Vetter, Eberhard, "Risikobereich...", 2ª ed., p. 523. A admissibilidade do direito de veto não é pacífica. Contra, nomeadamente, Bezzenberger, Tilman, "Der Vorstandsvorsitzende...", *ZGR*, 1996, pp. 665-669. Em termos dubitativos, Hoffmann-Becking, Michael, "Zur rechtlichen Organisation...", *ZGR*, 1998, p. 519.

Realço que a necessidade e a prática de repartição de pelouros no interior da direção são antigas, fazendo-se sentir já antes do surgimento do Código Comercial Alemão (*Allgemeine Deutsche Handelsgesetzbuch* – ADHGB) de 1861[489].

Realço ainda que diversos autores utilizam igualmente o termo delegação (*Delegation*) para se referirem à repartição de competências de administração no seio do órgão de direção[490].

A repartição de pelouros pode traduzir-se quer na atribuição singular do poder de administração, quer na criação de comissões[491].

Em sociedades de grandes dimensões a necessidade de repartição de pelouros é muito intensa, inclusivamente através da criação de comissões, enquanto estruturas intermédias de decisão. A repartição de pelouros é igual-

---

[489] Jolly, Julius, "Das Recht...", *Zeitschrift für deutsches Recht und deutsche Rechtswissenschaft*, 1847, p. 370. "Velhas" referências à repartição de pelouros podem também ser confrontadas em Renaud, Achilles, *Das Recht...*, 2ª ed., pp. 605-606 e no parecer do *Reichsoberhandelsgericht* de 1877, assinado por *Eduard Pape*, na qualidade de presidente daquele tribunal, destinado à preparação da *Aktienrechtsnovelle* de 1884 ("Gutachten...", *ZGR*, Sonderheft 4, 1985, p. 211).

[490] Semler, Johannes, *Die Überwachungsaufgabe...*, pp. 15-17, Mertens, Hans-Joachim, "Kölner...", 2ª ed., § 77, Rn. 18, Abeltshauser, Thomas, *Leitungshaftung...*, p. 215, Hefermehl, Wolfgang e Spindler, Gerald, "Münchener...", 2ª ed., § 77, Rn. 22 e 34, § 91, Rn. 2 e 7, e § 93, Rn. 71, Fleischer, Holger, "Zur Leitungsaufgabe...", *ZIP*, 2003, pp. 7-8, Raiser, Thomas e Veil, Rüdiger, *Recht...*, p. 148, e Vetter, Eberhard, "Risikobereich...", 2ª ed., p. 529. Utilizando o termo delegação (*Delegation*) para a atribuição de competência a comissões no seio do conselho de supervisão, Hopt, Klaus e Roth, Markus, "Großkommentar...", 4ª ed., § 111, Rn. 419 e 476, e Hüffer, Uwe, *Aktiengesetz*, 8ª ed., § 107, Rn. 18. Em tempos mais afastados, Lehmann, Karl, *Das Recht...*, II, p. 260.

[491] Neste sentido já Lehmann, Karl, *Das Recht...*, II, p. 260. Em tempos menos afastados, Mertens, Hans-Joachim, "Kölner...", 2ª ed., § 77, Rn. 13 e 17, Bezzenberger, Tilman, "Der Vorstandsvorsitzende...", *ZGR*, 1996, pp. 664-665, Hoffmann-Becking, Michael, "Zur rechtlichen Organisation...", *ZGR*, 1998, pp. 509-512, Hefermehl, Wolfgang e Spindler, Gerald, "Münchener...", 2ª ed., § 77, Rn. 24, Spindler, Gerald, "Münchener...", 3ª ed., § 77, Rn. 31-32, 58 e 71, e § 93, Rn. 148, Fleischer, Holger, "Kommentar...", § 77, Rn. 19-20 e 40, Mertens, Hans-Joachim e Cahn, Andreas, "Kölner...", 3ª ed., § 77, Rn. 19, e Vetter, Eberhard, "Risikobereich...", 2ª ed., pp. 508 e 528-529. A mesma necessidade de criação de comissões ocorre no seio do conselho de supervisão (Semler, Johannes, "Münchener...", 2ª ed., § 111, Rn. 66-67), sendo inclusivamente objeto de uma previsão legal específica – o § 107 III AktG. É frequente a afirmação de que a competência para emitir as autorizações previstas no § 111 IV 2 AktG pode ser delegada numa comissão do conselho de supervisão (Mertens, Hans-Joachim, "Kölner...", 2ª ed., § 111, Rn. 84, Semler, Johannes, "Münchener...", 2ª ed., § 111, Rn. 439, Hopt, Klaus e Roth, Markus, "Großkommentar...", 4ª ed., § 111, Rn. 660, e Hüffer, Uwe, *Aktiengesetz*, 8ª ed., § 111, Rn. 19). Em matéria de contratos de emprego com diretores é igualmente frequente a delegação de poderes numa comissão do conselho de supervisão. Pronunciando-se sobre os poderes das comissões do conselho de supervisão germânico, entre nós, Ventura, Raúl, *Novos estudos...*, pp. 59-60.

mente induzida pelas diferentes aptidões e conhecimentos profissionais dos diretores[492].

Os §§ 76 e 77 AktG não contêm indicações materiais em sede de repartição de pelouros. Tais indicações apenas decorrem do regime do diretor responsável pelo pelouro das relações laborais (*Arbeitsdirektor*), constante da legislação sobre cogestão dos trabalhadores. A repartição de pelouros no seio da direção pode obedecer aos mais diversos critérios.

A doutrina distingue frequentemente a organização funcional de pelouros (áreas de produção, comercial, financeira, de pessoal...) e a organização divisional de pelouros (correspondente a uma diversidade de produtos, serviços, fábricas, filiais...)[493].

A geografia pode constituir um critério de divisão de pelouros[494].

Os critérios de repartição de pelouros podem ser combinados das mais variadas formas[495]. Pense-se, por exemplo, na criação de dois pelouros comerciais para diferentes regiões ou mercados (função comercial e geografia) ou para dois produtos diferentes (função comercial e divisão por produtos).

Alguma doutrina refere-se a uma repartição de pelouros sob a forma de uma *"holding* virtual", em que o pleno da direção apenas assume tarefas estra-

---

[492] Com enfoque no pelouro da contabilidade, Fleischer, Holger, "Buchführungsverantwortung...", *WM*, 2006, pp. 2023-2024.

[493] Schwark, Eberhard, "Spartenorganisation...", *ZHR*, 1978, pp. 203-227, Semler, Johannes, *Die Überwachungsaufgabe...*, p. 12, Semler, Johannes, *Leitung...*, 2ª ed., pp. 19-22, Hefermehl, Wolfgang e Spindler, Gerald, "Münchener...", 2ª ed., § 77, Rn. 32-34, Spindler, Gerald, "Münchener...", 3ª ed., § 77, Rn. 66-67, Kort, Michael, "Großkommentar...", 4ª ed., Vor § 76, Rn. 154-155, e § 77, Rn. 23-24, 36 e 46, Kort, Michael, "Geschäftsverteilung...", Rn. 1, Schmidt, Karsten, *Gesellschaftsrecht*, 4ª ed., pp. 813-815, Hüffer, Uwe, *Aktiengesetz*, 8ª ed., § 76, Rn. 3, e § 77, Rn. 10, Wiesner, Georg, *Münchener...*, IV, 2ª ed., p. 228, Fleischer, Holger, "Zur Leitungsaufgabe...", *ZIP*, 2003, pp. 7-8, Fleischer, Holger, "Leitungsaufgabe...", Rn. 54-55, Fleischer, Holger, "Kommentar...", § 77, Rn. 37-38, Raiser, Thomas e Veil, Rüdiger, *Recht...*, pp. 146-148, Mertens, Hans-Joachim e Cahn, Andreas, "Kölner...", 3ª ed., § 77, Rn. 15 e 27, e Vetter, Eberhard, "Risikobereich...", 2ª ed., p. 507. Também Mertens, Hans-Joachim, "Kölner...", 2ª ed., § 77, Rn. 21.

[494] Mertens, Hans-Joachim, "Kölner...", 2ª ed., § 77, Rn. 15, Kort, Michael, "Großkommentar...", 4ª ed., Vor § 76, Rn. 155, e § 77, Rn. 23, Kort, Michael, "Geschäftsverteilung...", Rn. 2-4, Fleischer, Holger, "Kommentar...", § 77, Rn. 38, Hüffer, Uwe, *Aktiengesetz*, 8ª ed., § 77, Rn. 10, Wiesner, Georg, *Münchener...*, IV, 2ª ed., p. 228, e Mertens, Hans-Joachim e Cahn, Andreas, "Kölner...", 3ª ed., § 77, Rn. 15.

[495] Mertens, Hans-Joachim, "Kölner...", 2ª ed., § 77, Rn. 15 e 21, Kort, Michael, "Großkommentar...", 4ª ed., Vor § 76, Rn. 155, e § 77, Rn. 23-24 e 46, Kort, Michael, "Geschäftsverteilung...", Rn. 2-4, Fleischer, Holger, "Kommentar...", § 77, Rn. 39, Hüffer, Uwe, *Aktiengesetz*, 8ª ed., § 77, Rn. 10 e 14, Wiesner, Georg, *Münchener...*, IV, 2ª ed., p. 228, e Mertens, Hans-Joachim e Cahn, Andreas, "Kölner...", 3ª ed., § 77, Rn. 15.

tégicas, sendo a gestão operativa das diversas unidades de negócio entregue a comissões[496].

A repartição de pelouros, quer singular, quer através da criação de comissões, não pode incidir sobre matérias fundamentais ou matérias de alta direção, relativamente às quais a competência pertence ao pleno – competência mínima do pleno (*Mindestzuständigkeit des Gesamtvorstands*). Existem, aliás, diversas matérias que são expressamente atribuídas pela lei ao pleno da direção. Estará em causa o princípio da direção conjunta de todos os diretores (*Grundsatz der Gesamtverantwortung aller Vorstandsmitglieder, Prinzip der Gesamtleitung*)[497].

Alguns autores apontam critérios de concretização da competência mínima do pleno. *Johannes Semler* refere-se às funções de planificação empresarial, de coordenação empresarial, de controlo empresarial e de nomeação do pessoal dirigente[498]. Considerando que esta classificação não corresponde à atual prática de gestão empresarial, *Holger Fleischer* aponta as tarefas de planeamento e condução estratégica, organização, planeamento e controlo financeiro e gestão de informação[499]. Alguns autores destacam os critérios do carácter exce-

---

[496] Mertens, Hans-Joachim e Cahn, Andreas, "Kölner...", 3ª ed., § 77, Rn. 15, e Fleischer, Holger, "Kommentar...", § 76, Rn. 58. Com descrições próximas, Vetter, Eberhard, "Risikobereich...", 2ª ed., pp. 527-528, e Spindler, Gerald, "Münchener...", 3ª ed., § 77, Rn. 68.

[497] Dose, Stefan, *Die Rechtsstellung...*, pp. 72-86, Semler, Johannes, *Die Überwachungsaufgabe...*, pp. 15-17, Martens, Klaus-Peter, "Der Grundsatz...", pp. 193-198, Mertens, Hans-Joachim, "Kölner...", 2ª ed., § 77, Rn. 12, 16 e 18-19, Abeltshauser, Thomas, *Leitungshaftung...*, pp. 224-225, Hoffmann-Becking, Michael, "Zur rechtlichen Organisation...", *ZGR*, 1998, pp. 506-512, Hommelhoff, Peter e Mattheus, Daniela, "Gesetzlich Grundlagen...", p. 31, Hefermehl, Wolfgang e Spindler, Gerald, "Münchener...", 2ª ed., § 77, Rn. 22, 29-31, Spindler, Gerald, "Münchener...", 3ª ed., § 77, Rn. 32, 63 e 67-68, Kort, Michael, "Großkommentar...", 4ª ed., § 77, Rn. 30-34 e 43-44, Kort, Michael, "Vertretungs- und Geschäftsführungsbefugnis...", Rn. 7, Kort, Michael, "Geschäftsverteilung...", Rn. 4 e 24-26, Fleischer, Holger, "Zum Grundsatz...", *NZG*, 2003, pp. 449-453, Fleischer, Holger, "Kommentar...", § 77, Rn. 36, 38, 40 e 43-44, Hüffer, Uwe, *Aktiengesetz*, 8ª ed., § 77, Rn. 10 e 17, e Mertens, Hans-Joachim e Cahn, Andreas, "Kölner...", 3ª ed., § 77, Rn. 21-25.

[498] Semler, Johannes, *Die Überwachungsaufgabe...*, pp. 11-12 e 16-17 (posteriormente, Semler, Johannes, *Leitung...*, 2ª ed., pp. 10-11, e Hefermehl, Wolfgang et al., "Münchener...", 2ª ed., Vor § 76, Rn. 59-69). Adotando esta classificação ou uma classificação semelhante, Mertens, Hans-Joachim, "Kölner...", 2ª ed., § 76, Rn. 5, Hüffer, Uwe, *Aktiengesetz*, 8ª ed., § 77, Rn. 18, Roth, Markus, *Unternehmerisches Ermessen...*, pp. 65-66, Kort, Michael, "Großkommentar...", 4ª ed., § 76, Rn. 36, Hefermehl, Wolfgang e Spindler, Gerald, "Münchener...", 2ª ed., § 76, Rn. 16-17, e § 77, Rn. 30, e Seibt, Christoph H., "Dekonstruktion...", p. 1471.
Já antes, descrevendo as funções fundamentais (ou funções de direção) com base em ensinamentos de gestão empresarial e contrapondo a direção à realização dos negócios correntes, Dose, Stefan, *Die Rechtsstellung...*, pp. 78-81 (com remissão para pp. 47-54).

[499] Fleischer, Holger, "Zur Leitungsaufgabe...", *ZIP*, 2003, pp. 5-6, Fleischer, Holger, "Zum Grundsatz...", *NZG*, 2003, p. 450, e Fleischer, Holger, "Kommentar...", § 76, Rn. 18.

PANORAMA DOS PODERES DOS ADMINISTRADORES

cional ou do grau de exposição ao risco que determinadas medidas envolvem[500]. É comum a afirmação de que a delimitação da competência mínima do pleno depende da dimensão e do tipo de empresa.

A divisão de tarefas no seio da direção não pode conduzir à exclusão de alguns diretores da participação nas tarefas executivas, criando duas classes de diretores: os diretores executivos e os diretores não executivos. Neste contexto, a criação de uma comissão executiva é considerada inadmissível. Está em causa o princípio da igualdade dos diretores (*Grundsatz der Gleichberechtigung der Vorstandsmitglieder*)[501].

A organização divisional de pelouros pode implicar uma repartição mais intensa de tarefas. Cada pelouro divisional pode englobar todas as funções empresariais, constituindo uma quase-empresa. A organização divisional de pelouros suscita acrescidos problemas face à reserva de competência do pleno[502]. A doutrina tende a admitir a organização divisional de pelouros na medida em que se compatibilize com os dois referidos princípios da direção conjunta de todos os diretores e da igualdade dos diretores[503].

A repartição de pelouros não afasta o direito de qualquer diretor de provocar a intervenção do pleno sobre as matérias atribuídas às comissões ou a certos diretores[504]. O pleno mantém a competência de administração relativamente às matérias objeto da repartição de pelouros.

---

[500] Nomeadamente Hoffmann-Becking, Michael, "Zur rechtlichen Organisation...", *ZGR*, 1998, pp. 508-509, Schneider, Sven H., *Informationspflichten...*, p. 87, Fleischer, Holger, "Zur Leitungsaufgabe...", *ZIP*, 2003, p. 6, Fleischer, Holger, "Zum Grundsatz...", *NZG*, 2003, p. 450, Fleischer, Holger, "Kommentar...", § 76, Rn. 18, Spindler, Gerald, "Münchener...", 3ª ed., § 77, Rn. 67, e, Seibt, Christoph H., "Dekonstruktion...", p. 1471.

[501] Mertens, Hans-Joachim, "Kölner...", 2ª ed., § 77, Rn. 12 e 15, Hefermehl, Wolfgang e Spindler, Gerald, "Münchener...", 2ª ed., § 77, Rn. 22 e 37, Spindler, Gerald, "Münchener...", 3ª ed., § 77, Rn. 32, 63 e 68-71, Hüffer, Uwe, *Aktiengesetz*, 8ª ed., § 77, Rn. 10 e 18, Kort, Michael, "Großkommentar...", 4ª ed., § 77, Rn. 43-44 e 46, Kort, Michael, "Vertretungs- und Geschäftsführungsbefugnis...", Rn. 7, e Kort, Michael, "Geschäftsverteilung...", Rn. 4 e 24-26. Próximo, Hoffmann-Becking, Michael, "Zur rechtlichen Organisation...", *ZGR*, 1998, pp. 514-517. Em sentido divergente, defendendo a admissibilidade de comissões executivas, Martens, Klaus-Peter, "Der Grundsatz...", pp. 205-207.

[502] No levantamento deste problema mereceu destaque Schwark, Eberhard, "Spartenorganisation...", *ZHR*, 1978, pp. 203-227.

[503] Remeto para os autores já citados a propósito da distinção entre organização funcional e organização divisional, destacando Semler, Johannes, *Leitung...*, 2ª ed., pp. 19-22, Fleischer, Holger, "Zur Leitungsaufgabe...", *ZIP*, 2003, pp. 7-8, e Fleischer, Holger, "Zum Grundsatz...", *NZG*, 2003, pp. 451-452, e acrescentando Hopt, Klaus, "Großkommentar...", 4ª ed., § 93, Rn. 61.

[504] Mertens, Hans-Joachim, "Kölner...", 2ª ed., § 77, Rn. 14 e 22, Hefermehl, Wolfgang e Spindler, Gerald, "Münchener...", 2ª ed., § 77, Rn. 23 e 29, Spindler, Gerald, "Münchener...", 3ª ed., § 77, Rn. 33, Kort, Michael, "Großkommentar...", 4ª ed., Vor § 76, Rn. 156, e § 77, Rn. 38 e 44-45, Kort,

DEVER DE GESTÃO DOS ADMINISTRADORES DE SOCIEDADES ANÓNIMAS

Alguma doutrina sustenta que não será admissível uma contínua interferência dos diretores no pelouro dos seus colegas[505]. Tal interferência seria incompatível com o princípio da repartição de pelouros e com a inerente confiança recíproca. Trata-se de uma matéria que respeita essencialmente à configuração dos deveres dos diretores, pelo que será retomada no próximo capítulo.

### 3.1.3. Representação

Passando a analisar o regime de representação da sociedade por ações germânica, temos que esta é representada pela direção. Só em casos pontuais ocorre a representação através de outros órgãos[506].

Assim, o § 112 AktG atribui pontualmente ao conselho de supervisão (*Aufsichtsrat*) poder de representação nas relações perante os diretores.

A nomeação de um representante especial para determinadas ações judiciais exclui a intervenção representativa dos diretores[507].

Como já tive a oportunidade de referir em nota, alguma doutrina sustenta a atribuição aos membros de um colégio que aprovem uma deliberação do poder de representação da sociedade para efeitos de emissão da declaração negocial de execução dessa deliberação[508]. Outros referem-se ao pontual poder de representação de órgãos colegiais, nomeadamente o conjunto dos sócios reunido em assembleia geral[509].

---

Michael, "Geschäftsverteilung...", Rn. 26, Fleischer, Holger, "Zum Grundsatz...", *NZG*, 2003, pp. 456-457, e Mertens, Hans-Joachim e Cahn, Andreas, "Kölner...", 3ª ed., § 77, Rn. 28.

[505] Fleischer, Holger, "Zum Grundsatz...", *NZG*, 2003, p. 452, Fleischer, Holger, "Überwachungspflicht...", Rn. 9, Fleischer, Holger, "Kommentar...", § 77, Rn. 47, Hefermehl, Wolfgang e Spindler, Gerald, "Münchener...", 2ª ed., § 77, Rn. 28, e Mertens, Hans-Joachim, "Kölner...", 2ª ed., § 77, Rn. 20.

[506] Hefermehl, Wolfgang e Spindler, Gerald, "Münchener...", 2ª ed., § 78, Rn. 3, e Hüffer, Uwe, *Aktiengesetz*, 8ª ed., § 78, Rn. 8.

Sustentando, no entanto, que o conselho de supervisão tem poder de representação da sociedade em matérias relacionadas com o exercício das suas competências, nomeadamente no arrendamento de locais para a realização de reuniões, na obtenção de transportes, na contratação de auxiliares e nas despesas de deslocação e representação com vista a negociar a nomeação de novos diretores, Semler, Johannes, "Münchener...", 2ª ed., § 111, Rn. 379-380. Próximo, Hopt, Klaus e Roth, Markus, "Großkommentar...", 4ª ed., § 111, Rn. 73.

[507] Mertens, Hans-Joachim, "Kölner...", 2ª ed., § 78, Rn. 11, Habersack, Mathias, "Großkommentar...", 4ª ed., § 78, Rn. 9, Hefermehl, Wolfgang e Spindler, Gerald, "Münchener...", 2ª ed., § 78, Rn. 13, Hüffer, Uwe, *Aktiengesetz*, 8ª ed., § 78, Rn. 8, e Kort, Michael, "Vertretungs- und Geschäftsführungsbefugnis...", Rn. 36.

[508] Mertens, Hans-Joachim, "Kölner...", 2ª ed., § 78, Rn. 5.

[509] Hefermehl, Wolfgang e Spindler, Gerald, "Münchener...", 2ª ed., § 78, Rn. 3.

PANORAMA DOS PODERES DOS ADMINISTRADORES

Existem situações pontuais em que é imposta a representação através da atuação conjunta da direção e do conselho de supervisão[510].

Relativamente a diversas medidas fundamentais (nomeadamente em caso de renúncia ao direito à indemnização, de venda da totalidade do património, de celebração de um contrato de subordinação), o poder de representação da direção é limitado pela imposição legal da autorização do conjunto dos sócios. Noutros casos pontuais o poder de representação da direção é limitado pela imposição legal da autorização do conselho de supervisão[511].

Fora estes casos, o poder de representação da direção não pode ser limitado, nomeadamente pelos estatutos, dado o disposto no referido § 82 I AktG e as acolhidas necessidades de tutela de terceiros e do tráfego jurídico[512].

O § 78 II 1 AktG estabelece um regime supletivo de representação ativa conjunta. Isto é, o regime supletivo impõe a atuação conjunta de todos os diretores para representar ativamente a sociedade. Caso exista um único diretor, a representação caber-lhe-á em exclusivo.

O regime supletivo de representação ativa conjunta tem como finalidade a proteção da sociedade através do controlo recíproco da atuação dos diretores[513].

O § 78 III AktG prevê a possibilidade de fixação de outros regimes de representação por estipulação estatutária ou por estipulação do conselho de supervisão, sob autorização estatutária[514].

É expressamente prevista a fixação de um regime de representação singular ou de um regime de representação conjunta de um diretor e de um *Prokurist*. A representação conjunta de um diretor e de um *Prokurist* é frequentemente denominada representação conjunta imprópria (*unechte Gesamtvertretung*)[515].

---

[510] Mertens, Hans-Joachim, "Kölner...", 2ª ed., § 78, Rn. 13, Habersack, Mathias, "Großkommentar...", 4ª ed., § 78, Rn. 10, Hefermehl, Wolfgang e Spindler, Gerald, "Münchener...", 2ª ed., § 78, Rn. 4 e 11, Hüffer, Uwe, *Aktiengesetz*, 8ª ed., § 78, Rn. 8, e Kort, Michael, "Vertretungs- und Geschäftsführungsbefugnis...", Rn. 37.

[511] Mertens, Hans-Joachim, "Kölner...", 2ª ed., § 78, Rn. 15-17, Habersack, Mathias, "Großkommentar...", 4ª ed., § 78, Rn. 11, Hefermehl, Wolfgang e Spindler, Gerald, "Münchener...", 2ª ed., § 78, Rn. 5, Hüffer, Uwe, *Aktiengesetz*, 8ª ed., § 78, Rn. 8, e Kort, Michael, "Vertretungs- und Geschäftsführungsbefugnis...", Rn. 38.

[512] Mertens, Hans-Joachim, "Kölner...", 2ª ed., § 78, Rn. 8, e Kort, Michael, "Vertretungs- und Geschäftsführungsbefugnis...", Rn. 10, 22-24 e 45.

[513] Mertens, Hans-Joachim, "Kölner...", 2ª ed., § 78, Rn. 47, e Hefermehl, Wolfgang e Spindler, Gerald, "Münchener...", 2ª ed., § 78, Rn. 20.

[514] Delimitando de forma diversa o poder de conformação do poder de representação pelos estatutos e pelo conselho de supervisão, Hefermehl, Wolfgang e Spindler, Gerald, "Münchener...", 2ª ed., § 78, Rn. 42-46.

[515] Mertens, Hans-Joachim, "Kölner...", 2ª ed., § 78, Rn. 31, Habersack, Mathias, "Großkommentar...", 4ª ed., § 78, Rn. 45, Hefermehl, Wolfgang e Spindler, Gerald, "Münchener...", 2ª ed.,

Será igualmente admissível a fixação de um regime de representação conjunta maioritária, por um determinado número de diretores. Será também admissível a estipulação simultânea de um regime de representação singular por um diretor e de representação conjunta por todos os diretores – a denominada representação conjunta parcial (*halbseitige Gesamtvertretung*)[516].

A fixação de regimes distintos do regime supletivo de atuação conjunta de todos os diretores é caracterizada por uma considerável margem de liberdade de estipulação, sendo que alguma doutrina afirma que apenas será inadmissível a exclusão total de um diretor da representação societária e um regime de total dependência da intervenção de um *Prokurist*, nomeadamente um regime de atuação de um diretor totalmente dependente da intervenção de um *Prokurist*[517].

É inadmissível a limitação do poder de representação no seio da direção em função de determinadas matérias, por força do referido § 82 I AktG[518].

O § 78 IV AktG prevê a possibilidade de delegação (*Ermächtigung*)[519] do poder de representação em membros da direção relativamente à prática de determinados atos ou de determinadas categorias de atos.

No regime do Código Comercial Alemão (*Allgemeine Deutsche Handelsgesetzbuch* – ADHGB) de 1861, era estabelecido um regime de representação conjunta pelos diretores, sendo que o art. 234 determinava que, em matérias de administração corrente, a representação poderia ser atribuída a procuradores ou

---

§ 78, Rn. 36, Hüffer, Uwe, *Aktiengesetz*, 8ª ed., § 78, Rn. 16, e Kort, Michael, "Vertretungs- und Geschäftsführungsbefugnis...", Rn. 54-56. Quanto ao termo "imprópria", sigo a tradução de Ventura, Raúl e Correia, Luís Brito, "Responsabilidade...", *BMJ*, nº 192, 1970, p. 31.

[516] Mertens, Hans-Joachim, "Kölner...", 2ª ed., § 78, Rn. 31, Habersack, Mathias, "Großkommentar...", 4ª ed., § 78, Rn. 47, Hefermehl, Wolfgang e Spindler, Gerald, "Münchener...", 2ª ed., § 78, Rn. 34, Hüffer, Uwe, *Aktiengesetz*, 8ª ed., § 78, Rn. 18, e Kort, Michael, "Vertretungs- und Geschäftsführungsbefugnis...", Rn. 58.

[517] Mertens, Hans-Joachim, "Kölner...", 2ª ed., § 78, Rn. 31, 38 e 64, e Habersack, Mathias, "Großkommentar...", 4ª ed., § 78, Rn. 40. Referindo-se igualmente à inadmissibilidade da exclusão total de um diretor da representação societária como limite à liberdade de estipulação, Hefermehl, Wolfgang e Spindler, Gerald, "Münchener...", 2ª ed., § 78, Rn. 27.

[518] Mertens, Hans-Joachim, "Kölner...", 2ª ed., § 78, Rn. 33, Habersack, Mathias, "Großkommentar...", 4ª ed., § 78, Rn. 40, e Hefermehl, Wolfgang e Spindler, Gerald, "Münchener...", 2ª ed., § 78, Rn. 30.

[519] Opto por traduzir *Ermächtigung* neste contexto por delegação, na medida em que se trata de um negócio jurídico diferente da já referida autorização constitutiva ou legitimação e cujos efeitos se assemelham à nossa delegação. Repare-se, inclusivamente, que alguma doutrina se refere a esta *Ermächtigung* como uma *Delegation* do poder de representação orgânico (Lehmann, Karl, *Das Recht...*, II, p. 315, e Habersack, Mathias, "Großkommentar...", 4ª ed., § 78, Rn. 50). Terei a oportunidade de caracterizar a (nossa) figura da delegação.

PANORAMA DOS PODERES DOS ADMINISTRADORES

a funcionários da sociedade[520]. Alguma doutrina contemporânea realçava que um diretor poderia ser considerado funcionário da sociedade, para efeitos da atribuição de poder de representação prevista neste artigo[521]. Tratar-se-ia de uma prática frequente[522].

Nesta sequência, a regulamentação legal expressa da figura da delegação (*Ermächtigung*) do poder de representação em diretores surgiu no § 232 I 2 do Código Comercial alemão (*Handelsgesetzbuch* – HGB) de 1897, tendo transitado para a primeira versão e para a atual versão da Lei das Sociedades por Ações (AktG)[523].

Uma parte da doutrina concebe a delegação (*Ermächtigung*) como uma procuração voluntária[524]. A outra parte da doutrina, hoje maioritária, considera que a delegação tem natureza orgânica. Traduz-se numa ampliação do poder de representação orgânica, possibilitando o exercício singular da representação em situações de atribuição conjunta do poder de representação (*Erweiterung der Gesamtvertretungsmacht zur Einzelvertretungsmacht*)[525]. Tratar-se-á de um poder de representação orgânica derivado ou secundário[526].

O ato de delegação (*Ermächtigung*) não exclui a competência representativa originária dos diretores.

O ato de delegação (*Ermächtigung*) poderá ter como declaratário o diretor delegado ou um terceiro (ou o público), em termos paralelos ao regime

---

[520] *"Der Betrieb von Geschäften der Gesellschaft, sowie der Vertretung der Gesellschaft in Bezug auf diese Geschäftsführung kann auch sonstigen Bevollmächtigten oder Beamten der Gesellschaft zugewiesen werden. In diesem Falle bestimmt sich die Befugniß derselben nach der ihnen ertheilten Vollmacht; sie erstreckt sich im zweifel auf alle Rechtshandlungen, welche die Ausführung derartiger Geschäfte gewöhnlich mit sich bringt."*

[521] Koch, C. F., *Allgemeines...*, p. 258, Anm. 117, e Renaud, Achilles, *Das Recht...*, 2ª ed., pp. 546 e 638-639. Para mais elementos, nomeadamente jurisprudenciais, Schwarz, Günter Christian, "Rechtsfragen...", *ZGR*, 2001, p. 747, nn. 12-16.

[522] Schwarz, Günter Christian, "Rechtsfragen...", *ZGR*, 2001, pp. 744-748.

[523] Hefermehl, Wolfgang e Spindler, Gerald, "Münchener...", 2ª ed., § 78, Rn. 56, e Schwarz, Günter Christian, "Rechtsfragen...", *ZGR*, 2001, pp. 744-748.

[524] Baumbach, Adolf et al., *Aktiengesetz*, 13ª ed., § 78, Rn. 14, e Flume, Werner, *Allgemeiner Teil...*, I, 2, pp. 361-364.

[525] Godin, Reinhard Freiherr von e Wilhelmi, Hans, *Aktiengesetz*, 2ª ed., pp. 306-307, Wilhelmi, Hans e Wilhelmi, Sylvester, *Aktiengesetz*, 3ª ed., pp. 394-395, Schmidt, Walter e Meyer-Landrut, Joachim, "Großkommentar...", 2ª ed., § 71, Anm. 13, Meyer-Landrut, Joachim, "Großkommentar...", 3ª ed., § 78, Anm. 17, Mertens, Hans-Joachim, "Kölner...", 2ª ed., § 78, Rn. 56, Habersack, Mathias, "Großkommentar...", 4ª ed., § 78, Rn. 49-50, Hefermehl, Wolfgang e Spindler, Gerald, "Münchener...", 2ª ed., § 78, Rn. 57, Kort, Michael, "Vertretungs- und Geschäftsführungsbefugnis...", Rn. 59, e Seibt, Christoph H., "Aktiengesetz...", § 78, Rn. 23.

[526] Schwarz, Günter Christian, "Rechtsfragen...", *ZGR*, 2001, pp. 749-751 e 772-773.

da procuração (procuração interna *versus* procuração externa)[527]. Pode tratar-se de uma delegação-documento (*Ermächtigungsurkunde*), análoga à procuração-documento[528].

A delegação é livremente revogável, sem prejuízo da aplicação do regime de revogação da procuração externa – os já descritos §§ 170 a 173 BGB – à delegação que tem um terceiro ou o público como declaratário[529].

A delegação apenas pode respeitar à prática de determinados atos ou de determinadas categorias de atos, não sendo admissível uma delegação geral para a prática de todo o tipo de atos ou para a prática de todo o tipo de atos abaixo de determinado valor[530]. Estará em causa o princípio da representação conjunta dos diretores (*Grundsatz der Gesamtvertretung*), que só poderá ser afastado pelos estatutos ou por estipulação do conselho de supervisão, sob autorização estatutária.

Uma parte da doutrina considera que não é admissível a delegação recíproca de todos os diretores para que cada diretor tenha um poder de representação individual relativamente ao seu pelouro[531]. Outra parte da doutrina sustenta que é admissível a delegação do poder de representação correspondente a um pelouro funcional, por considerar que o pelouro funcional constitui uma soma de categorias de atos[532].

Alguma doutrina sustenta a necessidade de inscrição registral da delegação, por imperativo de interpretação conforme ao art. 9º, nº 3, da Primeira Diretiva (Diretiva 68/151/CEE do Conselho, de 9 de Março de 1968, publicada no

---

[527] Mertens, Hans-Joachim, "Kölner...", 2ª ed., § 78, Rn. 54, Habersack, Mathias, "Großkommentar...", 4ª ed., § 78, Rn. 52, Hefermehl, Wolfgang e Spindler, Gerald, "Münchener...", 2ª ed., § 78, Rn. 60, Kort, Michael, "Vertretungs- und Geschäftsführungsbefugnis...", Rn. 59, Hüffer, Uwe, *Aktiengesetz*, 8ª ed., § 78, Rn. 19, e Schwarz, Günter Christian, "Rechtsfragen...", *ZGR*, 2001, pp. 754-755.

[528] Mertens, Hans-Joachim, "Kölner...", 2ª ed., § 78, Rn. 58.

[529] Mertens, Hans-Joachim, "Kölner...", 2ª ed., § 78, Rn. 60-61, Habersack, Mathias, "Großkommentar...", 4ª ed., § 78, Rn. 56, Hefermehl, Wolfgang e Spindler, Gerald, "Münchener...", 2ª ed., § 78, Rn. 64-67, Hüffer, Uwe, *Aktiengesetz*, 8ª ed., § 78, Rn. 22, Kort, Michael, "Vertretungs- und Geschäftsführungsbefugnis...", Rn. 61, e Schwarz, Günter Christian, "Rechtsfragen...", *ZGR*, 2001, p. 774.

[530] Mertens, Hans-Joachim, "Kölner...", 2ª ed., § 78, Rn. 55, Habersack, Mathias, "Großkommentar...", 4ª ed., § 78, Rn. 53, Hefermehl, Wolfgang e Spindler, Gerald, "Münchener...", 2ª ed., § 78, Rn. 61, Kort, Michael, "Vertretungs- und Geschäftsführungsbefugnis...", Rn. 60, Schwarz, Günter Christian, "Rechtsfragen...", *ZGR*, 2001, pp. 751-752 e 756-771, e Seibt, Christoph H., "Aktiengesetz...", § 78, Rn. 25. Realçando que a delegação para determinada categoria de atos abaixo de determinado valor já é admissível (dando o exemplo das "compras abaixo de 10.000 euros"), Hüffer, Uwe, *Aktiengesetz*, 8ª ed., § 78, Rn. 21.

[531] Habersack, Mathias, "Großkommentar...", 4ª ed., § 78, Rn. 53, e Kort, Michael, "Vertretungs- und Geschäftsführungsbefugnis...", Rn. 60.

[532] Schwarz, Günter Christian, "Rechtsfragen...", *ZGR*, 2001, pp. 761-771.

JO L65, de 14.3.1968; atualmente, art. 10, nº 3, da Diretiva 2009/101/CE do Parlamento Europeu e do Conselho, de 16 de Setembro de 2009, publicada no JO L258, de 1.10.2009)[533].

*Günter Christian Schwarz* considera que a limitação do poder de representação conferido pela delegação à prática de determinados atos ou determinadas categorias de atos não é oponível perante terceiros, por imperativo de interpretação conforme ao art. 9º da referida Primeira Diretiva (atualmente, art. 10 da Diretiva 2009/101/CE)[534].

### 3.1.4. Obtenção de informação

O dever de vigilância e o dever de obtenção de informação dos diretores implicam que cada diretor possa exercer um direito de obtenção de informação (*Anspruch auf Berichterstattung, Anspruch auf Informationsweitergabe*) sobre o pelouro de outro diretor[535]. Tal direito pode igualmente incidir sobre terceiros, nomeadamente os que prestam serviços de auditoria ou de consultadoria[536]. A possibilidade de obtenção de informação será particularmente relevante em matéria económico-financeira[537].

De notar que o recente desenvolvimento da disciplina de governo societário germânica é marcado por um reforço do poder de obtenção de informação dos membros do conselho de supervisão[538].

---

[533] Schwarz, Günter Christian, "Vertretungsregelungen...", *ZHR*, 2002, pp. 638-639 e 647. Em termos lacónicos, Kort, Michael, "Vertretungs- und Geschäftsführungsbefugnis...", Rn. 61.

[534] Schwarz, Günter Christian, "Vertretungsregelungen...", *ZHR*, 2002, pp. 653-655. Como acabei de referir, num escrito anterior (Schwarz, Günter Christian, "Rechtsfragen...", *ZGR*, 2001, pp. 751-752 e 756-771), este Autor sustentou que a delegação do poder de representação é limitada a determinados atos ou a determinadas categorias de atos, dado o princípio da representação conjunta dos diretores. Realço que as duas declarações de *Günter Christian Schwarz* serão contraditórias caso se entenda, como sustento, que o poder de representação consiste na possibilidade de atuar eficazmente perante terceiros. Terei ainda a oportunidade de tecer algumas considerações sobre delegação do poder de representação e proteção de terceiros em conformidade com o art. 9 da Primeira Diretiva.

[535] Wiesner, Georg, *Münchener...*, IV, 2ª ed., p. 229, Schneider, Sven H., *Informationspflichten...*, p. 94, e Fleischer, Holger, "Kommentar...", § 77, Rn. 48. Referindo-se ao dever de prestação de informação aos colegas da direção, Hopt, Klaus, "Großkommentar...", 4ª ed., § 93, Rn. 133, e Fleischer, Holger, "Überwachungspflicht...", Rn. 10. Referindo que a direção tem que assegurar a prestação de informações a todos os seus membros em caso de repartição de pelouros, Mertens, Hans-Joachim, "Kölner...", 2ª ed., § 77, Rn. 20.

[536] Schneider, Sven H., *Informationspflichten...*, p. 95.

[537] Fleischer, Holger, "Überwachungspflicht...", Rn. 21.

[538] Kropff, Bruno, "Informationsbeschaffungspflichten...", pp. 231-245.

Alguma doutrina realça que os direitos inter-orgânicos de obtenção de informação constituem direitos acessórios ou secundários (*sekundäre Hilfsrechte*), que possibilitam o exercício das competências orgânicas primárias[539].

## 3.2. Referência ao regime italiano
### 3.2.1. Gestão e representação

O art. 2380-*bis*, 1º parágrafo, do Código Civil italiano, na sua redação posterior à reforma de 2003[540], sob a epígrafe *"Amministrazione della società"*, estabelece que *"La gestione dell`impresa spetta esclusivamente agli amministratori, i quali compiono le operazioni necessarie per l`attuazione dell`oggetto sociale"*.

Por sua vez, o art. 2384, 1º parágrafo, atribui aos administradores a representação da sociedade.

Ao analisar os conceitos de administração ou gestão e de representação, a doutrina italiana refere-se frequentemente à contraposição entre atividade interna e atividade externa. O círculo interno e o círculo externo parecem corresponder à dissociação entre deliberação, decisão ou determinação da vontade, por um lado, e declaração da vontade, por outro[541].

Mas há também quem opere uma contraposição entre representação externa e interna, reconduzindo esta última às relações internas entre órgãos[542].

Alguma doutrina realça que, ressalvadas as situações do administrador único e do único administrador delegado com poder de representação, se verifica uma cisão estrutural entre o exercício do poder de administração ou gestão e o exercício do poder de representação. O primeiro é exercido colegialmente, pelo conselho de administração ou pela comissão executiva. O segundo é exercido disjunta ou conjuntamente, por um ou vários administradores[543].

Os termos administração e gestão são frequentemente tratados como sinónimos.

Todavia, alguma doutrina opta por os distinguir, considerando que o termo administração é mais amplo do que o termo gestão, abrangendo não apenas

---

[539] Bork, Reinhard, "Materiell-rechtliche...", *ZGR*, 1989, pp. 15-16 e 32-35.

[540] Levada a cabo pelo *decreto legislativo 17 gennaio 2003 n. 6*, sobre a *"Riforma organica della disciplina delle società di capitali e società cooperative"*.

[541] Frè, Giancarlo, *Società...*, 5ª ed., pp. 429-430, Ferri, Giuseppe, *Manuale...*, 5ª ed., pp. 386-387, Ferri, Giuseppe et al., *Manuale...*, 12ª ed., p. 354, Bonelli, Franco, *Gli amministratori...*, pp. 87-88, Bonelli, Franco, *...riforma delle società*, pp. 15-17, Campobasso, Gian Franco e Campobasso, Mario, *Diritto commerciale...*, II, pp. 373-374, e Presti, Gaetano e Rescigno, Matteo, *Corso...*, II, pp. 150-151.

[542] Dalmartello, Arturo, *I rapport...*, pp. 9 e 135-148. Também, Minervini, Gustavo, *Gli amministratori...*, pp. 3-5, embora evitando a terminologia organicista.

[543] Campobasso, Gian Franco e Campobasso, Mario, *Diritto commerciale...*, II, p. 374.

PANORAMA DOS PODERES DOS ADMINISTRADORES

os atos relativos ao exercício da atividade económica da sociedade (gestão da empresa social), mas também os atos relativos à organização da sociedade[544].

Outra parte da doutrina sustenta que o termo gestão é mais amplo do que o termo administração, não se referindo apenas à empresa social e envolvendo atos instrumentais à realização do interesse social[545].

### 3.2.2. Gestão

No que respeita ao problema da distribuição de competências internas entre a assembleia geral e o órgão de administração, o art. 2364, 1º parágrafo, nº 4, na sua versão original, estabelecia que a assembleia geral deliberava sobre as matérias de gestão da sociedade reservadas à sua competência no ato constitutivo ou sujeitas ao seu exame a pedido dos administradores.

Este texto era objeto de interpretações diversas, sendo que umas privilegiavam a autonomia e competência exclusiva do conselho de administração em matéria de gestão da empresa social, enquanto outras questionavam o modelo de autonomia do conselho de administração, por vezes reconhecendo o carácter vinculante das instruções remetidas pela assembleia geral aos administradores[546].

Após a reforma de 2003, o art. 2364, 1º parágrafo, nº 5, passou a estabelecer que a assembleia geral delibera sobre as matérias atribuídas por lei à sua competência e ainda sobre autorizações eventualmente exigidas pelos estatutos para a adoção de atos dos administradores. Recorde-se que, por sua vez, o art. 2380 *bis*,

---

[544] Allegri, Vincenzo, *Contributo...*, p. 139. Na origem da distinção entre atribuições de organização social e atribuições de gestão da empresa social, ao descrever as funções dos administradores, Minervini, Gustavo, *Gli amministratori...*, pp. 182-183 e 215-216. Antes ainda, no âmbito do revogado Código de Comércio italiano de 1882, realizando a distinção tripartida entre atuação do contrato social, realização do sistema de organização social e gestão da empresa social, Frè, Giancarlo, *L'organo...*, pp. 226-227.
Como terei a oportunidade de referir, a distinção entre atribuições de organização social e atribuições de gestão da empresa social é igualmente utilizada para demarcar as competências do conjunto dos sócios e do órgão de administração. Para uma descrição crítica da doutrina no período anterior à reforma de 2003, Buonaura, Vincenzo Calandra, *Gestione...*, pp. 110-111.
Como terei a oportunidade de referir, a distinção entre atribuições de organização social e atribuições de gestão da empresa social é ainda utilizada por alguma doutrina em sede de delegação de poderes no seio do conselho de administração.
[545] Di Nanni, Carlo, *La vigilanza...*, pp. 36-45.
[546] Na primeira perspetiva, por exemplo, Galgano, Francesco, *La società...*, pp. 198-203, Borgioli, Alessandro, *L'amministrazione...*, pp. 36-40 e 53-54, e Bonelli, Franco, *Gli amministratori...*, pp. 1-21. Na segunda perspetiva, Abbadessa, Pietro, *La gestione...*, pp. 1-74, nomeadamente p. 72 (de forma menos intensa, Abbadessa, Pietro, "L'assemblea...", pp. 13-14, n. 24), e Buonaura, Vincenzo Calandra, *Gestione...*, pp. 106-139.

1º parágrafo, passou a estabelecer que a gestão da empresa respeita exclusivamente aos administradores.

Após a reforma de 2003, o Código Civil italiano aponta de forma mais intensa para a ideia de autonomia e de competência exclusiva do conselho de administração, afastando a possibilidade de atribuição estatutária à assembleia geral de competência decisória em matérias de gestão, salvo o referido regime de autorizações[547].

Alguma doutrina sustenta que a competência exclusiva do conselho de administração apenas respeita à gestão da empresa social, não compreendendo as atribuições de organização social. Quanto a estas seria possível uma competência plena e não meramente autorizativa da assembleia geral[548].

Inspirando-se na doutrina de língua germânica, alguma doutrina italiana realça que a autorização prevista no art. 2364, 1º parágrafo, nº 5, constitui um direito de veto, implicando uma ingerência meramente obstativa. A recusa da autorização implicará uma proibição de execução da operação, mas a concessão da autorização não obrigará os administradores a executarem a operação[549].

No período posterior à reforma de 2003, *Giuseppe Portale* destaca-se na defesa do reconhecimento de competências legais não escritas da assembleia geral em matéria de gestão, com base na analogia *legis* ou *iuris*. Concebe-as como competências internas, que ressalvam o poder de representação dos administradores[550].

No que respeita ao funcionamento do conselho de administração em questões internas, o art. 2388, 1º parágrafo, determina que para a validade das deliberações do conselho de administração é necessária a presença da maioria dos administradores em funções ou um número superior estabelecido pelos estatutos.

Por sua vez, o art. 2388, 2º parágrafo, estabelece que as deliberações do conselho de administração são tomadas pela maioria absoluta dos administradores presentes, salvo estipulação estatutária.

---

[547] Galgano, Francesco, *Il nuovo...*, pp. 199-203, Colombo, Giovanni E., "Amministrazione...", pp. 176-177, Buonaura, Vincenzo Calandra, "I modelli...", *GC*, I, 2003, pp. 536-538, Bonelli, Franco, *...riforma delle società*, pp. 8-11, Portale, Giuseppe B., "Rapporti...", pp. 7-9, Mosco, Gian Domenico, "Società di capitali...", pp. 588-589, Olivieri, Gustavo et al., *Il diritto...*, 2ª ed., p. 143, e Ferri, Giuseppe et al., *Manuale...*, 12ª ed., p. 340.

[548] Mosco, Gian Domenico, "Società di capitali...", pp. 589-590.

[549] Portale, Giuseppe B., "Rapporti...", pp. 25-26.

[550] Portale, Giuseppe B., "Rapporti...", pp. 27-33 (equivalente a Portale, Giuseppe B., *Lezioni...*, pp. 204-207).

### 3.2.3. Gestão e delegação

Com a reforma societária de 2003, o Código Civil italiano passou a prever três modelos de governação para as sociedades por ações: o modelo tradicional, o modelo dualístico de matriz germânica e o modelo monístico de matriz anglo-americana.

Em matéria de delegação do poder de administração no âmbito do modelo de governação tradicional, o art. 2381, 2º parágrafo, determina que *"Se lo statuto o l`assemblea lo consentono, il consiglio di amministrazione puo delegare proprie attribuzioni ad un comitato esecutivo composto da alcuni dei suoi componenti, o ad uno o più dei suoi componenti".*

A comissão executiva é frequentemente considerada um órgão colegial, sendo os administradores delegados qualificados como órgãos singulares[551]. Os administradores delegados podem atuar de forma disjunta ou de forma conjunta.

É possível a coexistência de uma comissão executiva e de um ou vários administradores delegados com competências repartidas[552].

A delegação não retira atribuições ao conselho de administração, verificando-se uma situação de competência concorrente[553].

O art. 2381, 3º parágrafo, estabelece que o conselho de administração pode sempre emitir instruções e avocar os poderes. A anterior redação da norma não fazia referência expressa às faculdades de emissão de instruções e de avocação de poderes, sendo estas faculdades objeto de referência doutrinal[554].

---

[551] Fanelli, Giuseppe, *La delega...*, p. 41, Ferri, Giuseppe, *Manuale...*, 5ª ed., p. 385, Galgano, Francesco, *La società...*, p. 253 (mais recentemente, Galgano, Francesco, *Il nuovo...*, p. 263), Bonelli, Franco, *Gli amministratori...*, pp. 44-46, Bonelli, Franco, *...riforma delle società*, pp. 42-44, Campobasso, Gian Franco e Campobasso, Mario, *Diritto commerciale...*, II, p. 371, Presti, Gaetano e Rescigno, Matteo, *Corso...*, II, p. 147, e Mosco, Gian Domenico, "Società di capitali...", p. 597. Remeto para a descrição de Maia, Pedro, *Função...*, pp. 263-264, em nota, que dá conta de que este aspeto não será pacífico.

[552] Campobasso, Gian Franco e Campobasso, Mario, *Diritto commerciale...*, II, p. 371, Mosco, Gian Domenico, "Società di capitali...", p. 596, Bonelli, Franco, *Gli amministratori...*, pp. 45-46, e Bonelli, Franco, *...riforma delle società*, p. 44.

[553] Fanelli, Giuseppe, *La delega...*, p. 18, Minervini, Gustavo, *Gli amministratori...*, p. 442, Galgano, Francesco, *La società...*, p. 253, Galgano, Francesco, *Il nuovo...*, pp. 263-265, Ferri, Giuseppe, *Manuale...*, 5ª ed., p. 385, Ferrara, Francesco, Jr. e Corsi, Francesco, *Gli imprenditori...*, 7ª ed., p. 510, Bonelli, Franco, *Gli amministratori...*, pp. 41-42, Bonelli, Franco, *...riforma delle società*, p. 43, Campobasso, Gian Franco e Campobasso, Mario, *Diritto commerciale...*, II, p. 372, Mosco, Gian Domenico, "Società di capitali...", p. 597, Olivieri, Gustavo et al., *Il diritto...*, 2ª ed., pp. 172-173, Marulli, Marco, "La delega gestoria...", *GC*, I, 2005, p. 103, e Barachini, Francesco, *La gestione...*, p. 17.

[554] Abbadessa, Pietro, "Profili topici...", pp. 491-492, Campobasso, Gian Franco e Campobasso, Mario, *Diritto commerciale...*, II, p. 372, Presti, Gaetano e Rescigno, Matteo, *Corso...*, II, p. 148, e Barachini, Francesco, *La gestione...*, pp. 17-18.

No entanto, alguma doutrina sustenta que terá ficado em aberto a questão da natureza vinculativa ou não vinculativa das instruções dirigidas pelo conselho de administração aos administradores delegados[555].

O art. 2381, 3º parágrafo, estabelece que o conselho de administração determina o conteúdo, os limites e as eventuais modalidades de exercício dos poderes delegados.

Poderá tratar-se de uma delegação plena, que abarque toda a gestão, ou de uma delegação especial ou parcial, que apenas abranja uma parte da gestão. A delegação plena poderá ser fracionada, atribuindo-se individualmente aos administradores delegados uma parte de toda a gestão[556].

Em todo o caso, o art. 2381, 4º parágrafo, refere que não podem ser delegadas as seguintes atribuições: emissão de obrigações convertíveis; aumento do capital social sob delegação da assembleia; elaboração do balanço de exercício; atribuições relativas à redução do capital social; e redação de projetos de fusão e de cisão.

Existe uma querela doutrinária sobre a taxatividade ou não taxatividade do elenco de matérias indelegáveis constante do art. 2381, 4º parágrafo[557].

Há quem sustente que a gestão estratégica e a correspondente aprovação dos planos estratégicos empresariais constituem uma competência exclusiva do pleno do conselho de administração[558]. Invoca-se, sob inspiração germânica, a distinção entre alta administração e gestão executiva, correspondente à contraposição entre decisões político-estratégicas da empresa e atividade material de execução dessas decisões[559].

---

[555] Abbadessa, Pietro, "Profili topici...", pp. 491-492, n. 1, e Marulli, Marco, "La delega gestoria...", *GC*, I, 2005, pp. 103-104.

[556] Abbadessa, Pietro, "Profili topici...", pp. 494-496, 498, n. 21, e p. 501, n. 31. Questionando a admissibilidade das delegações de carácter disjuntivo, Barachini, Francesco, *La gestione...*, p. 128, n. 92.

[557] *Vide* Abbadessa, Pietro, "Profili topici...", pp. 492-493, n. 2, e Mosco, Gian Domenico, "Società di capitali...", p. 596. Apontando como matéria igualmente indelegável a cooptação de administradores, Presti, Gaetano e Rescigno, Matteo, *Corso...*, II, pp. 147-148.

[558] Barachini, Francesco, *La gestione...*, p. 197, n. 57 e pp. 203-207.

[559] Barachini, Francesco, *La gestione...*, pp. 210-212. *Francesco Barachini* invoca o pensamento de *Johannes Semler*, destacando a função de planificação empresarial. Todavia, não discute se as restantes funções apontadas por *Johannes Semler* – coordenação empresarial, controlo empresarial e nomeação do pessoal dirigente – também devem integrar a competência exclusiva do pleno do conselho de administração.

PANORAMA DOS PODERES DOS ADMINISTRADORES

Alguma doutrina considera que as matérias indelegáveis respeitam às funções de organização social, por contraposição às funções executivas de gestão da empresa social[560].

O referido art. 2381, 3º parágrafo, determina que o conselho de administração examine, quando elaborados, os planos estratégicos da sociedade. Parte da doutrina considera que está em causa uma competência de aprovação dos projetos de planos estratégicos elaborados pela sociedade. Outra parte da doutrina sustenta que está em causa uma competência de revisão de um ato já formalmente perfeito, com vista à sua eventual correção[561].

Alguma doutrina considera que é admissível a delegação do poder de controlo, nomeadamente numa comissão de controlo interno[562].

Apesar de o art. 2381 exigir uma autorização estatutária ou do conjunto dos sócios para a delegação, é na prática frequente a realização de uma repartição interna de funções pelo conselho de administração sem a referida autorização. Trata-se da chamada delegação interna, atípica ou não autorizada.

No regime anterior à reforma de 2003, a maioria da doutrina tendia a reconhecer a legitimidade de tal delegação não autorizada[563]. Apenas se restringiam os efeitos da delegação não autorizada sobre os deveres dos administradores delegantes.

Mas havia quem sustentasse que o objeto possível da delegação não autorizada não podia ser tão amplo como o objeto possível da delegação autorizada pelos sócios. A delegação não autorizada não poderia incidir sobre a esfera política da gestão social, a qual envolve a definição de estratégias e objetivos globais[564].

Com a reforma de 2003, para além da referência normativa à necessidade de autorização estatutária ou do conjunto dos sócios para a delegação, o Código Civil italiano, no seu art. 2392, 1º parágrafo, passou a conter uma outra proposição normativa com relevo para a matéria. Foi consignado que a responsabi-

---

[560] Ferri jr, Giuseppe, "L'amministrazione...", *RDComm*, I, 2003, pp. 631-636, e Barachini, Francesco, *La gestione...*, pp. 68 e 102-124, sobretudo p. 105. Antes da reforma de 2003, em termos próximos, Abbadessa, Pietro, *La gestione...*, p. 101, n. 64. Diferentemente, considerando que a delegação também podia abranger atribuições de organização social, Minervini, Gustavo, *Gli amministratori...*, p. 440.

[561] Abbadessa, Pietro, "Profili topici...", pp. 497-498, e Mosco, Gian Domenico, "Società di capitali...", p. 599, n. 32.

[562] Abbadessa, Pietro, "Profili topici...", pp. 506-507, incluindo n. 52.

[563] Borgioli, Alessandro, "La responsabilità...", *RS*, 1978, pp. 1080-1081, Allegri, Vincenzo, *Contributo...*, pp. 225-229, e Bonelli, Franco, *Gli amministratori...*, pp. 43-44, entre outros. Aparentemente também, Minervini, Gustavo, *Gli amministratori...*, p. 441. Contra, considerando inválida a decisão de delegação não autorizada pelos sócios, Pesce, Angelo, *Amministrazioni...*, pp. 105-108.

[564] Abbadessa, Pietro, *La gestione...*, pp. 97 e 105-108.

lidade solidária dos administradores é excluída quando se trate de atribuições próprias da comissão executiva ou de funções *em concreto* atribuídas a um ou vários administradores.

Uma parte minoritária da doutrina entende que a proposição normativa em causa não se refere às situações de delegação não autorizada, mas sim às situações em que existe uma autorização estatutária ou do conjunto dos sócios e em que o conselho de administração procede a uma distribuição de tarefas sem adotar uma deliberação formal[565].

A maioria da doutrina considera que, com a referência legislativa à atribuição *em concreto* de funções, o legislador pretendeu referir-se às situações de delegação não autorizada, admitindo que tivessem efeitos na configuração dos deveres dos administradores[566].

Para alguns dos defensores desta posição maioritária, coloca-se a questão de saber se o objeto possível da delegação não autorizada pelos sócios não deverá ser mais restrito do que o objeto possível da delegação autorizada pelos sócios. Defende-se que, na delegação não autorizada, o elenco de matérias indelegáveis terá que ser mais extenso. Discutem-se os limites das matérias delegáveis sem autorização dos sócios, com elevada clivagem doutrinária, face à ausência de indicações legislativas sobre o objeto da delegação não autorizada. Há quem refira que a delegação não autorizada não pode incidir sobre competências de organização estrutural e programática[567]. Há quem sustente que a delegação não autorizada apenas pode respeitar a tarefas ocasionais[568]. E surge, de novo, a perspetiva de que a delegação não autorizada não pode incidir sobre a gestão estratégica[569]. Esta última perspetiva é criticada por quem entende que a gestão estratégica constitui sempre uma competência exclusiva do pleno do conselho de administração, que não pode ser delegada quer sem autorização dos sócios, quer com autorização dos sócios[570].

No âmbito do modelo de governação dualístico de matriz germânica, o art. 2409 *novies*, 1º parágrafo, admite expressamente a delegação do poder de gestão no seio do conselho de gestão (órgão de administração executiva). Para

---

[565] Bonelli, Franco, ...*riforma delle società*, pp. 46-49, nomeadamente n. 59.

[566] Campobasso, Gian Franco e Campobasso, Mario, *Diritto commerciale...*, II, p. 371, n. 46, Presti, Gaetano e Rescigno, Matteo, *Corso...*, II, p. 149, Abbadessa, Pietro, "Profili topici...", pp. 508-511, Ferri jr, Giuseppe, "L'amministrazione...", *RDComm*, I, 2003, pp. 627-628 e 631, Di Cataldo, Vincenzo, "Problemi nuovi...", *GC*, I, Suplemento, 2004, pp. 647-650, Vassalli, Francesco, "Società di capitali...", p. 683, e Barachini, Francesco, *La gestione...*, pp. 196-202.

[567] Ferri jr, Giuseppe, "L'amministrazione...", *RDComm*, I, 2003, pp. 633-637.

[568] De Nicola, Alessandro, "Commentario...", pp. 559-561.

[569] Abbadessa, Pietro, "Profili topici...", pp. 510-511.

[570] Barachini, Francesco, *La gestione...*, p. 197, n. 57.

PANORAMA DOS PODERES DOS ADMINISTRADORES

fundamentar a opção legislativa, há quem realce que a gestão da sociedade não pode ser colegial para toda e qualquer decisão[571].

Alguns autores consideram que não é possível a criação de uma comissão executiva no modelo de governação dualístico[572]. Outros adotam a perspetiva oposta[573].

Uma parte da doutrina sustenta que nem todos os membros do conselho de gestão têm de assumir funções executivas, sendo admissível que da repartição interna de competências resulte que algum ou alguns administradores não sejam executivos[574]. Outra parte da doutrina defende que é ínsito ao modelo dualístico de matriz germânica que todos os membros do conselho de administração assumam funções executivas e que as funções não executivas sejam assumidas pelos membros do conselho de supervisão[575].

A lei não exige uma autorização estatutária ou do conjunto dos sócios para a delegação no interior do conselho de gestão[576]. Todavia, alguma doutrina equaciona a necessidade de uma autorização do conselho de supervisão (órgão de supervisão)[577].

Relativamente ao modelo de governação monístico de matriz anglo--americana, o art. 2409 *noviesdecies*, 1º parágrafo, opera uma remissão integral para o art. 2381, que estabelece o regime de delegação no interior do conselho de administração[578].

### 3.2.4. Representação

O art. 2383, 4º parágrafo, estabelece uma obrigação de inscrição registral da nomeação dos administradores, com indicação de quais os administradores a

---

[571] Bonelli, Franco, ...*riforma delle società*, p. 247, n. 344.

[572] Bonelli, Franco, ...*riforma delle società*, pp. 241-242, Ghezzi, Federico, "Commentario...", pp. 52-54, Ferri jr, Giuseppe, "L'amministrazione...", *RDComm*, I, 2003, pp. 628-629, Barachini, Francesco, *La gestione...*, p. 215, e Ferri, Giuseppe et al., *Manuale...*, 12ª ed., p. 352. Levantando dúvidas à admissibilidade de constituição de uma comissão executiva, Schiuma, Laura, "Il sistema dualístico...", pp. 721-722.

[573] Colombo, Giovanni E., "Amministrazione...", p. 191, Guaccero, Andrea, "Società di capitali...", p. 880, Campobasso, Gian Franco e Campobasso, Mario, *Diritto commerciale...*, II, p. 423, e Onza, Maurizio, "La delega...", *RS*, 2009, pp. 1126-1133.

[574] Ghezzi, Federico, "Commentario...", pp. 56-58, Guaccero, Andrea, "Società di capitali...", p. 880, e Balp, Gaia, "Commentario", pp. 30-31.

[575] Portale, Giuseppe B., *Lezioni...*, pp. 213-214.

[576] Ferri jr, Giuseppe, "L'amministrazione...", *RDComm*, I, 2003, pp. 628-629, e Onza, Maurizio, "La delega...", *RS*, 2009, pp. 1118-1126.

[577] Marulli, Marco, "La delega gestoria...", *GC*, I, 2005, pp. 98-99. Contra, Ghezzi, Federico, "Commentario...", pp. 54-55.

[578] Guaccero, Andrea, "Società di capitali...", pp. 912-913.

quem é atribuído o poder de representação, com esclarecimento sobre se o poder de representação é disjunto ou conjunto.

Trata-se de um sistema de inscrição registral nominativa dos administradores com poder de representação[579].

A atribuição do poder de representação é realizada pelos estatutos ou pela deliberação de nomeação – art. 2384, 1º parágrafo (e art. 2328, 2º parágrafo, nº 9). Os estatutos podem atribuir ao próprio conselho de administração a competência para indicar quais os administradores a quem é atribuído o poder de representação – art. 2365, 2º parágrafo.

Parece ser frequente a fixação de um regime de representação, disjunta ou conjunta, do presidente do conselho de administração e de um ou mais administradores delegados[580].

O Código Civil italiano não estabelece, de forma expressa, um regime supletivo de representação. Existe uma polémica doutrinal sobre a matéria, sustentando uns que vigora um regime supletivo de representação disjunta[581], enquanto outros consideram que vigora um regime supletivo de representação conjunta[582].

### 3.2.5. Obtenção de informação

Em situações de delegação, o art. 2381, 6º parágrafo, determina que cada administrador pode pedir aos órgãos delegados que sejam fornecidas em conselho informações sobre a gestão da sociedade.

Alguns autores realçam a indissociabilidade entre os deveres de vigilância e de intervenção e a obtenção de informação[583].

Para uma parte da doutrina, do art. 2381, 6º parágrafo, resulta, *a contrario*, que, quando existem administradores delegados, os restantes administradores não podem individualmente exigir a prestação de informações junto dos dirigentes ou proceder a atos de inspeção[584].

---

[579] Bonelli, Franco, *Gli amministratori...*, pp. 87-88, incluindo n. 2.

[580] Campobasso, Gian Franco e Campobasso, Mario, *Diritto commerciale...*, II, pp. 371 e 373, e Ferri, Giuseppe et al., *Manuale...*, 12ª ed., p. 354.

[581] Campobasso, Gian Franco e Campobasso, Mario, *Diritto commerciale...*, II, p. 373, n. 50, e Presti, Gaetano e Rescigno, Matteo, *Corso...*, II, p. 151.

[582] Abbadessa, Pietro, *La gestione...*, pp. 154-155 (representação conjunta maioritária).

[583] Dalmartello, Arturo e Portale, Giuseppe B., "I poteri...", *GC*, I, 1980, pp. 798 e 801, Giorgi, Vittorio, *Libertà...*, pp. 9-82, e Zamperetti, Giorgio Maria, *Il dovere di informazione...*, p. 327.

[584] Abbadessa, Pietro, "Profili topici...", pp. 505-506, Zamperetti, Giorgio Maria, *Il dovere di informazione...*, pp. 339-341, Bonelli, Franco, *...riforma delle società*, p. 35, n. 41, Angelici, Carlo, "Diligentia...", *RDComm*, 2006, p. 692, Ferri, Giuseppe et al., *Manuale...*, 12ª ed., p. 356, e Colombo, Giovanni E., "Amministrazione...", pp. 183-184 (salvo estipulação estatutária em sentido contrário).

PANORAMA DOS PODERES DOS ADMINISTRADORES

Uma outra parte da doutrina sustenta que, mesmo quando existem administradores delegados, cada administrador pode praticar individualmente atos de inspeção, nomeadamente examinando e controlando a documentação social[585].

Antes da reforma de 2003, alguns autores argumentavam no sentido de que a delegação de poderes de administração não implica a atribuição de uma esfera de reserva ou de sigilo a favor dos administradores delegados[586].

### 3.3. Doutrina portuguesa
### 3.3.1. Gestão, administração e representação
Em comentário à Lei de 22 de Junho de 1867, *Tavares de Medeiros* sustentava que os administradores não têm só o poder de simples administração[587].

Já no âmbito de vigência do Código Comercial de 1888 (Código Veiga Beirão), *Cunha Gonçalves* e *Adriano Anthero* faziam uso da contraposição civilística entre poder de mera administração e poder de disposição, restringindo a competência dos administradores à prática de atos de mera administração[588].

Mais tarde, em contraponto, *Almeida Langhans* criticava a posição doutrinária que restringia a competência dos administradores à prática de atos de mera administração. Na sua construção, os poderes de gerência compreendiam poderes de representação, poderes de administração e poderes de disposição[589].

Ainda antes da vigência do CSC, *Ferrer Correia* distinguiu a atuação interna dos administradores, compreendendo a orientação técnico-económica da empresa e a escrituração das operações sociais, e a atuação externa dos administradores, consistente na representação da sociedade em todos os atos jurídicos. Sustentou a recondução de tal distinção à contraposição entre administração e representação. Criticou ainda a posição doutrinária que restringia a competência dos administradores relativamente a atos de disposição[590].

---

[585] Campobasso, Gian Franco e Campobasso, Mario, *Diritto commerciale...*, II, p. 367, Giorgi, Vittorio, *Libertà...*, pp. 9-82, e Barachini, Francesco, *La gestione...*, pp. 157-158. Dubitativo, Vassalli, Francesco, "Società di capitali...", p. 680. Para uma descrição das posições doutrinárias antes da reforma de 2003, Dalmartello, Arturo e Portale, Giuseppe B., "I poteri...", *GC*, I, 1980, pp. 795-807, e Barachini, Francesco, *La gestione...*, pp. 42-56.

[586] Dalmartello, Arturo e Portale, Giuseppe B., "I poteri...", *GC*, I, 1980, p. 803.

[587] Medeiros, João Tavares de, *Commentario...*, p. 112.

[588] Nomeadamente Gonçalves, Luiz da Cunha, *Comentário...*, I, p. 420, e Anthero, Adriano, *Comentario...*, I, pp. 331-332.

[589] Langhans, F. de Almeida, "Poderes de gerência...", *ROA*, 1951, pp. 104-168.

[590] Correia, António Ferrer, *Lições...*, pp. 390-392.

Nesta linha, *Raúl Ventura* afirmava que a distinção, de origem germânica, entre administração e representação corresponde à contraposição entre as relações internas e as relações da sociedade com terceiros[591].

Após a entrada em vigor do CSC, a distinção entre poder de representação e poder de administração (ou gestão) é frequentemente operada com base na contraposição entre relações externas e relações internas[592].

Há quem sustente que o círculo de relações internas abarca não apenas a sociedade, mas também a empresa[593]. Em contraponto, há quem apenas aponte para as relações entre a sociedade e os sócios ou entre a sociedade e os órgãos[594].

Embora reiterando a contraposição entre relações internas e relações externas como critério de distinção entre o poder de administração e o poder de representação (com o esclarecimento de que a intervenção de outros órgãos prévia à atuação externa do órgão de representação constitui um poder de administração[595]), *Raúl Ventura* acrescenta que o quadro começa a sombrear-se quando se observa que a distinção não deve ser entendida como se a atuação da pessoa competente se desdobrasse em duas partes, de tal maneira que certos atos se inscrevessem na administração e outros na representação. Refere que um mesmo ato pertence às duas esferas, consoante o ponto de vista por onde for apreciado. A esfera das relações internas respeitará à questão da responsabilidade da pessoa atuante. A esfera das relações externas respeitará à eficácia do ato para o exterior[596].

Numa formulação algo próxima, em que não se convoca a questão da responsabilidade, afirma-se que um ato com relevo externo não deixa de ser também um ato de relevo interno[597].

---

[591] Ventura, Raúl, "Adaptação...", *Documentação e Direito Comparado*, nº 2, 1980, pp. 140-142.

[592] Rodrigues, Ilídio Duarte, *A administração...*, pp. 54-55, 85 e 93, Correia, Luís Brito, *Os administradores...*, pp. 57-58, Antunes, José Engrácia, *Os grupos de sociedades...*, 2ª ed., p. 635, n. 1238, Santo, João Espírito, *Sociedades...*, pp. 326-329, n. 879, e Abreu, Jorge Coutinho de, *Governação...*, 2ª ed., p. 39.

[593] Rodrigues, Ilídio Duarte, *A administração...*, pp. 54-55, 85-87 e 93, e Abreu, Jorge Coutinho de, *Governação...*, 2ª ed., p. 42. Aparentemente Peralta, Ana Maria, "Vinculação...", *Boletim da Faculdade de Direito de Bissau*, nº 2, 1993, p. 109, ao sustentar que a introdução de novas regras de fabrico de um produto corresponde a um ato de administração, que não se projeta para o exterior.

[594] Correia, Luís Brito, *Os administradores...*, p. 58, e Santo, João Espírito, *Sociedades...*, pp. 326-329, n. 879.

[595] Ventura, Raúl, *Sociedades por quotas*, III, p. 128.

[596] Ventura, Raúl, *Sociedades por quotas*, III, pp. 127-133.

[597] Martins, Alexandre de Soveral, *Os poderes...*, pp. 23-27, e Vasques, José, *Estruturas...*, p. 136. Aparentemente, Peralta, Ana Maria, "Vinculação...", *Boletim da Faculdade de Direito de Bissau*, nº 2, 1993, p. 109, ao sustentar que o mesmo ato pode implicar o exercício de ambos os poderes, oferecendo o exemplo do contrato de fornecimento de mercadorias.

PANORAMA DOS PODERES DOS ADMINISTRADORES

Numa outra perspetiva, caracteriza-se o poder de administração como uma competência de decisão, associando-se o poder de representação à execução das decisões[598].

Num entendimento diverso, o poder de gestão (ou administração) envolveria a possibilidade de decidir e de agir, em termos materiais e jurídicos, relegando-se para o poder de representação a produção de efeitos jurídicos através da atuação negocial em nome da sociedade[599].

Diversos autores adotam um conceito amplo de administração (ou gestão), que englobaria quer a atividade puramente interna dos administradores – administração ou gestão em sentido estrito –, quer a atividade de representação da sociedade perante terceiros[600]. Parte destes autores terá em mente o conjunto de competências do órgão de administração[601]. Mas há quem sustente que órgão de administração não é o único órgão competente para a administração societária, em sentido amplo, dando o exemplo dos poderes de gestão empresarial dos sócios[602].

Será pacífica a impraticabilidade nesta sede da distinção entre atos de disposição e atos de mera administração[603].

### 3.3.2. Delimitação de competências internas entre o órgão de administração e o conjunto dos sócios

Em tema de análise dos poderes do órgão de administração na sociedade anónima, merece destaque a polémica doutrinal sobre a delimitação de competências face ao conjunto dos sócios.

Trata-se de uma polémica em torno da interpretação dos arts. 373, nº 3, e 405, nº 1, do CSC, cujas proposições não são de fácil conciliação. Enquanto o

---

[598] França, Maria Augusta, *A estrutura...*, p. 38.

[599] Cordeiro, António Menezes, "Código...", art. 405, an. 2 e 4 (anteriormente, Cordeiro, António Menezes, *Da responsabilidade...*, pp. 367-370, e Cordeiro, António Menezes, *Manual...*, I, 2ª ed., pp. 794-798).

[600] Correia, Luís Brito, *Os administradores...*, p. 58, Antunes, José Engrácia, *Os grupos de sociedades...*, 2ª ed., p. 635, n. 1238, Martins, Alexandre de Soveral, *Os poderes...*, pp. 23-27 (posteriormente, Martins, Alexandre de Soveral, "A responsabilidade...", *BFDUC*, 2002, p. 366), e Abreu, Jorge Coutinho de, *Governação...*, 2ª ed., p. 39. Próximo, ao afirmar que a gestão compreende atos meramente internos e atos externos e ao reconduzir a representação à prática de atos externos que vinculam a sociedade em relação a terceiros, Ascensão, José de Oliveira, *Direito Comercial*, IV, pp. 446-447.

[601] Correia, Luís Brito, *Os administradores...*, p. 58, Martins, Alexandre de Soveral, *Os poderes...*, pp. 23-27, e Ascensão, José de Oliveira, *Direito Comercial*, IV, pp. 446-447.

[602] Abreu, Jorge Coutinho de, *Governação...*, 2ª ed., pp. 42-43.

[603] Rodrigues, Ilídio Duarte, *A administração...*, p. 56, Correia, Luís Brito, *Os administradores...*, p. 62, e Martins, Alexandre de Soveral, *Os poderes...*, pp. 22-23. Em termos semelhantes, França, Maria Augusta, *A estrutura...*, p. 36, n. 13.

art. 373, nº 3, do CSC estabelece que sobre matérias de gestão da sociedade, os acionistas só podem deliberar a pedido do órgão de administração, o art. 405, nº 1, do mesmo código refere que compete ao conselho de administração gerir as atividades da sociedade e que o conselho de administração deve subordinar-se às deliberações dos acionistas nos casos em que os estatutos o determinem.

Diversos autores defendem a imperatividade estrita do art. 373, nº 3, do CSC, considerando inadmissível a atribuição estatutária ao conjunto dos sócios de poderes em matéria de gestão[604].

Outros autores consideram que os estatutos podem, em certa medida, atribuir ao conjunto dos sócios competências em matéria de gestão[605]. Aponta-se como exemplo a possibilidade de os estatutos atribuírem ao colégio dos sócios a competência para autorizar a alienação ou oneração de imóveis[606].

---

[604] Nomeadamente Correia, Luís Brito, *Direito comercial*, III, pp. 65-66, Rodrigues, Ilídio Duarte, *A administração...*, pp. 81-83, França, Maria Augusta, *A estrutura...*, pp. 33-36 e 150-151, Figueira, Eliseu, "Disciplina jurídica...", *CJ*, 1990, p. 50, Serens, Manuel Nogueira, *Notas...*, 2ª ed., pp. 34 e 97-98, Martins, Alexandre de Soveral, *Os poderes...*, pp. 193-202 (posteriormente, Martins, Alexandre de Soveral, "A responsabilidade...", *BFDUC*, 2002, p. 367), Santo, João Espírito, *Sociedades...*, pp. 410-416, Silva, João Calvão da, "Conflito de interesses...", pp. 109-112, Silva, João Calvão da, "Acordo parassocial...", pp. 237-239 (posteriormente, Silva, João Calvão da, "Corporate governance...", *RLJ*, ano 136, 2006, p. 34, equivalente a Silva, João Calvão da, "Responsabilidade...", *ROA*, 2007, pp. 108-109, e Silva, João Calvão da, "Responsabilidade civil...", pp. 109-110), Maia, Pedro, *Função...*, pp. 137-157 (posteriormente, Maia, Pedro, "Deliberações...", 9ª ed., p. 249), Almeida, António Pereira de, "Estrutura organizatória...", pp. 107 e 111, Morais, Carlos Blanco de, "Introdução...", p. 250, Vasques, José, *Estruturas...*, pp. 69-85, e, aparentemente, Frada, Manuel Carneiro da, "Deliberações...", p. 327, Peralta, Ana Maria, "Vinculação...", *Boletim da Faculdade de Direito de Bissau*, nº 2, 1993, pp. 124-127, Ascensão, José de Oliveira, *Direito Comercial*, IV, pp. 442-445, Ramos, Maria Elisabete Gomes, "A responsabilidade de membros...", p. 79, Castro, Carlos Osório de e Castro, Gonçalo Andrade e, "A distribuição...", *O Direito*, 2005, p. 74, Domingues, Paulo de Tarso, *Variações...*, p. 295, n. 1128, e Oliveira, Ana Perestrelo de, "Os credores...", *RDS*, 2009, pp. 108-109. Já antes da entrada em vigor do CSC (referindo-se às instruções dos sócios), Correia, António Ferrer, *Lições...*, pp. 393-394. Antes da entrada em vigor do CSC, aparentemente manifestando preferência, *de jure condendo*, pela conceção moderna de concentração de poder no órgão de administração, Xavier, Vasco da Gama Lobo, *Anulação...*, pp. 348-363, n. 101.

[605] Cordeiro, António Menezes, *Sociedade anónima...*, p. 134 (posteriormente, Cordeiro, António Menezes, "Código...", art. 373, an. 5), Matos, Albino, *Constituição...*, 5ª ed., pp. 241-242, Santos, Filipe Cassiano dos, *Estrutura...*, pp. 304-310 (em relação a "atos ou conjuntos de atos determinados que os sócios entendam que têm relevo especial para o projeto empresarial da sociedade"), e, aparentemente, Guedes, Agostinho Cardoso, "A limitação...", *RDE*, 1987, pp. 146 e 152, e Olavo, Carlos, "Impugnação...", *CJ*, 1988, p. 23, n. 23.

[606] Cordeiro, António Menezes, "Código...", art. 373, an. 5.

*Engrácia Antunes* distingue a emissão de instruções, que considera absolutamente vedada, da reserva por via estatutária de poderes de decisão sobre certos assuntos, relativamente à qual não assume uma posição tão categórica[607].

*Coutinho de Abreu*, invocando a origem germânica do texto do art. 373, nº 3, do CSC, sustenta uma interpretação restritiva deste preceito, considerando que a regra de inadmissibilidade de atribuição pelos estatutos de poderes de gestão ao conjunto dos sócios apenas vale para as sociedades anónimas com organização de matriz germânica. Nas sociedades anónimas com organização tradicional ou de matriz anglo-americana será admissível a atribuição estatutária de poderes em matéria de gestão ao conjunto dos sócios[608].

### 3.3.3. Poder de representação

O art. 408, nº 1, do CSC estabelece um regime supletivo de representação conjunta maioritária, admitindo a estipulação estatutária de um regime de representação conjunta minoritária.

Parte da doutrina considera que o art. 408, nº 1, do CSC possibilita a estipulação estatutária de um regime de representação singular, através da atuação de um único administrador[609]. Outra parte da doutrina parece adotar a posição contrária[610].

### 3.3.4. Delegação do poder de administração

Em matéria de distribuição de competências de gestão ou de administração no seio do conselho de administração, a doutrina distingue o encargo especial (ou delegação restrita, delegação imprópria, entrega de matérias[611]), previsto no nº 1 do art. 407 do CSC, da delegação (ou delegação própria), prevista no nº 3 do mesmo artigo.

---

[607] Antunes, José Engrácia, *Os direitos...*, pp. 126-130 (posteriormente, Antunes, José Engrácia, *Direito das sociedades...*, pp. 112-113, n. 293, Antunes, José Engrácia, *Os grupos de sociedades...*, 2ª ed., pp. 635-636, n. 1239, Antunes, José Engrácia, "As sociedades gestoras...", *DSR*, nº 1, 2009, p. 104, e Antunes, José Engrácia, *...sociedades*, p. 294, n. 605).

[608] Abreu, Jorge Coutinho de, *Governação...*, pp. 47-55.

[609] Abreu, Jorge Coutinho de, *Curso...*, II, 3ª ed., p. 544 (também Abreu, Jorge Coutinho de, "Vinculação...", p. 1218), Martins, Alexandre de Soveral, *Os poderes...*, pp. 99-100, e Albuquerque, Rita, "A vinculação...", *O Direito*, 2007, pp. 110-111.

[610] Aparentemente, Santo, João Espírito, *Sociedades...*, pp. 489-491.

[611] Preferindo a terminologia delegação restrita, Abreu, Jorge Coutinho de, *Governação...*, p. 99 (e, aparentemente, Ventura, Raúl, *Sociedades por quotas*, III, pp. 192-193). Preferindo a terminologia delegação imprópria, Maia, Pedro, *Função...*, p. 247. Utilizando a terminologia entrega de matérias, Cordeiro, António Menezes, "Código...", art. 407, an. 2-3.

Parte da doutrina concebe o encargo especial previsto no art. 407, nº 1, do CSC como uma modalidade de delegação, implicando a atribuição de competências aos administradores encarregados[612].

Outra parte da doutrina considera que o encargo especial previsto no art. 407, nº 1, do CSC não modifica o regime de competência do conselho de administração[613], realçando que o conselho de administração continua a deliberar sobre as matérias em causa, cabendo aos administradores com o respetivo encargo especial preparar e executar as deliberações respetivas[614].

Referindo-se ao regime do encargo especial previsto no art. 407, nº 1, do CSC, uma parte da doutrina realça que é possível quer uma organização funcional de tarefas (áreas de produção, comercial, financeira, de pessoal...), quer uma organização divisional de tarefas (correspondente a uma diversidade de fábricas, produtos, linhas de montagem...)[615].

O art. 407, nº 3, do CSC possibilita quer a delegação do poder de gestão ou de administração numa comissão executiva, quer a delegação do poder de gestão ou de administração em administradores delegados.

A maioria da doutrina caracteriza a comissão executiva como um órgão colegial, que toma decisões em reuniões convocadas para o efeito, por contraposição aos administradores delegados, cuja atuação poderá ser conjunta ou singular, consoante o estipulado no ato de delegação[616].

Mas há quem considere que a comissão executiva poderá atuar de forma colegial ou de forma conjunta, por contraposição aos administradores delega-

---

[612] Ventura, Raúl, *Sociedades por quotas*, III, p. 193, Correia, Luís Brito, *Os administradores...*, pp. 288- -289, e Figueiredo, Isabel Mousinho de, "O administrador...", *O Direito*, 2005, pp. 561-562. Aparentemente, Cordeiro, António Menezes, *Manual...*, II, p. 769, e Maia, Pedro, *Função...*, pp. 248-250 (este último Autor ao referir-se ao poder individual de exercício de certas competências do conselho de administração e ao afirmar que a diferença entre a delegação imprópria e a delegação própria consiste apenas no diferente âmbito dos deveres a que os administradores não delegados ficam sujeitos). Aparentemente próximo, Rodrigues, Ilídio Duarte, *A administração...*, p. 90.

[613] Silva, João Calvão da, "Corporate governance...", *RLJ*, ano 136, 2006, pp. 35-36, e Abreu, Jorge Coutinho de, *Governação...*, pp. 99-101.

[614] Abreu, Jorge Coutinho de, *Governação...*, pp. 99-101, e Cordeiro, António Menezes, "Código...", art. 407, an. 3. Próximo, Cunha, Paulo Olavo, "Designação...", *DSR*, nº 1, 2009, p. 176, n. 26. Noutro ponto do seu discurso, *Coutinho de Abreu* refere-se à competência decisório-executiva dos administradores delegados nos termos do art. 407, nº 1, do CSC (Abreu, Jorge Coutinho de, *Governação...*, p. 105, n. 266).

[615] Abreu, Jorge Coutinho de, *Governação...*, pp. 99-100, e Correia, Luís Brito, *Os administradores...*, pp. 279-280.

[616] Rodrigues, Ilídio Duarte, *A administração...*, p. 90, Correia, Luís Brito, *Os administradores...*, p. 275, Serens, Manuel Nogueira, *Notas...*, 2ª ed., p. 78, e Silva, João Calvão da, "Corporate governance...", *RLJ*, ano 136, 2006, p. 38, n. 14. Próximo, Santo, João Espírito, *Sociedades...*, p. 419, n. 1142.

dos, cuja atuação será singular[617]. E há quem defenda que o funcionamento colegial da comissão executiva não é obrigatório[618].

Uma parte da doutrina sustenta que não é possível a coexistência de uma delegação de poderes de administração numa comissão executiva e de uma delegação de poderes de administração em administradores executivos[619]. Esta perspetiva é criticada por uma outra parte da doutrina[620].

Há quem considere que a delegação em vários administradores delegados prevista no art. 407, nº 3, do CSC não pode consistir numa repartição de pelouros, antes ficando cada administrador delegado incumbido de toda a gestão corrente[621].

*Coutinho de Abreu* adota uma interpretação restritiva da norma que atribui a faculdade de delegação de poderes – art. 407, nº 3 e nº 4, do CSC –, considerando que a delegação não pode igualmente abranger as matérias previstas nas alíneas e) e g) a j) do art. 406 do CSC[622].

É frequente a afirmação de que a delegação do poder de gestão implica um fenómeno de competência concorrente com o conselho de administração[623], podendo o conselho avocar determinadas matérias[624].

A doutrina nacional tende a admitir a criação de comissões (ou comités) no seio do conselho de administração, para lá da comissão executiva (e da comissão de auditoria, na sequência da reforma do CSC operada pelo D.L. nº 76-A/2006, de 29 de Março)[625].

---

[617] Maia, Pedro, *Função...*, pp. 260-264, n. 321.

[618] Figueiredo, Isabel Mousinho de, "O administrador...", *O Direito*, 2005, pp. 566-567.

[619] Martins, Alexandre de Soveral, *Os poderes...*, pp. 356-357.

[620] Figueiredo, Isabel Mousinho de, "O administrador...", *O Direito*, 2005, p. 565.

[621] Figueiredo, Isabel Mousinho de, "O administrador...", *O Direito*, 2005, pp. 566 e 573.

[622] Abreu, Jorge Coutinho de, *Governação...*, pp. 38-40.

[623] Abreu, Jorge Coutinho de, *Governação...*, p. 98, Rodrigues, Ilídio Duarte, *A administração...*, p. 90, Correia, Luís Brito, *Os administradores...*, p. 288, Serens, Manuel Nogueira, *Notas...*, 2ª ed., p. 78, Martins, Alexandre de Soveral, *Os poderes...*, p. 346, Martins, Alexandre de Soveral, *Os administradores...*, p. 22, n. 24, Martins, Alexandre de Soveral, "A responsabilidade...", *BFDUC*, 2002, p. 373, Ramos, Maria Elisabete Gomes, "Aspetos...", *BFDUC*, 1997, p. 249, Ramos, Maria Elisabete Gomes, *Responsabilidade civil...*, pp. 59 e 113-114, e Figueiredo, Isabel Mousinho de, "O administrador...", *O Direito*, 2005, p. 588.

[624] Utilizando o termo avocação, por exemplo, Silva, João Calvão da, "Corporate governance...", *RLJ*, ano 136, 2006, p. 37, e Cordeiro, António Menezes, "Código...", art. 407, an. 10.

[625] Abreu, Jorge Coutinho de, *Governação...*, pp. 102-106, Martins, Alexandre de Soveral, "Comissão executiva...", pp. 256 e 270-273, Câmara, Paulo, "Os modelos de governo...", pp. 193-194, e Cordeiro, António Menezes, "Código...", art. 407, an. 12.

O art. 407, n.º 1, do CSC é frequentemente indicado como base legal para a criação de comissões[626].

Com a reforma do CSC operada pelo D.L. n.º 76-A/2006, de 29 de Março, o art. 431 do CSC deixou de operar uma remissão para o regime do art. 407 do CSC[627].

Uma parte da doutrina sustenta que o regime do art. 407 do CSC não pode ser aplicado às sociedades anónimas com organização de matriz germânica[628].

Uma outra parte da doutrina rejeita a aplicação da delegação prevista no art. 407, n.º 3, do CSC às sociedades anónimas com organização de matriz germânica, sem esclarecer se admite a aplicação do regime do encargo especial previsto no art. 407, n.º 1, do CSC[629].

Uma terceira corrente doutrinal defende que é possível aplicar por analogia às sociedades anónimas com organização de matriz germânica o regime do encargo especial previsto no art. 407, n.º 1, do CSC[630].

Uma quarta corrente doutrinal considera duvidosa a possibilidade de criação de uma comissão executiva no seio do conselho de administração executivo, tendo por admissível a delegação em administradores[631].

No que respeita à natureza jurídica da posição dos administradores delegados, a doutrina nacional sustenta frequentemente que os administradores delegados e a comissão executiva são órgãos[632]. Alguma dou-

---

[626] Câmara, Paulo, "O governo das sociedades...", *CadMVM*, n.º 12, 2001, p. 49, Martins, Alexandre de Soveral, "Comissão executiva...", pp. 256 e 270-273, e Cordeiro, António Menezes, "Código...", art. 407, an. 12.

[627] No domínio da redação anterior, entendendo ser duvidosa a necessidade ou vantagem da remissão para o n.º 3 do art. 407 do CSC, Ventura, Raúl, *Novos estudos...*, p. 31 (seguido por Ramos, Maria Elisabete Gomes, *Responsabilidade civil...*, p. 57). Desta afirmação parece resultar que *Raúl Ventura* entendia que seria possível a delegação prevista n.º 3 do art. 407 do CSC e que seria possível e potencialmente vantajosa a delegação prevista n.º 1 do mesmo artigo.

[628] Câmara, Paulo, "Os modelos de governo...", p. 229, e, criticando a opção legislativa, Triunfante, Armando Manuel, *Código...*, p. 469.

[629] Silva, João Calvão da, "Corporate governance...", *RLJ*, ano 136, 2006, pp. 47 e 51, Martins, Alexandre de Soveral, "Comissão executiva...", p. 248, Cunha, Paulo Olavo, "Designação...", *DSR*, n.º 1, 2009, pp. 177-178, e Cunha, Paulo Olavo, *Direito...*, 4ª ed., pp. 751-753.

[630] Abreu, Jorge Coutinho de, *Governação...*, p. 98, n. 251*bis*.

[631] Cordeiro, António Menezes, "Código...", art. 431, an. 5.

[632] Serens, Manuel Nogueira, *Notas...*, 2ª ed., p. 78, Martins, Alexandre de Soveral, *Os poderes...*, pp. 357-362, Martins, Alexandre de Soveral, *Os administradores...*, pp. 17-21, Ramos, Maria Elisabete Gomes, "Aspetos...", *BFDUC*, 1997, p. 249, Ramos, Maria Elisabete Gomes, *Responsabilidade civil...*, pp. 59 e 113-114, e Figueiredo, Isabel Mousinho de, "O administrador...", *O Direito*, 2005, pp. 594-595. Perspetivando os administradores delegados como sub-órgãos, Correia, Luís Brito, *Os administradores...*, p. 277, e Abreu, Jorge Coutinho de, *Governação...*, p. 98, n. 250. Diferentemente, reconduzindo os administradores delegados à figura do mandato, apesar de qualificar a direção (atual conselho

trina considera que os administradores encarregados não constituem órgãos[633].

Diversas vozes sustentam que a delegação está sujeita a aceitação, implicando um contrato entre a sociedade e o administrador[634].

No que respeita à natureza jurídica do ato de delegação, há quem defina a delegação como o ato pelo qual um órgão de uma pessoa coletiva confere uma parte dos seus poderes a um ou vários membros do mesmo órgão[635]. Noutra perspetiva, caracteriza-se a delegação como uma transferência do exercício de poderes[636].

A doutrina refere-se igualmente aos reflexos do encargo especial e da delegação nos deveres dos administradores, quer relativamente aos administradores delegados ou encarregados, quer relativamente aos administradores delegantes ou não encarregados. Trata-se de posições que terei a oportunidade de descrever com maior profundidade.

### 3.3.5. Representação por administradores delegados

No que respeita à delegação de poderes de representação, prevista no art. 408, nº 2, do CSC, é frequente a afirmação de que apenas é permitida a atribuição de poder de representação na mesma medida da atribuição do poder de gestão[637].

Relativamente a sociedades anónimas com organização tradicional (ou de matriz anglo-americana), uma parte da doutrina associa a delegação do poder de representação à delegação do poder de gestão prevista no art. 407, nº 3, do CSC, rejeitando a possibilidade de delegação do poder de representação quando está em causa o encargo especial previsto no art. 407, nº 1, do CSC[638].

---

de administração) como um órgão, Langhans, F. de Almeida, "Poderes de gerência...", *ROA*, 1951, pp. 132-136 e 161-162. Perspetiva diferente também em Vasques, José, *Estruturas...*, pp. 146-147.

[633] Martins, Alexandre de Soveral, *Os poderes...*, p. 362, e Martins, Alexandre de Soveral, *Os administradores...*, p. 20.

[634] Martins, Alexandre de Soveral, *Os poderes...*, pp. 357-362, Martins, Alexandre de Soveral, *Os administradores...*, pp. 16-17, e Figueiredo, Isabel Mousinho de, "O administrador...", *O Direito*, 2005, pp. 576-578. Antes da vigência do CSC, sustentando que as tarefas especialmente atribuídas a certo administrador poderiam implicar um acordo de modificação do contrato de administração, Ventura, Raúl e Correia, Luís Brito, "Responsabilidade...", *BMJ*, nº 192, 1970, p. 93.

[635] Correia, Luís Brito, *Os administradores...*, pp. 275-277.

[636] Figueiredo, Isabel Mousinho de, "O administrador...", *O Direito*, 2005, pp. 595-599.

[637] Ventura, Raúl, *Sociedades por quotas*, III, p. 194, e Serens, Manuel Nogueira, *Notas...*, 2ª ed., p. 90.

[638] Abreu, Jorge Coutinho de, *Governação...*, p. 99, Martins, Alexandre de Soveral, *Os poderes...*, pp. 366-368, Martins, Alexandre de Soveral, *Os administradores...*, pp. 28-31, Martins, Alexandre de Soveral, "Comissão executiva...", p. 255, e Santo, João Espírito, *Sociedades...*, p. 418, n. 1141, e p. 492.

DEVER DE GESTÃO DOS ADMINISTRADORES DE SOCIEDADES ANÓNIMAS

A perspetiva oposta, que admite a delegação do poder de representação quando está em causa o encargo especial previsto no art. 407, nº 1, do CSC, é aparentemente defendida por uma outra parte da doutrina[639].

*Menezes Cordeiro* sustenta que a entrega de matérias prevista no art. 407, nº 1, do CSC *"pode ser dobrada pela concessão de poderes de representação, em moldes semelhantes aos dos representantes voluntários (procuração)"*[640].

De forma semelhante à delegação do poder de administração, a atribuição de poder de representação a administradores delegados também não afastará a competência normal de representação do órgão de administração[641].

Uma parte da doutrina sustenta que a delegação de poderes de representação, desde que possibilitada pelos estatutos, deve ser delimitada pelo conselho de administração[642].

Diversamente, uma outra parte da doutrina considera que a atribuição de poderes de representação depende da delegação de poderes de administração, sendo uma consequência estatutária automática dessa delegação de poderes de administração[643].

*Soveral Martins* considera ainda que os estatutos não podem estipular a atribuição de competência representativa a um administrador delegado em função de uma área territorial ou de determinadas matérias, apenas sendo admissível a estipulação estatutária da representação através de um ou de um número defi-

---

[639] Ventura, Raúl, *Sociedades por quotas*, III, pp. 193-194 (ao simultaneamente sustentar, relativamente às sociedades por quotas, que apenas é permitido o encargo especial e que é permitida a delegação de poderes de representação), Ventura, Raúl, *Novos estudos...*, pp. 31-32 (ao admitir a delegação de poderes de representação nas sociedades anónimas com organização de matriz germânica, criticando a hipótese de delegação própria de poderes de administração), e Correia, Luís Brito, *Os administradores...*, pp. 287-289.

[640] Cordeiro, António Menezes, "Código...", art. 407, an. 3.

[641] Correia, Luís Brito, *Os administradores...*, p. 288 (referindo-se, seguramente por lapso, à delegação de poderes por força do art. 409, em vez de se referir ao art. 408), e Martins, Alexandre de Soveral, *Os administradores...*, p. 22, n. 24, e p. 25. Aparentemente Abreu, Jorge Coutinho de, *Governação...*, pp. 97-98.

[642] Correia, Luís Brito, *Os administradores...*, p. 288, e Almeida, António Pereira de, *Sociedades...*, 5ª ed., p. 433.

[643] Martins, Alexandre de Soveral, *Os poderes...*, pp. 363-366 e 370-379, Martins, Alexandre de Soveral, *Os administradores...*, pp. 25-28, 32-34 e 40, Martins, Alexandre de Soveral, "A responsabilidade...", *BFDUC*, 2002, p. 374, Martins, Alexandre de Soveral, "Comissão executiva...", p. 255, Santo, João Espírito, *Sociedades...*, pp. 492-493, nn. 1329 e 1329a, e Figueiredo, Isabel Mousinho de, "O administrador...", *O Direito*, 2005, p. 564. Aparentemente, Cordeiro, António Menezes, "Código...", art. 407, an. 6.

nido de administradores delegados. Justifica esta solução pela necessidade de proteção dos interesses de terceiros[644].

*Espírito Santo* refere que o poder de representação dos administradores delegados não poderá abranger as matérias não delegáveis previstas no art. 407, nº 4, do CSC. Sustenta ainda que os limites ao conteúdo ou extensão do poder de representação dos administradores delegados resultantes de uma delegação menos ampla do poder de administração não são oponíveis a terceiros[645].

Antes da reforma do CSC operada pelo D.L. nº 76-A/2006, de 29 de Março, *Raúl Ventura* defendia a possibilidade de delegação do poder de representação no seio do órgão de administração executiva das sociedades anónimas com organização de matriz germânica[646].

Após esta reforma, várias vozes consideram inadmissível a delegação do poder de representação no seio do conselho de administração executivo[647].

### 3.3.6. Obtenção de informação

A doutrina nacional maioritária sustenta que, quer em situações de existência de uma delegação de poderes, quer em situações de ausência de uma delegação de poderes, os administradores têm poderes individuais de inspeção e poderes individuais de obtenção de informação[648].

Realça-se que os poderes individuais de obtenção de informação jogam quer no confronto com os administradores delegados, quer no confronto com os trabalhadores da sociedade[649].

---

[644] Martins, Alexandre de Soveral, *Os poderes...*, pp. 369-370 (incluindo n. 709) e 379-381, e Martins, Alexandre de Soveral, *Os administradores...*, pp. 31-32.

[645] Santo, João Espírito, *Sociedades...*, pp. 492-493, n. 1329.

[646] Ventura, Raúl, *Novos estudos...*, p. 32.

[647] Martins, Alexandre de Soveral, "Da personalidade...", 9ª ed., p. 121, n. 57, e Triunfante, Armando Manuel, *Código...*, p. 469.

[648] Ventura, Raúl, *Estudos...*, p. 536, e Maia, Pedro, *Função...*, pp. 265-273. Relativamente a situações de delegação de poderes, Silva, João Calvão da, "Corporate governance...", *RLJ*, ano 136, 2006, pp. 37-38, e Figueiredo, Isabel Mousinho de, "O administrador...", *O Direito*, 2005, p. 587. Em termos genéricos, Frada, Manuel Carneiro da, "A business...", p. 207.
Em sentido divergente, aparentemente, Cordeiro, Catarina Pires, "Algumas considerações...", *O Direito*, 2005, p. 111. Referindo que os administradores que integram a comissão de auditoria não dispõem de poderes individuais de fiscalização, Neves, Rui de Oliveira, "O administrador...", pp. 189 e 193-194.

[649] Maia, Pedro, *Função...*, p. 269, n. 324.

### 3.4. Posição adotada

### 3.4.1. Poder de administração e poder de representação
### – poderes de representação orgânica interna e externa

Na estrutura da legislação societária são atribuídos aos administradores de sociedades anónimas essencialmente dois poderes (ou competências): o poder de gestão e o poder de representação – arts. 405 e 431 do CSC.

Ao referir-se a outros tipos societários, o CSC contrapõe ao poder de representação o poder de administração. Vejam-se os seus arts. 192, nº 1, e 252, nº 1, relativos à sociedade em nome coletivo e à sociedade por quotas, aplicáveis por remissão à sociedade em comandita simples. No que respeita à sociedade em comandita por ações é aplicável o regime da sociedade anónima.

Partilho a perspetiva de que o poder de representação corresponde a um poder de atuação externa, perante terceiros, e de que o poder de administração (ou gestão) corresponde a um poder de atuação interna ou inter-orgânica, perante os restantes órgãos (órgãos em sentido amplo, enquanto elementos da organização[650]).

A distinção entre administração (ou gestão) e representação corresponde à contraposição entre atuação orgânica perante outros órgãos – atuação inter-orgânica – e atuação orgânica perante terceiros, que, como tive a oportunidade de explicar, conheceu o seu desenvolvimento na sequência do pensamento de *Otto von Gierke*. Recorde-se a distinção gierkiana entre o ordenamento jurídico em geral (*Individualrecht*) e o ordenamento específico da pessoa coletiva (*Sozialrecht*).

A contraposição civilística entre poder de (mera) administração e poder de disposição não tem nesta sede qualquer relevo.

Em minha opinião, o poder de administração (ou gestão) constitui, em rigor, um poder normativo de representação orgânica interna. E o poder de representação constitui, em rigor, um poder normativo de representação orgânica externa. Ambos consistem em poderes normativos de representação da sociedade. O primeiro respeita à representação orgânica interna, perante os restan-

---

[650] Remeto para a distinção que tive a oportunidade de realizar entre órgão em sentido restrito, enquanto centro autónomo de imputação subjetiva dos efeitos de normas jurídicas no interior da organização (órgão como subjetividade jurídica), e órgão em sentido amplo, enquanto elemento da organização, englobando a pessoa física que integra a organização e o órgão em sentido restrito. Serão órgãos em sentido restrito os órgãos deliberativos. Serão órgãos em sentido amplo as pessoas físicas que integram a organização (incluindo os membros dos órgãos deliberativos) e os órgãos deliberativos.

PANORAMA DOS PODERES DOS ADMINISTRADORES

tes órgãos (em sentido amplo, enquanto elementos da organização). O segundo respeita à representação orgânica externa, perante terceiros[651].

Esta perspetiva decorre das considerações que tive a oportunidade de tecer sobre a natureza da representação orgânica, sobre o conceito de órgão, sobre a imputação definitiva à pessoa coletiva, inclusivamente nas relações inter-orgânicas, e sobre a configuração da esfera jurídica das pessoas que integram a organização.

Os exemplos da autorização integrativa e da instrução[652] entre órgãos (em sentido amplo) ajudam a confirmar esta caracterização do poder de administração como um poder normativo de representação orgânica (interna). A autorização integrativa e a instrução são frequentes nas relações inter-orgânicas, sendo enquadráveis no denominado poder de administração. A autorização integrativa e a instrução constituem negócios jurídicos. Na perspetiva que adoto, a autorização integrativa e a instrução nas relações inter-orgânicas constituem negócios jurídicos representativos orgânicos. Consequentemente, o poder de administração manifestado numa autorização integrativa ou numa instrução constitui um poder de representação (interna).

Em matéria de representação voluntária, o conceito de terceiro é utilizado para significar a contraparte no negócio representativo. Em matéria de representação orgânica, o conceito de terceiro pode ser utilizado com dois significados. Por um lado, pode significar a contraparte no negócio representativo – terceiro no sentido amplo. Por outro, pode significar a contraparte no negócio representativo que não constitua um órgão no sentido amplo – terceiro no sentido restrito. No exercício do poder de representação interna (poder de administração), a contraparte no negócio representativo é um órgão. Trata-se de um terceiro no sentido amplo, enquanto contraparte no negócio representativo. No exercício do poder de representação externa (poder de representação *tout court*), a contraparte no negócio representativo é um terceiro que não constitua um órgão. Trata-se de um terceiro no sentido restrito, enquanto contraparte no negócio representativo que não constitui um órgão.

Esta última análise permite evidenciar que o poder de representação externa (poder de representação *tout court*) é delimitado por exclusão face ao poder de representação interna (poder de administração). O poder de representação externa consiste no poder de representação orgânica que não tem como contraparte no negócio representativo um órgão.

---

[651] Destaco Dalmartello, Arturo, *I rapport...*, pp. 9 e 135-148.
[652] Remeto para as referências anteriores à natureza da autorização integrativa e à natureza da instrução (ordem).

Utilizarei ao longo da exposição as expressões poder normativo de representação orgânica interna (ou competência interna) e poder normativo de representação orgânica externa (ou competência externa) como sinónimas das expressões poder de administração (ou gestão) e poder de representação.

Rejeito a perspetiva que reconduz o poder de administração a uma permissão (*Dürfen*), por contraposição ao poder de representação (externa), que respeitaria à questão da possibilidade (*Können*) de produção de efeitos jurídicos.

Quer o poder de representação, quer o poder de administração constituem, na perspetiva que adotei, poderes normativos. Decorrem de normas de poder. Respeitam à questão da eficácia da atuação jurídica. Ambos atribuem a possibilidade (*Können*) de produção de efeitos jurídicos.

Recordo, mais uma vez, as anteriores referências ao poder normativo (ou à competência normativa) e à norma de poder (ou de competência), bem como a autonomia face à imposição (ou à permissão) normativa e à norma de conduta impositiva (ou permissiva).

Recordo que utilizei diversos argumentos para fundamentar a autonomia entre o poder normativo e a imposição (ou a permissão) normativa, com destaque, sob inspiração de *Herbert Hart*, para a ideia de diversidade de consequências jurídicas. A consequência jurídica das normas que atribuem o poder de representação reside na eficácia ou ineficácia da atuação negocial; não reside na licitude ou ilicitude da atuação negocial.

Assim, a questão da eficácia da atuação externa do órgão de administração é nomeadamente regulada no art. 409, nº 1, do CSC, enquanto a questão da eficácia da atuação interna é nomeadamente abordada no art. 411 do CSC. Já o problema da licitude da atuação, quer externa, quer interna, do órgão de administração é objeto nomeadamente dos arts. 64 e 72 do CSC.

A qualificação do poder de administração como uma permissão (*Dürfen*) implicaria a não distinção entre a norma que regula a eficácia da atuação interna dos administradores e a norma que regula a licitude da atuação dos administradores. Joga-se nomeadamente a necessidade de distinguir o problema da invalidade das deliberações do conselho de administração dos problemas da responsabilidade civil e da destituição pela atuação ilícita dos administradores.

Concluo no sentido de que o poder normativo de representação orgânica interna (poder de administração), tal como o poder normativo de representação orgânica externa (poder de representação), não respeita à questão da permissão de conduta (*Dürfen*), mas sim à questão da possibilidade (*Können*) de atuação eficaz.

Assente que quer o poder de representação (poder normativo de representação orgânica externa), quer o poder de administração (poder normativo de

PANORAMA DOS PODERES DOS ADMINISTRADORES

representação orgânica interna) respeitam à questão da possibilidade (*Können*) de atuação eficaz e que não respeitam à questão da permissão de atuação (*Dürfen*), importa reconhecer que tais poderes têm âmbitos diferentes, apresentando um diferente grau de autonomia face ao dever gestório[653].

Recordo que tive a oportunidade de distinguir a questão da autonomia entre poder normativo e imposição normativa da questão do grau de autonomia entre poder normativo e imposição normativa.

O poder de representação (poder normativo de representação orgânica externa) e o poder de administração (poder normativo de representação orgânica interna) são ambos autónomos face ao dever gestório, mas são caracterizados por diferentes graus de autonomia face a esse dever gestório.

Relativamente ao poder de representação (poder normativo de representação orgânica externa), o art. 409, nº 1, do CSC estabelece que as limitações constantes dos estatutos ou resultantes de deliberações dos sócios (ou resultantes de deliberações de outros órgãos, acrescento[654]) não afetam a vinculação da sociedade perante terceiros.

Trata-se de um regime imposto pela transposição do art. 9º da Primeira Diretiva (Diretiva 68/151/CEE do Conselho, de 9 de Março de 1968, publicada no JO L65, de 14.3.1968; atualmente, art. 10 da Diretiva 2009/101/CE do Parlamento Europeu e do Conselho, de 16 de Setembro de 2009, publicada no JO L258, de 1.10.2009) e cuja origem remonta ao referido art. 231 do Código Comercial Alemão (*Allgemeine Deutsche Handelsgesetzbuch* – ADHGB) de 1861.

Relativamente ao poder de administração (poder normativo de representação orgânica interna), o seu âmbito é nomeadamente delimitado pelo objeto social, enquanto descrição do ponto nevrálgico da atividade social, tal como definido nos estatutos.

Terei a oportunidade de tecer mais algumas considerações sobre a delimitação quer do poder de representação (poder normativo de representação orgânica externa), quer do poder de administração (poder normativo de representação orgânica interna).

---

[653] Reporto-me ao tipo da sociedade anónima. Relativamente às sociedades em nome coletivo e em comandita simples os traços do poder de representação (poder normativo de representação orgânica externa) são diferentes.

[654] O regime de ineficácia (nulidade) previsto no art. 397, nº 2, do CSC será uma exceção, estabelecendo uma limitação ao poder normativo de representação orgânica externa dos administradores. Recordo a associação da figura do poder normativo (poder jurídico) à questão de eficácia (ou validade) jurídica. Estará em jogo uma autorização integrativa do poder de representação externa (negócio jurídico unilateral, com eficácia institutiva, que suprime uma limitação ao poder normativo de representação orgânica externa).

Em todo o caso, reitero que não pretendo realizar uma análise exaustiva dos poderes dos administradores.

Não desenvolverei, nomeadamente, o tema dos limites do poder de administração (poder normativo de representação orgânica interna) e da ineficácia (em sentido lato, incluindo a invalidade) dos negócios jurídicos e das decisões inter-orgânicos (art. 411 do CSC).

Rejeito a perspetiva que reconduz o poder de representação à possibilidade de praticar negócios jurídicos e o poder de administração, por contraposição, à possibilidade de praticar atos jurídicos não negociais – poder de administração como poder de decidir.

Repare-se que a autorização integrativa e a instrução nas relações inter--orgânicas constituem negócios jurídicos[655]. Não haverá dúvidas de que correspondem ao exercício do poder de administração; não correspondem ao exercício do poder de representação externa.

Quer o poder de representação (poder normativo de representação orgânica externa), quer o poder de administração (poder normativo de representação orgânica interna) traduzem-se, em primeiro lugar, na possibilidade de praticar negócios jurídicos em nome da sociedade.

Partilho a perspetiva de que, em geral, o poder de representação também pode compreender a possibilidade de praticar atos jurídicos que não são tradicionalmente qualificados como negócios jurídicos, tais como atos de aproveitamento de direitos, atos de cumprimento de deveres e atos possessórios[656].

---

[655] Relativamente à autorização integrativa, recorde-se que a caracterizei, na esteira de alguma doutrina germânica, como um negócio jurídico. Relativamente à instrução, realço que optei por reconduzir os tradicionalmente denominados atos jurídicos quase-negociais à categoria do negócio jurídico. Mesmo quem não reconduza a instrução à categoria do negócio jurídico, não poderá deixar de reconhecer que produz efeitos jurídico-negociais (efeitos jurídicos conformes ao seu significado – performatividade jurídica).

[656] Neste sentido, Cordeiro, António Menezes, *Tratado...*, I, tomo IV, p. 28, e Wolff, Hans Julius, *Organschaft...*, II, pp. 289-294. Neste sentido, relativamente ao poder de representação dos administradores, Ventura, Raúl, *Sociedades por quotas*, III, p. 191, e Albuquerque, Rita, "A vinculação...", *O Direito*, 2007, p. 106, n. 6. O ponto é discutível. Com indicações doutrinárias e jurisprudenciais, diferenciando os negócios jurídicos, os atos jurídicos quase-negociais, os atos jurídicos reais e as condutas ilícitas, Schramm, Karl-Heinz, "Münchener...", 5ª ed., § 164, Rn. 4-8, e Schilken, Eberhard, "Staudingers...", 13ª ed., Vor §§ 164 ff, Rn. 38-40. Como resulta de considerações anteriormente tecidas, creio que os delitos (ou, em termos mais genéricos, as condutas ilícitas) não fazem parte desta equação. As respostas para os restantes problemas em jogo são condicionadas pela conceção de negócio jurídico que se adote. Remeto para as anteriores referências à natureza do negócio jurídico e à distinção entre negócio jurídico, ato jurídico quase-negocial e ato jurídico não-negocial, com destaque para a ideia de performatividade jurídica e para o pensamento de *Ferreira de Almeida*. Recordo que tendo a reconduzir ao universo do negócio jurídico os tradicionalmente denominados

PANORAMA DOS PODERES DOS ADMINISTRADORES

Recorde-se que adotei uma conceção estrutural de representação, pelo que entendo que esta perspetiva de amplo recorte do poder de representação respeita não apenas à representação voluntária, mas também à representação orgânica.

Sendo assim, concluo no sentido de que quer o poder de representação (poder normativo de representação orgânica externa), quer o poder de administração (poder normativo de representação orgânica interna) se podem traduzir igualmente na possibilidade de praticar atos jurídicos que não são tradicionalmente qualificados como negócios jurídicos[657].

Aprofundando a descrição do poder de administração (poder normativo de representação orgânica interna), na sequência desta última conclusão, tecerei dois comentários.

O primeiro comentário para reiterar que o poder de administração (poder normativo de representação orgânica interna) se traduz, por vezes, na possibilidade de praticar negócios jurídicos inter-orgânicos. Já tive a oportunidade de apontar a autorização integrativa e a instrução como exemplos de possíveis negócios jurídicos inter-orgânicos. Acrescento agora os exemplos da delegação[658] e da avocação.

---

atos jurídicos quase-negociais. Realço agora que os atos em relação aos quais a doutrina e jurisprudência germânicas tendem a aplicar o regime da representação são, em grande medida, atos com alguma performatividade jurídica (isto é, em que se verifica alguma conformidade entre o seu significado e os efeitos jurídicos que lhes são associados), o que aponta, de acordo com o critério que perfilhei, para a sua recondução ao universo do negócio jurídico... Em todo o caso, relativamente aos atos que não podem, de todo, ser reconduzidos ao universo do negócio jurídico, reitero que partilho a perspetiva genérica que tende a admitir que possam ser exercidos por um representante.

[657] Face a esta perspetiva de amplo recorte do poder de representação orgânica, dispenso-me de aprofundar a descrição dos poderes dos administradores em função dos problemas de qualificação de determinados atos como negócios jurídicos ou como atos jurídicos não-negociais.
Como exemplo de ato jurídico real cuja qualificação como negócio jurídico é discutível aponto o abandono (qualificando o abandono como negócio jurídico, Duarte, Rui Pinto, ...direitos reais, 2ª ed., p. 54, e Coelho, Francisco Manuel Pereira, A renúncia..., pp. 14, 16-17 e 31-32; qualificando-o como "negócio de atuação da vontade", Mesquita, Manuel Henrique, Obrigações reais..., pp. 365-371, Fernandes, Luís Carvalho, "Da renúncia...", pp. 577-578, e, de forma semelhante, Telles, Inocêncio Galvão, Manual dos contratos..., 4ª ed., p. 127; qualificando-o como ato jurídico, Lima, António Pires de e Varela, João Antunes, Código..., III, 2ª ed., p. 125, Almeida, Carlos Ferreira de, Texto..., p. 254, e Cordeiro, António Menezes, Tratado..., II, tomo II, p. 687). Nesta sede é particularmente interessante o problema da admissibilidade de negócios jurídicos com eficácia possessória (Duarte, Rui Pinto, Tipicidade..., p. 51, e Cordeiro, António Menezes, A posse..., 3ª ed., p. 77).
[658] Terei a oportunidade de tecer mais algumas considerações sobre a figura da delegação, distinguindo, por um lado, as situações em que a delegação respeita ao poder de administração (poder normativo de representação orgânica interna) e as situações em que a delegação respeita ao poder de representação (poder normativo de representação orgânica externa) e, por outro lado, as

O segundo comentário para reconhecer que, outras vezes, o poder de administração (poder normativo de representação orgânica interna) não se traduz na possibilidade de praticar negócios jurídicos, mas sim na mera possibilidade de adotar uma decisão, enquanto ato jurídico não negocial, sem performatividade jurídica. Em todo o caso, realço que, quando está em causa a execução da decisão por outro órgão, tenderá a não existir uma simples decisão sem performatividade jurídica, mas sim um negócio jurídico de instrução[659]. E acrescento que, do ponto de vista prático – de aplicação do direito –, não interessa tanto compreender as situações de mera adoção de uma decisão, sem performatividade jurídica, mas sim as situações de prática de negócios jurídicos inter-orgânicos, com performatividade jurídica, e o correspondente regime de ineficácia jurídico-negocial interna (art. 411 do CSC).

Rejeito a perspetiva que explica o poder de administração através do conceito de atividade gestória (*Geschäftsbesorgung*).

Como terei a oportunidade de aprofundar, a atividade gestória do administrador constitui uma prestação. Respeita a uma imposição normativa (dever), decorrente de uma norma de imposição (modalidade de norma de conduta). Reitero que quer o poder de administração, quer o poder de representação constituem poderes normativos, decorrentes de normas de poder (ou de competência).

Recordando a referência às situações jurídicas complexas (poder-dever) que associam uma imposição normativa e um poder normativo, realço que a atividade gestória dos administradores está associada não apenas ao poder de administração, mas também ao poder de representação. A imposição normativa gestória dos administradores está associada quer a um poder normativo de representação interna, quer a um poder normativo de representação externa.

Reitero que o manuseamento de situações jurídicas complexas descritivas da associação de um poder normativo a uma imposição normativa deve ser extremamente cuidadoso, dada a referida possibilidade de desfasamento entre o âmbito de atuação competente e o âmbito de atuação devida (eficácia apesar da ilicitude), realçando que este desfasamento pode ocorrer quer em matéria de competência externa (eficácia da atuação externa apesar da ilicitude), quer em matéria de competência interna (eficácia da atuação interna apesar da ilicitude).

Finalizo a análise da distinção entre o poder de administração e o poder de representação referindo que partilho a perspetiva de que o poder de direção

---

situações em que a declaração negocial de delegação tem como declaratário um órgão e as situações em que a declaração negocial de delegação tem como declaratário um terceiro.

[659] Voltarei a este ponto, quando analisar o paradigma da dissociação entre decisão e execução na distribuição de competências no seio do órgão de administração da sociedade anónima.

PANORAMA DOS PODERES DOS ADMINISTRADORES

dos trabalhadores, com destaque para o poder de dar instruções aos trabalhadores executivos (diretores) que exercem funções junto do órgão de administração, corresponde ao exercício do poder de representação (poder normativo de representação orgânica externa)[660].

Os trabalhadores não são órgãos[661], pelo que a relação com os trabalhadores não constitui uma relação interna ou inter-orgânica, mas sim externa, perante terceiros.

Considero que o regime do art. 409, nº 1, do CSC (e do art. 9º da Primeira Diretiva; atualmente, art. 10 da Diretiva 2009/101/CE) é aplicável a todos os aspetos da relação jurídica com os trabalhadores. Não apenas à contratação e à cessação da relação laboral, mas também ao poder de direção do empregador. Uma instrução (ordem) dirigida a um trabalhador que extravase o objeto social é eficaz, sem prejuízo da eventual aplicação do nº 2 do referido art. 409 do CSC. Em princípio, o trabalhador que executa uma instrução que extravasa o objeto social atua no cumprimento do seu dever de prestação, tal como configurado pela (eficaz) instrução.

Repare-se que as sanções disciplinares e o despedimento do trabalhador podem ter por fundamento o incumprimento de uma instrução (em rigor, da prestação de serviço tal como configurada pela instrução), pelo que parece incorreto cindir as matérias do poder disciplinar e do poder de despedimento do empregador, por um lado, e do poder de direção do empregador, por outro, reconduzindo-as respetivamente ao exercício do poder de representação (poder normativo de representação orgânica externa) e ao exercício do poder de administração (poder normativo de representação orgânica interna).

### 3.4.2. Poderes de representação orgânica de conteúdo genérico e de conteúdo específico

Para além dos referidos poderes (ou competências) genéricos de representação e de administração, a lei atribui ou possibilita a atribuição aos administradores

---

[660] Neste sentido, como já tive a oportunidade de referir, Mertens, Hans-Joachim, "Kölner...", 2ª ed., § 78, Rn. 3. Enquadrando a formação de trabalhadores no exercício do poder de representação externa, Acórdão do Supremo Tribunal de Justiça de 26.4.95 (Raul Mateus), publicado em BMJ 446-302.

[661] Recordo que associei a organicidade à titularidade de um poder normativo de representação orgânica. Recordo igualmente que caracterizei a representação orgânica pela indispensabilidade e, sobretudo, pela inerência ao regime estatutário da pessoa coletiva ou da pessoa coletiva rudimentar. Volto a desvalorizar, também nesta parte da exposição, as situações em que a representação orgânica e a organicidade não surgem no âmbito do regime das pessoas coletivas ou das pessoas coletivas rudimentares, como o referido caso da atuação negocial orgânica deliberativa em situações de contitularidade.

de diversos poderes (ou competências) específicos. Pense-se no poder de aumentar o capital social – art. 456 do CSC – ou no poder de requerer a inscrição no registo da fusão – art. 111 do CSC.

Estes poderes (ou competências) específicos podem ser reconduzidos quer ao poder (ou competência) de representação interna, quer ao poder (ou competência) de representação externa. A divisão entre poder de administração (poder normativo de representação orgânica interna) e poder de representação (poder normativo de representação orgânica externa) é exaustiva, abarcando todos os poderes orgânicos.

Sintetizando, diria que o poder normativo de representação orgânica decompõe-se num poder normativo de representação orgânica interna (poder de administração) e num poder normativo de representação orgânica externa (poder de representação). Trata-se de poderes normativos de representação orgânica de conteúdo genérico (poderes genéricos). Estes poderes normativos de representação orgânica de conteúdo genérico (poderes genéricos) integram alguns poderes normativos de representação orgânica de conteúdo específico (poderes específicos).

Recordando, mais uma vez, a referência às situações jurídicas complexas (poder-dever) que associam uma imposição normativa e um poder normativo, realço, desde já, que esta contraposição entre poderes normativos de representação orgânica de conteúdo genérico (poderes genéricos) e poderes normativos de representação orgânica de conteúdo específico (poderes específicos) tem paralelo na situação jurídica passiva dos administradores. É igualmente possível distinguir entre uma imposição normativa de conteúdo genérico (dever de gestão, na terminologia que sustentarei) e imposições normativas de conteúdo específico (deveres específicos). De novo em paralelo com os poderes dos administradores, é possível sustentar que as imposições normativas de conteúdo específico (deveres específicos) são aspetos parcelares da imposição normativa de conteúdo genérico (dever de gestão). Terei a oportunidade de aprofundar este último aspeto.

### 3.4.3. Distribuição de poderes de representação orgânica interna e externa

A organização de uma pessoa coletiva (ou pessoa coletiva rudimentar), desde que não seja constituída por um único órgão (em sentido amplo[662]), implica um

---

[662] Recorde-se que associei representação orgânica e organicidade, caracterizando órgão (em sentido amplo) pela titularidade de um poder normativo de representação orgânica. E recorde-se que sustentei que este conceito de órgão (em sentido amplo) abarca quer o centro autónomo de imputação subjetiva dos efeitos de normas jurídicas no interior da organização (órgão no sentido restrito, órgão como subjetividade jurídica), quer a pessoa física que integra a organização.

problema de distribuição de poderes (ou de competências) normativos de representação orgânica[663].

A delimitação de poderes normativos de representação orgânica (ou de competências) na organização de uma pessoa coletiva é caracterizada por um aspeto de reciprocidade. A competência atribuída a um órgão tende a delimitar negativamente as competências dos restantes órgãos e vice-versa. Ressalvo os espaços de competência concorrente.

Numa organização simples, constituída por um único órgão (em sentido amplo), o poder de representação orgânica concentra-se nesse único órgão. Não há relações inter-orgânicas. Consequentemente, não existe poder de representação orgânica interna, mas apenas poder de representação orgânica externa.

Numa organização complexa, com mais do que um órgão (em sentido amplo), ocorrem relações inter-orgânicas. Consequentemente, é possível distinguir o poder de representação orgânica interna do poder de representação orgânica externa.

Numa organização complexa não é necessário que todos os órgãos sejam dotados de poder de representação orgânica externa. É até frequente uma tendência de concentração do poder de representação orgânica externa num único órgão. Em contraposição, todos os órgãos são necessariamente dotados de um poder de representação orgânica interna.

Concebo a distinção entre poder normativo de representação interna (poder de administração ou competência interna) e poder normativo de representação externa (poder de representação *tout court* ou competência externa) como uma distinção analítica que atravessa todos os órgãos de uma organização complexa.

As sociedades anónimas têm uma organização complexa. A história da anónima é, aliás, marcada por uma crescente complexidade organizacional[664].

Tal complexidade organizacional dita a existência de relações inter-orgânicas. Na sociedade anónima verifica-se a referida distinção analítica entre poder normativo de representação interna (poder de administração ou competência interna) e poder normativo de representação externa (poder de representação *tout court* ou competência externa), que perpassa por todos os seus órgãos.

---

[663] Realçando que *"todos os órgãos são deliberativos e, embora em menor medida, que todos os órgãos podem ser representativos"*, Ventura, Raúl, *Sociedades comerciais...*, II, pp. 147-149. Referindo-se à distribuição de competências, por exemplo, Abreu, Jorge Coutinho de, *Governação...*, p. 47, Antunes, José Engrácia, *Direito das sociedades...*, pp. 92-93, e, noutros quadrantes, Wiedemann, Herbert, *Gesellschaftsrecht*, I, pp. 307-354.

[664] Duarte, Rui Pinto, *...sociedades*, p. 48.

Assim, na sociedade anónima, em relação a qualquer órgão, e não apenas em relação ao órgão de administração, coloca-se a possibilidade de distinguir entre o poder normativo de representação interna e o poder normativo de representação externa. Todos os órgãos da sociedade anónima são necessariamente dotados de um poder de representação orgânica interna, mas nem todos têm que ser dotados de poder de representação orgânica externa.

Na sociedade anónima, as competências internas e as competências externas são sobretudo distribuídas pelo conjunto dos sócios e pelos órgãos de administração ou gestão (conselho de administração e conselho de administração executivo), de fiscalização (conselho fiscal e comissão de auditoria) e de supervisão (conselho geral e de supervisão)[665].

A função de supervisão traduz-se em algo mais do que a função de fiscalização, dadas sobretudo as possíveis competências de designação/destituição dos administradores executivos[666] e de autorização integrativa para a prática de determinados atos. Relativamente à competência de autorização integrativa do órgão de supervisão, quer se realce a sua natureza de instrumento de fiscalização preventiva, quer se realce a sua natureza de instrumento de participação na gestão estratégica empresarial, não haverá dúvidas que supera as competências dos órgãos de fiscalização.

Ressalvo que no seio dos referidos órgãos – conjunto dos sócios e órgãos de administração, fiscalização e supervisão –, quando são constituídos por mais do que um membro, existem algumas competências atribuídas ao órgão deliberativo (enquanto subjetividade jurídica ou centro autónomo de imputação subjetiva dos efeitos de normas jurídicas no interior da organização) e existem outras competências atribuídas aos seus membros (órgãos singulares, enquanto elementos da organização[667]).

Ressalvo ainda que há competências atribuídas a outros órgãos, que assumem papéis de menor relevo, como o presidente da mesa da assembleia geral – arts. 374 e ss. do CSC[668] –, o secretário da sociedade – art. 446-B do CSC – ou o representante especial – art. 76 do CSC.

---

[665] Na nomenclatura e na inerente caracterização funcional dos principais órgãos da sociedade anónima, com destaque para a distinção entre fiscalização e supervisão, sigo Duarte, Rui Pinto, ...sociedades, pp. 41-48, nomeadamente n. 81. Próximo, na autonomização das funções do conselho geral e de supervisão, Silva, João Calvão da, "Corporate governance...", RLJ, ano 136, 2006, p. 50.

[666] Referindo-se à competência de suspensão dos administradores executivos, Acórdão do Supremo Tribunal de Justiça de 16.5.00 (Silva Paixão), publicado em BMJ 497-396.

[667] Recorde-se que sustentei que o conceito de órgão (em sentido amplo) abarca quer o centro autónomo de imputação subjetiva dos efeitos de normas jurídicas no interior da organização (órgão no sentido restrito, enquanto subjetividade jurídica), quer a pessoa física que integra a organização.

[668] Cordeiro, António Menezes, Sociedade anónima..., p. 80.

PANORAMA DOS PODERES DOS ADMINISTRADORES

A distribuição do poder de representação pelos diversos órgãos da sociedade anónima, com enfoque na distribuição do poder de administração (poder normativo de representação orgânica interna) entre o conjunto dos sócios e o órgão de administração, implica sempre uma tensão estrutural entre democracia e eficácia de gestão.

Ressalvo que a palavra democracia não está a ser aqui utilizada no seu sentido preciso. Basta pensar que a ideia de um voto por pessoa não vigora nas sociedades anónimas. O voto é antes atribuído em função da participação económica. As sociedades anónimas são plutocracias[669]. Em rigor, estará em jogo uma tensão estrutural entre plutocracia não oligárquica[670] e eficácia de gestão. Por razões de facilidade de expressão, utilizarei o termo democracia.

A democracia aponta no sentido do reforço do poder de representação do conjunto dos sócios. A eficácia de gestão aponta no sentido do reforço do poder de representação do órgão de administração.

A eficácia de gestão pode apontar no sentido da designação indireta do órgão de administração (estratificação orgânica). A democracia aponta no sentido da designação direta do órgão de administração pelo conjunto dos sócios.

A eficácia de gestão aponta no sentido do reforço do poder de representação do órgão de administração face ao órgão de supervisão. A democracia aponta no sentido aposto.

Ainda em sede de distribuição de competências merece destaque o problema da distribuição de competências no seio do órgão de administração da sociedade anónima.

A adoção de modelos de governação não se reduz à escolha de uma das estruturas de administração, fiscalização e supervisão elencadas no art. 278 do CSC (estruturas essas em número bastante elevado, após a reforma introduzida pelo D.L. nº 76-A/2006, de 29 de Março[671]). Gostaria de enfatizar que a adoção de modelos de governação compreende opções de distribuição de competências internas e externas no seio do órgão de administração.

O problema da distribuição de competências no seio do órgão de administração da sociedade anónima releva da referida tensão estrutural entre demo-

---

[669] Abreu, Jorge Coutinho de, *Do abuso de direito...*, p. 116, Abreu, Jorge Coutinho de, *Curso...*, II, 3ª ed., pp. 79-83, Antunes, José Engrácia, *A aquisição...*, p. 75, e Duarte, Rui Pinto, *O ensino...*, pp. 116 e 199 (utilizando o termo democracia entre aspas).

[670] Referindo-se à sociedade anónima como uma instituição plutocrático-oligárquica e apontando para a "desoligarquização", Abreu, Jorge Coutinho de, "Notas sobre o poder...", p. 353.

[671] Cordeiro, António Menezes, *Manual...*, II, pp. 759-761, e Duarte, Rui Pinto, *...sociedades*, p. 172, n. 195.

cracia e eficácia de gestão[672]. A eficácia de gestão pode apontar no sentido da criação de uma comissão executiva (estratificação orgânica). A democracia aponta no sentido da não delegação de poderes numa comissão executiva. A eficácia de gestão aponta no sentido do reforço do poder de representação interna e externa da comissão executiva face ao conselho de administração. A democracia aponta no sentido aposto.

Mas gostaria de realçar que o problema da distribuição de competências no seio do órgão de administração da sociedade anónima assume mais variáveis. Destacaria algumas.

Uma variável reside na dissociação entre decisão e execução[673]. A separação entre poder de representação interna e poder de representação externa no seio do órgão de administração tem a grande vantagem de possibilitar a adoção de modelos de governação que compatibilizem uma ampla discussão interna com a eficácia da atuação externa.

A exata compreensão desta variável requer, em minha opinião, três aprofundamentos.

Um primeiro aprofundamento para reforçar a ideia de que, ao contrário das situações de identidade do decisor e do executor, as situações de dissociação do decisor e do executor implicam a existência de um negócio jurídico unilateral de instrução[674]. Tive a oportunidade de caracterizar a instrução como um negócio jurídico unilateral, com eficácia obrigacional, praticado no exercício de um poder normativo, que gera uma imposição normativa para o instruído. A dissociação entre decisão e execução na distribuição de competências no seio do órgão de administração traduz-se, do ponto de vista jurídico-negocial, na conjugação de um negócio jurídico de instrução com um negócio jurídico de execução.

---

[672] Enfatizando a função de filtragem de poder que decorre da delegação de poderes no seio do conselho de administração, Maia, Pedro, *Função...*, *passim*, com destaque para pp. 253-254, n. 314.

[673] Apontando a dissociação entre decisão e execução como uma linha de força da divisão de tarefas no seio da direção, Mertens, Hans-Joachim, "Kölner...", 2ª ed., § 77, Rn. 4, 9, 17, 27 e 38. Dissociando igualmente decisão e execução, mas reconduzindo-as à distinção entre deliberação e execução da deliberação, realçando a possibilidade de fixação de regimes diferentes para uma e outra, nomeadamente um regime de unanimidade para a deliberação e um regime de atuação singular para a execução da deliberação, Kort, Michael, "Großkommentar...", 4ª ed., § 77, Rn. 5, e Kort, Michael, "Vertretungs- und Geschäftsführungsbefugnis...", Rn. 84-85. Próximo, o já citado Campobasso, Gian Franco e Campobasso, Mario, *Diritto commerciale...*, II, p. 374. Enfatizando a função ponderadora do método colegial, Abreu, Jorge Coutinho de, *Governação...*, pp. 106-109.

[674] Referindo-se ao poder de instrução em sede de delegação de poderes no interior do órgão de administração, o suíço Böckli, Peter, "Konvergenz...", p. 212.

PANORAMA DOS PODERES DOS ADMINISTRADORES

Repare-se que as instruções podem apresentar diversos graus de concretização. Algumas serão mais pontuais; outras serão mais genéricas. Os planos estratégicos empresariais constituem instruções genéricas[675].

Um segundo aprofundamento para realçar que a execução de decisões pode pontualmente relevar do poder de representação interna, implicando uma atividade inter-orgânica. Assim, é equacionável que a execução de uma instrução orgânica dê azo a uma outra instrução perante um terceiro órgão. Todavia a apontada dissociação entre decisão e execução tende a significar a conjugação de um negócio jurídico de instrução, ao nível da competência interna, com um negócio jurídico de execução, ao nível da competência externa.

Um terceiro aprofundamento para realçar que a ideia de decisão precedida de ampla discussão interna convoca, do ponto de vista jurídico-negocial, a figura da declaração negocial deliberativa (ou a figura da declaração negocial conjunta, caso se opte pela regra da unanimidade, o que será menos frequente e menos funcional). Já a ideia de eficácia da atuação externa convoca as figuras da declaração negocial singular ou da declaração negocial conjunta (caso se opte pela atuação externa simultânea de duas ou mais pessoas).

Realizados estes três aprofundamentos, concluo no sentido de que a dissociação entre decisão e execução na distribuição de competências no seio do órgão de administração é paradigmaticamente caracterizada pela conjugação de uma declaração negocial deliberativa de instrução, ao nível da competência interna, com uma declaração negocial singular ou conjunta de execução, ao nível da competência externa.

Outra variável reside na diferente importância das matérias em jogo, a justificar que sejam equacionáveis diversos equilíbrios na distribuição de competências no seio do órgão de administração da sociedade anónima. Da leitura conjugada do nº 2 e do nº 4 do art. 407 do CSC resulta que, em sede de distribuição da competência interna no seio do órgão de administração, o legislador distingue três níveis de importância das matérias em jogo. Algumas matérias são absolutamente indelegáveis. Outras são delegáveis sob autorização estatutária. Outras ainda são delegáveis salvo proibição estatutária.

Outra variável reside na conjugação da distinção entre competência interna e competência externa, que possibilita a referida dissociação entre decisão e execução, com os diversos níveis de importância das matérias em jogo.

---

[675] Referindo que as instruções dirigidas pela sociedade diretora à sociedade subordinada podem ter um carácter mais geral, dando como exemplo o estabelecimento de planos anuais ou plurianuais de atividade social, Ventura, Raúl, *Novos estudos...*, p. 118.

Quanto a esta última variável merece destaque o problema da distribuição de competências em matérias que envolvem interação com trabalhadores. Como tive a oportunidade de referir, partilho a perspetiva de que o poder de direção dos trabalhadores, com destaque para o poder de dar instruções aos trabalhadores executivos (diretores) que exercem funções junto do órgão de administração, corresponde a um poder de representação externa. A tarefa de instruir os trabalhadores tende a ter uma importância reduzida e tende a reclamar um acompanhamento diário e a consequente dedicação profissional exclusiva. Qual o regime de distribuição do poder de representação externa adequado? Será de adotar um regime de atuação conjunta ou um regime de atuação singular? Caso se opte por um regime de atuação singular, será de fixar um regime geral de representação externa singular ou antes um regime pontual de representação externa singular, através de atos de delegação? Será admissível operar uma distribuição do poder de representação externa em função das matérias ou da espécie de instrução dirigida aos trabalhadores? Qual o regime de correspondente competência interna adequado? Será de adotar um modelo de identidade do decisor e do executor ou antes um modelo de dissociação do decisor e do executor?

Creio que estas considerações me permitem, desde já, realçar que a liberdade de estipulação na distribuição de competências no seio do órgão de administração da sociedade anónima constitui um vetor essencial à (boa) governação societária.

### 3.4.4. Significados dos termos gestão e administração

Ao longo da exposição, utilizei os termos gestão e administração em diferentes contextos, com diversos significados. Importa identifica-los.

Como tive a oportunidade de referir, no regime da sociedade anónima (e no regime da sociedade em comandita por ações), o legislador contrapõe à expressão poder de representação a expressão poder de gestão. No regime dos restantes tipos societários, o legislador contrapõe à expressão poder de representação a expressão poder de administração. Neste contexto de contraposição face ao poder de representação, as expressões poder de gestão e poder de administração são sinónimas, ambas significando poder de representação orgânica interna (ou competência interna).

Os termos gestão e administração também surgem como sinónimos noutro contexto – o da distribuição de competências orgânicas (distribuição do poder de representação orgânica). Recordo a contraposição entre órgãos de administração ou gestão, órgãos de fiscalização e órgãos de supervisão.

Acrescento que os termos gestão e administração têm outro significado, individualizando o dever de prestação gestória dos administradores. Terei a

PANORAMA DOS PODERES DOS ADMINISTRADORES

oportunidade de sustentar, no próximo capítulo, que sobre os administradores incide um dever de gestão, admitindo, como sinónima, a utilização da expressão dever de administração. Referirei igualmente que os termos fiscalização e supervisão individualizam o dever de prestação gestória dos membros dos correspondentes órgãos.

Nos dois últimos contextos, os termos gestão e administração descrevem o poder-dever orgânico de um dos órgãos da sociedade – o órgão de administração (ou gestão). Joga-se a caracterização funcional dos órgãos, que sustentei corresponder a uma delimitação de poderes-deveres orgânicos. Em contraponto, no primeiro contexto, os termos gestão e administração identificam a parcela interna do poder normativo de qualquer órgão. Está em causa a distinção analítica entre poderes orgânicos internos e poderes orgânicos externos, que percorre todos os órgãos numa organização complexa.

Tive a oportunidade de referir que, na doutrina nacional, é frequente a individualização de dois conceitos de administração (ou gestão). No sentido restrito, a administração respeitaria à atividade interna, contrapondo-se à representação. No sentido amplo, o conceito de administração abarcaria a representação e a administração em sentido estrito. Em comentário crítico, diria que o conceito de administração (ou gestão), enquanto poder-dever orgânico de um dos órgãos da sociedade, não abarca os conceitos de administração (ou gestão) e representação, enquanto poderes de representação orgânica interna e externa. Esta última distinção analítica percorre todos os órgãos numa organização complexa. O poder-dever orgânico dos outros órgãos da sociedade também envolverá poderes de representação orgânica interna e externa.

A expressão gestão corrente é utilizada pelo art. 407, nº 3, do CSC como critério de delimitação de competências do conselho de administração face à comissão executiva ou aos administradores delegados.

O legislador nacional utiliza a expressão gestão corrente para abordar o problema da distribuição de competências internas no interior do órgão de administração da sociedade anónima, reservando o termo gestão para o problema da distribuição de competências internas entre o órgão de administração e os restantes órgãos da sociedade anónima.

A querela doutrinária germânica sobre o conceito de direção (*Leitung*), que tive a oportunidade de descrever, é marcada pelo facto de o legislador germânico não ter utilizado conceitos distintos para abordar estes dois problemas. A doutrina germânica confronta-se com um dilema insolúvel. A tese de que o conceito de direção se reduz à atividade de alta direção e de condução estratégica, não abarcando a gestão corrente, é uma boa solução para o problema da distribuição de competências internas no interior do órgão de administração, mas é uma solução insustentável para o problema da distribuição de competências internas entre o órgão de administração e os restantes órgãos (na medida em que o conselho de supervisão não terá seguramente competências em matéria de gestão corrente). A tese de que o conceito de direção abarca a gestão corrente adequa-se ao problema da distribuição de competências internas entre o órgão de administração e os restantes órgãos, mas não resolve o problema da distribuição de competências internas no interior do órgão de administração. Os dois problemas reclamam conceitos distintos, como pressentiu o legislador nacional.

Prossigo com um breve aprofundamento da descrição do poder de representação (poder normativo de representação orgânica externa) e do poder de administração (poder normativo de representação orgânica interna) dos administradores.

### 3.4.5. Poder de representação

O poder de representação (poder normativo de representação orgânica externa) dos administradores não é exclusivo, mas sim tendencialmente exclusivo[676].

Diversas normas atribuem pontualmente poder de representação a outros órgãos. Pense-se nomeadamente nos casos previstos no art. 76 (representante especial na ação social de responsabilidade do administrador), no art. 391, nº 1, 2ª parte (eleição de administradores pelo conjunto dos sócios), no art. 420, nº 1, alínea l) (contratação de peritos pelo fiscal único ou pelo conselho fiscal), no art. 425, nº 1 (eleição de administradores executivos pelo conselho geral e de supervisão ou pelo conjunto dos sócios), no art. 435, nº 1, 2ª parte (eleição de membros do conselho geral e de supervisão pelo conjunto dos sócios), no art. 443 (poderes de representação de membros do conselho geral e de supervisão), ou no art. 446-B, nº 1, alínea l) (promoção do registo de atos sociais pelo secretário da sociedade), todos do CSC.

Os arts. 405, nº 2, e 431, nº 2, do CSC devem ser interpretados no sentido da atribuição genérica de poder de representação aos administradores.

A afirmação de exclusividade constante dos arts. 405, nº 2, e 431, nº 2, do CSC deve ser interpretada restritivamente, de forma a ser compatibilizada com os casos de atribuição legal de poder de representação a outros órgãos. Esta afirmação de exclusividade significa antes a impossibilidade de atribuição estatutária de poder de representação a outros órgãos. Este aspeto resulta igualmente do art. 409, nº 1, do CSC.

---

[676] Abreu, Jorge Coutinho de, *Curso...*, II, 3ª ed., p. 540 (também Abreu, Jorge Coutinho de, "Vinculação...", p. 1214).

PANORAMA DOS PODERES DOS ADMINISTRADORES

Já tive a oportunidade de realçar que o poder de representação não é limitado pelos estatutos ou por deliberações de outros órgãos, por força do art. 409, nº 1, do CSC, imposto pela transposição do art. 9º da Primeira Diretiva (atualmente, art. 10 da Diretiva 2009/101/CE) e cuja origem remonta ao art. 231 do Código Comercial Alemão (*Allgemeine Deutsche Handelsgesetzbuch* – ADHGB) de 1861.

Recordo que, em capítulo anterior, ao analisar a natureza da situação jurídica poder de representação, fiz referência à tendência histórica de definição legal de um âmbito (ou espaço) de atuação competente mais amplo do que o âmbito (ou espaço) de atuação devida. Ofereci alguns exemplos de tal tendência histórica, entre os quais o regime de representação pelos administradores de sociedades por ações estabelecido pelo referido Código Comercial Alemão de 1861. Referi que tal tendência histórica era ditada não apenas por razões de tutela do terceiro, mas essencialmente por razões de funcionalidade do próprio instituto da representação.

A definição legal do âmbito do poder de representação (poder normativo de representação orgânica externa) dos administradores de sociedades anónimas e a consequente inadmissibilidade de delimitação estatutária ou por deliberações de outros órgãos obedecem a esta tendência histórica.

Acrescento que a concentração tendencial do poder de representação (poder normativo de representação orgânica externa) num único órgão também tem por fundamento a proteção do terceiro e a funcionalidade do instituto da representação orgânica[677].

O regime supletivo de exercício do poder de representação (poder normativo de representação orgânica externa) impõe a atuação através de declarações negociais conjuntas pela maioria dos administradores – art. 408, nº 1, do CSC (relativamente a sociedades anónimas com organização de matriz germânica, por remissão do art. 431, nº 3, do CSC). Se existir um único administrador, o poder de representação será exercido através de declarações negociais singulares.

Os estatutos podem fixar um regime de atuação através de declarações negociais conjuntas por uma minoria dos administradores – art. 408, nº 1, do CSC.

Partilho a perspetiva de que os estatutos podem fixar um regime de atuação através de declarações negociais singulares. A referência no art. 408, nº 1, do

---

[677] Afirmando que a concentração do poder de representação num único órgão tem justificação na segurança jurídica no tráfico e na natureza da pessoa coletiva (natureza da *Körperschaft*), Lehmann, Karl, *Das Recht...*, II, pp. 282-283.

CSC a *"um número menor"* de administradores não é incompatível com o número um. Penso que não existem motivos para limitar neste aspeto a liberdade de estipulação estatutária.

Terei a oportunidade de analisar o regime de delegação do poder de representação (poder normativo de representação orgânica externa) previsto no art. 408, nº 2, do CSC.

Os administradores e os administradores executivos, enquanto pessoas físicas, constituem órgãos em sentido amplo, na medida em que são dotados de poder de representação (poder normativo de representação orgânica externa) da sociedade. Recordo a distinção entre órgão em sentido amplo e órgão em sentido estrito. Este último traduz-se numa subjetividade jurídica (centro autónomo de imputação subjetiva dos efeitos de normas jurídicas no interior de uma organização), sendo de reconduzir aos órgãos deliberativos. Aquele compreende os órgãos em sentido estrito e todas as pessoas físicas dotadas de poder de representação orgânica (interna ou externa).

As declarações negociais conjuntas ou singulares dos administradores e dos administradores executivos são imputadas à sociedade.

### 3.4.6. Poder de administração

Diferentemente do poder de representação (poder normativo de representação orgânica externa), o poder de administração (poder normativo de representação orgânica interna) tende a ser partilhado de forma mais intensa pelos diversos órgãos. Tal acontece em todos os tipos de sociedades comerciais. É certo que na sociedade anónima, em comparação com outros tipos de sociedades comerciais, o órgão de administração tem um poder de administração (poder normativo de representação orgânica interna) mais amplo. Mas, em todo caso, verifica-se igualmente na sociedade anónima uma partilha intensa do poder de administração pelos diversos órgãos.

Focando a análise no equilíbrio entre o poder de administração (poder normativo de representação orgânica interna) do conjunto dos sócios e o poder de administração (poder normativo de representação orgânica interna) do órgão de administração no tipo legal da sociedade anónima, teceria três comentários.

O primeiro comentário para realçar que a história da sociedade anónima revela diversos equilíbrios entre democracia[678] e eficácia de gestão, que se traduziram em evoluções na distribuição do poder de administração (competência

---

[678] Ressalvo, de novo, que a palavra democracia não está a ser aqui utilizada no seu sentido preciso. Em rigor, joga-se o equilíbrio entre plutocracia não oligárquica e eficácia de gestão.

PANORAMA DOS PODERES DOS ADMINISTRADORES

interna) entre o conjunto dos sócios e o órgão de administração. À concentração do poder de administração no órgão de administração das companhias coloniais seguiu-se um reforço do poder de administração do conjunto dos sócios nas leis e códigos liberais, abandonado com a conceção dita moderna da sociedade anónima, de que a Lei das Sociedades por Ações (*Aktiengesetz* – AktG) germânica de 1937 constitui um marco histórico[679]. O afastamento da ideia de democracia através da AktG 1937 foi inclusivamente assumido por alguma doutrina germânica contemporânea[680].

O segundo comentário, para realçar que esta tendência dita moderna de reforço do poder de administração (competência interna) do órgão de administração da sociedade anónima, com prevalência da ideia de eficácia de gestão face à ideia de democracia, está nomeadamente associada a um movimento de crescente dispersão das ações, que ocorreu de forma mais precoce e mais intensa em países com economias de mercado desenvolvidas, com destaque para os Estados Unidos da América. Recorde-se a teorização da separação entre "propriedade" e "controlo" (*ownership and control*) nas sociedades abertas realizada por *Adolf A. Berle* e *Gardiner C. Means* no início da década de 30 do século passado[681].

---

[679] Destaco Abreu, Jorge Coutinho de, *Governação...*, pp. 43-47, Abreu, Jorge Coutinho de, "Notas sobre o poder...", pp. 339-342, Abreu, Jorge Coutinho de, *Curso...*, II, 3ª ed., pp. 77-83, Antunes, José Engrácia, *Direito das sociedades...*, pp. 111-115, incluindo notas, e Antunes, José Engrácia, "Os hedge funds...", pp. 58-61. *Vide* ainda, por exemplo, Cordeiro, António Menezes, *Da responsabilidade...*, pp. 73-105, Cordeiro, António Menezes, *Manual...*, I, 2ª ed., pp. 49-142, Cordeiro, António Menezes, *Manual...*, II, pp. 465-510, Correia, Luís Brito, *Os administradores...*, pp. 77-142, Duarte, Rui Pinto, *...sociedades*, pp. 81-178, Rodrigues, Ilídio Duarte, *A administração...*, pp. 25-30, Marcos, Rui Manuel de Figueiredo, *As companhias...*, *passim*, Maia, Pedro, *Função...*, pp. 31-133, Serens, Manuel Nogueira, *Notas...*, 2ª ed., pp. 7-11, Antunes, José Engrácia e Torres, Nuno Pinheiro, "The portuguese...", pp. 159-186, Gepken-Jager, Ella, "Verenigde...", pp. 41-81, e Harris, Ron, "The english...", pp. 217-247. Com enfoque no problema dos grupos societários, Antunes, José Engrácia, *Liability...*, pp. 99-104 e 149-152.

[680] Geßler, Ernst, "Vorstand...", *Juristische Wochenschrift*, 1937, pp. 497-498.

[681] Berle, Adolf A. e Means, Gardiner C., *The modern corporation...*, 2ª ed., nomeadamente pp. 5-10 (onde se realça o elevado grau de separação entre a propriedade e controlo nas sociedades abertas). Mas o fenómeno de dispersão acionista e a sua teorização são antigos, como apontam, entre nós, Abreu, Jorge Coutinho de, *Da empresarialidade...*, pp. 236-240, e Duarte, Rui Pinto, *...sociedades*, pp. 71-77, e, noutros quadrantes, Jensen, Michael C. e Meckling, William H., "Theory of the firm...", *Journal of Financial Economics*, 1976, pp. 305-307 e 327, Dooley, Michael P. e Veasey, E. Norman, "The role of the board...", *The Business Lawyer*, 1988, pp. 524-525 e Cross, Frank B. e Prentice, Robert A., *Law...*, p. 123, sendo frequentemente destacado o nome de *Adam Smith*. Outra voz marcante é a de Galbraith, John Kenneth, *The new...*, 2ª ed., nomeadamente pp. 45-85.
A intensificação do fenómeno de dispersão das ações prosseguiu nos Estados Unidos da América, pelo menos, até ao final dos anos setenta do século passado (Blair, Margaret M., *Ownership...*, pp. 28-48, *maxime* p. 30). O posterior desenvolvimento de mecanismos de intensa alavancagem

Repare-se que é este fenómeno de crescente dispersão das ações que se encontra na origem da tendência de criação de regimes específicos para a sociedade anónima aberta.

O terceiro comentário para acrescentar que o problema do equilíbrio entre o poder de administração (competência interna) do conjunto dos sócios e o poder de administração (competência interna) do órgão de administração não pode deixar de ser pensado em função da diversidade de tipos legais e sociológicos[682]. O enquadramento dogmático de tais equilíbrios e a interpretação das normas em jogo deverá, na medida do possível, refletir a diversidade de realidades subjacentes – sociedade anónima aberta *versus* sociedade anónima fechada... Terei a oportunidade de retomar este aspeto.

Como interpretar as proposições que atribuem ao conselho de administração e ao conselho de administração executivo a competência exclusiva de gestão – arts. 373, nº 3, 405, nº 1, 406 e 431, nº 1, do CSC?

Subscrevo a crítica à ideia de recondução do conceito de gestão às medidas mais estruturais ou fundamentais. O elenco de competências legais do conjunto dos sócios compreende diversas medidas estruturais ou fundamentais, tais como as fusões, as cisões, as transformações, as alterações estatutárias... A jurisprudência germânica iniciada com a decisão *Holzmüller*, sobre competências não escritas do conjunto dos sócios, confirma igualmente esta perspetiva. É preci-

---

financeira possibilitou alguns fenómenos de concentração de ações. A crise financeira do início do século terá limitado, no imediato, tal alavancagem financeira.

[682] A mesma ideia de análise da estrutura orgânica em função da diversidade de tipos legais e sociológicos pode ser confrontada em Doralt, Peter, "Die Unabhängigkeit...", pp. 45-50, e Abbadessa, Pietro, *La gestione...*, p. 53. Penso que no mesmo sentido apontam as considerações tecidas por Xavier, Vasco da Gama Lobo, "Relatório...", *BFDUC*, 1986, pp. 450 e 461-468, Antunes, José Engrácia, *Direito das sociedades...*, p. 106, n. 280, Antunes, José Engrácia, *...sociedades*, p. 30, Abreu, Jorge Coutinho de, *Curso...*, II, 3ª ed., p. 71, Vasconcelos, Pedro Pais de, *A participação...*, 2ª ed., pp. 45-54, e Cunha, Paulo Olavo, *Direito...*, 4ª ed., pp. 90-93. Referindo-se às sociedades anónimas fechadas, Serens, Manuel Nogueira, *Notas...*, 2ª ed., p. 6, e Maia, Pedro, "Tipos...", 9ª ed., p. 39. Referindo-se à diferenciação de tipos (sociológicos) de sociedades por ações, mas recusando uma diferenciação tipológica de regimes legais, Kort, Michael, "Großkommentar...", 4ª ed., Vor § 76, Rn. 67-69.
Neste contexto, realço que o art. 26 da Proposta de Regulamento sobre a Sociedade Privada Europeia, apresentada pela Comissão em 25.6.2008 – COM (2008) 396 final –, prevê uma ampla liberdade de estipulação estatutária das competências do órgão de administração e do conjunto dos sócios. Ressalvo, seguindo de novo *Pinto Duarte*, que a *Societas Privata Europaea*, tal como vem sendo esboçada, tem traços que a aproximam quer da sociedade anónima, quer da sociedade por quotas (Duarte, Rui Pinto, "A *societas privata...*", *DSR*, nº 1, 2009, pp. 73-76). Assim, poderá estar mais em jogo a elasticidade do tipo da sociedade por quotas, do que a elasticidade do tipo da sociedade anónima. Nesta linha, por exemplo, Hommelhoff, Peter e Teichmann, Christoph, "Eine GmbH für Europa...", *GmbHR*, 2008, p. 897.

PANORAMA DOS PODERES DOS ADMINISTRADORES

samente o carácter estrutural ou fundamental de determinadas medidas que leva a jurisprudência germânica a "alargar" o poder de representação interna do conjunto dos sócios.

Repare-se que as decisões estruturais ou fundamentais da competência do conjunto dos sócios são frequentemente decisões de estratégia empresarial. Pense-se no exemplo da fusão. Consequentemente, considero que não é a ideia de estratégia empresarial, só por si, que constituirá o critério de delimitação da competência interna do conselho de administração e do conselho de administração executivo[683].

Penso que as normas que atribuem ao conselho de administração e ao conselho de administração executivo a competência exclusiva de gestão têm por finalidade essencial a salvaguarda da *iniciativa* do conselho de administração e do conselho de administração executivo[684]. A existência de um centro de iniciativa estratégica é indispensável à boa gestão empresarial.

Creio que a salvaguarda da iniciativa do órgão de administração joga mais com a limitação da competência dos restantes órgãos para emitirem instruções dirigidas aos administradores, do que com uma limitação da competência dos restantes órgãos para emitirem autorizações integrativas[685]. As instruções são mais nocivas à salvaguarda da iniciativa do órgão de administração do que as

---

[683] Considerações semelhantes em Abreu, Jorge Coutinho de, *Governação...*, p. 40, Abeltshauser, Thomas, *Leitungshaftung...*, pp. 28-48, e Buonaura, Vincenzo Calandra, *Gestione...*, pp. 106-113. Referindo que a necessidade de autorização prevista no art. 442, nº 1, do CSC implica uma corresponsabilidade ativa do conselho geral e de supervisão na direção estratégica da empresa, Silva, João Calvão da, "Corporate governance...", *RLJ*, ano 136, 2006, p. 47.

[684] Recordo as referências à ideia de iniciativa em tema de caracterização da competência e da função do órgão de administração em Hommelhoff, Peter, *Die Konzernleitungspflicht...*, pp. 169-170, Meyer-Landrut, Joachim, "Großkommentar...", 3ª ed., § 76, Anm. 2 (já antes, Schmidt, Walter e Meyer-Landrut, Joachim, "Großkommentar...", 2ª ed., § 70, Anm. 10), Semler, Johannes, *Die Überwachungsaufgabe...*, p. 86, Semler, Johannes, *Leitung...*, 2ª ed., p. 53, Fleischer, Holger, "Zur Leitungsaufgabe...", *ZIP*, 2003, pp. 2-3, Doralt, Peter, "Die Unabhängigkeit...", pp. 33-34, Hopt, Klaus e Roth, Markus, "Großkommentar...", 4ª ed., § 111, Rn. 28, 84-90, 557 e 640, e Abeltshauser, Thomas, *Leitungshaftung...*, pp. 33 e 35.
No pensamento económico, referindo-se à separação entre a iniciativa dos executivos e o controlo de outros intervenientes como explicação para o sucesso do modelo da sociedade aberta, Fama, Eugene F. e Jensen, Michael C., "Separation...", *Journal of Law and Economics*, 1983, pp. 301-325. Diversamente, considerando que a esfera de competência inderrogável dos administradores respeita mais ao momento de execução do que ao momento de decisão, Abbadessa, Pietro, *La gestione...*, pp. 63-64.

[685] Penso que não estarei longe de Antunes, José Engrácia, *Os direitos...*, pp. 127-128. E provavelmente de Cordeiro, António Menezes, "Código...", art. 373, an. 5, pois dá o exemplo da estipulação de uma autorização integrativa, ao admitir a atribuição estatutária de poderes de gestão aos sócios.

DEVER DE GESTÃO DOS ADMINISTRADORES DE SOCIEDADES ANÓNIMAS

autorizações integrativas. Enquanto a instrução constitui uma interferência ativa e de conteúdo positivo na iniciativa dos administradores, a negação de uma autorização integrativa constitui uma interferência meramente passiva e de conteúdo negativo. A instrução implica iniciativa própria; a autorização integrativa traduz-se no controlo da iniciativa alheia.

Recordo que tive a oportunidade de caracterizar a instrução (ordem) como um negócio jurídico unilateral, com eficácia obrigacional, que gera uma imposição normativa para o instruído. Recordo que caracterizei a autorização integrativa como um negócio jurídico unilateral, com eficácia institutiva[686], que suprime uma limitação a um poder normativo do autorizado.

Na franja ficará a figura do conselho ou recomendação (*Beratung, Empfehlung*)[687]. Como tive a oportunidade de referir, do ponto de vista da teoria do negócio jurídico, o conselho será um ato performativo sem eficácia jurídica obrigacional, cuja função comunicativa é de recomendação, distinguindo-se claramente da instrução (ordem), pois não gera deveres para a contraparte. Todavia, do ponto de vista da prática societária, o aconselhamento pode implicar algum condicionamento da iniciativa do conselho de administração e do conselho de administração executivo... Numa perspetiva de análise económica do direito, a função de aconselhamento dos administradores não executivos e dos membros do órgão de supervisão é apontada como um elemento relevante para a eficácia dos modelos de governação societária[688].

Neste contexto, penso que dos referidos arts. 373, nº 3, 405, nº 1, 406 e 431, nº 1, do CSC decorre que o conjunto dos sócios, relativamente a todos os modelos de organização, e que o conselho geral e de supervisão, no que respeita ao modelo de organização de matriz germânica, não têm competência para emitir instruções dirigidas aos administradores e aos administradores executivos.

A exclusão da competência para emitir instruções dirigidas aos administradores e aos administradores executivos constitui um corolário básico da referida ideia de salvaguarda da sua iniciativa.

---

[686] Utilizo aqui a contraposição entre negócios jurídicos com eficácia obrigacional e negócios jurídicos com eficácia institutiva de Almeida, Carlos Ferreira de, *Texto...*, pp. 454-456.

[687] Kort, Michael, "Großkommentar...", 4ª ed., § 76, Rn. 43, e Hopt, Klaus e Roth, Markus, "Großkommentar...", 4ª ed., § 111, Rn. 61-63, 84, 288-300 e 578.

[688] Discutindo a função de aconselhamento no confronto (e na concorrência...) entre o modelo de organização de matriz germânica e o modelo de organização de matriz anglo-americana, Adams, Renée B. e Ferreira, Daniel, "A theory of friendly boards", in *ECGI Working Paper Series in Finance*, 2005, *passim*. Opto por não desenvolver o tema da função de aconselhamento dos administradores não executivos e dos membros do órgão de supervisão.

No mesmo contexto, realço que o desenvolvimento jurisprudencial da competência interna do conjunto dos sócios, na linha da jurisprudência germânica iniciada com a decisão *Holzmüller*, se baseia na figura da autorização integrativa.

Não pretendo aprofundar o tema dos limites da competência interna injuntiva do conjunto dos sócios.

Ainda no contexto da contraposição entre instruções e autorizações integrativas como limites à iniciativa do órgão de administração, realço que o art. 442, nº 1, do CSC estabelece, relativamente a sociedades anónimas com organização de matriz germânica, a possibilidade de estipulação estatutária[689] da necessidade de autorização integrativa do conselho geral e de supervisão para a adoção de determinados atos pelo conselho de administração executivo.

Acompanho a perspetiva de que a estipulação estatutária da necessidade de autorização pelo conselho geral e de supervisão deve ser limitada, por confronto com o art. 431, nº 1, do CSC, não sendo admissível a estipulação da necessidade de autorização pelo conselho geral e de supervisão para a prática de todos os

---

[689] Na sua redação inicial, o art. 442, nº 1, do CSC estabelecia que o próprio conselho geral e de supervisão poderia estabelecer a necessidade de autorização integrativa. Após a vigência do D.L. nº 76-A/2006, de 29 de Março, apenas passou a ser possível a estipulação estatutária de tal necessidade. Apontando vantagens para esta alteração legislativa, Câmara, Paulo, "Os modelos de governo...", p. 228, e Câmara, Paulo, "...a reforma...", p. 118. Aparentemente crítico, Bandeira, Paulo Fernando, "Princípios...", *Boletim da Ordem dos Advogados*, nº 41, 2006, p. 31.
Em contraponto ao nosso atual regime, o § 111 IV 2 AktG estabelece que a imposição da necessidade de autorização integrativa pode ser estipulada pelos estatutos ou deliberada pelo próprio conselho de supervisão. Poderá inclusivamente tratar-se de uma deliberação *ad hoc*, respeitante a um concreto ato, nomeadamente quando o conselho de supervisão entende que tal ato poderá causar um prejuízo à sociedade (Semler, Johannes, "Münchener...", 2ª ed., § 111, Rn. 408, e Hopt, Klaus e Roth, Markus, "Großkommentar...", 4ª ed., § 111, Rn. 594-597). Como tive a oportunidade de referir, a faculdade prevista no § 111 IV 2 AktG constitui um instrumento de fiscalização preventiva. Recordo ainda que, por força da TransPuG de 19.7.2002, o § 111 IV 2 AktG passou a estabelecer não apenas a possibilidade de estipulação de autorizações integrativas, mas também o dever de estipulação de tais autorizações integrativas. Esta alteração legislativa teve origem numa recomendação da Comissão Governamental sobre o Governo das Sociedades (*Corporate Governance Regierungskommission*), sendo que a matéria é desenvolvida no Código Alemão de Governo Societário (*Deutscher Corporate Governance Kodex*). O debate germânico sobre governo societário é profundamente marcado pelo desenvolvimento das funções do conselho de supervisão, nomeadamente da faculdade prevista no § 111 IV 2 AktG.
Realço ainda que no art. 442, nº 2 e nº 3, do CSC é previsto um dever de informação do presidente do conselho geral e de supervisão sobre situações de risco. Este regime denota a atribuição ao conselho geral e de supervisão de uma função de fiscalização preventiva. A derrogada possibilidade de estipulação *ad hoc* da necessidade de autorização integrativa pelo próprio conselho geral e de supervisão constituía um instrumento crucial de fiscalização preventiva...

negócios importantes ou para uma parte substancial dos atos do conselho de administração executiva[690].

Penso que a caracterização na doutrina germânica da faculdade equivalente à prevista no art. 442, nº 1, do CSC como um direito de veto (*Vetorecht*) constitui uma forma algo imprecisa de realçar que apenas são admitidas autorizações integrativas e nunca instruções.

Haverá uma semelhante liberdade de estipulação estatutária em relação às sociedades anónimas com organização tradicional ou de matriz anglo-americana? Tomando posição na apontada querela doutrinária, em que se jogam as conceções ditas liberal e moderna da sociedade anónima, será de admitir uma maior interferência do conjunto dos sócios na gestão, através da possibilidade de estipulação estatutária da necessidade de autorização integrativa para a adoção de determinados atos?

Inspirando-me na referida necessidade de pensar o equilíbrio entre o poder de administração do conjunto dos sócios e o poder de administração do órgão de administração em função da diversidade de tipos legais e sociológicos[691], penso que os arts. 373, nº 3, e 405, nº 1, do CSC devem ser interpretados de forma a reservar uma leitura mais restritiva do poder de administração do conjunto dos sócios para a sociedade anónima aberta, adotando uma leitura menos injuntiva para a sociedade anónima fechada. Relativamente a esta última, devem ser admitidas soluções de governação que incluam a estipulação estatutária da necessidade de autorização integrativa do conjunto dos sócios para a adoção de determinados atos pelo órgão de administração.

Creio que os atuais condicionamentos sistemáticos favorecem esta interpretação. Por um lado, com a reforma do CSC levada a cabo pelo D.L. nº 76-A/2006, de 29 de Março, o princípio da liberdade de estipulação negocial (estatutária) em matéria do governo das sociedades assumiu um peso acrescido. O art. 278 do CSC prevê um número bastante elevado de estruturas de administração, supervisão e fiscalização à disposição dos sócios. O D.L. nº 76-A/2006, de 29 de Março, no seu preâmbulo, assume que "*a ampliação da autonomia societária, designadamente através da abertura do leque de opções quanto a soluções de governação, é uma das linhas de fundo desta reforma*". Refere ainda que "*o direito das sociedades é direito privado e, como tal, deve considerar-se determinado e conformado pelo princípio da autonomia privada*" e que "*a autonomia privada postula, de entre as suas concretiza-*

---

[690] Próximo, Ventura, Raúl, *Novos estudos...*, p. 56, Serens, Manuel Nogueira, *Notas...*, 2ª ed., p. 86, Ramos, Maria Elisabete Gomes, *Responsabilidade civil...*, pp. 54-55, e Silva, João Calvão da, "Corporate governance...", *RLJ*, ano 136, 2006, p. 47 (com uma lista exemplificativa).
[691] Invoco, de novo, o ensino de *Pinto Duarte*.

PANORAMA DOS PODERES DOS ADMINISTRADORES

*ções principais, a liberdade de escolha do modelo de governação, vertente essa que se aprofunda nesta reforma"*. Por outro lado, a ideia de diferenciação tipológica no seio da sociedade anónima é, cada vez mais, assumida pelo legislador. Pense-se no art. 13 do CVM e no art. 413, nº 2, alínea a), do CSC, na redação conferida pelo D.L. nº 76-A/2006, de 29 de Março.

Reitero que não pretendo realizar uma análise exaustiva dos poderes dos administradores. Já tive a oportunidade de realçar que não desenvolverei o tema dos limites do poder de administração (poder normativo de representação orgânica interna) e da ineficácia (em sentido lato, incluindo a invalidade) dos negócios jurídicos e das decisões inter-orgânicos.

Em todo o caso, tecerei mais algumas considerações sobre um aspeto já suscitado, a saber: a delimitação do poder de administração (poder normativo de representação orgânica interna) do órgão de administração pelo objeto social, enquanto descrição do ponto nevrálgico da atividade social.

Excecionalmente poderá impor-se a adoção de atos de administração que extravasem os limites do objeto social, nomeadamente quando esteja em causa a adoção de medidas cautelares para o aproveitamento de oportunidades de negócio societárias. Pense-se numa deliberação do conselho de administração que instrui determinados administradores com poder de representação externa no sentido de salvaguardarem uma oportunidade de negócio que extravasa o objeto social, mas que gerará elevados ganhos sinergéticos. Sem tais medidas cautelares, os sócios veriam coartadas as possibilidades de aproveitamento de oportunidades de negócio societárias, as perspetivas de maximização dos seus lucros e as condições materiais para o exercício efetivo da sua liberdade de estipulação de uma alteração do objeto social.

Insisto num aspeto: o objeto social não constitui um limite a uma permissão normativa (*Dürfen*) dos administradores, mas sim um limite à sua possibilidade (*Können*) de atuação eficaz inter-orgânica. Terei a oportunidade de analisar os reflexos do objeto social sobre a imposição normativa (*Müssen*) gestória dos administradores (sobre o dever de gestão, na terminologia que adotarei).

Sem prejuízo do regime de delegação do poder de administração (poder normativo de representação orgânica interna), que terei a oportunidade de analisar, o poder de administração do conselho de administração e do conselho de administração executivo é exercido através de declarações negociais deliberativas – arts. 406, corpo, 410 e 433, do CSC.

O conselho de administração e o conselho de administração executivo são órgãos em sentido estrito. Recordo a noção de órgão em sentido estrito, enquanto centro autónomo de imputação subjetiva dos efeitos de normas jurídicas no interior de uma organização (subjetividade jurídica), que associei ao

DEVER DE GESTÃO DOS ADMINISTRADORES DE SOCIEDADES ANÓNIMAS

poder normativo de emitir declarações negociais deliberativas representativas orgânicas.

As declarações negociais deliberativas do conselho de administração e do conselho de administração executivo são transitoriamente imputadas ao órgão deliberativo e definitivamente imputadas à sociedade.

### 3.4.7. Delegação

A delegação tem como efeito jurídico-negocial caracterizador a ampliação do poder normativo de representação orgânica do órgão delegado. Poderá ainda ter como efeito uma (simétrica) restrição do poder de representação do órgão delegante (no caso de delegação sem reserva). E poderá ainda modificar quer a imposição normativa gestória do órgão delegado, quer a imposição normativa gestória do órgão delegante[692].

Alguma doutrina procede à análise da figura da delegação através da distinção entre titularidade de competências e exercício de competências. Afasto-me desta perspetiva. Recordo que caracterizei as competências, quer originárias, quer delegadas, como poderes normativos. E recordo que a titularidade de um poder normativo se traduz sempre numa possibilidade de exercício jurídico. Consequentemente, penso que não é viável a descrição da figura da delegação em função da contraposição entre titularidade e exercício de competências.

Realço que, no que respeita à constituição sintagmática da declaração negocial de delegação emitida pelo órgão delegante, a pessoa coletiva (ou pessoa coletiva rudimentar) é parte no seu conteúdo proposicional, na medida em que a ampliação de um poder normativo de representação orgânica tem como reflexo uma modificação da situação jurídica passiva de sujeição da pessoa coletiva (ou pessoa coletiva rudimentar). O órgão delegante é declarante no prefixo comunicativo da declaração negocial de delegação, emitindo a declaração negocial (representativa) em exercício do seu poder normativo de representação orgânica da pessoa coletiva (ou pessoa coletiva rudimentar). O órgão delegante pode

---

[692] A figura da delegação é intensamente analisada pela nossa doutrina publicística, nomeadamente por Caetano, Marcello, *Manual...*, I, 10ª ed., pp. 226-230, Amaral, Diogo Freitas do, *Curso...*, I, 2ª ed., pp. 661-692 (equivalente a Amaral, Diogo Freitas do et al., *Curso...*, I, 3ª ed., pp. 838-871), Caupers, João, *Introdução...*, 10ª ed., pp. 162-169, Pereira, André Gonçalves, *Da delegação...*, pp. 17-29, Soares, Rogério Ehrhardt, *Direito...*, pp. 107-108 e 251-263, Correia, José Manuel Sérvulo, *Noções...*, I, pp. 215-224, Otero, Paulo, *A competência...*, sobretudo pp. 187-202, Gonçalves, Pedro, *Entidades...*, pp. 682-684 e 1025-1027, e Pereira, Ravi Afonso, "Contributo...", *Themis*, nº 8, 2004, *passim*. São frequentes as referências ao alargamento de poderes ou competências do órgão delegado (Amaral, Diogo Freitas do, *Curso...*, I, 2ª ed., p. 691, e Otero, Paulo, *A competência...*, pp. 198-201). Sobre a figura da delegação, noutros quadrantes, Röthel, Anne, *Normkonkretisierung...* p. 53, e, no direito público, Reinhardt, Thorsten, *Delegation...*, pp. 20-51.

## PANORAMA DOS PODERES DOS ADMINISTRADORES

também surgir como parte no conteúdo proposicional da declaração negocial de delegação, dadas quer a possibilidade de restrição do poder de representação do órgão delegante, quer a possibilidade de modificação da imposição normativa gestória do órgão delegante[693].

Por vezes o termo delegação é utilizado para significar a atribuição de poderes ou tarefas a trabalhadores ou a prestadores de serviços. Neste caso não haverá uma delegação, enquanto ato de ampliação do poder de representação orgânica. Recorde-se a inerência aos estatutos de uma pessoa coletiva (ou pessoa coletiva rudimentar) como característica diferenciadora da representação orgânica. Recorde-se também a característica da indispensabilidade ou necessidade da representação orgânica, em contraponto à representação voluntária (o representado não tem a possibilidade de atuar negocialmente; apenas o representante tem a possibilidade de atuar negocialmente). No caso de atribuição de poderes ou tarefas a trabalhadores ou a prestadores de serviços haverá possivelmente um contrato gestório com poderes de representação ou uma procuração, no âmbito do regime da representação voluntária.

A delegação e o substabelecimento (ou a substituição do procurador ou mandatário[694]) distinguem-se por respeitarem respetivamente ao regime da representação orgânica e ao regime da representação voluntária. Recorde-se, de novo, a inerência aos estatutos de uma pessoa coletiva (ou pessoa coletiva rudimentar) e a indispensabilidade ou necessidade como traços marcantes da representação orgânica.

Ao contrário do substabelecimento, a delegação não pode consistir na atribuição *ex novo* do poder de representação orgânica, mas sim na sua ampliação. Caso contrário constituiria uma designação. A marca distintiva da delegação consiste em operar perante outro órgão em sentido amplo. Como tive a oportunidade de sustentar, o conceito de órgão em sentido amplo reconduz-se à titularidade de poder de representação orgânica. Consequentemente, por operar perante outro órgão em sentido amplo, a delegação amplia o poder de representação orgânica já existente.

---

[693] Qualificando a delegação como um negócio jurídico trilateral *quoad effectum*, por os papéis de agente, sujeito e beneficiário recaírem em três pessoas distintas, Almeida, Carlos Ferreira de, *Texto...*, p. 579. Penso que devem ser ressalvadas as situações em que a delegação não produz uma restrição do poder de representação do órgão delegante ou uma modificação da imposição normativa gestória do órgão delegante. Nessas situações, o órgão delegante não será parte no conteúdo proposicional da declaração negocial de delegação. Aponto o exemplo da delegação-documento (de que falarei de seguida e a que já acenei, ao descrever o § 78 IV AktG).

[694] Referindo-se a uma transmissão de funções ou de competências ou a uma substituição semelhante à do mandatário como sentidos possíveis do termo delegação, Prata, Ana, *Dicionário...*, I, 5ª ed., p. 460.

Tal como o substabelecimento[695], a delegação de poderes pode ser efetuada sem reserva ou com reserva. No caso de delegação de poderes sem reserva, à ampliação do poder de representação do órgão delegado corresponde a simétrica restrição do poder de representação do órgão delegante. No caso de delegação de poderes com reserva, a ampliação do poder de representação do órgão delegado não implica uma simétrica restrição do poder de representação do órgão delegante, pelo que o órgão delegante mantém o poder de representação originário. Haverá competências concorrentes.

Importa distinguir a revogação, que implica a remoção total da ampliação do poder de representação do órgão delegado, da avocação, que se traduz na mera restrição parcial da ampliação do poder de representação do órgão delegado (em relação a um ato concreto ou a um conjunto de atos). A avocação tende a estar associada ao cumprimento de um dever de intervenção.

A delegação, tal como a autorização integrativa, produz uma modificação de um poder normativo. As figuras são próximas[696]. Qual a distinção entre a delegação e a autorização integrativa? A figura da autorização integrativa não se restringe à matéria da representação orgânica. Qual a distinção entre a delegação e a autorização integrativa orgânica? A autorização integrativa, tal como a caracterizei, tem como efeito jurídico-negocial a supressão de uma limitação ao poder de atuação negocial do autorizado; a delegação, tal como a caracterizo, tem como efeito jurídico-negocial a ampliação do poder de atuação negocial do delegado – supressão de limitação *versus* ampliação A delegação traduz-se numa intervenção ativa do órgão delegante, enquanto a autorização integrativa se traduz numa intervenção passiva do órgão autorizante[697].

A distinção entre poder de administração (poder normativo de representação orgânica interna) e poder de representação (poder normativo de representação orgânica externa) tem reflexos em sede de delegação de poderes. Importa distinguir a delegação do poder de administração (ou delegação do poder normativo de representação orgânica interna) da delegação do poder de representação (ou delegação do poder normativo de representação orgânica externa).

A figura da delegação levanta problemas de identificação do declaratário similares aos que foram analisados a propósito da questão da separação entre procuração e mandato.

---

[695] Sobre o substabelecimento com ou sem reserva, por exemplo, Cordeiro, António Menezes, *Tratado...*, I, tomo IV, p. 94.

[696] Sobre o problema, Mertens, Hans-Joachim, "Kölner...", 2ª ed., § 78, Rn. 62.

[697] Quanto a este último ponto, inspiro-me em Amaral, Diogo Freitas do, *Curso...*, I, 2ª ed., pp. 691-692.

A declaração negocial de delegação pode ter como declaratário o órgão delegado – delegação *interna* – ou pode ter como declaratário um terceiro (ou o público) – delegação *externa*.

Recuperando a análise da procuração externa realizada em capítulo anterior, considero que a delegação externa *garante* perante um terceiro (ou o público) a ampliação do poder normativo de representação orgânica. Por seu turno, a delegação interna amplia o poder normativo de representação orgânica perante o órgão delegado.

A delegação interna – ampliação do poder normativo de representação orgânica perante o órgão delegado – pode respeitar quer ao poder de administração (poder normativo de representação orgânica interna), quer ao poder de representação (poder normativo de representação orgânica externa).

A delegação externa pode também, em abstrato, respeitar quer ao poder de representação (poder normativo de representação orgânica externa), quer ao poder de administração (poder normativo de representação orgânica interna). Explicitando: na delegação externa do poder de administração, o terceiro declaratário será um terceiro órgão (distinto do órgão delegante e do órgão delegado) ou o conjunto dos restantes órgãos; na delegação externa do poder de representação (externa), o terceiro declaratário não é um órgão. Todavia, a figura da delegação externa do poder de administração dificilmente terá alguma relevância prática. A delegação externa será paradigmaticamente uma delegação externa do poder de representação (poder normativo de representação orgânica externa).

O exemplo mais marcante de delegação externa do poder de representação (poder normativo de representação orgânica externa) será o da emissão de um documento escrito de delegação – a *delegação-documento* –, com funções semelhantes à procuração-documento, entregue ao administrador delegado e destinado a ser apresentado ao terceiro, como forma de garantir o poder de representação orgânica perante o terceiro a quem o documento seja exibido. Esta declaração negocial terá o terceiro como declaratário.

A delegação externa, que garante perante um terceiro (ou o público) a ampliação do poder normativo de representação orgânica de outro órgão em sentido amplo, constitui necessariamente um negócio jurídico unilateral.

Remeto para a análise crítica à contraposição labandiana entre procuração e mandato e para a defesa da distinção entre procuração externa e mandato qualificado que tive a oportunidade de realizar. Recordo a ideia de que a autonomia da procuração externa é exclusivamente imposta pela diversidade de declaratários.

A delegação interna não se limita a ampliar o poder normativo de representação orgânica do órgão delegado, pois amplia também o seu dever gestório (imposição normativa de prestação gestória). Recordo a invocação do princípio da intangibilidade da esfera jurídica alheia para sustentar, desde já, que a ampliação do dever gestório implica uma declaração negocial de aceitação por parte do administrador. Nestes casos existirá um contrato (modificativo do contrato de administração).

Tecidas estas considerações gerais sobre a figura da delegação, resta proceder a uma análise sintética dos regimes de delegação de competências internas e externas no interior do conselho de administração (e do conselho de administração executivo) da sociedade anónima.

### 3.4.8. Delegação do poder de administração

Analisando o regime estabelecido no art. 407 do CSC para as sociedades anónimas com organização tradicional ou de matriz anglo-americana, importa distinguir o encargo especial referido nos dois primeiros números do artigo e a delegação da gestão corrente referida nos restantes números do artigo.

Partilho a perspetiva de que o encargo especial referido nos dois primeiros números do art. 407 do CSC constitui uma verdadeira delegação do poder de administração (poder normativo de representação orgânica interna).

Opto por apelidar a primeira espécie de delegação do poder de administração, prevista nos dois primeiros números do art. 407 do CSC, de *delegação restrita*[698] e a segunda, prevista nos restantes números do mesmo artigo, de *delegação ampla*.

Quer a delegação restrita, quer a delegação ampla constituem delegações com reserva, não implicando qualquer restrição do poder de administração (poder normativo de representação orgânica interna) do conselho de administração. Haverá competências concorrentes.

Quer a delegação restrita, quer a delegação ampla são livremente revogáveis, sendo também admissível a avocação. Recordo a afirmação de que a avocação tende a estar associada ao cumprimento do dever de intervenção.

A leitura conjugada do nº 2 e do nº 4 do art. 407 do CSC permite distinguir as matérias absolutamente indelegáveis, as matérias delegáveis sob autorização estatutária e as matérias delegáveis salvo proibição estatutária. Serão absolutamente indelegáveis as matérias previstas nas alíneas a) a d), f), l) e m) do art. 406 do CSC. Serão delegáveis sob autorização estatutária as matérias previstas nas alíneas e) e g) a j) do mesmo artigo, bem como as restantes matérias da competência do órgão de administração – delegação ampla. Serão delegáveis,

---

[698] Adoto a terminologia de Abreu, Jorge Coutinho de, *Governação...*, p. 99 (também pontualmente utilizada por Ventura, Raúl, *Sociedades por quotas*, III, pp. 192-193).

PANORAMA DOS PODERES DOS ADMINISTRADORES

salvo proibição estatutária, estas restantes matérias da competência do órgão de administração – delegação restrita.

A expressão gestão corrente é utilizada pelo nº 3 do art. 407 do CSC para se referir às matérias delegáveis sob autorização estatutária. Aqui não se joga o problema da salvaguarda da iniciativa do órgão de administração. Até porque, na prática societária, as iniciativas estratégicas tendem a ser preparadas pelos administradores delegados (ou pelos membros da comissão executiva). O legislador pretende salvaguardar a própria competência decisória do pleno em matérias de estratégia empresarial. Joga-se a importância das matérias.

As matérias que fujam ao crivo da gestão corrente não poderão ser objeto de delegação ampla e, por maioria de razão, de delegação restrita. Tratar-se-á de matérias absolutamente indelegáveis, a par das referidas nas alíneas a) a d), f), l) e m) do art. 406 do CSC.

Como interpretar o conceito de gestão corrente? Creio que a analogia e o confronto valorativo com as matérias expressamente indicadas nos arts. 406 e 407, nº 2 e nº 4, do CSC será essencial à compreensão dos diferentes níveis de importância das matérias. E partilho a perspetiva de que a delimitação da competência mínima do pleno depende da dimensão e do tipo de sociedade, bem como do grau de exposição ao risco que as medidas envolvem.

Exemplificando, diria que as competências de aprovação de planos estratégicos empresariais e de escolha de sistemas de controlo financeiro e de controlo de outros riscos serão indelegáveis[699]. Creio que a competência de nomeação dos trabalhadores executivos (diretores) que exercem funções junto do órgão de administração tende a ser indelegável, sem prejuízo de uma ponderação concreta, atendendo nomeadamente à dimensão e tipo de sociedade, à existência de uma autorização estatutária para efeitos de delegação ampla numa comissão executiva e à importância relativa das funções atribuídas a tais trabalhadores executivos (diretores) na estrutura empresarial.

Afasto-me da perspetiva doutrinária segundo a qual o encargo especial não modifica o regime de competência do conselho de administração, que continuaria a deliberar sobre as matérias em causa, apenas cabendo aos administradores encarregados preparar e executar as deliberações do conselho de administração.

Aponto diversos argumentos.

Na construção que adotei, a execução de deliberações releva frequentemente do poder de representação (poder normativo de representação orgânica

---

[699] Quanto a sistemas de controlo de riscos, creio que o confronto sistemático com os arts. 420, nº 1, alínea i), 423-F, alínea i), e 441, alínea i), do CSC constitui um argumento acrescido no sentido da indelegabilidade.

externa). Recordo que reconduzi o poder de instruir os trabalhadores à esfera de atuação externa dos administradores. Face a estes dados, questiono a utilidade da contraposição entre decisão e execução para efeitos de compreensão dos limites de delegação do poder de administração (poder normativo de representação orgânica interna).

A aprovação de um projeto de fusão poderá inserir-se na execução de um plano estratégico empresarial. Com este exemplo reforço a crítica à utilidade da contraposição entre decisão e execução para efeitos de compreensão dos limites de delegação do poder de administração (poder normativo de representação orgânica interna).

Qual o sentido da opção legislativa de, ao limitar a distribuição de competências sem autorização estatutária no art. 407, nº 2, do CSC, fazer referência às alíneas a) a m) do art. 406 do CSC se o que estivesse em jogo fosse apenas a preparação e a execução de deliberações?

Olhando para os trabalhos preparatórios do CSC, temos que o art. 392 do projeto de *Raúl Ventura*[700] começava por atribuir a cada administrador poderes individuais de gestão (poder singular de representação interna), ressalvado o elenco das matérias da competência exclusiva do pleno. O encargo ou repartição especial de matérias constituía um afastamento dessa regra geral, implicando que cada administrador deixasse de ter poderes individuais de gestão sobre todas as matérias e passasse a ter poderes individuais de gestão apenas sobre o seu pelouro. No projeto de *Raúl Ventura*, o encargo especial implicava seguramente a atribuição de poderes individuais de gestão (poder singular de representação interna), modificando o regime de competências no seio do conselho de administração.

O regime nacional do encargo especial tem algum paralelo no regime germânico de repartição de pelouros. Recordo que o regime germânico de repartição de pelouros não pressupõe uma autorização estatutária. A descrição do regime germânico que tive a oportunidade de realizar permite concluir que a repartição de pelouros se traduz numa verdadeira distribuição do poder de administração (poder normativo de representação orgânica interna).

O paralelo com o regime italiano também se revela interessante. No regime anterior à reforma societária de 2003, o legislador italiano apenas previa a delegação sob autorização dos sócios (estatutária ou em assembleia geral). Apesar da ausência de uma previsão legal, a doutrina italiana admitia a delegação não autorizada pelos sócios. Era minoritária a perspetiva de distinção entre a delegação autorizada e a delegação não autorizada em função do âmbito de maté-

---

[700] "...projeto", *BMJ*, nº 327, 1983, pp. 275-276.

PANORAMA DOS PODERES DOS ADMINISTRADORES

rias delegáveis. Com a reforma societária de 2003, o legislador italiano passou a prever, na interpretação da doutrina maioritária, a delegação não autorizada pelos sócios. E passou a ser frequente a perspetiva de distinção entre a delegação autorizada e a delegação não autorizada em função do âmbito de matérias delegáveis. Entre nós, com art. 407 do CSC, foram previstas pelo legislador quer a delegação sob autorização estatutária, quer a delegação sem autorização estatutária (o encargo especial). E as duas modalidades de delegação foram distinguidas em função do âmbito de matérias delegáveis.

Penso que a posição a que adiro – encargo especial como uma verdadeira delegação do poder de administração (poder normativo de representação orgânica interna) – joga melhor com o princípio da liberdade de estipulação em matéria de modelos de governação que, como já tive a oportunidade de referir, assumiu um peso acrescido com a reforma do CSC levada a cabo pelo D.L. nº 76-A/2006, de 29 de Março[701].

Penso também que a posição a que adiro facilita a adoção de modelos de governação adequados à dimensão e a complexidade das sociedades anónimas.

Por último, realço que a organização empresarial se traduz em grande medida na divisão do trabalho e na decorrente distribuição de competências, não apenas entre órgãos – delegação (orgânica) –, mas também face a trabalhadores ou a prestadores de serviços – mandato (ou outro contrato gestório) qualificado, procuração, substabelecimento[702]. Trata-se frequentemente de uma distribuição vertical de tarefas e competências, ao longo de diversos patamares da organização empresarial. E envolve a atribuição de poderes de decisão; não envolve apenas a atribuição de poderes de preparação ou de execução de decisões alheias. A perspetiva de que o encargo especial não modifica o regime de competência do conselho de administração teria como consequência restringir a via da delegação orgânica, forçando uma acrescida atribuição de competências a trabalhadores ou a prestadores de serviços, dessa forma limitando as opções racionais de organização empresarial[703].

A criação de uma comissão executiva depende de autorização estatutária. Este será um dos sentidos úteis do nº 3 do art. 407 do CSC.

---

[701] Defendendo a autonomia estatutária em matéria de modelos de governação e de organização e funcionamento do órgão administrativo, Abreu, Jorge Coutinho de, "Notas sobre o poder...", p. 345.

[702] Recordo, inclusivamente, que o termo delegação é, por vezes, utilizado para englobar a atribuição de competências a trabalhadores ou prestadores de serviços.

[703] Considerando que um resultado análogo a uma delegação não autorizada pelos sócios pode ser obtido através de contratos de mandato ou de prestação de serviços celebrados entre a sociedade e os administradores, Abbadessa, Pietro, *La gestione...*, p. 106 (também Borgioli, Alessandro, "La responsabilità...", *RS*, 1978, pp. 1080-1081).

A comissão executiva não é designada diretamente pelo conjunto dos sócios. O conjunto dos sócios designa o conselho de administração, que por sua vez cria a comissão executiva. Trata-se de um fenómeno de estratificação orgânica. Recorde-se que a distribuição do poder de representação pelos diversos órgãos da sociedade anónima implica sempre uma tensão estrutural entre democracia e eficácia de gestão e que a estratificação orgânica restringe a democracia[704].

A criação de uma comissão executiva implica uma profunda alteração no modelo de governação societária.

Estes aspetos justificam sobremaneira a opção legal de condicionar a criação de uma comissão executiva à existência de uma autorização estatutária.

Partilho a perspetiva de que é admissível a criação de comités ou comissões sectoriais no seio do conselho de administração, para lá da comissão executiva (e da comissão de auditoria, prevista de forma obrigatória para as sociedades anónimas com organização de matriz anglo-americana).

Adiro igualmente à ideia de que a criação de tais comités não depende de autorização estatutária, podendo fundar-se no nº 1 do art. 407 do CSC.

Mas considero que a criação de tais comités pode igualmente ter base legal no nº 3 do art. 407 do CSC, podendo consequentemente abranger algumas das matérias previstas nas alíneas e) e g) a j) do art. 406 do CSC, desde que exista a correspondente autorização estatutária. Pense-se, por exemplo, num comité com competência em matéria de aquisição, alienação e oneração de bens imóveis.

Subjacentes a estas posições estão diversos fatores, tais como o frequentemente evocado princípio de liberdade de estipulação estatutária e do conselho de administração em matéria de modelos de governação, a ideia de diversidade de tipos legais e sociológicos na sociedade anónima e o reconhecimento da existência de diferentes dimensões e géneros empresariais, com diferentes áreas de negócio, que podem reclamar diferentes formas de organização do órgão de administração. Voltando ao exemplo apontado, realço que, para determinadas empresas, a aquisição, alienação e oneração de bens imóveis pode relevar da gestão corrente.

Mas existe um fator particularmente relevante: a ideia de dissociação entre decisão e execução como paradigma da distribuição de competências no seio do órgão de administração, conjugada com a distinção entre competência interna e competência externa e com os diversos níveis de importância das matérias em jogo. Pode ser adequada a delegação numa comissão sectorial do poder de

---

[704] Ressalvo, mais uma vez, que a palavra democracia não está a ser aqui utilizada no seu sentido preciso. Em rigor, joga-se o equilíbrio entre plutocracia não oligárquica e eficácia de gestão.

PANORAMA DOS PODERES DOS ADMINISTRADORES

administração (poder normativo de representação orgânica interna) em relação a algumas matérias, conjugada com a atribuição de poder de representação (poder normativo de representação orgânica externa) aos administradores que integrem tal comissão sectorial, de forma a possibilitar uma prévia atuação negocial interna deliberativa sectorial com a posterior atuação negocial externa singular (ou conjunta) de execução. Voltando mais uma vez ao exemplo apontado, temos que poderá constituir uma boa solução de governação a delegação num comité da competência interna em matéria de aquisição, alienação e oneração de bens imóveis, a par da atribuição da correspondente competência externa a um ou dois dos membros desse comité.

Como referi anteriormente, o regime de delegação do poder de administração (poder normativo de representação orgânica interna) é previsto no art. 407 do CSC para as sociedades anónimas com organização tradicional ou de matriz anglo-americana.

Relativamente a sociedades anónimas com organização de matriz germânica, a redação do art. 431, nº 3 do CSC posterior à vigência do D.L. nº 76-A/2006, de 29 de Março, deixou de operar uma remissão expressa para o regime do referido art. 407.

Inspirando-me no regime germânico de distribuição de competência interna no seio da direção (*Vorstand*), opto por sustentar a aplicação analógica às sociedades anónimas com organização de matriz germânica quer do regime de delegação restrita prevista nos dois primeiros números do art. 407 do CSC, quer do regime de delegação ampla, prevista nos restantes números do mesmo artigo. Com uma importante restrição: nas sociedades anónimas com organização de matriz germânica não é admissível uma divisão no seio do conselho de administração executivo entre administradores com funções executivas e administradores sem funções executivas. O modelo de organização de matriz germânica está baseado na ideia de que todos os administradores executivos assumem funções executivas – princípio da igualdade dos administradores executivos. Dois corolários: não será admissível a constituição de uma comissão executiva (estratificação orgânica); apenas será admissível uma repartição de pelouros se forem atribuídos poderes delegados a todos os membros do conselho de administração executivo, quer individualmente, quer através da integração em comités ou comissões sectoriais.

Existe um argumento acrescido para a inadmissibilidade de constituição de uma comissão executiva no âmbito do modelo de organização de matriz germânica. No modelo de organização de matriz germânica, a estratificação orgânica é justificada na diferenciação entre a função de iniciativa de gestão dos executivos e a função de controlo dos membros do conselho de supervisão, traduzindo-se num equilíbrio entre democracia e eficácia de gestão. A criação de uma comissão executiva no âmbito do modelo de organização de matriz germânica provocaria uma estratificação orgânica acrescida, que subverteria essa diferenciação de funções, sem evidentes ganhos para a eficácia de gestão[705] e com fortes perdas para a democracia.

Interpreto o art. 407, n.º 3, do CSC no sentido de que o poder de administração (poder normativo de representação orgânica interna) da comissão executiva é exercido através de declarações negociais deliberativas. De outra forma seria impercetível a contraposição entre comissão executiva e administradores delegados[706].

A comissão executiva, tal como qualquer outra comissão ou comité, é um órgão em sentido estrito. Recordo, mais uma vez, a noção de órgão em sentido estrito, enquanto centro autónomo de imputação subjetiva dos efeitos de normas jurídicas no interior de uma organização (subjetividade jurídica), que associei ao poder normativo de emitir declarações negociais deliberativas representativas orgânicas.

As declarações negociais deliberativas da comissão executiva ou de outra comissão são transitoriamente imputadas ao órgão deliberativo e definitivamente imputadas à sociedade.

Relativamente ao poder de administração (poder normativo de representação orgânica interna) dos administradores delegados, pode ser estipulado um regime de atuação através de declarações negociais conjuntas ou através de declarações negociais singulares.

Os administradores delegados, enquanto pessoas físicas, constituem órgãos em sentido amplo, na medida em que são dotados de poder de representação orgânica interna da sociedade. Recordo, mais uma vez, a distinção entre órgão em sentido amplo e órgão em sentido estrito.

As declarações negociais singulares ou conjuntas dos administradores delegados são imputadas à sociedade.

### 3.4.9. Delegação do poder de representação

Em minha opinião, o art. 408, n.º 2, do CSC possibilita a delegação do poder de representação (poder normativo de representação orgânica externa) nas sociedades anónimas com organização tradicional ou de matriz anglo-americana. Nas sociedades anónimas com organização de matriz germânica, a delegação do poder

---

[705] Este argumento pode ser confrontado em Portale, Giuseppe B., *Lezioni...*, p. 214.

[706] Acresce que o art. 407, n.º 6, alínea a), do CSC, na redação posterior à vigência do D.L. n.º 76-A/2006, de 29 de Março, faz uma referência expressa a deliberações da comissão executiva, como aliás nota Abreu, Jorge Coutinho de, *Governação...*, p. 141, n. 351*bis*.

de representação (poder normativo de representação orgânica externa) é possibilitada pela remissão do art. 431, nº 3, do CSC para o art. 408 do mesmo código.

Tratar-se-á de um negócio jurídico mediante o qual o conselho de administração (ou o conselho de administração executivo) amplia o poder de representação (poder normativo de representação orgânica externa) de um ou de alguns administradores (ou administradores executivos).

Tratar-se-á de um negócio jurídico paralelo à *Ermächtigung* prevista no § 78 IV AktG, que tive a oportunidade de descrever.

A delegação do poder de representação (poder normativo de representação orgânica externa) constitui uma delegação com reserva, que não implica uma restrição do poder de representação originário. Este aspeto resulta expressamente do art. 408, nº 2, do CSC, ao estabelecer que a sociedade *"também"* fica vinculada.

Recordo que a declaração negocial de delegação do poder de representação (poder normativo de representação orgânica externa) pode ter como declaratário o administrador delegado – delegação interna do poder de representação – ou um terceiro (ou o público) – delegação externa do poder de representação.

Recordo a figura da delegação-documento, enquanto paradigma da delegação externa do poder de representação (delegação externa do poder normativo de representação orgânica externa).

Aprofundando o paralelo com a *Ermächtigung* prevista no § 78 IV AktG, creio ser adequado considerar que a delegação do poder de representação apenas possa respeitar a uma ou a várias categorias de atos (por exemplo: instruções a trabalhadores do sector comercial; empréstimos abaixo de determinado valor) ou a um ou a vários atos concretos, sendo inadmissível uma delegação genérica.

Estará em causa a proteção da sociedade (e, indiretamente, dos sócios). A representação conjunta potencia o controlo recíproco dos administradores, inibindo atuações em conflito de interesses. A representação singular potencia o risco de atuações em conflito de interesses. Assim, talvez seja adequado considerar que a atribuição de um poder de representação singular genérico deverá resultar diretamente dos estatutos, nos termos do nº 1 do art. 408 do CSC, enquanto a atribuição de um poder de representação singular por ato dos administradores, ainda que sob autorização estatutária, nos termos do nº 2 do art. 408 do CSC, deverá limitar-se a categorias de atos ou a atos concretos. Recordo a evocação do princípio da representação conjunta dos administradores (*Grundsatz der Gesamtvertretung*)[707].

---

[707] Em reforço desta interpretação poderá ainda ser convocado algum paralelo com o art. 391, nº 7, do CSC.

Será a limitação da delegação do poder de representação (poder normativo de representação orgânica externa) a categorias de atos ou a atos concretos compatível com o regime de proteção de terceiros imposto pelo art. 9º, nº 2, da Primeira Diretiva (Diretiva 68/151/CEE do Conselho, de 9 de Março de 1968, publicada no JO L65, de 14.3.1968; atualmente, art. 10, nº 2, da Diretiva 2009/101/CE)? Será a inexistência de publicidade registral da delegação do poder de representação compatível com o regime de proteção de terceiros imposto pelo art. 9º, nº 3, da Primeira Diretiva (atualmente, art. 10, nº 3, da Diretiva 2009/101/CE)[708]?

Creio que a admissibilidade da delegação do poder de representação em relação a categorias de atos ou a atos concretos permitirá a vinculação acrescida da sociedade pelos negócios jurídicos celebrados pelo administrador delegado ou pelos administradores delegados, na medida em que se trata de um poder de representação derivado, que acresce ao poder de representação originário. Tal vinculação acrescida poderá beneficiar terceiros[709].

Neste contexto, interpreto o art. 9º, nº 2, da Primeira Diretiva (atualmente, art. 10, nº 2, da Diretiva 2009/101/CE) no sentido de proibir as *limitações* (estatutárias ou) por ato orgânico do poder de representação *originário*. A delegação não constitui uma limitação do poder de representação; constitui uma ampliação do poder de representação. A delegação não afeta o poder de representação originário; cria um poder de representação derivado.

Interpreto o art. 9º, nº 3, da Primeira Diretiva (atualmente, art. 10, nº 3, da Diretiva 2009/101/CE) no sentido de impor a publicidade das estipulações estatutárias sobre o poder de representação *originário*. Reitero que a delegação não afeta o poder de representação originário; cria um poder de representação derivado.

Recordo que a organização empresarial se traduz em grande medida na divisão do trabalho e na inerente distribuição de competências. A divisão do trabalho e a distribuição vertical de competências são inelutáveis... A distribuição vertical de competências também abrange as competências externas, perante terceiros. Por imperativos de racionalidade empresarial, o conjunto dos administradores

---

[708] Afirmando que o regime do § 78 AktG (no qual, acrescento, se inclui a delegação do poder de representação externa para a prática de uma categoria de atos ou de um ato concreto) é compatível com o art. 9, nº 3, da Primeira Diretiva, Ventura, Raúl, "Adaptação...", *Documentação e Direito Comparado*, nº 2, 1980, p. 157, n. 54.

[709] Referindo, noutros contextos (nomeadamente quando analisa a derrogação estatutária da regra de representação pela maioria dos administradores), que o alargamento dos poderes de representação não contende com o art. 9, nº 2, da Primeira Diretiva, Abreu, Jorge Coutinho de, *Curso...*, II, 3ª ed., pp. 545-553.

PANORAMA DOS PODERES DOS ADMINISTRADORES

tende a estabelecer mecanismos, uns mais genéricos, outros mais pontuais, de distribuição do poder de representação perante terceiros. Esta distribuição vertical de competências externas ocorre não apenas em relação a trabalhadores e a prestadores de serviços, mas também face a administradores[710]. Recordo que a prática de delegação do poder de representação em administradores é antiga[711].

No caso de atribuição de competências externas a trabalhadores e a prestadores de serviços teremos uma procuração ou um mandato (ou outro contrato gestório) qualificado, correspondente à via da representação voluntária[712]. No caso de atribuição de competências externas a administradores teremos uma delegação do poder de representação orgânica externa. Na via da representação voluntária não vigora o regime de proteção de terceiros face a uma atuação *ultra vires*, constante do art. 409 do CSC e do art. 9º, nº 1, da Primeira Diretiva (atualmente, art. 10, nº 1, da Diretiva 2009/101/CE). Recordo que, na via da representação voluntária, nem sequer é imposta a dissociação entre o âmbito da atuação competente e o âmbito da atuação devida (eficácia apesar da ilicitude). A restrição da possibilidade de delegação do poder de representação (poder normativo de representação orgânica externa) fecharia as portas da representação orgânica e abriria a via da representação voluntária. Prefiro leituras do art. 408, nº 2, do CSC que potenciem a aplicação dos mecanismos de proteção de terceiros do regime societário de representação orgânica.

O raciocínio realizado no parágrafo antecedente permite-me argumentar no sentido de que uma leitura do nº 2 ou do nº 3 do art. 9º da Primeira Diretiva (atualmente, art. 10, nº 2 e nº 3, da Diretiva 2009/101/CE) que restrinja a admissibilidade de atos orgânicos de criação de um poder de representação derivado tende a implicar uma limitação do campo de aplicação do nº 1 do mesmo artigo, sem quaisquer vantagens para os terceiros, descurando uma das finalidades essenciais da harmonização comunitária em matéria societária.

Neste contexto, realço que o regime do art. 409, nº 1, do CSC e do art. 9º da Primeira Diretiva (atualmente, art. 10 da Diretiva 2009/101/CE) têm origem no referido art. 231 do Código Comercial Alemão (*Allgemeine Deutsche Handelsgesetzbuch* – ADHGB) de 1861 e que o mesmo código, no referido art. 234, estabeleceu um regime de atribuição de poder de representação a procuradores e a funcionários da sociedade. O desenvolvimento deste último regime possibilitou a autonomização da figura da delegação (*Ermächtigung*) em administradores, com

---

[710] Fazendo referência à inconveniência prática da representação conjunta dos diretores e à necessidade de delegação do poder de representação, Lehmann, Karl, *Das Recht...*, II, pp. 315-316.
[711] Evoco, de novo, Koch, C. F., *Allgemeines...*, p. 258, Anm. 117, e Renaud, Achilles, *Das Recht...*, 2ª ed., pp. 546 e 638-639.
[712] Hipótese abordada pelo art. 391, nº 7, do CSC.

consagração legal expressa no referido § 232 I 2 do Código Comercial alemão (*Handelsgesetzbuch* – HGB) de 1897. A história documenta a necessidade de pensar de forma coordenada os regimes de representação orgânica externa originária, de representação orgânica externa delegada e de representação voluntária nas sociedades anónimas.

Como resulta das considerações que venho a tecer, entendo que a delegação do poder de representação (poder normativo de representação orgânica externa) não depende da delegação do poder de administração (poder normativo de representação orgânica interna). A delegação do poder de representação pode ocorrer mesmo que não exista uma delegação (restrita ou ampla) do poder de administração.

Afasto-me da posição doutrinária que faz depender a atribuição de poder de representação a administradores delegados da delegação do poder de administração, perspetivando tal atribuição de poder de representação como uma consequência estatutária automática da delegação do poder de administração.

É certo que a posição doutrinária de que me afasto terá um acolhimento mais evidente na letra do art. 408, n.º 2, do CSC. A referência final à "*delegação do conselho*" significará, aparentemente, o ato de delegação do poder de administração. Face a esta interpretação, o art. 408, n.º 2, do CSC atribuiria automaticamente poder de representação aos administradores a quem fosse delegado poder de administração.

Os trabalhos preparatórios do CSC oferecem dados dificilmente harmonizáveis. Olhando para o projeto de *Raúl Ventura*[713], temos que no n.º 1 do art. 393 era prevista a atribuição pela lei de poder de representação ao presidente do conselho de administração e, relativamente aos seus pelouros, a administradores com poder de administração delegado. E temos que no n.º 6 do mesmo artigo era prevista a atribuição por um ato de delegação do conselho de administração de poder de representação a um administrador, em relação a determinados negócios ou a determinadas espécies de negócios. O n.º 1 do art. 393 inserir-se-ia na tradição francesa[714] e, vagamente, na tradição italiana. O n.º 6 do art. 393 integrava-se indiscutivelmente na tradição germânica. É possível concluir no sentido de que o n.º 6 do art. 393 do projeto permitia uma delegação pelo conselho de administração, na tradição do § 78 IV AktG (*Ermächtigung*), apesar de o n.º 1 do mesmo artigo não estabelecer um regime supletivo de representação conjunta dos administradores, correspondente ao § 78 II 1 AktG. Olhando para o regime efetivamente acolhido pelo legislador, temos que no

---

[713] "...projeto", *BMJ*, n.º 327, 1983, pp. 276-277.
[714] Ventura, Raúl e Correia, Luís Brito, "Responsabilidade...", *BMJ*, n.º 192, 1970, pp. 38-41.

# PANORAMA DOS PODERES DOS ADMINISTRADORES

nº 1 do art. 408 do CSC foi rejeitada a regra do nº 1 do art. 393 do projeto. Antes se adotou um sistema de representação externa de raiz germânica – representação supletiva conjunta, apesar de apenas maioritária. Todavia, no nº 2 do art. 408 do CSC, o legislador não terá aparentemente consagrado a regra de inspiração germânica do nº 6 do art. 393. Aparentemente, o nº 2 do art. 408 do CSC terá consagrado um regime de atribuição automática e injuntiva do poder de representação em função da delegação do poder de administração[715]. O nº 1 do art. 408 do CSC estabelece um regime de representação supletiva conjunta, na tradição (ligeiramente modificada) do § 78 II 1 AktG, apesar de o nº 2 do mesmo artigo se ter aparentemente afastado de um regime de delegação do poder de representação, na tradição do § 78 IV AktG.

Em todo o caso, penso que a posição que sustento é compatível com a letra do art. 408, nº 2, do CSC. A referência final à *delegação do conselho* pode ser interpretada não como o ato de delegação do poder de administração (poder normativo de representação orgânica interna), mas sim como o ato de delegação do poder de representação (poder normativo de representação orgânica externa). Na interpretação que proponho, o art. 408, nº 2, do CSC possibilita que os estatutos autorizem a vinculação externa da sociedade nos termos e limites de um ato de delegação do poder de representação (poder normativo de representação orgânica externa) do conselho de administração.

Acresce que, em minha opinião, os atuais condicionamentos sistemáticos apontam para a posição que adoto. Vejamos.

Por um lado, a atual redação do art. 431, nº 3, do CSC, conferida pelo D.L. nº 76-A/2006, de 29 de Março, remete para o regime do art. 408 do CSC, omitindo uma remissão para o regime da delegação do poder de administração. Este dado reclama uma leitura do art. 408, nº 2, do CSC que dissocie a delegação do poder de representação da delegação do poder de administração.

Por outro lado, como já tive a oportunidade de referir, a reforma do CSC levada a cabo pelo D.L. nº 76-A/2006, de 29 de Março, concedeu um peso acrescido ao princípio da liberdade de estipulação em matéria de governação societária. E, neste contexto, poderá ser adequada a adoção de modelos de governação

---

[715] De realçar que tal (aparente) regime não terá qualquer paralelo com o regime italiano. Como tive a oportunidade de referir, no regime italiano não é prevista a atribuição estatutária automática do poder de representação externa em função da delegação do poder de representação interna. É estabelecido um regime de atribuição do poder de representação externa nominativo, com a correspondente identificação pessoal no registo comercial, sendo que é frequente a atribuição do poder de representação externa nominativo a administradores a quem é delegado o poder de representação interna. Não existe qualquer correlação normativa entre o regime de representação externa e a delegação do poder de representação interna.

que dissociem a delegação do poder de representação da delegação do poder de administração.

Penso que será frequentemente adequada a adoção de modelos de governação que associem o exercício deliberativo do poder de administração, no conselho de administração, no conselho de administração executivo, na comissão executiva ou mesmo num comité ou comissão sectorial, com fenómenos de exercício singular do poder de representação. O debate e a decisão em órgão deliberativo de determinadas matérias, com a consequente deliberação de instrução, e a posterior execução externa por um administrador podem ser uma solução de governação eficaz. Trata-se do referido paradigma de separação entre decisão (*rectius*, instrução) e execução.

Neste contexto, a liberdade de estipulação em matéria de governação societária poderá traduzir-se não apenas na atribuição do poder de representação singular de forma genérica pelos estatutos, nos termos do nº 1 do art. 408 do CSC, mas também na atribuição pontual e limitada do poder de representação singular através de um concreto ato de delegação, nos termos do nº 2 do mesmo artigo.

Recordo que a representação singular pode potenciar atuações em conflito de interesses, para acrescentar que a atribuição (derivada) pontual e limitada do poder de representação singular nos termos do nº 2 do art. 408 do CSC poderá ter vantagens face à atribuição (originária) genérica prevista no nº 1 do mesmo artigo.

Para enfatizar a necessidade de admitir atos de delegação do poder de representação não dependentes de uma delegação do poder de administração, realço que poderá estar em causa algo tão corrente como a atribuição pela generalidade dos administradores a um deles do poder de emitir determinadas instruções perante certos trabalhadores. Poderá igualmente estar em causa algo tão simples como a entrega pela generalidade dos administradores a um deles de um documento (delegação-documento), garantindo perante terceiros a existência de poderes delegados, por ser inviável ou incómoda a intervenção conjunta de vários administradores no ato formal de celebração de um contrato.

Creio que a negação da possibilidade de delegação do poder de representação limitaria as opções racionais de organização empresarial, inviabilizando uma distribuição vertical de competências e tarefas estratificada e faseada. O conselho de administração teria que atribuir diretamente mais competências e tarefas externas a trabalhadores ou a prestadores de serviço, em vez de delegar tais competências e tarefas externas em administradores, que, por sua vez, as distribuiriam pelos trabalhadores ou prestadores de serviço.

A delegação do poder de representação (delegação do poder normativo de representação orgânica externa) pode redundar na atuação através de declarações negociais conjuntas ou através de declarações negociais singulares – art. 408, nº 2, do CSC.

Os administradores delegados, enquanto pessoas físicas, constituem órgãos em sentido amplo, na medida em que são dotados de poder de representação orgânica externa da sociedade. Recordo, mais uma vez, a distinção entre órgão em sentido amplo e órgão em sentido estrito.

As declarações negociais conjuntas ou singulares dos administradores delegados são imputadas à sociedade.

### 3.4.10. Poder de obtenção de informação

Adiro à perspetiva de que cada administrador é dotado de um poder individual de obtenção de informação[716], que lhe possibilita realizar atos de inspeção e exigir a prestação de informações perante trabalhadores ou prestadores de serviços.

Partilho a perspetiva de que, em caso de delegação, o administrador delegante têm um poder individual de obtenção de informação, que lhe possibilita não apenas exigir a prestação de informações perante os administradores delegados, mas também realizar atos de inspeção e exigir a prestação de informações perante trabalhadores ou prestadores de serviços. A delegação não implica a atribuição de uma esfera de reserva ou de sigilo a favor dos administradores delegados.

Este poder individual de obtenção de informação não será objeto de uma previsão legal expressa, mas resultará, em minha opinião, de forma indireta, dos preceitos que impõem aos administradores um dever de gestão, nas suas componentes de vigilância e de obtenção de informação prévia a uma decisão empresarial.

Nas situações jurídicas complexas descritivas da associação de um poder normativo a uma imposição normativa (poder-dever), ocorre uma relação de

---

[716] Referindo que os administradores norte-americanos (*directors*) têm um direito individual de inspecionar os livros e registos da sociedade, descrito frequentemente como um direito absoluto ou qualificado, Clark, Robert Charles, *Corporate Law*, p. 106.

O § 3.03 dos *Principles of Corporate Governance*, aprovados pelo American Law Institute, estabelece que cada administrador tem o direito individual de inspecionar e copiar qualquer livro ou documento da sociedade, de inspecionar qualquer instalação. Estabelece ainda que a tutela judicial do direito individual de inspeção apenas pode ser negada se a sociedade provar que o ato de inspeção não está razoavelmente relacionado com o exercício de funções ou que o diretor utilizará provavelmente a informação em violação dos seus deveres fiduciários. *Vide*, com extensas indicações jurisprudenciais, American Law Institute, *Principles...*, pp. 94-100. Aplaudindo esta perspetiva, Hopt, Klaus e Roth, Markus, "Großkommentar...", 4ª ed., § 111, Rn. 398.

instrumentalidade do poder normativo face à imposição normativa. O exercício do poder normativo é exigido pelo cumprimento da imposição normativa. A atribuição do poder normativo é reclamada pela estipulação da imposição normativa[717].

Creio que o adequado cumprimento do dever de gestão, quer no aspeto de vigilância, quer no aspeto de obtenção de informação prévia a uma decisão empresarial[718], só será possível se cada administrador tiver um poder individual de obtenção de informação.

A perspetiva que negue a existência de um poder individual de obtenção de informação dos administradores delegantes, fundada nomeadamente na ideia de uma esfera de reserva ou de sigilo a favor dos administradores delegados, implicará uma forte limitação da possibilidade de cumprimento do dever de gestão, quer no aspeto de vigilância, quer no aspeto de obtenção de informação prévia a uma decisão empresarial (relativamente a matérias não delegadas ou em avocação).

O poder individual de obtenção de informação dos administradores e dos administradores executivos terá a sua base legal nas proposições das quais também resulta o referido dever de gestão, quer no aspeto de vigilância, quer no aspeto de obtenção de informação prévia a uma decisão empresarial, constantes nomeadamente dos arts. 64, nº 1, alínea a), 405, nº 1, 407 e 431, nº 1, do CSC.

Existe um aspeto sistemático que reforça esta conclusão. Do elenco de competências dos órgãos de fiscalização e de supervisão – arts. 420, 421, 423-F e 441 do CSC, com realce para o nº 3 do art. 420 – resulta a consagração expressa de um amplo poder individual de obtenção de informação dos membros do conselho fiscal, da comissão de auditoria e do conselho geral e de supervisão. As funções de fiscalização e de supervisão implicam a atribuição de um poder individual de obtenção de informação aos membros do conselho fiscal, da comissão de auditoria e do conselho geral e de supervisão. Penso, em primeiro lugar, que a componente de vigilância da função de administração reclama a mesma atribuição de um poder individual de obtenção de informação para os administradores e para os administradores executivos. Estão em jogo tarefas de controlo similares – fiscalização, supervisão e vigilância. Creio, em segundo lugar, que a componente de iniciativa da função de administração reclama, por maioria de razão, a atribuição de um poder individual de obtenção de informação. Não está

---

[717] *Vide* Frada, Manuel Carneiro da, "A business...", p. 207, e Hommelhoff, Peter, *Die Konzernleitungspflicht...*, p. 169, n. 17. Esta será seguramente a conceção de Ventura, Raúl e Correia, Luís Brito, "Responsabilidade...", *BMJ*, nº 192, 1970, p. 112.

[718] Terei a oportunidade de desenvolver a análise do dever de gestão.

PANORAMA DOS PODERES DOS ADMINISTRADORES

em jogo uma mera tarefa de controlo, mas sim a obtenção de informação prévia a uma decisão empresarial. Não creio que o legislador tenha pretendido atribuir aos decisores um poder de obtenção de informação inferior ao que atribuiu, de forma expressa, aos controladores... Neste último contexto, recordo que, ainda que ocorra uma delegação do poder de representação interna, o conselho de administração e o conselho de administração executivo mantêm o seu poder de representação interna (delegação com reserva).

O interesse da sociedade na preservação da informação é acautelado pelo dever de sigilo dos administradores e dos administradores executivos, que constitui uma manifestação do dever de lealdade previsto no art. 64, nº 1, alínea b), do CSC[719].

O poder de obtenção de informação perante os administradores delegados corresponde a uma atuação inter-orgânica. O poder de obtenção de informação perante trabalhadores ou prestadores de serviços corresponde a uma atuação perante terceiros.

O poder de obtenção de informação pode constituir quer um poder normativo de representação orgânica *interna* de conteúdo específico (uma parcela do poder de administração), quer um poder normativo de representação orgânica *externa* de conteúdo específico (uma parcela do poder de representação).

No que respeita à obtenção de informação, vigora sempre um regime de atuação através de declarações negociais singulares, a emitir por qualquer administrador ou administrador executivo, quer em matéria de representação orgânica interna, quer em matéria de representação orgânica externa. Tratar-se-á de uma exceção face aos regimes gerais de representação orgânica interna e de representação orgânica externa.

As declarações negociais singulares dos administradores e dos administradores executivos são imputadas à sociedade.

---

[719] Não pretendo desenvolver a matéria dos remédios, nomeadamente dos remédios preventivos, para a violação do dever de lealdade.

# 4. Dever de gestão

Tecidas algumas considerações sobre o negócio jurídico constitutivo da situação jurídica de administração e sobre os poderes jurídicos dos administradores, passo a analisar os deveres jurídicos dos administradores, aprofundando a descrição do dever de gestão e contrapondo-o face ao dever de lealdade.

Começarei por olhar para a experiência norte-americana. O regime dos deveres dos administradores norte-americanos é bastante desenvolvido, baseando-se numa extensa casuística. O crescente debate internacional sobre o governo das sociedades é profundamente marcado pelas soluções e pelo pensamento norte-americanos.

De seguida, analisarei o regime germânico. Porque nos inserimos no espaço jurídico romano-germânico. Pelo valor e pela profundidade do pensamento jurídico germânico. Para dar conta da forma como o legislador e a doutrina germânicos transpuseram para ambiente romano-germânico algumas soluções forjadas nos Estados Unidos da América.

Farei uma referência sumária ao regime italiano, essencialmente focada no problema da delegação no interior do conselho de administração. A incursão no pensamento italiano sobre os deveres dos administradores será modesta, pois creio ser consideravelmente mais útil o olhar sobre as experiências norte--americana e germânica.

Descreverei as posições adotadas pela doutrina nacional.

Por último, tomarei posição sobre as diversas matérias.

## 4.1. Referência ao regime norte-americano

Em matéria de deveres dos administradores (*directors*) não existe um direito norte-americano uniforme, de origem federal. Cada Estado Federado tem o seu próprio regime jurídico. Todavia, o universo de discussão doutrinal e jurisprudencial extravasa totalmente as fronteiras dos Estados Federados. Acresce que existem importantes vetores de uniformização do direito, como os *Principles of Corporate Governance* e o *Model Business Corporation Act*.

Neste contexto, opto por realizar uma exposição que abstrai das fronteiras dos Estados Federados.

Contudo, não deixarei de dar algum enfoque à jurisprudência e à lei do Estado de Delaware, dada a sua preponderância. A maioria das mais relevantes sociedades abertas norte-americanas optou por ter a sua sede estatutária neste Estado, dessa forma elegendo o seu regime jurídico dos deveres dos administradores. O universo de discussão doutrinal tem essencialmente por referência as soluções legais e jurisprudenciais do Estado de Delaware.

Procurarei descrever o dever de cuidado dos administradores norte--americanos com base em elementos jurisprudenciais e doutrinários. Começarei por caracterizar sumariamente o dever de cuidado, enquadrando-o no panorama dos deveres dos administradores. Aprofundarei a descrição do dever de cuidado dos administradores através da análise dos interesses a prosseguir, da *business judgment rule* e da componente de vigilância. Referir-me-ei à possibilidade de limitação estatutária da responsabilidade pela violação do dever de cuidado, a qual convoca o problema da sua contraposição face aos deveres de boa fé e de lealdade. Farei uma breve referência ao dever de cuidado dos executivos.

De seguida, descreverei os diversos argumentos apontados pela doutrina norte-americana para a limitação da sindicabilidade judicial da atuação dos administradores. Tais argumentos tendem a ser universais...

Por último, analisarei, de forma autónoma, os *Principles of Corporate Governance*, dado o seu carácter sistemático e por constituírem um ponto de referência fulcral no debate internacional sobre os deveres dos administradores.

### 4.1.1. Dever de cuidado

O dever de cuidado (*duty of care*) é tradicionalmente apontado pela doutrina norte-americana como um dever essencial dos administradores, a par do dever de lealdade (*duty of loyalty*).

DEVER DE GESTÃO

A expressão dever de cuidado (*care*) parece ser a mais comum. Mas há quem utilize os termos diligência (*diligence*)[720] ou perícia (*skill*)[721], em sinonímia ou em alternativa ao termo cuidado.

Operando uma especificação, alguma doutrina refere-se ao dever de cuidado na gestão empresarial (*duty of care in managing the corporation's business*)[722].

O dever de cuidado é tradicionalmente descrito através do recurso à bitola da pessoa normalmente ou razoavelmente prudente (*reasonably prudent person* ou *ordinarily prudent person*), naquela posição e perante circunstâncias semelhantes (*in a like position, under similar circumstances*), numa formulação paralela à utilizada para os delitos negligentes[723].

Como referência jurisprudencial mais distante é apontada uma decisão inglesa de 1742 – *The Charitable Company v. Sutton* –, adotada pelo *Chancellor*, em que se terá afirmado que os administradores têm o dever de atuar com uma diligência razoável (*with reasonable diligence*)[724].

Refere-se que esta bitola reclama conhecimento, competência técnica e perícia no exercício das funções de administrador[725].

---

[720] Henn, Harry G. e Alexander, John R., *Laws of corporations...*, 3ª ed., p. 612, Knepper, William e Bailey, Dan, *Liability...*, I, 6ª ed., pp. 16-17, e Cox, James D. e Hazen, Thomas Lee, *...corporations*, I, 2ª ed., p. 476.

[721] Cox, James D. e Hazen, Thomas Lee, *...corporations*, I, 2ª ed., p. 476. Na doutrina inglesa, Davies, Paul, *Principles...*, 8ª ed., pp. 477, 488 e 506.

[722] Hamilton, Robert W., *The law of corporations...*, pp. 380-381, e Blair, Margaret M., *Ownership...*, p. 58. Com referências ao cuidado na gestão, Eisenberg, Melvin A., "The duty of care...", *University of Pittsburgh Law Review*, nº 51, 1990, p. 949, Eisenberg, Melvin A., "The divergence...", *Fordham Law Review*, nº 62, 1993, p. 439, Easterbrook, Frank e Fischel, Daniel, *The economic structure...*, p. 103, e Griffith, Sean J., "Good faith...", *Duke Law Journal*, vol. 55, 2005, p. 40. Reconduzindo a violação do dever de cuidado à má gestão ou administração, Cooter, Robert e Freedman, Bradley J., "The fiduciary relationship...", *NYULRev*, nº 66, 1991, pp. 1047-1048 e 1056 (*negligent mismanagement; careless management of the principal's assets*). Referindo-se ao dever de cuidado na prestação do serviço, ao analisar a posição dos fiduciários em geral, entre os quais os administradores, Frankel, Tamar, "Fiduciary duties", pp. 129-130.

[723] Henn, Harry G. e Alexander, John R., *Laws of corporations...*, 3ª ed., p. 622, Hansen, Charles, "The duty...", *The Business Lawyer*, 1993, pp. 1355-1356, Blair, Margaret M., *Ownership...*, p. 57, Gevurtz, Franklin A., *Corporation Law*, p. 274, Griffith, Sean J., "Good faith...", *Duke Law Journal*, vol. 55, 2005, p. 10, Bainbridge, Stephen M., *Corporation law...*, pp. 242-243, e Bainbridge, Stephen M. et al., "The convergence...", *UCLA Law Review*, vol. 55, 2008, p. 574.

[724] *Vide* Henn, Harry G. e Alexander, John R., *Laws of corporations...*, 3ª ed., p. 621, Bishop, Joseph W., "Sitting ducks...", *The Yale Law Journal*, nº 77, 1968, pp. 1096-1097, e Allen, William T., "The corporate...", p. 316.

[725] Eisenberg, Melvin A., "The duty of care...", *University of Pittsburgh Law Review*, nº 51, 1990, pp. 949-951.

Em contextos profissionais, a bitola reflete o cuidado exigido de um profissional numa posição semelhante[726].

Neste contexto, há quem opere alguma distinção entre os executivos e os administradores não executivos, considerando que aos primeiros são exigidos conhecimentos e competências mais especializados[727].

Afirma-se que o dever de cuidado dos administradores de sociedades financeiras não é distinto do dever de cuidado dos administradores de outras sociedades, embora na sua aplicação concreta possam envolver aspetos distintos[728].

No espaço jurídico norte-americano, o dever de cuidado é frequentemente caracterizado, a par do dever de lealdade, como um dever fiduciário (*fiduciary duty*)[729].

Os deveres fiduciários constituem uma criação jurisprudencial (*case law*) secular britânica, com origem na *equity*[730], estando associados ao surgimento e ao desenvolvimento do *trust*. No *trust* é operada uma transmissão da propriedade pelo *settlor* para o *trustee*, mas em favor de um beneficiário. O regime de *common law* não oferecia a devida proteção legal ao beneficiário, o que levou os tribunais britânicos da *equity* a imporem ao *trustee* deveres fiduciários perante o beneficiário. A posterior evolução determinou a aplicação do regime dos deveres fiduciários a outros institutos jurídicos, nomeadamente à *partnership* e à *agency*. No decurso desta evolução, os deveres fiduciários passaram igualmente a ser aplicados aos administradores[731].

---

[726] Eisenberg, Melvin A., "The duty of care...", *University of Pittsburgh Law Review*, nº 51, 1990, pp. 950-951, e Frankel, Tamar, "Fiduciary duties", p. 130.

[727] Eisenberg, Melvin A., "The duty of care...", *University of Pittsburgh Law Review*, nº 51, 1990, pp. 950-951. Distinguindo entre os administradores a tempo inteiro e os administradores a tempo parcial, Henn, Harry G. e Alexander, John R., *Laws of corporations...*, 3ª ed., p. 623.

[728] Eisenberg, Melvin A., *Corporations...*, 8ª ed., p. 536.

[729] Cooter, Robert e Freedman, Bradley J., "The fiduciary relationship...", *NYULRev*, nº 66, 1991, pp. 1047-1048, Easterbrook, Frank e Fischel, Daniel, *The economic structure...*, p. 91, Blair, Margaret M., *Ownership...*, pp. 56-58, Frankel, Tamar, "Fiduciary duties", pp. 127-130, Allen, William T., "The corporate...", pp. 314-317, Gevurtz, Franklin A., *Corporation Law*, p. 273, Johnson, Lyman, "After Enron...", *Delaware Journal of Corporate Law*, vol. 28, 2003, p. 30, e Bainbridge, Stephen M., "Exclusive merger...", *Minnesota Law Review*, nº 75, 1990, p. 263.

[730] Entre nós, sobre a origem e a noção de *equity*, Almeida, Carlos Ferreira de, *Introdução...*, pp. 80-87, 96 e 122. Sobre a recondução dos deveres fiduciários à *equity*, Brito, Maria Helena, *A representação...*, p. 233, n. 451.

[731] Frankel, Tamar, "Fiduciary duties", p. 127, e Allen, William T., "The corporate...", pp. 314-315. Na equiparação entre a *corporation* e o *trust*, merece destaque Berle, Adolf A. e Means, Gardiner C., *The modern corporation...*, 2ª ed., p. 295.

DEVER DE GESTÃO

Na jurisprudência norte-americana mais distante é nomeadamente apontada a decisão *Robinson v. Smith*, tirada pelo *Court of Chancery* (tribunal com competência em matéria de *equity*) de New York, em 1832. Este aresto apreciou a conduta dos administradores de uma sociedade de extração mineira, que deixaram de prosseguir essa atividade, dedicando-se a investimentos especulativos, que causaram fortes perdas. O tribunal não condenou os administradores, porquanto os queixosos não alegaram que a sociedade se havia recusado a tomar a iniciativa de responsabilização dos administradores. Mas, em *obiter dictum*, o *Court of Chancery* qualificou os administradores como *trustees*, considerando que seriam responsáveis por perdas causadas à sociedade por negligência grosseira ou desatenção em relação aos seus deveres[732].

Mas há quem afaste a caracterização do dever de cuidado como um dever fiduciário, com o argumento de que os administradores, ao contrário dos *trustees*, devem fazer com que a empresa desenvolva atividades arriscadas[733]. Em contraponto, refere-se que diferentes níveis de risco são apropriados a diferentes relações fiduciárias, apontando-se os exemplos extremados do tradicional *trustee* e do administrador de uma *start-up*[734]. Afirma-se que o dever de cuidado de um administrador será menos intenso que o dever de cuidado de um *trustee*[735].

Alguma doutrina evita a caracterização do dever de cuidado como um dever fiduciário, reconduzindo-o aos princípios do direito da negligência, que incidem sobre qualquer *agent* ou profissional[736]. A utilização da expressão dever fiduciário aparece reservada para o dever de lealdade.

---

[732] *Apud* Smith, D. Gordon, "The shareholder...", *The Journal of Corporation Law*, nº 23, 1998, p. 308 – "*I have no hesitation in declaring it as the law of this state, that the directors of a moneyed or other joint-stock corporation, who wilfully abuse their trust or misapply the funds of the company, by which a loss is sustained, are personally liable as trustees to make good their loss. And they are equally liable, if they suffer the corporate funds or property to be lost or wasted by gross negligence and inattention to the duties of their trust.*". Sobre jurisprudência norte-americana mais distante, também Allen, William T., "The corporate...", pp. 316-317, e Lubben, Stephen J. e Darnell, Alana J., "Delaware's duty...", *Delaware Journal of Corporate Law*, vol. 31, 2006, pp. 594-598.

[733] Hamilton, Robert W., *The law of corporations...*, p. 378.

[734] Cooter, Robert e Freedman, Bradley J., "The fiduciary relationship...", *NYULRev*, nº 66, 1991, p. 1062.

[735] Frankel, Tamar, "Fiduciary duties", p. 130, e Easterbrook, Frank e Fischel, Daniel, "Contract...", *The Journal of Law and Economics*, 1993, pp. 432-434 (realizando uma analise comparativa do diferente conteúdo dos deveres fiduciários em diferentes relações fiduciárias).

[736] Henn, Harry G. e Alexander, John R., *Laws of corporations...*, 3ª ed., p. 611, n. 3, e pp. 621--628, Eisenberg, Melvin A., "The duty of care...", *University of Pittsburgh Law Review*, nº 51, 1990, pp. 945-949, e Eisenberg, Melvin A., "The divergence...", *Fordham Law Review*, nº 62, 1993, p. 439. Na doutrina anglo-americana, referindo-se a um dever gestório (*agency duty*) de atuar no interesse da sociedade, Flannigan, Robert, "The adulteration...", *LQR*, 2006, pp. 453-455. Na doutrina

Diga-se, em todo o caso, que a associação do dever de cuidado ao regime do delito negligente (*tort of negligence*) também é frequente entre os autores que o caracterizam como um dever fiduciário[737].

Alguma doutrina adota um enfoque mais contratualista, afirmando que o dever de cuidado reflete a compra da perícia do gestor[738].

Para além dos deveres de cuidado e de lealdade, há quem sustente que os administradores têm um dever de atuar no âmbito dos poderes concedidos[739].

Em tempos mais recentes, alguma jurisprudência e doutrina norte-americanas tende a individualizar um dever de boa fé (*duty of good faith*). Terei a oportunidade de desenvolver este último aspeto.

Alguma doutrina autonomiza um dever de legalidade (*duty to act lawfully*)[740]. Há quem considere que a violação de regras legais constitui uma atuação fora do âmbito dos poderes concedidos[741]. Outros tratam o problema da atuação societária ilegal como um aspeto do dever de cuidado dos administradores[742]. Outros ainda, em tempos mais recentes, enquadram o problema da atuação societária ilegal no âmbito do referido dever de boa fé[743] ou do dever de lealdade[744].

---

inglesa, reconduzindo o dever de cuidado aos princípios do direito da negligência, embora reconhecendo que foi desenvolvido pelos tribunais da *equity*, Davies, Paul, *Principles...*, 8ª ed., pp. 488 e 495.

[737] Gevurtz, Franklin A., *Corporation Law*, pp. 273-274, e Bainbridge, Stephen M. et al., "The convergence...", *UCLA Law Review*, vol. 55, 2008, p. 574. Recorrendo ao regime delitual para concretizar a bitola de cuidado dos fiduciários, Cooter, Robert e Freedman, Bradley J., "The fiduciary relationship...", *NYULRev*, nº 66, 1991, p. 1058.

[738] Easterbrook, Frank e Fischel, Daniel, "Contract...", *The Journal of Law and Economics*, 1993, p. 426.

[739] Henn, Harry G. e Alexander, John R., *Laws of corporations...*, 3ª ed., pp. 612 e 620-621, Knepper, William e Bailey, Dan, *Liability...*, I, 6ª ed., p. 16, Allen, William T., "The corporate...", p. 315, e Cox, James D. e Hazen, Thomas Lee, *...corporations*, I, 2ª ed., p. 476.

[740] Eisenberg, Melvin A., "The duty of care...", *University of Pittsburgh Law Review*, nº 51, 1990, p. 945 (também Eisenberg, Melvin A., "Obblighi...", *GC*, I, 1992, p. 636). Mas, mais recentemente, este Autor enquadra o problema da atuação societária ilegal no dever de boa fé.

[741] Henn, Harry G. e Alexander, John R., *Laws of corporations...*, 3ª ed., p. 620.

[742] Gevurtz, Franklin A., *Corporation Law*, pp. 313-315 (afirmando que a exposição da sociedade ao risco de aplicação de sanções legais poderá constituir uma violação do dever de cuidado), Cox, James D. e Hazen, Thomas Lee, *...corporations*, I, 2ª ed., pp. 506-509, e Bainbridge, Stephen M., *Corporation law...*, pp. 272-273 (posteriormente, Bainbridge, Stephen M. et al., "The convergence...", *UCLA Law Review*, vol. 55, 2008, pp. 592-593).

[743] Eisenberg, Melvin A., "The duty of good faith...", Delaware Journal of Corporate Law, vol. 31, 2006, pp. 31-38.

[744] Hill, Claire A. e McDonnell, Brett H., "*Stone...*", *Fordham Law Review*, vol. 76, 2007, pp. 1780--1787, Gold, Andrew S., "The new concept...", *U. C. Davis Law Review*, vol. 43, 2009, pp. 475-477, 496 e 527, e Strine Jr., Leo E. et al., "Loyalty`s core demand...", *The Georgetown Law Journal*, nº 98, 2010, pp. 649-653.

O dever de cuidado compreende um dever de obtenção de informação, no decurso do processo decisional (*duty to became informed, duty to employ a reasonable decision-making process, duty of process due care*)[745].

Esta componente processual do dever de cuidado foi consagrada no precedente judicial *Smith v. Van Gorkom*, que terei a oportunidade de descrever de forma pormenorizada.

Nesta atividade processual, os administradores podem confiar na informação obtida junto de terceiros. Mas exige-se uma análise crítica da informação.

O dever de cuidado envolve uma componente de vigilância (*duty of oversight, duty to monitor*)[746].

As informações obtidas na atividade de vigilância podem ter que ser aprofundadas ou podem reclamar uma reação, o que leva alguma doutrina a autonomizar um dever de intervenção (*duty of inquiry*)[747].

A legislação dos diferentes Estados norte-americanos tende a admitir uma ampla delegação nos executivos (*officers*). Exemplo paradigmático: o § 141(a) do título 8 do Delaware Code estabelece que a atividade e os negócios da sociedade são geridos pelo conselho de administração ou sob a direção do conselho de administração, atribuindo ao *certificate of incorporation* a possibilidade de definir a distribuição de poderes e de deveres pelo conselho de administração e por outras pessoas[748].

---

[745] Clark, Robert Charles, *Corporate Law*, pp. 128-129, Eisenberg, Melvin A., "The duty of care...", *University of Pittsburgh Law Review*, nº 51, 1990, pp. 958-959, Eisenberg, Melvin A., "The divergence...", *Fordham Law Review*, nº 62, 1993, p. 440, Eisenberg, Melvin A., *Corporations...*, 8ª ed., p. 544, Cox, James D. e Hazen, Thomas Lee, *...corporations*, I, 2ª ed., pp. 499-505, e Bainbridge, Stephen M., "Exclusive merger...", *Minnesota Law Review*, nº 75, 1990, pp. 264-266.

[746] Henn, Harry G. e Alexander, John R., *Laws of corporations...*, 3ª ed., pp. 623-624, Clark, Robert Charles, *Corporate Law*, pp. 129-136, Eisenberg, Melvin A., "The duty of care...", *University of Pittsburgh Law Review*, nº 51, 1990, pp. 951-956, Eisenberg, Melvin A., "The divergence...", *Fordham Law Review*, nº 62, 1993, pp. 439-440, Eisenberg, Melvin A., *Corporations...*, 8ª ed., p. 544, Cox, James D. e Hazen, Thomas Lee, *...corporations*, I, 2ª ed., pp. 492-499, Bainbridge, Stephen M. et al., "The convergence...", *UCLA Law Review*, vol. 55, 2008, pp. 560-561, e Manning, Bayless, "The business...", *The Business Lawyer*, 1984, p. 1499.

[747] Eisenberg, Melvin A., "The duty of care...", *University of Pittsburgh Law Review*, nº 51, 1990, pp. 956-958 (posteriormente, Eisenberg, Melvin A., "The divergence...", *Fordham Law Review*, nº 62, 1993, pp. 439-440, e Eisenberg, Melvin A., *Corporations...*, 8ª ed., p. 544). Também, Bainbridge, Stephen M., *Corporation law...*, p. 291.

[748] É o seguinte o texto completo do § 141(a) do título 8 do Delaware Code: "*(a) The business and affairs of every corporation organized under this chapter shall be managed by or under the direction of a board of directors, except as may be otherwise provided in this chapter or in its certificate of incorporation. If any such provision is made in the certificate of incorporation, the powers and duties conferred or imposed upon the board of directors by this chapter shall be exercised or performed to such extent and by such person or persons as shall be provided in the certificate of incorporation.*".

A prática estatutária tende a seguir o denominado modelo de controlo (*monitoring* ou *oversight model*) do conselho de administração[749]. A gestão é amplamente delegada nos executivos.

A delegação opera frequentemente não apenas em relação a terceiros, mas também em relação a alguns dos membros do conselho de administração. No interior do conselho de administração torna-se possível distinguir entre os administradores executivos (*executive* ou *inside directors*) e os administradores não executivos (*non-executive* ou *outside directors*).

Ao apreciar positivamente o modelo de controlo do conselho de administração, alguma doutrina aponta para algum paralelo entre o papel desempenhado pelos administradores não executivos norte-americanos e o papel desempenhado pelos membros do conselho de supervisão germânico (*Aufsichtsrat*)[750].

A componente de vigilância do dever de cuidado é especialmente relevante no que respeita aos administradores não executivos. Afirma-se, inclusivamente, que a vigilância da prestação dos executivos é a principal função do conselho de administração[751].

Num artigo publicado em 1984, frequentemente evocado, *Bayless Manning* procede a uma descrição dos comportamentos tipicamente adotados no interior dos conselhos de administração que funcionam de acordo com o modelo de controlo (*monitoring* ou *oversight model*), para justificar uma elevada contenção judicial na apreciação da conduta dos administradores não executivos. Opto por dar conta, desde já, dessa descrição.

Os administradores não executivos despendem pouco tempo no exercício de funções, com ressalva das situações de crise empresarial. As empresas têm frequentemente uma atividade complexa e diversificada, cujo acompanhamento diário reclama especialização e delegação[752].

O conselho de administração tende a adotar decisões por consenso. Se o presidente do conselho de administração intui que a decisão proposta está a gerar

---

[749] Na teorização do modelo de controlo do conselho de administração, Eisenberg, Melvin A., "Legal models...", *CalLRev*, vol. 63, 1975, pp. 375-439 (posteriormente, Eisenberg, Melvin A., *The structure...*, pp. 1-6 e 139-211, e Eisenberg, Melvin A., "The duty of care...", *University of Pittsburgh Law Review*, nº 51, 1990, pp. 949-950). No pensamento económico, atribuindo ao conselho de administração a função de controlo dos executivos, Fama, Eugene F. e Jensen, Michael C., "Separation...", *Journal of Law and Economics*, 1983, pp. 311, 313 e 323.

[750] Bishop, Joseph W., "Sitting ducks...", *The Yale Law Journal*, nº 77, 1968, pp. 1092-1093, Eisenberg, Melvin A., *The structure...*, p. 180, e Hansmann, Henry e Kraakman, Reinier, "The basic governance...", p. 35.

[751] Bainbridge, Stephen M. et al., "The convergence...", *UCLA Law Review*, vol. 55, 2008, p. 561. É esta a proposta de Eisenberg, Melvin A., *The structure...*, pp. 164-170.

[752] Manning, Bayless, "The business...", *The Business Lawyer*, 1984, p. 1481.

DEVER DE GESTÃO

desconforto, tende a adiar a decisão para mais tarde, tentando obter um posterior compromisso. O aconselhamento tende a ser realizado informalmente, em conversas particulares entre executivos e administradores não executivos, mais do que em debates abertos no seio do conselho de administração. As reuniões constituem frequentemente meras formalidades[753].

Os administradores não executivos podem ter capacidades e percursos profissionais muito diversificados, sendo que, por vezes, não possuem conhecimentos sobre muitas das matérias que marcam a agenda do conselho de administração[754].

A atuação em coletivo no âmbito do conselho de administração implica necessariamente confiança recíproca. Colocada uma dúvida sobre uma matéria sobre a qual um dos administradores tem especiais conhecimentos profissionais, é natural que os restantes administradores tendam a confiar na opinião expressa pelo colega. Os processos de decisão em grupo reclamam deferência e delegação informal[755].

A agenda do conselho de administração é pressionada pelos temas cuja apreciação regular é imposta por lei. Cerca de três quartos do tempo do conselho de administração é absorvido com a análise de relatórios, com a prestação de informação anteriormente solicitada e com decisões rotineiras. Só um quarto do tempo é que poderá ser utilizado em decisões estratégicas[756].

As decisões empresariais mais importantes do conselho de administração são as relativas à sua agenda, à gestão do seu tempo limitado. Na parte não consumida pelos temas de apreciação regular e obrigatória, a agenda do conselho de administração é tipicamente estabelecida pelos executivos. Os administradores não executivos poderão, de tempos a tempos, sugerir a discussão de alguns tópicos. Mas os administradores não executivos têm uma capacidade muito limitada de realizar propostas concretas. A iniciativa tende a não caber ao conselho de administração, com poucas exceções, a saber: a nomeação da equipa de executivos; a delimitação do sistema interno de informação; e a intervenção em caso de informações credíveis sobre problemas concretos[757].

A dimensão e a profundidade das investigações efetivamente realizadas pelo conselho de administração serão sempre, em todas as circunstâncias, inferiores à dimensão e à profundidade ideais. O universo de ações que poderiam ter sido adotadas será sempre bastante superior ao conjunto de ações efetivamente

---

[753] Manning, Bayless, "The business...", *The Business Lawyer*, 1984, pp. 1483, 1487 e 1490-1491.
[754] Manning, Bayless, "The business...", *The Business Lawyer*, 1984, pp. 1482-1483.
[755] Manning, Bayless, "The business...", *The Business Lawyer*, 1984, pp. 1487-1488.
[756] Manning, Bayless, "The business...", *The Business Lawyer*, 1984, pp. 1482-1483.
[757] Manning, Bayless, "The business...", *The Business Lawyer*, 1984, pp. 1484-1486.

adotadas. Existirão outros assuntos a reclamar a atenção do conselho de administração. As decisões sobre a dimensão e a profundidade das investigações constituem decisões empresariais difíceis, que reclamam deferência judicial[758].

O administrador não executivo que não concorda inteiramente com uma proposta de deliberação tenderá, ainda assim, a acompanhar os executivos. Se manifestar as suas reservas, realçando que vota a favor para suportar a iniciativa dos executivos, tal afirmação tenderá a ser interpretada como um aviso, no sentido de que os eventuais maus resultados da iniciativa conduzirão a uma perda de confiança na gestão. A instabilidade que rodeia a substituição do presidente executivo (*chief executive officer*) poderá causar mais perdas que as decorrentes de uma infeliz medida pontual[759].

### 4.1.2. Interesses a prosseguir

Existe um forte debate na doutrina norte-americana sobre a questão de saber quais os interesses que os administradores devem prosseguir. Discute-se se os administradores devem apenas atender aos interesses dos acionistas ou se podem atender aos interesses de outros sujeitos (*other constituencies*), tais como os trabalhadores, os credores, os clientes ou a comunidade.

De acordo com determinada perspetiva doutrinária, esta questão releva da caracterização do dever de cuidado[760].

Acrescenta-se, por vezes, que o problema dos conflitos de interesses dos administradores com a sociedade e da violação do dever de lealdade não convoca a questão de saber quais os interesses que os administradores devem prosseguir, bastando-se com a simples proibição de atuação dos administradores no interesse próprio[761].

Não procederei a uma descrição exaustiva do debate doutrinário norte--americano sobre o problema dos interesses a prosseguir pelos administradores.

---

[758] Manning, Bayless, "The business...", *The Business Lawyer*, 1984, pp. 1485-1486 e 1488-1489.

[759] Manning, Bayless, "The business...", *The Business Lawyer*, 1984, pp. 1490-1491.

[760] Smith, D. Gordon, "The shareholder...", *The Journal of Corporation Law*, nº 23, 1998, pp. 284--286, e Gevurtz, Franklin A., *Corporation Law*, pp. 304-313. Tratando da questão dos interesses a prosseguir a propósito da *business judgment rule*, que, por sua vez, associa ao dever de cuidado, Bainbridge, Stephen M., *Corporation law...*, p. 412. Referindo que diversas formulações legais e jurisprudenciais do dever de cuidado apontam para a finalidade de maximização dos lucros, Clark, Robert Charles, *Corporate Law*, p. 679.

[761] Smith, D. Gordon, "The shareholder...", *The Journal of Corporation Law*, nº 23, 1998, pp. 284-285. Na doutrina anglo-americana, vincando a necessidade de distinguir o dever fiduciário de não atuar no interesse próprio do dever gestório (*agency duty*) de atuar no interesse da sociedade, Flannigan, Robert, "The adulteration...", *LQR*, 2006, pp. 453-455.

DEVER DE GESTÃO

Trata-se de um tema central do direito societário, com uma forte dimensão política e filosófica, que seria impossível abarcar em poucas páginas.

Prossigo com uma referência sumária a algumas das posições doutrinárias sobre a matéria, seguida de uma exposição sobre as decisões judiciais mais relevantes, na estrita medida necessária para compreender o dever de cuidado dos administradores norte-americanos.

A análise doutrinária do problema dos interesses a atender nas decisões dos administradores é marcada pelo diálogo entre *Adolf A. Berle* e *E. Merrick Dodd*, ocorrido no início dos anos trinta do século passado, sob os efeitos da Grande Depressão.

*Adolf A. Berle* defendeu que os amplos poderes dos administradores são limitados por regras de *equity*, semelhantes às que vigoram para o *trust*, regras essas que impõem o seu exercício em benefício exclusivo dos acionistas[762]. Sob o pano de fundo desta posição estava a excessiva discricionariedade dos administradores das grandes sociedades abertas e a falta de proteção dos pequenos investidores. Recorde-se a teorização da separação entre "propriedade" e "controlo" (*ownership and control*)[763].

Em contraponto, *E. Merrick Dodd* sustentou que os administradores têm uma posição fiduciária não apenas perante os acionistas, mas sobretudo perante a sociedade (*corporation*), enquanto instituição ou realidade organizacional com carácter de permanência. Defendeu que a empresa não é apenas propriedade privada, sendo exigível o exercício da atividade empresarial de forma a salvaguardar os interesses das diversas pessoas envolvidas, nomeadamente os trabalhadores e os consumidores, ainda que com algum sacrifício para os proprietários. Advogou o reconhecimento de alguma discricionariedade aos administradores, de forma a dar cobertura à assunção de responsabilidade social (*social responsability*) pelos administradores[764].

Em réplica, *Adolf A. Berle* afirmou que a história recente demonstrava que os administradores das grandes empresas, embora tivessem um poder absoluto equiparável ao dos monarcas, tendiam a não o exercer em termos de responsabilidade social. Criticou a perspetiva de defesa da discricionariedade dos administradores, por implicar um poder absoluto e insindicável. Advogou a necessidade de controlo do poder dos administradores através da imposição de deveres fiduciários perante os acionistas[765].

---

[762] Berle, Adolf A., "Corporate powers...", *Harvard Law Review*, nº 44, 1931, pp. 1049-1050.

[763] Berle, Adolf A. e Means, Gardiner C., *The modern corporation...*, 2ª ed., nomeadamente pp. 5-10.

[764] Dodd, E. Merrick, "For whom...", *Harvard Law Review*, 1932, pp. 1145-1163.

[765] Berle, Adolf A., "For whom...", *Harvard Law Review*, 1932, pp. 1365-1372. Também Berle, Adolf A. e Means, Gardiner C., *The modern corporation...*, 2ª ed., pp. 293-298.

O confronto entre *Adolf A. Berle* e *E. Merrick Dodd* é intersectado pelo problema da natureza da sociedade (ou da pessoa coletiva). A tese da prevalência do interesse dos acionistas surge associada à conceção da sociedade como uma ficção e à qualificação dos acionistas como proprietários. A ideia de responsabilidade social cruza-se com a conceção da sociedade como uma instituição social[766].

Desde então, o debate doutrinário tem prosseguido, convocando, não raro, ideias já presentes em *Adolf A. Berle* e *E. Merrick Dodd.*

Por vezes, a prevalência dos interesses dos acionistas é essencialmente fundamentada na sua qualificação como proprietários. Invocam-se os valores da propriedade privada, da economia de mercado e da liberdade de contratação[767].

Outras vezes, a ideia de propriedade privada é desvalorizada como argumento explicativo da prevalência dos interesses dos acionistas[768].

Esta desconsideração da propriedade privada como explicação da prevalência do interesse dos acionistas surge frequentemente associada à conceção da sociedade (ou da empresa) como um nexo de contratos (*nexus of contracts*). Num movimento marcado pelo pensamento económico e pela análise económica do direito (*Law and Economics*), alguma doutrina passou a conceber a sociedade (ou a empresa) como um conjunto de diversos contributos negociados com vista à produção de bens ou serviços. O capital dos acionistas constituirá apenas um dos contributos para a empresa, a par do trabalho, do financiamento externo, do fornecimento de bens e serviços[769]...

Neste contexto, são apontados diversos argumentos para justificar a prevalência dos interesses dos acionistas.

Refere-se que os acionistas, ao contrário dos restantes sujeitos, não podem acautelar os seus interesses através de negociações e contratos, pelo que neces-

---

[766] Fazendo esta leitura, o próprio Dodd, E. Merrick, "For whom...", *Harvard Law Review*, 1932, pp. 1145-1163.

[767] Friedman, Milton, *Capitalism...*, pp. 133-136 (posteriormente, Friedman, Milton, "The social responsibility...", *The New York Times Magazine*, Sept. 13, 1970, pp. 33 e 122-124), e Hayek, Friedrich A., "The corporation...", pp. 304-305 e 311-312.

[768] Bainbridge, Stephen M., *Corporation law...*, p. 28. Reconhecendo, em tom crítico, esta tendência doutrinária, Eisenberg, Melvin A., "The conception...", *JCorpL*, nº 24, 1999, p. 825.

[769] No pensamento económico, Jensen, Michael C. e Meckling, William H., "Theory of the firm...", *Journal of Financial Economics*, 1976, pp. 310-311, e Fama, Eugene F. e Jensen, Michael C., "Separation...", *Journal of Law and Economics*, 1983, pp. 302 e 321. No pensamento jurídico, Easterbrook, Frank e Fischel, Daniel, *The economic structure...*, pp. 8-15, e Bainbridge, Stephen M., *Corporation law...*, pp. 8, 26-38 e 197-206. Para uma crítica à conceção jurídica da sociedade como um nexo de contratos, Eisenberg, Melvin A., "The conception...", *JCorpL*, nº 24, 1999, pp. 830-836.

DEVER DE GESTÃO

sitam de tutela jurídica, através da imposição fiduciária de atuação dos adminis-tradores em seu benefício[770].

Refere-se que, em mercados competitivos, a prossecução sistemática de fina-lidades distintas do lucro implicará o definhamento da empresa[771]. Acrescenta-se que a possibilidade de prossecução de finalidades distintas do lucro convoca as dificuldades da atuação coletiva voluntária, nomeadamente o problema do *free-rider* e o dilema do prisioneiro (analisados pela Teoria dos Jogos). Haverá uma propensão para não suportar custos sociais acrescidos, na esperança de que os outros concorrentes no mercado adotem esses custos sociais acrescidos e se obtenha uma vantagem competitiva[772].

Afirma-se que a prossecução dos interesses de outros sujeitos, em detri-mento dos acionistas, provocará um aumento do custo de financiamento no mercado de capitais[773].

Afirma-se que os acionistas, ao contrário dos restantes sujeitos, que podem negociar os termos do seu contributo para a empresa, apenas são titulares de uma pretensão residual (*residual claim*). São os últimos na fila de satisfação de pretensões. Se a empresa tiver êxito, ganham; se a empresa não tiver êxito, nada ganham. Consequentemente, terão o adequado incentivo para realizar ou suportar boas decisões de gestão[774]. Todavia, ressalva-se que, em situações de insolvência ou de proximidade da insolvência, os acionistas tendem a preferir investimentos de alto risco, semelhantes a apostas de roleta russa, na medida em que nada mais têm a perder. Apenas os credores podem ter perdas acrescidas. Em situações de insolvência ou de proximidade da insolvência, os acionistas não tendem a suportar boas decisões de gestão[775].

Utiliza-se o argumento, enfatizado já por *Adolf A. Berle*, de que a possibili-dade de prossecução dos interesses de terceiros confere aos administradores um

---

[770] Macey, Jonathan R., "An economic analysis...", *Stetson Law Review*, nº 21, 1991, pp. 36-44, e Bainbridge, Stephen M., *Corporation law...*, pp. 425-429.

[771] Posner, Richard A., *Economic analysis...*, 6ª ed., pp. 435-436.

[772] Clark, Robert Charles, *Corporate Law*, pp. 687-688 e 692.

[773] Easterbrook, Frank e Fischel, Daniel, "The proper role...", *Harvard Law Review*, nº 94, 1981, p. 1192, e Bainbridge, Stephen M., "In defence...", *Washington and Lee Law Review*, nº 50, 1993, p. 1433.

[774] Easterbrook, Frank e Fischel, Daniel, "Voting...", *Journal of Law and Economics*, vol. 26, nº 2, 1983, pp. 403-405 (posteriormente, Easterbrook, Frank e Fischel, Daniel, *The economic structure...*, pp. 10-11 e 36-37). Na doutrina inglesa, Davies, Paul, *Gower...*, 7ª ed., pp. 372 e 376. No pensamento económico, utilizando o termo *residual claim*, Jensen, Michael C. e Meckling, William H., "Theory of the firm...", *Journal of Financial Economics*, 1976, nomeadamente p. 311, e Fama, Eugene F. e Jensen, Michael C., "Separation...", *Journal of Law and Economics*, 1983, pp. 302-303.

[775] Macey, Jonathan R., "An economic analysis...", *Stetson Law Review*, nº 21, 1991, pp. 26-31, Gevurtz, Franklin A., *Corporation Law*, pp. 306-307 e 311-312, e Bainbridge, Stephen M., *Corporation law...*, p. 431.

poder excessivo e insindicável, podendo inclusivamente encobrir uma atuação em benefício próprio[776]. Afirma-se, de forma impressiva, que o administrador que serve dois amos – um pouco para os acionistas e um pouco para a comunidade – foi libertado de ambos e não presta contas perante nenhum[777].

Este último argumento convoca a noção de custos de agência (*agency costs*), cunhada pelos economistas *Michael Jensen* e *William Meckling*. Os custos de agência são gerados pela divergência entre o interesse do principal e o interesse do agente e incluem os custos de controlo (*monitoring costs*) pelo principal, os custos de vinculação (*bonding costs*) do agente e as perdas residuais (*residual loss*), correspondentes à diminuição do bem-estar do principal decorrente de atuações prejudiciais do agente. Estes economistas apontam para a existência de uma relação de agência entre o administrador e os acionistas[778]. A possibilidade de prossecução dos interesses de terceiros pelos administradores diminui a eficácia da monitorização e aumenta a probabilidade de ocorrência de perdas residuais para os acionistas. Os custos de agência são inflacionados.

A estes diversos argumentos frequentemente subjaz o pensamento utilitarista e a perspetiva de que a prevalência dos interesses dos acionistas constitui um meio para maximizar o bem-estar social geral (*aggregate social welfare*)[779]. Afirma-se, paradigmaticamente, que o melhor meio para prosseguir o bem-estar social geral reside na responsabilização (*accountability*) dos administradores perante os acionistas[780].

A mesma perspetiva de maximização do bem-estar social geral também pode estar subjacente à invocação da propriedade privada, ao se apelar para a ideia

---

[776] Easterbrook, Frank e Fischel, Daniel, *The economic structure...*, pp. 38 e 92-93 (anteriormente, Easterbrook, Frank e Fischel, Daniel, "The proper role...", *Harvard Law Review*, nº 94, 1981, pp. 1191--1192), Hansmann, Henry e Kraakman, Reinier, "The basic governance...", pp. 65-66, e Clark, Robert Charles, *Corporate Law*, pp. 679 e 684. Invocando este argumento, embora sem lhe atribuir uma importância capital, Macey, Jonathan R., "An economic analysis...", *Stetson Law Review*, nº 21, 1991, pp. 31-36. No pensamento económico, Hayek, Friedrich A., "The corporation...", pp. 301, 305 e 311.

[777] Easterbrook, Frank e Fischel, Daniel, *The economic structure...*, p. 38 – *"a manager told to serve two masters (a little for the equity holders, a little for the community) has been freed of both and is answerable to neither"*.

[778] Jensen, Michael C. e Meckling, William H., "Theory of the firm...", *Journal of Financial Economics*, 1976, pp. 308-309. Entre nós, Alves, Carlos Francisco, *Os investidores...*, pp. 23-24, e Matos, Pedro Verga e Rodrigues, Vasco, *Fusões...*, pp. 79-88 e 118-119. Realçando que esta noção económica de *agency* é mais ampla do que a noção jurídica, Davies, Paul, *Principles...*, 8ª ed., p. 368, n. 9.

[779] Hansmann, Henry e Kraakman, Reinier, "The end of history...", *The Georgetown Law Journal*, 2001, pp. 441-442, e Macey, Jonathan R., "An economic analysis...", *Stetson Law Review*, nº 21, 1991, pp. 27-36.

[780] Hansmann, Henry e Kraakman, Reinier, "The end of history...", *The Georgetown Law Journal*, 2001, pp. 441-442.

de mão invisível do mercado[781]. Em todo o caso, a demonstração será mais controversa, sendo frequentemente questionada a "verificação" da mão invisível do mercado[782].

Na defesa das conceções pluralistas é frequentemente invocado o argumento da responsabilidade ou consciência social dos administradores[783]. Afirma-se que os administradores, como quaisquer pessoas, não podem ser privados de uma consciência social. Aponta-se, neste contexto, o paralelo com o empresário individual, indiscutivelmente livre de possuir uma consciência social.

O pluralismo surge, por vezes, associado à perspetiva da sociedade como uma instituição socioeconómica[784].

As conceções pluralistas são também apoiadas pela crença nas vantagens sociais do poder da tecnoestrutura[785].

Em contraponto ao argumento de que o pluralismo confere aos administradores um poder excessivo e insindicável, há quem refira que a preocupação de responsabilização (*accountability*) dos administradores é exagerada, na medida em que a *business judgment rule* implica um escrutínio muito leve da atuação dos administradores[786].

Entre os autores que professam a conceção da sociedade (ou da empresa) como um nexo de contratos, também há quem adote uma conceção pluralista, defendendo a autonomia dos administradores para prosseguirem os interesses de outros sujeitos, tais como os trabalhadores, os credores, os clientes ou a comunidade. Sustenta-se que os diversos sujeitos que realizam investimentos específicos na sociedade (ou empresa) constituem uma equipa, todos acordando na atribuição de poderes hierárquicos de mediação aos administradores, em favor do bem-estar geral de todos os membros da equipa[787].

---

[781] Friedman, Milton, *Capitalism...*, pp. 133-136, e Hayek, Friedrich A., "The corporation...", pp. 304 e 312.

[782] Apontando para alguns problemas da regra de maximização do lucro, tais como o monopólio, a ausência de regulação através de um mecanismo de formação de preços (ex: poluição) e a assimetria de informação (ex: segurança de produtos farmacêuticos), Arrow, Kenneth J., "Social responsability...", *passim*.

[783] Eisenberg, Melvin A., "An overview...", *The Business Lawyer*, 1993, p. 1276, e Gevurtz, Franklin A., *Corporation Law*, p. 313.

[784] Eisenberg, Melvin A., "An overview...", *The Business Lawyer*, 1993, p. 1276.

[785] Galbraith, John Kenneth, *The new...*, 2ª ed., *passim*.

[786] Gevurtz, Franklin A., *Corporation Law*, pp. 312-313. Referindo que a *business judgment rule* limita fortemente a *accountability* dos administradores, Blair, Margaret M. e Stout, Lynn A., "A team production...", *Virginia Law Review*, nº 85, 1999, p. 300.

[787] Blair, Margaret M. e Stout, Lynn A., "A team production...", *Virginia Law Review*, nº 85, 1999, pp. 250-292 e 319-328. Também, Blair, Margaret M., *Ownership...*, pp. 235-339.

Em tempos relativamente recentes, numa perspetiva difundida pelo economista *Alfred Rappaport*, sustenta-se a orientação da gestão no sentido da criação de valor para o acionista (*shareholder value*), medido pela soma dos dividendos e do aumento da cotação das ações[788].

Na conceção de *Alfred Rappaport*, só haverá criação de valor para o acionista quando for superado o custo do capital próprio[789].

Subjacente encontra-se o método de avaliação empresarial em função do *discounted cash flow* (DCF) da sociedade. A taxa de desconto do *cash flow* corresponde à soma do custo do capital externo e do custo do capital próprio, de acordo com o *Weighted Average Cost of Capital* (WACC). Ao contrário do capital externo, a taxa de remuneração do capital próprio não é estipulada negocialmente. Mas existirá uma taxa de remuneração implícita, pois de outro modo não seria possível atrair investidores. Para determinar o custo do capital próprio atende-se ao *Capital Asset Pricing Model* (CAPM). De acordo com este modelo, a taxa de remuneração implícita do capital próprio corresponderá à taxa de remuneração de um investimento seguro (certificados do Tesouro, por exemplo) acrescida de um sobreprémio pelo risco. Por sua vez, o sobreprémio pelo risco é aferido pelo prémio do (portefólio de) mercado acionista, corrigido pelo denominado *coeficiente beta*, que mede a volatilidade da ação em relação ao portefólio de mercado, de forma a incorporar o maior ou menor risco sistémico das ações da sociedade em comparação com o portefólio de mercado. No sobreprémio pelo risco não é incorporado o risco não sistémico (ou risco diversificável) das ações da sociedade, dada a possibilidade que os investidores têm de se imunizarem face ao risco não sistémico de cada sociedade, através da diversificação dos seus portefólios de ações[790].

A conceção de *Alfred Rappaport*, segundo a qual só haverá criação de valor para o acionista quando for superado o custo do capital próprio, reclama dos administradores que atuem no sentido de obter para os acionistas um retorno superior ao do mercado acionista (corrigido pelo *coeficiente beta*)[791].

Apontam-se corolários em matéria de política de investimento e desinvestimento e em matéria de controlo de unidades de negócio.

---

[788] Rappaport, Alfred, *Creating...*, pp. 11-12 e 50. Realçando que, na prática empresarial, a criação de valor acionista constitui critério das decisões empresariais, Allen, William T., "Our schizophrenic conception...", *Cardozo Law Review*, nº 14, 1992, p. 279.

[789] Rappaport, Alfred, *Creating...*, pp. 50-59.

[790] Rappaport, Alfred, *Creating...*, pp. 57-58 e 245, nn. 4 e 5. Desenvolvendo a análise do custo do capital próprio, Koller, Tim et al., *Valuation...*, 4ª ed., pp. 297-337.

[791] Rappaport, Alfred, *Creating...*, pp. 60 e 65-69.

DEVER DE GESTÃO

A gestão deve analisar quais as unidades de negócio que criam maior valor acionista. Os recursos sociais devem ser alocados às diferentes unidades de negócio de forma a maximizar a criação global de valor acionista. Devem ser escolhidas as estratégias com maiores perspetivas de retorno. O desinvestimento em determinadas unidades de negócio (através da venda ou de outra medida de reestruturação) pode maximizar a criação de valor[792].

Os investimentos societários não devem ter por finalidade a diminuição do risco não sistémico da sociedade, através da diversificação do seu portefólio de atividades e de unidades de negócio. A imunização face ao risco não sistémico pode ser obtida, de forma mais eficiente, pelos acionistas, através da diversificação do seu portefólio de ações. O risco total das atividades da sociedade é irrelevante. Apenas releva o risco sistémico (ou não diversificável)[793].

Há quem ressalve a aplicação desta regra de desconsideração do risco não sistémico relativamente a sociedades fechadas ou com escassa liquidez bolsista. Nas primeiras, os investidores com aversão ao risco poderão ter dificuldades em vender a sua participação social, em caso de adoção de decisões empresariais que reputem excessivamente arriscadas. Nas segundas, os mercados financeiros poderão ser ineficientes, a ponto de nem sequer assimilarem a informação disponível ao público[794]. Acrescenta-se ainda que, relativamente a sociedades abertas, mas com acionistas de referência que não tenham um portefólio diversificado, talvez possa ser excluída a regra de desconsideração do risco não sistémico, desde que haja consentimento de uma maioria qualificada dos acionistas[795].

A ideia de criação de valor para o acionista é, por vezes, criticada, por poder conduzir a uma excessiva focagem na valorização das ações no curto prazo, com prejuízo para a política de investimentos. A focagem na valorização das ações no curto prazo pode ser induzida pelas necessidades de financiamento com capital próprio e pela pressão do mercado acionista. A divulgação trimestral de informação financeira e a sua notação podem agravar tal tendência[796]. Todavia, a perspetiva de maximização do valor das ações não implica uma focagem na obtenção de resultados empresariais no curto prazo, sendo compatível com a planificação e o investimento[797]. O valor para o acionista decorre do desconto

---

[792] Rappaport, Alfred, *Creating...*, pp. 100-125, 148 e 164. Aprofundando a questão do desinvestimento, Koller, Tim et al., *Valuation...*, 4ª ed., pp. 465-486.

[793] Rappaport, Alfred, *Creating...*, p. 211. De forma desenvolvida, Hu, Henry, "Risk...", *UCLA Law Review*, nº 38, 1990, pp. 292-293, 299-300 e 320-324.

[794] Hu, Henry, "Risk...", *UCLA Law Review*, nº 38, 1990, pp. 362-365.

[795] Hu, Henry, "Risk...", *UCLA Law Review*, nº 38, 1990, pp. 365-366.

[796] Koller, Tim et al., *Valuation...*, 4ª ed., p. 21.

[797] Rappaport, Alfred, *Creating...*, pp. 160-161, e Clark, Robert Charles, *Corporate Law*, p. 18, n. 46.

dos fluxos de caixa estimados, sendo que tais fluxos podem ser mais próximos ou mais distantes.

Em contraponto ao jargão *shareholder value*, fala-se na criação de valor para os *stakeholders*. Sustenta-se o exercício do dever de cuidado dos diretores em função dos interesses dos trabalhadores, dos acionistas, dos credores, dos clientes, da comunidade[798]...

Em todo o caso, é frequente a afirmação de que a valorização das ações no longo prazo é compatível com a consideração dos interesses de outros sujeitos (os *stakeholders*)[799].

Realizada esta sumária descrição do pensamento norte-americano sobre os interesses a prosseguir pelos administradores, importa indagar qual o regime efetivamente vigente, o que, no sistema jurídico norte-americano, nos encaminha essencialmente para a jurisprudência.

O destaque inicial é atribuído à decisão *Dodge v. Ford Motor Co.*, tirada pelo Supremo Tribunal de Michigan em 1919[800].

A atividade da Ford Motor Co. estava a gerar enormes receitas. Tinha sido adotada uma generosa política de dividendos regulares, sendo também frequentemente distribuídos dividendos especiais. O conselho de administração, liderado por Henry Ford, decidiu deixar de atribuir determinado dividendo especial, optando por realizar uma política industrial mais expansionista. Em justificação desta decisão, foi apontado por Henry Ford o desejo de aumento da produção de automóveis e de diminuição do seu preço, de forma a gerar emprego e aumentar o bem-estar da população. Os irmãos Dodge, acionistas minoritários, recorreram a tribunal.

O tribunal afirmou, de forma categórica, que a discricionariedade dos administradores deve ser exercida com vista a obter lucros para os acionistas, não compreendendo a possibilidade de opção pela prossecução de outro fim[801].

---

[798] Freeman, R. Edward, "The politics of stakeholder theory...", *Business Ethics Quarterly*, 1994, pp. 415-418.

[799] Clark, Robert Charles, *Corporate Law*, pp. 681-684, Allen, William T., "Our schizophrenic conception...", *Cardozo Law Review*, nº 14, 1992, p. 273, e Blair, Margaret M., *Ownership...*, p. 215. Adotando, em balanço final, a perspetiva de maximização do interesse dos acionistas no longo prazo, Bainbridge, Stephen M., *Corporation law...*, p. 410.

[800] 204 Mich. 459.

[801] 204 Mich. 459, 507 – "*A business corporation is organized and carried on primarily for the profit of the stockholders. The powers of the directors are to be employed for that end. The discretion of directors is to be exercised in the choice of means to attain that end, and does not extend to a change in the end itself, to the reduction of profits, or to the nondistribution of profits among stockholders in order to devote them to other purposes.*".

DEVER DE GESTÃO

Ressalvou, em *obiter dictum*, que a realização de despesas humanitárias incidentais em benefício dos trabalhadores, nomeadamente com a construção de um hospital para uso dos trabalhadores, não deve ser confundida com a intenção generalizada de beneficiar a humanidade, à custa dos acionistas[802].

Embora tenha ordenado o pagamento do dividendo especial, o tribunal não bloqueou os referidos planos expansionistas da Ford Motor Co., recusando-se a substituir a decisão empresarial dos administradores pela sua própria decisão.

Ao analisar esta decisão, alguma doutrina aponta para a possibilidade de os juízes do Supremo Tribunal de Michigan terem tido preocupações que extravasam o problema da definição dos interesses a prosseguir pelos administradores. Os irmãos Dodge pretendiam criar a sua própria empresa de fabrico de automóveis, pelo que se jogava a defesa da concorrência[803]. A Ford Motor Co. era, na altura, uma sociedade fechada. Henry Ford poderá ter pretendido enfraquecer a posição dos irmãos Dodge, para adquirir as suas ações por um bom preço (o que terá acabado por fazer), pelo que existia uma necessidade de proteção de acionistas minoritários[804].

Há quem conclua, inclusivamente, no sentido de que a decisão *Dodge v. Ford Motor Co.* não constitui um precedente em matéria dos interesses a prosseguir pelos administradores de sociedades abertas, não relevando do problema dos conflitos entre acionistas e os outros sujeitos envolvidos na empresa[805].

Noutro registo, é destacada a decisão *A. P. Smith Manufacturing Co. v. Barlow*, adotada pelo Supremo Tribunal de New Jersey, em 1953, que validou a realização de um donativo de uma sociedade industrial para uma campanha em benefício da universidade de Princeton[806].

O tribunal apontou, por um lado, para a possibilidade de a realização de donativos se inserir no interesse de longo prazo dos acionistas e, por outro, para a necessidade de atender a preocupações de responsabilidade social[807].

---

[802] 204 Mich. 459, 506-507.

[803] Clark, Robert Charles, *Corporate Law*, p. 604, e Blair, Margaret M. e Stout, Lynn A., "A team production...", *Virginia Law Review*, nº 85, 1999, p. 301, n. 132.

[804] Smith, D. Gordon, "The shareholder...", *The Journal of Corporation Law*, nº 23, 1998, pp. 315-320, e Clark, Robert Charles, *Corporate Law*, p. 604.

[805] Smith, D. Gordon, "The shareholder...", *The Journal of Corporation Law*, nº 23, 1998, p. 323, e Blair, Margaret M. e Stout, Lynn A., "A team production...", *Virginia Law Review*, nº 85, 1999, pp. 301-302.

[806] 98 A.2d 581. Neste aresto jogou-se não apenas a caracterização dos deveres fiduciários dos administradores, mas também o problema da atuação *ultra vires*.

[807] 98 A.2d 581, 586.

Esta orientação jurisprudencial foi confirmada por diversas decisões posteriores, de que é exemplo a decisão *Union Pacific Railroad Company v. Trustees, Inc.*, tirada pelo Supremo Tribunal de Utah, em 1958[808].

De novo em contraponto face à decisão *Dodge v. Ford Motor Co.*, é destacada[809] a decisão *Schlensky v. Wrigley*, tirada por um tribunal de recurso de Illinois, em 1968[810].

Neste litígio, um acionista minoritário de uma sociedade detentora de um clube de basebol e do correspondente estádio contestou a decisão de Philip Wrigley, presidente do conselho de administração e acionista maioritário, de recusa de instalação de luzes no estádio, para possibilitar a realização de jogos noturnos, numa altura em que os níveis de assistência aos jogos vinham a diminuir. O demandante alegou que a decisão prejudicava a maximização dos ganhos dos acionistas. Alegou que Philip Wrigley agiu motivado pela conceção do basebol como um jogo diurno e pelo receio de que os jogos noturnos tivessem um impacto negativo na vizinhança do estádio.

O tribunal rejeitou a ação, com base na ideia de contenção judicial na apreciação das decisões empresariais.

Mas afirmou, em *obter dicta*, que os administradores poderiam ter em atenção os efeitos das suas decisões na vizinhança e que o interesse de longo prazo da sociedade poderia implicar a consideração dos interesses da vizinhança[811].

O problema do confronto dos interesses dos acionistas com os interesses dos credores em situações de proximidade da insolvência foi abordado pelo *Court of Chancery* de Delaware (tribunal de primeira instância com competência em matérias de *equity*) em 1991, na decisão *Credit Lyonnais Bank Nederland, N.V. v. Pathe Communications Corp.*[812].

Neste litígio o tribunal concluiu que determinados administradores não violaram os seus deveres fiduciários quando, na proximidade da insolvência, não procederem a determinadas vendas de património social desejadas pelo acionista maioritário.

---

[808]  329 P.2d 398.

[809]  Destacando esta decisão neste contexto, Eisenberg, Melvin A., "An overview...", *The Business Lawyer*, 1993, pp. 1276-1277, Clark, Robert Charles, *Corporate Law*, pp. 136-140, Gevurtz, Franklin A., *Corporation Law*, p. 309, e Bainbridge, Stephen M., *Corporation law...*, pp. 412-417. Num escrito anterior, desvalorizando a relevância desta decisão para o problema dos interesses a atender nas decisões dos administradores, com o argumento de que o litígio foi decidido com base na *business judgment rule*, Bainbridge, Stephen M., "In defense...", *Washington and Lee Law Review*, nº 50, 1993, p. 1423, n. 2.

[810]  237 N.E.2d 776.

[811]  237 N.E.2d 776, 780.

[812]  1991 WL 277613.

DEVER DE GESTÃO

O tribunal afirmou que, quando a sociedade opera na proximidade da insolvência, o conselho de administração não é mero *agent* dos titulares da pretensão residual, antes estando obrigado perante a empresa social[813].

O tribunal referiu-se à sociedade como uma entidade económica e jurídica, representativa de uma comunidade de interesses, considerando que os administradores estão obrigados perante a comunidade de interesses que suporta a sociedade, devendo fazer um esforço de maximização da capacidade societária de criação de riqueza no longo prazo[814].

O tribunal acrescentou que, na gestão empresarial de uma sociedade na proximidade da insolvência, a atuação correta e eficaz poderá não ser aquela que os acionistas adotariam, caso tivessem a oportunidade de decidir[815].

Os anos oitenta do século passado foram palco de um forte movimento de tomadas hostis de sociedades norte-americanas. A frequente adoção de medidas defensivas pelos administradores das sociedades visadas fez surgir diversos litígios judiciais, em que se discutiu quais os interesses que os administradores devem prosseguir neste contexto.

Embora a adoção de medidas defensivas possa ser justificada no interesse de curto prazo dos acionistas, nomeadamente com base no argumento de que o preço oferecido não é adequado, é mais frequente que seja justificada na prossecução de uma política empresarial de longo prazo ou na necessidade de proteção de outros sujeitos, entre os quais os trabalhadores, em prejuízo para o interesse de curto prazo dos acionistas. Subjacente encontra-se sempre a possibilidade de os administradores das sociedades visadas atuarem em conflito de interesses, motivados pelo receio de perda dos seus lugares, caso a tomada hostil se efetive.

O problema dos interesses a prosseguir pelos administradores das sociedades visadas é essencialmente moldado pela jurisprudência do Supremo Tribunal de Delaware.

Na decisão *Unocal v. Mesa Petroleum Co.*, tirada pelo Supremo Tribunal de Delaware em 1985[816], foi apreciada a validade de uma medida defensiva adotada pelos administradores da Unocal Corporation – uma aquisição seletiva de ações próprias –, na sequência de uma oferta de aquisição hostil realizada por um acionista minoritário, a Mesa Petroleum.

---

[813] 1991 WL 277613, p. 34. No sentido de que é possível encontrar, no decurso do século XIX, decisões judiciais qualificando os administradores como *quasi trustees* em relação aos credores em situações de insolvência, Smith, D. Gordon, "The shareholder...", *The Journal of Corporation Law*, nº 23, 1998, pp. 301-302.

[814] 1991 WL 277613, p. 34, incluindo n. 55.

[815] 1991 WL 277613, p. 34, n. 55.

[816] 493 A.2d 946.

Nesta decisão, o tribunal afirmou que o dever de cuidado dos administradores compreende a exigência de proteção da sociedade e dos acionistas de possíveis males[817], rejeitando a perspetiva doutrinária de proibição de adoção de medidas defensivas pelos administradores das sociedades visadas – a denominada tese da passividade[818].

O tribunal concluiu no sentido da admissibilidade da adoção pelos administradores das sociedades visadas de medidas defensivas, desde que motivada, em boa fé, pelo bem-estar da sociedade e dos acionistas[819].

Ao apreciar a validade da medida defensiva, o tribunal exigiu ainda uma proporção entre a medida adotada e a ameaça colocada pela tentativa de tomada hostil, o que implicaria uma análise pelos administradores da sociedade visada da natureza da oferta de aquisição hostil e dos seus efeitos na empresa social. O tribunal referiu que esta análise pode envolver preocupações com a inadequação do preço oferecido e das restantes contrapartidas da oferta, com a natureza e o *timing* da oferta, com questões de legalidade e com o impacto em sujeitos distintos dos acionistas, ou seja, credores, clientes, trabalhadores e, possivelmente, a comunidade em geral. O tribunal acrescentou que os administradores podem também atender aos interesses dos acionistas especuladores, embora ressalvando que este não é um fator determinante[820].

Ainda no ano de 1985, na decisão *Revlon, Inc. v. MacAndrews & Forbes Holdings, Inc.*[821], o Supremo Tribunal de Delaware debruçou-se sobre uma situação em que a Pantry Pride, Inc. realizou uma oferta de aquisição hostil das ações da Revlon, após falhanço das negociações para uma aquisição amigável. O con-

---

[817] 493 A.2d 946, 955.

[818] 493 A.2d 946, 955, n. 10. O Tribunal citou *Frank Easterbrook* e *Daniel Fischel* como principais defensores da tese da passividade. A rejeição da tese da passividade foi reiterada na decisão *Revlon, Inc. v. MacAndrews & Forbes Holdings, Inc.* (506 A.2d 173, 184, n. 16).

[819] 493 A.2d 946, 955. De acordo com a jurisprudência firmada neste aresto, a apreciação judicial da decisão de adoção da medida defensiva envolve aspetos processuais, tais como a obtenção de informação e o papel assumido por administradores não executivos independentes. No caso em apreço, o conselho de administração da Unocal era composto por oito administradores não executivos independentes e por seis administradores executivos, tendo os administradores não executivos reunido separadamente com os conselheiros financeiros e os advogados da empresa e deliberado aconselharem o pleno do conselho de administração a adotar a medida defensiva. Em contraponto, no caso *Revlon, Inc. v. MacAndrews & Forbes Holdings, Inc.* não foi observado um protagonismo semelhante por parte de administradores não executivos independentes (506 A.2d 173, 177, n. 3)...

[820] 493 A.2d 946, 955-956. O Tribunal mostrou-se sensível aos argumentos de que o preço oferecido era diminuto e de que a oferta tinha um carácter coercivo, tendo inclusivamente referido que a oferta foi realizada por um *raider* com uma reputação nacional de *greenmailer*.

[821] 506 A.2d 173.

DEVER DE GESTÃO

selho de administração da Revlon pronunciou-se contra a oferta, autorizando os executivos a negociarem com outros eventuais adquirentes. Foi negociada a aquisição pela Forstmann Little & Co., através de um *leveraged buyout*, enquanto a Pantry Pride subia o preço da sua oferta. Os administradores concordaram, por unanimidade, com a aquisição pela Forstmann Little & Co., tendo adotado medidas que desfavoreciam a Pantry Pride. Foi questionada em tribunal a validade de tais medidas defensivas.

Neste aresto, o tribunal considerou que, a partir do momento em que autorizou os executivos a negociarem com outros eventuais adquirentes, o conselho de administração reconheceu que a sociedade estava à venda. E afirmou que, a partir desse momento, o dever dos administradores deixou de consistir na preservação da Revlon, enquanto entidade societária, para passar a residir na maximização do valor da sociedade na venda, em benefício dos acionistas. Os administradores passariam a assumir um papel de leiloeiros, encarregados de obter o melhor preço para os acionistas. O tribunal concluiu no sentido de que as medidas que terminam um leilão ativo operam em desfavor dos acionistas[822].

O tribunal afirmou ainda que o conselho de administração apenas pode atender aos interesses de outros sujeitos quando também existem benefícios para os acionistas[823].

Ainda no contexto da delimitação jurisprudencial dos interesses a prosseguir pelos administradores das sociedades visadas, merece algum destaque a decisão *Paramount Communications, Inc. v. Time, Inc.*, tirada pelo Supremo Tribunal de Delaware, em 1989[824].

Na sequência da elaboração de um plano estratégico de longo prazo, os administradores da Time acordaram na realização de uma fusão com a Warner Communications, desde logo estabelecendo mecanismos de defesa face a eventuais ofertas de aquisição concorrentes. Um pouco antes da assembleia geral destinada a aprovar a fusão, a Paramount fez uma oferta de aquisição das ações da Time. Os administradores da Time reestruturaram a operação com a Warner Communications, rejeitando a oferta hostil da Paramount.

O Supremo Tribunal de Delaware recusou-se a determinar se os administradores deviam atender ao interesse dos acionistas no curto prazo ou ao interesse no longo prazo, afirmando que o amplo mandato de gestão dos administra-

---

[822] 506 A.2d 173, 182-183.

[823] 506 A.2d 173, 182 – "*A board may have regard for various constituencies in discharging its responsibilities, provided there are rationally related benefits accruing to the shareholders.*".

[824] 571 A.2d 1140. Destacando esta decisão, Allen, William T., "Our schizophrenic conception...", *Cardozo Law Review*, nº 14, 1992, p. 276, e Blair, Margaret M. e Stout, Lynn A., "A team production...", *Virginia Law Review*, nº 85, 1999, p. 304.

dores compreende o poder de definição dos horizontes temporais de obtenção de lucros[825].

O tribunal acrescentou que sobre os administradores não impende um dever de maximização do valor acionista no curto prazo, mesmo no contexto de uma tomada de sociedade hostil[826].

O tribunal recusou-se a aplicar os deveres de prossecução de um leilão estabelecidos no precedente *Revlon*, destinados a maximizar o valor das ações no curto prazo, não forçando o conselho de administração da Time a abandonar a sua estratégia empresarial de longo prazo[827].

O tribunal afirmou que os administradores não são obrigados a abandonar os planos estratégicos empresariais em favor dos ganhos acionistas de curto prazo, a não ser que não exista qualquer base para manter a estratégia empresarial[828].

Em tempos relativamente recentes, em grande medida em reação ao referido movimento de tomadas de sociedades hostis dos anos oitenta do século passado e à decisão *Revlon, Inc. v. MacAndrews & Forbes Holdings, Inc.*, mais de trinta Estados Federados norte-americanos adotaram leis prevendo a possibilidade de os administradores, no exercício do seu dever de cuidado, atenderem ao impacto das suas decisões não apenas sobre os acionistas, mas também sobre outros sujeitos, tais como os trabalhadores, os credores, os fornecedores, os clientes e a comunidade local. Trata-se dos denominados *other constituencies statutes*. A legislação do Estado de Delaware não sofreu esta modificação[829].

### 4.1.3. Dever de cuidado e *business judgment rule*

A tendência jurisprudencial anglo-americana de contenção na apreciação das decisões empresariais tem raízes seculares.

Na decisão inglesa *Turquand v. Marschall*, tirada em 1869, ter-se-á afirmado que o tribunal não sindicará uma decisão do conselho de administração, por mais absurda que pareça em retrospetiva, desde que se enquadre no âmbito dos seus poderes[830].

---

[825] 571 A.2d 1140, 1150 e 1154.
[826] 571 A.2d 1140, 1150 – "(...) *is not under any* per se *duty to maximize shareholder value in the short term, even in the context of a takeover.*".
[827] 571 A.2d 1140, 1150-1151.
[828] 571 A.2d 1140, 1154.
[829] Gevurtz, Franklin A., *Corporation Law*, pp. 306 e 311, Bainbridge, Stephen M., *Corporation law...*, pp. 414-417 e 741-747, Smith, D. Gordon, "The shareholder...", *The Journal of Corporation Law*, nº 23, 1998, pp. 289-290, e Knepper, William e Bailey, Dan, *Liability...*, II, 6ª ed., pp. 16-19.
[830] *Vide* Allen, William T., "The corporate...", pp. 320-322.

DEVER DE GESTÃO

Na jurisprudência norte-americana é apontada a decisão *Percy v. Millaudon*, tirada pelo Supremo Tribunal da Louisiana em 1829[831].

Na jurisprudência norte-americana, os casos de efetiva responsabilização dos administradores por más decisões de gestão são raros.

Merecem destaque as decisões *Litwin v. Allen* e *Selheimer v. Manganese Corp. of America*, bem como a famosa decisão *Smith v. Van Gorkom*. Darei conta, de imediato, das duas primeiras, referindo-me posteriormente à segunda, ao descrever as formulações da *business judgment rule* na jurisprudência de Delaware.

O processo *Litwin v. Allen* foi decidido pelo Supremo Tribunal de Nova Iorque em 1940[832], tendo apreciado o caso dos administradores da Guaranty Trust Company que, aquando da crise de 1930, aprovaram a compra de certas obrigações convertíveis do Missouri Pacific Railroad à Allegheny Corporation, concedendo à vendedora uma opção de recompra pelo mesmo preço após seis meses. Tratava-se de uma forma indireta de financiamento (sendo que o financiamento através de um empréstimo não era possível, pois a Allegheny Corporation havia atingido um limite estatutário de obtenção de empréstimos). O preço das obrigações convertíveis caiu e a Allegheny Corporation não exerceu a opção de recompra.

O tribunal afirmou que o negócio atribuía à Guaranty Trust Company todo o risco de perda e nenhuma possibilidade de ganho, considerando-o incauto, arriscado, inusitado, desnecessário e contrário às práticas bancárias prudentes. O tribunal salientou que os administradores bancários não devem apenas honestidade, mas também diligência, o que implica cuidado e prudência[833].

De acordo com alguns comentários doutrinários, o comportamento dos administradores da Guaranty Trust Company parece ser explicado pelo excesso de exposição da Guaranty Trust Company ao risco de insolvência da Allegheny Corporation, que terá motivado a decisão de conceder mais liquidez à Allegheny Corporation, a qualquer custo, na tentativa de evitar tal insolvência[834].

No litígio *Selheimer v. Manganese Corp. of America*, apreciado pelo Supremo Tribunal da Pennsylvania, em 1966, os administradores de uma sociedade industrial canalizaram os fundos disponíveis para construir uma única fábrica, apesar de saberem que a fábrica não podia ser operada de forma rentável, nomeada-

---

[831] *Vide* Block, Dennis J. et al., *The business...*, 5ª ed., pp. 9-10.

[832] 25 N.Y.S.2d 667.

[833] 25 N.Y.S.2d 667, 697-699.

[834] Bishop, Joseph W., "Sitting ducks...", *The Yale Law Journal*, nº 77, 1968, p. 1098. Referindo que estava em jogo a exposição de todo o grupo bancário J. P. Morgan ao risco de insolvência do grupo Van Sweringen, o que suscita um problema de conflito entre o interesse da sociedade-filha e o interesse da sociedade-mãe, Clark, Robert Charles, *Corporate Law*, pp. 127-128.

DEVER DE GESTÃO DOS ADMINISTRADORES DE SOCIEDADES ANÓNIMAS

mente por não ser servida por transportes ferroviários e por não ter áreas adequadas de armazenamento, não oferecendo qualquer explicação ou justificação
para os gastos realizados. O tribunal invocou o *waste test*, considerando que a
decisão constituiu um desperdício de património social[835].

A decisão *Selheimer v. Manganese Corp. of America* suscita frequentemente
comentários doutrinários no sentido de que o caso envolvia indícios de fraude
e de atuação em conflito de interesses, sendo a condenação por má gestão uma
forma indireta de sancionar a desonestidade[836].

A *business judgment rule* constitui uma regra de limitação da sindicabilidade
judicial das decisões empresariais de criação jurisprudencial norte-americana.

A *business judgment rule* não produz apenas uma limitação da responsabilidade dos administradores pela adoção de decisões empresariais. Pode proteger
igualmente a própria decisão empresarial, limitando a possibilidade de paralisação judicial dos efeitos da decisão empresarial, através de uma injunção
(*injunction*)[837].

Na caracterização da *business judgment rule* importa atender essencialmente
à jurisprudência do Supremo Tribunal de Delaware.

Em 1971, na decisão *Sinclair Oil Corporation v. Levien*, o Supremo Tribunal de
Delaware afirmou que *business judgment rule* protege as decisões empresariais,
desde que possam ser justificadas por um qualquer propósito empresarial racional (*"can be attributed to any rational business purpose"*)[838].

Fazendo igualmente referência ao *any rational business purpose test*, entre
outras decisões do Supremo Tribunal de Delaware, a anteriormente referida
decisão *Unocal Corp. v. Mesa Petroleum Co.* e a decisão *Brehm v. Eisner (Disney II)*[839].

A expressão *"any rational business purpose"* não é a única adotada pela jurisprudência neste contexto. Existem igualmente referências a decisões empresariais

---

[835] 224 A.2d 634.

[836] Bishop, Joseph W., "Sitting ducks...", *The Yale Law Journal*, nº 77, 1968, pp. 1100-1101, e Allen,
William T., "The corporate...", pp. 323-324.

[837] Henn, Harry G. e Alexander, John R., *Laws of corporations...*, 3ª ed., p. 661, Eisenberg, Melvin
A., "The divergence...", *Fordham Law Review*, nº 62, 1993, pp. 445-447, e Veasey, E. Norman e Di
Guglielmo, Christine T., "What happened...", *University of Pennsylvania Law Review*, vol. 153, 2005,
pp. 1422 e 1432-1433.

[838] 280 A.2d 717, 720.

[839] Respetivamente, 493 A.2d 946, 949 e 954, e 746 A.2d 244. Merece destaque a seguinte passagem da decisão *Brehm v. Eisner (Disney II)*: *"Courts do not measure, weigh or quantify directors' judgments.
We do not even decide if they are reasonable in this context. Due care in the decision-making context is process
due care only. Irrationality is the outer limit of the business judgment rule. Irrationality may be the functional
equivalent of the waste test or it may tend to show that the decision is not made in good faith, which is a key
ingredient of the business judgment rule."*. (746 A.2d 244, 264).

DEVER DE GESTÃO

fora das fronteiras da racionalidade (*"without the bounds of reason"*), nomeadamente no caso *Rabkin v. Philip A. Hunt Chemical Corp.*, decidido pelo *Court of Chancery* de Delaware em 1986[840].

Próximo do *any rational business purpose test* encontra-se o *waste test*, que sanciona as decisões que constituem um desperdício de património social. Como tive a oportunidade de referir, o *waste test* foi evocado pelo Supremo Tribunal da Pennsylvania na decisão *Selheimer v. Manganese Corp. of America*. Contudo, o *waste test* parece ser sobretudo convocado em litígios que envolvem conflitos de interesses e o dever de lealdade[841].

Na decisão *Aronson v. Lewis*, tirada pelo Supremo Tribunal de Delaware em 1984[842], a *business judgment rule* foi descrita como uma presunção de que, ao adotarem uma decisão empresarial, os administradores atuaram em termos informados, de boa fé e na convicção honesta de que a ação prosseguida é do melhor interesse da sociedade[843].

O aresto esclarece que a *business judgment rule* apenas opera no contexto da tomada de decisões, não se aplicando quando os administradores não exerceram as suas funções ou quando não tomaram uma decisão consciente[844].

Nesta decisão foi afirmado, em *obiter dictum*, que, para beneficiarem da *business judgment rule*, os administradores têm um dever de obtenção de informação no decurso do processo decisional[845].

Esta exigência de obtenção de informação, referida em *obiter dictum* na decisão *Aronson v. Lewis*, foi pouco depois consagrada no precedente judicial *Smith v. Van Gorkom*.

A decisão *Smith v. Van Gorkom* foi tirada pelo Supremo Tribunal de Delaware em 1985[846].

Neste litígio, alguns acionistas da Trans Union Corp. intentaram uma *class action*, tentando impedir a venda (*cash-out merger*) da sociedade à Marmon

---

[840] 547 A.2d 963, 970. Para um elenco de jurisprudência sobre este aspeto, Block, Dennis J. et al., *The business...*, 5ª ed., pp. 76-77.

[841] Fazendo referência ao *waste test* a propósito do dever de lealdade, por exemplo, Bainbridge, Stephen M., *Corporation law...*, pp. 312-315, e Cox, James D. e Hazen, Thomas Lee, *...corporations*, I, 2ª ed., pp. 537-538.

[842] 473 A.2d 805.

[843] 473 A.2d 805, 812 – *"It is a presumption that in making a business decision the directors of a corporation acted on an informed basis, in good faith and in the honest belief that the action taken was in the best interests of the company.".*

[844] 473 A.2d 805, 813.

[845] 473 A.2d 805, 812.

[846] 488 A.2d 858.

Group, Inc., controlada por Pritzker. Em alternativa, os acionistas pediram uma indemnização por violação do dever de cuidado dos administradores.

A atividade da sociedade Trans Union Corp. gerava créditos fiscais, que a sociedade não conseguia utilizar, dessa forma depreciando o seu valor. Van Gorkom, então presidente do conselho de administração (*chairman*) e antigo presidente executivo (*chief executive officer*), que se encontrava a um ano da reforma, concebeu a realização de uma operação de venda (*cash-out merger*) como uma forma de aproveitamento do valor gerado por tais créditos fiscais.

Van Gorkom tomou a iniciativa de preparar a operação, reunindo informação sobre as possibilidades de financiamento de um preço de $55 por ação, através dos recursos gerados pela própria sociedade (em *leveraged buy out*). O preço de $55 por ação correspondia a um prémio de cerca de cinquenta por cento sobre o valor corrente das ações.

De seguida, Van Gorkom propôs a realização da operação de venda (*cash-out merger*) a Pritzker, especialista em tomadas de sociedade, com quem mantinha contactos sociais.

Foi negociado um acordo preparatório da operação de venda. Através deste acordo, os administradores da Trans Union Corp. eram proibidos de procurar propostas mais elevadas. Era imediatamente atribuída a Pritzker a opção de compra de um considerável bloco de ações a cerca de $38 por ação. Este acordo preparatório reduzia a atratividade da Trans Union Corp. para outros potenciais proponentes.

Alguns administradores executivos opuseram-se à operação, por considerarem que o preço era baixo e por entenderem que o acordo preparatório inibia o surgimento de outros proponentes. O executivo com o pelouro financeiro (*chief financial officer*) havia realizado um estudo que apontava para a sustentabilidade de um *leveraged buyout* a um preço entre $55 e $65.

A operação foi aprovada pelo conselho de administração, numa reunião convocada com urgência, que apenas durou duas horas. Os administradores não foram confrontados com os documentos relativos à operação, nomeadamente com os termos do acordo preparatório com Pritzker, tendo-se baseado nas exposições orais de Van Gorkom. Van Gorkom não referiu que tinha tomado a iniciativa de realização da operação. Não foi explicada a metodologia utilizada na fixação do valor de $55 por ação. Não foi solicitada qualquer avaliação ou parecer externo, nomeadamente a um banco de investimento.

Posteriormente, a venda (*cash-out merger*) foi aprovada por cerca de setenta por cento da totalidade dos acionistas, embora não tivesse sido fornecida aos acionistas toda a informação relevante sobre os termos da operação.

DEVER DE GESTÃO

O Supremo Tribunal de Delaware, numa decisão tirada por maioria, com dois votos de vencido (*dissenting opinions*), referiu que o dever de cuidado implica um dever de obtenção de informação prévio a uma decisão empresarial[847]. O tribunal entendeu que os administradores não se informaram devidamente sobre o papel de Van Gorkom na condução da operação, que não estavam informados sobre o valor da empresa e que foram grosseiramente negligentes ao aprovarem a operação no decurso de uma ponderação de duas horas.

O tribunal concluiu no sentido de que os administradores violaram o seu dever de realizar um julgamento informado, determinando o prosseguimento da ação para apuramento dos danos.

A doutrina frequentemente realça que a *business judgment rule* apenas incide sobre decisões, não se aplicando em contextos não decisórios ou de vigilância (*oversight*)[848]. Mas há quem ressalve a sua aplicação a decisões que recusem a adoção de um programa de controlo da observância da lei (*law compliance program*), por razões de análise de custos e benefícios[849].

É frequente a afirmação doutrinária de que a *business judgment rule* implica um enfoque na exigência processual de obtenção de informação, por oposição a um controlo judicial do conteúdo da decisão empresarial. O cuidado devido no contexto da adoção de uma decisão é essencialmente um cuidado processual[850].

Todavia, uma ou outra voz sustenta que a decisão *Smith v. Van Gorkom* não constitui um precedente geral em matéria de compreensão da *business judgment*

---

[847] 488 A.2d 858, 872-873 – "*a director's duty to exercise an informed business judgment is in the nature of a duty of care*".

[848] Eisenberg, Melvin A., "Legal models...", *CalLRev*, vol. 63, 1975, pp. 441 e 447, Manning, Bayless, "The business...", *The Business Lawyer*, 1984, p. 1494, Hansen, Charles, "The duty...", *The Business Lawyer*, 1993, p. 1356, Gevurtz, Franklin A., *Corporation Law*, pp. 278 e 280, Veasey, E. Norman e Di Guglielmo, Christine T., "What happened...", *University of Pennsylvania Law Review*, vol. 153, 2005, p. 1437, Johnson, Lyman, "Corporate officers...", *The Business Lawyer*, 2005, pp. 454-455, Bainbridge, Stephen M., *Corporation law...*, p. 270 (posteriormente, Bainbridge, Stephen M., "The business judgment...", *VnLR*, vol. 57, 2004, pp. 99 e 131, n. 270, e Bainbridge, Stephen M. et al., "The convergence...", *UCLA Law Review*, vol. 55, 2008, p. 575), e Block, Dennis J. et al., *The business...*, 5ª ed., pp. 40-41.

[849] Bainbridge, Stephen M., *Corporation law...*, p. 296.

[850] Hansen, Charles, "The duty...", *The Business Lawyer*, 1993, pp. 1356-1358 e 1363, Bainbridge, Stephen M., *Corporation law...*, pp. 276-283, Veasey, E. Norman e Di Guglielmo, Christine T., "What happened...", *University of Pennsylvania Law Review*, vol. 153, 2005, p. 1421, Sale, Hillary A., "Delaware's good faith", *Cornell Law Review*, nº 89, 2004, p. 465, Johnson, Lyman, "Corporate officers...", *The Business Lawyer*, 2005, p. 455, e Gold, Andrew S., "A decision theory...", *MdLRev*, vol. 66, 2007, p. 406.

*rule*, mas sim uma decisão exclusivamente aplicável em matéria de operações de controlo da sociedade[851].

Uma parte significativa da doutrina afirma que, por força da *business judgment rule*, o controlo judicial do conteúdo das decisões empresariais se limita às situações de irracionalidade, em que a opção realizada não é justificada por um qualquer propósito empresarial racional. Trata-se do referido *any rational business purpose test*[852].

Em contraponto, *Stephen M. Bainbridge* advoga que a *business judgment rule* implica a abstenção de qualquer controlo judicial sobre o conteúdo das decisões empresariais (*abstention doctrine*)[853]. No entanto, de forma paradoxal, não deixa de reconhecer algum efeito ao *any rational business purpose test*[854]...

Ao analisar a *business judgment rule*, uma parte da doutrina, com destaque para *Melvin A. Eisenberg*, convoca a distinção entre *standards of conduct* e *standards of review*. Os *standards of conduct* estabelecem como uma pessoa deve atuar. Os *standards of review* estabelecem o critério que o tribunal deve aplicar ao sindicar a atuação dessa pessoa, para impor responsabilidade ou para analisar a validade ou eficácia jurídica da atuação. Os *standards of review* podem constituir *standards of liability* ou *standards of validity*, consoante respeitem ao problema da responsabilidade ou ao problema da validade ou eficácia jurídica[855].

---

[851] Macey, Jonathan R. e Miller, Geoffrey P., "Trans Union...", *The Yale Law Journal*, nº 98, 1988, pp. 128 e 135-140, e Allen, William T., "The corporate...", p. 325 (realço que este Autor não reiterou esta perspetiva em Allen, William T. et al., "Realigning...", *NwULRev*, nº 96, 2002, pp. 458-460). Expressamente contra esta interpretação restritiva do precedente judicial *Smith v. Van Gorkom*, Fischel, Daniel, "The business...", *The Business Lawyer*, 1985, pp. 1437-1455.

[852] Dooley, Michael P. e Veasey, E. Norman, "The role of the board...", *The Business Lawyer*, 1988, p. 505, Eisenberg, Melvin A., "The duty of care...", *University of Pittsburgh Law Review*, nº 51, 1990, pp. 960-969, Hansen, Charles, "The duty...", *The Business Lawyer*, 1993, p. 1358, e Johnson, Lyman, "Corporate officers...", *The Business Lawyer*, 2005, p. 455. Utilizando, neste contexto, a expressão "estupidez galáctica", Rosenberg, David, "Galactic stupidity...", *The Journal of Corporation Law*, nº 32, 2007, pp. 321-322.

[853] Bainbridge, Stephen M., "The business judgment...", *VnLR*, vol. 57, 2004, pp. 83-132 (anteriormente, Bainbridge, Stephen M., *Corporation law...*, pp. 241-269 e 274-275).

[854] Bainbridge, Stephen M., "The business judgment...", *VnLR*, vol. 57, 2004, p. 101.

[855] Eisenberg, Melvin A., "The divergence...", *Fordham Law Review*, nº 62, 1993, pp. 437 e 445--446 (também Eisenberg, Melvin A., *Corporations...*, 8ª ed., pp. 544-549). Seguindo esta perspetiva, nomeadamente Allen, William T. et al., "Realigning...", *NwULRev*, nº 96, 2002, pp. 451-452, Veasey, E. Norman e Di Guglielmo, Christine T., "What happened...", *University of Pennsylvania Law Review*, vol. 153, 2005, pp. 1416-1428, Gevurtz, Franklin A., *Corporation Law*, pp. 299-301, Branson, Douglas M., "The rule...", *Valparaiso University Law Review*, 36, 2002, pp. 631-632, Cox, James D. e Hazen, Thomas Lee, *...corporations*, I, 2ª ed., pp. 483-484, Griffith, Sean J., "Good faith...", *Duke Law Journal*, vol. 55, 2005, p. 10, n. 20, Gold, Andrew S., "The new concept...", *U. C. Davis Law Review*, vol. 43, 2009, p. 463, Lee, Denise Ping, "The business...", *Columbia Law Review*, 103, 2003, p. 939,

*Melvin A. Eisenberg* sustenta que a distinção entre *standards of conduct* e *standards of review* correspondente à contraposição entre normas de conduta, destinadas ao público em geral, e normas de decisão, destinadas aos juízes, contraposição esta com origem no pensamento de *Jeremy Bentham*[856]. Rejeita a perspetiva reducionista que não autonomiza as normas de conduta face às normas de decisão judicial[857].

O dever de cuidado dos administradores é identificado como um *standard of conduct*, implicando decisões empresariais razoáveis (*reasonable decisions*), enquanto a *business judgment rule* é considerada um *standard of review*, apenas reclamando a racionalidade (*rationality*) substancial das decisões empresariais[858]. Recordo a referência ao *rational business purpose test*, evocando, de novo, o citado fragmento da decisão *Sinclair Oil Corporation v. Levien*.

Há quem realce que o dever de obtenção de informação no processo decisional, embora constitua um aspeto do dever de cuidado e, consequentemente, um *standard of conduct*, é também incorporado na formulação da *business judgment rule*, respeitando igualmente ao *standard of review*[859].

Da conceção da *business judgment rule* como um *standard of review* e do dever de cuidado como um *standard of conduct* resultam dois corolários. A verificação dos pressupostos da *business judgment rule* exclui a responsabilidade, ainda que ocorra uma violação do dever de cuidado. A falta de verificação dos pressupostos da *business judgment rule* não significa a existência de uma violação do dever de cuidado. Neste contexto, afirma-se que a *business judgment rule* constitui um porto de abrigo (*safe harbour*)[860].

O *Model Business Corporation Act*, elaborado pela *American Bar Association*, foi alterado em 1998, de forma a deixar expressa, respetivamente nos seus §§ 8.30 e 8.31, esta distinção entre *standards of conduct* e *standards of review*.

---

e Block, Dennis J. et al., *The business...*, 5ª ed., p. 4. Também, Bainbridge, Stephen M., *Corporation law...*, pp. 297-299. Em escrito posterior, afirmando que a *business judgment rule* não constitui um *standard of liability*, por implicar o afastamento total da responsabilidade, Bainbridge, Stephen M., "The business judgment...", *VnLR*, vol. 57, 2004, pp. 88-90.

[856] Eisenberg, Melvin A., "The divergence...", *Fordham Law Review*, nº 62, 1993, p. 462.

[857] Eisenberg, Melvin A., "The divergence...", *Fordham Law Review*, nº 62, 1993, pp. 462-464.

[858] Hamilton, Robert W., *The law of corporations...*, pp. 385-391, Allen, William T. et al., "Realigning...", *NwULRev*, nº 96, 2002, pp. 451-452, Branson, Douglas M., "The rule...", *Valparaiso University Law Review*, 36, 2002, pp. 641-642, e Cox, James D. e Hazen, Thomas Lee, *...corporations*, I, 2ª ed., pp. 483-484.

[859] Veasey, E. Norman e Di Guglielmo, Christine T., "What happened...", *University of Pennsylvania Law Review*, vol. 153, 2005, p. 1417.

[860] Balotti, R. Franklin e Hanks, James J., Jr, "Rejudging...", *The Business Lawyer*, 1993, p. 1346, e Branson, Douglas M., "The rule...", *Valparaiso University Law Review*, 36, 2002, p. 632.

DEVER DE GESTÃO DOS ADMINISTRADORES DE SOCIEDADES ANÓNIMAS

Uma outra parte da doutrina rejeita a aplicação da distinção entre *standards of conduct* e *standards of review* em matéria de responsabilidade dos administradores, considerando que a apreciação da violação do dever de cuidado é tão complexa e contextual, que torna dificilmente distinguível o *standard of conduct* do *standard of review*[861].

Embora adotando a distinção entre *standard of conduct* e *standard of review*, alguma doutrina chama a atenção para a dificuldade de destrinça entre a razoabilidade e a racionalidade das decisões empresariais, realçando que ambos os conceitos apontam em grande medida para uma análise lógica da decisão em função das circunstâncias concretas[862]. Aponta-se também o paralelo da mera exigência de racionalidade das decisões empresariais com o critério de negligência grosseira aplicável em matéria de responsabilidade de funcionários administrativos[863].

### 4.1.4. Vigilância

Já tive a oportunidade de referir que o dever de cuidado compreende uma componente de vigilância (*oversight function, duty to monitor*). Passo a aprofundar este dever de vigilância.

De acordo com formulações frequentes, joga-se a responsabilidade dos administradores por inatividade (*inactivity*)[864] ou por falta de atenção (*inattention*)[865].

As exigências de vigilância dependem das circunstâncias do caso, com destaque para a natureza da atividade da sociedade, para o papel do administrador e para a dimensão da sociedade[866]. Os tribunais tendem a reclamar dos administradores de bancos uma maior monitorização da atividade social[867]. É frequente uma maior exigência de controlo por parte dos administradores executivos[868].

A imposição de vigilância tem como contraponto a necessidade de confiança. A responsabilidade em situações de vigilância é atenuada pelo reconhecimento

---

[861] Smith, D. Gordon, "A proposal...", *University of Cincinnati Law Review*, nº 67, 1999, pp. 1203-1209.

[862] Allen, William T. et al., "Realigning...", *NwULRev*, nº 96, 2002, p. 452, n. 13. Próximo, Rosenberg, David, "Galactic stupidity...", *The Journal of Corporation Law*, nº 32, 2007, p. 313.

[863] Allen, William T. et al., "Realigning...", *NwULRev*, nº 96, 2002, pp. 452-453.

[864] Clark, Robert Charles, *Corporate Law*, p. 125.

[865] Manning, Bayless, "The business...", *The Business Lawyer*, 1984, p. 1499, e Gevurtz, Franklin A., *Corporation Law*, pp. 274-278.

[866] Henn, Harry G. e Alexander, John R., *Laws of corporations...*, 3ª ed., pp. 623-624, e Gevurtz, Franklin A., *Corporation Law*, pp. 275-276.

[867] Bishop, Joseph W., "Sitting ducks...", *The Yale Law Journal*, nº 77, 1968, pp. 1096-1101, e Gevurtz, Franklin A., *Corporation Law*, pp. 276-277.

[868] Gevurtz, Franklin A., *Corporation Law*, p. 276.

DEVER DE GESTÃO

de que os administradores podem confiar (*rely*) na informação transmitida por outras pessoas, nomeadamente contabilistas e juristas[869].

Recordo a referência à necessidade de realizar um processo de investigação, caso sejam detetados problemas.

Há quem se refira ainda neste contexto ao problema da negligência na seleção dos colaboradores[870].

Recordo que a *business judgment rule* não é aplicável em contextos não decisórios.

Mas advoga-se, em todo o caso, alguma contenção judicial na apreciação da atividade de vigilância dos administradores, sobretudo dos administradores não executivos, sustentando-se que não devem ser avaliados por falhas pontuais de supervisão, mas apenas por deficiências na sua prática de monitorização da atividade social[871].

Na jurisprudência anglo-americana, o destaque inicial vai para o já referido precedente inglês *The Charitable Company v. Sutton*, de 1742. Estava em causa uma sociedade que se dedicava a emprestar dinheiro a pessoas pobres e que tinha cinquenta administradores, embora apenas cinco administradores interviessem ativamente na gestão. Estes cinco administradores realizaram empréstimos a si próprios ou a cúmplices, provocando elevadas perdas. Os restantes administradores foram condenados por violação da relação de fidúcia, por grosseira falta de atenção e por abandono da gestão a terceiros[872].

Num outro registo surge o famoso caso do *Marquis of Bute*, decidido em 1892, também por um tribunal inglês. O referido marquês havia sido nomeado administrador do *Cardiff Savings Bank* aos seis meses de idade, sucedendo na posição do seu pai, apenas tendo assistido a uma reunião do conselho de administração em trinta e oito anos de exercício de funções. O tribunal não o considerou responsável por falta de vigilância sobre um executivo bancário fraudulento[873].

---

[869] Henn, Harry G. e Alexander, John R., *Laws of corporations...*, 3ª ed., pp. 623-624, incluindo n. 18, Manning, Bayless, "The business...", *The Business Lawyer*, 1984, p. 1499, Bainbridge, Stephen M., *Corporation law...*, pp. 290-291, e Cox, James D. e Hazen, Thomas Lee, *...corporations*, I, 2ª ed., p. 495.

[870] Henn, Harry G. e Alexander, John R., *Laws of corporations...*, 3ª ed., p. 624.

[871] Manning, Bayless, "The business...", *The Business Lawyer*, 1984, p. 1494, de que destaco a seguinte afirmação: "*In the case of a director, the proper referent for his legal duty should be the flow of his performance of his directorial functions, not the individual incident.*" (itálico no original).

[872] "*If some persons are guilty of gross non-attendance, and leave the management entirely to others, they may be guilty by this means of the breaches of trust that are committed by others*". Apud Bishop, Joseph W., "Sitting ducks...", *The Yale Law Journal*, nº 77, 1968, pp. 1096-1097.

[873] *Vide* Allen, William T., "The corporate...", p. 321, e Davies, Paul, *Gower...*, 7ª ed., p. 433 (posteriormente, Davies, Paul, *Principles...*, 8ª ed., p. 489). Neste registo é igualmente destacada a decisão *Re City Equitable Fire Insurance Co.*, de 1925.

Nesta última linha jurisprudencial, absolvendo administradores bancários não executivos por falhas de vigilância sobre administradores executivos fraudulentos, é apontada, na jurisprudência norte-americana, a controversa decisão *Briggs v. Spaulding*, tirada em 1891[874].

Na jurisprudência norte-americana menos distante merece destaque a decisão *Francis v. United Jersey Bank*, tirada pelo Supremo Tribunal de New Jersey em 1981[875].

Neste litígio, a Sra. Pritchard e os seus dois filhos eram administradores e acionistas de uma sociedade de mediação de resseguros, que cobrava prémios e indemnizações, tendo sempre em caixa elevadas quantidades de dinheiro dos seus clientes. Alguns anos antes da sua morte, o marido da Sra. Pritchard havia entregue o controlo dos negócios aos seus filhos. Com a morte do marido, a Sra. Pritchard ficou depressiva e alcoólica, não prestando qualquer atenção aos negócios da sociedade. Os seus dois filhos foram-se apropriando de quantidades crescentes de dinheiro em caixa, levando a sociedade à falência, com consideráveis dívidas perante os clientes.

O tribunal responsabilizou a Sra. Pritchard por violação do dever de cuidado, desconsiderando o facto de ser uma pessoa de idade, depressiva, alcoólica e sem conhecimentos de gestão, dessa forma possibilitando a agressão do património deixado pelo seu falecido marido.

Neste litígio, o tribunal afirmou que um administrador não executivo deve, pelo menos, adquirir uma compreensão rudimentar sobre o modelo de negócio da sociedade, manter-se informado sobre as atividades da sociedade, ter uma presença assídua nas reuniões do conselho de administração e analisar com regularidade os relatórios financeiros[876].

Esta caracterização jurisprudencial do dever de vigilância teve uma influência marcante, sendo frequentemente reproduzida pela doutrina[877].

Discute-se se as exigências de vigilância implicam a adoção de programas de controlo da observância da lei (*law compliance programs*).

Nesta matéria, o destaque inicial vai para a decisão *Graham v. Allis-Chalmers Manufactoring Co.*, tirada pelo Supremo Tribunal de Delaware, em 1963[878].

---

[874] *Vide* Bishop, Joseph W., "Sitting ducks...", *The Yale Law Journal*, nº 77, 1968, p. 1097.

[875] 432 A.2d 814.

[876] 432 A.2d 814, 821-822.

[877] Clark, Robert Charles, *Corporate Law*, pp. 125-126, n. 9, Eisenberg, Melvin A., "The duty of care...", *University of Pittsburgh Law Review*, nº 51, 1990, pp. 952-954, Gevurtz, Franklin A., *Corporation Law*, p. 275, e Bainbridge, Stephen M., *Corporation law...*, p. 292 (posteriormente, Bainbridge, Stephen M. et al., "The convergence...", *UCLA Law Review*, vol. 55, 2008, p. 561).

[878] 188 A.2d 125.

DEVER DE GESTÃO

Este litígio resultou de práticas anti-concorrenciais de fixação de preços por alguns empregados de uma sociedade do sector da indústria de equipamentos elétricos, que levaram à aplicação de sanções monetárias à sociedade. Foi intentada uma *derivative suit*, para ressarcimento desses valores, por alegada violação do dever de cuidado na prevenção da violação das leis da concorrência.

O tribunal julgou a ação improcedente, considerando que, na ausência de uma suspeita, os administradores podem confiar na honestidade e integridade dos seus subordinados, não tendo o dever de implementar um sistema de controlo das condutas ilegais dos empregados[879].

Em 1996, na decisão *In re Caremark International Inc. Derivative Litigation*, em *obiter dictum*, o *Court of Chancery* de Delaware afirmou que o conselho de administração tem um dever de assegurar a existência de um sistema de informação e reporte, em termos que considere adequados, e que a violação de tal dever pode gerar responsabilidade por danos decorrentes da inobservância da lei[880].

Este litígio dizia respeito a uma sociedade de prestação de cuidados de saúde, que recebia muitas comparticipações públicas. A sociedade estava proibida, de acordo com uma lei federal, de pagar a médicos para que estes a publicitassem perante os seus pacientes. O governo federal agiu criminalmente contra a sociedade, por considerar que os seus acordos de consultadoria e de investigação com médicos eram mecanismos fraudulentos de pagamento da publicitação junto dos pacientes. A ação criminal terminou por acordo, com o pagamento de uma multa bastante elevada. Diversos acionistas intentaram *derivative suits*, que terminaram por transação. A decisão *In re Caremark International Inc. Derivative Litigation* resultou da necessidade de aprovação judicial das transações, não tendo incidido sobre o cerne do litígio.

Em 2006, na decisão *Stone ex re. AmSouth Bancorporation v. Ritter*, o Supremo Tribunal de Delaware afirmou, em *obiter dictum*, que a decisão *In re Caremark International Inc. Derivative Litigation* articula corretamente os critérios de controlo judicial da atuação dos administradores nos contextos de vigilância[881].

Este litígio envolvia um banco, que foi acionado pelo governo federal, por falta de reporte de atividades suspeitas, ao abrigo de uma lei federal contra o branqueamento de capitais. Na sequência do pagamento ao governo federal, por

---

[879] 188 A.2d 125, 130 – "(...) *absent cause for suspicion there is no duty upon the directors to install and operate a corporate system of espionage to ferret out wrongdoing which they have no reason to suspect exists*".

[880] 698 A.2d 959, 970 – "*Thus, I am of the view that a director's obligation includes a duty to attempt in good faith to assure that a corporate information and reporting system, which the board concludes is adequate, exists, and that failure to do so under some circumstances may, in theory at least, render a director liable for losses caused by noncompliance with applicable legal standards.*".

[881] 911 A.2d 362, 365.

acordo, de multas e sanções elevadas, alguns acionistas intentaram uma *derivative suit*, para responsabilização dos administradores do banco.

Os administradores haviam implementado mecanismos de controlo da observância da lei, ainda que estes não se tenham revelado suficientemente eficazes. Os acionistas não interpelaram previamente o conselho de administração, para efeitos de exercício da pretensão indemnizatória, por considerarem tal interpelação desnecessária (*demand futility*). O *Court of Chancery* determinou o não prosseguimento da ação, por não terem sido respeitadas as exigências de interpelação prévia do conselho de administração. O Supremo Tribunal de Delaware confirmou a decisão de primeira instância.

O Supremo Tribunal de Delaware concluiu, em *obiter dicta*, que, em matéria de vigilância, a responsabilidade dos administradores surge quando deixem de implementar um sistema de informação e reporte ou quando conscientemente não acompanhem e monitorizem tal sistema de informação e reporte. Em ambos os casos, a responsabilidade civil pressupõe o desprezo consciente pelos seus deveres fiduciários[882].

Esta última afirmação cruza-se com o problema da contraposição entre o dever de cuidado e o dever de boa fé. Trata-se de matéria que terei a oportunidade de desenvolver.

A evolução jurisprudencial recente aponta para crescentes exigências de vigilância, com destaque para o problema dos sistemas de controlo da observância da lei[883].

Há quem adote uma visão crítica sobre a evolução jurisprudencial em matéria de programas de controlo da observância da lei, realçando que os programas eficazes são dispendiosos e reclamam um forte envolvimento do conselho de administração. Apenas se justificará a adoção de programas de controlo da observância da lei quando existam notícias de anteriores violações da lei[884].

Noutra perspetiva, afirma-se que a experiência e o bom senso dizem que determinadas áreas de negócio tendem a envolver certos riscos de atuação ilegal ou fraudulenta, reclamando medidas de controlo[885].

E há quem sustente que a necessidade de implementação de programas de controlo da observância da lei dependerá da dimensão da sociedade, sendo de

---

[882] 911 A.2d 362, 370.

[883] Veasey, E. Norman e Di Guglielmo, Christine T., "What happened...", *University of Pennsylvania Law Review*, vol. 153, 2005, pp. 1438-1439.

[884] Bainbridge, Stephen M. et al., "The convergence...", *UCLA Law Review*, vol. 55, 2008, pp. 577-578 (anteriormente, Bainbridge, Stephen M., *Corporation law...*, pp. 292-296).

[885] Gevurtz, Franklin A., *Corporation Law*, pp. 277-278.

DEVER DE GESTÃO

exigir nas grandes sociedades abertas. Nestas, o controlo interno não se basta com a reação a eventos espoletantes, devendo assumir um carácter sistemático[886].

A necessidade de adoção de programas de controlo da observância da lei não implica que os administradores tenham eles próprios que os desenhar e implementar. Os administradores apenas terão que adotar decisões estratégicas sobre a necessidade de medidas de controlo e analisar a adequação dos procedimentos de circulação de informação[887].

### 4.1.5. Possibilidade de limitação estatutária da responsabilidade pela violação do dever de cuidado. Dever de boa fé e dever de lealdade

Em 1986 ocorreu uma intervenção legislativa no Delaware, autorizando a exclusão ou limitação estatutária da responsabilidade civil dos administradores pela violação do dever de cuidado.

O § 102(b)(7) do título 8 do Delaware Code passou a estabelecer que o *certificate of incorporation* pode conter uma cláusula eliminando ou limitando a responsabilidade pessoal dos administradores por danos patrimoniais por violação de um dever fiduciário, desde que tal cláusula não elimine ou limite a responsabilidade do administrador em determinadas situações, com destaque para as situações de violação do dever de lealdade perante a sociedade ou perante os acionistas e as situações de atos ou omissões não de boa fé ou que envolvam uma falta intencional ou uma violação consciente da lei[888].

Diversos autores afirmam que esta intervenção legislativa constitui uma reação à decisão *Smith v. Van Gorkom*[889]. Outros limitam-se a referir que tal inter-

---

[886] Clark, Robert Charles, *Corporate Law*, pp. 135-136.

[887] Clark, Robert Charles, *Corporate Law*, pp. 131-132.

[888] É o seguinte o texto completo do § 102(b)(7) do título 8 do Delaware Code: *"(b) In addition to the matters required to be set forth in the certificate of incorporation by subsection (a) of this section, the certificate of incorporation may also contain any or all of the following matters: (...) (7) A provision eliminating or limiting the personal liability of a director to the corporation or its stockholders for monetary damages for breach of fiduciary duty as a director, provided that such provision shall not eliminate or limit the liability of a director: (i) For any breach of the director's duty of loyalty to the corporation or its stockholders; (ii) for acts or omissions not in good faith or which involve intentional misconduct or a knowing violation of law; (iii) under § 174 of this title; or (iv) for any transaction from which the director derived an improper personal benefit. No such provision shall eliminate or limit the liability of a director for any act or omission occurring prior to the date when such provision becomes effective. All references in this paragraph to a director shall also be deemed to refer (x) to a member of the governing body of a corporation which is not authorized to issue capital stock, and (y) to such other person or persons, if any, who, pursuant to a provision of the certificate of incorporation in accordance with § 141(a) of this title, exercise or perform any of the powers or duties otherwise conferred or imposed upon the board of directors by this title."*.

[889] Easterbrook, Frank e Fischel, Daniel, *The economic structure...*, p. 107, Cunningham, Lawrence A. e Yablon, Charles M., "Delaware...", *The Business Lawyer*, 1993, pp. 1597-1598, Hamilton,

venção legislativa foi motivada por constrangimentos no mercado de seguros para administradores (*D&O Insurance*), que estavam a limitar a atração de pessoas para o exercício das funções de administrador[890].

Nos dois anos seguintes, quarenta e um Estados norte-americanos adotaram soluções legislativas semelhantes[891].

Na sequência destas intervenções legislativas, a vasta maioria das sociedades com sede nestes Estados procederam a alterações estatutárias, excluindo a responsabilidade civil dos administradores por violação do dever de cuidado[892].

Em tempos recentes assiste-se a um desenvolvimento jurisprudencial da exigência de boa fé dos administradores.

Há quem reconheça que este desenvolvimento jurisprudencial é motivado pelo referido movimento de exclusão estatutária da responsabilidade civil dos administradores por violação do dever de cuidado[893].

Este desenvolvimento jurisprudencial teve como marco inicial a decisão *Cede & Co. v. Technicolor, Inc.* (*Cede II*), tirada pelo Supremo Tribunal de Delaware em 1993. Neste aresto foi realizada uma referência, em *obiter dictum*, a uma tríade de deveres fiduciários: o dever de cuidado, o dever de lealdade e o dever de boa fé[894].

Esta referência à tríade de deveres fiduciários foi reproduzida em diversas decisões posteriores, nomeadamente na decisão *Cinerama, Inc. v. Technicolor,*

---

Robert W., *The law of corporations...*, p. 391, Allen, William T., "The corporate...", p. 325, Knepper, William e Bailey, Dan, *Liability...*, II, 6ª ed., pp. 1-2, Bainbridge, Stephen M., *Corporation law...*, p. 299, Sale, Hillary A., "Delaware's good faith", *Cornell Law Review*, nº 89, 2004, p. 462, Griffith, Sean J., "Good faith...", *Duke Law Journal*, vol. 55, 2005, p. 14, e Hill, Claire A. e McDonnell, Brett H., "*Stone...*", *Fordham Law Review*, vol. 76, 2007, p. 1772.

[890] Coffee, John C., Jr., "No exit...", *Brooklyn Law Review*, nº 53, 1988, p. 920, n. 4, Romano, Roberta, *Foundations...*, p. 192, Veasey, E. Norman e Di Guglielmo, Christine T., "What happened...", *University of Pennsylvania Law Review*, vol. 153, 2005, p. 1432, e Bainbridge, Stephen M. et al., "The convergence...", *UCLA Law Review*, vol. 55, 2008, pp. 588-589.

[891] Romano, Roberta, *Foundations...*, p. 192.

[892] Romano, Roberta, *Foundations...*, p. 192.

[893] Strine Jr., Leo E. et al., "Loyalty's core demand...", *The Georgetown Law Journal*, nº 98, 2010, pp. 631-632. O § 102(b)(7) do título 8 do Delaware Code poderá ter gerado outras alterações de comportamentos. Assim, afirmando que a intervenção legislativa criou incentivos para o recurso a remédios preventivos, como as injunções, dado que o preceito apenas possibilita a proteção dos administradores perante o remédio da responsabilidade civil, Lubben, Stephen J. e Darnell, Alana J., "Delaware's duty...", *Delaware Journal of Corporate Law*, vol. 31, 2006, p. 629.

[894] 634 A.2d 345, 361 – "*To rebut the rule, a shareholder plaintiff assumes the burden of providing evidence that directors, in reaching their challenged decision, breached any one of the triads of their fiduciary duty – good faith, loyalty or due care.*" (itálico no original).

*Inc. (Cede III)*[895], de 1995, na decisão *Malone v. Brincat*[896], de 1998, e na decisão *Emerald Partners v. Berlin*[897], de 2001.

Na decisão *In re the Walt Disney Co. Derivative Action (Disney III)*[898], proferida em 2003, o *Court of Chancery* de Delaware determinou o prosseguimento para julgamento de uma *derivative action*, rejeitando uma *motion to dismiss*. Nesta decisão prévia, o tribunal procedeu a uma análise jurídica dos factos tal como configurados pelos demandantes.

O litígio envolveu um problema de sucessão do presidente executivo da Disney. De acordo com a versão dos factos apresentada pelos demandantes, Michael Eisner, então presidente executivo, escolheu Michael Ovitz, seu amigo de longa data, tendo negociado e preparado o projeto de um contrato (*employment agreement*), que continha nomeadamente cláusulas de indemnização em caso de destituição. A comissão de remuneração do conselho de administração e, posteriormente, o conselho de administração aprovaram o projeto, com base num relatório sumário e deficiente sobre o seu teor, sem indicação dos possíveis montantes indemnizatórios em caso de destituição e sem requisitarem mais informação[899]. Michael Ovitz foi nomeado e, passado cerca de um ano, destituído, tendo recebido uma indemnização de cerca de $140.000.000.

A sociedade havia adotado uma cláusula de exclusão da responsabilidade por violação do dever de cuidado ao abrigo do § 102(b)(7) do título 8 do Delaware Code. O *Court of Chancery* recusou-se a julgar procedente a *motion to dismiss*, com base nesta cláusula, por entender que os factos alegados levantavam a questão de saber se os administradores tinham atuado honestamente e em boa fé[900].

O *Court of Chancery* considerou que os factos alegados, a serem verdadeiros, não correspondiam a uma mera atuação negligente ou grosseiramente negligente; antes sugeriam que os administradores demandados desprezaram consciente e intencionalmente as suas responsabilidades. Concluiu no sentido de

---

[895] 663 A.2d 1156, 1164.

[896] 722 A.2d 5, 10.

[897] 787 A.2d 85, 90.

[898] 825 A.2d 275. O litígio Disney envolveu duas decisões anteriores: *In re Walt Disney Co. Derivative Litigation (Disney I)*, publicada em 731 A.2d 342, e *Brehm v. Eisner (Disney II)*, publicada em 746 A.2d 244.

[899] Chamando a atenção para a semelhança entre este litígio e o litígio *Smith v. Van Gorkom*, no que respeita às falhas no processo decisório, Griffith, Sean J., "Good faith...", *Duke Law Journal*, vol. 55, 2005, pp. 22 e 70.

[900] 825 A.2d 275, 286-287.

existir alegação factual suficiente para justificar a invocada violação do dever de atuar honestamente e em boa fé[901].

A prova produzida em julgamento no litígio Disney foi desfavorável aos demandantes, tendo sido proferidas decisões de improcedência, quer pelo *Court of Chancery*, em 2005, quer, em recurso, pelo Supremo Tribunal de Delaware, em 2006. Nestas decisões foram tecidas algumas considerações, em *obiter dicta*, sobre o dever de boa fé.

Na decisão proferida pelo *Court of Chancery* (*Disney IV*), foi consignado que os conceitos de abandono intencional do dever (*intentional dereliction of duty*) e de desprezo consciente pelas responsabilidades (*conscious disregard for one's responsabilities*) são critérios adequados, embora não os únicos, para descrever o dever de boa fé[902]. Concluiu-se que a boa fé exigida a um administrador não inclui apenas os deveres de cuidado e de lealdade, sustentando-se que a não atuação de boa fé pode ocorrer, por exemplo, quando o administrador atua intencionalmente com uma finalidade diferente da de prosseguir os interesses da sociedade, quando o administrador atua com a intenção de violar disposições legais ou quando o administrador intencionalmente omite a atuação face a um conhecido dever de atuar, demonstrando um desprezo consciente pelas suas responsabilidades[903].

Na decisão proferida pelo Supremo Tribunal de Delaware (*Disney V*), procedeu-se a uma caracterização tipológica do dever de boa fé, apontando-se, por um lado, a conduta motivada pela intenção de prejudicar a sociedade e, por outro, a conduta envolvendo o abandono intencional do dever (*intentional dereliction of duty*) ou adotada com desprezo consciente pelas responsabilidades (*conscious disregard for responsabilities*). Reconheceu-se que estas últimas categorias colocam um problema de sobreposição do dever de boa fé face ao dever

---

[901] 825 A.2d 275, 289 – *"These facts, if true, do more than portray directors who, in a negligent or grossly negligent manner, merely failed to inform themselves or to deliberate adequately about an issue of material importance to their corporation. Instead, the facts alleged in the new complaint suggest that the defendant directors* consciously and intentionally disregarded their responsibilities, *adopting a "we don't care about risks" attitude concerning a material corporate decision..."* (itálico no original).

[902] 907 A.2d 693, 755.

[903] 907 A.2d 693, 755-756 – *"The good faith required of a corporate fiduciary includes not simply the duties of care and loyalty, in the narrow sense that I have discussed them above, but all actions required by a true faithfulness and devotion to the interests of the corporation and its shareholders. A failure to act in good faith may be shown, for instance, where the fiduciary intentionally acts with a purpose other than that of advancing the best interests of the corporation, where the fiduciary acts with the intent to violate applicable positive law, or where the fiduciary intentionally fails to act in the face of a known duty to act, demonstrating a conscious disregard for his duties. There may be other examples of bad faith yet to be proven or alleged, but these three are the most salient.".*

## DEVER DE GESTÃO

de cuidado, sendo necessário operar uma distinção clara. A negligência grosseira apenas constitui uma violação do dever de cuidado. O abandono intencional do dever ou o desprezo consciente pelas responsabilidades estão para lá da negligência grosseira e aquém da intenção de prejudicar a sociedade, constituindo uma situação típica de violação do dever de boa fé[904]. Reiterou-se a descrição do dever de boa fé realizada pelo *Court of Chancery* (*Disney IV*)[905].

Em 2006, na decisão *Stone ex re. AmSouth Bancorporation v. Ritter*, à qual já me referi anteriormente, ao descrever a componente de vigilância do dever de cuidado, o Supremo Tribunal de Delaware reiterou, em *obiter dicta*, a descrição das situações de violação do dever de boa fé realizada na decisão *In re the Walt Disney Co. Derivative Action* (*Disney V*)[906].

Acrescentou, em *obiter dicta*, que as exigências de vigilância descritas em 1996, pelo *Court of Chancery*, na anteriormente citada decisão *In re Caremark International Inc. Derivative Litigation* correspondem ao critério do desprezo consciente e intencional pelas responsabilidades, integrando o âmbito das violações do dever de boa fé[907].

E acrescentou, sempre em *obiter dicta*, que a exigência de boa fé é um elemento subsidiário do dever fundamental de lealdade, não constituindo um dever fiduciário independente. Mais referiu que o dever de lealdade não se limita às situações de conflito de interesses, abrangendo as situações em que o administrador não atue de boa fé[908].

Concluiu, ainda em *obiter dicta*, no sentido de que, quando os administradores não acatam as exigências de vigilância, de uma forma que demonstre desprezo consciente pelas suas responsabilidades, violam o seu dever de lealdade[909].

Este desenvolvimento jurisprudencial da exigência de boa fé dos administradores foi sendo acompanhado por um intenso debate doutrinário.

Uma parte significativa da doutrina sustenta que as exigências de boa fé, tal como desenvolvidas pela jurisprudência, convocam determinados estados subjetivos dos administradores[910]. Recordo as referências jurisprudenciais à intenção de prejudicar a sociedade, ao abandono intencional do dever (*intentional*

---

[904] 906 A.2d 27, 64-67.

[905] 906 A.2d 27, 67.

[906] 911 A.2d 362, 369-370.

[907] 911 A.2d 362, 369.

[908] 911 A.2d 362, 369-370.

[909] 911 A.2d 362, 370.

[910] Sale, Hillary A., "Delaware's good faith", *Cornell Law Review*, nº 89, 2004, pp. 482-494, Gold, Andrew S., "A decision theory...", *MdLRev*, vol. 66, 2007, pp. 400-402 e 422-426, Gold, Andrew S., "The new concept...", *U. C. Davis Law Review*, vol. 43, 2009, pp. 473-474, e Strine Jr., Leo E. et al., "Loyalty's core demand...", *The Georgetown Law Journal*, nº 98, 2010, pp. 635, 684, 693 e 696.

*dereliction of duty*) e ao desprezo consciente pelas responsabilidades (*conscious disregard for responsabilities*). Estará em causa uma conceção subjetiva de boa fé.

Afirma-se que são tais estados subjetivos que se traduzem em algo mais do que a mera má gestão[911].

Mas admite-se que a falta grosseira de cuidado ou de vigilância possa constituir um indício do estado subjetivo que implica uma violação das exigências de boa fé[912]. E sugere-se que a irracionalidade da decisão possa vir a constituir um critério judicial para inferir que os administradores atuaram com desprezo consciente e intencional pelas responsabilidades, de má fé[913].

Reconhece-se que, para aferir se o administrador desprezou conscientemente os interesses da sociedade, será necessário ponderar quais os interesses que devem ser prosseguidos no caso concreto, jogando-se a contraposição entre os interesses dos acionistas e os interesses dos *stakeholders*[914].

Afastando-se da conceção subjetiva de boa fé, *Melvin A. Eisenberg* considera que a exigência de desprezo consciente e intencional pelas responsabilidades, no contexto da formulação jurisprudencial do dever de boa fé, é compatível com uma bitola objetiva. Bastará que se conclua que uma pessoa razoável, colocada na posição do administrador, teria consciência de estar a desprezar as suas responsabilidades[915].

*Melvin A. Eisenberg* reconhece que o desprezo consciente e intencional pelas responsabilidades constitui, à partida, uma violação do dever de cuidado, sendo que é a magnitude desse desprezo que implica a violação de outro dever[916].

Aprofundando o problema do enquadramento teórico da exigência de boa fé face aos tradicionais deveres de cuidado e de lealdade, uma parte da doutrina acompanha a construção adotada na decisão *Cede & Co. v. Technicolor, Inc. (Cede II)*, sustentando a autonomia do dever de boa fé face aos restantes deveres[917].

---

Já apontando neste sentido, Johnson, Lyman, "After Enron...", *Delaware Journal of Corporate Law*, vol. 28, 2003, pp. 61-62.

[911] Sale, Hillary A., "Delaware's good faith", *Cornell Law Review*, nº 89, 2004, p. 484.

[912] Strine Jr., Leo E. et al., "Loyalty's core demand...", *The Georgetown Law Journal*, nº 98, 2010, p. 693.

[913] Gold, Andrew S., "A decision theory...", *MdLRev*, vol. 66, 2007, pp. 427-432.

[914] Gold, Andrew S., "A decision theory...", *MdLRev*, vol. 66, 2007, pp. 434-441.

[915] Eisenberg, Melvin A., "The duty of good faith...", *Delaware Journal of Corporate Law*, vol. 31, 2006, p. 72.

[916] Eisenberg, Melvin A., "The duty of good faith...", *Delaware Journal of Corporate Law*, vol. 31, 2006, p. 62.

[917] Sale, Hillary A., "Delaware's good faith", *Cornell Law Review*, nº 89, 2004, pp. 463-464 e 482-495, e Eisenberg, Melvin A., "The duty of good faith...", *Delaware Journal of Corporate Law*, vol. 31, 2006, pp. 4-31 e 74-55 (já antes, de forma sucinta, Eisenberg, Melvin A., "The divergence...", *Fordham Law Review*, nº 62, 1993, pp. 449-450).

DEVER DE GESTÃO

A autonomia do dever de boa fé face o dever de lealdade tende a circunscrever este último às situações de conflitos de interesses.

Uma outra parte da doutrina critica a perspetiva de autonomização do dever de boa fé, optando por enquadrar as exigências de boa fé no âmbito do dever de lealdade[918]. Para esta posição doutrinária, o dever de lealdade convoca não apenas o tradicional problema dos conflitos de interesses, mas também as situações de falta de boa fé recentemente apontadas pela jurisprudência. Esta perspetiva acabou por ser acolhida na referida decisão *Stone ex re. AmSouth Bancorporation v. Ritter*.

Na corrente doutrinária que reconduz as exigências de boa fé ao dever de lealdade merece destaque *Lyman Johnson*. Num artigo publicado em 2003, *Lyman Johnson* procura oferecer uma justificação teórica para uma conceção mais alargada do dever de lealdade com base numa incursão na filosofia moral. Distingue uma condição mínima de lealdade, que convoca a ideia de traição (*betrayal*) e a atuação em conflito de interesses, de uma condição máxima de lealdade, que reclama devoção (*devotion*) ao interesse de outrem[919]. Aprofundando igualmente o conceito ético-filosófico de cuidado, *Lyman Johnson* distingue *take care of*, no sentido de assumir uma responsabilidade vigilante, *care for*, significando cuidar do interesse de outrem, e *act with care*, respeitante à maneira de atuar[920]. Conclui que o cuidado, sobretudo na faceta de *care for*, é um elemento necessário da lealdade, na sua dimensão de devoção[921]. Voltando ao discurso jurídico, *Lyman Johnson* sustenta que o dever de cuidado dos administradores, tal como restritivamente interpretado no âmbito da *business judgment rule*, com um carácter marcadamente procedimental, corresponde apenas à ideia de *act with care*[922]. E conclui, face a esta interpretação restritiva do dever de cuidado e atendendo à dimensão de devoção do conceito ético-filosófico de lealdade,

---

[918] Johnson, Lyman, "After Enron...", *Delaware Journal of Corporate Law*, vol. 28, 2003, pp. 37-73, Gold, Andrew S., "The new concept...", *U. C. Davis Law Review*, vol. 43, 2009, pp. 488-494 e 527, e Strine Jr., Leo E. et al., "Loyalty`s core demand...", *The Georgetown Law Journal*, nº 98, 2010, pp. 633-635, 690 e 696.

[919] Johnson, Lyman, "After Enron...", *Delaware Journal of Corporate Law*, vol. 28, 2003, pp. 37-42. Aderindo a esta perspetiva, Strine Jr., Leo E. et al., "Loyalty`s core demand...", *The Georgetown Law Journal*, nº 98, 2010, p. 636, n. 11. Próximo, Gold, Andrew S., "The new concept...", *U. C. Davis Law Review*, vol. 43, 2009, p. 461, n. 11, e pp. 485-496.

[920] Johnson, Lyman, "After Enron...", *Delaware Journal of Corporate Law*, vol. 28, 2003, pp. 43-47.

[921] Johnson, Lyman, "After Enron...", *Delaware Journal of Corporate Law*, vol. 28, 2003, pp. 43-47.

[922] Johnson, Lyman, "After Enron...", *Delaware Journal of Corporate Law*, vol. 28, 2003, pp. 47-48 e 72-73. De referir que, num escrito anterior, *Lyman Johnson* propôs a adoção pela jurisprudência de uma noção ampla de dever de cuidado (Johnson, Lyman, "Rethinking...", *Delaware Journal of Corporate Law*, vol. 24, 1999, pp. 808-833)...

que os restantes significados da palavra cuidado – a ideia de *take care of* (responsabilidade vigilante) e a ideia de *care for* (cuidar do interesse de outrem) – podem ser incorporados pelos tribunais da *equity* na cláusula geral (*standard*) de lealdade[923]. Exemplificando, *Lyman Johnson* refere-se ao relevo dos estados subjetivos do administrador, sustentando que a violação consciente e deliberada dos seus deveres poderá constituir uma violação do dever de lealdade[924].

A referida ideia de devoção ao interesse de outrem conduziu alguns autores à descrição genérica do dever de lealdade como uma exigência de prossecução ativa do interesse da sociedade[925] ou, de forma mais subjetivada, como uma exigência de atuação na convicção de prossecução do interesse da sociedade[926].

Face a esta descrição, o dever de lealdade é inclusivamente concebido como o dever fiduciário único, aglutinador do próprio dever de cuidado[927]. Afirma-se que existem diversos níveis de concretização desse dever fiduciário único, numa escala que tem nos seus extremos os casos tradicionais de conflito de interesses e os casos tradicionais de falta de cuidado e que tem no meio os casos de boa fé[928].

Mas existem algumas vozes críticas desta expansão das fronteiras do dever de lealdade.

*Sean J. Griffith* admite que os deveres de cuidado e de lealdade estejam relacionados, ao considerar que a exigência de diligência na prossecução do interesse da sociedade implica a desconsideração do interesse pessoal do administrador, sendo modelada por um elemento tácito de lealdade. Mas concebe o dever de cuidado como uma exigência de prudência e diligência na gestão, reconduzindo o dever de lealdade à ideia de fidelidade[929].

*Sean J. Griffith* refere ainda que as exigências de boa fé, tal como descritas pela jurisprudência, repetem o conteúdo analítico do dever de cuidado, acrescido de determinados estados subjetivos. Considera que a indagação judicial

---

[923] Johnson, Lyman, "After Enron...", *Delaware Journal of Corporate Law*, vol. 28, 2003, pp. 47-48, 59-62 e 72-73.

[924] Johnson, Lyman, "After Enron...", *Delaware Journal of Corporate Law*, vol. 28, 2003, pp. 61-62.

[925] Hill, Claire A. e McDonnell, Brett H., "*Stone...*", *Fordham Law Review*, vol. 76, 2007, pp. 1769--1770 e 1779-1780, e Strine Jr., Leo E. et al., "Loyalty`s core demand...", *The Georgetown Law Journal*, nº 98, 2010, pp. 634-636.

[926] Strine Jr., Leo E. et al., "Loyalty`s core demand...", *The Georgetown Law Journal*, nº 98, 2010, p. 633.

[927] Hill, Claire A. e McDonnell, Brett H., "*Stone...*", *Fordham Law Review*, vol. 76, 2007, pp. 1769--1770 e 1779-1780, e Strine Jr., Leo E. et al., "Loyalty`s core demand...", *The Georgetown Law Journal*, nº 98, 2010, pp. 635-640.

[928] Hill, Claire A. e McDonnell, Brett H., "Stone...", *Fordham Law Review*, vol. 76, 2007, pp. 1788-1796.

[929] Griffith, Sean J., "Good faith...", *Duke Law Journal*, vol. 55, 2005, pp. 40-43.

sobre os estados subjetivos dos administradores não pode deixar de desembocar numa análise do cuidado e da diligência dos administradores[930].

Há quem refira que a tradição associa o dever de lealdade à existência de benefícios financeiros indevidos e à sanção da restituição de todas as vantagens, de acordo com o *disgorgement principle*. Este remédio será inapto para as situações de violação das exigências de boa fé, tal como apontadas pela jurisprudência. Pelo contrário, estas situações convocam os problemas de nexo de causalidade tradicionalmente discutidos em sede de violação do dever de cuidado[931].

Censura-se a decisão *Stone ex re. AmSouth Bancorporation v. Ritter*, por afastar a responsabilidade por vigilância dos administradores ignorantes e deixar em aberto a condenação dos administradores que adotem uma decisão empresarial de não implementação de uma medida de vigilância, após sopesarem os seus custos e benefícios[932].

### 4.1.6. Executivos

A posição dos executivos (*officers*) é tradicionalmente equiparada à dos administradores (*directors*), sendo considerados fiduciários[933]. É-lhes apontado um dever de cuidado, a par de um dever de lealdade.

A intensidade do dever do cuidado será determinada, em grande medida, pela familiaridade com os negócios da sociedade, pelo que a responsabilidade dos executivos (quer sejam simultaneamente administradores, quer não o sejam) tenderá a ser superior à responsabilidade dos administradores não executivos[934].

É frequente a afirmação doutrinária de que a *business judgment rule* é aplicável aos executivos[935]. Mas tal perspetiva não é inteiramente pacífica, havendo quem

---

[930] Griffith, Sean J., "Good faith...", *Duke Law Journal*, vol. 55, 2005, pp. 29-33.

[931] Bainbridge, Stephen M. et al., "The convergence...", *UCLA Law Review*, vol. 55, 2008, pp. 585-586.

[932] Bainbridge, Stephen M. et al., "The convergence...", *UCLA Law Review*, vol. 55, 2008, pp. 600-604. Reconhecendo, em tom irónico, que um administrador com um bom coração e uma cabeça vazia estará a salvo, Gold, Andrew S., "A decision theory...", *MdLRev*, vol. 66, 2007, pp. 400-401.

[933] Sparks III, A. Gilchrist e Hamermesh, Lawrence A., "Common law duties...", *The Business Lawyer*, 1992, pp. 217, 225-226 e 236, e Gevurtz, Franklin A., *Corporation Law*, p. 273. Afirmando que os executivos, ao contrário dos administradores, também são *agents*, Clark, Robert Charles, *Corporate Law*, pp. 114 e 123, e Johnson, Lyman, "Corporate officers...", *The Business Lawyer*, 2005, p. 440. Rejeitando esta última qualificação, Sparks III, A. Gilchrist e Hamermesh, Lawrence A., "Common law duties...", *The Business Lawyer*, 1992, p. 216, incluindo n. 2.

[934] Sparks III, A. Gilchrist e Hamermesh, Lawrence A., "Common law duties...", *The Business Lawyer*, 1992, pp. 218-220 e 236, e Knepper, William e Bailey, Dan, *Liability...*, I, 6ª ed., p. 40.

[935] Henn, Harry G. e Alexander, John R., *Laws of corporations...*, 3ª ed., p. 663, Sparks III, A. Gilchrist e Hamermesh, Lawrence A., "Common law duties...", *The Business Lawyer*, 1992, pp. 229-237, e Bainbridge, Stephen M., *Corporation law...*, pp. 285-286.

sustente a aplicação de um padrão mais exigente, ainda que sem descrever ou pormenorizar tal padrão[936].

Neste aspeto a jurisprudência é escassa, sendo, por vezes, destacadas uma decisão do Supremo Tribunal de Delaware de 1970 – *Ella M. Kelly & Wyndham v. Bell* – e uma decisão do *Court of Chancery* de Delaware de 1971 – *Kaplan v. Centex Corp.* – que, em *obiter dicta*, se referiram à aplicação aos executivos da *business judgment rule*[937].

O § 102(b)(7) do título 8 do Delaware Code, que estabelece a possibilidade de exclusão ou limitação estatutária da responsabilidade civil pela violação do dever de cuidado, não é aplicável aos executivos[938].

### 4.1.7. Justificações para a limitação da sindicabilidade judicial da atuação dos administradores

A doutrina norte-americana oferece diversas justificações para a tendência jurisprudencial de limitação da sindicabilidade judicial da atuação dos administradores.

Tais argumentos doutrinários incidem frequentemente sobre o problema da contenção judicial na apreciação de decisões empresariais, justificando a *business judgment rule*. Por vezes está também em jogo a justificação da limitação do controlo judicial da atividade de vigilância dos administradores.

Alguma doutrina refere que o receio de responsabilização pessoal diminuiria o número de pessoas talentosas disponíveis para aceitarem o cargo de administradores[939].

Como justificação para a limitação do controlo judicial da atuação dos administradores é referido que os juízes têm falta de capacidade ou de perícia para avaliar decisões empresariais[940].

Mas contesta-se a relevância do argumento de falta de perícia dos juízes, realçando que os tribunais frequentemente são chamados a dirimir conflitos que envolvem elevada complexidade técnica (medicina, engenharias...)[941].

---

[936] Johnson, Lyman, "Corporate officers...", *The Business Lawyer*, 2005, pp. 439-469, sobretudo pp. 460 e 466.

[937] Respetivamente, 266 A.2d 878, 879, e 284 A.2d 119, 124-125.

[938] Realçando este aspeto, por exemplo, Bainbridge, Stephen M., *Corporation law...*, p. 300.

[939] Easterbrook, Frank e Fischel, Daniel, *The economic structure...*, p. 94 (também, Fischel, Daniel, "The business...", *The Business Lawyer*, 1985, p. 1439).

[940] Easterbrook, Frank e Fischel, Daniel, *The economic structure...*, p. 94 (também, Fischel, Daniel, "The business...", *The Business Lawyer*, 1985, p. 1439), e Johnson, Lyman, "Corporate officers...", *The Business Lawyer*, 2005, p. 456.

[941] Dooley, Michael P. e Veasey, E. Norman, "The role of the board...", *The Business Lawyer*, 1988, p. 521, Fischel, Daniel, "The business...", *The Business Lawyer*, 1985, p. 1439, Gevurtz, Franklin A., *Corporation Law*, pp. 290-291, e Bainbridge, Stephen M., *Corporation law...*, p. 254.

DEVER DE GESTÃO

Refere-se que as ações judiciais de responsabilização dos administradores tendem a seguir os maus resultados económicos e os juízes, ao analisarem retrospetivamente as decisões empresariais, tendem a imputar os maus resultados económicos à atuação dos administradores[942].

Este argumento relativo aos defeitos dos juízos judiciais de prognose póstuma conheceu um novo impulso no espaço doutrinário norte-americano, com a *Behavioral Law and Economics* e o estudo da figura da distorção retrospetiva (*hindsight bias*[943]). Investigações de psicologia cognitiva demonstram que os juízes (e os júris), ao analisarem os acontecimentos em retrospetiva, tendem a erroneamente atribuir uma probabilidade elevada de ocorrência de um resultado simplesmente porque tal resultado acabou por acontecer[944].

Há quem argumente no sentido de que os juízes, ao contrário dos administradores, não sofrem pressões do mercado que induzam boas prestações, pelo que será preferível limitar a sindicabilidade judicial das decisões dos administradores. Os juízes não são destituídos ou sujeitos a uma redução da sua remuneração quando cometem erros ao apreciarem as decisões empresariais[945].

Como argumento explicativo da *business judgment rule* é referido que as decisões empresariais envolvem risco e incerteza. As decisões empresariais tendem a ser complexas, sendo difícil discernir entre a má gestão e a má sorte[946].

Realça-se que, muitas vezes, os gestores têm que atuar sob constrangimento temporal. O adiamento da decisão para realizar um melhor estudo pode ser a pior decisão[947].

---

[942] Easterbrook, Frank e Fischel, Daniel, *The economic structure...*, p. 99, e Balotti, R. Franklin e Hanks, James J., Jr, "Rejudging...", *The Business Lawyer*, 1993, pp. 1341-1344.

[943] Sigo a tradução de Araújo, Fernando, *Teoria económica...*, p. 312.

[944] Eisenberg, Melvin A., *Corporations...*, 8ª ed., pp. 547-549, Bainbridge, Stephen M., "The business judgment...", *VnLR*, vol. 57, 2004, pp. 115-117 (também, Bainbridge, Stephen M. et al., "The convergence...", *UCLA Law Review*, vol. 55, 2008, p. 571), Allen, William T. et al., "Realigning...", *NwULRev*, nº 96, 2002, pp. 454-455, Veasey, E. Norman e Di Guglielmo, Christine T., "What happened...", *University of Pennsylvania Law Review*, vol. 153, 2005, p. 1424, e Johnson, Lyman, "Corporate officers...", *The Business Lawyer*, 2005, pp. 456-457.

[945] Easterbrook, Frank e Fischel, Daniel, *The economic structure...*, p. 100, e Bainbridge, Stephen M., "The business judgment...", *VnLR*, vol. 57, 2004, pp. 119-125 (também, Bainbridge, Stephen M. et al., "The convergence...", *UCLA Law Review*, vol. 55, 2008, p. 571).

[946] Manning, Bayless, "The business...", *The Business Lawyer*, 1984, p. 1482, Easterbrook, Frank e Fischel, Daniel, *The economic structure...*, pp. 98-99, e Eisenberg, Melvin A., "The divergence...", *Fordham Law Review*, nº 62, 1993, pp. 443-444.

[947] Easterbrook, Frank e Fischel, Daniel, *The economic structure...*, pp. 98-99.

Ao fundamentar a *business judgment rule*, muitos autores sustentam que o receio de responsabilização pessoal induziria uma gestão mais cautelosa, menos audaz, com uma menor adoção de risco empresarial[948].

Este argumento relativo à inibição do risco empresarial é reforçado por considerações de análise económica comportamental, com enfoque na figura da propensão para a inércia (*status quo bias*[949]). As pessoas avaliam a utilidade de uma decisão em função das mudanças operadas face a um ponto de referência neutro, sendo que as possíveis perdas tendem a pesar mais no processo decisional do que os possíveis ganhos. As pessoas tendem a ser mais afetadas pela perspetiva de perda de determinado valor do que pela perspetiva de ganho do valor equivalente. Trata-se de um fenómeno de aversão às perdas (*loss aversion*). As pessoas tendem a sofrer um maior arrependimento face às consequências indesejáveis da atuação do que face às consequências indesejáveis da inércia. Ocorre um fenómeno de fuga ao arrependimento (*regret avoidance*). A aversão às perdas e a fuga ao arrependimento induzem uma propensão para a inércia e para a não adoção de riscos empresariais. Mesmo um pequeno risco de responsabilização judicial pode provocar uma forte dissuasão da adoção de riscos empresariais pelos administradores[950].

O argumento relativo à inibição do risco empresarial é reforçado por algumas considerações de análise económica relativas ao interesse dos acionistas.

Os acionistas tendem a ser avessos ao risco. Todavia, o princípio da responsabilidade limitada e a inerente externalização da exposição ao risco nos credores induz uma diminuição da aversão ao risco dos acionistas[951].

---

[948] Easterbrook, Frank e Fischel, Daniel, *The economic structure...*, p. 94, Eisenberg, Melvin A., "The divergence...", *Fordham Law Review*, nº 62, 1993, pp. 443-444, Balotti, R. Franklin e Hanks, James J., Jr, "Rejudging...", *The Business Lawyer*, 1993, pp. 1341-1344, Block, Dennis J. et al., "Derivative litigation...", *The Business Lawyer*, 1993, p. 1448, Gevurtz, Franklin A., *Corporation Law*, pp. 289-292, Bainbridge, Stephen M., "The business judgment...", *VnLR*, vol. 57, 2004, pp. 111-126 (também, Bainbridge, Stephen M. et al., "The convergence...", *UCLA Law Review*, vol. 55, 2008, p. 567), Allen, William T. et al., "Realigning...", *NwULRev*, nº 96, 2002, pp. 455-457, Veasey, E. Norman e Di Guglielmo, Christine T., "What happened...", *University of Pennsylvania Law Review*, vol. 153, 2005, pp. 1422 e 1425, Johnson, Lyman, "Corporate officers...", *The Business Lawyer*, 2005, pp. 455-456, e Rosenberg, David, "Galactic stupidity...", *The Journal of Corporation Law*, nº 32, 2007, pp. 301-303 e 322. Apontando este argumento, embora sem o considerar totalmente conclusivo, Dooley, Michael P. e Veasey, E. Norman, "The role of the board...", *The Business Lawyer*, 1988, pp. 521-522.

[949] Traduzindo *status quo bias* por preferência inercial pelo presente, Araújo, Fernando, *Teoria económica...*, p. 313.

[950] Bainbridge, Stephen M., "The business judgment...", *VnLR*, vol. 57, 2004, pp. 125-126 (anteriormente, Bainbridge, Stephen M., *Corporation law...*, p. 261).

[951] Bainbridge, Stephen M., "The business judgment...", *VnLR*, vol. 57, 2004, p. 112.

DEVER DE GESTÃO

Em relação às sociedades abertas (*public corporations*), deve ser desconsiderada a aversão ao risco dos investidores, na medida em que, através da diversificação dos seus portefólios de ações, os investidores podem obter imunização face aos riscos não sistémicos. Os investidores em sociedades abertas terão preferência por regras que tendam a maximizar o valor global dos seus investimentos. Os investidores em sociedades abertas desejarão que os gestores adotem os projetos com maior retorno por unidade de risco. A exposição dos gestores a responsabilidade desincentivará a adoção de decisões arriscadas e prejudicará os investidores em sociedades abertas[952].

A imunidade ao risco não sistémico decorrente da diversificação de portefólios não se faz sentir da mesma forma nas sociedades fechadas (*close corporations*). Os investidores de sociedades fechadas são mais avessos ao risco do que os investidores de sociedades abertas[953].

Alguma doutrina sustenta que a *business judgment rule* se traduz num compromisso entre autoridade e responsabilização (*accountability*), salvaguardando a eficácia das decisões empresariais face ao escrutínio judicial. Autoridade e responsabilização (*accountability*) são antitéticas, dado que o poder de responsabilizar é, em última análise, o poder de decidir. O controlo judicial das decisões do conselho de administração necessariamente transfere uma parte do poder decisório do conselho de administração para os acionistas e para os juízes[954].

Há quem realce que a perspetiva de fundamentação da *business judgment rule* na necessidade de proteção da autoridade do conselho de administração conduz à negação da aplicação da *business judgment rule* às decisões tomadas pelos executivos, pois tal aplicação inibiria o escrutínio das decisões dos executivos pelo conselho de administração (ou o seu escrutínio judicial, por iniciativa do

---

[952] Easterbrook, Frank e Fischel, Daniel, *The economic structure...*, pp. 28-30 e 99-100 (anteriormente, Fischel, Daniel, "The business...", *The Business Lawyer*, 1985, p. 1442), Bainbridge, Stephen M., "The business judgment...", *VnLR*, vol. 57, 2004, pp. 113-115 (anteriormente, Bainbridge, Stephen M., *Corporation law...*, pp. 259-260), Johnson, Lyman, "Corporate officers...", *The Business Lawyer*, 2005, p. 456, e Romano, Roberta, *Foundations...*, p. 59.

[953] Easterbrook, Frank e Fischel, Daniel, *The economic structure...*, p. 229, e Gevurtz, Franklin A., *Corporation Law*, p. 293.

[954] Dooley, Michael P. e Veasey, E. Norman, "The role of the board...", *The Business Lawyer*, 1988, pp. 520-522 e 525-526, Bainbridge, Stephen M., "The business judgment...", *VnLR*, vol. 57, 2004, pp. 84-88 e 103-110 (também, Bainbridge, Stephen M. et al., "The convergence...", *UCLA Law Review*, vol. 55, 2008, p. 567, e Bainbridge, Stephen M., *Corporation law...*, pp. 37-38, 207-208, 242 e 251-269), Johnson, Lyman, "Corporate officers...", *The Business Lawyer*, 2005, pp. 457-458, Griffith, Sean J., "Good faith...", *Duke Law Journal*, vol. 55, 2005, pp. 11-12, Gold, Andrew S., "A decision theory...", *MdLRev*, vol. 66, 2007, p. 403, e Block, Dennis J. et al., "Derivative litigation...", *The Business Lawyer*, 1993, p. 1449. Esta posição doutrinária é baseada no pensamento do economista Arrow, Kenneth J., *The limits...*, pp. 77-78.

conselho de administração), dessa forma limitando a autoridade do conselho de administração[955].

O conselho de administração constitui uma equipa relacional (*relational team*). A integração na equipa envolve um forte investimento profissional. As tarefas são desempenhadas em conjunto, de forma não separável, tornando-se difícil proceder a uma avaliação individual da produtividade. As equipas relacionais desenvolvem formas idiossincráticas de trabalho conjunto e tendem a rejeitar interferências externas. Frequentemente protegem os membros da equipa sob controlo. Adotam reações gregárias à perspetiva de sancionamento individual de membros da equipa.

Neste contexto, o controlo judicial das decisões dos administradores pode destruir a coesão interna e o relacionamento no conselho de administração[956].

Alguma doutrina realça que existem diversos mecanismos de mercado que tornam, em grande medida, desnecessário o controlo judicial da atuação dos administradores.

É comum o estabelecimento de mecanismos de remuneração dos executivos associados aos resultados. Os executivos têm frequentemente uma considerável quantidade da sua riqueza investida em ações da sociedade. Os executivos possuem conhecimentos acumulados relativos à sociedade e ao seu negócio, pelo que o seu investimento de capital humano na sociedade (*firm-specific investment of human capital*) é elevado. Estes aspetos induzem um alinhamento dos interesses dos executivos com os interesses dos acionistas[957].

O mercado de trabalho dos administradores, os mercados financeiros, o mercado de controlo de sociedades e a concorrência no mercado de produtos transacionáveis constituem mecanismos que tendem a favorecer o alinhamento dos interesses dos administradores com os interesses dos acionistas. Um administrador com más prestações tende a receber remunerações inferiores e a obter piores cargos. Uma má gestão tende a implicar maiores custos de financiamento para a sociedade, piorando o cenário. Uma gestão pouco eficiente pode estar na origem de uma tomada de sociedade hostil e da subsequente substituição de administradores. Uma sociedade mal gerida tende a não sobreviver em competição com uma sociedade bem gerida. Em todos estes aspetos, os administradores entram como *repeat players*. Estes mecanismos não previnem em absoluto as fraudes, sobretudo quando está em jogo a obtenção de um elevado benefício

---

[955] Johnson, Lyman, "Corporate officers...", *The Business Lawyer*, 2005, pp. 462-466.
[956] Bainbridge, Stephen M., "The business judgment...", *VnLR*, vol. 57, 2004, pp. 126-129, e Bainbridge, Stephen M., "Why a board?...", *VnLR*, vol. 55, 2002, pp. 48-51.
[957] Easterbrook, Frank e Fischel, Daniel, *The economic structure...*, p. 97 (também, Fischel, Daniel, "The business...", *The Business Lawyer*, 1985, p. 1442).

DEVER DE GESTÃO

com uma única operação (*one-shot fraud*), mas tendem a induzir uma boa prestação de gestão[958].

Em todo o caso, há quem questione a eficácia destes mecanismos de mercado na indução da boa gestão[959].

O precedente judicial *Smith v. Van Gorkom*, ao estabelecer um regime de escrutínio judicial do processo decisório empresarial, é criticado por uma parte da doutrina.

Refere-se que existe um limite à obtenção de informação no processo decisional, dado que a informação tem custos e tais custos podem ser desproporcionados face às possíveis vantagens em jogo. A decisão sobre a obtenção de mais informação depende do nível de informação já existente, dos custos de obtenção de informação adicional, do presumível benefício dessa informação e da variedade de resultados possíveis[960]. De forma semelhante, refere-se que a decisão sobre a obtenção de mais informação envolve uma estimativa dos custos de obtenção de informação adicional e uma estimativa do eventual valor da informação obtida, sendo condicionada pela atitude do administrador perante o risco[961].

Dadas as variáveis em jogo, o controlo judicial sobre o grau de informação obtida é difícil, podendo gerar erros judiciais, com custos para os acionistas[962].

Enquanto os consultores financeiros externos, nomeadamente os bancos de investimento, são beneficiados por esta linha jurisprudencial, os acionistas são prejudicados. Os administradores sentir-se-ão inibidos de realizar estas operações, ainda que sejam vantajosas para os acionistas. Nas operações que se realizarem, o prémio para os acionistas será consideravelmente reduzido, dados os custos de consultadoria externa[963].

Realça-se que a decisão *Smith v. Van Gorkom* potencia a aversão ao risco dos administradores[964].

Numa análise mais factual, considera-se positivo o facto de os administradores da Trans Union Corp. terem focado a sua atenção no preço oferecido e

---

[958] Easterbrook, Frank e Fischel, Daniel, *The economic structure...*, pp. 91-92 e 95-96, e Easterbrook, Frank e Fischel, Daniel, "The proper role...", *Harvard Law Review*, nº 94, 1981, pp. 1196-1197.

[959] Gevurtz, Franklin A., *Corporation Law*, pp. 295-296.

[960] Fischel, Daniel, "The business...", *The Business Lawyer*, 1985, pp. 1440-1441, e Easterbrook, Frank e Fischel, Daniel, *The economic structure...*, p. 108. Em momento anterior à decisão *Smith v. Van Gorkom*, Easterbrook, Frank e Fischel, Daniel, "The proper role...", *Harvard Law Review*, nº 94, 1981, p. 1196.

[961] Allen, William T., "The corporate...", p. 318.

[962] Fischel, Daniel, "The business...", *The Business Lawyer*, 1985, p. 1441.

[963] Fischel, Daniel, "The business...", *The Business Lawyer*, 1985, p. 1453, e Macey, Jonathan R. e Miller, Geoffrey P., "Toward...", *Texas Law Review*, nº 65, 1987, pp. 518-519.

[964] Fischel, Daniel, "The business...", *The Business Lawyer*, 1985, pp. 1453-1454.

desvalorizado a análise do acordo preparatório da operação de venda, pois esse era o aspeto central do negócio[965].

No pólo oposto, uma outra parte da doutrina aplaude a perspetiva de controlo judicial do processo decisório empresarial.

Afirma-se que a linha jurisprudencial criada pela decisão *Smith v. Van Gorkom*, ao impor a circulação de informação no conselho de administração, facilita o adequado exercício de funções pelos administradores não executivos, reduzindo o custo pessoal marginal do seu comportamento altruístico a favor da sociedade e dos acionistas. Não apenas o esforço de compreensão dos assuntos da sociedade é reduzido, dado que a informação relevante tende a estar disponibilizada, como o custo de confrontação com os executivos é reduzido, nomeadamente na solicitação de mais informação e no questionamento das soluções propostas. Ao solicitarem mais informação, os administradores não executivos poderão alegar que não pretendem duvidar da bondade das soluções propostas pelos executivos, justificando-se na necessidade de proteger a sua posição face ao espectro de responsabilização judicial. A decisão *Smith v. Van Gorkom* induz o adequado cumprimento do dever de cuidado pelos administradores não executivos, sem risco de quebra do bom relacionamento com os executivos e da coesão interna no conselho de administração[966].

### 4.1.8. Principles of corporate governance

Em 13 de Maio de 1992, o *American Law Institute* adotou e promulgou os *Principles of Corporate Governance*.

Os *Principles of Corporate Governance* constituem um modelo sistemático de regulamentação jurídica sobre variados temas do governo das sociedades. Foram elaborados, ao longo de mais de uma década, por diversos especialistas na área, alguns com formação académica[967]. Constituem uma proposta de regulamentação que poderá ser acolhida pelos tribunais, pelos legisladores estaduais e pela sociedade civil. São *soft law*.

---

[965] Hazen, Thomas Lee e Markham, Jerry W., *Corporations...*, p. 251.

[966] Stout, Lynn A., "In praise...", *NwULRev*, nº 96, 2002, pp. 675-693. Próximo, Bainbridge, Stephen M., "Why a board?...", *VnLR*, vol. 55, 2002, pp. 51-54.

[967] A comissão de redação foi liderada pelo académico *Melvin A. Eisenberg*. Também integraram a comissão de redação os seguintes académicos: *Harvey J. Goldschmid, Ronald J. Gilson* e *John C. Coffee*. Prestaram funções de aconselhamento os seguintes académicos: *Joseph Hinsey IV, Louis Loss, Robert H. Mundheim, Donald E. Schwartz, Phillip I. Blumberg, Richard M. Buxbaum, William L. Cary, Roberta S. Karmel, Victor H. Kramer, James H. Lorie, William T. Quillen, Herman Schwartz, Joel Seligman* e *Oliver E. Williamson*.

DEVER DE GESTÃO

O comentário aos *Principles of Corporate Governance* publicado pelo *American Law Institute* distingue o dever de cuidado e o dever de lealdade. O primeiro consiste no dever de atuar cuidadosamente no cumprimento da tarefa de direção e controlo da atividade dos gestores. O segundo envolve um compromisso de fidelidade e a prevalência dos interesses da sociedade sobre os interesses pessoais dos administradores. A negligência, a má gestão e as decisões que envolvem a prática de atos proibidos por lei respeitam ao dever de cuidado. A fraude, os negócios consigo próprio, a apropriação de oportunidades de negócio, o desvio de património social e outras matérias de conflitos de interesses respeitam ao dever de lealdade[968].

A parte IV dos *Principles of Corporate Governance* é dedicada ao dever de cuidado e à *business judgment rule*, sendo constituída por três parágrafos. O § 4.01, sob a epígrafe "Duty of Care of Directors and Officers; the Business Judgment Rule", contém os aspetos essenciais do regime. Os §§ 4.02 e 4.03, respetivamente sob as epígrafes "Reliance on Directors, Officers, Employees, Experts, and Other Persons" e "Reliance on a Committee of the Board", desenvolvem aspetos relativos à delegação de tarefas.

O dever de cuidado é descrito no § 4.01(a) nos seguintes termos: um administrador ou executivo tem o dever de executar as suas funções de boa fé, nos termos que razoavelmente considera serem do interesse da sociedade, com o cuidado que seria razoavelmente esperado de uma pessoa normalmente prudente (*ordinarily prudent person*) naquela posição e perante circunstâncias semelhantes[969].

O comentário caracteriza o dever de cuidado como uma cláusula geral (*standard*)[970]. E refere que as tarefas dos administradores especificadas na lei e as tarefas inerentes aos seus poderes constituem imposições para efeitos do dever de cuidado. As tarefas dos administradores podem ainda ser impostas pelos

---

[968] American Law Institute, *Principles...*, p. 137.

[969] É o seguinte o texto integral do § 4.01(a) dos *Principles of Corporate Governance*: "*(a) A director or officer has a duty to the corporation to perform the director's or officer's functions in good faith, in a manner that he or she reasonably believes to be in the best interests of the corporation, and with the care that an ordinarily prudent person would reasonably be expected to exercise in a like position and under similar circumstances. This Subsection (a) is subject to the provisions of Subsection (c) (the business judgment rule) where applicable. (1) The duty in Subsection (a) includes the obligation to make, or cause to be made, an inquiry when, but only when, the circumstances would alert a reasonable director or officer to the need therefore. The extent of such inquiry shall be such as the director or officer reasonably believes to be necessary. (2) In performing any of his or her functions (including oversight functions), a director or officer is entitled to rely on materials and persons in accordance with §§ 4.02 and 4.03 (reliance on directors, officers, employees, experts, other persons, and committees of the board).*".

[970] American Law Institute, *Principles...*, p. 140.

estatutos, por decisões dos acionistas, por decisões da administração e por estipulações contratuais[971].

A bitola da *ordinarily prudent person* pretende transmitir a imagem de um generalista, com capacidade para desempenhar a função atribuída, não sendo exigível uma perícia especial em qualquer domínio (nomeadamente *marketing*, engenharia ou finanças). Todavia, a designação para o exercício de algumas funções pode implicar conhecimentos especiais. E a posse de capacidades ou conhecimentos especiais pode implicar uma maior exigência[972].

A palavra "prudente" não pretende inibir os administradores de adotarem riscos racionais e inovações[973].

As circunstâncias a atender para efeitos da aplicação da bitola da *ordinarily prudent person* respeitam nomeadamente à natureza da atividade exercida pela sociedade, à dimensão e complexidade da empresa, à dimensão do problema e aos constrangimentos temporais[974].

É exigida aos executivos uma maior familiaridade com as atividades da sociedade do que aos administradores não executivos (*outside directors*)[975].

A referência ao interesse da sociedade implica uma correlação com o § 2.01 dos *Principles of Corporate Governance*[976]. O § 2.01(a) determina que a sociedade deve ter como objetivo a realização de atividades comerciais com vista a obter lucros para a sociedade e ganhos para os acionistas. O § 2.01(b) estabelece que a sociedade, ainda que com possíveis reflexos negativos nos lucros da sociedade e nos ganhos dos acionistas, deve atuar dentro dos limites legais, pode dar relevo a considerações éticas que sejam razoavelmente consideradas apropriadas a uma gestão responsável e pode empregar uma quantidade razoável dos seus recursos em causas humanitárias, educacionais ou filantrópicas e ao serviço do interesse público.

---

[971] American Law Institute, *Principles...*, pp. 145-146.

[972] American Law Institute, *Principles...*, pp. 148 e 151-152.

[973] American Law Institute, *Principles...*, pp. 148-149.

[974] American Law Institute, *Principles...*, p. 152.

[975] American Law Institute, *Principles...*, pp. 140-141.

[976] Sob a epígrafe *"The Objective and Conduct of the Corporation"*, o § 2.01 tem a seguinte redação: *"(a) Subject to the provisions of Subsection (b) and § 6.02 (Action of Directors That Has the Foreseeable Effect of Blocking Unsolicited Tender Offers), a corporation [§ 1.12] should have as its objective the conduct of business activities with a view to enhancing corporate profit and shareholder gain. (b) Even if corporate profit and shareholder gain are not thereby enhanced, the corporation, in the conduct of its business: (1) Its obliged, to the same extent as a natural person, to act within the boundaries set by law; (2) May take into account ethical considerations that are reasonably regarded as appropriate to the responsible conduct of business; and (3) May devote a reasonable amount of resources to public welfare, humanitarian, educational, and philanthropic purposes."*.

O comentário esclarece que a atuação dos administradores que atenda a considerações éticas, ao interesse público e a causas humanitárias, educacionais ou filantrópicas, ainda que com prejuízo para a sociedade e os acionistas, será conforme aos deveres estabelecidos no § 4.01[977].

Ao explicar este regime, *Melvin A. Eisenberg* refere que a sociedade (*corporation*) é também uma instituição económica e social, pelo que o desígnio de obtenção de lucros não pode deixar de ser limitado por considerações éticas e por imperativos sociais. Mais refere que as causas humanitárias, educacionais e filantrópicas serão dificilmente prosseguíveis caso não possam beneficiar do contributo das sociedades, na medida em que uma grande parte da riqueza é controlada por sociedades[978].

O administrador ou executivo que conscientemente determinar uma violação da lei pela sociedade estará a violar o dever de executar as suas funções de boa fé. O comentário ressalva nomeadamente as matérias de incumprimento contratual, as situações de estado de necessidade e as situações de dúvida sobre a interpretação da lei. Esclarece-se ainda que a responsabilidade dos administradores dependerá não só da prova sobre a violação da lei pela sociedade, mas também da prova da violação da cláusula geral do dever de cuidado prevista no § 4.01[979].

O problema dos interesses a prosseguir pelos administradores é igualmente aflorado no § 6.02 dos *Principles of Corporate Governance*[980]. Este preceito admite a adoção de medidas defensivas face a tentativas de tomada da sociedade hostis, nomeadamente com base na ponderação dos interesses dos *stakeholders*, desde que não seja significativamente desfavorecido o interesse de longo prazo dos acionistas.

---

[977] American Law Institute, *Principles...*, p. 149.

[978] Eisenberg, Melvin A., "An overview...", *The Business Lawyer*, 1993, pp. 1275-1276.

[979] American Law Institute, *Principles...*, pp. 149-150.

[980] Sob a epígrafe *"Action of Directors That Has the Foreseeable Effect of Blocking Unsolicited Tender Offers"*, o § 6.02 tem a seguinte redação: *"(a) The board of directors may take an action that has the foreseeable effect of blocking an unsolicited tender offer [§ 1.39], if the action is a reasonable response to the offer. (b) In considering whether its action is a reasonable response to the offer: (1) The board may take into account all factors relevant to the best interests of the corporation and the shareholders, including, among other things, questions of legality and whether the offer, if successful, would threaten the corporation's essential economic prospects; and (2) The board may, in addition to the analysis under § 6.02(b)(1), have regard for interests or groups (other than shareholders) with respect to which the corporation has a legitimate concern if to do so would not significantly disfavour the long-term interests of shareholders. (c) A person who challenges an action of the board on the ground that it fails to satisfy the standard of Subsection (a) has the burden of proof that the board's action is an unreasonable response to the offer. (d) An action that does not meet the standards of Subsection (a) may be enjoined or set aside, but directors who authorize such an action are not subject to liability for damages if their conduct meets the standard of the business judgment rule [§ 4.01(c)]."*.

No que respeita às funções de vigilância, o comentário refere que o processo de vigilância envolve uma componente decisória, implicando opções dos administradores sobre técnicas para se manterem informados e sobre o nível de informação adequada às circunstâncias, a operar de acordo com os critérios estabelecidos no § 4.01(a). Neste contexto, os administradores não executivos devem fixar um limite razoável às visitas e às solicitações junto dos executivos, de forma a não absorverem desnecessariamente o tempo dos executivos[981].

O comentário aponta algumas situações relevantes para a aplicação da bitola de cuidado razoável, estabelecida no § 4.01(a), às funções de vigilância: a previsibilidade do problema; a previsibilidade da magnitude do problema; o estado da atividade empresarial (nomeadamente se se vive uma crise, um período de rendabilidade estável, um período de alterações societárias); a complexidade e a dimensão da empresa; a confiança e a confiabilidade nas outras pessoas; o papel concreto do administrador (nomeadamente se é membro da comissão de auditoria)[982].

As opções do conselho de administração, das comissões ou dos administradores de atribuírem maior, menor ou nenhuma atenção a determinadas matérias, em função do âmbito de delegações realizadas e da importância e do valor das matérias, são conformes às exigências de cuidado razoável[983].

O problema da delegação de tarefas e da inerente confiança é abordado igualmente no § 4.01(a) dos *Principles of Corporate Governance* e é recuperado nos seus §§ 4.01(b), 4.02 e 4.03.

O § 4.01(b) refere que, salvo restrição estatutária e ressalvada a responsabilidade última do conselho de administração pela vigilância, no exercício das suas funções, incluindo funções de vigilância, o conselho de administração pode delegar, formal ou informalmente, qualquer função, incluindo a função de identificar matérias que reclamem a atenção do conselho de administração, em comissões, administradores, executivos, trabalhadores, especialistas ou outras pessoas. Acrescenta que o administrador pode confiar em tais comissões ou pessoas, se a confiança for conforme aos §§ 4.02 e 4.03[984].

---

[981] American Law Institute, *Principles...*, pp. 152-153.

[982] American Law Institute, *Principles...*, p. 154.

[983] American Law Institute, *Principles...*, p. 154.

[984] O § 4.01(b) tem a seguinte redação: *"(b) Except as otherwise provided by statute or by a standard of the corporation [§ 1.36] and subject to the board's ultimate responsibility for oversight, in performing its functions (including oversight functions), the board may delegate, formally or informally by course of conduct, any function (including the function of identifying matters requiring the attention of the board) to committees of the board or to directors, officers, employees, experts, other persons; a director may rely on such committees and persons in fulfilling the duty under this Section with respect to any delegated function if the reliance is in accordance with §§ 4.02 and 4.03."*.

DEVER DE GESTÃO

O § 4.01(a)(2) estabelece que, no exercício das suas funções, incluindo funções de vigilância, o administrador ou o executivo pode confiar em materiais e em pessoas, de acordo com os §§ 4.02 e 4.03[985].

O § 4.02 refere nomeadamente que, no exercício das suas funções, o administrador ou o executivo, que atue de boa fé e que razoavelmente acredite que a confiança é justificada, pode confiar em informação, opiniões, relatórios, declarações, decisões e atuações preparadas, apresentadas ou realizadas por administradores, executivos, trabalhadores, juristas, contabilistas, engenheiros ou outras pessoas que o administrador ou o executivo razoavelmente acredite serem merecedoras de confiança[986].

Por último, o § 4.03 refere que, no exercício das suas funções, o administrador, que atue de boa fé e que razoavelmente acredite que a confiança é justificada, pode confiar em decisões e atuações de uma comissão do conselho de administração devidamente autorizada, de que o diretor não faça parte, no que respeita a matérias delegadas, desde que o administrador razoavelmente acredite que a comissão merece confiança. Refere ainda que, no exercício das suas funções, o administrador, que atue de boa fé e que razoavelmente acredite que a confiança é justificada, pode confiar em informação, opiniões, relatórios e declarações preparadas ou apresentadas por uma comissão do conselho de administração devidamente autorizada, de que o diretor não faça parte, desde que o administrador razoavelmente acredite que a comissão merece confiança[987].

O comentário esclarece que a delegação e a inerente confiança podem ocorrer em inúmeros contextos. Assim, o exercício da função de vigilância requer inevitavelmente a confiança em informação e relatórios produzidos por tercei-

---

[985] O texto do § 4.01(a) encontra-se reproduzido numa nota anterior.

[986] O § 4.03 tem a seguinte redação: *"In performing his or her duties and functions, a director who acts in good faith, and reasonably believes that reliance is warranted, is entitled to rely on: (a) The decisions, judgments, and performance (including decisions, judgments, and performance within the scope of § 4.01(b)), of a duly authorized committee of the board upon which the director does not serve, with respect to matters delegated to that committee, provided that the director reasonably believes the committee merits confidence. (b) Information, opinions, reports, and statements (including financial statements and other financial data), prepared or presented by a duly authorized committee of the board upon which the director does not serve, provided that the director reasonably believes the committee merits confidence."*.

[987] O § 4.02 tem a seguinte redação: *"In performing his or her duties and functions, a director or officer who acts in good faith, and reasonably believes that reliance is warranted, is entitled to rely on information, opinions, reports, statements (including financial statements and other financial data), decisions, judgments, and performance (including decisions, judgments, and performance within the scope of § 4.01(b)) prepared, presented, made, or performed by: (a) One or more directors, officers, or employees of the corporation, or of a business organization [§ 1.04] under joint control or common control [§ 1.08] with the corporation, who the director or officer reasonably believes merit confidence; or (b) Legal counsel, public accountants, engineers, or other persons who the director or officer reasonably believes merit confidence."*.

ros, nomeadamente por comissões do conselho de administração. Os administradores que não integrem determinada comissão do conselho de administração terão que confiar no resultado do seu trabalho e no exercício das suas funções (nomeadamente na auditoria ou na vigilância de determinadas áreas). A adoção de decisões empresariais envolve frequentemente a delegação de tarefas de avaliação de determinadas matérias e a consequente confiança na informação preparada e apresentada por outras pessoas. Uma das decisões mais importantes do conselho de administração (ou de uma comissão do conselho de administração) será a relativa à alocação do seu tempo limitado[988].

O comentário vinca a ideia de que o conselho de administração tem uma responsabilidade última em matéria de vigilância, não podendo delegar todas as tarefas de vigilância[989].

É expressamente reconhecida a relevância de uma delegação informal ou tácita (*delegation by informal course of conduct*)[990].

Em caso de delegação de tarefas e de poderes em comissões da administração, em colegas, em executivos, em trabalhadores ou noutras pessoas, o cerne do dever de cuidado respeita à razoabilidade da confiança nessa pessoa ou nessas pessoas[991].

A confiança implica que o silêncio seja interpretado no sentido da ausência de problemas[992]. Um exemplo típico será a alegação de negligência no controlo financeiro e a subsequente defesa no sentido de que se confiou no trabalho da uma experiente empresa de contabilidade. No pólo oposto, destaca-se a alegação de que o administrador desconsiderou um alerta vindo de uma fonte segura[993].

O administrador pode confiar numa pessoa sem experiência ou conhecimentos especiais na matéria, desde que acredite com razoabilidade que tal pessoa é capaz de cumprir a tarefa[994].

O comentário realça que os § 4.02 e 4.01(a)(2) também são aplicáveis a executivos, na medida em que a complexidade e a dimensão das empresas modernas exigem que os executivos possam distribuir tarefas e confiar em terceiros[995].

O § 4.01(a) estabelece ainda que o dever de cuidado compreende a obrigação de realizar ou de mandar realizar um inquérito quando, e apenas quando,

---

[988] American Law Institute, *Principles...*, pp. 134-135 e 170-171.
[989] American Law Institute, *Principles...*, pp. 171-172.
[990] American Law Institute, *Principles...*, p. 171.
[991] American Law Institute, *Principles...*, p. 141.
[992] American Law Institute, *Principles...*, p. 171.
[993] American Law Institute, *Principles...*, pp. 189-190.
[994] American Law Institute, *Principles...*, p. 192.
[995] American Law Institute, *Principles...*, p. 191.

as circunstâncias alertem um administrador razoável para tal necessidade. A extensão de tal inquérito será a que um administrador razoável entenda por conveniente[996].

O comentário realça que a obrigação de inquérito é uma parte fundamental do dever de cuidado[997].

O aspeto central do regime reside na referência às circunstâncias espoletantes. Numa sociedade de grandes dimensões, o conselho de administração recebe regularmente documentação financeira e relatórios escritos e orais dos executivos, não se exigindo aos administradores que confirmem ou questionem as informações obtidas, salvo se existirem advertências ou sinais de alerta[998].

Não se pretende encorajar inquéritos desnecessários, nem a criação de onerosos registos em papel. Não se exige a realização de todo e qualquer inquérito, nem o prosseguimento de toda e qualquer linha de investigação. O tempo e o custo devem sempre ser tidos em consideração. No exercício do dever de inquérito, os administradores podem confiar em outras pessoas, nos termos definidos pelos §§ 4.01(b), 4.02 e 4.03[999].

As exigências do dever de cuidado nas áreas de vigilância e de inquérito envolvem a obrigação de prestar atenção à existência e à efetividade de procedimentos, mecanismos e programas de auxílio do conselho de administração no supervisionamento da atividade da empresa. Podem estar nomeadamente em causa procedimentos de reporte interno, programas de circulação de informação, programas de controlo da observância da lei (*law compliance programs*), podendo envolver atos de delegação e a utilização de auditores, advogados e comissões do conselho de administração, com particular destaque para a comissão de auditoria. No que respeita ao controlo da observância da lei, diversos fatores relevam para a aferição das soluções razoáveis, nomeadamente a competência e a experiência do aconselhamento jurídico, os interfaces da atividade social com a lei, os problemas ocorridos no passado e o custo dos programas de controlo da observância da lei[1000].

A *business judgment rule* é consagrada no § 4.01(c), que estabelece que um administrador ou um executivo que adotar uma decisão empresarial de boa fé cumpre o dever de cuidado se: não for interessado no assunto sob decisão; estiver

---

[996] O texto do § 4.01(a) encontra-se reproduzido numa nota anterior.
[997] American Law Institute, *Principles...*, p. 162.
[998] American Law Institute, *Principles...*, pp. 163 e 194.
[999] American Law Institute, *Principles...*, pp. 163-164.
[1000] American Law Institute, *Principles...*, pp. 164-167.

informado na medida que razoavelmente considera adequada face às circunstâncias; e acreditar racionalmente que a decisão é do interesse da sociedade[1001].

De acordo com o comentário, a verificação dos critérios elencados no § 4.01(c)(3) implica que o administrador fique livre de responsabilidade nos termos do § 4.01. Se o administrador não tiver atuado de boa fé e de forma desinteressada, não estiver razoavelmente informado, ou não acreditar racionalmente que a decisão é do interesse da sociedade, então o porto de abrigo não estará disponível, sendo o administrador julgado de acordo com os critérios estabelecidos no § 4.01(a) (ou de acordo com o regime do dever de lealdade)[1002].

*Melvin A. Eisenberg* refere que a *business judgment rule* consiste em quatro condições – decisão, boa fé, ausência de conflito de interesses e obtenção de informação – e um *standard of liability*, para controlo judicial da substância ou qualidade da decisão, aplicável caso as condições se verifiquem. Caso estas condições não se verifiquem, será aplicável o *standard of care* previsto no § 4.01(a)[1003].

O comentário esclarece que não foi utilizado o termo presunção para caracterizar a *business judgment rule*, por se tratar de um termo impreciso, podendo nomeadamente levar à interpretação errónea de que existe uma presunção inilidível ou um critério especial de apreciação de prova (*special evidentiary standard*)[1004]. O § 4.01(d) dos *Principles of Corporate Governance* atribui ao demandante quer o ónus de prova da violação do dever de cuidado, quer o ónus de prova da não aplicação da *business judgment rule*.

O comentário refere que a *business judgment rule* pretende conceder aos administradores uma ampla margem de discricionariedade (*wide ambit of discretion*)[1005].

De acordo com o comentário, a *business judgment rule* é justificada pela necessidade de proteger opções empresariais informadas, estimulando a adoção de riscos, a inovação e a criatividade empresarial. A *business judgment rule* é igualmente justificada pela intenção de limitar a litigância e a intromissão judicial no processo decisional das empresas privadas. É ainda apontada a necessidade de

---

[1001] O § 4.01(c) dos *Principles of Corporate Governance* tem a seguinte redação: "*(c) A director or officer who makes a business judgment in good faith fulfils the duty under this Section if the director or officer: (1) is not interested [§ 1.23] in the subject of the business judgment; (2) is informed with respect to the subject of the business judgment to the extent the director or officer reasonably believes to be appropriate under the circumstances; and (3) rationally believes that the business judgment is in the best interests of the corporation..*".
[1002] American Law Institute, *Principles...*, p. 142. Refere-se ainda que se a sociedade provar que o administrador não acredita racionalmente que a decisão é do interesse da sociedade, estará igualmente assente que o administrador não atuou nos termos que razoavelmente considera serem do interesse da sociedade.
[1003] Eisenberg, Melvin A., "An overview...", *The Business Lawyer*, 1993, pp. 1281-1282.
[1004] American Law Institute, *Principles...*, p. 187.
[1005] American Law Institute, *Principles...*, pp. 141-142.

proteger os administradores do risco inerente ao controlo judicial retrospetivo das suas decisões mal sucedidas[1006].

O comentário esclarece que a exigência de que o administrador acredite racionalmente que a decisão é do interesse da sociedade tem uma componente subjetiva e uma componente objetiva. Exige-se cumulativamente que o administrador acredite que a decisão é do interesse da sociedade e que tal convicção seja racional[1007].

Com a utilização do termo "racionalmente" no § 4.01(c)(3) pretendeu-se atribuir um grau de discricionariedade significativamente mais amplo do que o facultado pelo termo "razoavelmente", constante dos § 4.01(a) e § 4.01(c)(2), criando um porto de abrigo para as decisões empresariais que, apesar de irrazoáveis, não extravasem o domínio da racionalidade[1008].

Em matéria de controlo judicial do conteúdo da decisão, foi rejeitado não apenas o critério da razoabilidade, mas também a mera exigência de boa fé, no sentido de má motivação[1009].

Neste contexto, *Melvin A. Eisenberg* realça que a bitola da racionalidade preserva um mínimo de responsabilização (*accountability*), sendo que a mera exigência de boa fé subjetiva geraria seguramente sérios problemas[1010].

O comentário refere que a exigência de que o administrador acredite racionalmente que a decisão é do interesse da sociedade segue a linha jurisprudencial do *any rational business purpose test*, citando nomeadamente a decisão *Unocal*[1011].

De acordo com o comentário, a bitola da racionalidade determina soluções similares às obtidas pelos tribunais com a utilização de termos como imprudência (*recklessness*) ou descuido imprudente (*reckless disregard*)[1012].

*Melvin A. Eisenberg* refere-se às decisões que não podem ser explicadas coerentemente como casos típicos de falta de racionalidade. Como exemplo, aponta o referido litígio *Selheimer v. Manganese Corp. of America*[1013].

---

[1006] American Law Institute, *Principles...*, pp. 135 e 141.

[1007] American Law Institute, *Principles...*, pp. 142 e 179.

[1008] American Law Institute, *Principles...*, pp. 142 e 179-181.

[1009] American Law Institute, *Principles...*, pp. 179-181.

[1010] Eisenberg, Melvin A., "An overview...", *The Business Lawyer*, 1993, p. 1283. Também Eisenberg, Melvin A., "The divergence...", *Fordham Law Review*, nº 62, 1993, pp. 441-443.

[1011] American Law Institute, *Principles...*, p. 179.

[1012] American Law Institute, *Principles...*, p. 180.

[1013] Eisenberg, Melvin A., "An overview...", *The Business Lawyer*, 1993, p. 1282. Também Eisenberg, Melvin A., "The divergence...", *Fordham Law Review*, nº 62, 1993, p. 443, Eisenberg, Melvin A., *Corporations...*, 8ª ed., pp. 546-547, e Eisenberg, Melvin A., "Die Sorgfaltspflicht...", *Der Konzern*, 2004, p. 391.

No que respeita aos requisitos da *business judgment rule*, o comentário começa por se referir à adoção consciente de uma decisão. Não há razões para uma proteção especial em contextos não decisórios, de omissão. Aponta-se o exemplo dos administradores que falham na vigilância da atividade da sociedade, ao nem sequer considerarem a necessidade de um processo de auditoria eficiente, facilitando o desvio de fundos por um executivo. Aponta-se ainda o caso do administrador que não lê relatórios financeiros durante um certo período, permitindo que a sociedade seja saqueada. Nestes casos, os administradores serão julgados de acordo com a bitola de cuidado razoável constante do § 4.01(a)[1014].

A decisão tanto pode consistir na opção de agir, como na opção de não agir[1015].

O comentário reconhece que, por vezes, poderá ser difícil discernir se houve uma decisão consciente ou uma desatenção indesculpável. Apontam-se os exemplos das decisões de não adoção de um determinado programa de controlo da observância das leis da concorrência (*antitrust compliance program*) ou de um programa de segurança informática, na sequência de uma cuidadosa recolha de informação e de uma efetiva ponderação de riscos. Nestes casos, a *business judgment rule* será aplicável[1016].

Muitas decisões envolvem questões conexas. Por exemplo, a aprovação pelo conselho de administração de uma nova linha de produtos pode envolver decisões sobre os custos de novas fábricas, a disponibilidade de trabalhadores especializados, a eficácia dos canais de distribuição e a qualidade dos produtos concorrentes. Para efeitos da aplicação do § 4.01(c), não se exige que todos os administradores se concentrem em todas estas questões[1017].

O comentário refere que, embora a *business judgment rule* lide sobretudo com decisões económicas arriscadas, é igualmente aplicável a outras matérias, tais como as transações judiciais, a escolha e o despedimento de pessoal, a definição de objetivos estratégicos e a distribuição de responsabilidades entre o conselho de administração e os executivos[1018].

Diversas decisões preparatórias, como a decisão de não procurar aconselhamento científico exterior na avaliação de um novo produto ou projeto, são igualmente protegidas pela *business judgment rule*[1019].

De acordo com o comentário, embora a *business judgment rule* não se aplique em contextos não decisórios, será aplicável às decisões conscientes em matéria

[1014] American Law Institute, *Principles...*, pp. 174-175.
[1015] American Law Institute, *Principles...*, p. 176.
[1016] American Law Institute, *Principles...*, p. 175.
[1017] American Law Institute, *Principles...*, p. 176.
[1018] American Law Institute, *Principles...*, pp. 173-174.
[1019] American Law Institute, *Principles...*, p. 174.

de vigilância[1020]. Aprofundando o tema, o comentário procede a uma exemplificação de situações de vigilância sujeitas à *business judgment rule*, referindo as decisões informadas de privilegiar a fiscalização de um determinado aspeto, em detrimento da fiscalização de outro aspeto, as opções de agendamento de temas para as reuniões do conselho de administração, as decisões conscientes de não adoção de um determinado procedimento ou programa de vigilância e as decisões conscientes de delegação de uma função[1021]. Refere-se que as opções de vigilância são particularmente vulneráveis sob escrutínio judicial retrospetivo[1022]. Em contraponto, o comentário refere-se à crescente tendência jurisprudencial de escrutínio das exigências de controlo interno, afirmando que a contínua desatenção e a cegueira irrazoável face a concretos problemas serão geradoras de responsabilidade[1023].

Relativamente ao requisito de obtenção de informação, o comentário refere que a extensão da informação exigida depende do critério da razoabilidade na perspetiva do administrador[1024].

A decisão de aceitar o risco da incompletude da informação é conforme ao dever de cuidado, desde que o administrador acredite com razoabilidade que tal risco informacional é adequado às circunstâncias[1025].

As exigências de obtenção de informação dependem da importância da questão, da pressão temporal, dos custos de obtenção de informação, do estado da sociedade, da quantidade de assuntos concorrentes a resolver, sendo ainda modeladas por aspetos relacionados com a necessidade de atuação em grupo, tais como a coesão e a confiança nas informações obtidas junto dos colegas. Frequentemente as decisões têm que ser adotadas com base em informação deficiente[1026].

O comentário aponta também como requisitos da *business judgment rule* a boa fé e a ausência de interesses pessoais[1027].

Ao exigir que o administrador não seja interessado no assunto sob decisão, o § 4.01(c) remete para o § 1.23, que define "interessado".

Segundo o § 1.23, um diretor ou executivo é interessado numa operação ou conduta: se ele ou um seu associado (*associate*) for parte na operação ou conduta;

---

[1020] American Law Institute, *Principles...*, pp. 152-153.
[1021] American Law Institute, *Principles...*, pp. 153-154 (também pp. 166-167 e 174).
[1022] American Law Institute, *Principles...*, p. 154.
[1023] American Law Institute, *Principles...*, p. 155.
[1024] American Law Institute, *Principles...*, pp. 177-178.
[1025] American Law Institute, *Principles...*, p. 178.
[1026] American Law Institute, *Principles...*, pp. 135 e 178-179.
[1027] American Law Institute, *Principles...*, pp. 176-177.

DEVER DE GESTÃO DOS ADMINISTRADORES DE SOCIEDADES ANÓNIMAS

se ele tiver uma relação empresarial, financeira ou familiar com uma parte na operação ou conduta e for razoavelmente expectável que tal relação afete o seu julgamento em detrimento da sociedade; se ele, um seu associado ou uma pessoa com quem tenha uma relação empresarial, financeira ou familiar, tiver um interesse pecuniário importante na operação ou conduta e for razoavelmente expectável que tal relação afete o seu julgamento em detrimento da sociedade; ou se ele estiver sujeito a uma influência dominante por uma parte na operação ou conduta ou por uma pessoa com um interesse pecuniário importante na operação ou conduta e for razoavelmente expectável que tal influência dominante afete o seu julgamento em detrimento da sociedade[1028].

Por sua vez, o § 1.23 remete para a definição de associado (*associate*), constante do § 1.03. Este parágrafo refere que associado (*associate*) significa: o cônjuge (ou o respetivo ascendente no primeiro grau ou colateral no primeiro grau) do administrador (ou executivo), um descendente no primeiro grau, um descendente no segundo grau, um colateral no primeiro grau, um ascendente no primeiro grau (ou o respetivo cônjuge), uma pessoa que resida na mesma habitação ou um *trust* ou património (*estate*) de que o administrador (ou executivo) seja beneficiário substancial; um *trust*, património (*estate*), incapaz, inabilitado ou menor de que o administrador (ou executivo) seja curador ou fiduciário; uma pessoa com a qual o administrador (ou executivo) tenha uma relação empresarial, financeira ou similar, que provavelmente afete o seu julgamento em detrimento da sociedade. O § 1.03 estabelece ainda que, não obstante este último caso, uma organização empresarial (nomeadamente uma sociedade ou um *trust*) não será considerada um associado de um administrador (ou executivo) pelo simples facto de este ser um seu administrador, executivo ou fiduciário. Uma organização empresarial da qual o administrador (ou executivo) seja titular ou beneficiário de não mais de 10% das participações sociais ou de produtos que

---

[1028] O § 1.23 tem a epígrafe *"Interested"* e a seguinte redação: *"(a) A director [§ 1.13] or officer [§ 1.27] is "interested" in a transaction or conduct if either: (1) The director or officer, or an associate [§ 1.03] of the director or officer, is a party to the transaction or conduct; (2) The director or officer has a business, financial, or familial relationship with a party to the transaction or conduct, and that relationship would reasonably be expected to affect the director`s or officer`s judgment with respect to the transaction or conduct in a manner adverse to the corporation; (3) The director or officer, an associate of the director or officer, or a person with whom the director or officer has a business, financial, or familial relationship, has a material pecuniary interest in the transaction or conduct (other than usual and customary director`s fees and benefits) and that interest and (if present) that relationship would reasonably be expected to affect the director`s or officer`s judgment in a manner adverse to the corporation; or (4) The director or officer is subject to a controlling influence by a party to the transaction or conduct or a person who has a material pecuniary interest in the transaction or conduct, and that controlling influence could reasonably be expected to affect the director`s or officer`s judgment with respect to the transaction or conduct in a manner adverse to the corporation.".*

DEVER DE GESTÃO

possibilitem a aquisição de tais participações sociais não será presumida ser um associado, a não ser que seja expectável que o valor da posição afete o julgamento do administrador (ou executivo) em detrimento da sociedade. Uma organização empresarial da qual o administrador (ou executivo) seja titular ou beneficiário de mais de 10% das participações sociais ou de produtos que possibilitem a aquisição de tais participações sociais será presumida ser um associado, a não ser que não seja expectável que o valor da posição afete o julgamento do administrador (ou executivo) em detrimento da sociedade[1029].

No que respeita ao conceito de interessado, o comentário refere que o critério da relação familiar será mais relevante em sociedades fechadas, realçando que um parente mais afastado pode ser mais íntimo que um parente próximo (qualificado como associado, para efeitos do § 1.03)[1030].

Uma amizade de longa data ou uma relação profissional antiga não implicam a existência de uma influência dominante. Quando os principais executivos de duas sociedades têm assento em ambos os conselhos de administração e podem fixar reciprocamente a remuneração de ambos, um tribunal pode considerar existir uma influência dominante[1031].

Para efeitos do § 1.23, um grupo de sociedades é normalmente considerado uma única parte[1032].

---

[1029] O § 1.03 tem a epígrafe *"Associate"* e a seguinte redação: *"(a) "Associate" means: (1) (A) The spouse (or a parent or sibling thereof) of a director [§ 1.13], senior executive [§ 1.33], or shareholder, or a child, grandchild, sibling, or parent (or the spouse of any thereof) of a director, senior executive, or shareholder, or an individual having the same home as a director, senior executive, or shareholder, or a trust or estate of which an individual specified in this Subsection (A) is a substantial beneficiary; or (B) a trust, estate, incompetent, conservatee, or minor of which a director, senior executive, or shareholder is a fiduciary; or (2) A person [§ 1.28] with respect to whom a director, senior executive, or shareholder has a business, financial, or similar relationship that would reasonably be expected to affect the person`s judgment with respect to the transaction or conduct in question in a manner adverse to the corporation. (b) Notwithstanding § 1.03(a)(2), a business organization [§ 1.04] is not an associate of a director, senior executive, or shareholder solely because the director, senior executive, or shareholder is a director or principal manager [§ 1.29] of the business organization. A business organization in which a director, senior executive, or shareholder is the beneficial or record holder of not more than 10 percent of any class of equity interest [§ 1.19] is not presumed to be an associate of the holder by reason of the holding, unless the value of the interest to the holder would reasonably be expected to affect the holder`s judgment with respect to the transaction in question in a manner adverse to the corporation. A business organization in which a director, senior executive, or shareholder is the beneficial or record holder (other than in a custodial capacity) of more than 10 percent of any class of equity interest is presumed to be an associate of the holder by reason of the holding, unless the value of the interest to the holder would not reasonably be expected to affect the holder`s judgment with respect to the transaction in question in a manner adverse to the corporation.".*
[1030] American Law Institute, *Principles...*, p. 27.
[1031] American Law Institute, *Principles...*, pp. 27-28.
[1032] American Law Institute, *Principles...*, p. 28.

No que respeita ao conceito de associado (*associate*), o comentário esclarece que as relações baseadas na consanguinidade incluem as relações adotivas[1033].

O comentário refere que a assunção de responsabilidades financeiras relativamente a uma pessoa, ainda que sem imposição legal, determinará a qualificação dessa pessoa como associado[1034].

No que respeita ao conceito de interesse, para efeitos de aplicação da *business judgment rule, Melvin A. Eisenberg* refere que o administrador não será considerado interessado sempre que a sua imparcialidade possa ser objetivamente questionada. Não se trata de um regime de imparcialidade semelhante ao regime dos impedimentos do juiz. Apenas determinado tipo de interesses determinam a não aplicação da *business judgment rule*[1035].

## 4.2. Referência ao regime germânico

Iniciarei a referência ao regime germânico com uma descrição histórica, procurando transmitir alguns dados fundamentais sobre a compreensão dos deveres dos diretores de sociedades por ações ao longo dos tempos, na esperança de melhor interpretar as atuais soluções normativas.

Centrando-me no regime legal atual, procederei a uma descrição genérica do dever de diligência ou de direção (*Sorgfaltspflicht; Leitungspflicht*) dos diretores, apresentando os seus traços essenciais. Aprofundarei a descrição, abordando aspetos relativos à diligência, ao objeto social e aos interesses a prosseguir. Referir-me-ei a concretizações do dever de diligência ou de direção, analisando o problema da legalidade e a componente de organização e vigilância, com destaque para a questão da repartição de pelouros no interior da direção.

Farei, de seguida, uma análise mais desenvolvida do problema da sindicabilidade judicial da atuação dos diretores, adotando uma perspetiva essencialmente cronológica, de forma a dar conta das diversas conceções doutrinárias sobre a matéria ao longo dos tempos. Finalizarei a análise deste problema com uma referência à codificação germânica da denominada *business judgment rule* e às suas leituras doutrinárias.

Por último, farei uma breve incursão sobre a figura da fidúcia e sobre o dever de lealdade dos diretores, de forma a melhor delimitar o dever de diligência ou de direção.

---

[1033] American Law Institute, *Principles...*, p. 9.
[1034] American Law Institute, *Principles...*, pp. 9-10.
[1035] Eisenberg, Melvin A., "An overview...", *The Business Lawyer*, 1993, pp. 1285-1286.

DEVER DE GESTÃO

### 4.2.1. Percurso histórico

No espaço jurídico alemão, a posição dos diretores de sociedades por ações começou por ser reconduzida ao contrato de mandato. O *Code de Commerce* francês de 1807 exerceu uma influência relevante, sendo que, como já tive a oportunidade de referir, o seu art. 32 dispunha que *"les administrateurs ne sont responsables que de l'exécution du mandat qu'ils ont reçu"*.

Neste contexto, *Julius Jolly* defendia a aplicação aos membros da direção da bitola de diligência do mandatário, ainda que fossem igualmente sócios. Os membros da direção deveriam empregar uma diligência superior à que aplicariam nos seus próprios negócios – responsabilidade por *omnis culpa*, por contraposição à *diligentia in concreto*[1036].

O art. 241 II do Código Comercial Alemão (*Allgemeine Deutsche Handelsgesetzbuch* – ADHGB) de 1861, na sua versão original, estabelecia que os membros da direção que atuem para lá dos limites do seu mandato, da lei ou dos estatutos respondem pessoal e solidariamente pelos danos resultantes[1037].

O ADHGB, no seu art. 239 I, especificava um dever de cuidar da escrituração mercantil e um dever de apresentação de contas[1038].

No âmbito de vigência deste primeiro código comercial germânico era frequente a afirmação de que os diretores respondiam por *omnis culpa*, devendo empregar, na sua administração, a diligência de um comerciante ordenado[1039].

Em matéria de caracterização dos deveres dos diretores, *Otto Hahn* referia que estes tinham o dever de observar toda a diligência na administração da

---

[1036] Jolly, Julius, "Das Recht...", *Zeitschrift für deutsches Recht und deutsche Rechtswissenschaft*, 1847, pp. 373-375.

[1037] *"Mitglieder des Vorstandes, welche außer den Grenzen ihres Auftrages, oder den Vorschriften dieses Titels oder des Gesellschaftsvertrages entgegen handeln, haften persönlich und solidarisch für den dadurch enstandenen Schaden.".*

[1038] *"Der Vorstand ist verpflichtet, Sorge zu tragen, dass die erforderlichen Bücher der Gesellschaft geführt werden. Er muss den Aktionairen spätestens in den ersten sechs Monaten jedes Geschäftsjahres eine Bilanz des verflossenen Geschäftsjahres vorlegen."* No art. 28 I ADHGB era imposto um dever de escrituração mercantil a todos os comerciantes.

[1039] Renaud, Achilles, *Das Recht...*, 2ª ed., pp. 601-602. Fazendo referência à responsabilidade por *omnis culpa* e à necessidade de prestação de uma diligência elevada, Becker, E. J., "Beiträge...", *ZHR*, 1872, pp. 418-419 e 421. Também no parecer do *Reichsoberhandelsgericht* de 1877, assinado por *Eduard Pape*, na qualidade de presidente daquele tribunal, destinado à preparação da *Aktienrechtsnovelle* de 1884 ("Gutachten...", *ZGR*, Sonderheft 4, 1985, pp. 208 e 227). Referindo-se à aplicação das regras do mandato, Keyßner, Hugo, *Allgemeines...*, p. 231. *Vide* Abeltshauser, Thomas, *Leitungshaftung...*, p. 143. Afirmando que, antes do advento da *Aktienrechtsnovelle* de 1884, a maioria da doutrina considerava que os diretores respondiam como mandatários por *omnis culpa*, Baums, Theodor, *Der Geschäftsleitervertrag*, p. 211, n. 6.

sociedade, bem como as instruções do conjunto dos sócios e do conselho de supervisão[1040].

Por seu turno, *Achilles Renaud* referia que os diretores estavam obrigados a um cuidado ininterrupto em todos os assuntos da sociedade, a representar a sociedade e a administrar o seu património[1041]. Mais sustentava que os diretores respondiam pelos deveres decorrentes dos estatutos e das deliberações do conjunto dos sócios ou de outros órgãos, quer por ação, quer por omissão, nos limites do seu mandato. A responsabilidade poderia decorrer não apenas de se ter ultrapassado os limites do mandato, mas também da falta de diligência no exercício das competências[1042].

No que respeita ao problema da repartição de pelouros no interior da direção, alguma doutrina sustentava que apenas responderiam os diretores cuja atuação tivesse provocado os danos[1043]. Noutra formulação, os diretores apenas respondiam por ações e omissões respeitantes às matérias do seu pelouro[1044].

Com a *Aktienrechtsnovelle* de 1884[1045], a redação do art. 241 II ADHGB foi alterada, tendo-se estabelecido que os membros da direção tinham que aplicar, na sua administração, a diligência de um comerciante ordenado. Desapareceu a referência ao mandato. Manteve-se o regime de responsabilidade solidária pelos danos decorrentes da violação dos seus deveres[1046].

A *Aktienrechtsnovelle* de 1884 especificou alguns deveres relativos à conservação do capital social e um dever de não concorrência com a sociedade.

Dos trabalhos preparatórios da *Aktienrechtsnovelle* de 1884 resulta que o legislador perspetivou o regime de responsabilidade dos diretores como uma aplicação dos princípios do contrato de mandato, tendo a bitola de diligência de um comerciante ordenado sido descrita não como uma inovação, mas sim como uma transposição do critério civilístico do bom pai de família para o contexto das relações societárias[1047].

---

[1040] Hahn, Otto, *Das Handelsrecht...*, pp. 164-165.

[1041] Renaud, Achilles, *Das Recht...*, 2ª ed., pp. 549 e 565.

[1042] Renaud, Achilles, *Das Recht...*, 2ª ed., pp. 601-606.

[1043] Renaud, Achilles, *Das Recht...*, 2ª ed., pp. 605-606.

[1044] No referido parecer do *Reichsoberhandelsgericht* de 1877 ("Gutachten...", *ZGR*, Sonderheft 4, 1985, p. 211).

[1045] *Gesetz, betreffend die Kommanditgesellschaft auf Aktien und die Aktiengesellschaft*, de 18.7.1884, disponível nomeadamente em Schubert, Werner e Hommelhoff, Peter, *Hundert Jahre...*, pp. 560 e ss..

[1046] *"Die Mitglieder des Vorstandes haben bei ihrer Geschäftsführung die Sorgfalt eines ordentlichen Geschäftsmanns anzuwenden. Mitglieder, welche ihre Obliegenheiten verletzen, haften der Gesellschaft solidarisch für den dadurch enstandenen Schaden."*

[1047] Na exposição de motivos do projeto de 7.3.1884, "Entwurf...", *ZGR*, Sonderheft 4, 1985, pp. 461-463. Também no parecer do *Reichsoberhandelsgericht* de 1877, "Gutachten...", *ZGR*, Son-

DEVER DE GESTÃO

Mantiveram-se as referências doutrinárias ao critério da responsabilidade por *omnis culpa*[1048], bem como à necessidade de repartição de pelouros. Alguma doutrina referia que a repartição de pelouros implicava a atribuição do poder e do dever de atuar no âmbito do seu pelouro, cabendo aos restantes diretores, consoante o caso concreto, o dever de impedir atuações danosas[1049].

Alguma doutrina sustentava que a bitola de diligência dos diretores era mais intensa que a bitola de diligência dos membros do conselho de supervisão, na medida em que não exerciam uma atividade de mero controlo, antes devendo aplicar a sua diligência na realização dos negócios da sociedade[1050].

O Código Comercial alemão (*Handelsgesetzbuch* – HGB) de 1897 recebeu o regime dos deveres e da responsabilidade dos diretores decorrente da *Aktienrechtsnovelle* de 1884, tendo o critério da diligência de um comerciante ordenado e o regime de responsabilidade solidária ficado a constar do § 241 HGB.

No âmbito de vigência deste código, alguma doutrina reiterou a ideia de que a bitola de diligência de um comerciante ordenado corresponde à bitola de diligência de um bom pai de família no contexto das relações de negócios, tendo carácter objetivo[1051].

Em matéria de caracterização dos deveres dos diretores, *Karl Lehmann* afirmava que, por força dos princípios do mandato e da sua posição orgânica, o diretor tinha o dever de cuidar dos negócios da sociedade de acordo com a finalidade (*Zweck*) da sociedade[1052].

*Karl Lehmann* referia ainda que as tarefas do diretor não eram enumeradas pelo legislador, com exceção do dever de escrituração mercantil e de prestação de contas, dependendo antes da espécie e da dimensão da empresa e de eventuais regras estatutárias[1053].

Mantiveram-se as referências doutrinárias à necessidade de repartição de pelouros, sendo que *Karl Lehmann*, realizando um paralelo com os regimes monísticos inglês e norte-americano e a contraposição entre administradores executivos e administradores não-executivos, distinguia a responsabilidade do coletivo pelos atos mais importantes, a responsabilidade do diretor pelo seu

---

derheft 4, 1985, pp. 226-228. *Vide* Hommelhoff, Peter, "Eigenkontrolle...", *ZGR*, Sonderheft 4, 1985, pp. 94-95.

[1048] Völderndorff und Waradein, Otto von, *Das Reichsgesetz...*, pp. 716-717, e Behrend, Jakob Friedrich, *Lehrbuch...*, I, 2, pp. 849-850, n. 12.

[1049] Behrend, Jakob Friedrich, *Lehrbuch...*, I, 2, pp. 848 e 850, incluindo n. 15.

[1050] Völderndorff und Waradein, Otto von, *Das Reichsgesetz...*, p. 717.

[1051] Lehmann, Karl e Ring, Viktor, *Das Handelsgesetzbuch...*, I, pp. 417 e 481. Referindo-se ao carácter objetivo da bitola, Fischer, Rudolf, "Handbuch...", p. 231.

[1052] Lehmann, Karl, *Das Recht...*, II, p. 284.

[1053] Lehmann, Karl, *Das Recht...*, II, pp. 284-285.

pelouro (ou a responsabilidade dos membros da comissão encarregue de um pelouro pelas matérias do pelouro) e o dever geral de controlo da administração dos pelouros pelos restantes diretores. *Karl Lehmann* sustentava que tal dever geral de controlo não implicaria uma ingerência ou investigação sobre o pelouro dos colegas, requerendo antes a prestação de contas e de informação pelos diretores delegados. Existindo motivos de suspeita, os restantes diretores deveriam dar conta disso ao coletivo, ao conselho de supervisão ou à assembleia-geral, sob pena de responsabilidade civil, de forma a possibilitar a intervenção destes órgãos[1054].

Realçando que os diretores não podiam cuidar pessoalmente de todos os negócios da sociedade, *Karl Lehmann* referia-se também à necessidade de atribuição de tarefas a auxiliares e trabalhadores, sustentando que, nesse caso, o dever de administração dos diretores consistiria na escolha diligente e na vigilância sobre os auxiliares e trabalhadores[1055].

*Rudolf Fischer* sustentava que a incorreta apreciação pelos diretores das consequências prováveis das suas decisões não implicava culpa[1056].

Alguma doutrina qualificava o diretor como um gestor de património alheio (*Verwalter fremden Vermögens*)[1057].

Com a Lei das Sociedades por Ações (*Aktiengesetz* – AktG) de 1937, o legislador procedeu a uma modificação da bitola de diligência oriunda da *Aktienrechtsnovelle* de 1884, tendo-se referido, no § 84 I 1 AktG 1937, não à diligência de um comerciante ordenado, mas sim à diligência de um gestor ordenado e consciencioso[1058].

O legislador manteve, no § 84 II 1 AktG 1937, o regime de responsabilidade solidária dos diretores pelos danos decorrentes da violação dos seus deveres.

Desenvolvendo uma tendência verificada nos diplomas anteriores, a AktG 1937 procedeu à uma acrescida especificação dos deveres dos diretores, nomeadamente o dever de sigilo e deveres de informação do conselho de supervisão, bem como um regime de concessão de créditos aos diretores.

---

[1054] Lehmann, Karl, *Das Recht...*, II, pp. 259-261. Com referência ao dever de controlo da atuação dos colegas e ao dever de intervenção, Fischer, Rudolf, "Handbuch...", p. 232, e Brodmann, Erich, *Aktienrecht*, pp. 217 e 265.

[1055] Lehmann, Karl, *Das Recht...*, II, pp. 262-263. Referindo-se à responsabilidade na escolha e na vigilância dos subordinados, Fischer, Rudolf, "Handbuch...", p. 231.

[1056] Fischer, Rudolf, "Handbuch...", p. 231.

[1057] Esser, Robert e Esser, Ferdinand, *Die Aktiengesellschaft...*, 3ª ed., p. 116.

[1058] *"Die Vorstandsmitglieder haben bei ihrer Geschäftsführung die Sorgfalt eines ordentlichen und gewissenhaften Geschäftsleiters anzuwenden."*

DEVER DE GESTÃO

No § 70 I AktG 1937 foi atribuída à direção a responsabilidade exclusiva de dirigir a sociedade, em consagração da dita conceção moderna da sociedade anónima. Foi igualmente estabelecido um dever de prossecução do interesse da sociedade, de feição pluralista, com uma terminologia visivelmente marcada pela ideologia nacional-socialista: a direção tem de conduzir a sociedade sob a sua própria responsabilidade, nos termos exigidos pelo bem da empresa e do seu pessoal e pelo interesse comum do povo e do *Reich*[1059].

Para uma parte da doutrina contemporânea da AktG 1937, a bitola da diligência de um gestor ordenado e consciencioso, consagrada no § 84 I 1 deste diploma, não diferia da diligência de um comerciante ordenado, oriunda da *Aktienrechtsnovelle* de 1884 e mantida no § 241 HGB[1060]. Para outra parte da doutrina, a alteração legislativa traduzia-se num agravamento da diligência devida[1061]. O reforço das exigências de diligência era justificado pela caracterização do diretor como fiduciário e gestor de património alheio[1062].

Uma parte da doutrina sustentava que o poder de direção consagrado no § 70 I AktG 1937 implicava um dever de direção (*Pflicht zur Leitung*), a cumprir de acordo com a diligência de um gestor ordenado e consciencioso[1063].

Outra parte da doutrina considerava que o § 84 I 1 AktG 1937 não constituía apenas uma bitola de diligência, mas também uma previsão normativa de responsabilidade (*haftungsbegründende Tatbestand*)[1064].

Diversas vozes relacionavam o § 84 I 1 com o § 70 I AktG 1937, referindo-se à diligência no exercício da função de direção[1065].

Afirmava-se que este dever de empregar a diligência de um gestor ordenado e consciencioso compreendia não apenas a gestão da empresa, mas também as diversas funções especificadas na lei[1066].

---

[1059] *"Der Vorstand hat unter eigener Verantwortung die Gesellschaft so zu leiten, wie das Wohl des Betriebs und seiner Gefolgschaft und der gemeine Nutzen von Volk und Reich es fordern.".* Traduções desta proposição podem ser confrontadas em Ventura, Raúl e Correia, Luís Brito, "Responsabilidade...", *BMJ*, nº 192, 1970, p. 35, e Abreu, Jorge Coutinho de, *Da empresarialidade...*, p. 234.

[1060] Godin, Reinhard Freiherr von e Wilhelmi, Hans, *Aktiengesetz*, 2ª ed., § 84, Anm. 2.

[1061] Geßler, Ernst, "Vorstand...", *Juristische Wochenschrift*, 1937, p. 501, Schlegelberger, Franz et al., *Aktiengesetz*, 3ª ed., § 84, Rn. 1 e 4, Mestmäcker, Ernst-Joachim, *Verwaltung...*, p. 210, e Baumbach, Adolf e Hueck, Alfred, *Aktiengesetz*, 8ª ed., § 84, Rn. 2.

[1062] Geßler, Ernst, "Vorstand...", *Juristische Wochenschrift*, 1937, p. 501, e Schlegelberger, Franz et al., *Aktiengesetz*, 3ª ed., § 84, Rn. 1 e 4.

[1063] Schlegelberger, Franz et al., *Aktiengesetz*, 3ª ed., § 70, Rn. 5.

[1064] Mestmäcker, Ernst-Joachim, *Verwaltung...*, p. 210.

[1065] Weipert, O., "Aktiengesetz", § 84, Anm. 1 e 9, Schilling, Wolfgang, "Großkommentar...", 2ª ed., § 84, Anm. 9, e Baumbach, Adolf e Hueck, Alfred, *Aktiengesetz*, 8ª ed., § 84, Rn. 2.

[1066] Weipert, O., "Aktiengesetz", § 84, Anm. 1.

Aquando dos trabalhos preparatórios Lei das Sociedades por Ações (*Aktiengesetz* – AktG) de 1937 foi equacionada uma modificação do regime de responsabilidade dos diretores, onerando-os com uma responsabilidade pessoal pelos resultados económicos da sua administração, à semelhança dos sócios das sociedades de pessoas, como contraponto à adoção da referida conceção moderna da sociedade anónima e ao reforço dos poderes próprios da direção (e em reação a crises empresariais). Tal regime agravado de responsabilidade foi rejeitado, por se temer que retirasse aos diretores toda a predisposição para realizar atos arriscados (*jeder Mut zur Tat nehmen*), paralisasse a autonomia decisória dos diretores e inibisse a aceitação das funções de diretor[1067].

Em matéria de sindicabilidade judicial das decisões empresariais, a doutrina contemporânea da AktG 1937 sustentava frequentemente que os diretores não podiam ser responsabilizados pela realização de negócios ousados e pela adoção dos inerentes riscos[1068].

Sob inspiração jurisprudencial, apontava-se o seguinte critério de avaliação das decisões empresariais arriscadas: não se poderia falar de uma violação do dever de diligência dos diretores quando, no momento da adoção do negócio arriscado, existisse a possibilidade ou a probabilidade de que o negócio fosse favorável para a sociedade[1069].

Num estudo comparativo publicado em 1958, *Ernst-Joachim Mestmäcker* realizou amplas referências ao direito societário norte-americano. Distinguiu os deveres de lealdade dos deveres de diligência dos administradores norte-americanos. Os primeiros respeitam às colisões entre o interesse da sociedade e os interesses pessoais do administrador. Os segundos, tal como no direito alemão, respeitam à administração, direção e atividade decisória do conselho de administração. Como fiduciários, os administradores estão fortemente vincu-

---

[1067] Klausing, Friedrich, *Gesetz...*, Amtliche Begründung zu § 84, pp. 70-71, Schubert, Werner, *Akademie...*, pp. 492-494, e Schubert, Werner e Hommelhoff, Peter, *Die Aktienrechtsreform...*, nomeadamente pp. 190-194, 239-240 e 245. *Vide* Schlegelberger, Franz et al., *Aktiengesetz*, 3ª ed., § 84, Rn. 1, Weipert, O., "Aktiengesetz", § 84, Anm. 15, Schilling, Wolfgang, "Großkommentar...", 2ª ed., § 84, Anm. 15, Baumbach, Adolf e Hueck, Alfred, *Aktiengesetz*, 8ª ed., § 84, Rn. 1, Mestmäcker, Ernst-Joachim, *Verwaltung...*, p. 211, e, em tempos menos afastados, Abeltshauser, Thomas, *Leitungshaftung...*, p. 146, e Oltmanns, Martin, *Geschäftsleiterhaftung...*, pp. 212-213.

[1068] Weipert, O., "Aktiengesetz", § 84, Anm. 15, Schilling, Wolfgang, "Großkommentar...", 2ª ed., § 84, Anm. 15, Baumbach, Adolf e Hueck, Alfred, *Aktiengesetz*, 8ª ed., § 84, Rn. 4, e Mestmäcker, Ernst-Joachim, *Verwaltung...*, p. 213. Alheio a estas preocupações, limitando-se a sugerir ao legislador a prevenção de danos através da imposição de exigências de publicidade e de controlo, Goldschmidt, Robert, "Die zivilrechtliche Verantwortlichkeit...", *ZHR*, 1949, p. 75.

[1069] Weipert, O., "Aktiengesetz", § 84, Anm. 15, Mestmäcker, Ernst-Joachim, *Verwaltung...*, p. 213, e Schilling, Wolfgang, "Großkommentar...", 2ª ed., § 84, Anm. 15.

DEVER DE GESTÃO

lados; como gestores empresariais autónomos, os administradores estão livres. Ninguém responde pelo sucesso da sua gestão. Mesmo que errem, desperdicem oportunidades ou não evitem prejuízos previsíveis, os administradores não serão responsabilizados, desde que atuem em boa fé. Segundo *Ernst-Joachim Mestmäcker*, este era o conteúdo da denominada *business judgment rule*. Os tribunais não querem colocar a sua decisão discricionária no lugar da decisão dos administradores. Tal como ao empresário individual, também deve ser garantida aos administradores de uma sociedade a liberdade de adotarem decisões empresariais arriscadas. *Ernst-Joachim Mestmäcker* adiantou que a discricionariedade do conselho de administração tem limites, embora não existisse uniformidade jurisprudencial sobre a medida de diligência devida. A exigência sobre os administradores não executivos seria menor. As falhas de vigilância teriam que ser grosseiras. Relevariam as circunstâncias do caso concreto, podendo ser impostos ao administrador de um banco ou de uma seguradora deveres de diligência mais intensos do que os impostos ao administrador de uma empresa industrial[1070].

Debruçando-se sobre o direito alemão, *Ernst-Joachim Mestmäcker* afirmou que o risco empresarial não cabia aos diretores, mas sim à sociedade. Questionou se a *business judgment rule* norte-americana não implicaria uma excessiva limitação da sindicabilidade judicial das decisões empresariais. Mas sustentou que, também no direito alemão, valeria o princípio de que uma decisão discricionária dos diretores conforme aos seus deveres (*pflichtgemäße Ermessensentscheidung des Vorstands*) não poderia ser sindicada *ex post* em função do seu sucesso ou insucesso empresarial[1071].

Num artigo publicado em 1963, sobre as referências do § 70 I AktG 1937 aos interesses a prosseguir pelos diretores, *Harry Westermann* sustentou que a cláusula relativa à prossecução do bem comum atribuía aos diretores um poder discricionário perante a sociedade e os acionistas, convocando a responsabilidade ética dos diretores[1072].

Ainda em matéria de controlo da atuação dos diretores, sob inspiração jurisprudencial, alguma doutrina afirmava que a vigilância exercida pelo conselho de supervisão sobre a direção respeitava não apenas à legalidade (*Rechtsmäßigkeit*) da atuação da direção, mas também à sua adequação (*Zweckmäßigkeit*) e "economicidade" (*Wirtschaftlichkeit*)[1073]. Mas ressalvava-se que o controlo da adequação

---

[1070] Mestmäcker, Ernst-Joachim, *Verwaltung...*, pp. 130-131.

[1071] Mestmäcker, Ernst-Joachim, Verwaltung..., p. 213 (também pp. 1-2 e 25). Uma referência mais antiga à discricionariedade dos administradores, se bem que a propósito de sociedades em nome coletivo, pode ser confrontada em Hueck, Alfred, "Der Treuegedanke im Recht...", p. 76.

[1072] Westermann, Harry, "Die Verantwortung...", pp. 266-270.

[1073] Baumbach, Adolf e Hueck, Alfred, *Aktiengesetz*, 8ª ed., § 95, Rn. 2.

e da "economicidade" das decisões da direção seria limitado, na medida em que o conselho de supervisão tinha que respeitar a esfera de discricionariedade da direção no exercício da sua função[1074].

Em matéria de repartição de pelouros no interior da direção, a doutrina contemporânea da AktG 1937 afirmava que cada diretor tem toda a responsabilidade pelo seu pelouro e que os diretores têm um dever de vigilância (*Überwachungspflicht*) sobre os pelouros dos colegas[1075]. Em caso de necessidade, aponta-se uma exigência de intervenção[1076].

Alguma doutrina fazia ainda referência à responsabilidade dos diretores pela correta escolha na atribuição de pelouros[1077].

*Ernst-Joachim Mestmäcker* sustentava ser difícil determinar o grau de vigilância devida sobre os pelouros dos colegas, realçando que sem um mínimo de confiança recíproca não é possível gerir uma grande empresa[1078].

A Lei das Sociedades por Ações (*Aktiengesetz* – AktG) de 1965 manteve em grande medida as soluções do diploma anterior, nomeadamente a responsabilidade exclusiva de dirigir a sociedade consagrada no § 70 AktG 1937, bem como a bitola de diligência de um gestor ordenado e consciencioso e o regime de responsabilidade solidária constantes do § 84 AktG 1937.

O § 76 I da AktG 1965, sob a epígrafe "direção da sociedade por ações (*Leitung der Aktiengesellschaft*)", determina que a direção conduza a sociedade sob a sua própria responsabilidade. O § 93 I 1, sob a epígrafe "dever de diligência e responsabilidade dos diretores (*Sorgfaltspflicht und Verantwortlichkeit der Vorstandsmitglieder*)", estabelece que os diretores devem aplicar, na sua administração, a diligência de um gestor ordenado e consciencioso. O § 93 II 1 estabelece que os diretores que violem os seus deveres ficam solidariamente obrigados, perante a sociedade, à indemnização dos danos daí resultantes.

Foram nomeadamente especificados deveres relativos a grupos de sociedades.

A referida tendência de especificação dos deveres dos diretores prosseguiu com algumas alterações legislativas à AktG 1965.

---

[1074] Schilling, Wolfgang, "Großkommentar...", 2ª ed., § 95, Anm. 3.

[1075] Weipert, O., "Aktiengesetz", § 84, Anm. 21, Schlegelberger, Franz et al., *Aktiengesetz*, 3ª ed., § 70, Rn. 11, e § 84, Rn. 9, Mestmäcker, Ernst-Joachim, *Verwaltung*..., pp. 213-214, Schmidt, Walter e Meyer-Landrut, Joachim, "Großkommentar...", 2ª ed., § 70, Anm. 15, Schilling, Wolfgang, "Großkommentar...", 2ª ed., § 84, Anm. 21, e Baumbach, Adolf e Hueck, Alfred, *Aktiengesetz*, 8ª ed., § 84, Rn. 4. Próximo, Godin, Reinhard Freiherr von e Wilhelmi, Hans, *Aktiengesetz*, 2ª ed., § 84, Anm. 4.

[1076] Schlegelberger, Franz et al., *Aktiengesetz*, 3ª ed., § 84, Rn. 9.

[1077] Schlegelberger, Franz et al., *Aktiengesetz*, 3ª ed., § 84, Rn. 9, e Schmidt, Walter e Meyer-Landrut, Joachim, "Großkommentar...", 2ª ed., § 70, Anm. 15.

[1078] Mestmäcker, Ernst-Joachim, *Verwaltung*..., p. 213.

DEVER DE GESTÃO

Merece destaque a *Gesetz zur Kontrolle und Transparenz im Unternehmensbereich* (KonTraG), de 1998. O dever de informação do conselho de supervisão constante do § 90 I Nr. 1 AktG passou a incidir também sobre aspetos fundamentais da planificação empresarial. O § 91 II AktG passou a estabelecer que os diretores devem adotar medidas que possibilitem a descoberta precoce de riscos para a subsistência da sociedade, nomeadamente a implementação de um sistema de vigilância (*Überwachungssystem*)[1079].

No que respeita à *Gesetz zur weiteren Reform des Aktien- und Bilanzrechts, zu Transparenz und Püblizität* ou, simplesmente, *Transparenz- und Püblizitätsgesetz* (TransPuG), de 2002, serão de realçar as alterações legislativas em matéria de deveres de informação da direção perante o conselho de supervisão. Foi igualmente consignado um dever de esclarecimento sobre a aplicação das recomendações da Comissão Governamental sobre o Governo das Sociedades (*Corporate Governance Regierungskommission*).

A *Gesetz zur Unternehmensintegrität und Modernisierung des Anfechtungsrechts* (UMAG) de 2005 procedeu à consagração legislativa da *business judgment rule* germânica.

O § 93 I 2 AktG passou a determinar que não há uma violação de dever quando o diretor, ao tomar uma decisão empresarial, podia racionalmente supor, com base em informação adequada, que agia em benefício da sociedade[1080].

---

[1079] *"Der Vorstand hat geeignete Maßnahmen zu treffen, insbesondere ein Überwachungssystem einzurichten, damit den Fortbestand der Gesellschaft gefährdende Entwicklungen früh erkannt werden."*

[1080] *"Eine Pflichtverletzung liegt nicht vor, wenn das Vorstandsmitglieder bei einer unternehmerischen Entscheidung vernünftigerweise annehmen durfte, auf der Grundlage angemessener Information zum Whole der Gesellschaft zu handeln."*
Podem ser confrontadas traduções desta proposição normativa em Frada, Manuel Carneiro da, "A business...", p. 237 (estudo reproduzido, sem alterações de fundo, nomeadamente em Frada, Manuel Carneiro da, "A business judgment rule...", pp. 61-102), Abreu, Jorge Coutinho de, *Responsabilidade civil...*, p. 39, Cordeiro, António Menezes, "Os deveres...", *ROA*, 2006, pp. 448 e 450, e Costa, Ricardo, "Responsabilidade dos administradores...", p. 63. Recordo que uma tradução integral, mas desatualizada, da AktG 1965 pode ser confrontada em Pimenta, Alberto, "A nova lei alemã...", *BMJ*, nº 175, 1968, pp. 303 e ss..
Prefiro traduzir *vernünftigerweise* por racionalmente, em vez de razoavelmente, pois parece ter obtido inspiração no termo *rationally*, constante do § 4.01 (c) dos *Principles of Corporate Governance*. Neste sentido, Hopt, Klaus e Roth, Markus, "Großkommentar...", 4ª ed., § 116, Rn. 83, Schäfer, Carsten, "Die Binnenhaftung...", *ZIP*, 2005, p. 1254, e Fleischer, Holger, "...Kodifizierung", *ZIP*, 2004, p. 689. Neste sentido jogam também as traduções de Semler, Johannes, *Leitung...*, 2ª ed., p. 51, e Roth, Markus, *Unternehmerisches Ermessen...*, p. 87, que seguramente terão inspirado o legislador germânico. Em geral, sobre a receção do § 4.01 dos *Principles of Corporate Governance*, Hein, Jan von, *Die Rezeption...*, p. 922. Mas há quem aponte no sentido oposto, associando o termo *vernünftigerweise* ao termo *reasonably*, respeitante às exigências norte-americanas de obtenção de infor-

Passo a analisar de forma mais pormenorizada (e compartimentada) as referências doutrinárias e jurisprudenciais germânicas contemporâneas da AktG 1965.

#### 4.2.2. Dever de diligência ou de direção

Ao caracterizar a situação passiva dos diretores, uma parte da doutrina germânica contemporânea da AktG 1965 refere-se a um dever de diligência (*Sorgfaltspflicht*)[1081]. Os autores germânicos que adotam esta terminologia tendem a considerar que o § 93 I 1 AktG tem uma dupla função (*Doppelfunktion*), constituindo não apenas uma bitola de diligência (*Sorgfaltsmaßstab*), mas também a base legal do referido dever geral dos diretores[1082].

Uma outra parte da doutrina refere-se a um dever de direção (*Leitungspflicht, Pflicht zur Leitung*) ou utiliza uma terminologia próxima[1083]. O § 76 I AktG, ao

---

mação (Schlimm, Katrin, *Das Geschäftsleiterermessen*..., p. 214), embora sem aprofundar o percurso dogmático de receção da *business judgment rule* norte-americana.

[1081] Hefermehl, Wolfgang, "Aktiengesetz", § 93, Rn. 10 e 25, Hefermehl, Wolfgang e Spindler, Gerald, "Münchener...", 2ª ed., § 93, Rn. 17 e 19 (mas utilizando a expressão dever de direção em § 91, Rn. 1), Spindler, Gerald, "Münchener...", 3ª ed., § 93, Rn. 20, Hopt, Klaus, "Großkommentar...", 4ª ed., § 93, Rn. 78, Hübner, Ulrich, *Managerhaftung*..., p. 3, Fleischer, Holger, "Sorgfaltspflicht...", Rn. 1-3, Bonin, Gregor von, *Die Leitung*..., pp. 352-359, Bedkowski, Dorothea, *Die Geschäftsleiterpflichten*..., pp. 165-200, Winnen, Armin, *Die Innenhaftung*..., pp. 60-61, e Thümmel, Roderich, *Persönlich*..., 3ª ed., pp. 88-89.

[1082] Hefermehl, Wolfgang, "Aktiengesetz", § 93, Rn. 9, 25 e 29, Hefermehl, Wolfgang e Spindler, Gerald, "Münchener...", 2ª ed., § 93, Rn. 17, Spindler, Gerald, "Münchener...", 3ª ed., § 93, Rn. 20, Habersack, Mathias, "Münchener...", 3ª ed., § 116, Rn. 2, Hopt, Klaus, "Die Haftung...", p. 916, Hopt, Klaus, "Großkommentar...", 4ª ed., § 93, Rn. 19, 72 e 78, Großmann, Adolf, *Unternehmensziele*..., pp. 8-9 e 61, Hübner, Ulrich, *Managerhaftung*..., p. 8, Fleischer, Holger, "Sorgfaltspflicht...", Rn. 1, Fleischer, Holger, "Kommentar...", § 93, Rn. 10, Bedkowski, Dorothea, *Die Geschäftsleiterpflichten*..., p. 165, Winnen, Armin, *Die Innenhaftung*..., pp. 60-61, e Thümmel, Roderich, *Persönlich*..., 3ª ed., pp. 88-89. Recordo que esta perspetiva foi proposta, antes da entrada em vigor da AktG 1965, por Mestmäcker, Ernst-Joachim, *Verwaltung*..., p. 210.

[1083] Hommelhoff, Peter, *Die Konzernleitungspflicht*..., nomeadamente pp. 43-45 e 168-191, Raiser, Thomas e Veil, Rüdiger, *Recht*..., pp. 142 e 163-166, e Löbbe, Marc, *Unternehmenskontrolle*..., pp. 41-42 e 169. Referindo-se a um dever de administração (*Geschäftsführungspflicht*), Semler, Johannes, *Die Überwachungsaufgabe*..., p. 11 (posteriormente, Semler, Johannes, *Leitung*..., 2ª ed., p. 9). Referindo-se a um dever de salvaguarda diligente da função de direção ou das funções orgânicas (*Pflicht zur sorgfältigen Wahrnehmung der Leitungsfunktion; Pflicht zur sorgfältigen Wahrnehmung der Organfunktionen*), Mertens, Hans-Joachim, "Kölner...", 2ª ed., § 93, Rn. 27 e 29 (terminologia mantida em Mertens, Hans-Joachim e Cahn, Andreas, "Kölner...", 3ª ed., § 93, Rn. 64). Utilizando a expressão dever de correta direção empresarial (*Pflicht zur ordnungsgemäßen Unternehmensleitung*), Schneider, Uwe H., "Haftungsmilderung...", pp. 796, 799 e 810 (relativamente às sociedades por quotas, Schneider, Uwe H., "Scholz...", 7ª ed., § 43, Rn. 42-94). Utilizando a terminologia dever de gestão diligente da empresa (*Pflicht zu sorgfältiger Unternehmensführung*), Krieger, Gerd e Sailer,

DEVER DE GESTÃO

atribuir aos diretores a função de direção (*Leitungsaufgabe*), tende a ser apontado como a base legal deste dever geral dos diretores[1084]. É, por vezes, invocada a figura do poder-dever (*Pflichtrecht*)[1085].

Nesta sequência, alguns autores rejeitam a ideia da dupla função do § 93 I 1 AktG, entendendo que o preceito apenas estabelece uma bitola de diligência[1086]. Mas há quem se refira à dupla função do § 93 I 1 AktG e simultaneamente a um dever de direção ou de salvaguarda diligente da função de direção[1087]. E há ainda quem se refira à dupla função do § 93 I 1 AktG e utilize simultaneamente a terminologia dever de diligência e a terminologia dever de direção (ou dever administração diligente)[1088].

Mantiveram-se as referências doutrinárias à correlação entre o § 93 I 1 AktG e o § 76 I AktG, entre a diligência devida e a função atribuída[1089].

---

Viola, "Aktiengesetz...", § 93, Rn. 5. Na doutrina suíça, referindo-se a um dever de direção, Druey, Jean Nicolas, "Verantwortlichkeit...", pp. 136-137.

[1084] Hommelhoff, Peter, *Die Konzernleitungspflicht...*, nomeadamente pp. 43-45, 57-58 e 171, Hüffer, Uwe, *Aktiengesetz*, 8ª ed., § 93, Rn. 3a e 13, e Löbbe, Marc, *Unternehmenskontrolle...*, pp. 41-42 e 169. Baseando o dever de administração (*Geschäftsführungspflicht*) no § 76 I AktG, Semler, Johannes, *Die Überwachungsaufgabe...*, p. 11 (posteriormente, Semler, Johannes, *Leitung...*, 2ª ed., p. 9). Referindo-se a um dever de administração (*Geschäftsführung*) dos gerentes de sociedades por quotas, com base num preceito algo semelhante, que atribuirá aos gerentes a função de administração (*Geschäftsführungsaufgabe*), Zöllner, Wolfgang e Noack, Ulrich, "Kommentar...", 18ª ed., § 35, Rn. 28-36, e § 43, Rn. 17. Recordo que esta perspetiva foi defendida, antes da entrada em vigor da AktG 1965, por Schlegelberger, Franz et al., *Aktiengesetz*, 3ª ed., § 70, Rn. 5.

[1085] Paefgen, Walter G., *Unternehmerische...*, pp. 9 e 20, Raiser, Thomas e Veil, Rüdiger, *Recht...*, p. 142, e Schneider, Sven H., *Informationspflichten...*, p. 83. Também, Fleischer, Holger, "Zur Leitungsaufgabe...", *ZIP*, 2003, p. 2, Fleischer, Holger, "Leitungsaufgabe...", Rn. 7, e Fleischer, Holger, "Kommentar...", § 76, Rn. 10.

[1086] Hüffer, Uwe, *Aktiengesetz*, 8ª ed., § 93, Rn. 3a-4. Também Goette, Wulf, "Leitung...", p. 125. Em comentário a um preceito equivalente para as sociedades por quotas, Zöllner, Wolfgang e Noack, Ulrich, "Kommentar...", 18ª ed., § 43, Rn. 8 e 17-18, e Koppensteiner, Hans-Georg, "Gesetz...", 4ª ed., § 43, Rn. 8.

[1087] Mertens, Hans-Joachim, "Kölner...", 2ª ed., § 93, Rn. 6-7, 27 e 29, e Raiser, Thomas e Veil, Rüdiger, *Recht...*, pp. 159-160.

[1088] Abeltshauser, Thomas, *Leitungshaftung...*, pp. 147-152, 160-161 e 268 (dever de diligência e dever de administração diligente). Em determinado ponto do seu discurso, *Walter Paefgen* refere-se a um dever de direção, baseado no § 76 I AktG e cujo conteúdo seria determinado pelo § 93 I AktG (Paefgen, Walter G., *Unternehmerische...*, pp. 9-10). Noutro ponto do seu discurso refere-se ao dever de diligência e à dupla função do § 93 I AktG (Paefgen, Walter G., *Unternehmerische...*, pp. 174 e 182).

[1089] Sirvam de exemplo Baumbach, Adolf et al., *Aktiengesetz*, 13ª ed., § 93, Rn. 6, Schilling, Wolfgang, "Großkommentar...", 3ª ed., § 93, Anm. 9, Hüffer, Uwe, *Aktiengesetz*, 8ª ed., § 93, Rn. 3a, Hopt, Klaus, "Die Haftung...", p. 916, Bonin, Gregor von, *Die Leitung...*, pp. 355 e 363, e Thümmel, Roderich, *Persönlich...*, 3ª ed., p. 89.

Este dever de diligência ou de direção é frequentemente entendido como um dever geral, que se contrapõe a deveres específicos, apontados em pontuais previsões normativas[1090].

Alguma doutrina enquadra estes deveres específicos como concretizações do dever geral de diligência ou de direção[1091]. Neste contexto, os deveres de elaboração da escrituração mercantil (*Buchführungspflicht*) e de implementação de um sistema de vigilância (*Pflicht zur Einführung eines Überwachungssystems*), previstos no § 91 AktG, são apontados como concretizações do dever geral de diligência ou de direção[1092].

O dever de diligência ou direção é frequentemente caracterizado como uma cláusula geral, que reclama uma intensa concretização[1093].

Por indicação jurisprudencial, o dever de diligência ou direção é descrito, de uma forma genérica, como a imposição de salvaguarda da vantagem e de prevenção das perdas da sociedade (*Pflicht, den Vorteil der Gesellschaft zu wahren und Schaden von ihr zu wenden*)[1094]. Em alternativa à referência à imposição de salvaguarda

---

[1090] Mertens, Hans-Joachim, "Kölner...", 2ª ed., § 93, Rn. 7, Hopt, Klaus, "Großkommentar...", 4ª ed., § 93, Rn. 73, e Hefermehl, Wolfgang e Spindler, Gerald, "Münchener...", 2ª ed., § 93, Rn. 17.

[1091] Hopt, Klaus, "Großkommentar...", 4ª ed., § 93, Rn. 222-223, Abeltshauser, Thomas, *Leitungshaftung...*, p. 205, Hefermehl, Wolfgang e Spindler, Gerald, "Münchener...", 2ª ed., § 93, Rn. 17, Bonin, Gregor von, *Die Leitung...*, p. 355, Bedkowski, Dorothea, *Die Geschäftsleiterpflichten...*, pp. 170-172, e Krieger, Gerd e Sailer, Viola, "Aktiengesetz...", § 93, Rn. 5.

[1092] Hommelhoff, Peter, *Die Konzernleitungspflicht...*, pp. 185-186, Kort, Michael, "Großkommentar...", 4ª ed., § 76, Rn. 35, Fleischer, Holger, "Zur Leitungsaufgabe...", *ZIP*, 2003, p. 6, Ballwieser, Wolfgang, "Controlling...", pp. 430-431., Hefermehl, Wolfgang e Spindler, Gerald, "Münchener...", 2ª ed., § 91, Rn. 1 e 3, Spindler, Gerald, "Münchener...", 3ª ed., § 91, Rn. 1, 3 e 18, Krieger, Gerd e Sailer, Viola, "Aktiengesetz...", § 93, Rn. 5, e Mertens, Hans-Joachim e Cahn, Andreas, "Kölner...", 3ª ed., § 91, Rn. 1 e 14. Relativamente ao dever de elaboração da escrituração mercantil, Meyer-Landrut, Joachim, "Großkommentar...", 3ª ed., § 91, Anm. 1, e Fleischer, Holger, "Buchführungsverantwortung...", *WM*, 2006, p. 2021. Remeto ainda para as referências doutrinárias que terei a oportunidade de indicar quando desenvolver a análise do dever de implementação de um sistema de vigilância.

[1093] Wiedemann, Herbert, *Organverantwortung...*, pp. 11-12, Abeltshauser, Thomas, *Leitungshaftung...*, p. 6, Hopt, Klaus, "Großkommentar...", 4ª ed., § 93, Rn. 78, Hommelhoff, Peter e Mattheus, Daniela, "Gesetzlich Grundlagen...", p. 11, Roth, Markus, *Unternehmerisches Ermessen...*, pp. 44 e 49, Thümmel, Roderich, *Persönlich...*, 3ª ed., p. 89, Fleischer, Holger, "Kommentar...", § 93, Rn. 37 (antes, Fleischer, Holger, "Gesetz...", *ZHR*, 2004, pp. 698-699, Fleischer, Holger, "Aktienrechtliche Legalitätspflicht...", *ZIP*, 2005, p. 142, e Fleischer, Holger, "Sorgfaltspflicht...", Rn. 27), Spindler, Gerald, "Vorstandspflichten....", Rn. 60, Raiser, Thomas e Veil, Rüdiger, *Recht...*, p. 163, e Bedkowski, Dorothea, *Die Geschäftsleiterpflichten...*, p. 169.

[1094] Schilling, Wolfgang, "Großkommentar...", 3ª ed., § 93, Anm. 9, Wilhelmi, Hans e Wilhelmi, Sylvester, *Aktiengesetz*, 3ª ed., § 93, Anm. 4, Baumbach, Adolf et al., *Aktiengesetz*, 13ª ed., § 93, Rn. 6, Hefermehl, Wolfgang, "Aktiengesetz", § 93, Rn. 13, Hefermehl, Wolfgang e Spindler, Gerald,

DEVER DE GESTÃO

da vantagem, encontra-se por vezes a referência à imposição de promoção do êxito empresarial (*Unternehmenserfolg zu fördern*)[1095].

A concretização das condutas devidas dependerá de diversos fatores, tais como a espécie e a dimensão da empresa, a sua situação económica e financeira, a importância de determinada medida para a empresa, o tempo disponível, a conjuntura...[1096]

É frequente a afirmação, em sede de concretização do dever de direção ou diligência, de que a determinação da conduta devida por cada diretor é influenciada pela existência de uma repartição de pelouros no interior da direção[1097].

Farei referências autónomas ao papel do objeto social e dos interesses a prosseguir na concretização do dever de diligência ou direção.

Alguns dos autores germânicos que se referem a um dever de direção, fundado no § 76 I AktG, consideram que este preceito, embora se refira à direção da sociedade, respeita também ou sobretudo a direção da *empresa*[1098]. Em paralelo, alguns dos autores germânicos que utilizam a terminologia dever de diligência optam por autonomizar, como uma parcela deste dever geral, um dever de direção diligente da empresa[1099].

---

"Münchener...", 2ª ed., § 93, Rn. 23, Spindler, Gerald, "Münchener...", 3ª ed., § 93, Rn. 25, Hopt, Klaus, "Großkommentar...", 4ª ed., § 93, Rn. 72 e 80, Semler, Johannes, *Die Überwachungsaufgabe...*, p. 51, Hübner, Ulrich, *Managerhaftung...*, pp. 8-9, Schmidt-Leithoff, Christian, *Die Verantwortung...*, p. 401, Paefgen, Walter G., *Unternehmerische...*, p. 10, Fleischer, Holger, "Sorgfaltspflicht...", Rn. 2, e Kust, Egon, "Zur Sorgfaltspflicht...", *WM*, 1980, p. 760. Faz-se apelo a uma decisão do *Reichsgericht* tirada em 1929, bem como a decisões posteriores, que reiteram esta fórmula.

[1095] Mertens, Hans-Joachim, "Kölner...", 2ª ed., § 93, Rn. 29 (descrição mantida em Mertens, Hans--Joachim e Cahn, Andreas, "Kölner...", 3ª ed., § 93, Rn. 66). Utilizando ambas as formulações, Bonin, Gregor von, *Die Leitung...*, p. 356.

[1096] Schilling, Wolfgang, "Großkommentar...", 3ª ed., § 93, Anm. 9, Mertens, Hans-Joachim, "Kölner...", 2ª ed., § 93, Rn. 29, Hopt, Klaus, "Großkommentar...", 4ª ed., § 93, Rn. 60-65, 79 e 86, Hefermehl, Wolfgang e Spindler, Gerald, "Münchener...", 2ª ed., § 93, Rn. 22, Fleischer, Holger, "Sorgfaltspflicht...", Rn. 27, e Raiser, Thomas e Veil, Rüdiger, *Recht...*, p. 164.

[1097] Mertens, Hans-Joachim, "Kölner...", 2ª ed., § 93, Rn. 29, Hopt, Klaus, "Großkommentar...", 4ª ed., § 93, Rn. 79-80 e 86, Hefermehl, Wolfgang e Spindler, Gerald, "Münchener...", 2ª ed., § 93, Rn. 22, Fleischer, Holger, "Sorgfaltspflicht...", Rn. 27, Fleischer, Holger, "Kommentar...", § 93, Rn. 37, Raiser, Thomas e Veil, Rüdiger, *Recht...*, p. 164, e Mertens, Hans-Joachim e Cahn, Andreas, "Kölner...", 3ª ed., § 93, Rn. 66.

[1098] Hommelhoff, Peter, *Die Konzernleitungspflicht...*, pp. 43-44, e Paefgen, Walter G., *Unternehmerische...*, p. 9. Referindo-se à direção da empresa, Schneider, Uwe H., "Haftungsmilderung...", pp. 796, 799 e 810, Mertens, Hans-Joachim, "Kölner...", 2ª ed., § 93, Rn. 45-53, e Raiser, Thomas e Veil, Rüdiger, *Recht...*, pp. 142 e 163-166. Referindo-se à administração da sociedade e à direção da empresa, Rittner, Fritz, "Zur Verantwortung des Vorstandes...", p. 151.

[1099] Hopt, Klaus, "Großkommentar...", 4ª ed., § 93, Rn. 106-113, Thümmel, Roderich, *Persönlich...*, 3ª ed., pp. 89-90, Fleischer, Holger, "Sorgfaltspflicht...", Rn. 1-3 e 27-72 (também, Fleischer, Hol-

É frequente a afirmação de que a densificação do conteúdo deste dever terá nomeadamente por referência a ciência da gestão de empresas. A interpretação do conceito normativo de direção, constante do § 76 I AktG, permitirá a incorporação dos conhecimentos da ciência da gestão de empresas[1100]. Diversos autores realçam que apenas devem ser tidas em conta as práticas empresariais consensuais e comprovadas[1101].

O Código Alemão de Governo Societário (*Deutscher Corporate Governance Kodex*) refere, no seu Ziff. 3.8, que os diretores devem observar as regras de boa gestão empresarial. O Código Alemão de Governo Societário constitui *soft law*.

Neste contexto de receção jurídica de elementos da ciência de gestão de empresas, alguns economistas realizaram um esforço de delimitação de princípios orientadores da atividade dos gestores (nomeadamente sob a sigla GoU – *Grundsätze ordnungsmäßiger Unternehmensführung*)[1102]. Uma parte da doutrina considera que tais sugestões poderão ser relevantes na concretização do dever de direção diligente da empresa[1103]. Outra parte da doutrina prefere realçar que só a concretização jurisprudencial é juridicamente vinculativa[1104]. Há quem chame a atenção para os termos abstratos dos propostos princípios, que não

---

ger, "Leitungsaufgabe...", Rn. 7, e Fleischer, Holger, "Zur Leitungsaufgabe...", *ZIP*, 2003, p. 2), e Bonin, Gregor von, *Die Leitung...*, pp. 358-359. Autonomizando um dever de direção da *sociedade*, Hefermehl, Wolfgang e Spindler, Gerald, "Münchener...", 2ª ed., § 93, Rn. 17, e Spindler, Gerald, "Münchener...", 3ª ed., § 93, Rn. 20.

[1100] Merecem destaque Semler, Johannes, "Die Unternehmensplanung...", *ZGR*, 1983, p. 13, e Lutter, Marcus, "Unternehmensplanung...", *AG*, 1991, p. 251. Em alternativa, existem referências à concretização do § 93 I AktG: Oltmanns, Martin, *Geschäftsleiterhaftung...*, p. 228, e Heermann, Peter, "Unternehmerisches Ermessen...", *ZIP*, 1998, p. 763.

[1101] Mertens, Hans-Joachim, "Kölner...", 2ª ed., § 93, Rn. 45-53, Abeltshauser, Thomas, *Leitungshaftung...*, p. 162, Hopt, Klaus, "Großkommentar...", 4ª ed., § 93, Rn. 88, Raiser, Thomas e Veil, Rüdiger, *Recht...*, p. 163, Fleischer, Holger, "Sorgfaltspflicht...", Rn. 36, e Wiesner, Georg e Kraft, Thomas, *Münchener...*, IV, 3ª ed., p. 301. De forma restritiva, por estar em causa uma limitação da discricionariedade da direção, Kort, Michael, "Großkommentar...", 4ª ed., § 76, Rn. 38. Contra, Mutter, Stefan, *Unternehmerische Entscheidungen...*, pp. 204-206.

[1102] Por exemplo, Werder, Axel von, "Management...", *DB*, 1995, pp. 2177-2183, Werder, Axel von, "Grundsätze...", *DB*, 1999, pp. 2221-2224, Theisen, Manuel René, "Grundsätze ordnungsgemäßer...", *AG*, 1995, pp. 193-203, e Scheffler, Eberhard, "Betriebswirtschaftliche Überlegungen...", *AG*, 1995, pp. 207-212.

[1103] Fleischer, Holger, "Sorgfaltspflicht...", Rn. 36, e Fleischer, Holger, "Kommentar...", § 93, Rn. 46.

[1104] Hommelhoff, Peter e Mattheus, Daniela, "Gesetzlich Grundlagen...", pp. 11-12 e 33-34. Referindo que os princípios não são vinculativos, Hefermehl, Wolfgang e Spindler, Gerald, "Münchener...", 2ª ed., § 93, Rn. 33-34, e Spindler, Gerald, "Münchener...", 3ª ed., § 93, Rn. 29 e 37.

possibilitarão uma concretização normativa[1105]. E há quem alerte para o risco de limitação da discricionariedade empresarial[1106].

*Peter Hommelhoff* destaca-se na tentativa de concretização do dever de direção da empresa, ao realçar a componente de iniciativa e criatividade empresariais. Afirma que os diretores devem permanentemente descobrir novas ideias e desenvolver uma atividade dinâmica, reagindo aos sinais do mercado. Considera que os diretores devem adotar iniciativas de mudança. Sustenta que os diretores devem dar impulso à estratégia e à política de participação no mercado concorrencial[1107].

Em contraponto, *Hans-Joachim Mertens* realça ser limitada a possibilidade de determinar condutas concretas exigíveis aos diretores[1108].

É frequente a ideia de que a atividade de direção empresarial envolve uma ampla margem de discricionariedade, que limita a exigibilidade de conduta e a responsabilidade dos diretores, sendo amiúde utilizadas as expressões discricionariedade empresarial ou decisão empresarial discricionária (*unternehmerischer Ermessensspielraum; unternehmerisches Ermessen*)[1109]. O diretor frequentemente poderá optar entre diversas possibilidades de decisão.

---

[1105] Roth, Markus, *Unternehmerisches Ermessen...*, pp. 90-93, Hefermehl, Wolfgang e Spindler, Gerald, "Münchener...", 2ª ed., § 93, Rn. 34, Spindler, Gerald, "Münchener...", 3ª ed., § 93, Rn. 37, e Wiesner, Georg e Kraft, Thomas, *Münchener...*, IV, 3ª ed., p. 301.

[1106] Roth, Markus, *Unternehmerisches Ermessen...*, pp. 90-93. Próximo, Spindler, Gerald, "Münchener...", 3ª ed., § 93, Rn. 29.

[1107] Hommelhoff, Peter, *Die Konzernleitungspflicht...*, pp. 169-170. Próximo, Ballwieser, Wolfgang, "Controlling...", p. 430.

[1108] Mertens, Hans-Joachim, "Kölner...", 2ª ed., § 93, Rn. 47 (orientação mantida em Mertens, Hans-Joachim e Cahn, Andreas, "Kölner...", 3ª ed., § 93, Rn. 85).

[1109] Entre outros, Semler, Johannes, *Die Überwachungsaufgabe...*, p. 67, Hommelhoff, Peter, *Die Konzernleitungspflicht...*, pp. 66 e 168, Schneider, Uwe H., "Haftungsmilderung...", pp. 810-811, Wiedemann, Herbert, *Organverantwortung...*, p. 13, Mertens, Hans-Joachim, "Kölner...", 2ª ed., § 93, Rn. 29, Abeltshauser, Thomas, *Leitungshaftung...*, p. 162, Hopt, Klaus, "Großkommentar...", 4ª ed., § 93, Rn. 81-83, Roth, Markus, *Unternehmerisches Ermessen...*, *passim*, Schmidt, Karsten, *Gesellschaftsrecht*, 4ª ed., p. 815, Hüffer, Uwe, *Aktiengesetz*, 8ª ed., § 93, Rn. 4b, Kort, Michael, "Großkommentar...", 4ª ed., § 76, Rn. 41 e 51, Hefermehl, Wolfgang e Spindler, Gerald, "Münchener...", 2ª ed., § 76, Rn. 25-26, Spindler, Gerald, "Münchener...", 3ª ed., § 76, Rn. 29-30, Fleischer, Holger, "Sorgfaltspflicht...", Rn. 3 e 45-47, Raiser, Thomas e Veil, Rüdiger, *Recht...*, pp. 143 e 164-165, Wiesner, Georg e Kraft, Thomas, *Münchener...*, IV, 3ª ed., pp. 195-196, 299 e 302, Henze, Hartwig, "Leitungsverantwortung...", *BB*, 2000, pp. 210-211, Goette, Wulf, "Leitung...", p. 126, Gerkan, Hartwin von, "Die Beweislastverteilung...", *ZHR*, 1990, pp. 55-56, e Heermann, Peter, "Unternehmerisches Ermessen...", *ZIP*, 1998, pp. 762-765. Referindo que a ponderação de interesses implica decisões discricionárias adequadas (*pflichtmäßigen Ermessen*), Schilling, Wolfgang, "Großkommentar...", 3ª ed., § 93, Anm. 10. Relativamente a sociedades por quotas, por exemplo, Fleck, Hans-

Diversos autores apontam o § 76 I AktG como base legal da discricionariedade dos diretores, contrapondo-a ao dever de diligência e fundamentando-a na atribuição da responsabilidade exclusiva pela direção da sociedade[1110]. Recordo que outros autores fundamentam o dever de direção no § 76 I AktG, pelo que não operam esta contraposição entre a norma que salvaguarda a discricionariedade e a norma que estabelece o dever[1111]. Há ainda quem aponte para a intersecção entre os §§ 76 I e 93 I AktG[1112]. Recordo a ideia de correlação entre a diligência devida e a função atribuída.

Nas palavras de *Klaus Hopt*, a principal questão na interpretação do § 93 I 1 AktG residirá no adequado equilíbrio entre responsabilidade e discricionariedade empresarial[1113].

Terei a oportunidade de descrever de forma mais pormenorizada a discussão doutrinária germânica sobre o problema da limitação da responsabilidade dos diretores pela adoção de decisões empresariais.

### 4.2.3. Bitola de diligência

Como referi anteriormente, o legislador germânico consagrou a bitola de diligência de um gestor ordenado e consciencioso como critério de concretização dos deveres dos diretores.

Trata-se de uma bitola de diligência objetiva, padronizada ou normativa[1114]. As incapacidades pessoais e a falta de conhecimentos não exoneram o diretor da sua responsabilidade. É devida a diligência necessária e não apenas a diligência habitual ou mais frequente, pelo que uma falta de cuidado frequente também não exonera o diretor da sua responsabilidade.

---

-Joachim, "Zur Haftung...", *GmbHR*, 1974, p. 225, e Haas, Ulrich, "Kommentar...", § 43, Rn. 67-68.

[1110] Hefermehl, Wolfgang, "Aktiengesetz", § 76, Rn. 14, Raiser, Thomas, "Pflicht und Ermessen...", *Neue Juristische Wochenzeitung*, 1996, pp. 552-553, Kindler, Peter, "Unternehmerisches Ermessen...", *ZHR*, 1998, pp. 104-107, e Schlimm, Katrin, *Das Geshäftsleiterermessen...*, pp. 93-94 e 106. Também neste sentido, embora acrescentando que o desleixo da função de direção constitui uma violação do dever de cuidado, Nicolaysen, Isaschar, *Leitungsermessen...*, pp. 6 e 13.

[1111] Destaco Hommelhoff, Peter, *Die Konzernleitungspflicht...*, nomeadamente pp. 43-45 e 168-191.

[1112] Roth, Markus, *Unternehmerisches Ermessen...*, pp. 8-9.

[1113] Hopt, Klaus, "Die Haftung...", p. 919.

[1114] Por exemplo, Hefermehl, Wolfgang, "Aktiengesetz", § 93, Rn. 29, Hefermehl, Wolfgang e Spindler, Gerald, "Münchener...", 2ª ed., § 93, Rn. 22, Hopt, Klaus, "Großkommentar...", 4ª ed., § 93, Rn. 79, e Raiser, Thomas e Veil, Rüdiger, *Recht...*, pp. 163-164. Já antes, afirmando que a bitola de diligência é objetiva, Mestmäcker, Ernst-Joachim, *Verwaltung...*, p. 211.

DEVER DE GESTÃO

A diligência exigível não é definida em abstrato, mas sim atendendo às funções exercidas. O diretor deve empregar os conhecimentos e as capacidades adequados ao exercício das funções de diretor[1115].

Alguma doutrina realça que a bitola de diligência varia em função da espécie e da dimensão da empresa. Relevará a diligência de um gestor ordenado e consciencioso para aquela espécie e dimensão de empresa. Assim, as exigências para um diretor de uma instituição de crédito poderão divergir das exigências para um diretor de uma sociedade que se dedique a uma atividade industrial[1116].

Alguns autores sustentam que a repartição de pelouros no interior da direção poderá implicar a exigência de capacidades e conhecimentos especiais relativos ao pelouro para o qual o diretor tenha sido escolhido[1117].

Alguma doutrina sustenta ainda que o diretor dotado de capacidades ou conhecimentos especiais tem de empregar uma diligência correspondente a tais capacidades ou conhecimentos especiais, tanto mais que poderá ter sido nomeado com esse critério. Tal perspetiva constituirá uma aplicação das regras gerais previstas no § 276 BGB[1118].

Alguma doutrina considera que o grau de cuidado exigido aos diretores corresponde ao da bitola do comerciante ordenado prevista no § 347 HGB, no pressuposto de que a sociedade é titular de uma empresa[1119].

Outra parte da doutrina sustenta que a posição fiduciária dos diretores e a importância do seu cargo implica que o § 93 I 1 AktG seja interpretado no sentido de impor uma bitola de diligência ainda mais intensa[1120].

---

[1115] Schilling, Wolfgang, "Großkommentar...", 3ª ed., § 93, Anm. 9, Hefermehl, Wolfgang, "Aktiengesetz", § 93, Rn. 29, Mertens, Hans-Joachim, "Kölner...", 2ª ed., § 93, Rn. 99, e Hopt, Klaus, "Großkommentar...", 4ª ed., § 93, Rn. 79. Já antes, Mestmäcker, Ernst-Joachim, *Verwaltung...*, p. 211, e Schilling, Wolfgang, "Großkommentar...", 2ª ed., § 84, Anm. 9.

[1116] Schilling, Wolfgang, "Großkommentar...", 3ª ed., § 93, Anm. 9, Hefermehl, Wolfgang, "Aktiengesetz", § 93, Rn. 12, Dose, Stefan, *Die Rechtsstellung...*, p. 140, Mertens, Hans-Joachim, "Kölner...", 2ª ed., § 93, Rn. 29, e Spindler, Gerald, "Münchener...", 3ª ed., § 93, Rn. 24. Relativamente aos membros do conselho de supervisão, Mutter, Stefan, *Unternehmerische Entscheidungen...*, pp. 290-291.

[1117] Mertens, Hans-Joachim, "Kölner...", 2ª ed., § 93, Rn. 29 e 99, Hopt, Klaus, "Großkommentar...", 4ª ed., § 93, Rn. 79, Hefermehl, Wolfgang e Spindler, Gerald, "Münchener...", 2ª ed., § 93, Rn. 22, e Spindler, Gerald, "Münchener...", 3ª ed., § 93, Rn. 24. Relativamente aos membros do conselho de supervisão que integrem comissões, Mutter, Stefan, *Unternehmerische Entscheidungen...*, pp. 288-290.

[1118] Hefermehl, Wolfgang e Spindler, Gerald, "Münchener...", 2ª ed., § 93, Rn. 22. Relativamente aos membros do conselho de supervisão, Lutter, Marcus, "Bankenvertreter...", *ZHR*, 1981, pp. 227-228, e Mutter, Stefan, *Unternehmerische Entscheidungen...*, pp. 291-293.

[1119] Wilhelmi, Hans e Wilhelmi, Sylvester, *Aktiengesetz*, 3ª ed., § 93, Anm. 4.

[1120] Baumbach, Adolf et al., *Aktiengesetz*, 13ª ed., § 93, Rn. 6, Hefermehl, Wolfgang, "Aktiengesetz", § 93, Rn. 12, Hefermehl, Wolfgang e Spindler, Gerald, "Münchener...", 2ª ed., § 93, Rn. 22, Spindler, Gerald, "Münchener...", 3ª ed., § 93, Rn. 24, Mertens, Hans-Joachim, "Kölner...", 2ª ed., § 93,

Uma outra parte da doutrina critica esta querela doutrinária, por considerar que a bitola de diligência implica uma avaliação objetiva em função da posição concreta do devedor, tornando desfasada uma comparação abstrata de bitolas[1121].

### 4.2.4. Objeto social

Uma parte da doutrina limita-se a referir que os diretores devem definir o campo de atuação empresarial da sociedade nos termos delimitados negativamente pelo objeto social[1122].

Outra parte da doutrina afirma que a atividade social intencionada pelos estatutos deve ser prosseguida pelos diretores[1123]. O objeto social delimitará positivamente o dever de direção[1124].

Próxima desta última posição está a ideia de que não existe apenas uma proibição de ultrapassar (*Überschreitungsverbot*) o objeto social, mas também uma proibição de ficar aquém (*Unterschreitungsverbot*) do objeto social[1125].

Como já tive a oportunidade de referir, a propósito da delimitação do poder de administração dos diretores, alguma doutrina germânica considera que o objeto social apenas descreve o ponto nevrálgico da atividade social. A delimitação do campo de atuação dos diretores não incidirá sobre concretas medidas que extravasem o objeto social, mas sim sobre alterações relevantes da atividade social[1126].

Excecionalmente, poderá impor-se a prossecução de atividades próximas da atividade social ou a defesa de oportunidades de negócio[1127].

---

Rn. 6 e 98, Dose, Stefan, *Die Rechtsstellung...*, p. 140, Golling, Hans-Joachim, *Sorgfaltspflicht...*, pp. 28-31, Schmidt-Leithoff, Christian, *Die Verantwortung...*, pp. 400-401, e Kust, Egon, "Zur Sorgfaltspflicht...", *WM*, 1980, pp. 759-760.

[1121] Hopt, Klaus, "Großkommentar...", 4ª ed., § 93, Rn. 78. Referindo que o § 93 I 1 AktG contém uma especificação da bitola de diligência geral, Hüffer, Uwe, *Aktiengesetz*, 8ª ed., § 93, Rn. 4.

[1122] Hopt, Klaus, "Großkommentar...", 4ª ed., § 93, Rn. 108, Raiser, Thomas e Veil, Rüdiger, *Recht...*, p. 161, e Heermann, Peter, "Unternehmerisches Ermessen...", *ZIP*, 1998, p. 763.

[1123] Semler, Johannes, *Die Überwachungsaufgabe...*, pp. 51 e 53, Hommelhoff, Peter, *Die Konzernleitungspflicht...*, pp. 44-71 e 169, Habersack, Mathias, "Großkommentar...", 4ª ed., § 82, Rn. 25, Hefermehl, Wolfgang e Spindler, Gerald, "Münchener...", § 82, Rn. 27, Spindler, Gerald, "Münchener...", 3ª ed., § 82, Rn. 34, Oltmanns, Martin, *Geschäftsleiterhaftung...*, pp. 206-207, e Bedkowski, Dorothea, *Die Geschäftsleiterpflichten...*, p. 175.

[1124] De forma desenvolvida, Hommelhoff, Peter, *Die Konzernleitungspflicht...*, pp. 44-71 e 169.

[1125] Paefgen, Walter G., *Unternehmerische...*, pp. 22 e 474-475, Fleischer, Holger, "Sorgfaltspflicht...", Rn. 11, e Fleischer, Holger, "Kommentar...", § 93, Rn. 21.

[1126] Kort, Michael, "Großkommentar...", 4ª ed., § 77, Rn. 4, e Kort, Michael, "Vertretungs- und Geschäftsführungsbefugnis...", Rn. 16 e 83.

[1127] Kort, Michael, "Großkommentar...", 4ª ed., § 77, Rn. 4, Kort, Michael, "Vertretungs- und Geschäftsführungsbefugnis...", Rn. 16 e 83, Fleischer, Holger, "Sorgfaltspflicht...", Rn. 11, e Flei-

## 4.2.5. Interesses a prosseguir

O tema dos interesses a prosseguir pelos diretores é bastante controverso no espaço jurídico alemão. Discute-se se a atuação dos diretores se deve orientar exclusivamente pelos interesses dos acionistas, pelo interesse da empresa ou pelos interesses dos diversos sujeitos envolvidos, com destaque para os acionistas e os trabalhadores.

É frequente a perspetiva de que o problema dos interesses a prosseguir pelos diretores releva da configuração do dever de direção ou de diligência dos diretores[1128]. Afirma-se que o controlo jurídico da atuação dos diretores pressupõe a fixação de uma finalidade jurídica para a atuação[1129].

Não farei uma descrição exaustiva do debate doutrinário germânico sobre o problema dos interesses a prosseguir pelos diretores. Como já tive a oportunidade de referir, trata-se de um tema central do direito societário, com uma forte dimensão política e filosófica, que seria impossível abarcar em poucas páginas.

Limitar-me-ei a apontar algumas das posições mais relevantes, seguindo um breve percurso histórico (em que regresso a momentos anteriores à vigência da AktG 1965), na esperança de aprofundar um pouco a descrição do dever de direção ou diligência dos diretores das sociedades por ações germânicas[1130].

---

scher, Holger, "Kommentar...", § 93, Rn. 21. Referindo que a direção pode realizar negócios auxiliares da atividade principal, ainda que tais negócios extravasem o objeto social, Hefermehl, Wolfgang e Spindler, Gerald, "Münchener...", § 82, Rn. 27, e Oltmanns, Martin, *Geschäftsleiterhaftung...*, pp. 207-208.

[1128] Por exemplo, Mestmäcker, Ernst-Joachim, *Verwaltung...*, p. 22, Hefermehl, Wolfgang, "Aktiengesetz", § 76, Rn. 22 e 26, e § 93, Rn. 10, Hefermehl, Wolfgang e Spindler, Gerald, "Münchener...", 2ª ed., § 93, Rn. 19 e 27, Semler, Johannes, *Die Überwachungsaufgabe...*, pp. 50-51 e 59, n. 161, Brinkmann, Tomas, "Unternehmensziele...", *AG*, 1982, p. 123, Schmidt-Leithoff, Christian, *Die Verantwortung...*, p. 400, Schmidt, Reinhard H. e Spindler, Gerald, "Shareholder-Value...", p. 535, Abeltshauser, Thomas, *Leitungshaftung...*, pp. 2-4, Hopt, Klaus, "Großkommentar...", 4ª ed., § 93, Rn. 87, Oltmanns, Martin, *Geschäftsleiterhaftung...*, pp. 202-205, Paefgen, Walter G., *Unternehmerische...*, pp. 41 e 59, e Bonin, Gregor von, *Die Leitung...*, pp. 47, 50-51 e 358. Referindo-se a um poder-dever de direção de acordo com determinada finalidade, Kort, Michael, "Großkommentar...", 4ª ed., § 76, Rn. 52. Referindo-se ao interesse da empresa como norma de conduta, Laske, Stephan, "Unternehmensinteresse...", *ZGR*, 1979, pp. 176-177.

Em contraponto, afastando o problema dos interesses a prosseguir da configuração dos deveres dos diretores, Hüffer, Uwe, "Das Leitungsermessen...", pp. 163-168.

[1129] Raiser, Thomas, "Unternehmensziele...", *ZHR*, 1980, p. 230.

[1130] De resto, existem na doutrina nacional extensas referências ao debate doutrinário germânico sobre a matéria, tais como Abreu, Jorge Coutinho de, *Do abuso de direito...*, pp. 108-121, Abreu, Jorge Coutinho de, *Da empresarialidade...*, pp. 225-243, e Cordeiro, António Menezes, *Da responsabilidade...*, pp. 498-508. Sínteses germânicas podem ser confrontadas em Großmann, Adolf, *Unternehmensziele...*, pp. 127-162, Flume, Werner, *Allgemeiner Teil...* I, 2, pp. 31-63, Fleischer, Holger,

O debate germânico sobre os interesses a prosseguir pela direção das socie-dades por ações é marcado pela querela entre *Walther Rathenau* e *Fritz Hauss-mann*, ocorrida nos tempos da República de Weimar.

Num escrito publicado em 1917, *Walther Rathenau* sustentou que a grande empresa não mais se reconduzia a um complexo de interesses individuais dos acionistas, antes constituindo uma realidade económico-nacional, que servia interesses públicos e que granjeara uma nova tutela jurídica da sua existência. Referiu ser inadmissível a dissolução da grande empresa pelos acionistas, defen-dendo a sua perduração em favor do interesse público[1131]. Propôs a proteção da grande empresa face aos acionistas minoritários focados na especulação e no lucro no curto prazo[1132].

Passada uma década, *Fritz Haussmann* criticou esta ideia, que apelidou de ideia da "empresa em si" (*"Unternehmen an sich"*). Realçou que o quadro legal da sociedade por ações compreende não apenas a grande empresa, mas também a média e, inclusivamente, a pequena empresa. Defendeu o princípio da que a sociedade por ações constitui uma empresa privada destinada ao lucro, susten-tando que a imposição de ponderação do interesse da comunidade não subverte este princípio. E referiu-se aos diretores como gestores de património alheio, dando conta da teorização norte-americana da separação entre "propriedade" e "controlo"[1133].

A ideia da "empresa em si" ganhou raízes, legitimando o poder autó-nomo da direção face aos acionistas, em prejuízo da ideia de democracia, sem que conduzisse a um desenvolvimento dos deveres dos diretores perante a empresa[1134].

Nesta sequência, a AktG 1937, no seu § 70 I, simultaneamente consagrou a dita conceção moderna da sociedade anónima, atribuindo à direção a responsa-bilidade exclusiva de dirigir a sociedade, e adotou uma visão pluralista dos inte-resses a prosseguir pelos diretores. Fê-lo com uma terminologia visivelmente marcada pela ideologia nacional-socialista[1135]. Recordo as referências legais ao

---

"Shareholders..." pp. 129-155, e Fleischer, Holger, "Leitungsaufgabe...", Rn. 18-46. Descrevendo pormenorizadamente o debate germânico até 1945, Riechers, Arndt, *Das "Unternehmen...*, pp. 7-169.

[1131] Rathenau, Walther, *Vom Aktienwesen...*, pp. 28-29 e 38-40. Dando nota de referências anteriores à relevância socioeconómica da grande empresa em escritos de *Gustav Schmoller*, publicados em 1890 e 1909, Schmidt-Leithoff, Christian, *Die Verantwortung...*, p. 12.

[1132] Rathenau, Walther, *Vom Aktienwesen...*, nomeadamente pp. 26-29, 39 e 55-62.

[1133] Haussmann, Fritz, "Die Aktiengesellschaft...", *Juristische Wochenschrift*, 1927, pp. 2954-2956.

[1134] Neste sentido, Mestmäcker, Ernst-Joachim, *Verwaltung...*, pp. 14-15.

[1135] Sobre o contexto e o significado da terminologia, Schmidt-Leithoff, Christian, *Die Verantwor-tung...*, pp. 25-29.

DEVER DE GESTÃO

bem da empresa e do seu pessoal e ao interesse comum do povo e do *Reich*. Fê-lo em rejeição da ideia de democracia[1136].

Com o fim da Segunda Guerra Mundial e do regime nacional-socialista, alguma doutrina reconduziu as referências constantes do § 70 I AktG 1937 a uma ideia de economia de mercado com preocupações sociais[1137]. Tais referências foram inclusivamente relacionadas com a figura da função social da propriedade, entretanto consagrada no art. 14, nº 2, da Lei Fundamental alemã (*Grundgesetz* ou simplesmente *GG*) de 1949[1138].

Aquando dos trabalhos preparatórios da AktG 1965, foi equacionada a manutenção da referência aos interesses a prosseguir pela direção, expurgada da terminologia nacional-socialista. Num projeto inicial sugeriu-se que a direção conduzisse a sociedade sob a sua própria responsabilidade, nos termos exigidos pelo bem da empresa, dos seus trabalhadores e dos acionistas, bem como pelo bem da comunidade[1139]. Mas, na exposição de motivos do projeto governamental, considerou-se dispensável tal referência legal expressa às finalidades a prosseguir pela direção, por se entender que a necessidade de atender aos interesses dos acionistas, dos trabalhadores e da comunidade seria uma evidência[1140].

---

[1136] Como referi em nota anterior, este último aspeto foi assumido por Geßler, Ernst, "Vorstand...", *Juristische Wochenschrift*, 1937, pp. 497-498.

[1137] Schmidt, Walter e Meyer-Landrut, Joachim, "Großkommentar...", 2ª ed., § 70, Anm. 11-12. Referindo que o § 70 I AktG 1937 é expressão da responsabilidade social a cargo da direção, Zöllner, Wolfgang, *Die Schranken...*, pp. 49-50. Referindo que o § 70 I AktG 1937 atribui um poder discricionário aos diretores, permitindo-lhes a assunção de responsabilidades éticas, Westermann, Harry, "Die Verantwortung...", pp. 266-269.

[1138] Zöllner, Wolfgang, *Die Schranken...*, p. 62.

[1139] § 71 I RefE AktG 1958: "*Der Vorstand hat unter eigener Verantwortung die Gesellschaft so zu leiten, wie das Wohl des Unternehmens, seiner Arbeitnehmer und Aktionäre, sowie das Wohl der Allgemeinheit es erfordern.*" (*apud* Rittner, Fritz, "Zur Verantwortung des Vorstandes...", p. 142, n. 17, Großmann, Adolf, *Unternehmensziele...*, pp. 127-162, Fleischer, Holger, "Leitungsaufgabe...", Rn. 20, n. 72, e Fleischer, Holger, "Shareholders...", p. 131, n. 15).

[1140] Kropff, Bruno, *Textausgabe...*, pp. 97-98. Também Rittner, Fritz, "Zur Verantwortung des Vorstandes...", pp. 142-144, Großmann, Adolf, *Unternehmensziele...*, pp. 152-153, Hefermehl, Wolfgang, "Aktiengesetz", § 76, Rn. 19, Schmidt, Karsten, *Gesellschaftsrecht*, 4ª ed., p. 805, e Fleischer, Holger, "Leitungsaufgabe...", Rn. 19-20.
No debate em comissão parlamentar foi ainda discutida a inclusão de uma norma com alguns traços semelhantes, que estabeleceria que a *sociedade* exercesse a atividade empresarial atendendo ao bem dos seus trabalhadores, dos acionistas e da comunidade. Tal inclusão também foi rejeitada, nomeadamente com o argumento que tal norma não teria um conteúdo autónomo, face à profusão de normas de proteção dos trabalhadores. Sobre este ponto, Kropff, Bruno, *Textausgabe...*, pp. 97-98, e Rittner, Fritz, "Zur Verantwortung des Vorstandes...", pp. 142-144.

Nesta sequência, o § 76 I AktG 1965 limita-se a determinar que a direção conduza a sociedade sob a sua própria responsabilidade, omitindo qualquer referência aos interesses a prosseguir.

O legislador manteve a delimitação da função, mas suprimiu a indicação da finalidade a prosseguir[1141].

Na ausência de uma determinação legal expressa da finalidade a prosseguir pelos diretores das sociedades por ações, uma parte substancial da doutrina germânica adota conceções institucionalistas ou pluralistas, sob a égide da ideia de interesse da empresa (*Unternehmensinteresse*). Uma outra parte da doutrina acolhe conceções monistas, apontando para prossecução dos interesses dos acionistas.

São esgrimidos diversos argumentos.

Algumas vozes, invocando os trabalhos preparatórios da AktG 1965, referem-se a uma perduração tácita do antigo regime legal[1142]. Outras vozes sustentam que o § 76 I AktG 1965 não constitui base legal para as conceções institucionalistas ou pluralistas dos interesses a prosseguir pelos diretores[1143].

Diversos autores apelam ao art. 14, nº 2, da Lei Fundamental alemã, que estabelece que a propriedade é fonte de deveres e que o seu uso deve simultaneamente servir o bem-estar geral[1144]. Afirma-se que as conceções institucionalistas ou pluralistas dos interesses a prosseguir pelos diretores constituem expressão da função social da propriedade, que limita a autonomia da própria sociedade[1145].

---

[1141] Rittner, Fritz, "Zur Verantwortung des Vorstandes...", p. 140.

[1142] Wilhelmi, Hans e Wilhelmi, Sylvester, *Aktiengesetz*, 3ª ed., § 76, Anm. 1 e 5-7, Baumbach, Adolf et al., *Aktiengesetz*, 13ª ed., § 76, Rn. 1, Schilling, Wolfgang, "Macht...", pp. 168-169, Raisch, Peter, "Zum Begriff...", pp. 352-353, Raiser, Thomas, "Unternehmensziele...", *ZHR*, 1980, p. 211, e Raiser, Thomas e Veil, Rüdiger, *Recht...*, p. 143.

[1143] Rittner, Fritz, "Zur Verantwortung des Vorstandes...", pp. 140-144 e 148-149, Hefermehl, Wolfgang, "Aktiengesetz", § 76, Rn. 20, Großmann, Adolf, *Unternehmensziele...*, pp. 153-154, Schmidt-Leithoff, Christian, *Die Verantwortung...*, pp. 32-35, Dreher, Meinrad, "Unternehmen...", *ZHR*, 1991, p. 355, Mülbert, Peter O., "Shareholder...", *ZGR*, 1997, pp. 147-149, Abeltshauser, Thomas, *Leitungshaftung...*, pp. 195-196, Fleischer, Holger, "Unternehmensspenden...", *AG*, 2001, p. 175, Fleischer, Holger, "Leitungsaufgabe...", Rn. 20, Fleischer, Holger, "Shareholders...", pp. 131-132, Paefgen, Walter G., *Unternehmerische...*, pp. 46-50, Schmidt, Karsten, *Gesellschaftsrecht*, 4ª ed., p. 805, Ulmer, Peter, "Aktienrecht...", *AcP*, 2002, p. 158, Hefermehl, Wolfgang e Spindler, Gerald, "Münchener...", 2ª ed., § 76, Rn. 53-54, Spindler, Gerald, "Münchener...", 3ª ed., § 76, Rn. 65-66, e Bonin, Gregor von, *Die Leitung...*, pp. 100-104.

[1144] *"Eigentum verpflichtet. Sein Gebrauch soll zugleich dem Wohle der Allgemeinheit dienen"*. Podem ser confrontadas traduções nomeadamente em Duarte, Rui Pinto, *...direitos reais*, 2ª ed., p. 313, e Abreu, Jorge Coutinho de, *Da empresarialidade...*, p. 235.

[1145] Rittner, Fritz, "Zur Verantwortung des Vorstandes...", pp. 144-148 e 154-158 (reconhecendo as dificuldades de concretização da definição constitucional de finalidades), Rittner, Fritz, "Zur

# DEVER DE GESTÃO

Próxima está a perspetiva de que o art. 14, nº 2, da Lei Fundamental reclama uma interpretação institucionalista ou pluralista do § 76 I AktG 1965[1146]. Esta última perspetiva é criticada por poder implicar um desfasamento entre a finalidade apontada à direção e a finalidade apontada aos restantes órgãos sociais[1147]. O apelo ao art. 14, nº 2, da Lei Fundamental é, em geral, criticado, por se questionar a eficácia direta entre particulares de tal norma constitucional como base para conceções institucionalistas ou pluralistas dos interesses a prosseguir[1148].

O debate sobre os interesses a prosseguir foi sendo condicionado pela consagração de regimes de cogestão dos trabalhadores[1149]. Atualmente merece destaque a Lei sobre a Cogestão dos Trabalhadores (*Gesetz über Mitbestimmung der Arbeitnehmer* ou simplesmente *MitbestG*) de 1976, que atribui aos trabalhadores das grandes empresas a possibilidade de nomearem metade dos membros do conselho de supervisão. Para diversos autores, o regime de cogestão dos trabalhadores constitui um ponto de apoio para a ideia de interesse da empresa (*Unternehmensinteresse*) e para as conceções institucionalistas ou pluralistas dos interesses a prosseguir pelos diretores[1150]. Afirma-se que não é exigível aos mem-

---

Verantwortung der Unternehmensleitung", *JZ*, 1980, pp. 113-118, Hefermehl, Wolfgang, "Aktiengesetz", § 76, Rn. 21 e 25, Schmidt-Leithoff, Christian, *Die Verantwortung...*, pp. 155-213, 222-223, 231-234, 371 e 398-399, Dreher, Meinrad, "Unternehmen...", *ZHR*, 1991, pp. 355-357, Abeltshauser, Thomas, *Leitungshaftung...*, pp. 196-201, Hefermehl, Wolfgang e Spindler, Gerald, "Münchener...", 2ª ed., § 76, Rn. 56, e Spindler, Gerald, "Münchener...", 3ª ed., § 76, Rn. 68. Afirmando que a função social da propriedade vincula todos os órgãos, Schilling, Wolfgang, "Das Aktienunternehmen", *ZHR*, 1980, p. 138. Atribuindo relevância à função social da propriedade consagrada no art. 14, nº 2, da Lei Fundamental, mas sem adotar uma conceção pluralista, Wiedemann, Herbert, *Gesellschaftsrecht*, I, p. 339.

[1146] Mertens, Hans-Joachim, "Kölner...", 2ª ed., § 76, Rn. 32. Aparentemente também, Hommelhoff, Peter, "...shareholder value-Prinzip?" *Zeitschrift für Betriebswirtschaft*, Ergänzungsheft 4/97, 1997, pp. 19-20, e Kübler, Friedrich, *Gesellschaftsrecht*, 5ª ed., p. 169. Referindo que o espaço de discricionariedade dos diretores consagrado no § 76 I AktG 1965 constitui uma limitação da propriedade dos acionistas conforme ao art. 14, nº 2, da Lei Fundamental, sem, contudo, se referir a uma orientação pluralista, mas sim à inexistência de uma orientação, Großmann, Adolf, *Unternehmensziele...*, pp. 161-162.

[1147] Paefgen, Walter G., *Unternehmerische...*, pp. 53-54, e Mülbert, Peter O., "Shareholder...", *ZGR*, 1997, pp. 149-150.

[1148] Paefgen, Walter G., *Unternehmerische...*, pp. 54-55, e Mülbert, Peter O., "Shareholder...", *ZGR*, 1997, pp. 149-150.

[1149] Referindo que as experiências de cogestão remontam aos tempos da República de Weimar, apontando a *Betriebsrätegesetz* de 1920, nomeadamente Großmann, Adolf, *Unternehmensziele...*, pp. 139-140, Schmidt, Reinhard H. e Spindler, Gerald, "Shareholder-Value...", p. 543, e Kuhner, Christoph, "Unternehmensinteresse...", *ZGR*, 2004, p. 247.

[1150] Raiser, Thomas, "Unternehmensziele...", *ZHR*, 1980, pp. 224-229, Schilling, Wolfgang, "Das Aktienunternehmen", *ZHR*, 1980, pp. 136-144, Laske, Stephan, "Unternehmensinteresse...", *ZGR*, 1979, p. 176, Mertens, Hans-Joachim, "Zuständigkeiten...", *ZGR*, 1977, pp. 274-275, Mertens, Hans-

bros do conselho de supervisão nomeados pelos trabalhadores que prossigam exclusivamente os interesses dos acionistas. Por coerência de regime, a mesma conclusão valerá para os restantes membros do conselho de supervisão e para os membros da direção. Em contraponto, outros autores realçam que a legislação sobre cogestão se limita a estabelecer regras formais de participação dos trabalhadores na organização da sociedade, não contendo regras materiais sobre os interesses a prosseguir pelos órgãos sociais[1151].

Em tempos mais recentes, a *Gesetz zur Kontrolle und Transparenz im Unternehmensbereich* (KonTraG), de 1998, a que já fiz referência, estabeleceu um regime mais permissivo de aquisição de ações próprias, bem como regras de remuneração dos diretores com base em planos de ações, sendo que na fundamentação de tais intervenções legislativas foi acolhida uma perspetiva de orientação pela maximização do valor acionista no longo prazo[1152]. Este aspeto é apontado em conforto da conceção monista e da inerente perspetiva de prossecução dos interesses dos acionistas[1153]. Mas há quem desvalorize a relevância desta intervenção legislativa[1154].

Desenvolvendo a descrição da teorização doutrinária sobre os interesses a prosseguir pelos diretores de sociedades por ações, temos que alguns autores perspetivam o interesse da empresa (*Unternehmensinteresse*) como uma finalidade supra-individual, não reconduzível a um conjunto de interesses individuais. A empresa é entendida como uma comunidade pessoal[1155], como uma organização social[1156], como um sistema social auto-poiético[1157]... Sustenta-se, por vezes,

---

-Joachim, "Kölner...", 2ª ed., § 76, Rn. 6, Mertens, Hans-Joachim e Cahn, Andreas, "Kölner...", 3ª ed., § 76, Rn. 16, Semler, Johannes, "Vom Gesellschaftsrecht...", pp. 294-298, Hopt, Klaus, "Aktionärskreis...", *ZGR*, 1993, pp. 536 e 540, Ulmer, Peter, "Aktienrecht...", *AcP*, 2002, pp. 159-160, Hefermehl, Wolfgang e Spindler, Gerald, "Münchener...", 2ª ed., § 76, Rn. 57, Spindler, Gerald, "Münchener...", 3ª ed., § 76, Rn. 69, e Flume, Werner, *Allgemeiner Teil...*, I, 2, pp. 48-63.

[1151] Wiedemann, Herbert, "Unternehmerische...", p. 575, Wiedemann, Herbert, "Stellung...", *ZGR*, 1977, pp. 162 e 165, Mülbert, Peter O., "Shareholder...", *ZGR*, 1997, pp. 151-154, Paefgen, Walter G., *Unternehmerische...*, pp. 50-53, e Bonin, Gregor von, *Die Leitung...*, pp. 100-104 e 112-113.

[1152] "Entwurf KonTraG", *ZIP*, 1997, pp. 2059 e 2067.

[1153] Mülbert, Peter O., "Marktwertmaximierung...", pp. 434-435, e Fleischer, Holger, "Leitungsaufgabe...", Rn. 29.

[1154] Ulmer, Peter, "Aktienrecht...", *AcP*, 2002, p. 159.

[1155] Ainda no período de vigência da AktG 1937, Fechner, Erich, *Die Treubindungen...*, pp. 62-83.

[1156] Raiser, Thomas, "Das Unternehmensinteresse", pp. 105-119, Raiser, Thomas, "Unternehmensziele...", *ZHR*, 1980, pp. 219-220 e 230-231, e Raiser, Thomas e Veil, Rüdiger, *Recht...*, pp. 11-24 e 143-144.

[1157] Teubner, Gunther, "Unternehmensinteresse...", *ZHR*, 1984, pp. 470-472 e 477-479 e 482-488 (embora se refira mais ao carácter processual do interesse da empresa, do que a um conteúdo

DEVER DE GESTÃO

a identidade entre a sociedade por ações e a empresa[1158]. Joga-se sobretudo a inclusão dos trabalhadores.

A conceção supra-individual é frequentemente acompanhada da perspetiva de que os diretores devem, acima de tudo, assegurar a rendabilidade duradoura, a sobrevivência da empresa ou o êxito empresarial[1159].

Outros autores afastam-se da perspetiva supra-individual e institucionalista, adotando um enfoque pluralista, que exige da direção a ponderação valorativa dos interesses dos diversos grupos de pessoas envolvidos na empresa, de acordo com a sua discricionariedade (*Ermessen*)[1160]. Invoca-se, por vezes, o princípio da concordância prática[1161]. Neste contexto, a expressão "interesse da empresa" (*Unternehmensinteresse*) é inclusivamente descrita como um mero instrumento linguístico, destinado a convocar tal ponderação valorativa[1162].

Para alguns defensores do pluralismo, a discricionariedade é limitada pela necessidade de assegurar a rendabilidade duradoura e a sobrevivência da

---

material). Também Teubner, Gunther, "Corporate...", pp. 160-167, e, Teubner, Gunther, *O direito...*, pp. 264-270.

[1158] Flume, Werner, *Allgemeiner Teil...*, I, 2, pp. 48-63. Próximos: Schilling, Wolfgang, "Das Aktien-unternehmen", *ZHR*, 1980, pp. 136-143 (referindo-se à sobreposição parcial do círculo dos acio-nistas e do círculo dos trabalhadores, através da participação nos órgãos de supervisão e direção), e Mertens, Hans-Joachim, "Kölner...", 2ª ed., § 76, Rn. 6-7 e 20.

[1159] Raiser, Thomas, "Das Unternehmensinteresse", pp. 107-108 e 112, Flume, Werner, *Allgemeiner Teil...*, I, 2, pp. 57-58, Mertens, Hans-Joachim, "Zuständigkeiten...", *ZGR*, 1977, pp. 275-278, Mer-tens, Hans-Joachim, "Kölner...", 2ª ed., § 76, Rn. 10-11, 16-17, 22-23 e 32-33, e Teubner, Gunther, "Unternehmensinteresse...", *ZHR*, 1984, pp. 477-478.

[1160] Schilling, Wolfgang, "Das Aktienunternehmen", *ZHR*, 1980, pp. 143-144, Hopt, Klaus, "Großkommentar...", 4ª ed., § 93, Rn. 87, Kort, Michael, "Großkommentar...", 4ª ed., § 76, Rn. 52-64, Hefermehl, Wolfgang e Spindler, Gerald, "Münchener...", 2ª ed., § 76, Rn. 53, 57 e 69-77, e § 93, Rn. 3 e 19, Spindler, Gerald, "Münchener...", 3ª ed., § 76, Rn. 65, 69 e 82-93, Hommelhoff, Peter, "...shareholder value-Prinzip?", *Zeitschrift für Betriebswirtschaft*, Ergänzungsheft 4/97, 1997, pp. 19-20, Hommelhoff, Peter, "Das Unternehmensrecht...", pp. 102-105, Werder, Axel von, "Shareholder...", *ZGR*, 1998, pp. 77-79, Roth, Markus, *Unternehmerisches Ermessen...*, pp. 23-29, e Wiesner, Georg e Kraft, Thomas, *Münchener...*, IV, 3ª ed., pp. 196-197. Também Semler, Johannes, *Die Überwachungs-aufgabe...*, pp. 60-62, Semler, Johannes, *Leitung...*, 2ª ed., pp. 33-36, e Semler, Johannes e Spindler, Gerald, "Münchener...", 2ª ed., Vor § 76, Rn. 77-91, embora equacionando uma perspetiva supra-individual em Semler, Johannes, "Vom Gesellschaftsrecht...", pp. 294-308.

[1161] Schmidt-Leithoff, Christian, *Die Verantwortung...*, p. 400, Hopt, Klaus, "Aktionärskreis...", *ZGR*, 1993, p. 536, Kort, Michael, "Großkommentar...", 4ª ed., § 76, Rn. 64, Hefermehl, Wolfgang e Spindler, Gerald, "Münchener...", 2ª ed., § 76, Rn. 57, Spindler, Gerald, "Münchener...", 3ª ed., § 76, Rn. 69, e Wiesner, Georg e Kraft, Thomas, *Münchener...*, IV, 3ª ed., p. 196. Criticando a ideia de concordância prática, para o efeito invocando o paradoxo de *Arrow*, Kuhner, Christoph, "Unter-nehmensinteresse...", *ZGR*, 2004, pp. 255-257.

[1162] Hüffer, Uwe, *Aktiengesetz*, 8ª ed., § 76, Rn. 12-15, e Goette, Wulf, "Leitung...", p. 127.

empresa[1163]. Argumenta-se no sentido de que a rendabilidade duradoura e a sobrevivência da empresa constituem um denominador comum dos interesses dos diversos grupos de pessoas envolvidos na empresa.

Outros autores ainda, com a atenção focada nos regimes de cogestão dos trabalhadores, consideram que o pluralismo na empresa não é obtido pela imposição material da prossecução do interesse da empresa ou dos interesses dos diversos sujeitos, mas apenas por regras processuais de participação dos diversos sujeitos na organização da sociedade[1164].

A ideia de que os diretores devem, acima de tudo, assegurar a rendabilidade duradoura, a sobrevivência da empresa ou o êxito empresarial é criticada. Afirma-se que da ideia de rendabilidade duradoura não decorrem critérios operacionais[1165]. Refere-se que o paradigma de sobrevivência da empresa é contrariado pelo poder de dissolução da sociedade pelos acionistas[1166]. Afirma-se que o enfoque na sobrevivência da empresa poderá implicar uma gestão pouco flexível e a manutenção, a todo o custo, de postos de trabalho sem produtividade[1167].

É frequente o reconhecimento de que a ideia de interesse da empresa e as construções institucionalistas ou pluralistas aumentam a discricionariedade dos diretores, limitam a exigibilidade de conduta e diminuem a sua responsabilidade[1168]. Alerta-se, em tom crítico, para a possibilidade de as conceções institucionalistas ou pluralistas serem usadas para justificar atuações dos diretores arbitrárias ou em prossecução de interesses próprios[1169].

---

[1163] Hüffer, Uwe, *Aktiengesetz*, 8ª ed., § 76, Rn. 13-14, Hefermehl, Wolfgang e Spindler, Gerald, "Münchener...", 2ª ed., § 76, Rn. 61, 63 e 77, Spindler, Gerald, "Münchener...", 3ª ed., § 76, Rn. 73-74, 76 e 93, e Wiesner, Georg e Kraft, Thomas, *Münchener...*, IV, 3ª ed., pp. 196-197. Apontando a finalidade mínima de conservação do capital no longo prazo, Raisch, Peter, "Zum Begriff...", pp. 354 e 357-364.

[1164] Laske, Stephan, "Unternehmensinteresse...", *ZGR*, 1979, pp. 196-200, e Brinkmann, Tomas, "Unternehmensziele...", *AG*, 1982, pp. 127-129.

[1165] Großmann, Adolf, *Unternehmensziele...*, p. 111, Mülbert, Peter O., "Shareholder...", *ZGR*, 1997, pp. 168-169, e Bonin, Gregor von, *Die Leitung...*, p. 114.

[1166] Hopt, Klaus, "Aktionärskreis...", *ZGR*, 1993, p. 538, e Bonin, Gregor von, *Die Leitung...*, p. 114.

[1167] Mülbert, Peter O., "Shareholder...", *ZGR*, 1997, p. 169, e Bonin, Gregor von, *Die Leitung...*, pp. 114-115.

[1168] Hopt, Klaus, "Aktionärskreis...", *ZGR*, 1993, p. 538, Hopt, Klaus, "Großkommentar...", 4ª ed., § 93, Rn. 87, Mülbert, Peter O., "Shareholder...", *ZGR*, 1997, p. 170, Schmidt, Reinhard H. e Spindler, Gerald, "Shareholder-Value...", pp. 548-551 e 555, Kübler, Friedrich, "Shareholder...", pp. 334-335, Teichmann, Christoph, "ECLR – Corporate...", *ZGR*, 2001, p. 648, Kuhner, Christoph, "Unternehmensinteresse...", *ZGR*, 2004, p. 255, Hüffer, Uwe, *Aktiengesetz*, 8ª ed., § 76, Rn. 15, Hefermehl, Wolfgang e Spindler, Gerald, "Münchener...", 2ª ed., § 76, Rn. 58, Spindler, Gerald, "Münchener...", 3ª ed., § 76, Rn. 70, e Bonin, Gregor von, *Die Leitung...*, pp. 188, 383-389, 393 e 406.

[1169] Schmidt, Reinhard H. e Spindler, Gerald, "Shareholder-Value...", p. 548, Teichmann, Christoph, "ECLR – Corporate...", *ZGR*, 2001, p. 648, Kuhner, Christoph, "Unternehmensinteresse...", *ZGR*, 2004, p. 255, e Bonin, Gregor von, *Die Leitung...*, pp. 188, 383-389, 393 e 406.

DEVER DE GESTÃO

No pólo oposto, alguns autores acolhem conceções monistas, que apontam para a prossecução dos interesses dos acionistas. Refere-se que os órgãos sociais devem prosseguir o fim social e que, na falta de uma estipulação estatutária em sentido diverso, o fim social típico nas sociedades por ações consiste na prossecução do lucro em favor dos acionistas[1170].

Em todo o caso, alguns dos autores que defendem a prossecução do lucro em favor dos acionistas ressalvam a possibilidade de atender, em alguma medida, aos interesses de outros sujeitos, nomeadamente dos trabalhadores[1171]... Não raro, invoca-se a ideia de função social da propriedade consagrada no art. 14, nº 2, da Lei Fundamental[1172].

Em tempos mais recentes, este sector da doutrina germânica vem-se confrontando com a ideia de *shareholder value*, questionando a sua compatibilidade com o referido fim social típico de prossecução do lucro em favor dos acionistas.

Algumas vozes associam a ideia de *shareholder value* à teoria do portefólio, considerando que reclama opções empresariais em função do interesse de acionistas com um portefólio diversificado. Face a esta descrição, sustenta-se que a ideia de *shareholder value* não corresponde ao referido fim social típico de prossecução do lucro em favor dos acionistas. Este apenas reclama a valorização do património da própria sociedade, sendo compatível quer com opções empresariais em função do interesse de acionistas com um portefólio diversificado, quer com opções de sinal oposto, que visem a diversificação do risco das atividades da própria sociedade ou a realização de investimentos com uma perspetiva de retorno não superior ao custo do capital próprio[1173].

Outras vozes distinguem a ideia genérica de *shareholder value*, enquanto imperativo de maximização do valor do capital próprio, da perspetiva de maximização do valor capital próprio em função do critério de um investidor com

---

[1170] Wiedemann, Herbert, *Gesellschaftsrecht*, I, pp. 326-328, 337-339 e 625-628, Mülbert, Peter O., *Aktiengesellschaft...*, pp. 157-160, Mülbert, Peter O., "Shareholder...", *ZGR*, 1997, pp. 140 e 157, n. 104, Paefgen, Walter G., *Unternehmerische...*, pp. 39-42, Schmidt, Reinhard H. e Spindler, Gerald, "Shareholder-Value...", pp. 535-536, e Bonin, Gregor von, *Die Leitung...*, pp. 76-88. Referindo-se à finalidade social formal de prossecução do lucro, mas adotando uma perspetiva pluralista, Semler, Johannes, *Die Überwachungsaufgabe...*, pp. 50-67, e Semler, Johannes e Spindler, Gerald, "Münchener...", 2ª ed., Vor § 76, Rn. 77-91.

[1171] Wiedemann, Herbert, *Gesellschaftsrecht*, I, p. 339, e Bonin, Gregor von, *Die Leitung...*, pp. 161-163, 383-387 e 393.

[1172] Wiedemann, Herbert, *Gesellschaftsrecht*, I, p. 339, e Bonin, Gregor von, *Die Leitung...*, pp. 104-108, 386-387, 393, 396-401 e 446.

[1173] Mülbert, Peter O., "Shareholder...", *ZGR*, 1997, pp. 131-141, 155-163 e 170-172, Paefgen, Walter G., *Unternehmerische...*, pp. 58-64, e Nicolaysen, Isaschar, *Leitungsermessen...*, pp. 42, 104-114 e 125-131.

um portefólio diversificado, tal como proposta por *Alfred Rappaport*. Face a esta distinção, concluem que a ideia de *shareholder value* equivale precisamente ao fim social típico de prossecução do lucro em favor dos acionistas. Já a perspetiva de maximização do valor capital próprio em função do critério de um investidor com um portefólio diversificado é entendida como uma das possíveis vias de concretização do fim social típico[1174].

A ideia de *shareholder value* e as teorizações de *Alfred Rappaport* levantam a questão de saber se os diretores devem determinar as suas opções empresariais em função das preferências de exposição ao risco dos acionistas de referência ou dos investidores com portefólios diversificados.

Diversos autores sustentam que a matéria se insere na discricionariedade empresarial, que não pode ser limitada[1175]. Por vezes, acrescenta-se que a perspetiva de maximização do valor do capital próprio em função do critério de um investidor com um portefólio diversificado poderá ser desadequada em sociedades com acionistas de referência[1176]. A advertência oposta, em relação a sociedades com ampla dispersão do capital em bolsa, não é verbalizada...

Noutro registo, *Christoph Kuhner* aponta para a concretização do fim social típico em função do perfil de risco de um acionista que seja representativo da estrutura acionista. Afirma que esta concretização implica que os diretores assumam opções estratégicas em função das preferências de exposição ao risco de um investidor com um portefólio diversificado, quando este seja representativo[1177]. Em todo o caso, *Christoph Kuhner* adota uma perspetiva pluralista, ressalvando a discricionariedade dos diretores para prosseguirem os interesses de outros sujeitos[1178].

Num registo próximo deste último, *Gregor von Bonin* sustenta, antes de mais, que a definição das preferências de risco respeita à discricionariedade dos diretores, mas acrescenta que, no exercício dessa discricionariedade, os diretores

---

[1174] Bonin, Gregor von, *Die Leitung...*, pp. 67-68 e 137-157, e Kuhner, Christoph, "Unternehmensinteresse...", *ZGR*, 2004, pp. 267-270. Apontando para identidade entre a finalidade de prossecução do lucro em favor dos acionistas e a finalidade de maximização do valor acionista, Schmidt, Reinhard H. e Spindler, Gerald, "Shareholder-Value...", pp. 520-521 e 537-540.

[1175] Mülbert, Peter O., "Shareholder...", *ZGR*, 1997, pp. 161-163, Mülbert, Peter O., "Marktwertmaximierung...", pp. 438 e 440, Paefgen, Walter G., *Unternehmerische...*, pp. 62-65, Nicolaysen, Isaschar, *Leitungsermessen...*, pp. 125-131, Hefermehl, Wolfgang e Spindler, Gerald, "Münchener...", 2ª ed., § 76, Rn. 64, e Spindler, Gerald, "Münchener...", 3ª ed., § 76, Rn. 77. Aparentemente, Fleischer, Holger, "Leitungsaufgabe...", Rn. 29.

[1176] Mülbert, Peter O., "Shareholder...", *ZGR*, 1997, p. 163, Hefermehl, Wolfgang e Spindler, Gerald, "Münchener...", 2ª ed., § 76, Rn. 64, e Spindler, Gerald, "Münchener...", 3ª ed., § 76, Rn. 77.

[1177] Kuhner, Christoph, "Unternehmensinteresse...", *ZGR*, 2004, pp. 269-270 e 278.

[1178] Kuhner, Christoph, "Unternehmensinteresse...", *ZGR*, 2004, pp. 278-279.

DEVER DE GESTÃO

devem atender à concreta tipologia da sociedade[1179]. Afirma que, relativamente a ações não cotadas ou não transacionadas em bolsa, os diretores devem atender às preferências de risco de acionistas não diversificados[1180]. Não verbaliza o exemplo oposto...

Esta última perspetiva tem subjacente a consagração do subtipo da sociedade aberta, no § 3 II AktG, através da *Gesetz zur Kontrolle und Transparenz im Unternehmensbereich* (KonTraG), de 1998.

Em abono desta leitura tipológica é igualmente apontada a ideia de que o regime da sociedade por ações tem uma natureza híbrida, tendo por referência quer a imagem do acionista como membro de uma associação, quer a imagem do acionista como investidor[1181].

Em matéria de confronto entre a ideia de *shareholder value* e a possibilidade de atender aos interesses de outros sujeitos, nomeadamente dos trabalhadores, a doutrina germânica frequentemente afirma, sob inspiração do pensamento económico, que os interesses de outros sujeitos constituem condições ou constrangimentos necessários à maximização do valor acionista (*Maximierung unter Nebenbedingungen*), pelo que, nessa medida, não podem deixar de ser tidos em consideração[1182].

Neste contexto, há quem sustente que os diretores podem atender aos interesses de outros sujeitos para além das exigências de mercado, admitindo constrangimentos à maximização do valor acionista acima dos exclusivamente necessários. Esta perspetiva é caracterizada como uma teoria moderada do valor acionista (*moderate shareholder value*)[1183].

Há quem afirme que esta teoria moderada do valor acionista é compatível com a conceção do interesse da empresa (*Unternehmensinteresse*)[1184].

---

[1179] Bonin, Gregor von, *Die Leitung...*, pp. 149-157.

[1180] Bonin, Gregor von, *Die Leitung...*, pp. 154-155.

[1181] Bonin, Gregor von, *Die Leitung...*, pp. 149-155 e 339. Na defesa da natureza híbrida da posição do acionista, simultaneamente membro de uma associação e investidor, merece destaque Mülbert, Peter O., *Aktiengesellschaft...*, pp. 97-100 e 203-204, e Mülbert, Peter O., "Marktwertmaximierung...", pp. 424 e 440-441.

[1182] Mülbert, Peter O., "Shareholder...", *ZGR*, 1997, p. 139, Schmidt, Reinhard H. e Spindler, Gerald, "Shareholder-Value...", pp. 522-524, Paefgen, Walter G., *Unternehmerische...*, p. 42, incluindo notas, Bonin, Gregor von, *Die Leitung...*, p. 73, e Kuhner, Christoph, "Unternehmensinteresse...", *ZGR*, 2004, pp. 253-255.

[1183] Fleischer, Holger, "Leitungsaufgabe...", Rn. 29-32. Aparentemente neste sentido, Schmidt, Reinhard H. e Spindler, Gerald, "Shareholder-Value...", pp. 545-551 e 555, e, para as sociedades por quotas, Zöllner, Wolfgang e Noack, Ulrich, "Kommentar...", 18ª ed., § 43, Rn. 20.

[1184] Semler, Johannes e Spindler, Gerald, "Münchener...", 2ª ed., Vor § 76, Rn. 90-91.

*Adolf Großmann* adota uma posição algo original no debate doutrinário sobre os interesses a prosseguir pelos diretores, sustentando que a lei não estabelece qualquer finalidade substancial para a atuação dos diretores e que a atuação dos diretores apenas é condicionada por obrigações e proibições legais estritas, por limitações estatutárias e por deveres de diligência formais[1185].

A construção de *Adolf Großmann* é criticada, sobretudo com o argumento de que a imposição de deveres de diligência, ainda que meramente formais, não pode prescindir da determinação de uma finalidade substancial[1186].

O Código Alemão de Governo Societário (*Deutscher Corporate Governance Kodex* ou, simplesmente, DCGK), aprovado em 2002, estabelecia, na sua versão inicial, no seu Zif. 4.1.1., que a direção conduz a empresa sob a sua própria responsabilidade e que a direção está vinculada ao interesse da empresa e deve prosseguir o aumento do valor duradouro da empresa.

Em comentário, explicava-se que a referência ao aumento do valor da empresa não significa aumento do valor acionista no curto prazo[1187].

A partir de 2009, o Zif. 4.1.1. do Código Alemão de Governo Societário passou a determinar que a direção conduz a empresa, com vista a criar valor sob a sua própria responsabilidade e no interesse da empresa, atendendo, por conseguinte, aos interesses dos acionistas, dos trabalhadores e de outros *stakeholders*.

A observância das diretrizes apontadas no Código Alemão de Governo Societário não é obrigatória. Antes se acolhe a perspetiva de *"comply or explain"*. O § 161 AktG, introduzido pela referida *Gesetz zur weiteren Reform des Aktien- und Bilanzrechts, zu Transparenz und Püblizität* (TransPuG), em 2002, estabelece um dever de esclarecimento público sobre a adesão ou rejeição das recomendações do Código Alemão de Governo Societário, a cargo da direção e do conselho de supervisão das sociedades abertas.

No que respeita à jurisprudência, de acordo com o testemunho de *Hartwig Henze*, juiz do *Bundesgerichtshof*, este tribunal não se terá pronunciado sobre o confronto entre o *shareholder value* e o *stakeholder value*, evitando uma tomada de posição em matéria de conceitos jurídicos abstratos. O tribunal superior tenderá a utilizar as expressões interesse da empresa e interesse social (*Unternehmensinteresse, Gesellschaftsinteresse*), sem as definir. Mas não deixará de, nos casos concretos, atender aos interesses dos acionistas minoritários e dos credores, bem como aos interesses dos trabalhadores e ao interesse público, na linha da *stakeholder-Theorie*. Na ponderação destes interesses, o *Bundesgerichtshof* reconhecerá a

---

[1185] Terei a oportunidade de explanar, de forma mais desenvolvida, o pensamento de *Adolf Großmann*.
[1186] Paefgen, Walter G., *Unternehmerische...*, pp. 36-38, Mülbert, Peter O., "Shareholder...", *ZGR*, 1997, pp. 146-147, e Bonin, Gregor von, *Die Leitung...*, pp. 79-81.
[1187] Ringleb, Henrik-Michael et al., *Kommentar...*, Rn. 425-427 (também Rn. 237-240).

DEVER DE GESTÃO

necessidade de confronto com o regime dos direitos fundamentais, tendendo a atribuir preponderância aos interesses dos acionistas, bem como aos interesses dos credores, mas com exceções[1188].

### 4.2.6. Concretizações do dever de diligência ou de direção
A doutrina enuncia frequentemente situações padronizadas nas quais se concretiza o dever de diligência ou de direção.

Entre estas situações padronizadas apontam alguns autores germânicos a necessidade de zelar pela regularidade da organização e dos processos decisórios societários[1189]. Os diretores devem nomeadamente observar as regras de composição dos órgãos, as regras de distribuição de competências, as regras sobre repartição de pelouros, as regras sobre processos deliberativos. Os diretores devem reservar para si o exercício das funções de direção.

O diretor que atua sem poder de administração ou ultrapassando as suas competências estará a violar os seus deveres[1190].

Um outro aspeto de concretização do dever geral dos diretores respeita à imposição de trabalho conjunto no interior da direção e de colaboração com outros órgãos[1191]. Os diretores devem zelar por um adequado fluxo de informação entre si, nomeadamente quando existe uma repartição de pelouros[1192]. Os diretores devem colaborar entre si, tentando ultrapassar as suas divergências.

Em matéria de deliberações do órgão de administração, a atuação diligente de um diretor que discorda da posição maioritária não se bastará com o voto de protesto. O diretor deverá desenvolver a sua argumentação junto dos colegas, dessa forma tentando que seja adotada a deliberação que considera mais adequada[1193]. Poderá ter que comunicar a questão ao conselho de supervisão[1194].

É frequente a afirmação de que os diretores têm um dever de planificação empresarial[1195].

---

[1188] Henze, Hartwig, "Leitungsverantwortung...", *BB*, 2000, p. 212.

[1189] Mertens, Hans-Joachim, "Kölner...", 2ª ed., § 93, Rn. 30-33, e Hopt, Klaus, "Großkommentar...", 4ª ed., § 93, Rn. 89-95.

[1190] Abeltshauser, Thomas, *Leitungshaftung...*, pp. 210-211, Goette, Wulf, "Leitung...", pp. 132-133, Paefgen, Walter G., *Unternehmerische...*, pp. 18-19, e Fleischer, Holger, "Sorgfaltspflicht...", Rn. 10.

[1191] Mertens, Hans-Joachim, "Kölner...", 2ª ed., § 93, Rn. 43-44, Hopt, Klaus, "Großkommentar...", 4ª ed., § 93, Rn. 132-140, e Raiser, Thomas e Veil, Rüdiger, *Recht...*, p. 162.

[1192] Também Fleischer, Holger, "Sorgfaltspflicht...", Rn. 44.

[1193] Hefermehl, Wolfgang e Spindler, Gerald, "Münchener...", 2ª ed., § 93, Rn. 77 e 78.

[1194] Hopt, Klaus, "Großkommentar...", 4ª ed., § 93, Rn. 52.

[1195] Abeltshauser, Thomas, *Leitungshaftung...*, pp. 216-220, Paefgen, Walter G., *Unternehmerische...*, p. 226, Fleischer, Holger, "Sorgfaltspflicht...", Rn. 38-39, Fleischer, Holger, "Kommentar...", § 93, Rn. 48-49, e Wiesner, Georg e Kraft, Thomas, *Münchener...*, IV, 3ª ed., p. 301. Antes da entrada

Para fundamentar tal dever, a doutrina começou por invocar a incorporação dos conhecimentos da ciência da gestão de empresas no conceito normativo de direção. Como já tive a oportunidade de referir, com a *Gesetz zur weiteren Reform des Aktien- und Bilanzrechts, zu Transparenz und Püblizität* (TransPuG), de 2002, o § 90 I Nr. 1 AktG passou a estabelecer que o dever de informação do conselho de supervisão também incide sobre aspetos fundamentais da planificação empresarial. O regime societário passou a integrar uma referência legal específica, ainda que indireta, à imposição de planificação dos diretores.

São discutidos os contornos do dever de planificação empresarial. Para uma parte da doutrina deverá ser elaborada não apenas uma planificação de curto prazo (operacional), mas também uma planificação de longo prazo (estratégica)[1196]. Para outra parte da doutrina, a planificação de curto prazo (operacional) constitui uma exigência mínima, sendo que a necessidade de elaboração de uma planificação de longo prazo (estratégica) depende da dimensão e do tipo de empresa[1197]. Invocando o Zif. 4.1.2. DCGK (Código Alemão de Governo Societário), recomenda-se a planificação de longo prazo nas sociedades anónimas abertas[1198].

Em todo o caso, é frequente a afirmação de que a componente de planificação do dever de diligência ou direção envolve uma ampla margem de discricionariedade[1199].

Alguns autores conferem particular realce ao regular financiamento empresarial[1200]. Os diretores devem zelar pelo cumprimento das regras sobre capita-

---

em vigor da TransPuG, Semler, Johannes, *Die Überwachungsaufgabe...*, pp. 12 e 18 (também Semler, Johannes, "Die Unternehmensplanung...", *ZGR*, 1983, pp. 1-16, e Semler, Johannes, *Leitung...*, 2ª ed., pp. 10 e 13-14), Hommelhoff, Peter, *Die Konzernleitungspflicht...*, p. 167, Lutter, Marcus, "Unternehmensplanung...", *AG*, 1991, pp. 250-251, Albach, Horst, "Strategische Unternehmensplanung...", *ZGR*, 1997, pp. 32-40, Feddersen, Dieter, "Nochmals – Die Pflichten...", *ZGR*, 1993, pp. 115-117, e Götz, Heinrich, "Die Überwachung...", *AG*, 1995, pp. 338-339. Em crítica, Kallmeyer, Harald, "Pflichten...", *ZGR*, 1993, pp. 107-108.

[1196] Wiesner, Georg e Kraft, Thomas, *Münchener...*, IV, 3ª ed., p. 301, e Mertens, Hans-Joachim e Cahn, Andreas, "Kölner...", 3ª ed., § 93, Rn. 83. Exigindo uma planificação de curto e de médio prazo, Oltmanns, Martin, *Geschäftsleiterhaftung...*, p. 221.

[1197] Altmeppen, Holger, "Die Auswirkungen...", *ZGR*, 1999, pp. 303-306, e Fleischer, Holger, "Kommentar...", § 93, Rn. 48.

[1198] Fleischer, Holger, "Kommentar...", § 93, Rn. 48.

[1199] Abeltshauser, Thomas, *Leitungshaftung...*, pp. 216-220, Fleischer, Holger, "Sorgfaltspflicht...", Rn. 38-39, Fleischer, Holger, "Kommentar...", § 93, Rn. 49, e Feddersen, Dieter, "Nochmals – Die Pflichten...", *ZGR*, 1993, pp. 116-117. Também Altmeppen, Holger, "Die Auswirkungen...", *ZGR*, 1999, p. 305, sem prejuízo da referida exigência mínima de planificação anual.

[1200] Hopt, Klaus, "Großkommentar...", 4ª ed., § 93, Rn. 96-97, e Fleischer, Holger, "Sorgfaltspflicht...", Rn. 43.

DEVER DE GESTÃO

lização da sociedade. Os diretores devem assegurar que a sociedade tenha os meios adequados à prossecução dos seus fins.

Farei referência, de forma autónoma, ao problema do dever de legalidade, à exigência de obtenção de informação e aos aspetos de organização e vigilância, incluindo a vigilância decorrente de uma repartição de pelouros no interior da direção.

Autonomizarei ainda o problema da sindicabilidade judicial das decisões empresariais e desenvolverei os termos da receção germânica da *business judgment rule*.

### 4.2.7. Dever de legalidade

Sob inspiração norte-americana, alguma doutrina germânica considera que sobre a esfera dos diretores incide um dever de legalidade, distinguindo uma componente interna e uma componente externa deste dever[1201].

A componente interna do dever de legalidade compreenderá os deveres orgânicos especificamente previstos na lei societária, nos estatutos e no regulamento da direção, tais como o dever de salvaguarda do regime de competências orgânicas (*Wahrung der gesetzlichen Zuständigkeitsordnung*), a imposição de respeito pelo objeto social (*Einhaltung des Unternehmensgegenstandes*), deveres de informação, deveres de prestação de contas e deveres de inscrição no registo comercial[1202].

Há quem advirta que esta referência à componente interna do dever de legalidade se cruza com a referência a deveres específicos, apontados em pontuais previsões normativas, contrapostos ao dever geral de diligência ou de direção[1203].

A componente externa do dever de legalidade corresponderá aos deveres legais que incidem sobre a sociedade e que se refletem na esfera dos administradores. Os diretores devem fazer com que a sociedade adote comportamentos externos conformes à lei, nomeadamente em matéria fiscal, concorrencial, de proteção do ambiente.

Ao fazer referência ao dever de legalidade externa, a doutrina frequentemente tem subjacente a perspetiva de que uma atuação externa violadora de um

---

[1201] Abeltshauser, Thomas, *Leitungshaftung...*, pp. 151-152 e 205, Paefgen, Walter G., *Unternehmerische...*, pp. 17-25, Oltmanns, Martin, *Geschäftsleiterhaftung...*, pp. 222-226, Bonin, Gregor von, *Die Leitung...*, pp. 356-358, Fleischer, Holger, "Aktienrechtliche Legalitätspflicht...", *ZIP*, 2005, pp. 142-144, Fleischer, Holger, "Sorgfaltspflicht...", Rn. 2, e Fleischer, Holger, "Kommentar...", § 93, Rn. 14. Próximo, Hefermehl, Wolfgang e Spindler, Gerald, "Münchener...", 2ª ed., § 93, Rn. 69.
[1202] Exemplos colhidos em Fleischer, Holger, "Sorgfaltspflicht...", Rn. 5-12, e Paefgen, Walter G., *Unternehmerische...*, pp. 17-24.
[1203] Bonin, Gregor von, *Die Leitung...*, p. 357.

345

dever constituirá simultaneamente uma violação de um dever na relação interna do diretor com a sociedade[1204].

Esta perspetiva é nomeadamente apoiada na rejeição da ideia de violação eficiente da lei (*nützliche Rechtsverletzungen; efficient breach of public law*) ou do contrato e das inerentes considerações de análise custo-benefício[1205]. Ainda que a atuação do diretor beneficie a sociedade, será violadora do seu dever de legalidade externa. A intenção de beneficiar a sociedade tende a ser irrelevante[1206].

Todavia, muitos autores germânicos abrem exceções a esta perspetiva de que uma atuação externa violadora de um dever constitui simultaneamente uma violação de um dever interno.

Na esteira de jurisprudência superior, é, por vezes, aberta uma exceção para as situações de pagamento de subornos no estrangeiro, relativamente a países em que exista uma prática incontornável de pagamento de subornos[1207]. Todavia, na doutrina mais recente, questiona-se esta perspetiva, por incompatibilidade com a evolução da legislação penal[1208].

Alguns autores ressalvam as situações de dúvida sobre a configuração dos deveres legais que incidem sobre a sociedade, devendo nestas situações ser ponderado o risco de eventual violação de um dever legal[1209].

---

[1204] Schneider, Uwe H., "Unentgeltliche Zuwendungen...", *AG*, 1983, pp. 212-213, Zöllner, Wolfgang, "Die sogenannten Gesellschafterklagen...", *ZGR*, 1988, p. 414, Mertens, Hans-Joachim, "Kölner...", 2ª ed., § 93, Rn. 34-39, Abeltshauser, Thomas, *Leitungshaftung...*, pp. 205 e 213-214, Hopt, Klaus, "Großkommentar...", 4ª ed., § 93, Rn. 98-105, Paefgen, Walter G., *Unternehmerische...*, p. 24, Fleischer, Holger, "Aktienrechtliche Legalitätspflicht...", *ZIP*, 2005, p. 144, Fleischer, Holger, "Sorgfaltspflicht...", Rn. 14, Fleischer, Holger, "Kommentar...", § 93, Rn. 24, Raiser, Thomas e Veil, Rüdiger, *Recht...*, pp. 161-162, e Bayer, Walter, "Legalitätspflicht...", pp. 88-93.

[1205] Abeltshauser, Thomas, *Leitungshaftung...*, p. 214, Oltmanns, Martin, *Geschäftsleiterhaftung...*, p. 224, Paefgen, Walter G., *Unternehmerische...*, p. 24, Fleischer, Holger, "Aktienrechtliche Legalitätspflicht...", *ZIP*, 2005, pp. 148-149, Fleischer, Holger, "Sorgfaltspflicht...", Rn. 14 e 22-23, Lutter, Marcus, "Die Business Judgment...", *ZIP*, 2007, pp. 843-844, Spindler, Gerald, "Die Haftung von Vorstand...", pp. 425-426, e Bayer, Walter, "Legalitätspflicht...", pp. 90-91.

[1206] Paefgen, Walter G., *Unternehmerische...*, p. 24.

[1207] Mertens, Hans-Joachim, "Kölner...", 2ª ed., § 93, Rn. 37, Hopt, Klaus, "Großkommentar...", 4ª ed., § 93, Rn. 105, Raiser, Thomas e Veil, Rüdiger, *Recht...*, p. 162, e Kessler, Manfred H., "Die Leitungsmacht...", *AG*, 1995, p. 129 (anteriormente, Kessler, Manfred H., *Die Leitungsmacht des Vorstandes...*, p. 89).

[1208] Thümmel, Roderich, *Persönlich...*, 3ª ed., p. 107, Fleischer, Holger, "Aktienrechtliche Legalitätspflicht...", *ZIP*, 2005, p. 145, Fleischer, Holger, "Sorgfaltspflicht...", Rn. 16-17, e Spindler, Gerald, "Die Haftung von Vorstand...", p. 426.

[1209] Mertens, Hans-Joachim, "Kölner...", 2ª ed., § 93, Rn. 38, Horn, Norbert, "Die Haftung...", *ZIP*, 1997, p. 1136, Hopt, Klaus, "Großkommentar...", 4ª ed., § 93, Rn. 99, Fleischer, Holger, "Aktienrechtliche Legalitätspflicht...", *ZIP*, 2005, pp. 149-150, Fleischer, Holger, "Sorgfaltspflicht...", Rn. 19,

DEVER DE GESTÃO

Uma parte da doutrina exceciona os casos em que os deveres legais externos não impõem uma atuação estrita ou rigorosa, possibilitando uma ponderação de riscos por parte dos diretores e a opção pela sua violação[1210].

Embora com alguma oposição pontual, a maioria da doutrina exclui do âmbito do dever de legalidade externa o cumprimento de deveres contratuais da sociedade perante terceiros[1211]. Por vezes, chama-se a atenção para o facto de as posições contratuais serem flanqueadas por mecanismos legais de proteção, como a responsabilidade por ofensa aos bons costumes e a incriminação da burla. Na medida em que estejam em jogo estes mecanismos, será de exigir uma estrita observância da legalidade externa[1212].

A argumentação doutrinária em torno destas "exceções" ao dever de legalidade externa baseia-se frequentemente na necessidade de ponderação do interesse da sociedade[1213]...

Há quem realce que a responsabilidade do diretor perante a sociedade pela violação de deveres legais externos, nomeadamente pela violação das regras de livre concorrência, pressupõe que os prejuízos sofridos pela sociedade sejam superiores às vantagens obtidas. Caso contrário não haverá dano[1214].

Uma parte minoritária da doutrina questiona a perspetiva de que uma atuação externa violadora de um dever constituirá simultaneamente uma violação de um dever na relação interna do diretor com a sociedade[1215]. Seria necessário separar os deveres legais sobre a sociedade e a correspondente esfera externa da esfera interna. Isto sem prejuízo de a violação de tais deveres externos influenciar a concretização do dever interno. O dever de direção ou de diligência será

---

Raiser, Thomas e Veil, Rüdiger, *Recht...*, p. 161, Spindler, Gerald, "Die Haftung von Vorstand...", pp. 421-423, e Bayer, Walter, "Legalitätspflicht...", pp. 92-93.

[1210] Paefgen, Walter G., *Unternehmerische...*, pp. 24-25.

[1211] Nomeadamente, Hopt, Klaus, "Großkommentar...", 4ª ed., § 93, Rn. 100, Paefgen, Walter G., *Unternehmerische...*, p. 25, Fleischer, Holger, "Aktienrechtliche Legalitätspflicht...", *ZIP*, 2005, pp. 144 e 150, Fleischer, Holger, "Sorgfaltspflicht...", Rn. 20, Lutter, Marcus, "Die Business Judgment...", *ZIP*, 2007, p. 843, e Spindler, Gerald, "Die Haftung von Vorstand...", pp. 423-424. Contra, sustentando que o dever de legalidade externa também respeita ao cumprimento de contratos da sociedade com terceiros, Abeltshauser, Thomas, *Leitungshaftung...*, p. 214, e Raiser, Thomas e Veil, Rüdiger, *Recht...*, p. 162.

[1212] Spindler, Gerald, "Die Haftung von Vorstand...", pp. 423-424.

[1213] Por exemplo, Hopt, Klaus, "Großkommentar...", 4ª ed., § 93, Rn. 100, Paefgen, Walter G., *Unternehmerische...*, p. 25, Fleischer, Holger, "Aktienrechtliche Legalitätspflicht...", *ZIP*, 2005, pp. 144 e 149-150, e Fleischer, Holger, "Sorgfaltspflicht...", Rn. 19-20.

[1214] Horn, Norbert, "Die Haftung...", *ZIP*, 1997, p. 1136.

[1215] Roth, Markus, *Unternehmerisches Ermessen...*, pp. 72 e 131-134, Dreher, Meinrad, "Die kartellrechtliche...", pp. 90-97, e Bastuck, Burkhard, *Enthaftung...*, pp. 69 e 113-116. Aparentemente, Hefermehl, Wolfgang e Spindler, Gerald, "Münchener...", 2ª ed., § 93, Rn. 70.

DEVER DE GESTÃO DOS ADMINISTRADORES DE SOCIEDADES ANÓNIMAS

conformado pelo interesse da sociedade. Por vezes, a própria terminologia dever de legalidade externa é evitada[1216].

### 4.2.8. Obtenção de informação

O dever de direção ou diligência assume uma componente procedimental, exigindo-se dos diretores a obtenção de informação na preparação de decisões[1217].

A extensão das exigências procedimentais é controversa, convocando o problema da sindicabilidade judicial das decisões empresariais. Trata-se de uma matéria que terei a oportunidade de aprofundar.

### 4.2.9. Organização e vigilância

É frequente a afirmação de que o dever de diligência ou de direção envolve uma componente de organização[1218].

Alguma doutrina relaciona a componente de organização do dever de direção com a imposição de divisão do trabalho, quer no seio da direção, quer junto dos patamares subordinados da empresa[1219]. Os diretores devem proceder a uma utilização eficiente e racional da sua experiência e da sua força de trabalho e a uma adequada alocação dos recursos humanos da empresa. Não se devem ocupar de matérias que podem ser distribuídas no interior da empresa, concentrando a sua atenção nas tarefas mais relevantes. Uma insuficiente distribuição de tarefas pode gerar perdas. Neste contexto, há quem convoque a ideia de escassez de recursos económicos (*theory of scarce resources*)[1220].

---

[1216] Roth, Markus, *Unternehmerisches Ermessen...*, pp. 131-134.

[1217] Großmann, Adolf, *Unternehmensziele...*, pp. 168-169, Hommelhoff, Peter, *Die Konzernleitungspflicht...*, pp. 173-174, Mertens, Hans-Joachim, "Kölner...", 2ª ed., § 93, Rn. 29 e 48, Schmidt-Leithoff, Christian, *Die Verantwortung...*, pp. 436-437, Wiedemann, Herbert, *Organverantwortung...*, pp. 12-15, Hopt, Klaus, "Großkommentar...", 4ª ed., § 93, Rn. 84-85, e Fleischer, Holger, "Kommentar...", § 93, Rn. 54.

[1218] Hommelhoff, Peter, *Die Konzernleitungspflicht...*, pp. 179-182, Mertens, Hans-Joachim, "Kölner...", 2ª ed., § 93, Rn. 45-46, Abeltshauser, Thomas, *Leitungshaftung...*, pp. 151-152 e 221-222, Hopt, Klaus, "Großkommentar...", 4ª ed., § 93, Rn. 107, Thümmel, Roderich, *Persönlich...*, 3ª ed., pp. 95-96, e Fleischer, Holger, "Sorgfaltspflicht...", Rn. 42. Referindo-se à componente de coordenação empresarial, Semler, Johannes, *Die Überwachungsaufgabe...*, pp. 12 e 17 (posteriormente, Semler, Johannes, *Leitung...*, 2ª ed., pp. 10 e 14).

[1219] Hommelhoff, Peter, *Die Konzernleitungspflicht...*, pp. 179-182, e Abeltshauser, Thomas, *Leitungshaftung...*, pp. 151-152 e 221-222. Próximo, Semler, Johannes, *Die Überwachungsaufgabe...*, p. 17 (posteriormente, Semler, Johannes, *Leitung...*, 2ª ed., p. 14), e Fleischer, Holger, "Zur Leitungsaufgabe...", *ZIP*, 2003, p. 6. Referindo-se a um dever de delegação, Löbbe, Marc, *Unternehmenskontrolle...*, p. 42. Referindo-se a um dever de divisão do trabalho ou de organização dos membros do conselho de supervisão, Hommelhoff, Peter e Mattheus, Daniela, "Corporate...", *AG*, 1998, p. 254.

[1220] Seibt, Christoph H., "Dekonstruktion...", p. 1472.

DEVER DE GESTÃO

Algumas vozes referem que a distribuição de tarefas poderá envolver responsabilidade dos diretores, quer por não ser prestada a diligência devida na escolha da pessoa (*cura in eligendo*), quer por não serem prestadas as devidas instruções (*cura in instruendo*)[1221]. É particularmente delicada a escolha de pessoas para lugares que envolvam a realização de negócios com elevada exposição ao risco. Poderá ser necessário instruir um trabalhador sobre riscos e regras associados às suas tarefas.

Do dever de diligência ou direção, previstos nos §§ 76 I e 93 I 1 AktG, decorrerá um dever de vigilância e a inerente implementação de um sistema de controlo interno[1222]. Alguma doutrina sustenta que este dever resulta igualmente de uma correta interpretação do dever de cuidar da escrituração mercantil, estabelecido no § 91 I AktG[1223].

Esta necessidade de vigilância e de controlo interno é associada por alguma doutrina à referida divisão do trabalho[1224]. A organização e distribuição de tarefas reclamadas pelo dever de direção ou diligência implicariam, por sua vez, uma atividade de vigilância.

Segundo algumas vozes, a direção constituirá o centro de controlo ou vigilância da empresa, devendo para o efeito implementar um sistema de informação

---

[1221] Hopt, Klaus, "Großkommentar...", 4ª ed., § 93, Rn. 59, Fleischer, Holger, "Vorstandsverantwortlichkeit...", *AG*, 2003, pp. 293-294, Fleischer, Holger, "Überwachungspflicht...", Rn. 15 e 28-31, Fleischer, Holger, "Kommentar...", § 93, Rn. 90-93, e Seibt, Christoph H., "Dekonstruktion...", pp. 1481-1482. Referindo-se à responsabilidade pela incorreta escolha das pessoas, Mertens, Hans-Joachim, "Kölner...", 2ª ed., § 93, Rn. 19 e 46, Götz, Heinrich, "Die Überwachung...", *AG*, 1995, p. 338, Abeltshauser, Thomas, *Leitungshaftung...*, pp. 222-223, Löbbe, Marc, *Unternehmenskontrolle...*, p. 42, Hefermehl, Wolfgang e Spindler, Gerald, "Münchener...", 2ª ed., § 93, Rn. 71, Fleischer, Holger, "Zum Grundsatz...", *NZG*, 2003, p. 453, e Habersack, Mathias, "Gesteigerte Überwachungspflichten...", *WM*, 2005, p. 2362. Próximo, Hefermehl, Wolfgang e Spindler, Gerald, "Münchener...", 2ª ed., § 93, Rn. 85. Referindo-se à responsabilidade pela incorreta escolha das pessoas no âmbito da tarefa de elaboração da escrituração mercantil, Hefermehl, Wolfgang e Spindler, Gerald, "Münchener...", 2ª ed., § 91, Rn. 8, e Fleischer, Holger, "Buchführungsverantwortung...", *WM*, 2006, p. 2024. Próximo, Mertens, Hans-Joachim, "Kölner...", 2ª ed., § 91, Rn. 2.

[1222] Hommelhoff, Peter, *Die Konzernleitungspflicht...*, pp. 185-186, Martens, Klaus-Peter, "Der Grundsatz...", pp. 195-197 e 198-202, Schwark, Eberhard, "Spartenorganisation...", *ZHR*, 1978, p. 219, Götz, Heinrich, "Die Überwachung...", *AG*, 1995, pp. 337-340, Hopt, Klaus, "Großkommentar...", 4ª ed., § 93, Rn. 96-97 e 107, Löbbe, Marc, *Unternehmenskontrolle...*, pp. 35, 42-43, 45 e 172, e Fleischer, Holger, "Sorgfaltspflicht...", Rn. 2 e 40-41. Também Semler, Johannes, *Die Überwachungsaufgabe...*, p. 17.

[1223] Hommelhoff, Peter, *Die Konzernleitungspflicht...*, pp. 185-186.

[1224] Hommelhoff, Peter, *Die Konzernleitungspflicht...*, pp. 182-186, e Löbbe, Marc, *Unternehmenskontrolle...*, pp. 42-43, 45 e 172. Referindo-se à necessidade de delegação de tarefas no interior da direção e junto dos patamares inferiores da empresa e à subsequente imposição de controlo, Semler, Johannes, *Die Überwachungsaufgabe...*, pp. 11 e 17. Próximo, Oltmanns, Martin, *Geschäftsleiterhaftung...*, pp. 216-217.

eficaz[1225]. Entende-se que o facto de o conselho de supervisão ser um órgão com funções de vigilância não invalida esta perspetiva sobre as funções da direção.

Na sequência das alterações produzidas pela *Gesetz zur Kontrolle und Transparenz im Unternehmensbereich* (KonTraG), de 1998, alguma doutrina realça que a vigilância não deve ser apenas retrospetiva, mas também preventiva[1226]. Este aspeto está relacionado com a imposição de controlo de riscos estabelecida no § 91 II AktG, sobre a qual terei a oportunidade de tecer mais algumas considerações.

Distingue-se com alguma frequência a vigilância sobre os patamares subordinados da empresa (vigilância vertical, correspondente a uma divisão do trabalho vertical) da vigilância incidente sobre os pelouros dos colegas (vigilância horizontal, correspondente a uma divisão do trabalho horizontal)[1227].

Farei mais algumas referências à vigilância sobre os patamares subordinados da empresa, para, de seguida, abordar a vigilância sobre os pelouros dos colegas de direção.

Para além das já referidas diligência na escolha do terceiro (*cura in eligendo*) e diligência na instrução do terceiro (*cura in instruendo*), a atribuição de tarefas a terceiros poderá envolver responsabilidade dos diretores por não ser desenvolvida a devida atividade de vigilância (*cura in custodiendo*)[1228].

---

[1225] Martens, Klaus-Peter, "Der Grundsatz...", pp. 200-202, Götz, Heinrich, "Die Überwachung...", *AG*, 1995, pp. 337-338, Hoffmann-Becking, Michael, "Zur rechtlichen Organisation...", *ZGR*, 1998, p. 513, e Löbbe, Marc, *Unternehmenskontrolle...*, p. 181. Próximo, Fleischer, Holger, "Kommentar...", § 77, Rn. 42.

[1226] Hoffmann-Becking, Michael, "Zur rechtlichen Organisation...", *ZGR*, 1998, pp. 513-514, e Fleischer, Holger, "Sorgfaltspflicht...", Rn. 40.

[1227] Semler, Johannes, *Die Überwachungsaufgabe...*, pp. 15-17, Martens, Klaus-Peter, "Der Grundsatz...", p. 200, Wiedemann, Herbert, *Organverantwortung...*, pp. 14-15, Abeltshauser, Thomas, *Leitungshaftung...*, p. 221, Löbbe, Marc, *Unternehmenskontrolle...*, p. 172, Fleischer, Holger, "Überwachungspflicht...", Rn. 2-4, Fleischer, Holger, "Kommentar...", § 93, Rn. 84-86, e Spindler, Gerald, "Münchener...", 3ª ed., § 93, Rn. 82. Também Götz, Heinrich, "Die Überwachung...", *AG*, 1995, pp. 338-339. Distinguindo a vigilância do diretor sobre os patamares subordinados da empresa, a vigilância do diretor sobre os pelouros dos colegas e a vigilância do conselho de supervisão sobre a direção, Hoffmann-Becking, Michael, "Zur rechtlichen Organisation...", *ZGR*, 1998, pp. 512-513.

[1228] Hopt, Klaus, "Großkommentar...", 4ª ed., § 93, Rn. 59, Fleischer, Holger, "Vorstandsverantwortlichkeit...", *AG*, 2003, pp. 293-295, Fleischer, Holger, "Überwachungspflicht...", Rn. 28-45, Fleischer, Holger, "Kommentar...", § 93, Rn. 90-94, Mertens, Hans-Joachim, "Kölner...", 2ª ed., § 93, Rn. 19 e 46, Götz, Heinrich, "Die Überwachung...", *AG*, 1995, p. 338, Abeltshauser, Thomas, *Leitungshaftung...*, pp. 222-223, Löbbe, Marc, *Unternehmenskontrolle...*, p. 42, Kust, Egon, "Zur Sorgfaltspflicht...", *WM*, 1980, p. 761, Seibt, Christoph H., "Dekonstruktion...", pp. 1481-1482, e Vetter, Eberhard, "Risikobereich...", 2ª ed., pp. 530 e 532. Próximo, Hefermehl, Wolfgang e Spindler, Gerald, "Münchener...", 2ª ed., § 93, Rn. 85. Referindo-se à responsabilidade pela vigilância no

DEVER DE GESTÃO

Se existirem indícios de atuação descuidada, o diretor deverá intervir, de forma a evitar danos para a sociedade. Do dever de vigilância decorre um dever de intervenção[1229].

A intensidade da vigilância devida depende das circunstâncias do caso concreto. Alguma doutrina realça que se impõe uma vigilância acrescida (*gesteigerte Überwachung*) em determinadas situações concretas, nomeadamente em crises financeiras ou em matérias em que no passado surgiram irregularidades[1230].

A vigilância sobre os trabalhadores e os patamares inferiores da empresa pode ser exercida de forma indireta, através de uma estratificação dos procedimentos de vigilância, em função da dimensão e da espécie de empresa[1231]. Tratar-se-á de uma estrutura de vigilância hierarquizada. De novo a necessidade de uma adequada distribuição de tarefas e de uma eficiente alocação dos recursos humanos da empresa.

Alguma doutrina considera que, em caso de divisão de pelouros no interior da direção, cada diretor deverá cuidar da estrutura de vigilância hierarquizada no seu pelouro e exercer uma vigilância mais intensa sobre os colaboradores diretos[1232].

Alguma doutrina sustenta que a divisão de pelouros no interior da direção também poderá implicar a atribuição a um diretor de competências específicas

---

âmbito da tarefa de elaboração da escrituração mercantil, Mertens, Hans-Joachim, "Kölner...", 2ª ed., § 91, Rn. 2, Hefermehl, Wolfgang e Spindler, Gerald, "Münchener...", 2ª ed., § 91, Rn. 8, e Fleischer, Holger, "Buchführungsverantwortung...", *WM*, 2006, p. 2024.

[1229] Semler, Johannes, *Die Überwachungsaufgabe...*, p. 17, Abeltshauser, Thomas, *Leitungshaftung...*, pp. 225-226, Fleischer, Holger, "Vorstandsverantwortlichkeit...", *AG*, 2003, p. 294, Fleischer, Holger, "Überwachungspflicht...", Rn. 35, Fleischer, Holger, "Kommentar...", § 93, Rn. 97, e Löbbe, Marc, *Unternehmenskontrolle...*, p. 42.

[1230] Fleischer, Holger, "Vorstandsverantwortlichkeit...", *AG*, 2003, p. 295, Fleischer, Holger, "Überwachungspflicht...", Rn. 32-33 e 38, e Fleischer, Holger, "Kommentar...", § 93, Rn. 100. Referindo-se à vigilância em situações de crise financeira, Hopt, Klaus, "Großkommentar...", 4ª ed., § 93, Rn. 59. Referindo-se à vigilância em caso de irregularidades anteriores, Spindler, Gerald, "Münchener...", 3ª ed., § 91, Rn. 19.

[1231] Götz, Heinrich, "Die Überwachung...", *AG*, 1995, p. 338, Hopt, Klaus, "Großkommentar...", 4ª ed., § 93, Rn. 59, Fleischer, Holger, "Vorstandsverantwortlichkeit...", *AG*, 2003, pp. 294-295, Fleischer, Holger, "Überwachungspflicht...", Rn. 39, Fleischer, Holger, "Kommentar...", § 93, Rn. 101, Hauschka, Christoph E., "Corporate Compliance...", *AG*, 2004, p. 467, Löbbe, Marc, *Unternehmenskontrolle...*, pp. 35, 177 e 179, Spindler, Gerald, "Münchener...", 3ª ed., § 91, Rn. 19, e Vetter, Eberhard, "Risikobereich...", 2ª ed., p. 532. Referindo-se a um controlo estratificado, ao distinguir a vigilância do diretor sobre os patamares subordinados da empresa, a vigilância do diretor sobre os pelouros dos colegas e a vigilância do conselho de supervisão sobre a direção, Hoffmann-Becking, Michael, "Zur rechtlichen Organisation...", *ZGR*, 1998, pp. 512-513.

[1232] Götz, Heinrich, "Die Überwachung...", *AG*, 1995, p. 338.

de vigilância, nomeadamente um encargo sobre departamentos de *Controlling* e de *Interne Revision*[1233].

A imposição de controlo interno deverá incidir sobre os mais variados aspetos da vida empresarial, nomeadamente as existências ou *stocks* de mercadorias (*Warenbestandskontrolle*) e as contas bancárias da sociedade, sendo de destacar o controlo financeiro e sobre a solvabilidade da empresa[1234].

Como tive a oportunidade de referir, o § 91 II AktG passou a estabelecer que os diretores devem adotar medidas que possibilitem a descoberta precoce de riscos para a subsistência da sociedade, nomeadamente a implementação de um sistema de vigilância (*Überwachungssystem*). A legislação comercial (§ 317 IV HGB) prevê ainda, para as sociedades cotadas em bolsa, a certificação da implementação e da adequação de tais medidas pelo auditor externo.

Na origem desta alteração legislativa terá estado a crescente preocupação de gestão de riscos (*Riskmanagement*), com especial incidência no sector financeiro, bem como a reação a crises empresariais associadas à realização de operações arriscadas, nomeadamente com instrumentos financeiros derivados[1235]. Alguma doutrina insere esta intervenção legislativa na crescente preocupação de controlo interno, com origem no espaço anglo-americano, referindo-se ao relatório do *Committee of Sponsoring Organizations of the Treadway Commission* (COSO) norte-americano de 1992 e ao relatório *Cadbury* do *Committee on The Financial Aspects of Corporate Governance* inglês, também de 1992[1236].

O legislador pretendeu um controlo nomeadamente sobre negócios arriscados, irregularidades contabilísticas e violações contra preceitos legais[1237].

O dever consagrado no § 91 II AktG constituirá um aspeto parcelar da imposição de organização e de vigilância decorrente do dever de direção ou diligência[1238].

---

[1233] Götz, Heinrich, "Die Überwachung...", *AG*, 1995, p. 338.

[1234] Hopt, Klaus, "Großkommentar...", 4ª ed., § 93, Rn. 96 e 107, e Fleischer, Holger, "Sorgfaltspflicht...", Rn. 40 e 43. Também Mertens, Hans-Joachim, "Kölner...", 2ª ed., § 93, Rn. 45.

[1235] Horn, Norbert, "Die Haftung...", *ZIP*, 1997, p. 1130, Hommelhoff, Peter e Mattheus, Daniela, "Corporate...", *AG*, 1998, pp. 249 e 251-252, Drygala, Tim e Drygala, Anja, "Wer braucht...", *ZIP*, 2000, p. 298, Hefermehl, Wolfgang e Spindler, Gerald, "Münchener...", 2ª ed., § 91, Rn. 14-16, e Spindler, Gerald, "Vorstandspflichten....", Rn. 1-3.

[1236] Hommelhoff, Peter e Mattheus, Daniela, "Gesetzlich Grundlagen...", p. 7.

[1237] "Entwurf KonTraG", *ZIP*, 1997, p. 2061.

[1238] Nas palavras do legislador, "Entwurf KonTraG", *ZIP*, 1997, p. 2061. Na doutrina, Horn, Norbert, "Die Haftung...", *ZIP*, 1997, p. 1130, Hommelhoff, Peter e Mattheus, Daniela, "Corporate...", *AG*, 1998, p. 251, Hommelhoff, Peter e Mattheus, Daniela, "Gesetzlich Grundlagen...", pp. 10-11, Hommelhoff, Peter e Mattheus, Daniela, "Risikomanagement...", *BFuP*, 2000, p. 219, Hopt, Klaus, "Großkommentar...", 4ª ed., § 93, Rn. 10, 84, 97 e 107, Drygala, Tim e Drygala, Anja, "Wer

DEVER DE GESTÃO

Uma parte da doutrina interpreta o § 91 II AktG no sentido de exigir a adoção de medidas destinadas a detetar riscos substanciais ou riscos para a rendabilidade duradoura da sociedade[1239]. Outra parte da doutrina considera que o § 91 II AktG apenas exige a adoção de medidas destinadas a detetar riscos que coloquem em causa a subsistência da sociedade, reconduzindo tais riscos ao risco de insolvência[1240]. Em todo o caso, parece pacífico que o § 91 II AktG não limitará o campo de aplicação dos deveres gerais de organização e de vigilância decorrentes dos §§ 76 I e 93 I 1 AktG, que poderão ditar a adoção pelos diretores de um sistema de controlo de riscos mais amplo[1241].

A escolha das medidas a adotar nos termos do § 91 II AktG dependerá das circunstâncias do caso concreto, constituindo uma decisão empresarial discricionária[1242].

---

braucht...", *ZIP*, 2000, p. 304, Löbbe, Marc, *Unternehmenskontrolle...*, pp. 41 (n. 36), 186 e 189, Preußner, Joachim e Zimmermann, Dörte, "Risikomanagement...", *AG*, 2002, p. 658, Preußner, Joachim e Becker, Florian, "Ausgestaltung...", *NZG*, 2002, p. 847, Ballwieser, Wolfgang, "Controlling...", pp. 430-431 e 435, Fleischer, Holger, "Vorstandsverantwortlichkeit...", *AG*, 2003, p. 299, Fleischer, Holger, "Überwachungspflicht...", Rn. 1, Hefermehl, Wolfgang e Spindler, Gerald, "Münchener...", 2ª ed., § 91, Rn. 1 e 3, Spindler, Gerald, "Vorstandspflichten....", Rn. 6 e 60, Spindler, Gerald, "Münchener...", 3ª ed., § 91, Rn. 1, 3 e 18, Hauschka, Christoph E., "Corporate Compliance...", *AG*, 2004, p. 467, e Krieger, Gerd, "Organpflichten...", 2ª ed., Rn. 9. Também Hoffmann-Becking, Michael, "Zur rechtlichen Organisation...", *ZGR*, 1998, p. 513, e Schneider, Sven H., *Informationspflichten...*, p. 256.

[1239] Hommelhoff, Peter e Mattheus, Daniela, "Gesetzlich Grundlagen...", p. 16 (levantando o problema da cumulação de riscos), Hüffer, Uwe, *Aktiengesetz*, 8ª ed., § 91, Rn. 6, e Löbbe, Marc, *Unternehmenskontrolle...*, p. 186.

[1240] Hefermehl, Wolfgang e Spindler, Gerald, "Münchener...", 2ª ed., § 91, Rn. 17, Spindler, Gerald, "Vorstandspflichten....", Rn. 9 e 57, Spindler, Gerald, "Münchener...", 3ª ed., § 91, Rn. 21, Fleischer, Holger, "Kommentar...", § 91, Rn. 32, Krieger, Gerd, "Organpflichten...", 2ª ed., Rn. 9, e Mertens, Hans-Joachim e Cahn, Andreas, "Kölner...", 3ª ed., § 91, Rn. 23.

[1241] Hefermehl, Wolfgang e Spindler, Gerald, "Münchener...", 2ª ed., § 91, Rn. 3 e 18, Spindler, Gerald, "Vorstandspflichten....", Rn. 6, 10, 18 e 64, e Spindler, Gerald, "Münchener...", 3ª ed., § 91, Rn. 3 e 20. Afirmando que o § 91 II AktG estabelece um mínimo exigível face à imposição geral do § 76 I AktG, Hommelhoff, Peter e Mattheus, Daniela, "Gesetzlich Grundlagen...", p. 10, e Hommelhoff, Peter e Mattheus, Daniela, "Risikomanagement...", *BFuP*, 2000, p. 219.

[1242] Hüffer, Uwe, *Aktiengesetz*, 8ª ed., § 91, Rn. 7, Hommelhoff, Peter e Mattheus, Daniela, "Gesetzlich Grundlagen...", pp. 14-15, Drygala, Tim e Drygala, Anja, "Wer braucht...", *ZIP*, 2000, p. 304, Löbbe, Marc, *Unternehmenskontrolle...*, pp. 184-185 e 187-188, Fleischer, Holger, "Vorstandsverantwortlichkeit...", *AG*, 2003, p. 298, Fleischer, Holger, "Kommentar...", § 91, Rn. 33 e 35, Hefermehl, Wolfgang e Spindler, Gerald, "Münchener...", 2ª ed., § 91, Rn. 20, Spindler, Gerald, "Vorstandspflichten....", Rn. 12, Spindler, Gerald, "Münchener...", 3ª ed., § 91, Rn. 17, Krieger, Gerd, "Organpflichten...", 2ª ed., Rn. 10, e Mertens, Hans-Joachim e Cahn, Andreas, "Kölner...", 3ª ed., § 91, Rn. 25.

Para uma parte da doutrina, a implementação de um sistema de vigilância constitui um exemplo de uma medida que possibilita a descoberta precoce de riscos para a subsistência da sociedade[1243]. Para uma outra parte da doutrina, o sistema de vigilância referido no § 91 II AktG não se destina a possibilitar a descoberta precoce de riscos para a subsistência da sociedade, mas sim a avaliar se a informação obtida através das medidas que possibilitem a descoberta precoce de riscos está a ser transmitida à direção. Será essencialmente um sistema de documentação e de relato perante a direção[1244]. Em todo o caso, esta clivagem doutrinária terá um alcance prático reduzido, porquanto as medidas a adotar nos termos da regra geral do § 91 II AktG poderão sempre ter um carácter sistemático[1245].

Como medidas de vigilância adequadas são referidas a *Interne Revision*[1246] e a criação de um departamento de *Controlling*[1247]. Tais medidas envolvem a implementação de estruturas empresariais de recolha e de avaliação de informação, que podem incidir sobre diversos aspetos, nomeadamente de carácter financeiro. Os contornos destas medidas de vigilância não se encontram estabilizados, sendo difícil estabelecer um critério de diferenciação entre a *Interne*

---

[1243] Hommelhoff, Peter e Mattheus, Daniela, "Gesetzlich Grundlagen...", pp. 12-14, Hefermehl, Wolfgang e Spindler, Gerald, "Münchener...", 2ª ed., § 91, Rn. 21-22, Spindler, Gerald, "Vorstandspflichten....", Rn. 7 e 13-14, Spindler, Gerald, "Münchener...", 3ª ed., § 91, Rn. 25-26, Fleischer, Holger, "Kommentar...", § 91, Rn. 34-35, e Mertens, Hans-Joachim e Cahn, Andreas, "Kölner...", 3ª ed., § 91, Rn. 26.

[1244] Hüffer, Uwe, *Aktiengesetz*, 8ª ed., § 91, Rn. 8, e Schneider, Sven H., *Informationspflichten...*, pp. 259-265.

[1245] Hefermehl, Wolfgang e Spindler, Gerald, "Münchener...", 2ª ed., § 91, Rn. 22, Spindler, Gerald, "Vorstandspflichten....", Rn. 14, e Spindler, Gerald, "Münchener...", 3ª ed., § 91, Rn. 26-27. Próximo, Drygala, Tim e Drygala, Anja, "Wer braucht...", *ZIP*, 2000, p. 299, e Schneider, Sven H., *Informationspflichten...*, p. 262. Reclamando a adoção de medidas com carácter sistemático, Löbbe, Marc, *Unternehmenskontrolle...*, p. 188.

[1246] Hopt, Klaus, "Großkommentar...", 4ª ed., § 93, Rn. 107, Drygala, Tim e Drygala, Anja, "Wer braucht...", *ZIP*, 2000, p. 299, Preußner, Joachim e Becker, Florian, "Ausgestaltung...", *NZG*, 2002, p. 847, Hefermehl, Wolfgang e Spindler, Gerald, "Münchener...", 2ª ed., § 91, Rn. 24, Spindler, Gerald, "Vorstandspflichten....", Rn. 16-18, Spindler, Gerald, "Münchener...", 3ª ed., § 91, Rn. 28, Fleischer, Holger, "Kommentar...", § 91, Rn. 35, e Wiesner, Georg e Kraft, Thomas, *Münchener...*, IV, 3ª ed., p. 300. Em matéria financeira, Fleischer, Holger, "Buchführungsverantwortung...", *WM*, 2006, p. 2023.

[1247] Hopt, Klaus, "Großkommentar...", 4ª ed., § 93, Rn. 107, Preußner, Joachim e Becker, Florian, "Ausgestaltung...", *NZG*, 2002, p. 847, Hefermehl, Wolfgang e Spindler, Gerald, "Münchener...", 2ª ed., § 91, Rn. 24, Spindler, Gerald, "Vorstandspflichten....", Rn. 16-18, Spindler, Gerald, "Münchener...", 3ª ed., § 91, Rn. 28, Fleischer, Holger, "Kommentar...", § 91, Rn. 35, e Wiesner, Georg e Kraft, Thomas, *Münchener...*, IV, 3ª ed., p. 300.

*Revision* e o *Controlling*[1248]. Estas medidas de vigilância podem envolver a diferenciação entre funções de execução e funções de controlo ao nível dos patamares subordinados da empresa[1249].

No que respeita às instituições de crédito, a lei (§ 25a KWG – *Kreditwesengesetz*) e o respetivo regulador (BaFin – *Bundesanstalt für Finanzdienstleistungsaufsicht*) impõem exigências mais intensas e pormenorizadas de controlo de riscos[1250]. Trata-se de uma matéria marcada pelos acordos de Basileia e por iniciativas comunitárias.

Enquanto uns chamam a atenção para a necessidade de documentação das medidas adotadas pelos diretores, como forma de acautelar o cumprimento de eventuais ónus probatórios[1251], outros advertem para o perigo de excessiva burocratização associado a mecanismos formais e documentais de controlo de riscos[1252].

Alguma doutrina realça que o regime de controlo de risco imposto pelo § 91 II AktG tem subjacente uma perspetiva de vigilância preventiva, orientada para o futuro[1253].

A informação obtida através do sistema de vigilância será de importância capital para a elaboração da escrituração comercial, bem como para a tomada de decisões empresariais[1254].

Como forma acrescida de controlo interno, uma parte da doutrina sustenta que os diretores têm um dever de implementação de um sistema de controlo da legalidade (*Compliance*) da atuação dos seus subordinados, nomeadamente em matéria de corrupção, proteção da concorrência, proteção do ambiente, discriminação no trabalho e segurança no trabalho, ainda que tal dever compreenda

---

[1248] Distinguindo as atividades dos departamentos de *Interne Revision* e de *Controlling* no sentido de o primeiro apenas realizar um controlo retrospetivo, Hauschka, Christoph E., "Corporate Compliance...", *AG*, 2004, p. 475. Considerando que a *Interne Revision* também adota uma perspetiva prospetiva, Löbbe, Marc, *Unternehmenskontrolle...*, p. 209.

[1249] Preußner, Joachim e Becker, Florian, "Ausgestaltung...", *NZG*, 2002, p. 850.

[1250] Spindler, Gerald, "Vorstandspflichten....", Rn. 3 e 19-40, Spindler, Gerald, "Münchener...", 3ª ed., § 91, Rn. 31-33, e Mertens, Hans-Joachim e Cahn, Andreas, "Kölner...", 3ª ed., § 91, Rn. 30-31.

[1251] Hauschka, Christoph E., "Corporate Compliance...", *AG*, 2004, pp. 464-465.

[1252] Spindler, Gerald, "Vorstandspflichten....", Rn. 56.

[1253] Hommelhoff, Peter e Mattheus, Daniela, "Gesetzlich Grundlagen...", p. 10, e Hommelhoff, Peter e Mattheus, Daniela, "Risikomanagement...", *BFuP*, 2000, p. 219.

[1254] Spindler, Gerald, "Vorstandspflichten....", Rn. 14. Quanto à informação preparatória de decisões empresariais, também Hopt, Klaus, "Großkommentar...", 4ª ed., § 93, Rn. 84, e Götz, Heinrich, "Die Überwachung...", *AG*, 1995, p. 338.

uma ampla margem de discricionariedade[1255]. Outra parte da doutrina questiona a existência de um tal dever geral de implementação de um sistema de controlo da legalidade[1256].

Ainda em sede de considerações gerais em matéria de organização e divisão de trabalho, realço que a responsabilidade prevista no § 93 AktG é entendida como uma responsabilidade subjetiva por culpa. Não existe base legal para uma imputação objetiva dos comportamentos ilícitos dos trabalhadores da sociedade ou dos restantes diretores[1257].

Os trabalhadores da sociedade não constituem auxiliares dos diretores, para efeitos do § 278 BGB (ou do § 831 BGB), antes atuando para a sociedade. Os diretores apenas exercem o poder de direção dos trabalhadores de que é titular a sociedade[1258].

Não existe base legal para uma imputação objetiva dos comportamentos ilícitos dos colegas, inclusivamente numa situação em que um diretor atua em sub-representação (*Untervertretung*) de um colega[1259].

A regra da responsabilidade solidária entre diretores não significa uma imputação objetiva dos comportamentos ilícitos dos colegas. Significa tão só que a sociedade pode exigir o valor total dos danos a cada um dos diretores que atuaram ilicitamente e com culpa, incluindo por violação do dever de vigilância[1260].

---

[1255] Fleischer, Holger, "Vorstandsverantwortlichkeit...", *AG*, 2003, pp. 299-300, Fleischer, Holger, "Überwachungspflicht...", Rn. 40-45, Fleischer, Holger, "Kommentar...", § 91, Rn. 43, Mertens, Hans-Joachim e Cahn, Andreas, "Kölner...", 3ª ed., § 91, Rn. 34-38, e Schneider, Uwe H., "Compliance...", *ZIP*, 2003, pp. 647-650.

[1256] Hauschka, Christoph E., "Compliance...", *ZIP*, 2004, pp. 878-883.

[1257] Hopt, Klaus, "Großkommentar...", 4ª ed., § 93, Rn. 55, Hefermehl, Wolfgang e Spindler, Gerald, "Münchener...", 2ª ed., § 93, Rn. 85, Spindler, Gerald, "Münchener...", 3ª ed., § 93, Rn. 161, e Fleischer, Holger, "Überwachungspflicht...", Rn. 14 e 26.

[1258] Mertens, Hans-Joachim, "Kölner...", 2ª ed., § 93, Rn. 18-19, Hopt, Klaus, "Großkommentar...", 4ª ed., § 93, Rn. 55-56, Hefermehl, Wolfgang e Spindler, Gerald, "Münchener...", 2ª ed., § 93, Rn. 85, Spindler, Gerald, "Münchener...", 3ª ed., § 93, Rn. 161, Fleischer, Holger, "Vorstandsverantwortlichkeit...", *AG*, 2003, p. 292, Fleischer, Holger, "Überwachungspflicht...", Rn. 26, Fleischer, Holger, "Kommentar...", § 93, Rn. 88, e Wilhelm, Jan, *Kapitalgesellschaftsrecht*, 2ª ed., p. 314, n. 1402. Também neste sentido, relativamente a sociedades por quotas, mas abrindo uma exceção para as situações em que o gerente atribui tarefas de vigilância a um *Prokurist*, Fleck, Hans-Joachim, "Zur Haftung...", *GmbHR*, 1974, p. 225.

[1259] Mertens, Hans-Joachim, "Kölner...", 2ª ed., § 93, Rn. 20, Hopt, Klaus, "Großkommentar...", 4ª ed., § 93, Rn. 55 e 58, Hefermehl, Wolfgang e Spindler, Gerald, "Münchener...", 2ª ed., § 93, Rn. 85, Fleischer, Holger, "Zum Grundsatz...", *NZG*, 2003, p. 453, e Fleischer, Holger, "Überwachungspflicht...", Rn. 14.

[1260] Por exemplo, Mertens, Hans-Joachim, "Kölner...", 2ª ed., § 93, Rn. 21, e Hefermehl, Wolfgang e Spindler, Gerald, "Münchener...", 2ª ed., § 93, Rn. 67.

### 4.2.10. Repartição de pelouros e vigilância

Passando a abordar a matéria da organização e divisão do trabalho no seio da direção, recordo que o § 77 AktG estabelece um regime supletivo de exercício conjunto do poder de administração por todos os membros da direção e que este regime supletivo pode ser alterado pelos estatutos ou por regulamento (*Geschäftsordnung*) emitido pelo conselho de supervisão ou pela direção. Recordo que o § 77 AktG é compatível com a repartição de pelouros (*Ressortverteilung, Geschäftsverteilung*) e a consequente atribuição de poder de administração a determinados diretores ou a comissões. Recordo ainda que a repartição de pelouros não pode incidir sobre matérias fundamentais ou matérias de direção, relativamente às quais a competência pertence ao pleno – princípio da direção conjunta de todos os diretores.

A repartição de pelouros determinará uma bifurcação da atividade dos diretores numa atividade de administração direta e numa atividade de vigilância. Sem prejuízo da referida competência mínima do pleno, cada diretor tem a responsabilidade direta pelo seu pelouro. Os restantes diretores têm um dever de vigilância (*Überwachungspflicht*) sobre o pelouro do colega[1261].

Recordo que *Ernst-Joachim Mestmäcker* sustentava ser difícil determinar o grau de vigilância devida sobre os pelouros dos colegas, realçando que sem um mínimo de confiança recíproca não é possível gerir uma grande empresa.

---

[1261] Schilling, Wolfgang, "Großkommentar...", 3ª ed., § 93, Anm. 21, Baumbach, Adolf et al., *Aktiengesetz*, 13ª ed., § 93, Rn. 8, Hefermehl, Wolfgang, "Aktiengesetz", § 93, Rn. 26, Dose, Stefan, *Die Rechtsstellung...*, pp. 68-72 e 148-150, Schwark, Eberhard, "Spartenorganisation...", *ZHR*, 1978, pp. 216-219, Semler, Johannes, *Die Überwachungsaufgabe...*, pp. 17 e 21, Kust, Egon, "Zur Sorgfaltspflicht...", *WM*, 1980, p. 761, Hübner, Ulrich, *Managerhaftung...*, p. 10, Götz, Heinrich, "Die Überwachung...", *AG*, 1995, p. 339, Mertens, Hans-Joachim, "Kölner...", 2ª ed., § 77, Rn. 20, Bezzenberger, Tilman, "Der Vorstandsvorsitzende...", *ZGR*, 1996, pp. 671-672, Abeltshauser, Thomas, *Leitungshaftung...*, pp. 215 e 223, Hopt, Klaus, "Großkommentar...", 4ª ed., § 93, Rn. 61-62, Hüffer, Uwe, *Aktiengesetz*, 8ª ed., § 93, Rn. 13a, Kort, Michael, "Großkommentar...", 4ª ed., § 77, Rn. 37, Thümmel, Roderich, *Persönlich...*, 3ª ed., pp. 96-98, Hefermehl, Wolfgang e Spindler, Gerald, "Münchener...", 2ª ed., § 93, Rn. 71, Spindler, Gerald, "Münchener...", 3ª ed., § 93, Rn. 131-132, e § 77, Rn. 59, Fleischer, Holger, "Zum Grundsatz...", *NZG*, 2003, p. 452, Fleischer, Holger, "Überwachungspflicht...", Rn. 8-10, Fleischer, Holger, "Kommentar...", § 77, Rn. 46, Hommelhoff, Peter e Mattheus, Daniela, "Gesetzlich Grundlagen...", p. 31, Habersack, Mathias, "Gesteigerte Überwachungspflichten...", *WM*, 2005, p. 2362, Raiser, Thomas e Veil, Rüdiger, *Recht...*, pp. 148 e 163, e Vetter, Eberhard, "Risikobereich...", 2ª ed., p. 509. Próximo, Wilhelmi, Hans e Wilhelmi, Sylvester, *Aktiengesetz*, 3ª ed., § 93, Anm. 7. Neste sentido ainda Golling, Hans-Joachim, *Sorgfaltspflicht...*, pp. 51-58, embora este Autor também afirme que a função de vigilância pertence essencialmente ao conselho de supervisão. Já antes da vigência da AktG 1965, Schlegelberger, Franz et al., *Aktiengesetz*, 3ª ed., § 70, Rn. 11.

A questão do grau de confiança (ou desconfiança) nos colegas seria retomada pela doutrina, discutindo-se a medida da vigilância devida[1262]. A concretização do dever de vigilância dependerá sempre do caso concreto. Há quem realce que o conteúdo e a extensão do dever de vigilância sobre os pelouros dos colegas não se encontram ainda totalmente esclarecidos[1263].

Alguma doutrina defende uma maior intensidade do dever de vigilância em caso de organização divisional de pelouros[1264].

Uma maior intensidade do dever de vigilância também é, por vezes, reclamada em caso de delegação de tarefas relativas à elaboração da escrituração mercantil[1265].

Alguma doutrina refere-se a uma vigilância acrescida (*erweiterte, gesteigerte Überwachung*) em determinadas situações excecionais, nomeadamente em crises financeiras, em situações de ocorrência de conflito de interesses ou em situações de perigo para a saúde decorrente de um produto[1266].

No que respeita à vigilância corrente (*laufende Überwachung*), é frequente a perspetiva de que esta se basta com a análise crítica da informação obtida nas reuniões da direção, desde que seja assegurado um adequado fluxo de infor-

---

[1262] Geßler, Ernst, "Die Haftung...", *Neue Betriebswirtschaft*, nº 2, 1972, p. 19, Abeltshauser, Thomas, *Leitungshaftung...*, pp. 221-227, Hopt, Klaus, "Großkommentar...", 4ª ed., § 93, Rn. 62, Hefermehl, Wolfgang e Spindler, Gerald, "Münchener...", 2ª ed., § 93, Rn. 71, Spindler, Gerald, "Münchener...", 3ª ed., § 93, Rn. 135-136, Fleischer, Holger, "Zum Grundsatz...", *NZG*, 2003, pp. 453-454, Fleischer, Holger, "Überwachungspflicht...", Rn. 16, Fleischer, Holger, "Kommentar...", § 77, Rn. 49 e 54, e Vetter, Eberhard, "Risikobereich...", 2ª ed., p. 510.

[1263] Fleischer, Holger, "Überwachungspflicht...", Rn. 13, e Fleischer, Holger, "Kommentar...", § 77, Rn. 49-50. Relativamente ao pelouro financeiro, Fleischer, Holger, "Buchführungsverantwortung...", *WM*, 2006, p. 2023.

[1264] Fleischer, Holger, "Zum Grundsatz...", *NZG*, 2003, p. 453, Fleischer, Holger, "Überwachungspflicht...", Rn. 17, Fleischer, Holger, "Kommentar...", § 77, Rn. 50, e Habersack, Mathias, "Gesteigerte Überwachungspflichten...", *WM*, 2005, p. 2362. Aparentemente também, Hüffer, Uwe, *Aktiengesetz*, 8ª ed., § 77, Rn. 15.

[1265] Hefermehl, Wolfgang e Spindler, Gerald, "Münchener...", 2ª ed., § 91, Rn. 2. De referir que a própria delegabilidade das tarefas relativas à elaboração da escrituração mercantil foi discutida (com indicações, Dose, Stefan, *Die Rechtsstellung...*, pp. 82-83).

[1266] Fleischer, Holger, "Zum Grundsatz...", *NZG*, 2003, p. 454, e Fleischer, Holger, "Überwachungspflicht...", Rn. 20. Também com diversos exemplos, Vetter, Eberhard, "Risikobereich...", 2ª ed., pp. 511-512. Referindo-se a uma vigilância acrescida em situações de crise, Habersack, Mathias, "Gesteigerte Überwachungspflichten...", *WM*, 2005, pp. 2362-2363, Spindler, Gerald, "Münchener...", 3ª ed., § 93, Rn. 139-141, e Spindler, Gerald, "Münchener...", 3ª ed., § 77, Rn. 59. Utilizando a contraposição entre *erweiterte Überwachung* e *laufende Überwachung* no contexto do dever de vigilância dos membros do conselho de supervisão, já Semler, Johannes, *Die Überwachungsaufgabe...*, p. 20.

## DEVER DE GESTÃO

mações[1267]. Realça-se, por vezes, a necessidade de análise crítica da completude da informação e de uma participação interventiva nas reuniões da direção[1268].

Neste contexto, algumas vozes referem que os diretores devem respeitar as esferas de atuação dos colegas, não se imiscuindo permanentemente nos seus pelouros[1269]. A interferência permanente seria incompatível com o princípio da repartição de pelouros e com a inerente confiança recíproca.

Se existirem indícios de administração descuidada, o diretor deverá intervir, quer junto do pleno da direção, quer junto do conselho de supervisão. Do dever de vigilância relativamente aos pelouros dos outros colegas decorre um dever de intervenção[1270].

---

[1267] Dose, Stefan, *Die Rechtsstellung...*, pp. 70-72 e 148-150, Geßler, Ernst, "Die Haftung...", *Neue Betriebswirtschaft*, nº 2, 1972, p. 19, Hopt, Klaus, "Großkommentar...", 4ª ed., § 93, Rn. 62, Hefermehl, Wolfgang e Spindler, Gerald, "Münchener...", 2ª ed., § 77, Rn. 28, e § 93, Rn. 71, Spindler, Gerald, "Münchener...", 3ª ed., § 93, Rn. 142, Kort, Michael, "Großkommentar...", 4ª ed., § 77, Rn. 37-38 e 40 (referindo-se a uma prática de vigilância deficitária), Mertens, Hans-Joachim e Cahn, Andreas, "Kölner...", 3ª ed., § 93, Rn. 92, e Vetter, Eberhard, "Risikobereich...", 2ª ed., pp. 510-511. Não exigindo uma postura ativa, Bezzenberger, Tilman, "Der Vorstandsvorsitzende...", *ZGR*, 1996, pp. 671-672. Limitando a vigilância à análise crítica da informação obtida nas reuniões da direção, Golling, Hans-Joachim, *Sorgfaltspflicht...*, pp. 54-58.

[1268] Mertens, Hans-Joachim, "Kölner...", 2ª ed., § 93, Rn. 54, Götz, Heinrich, "Die Überwachung...", *AG*, 1995, p. 339, Fleischer, Holger, "Zum Grundsatz...", *NZG*, 2003, p. 455, Fleischer, Holger, "Überwachungspflicht...", Rn. 22, e Fleischer, Holger, "Kommentar...", § 77, Rn. 54.

[1269] Fleischer, Holger, "Zum Grundsatz...", *NZG*, 2003, p. 452, Fleischer, Holger, "Sorgfaltspflicht...", Rn. 10, Fleischer, Holger, "Kommentar...", § 77, Rn. 47, Mertens, Hans-Joachim, "Kölner...", 2ª ed., § 77, Rn. 20, Kort, Michael, "Großkommentar...", 4ª ed., § 77, Rn. 38, Hefermehl, Wolfgang e Spindler, Gerald, "Münchener...", 2ª ed., § 77, Rn. 28, e Mertens, Hans-Joachim e Cahn, Andreas, "Kölner...", 3ª ed., § 77, Rn. 26. Próximo, Hopt, Klaus, "Großkommentar...", 4ª ed., § 93, Rn. 135. Relativamente às sociedades por quotas, Koppensteiner, Hans-Georg, "Gesetz...", 4ª ed., § 43, Rn. 11.

[1270] Schilling, Wolfgang, "Großkommentar...", 3ª ed., § 93, Anm. 21, Golling, Hans-Joachim, *Sorgfaltspflicht...*, pp. 55 e 57, Semler, Johannes, *Die Überwachungsaufgabe...*, p. 17, Kust, Egon, "Zur Sorgfaltspflicht...", *WM*, 1980, p. 761, Martens, Klaus-Peter, "Der Grundsatz...", p. 196, Hübner, Ulrich, *Managerhaftung...*, p. 10, Götz, Heinrich, "Die Überwachung...", *AG*, 1995, p. 339, Abeltshauser, Thomas, *Leitungshaftung...*, pp. 225-226, Hoffmann-Becking, Michael, "Zur rechtlichen Organisation...", *ZGR*, 1998, pp. 512-513, Hopt, Klaus, "Großkommentar...", 4ª ed., § 93, Rn. 62, Löbbe, Marc, *Unternehmenskontrolle...*, pp. 175-176, Thümmel, Roderich, *Persönlich...*, 3ª ed., p. 97, Hefermehl, Wolfgang e Spindler, Gerald, "Münchener...", 2ª ed., § 93, Rn. 71, Spindler, Gerald, "Münchener...", 3ª ed., § 93, Rn. 142-144, Kort, Michael, "Großkommentar...", 4ª ed., § 77, Rn. 38, Fleischer, Holger, "Zum Grundsatz...", *NZG*, 2003, p. 454, Fleischer, Holger, "Überwachungspflicht...", Rn. 19 e 24, Habersack, Mathias, "Gesteigerte Überwachungspflichten...", *WM*, 2005, p. 2362, Raiser, Thomas e Veil, Rüdiger, *Recht...*, p. 148, Mertens, Hans-Joachim e Cahn, Andreas, "Kölner...", 3ª ed., § 77, Rn. 28, e § 93, Rn. 92, e Vetter, Eberhard, "Risikobereich...", 2ª ed., pp. 512-513.

Para uma parte da doutrina, sobre o presidente da direção incide um dever de vigilância especial ou acrescido, na medida em que a vigilância geral constitui a sua função principal ou uma das suas funções principais[1271].

Diversamente, outra parte da doutrina considera que o presidente da direção tem apenas funções de coordenação da atuação do pleno, não lhe cabendo um dever de vigilância especial ou acrescido[1272].

Uma repartição de pelouros, realizada sem ser pelos estatutos ou por regulamento emitido pelo conselho de supervisão ou pela direção, em desacordo com o § 77 AktG, não exonerará os diretores da sua responsabilidade em relação aos pelouros dos colegas.

Todavia, sob inspiração jurisprudencial, alguma doutrina sustenta que um diretor poderá pontualmente ser exonerado da sua responsabilidade em função da confiança na competência e na personalidade do diretor encarregado do pelouro e da importância da matéria em causa[1273].

Outra parte da doutrina realça o perigo de desresponsabilização mútua caso se atribua relevância a uma repartição de pelouros informal[1274].

### 4.2.11. Sindicabilidade judicial da atuação dos diretores

O problema da sindicabilidade judicial da atuação dos diretores e do consequente risco de constrangimento da iniciativa empresarial não é estranho à evolução da compreensão da situação jurídica dos diretores no espaço jurídico germânico.

Referi anteriormente que, aquando dos trabalhos preparatórios da AktG 1937, foi equacionado um regime de responsabilidade objetiva dos diretores pelos resultados económicos da sua administração, tendo o legislador recuado por receio de limitação da liberdade de iniciativa empresarial e de inibição da aceitação das funções de diretor.

---

[1271] Dose, Stefan, *Die Rechtsstellung...*, pp. 92-94, Bezzenberger, Tilman, "Der Vorstandsvorsitzende...", *ZGR*, 1996, pp. 670-673, Hefermehl, Wolfgang e Spindler, Gerald, "Münchener...", 2ª ed., § 93, Rn. 73, Spindler, Gerald, "Münchener...", 3ª ed., § 93, Rn. 145, Mertens, Hans-Joachim e Cahn, Andreas, "Kölner...", 3ª ed., § 77, Rn. 26, e Vetter, Eberhard, "Risikobereich...", 2ª ed., p. 523. Próximo, Hopt, Klaus, "Großkommentar...", 4ª ed., § 93, Rn. 62.

[1272] Fleischer, Holger, "Zum Grundsatz...", *NZG*, 2003, p. 455, Fleischer, Holger, "Überwachungspflicht...", Rn. 23, e Fleischer, Holger, "Kommentar...", § 77, Rn. 55.

[1273] Schilling, Wolfgang, "Großkommentar...", 2ª ed., § 84, Anm. 21, Schilling, Wolfgang, "Großkommentar...", 3ª ed., § 93, Anm. 21, Mertens, Hans-Joachim, "Kölner...", 2ª ed., § 93, Rn. 55, Hopt, Klaus, "Großkommentar...", 4ª ed., § 93, Rn. 65, Golling, Hans-Joachim, *Sorgfaltspflicht...*, p. 59, e Mertens, Hans-Joachim e Cahn, Andreas, "Kölner...", 3ª ed., § 93, Rn. 93.

[1274] Fleischer, Holger, "Zum Grundsatz...", *NZG*, 2003, pp. 452-453, Fleischer, Holger, "Überwachungspflicht...", Rn. 12, e Fleischer, Holger, "Kommentar...", § 77, Rn. 56-57.

DEVER DE GESTÃO

Tive a oportunidade de referir que a doutrina contemporânea da AktG 1937 sustentava, com alguma frequência, que os diretores não podiam ser responsabilizados pela realização de negócios ousados e pela adoção dos inerentes riscos.

Fiz referência ao critério, adotado por parte da doutrina, segundo o qual não se poderia falar de uma violação do dever de diligência dos diretores quando, no momento da adoção do negócio arriscado, existisse a possibilidade ou a probabilidade de que o negócio fosse favorável para a sociedade.

Dei igualmente nota do pensamento de *Ernst-Joachim Mestmäcker* e da sua referência à *business judgment rule* norte-americana.

Dei conta da ideia de poder discricionário decorrente da possibilidade de ponderação do bem comum, sugerida por *Harry Westermann*.

Fiz referência à perspetiva doutrinária de limitação da vigilância exercida pelo conselho de supervisão sobre a direção em matéria de adequação (*Zweckmäßigkeit*) e de "economicidade" (*Wirtschaftlichkeit*) das decisões da direção.

Resta-me apreciar a evolução do problema da sindicabilidade judicial da atuação dos diretores no âmbito de vigência da AktG 1965.

Começo por me referir à manutenção da perspetiva doutrinária, segundo a qual os diretores não podem ser responsabilizados pela realização de negócios arriscados quando, no momento da adoção do negócio, era possível ou provável que o negócio fosse favorável para a sociedade[1275].

Também a ideia de limitação da vigilância do conselho de supervisão em matéria de adequação e "economicidade" das decisões da direção continua a ser sustentada[1276].

De seguida, darei destaque ao pensamento de alguns autores germânicos sobre a matéria e à abordagem jurisdicional do problema, seguindo um percurso essencialmente cronológico. Finalmente, farei referência à alteração legislativa que codificou a *business judgment rule* germânica, descrevendo as posições doutrinárias subsequentes.

Num estudo publicado em 1968, em que analisa pormenorizadamente a *derivative suit* norte-americana, *Bernhard Großfeld* afirma que, face ao direito germânico vigente, os diretores devem aplicar a diligência de um gestor ordenado e consciencioso, respondendo também por negligência leve[1277].

Considera que tal regime de responsabilidade poderia revelar-se severo, caso passassem a ser efetivamente instauradas ações de responsabilidade dos direto-

---

[1275] Schilling, Wolfgang, "Großkommentar...", 3ª ed., § 93, Anm. 15, Geßler, Ernst, "Die Haftung...", *Neue Betriebswirtschaft*, nº 2, 1972, p. 17, Hübner, Ulrich, *Managerhaftung...*, p. 9, e Kust, Egon, "Zur Sorgfaltspflicht...", *WM*, 1980, pp. 760-761.

[1276] Meyer-Landrut, Joachim, "Großkommentar...", 3ª ed., § 111, Anm. 3.

[1277] Großfeld, Bernhard, *Aktiengesellschaft...*, pp. 217 e 298.

res, na sequência de uma intervenção legislativa de alargamento da legitimidade dos acionistas, sob inspiração da *derivative suit* norte-americana. Tal regime de responsabilidade severo poderia limitar a disponibilidade para assumir riscos e decisões. Dando conta da *business judgment rule* norte-americana, que permite aos dirigentes gerir os negócios de acordo com o seu critério, sem responsabilidade pelas decisões prejudiciais, desde que adotadas de boa fé, e que limita a responsabilidade dos dirigentes às situações de negligência grosseira, *Bernhard Großfeld* sustenta que o legislador germânico deveria condicionar a atribuição de legitimidade aos acionistas para instaurarem ações de responsabilidade social contra os diretores à existência de negligência grosseira ou de dolo[1278].

Num outro ponto do seu discurso, *Bernhard Großfeld* refere-se à discricionariedade vinculada dos diretores na prossecução das pretensões indemnizatórias da sociedade[1279].

Num estudo publicado em 1968, *Hans-Joachim Golling* refere que o diretor não responde pelos prejuízos decorrentes de uma decisão arriscada. Afirma que o diretor não é ele próprio um empresário. O risco empresarial corre pela sociedade. A oneração do diretor com o risco empresarial foi afastada pelo legislador. Uma responsabilidade pelo sucesso empresarial inibiria a capacidade decisória do diretor e limitaria a iniciativa empresarial[1280].

*Hans-Joachim Golling* realça que só raramente será possível aos diretores terem a perceção de todos os possíveis efeitos das suas decisões[1281].

*Hans-Joachim Golling* adota o critério de afastamento da responsabilidade quando, no momento da adoção do negócio arriscado, existisse a possibilidade ou a probabilidade de que o negócio fosse favorável para a sociedade[1282].

Num comentário à Lei das Sociedades por Ações publicado em 1970, *Hans-Joachim Mertens* refere-se à margem de discricionariedade dos diretores, considerando que uma decisão prejudicial apenas será ilícita quando sejam violados os deveres de diligência. Acrescenta que o risco empresarial corre pela sociedade e não pelos diretores[1283].

*Hans-Joachim Mertens* afirma ainda que os diretores não devem assumir riscos desproporcionados, embora ressalvando que os negócios especulativos ou de elevado risco não são necessariamente desadequados[1284].

---

[1278] Großfeld, Bernhard, *Aktiengesellschaft...*, pp. 298-299.
[1279] Großfeld, Bernhard, *Aktiengesellschaft...*, p. 296.
[1280] Golling, Hans-Joachim, *Sorgfaltspflicht...*, pp. 32-34.
[1281] Golling, Hans-Joachim, *Sorgfaltspflicht...*, pp. 32 e 34.
[1282] Golling, Hans-Joachim, *Sorgfaltspflicht...*, p. 34.
[1283] Mertens, Hans-Joachim, "Kölner...", § 76, Rn. 7.
[1284] Mertens, Hans-Joachim, "Kölner...", § 93, Rn. 32.

Num artigo publicado em 1971, *Dieter Reuter* descreve a atividade empresarial pela sujeição a riscos e a fatores de incerteza. Afirma que as oportunidades de lucro estão associadas a riscos de perdas. Refere que, muitas vezes, a escolha de soluções originais e heterodoxas é a mais correta. A inovação é indispensável no mercado concorrencial.

Invocando o pensamento de *Ernst-Joachim Mestmäcker* e a sua descrição da *business judgment rule* norte-americana, *Dieter Reuter* sustenta que também no direito germânico a margem de discricionariedade dos diretores não deve ser excessivamente limitada[1285].

Num artigo publicado em 1971, *Fritz Rittner* sustenta que o 76 I AktG define não apenas a competência, mas também a função da direção. O 93 I AktG, ao consagrar a bitola de diligência do gestor ordenado e consciencioso, esclarece igualmente o teor do 76 I AktG. A direção pode e deve adotar as medidas exigidas pelo preenchimento do objeto social, implicando a sua função criativa uma ampla margem para tentativa e erro[1286]. *Fritz Rittner* afirma ainda que a direção deve realizar e concretizar o objeto social, gozando de um amplo espaço de livre conformação[1287].

Em 1972, num artigo sobre a responsabilidade dos diretores por decisões económicas erradas, *Ernst Geßler* refere que não existe atividade económica sem risco e que se exige das empresas que assumam riscos. Neste contexto, considera que o dever de um diretor não se restringe à adoção de negócios com ganhos garantidos, sustentando que o conceito normativo de diligência de um gestor ordenado e consciencioso envolve alguma predisposição para o risco. Refere-se a uma discricionariedade dos diretores, louvando a contenção judicial norte--americana na apreciação da sua atuação[1288].

*Ernst Geßler* acrescenta que a adoção de negócios arriscados implicará uma violação do dever de diligência quando seja colocada em causa a subsistência da empresa ou quando o risco esteja em absoluta desproporção face aos ganhos esperados[1289].

Em 1973, em comentário aos § 76 e 93 AktG, *Wolfgang Hefermehl* sustenta que a responsabilidade e autonomia da direção implicam uma margem de discricionariedade na escolha de diferentes possibilidades de atuação empresarial. Mais refere que a direção tem, de acordo com as circunstâncias, de realizar negócios que envolvem risco, não podendo a realização de tais negócios ser

---

[1285] Reuter, Dieter, "Die handelsrechtliche...", *ZHR*, 1971, pp. 521-522.
[1286] Rittner, Fritz, "Zur Verantwortung des Vorstandes...", pp. 139-140 e 153-154.
[1287] Rittner, Fritz, "Zur Verantwortung des Vorstandes...", p. 150.
[1288] Geßler, Ernst, "Die Haftung...", *Neue Betriebswirtschaft*, nº 2, 1972, pp. 15-16 e 19-20.
[1289] Geßler, Ernst, "Die Haftung...", *Neue Betriebswirtschaft*, nº 2, 1972, pp. 16-17.

considerada uma violação dos seus deveres. Realça que as decisões empresariais são adotadas em função de circunstâncias futuras, existindo um perigo de responsabilização dos diretores em função do posterior conhecimento de uma evolução desfavorável das circunstâncias. Oportunidade e risco são fatores indissociáveis da vida económica, pelo que não se deve retirar aos diretores a coragem para adotar medidas arriscadas, mas auspiciosas[1290].

Num artigo publicado em 1974, sobre a responsabilidade dos gerentes das sociedades por quotas, *Hans-Joachim Fleck* afirma que a medida da realização de negócios arriscados pelo gerente depende da espécie e da situação da empresa, devendo ser reconhecida ao gerente uma margem de discricionariedade empresarial[1291].

Num artigo publicado em 1979, sobre o problema da exclusão do direito de preferência em aumentos de capital, *Klaus-Peter Martens* refere que as decisões empresariais, por força da sua complexidade e das dificuldades de prognose, escapam em grande medida a um controlo judicial. Acrescenta que o controlo judicial limita a autonomia empresarial[1292].

Num estudo publicado em 1980, sobre bitolas de atuação dos diretores (e dos membros do conselho de supervisão), *Adolf Großmann*, após algumas referências introdutórias[1293], realiza uma incursão sobre a teoria da decisão empresarial (*betriebswirtschaftliche Entscheidungstheorie*), com destaque para a sua componente normativa. Tal componente aborda o problema da escolha correta entre diversas possibilidades de atuação, atendendo a determinadas finalidades[1294]. A teoria normativa da decisão empresarial confronta-se com a necessidade de definição de finalidades. *Adolf Großmann* refere-se à contraposição entre a finalidade de lucro absoluto e a finalidade de lucro relativo (ou rendabilidade), sendo que esta envolve a intersecção com outras variáveis[1295]. Refere-se à componente de delimitação temporal das finalidades, realçando a enorme diferença entre a ideia de lucro mensal e a ideia de lucro no longo prazo[1296]. Sustenta, dando exemplos, que a escolha entre diversas possibilidades de atuação empresarial é condicionada pela predisposição face ao risco, concluindo no sentido de que não existem critérios de racionalidade na adoção de decisões

---

[1290] Hefermehl, Wolfgang, "Aktiengesetz", § 76, Rn. 14, e § 93, Rn. 10.

[1291] Fleck, Hans-Joachim, "Zur Haftung...", *GmbHR*, 1974, p. 225.

[1292] Martens, Klaus-Peter, "Der Ausschluß...", p. 446.

[1293] Nomeadamente sobre a distinção entre fim social e objeto social e sobre a relação entre sociedade e empresa (Großmann, Adolf, *Unternehmensziele...*, pp. 12-31).

[1294] Großmann, Adolf, *Unternehmensziele...*, pp. 37-41.

[1295] Großmann, Adolf, *Unternehmensziele...*, pp. 41-44.

[1296] Großmann, Adolf, *Unternehmensziele...*, p. 44.

empresariais sob incerteza que não sejam condicionados pela predisposição do agente económico perante o risco. *Adolf Großmann* adianta que a teoria da decisão sob incerteza não oferece elementos objetivos sobre comportamentos empresariais racionais face ao risco, que possam ser utilizados na concretização do dever de diligência consagrado no § 93 I AktG[1297]. *Adolf Großmann* refere ainda que a teoria normativa da decisão empresarial também se confronta com o problema da necessidade de prossecução simultânea de diversas finalidades, por vezes conflituantes, exemplificando com a possibilidade de conflito entre a finalidade de aumento do volume de vendas e a finalidade de aumento dos lucros. Sustenta que se torna necessária uma ordenação de finalidades, com recurso a ponderações valorativas, sendo que a definição *a priori* de um sistema ordenado de finalidades constitui uma impossibilidade prática[1298].

O excurso sobre a teoria normativa da decisão empresarial permite a *Adolf Großmann* concluir que o controlo da racionalidade ou adequação das decisões dos diretores pressupõe a prévia determinação de um sistema de finalidades[1299].

Prosseguindo a sua investigação, *Adolf Großmann* analisa a finalidade de prossecução do interesse dos acionistas. Considera que os diversos preceitos da lei que se referem ao lucro dos acionistas constituem meros limites à atuação dos diretores, deles não decorrendo um dever de prossecução do lucro dos acionistas[1300]. Refere que, ainda que tal dever de prossecução do lucro dos acionistas pudesse decorrer do § 3 AktG, na medida em que este preceito tende a associar a sociedade por ações ao exercício do comércio, tal finalidade de prossecução do lucro dos acionistas não seria operacional[1301]. Desenvolvendo a ideia de que a finalidade de prossecução do lucro dos acionistas não é operacional, *Adolf Groß-mann* sustenta que o problema da distribuição ou retenção de lucros é um problema de delimitação temporal da finalidade de obtenção de lucro, realçando que da mera imposição de prossecução do lucro dos acionistas não decorrem soluções para tal problema de delimitação temporal. Entretanto, *Adolf Groß-mann* manifesta repúdio pelo modelo de gestão orientado à valorização das ações no curto prazo e considera que a fórmula do interesse de valorização das

---

[1297] Großmann, Adolf, *Unternehmensziele...*, pp. 44-52. Sob inspiração de alguns economistas, *Adolf Großmann* aponta a incerteza como um conceito mais amplo do que o conceito de risco, caracterizando o risco como uma incerteza sobre a realização de uma finalidade (Großmann, Adolf, *Unternehmensziele...*, p. 45).

[1298] Großmann, Adolf, *Unternehmensziele...*, pp. 52-60.

[1299] Großmann, Adolf, *Unternehmensziele...*, p. 61.

[1300] Großmann, Adolf, *Unternehmensziele...*, pp. 61-69.

[1301] Großmann, Adolf, *Unternehmensziele...*, pp. 69-72.

ações no longo prazo é vazia[1302]. Ainda neste contexto, *Adolf Großmann* sustenta que o § 93 I AktG permite a adoção de risco, embora com limites, mas realça que a definição destes limites é problemática. Exemplificando, refere que a elevada liquidez e o elevado capital próprio reduzem, por um lado, a probabilidade de insolvência, mas limitam, por outro, as perspetivas de lucro[1303]. Conclui no sentido de que a finalidade de prossecução do interesse dos acionistas não tem suficiente base legal e não constitui um critério operacional de concretização da atuação dos diretores[1304].

Ao analisar a hipótese de consagração legal da finalidade de prossecução de outros interesses, sob a égide da expressão interesse da empresa (*Unternehmens-interesse*), *Adolf Großmann* começa por se debruçar sobre a noção de interesse e sobre a figura do interesse da empresa. Refere-se à perspetiva do interesse da empresa como bitola valorativa para a ponderação de diversos interesses no interior da empresa e à perspetiva do interesse da empresa como um interesse autónomo. Considera que a ideia de interesse da empresa gera um risco de contaminação ideológica do Direito. Sustenta que a ponderação de diversos interesses no interior da empresa é imprecisa e que carece de base legal[1305].

Tendo concluído que não existe uma finalidade de atuação dos diretores que seja operacional, *Adolf Großmann* tenta aprofundar se esta conclusão é compatível com o regime legal das sociedades por ações, realizando uma incursão histórica. Realça que o § 76 I AktG 1965, ao contrário do anterior § 70 I AktG 1937, não se refere a um dever de prossecução do interesse da sociedade, de feição pluralista. *Adolf Großmann* sustenta que os diretores não estão vinculados a uma finalidade, gozando antes de liberdade no exercício das suas competências, sendo os problemas de controlo da atuação dos diretores regulados através de um regime organizacional de repartição de competências entre os diversos órgãos. O legislador terá optado por não estabelecer finalidades sindicáveis e por, em alternativa, distribuir o poder no interior da sociedade por ações. Neste contexto, considera que a emancipação da direção face aos acionistas e a autonomia consagrada no referido § 76 I AktG constituem uma limitação da propriedade privada dos acionistas, conforme ao art. 14 I 2 da Lei Fundamental alemã, operada através de regras organizacionais[1306].

*Adolf Großmann* ressalva que a liberdade de direção, consagrada no § 76 I AktG, tem limites. De entre estes limites, começa por indicar as obrigações e

---

[1302] Großmann, Adolf, *Unternehmensziele...*, pp. 78-82.
[1303] Großmann, Adolf, *Unternehmensziele...*, pp. 82-85.
[1304] Großmann, Adolf, *Unternehmensziele...*, p. 86.
[1305] Großmann, Adolf, *Unternehmensziele...*, pp. 89-124.
[1306] Großmann, Adolf, *Unternehmensziele...*, pp. 130-162.

DEVER DE GESTÃO

proibições legais estritas. Aponta as limitações estatutárias, com destaque para o objeto social, que não deve ser extravasado. E refere-se a deveres de diligência formais (*formale Sorgfaltspflichten*), considerando que a inexistência de bitolas materiais para a atuação dos diretores, que permitam apurar se uma decisão empresarial é correta ou errada, não impede que do § 93 I AktG decorra um dever de observância de bitolas formais de diligência[1307].

Aprofundando a ideia de deveres de diligência formais, *Adolf Großmann* sustenta que sobre os diretores incide um dever de participação na administração conjunta[1308]. Neste contexto, realça que os direitos atribuídos aos diretores não estão à sua livre disposição, antes constituindo poderes-deveres[1309]. Considera que os diretores devem preparar e executar diligentemente as suas decisões. Entende o dever de preparação das decisões como essencialmente um dever de obtenção de informação. Realça que as decisões sobre obtenção de informação são também decisões sob incerteza, estando condicionadas pela predisposição face ao risco, pelo que não podem ser resolvidas segundo critérios objetivos. Sob este pano de fundo, *Adolf Großmann* advoga que apenas é exigível aos diretores a análise da informação já disponível, enquadrando as decisões sobre a obtenção de informação acrescida no âmbito da liberdade de atuação da direção[1310]. *Adolf Großmann* refere-se ainda a um dever de diligente adoção das decisões, convocando o regime publicístico de controlo da discricionariedade das decisões administrativas. Adota a separação publicística entre a figura do conceito jurídico indeterminado e a figura da discricionariedade. Sob inspiração publicística, subscreve uma classificação tripartida de vícios no exercício da discricionariedade. Em primeiro lugar, refere-se a erros sobre a existência e os limites da discricionariedade, que abarcam situações de atuação fora da margem de discricionariedade e as situações de não aproveitamento ou utilização da margem de discricionariedade. Em segundo lugar, aponta os erros sobre a motivação, referindo-se à tarefa de correta identificação dos interesses que devem ser atendidos na decisão discricionária, tarefa essa que reclamará uma ponderação de interesses. Em terceiro lugar, refere-se a vícios na apreciação, que reconduz à figura publicística da proibição de excesso (*Übermaßverbot*) e que envolvem algum controlo da própria decisão adotada e da sua ponderação de interesses. Segundo *Adolf Großmann*, a figura da proibição de excesso pode ser concretizada através das exigências de adequação (*Geeignetheit*), de necessidade (*Erfordlichkeit*) e de proporcionalidade (*Verhältnismäßigkeit*) da decisão adotada. Da exigência de

---

[1307] Großmann, Adolf, *Unternehmensziele...*, pp. 163-168.
[1308] Großmann, Adolf, *Unternehmensziele...*, p. 168.
[1309] Großmann, Adolf, *Unternehmensziele...*, p. 168.
[1310] Großmann, Adolf, *Unternehmensziele...*, pp. 168-169.

adequação decorre que a medida adotada deve servir a finalidade pretendida. A exigência de necessidade implica que a medida adotada provoque a menor desvantagem possível. A exigência de proporcionalidade reclama que as vantagens da medida adotada superem as suas desvantagens. *Adolf Großmann* especifica que uma decisão discricionária não observará a exigência de proporcionalidade, constituindo uma violação do § 93 I AktG, quando desconsidere, de forma duradoura, grave e desequilibrada, o interesse de um grupo na empresa[1311]. Conclui no sentido de que os deveres formais de diligência implicam a preparação das decisões, procedimentos corretos e decisões fundamentadas e racionalmente compreensíveis[1312].

Ressalvados os aspetos acabados de referir (obrigações e proibições legais estritas, limitações estatutárias e deveres de diligência formais), *Adolf Großmann* sustenta que não existe um controlo jurídico das decisões discricionárias dos diretores. Apenas existirá um controlo político organizacional, através da distribuição de competências e do regime de nomeação e destituição dos diretores[1313].

Repare-se que, na construção de *Adolf Großmann*, a imposição de deveres de diligência formais, mesmo quando conduz a algum controlo da própria decisão adotada e da sua ponderação de interesses (recordem-se a proibição de excesso e as exigências de adequação, de necessidade e de proporcionalidade), não implica a determinação das finalidades substanciais de atuação dos diretores. Já tive a oportunidade de referir que este aspeto do pensamento de *Adolf Groß-mann* é criticado[1314].

Num estudo publicado em 1980, sobre a função de vigilância do conselho de supervisão, *Johannes Semler* distingue, em matéria de decisões empresariais erradas, a incorreta obtenção de informação, a incorreta ponderação da informação e a evolução dos acontecimentos futuros. Os diretores devem obter a informação necessária e adequada à adoção de uma decisão. A incerteza do futuro determina a necessidade de ponderação de riscos e de oportunidades pelos diretores. Não existem decisões certas, mas apenas decisões defensáveis (*vertretbar*[1315])[1316]. O risco empresarial é suportado pela empresa e não pelos dire-

---

[1311] Großmann, Adolf, *Unternehmensziele...*, pp. 169-173.
[1312] Großmann, Adolf, *Unternehmensziele...*, p. 186.
[1313] Großmann, Adolf, *Unternehmensziele...*, pp. 173-186.
[1314] Recordo Paefgen, Walter G., *Unternehmerische...*, pp. 36-38, Mülbert, Peter O., "Shareholder...", ZGR, 1997, pp. 146-147, e Bonin, Gregor von, *Die Leitung...*, pp. 79-81.
[1315] Opto por traduzir *Vertretbarkeit* por defensabilidade, mas realço que o termo também poderá ser traduzido por justificabilidade ou fungibilidade (*vide* as opções de tradução de *Baptista Machado* em Engisch, Karl, *Introdução...*, 6ª ed., pp. 250 e 265, n. 11).
[1316] Semler, Johannes, *Die Überwachungsaufgabe...*, pp. 27-30.

tores, não sendo os diretores responsabilizados por decisões empresariais prejudiciais não culposas[1317].

*Johannes Semler* considera que a bitola constante dos §§ 93 e 76 I AktG necessita de concretização, sendo para o efeito relevante a imposição de prossecução do objeto social, a imposição de prossecução do lucro e a necessidade de atender aos interesses dos diversos sujeitos envolvidos na empresa[1318]. Do princípio da maximização dos lucros não decorrem condutas precisas a adotar, mas sim fronteiras[1319]. A ponderação de interesses conduz a uma margem de discricionariedade (*Handlungsspielraum, Ermessensspielraum*) na adoção de decisões empresariais, no interior da qual se devem movimentar os diretores[1320].

*Johannes Semler* sustenta que a vigilância do conselho de supervisão deve incidir sobre a regularidade (*Ordnungsmäßigkeit*) e a legalidade (*Rechtsmäßigkeit*) da administração, bem como sobre a "economicidade" (*Wirtschaftlichkeit*) e a adequação (*Zweckmäßigkeit*) das decisões empresariais. A vigilância sobre a "economicidade" das decisões empresariais envolverá quer a análise de prognoses, quer o acompanhamento de resultados obtidos. A vigilância sobre a adequação das decisões empresariais reclamará uma avaliação das áreas de negócio, dos investimentos alternativos, dos riscos incorridos e da sua proporção face aos meios disponíveis[1321].

Num artigo publicado em 1980, sobre os conceitos de empresa e de sociedade por ações e sobre a noção de interesse social, *Wolfgang Schilling* refere que o interesse da empresa (*Unternehmensinteresse*) não tem um conteúdo material autónomo, antes resultando da ponderação dos interesses dos acionistas e trabalhadores e do interesse público. Afirma que o interesse da empresa constitui uma cláusula geral que preenche a margem de discricionariedade empresarial (*unternehmerischer Ermessensspielraum*) dos órgãos sociais. A violação do interesse da empresa apenas gera responsabilidade dos diretores e membros do conselho de supervisão, ao abrigo do § 93 AktG, quando é ultrapassada a margem de discricionariedade empresarial[1322].

Num estudo sobre as decisões de nomeação do conselho de supervisão, publicado em 1981, *Gerd Krieger* considera que o critério destas decisões é o interesse

---

[1317] Semler, Johannes, *Die Überwachungsaufgabe...*, p. 57.

[1318] Semler, Johannes, *Die Überwachungsaufgabe...*, pp. 50-67.

[1319] Semler, Johannes, *Die Überwachungsaufgabe...*, p. 55.

[1320] Semler, Johannes, *Die Überwachungsaufgabe...*, p. 67.

[1321] Semler, Johannes, *Die Überwachungsaufgabe...*, pp. 68-72.

[1322] Schilling, Wolfgang, "Das Aktienunternehmen", *ZHR*, 1980, pp. 143-144. Pode ser confrontada uma referência anterior à discricionariedade (*Ermessen*) em Schilling, Wolfgang, "Großkommentar...", 3ª ed., § 93, Anm. 10.

da empresa. Mas sustenta que da imposição de salvaguarda do interesse empresarial não é possível extrair diretivas concretas para a atuação decisória. Ressalva as decisões completamente indefensáveis (*schlechterdings unvertretbaren*)[1323].

*Gerd Krieger* advoga um controlo meramente procedimental das decisões empresariais[1324].

Em 1982, numa investigação sobre o dever de direção no contexto dos grupos societários, *Peter Hommelhoff*, ao caracterizar o dever de direção, refere-se, nos termos que já tive a oportunidade de expor, à componente de iniciativa e criatividade empresariais. Prosseguindo a caracterização do dever de direção, acrescenta que os diretores têm um dever de adoção de riscos empresariais, que é contrabalançado por um direito ao erro[1325].

*Peter Hommelhoff* refere-se, por diversas vezes, à discricionariedade empresarial, sustentando que as medidas adotadas no exercício da discricionariedade empresarial apenas são sindicáveis em casos extremos. Defende que um diretor viola os seus deveres quando as possíveis desvantagens associadas ao risco estejam em absoluta desproporção com as possíveis vantagens. Acrescenta que a ponderação do risco depende das circunstâncias do caso concreto, nomeadamente da espécie de empresa, realçando que o risco aceitável para um banco ou uma seguradora pode ser mais reduzido. Aderindo a uma posição doutrinal a que já fiz referência, sustenta que os diretores podem e devem utilizar a sua discricionariedade empresarial, desde que exista a possibilidade ou a probabilidade de que o negócio seja favorável para a sociedade[1326].

Ainda em sede de caracterização do dever de direção dos diretores, *Peter Hommelhoff* reconhece que deste dever decorre a necessidade de realizar um processo de preparação da decisão, com a devida obtenção de informação e a ponderação das diversas possibilidades de atuação, mas questiona a intensidade de tal dever procedimental. Sustenta que a preparação da decisão envolve, por sua vez, decisões empresariais sobre problemas de custo e de tempo. E refere que a preparação diligente da decisão não exclui a possibilidade de fracasso comercial[1327].

---

[1323] Krieger, Gerd, *Personalentscheidungen...*, pp. 22 e 24-25.

[1324] Krieger, Gerd, *Personalentscheidungen...*, pp. 28-30.

[1325] Hommelhoff, Peter, *Die Konzernleitungspflicht...*, pp. 171-175, de que destaco as seguintes passagens: "*Sie* müssen *regelmäßig Risiken zu Lasten der Gesellschaft und ihres Unternehmens in Kauf nehmen, um gerade dadurch ihren Leitungsauftrag zu erfüllen*" (palavra *müssen* em itálico no original); "(...) *folgen aus der gesetzlichen Leitungspflicht die Pflichten zu Wagnis und Risiko ebenso wie das Recht auf Irrtum*".

[1326] Hommelhoff, Peter, *Die Konzernleitungspflicht...*, pp. 171-173.

[1327] Hommelhoff, Peter, *Die Konzernleitungspflicht...*, pp. 173-174.

DEVER DE GESTÃO

*Peter Hommelhoff* conclui no sentido de que a responsabilidade orgânica dos diretores tem um campo de aplicação reduzido, incidindo apenas sobre as medidas da direção que, encaradas sobre todos os aspetos possíveis, sejam economicamente simplesmente indefensáveis (*unvertretbar*) e, por conseguinte, evidentemente erradas. Isto porque a tarefa de direção não consiste em fazer o que faria um empresário médio, colocado na mesma situação concorrencial; consiste mais em fazer algo original, em "atrever-se a algo". Ressalvados os casos das medidas indefensáveis, a bitola de comparação do gestor ordenado e consciencioso falhará. O regime de responsabilidade apenas procede a uma limitação marginal da autonomia da direção[1328].

Num artigo publicado em 1984, sobre as possibilidades de limitação da responsabilidade por erros de gestão, *Uwe H. Schneider* afirma que sobre os diretores incide um dever de correta direção empresarial, que implica que as suas decisões tenham que alinhar pelo interesse da sociedade e da empresa[1329]. Sustenta que, para lá dos limites da regularidade (*Ordnungsmäßigkeit*) e da legalidade (*Rechtsmäßigkeit*) das decisões empresariais, os diretores gozam de uma ampla margem de discricionariedade, não abrangendo o controlo judicial das decisões empresariais a questão da adequação (*Zweckmäßigkeit*). Deste regime resulta uma limitação do risco de responsabilização dos diretores[1330]. O risco empresarial incide exclusivamente sobre a sociedade[1331]. O insucesso empresarial não gera responsabilidade dos diretores[1332].

Num estudo publicado em 1986, *Burkhard Bastuck* refere-se à discricionariedade dos diretores no âmbito do dever de administração diligente, bem como à imposição de obtenção de informação na preparação de decisões. Afirma que a decisão é orientada ao interesse social e deve ser defensável (*vertretbar*) na perspetiva de um homem de negócios[1333]. O diretor pode assumir riscos, desde que os riscos e as inerentes oportunidades estejam numa proporção defensável[1334].

Sustenta que a bitola de diligência dos diretores comporta elementos de valoração subjetivos, reclamados pelo reconhecimento da margem de discricionariedade[1335].

---

[1328] Hommelhoff, Peter, *Die Konzernleitungspflicht...*, pp. 174-175. Aderindo, em grande medida, a estas posições, Schmidt-Leithoff, Christian, *Die Verantwortung...*, pp. 401-403.

[1329] Schneider, Uwe H., "Haftungsmilderung...", p. 810 (bem como pp. 796 e 799).

[1330] Schneider, Uwe H., "Haftungsmilderung...", pp. 810-811. Em relação às sociedades por quotas, Schneider, Uwe H., "Scholz...", 7ª ed., § 43, Rn. 44-49.

[1331] Schneider, Uwe H., "Haftungsmilderung...", p. 807.

[1332] Schneider, Uwe H., "Haftungsmilderung...", p. 810.

[1333] Bastuck, Burkhard, *Enthaftung...*, pp. 68-71 e 80-85.

[1334] Bastuck, Burkhard, *Enthaftung...*, p. 73.

[1335] Bastuck, Burkhard, *Enthaftung...*, pp. 72-73.

Na segunda edição do seu comentário ao § 93 AktG, elaborada em 1988, *Hans-Joachim Mertens* refere que os diretores devem atuar como empresários, guiando-se por bitolas empresariais. Dado que os empresários incorrem tipicamente em riscos, considera que os diretores não têm o dever de não adotar medidas que possam vir a ser prejudiciais para a sociedade. Neste contexto, *Hans-Joachim Mertens* associa a violação dos deveres à adoção de riscos empresariais anormais e à atuação fora da margem de discricionariedade vinculada[1336].

Noutro ponto do seu discurso, *Hans-Joachim Mertens* refere-se ao dever de avaliação do risco, com ponderação das diversas possibilidades de decisão, bem como à necessidade de minimização dos riscos. Afirma que os riscos desproporcionados ou que possam colocar em causa a subsistência da empresa não podem ser adotados. Relativamente às instituições de crédito, adianta que a minimização de riscos constitui um dever empresarial fulcral dos diretores[1337].

Segundo *Hans-Joachim Mertens*, a diligência exigida implica ainda a obtenção e ponderação de informação, bem como a solicitação de aconselhamento, em caso de falta de conhecimentos sobre a matéria em causa[1338].

Recordo que, em contraponto a *Peter Hommelhoff*, *Hans-Joachim Mertens* questiona a possibilidade de concretização do dever de gestão empresarial dos diretores, dessa forma limitando a exigibilidade e o controlo judicial dos comportamentos dos diretores[1339].

No comentário ao § 76 AktG, *Hans-Joachim Mertens* sustenta que os diretores assumem as funções de empresários, o que implica discricionariedade empresarial em matéria de definição de objetivos empresariais, organização, princípios de gestão e política de negócios. A discricionariedade dos diretores é limitada pela lei, pelos estatutos, pelas deliberações dos outros órgãos, pela proibição de realizar uma má gestão e pela imposição de condução dos negócios com vista à rendabilidade duradoura da empresa[1340].

Em 1989, *Herbert Wiedemann* considera que o dever de diligência implica a adoção de decisões empresariais, sujeitas a uma margem de discricionariedade económica, desde que seja cumprido o dever de obtenção de informação adequada e se prossiga a finalidade social. O diretor sem sucesso não é responsabi-

---

[1336] Mertens, Hans-Joachim, "Kölner...", 2ª ed., § 93, Rn. 29.
[1337] Mertens, Hans-Joachim, "Kölner...", 2ª ed., § 93, Rn. 48.
[1338] Mertens, Hans-Joachim, "Kölner...", 2ª ed., § 93, Rn. 29 e 48.
[1339] Mertens, Hans-Joachim, "Kölner...", 2ª ed., § 93, Rn. 47.
[1340] Mertens, Hans-Joachim, "Kölner...", 2ª ed., § 76, Rn. 10.

DEVER DE GESTÃO

lizado, salvo em casos de fronteira de decisões grosseiras sem objetividade ou irrefletidas. Refere-se a este regime como uma *business judgment rule*[1341].

Em 1993, num artigo sobre responsabilidade dos gestores, em que procede a uma breve comparação com o regime norte-americano, *Harm Peter Westermann* realça a importância da componente procedimental de obtenção de informação, quer ao nível da configuração dos deveres, quer ao nível da bitola de responsabilidade[1342].

*Harm Peter Westermann* sustenta que, estando em jogo a presunção de culpa dos diretores pela violação dos seus deveres, a prova sobre a adequada obtenção de informação constitui um indício de atuação diligente. Acrescenta que, em situações de adequada obtenção de informação, apenas são censuráveis as decisões indefensáveis, em que houve negligência grosseira na ponderação das circunstâncias. Em defesa desta perspetiva, sugere que a esfera de risco dos diretores abarca a obtenção de informação, mas não compreende a incerteza relativa a cálculos e a prognoses[1343].

Num estudo sobre a responsabilidade dos membros do conselho de supervisão pela adoção de decisões empresariais, publicado em 1994, com amplo confronto com a literatura económica e de gestão empresarial, *Stefan Mutter* começa por tentar definir um conceito de decisão empresarial (*unternehmerische Entscheidung*), para efeitos de subsunção silogística[1344]. Numa primeira aproximação, muito genérica, define decisão empresarial como uma opção entre diversas possibilidades de conduta. Tentando captar as especificidades da decisão empresarial, relaciona-a com os fatores tempo e custo e apela às ideias de complexidade, de orientação para o futuro, de risco e de incerteza. *Stefan Mutter* restringe as decisões empresariais às opções entre possibilidades de conduta de especial envergadura económica. Sustenta que a possibilidade de conduta tem uma especial envergadura económica quando, pela sua dimensão ou risco, seja muito relevante para o património ou rendimento empresarial, ou quando seja relevante para o futuro desenvolvimento de toda a empresa[1345].

---

[1341] Wiedemann, Herbert, *Organverantwortung*..., pp. 12-15. Num escrito anterior, *Herbert Wiedemann* referiu-se a um espaço de discricionariedade não sindicável judicialmente, destinado a salvaguardar a capacidade de inovação empresarial, dando conta da *business judgment rule* norte-americana (Wiedemann, Herbert, *Gesellschaftsrecht*, I, pp. 345-346).

[1342] Westermann, Harm Peter, "Haftung...", *Karlsruher Forum*, 1993, pp. 18-19.

[1343] Westermann, Harm Peter, "Haftung...", *Karlsruher Forum*, 1993, p. 19.

[1344] Mutter, Stefan, *Unternehmerische Entscheidungen*..., pp. 4-5, incluindo n. 10. Realço que *Stefan Mutter* não indica qual a proposição normativa que consagraria o conceito de decisão empresarial... A *Gesetz zur Unternehmensintegrität und Modernisierung des Anfechtungsrechts* (UMAG), que introduziu no § 93 I 2 AktG o conceito de decisão empresarial, apenas surgiria em 2005.

[1345] Mutter, Stefan, *Unternehmerische Entscheidungen*..., pp. 4-23.

*Stefan Mutter* considera que o conselho de supervisão também adota decisões empresariais, nomeadamente em matéria de nomeação, destituição e contratação dos diretores, de elaboração do regulamento da direção, de autorização para a prática de atos pela direção e de participação na prestação de contas[1346]. Sustenta ainda que a vigilância, na sua componente de vigilância sobre a planificação, não constitui uma atividade meramente passiva, antes envolvendo decisões empresariais, pois reclama a formação de um juízo próprio sobre a estratégia empresarial[1347].

*Stefan Mutter* critica a perspetiva de separação entre as questões de direito e as questões de decisão empresarial. As questões de interpretação jurídica são parte dos problemas envolvidos nas decisões empresariais. O decisor empresarial não tem que tomar posição, de forma isolada, sobre questões jurídicas. O controlo judicial incidirá sobre a decisão empresarial no seu todo[1348].

*Stefan Mutter* afasta da área das decisões empresariais o problema da pura inatividade no exercício de funções, sobre o qual considera haver consenso quanto à aplicação da sanção da responsabilidade civil, realizando um paralelo com as situações de provocação dolosa de danos[1349].

Tentando aprofundar o conceito de decisão empresarial errada (*unternehmerische Fehlentscheidung*), *Stefan Mutter* começa por referir que o insucesso empresarial não implica a existência de uma decisão empresarial errada, destacando a ideia de decisão sob incerteza. Adota uma perspetiva de enfoque nos vícios processuais da decisão empresarial. O conteúdo da decisão empresarial apenas é questionado caso seja adotada uma possibilidade de conduta empresarial indefensável (*unvertretbar*). Como exemplo de opção indefensável refere-se à decisão de realizar um negócio que não pode trazer qualquer vantagem para a sociedade, mas apenas desvantagens[1350].

Desenvolvendo o enfoque nos vícios processuais da decisão empresarial, *Stefan Mutter* procede a uma análise da *business judgment rule* norte-americana, realçando o seu interesse comparativo para a concretização dos deveres decorrentes do § 93 I 1 AktG. Questionando, com base em estudos de microeconomia, a existência de uma correlação relevante entre o esforço de obtenção de informação e a eficácia empresarial, sustenta que do § 93 I 1 AktG apenas decorre um dever de obtenção de um mínimo de informação no processo decisório. Mais realça que a decisão de obtenção de informação é ela própria uma decisão

---

[1346] Mutter, Stefan, *Unternehmerische Entscheidungen...*, pp. 116-162.
[1347] Mutter, Stefan, *Unternehmerische Entscheidungen...*, pp. 132-133.
[1348] Mutter, Stefan, *Unternehmerische Entscheidungen...*, pp. 172-174.
[1349] Mutter, Stefan, *Unternehmerische Entscheidungen...*, pp. 176-178 e 192-193.
[1350] Mutter, Stefan, *Unternehmerische Entscheidungen...*, pp. 178-199.

DEVER DE GESTÃO

empresarial, condicionada por constrangimentos de tempo e de custos. Refere que os condicionamentos futuros e o risco implicam que, a partir de determinado ponto, as decisões tenham que ser obtidas por intuição[1351].

*Stefan Mutter* realiza um esforço de comparação com o regime publicístico de controlo judicial das decisões administrativas. Analisa a distinção entre margem de apreciação (*Beurteilungsspielraum*) dos elementos da previsão normativa e margem de discricionariedade (*Ermessensspielraum*) na fixação das consequências jurídicas. Destaca a relevância dos direitos fundamentais dos cidadãos como limite à margem de apreciação das autoridades administrativas. Refere-se ao critério da defensabilidade (*Vertretbarkeit*) na apreciação dos limites da discricionariedade administrativa. Dá conta da distinção entre as situações de ultrapassagem dos limites de discricionariedade (*Ermessensüberschreitung*), as situações de não utilização da discricionariedade (*Ermessensunterschreitung*) e as situações de abuso de discricionariedade (*Ermessensmißbrauch*). Faz referência à figura da redução a zero da discricionariedade (*Ermessensreduzierung auf Null*), sustentando que tal figura resulta da aplicação do critério da defensabilidade. Descreve o regime de acrescida margem de apreciação e de discricionariedade em matéria de planificação administrativa. *Stefan Mutter* conclui no sentido da existência de semelhanças entre o regime publicístico de controlo judicial das decisões administrativas e o regime de controlo judicial das decisões empresariais, mas nega a existência de contributos significativos para a compreensão do regime de controlo judicial das decisões empresariais. Realça que a relevância dos direitos fundamentais em matéria de decisões administrativas não tem paralelo no contexto das decisões empresariais[1352].

Num artigo publicado em 1994, essencialmente destinado a analisar a questão da discricionariedade das decisões do conselho de supervisão, *Meinrad Dreher* realça que a ingerência judicial nas decisões dos órgãos societários limita a autonomia da sociedade. Acrescenta que as decisões dos órgãos societários respeitam quase sempre a aspetos futuros e estão frequentemente sujeitas a elevados riscos. Refere que a maioria das decisões empresariais, incluindo as respeitantes à atividade de vigilância, não respeita a uma imposição legal estrita, que apenas possibilita uma única possibilidade de conduta. Sustenta que a maioria das decisões empresariais compreende uma ampla margem de discricionariedade e envolve a aplicação de conceitos jurídicos indeterminados, com destaque para o conceito de interesse da empresa (*Unternehmensinteresse*). Refere que não se trata de uma discricionariedade livre, mas sim vinculada. Mas, por apelo à ideia

---

[1351] Mutter, Stefan, *Unternehmerische Entscheidungen...*, pp. 206-230.
[1352] Mutter, Stefan, *Unternehmerische Entscheidungen...*, pp. 230-263.

de *judicial self-restraint*, critica a tendência judicial de redução a zero da discricionariedade empresarial, considerando que o controlo judicial das decisões dos órgãos societários, com exceção dos casos de abuso, não deve implicar uma apreciação da sua adequação (*Zweckmäßigkeit*) e "economicidade" (*Wirtschaftlichkeit*). Defende que o controlo judicial das decisões dos órgãos societários se deve limitar à sua defensabilidade (*Vertretbarkeit*). Afirma que apenas em casos extremamente pontuais é que só haverá uma única decisão defensável[1353].

Num artigo publicado em 1995, *Marcus Lutter* defende o reconhecimento de uma ampla discricionariedade empresarial em matéria de responsabilidade da direção e do conselho de supervisão, com um aproveitamento da jurisprudência norte-americana sobre a *business judgment rule*. As decisões empresariais não são certas ou erradas, antes implicando a ponderação dos diferentes interesses na empresa.

*Marcus Lutter* afirma que as decisões do conselho de supervisão sobre o exercício do direito de indemnização contra diretores apenas gozam de uma discricionariedade empresarial limitada, sendo que, em determinados casos concretos, tal discricionariedade pode ser reduzida a zero[1354].

Em 1996, num artigo essencialmente incidente sobre a posição dos membros do conselho de supervisão, *Thomas Raiser* afirma que, enquanto o § 76 AktG consagra a autonomia e a liberdade empresarial da direção, o § 93 AktG estabelece, através de uma cláusula geral, a sua vinculação. Sustenta que, na medida em que os diretores gerem o património de investidores, estão sujeitos a deveres fiduciários de diligência e de lealdade, que limitam a sua livre discricionariedade. Consequentemente, defende a necessidade de um equilíbrio entre liberdade decisória e vinculação[1355].

Relativamente aos membros do conselho de supervisão, *Thomas Raiser* defende a distinção entre as funções empresariais, com destaque para as competências de nomeação e destituição dos diretores e de autorização para a prática de certos atos, e as funções de controlo posterior ou vigilância. No exercício das funções empresariais, o conselho de supervisão goza de discricionariedade empresarial. Relativamente às funções de vigilância, não há discricionariedade empresarial[1356].

*Thomas Raiser* sustenta que a decisão sobre a responsabilização de um diretor se enquadra nas funções de vigilância do conselho de supervisão, pelo que

---

[1353] Dreher, Meinrad, "Das Ermessen...", *ZHR*, 1994, pp. 615-645. Posteriormente, em diálogo crítico com *Marcus Lutter*, Dreher, Meinrad, "Nochmals...", *ZIP*, 1995, pp. 628-629.

[1354] Lutter, Marcus, "Zum unternehmerischen Ermessen...", *ZIP*, 1995, pp. 441-442.

[1355] Raiser, Thomas, "Pflicht und Ermessen...", *Neue Juristische Wochenzeitung*, 1996, pp. 552-553.

[1356] Raiser, Thomas, "Pflicht und Ermessen...", *Neue Juristische Wochenzeitung*, 1996, pp. 553-554.

é exigível a avaliação do risco processual de uma ação de responsabilização do diretor e a ponderação dos interesses empresariais. Quanto a este último aspeto, conclui que a responsabilização do diretor deve ser a regra e a não responsabilização a exceção[1357].

*Thomas Raiser* critica a receção das figuras da discricionariedade livre e da redução a zero da discricionariedade, forjadas pelos administrativistas, por considerar que, no âmbito societário, a vinculação ao interesse dos acionistas é a regra e a discricionariedade empresarial a exceção[1358].

Em 1996, na segunda edição do seu estudo sobre a função de vigilância do conselho de supervisão, *Johannes Semler* reitera muitas das afirmações anteriores, mas deixa de se referir à defensabilidade (*Vertretbarkeit*) das decisões[1359].

*Johannes Semler* caracteriza as decisões empresariais pela existência de diversas possibilidades de atuação. Distingue a margem de apreciação (*Beurteilungsspielraum*), relativa aos aspetos de regularidade (*Ordnungsmäßigkeit*) e legalidade (*Rechtsmäßigkeit*) das decisões, da margem de discricionariedade (*Ermessensspielraum*), relativa aos aspetos de adequação (*Zweckmäßigkeit*) e "economicidade" (*Wirtschaftlichkeit*) das decisões. Realça que a discricionariedade na adoção de decisões empresariais não é livre, mas sim vinculada (*gebundenes Ermessen*), podendo, em situações excecionais, ser reduzida a zero[1360].

Num escrito publicado em 1996, com amplas referências à *business judgment rule* norte-americana, *Klaus Hopt* afirma que o regime germânico de responsabilização dos diretores é comparativamente mais apertado. Poder-se-á atender a uma margem de discricionariedade empresarial na concretização do dever de diligência, mas não se encontra consagrado na lei um espaço livre de responsabilidade. Considera que seria preferível que o regime germânico não prejudicasse, quer substancialmente, quer em matéria de ónus probatório, um diretor que adote uma decisão empresarial, com base em informação adequada e sem que prossiga um interesse próprio[1361].

Entretanto, o problema da limitação da sindicabilidade judicial das decisões empresariais foi abordado pela jurisprudência superior, no acórdão *ARAG/Gar-*

---

[1357] Raiser, Thomas, "Pflicht und Ermessen...", *Neue Juristische Wochenzeitung*, 1996, pp. 553-554.
[1358] Raiser, Thomas, "Pflicht und Ermessen...", *Neue Juristische Wochenzeitung*, 1996, p. 553.
[1359] Semler, Johannes, *Leitung...*, 2ª ed., pp. 46-51.
[1360] Semler, Johannes, *Leitung...*, 2ª ed., pp. 45-48.
[1361] Hopt, Klaus, "Die Haftung...", pp. 917 e 919-921. Uma referência anterior à ideia de margem de discricionariedade empresarial pode ser confrontada em Hopt, Klaus, "Aktionärskreis...", *ZGR*, 1993, p. 538.

*menbeck.* Trata-se de uma decisão de 21 de Abril de 1997, da segunda secção cível do *Bundesgerichtshof,* com competência em matéria de direito societário[1362].

A ação judicial foi intentada por membros do conselho de supervisão de uma sociedade por ações e teve por objeto a impugnação de duas deliberações do conselho de supervisão que rejeitaram uma proposta de exercício do direito de indemnização contra o presidente da direção.

Na fundamentação deste aresto, afirma-se que deve ser concedida aos diretores uma ampla margem de discricionariedade na gestão da empresa da sociedade, sem a qual a atividade empresarial seria simplesmente impensável. Consigna-se que a responsabilidade dos diretores deve ser equacionada quando sejam nitidamente ultrapassados os limites dentro dos quais se deve mover um diretor consciencioso, orientado exclusivamente em benefício da empresa e que atue baseado numa cuidadosa averiguação dos fundamentos da decisão empresarial, quando seja irresponsavelmente exagerada a disposição de assumir riscos empresariais ou quando a conduta de um diretor seja por qualquer outro motivo desconforme aos seus deveres[1363].

O acórdão refere-se à discricionariedade empresarial da função de gestão (*Führungsaufgabe*) da direção. Relativamente ao conselho de supervisão, distingue a função de controlo preventivo, que compreende nomeadamente as tarefas de nomeação e destituição dos diretores e de autorização para a prática de determinados atos, e a função de controlo posterior. Relativamente à função de controlo preventivo, em que o conselho de supervisão participa na gestão, é de reconhecer a discricionariedade empresarial. Relativamente à função de controlo posterior, o acórdão afirma que o conselho de supervisão não goza de discricionariedade empresarial[1364].

Neste contexto, o aresto afirma que a decisão do conselho de supervisão sobre a instauração de uma ação de responsabilização dos diretores deve ser sindicada judicialmente. Aos membros do conselho de supervisão é exigida uma análise de risco processual, sendo que a prossecução da ação de responsabilização dos

---

[1362] BGHZ 135, 244 (ou NJW 1997, 1926). O regime de divisão de competências no interior do *Bundesgerichtshof* pode ser confrontado em www.bundesgerichtshof.de.

[1363] "(...) *dem Vorstand bei der Leitung der Geschäfte des Gesellschaftsunternehmens ein weiter Handlungsspielraum zugebilligt werden muß, ohne den eine unternehmerische Tätigkeit schlechterdings nicht denkbar ist.* (...) *Eine Schadenersatzpflicht* (...) *kann erst in Betracht kommen, wenn die Grenzen, in denen sich ein von Verantwortungsbewußtsein getragenes, ausschließlich am Unternehmenswohl orientiertes, auf sorgfältiger Ermittlung der Entscheidungsgrundlagen beruhendes unternehmerisches Handeln bewegen muß, deutlich überschritten sind, die Bereitschaft, unternehmerische Risiken einzugehen, in unverantwortlicher Weise überspannt worden ist oder das Verhalten des Vorstands aus anderen Gründen als pflichtwidrig gelten muß.*" – BGHZ 135, 244, pp. 253-254.

[1364] BGHZ 135, 244, pp. 254-255.

DEVER DE GESTÃO

diretores deverá ser a regra. Só excecionalmente poderá ser adotada uma decisão de não responsabilização, em função dos interesses da sociedade[1365].

Algum destaque merece igualmente a decisão *Siemens/Nold*, tirada em 23 de Junho de 1997 pela referida segunda secção cível do *Bundesgerichtshof*, em cuja fundamentação se recorre por diversas vezes ao conceito de decisão empresarial discricionária (*unternehmerisches Ermessen*)[1366].

Num artigo publicado no ano seguinte, em que analisa a decisão *ARAG/Garmenbeck*, *Hartig Henze*, juiz da segunda secção cível do *Bundesgerichtshof*, identifica cinco aspetos de delimitação da sindicabilidade judicial das decisões empresariais, a saber: obtenção de informação suficiente; ausência de conflito de interesses; atuação no interesse da sociedade; disposição de assumir riscos empresariais irresponsavelmente exagerada; e conduta desconforme aos deveres por qualquer outro motivo. *Hartig Henze* assume que os três primeiros aspetos obtiveram inspiração na *business judgment rule* norte-americana[1367].

Explicitando o critério da disposição de assumir riscos empresariais irresponsavelmente exagerada, *Hartig Henze* afirma que uma medida da direção será irresponsável quando simplesmente não seja justificável e quando um comerciante responsável nunca esteja disponível para a assumir[1368].

Num artigo publicado pouco depois, *Hartig Henze* acrescenta que a referência à disposição de assumir riscos empresariais irresponsavelmente exagerada, constante da decisão *ARAG/Garmenbeck*, está muito próxima do *waste test* norte-americano[1369].

Em anotação à decisão *ARAG/Garmenbeck*, ainda em 1997, *Meinrad Dreher* critica quer a distinção entre a função de controlo preventivo e a função de controlo posterior do conselho de supervisão, quer a lógica de regra e exceção na análise das decisões do conselho de supervisão sobre o exercício do direito de indemnização contra diretores. No que respeita à primeira crítica, acrescenta que a decisão de destituição com justa causa de um diretor constitui uma medida de controlo repressivo. Em sua opinião, todas as funções do conselho de supervisão implicam a ponderação do interesse da sociedade e envolvem discri-

---

[1365] BGHZ 135, 244, pp. 254-256.
[1366] BGHZ 136, 133, pp. 139-140.
[1367] Henze, Hartwig, "Prüfungs- und Kontrollaufgaben...", *Neue Juristische Wochenzeitung*, 1998, pp. 3010-3011.
[1368] Henze, Hartwig, "Prüfungs- und Kontrollaufgaben...", *Neue Juristische Wochenzeitung*, 1998, p. 3011 (posteriormente, Henze, Hartwig, "Leitungsverantwortung...", *BB*, 2000, p. 215, e Henze, Hartwig, "Neuere Rechtsprechung...", *BB*, 2005, p. 166).
[1369] Henze, Hartwig, "Leitungsverantwortung...", *BB*, 2000, p. 215.

cionariedade empresarial. A jurisprudência superior limitaria a autonomia da sociedade[1370].

Num artigo publicado em 1997, em que é nomeadamente comentada a decisão *ARAG/Garmenbeck*, *Norbert Horn* defende o reconhecimento de uma margem de discricionariedade para a atuação dos diretores, invocando a necessidade de adotar riscos e a caracterização das decisões empresariais como decisões sob incerteza[1371].

*Norbert Horn* refere-se ao § 4.01(c) dos *Principles of Corporate Governance*, que descreve como uma causa de exclusão da responsabilidade, apontando como requisitos a obtenção de informação suficiente, a ausência de conflitos de interesse e a convicção racional do diretor de que atua no interesse da sociedade. *Norbert Horn* sustenta a aplicação de uma causa de exclusão da responsabilidade, com os mesmos critérios, tendo o § 76 I AktG como base legal. Neste contexto, critica a perspetiva doutrinária de proteção das decisões empresariais através de uma modificação da bitola de diligência. Face à sua conceção, a responsabilidade será excluída se o diretor atuar com obtenção de informação e sem conflito de interesses e adotar uma decisão defensável. O espaço livre de responsabilidade apenas desaparecerá quando o diretor não atuar diligentemente informado, quando atuar em conflito de interesses ou quando não exista qualquer argumento racional em suporte da decisão[1372].

*Norbert Horn* critica *Uwe H. Schneider* e a perspetiva de exclusão do controlo judicial das decisões empresariais em matéria de adequação (*Zweckmäßigkeit*), realçando que esta perspetiva protegeria decisões completamente imprudentes[1373].

*Norbert Horn* critica igualmente *Harm Peter Westermann* e a perspetiva de limitação da responsabilidade a situações de negligência grosseira, sustentando que a proteção desejada da discricionariedade dos diretores dificilmente será obtida com recurso à distinção de graus de culpa. Refere que em algumas situações de negligência grosseira poderá continuar a fazer sentido o reconhecimento de um espaço livre de responsabilidade, nomeadamente em áreas de elevado risco. E, em contraponto, refere que em determinadas situações de culpa leve pode não fazer sentido reconhecer um espaço livre de responsabilidade[1374].

Num artigo publicado em 1998, em que também é comentada a decisão *ARAG/Garmenbeck*, *Peter Kindler* sustenta que os limites da discricionariedade

---

[1370] Dreher, Meinrad, "Anmerkung...", *JZ*, 1997, pp. 1074-1076.
[1371] Horn, Norbert, "Die Haftung...", *ZIP*, 1997, pp. 1131-1135.
[1372] Horn, Norbert, "Die Haftung...", *ZIP*, 1997, pp. 1134-1135 e 1139.
[1373] Horn, Norbert, "Die Haftung...", *ZIP*, 1997, p. 1134.
[1374] Horn, Norbert, "Die Haftung...", *ZIP*, 1997, pp. 1134-1135.

DEVER DE GESTÃO

empresarial não respeitam à questão da culpa, mas sim à questão da violação do dever. Afirma que o diretor que adota um risco empresarial defensável atua em conformidade com o seu dever[1375].

*Peter Kindler* rejeita, face ao regime legal então em vigor, a ideia de proteção da discricionariedade empresarial através da figura da violação do dever sem responsabilidade (que relacionou com a ideia de espaço livre de responsabilidade e com a figura da causa de exclusão de responsabilidade)[1376].

*Peter Kindler* entende que a discricionariedade empresarial se baseia na função de direção, decorrendo do § 76 I AktG. A discricionariedade empresarial será negativamente delimitada pelas exigências de obtenção de informação e de não adoção irresponsável de riscos, decorrentes do § 93 I AktG, por deveres legais específicos, nomeadamente os previstos no § 93 III AktG, e pelo vínculo de lealdade[1377].

No que respeita às decisões do conselho de supervisão, *Peter Kindler* sustenta que a atividade de vigilância não implica discricionariedade, não envolvendo opções de conduta, mas sim juízos cognitivos. Todavia, admite a possibilidade de reconhecer alguma margem de discricionariedade relativamente à componente de intervenção da atividade de vigilância. Mas, no que respeita às decisões do conselho de supervisão sobre a instauração de ações de responsabilidade contra diretores, conclui no sentido de excluir qualquer margem de decisão através da uma ponderação de interesses[1378].

Num estudo comparativo publicado em 1998, com uma extensa análise da jurisprudência e da doutrina norte-americanas, *Thomas Abeltshauser* começa por sustentar a necessidade de conciliar a função de proteção da responsabilidade dos diretores com as exigências de autonomia da direção empresarial, através do reconhecimento de uma margem de discricionariedade empresarial[1379]. Faz

---

[1375] Kindler, Peter, "Unternehmerisches Ermessen...", *ZHR*, 1998, p. 104.

[1376] Kindler, Peter, "Unternehmerisches Ermessen...", *ZHR*, 1998, p. 104.

[1377] Kindler, Peter, "Unternehmerisches Ermessen...", *ZHR*, 1998, pp. 105-107.

[1378] Kindler, Peter, "Unternehmerisches Ermessen...", *ZHR*, 1998, pp. 108-114 e 118-119, sendo que a referência à componente de intervenção da atividade de vigilância se encontra a pp. 109--110. *Peter Kindler* argumenta no sentido de que a não instauração de ações de responsabilidade contra diretores pelo conselho de supervisão teria um conteúdo semelhante a uma aprovação (*Billigung*) da atuação dos diretores pelo conselho de supervisão. Nos termos do § 93 IV 2 AktG, a aprovação pelo conselho de supervisão não exclui a responsabilidade dos diretores. Não sendo eficaz a aprovação pelo conselho de supervisão, não seria admissível a não instauração de ações de responsabilidade pelo conselho de supervisão. Este argumento poderá ter perdido algum do seu valor a partir do momento em que, com a *Gesetz zur Unternehmensintegrität und Modernisierung des Anfechtungsrechts* (UMAG), de 22.9.2005, foi introduzida a possibilidade de instauração de ações de responsabilidade pelos sócios.

[1379] Abeltshauser, Thomas, *Leitungshaftung...*, p. 6.

corresponder o princípio da discricionariedade empresarial à *business judgment rule* norte-americana[1380].

Em matéria de realização de negócios arriscados, *Thomas Abeltshauser* sustenta o escrutínio da decisão empresarial arriscada com base nos critérios da *business judgment rule*, no sentido de não responsabilizar o diretor por erros de gestão, exceto se tiver atuado em conflito de interesses, sem a devida obtenção e valoração de informação ou sem atuar de boa fé, no interesse da sociedade (entendido numa perspetiva pluralista). Invocando o princípio da proporcionalidade, ressalva a exigência de uma relação adequada entre o risco, por um lado, e as condições da empresa e os ganhos esperados, por outro[1381].

Para *Thomas Abeltshauser*, o diretor poderá confiar na informação obtida junto de colegas, trabalhadores ou mediante aconselhamento externo[1382].

No que respeita a deveres de legalidade na esfera interna da sociedade, *Thomas Abeltshauser* considera afastada a sua sindicabilidade judicial com base nos critérios da *business judgment rule*, exceto se da própria previsão normativa específica resultar a concessão de uma margem de discricionariedade empresarial[1383].

Na opinião de *Thomas Abeltshauser*, será exigida aos diretores alguma planificação, sendo que a configuração da atividade de planificação estará sujeita ao regime de discricionariedade empresarial[1384].

Num artigo publicado em 1999, *Peter Ulmer* realça que o precedente judicial *ARAG/Garmenbeck* consagra um critério de sindicabilidade das decisões de adoção de riscos empresariais ligeiramente mais intenso e constrangedor do que o *waste test* adotado pela jurisprudência norte-americana[1385].

*Klaus Hopt* voltaria a abordar o problema da sindicabilidade do mérito das decisões empresariais num extenso comentário ao § 93 AktG, publicado em 1999.

Invocando a decisão *ARAG/Garmenbeck*, *Klaus Hopt* refere-se à discricionariedade empresarial, explicando que relativamente a muitas das decisões empresariais não existe uma única opção admissível, nomeadamente quando estão em causa aspetos dependentes de circunstâncias futuras. Realça que, face às mesmas circunstâncias e no mesmo contexto, os diretores de sociedades concorrentes poderão adotar decisões empresariais bastante diferentes. Utiliza a expressão decisão sob incerteza (*Entscheidung unter Unsicherheit*). Refere que

---

[1380] Abeltshauser, Thomas, *Leitungshaftung...*, p. 162, incluindo n. 482.
[1381] Abeltshauser, Thomas, *Leitungshaftung...*, pp. 169-173 e 269.
[1382] Abeltshauser, Thomas, *Leitungshaftung...*, p. 222.
[1383] Abeltshauser, Thomas, *Leitungshaftung...*, pp. 205-210 e 269.
[1384] Abeltshauser, Thomas, *Leitungshaftung...*, pp. 216-220.
[1385] Ulmer, Peter, "Die Aktionärsklage...", *ZHR*, 1999, pp. 298-299, incluindo n. 30.

DEVER DE GESTÃO

a responsabilidade orgânica não é uma responsabilidade pelo resultado, mas sim uma responsabilidade pela conduta não diligente[1386].

*Klaus Hopt* sustenta que a adoção pelos diretores de riscos empresariais não é apenas permitida, mas também exigida. Afirma que não será correto afirmar que os riscos devem ser minimizados. A adoção de elevados riscos poderá ser justificada. Exigir-se-á uma adequação entre o risco e o rendimento esperado. Refere que apenas será proibida uma adoção de riscos que ponha em perigo a continuidade da empresa. Mas ressalva que este último critério não é absoluto, podendo, por exemplo, a adoção de tais riscos ser indispensável à permanência no mercado[1387].

*Klaus Hopt* reitera a afirmação de menor proteção do espaço de discricionariedade empresarial no regime alemão face ao regime norte-americano, apontando como dois principais motivos para tal proteção a não inibição do risco empresarial e a falta de capacidade dos juízes para sindicar as decisões empresariais. Em todo o caso, considera que os aspetos centrais da *business judgment rule* norte-americana – ausência de conflito de interesses, obtenção de informação suficiente, atuação de boa fé no interesse da sociedade – têm relevância no regime alemão, tendo obtido acolhimento na decisão *ARAG/Garmenbeck*. Neste contexto, para além das referências ao dever de lealdade e à atuação em conflito de interesses, *Klaus Hopt* sustenta que sobre os diretores incide um dever de obtenção de informação (*Pflicht zur Selbstinformation*), cuja intensidade dependerá das circunstâncias do caso concreto. Uma decisão no escuro, sem obtenção da informação necessária e disponível constituirá uma violação de um dever. O círculo de informações a obter poderá compreender quer aspetos internos da empresa, quer elementos relativos ao mercado e ao ambiente político-económico[1388].

Num artigo publicado em 2000, *Marcus Lutter*, embora advertindo para a divergência face à jurisprudência e doutrina norte-americanas, sufraga a tendência jurisprudencial de negação do espaço de discricionariedade empresarial em situações de adoção de riscos exagerados[1389].

No mesmo ano, ao analisar a jurisprudência superior em matéria de deveres e responsabilidade dos órgãos de direção e supervisão, *Wulf Goette*, juiz da segunda secção cível do *Bundesgerichtshof*, refere-se à margem de discricionarie-

---

[1386] Hopt, Klaus, "Großkommentar...", 4ª ed., § 93, Rn. 81 e 109.

[1387] Hopt, Klaus, "Großkommentar...", 4ª ed., § 93, Rn. 82 e 109.

[1388] Hopt, Klaus, "Großkommentar...", 4ª ed., § 93, Rn. 83-85, bem como Rn. 81, n. 236.

[1389] Lutter, Marcus, "Entwicklung...", p. 334 (também, Lutter, Marcus, "Haftung...", *GmbHR*, 2000, pp. 305-306, bem como Ringleb, Henrik-Michael et al., *Kommentar...*, Rn. 346-348).

dade empresarial dos diretores, que relaciona com a defesa da função empresarial e a necessidade de não inibir a adoção de risco[1390].

*Wulf Goette* afirma que a jurisprudência superior exige uma atuação dos diretores conforme à ordem jurídica e aos estatutos, que respeite o princípio de igual tratamento dos acionistas e as competências internas, sem interesses pessoais, orientada pelo interesse da empresa, dos acionistas, trabalhadores, credores e clientes, com obtenção de toda a informação disponível e com ponderação de alternativas e do risco. Reunidas estas exigências, a opção empresarial discricionária não seria sindicada[1391].

*Wulf Goette* aponta diversas matérias relativamente às quais, de acordo com a jurisprudência superior, os diretores não gozam de discricionariedade, nomeadamente o cumprimento da lei e dos estatutos, a contabilidade e a escolha e a vigilância de colegas e do pessoal[1392].

Num estudo publicado em 2001, *Markus Roth* associa a figura da discricionariedade empresarial (*unternehmerisches Ermessen*) simultaneamente à concretização do dever de diligência e aos limites do poder de direção[1393]. Caracteriza a discricionariedade não como um privilégio de irresponsabilidade, mas sim como a possibilidade de decidir entre várias soluções corretas[1394]. O interesse social, que concebe sob uma perspetiva pluralista, constituirá o ponto de referência do controlo do conteúdo das decisões empresariais, estabelecendo limites à discricionariedade empresarial[1395].

*Markus Roth* sustenta que a figura da discricionariedade empresarial salvaguarda a competência decisória da direção face a outros órgãos, possibilitando uma direção efetiva da empresa[1396]. Acolhendo argumentos de análise económica oriundos da discussão doutrinária norte-americana, considera que a responsabilização dos diretores perante a sociedade, com ressalva das violações do dever de lealdade e de certos deveres específicos, prejudica o interesse da sociedade no longo prazo, induzindo nos diretores comportamentos de aversão ao risco empresarial[1397].

Neste contexto, *Markus Roth* considera que o dever de diligência previsto no § 93 I AktG deve ser interpretado em conjugação com o poder de direção con-

---

[1390] Goette, Wulf, "Leitung...", pp. 124-126.
[1391] Goette, Wulf, "Leitung...", pp. 140-141.
[1392] Goette, Wulf, "Leitung...", pp. 130-133.
[1393] Roth, Markus, *Unternehmerisches Ermessen...*, pp. 8-9.
[1394] Roth, Markus, *Unternehmerisches Ermessen...*, p. 33.
[1395] Roth, Markus, *Unternehmerisches Ermessen...*, pp. 23-29 e 88-89.
[1396] Roth, Markus, *Unternehmerisches Ermessen...*, pp. 15-23.
[1397] Roth, Markus, *Unternehmerisches Ermessen...*, pp. 29-32 e 49.

sagrado no § 76 I AktG. Tal interpretação conjugada fundamentará a figura da discricionariedade empresarial e uma redução da diligência devida pelos diretores[1398]. Apenas relativamente a algumas regras específicas, tais como as regras relativas a competências e processos orgânicos, os deveres de publicidade e a proibição de restituição de entradas, estaria excluída a margem de discricionariedade empresarial, sendo aplicável a bitola da diligência de um gestor ordenado e consciencioso[1399].

A redução da diligência devida pelos diretores em matérias de discricionariedade empresarial operará, na construção de *Markus Roth*, de forma bifurcada, consoante esteja em causa a violação de regras específicas no âmbito do poder de direção ou a violação do dever de diligência[1400]. Em caso de violação de regras específicas, mas que envolvem alguma discricionariedade, será aplicável a bitola da defensabilidade (*Vertretbarkeit*)[1401]. Em caso de violação do dever de diligência será aplicável a bitola da irresponsabilidade (*Unverantwortlichkeit*), que estará para lá da defensabilidade, mas aquém da arbitrariedade[1402].

*Markus Roth* refere que a expressão administração (*Geschäftsführung*), tal como referida no § 93 I AktG, deve ser entendida não apenas como decisão, mas também como processo, pelo que será exigível aos diretores um processo de obtenção de informação. Posicionando-se no debate doutrinário sobre o grau de obtenção de informação exigível aos diretores, colhendo os ensinamentos da experiência norte-americana, adverte para o risco de inibição da atividade empresarial decorrente de uma excessiva imposição de obtenção de informação. Realça que as opções de obtenção de informação estão sujeitas a uma análise de custo-benefício e a constrangimentos temporais. Invoca o perigo de burocratização do processo decisório. Conclui no sentido de que apenas devem ser exigidas as diligências de obtenção de informação que seriam irrecusáveis[1403].

Ultrapassados os limites de discricionariedade do processo de preparação da decisão, *Markus Roth* entende que a decisão deixará de beneficiar de uma margem de discricionariedade empresarial, sendo o seu conteúdo escrutinado de acordo com a bitola da diligência de um gestor ordenado e consciencioso[1404].

---

[1398]  Roth, Markus, *Unternehmerisches Ermessen...*, pp. 9, 40-56 e 74.
[1399]  Roth, Markus, *Unternehmerisches Ermessen...*, pp. 39-40, 65-73 e 104-15.
[1400]  Roth, Markus, *Unternehmerisches Ermessen...*, pp. 54-55.
[1401]  Roth, Markus, *Unternehmerisches Ermessen...*, pp. 105-106.
[1402]  Roth, Markus, *Unternehmerisches Ermessen...*, pp. 93-100. A pp. 107-134, o Autor discute ainda a aplicação das bitolas da defensabilidade e da irresponsabilidade em diversos casos-padrão.
[1403]  Roth, Markus, *Unternehmerisches Ermessen...*, pp. 80-86.
[1404]  Roth, Markus, *Unternehmerisches Ermessen...*, p. 87.

Obtendo inspiração na *business judgment rule* norte-americana, cujo critério de sindicabilidade sustenta ser igualmente aplicado pela jurisprudência norte--americana em contextos não decisórios, *Markus Roth* defende o reconhecimento da discricionariedade empresarial em matéria de vigilância. Considera não ser possível estabelecer uma clara linha de distinção entre a atuação através do controlo dos subordinados e a atuação através de decisões próprias, existindo uma tendência para olhar para o aspeto do mero controlo após a ocorrência de um dano. De acordo com a referida bitola da irresponsabilidade, entende que a conduta de vigilância apenas será violadora de um dever quando não houver de todo qualquer controlo (o que equivalerá a um abandono das responsabilidades) ou quando o diretor não reagir face a um concreto elemento de suspeita[1405].

*Markus Roth* rejeita a perspetiva de proteção das decisões empresariais através de um regime de mera exclusão da responsabilidade, que possibilite a ocorrência de violações dos deveres dos diretores não sancionadas[1406].

Num estudo igualmente publicado no início do presente século, com uma ampla análise da jurisprudência e da doutrina norte-americanas, *Martin Oltmanns* sustenta que os diretores gozam, no exercício das suas funções, de uma ampla margem de discricionariedade empresarial, dado que a lei e os estatutos apenas de forma limitada impõem tarefas aos administradores. A defesa da margem de discricionariedade empresarial dos diretores reclama um esforço de contenção judicial na concretização do catálogo dos deveres dos diretores[1407].

*Martin Oltmanns* aponta diversos argumentos para a contenção judicial e o inerente reconhecimento da uma ampla discricionariedade empresarial: a atuação empresarial no mercado concorrencial exige iniciativa e risco, sendo incompatível com um controlo judicial apertado; as decisões empresariais envolvem prognoses e a análise de inúmeras circunstâncias, sendo difícil classificá-las como certas ou erradas; a indeterminação do conceito jurídico de interesse empresarial gera discricionariedade; os juízes carecem de conhecimentos para avaliar as decisões de gestão[1408].

*Martin Oltmanns* realça que a atuação empresarial é uma atuação sob risco[1409] e que da orientação da atuação da direção em função da rendabilidade empresarial no longo prazo não resultam linhas de atuação precisas. Por regra, não será

---

[1405] Roth, Markus, *Unternehmerisches Ermessen...*, pp. 74-80 e 116-119.
[1406] Roth, Markus, *Unternehmerisches Ermessen...*, p. 85.
[1407] Oltmanns, Martin, *Geschäftsleiterhaftung...*, pp. 230-231.
[1408] Oltmanns, Martin, *Geschäftsleiterhaftung...*, pp. 237-242.
[1409] Oltmanns, Martin, *Geschäftsleiterhaftung...*, pp. 212-213.

DEVER DE GESTÃO

possível estabelecer qual a medida que melhor serve os objetivos de rendabilidade no longo prazo[1410].

Em matéria de adoção de decisões arriscadas, *Martin Oltmanns* critica as tendências doutrinárias e jurisprudenciais de limitação da discricionariedade empresarial dos diretores, nomeadamente a exigência de uma proporcionalidade adequada entre o risco e as possíveis vantagens, a exigência de um esforço de minimização de riscos e a proibição de adoção de riscos que ponham em causa a sobrevivência da empresa. Relativamente à ideia de proporcionalidade adequada entre o risco e as possíveis vantagens, *Martin Oltmanns* realça que tais prognoses seriam difíceis e que cabe à direção e não aos tribunais avaliar qual o grau adequado de exposição ao risco. A intervenção judicial inibe a adoção de risco, prejudicando os interesses da sociedade e dos acionistas. No que respeita à exigência de um esforço de minimização de riscos, reitera os argumentos anteriores e acrescenta que a minimização de riscos envolve, por regra, custos acrescidos, implicando uma análise custo-benefício. Para rejeitar o critério do risco para a sobrevivência da empresa, *Martin Oltmanns* refere-se a três aspetos. O exercício da indústria de produção de energia atómica implica necessariamente a adoção de um risco de ocorrência de um acidente nuclear, com consequências seguramente desastrosas para a sobrevivência da empresa. Numa empresa recentemente criada, a rejeição pelo mercado de um novo produto poderá conduzir à falência. Numa empresa em dificuldades financeiras, a proibição de adoção de riscos que ponham em causa a sobrevivência da empresa geraria uma espiral de insolvência, fechando as portas a mudanças estratégicas. Sob inspiração do *any rational business purpose test* norte-americano, conclui no sentido de que o controlo judicial das decisões empresariais arriscadas se deve limitar à sua compreensibilidade (*Nachvollziehbarkeit*). Apenas será geradora de responsabilidade a decisão de adoção de risco para a qual os diretores não consigam oferecer qualquer justificação plausível. Este critério de contenção judicial apenas será de afastar se ocorrerem conflitos de interesses[1411].

No que respeita ao processo decisional, *Martin Oltmanns* critica, mais uma vez as tendências doutrinárias e jurisprudenciais de limitação da discricionariedade empresarial dos diretores, nomeadamente a perspetiva de que os diretores devem recolher toda a informação acessível e de que devem explorar e ponderar alternativas de decisão. Considera que tais tendências doutrinárias e jurisprudenciais tendem a gerar uma responsabilização dos diretores pelas decisões que ocasionaram perdas, com justificação na exigência de diligências

---

[1410] Oltmanns, Martin, *Geschäftsleiterhaftung...*, pp. 204-205.
[1411] Oltmanns, Martin, *Geschäftsleiterhaftung...*, pp. 243-277.

processuais adicionais. Considera ainda que tais tendências induzem a buro-cratização do trabalho da direção. Realça que o processo decisional está sujeito a constrangimentos de tempo e envolve opções de custo-benefício. Sustenta a aplicação às decisões de configuração do processo decisional do mesmo critério de contenção judicial, com a inerente defesa da discricionariedade empresarial. A censura judicial apenas deve incidir sobre decisões processuais indefensáveis ou incompreensíveis[1412].

*Martin Oltmanns* conclui que o controlo judicial não só não deve incidir sobre o conteúdo das decisões empresariais, como também não deve incidir sobre o processo decisional, restringindo-se ao aspeto do conflito de interesses[1413].

*Martin Oltmanns* sustenta que a discricionariedade empresarial apenas ocorre nas tarefas decisórias, estando ausente quer nas tarefas de vigilância, quer nas tarefas de execução de decisões[1414].

*Martin Oltmanns* rejeita a importação da teoria publicística da discriciona-riedade administrativa. Em sua opinião, os vícios típicos de discricionariedade administrativa não se verificam na atividade da direção. Mais do que com cri-térios jurídicos, a direção jogará com opções económicas, que envolvem uma ponderação do custo-benefício[1415].

Em matéria de dever de lealdade e conflitos de interesses, realizando um paralelo com o regime norte-americano, *Martin Oltmanns* distingue a imposição abstrata de neutralidade através do impedimento de voto e a imposição concreta de neutralidade através do escrutínio da atuação decisória em função do dever de lealdade. Reconhece que a via do impedimento de voto gera insegurança jurí-dica, sendo frequentemente difícil delimitar quais as situações que justificam o impedimento de voto. Mas realça que a não participação do diretor nas delibera-ções, quando poderá estar em jogo um conflito de interesses, tem a vantagem de salvaguardar a aplicação da *business judgment rule*. E sustenta que a insegurança gerada pela interferência judicial no controlo das decisões empresariais é mais nociva que a insegurança gerada pela aplicação do regime do impedimento de voto[1416]. Conclui no sentido de que a observância do impedimento de voto do diretor em conflito de interesses constitui um pressuposto da contenção judicial na análise do conteúdo das decisões empresariais[1417].

---

[1412] Oltmanns, Martin, *Geschäftsleiterhaftung...*, pp. 277-284 e 301-302.

[1413] Oltmanns, Martin, *Geschäftsleiterhaftung...*, pp. 283-284.

[1414] Oltmanns, Martin, *Geschäftsleiterhaftung...*, pp. 217-218 (também pp. 218-222, com referência à responsabilidade pela inatividade).

[1415] Oltmanns, Martin, *Geschäftsleiterhaftung...*, pp. 284-285.

[1416] Oltmanns, Martin, *Geschäftsleiterhaftung...*, pp. 304-322.

[1417] Oltmanns, Martin, *Geschäftsleiterhaftung...*, p. 326.

DEVER DE GESTÃO

Num estudo publicado em 2002, *Walter Paefgen* considera que o § 76 I AktG estabelece não apenas uma competência, mas também um poder-dever de direção da empresa, cujo conteúdo será concretizado pela referência à diligência de um gestor ordenado e consciencioso constante do § 93 I AktG[1418].

*Walter Paefgen* sustenta que o dever de direção (*Leitungspflicht*) compreende um dever de legalidade (*Legalitätsspflicht*) e um dever de exercício da discricionariedade (*Ermessenspflicht*). A componente de legalidade envolve o respeito pela distribuição legal e estatutária de competências orgânicas, o cumprimento de normas de direito societário que especificam o comportamento decisório dos diretores em determinadas situações e o respeito pelas regras legais externas que incidem sobre a sociedade[1419]. A componente de discricionariedade do dever de direção conjuga-se com o reconhecimento da figura da decisão empresarial discricionária (*unternehmerisches Ermessen*), que respeitará não apenas ao exercício de competências da direção, mas também ao exercício de competências do conselho de supervisão e dos sócios[1420]. Considera que a figura da decisão empresarial discricionária envolve a vinculação da direção e do conselho de supervisão a uma finalidade social formal – o princípio da maximização dos lucros[1421].

Ao caracterizar a figura da decisão empresarial discricionária, *Walter Paefgen* começa por criticar diversas construções doutrinárias. Rejeita a perspetiva de limitação aos casos extremos da violação do dever de direção discricionária, por considerar incompatível com a letra do § 93 I AktG e o inerente regime de responsabilidade por *omnis culpa*. Critica a ideia de discricionariedade livre ou não vinculada, por entender que a decisão empresarial é finalisticamente determinada. Afasta-se da tese de controlo da discricionariedade empresarial através do conceito de defensabilidade (*Vertretbarkeit*), por duvidar da clareza e da ductilidade de tal critério. Questiona o recurso à figura do conceito jurídico indeterminado, por considerar que não garante uma margem de discricionariedade empresarial. Em relação à decisão *ARAG/Garmenbeck*, *Walter Paefgen* critica a distinção entre controlo preventivo e controlo posterior, realçando que o segundo também envolve a ponderação dos interesses empresariais[1422]. A decisão *ARAG/Garmenbeck* é também criticada no que respeita à referência à disposição de assumir riscos empresariais irresponsavelmente exagerada[1423].

---

[1418] Paefgen, Walter G., *Unternehmerische...*, pp. 9-16.
[1419] Paefgen, Walter G., *Unternehmerische...*, pp. 17-26.
[1420] Paefgen, Walter G., *Unternehmerische...*, pp. 26-36.
[1421] Paefgen, Walter G., *Unternehmerische...*, pp. 35-65.
[1422] Paefgen, Walter G., *Unternehmerische...*, pp. 134-150.
[1423] Paefgen, Walter G., *Unternehmerische...*, pp. 178-179.

Após análise da *business judgment rule* norte-americana, *Walter Paefgen* defende um regime de proteção da decisão empresarial com diversos elementos. Tal proteção pressupõe a lealdade do decisor[1424]. A proteção da decisão empresarial traduz-se num direito ao erro (*Recht auf Irrtum*), sendo que tal direito ao erro terá como fronteira as decisões racionalmente incompreensíveis, as decisões evidentemente despropositadas e irrefletidas[1425]. A diligência devida é essencialmente procedimental. O conteúdo de uma decisão empresarial arriscada não deverá ser sindicado[1426]. A imposição de obtenção de informação constitui um encargo (*Obliegenheit*), cuja observância fundamenta o privilégio de limitação da responsabilidade dos diretores[1427]. Face a este regime de proteção da decisão empresarial, a sociedade teria o ónus de prova de que o diretor atuou em conflito de interesses ou sem a prévia obtenção de informação. O diretor teria que afastar estes indícios. Se os indícios permanecessem, o conteúdo e a adequação ao interesse social da decisão seriam sindicados[1428].

Num artigo publicado em 2002, com amplas referências comparativas e de análise económica do direito, *Holger Fleischer* fundamenta a necessidade de proteção das decisões empresariais essencialmente em três aspetos: a responsabilidade dos diretores induz comportamentos de aversão ao risco, em prejuízo dos acionistas e da economia; as decisões empresariais são frequentemente adotadas em cenários de risco e incerteza e sob pressão temporal; a reconstrução judicial do âmbito da decisão é difícil, sendo que os juízes tendem a responsabilizar os diretores em função de acontecimentos desfavoráveis posteriores à adoção da decisão – o fenómeno da distorção retrospetiva (*hindsight bias*)[1429].

Após descrição sumária de diversas experiências estrangeiras, aponta os seguintes pressupostos da *business judgment rule*: a obtenção de informação suficiente, ressalvando que envolve custos e que não deve ser exigida a recolha de toda a informação possível; a independência, a imparcialidade e a ausência de conflitos de interesses; e a atuação de boa fé (apontando o exemplo das atuações dolosas). Como elementos de exclusão da aplicação da *business judgment rule*

---

[1424] Paefgen, Walter G., *Unternehmerische...*, pp. 172-176 e 179.

[1425] Paefgen, Walter G., *Unternehmerische...*, pp. 176-177 e 180.

[1426] Paefgen, Walter G., *Unternehmerische...*, pp. 177-184. Num escrito posterior, realçando a ideia de procedimentalização do dever de diligência, Paefgen, Walter G., "Dogmatische Grundlagen...", *AG*, 2004, p. 248.

[1427] Paefgen, Walter G., *Unternehmerische...*, pp. 222-224 e 228.

[1428] Paefgen, Walter G., *Unternehmerische...*, pp. 246-251.

[1429] Fleischer, Holger, "Die business...", pp. 829-832. Este último aspeto seria retomado, com um maior enquadramento, em Fleischer, Holger, "Behavioral Law...", pp. 579-580.

DEVER DE GESTÃO

aponta as infrações ao dever de lealdade, as infrações aos deveres legais e o desperdício de património social (*corporate waste test*)[1430].

Num artigo publicado em 2003, *Johannes Semler* volta a debruçar-se sobre o tema da sindicabilidade das decisões empresariais, caracterizando as decisões empresariais por implicarem risco. As decisões que não acarretassem risco não seriam decisões empresariais[1431].

Reitera a ideia de que as decisões empresariais envolvem na maioria dos casos a opção entre diversas soluções, havendo que diferenciar diversas margens de decisão. Refere-se, de novo, à margem de apreciação (*Beurteilungsspielraum*), relativa aos aspetos de regularidade (*Ordnungsmäßigkeit*) e legalidade (*Rechtsmäßigkeit*) das decisões, que associa à concretização de conceitos jurídicos indeterminados, com destaque para o conceito de interesse da empresa. E refere-se, mais uma vez, à margem de discricionariedade (*Ermessensspielraum*), relativa aos aspetos de adequação (*Zweckmäßigkeit*) e "economicidade" (*Wirtschaftlichkeit*) das decisões. Acrescenta a margem de ponderação (*Abwägungsspielraum*), que reconduz às decisões sobre o exercício de pretensões junto dos tribunais[1432].

No que respeita à margem de discricionariedade, abandona a referência à redução a zero da discricionariedade (*Ermessensreduzierung auf Null*). Afirma que nessas situações, em rigor, não há discricionariedade[1433].

Considera que, na dúvida, a discricionariedade será incorretamente exercida quando os riscos são superiores às possíveis vantagens[1434].

Relativamente ao processo decisional, *Johannes Semler* sustenta a necessidade de, na medida do possível, obter uma informação completa e correta, não se referindo a qualquer margem de discricionariedade[1435].

*Johannes Semler* aponta a ausência de interesses pessoais como pressuposto da regularidade e da legalidade de qualquer decisão e do exercício da discricionariedade. Afirma que a existência de um interesse pessoal remove o espaço de liberdade decisional. Não discute qual será a base legal para esta regra[1436].

Num estudo publicado em 2004, sobre o *shareholder value* e interesses dos *stakeholders*, *Gregor von Bonin* considera que o problema dos interesses a prosse-

---

[1430] Fleischer, Holger, "Die business...", pp. 839-846.

[1431] Semler, Johannes, "Entscheidungen...", pp. 627-628.

[1432] Semler, Johannes, "Entscheidungen...", pp. 631-637.

[1433] Semler, Johannes, "Entscheidungen...", pp. 640-641.

[1434] Semler, Johannes, "Entscheidungen...", p. 641.

[1435] Semler, Johannes, "Entscheidungen...", pp. 632-633. Num escrito posterior, *Johannes Semler* esclareceu que na verificação dos factos não existe margem de decisão (Semler, Johannes, "Münchener...", 2ª ed., § 116, Rn. 279).

[1436] Semler, Johannes, "Entscheidungen...", pp. 637-639.

guir releva da configuração dos deveres dos diretores. Por um lado, refere-se a um dever de diligência, que compreende um dever de direção de acordo com a finalidade social[1437]. Por outro, enquadra a prossecução da finalidade social na faceta positiva do dever de lealdade[1438]. Reconhece a existência de problemas de confronto entre o dever de diligência e o dever de lealdade[1439].

*Gregor von Bonin* sustenta que o problema dos interesses a prosseguir pelos diretores implica discricionariedade (*Ermessen*), defendendo que as fronteiras de tal discricionariedade são ultrapassadas quando as decisões adotadas não se encontram numa relação de racionalidade (*Vernünftigkeit, Rationalität*) face à finalidade social de maximização do capital próprio[1440]. *Gregor von Bonin* sustenta que a definição dos limites da discricionariedade deve atender à necessidade de adoção de riscos empresariais, sobretudo perante acionistas com diversificação do risco[1441].

*Gregor von Bonin* refere-se a um dever de obtenção de informação, que também envolve discricionariedade, acrescentando que as exigências de obtenção de informação serão tanto maiores quanto mais evidente for a falta de adequação entre a decisão e a finalidade social[1442].

Tendo como pano de fundo a decisão *ARAG/Garmenbeck*, *Gregor von Bonin* considera que a discricionariedade não respeita à questão da culpa, mas sim ao problema da violação do dever. Rejeita a tese de que a discricionariedade envolva uma cláusula de exclusão da responsabilidade e a inerente ideia de um porto de abrigo, dada a inexistência de base legal para uma atuação ilícita e, ainda assim, não geradora de responsabilidade[1443].

*Gregor von Bonin* ensaia diversos graus de limitação da discricionariedade dos diretores, consoante estejam em causa decisões operacionais ou decisões estruturais, que envolvam *final period transactions*, abordando sobretudo o problema das medidas de defesa face a tentativas de tomada da sociedade hostis[1444].

Em 2004, em comentário ao § 93 AktG em coautoria com *Gerald Spindler*, *Wolfgang Hefermehl* continua a fazer referência a uma margem de discricionarie-

---

[1437] Bonin, Gregor von, *Die Leitung...*, pp. 358-359.

[1438] Bonin, Gregor von, *Die Leitung...*, pp. 360, 365 e 375.

[1439] Bonin, Gregor von, *Die Leitung...*, p. 365.

[1440] Bonin, Gregor von, *Die Leitung...*, pp. 361-369, 371-373, 375-378 e 443-446.

[1441] Bonin, Gregor von, *Die Leitung...*, pp. 371-373.

[1442] Bonin, Gregor von, *Die Leitung...*, pp. 366-367 e 373.

[1443] Bonin, Gregor von, *Die Leitung...*, pp. 378-382.

[1444] Bonin, Gregor von, *Die Leitung...*, pp. 407-466.

DEVER DE GESTÃO

dade no exercício da função de direção da empresa, bem como à necessidade de realizar negócios que envolvem risco[1445].

Sob inspiração da decisão *ARAG/Garmenbeck, Wolfgang Hefermehl* e *Gerald Spindler* referem que uma conduta da direção pura e simplesmente indefensável constitui uma violação dos deveres de diligência. Exigir-se-á um erro de direção que seja evidente mesmo para um estranho[1446]. De novo sob inspiração juris-prudencial, exigem a realização pelo diretor de um percurso de obtenção de informação, ressalvando a necessidade de ponderação de custos e de benefícios nas opções de obtenção de informação[1447]. Exigem igualmente que o diretor não atue no interesse próprio[1448].

*Wolfgang Hefermehl* e *Gerald Spindler* sustentam que conceitos como o con-ceito de interesse da empresa, que implica um equilíbrio entre uma rede com-plexa de interesses, ou o conceito de maximização do lucro no longo prazo constituem conceitos jurídicos indeterminados. A concretização destes concei-tos jurídicos indeterminados envolverá uma margem de discricionariedade[1449].

*Wolfgang Hefermehl* e *Gerald Spindler* rejeitam a aplicação dos critérios publi-císticos sobre concretização da margem de discricionariedade na adoção de atos administrativos, sustentando que deve ser reconhecida à direção uma margem de discricionariedade superior à de uma entidade administrativa e realçando que a atuação das entidades administrativas é condicionada pelo respeito pelos direitos fundamentais dos cidadãos[1450].

No exercício da discricionariedade será particularmente relevante a necessi-dade de ponderação do risco pelo diretor[1451].

*Wolfgang Hefermehl* e *Gerald Spindler* sustentam ainda que o diretor não deverá igualmente cruzar os braços, não procurando oportunidades de negócios. O não exercício da discricionariedade (*Ermessen unterschreiten*) será proibido[1452].

Num estudo publicado em 2005, em que procede a uma reconstrução da figura da discricionariedade empresarial com recurso às ferramentas desenvol-vidas pela doutrina publicística em matéria de discricionariedade administra-tiva, *Andrea Lohse* começa por reivindicar a aplicação da conceção do controlo negativo, que evita que os controladores substituam a decisão sob escrutínio

---

[1445] Hefermehl, Wolfgang e Spindler, Gerald, "Münchener...", 2ª ed., § 93, Rn. 24.
[1446] Hefermehl, Wolfgang e Spindler, Gerald, "Münchener...", 2ª ed., § 93, Rn. 24.
[1447] Hefermehl, Wolfgang e Spindler, Gerald, "Münchener...", 2ª ed., § 93, Rn. 25.
[1448] Hefermehl, Wolfgang e Spindler, Gerald, "Münchener...", 2ª ed., § 93, Rn. 26.
[1449] Hefermehl, Wolfgang e Spindler, Gerald, "Münchener...", 2ª ed., § 93, Rn. 27.
[1450] Hefermehl, Wolfgang e Spindler, Gerald, "Münchener...", 2ª ed., § 93, Rn. 27.
[1451] Hefermehl, Wolfgang e Spindler, Gerald, "Münchener...", 2ª ed., § 93, Rn. 28.
[1452] Hefermehl, Wolfgang e Spindler, Gerald, "Münchener...", 2ª ed., § 93, Rn. 29.

pela sua própria decisão, com o inerente reconhecimento de um arco de decisões empresariais defensáveis (*vertretbar*)[1453]. Joga-se um controlo jurídico reativo e não uma aplicação originária do direito[1454].

Com apoio na doutrina publicística, *Andrea Lohse* distingue, por um lado, as prerrogativas de concretização dos elementos da previsão normativa das normas jurídicas (*Einschätzungsprärogativen*) e, por outro, as margens de discricionariedade na determinação das consequências jurídicas das normas jurídicas (*Ermessensspielräume*). Define discricionariedade como a indeterminação legal da consequência jurídica[1455]. Sustentando a aplicação desta distinção às decisões da direção e do conselho de supervisão, *Andrea Lohse* considera que as normas de competência (*Befugnisnormen*) societárias são compostas, por um lado, por pressupostos de atuação, envolvendo prerrogativas de concretização normativa, e, por outro, por competências de atuação, envolvendo uma margem de discricionariedade[1456].

Ressalva que os critérios publicísticos de concretização das previsões normativas não são transponíveis para o direito societário, apontando para a figura da decisão sob incerteza (*Entscheidung unter Unsicherheit*). Ressalva também que, no âmbito do direito societário, as prerrogativas de concretização das previsões normativas e as margens de discricionariedade não se destinam a possibilitar uma aplicação justa do direito ao caso concreto, mas antes a possibilitar um desenvolvimento da empresa, em função do objeto social e da finalidade societária[1457].

*Andrea Lohse* afirma que a conceção do controlo negativo não se baseia na distinção entre decisões vinculadas e decisões discricionárias, antes reclamando critérios substanciais[1458]. Voltando ao regime societário, refere que a existência de uma regra legal, estatutária ou contratual não exclui necessariamente a margem de discricionariedade empresarial[1459]. Será tarefa da jurisprudência a delimitação em concreto de quais as decisões vinculadas e de quais as decisões discricionárias[1460].

A complexidade desestruturada e a incerteza das decisões empresariais limitam as possibilidades de controlo da sua qualidade. A possibilidade de violação de deveres, para efeitos do § 93 I AktG, é paralelamente limitada[1461].

---

[1453] Lohse, Andrea, *Unternehmerisches...*, pp. 51-57.
[1454] Lohse, Andrea, *Unternehmerisches...*, pp. 84-85.
[1455] Lohse, Andrea, *Unternehmerisches...*, pp. 61-67.
[1456] Lohse, Andrea, *Unternehmerisches...*, pp. 68-73 e 79-83.
[1457] Lohse, Andrea, *Unternehmerisches...*, pp. 73-74 e 78-79.
[1458] Lohse, Andrea, *Unternehmerisches...*, pp. 67-70.
[1459] Lohse, Andrea, *Unternehmerisches...*, pp. 74-77.
[1460] Lohse, Andrea, *Unternehmerisches...*, p. 76.
[1461] Lohse, Andrea, *Unternehmerisches...*, pp. 78-79.

DEVER DE GESTÃO

*Andrea Lohse* realiza uma análise crítica da teoria publicística dos vícios das decisões administrativas. Reitera a distinção entre prerrogativas de concretização dos elementos da previsão normativa das normas jurídicas e margens de discricionariedade na determinação das consequências jurídicas das normas jurídicas, acrescentando que a tipologia dos vícios das prerrogativas de concretização é simétrica da tipologia dos vícios das margens de discricionariedade[1462]. Defendendo a separação das tarefas metodológicas de interpretação jurídica e de subsunção jurídica, *Andrea Lohse* distingue os vícios abstratos ou de interpretação – a ultrapassagem dos limites normativos (*Überschreitung*) – dos vícios concretos ou de subsunção – o uso viciado das competências (*Fehlgebrauch*)[1463]. Com base nestas distinções, aprofunda a tipologia de vícios das decisões administrativa[1464].

*Andrea Lohse* prossegue, propondo uma teoria de vícios das decisões empresariais paralela à publicística, apesar de apontar diferenças, algumas de fundo. Como diferença de fundo refere que não se verifica no direito societário a necessidade de ponderação de princípios e valores constitucionais. Refere também que não se verifica a necessidade de determinação das finalidades a prosseguir, em concretização dos preceitos legais, na medida em que a finalidade de prossecução do interesse empresarial já se encontra definida. Refere ainda que não se verifica uma distinção equivalente à publicística entre direito processual e direito material, realçando que se fala sobre vícios de deliberações sociais e não sobre vícios de decisões[1465].

*Andrea Lohse* aponta a ultrapassagem abstrata dos limites normativos como o único vício de conteúdo das decisões empresariais. No que respeita a vícios concretos, adota a seguinte tipologia, na qual os dois primeiros são vícios materiais e os cinco seguintes são vícios processuais: vício de distorção da finalidade (prosseguimento de uma finalidade distinta do interesse empresarial); vício de ponderação defeituosa: vício organizacional de ponderação; vício de insuficiência de ponderação; vício de desconformidade entre motivação e fundamentação; vício de desconformidade entre processo e resultado; e vício de desconformidade entre resultado e processo[1466].

Ao comparar a sua teoria de vícios das decisões empresariais com o regime norte-americano de controlo das decisões empresariais, *Andrea Lohse* realça que, enquanto neste regime, a não verificação dos pressupostos da *business judgment rule* abre caminho a uma segunda instância de controlo, na sua teoria, a verifi-

---

[1462] Lohse, Andrea, *Unternehmerisches*..., pp. 186-187.
[1463] Lohse, Andrea, *Unternehmerisches*..., pp. 187-189.
[1464] Lohse, Andrea, *Unternehmerisches*..., pp. 189-210.
[1465] Lohse, Andrea, *Unternehmerisches*..., pp. 210-215.
[1466] Lohse, Andrea, *Unternehmerisches*..., pp. 216-228.

cação de vícios traduz-se numa violação de dever, fundamentando a sanção da responsabilidade civil[1467].

Num artigo publicado em 2005, *Uwe Hüffer* refere-se à discricionariedade empresarial dos diretores, apontando o § 76 I AktG como a sua base legal. Considera que esta norma consagra uma autorização de exercício da direção (*Leitungsbefugnis*), cujos limites não resultam do confronto como o § 93 I AktG, mas sim da sua interpretação autónoma[1468].

*Uwe Hüffer* sustenta que o § 93 I AktG, sendo herdeiro do § 241 HGB, está associado à ideia de mandato, pelo que reclamaria o enfoque exclusivo nos interesses dos acionistas. Já o § 76 I AktG é herdeiro do § 70 I AktG 1937, estando associado a uma mudança de paradigma, com a atribuição à direção de alguma liberdade para atender aos interesses dos *stakeholders*. Na opinião de *Uwe Hüffer*, estes dados reforçam a conceção do § 76 I AktG como a base legal da discricionariedade empresarial e da autorização de exercício da direção, em autonomia face ao § 93 I AktG[1469].

Segundo *Uwe Hüffer*, a sobrevivência e a rendabilidade duradoura da empresa social constituem um limite à discricionariedade empresarial e ao exercício da direção, ínsito ao próprio § 76 I AktG, que apela a uma difícil concretização judicial, como é próprio de qualquer conceito jurídico indeterminado[1470].

No que respeita aos limites da discricionariedade empresarial, *Uwe Hüffer* refere também que o exercício da discricionariedade empresarial deve ser conforme à lei[1471].

*Uwe Hüffer* propõe-se analisar o regime da discricionariedade empresarial tendo por referência o regime publicístico de controlo judicial das decisões administrativas. Após uma curta exposição dos seus instrumentos teóricos e do seu catálogo de vícios, *Uwe Hüffer* conclui no sentido da importação da teoria publicística, aproximando a discricionariedade empresarial da margem de atuação em matéria de planificação administrativa. Sustenta que tal importação é adequada no que respeita à teoria da ponderação e no que respeita aos princípios da atividade discricionária. Refere que tal importação não é adequada no que respeita ao regime publícistico de proteção de bens jurídicos, na medida em que não é possível exigir judicialmente a adoção de determinado comportamento pela direção[1472].

---

[1467] Lohse, Andrea, *Unternehmerisches...*, pp. 258 e 261.
[1468] Hüffer, Uwe, "Das Leitungsermessen...", pp. 163-168.
[1469] Hüffer, Uwe, "Das Leitungsermessen...", pp. 166-168.
[1470] Hüffer, Uwe, "Das Leitungsermessen...", pp. 168-171.
[1471] Hüffer, Uwe, "Das Leitungsermessen...", p. 171.
[1472] Hüffer, Uwe, "Das Leitungsermessen...", pp. 172-175 e 180.

DEVER DE GESTÃO

Abordando o problema da linha divisória entre discricionariedade e violação de dever, *Uwe Hüffer* aponta três patamares. O patamar do limite de discricionariedade, que reconduz ao dever de cuidar da sobrevivência e da rendabilidade duradoura da empresa social. O patamar do exercício da discricionariedade, em que será de atender ao critério de discricionariedade em matéria de planificação administrativa. O patamar das imposições de diligência, em que surge a bitola da indefensabilidade (*Unvertretbarkeit*), que considera equivalente ao critério da evidência do erro. *Uwe Hüffer* sustenta que, em caso de atuação no limite da discricionariedade e de correto exercício da discricionariedade empresarial, a responsabilidade está *ab initio* afastada. Acrescenta que, caso estas condições não se verifiquem, ainda assim só existirá responsabilidade quando o erro for evidente[1473].

Num artigo de análise económica e comportamental publicado em 2005, sobre as exigências de obtenção de informação na preparação de decisões empresariais, *Axel von Werder* e *Jens Grundei* referem que o processo individual de obtenção de informação é distorcido (*biased*)[1474]. Os decisores empresariais apoiam-se mais na experiência pessoal do que em dados estatísticos e avaliam mal as probabilidades. Nas decisões estratégicas empresariais frequentemente não é possível obter informação sobre a sua adequação e realizar um processo de aprendizagem.

*Axel von Werder* e *Jens Grundei* sustentam que o processo coletivo de obtenção de informação padece de anomalias[1475]. O impulso de coesão do grupo induz a unanimidade e inibe a ponderação de alternativas de decisão. O raciocínio em grupo tende, por exemplo, a gerar otimismo, propensão para o risco, menosprezo de avisos e de informações inconvenientes, ilusão de unanimidade e pressão social sobre os potenciais membros do grupo desviantes. As soluções alternativas tendem a não ser exploradas e sopesadas. A pressão temporal dificulta uma adequada ponderação decisória.

*Axel von Werder* e *Jens Grundei* criticam a apologia das decisões empresariais intuitivas e a adoção de uma bitola subjetiva de aferição do processo de obtenção de informação[1476]. Embora o excesso de análise possa criar paralisia, o excesso de intuição pode conduzir a péssimos resultados empresariais. A intuição corresponde à análise cristalizada no hábito, tendendo a ser conservadora, mais do que inovadora. A fundamentação das decisões da direção é inclusivamente exigida pela necessidade de reporte ao conselho de supervisão.

---

[1473] Hüffer, Uwe, "Das Leitungsermessen...", pp. 177-180.

[1474] Grundei, Jens e Werder, Axel von, "Die Angemessenheit...", *AG*, 2005, pp. 828-829.

[1475] Grundei, Jens e Werder, Axel von, "Die Angemessenheit...", *AG*, 2005, p. 829.

[1476] Grundei, Jens e Werder, Axel von, "Die Angemessenheit...", *AG*, 2005, pp. 830-832.

*Axel von Werder* e *Jens Grundei* defendem a adoção de uma bitola objetiva e de exigências mínimas de obtenção de informação[1477]. Neste contexto, embora reconheçam não ser exigível uma obtenção e ponderação exaustiva da informação, sustentam a exigibilidade de uma fundamentação detalhada da decisão, com ponderação das oportunidades e dos riscos[1478].

### 4.2.12. Codificação da *business judgment rule*

Em 1999, num artigo a que já fiz referência, *Peter Ulmer* propôs a codificação da *business judgment rule*, através do aditamento de uma frase ao § 93 II AktG, com o seguinte teor: não há uma violação de dever quando os prejuízos foram causados por meio de uma atuação empresarial, no interesse da sociedade, com base em informação adequada, ainda que, por força de desenvolvimentos ou conhecimentos posteriores, tal atuação se mostre desfavorável para a sociedade[1479].

Esta proposta foi acolhida numa deliberação do *63. Deutscher Juristentag* e recomendada pela Comissão Governamental sobre o Governo das Sociedades (*Corporate Governance Regierungskommission*)[1480].

Um primeiro projeto de codificação da *business judgment rule*, apresentado em Janeiro de 2004, propunha que fosse acrescentada a seguinte frase ao § 93 I AktG: não há uma violação de dever quando o diretor, ao tomar uma decisão empresarial, podia sem negligência grosseira supor, com base em informação adequada, que agia em benefício da sociedade[1481].

*Ulrich Seibert* e *Carsten Schütz*, autores materiais do projeto, assumiram, em determinado ponto, a reprodução dos critérios da decisão *ARAG/Garmenbeck*. Referiram-se a uma consagração legal da *business judgment rule*, enquanto porto de abrigo para as decisões empresariais. Realçaram que o aspeto de maior relevo no texto proposto seria a formulação subjetiva da proteção do espaço decisório[1482].

---

[1477] Grundei, Jens e Werder, Axel von, "Die Angemessenheit...", *AG*, 2005, pp. 831-832.

[1478] Grundei, Jens e Werder, Axel von, "Die Angemessenheit...", *AG*, 2005, pp. 832-834.

[1479] *"Eine Pflichtverletzung liegt nicht vor, wenn der Schaden durch unternehmerisches Handeln im Interesse der Gesellschaft auf der Grundlage angemessener Informationen verursacht wurde, auch wenn dieses Handeln sich aufgrund späterer Entwicklungen oder Erkenntnisse als für die Gesellschaft nachteilig erweist."* – Ulmer, Peter, "Die Aktionärsklage...", *ZHR*, 1999, p. 299.

[1480] *Vide* Baums, Theodor, *Bericht...*, pp. 107-108.

[1481] *"Eine Pflichtverletzung liegt nicht vor, wenn das Vorstandsmitglieder bei einer unternehmerischen Entscheidung ohne grobe Fahrlässigkeit annehmen durfte, auf der Grundlage angemessener Information zum Whole der Gesellschaft zu handeln."*. O texto deste primeiro projeto de codificação pode ser confrontado em Ulmer, Peter, "Haftungsfreistellung...", *DB*, 2004, p. 859.

[1482] Seibert, Ulrich e Schütz, Carsten, "Der Referentenentwurf...", *ZIP*, 2004, pp. 253-254.

A referência ao conceito de negligência grosseira (*grobe Fahrlässigkeit*) neste primeiro projeto de codificação foi criticada, embora não de forma unânime[1483]. O critério da negligência grosseira colidiria com a regra da responsabilidade por *omnis culpa* e a bitola geral de diligência[1484]. Implicaria a importação de elementos de culpa para a definição da conduta violadora do dever[1485]. Operaria uma excessiva limitação da responsabilidade dos diretores[1486].

Próxima desta crítica está a crítica à perspetiva subjetiva na avaliação do processo de obtenção de informação[1487].

Algumas vozes criticaram o projeto pela inexistência de uma referência legal expressa à ausência de conflito de interesses como condição de proteção da decisão empresarial[1488].

Por último, alguma doutrina realçou que, no que respeita à colocação sistemática, a *business judgment rule* não deveria ser consagrada no § 93 I AktG, mas sim no § 93 II AktG, por relevar do regime de responsabilidade[1489].

Na sequência do debate público, foi substituída a expressão "podia sem negligência grosseira supor (*ohne grobe Fahrlässigkeit annehmen durfte*)" pela expressão "podia racionalmente supor (*vernünftigerweise annehmen durfte*)". Trata-se de uma redação visivelmente inspirada no § 4.01 (c) dos *Principles of Corporate Governance*[1490].

---

[1483] Aplaudindo a solução, Paefgen, Walter G., "Dogmatische Grundlagen...", *AG*, 2004, p. 254, e Kock, Martin e Dinkel, Renate, "Die zivilrechtliche Haftung...", *NZG*, 2004, p. 444.

[1484] Ulmer, Peter, "Haftungsfreistellung...", *DB*, 2004, p. 862, e Wilsing, Hans-Ulrich, "Neuerungen...", *ZIP*, 2004, p. 1089.

[1485] Fleischer, Holger, "...Kodifizierung", *ZIP*, 2004, p. 689, e Ihrig, Hans-Christoph, "Reformbedarf...", *WM*, 2004, p. 2106. Posteriormente, Spindler, Gerald, "Haftung und Aktionärsklage...", *NZG*, 2005, p. 871, Hüffer, Uwe, *Aktiengesetz*, 8ª ed., § 93, Rn. 4g, e Weiss, Susanne e Buchner, Markus, "Wird das UMAG...", *WM*, 2005, p. 164. Afastando-se desta crítica, Schäfer, Carsten, "Die Binnenhaftung...", *ZIP*, 2005, p. 1258.

[1486] Ulmer, Peter, "Haftungsfreistellung...", *DB*, 2004, pp. 859-863, Thümmel, Roderich, "Organhaftung...", *DB*, 2004, p. 472, Hauschka, Christoph E., "Grundsätze...", *ZRP*, 2004, p. 67, e Hüffer, Uwe, *Aktiengesetz*, 8ª ed., § 93, Rn. 4g. Com dúvidas, Wilsing, Hans-Ulrich, "Neuerungen...", *ZIP*, 2004, p. 1089.

[1487] Ulmer, Peter, "Haftungsfreistellung...", *DB*, 2004, pp. 859-862, Ihrig, Hans-Christoph, "Reformbedarf...", *WM*, 2004, p. 2106, e Hauschka, Christoph E., "Grundsätze...", *ZRP*, 2004, p. 67. Realçando que tal critério subjetivo conduz a uma burocratização do trabalho da direção (com utilização de *checklists*), Kinzl, Ulrich-Peter, "Wie angemessen...", *DB*, 2004, pp. 1653-1654.

[1488] Fleischer, Holger, "...Kodifizierung", *ZIP*, 2004, p. 691, Ihrig, Hans-Christoph, "Reformbedarf...", *WM*, 2004, p. 2105, Brömmelmeyer, Christoph, "Neue Regeln...", *WM*, 2005, p. 2068, e Kock, Martin e Dinkel, Renate, "Die zivilrechtliche Haftung...", *NZG*, 2004, p. 444.

[1489] Ulmer, Peter, "Haftungsfreistellung...", *DB*, 2004, p. 860.

[1490] Confronte-se a tradução germânica do referido § 4.01 (c) em Semler, Johannes, *Leitung...*, 2ª ed., p. 51, e Roth, Markus, *Unternehmerisches Ermessen...*, p. 87, a sugestão de redação de Fleischer,

A *Gesetz zur Unternehmensintegrität und Modernisierung des Anfechtungsrechts* (UMAG), de 2005, introduziu no § 93 AktG a *business judgment rule* germânica. O § 93 I 2 AktG passou a determinar que não há uma violação de dever quando o diretor, ao tomar uma decisão empresarial, podia racionalmente supor, com base em informação adequada, que agia em benefício da sociedade[1491].

Na exposição de motivos da UMAG[1492] afirma-se que a norma corresponderá ao modelo da *business judgment rule* do espaço anglo-americano e encontrará paralelo na decisão *ARAG/Garmenbeck*.

De acordo com a exposição de motivos, a previsão normativa do § 93 I 2 AktG conterá cinco elementos: decisão empresarial (*unternehmerische Entscheidung*); atuação em benefício da sociedade (*Handeln zum Whole der Gesellschaft*); atuação sem interesses especiais ou influências externas (*Handeln ohne Sonderinteressen und sachfremde Einflüsse*); atuação com base em informação adequada (*Handeln auf der Grundlage angemessener Information*); e boa fé (*Gutgläubigkeit*).

A exposição de motivos da UMAG esclarece que a decisão empresarial pode estar na base quer de um ato de execução, quer de uma omissão. A atuação ou a omissão não precedidas de uma decisão empresarial não caem no âmbito da regra.

Na exposição de motivos da UMAG é consignado que a norma pressupõe a distinção entre decisão empresarial discricionária e decisão juridicamente vinculada. A regra funcionará como um porto de abrigo para as decisões empresariais discricionárias; não para as condutas ilegais. São apontadas como exemplos de condutas ilegais as violações de deveres de lealdade, as violações de deveres de informação e as infrações gerais decorrentes da lei ou dos estatutos. A decisão empresarial discricionária é descrita pela projeção no futuro, através de prognoses, e pela ponderação não sindicável.

Refere-se que a expressão "devesse racionalmente aceitar (*vernünftigerweise annehmen durfte*)" implica a adoção da perspetiva subjetiva do diretor na apreciação dos pressupostos de adoção da decisão. Invoca-se a decisão *ARAG/Garmenbeck* para apontar o exemplo da assunção irresponsável de riscos empresariais. Esclarece-se que não foi adotado o critério da negligência grosseira, por se entender que implicaria uma confusão entre delimitação do dever e bitola de diligência ("*Vermengung von Pflichten- und Sorgfaltsmaßstab*").

---

Holger, "...Kodifizierung", *ZIP*, 2004, p. 689, e as conclusões de Schäfer, Carsten, "Die Binnenhaftung...", *ZIP*, 2005, p. 1254, e Hopt, Klaus e Roth, Markus, "Großkommentar...", 4ª ed., § 116, Rn. 83.

[1491] *"Eine Pflichtverletzung liegt nicht vor, wenn das Vorstandsmitglieder bei einer unternehmerischen Entscheidung vernünftigerweise annehmen durfte, auf der Grundlage angemessener Information zum Whole der Gesellschaft zu handeln."*

[1492] "Regierungsentwurf UMAG", *ZIP*, 2004, pp. 2455-2456.

DEVER DE GESTÃO

A exposição de motivos da UMAG esclarece que a atuação em benefício da sociedade implica o aumento do rendimento e da capacidade concorrencial da empresa e dos seus produtos ou serviços no longo prazo. O critério será o juízo *ex ante* do diretor, desde que se trate de uma atuação de boa fé (*in gutem Glauben*).

O requisito de atuação sem interesses especiais ou influências externas estará implícito na exigência de atuação em benefício da sociedade. A exposição de motivos aponta a inexistência de conflitos de interesses, a imparcialidade e a independência. Relevará quer a atuação em interesse próprio, quer a atuação no interesse de uma pessoa ou sociedade próxima. A exposição de motivos exceciona as situações de comunicação do conflito de interesses e de posterior atuação em benefício da sociedade.

De acordo com a exposição de motivos da UMAG, a exigência de obtenção de informação adequada deverá ser aferida de acordo com a perspetiva decisória do diretor. A intensidade da exigência de obtenção de informação dependerá do tempo disponível, da importância e da espécie de decisão e da consideração das normas de conduta empresarial reconhecidas. Não será exigida a obtenção regular de aconselhamento externo. Não se pretenderá induzir uma padronização das decisões empresariais, antes deixando espaço ao instinto, à experiência, à fantasia, à perceção do mercado e à capacidade de reação à concorrência.

É frequente a afirmação de que a *business judgment rule* germânica, tal como consagrada no § 93 I 2 AktG, não respeita à questão da culpa (*Verschulden*)[1493]. O § 93 I 2 AktG estabelece, de forma expressa, que a verificação dos seus pressupostos determina a inexistência de uma violação de um dever. A proteção da autonomia empresarial não se bastaria com a formulação de uma causa de exclusão da culpa.

Apesar da frequência das afirmações de exclusão da *business judgment rule* germânica do universo da culpa, existe alguma controvérsia quanto à sua compreensão.

De acordo com uma determinada perspetiva doutrinária, o § 93 I 2 AktG respeitará à concretização do dever de diligência[1494]. Enquanto a *business judgment*

---

[1493] Fleischer, Holger, "...Kodifizierung", *ZIP*, 2004, p. 688, Hopt, Klaus e Roth, Markus, "Großkommentar...", 4ª ed., § 116, Rn. 73, Hüffer, Uwe, *Aktiengesetz*, 8ª ed., § 93, Rn. 4c, Lutter, Marcus, "Die Business Judgment...", *ZIP*, 2007, pp. 842-843, Wiesner, Georg e Kraft, Thomas, *Münchener...*, IV, 3ª ed., p. 302, Krieger, Gerd e Sailer, Viola, "Aktiengesetz...", § 93, Rn. 11, Hoor, Gerd, "Die Präzisierung...", *DStR*, 2004, pp. 2106-2107, Göz, Philipp e Holzborn, Timo, "Die Aktienrechtsreform...", *WM*, 2006, p. 157, e Krieger, Gerd, "Organpflichten...", 2ª ed., Rn. 14. Também *Ulrich Seibert*, autor material do projeto legislativo (Seibert, Ulrich, "UMAG...", p. 772).
[1494] Hopt, Klaus e Roth, Markus, "Großkommentar...", 4ª ed., § 93 Abs 1 Satz 2, Rn. 7 e 10-12, e Spindler, Gerald, "Münchener...", 3ª ed., § 93, Rn. 38.

*rule* norte-americana pressupõe a distinção entre *standards of conduct* e *standards of review* e a existência de violações do dever de diligência isentas de responsabilidade, a *business judgment rule* germânica não separará a questão da violação do dever de diligência da questão da responsabilidade.

Próxima parece estar a caracterização da *business judgment rule* germânica como um elemento negativo da definição de violação de dever[1495]

Uma outra posição doutrinária descreve a *business judgment rule* germânica como uma causa exclusão da responsabilidade (*Tatbestandsausschlussgrund*)[1496]. A falta de prova sobre os pressupostos da *business judgment rule* deixará em aberto a discussão sobre a violação do dever de diligência[1497]. O § 93 I 2 AktG não definirá o ilícito contratual (*Pflichtwidrigkeit, Sorgfaltspflichtverletzung*); estabelecerá um privilégio[1498]. Invoca-se, por vezes, como fonte inspiradora a distinção norte-americana entre *standards of conduct* e *standards of review* e a consequente ideia de porto de abrigo (*sichere Hafen*)[1499].

Próxima desta última conceção encontra-se a corrente doutrinária que concebe a *business judgment rule* como uma presunção inilidível de atuação objetivamente conforme ao dever[1500].

---

[1495] Brömmelmeyer, Christoph, "Neue Regeln...", *WM*, 2005, p. 2069. *Christoph Brömmelmeyer* critica a conceção da *business judgment rule* como uma causa exclusão da responsabilidade, por implicar um espaço de violação de dever sem sanção.

[1496] Fleischer, Holger, "...Kodifizierung", *ZIP*, 2004, pp. 688-690 (posteriormente, Fleischer, Holger, "Sorgfaltspflicht...", Rn. 50-51, e Fleischer, Holger, "Kommentar...", § 93, Rn. 60-61), Lutter, Marcus, "Interessenkonflikte...", pp. 249-251, Müller, Welf, "Bilanzentscheidungen...", p. 180, Weiss, Susanne e Buchner, Markus, "Wird das UMAG...", *WM*, 2005, p. 163, e Winnen, Armin, *Die Innenhaftung...*, pp. 98-105 e 283. Aparentemente também, Mertens, Hans-Joachim e Cahn, Andreas, "Kölner...", 3ª ed., § 93, Rn. 15, e Horn, Norbert, "Unternehmerisches Ermessen...", pp. 1062-1063.

[1497] Quanto a este aspeto, também Ihrig, Hans-Christoph, "Reformbedarf...", *WM*, 2004, p. 2103, Langenbucher, Katja, "Vostandshandeln...", *DStR*, 2005, p. 2085, n. 17, Schneider, Sven H., ""Unternehmerische Entscheidungen"...", *DB*, 2005, p. 712, Raiser, Thomas e Veil, Rüdiger, *Recht...*, p. 165, e Schlimm, Katrin, *Das Geschäftsleiterermessen...*, p. 127. Apesar de sustentar que a *business judgment rule* germânica procede à concretização do dever de diligência, também Spindler, Gerald, "München-er...", 3ª ed., § 93, Rn. 39.

[1498] Lutter, Marcus, "Interessenkonflikte...", p. 249.

[1499] Fleischer, Holger, "Kommentar...", § 93, Rn. 60-61 (anteriormente, Fleischer, Holger, "...Kodifizierung", *ZIP*, 2004, pp. 689-690, Fleischer, Holger, "Gesetz...", *ZHR*, 2004, pp. 700-701, e Fleischer, Holger, "Sorgfaltspflicht...", Rn. 50-51). Referindo-se a um porto de abrigo face à responsabilidade civil, mas qualificando a *business judgment rule* como uma presunção inilidível, Hüffer, Uwe, *Aktiengesetz*, 8ª ed., § 93, Rn. 4a.

[1500] Hüffer, Uwe, *Aktiengesetz*, 8ª ed., § 93, Rn. 4c-4d, Koch, Jens, "Das Gesetz...", *ZGR*, 2006, pp. 784 e 787, n. 90, Schlimm, Katrin, *Das Geschäftsleiterermessen...*, pp. 120-156, e Hauschka, Christoph E., "Ermessensentscheidungen...", *GmbHR*, 2007, pp. 11-12. Também Jungmann, Carsten, "Die Business...", pp. 833-834, embora faça referência à distinção norte-americana entre *standards of*

Entre os que não reconduzem o § 93 I 2 AktG ao aspeto da concretização do dever de diligência, há quem distinga a concessão de uma margem de discricionariedade da proteção da *business judgment rule*[1501].

Entre os elementos da previsão normativa do § 93 I 2 AktG destaca-se o conceito indeterminado de decisão empresarial, que suscita diversos temas de reflexão doutrinária. O primeiro tema respeita à interpretação do termo decisão.

A generalidade dos autores acompanha a exposição de motivos da UMAG na perspetiva de que a decisão de não agir está igualmente sujeita à *business judgment rule*. A decisão empresarial poderá corresponder quer a uma comissão, quer a uma omissão. A *business judgment rule* não será aplicável a situações de inatividade ou em contextos não decisórios[1502].

Nesta sequência, coloca-se a questão da sindicabilidade da atividade de vigilância. Para uns, a atividade de vigilância, quando envolva a adoção de uma decisão, está sujeita à *business judgment rule*[1503]. Recorde-se as referências à discricionariedade empresarial na adoção de medidas que possibilitem a descoberta precoce de riscos para a subsistência da sociedade e na implementação de um sistema de vigilância, ao abrigo do § 91 II AktG. Para outros, a atividade de vigilância não estará, de todo, sujeita à *business judgment rule*[1504].

O principal tema de reflexão doutrinária em torno do conceito de decisão empresarial consiste em saber quando é que uma decisão é empresarial. Este problema gera uma intensa discussão doutrinária, à qual não é estranho o facto

---

*conduct* e *standards of review* e à ideia de porto de abrigo. Referindo que a *business judgment rule*, na sua substância, constitui uma presunção, embora qualificando-a como uma causa exclusão da responsabilidade, Lutter, Marcus, "Interessenkonflikte...", p. 247.

[1501] Jungmann, Carsten, "Die Business...", p. 833, n. 15, e p. 838.

[1502] Paefgen, Walter G., "Dogmatische Grundlagen...", *AG*, 2004, p. 251, Spindler, Gerald, "Münchener...", 3ª ed., § 93, Rn. 43, Mertens, Hans-Joachim e Cahn, Andreas, "Kölner...", 3ª ed., § 93, Rn. 22, e Winnen, Armin, *Die Innenhaftung...*, p. 123. Com desenvolvimentos, Schlimm, Katrin, *Das Geschäftsleiterermessen...*, pp. 174-178.

[1503] Fleischer, Holger, "Sorgfaltspflicht...", Rn. 55 (antes, Fleischer, Holger, "...Kodifizierung", *ZIP*, 2004, p. 690, e Fleischer, Holger, "Das Gesetz...", *NJW*, 2005, p. 3528), Ulmer, Peter, "Haftungsfreistellung...", *DB*, 2004, p. 860, n. 10, e Winnen, Armin, *Die Innenhaftung...*, pp. 194-195. *Markus Roth* (em escrito partilhado com *Klaus Hopt*), apesar de reconhecer a inaplicabilidade do § 93 I 2 AktG a situações que não envolvem a adoção de uma decisão, entende que a atividade de vigilância envolve discricionariedade empresarial, sustentando a sindicabilidade judicial da atividade de vigilância da direção de acordo com a bitola da irresponsabilidade (*Unverantwortlichkeit*) (Hopt, Klaus e Roth, Markus, "Großkommentar...", 4ª ed., § 93 Abs 1 Satz 2, Rn. 19-20, 48-52 e 58, *maxime* 58).

[1504] Schlimm, Katrin, *Das Geschäftsleiterermessen...*, pp. 192-195. Com referência à atividade de vigilância do conselho de supervisão, Schäfer, Carsten, "Die Binnenhaftung...", *ZIP*, 2005, p. 1258, e Ihrig, Hans-Christoph, "Reformbedarf...", *WM*, 2004, pp. 2106-2107 (este último admitindo uma influência indireta do § 93 I 2 AktG nas situações de vigilância das decisões da direção que gozem da *business judgment rule*).

de a exposição de motivos da UMAG apontar diversas pistas de interpretação – a ideia de projeção no futuro, o princípio da legalidade e a ideia de vinculação legal estrita.

Uma corrente doutrinária caracteriza as decisões empresariais pela prognose e pela projeção no futuro. Invoca-se a figura da decisão sob incerteza (*Entscheidung unter Unsicherheit*)[1505]. Próxima está a perspetiva de delimitação da decisão empresarial pela ideia de adoção de risco empresarial[1506]. Apontam-se as atividades no mercado como cerne da atividade empresarial[1507].

Uma outra corrente doutrinária convoca o princípio da legalidade, contrapondo as decisões empresariais às que implicam a violação de deveres legais ou estatutários[1508].

Aprofundando este critério, há quem refira que a ilegalidade significa, neste contexto, a violação de uma norma jurídica com exceção da norma que impõe o dever de diligência[1509].

Para uma terceira corrente doutrinária, a contraposição face às decisões juridicamente vinculadas constitui o critério determinante na delimitação do conceito de decisão empresarial[1510].

Neste contexto, a decisão empresarial é frequentemente caracterizada por apelo à ideia de discricionariedade, envolvendo a possibilidade de opção entre diversas alternativas de conduta[1511].

---

[1505] Dauner-Lieb, Barbara, "Unternehmerische Tätigkeit...", pp. 83-84 e 94-96 (anteriormente, Dauner-Leib, Barbara, *Unternehmen...*, pp. 23-26), e Hoor, Gerd, "Die Präzisierung...", *DStR*, 2004, p. 2105.

[1506] Semler, Johannes, "Münchener...", 2ª ed., § 116, Rn. 273 (anteriormente, Semler, Johannes, "Entscheidungen...", pp. 627-628), e Dauner-Lieb, Barbara, "Unternehmerische Tätigkeit...", p. 96 (em momento anterior, Dauner-Leib, Barbara, *Unternehmen...*, p. 25).

[1507] Dauner-Lieb, Barbara, "Unternehmerische Tätigkeit...", pp. 95-96.

[1508] Krieger, Gerd, "Organpflichten...", 2ª ed., Rn. 15 (em conjugação com Rn. 5 e 7) (anteriormente, Krieger, Gerd e Sailer, Viola, "Aktiengesetz...", § 93, Rn. 12). Apontando essencialmente para o critério da legalidade, embora também fazendo referência à ideia de possibilidade jurídica de escolha entre alternativas de conduta, Lutter, Marcus, "Die Business Judgment...", *ZIP*, 2007, p. 843.

[1509] Schneider, Sven H., ""Unternehmerische Entscheidungen"...", *DB*, 2005, pp. 709-710.

[1510] Paefgen, Walter G., "Dogmatische Grundlagen...", *AG*, 2004, p. 251, Koch, Jens, "Das Gesetz...", *ZGR*, 2006, pp. 784-787, e Müller, Welf, "Bilanzentscheidungen...", pp. 180-182. Caracterizando essencialmente as decisões empresariais pela discricionariedade, embora sustentando também que aos deveres específicos (legalidade interna) que envolvam discricionariedade não é aplicável a bitola do § 93 I 2 AktG, mas sim uma bitola de defensabilidade, Hopt, Klaus e Roth, Markus, "Großkommentar...", 4ª ed., § 93 Abs 1 Satz 2, Rn. 15-24, 37 e 48-60.

[1511] Paefgen, Walter G., "Dogmatische Grundlagen...", *AG*, 2004, p. 251, Ihrig, Hans-Christoph, "Reformbedarf...", *WM*, 2004, pp. 2103-2105, Hopt, Klaus e Roth, Markus, "Großkommentar...", 4ª ed., § 93 Abs 1 Satz 2, Rn. 16, 23 e 48, Koch, Jens, "Das Gesetz...", *ZGR*, 2006, pp. 784-787, e Müller, Welf, "Bilanzentscheidungen...", pp. 180-182. Fazendo referência à ideia de discricionarie-

DEVER DE GESTÃO

Noutra perspetiva, há quem sustente que a ideia de decisão vinculada não significa que apenas existe uma única possibilidade de atuação juridicamente conforme, mas sim que determinada decisão é objeto de escrutínio judicial total[1512].

Alguma doutrina refere que determinadas decisões compreendem aspetos de vinculação estrita, a par de aspetos de discricionariedade, sustentando a aplicação da proteção do § 93 I 2 AktG à componente discricionária[1513].

Uma quarta posição doutrinária sustenta que o conceito de decisão empresarial deve ser reconduzido à atividade dos diretores na relação externa com terceiros[1514]

Diversos autores sustentam a caracterização da decisão empresarial através de vários dos referidos critérios. Apela-se simultaneamente ao critério da inexistência de uma vinculação legal estrita e ao critério da incerteza[1515]. Conjuga-se a ideia de vinculação legal estrita com o princípio da legalidade[1516]. Invoca-se simultaneamente o princípio da legalidade, a ideia de vinculação legal estrita e noção de decisão sob incerteza[1517].

A doutrina procede a uma esforço de análise casuística com base no conceito de decisão empresarial, tentando delimitar o campo de aplicação da *business judgment rule* germânica. As diferentes soluções doutrinárias têm subjacente, não raro, divergências quanto às pistas de interpretação do conceito de decisão empresarial.

Com base nas ideias de projeção no futuro e de decisão sob incerteza, há quem sustente a não aplicação da *business judgment rule* em matéria de vigilância[1518] e em matéria de prestação de contas[1519]. Defende-se que o § 93 I 2 AktG não é aplicável às decisões dos diretores sobre ações judiciais contra ter-

---

dade, Brömmelmeyer, Christoph, "Neue Regeln...", *WM*, 2005, p. 2066, Fleischer, Holger, "Sorgfaltspflicht...", Rn. 53-55, Hüffer, Uwe, *Aktiengesetz*, 8ª ed., § 93, Rn. 4f, e Mertens, Hans-Joachim e Cahn, Andreas, "Kölner...", 3ª ed., § 93, Rn. 19.

[1512] Schneider, Sven H., ""Unternehmerische Entscheidungen"...", *DB*, 2005, p. 710.

[1513] Schlimm, Katrin, *Das Geschäftsleiterermessen...*, pp. 188-190, e Mertens, Hans-Joachim e Cahn, Andreas, "Kölner...", 3ª ed., § 93, Rn. 19.

[1514] Langenbucher, Katja, "Vostandshandeln...", *DStR*, 2005, p. 2086.

[1515] Fleischer, Holger, "Sorgfaltspflicht...", Rn. 53-55, Brömmelmeyer, Christoph, "Neue Regeln...", *WM*, 2005, p. 2066, Schlimm, Katrin, *Das Geschäftsleiterermessen...*, pp. 181-201, e Mertens, Hans-Joachim e Cahn, Andreas, "Kölner...", 3ª ed., § 93, Rn. 17, 19 e 21.

[1516] Ihrig, Hans-Christoph, "Reformbedarf...", *WM*, 2004, pp. 2103-2105, e Spindler, Gerald, "Münchener...", 3ª ed., § 93, Rn. 40-41, 44 e 63-81.

[1517] Schäfer, Carsten, "Die Binnenhaftung...", *ZIP*, 2005, p. 1256, Schneider, Sven H., ""Unternehmerische Entscheidungen"...", *DB*, 2005, pp. 708-711, Hüffer, Uwe, *Aktiengesetz*, 8ª ed., § 93, Rn. 4f, e Winnen, Armin, *Die Innenhaftung...*, pp. 126-196.

[1518] Schlimm, Katrin, *Das Geschäftsleiterermessen...*, pp. 192-195.

[1519] Schlimm, Katrin, *Das Geschäftsleiterermessen...*, pp. 193-194.

ceiros[1520]. Sustenta-se que as decisões sobre a atribuição de prémios não são decisões empresariais[1521].

Mas o critério de delimitação da decisão empresarial pela projeção no futuro é criticado. Por um lado, refere-se que as decisões que se projetam no futuro, mas que correspondem à violação de deveres legais, não podem ser protegidas pelo § 93 I 2 AktG[1522]. Por outro lado, sustenta-se que determinadas decisões, apesar de não implicarem prognoses, constituem juízos incertos e discricionários[1523]. Dá-se o exemplo das decisões sobre a atribuição de prémios[1524] e de determinadas opções de avaliação em matéria de elaboração das contas[1525].

A perspetiva de delimitação do conceito de decisão empresarial por apelo ao princípio da legalidade convoca quer a vertente externa do dever de legalidade, quer a sua vertente interna.

No que respeita à vertente externa do dever de legalidade, determinados aspetos suscitam mais controvérsia. Alguns sustentam que o § 93 I 2 AktG não será aplicável a situações de incumprimento de deveres contratuais da sociedade perante terceiros[1526]. Outros adotam a posição contrária[1527]. Há quem defenda a aplicação da *business judgment rule* às situações de dúvida sobre a configuração dos deveres legais[1528] ou que envolvam a interpretação de conceitos jurídicos indeterminados[1529]. Outros adotam posição contrária[1530].

---

[1520] Schneider, Sven H., ""Unternehmerische Entscheidungen"...", *DB*, 2005, pp. 711-712, e Schlimm, Katrin, *Das Geschäftsleiterermessen...*, pp. 198-200.

[1521] Dauner-Lieb, Barbara, "Unternehmerische Tätigkeit...", pp. 94-95.

[1522] Paefgen, Walter G., "Dogmatische Grundlagen...", *AG*, 2004, p. 251, e Hopt, Klaus e Roth, Markus, "Großkommentar...", 4ª ed., § 93 Abs 1 Satz 2, Rn. 18-20.

[1523] Spindler, Gerald, "Haftung und Aktionärsklage...", *NZG*, 2005, p. 871, Spindler, Gerald, "Münchener...", 3ª ed., § 93, Rn. 41, Hopt, Klaus e Roth, Markus, "Großkommentar...", 4ª ed., § 93 Abs 1 Satz 2, Rn. 18-20, Koch, Jens, "Das Gesetz...", *ZGR*, 2006, pp. 787-788, Müller, Welf, "Bilanzentscheidungen...", pp. 180-199, e Mertens, Hans-Joachim e Cahn, Andreas, "Kölner...", 3ª ed., § 93, Rn. 17.

[1524] Hopt, Klaus e Roth, Markus, "Großkommentar...", 4ª ed., § 93 Abs 1 Satz 2, Rn. 18.

[1525] Spindler, Gerald, "Haftung und Aktionärsklage...", *NZG*, 2005, p. 871, Spindler, Gerald, "Münchener...", 3ª ed., § 93, Rn. 41, Müller, Welf, "Bilanzentscheidungen...", pp. 180-199, e Mertens, Hans-Joachim e Cahn, Andreas, "Kölner...", 3ª ed., § 93, Rn. 17.

[1526] Schneider, Sven H., ""Unternehmerische Entscheidungen"...", *DB*, 2005, p. 711, Schäfer, Carsten, "Die Binnenhaftung...", *ZIP*, 2005, p. 1256, Koch, Jens, "Das Gesetz...", *ZGR*, 2006, pp. 785-787, e Winnen, Armin, *Die Innenhaftung...*, pp. 151-154.

[1527] Lutter, Marcus, "Die Business Judgment...", *ZIP*, 2007, p. 843, e Krieger, Gerd e Sailer, Viola, "Aktiengesetz...", § 93, Rn. 12. Aparentemente, Spindler, Gerald, "Münchener...", 3ª ed., § 93, Rn. 73.

[1528] Schlimm, Katrin, *Das Geschäftsleiterermessen...*, pp. 187-188, e Winnen, Armin, *Die Innenhaftung...*, pp. 157-158 e 160.

[1529] Winnen, Armin, *Die Innenhaftung...*, pp. 159-160.

[1530] Schäfer, Carsten, "Die Binnenhaftung...", *ZIP*, 2005, p. 1256, e Dreher, Meinrad, "Die kartellrechtliche...", pp. 95-96.

# DEVER DE GESTÃO

No que respeita à vertente interna do dever de legalidade, alguma doutrina parece excluir a aplicação do § 93 I 2 AktG a todos os deveres internos especificados pelo legislador[1531]. Mas outra parte da doutrina sustenta a sua aplicação a alguns deveres específicos que envolverão alguma discricionariedade[1532].

Desenvolvendo o tema dos deveres legais internos, temos que alguns sustentam que o dever de apresentação à insolvência envolve discricionariedade[1533]. Outros negam a aplicação do § 93 I 2 AktG às decisões de apresentação à insolvência[1534]. Uma parte considerável da doutrina defende, como tive a oportunidade de referir, que a escolha das medidas a adotar nos termos do § 91 II AktG (controlo de riscos; sistema de vigilância) dependerá das circunstâncias do caso concreto, constituindo uma decisão empresarial discricionária. Mas também há quem afirme que a *business judgment rule* não é aplicável ao dever de implementação de um sistema de vigilância[1535]. De novo, o exemplo da elaboração das contas, que envolverá diversos juízos de discricionários, aos quais será aplicável a *business judgment rule*[1536]. Todavia, há quem aparente excluir por completo o universo da prestação de contas da aplicação do § 93 I 2 AktG[1537]. Há quem sustente que a *business judgment rule* será aplicável às decisões sobre aumentos de capital[1538]. Será pacífica a não aplicação da *business judgment rule* às decisões que extravasam o objeto social ou que ultrapassam as competências orgânicas[1539].

---

[1531] Hüffer, Uwe, *Aktiengesetz*, 8ª ed., § 93, Rn. 4f, e Krieger, Gerd, "Organpflichten...", 2ª ed., Rn. 15.

[1532] Mertens, Hans-Joachim e Cahn, Andreas, "Kölner...", 3ª ed., § 93, Rn. 19, e Winnen, Armin, *Die Innenhaftung...*, pp. 141, nn. 776 e 777, e pp. 167-168.

[1533] Brömmelmeyer, Christoph, "Neue Regeln...", *WM*, 2005, p. 2066. Defendendo a existência de espaços de discricionariedade em matérias de insolvência e saneamento, Fleischer, Holger, "Sorgfaltspflicht...", Rn. 54 (também Fleischer, Holger, "Vorstandspflichten bei Verlust...", Rn. 39).

[1534] Schneider, Sven H., ""Unternehmerische Entscheidungen"...", *DB*, 2005, p. 711. Embora afirme que a decisão sobre a apresentação à insolvência envolve prognoses e uma margem de discricionariedade, *Gerald Spindler* reclama um escrutínio judicial do dever de apresentação à insolvência mais intenso do que o proporcionado pelo § 93 I 2 AktG (Spindler, Gerald, "Prognosen...", *AG*, 2006, pp. 684-688, e Spindler, Gerald, "Münchener...", 3ª ed., § 92, Rn. 37-38).

[1535] Schneider, Sven H., ""Unternehmerische Entscheidungen"...", *DB*, 2005, p. 711, e Ihrig, Hans-Christoph, "Reformbedarf...", *WM*, 2004, p. 2103.

[1536] Müller, Welf, "Bilanzentscheidungen...", pp. 187-199, e Hennrichs, Joachim, "Prognosen...", *AG*, 2006, pp. 703-704. Referindo que a discricionariedade também ocorre em decisões sobre prestação de contas, Fleischer, Holger, "Buchführungsverantwortung...", *WM*, 2006, pp. 2023 e 2025.

[1537] Ihrig, Hans-Christoph, "Reformbedarf...", *WM*, 2004, p. 2103.

[1538] Schneider, Sven H., ""Unternehmerische Entscheidungen"...", *DB*, 2005, p. 711, Fleischer, Holger, "Sorgfaltspflicht...", Rn. 54, e Schlimm, Katrin, *Das Geschäftsleiterermessen...*, pp. 197-198 (para os dois últimos autores, a decisão de exclusão do direito de subscrição dos acionistas também beneficiará da aplicação do § 93 I 2 AktG).

[1539] Por exemplo, Schneider, Sven H., ""Unternehmerische Entscheidungen"...", *DB*, 2005, p. 710, Spindler, Gerald, "Münchener...", 3ª ed., § 93, Rn. 63, e Winnen, Armin, *Die Innenhaftung...*, pp. 133-140.

Por último, ainda em sede de interpretação do conceito de decisão empresarial, é frequente a afirmação de que a *business judgment rule* não será aplicável a situações de violação do dever de lealdade[1540].

Há quem realce que este aspeto não convoca o conceito de decisão empresarial. O diretor praticará uma decisão empresarial ainda que atue no interesse próprio. Simplesmente não gozará da proteção da *business judgment rule*, por não preencher o requisito de atuação sem interesses próprios[1541].

Alguma doutrina sustenta que a expressão "podia racionalmente supor (*vernünftigerweise annehmen durfte)*" implica, sob inspiração do *waste test* norte-americano e da decisão *ARAG/Garmenbeck*, a apreciação das decisões empresariais de acordo com a bitola da irresponsabilidade. Apenas será ultrapassada a margem de discricionariedade quando seja irresponsavelmente exagerada a disposição de assumir riscos empresariais[1542].

Uma outra corrente doutrinária refere-se ao critério da defensabilidade (*Vertretbarkeit*). As decisões indefensáveis constituirão uma violação do dever de diligência[1543].

Uma terceira corrente doutrinária aponta para o critério da racionalidade (*Rationalität*)[1544].

Uma quarta corrente doutrinária sustenta a aplicação de uma bitola de evidência (*Evidenz*), considerando apenas existir responsabilidade nas situações de evidente prejuízo para o interesse da sociedade[1545].

---

[1540] Spindler, Gerald, "Haftung und Aktionärsklage...", *NZG*, 2005, p. 871, Spindler, Gerald, "Münchener...", 3ª ed., § 93, Rn. 44, Fleischer, Holger, "Das Gesetz...", *NJW*, 2005, p. 3528, Fleischer, Holger, "Sorgfaltspflicht...", Rn. 53, Brömmelmeyer, Christoph, "Neue Regeln...", *WM*, 2005, p. 2067, Langenbucher, Katja, "Vostandshandeln...", *DStR*, 2005, p. 2085, Hopt, Klaus e Roth, Markus, "Großkommentar...", 4ª ed., § 93 Abs 1 Satz 2, Rn. 21, Hüffer, Uwe, *Aktiengesetz*, 8ª ed., § 93, Rn. 4f, Lutter, Marcus, "Die Business Judgment...", *ZIP*, 2007, p. 843, n. 22, Winnen, Armin, *Die Innenhaftung...*, pp. 182-184, e Mertens, Hans-Joachim e Cahn, Andreas, "Kölner...", 3ª ed., § 93, Rn. 25.

[1541] Schäfer, Carsten, "Die Binnenhaftung...", *ZIP*, 2005, pp. 1255-1256.

[1542] Hopt, Klaus e Roth, Markus, "Großkommentar...", 4ª ed., § 93 Abs 1 Satz 2, Rn. 32-34, e § 116, Rn. 81-85 e 100-104. Referindo-se quer a esta bitola, quer à bitola da evidência, Winnen, Armin, *Die Innenhaftung...*, pp. 217-220 e 247.

[1543] Spindler, Gerald, "Münchener...", 3ª ed., § 93, Rn. 50-51, Krieger, Gerd, "Organpflichten...", 2ª ed., Rn. 17, e Horn, Norbert, "Unternehmerisches Ermessen...", pp. 1060-1061.

[1544] Schlimm, Katrin, *Das Geshäftsleiterermessen...*, pp. 327-328. Referindo-se a um critério de irracionalidade, na esteira do *any rational business purpose test* norte-americano, Paefgen, Walter G., "Die Darlegungs- und Beweislast...", *NZG*, 2009, p. 892.

[1545] Referindo-se quer a esta bitola, quer à bitola da irresponsabilidade, Winnen, Armin, *Die Innenhaftung...*, pp. 241-242.

DEVER DE GESTÃO

Por vezes, defende-se a aplicação a determinadas matérias de um critério intermédio de sindicabilidade das decisões dos diretores, entre o critério da diligência de um gestor ordenado e consciencioso e a regra de apreciação das decisões empresariais consagrada no § 93 I 2 AktG[1546].

Neste último contexto, merece destaque o pensamento de *Markus Roth*. Recordo que, num estudo publicado em 2001, sobre a discricionariedade empresarial, *Markus Roth* distinguiu, em primeiro lugar, os deveres específicos que impõem uma conduta vinculada, às quais seria aplicável a bitola da diligência de um gestor ordenado e consciencioso, em segundo lugar, os deveres específicos que envolvem alguma discricionariedade empresarial, às quais seria aplicável a bitola da defensabilidade (*Vertretbarkeit*), e, em terceiro lugar, o dever de diligência, ao qual seria aplicável a bitola da irresponsabilidade (*Unverantwortlichkeit*). A bitola da irresponsabilidade estaria para lá da defensabilidade, mas aquém da arbitrariedade. Após a entrada em vigor da UMAG, *Markus Roth* (em escritos partilhados com *Klaus Hopt*) continua a sustentar a aplicação destas três bitolas ou critérios de sindicabilidade das decisões dos diretores, sendo que o § 93 I 2 AktG se referiria à bitola da irresponsabilidade. Aponta nomeadamente a apresentação à insolvência, o aumento de capital com exclusão do direito de subscrição dos acionistas e alguns aspetos da elaboração das contas como situações de aplicação da bitola da defensabilidade. As situações enumeradas no § 93 III, as regras de distribuição de competências e a vinculação ao objeto social seriam exemplos de aplicação da bitola da diligência de um gestor ordenado e consciencioso[1547].

A ideia de um critério intermédio de sindicabilidade das decisões dos diretores é criticada. Refere-se que a profusão de bitolas constitui uma complexificação inútil e desnecessária do regime de responsabilidade dos diretores[1548]. Afirma-se que a sindicabilidade das decisões depende sobretudo das circunstâncias factuais que condicionam a decisão[1549].

No que respeita ao requisito de atuação em benefício da sociedade, é frequente a associação ao problema dos interesses a prosseguir pelos diretores. Remeto para as considerações já tecidas sobre a matéria.

---

[1546] Spindler, Gerald, "Münchener...", 3ª ed., § 93, Rn. 80, e § 92, Rn. 37-38.

[1547] Hopt, Klaus e Roth, Markus, "Großkommentar...", 4ª ed., § 93 Abs 1 Satz 2, Rn. 48-60, e § 116, Rn. 82-83, 90, 93 e 97-104. *Vide* também Roth, Markus, "Das unternehmerische...", *BB*, 2004, pp. 1068-1069. Seguindo estes autores, von Hippel, Thomas, "Gilt die Business...", pp. 168-169.

[1548] Mertens, Hans-Joachim e Cahn, Andreas, "Kölner...", 3ª ed., § 93, Rn. 18.

[1549] Em crítica ao pensamento de *Markus Roth*, Spindler, Gerald, "Münchener...", 3ª ed., § 93, Rn. 51.

No que respeita ao requisito de atuação sem interesses especiais ou influências externas, uma parte da doutrina sustenta que releva o critério subjetivo do diretor, no sentido de atuar de boa fé[1550]. Argumenta-se no sentido de que o diretor poderá desconhecer o conflito de interesses[1551]. Outra parte da doutrina exige que não ocorra objetivamente um conflito de interesses[1552]. Há ainda quem se arrogue um caminho intermédio, defendendo uma bitola subjetiva, mas objetivada pela fórmula "devesse racionalmente aceitar (*vernünftigerweise annehmen durfte*)"[1553].

Há quem contraponha as situações em que o diretor é parte no negócio sob apreciação às situações em que o diretor tem um interesse financeiro, não financeiro ou estrutural, reconduzindo este último caso ao exercício de um cargo noutra sociedade. Na primeira situação o conflito de interesses será óbvio. Nas restantes haverá que ponderar as circunstâncias do caso concreto[1554].

Na sequência da referência, constante da exposição de motivos da UMAG, à atuação no interesse de uma pessoa ou sociedade próximas, alguma doutrina, apoiada na comparação com regimes estrangeiros, alerta para a necessidade de desenvolvimento das normas germânicas de imputação nesta matéria[1555].

Existe alguma controvérsia em matéria de aplicação da *business judgment rule* a situações de decisão coletiva e de conflito de interesses de um dos membros do órgão.

Em caso de comunicação do conflito de interesses e de não participação do diretor com conflito de interesses na decisão, será pacífica a aplicação da *business judgment rule* a todos os diretores que participaram na decisão[1556]. Relativamente

---

[1550] Schäfer, Carsten, "Die Binnenhaftung...", *ZIP*, 2005, p. 1257, Göz, Philipp e Holzborn, Timo, "Die Aktienrechtsreform...", *WM*, 2006, pp. 157-158, Hüffer, Uwe, *Aktiengesetz*, 8ª ed., § 93, Rn. 4e, e Mertens, Hans-Joachim e Cahn, Andreas, "Kölner...", 3ª ed., § 93, Rn. 27. Em análise ao primeiro projeto de codificação, Paefgen, Walter G., "Dogmatische Grundlagen...", *AG*, 2004, p. 252.

[1551] Mertens, Hans-Joachim e Cahn, Andreas, "Kölner...", 3ª ed., § 93, Rn. 27.

[1552] Hopt, Klaus e Roth, Markus, "Großkommentar...", 4ª ed., § 93 Abs 1 Satz 2, Rn. 41, Lutter, Marcus, "Verhaltenspflichten...", pp. 422-424 (também Lutter, Marcus, "Interessenkonflikte...", p. 247, e Lutter, Marcus, "Die Business Judgment...", *ZIP*, 2007, p. 844), e Spindler, Gerald, "Münchener...", 3ª ed., § 93, Rn. 55. Preferindo uma perspetiva objetiva, Thümmel, Roderich, "Organhaftung...", *DB*, 2004, p. 472, e Hoor, Gerd, "Die Präzisierung...", *DStR*, 2004, pp. 2107-2108.

[1553] Winnen, Armin, *Die Innenhaftung...*, pp. 271-272.

[1554] Schlimm, Katrin, *Das Geshäftsleiterermessen...*, pp. 297-312.

[1555] Fleischer, Holger, "...Kodifizierung", *ZIP*, 2004, p. 691, e, de forma desenvolvida, Fleischer, Holger, "Zur organschaftlichen Treuepflicht...", *WM*, 2003, pp. 1057-1058. Também Hopt, Klaus, "Interessenwahrung...", *ZGR*, 2004, p. 24.

[1556] Por exemplo, Lutter, Marcus, "Interessenkonflikte...", p. 250, e Winnen, Armin, *Die Innenhaftung...*, pp. 274-275.

DEVER DE GESTÃO

ao diretor com conflito de interesses, nem sequer se colocará a questão da violação de um dever, pois não adotou a decisão.

Em caso de comunicação do conflito de interesses, mas de participação do diretor em conflito de interesses na decisão, uma parte da doutrina rejeita a aplicação da *business judgment rule* não só ao diretor em conflito de interesses, como também aos restantes diretores[1557]. Afirma-se que o benefício da *business judgment rule* pressupõe a adoção de decisões sem a participação de pessoas com conflitos de interesses. Outra parte da doutrina sustenta que, neste caso, a *business judgment rule* será aplicável aos restantes diretores, desde que a decisão seja aprovada por um número suficiente de diretores independentes[1558]. Refere-se que um amplo recorte dos impedimentos de voto paralisa a atuação colegial, cria insegurança jurídica e promove perturbações no equilíbrio de forças no interior do conselho.

Em caso de falta de comunicação do conflito de interesses pelo diretor afetado, aponta-se para a não aplicação da *business judgment rule* à generalidade dos diretores, com o argumento de que a proteção das decisões empresariais pressupõe determinadas condições objetivas de imparcialidade dos membros do órgão decisor, não se baseando numa análise individual da culpa[1559].

Relativamente à exigência de obtenção de informação, uma parte da doutrina, seguindo a indicação do legislador na exposição de motivos da UMAG, afirma que releva o horizonte subjetivo do diretor[1560]. Próxima está a perspetiva de que as opções de obtenção de informação serão avaliadas de acordo com a perspetiva do diretor, salvo se forem irracionais ou incompreensíveis[1561]. Realça-se

---

[1557] Lutter, Marcus, "Interessenkonflikte...", pp. 249-251, Fleischer, Holger, "Sorgfaltspflicht...", Rn. 57, Fleischer, Holger, "Kommentar...", § 93, Rn. 68, e Spindler, Gerald, "Münchener...", 3ª ed., § 93, Rn. 46 e 55. Antes da entrada em vigor da UMAG, Oltmanns, Martin, *Geschäftsleiterhaftung...*, p. 326, e Semler, Johannes, "Entscheidungen...", pp. 637-638.

[1558] Paefgen, Walter G., "Dogmatische Grundlagen...", *AG*, 2004, pp. 253 e 261, Paefgen, Walter G., "Die Inanspruchnahme...", *AG*, 2008, pp. 766-768, Hopt, Klaus e Roth, Markus, "Großkommentar...", 4ª ed., § 93 Abs 1 Satz 2, Rn. 41, Winnen, Armin, *Die Innenhaftung...*, pp. 276-277, e Mertens, Hans-Joachim e Cahn, Andreas, "Kölner...", 3ª ed., § 93, Rn. 29.

[1559] Paefgen, Walter G., "Dogmatische Grundlagen...", *AG*, 2004, pp. 253 e 261, Lutter, Marcus, "Interessenkonflikte...", pp. 248-249, e Winnen, Armin, *Die Innenhaftung...*, pp. 273-274.

[1560] Fleischer, Holger, "Kommentar...", § 93, Rn. 70 (antes, Fleischer, Holger, "...Kodifizierung", *ZIP*, 2004, p. 691, Fleischer, Holger, "Das Gesetz...", *NJW*, 2005, p. 3528, e Fleischer, Holger, "Sorgfaltspflicht...", Rn. 58-59), Krieger, Gerd e Sailer, Viola, "Aktiengesetz...", § 93, Rn. 14, Göz, Philipp e Holzborn, Timo, "Die Aktienrechtsreform...", *WM*, 2006, pp. 157-158, e Winnen, Armin, *Die Innenhaftung...*, pp. 211-213. Aparentemente, Hopt, Klaus e Roth, Markus, "Großkommentar...", 4ª ed., § 93 Abs 1 Satz 2, Rn. 30-31 e 44-47, e Bedkowski, Dorothea, *Die Geschäftsleiterpflichten...*, p. 198.

[1561] Hüffer, Uwe, *Aktiengesetz*, 8ª ed., § 93, Rn. 4g.

que o legislador germânico terá estabelecido o mesmo critério de sindicabilidade judicial – "devesse racionalmente aceitar (*vernünftigerweise annehmen durfte*)" – aplicável ao mérito da decisão[1562].

Outra parte da doutrina rejeita o critério subjetivo do diretor e defende o critério objetivo da adequação da informação[1563].

Ao concretizar este elemento da previsão normativa, *Katja Langenbucher* afirma que a suposição de que obteve suficiente informação poderá ser considerada racional quando os ganhos previsíveis da informação acrescida forem inferiores aos seus custos[1564].

O diretor deve poder confiar na informação obtida junto de terceiros[1565].

Alguns autores consideram que a intensidade da imposição de obtenção de informação depende da importância da decisão, distinguindo nomeadamente as decisões estratégicas das decisões de gestão corrente[1566].

Neste último contexto, *Markus Roth* (num escrito partilhado com *Klaus Hopt*) defende que, em caso de decisões estratégicas ou fundamentais, a sindicabilidade do processo decisório seja realizada não de acordo com o critério da irresponsabilidade, mas sim com a bitola mais exigente da defensabilidade[1567]. Recordo que esta distinção de bitolas de discricionariedade empresarial constitui um dos aspetos essenciais do principal escrito de *Markus Roth* sobre a matéria.

Seguindo a indicação constante da exposição de motivos da UMAG, alguma doutrina aponta como requisito da *business judgment rule* germânica a boa fé

---

[1562] Spindler, Gerald, "Haftung und Aktionärsklage...", *NZG*, 2005, p. 872, Spindler, Gerald, "Prognosen...", *AG*, 2006, pp. 681-682, Hopt, Klaus e Roth, Markus, "Großkommentar...", 4ª ed., § 93 Abs 1 Satz 2, Rn. 44-45, e § 116, Rn. 80, Koch, Jens, "Das Gesetz...", *ZGR*, 2006, pp. 788-789, Lutter, Marcus, "Die Business Judgment...", *ZIP*, 2007, pp. 844-845, e Brömmelmeyer, Christoph, "Neue Regeln...", *WM*, 2005, p. 2067.

[1563] Schäfer, Carsten, "Die Binnenhaftung...", *ZIP*, 2005, pp. 1257-1258, e Grundei, Jens e Werder, Axel von, "Die Angemessenheit...", *AG*, 2005, pp. 830-832. Preferindo uma perspetiva objetiva, Ulmer, Peter, "Haftungsfreistellung...", *DB*, 2004, pp. 859-862, Semler, Johannes, "Zur aktienrechtlichen Haftung...", *AG*, 2005, p. 325, Thümmel, Roderich, "Organhaftung...", *DB*, 2004, p. 472, Hauschka, Christoph E., "Grundsätze...", *ZRP*, 2004, p. 67, Hoor, Gerd, "Die Präzisierung...", *DStR*, 2004, pp. 2107-2108, e Fischer, Christian, "Die persönliche Haftung...", *Der Konzern*, 2005, p. 77. Adotando um critério abstrato, Schlimm, Katrin, *Das Geshäftsleiterermessen...*, pp. 214-248.

[1564] Langenbucher, Katja, "Vostandshandeln...", *DStR*, 2005, pp. 2087-2088.

[1565] Com indicações jurisprudenciais, Fleischer, Holger, "Aktuelle...", *NJW*, 2009, p. 2339.

[1566] Hopt, Klaus e Roth, Markus, "Großkommentar...", 4ª ed., § 93 Abs 1 Satz 2, Rn. 46-47, Hüffer, Uwe, *Aktiengesetz*, 8ª ed., § 93, Rn. 4g, e Mertens, Hans-Joachim e Cahn, Andreas, "Kölner...", 3ª ed., § 93, Rn. 34. Referindo-se também à importância relativa das decisões como critério do esforço de obtenção de informação, Spindler, Gerald, "Haftung und Aktionärsklage...", *NZG*, 2005, p. 872, e Lutter, Marcus, "Die Business Judgment...", *ZIP*, 2007, p. 844.

[1567] Hopt, Klaus e Roth, Markus, "Großkommentar...", 4ª ed., § 93 Abs 1 Satz 2, Rn. 46-47.

*(Gutgläubigkeit)* do diretor. Este requisito é identificado como uma válvula de escape[1568]. A atuação dolosa em prejuízo da sociedade é, por vezes, apontada como um caso de falta de boa fé[1569]. Faz-se referência a determinados vícios de motivação no processo decisório, como a inveja[1570].

Uma outra parte da doutrina critica a autonomização do requisito de atuação de boa fé[1571]. Afirma-se que, apesar da má fé, as decisões no interesse da sociedade não serão geradores de responsabilidade, por inexistir uma violação de um dever[1572]. Refere-se que a formulação norte-americana da imposição de boa fé pode ter significados muito diversos, jogando com o dever de lealdade, o dever de obtenção de informação, o dever de legalidade e o *any rational business purpose test*, considerando-se suficiente a adoção dos pressupostos da lealdade e da obtenção de informação e do critério da racionalidade[1573].

Há quem aponte ainda como requisito de aplicação da *business judgment rule* a não adoção de um risco desproporcionado[1574], nomeadamente um risco que ponha em causa a existência da sociedade ou que envolva a realização de prestações (por exemplo, empréstimos bancários) sem garantias. Há quem considere que está em causa o pressuposto de atuação em benefício da sociedade[1575]. Aponta-se também para a interpretação do conceito de decisão empresarial, sustentando que na adoção de riscos empresariais irresponsáveis não existe discricionariedade, mas sim vinculação jurídica estrita[1576].

---

[1568] Hopt, Klaus e Roth, Markus, "Großkommentar...", 4ª ed., § 93 Abs 1 Satz 2, Rn. 42, Fleischer, Holger, "Sorgfaltspflicht...", Rn. 60 (antes, Fleischer, Holger, "...Kodifizierung", *ZIP*, 2004, p. 691), e Schlimm, Katrin, *Das Geshäftsleiterermessen...*, p. 335.

[1569] Fleischer, Holger, "Kommentar...", § 93, Rn. 71 (anteriormente, Fleischer, Holger, "...Kodifizierung", ZIP, 2004, p. 691, e Fleischer, Holger, "Sorgfaltspflicht...", Rn. 60), e Hauschka, Christoph E., "Ermessensentscheidungen...", GmbHR, 2007, p. 14. Há quem opte antes por tratar do problema da atuação dolosa em prejuízo da sociedade no âmbito do requisito de atuação em benefício da sociedade (Lutter, Marcus, "Die Business Judgment...", ZIP, 2007, p. 844).

[1570] Mertens, Hans-Joachim e Cahn, Andreas, "Kölner...", 3ª ed., § 93, Rn. 31.

[1571] Paefgen, Walter G., "Dogmatische Grundlagen...", *AG*, 2004, pp. 255-256, Buchta, Jens, "Haftung...", *DB*, 2006, p. 1940, e Spindler, Gerald, "Münchener...", 3ª ed., § 93, Rn. 56.

[1572] Spindler, Gerald, "Münchener...", 3ª ed., § 93, Rn. 56.

[1573] Paefgen, Walter G., "Dogmatische Grundlagen...", *AG*, 2004, pp. 255-256.

[1574] Lutter, Marcus, "Die Business Judgment...", *ZIP*, 2007, p. 845 (também Lutter, Marcus, "Interessenkonflikte...", p. 246), e Krieger, Gerd e Sailer, Viola, "Aktiengesetz...", § 93, Rn. 10 e 13. Fazendo referência ao critério do risco para a subsistência da empresa, Bedkowski, Dorothea, *Die Geschäftsleiterpflichten...*, p. 198.

[1575] Mertens, Hans-Joachim e Cahn, Andreas, "Kölner...", 3ª ed., § 93, Rn. 24 e 86, Winnen, Armin, *Die Innenhaftung...*, pp. 242-243, e Arnold, Arnd, *Die Steuerung...*, p. 173.

[1576] Winnen, Armin, *Die Innenhaftung...*, pp. 181-182.

Esta posição doutrinal é criticada, realçando-se que em situações de crise financeira todas as decisões tendem a colocar em jogo a existência da sociedade. A adoção de riscos para a existência da sociedade será possível, desde que sejam ponderados as vantagens e os riscos e tal medida pareça defensável[1577].

As decisões de investimento são apontadas como exemplos paradigmáticos de decisões empresariais sujeitas à *business judgment rule*[1578].

Relativamente às instituições de crédito coloca-se com acuidade o problema da diversificação do risco[1579].

Uma parte da doutrina considera que a *business judgment rule* releva para efeitos de destituição dos diretores com justa causa[1580].

Outra parte da doutrina considera que a regra do § 93 I 2 AktG não elimina a justa causa de destituição[1581]. Argumenta-se no sentido de que o conceito de justa causa não se resume à violação de um dever, compreendendo nomeadamente a perturbação da relação de confiança.

### 4.2.13. Fidúcia, contrato de gestão de negócios e lealdade

A compreensão do dever de diligência ou de direção dos diretores das sociedades por ações e a sua delimitação face ao dever de lealdade estão relacionadas com teorizações sobre a figura da fidúcia (*Treuhand*). Por sua vez, o pensamento germânico sobre a fidúcia convoca a análise do mandato (*Auftrag*) e do contrato de gestão de negócios (*Geschäftsbesorgungsvertrag*).

Impõe-se uma breve incursão no debate doutrinário germânico sobre a fidúcia, com um aceno ao mandato e à gestão de negócios.

Não procederei a uma descrição exaustiva deste debate doutrinário, dada a sua extensão e porque convoca diversos problemas e institutos estranhos à questão da configuração dos deveres dos diretores das sociedades por ações. Limitar-me-ei a fazer uma referência sumária a algumas das posições doutrinárias mais

---

[1577] Hopt, Klaus e Roth, Markus, "Großkommentar...", 4ª ed., § 93 Abs 1 Satz 2, Rn. 36, e § 116, Rn. 84, Spindler, Gerald, "Münchener...", 3ª ed., § 93, Rn. 50-51, e Schlimm, Katrin, *Das Geschäftsleiterermessen...*, pp. 328-329.

[1578] Fleischer, Holger, "Aktuelle...", *NJW*, 2009, pp. 2338-2339.

[1579] Fleischer, Holger, "Aktuelle...", *NJW*, 2009, pp. 2342-2343, e Krieger, Gerd, "Organpflichten...", 2ª ed., Rn. 7.

[1580] Schäfer, Carsten, "Die Binnenhaftung...", *ZIP*, 2005, p. 1255, Hüffer, Uwe, *Aktiengesetz*, 8ª ed., § 93, Rn. 4c, Wiesner, Georg e Kraft, Thomas, *Münchener...*, IV, 3ª ed., p. 302, Krieger, Gerd e Sailer, Viola, "Aktiengesetz...", § 93, Rn. 11, e Mertens, Hans-Joachim e Cahn, Andreas, "Kölner...", 3ª ed., § 93, Rn. 15. Aparentemente, Fleischer, Holger, "...Kodifizierung", *ZIP*, 2004, p. 688, e Ihrig, Hans-Christoph, "Reformbedarf...", *WM*, 2004, p. 2102.

[1581] Hopt, Klaus e Roth, Markus, "Großkommentar...", 4ª ed., § 93 Abs 1 Satz 2, Rn. 61-62.

DEVER DE GESTÃO

relevantes, centrando-me nos aspetos que mais concorrem para a compreensão dos deveres dos diretores.

Na sequência desta incursão, descreverei os reflexos das teorizações gerais sobre a fidúcia na compreensão doutrinária do dever de diligência ou de direção dos diretores das sociedades por ações.

Por último, procederei a uma caracterização genérica do dever de lealdade dos diretores das sociedades por ações.

Em 1880, numa época em que se discutia o lugar da simulação na teoria do negócio jurídico, *Ferdinand Regelsberger* contrapôs ao negócio jurídico simulado o negócio jurídico fiduciário, caracterizando-o pela vontade efetiva de atribuição de um poder jurídico a outrem, mas para que esse poder jurídico fosse utilizado apenas para determinado fim. Realçou que o negócio fiduciário envolvia uma desproporção entre meios e fins – para a prossecução de determinado fim é escolhida uma forma jurídica que possibilita mais do que o necessário para atingir o fim –, apontando para o problema do abuso do poder[1582].

Em apoio da sua construção, *Ferdinand Regelsberger* apontou a figura romana da *fiducia*[1583], que não integrava o Direito das Pandectas então vigente, pois havia sido abandonada no período justinianeu[1584].

No Direito Romano seria possível distinguir a *fiducia cum creditore* da *fiducia cum amico*. A primeira envolvia a transferência da propriedade com uma função de garantia de um crédito. Na segunda era atribuída a propriedade a uma pessoa leal, para a prossecução de certos fins. Em ambos os casos, a posição do fiduciante não era tutelada perante terceiros, mas apenas perante o fiduciário[1585].

---

[1582] Regelsberger, Ferdinand, "Zwei Beiträge...", *AcP*, 1880, pp. 170-174. Em momento anterior, *Josef Kohler* havia contraposto ao negócio jurídico simulado o negócio jurídico oculto, caracterizando-o por uma incongruência entre o conteúdo jurídico e a finalidade económica oculta (*apud* Löhnig, Martin, *Treuhand*, pp. 22-23, Regelsberger, Ferdinand, "Zwei Beiträge...", *AcP*, 1880, p. 173, n. 7, e Cordeiro, António Menezes, *Tratado...*, II, tomo II, p. 257, n. 889).

[1583] Regelsberger, Ferdinand, "Zwei Beiträge...", *AcP*, 1880, pp. 172-173, citando *Gaio*.

[1584] Realçando este aspeto, em apreciação crítica da metodologia seguida por *Ferdinand Regelsberger*, Coing, Helmut, *Die Treuhand...*, p. 37, e Löhnig, Martin, *Treuhand*, pp. 24-25.

[1585] Kaser, Max, *Direito...*, pp. 148-149 e 180-182, Siebert, Wolfgang, *Das rechtsgeschäftliche Treuhandverhältnis...*, pp. 34-37, Coing, Helmut, *Die Treuhand...*, pp. 11-12, Grundmann, Stefan, *Der Treuhandvertrag...*, pp. 11-12, e Wiegand, Wolfgang, "Treuhand...", pp. 331-332 e 336. Entre nós, por exemplo, Andrade, Manuel Domingues de, *...relação jurídica*, II, pp. 175-176, Vasconcelos, Pedro Pais de, *Contratos...*, pp. 254-255, Duarte, Rui Pinto, *...direitos reais*, 2ª ed., pp. 161-162, Cordeiro, António Menezes, *Tratado...*, II, tomo II, p. 255, Justo, A. Santos, *Direito...*, III, pp. 38-40

Alguma doutrina contrapôs à fidúcia de inspiração românica uma fidúcia de origem germânica, em que a orientação do poder atribuído para a exclusiva prossecução de determinado fim não assumia um carácter meramente obrigacional, antes implicando um direito real limitado ou uma partilha da propriedade[1586].

A figura da fidúcia de inspiração românica, caracterizada pelo carácter meramente obrigacional da vinculação a determinado fim e pela desproporção entre o poder atribuído e o fim imposto, obteve maior acolhimento doutrinário. Mas não foi prevista, de forma expressa, pelo Código Civil alemão. Os seus contornos não foram cristalizados, mantendo-se em debate[1587].

No período anterior à Segunda Guerra Mundial, a maioria da doutrina, com destaque para *Wolfgang Siebert*, preocupou-se essencialmente com a faceta externa da fidúcia e a questão do confronto com terceiros. Afirmava-se que os problemas da relação interna obrigacional teriam uma importância menor[1588]. A esta perspetiva estava associada a caracterização da fidúcia pela atribuição de direitos sobre uma coisa ou património, para exercício no interesse de outrem[1589]. As situações de atribuição de poderes de representação para atuação no interesse de outrem eram afastadas do universo da fidúcia[1590].

Em contraponto, *Franz Beyerle* focou a sua análise na relação interna obrigacional, sustentando que a figura da fidúcia não se restringe às situações de constituição de um direito real na esfera do fiduciário, bastando-se com a mera atribuição de poderes de representação[1591]. Apontou, aliás, a descoberta tardia da representação direta como uma explicação para a tendência

---

e 167-170, e Cura, António Alberto Vieira, "Fiducia...", *BFDUC*, Suplemento vol. XXXIV, 1991, *passim*.

[1586] Sobre a teoria da fidúcia germânica, Siebert, Wolfgang, *Das rechtsgeschäftliche Treuhandverhältnis...*, pp. 44-98, Coing, Helmut, *Die Treuhand...*, pp. 47-50, e Löhnig, Martin, *Treuhand*, pp. 54-65.

[1587] Associando os contornos difusos da figura à ausência de uma definição legal, Asmus, Wolfgang, *Dogmengeschichtliche...*, pp. 280-281, Fleischer, Holger, "Zur organschaftlichen Treuepflicht...", *WM*, 2003, p. 1045, e Eden, Siegfried, *Treuhandschaft...*, 3ª ed., p. 3. Destacando a ausência de uma definição legal, também Coing, Helmut, *Die Treuhand...*, p. 13, Gernhuber, Joachim, "Die fiduziarische Treuhand", *JuS*, 1988, p. 355, e Henssler, Martin, "Treuhandgeschäft...", *AcP*, 1996, p. 45.

[1588] Siebert, Wolfgang, *Das rechtsgeschäftliche Treuhandverhältnis...*, p. 180.

[1589] Siebert, Wolfgang, *Das rechtsgeschäftliche Treuhandverhältnis...*, pp. 1-3, 10-14 e 204-208.

[1590] Siebert, Wolfgang, *Das rechtsgeschäftliche Treuhandverhältnis...*, pp. 311-313. O mesmo não se passava com as situações de atribuição de uma autorização constitutiva ou legitimação (*Ermächtigung*).

[1591] Beyerle, Franz, *Die Treuhand...*, pp. 8-15, 19-20, 22, 28 e 34-42.

histórica de atribuição de um direito próprio para atuação no interesse de outrem[1592].

Enquadrando a figura da fidúcia no Direito das obrigações, *Franz Beyerle* distinguiu três formas básicas de relação pessoal, embora admitindo situações mistas: o sinalagma, envolvendo a troca de prestações (*mea res agitur*); a mão comum (*Gesamthand*), implicando uma finalidade comum (*nostra, ergo e mea res agitur*); e a fidúcia, reclamando uma atuação no interesse de outrem (*tua res a me quasi mea agitur*)[1593].

*Franz Beyerle* caracterizou a fidúcia como uma relação de confiança[1594]. E referiu que o dever de diligência do fiduciário é rigoroso, porque o conteúdo do contrato é elástico e indeterminado[1595].

Mais tarde, num estudo publicado em 1973, *Helmut Coing* caracterizou a fidúcia (*Treuhand*) pela atribuição de um direito ou poder sobre uma coisa e, inspirando-se na distinção anglo-americana entre *trust* e *fiduciary relations*, distinguiu-a da categoria mais ampla dos negócios jurídicos fiduciários (*treuhänderische Rechtsgeschäften im weiteren Sinne*), que aproximou do mandato (*Auftrag*) e do contrato de gestão de negócios (*Geschäftsbesorgungsvertrag*). Afirmou que o relevo dogmático da teorização de *Franz Beyerle* reside na análise dessa categoria ampla de negócios jurídicos fiduciários[1596].

Ao descrever os deveres do fiduciário, *Helmut Coing* fez apelo ao regime jurídico do mandato, referindo-se essencialmente a um dever de lealdade (*Treupflicht*), que considerava particularmente rigoroso e que reclamava uma atuação do fiduciário no interesse do fiduciante ou beneficiário[1597]. Mais sustentou

---

[1592] Beyerle, Franz, *Die Treuhand...*, pp. 6-7.

[1593] Beyerle, Franz, *Die Treuhand...*, pp. 14-25. Em momento anterior, elencando as situações de contacto de interesses (*Interessenberührung*), de fusão de interesses (*Interessenverschmelzung*) e de vinculação de interesses (*Interessenverknüpfung*) (e referindo-se ainda à representação de interesses (*Interessenvertretung*)), Rumpf, Max, "Wirtschaftsrechtliche...", *AcP*, nº 119, 1921, pp. 53-57. Posteriormente, apontando como previsões básicas do tráfico negocial a contraposição de interesses (*gegensätzliche Interessen*), a comunhão de interesses (*gemeinschaftliche Interessen*) e a prossecução de interesses de outrem (*Wahrnehmung fremder Interessen*), ressalvando igualmente o carácter gradual destas distinções e a existência de casos de fronteira, Würdinger, Hans, *Gesellschaften...*, pp. 9-13. Relativamente à previsão básica de prossecução de interesses de outrem, *Hans Würdinger* referiu que no contrato de gestão de negócios também se joga o interesse do gestor na remuneração, o que convoca o regime da troca de prestações.

[1594] Beyerle, Franz, *Die Treuhand...*, p. 23.

[1595] Beyerle, Franz, *Die Treuhand...*, p. 23 – "*Die Sorgfaltspflicht ist streng, weil der Vertragsinhalt normarm und elastisch ist.*".

[1596] Coing, Helmut, *Die Treuhand...*, pp. 1-3 e 85-88.

[1597] Coing, Helmut, *Die Treuhand...*, pp. 137-142.

que este dever de lealdade compreende o dever de execução diligente do mandato[1598].

Nesta sequência, uma corrente doutrinária enquadrou a análise das *fiduciary relations* no universo do mandato e do contrato de gestão de negócios[1599].

O legislador alemão, no § 662 BGB, caracterizou o mandato (*Auftrag*) pela gratuidade e, no § 675 BGB, previu um tipo autónomo para a gestão de negócios onerosa, esclarecendo que o contrato de gestão de negócios (*Geschäftsbesorgungsvertrag*) pode envolver uma empreitada ou uma prestação de serviços. Estará em causa uma empreitada se for devido um resultado e uma prestação de serviços se apenas for devida uma atividade[1600]. Surgiram problemas de delimitação de tipos contratuais, sobretudo no confronto da gestão de negócios com a prestação de serviços e a empreitada[1601]. Uma parte minoritária da doutrina adota um conceito amplíssimo de gestão de negócios, de forma a abarcar todas as prestações de serviço e empreitadas[1602]. A maioria da doutrina concebe

---

[1598] Coing, Helmut, *Die Treuhand...*, pp. 139-140 – *"Aus der Pflicht, die Interessen des Treugebers oder der Drittbegüngstigten treu zu wahren, folgt die Verpflichtung, den mit der Treuhand verbundenen Auftrag sorgfältig auszuführen.".*

[1599] Hopt, Klaus, "Interessenwahrung...", *ZGR*, 2004, pp. 15-16 e 19-20 (anteriormente, Hopt, Klaus, "Berufshaftung...", p. 242), Wellenhofer-Klein, Marina, "Treupflichten...", *RabelsZ*, 2000, p. 583, e Esser, Josef e Weyers, Hans Leo, *Schuldrecht*, II 1, 8ª ed., pp. 310-311. Referindo que o mandatário poderá ter uma posição fiduciária e convocando o pensamento de *Franz Beyerle* ao analisar a relação entre a gestão de negócios e a fidúcia, Larenz, Karl, *Lehrbuch...*, II 1, 13ª ed., p. 414.

[1600] Larenz, Karl, *Lehrbuch...*, II 1, 13ª ed., p. 421, Esser, Josef e Weyers, Hans Leo, *Schuldrecht*, II 1, 8ª ed., p. 237, e Löhnig, Martin, *Treuhand*, pp. 138 e 146-149. Sobre a distinção entre prestação de serviço e empreitada, em geral, Larenz, Karl, *Lehrbuch...*, II 1, 13ª ed., pp. 309-311, Fikentscher, Wolfgang e Heinemann, Andreas, *Schuldrecht*, 10ª ed., pp. 562-563 e 567-568, Müller-Glöge, Rudi, "Münchener...", 4ª ed., § 611, Rn. 22, Busche, Jan, "Münchener...", 4ª ed., § 631, Rn. 14-17, e Mansel, Heinz-Peter, "Jauernig...", 12ª ed., Vor § 611, Rn. 1 e 15.

[1601] No Direito romano clássico, o *mandatum* está associado à prestação de *artes* ou *operae liberales* (nelas se incluindo, por exemplo, as atividades dos advogados, professores, arquitetos, engenheiros, médicos) no interesse de outrem. De início tratar-se-ia de um contrato gratuito. As estruturas sociais vigentes reclamavam que a nobreza e mesmo os outros cidadãos livres não trabalhassem por dinheiro, sendo porventura recompensados por mecanismos mais subtis. Com o passar dos tempos, tais regras sociais foram erodidas, permanecendo a ideia de gratuidade do mandato como uma questão formal, mais do que de substância. O problema da gratuidade do *mandatum* marcou os trabalhos preparatórios do Código Civil alemão, não tendo o legislador conseguido delimitar, com clareza, a diferença específica da gestão de negócios face à prestação de serviços e à empreitada. Sigo Martinek, Michael, "Staudingers...", 13ª ed., Vor §§ 662 ff, Rn. 3-8.

[1602] Na doutrina contemporânea, Ehmann, Horst, "Erman BGB", 11ª ed., Vor § 662, Rn. 15-93, e Seiler, Hans Hermann, "Münchener...", 5ª ed., § 662, Rn. 9-14.

DEVER DE GESTÃO

o tipo da gestão de negócios como uma prestação de serviços ou empreitada com determinadas particularidades. Sob inspiração jurisprudencial, fala-se de uma atividade económica autónoma, no interesse de outrem e na esfera de interesses patrimoniais de outrem[1603]. Realça-se, por vezes, que não se trata de um conceito fechado, mas sim de uma caracterização tipológica[1604].

Aprofundando esta caracterização tipológica da gestão de negócios, temos que a referência a uma atividade económica compreende a prática de negócios jurídicos, de atos jurídicos quase-negociais e de meros atos materiais, sendo contudo reclamado um conteúdo económico, dessa forma afastando, por exemplo, os serviços médicos do universo da gestão de negócios. A característica da autonomia reclama uma (maior ou menor) discricionariedade decisória do gestor de negócios[1605]. Em atividades que impliquem conhecimentos técnicos, o direito de emitir instruções será, na prática, limitado[1606]. O grau de vinculação a instruções e a inerente margem de discricionariedade dependem também das estipulações contratuais, estando sempre presente a imposição de divergência face a uma instrução que se revele desadequada[1607]. A prossecução simultânea de interesses próprios não descaracteriza a gestão de negócios, desde que, no seu cerne, se verifique o elemento de prossecução do interesse de outrem[1608].

*Michael Martinek* aponta a imposição de prossecução do interesse de outrem como um elemento central na caracterização do tipo contratual de gestão de negócios, evocando a distinção beyerliana entre sinalagma, mão comum e fidú-

---

[1603] Larenz, Karl, *Lehrbuch...*, II 1, 13ª ed., pp. 421-423, Esser, Josef e Weyers, Hans Leo, *Schuldrecht*, II 1, 8ª ed., pp. 310-311, Fikentscher, Wolfgang e Heinemann, Andreas, *Schuldrecht*, 10ª ed., pp. 563 e 623, Martinek, Michael, "Staudingers...", 13ª ed., Vor §§ 662 ff, Rn. 6-22, e § 675, Rn. A 6-22, Heermann, Peter, "Münchener...", 5ª ed., § 675, Rn. 2-12, Sprau, Hartwig, "Palandt...", 69ª ed., § 675, Rn. 2-5, Mansel, Heinz-Peter, "Jauernig...", 12ª ed., § 675, Rn. 2 e 4, e Medicus, Dieter e Lorenz, Stephan, *Schuldrecht II...*, 15ª ed., pp. 287-288. Questionando os vários elementos caracterizadores do contrato de gestão de negócios elencados nesta fórmula jurisprudencial e concluindo que o § 675 I BGB constitui um mero ponto de apoio para a aplicação casuística de normas do regime do mandato (*Auftrag*) a contratos que se podem enquadrar em diversos tipos, entre os quais os tipos da prestação de serviço e da empreitada, Geibel, Stefan J., *Treuhandrecht...*, pp. 98-100.

[1604] Larenz, Karl, *Lehrbuch...*, II 1, 13ª ed., pp. 421-423, Martinek, Michael, "Staudingers...", 13ª ed., § 675, Rn. A 8, e Heermann, Peter, "Münchener...", 5ª ed., § 675, Rn. 9.

[1605] Martinek, Michael, "Staudingers...", 13ª ed., § 675, Rn. A 11-12, 47-49 e 56, e Vor §§ 662 ff, Rn. 31, e Heermann, Peter, "Münchener...", 5ª ed., § 675, Rn. 6. Neste ponto, joga-se também a contraposição face ao contrato de trabalho.

[1606] Martinek, Michael, "Staudingers...", 13ª ed., § 675, Rn. A 49.

[1607] Martinek, Michael, "Staudingers...", 13ª ed., § 675, Rn. A 43-50. Sobre o dever de divergência, também Knütel, Rolf, "Weisungen...", *ZHR*, 1973, pp. 295-297.

[1608] Martinek, Michael, "Staudingers...", 13ª ed., § 675, Rn. A 19, e Heermann, Peter, "Münchener...", 5ª ed., § 675, Rn. 8.

## DEVER DE GESTÃO DOS ADMINISTRADORES DE SOCIEDADES ANÓNIMAS

cia. Esclarece que esta distinção não respeita ao conteúdo das prestações, mas sim à questão prévia da orientação das prestações (*Leistungsrichtung*)[1609]. Acrescenta que na gestão de negócios o interesse das partes não respeita apenas aos motivos do negócio jurídico; o interesse de uma das partes – o dono do negócio – integra o conteúdo do contrato[1610]. Embora reconheça que a gestão de negócios envolve uma componente de troca, *Michael Martinek* atribui preponderância à existência de uma assimetria de interesses, em que o sinalagma claudica (*das Synallagma "hinkt"*)[1611].

Noutro registo, *Josef Esser* e *Hans-Leo Weyers* sustentam que, em todos os contratos, as partes têm, com intensidades variáveis, deveres de prossecução dos interesses das contrapartes, sendo que o contrato de gestão de negócios se encontra no extremo mais intenso da escala[1612].

Em crítica ao pensamento de *Michael Martinek*, há quem realce que o interesse do gestor de negócios na obtenção de uma remuneração não respeita aos motivos; antes integra o conteúdo do contrato[1613].

Na análise do tipo contratual de gestão de negócios, alguns autores apontam como dever principal o dever de prossecução do interesse de outrem, sustentando que a prestação contratual é modelada pela relação fiduciária[1614] ou pela imposição de lealdade[1615]. Afirma-se que o vínculo fiduciário conforma a orientação e a intensidade das exigências de diligência, reclamando do gestor de negócios, nas diversas circunstâncias com que é confrontado, uma identificação plena com os interesses do dono do negócio[1616].

Outros autores apelidam inclusivamente a imposição de prossecução do interesse de outrem de dever principal de lealdade[1617].

Mas, ao caracterizar a prestação do gestor de negócios, também se apontam elementos dificilmente reconduzíveis à lealdade... Sustenta-se que, na concretização da prestação, importa atender a regras profissionais[1618]. Faz-se refe-

---

[1609] Martinek, Michael, "Staudingers...", 13ª ed., Vor §§ 662 ff, Rn. 17-23-33 (também § 675, Rn. A 22).

[1610] Martinek, Michael, "Staudingers...", 13ª ed., Vor §§ 662 ff, Rn. 28.

[1611] Martinek, Michael, "Staudingers...", 13ª ed., Vor §§ 662 ff, Rn. 28-31.

[1612] Esser, Josef e Weyers, Hans Leo, *Schuldrecht*, II 1, 8ª ed., p. 308.

[1613] Geibel, Stefan J., *Treuhandrecht...*, pp. 95-96.

[1614] Esser, Josef e Weyers, Hans Leo, *Schuldrecht*, II 1, 8ª ed., pp. 308-309.

[1615] Martinek, Michael, "Staudingers...", 13ª ed., § 675, Rn. A 24, 26 e 55.

[1616] Esser, Josef e Weyers, Hans Leo, *Schuldrecht*, II 1, 8ª ed., pp. 309 e 316.

[1617] Hopt, Klaus, "Interessenwahrung...", *ZGR*, 2004, p. 20. Aparentemente, Sprau, Hartwig, "Palandt...", 69ª ed., § 675, Rn. 5.

[1618] Martinek, Michael, "Staudingers...", 13ª ed., § 675, Rn. A 26.

DEVER DE GESTÃO

rência à diligência e à proficiência ao caracterizar o dever de prossecução de interesses[1619].

Há quem enquadre o dever de lealdade do gestor de negócios no § 242 BGB, referindo-se a uma particular intensidade das exigências da regra da conduta da boa fé, quando comparadas com as exigências nos contratos de troca[1620]. Outros optam por não o reconduzir à regra da conduta da boa fé, baseando-o no regime do contrato de gestão de negócios[1621].

Uma outra corrente doutrinária seguiu caminho diverso, adotando um conceito mais amplo de fidúcia, com um enfoque acrescido na relação interna obrigacional, de forma a abarcar as *fiduciary relations*. Em contrapeso, afastou do universo da fidúcia os negócios de garantia, em que são atribuídos direitos ou poderes para exercício em benefício próprio[1622].

Nesta corrente doutrinária destaca-se *Stefan Grundmann*, que adota uma conceção amplíssima de bem fiduciário, alargando sobremaneira as fronteiras da figura da fidúcia. Advoga que o bem fiduciário não se restringe a um direito sobre uma coisa ou mesmo a um poder de representação, abarcando posições de controlo e de decisão, na forma de poderes de decisão ou voto, e posições de informação, na forma de segredos negociais[1623].

Na conceção de *Stefan Grundmann*, a figura da fidúcia é delimitada em função de um dever característico: o dever de prossecução de interesses *stricto sensu* (*Interessenwahrungspflicht stricto sensu*) ou dever de lealdade em sentido restrito. Este dever é descrito pela consideração exclusiva do interesse do fiduciante (em todas as decisões com soluções alternativas). Este dever característico é contraposto ao dever de lealdade em sentido genérico, decorrente da regra de conduta da boa fé, tradicionalmente consagrada no § 242 BGB, que apenas reclama a consideração recíproca dos interesses de ambas as partes contratuais[1624]. Assim, por exemplo, a transmissão mediática de críticas à organização ou aos seus mem-

---

[1619] Heermann, Peter, "Münchener...", 5ª ed., § 675, Rn. 13, e Seiler, Hans Hermann, "Münchener...", 5ª ed., § 662, Rn. 33-34.

[1620] Martinek, Michael, "Staudingers...", 13ª ed., § 675, Rn. A 25 e 55, e Vor §§ 662 ff, Rn. 31. Aparentemente também, Fikentscher, Wolfgang e Heinemann, Andreas, *Schuldrecht*, 10ª ed., p. 576. Baseando o particularmente intenso dever de lealdade dos fiduciários no § 242 BGB, Roth, Günther H., "Münchener...", 4ª ed., § 242, Rn. 62, 78, 173-175 e 208-210.

[1621] Larenz, Karl, *Lehrbuch...*, II 1, 13ª ed., pp. 413-414, Looschelders, Dirk e Olzen, Dirk, "Staudingers...", 13ª ed., § 242, Rn. 850, e, aparentemente, Hopt, Klaus, "Interessenwahrung...", *ZGR*, 2004, p. 20.

[1622] Grundmann, Stefan, *Der Treuhandvertrag...*, pp. 19-22 e 307, e Löhnig, Martin, *Treuhand*, pp. 121-123.

[1623] Grundmann, Stefan, *Der Treuhandvertrag...*, pp. 2-3, 7-8 e 101-122.

[1624] Grundmann, Stefan, *Der Treuhandvertrag...*, pp. 8, 92-96, 133-135 e 147-191.

bros, de forma prejudicial para a prossecução das finalidades comuns, poderá constituir uma violação de deveres laterais de conduta decorrentes da regra da boa fé[1625]. Já a concorrência e a apropriação de oportunidades de negócio constituem violações do dever principal de lealdade[1626].

Como fundamento para aquele dever de prossecução de interesses *stricto sensu*, *Stefan Grundmann* aponta a transferência sem contraprestação de um bem fiduciário[1627].

*Stefan Grundmann* distingue a relação fiduciária, marcada pelo referido dever característico, da frequentemente conexa relação de prestação de serviço (ou de empreitada), a qual envolve a troca de uma atividade por uma remuneração. Ao confrontar o problema da intersecção entre as duas relações, *Stefan Grundmann* refere que a relação de troca exige a realização de uma atividade e que o dever de prossecução de interesses *stricto sensu* define como o fiduciário deve decidir atuar[1628]. Noutro ponto do seu discurso, afirma que a prestação de serviços é modelada pelo dever de prossecução de interesses *stricto sensu*[1629]. A certa passagem, *Stefan Grundmann* refere que a relação de fidúcia pode implicar o ajuste de interesses divergentes, envolvendo uma margem de discricionariedade[1630]. Noutra passagem, equipara o dever de prossecução de interesses *stricto sensu* ao dever de lealdade dos administradores norte-americanos, afastando-o da ideia de discricionariedade associada ao *duty of care*[1631].

Colocando a hipótese de recondução da figura da fidúcia ao contrato de mandato, *Stefan Grundmann* responde de forma negativa, referindo que os preceitos legais relativos ao mandato não consagram o dito dever de prossecução de interesses *stricto sensu* e que existem hipóteses de fidúcia que não podem ser reconduzidas ao mandato (dando o exemplo do sócio não gerente que utiliza segredos ou oportunidades de negócio da sociedade)[1632].

Afastando-se da ideia de que a fidúcia não foi regulada pelo legislador civil alemão, *Martin Löhnig* sustenta que o contrato de gestão de negócios (*Geschäftsbesorgungsvertrag*) constitui a previsão civilística geral do contrato fiduciário (*Treuhandvertrag*). Afirma que o conceito de contrato fiduciário abarca o con-

---

[1625] Grundmann, Stefan, *Der Treuhandvertrag...*, pp. 171-173.
[1626] Grundmann, Stefan, *Der Treuhandvertrag...*, pp. 218-220, 234-236, 242-243, 248-254 e 421-457.
[1627] Grundmann, Stefan, *Der Treuhandvertrag...*, pp. 135-169 e 193-220.
[1628] Grundmann, Stefan, *Der Treuhandvertrag...*, p. 93.
[1629] Grundmann, Stefan, *Der Treuhandvertrag...*, p. 151.
[1630] Grundmann, Stefan, *Der Treuhandvertrag...*, p. 27.
[1631] Grundmann, Stefan, *Der Treuhandvertrag...*, pp. 277-278.
[1632] Grundmann, Stefan, *Der Treuhandvertrag...*, pp. 93-96.

trato de gestão de negócios e outros contratos fiduciários especialmente regulados (ou outras relações fiduciárias de origem legal ou judicial)[1633].

Posicionando-se em sede de caracterização tipológica do contrato de gestão de negócios, *Martin Löhnig* evoca a distinção beyerliana entre sinalagma, mão comum e fidúcia, afirmando que a gestão de negócios se subsume à forma básica da fidúcia, enquanto a prestação de serviços e a empreitado se enquadram na forma básica do sinalagma. Aponta como elemento diferenciador da gestão de negócios face a estes contratos sinalagmáticos não apenas a imposição de prossecução do interesse de outrem, mas também a atribuição de um poder[1634]. *Martin Löhnig* identifica como deveres principais do contrato de gestão de negócios a prossecução do interesse de outrem e a remuneração, reconhecendo que o contrato envolve uma faceta de troca[1635].

Voltando à análise da categoria geral do contrato fiduciário, *Martin Löhnig* sustenta que os fiduciários raramente devem um resultado, antes estando obrigados a uma prossecução de interesses *legis artis*. Acrescenta que o dever contratual principal não é configurado da mesma forma nos diversos subtipos de fidúcia, em função de uma imposição sistemática de prevalência do interesse do fiduciante, no sentido proposto por *Stefan Grundmann*, mas antes de acordo com as estipulações contratuais e a tarefa de concretização normativa[1636].

*Martin Löhnig* critica a distinção de *Stefan Grundmann* entre a relação fiduciária e a relação conexa de prestação de serviço (ou de empreitada). Afirma que a prestação de serviços envolve necessariamente uma finalidade. Refere que *Stefan Grundmann*, através do seu dever de prossecução de interesses *stricto sensu*, define à partida o regime de composição dos interesses divergentes do fiduciante e fiduciário, sem o investigar[1637]. Acrescenta que o dever de lealdade particularmente severo concebido por *Stefan Grundmann* apenas ocorre em algumas das relações fiduciárias, apontando para a vigência de proibições de concorrência apenas em alguns casos[1638].

*Martin Löhnig* refere que a obrigação de utilização do poder exclusivamente no interesse do fiduciante não resulta, como pretende *Stefan Grundmann*, da transferência sem contraprestação de um bem fiduciário, mas sim da circuns-

---

[1633] Löhnig, Martin, *Treuhand*, pp. 135-136.
[1634] Löhnig, Martin, *Treuhand*, pp. 136-146.
[1635] Löhnig, Martin, *Treuhand*, p. 146.
[1636] Löhnig, Martin, *Treuhand*, pp. 146-147 e 151-152.
[1637] Löhnig, Martin, *Treuhand*, pp. 149-152.
[1638] Löhnig, Martin, *Treuhand*, pp. 401-407.

tância de o poder ter sido transferido juntamente com a estipulação contratual de atuação no interesse do fiduciante[1639].

Realizado este pequeno périplo pelas teorizações sobre a figura da fidúcia, temos que, na doutrina societária, o diretor é frequentemente caracterizado como um gestor de património ou interesses alheios (*Verwalter fremden Vermögens, Fremdinteressenwahrer*)[1640]. Afirma-se que o diretor é um fiduciário (*Treuhander*) ou que atua como um fiduciário[1641]. Há quem opte por fazer referência a uma posição de quase-fiduciário[1642].

Alguns autores, com destaque para *Herbert Wiedemann*, consideram que o dever de lealdade dos diretores compreende a imposição positiva de prossecução dos interesses da contraparte, abarcando o próprio dever de diligência[1643].

Próxima está a perspetiva que, embora autonomize os deveres de diligência e de lealdade, reconduz o problema da delimitação dos interesses a prosseguir pelos diretores não a um aspeto do dever de diligência, mas sim à esfera do dever

---

[1639] Löhnig, Martin, *Treuhand*, pp. 172-173. Apontando igualmente para este aspeto, Geibel, Stefan J., *Treuhandrecht...*, p. 123.

[1640] Na doutrina menos recente, Esser, Robert e Esser, Ferdinand, *Die Aktiengesellschaft...*, 3ª ed., p. 116, Haussmann, Fritz, "Die Aktiengesellschaft...", *Juristische Wochenschrift*, 1927, p. 2955, Geßler, Ernst, "Vorstand...", *Juristische Wochenschrift*, 1937, p. 501, Schlegelberger, Franz et al., *Aktiengesetz*, 3ª ed., § 84, Rn. 1 e 4, e Mestmäcker, Ernst-Joachim, *Verwaltung...*, p. 209. Aproximando a posição do administrador da de um gestor de património alheio, Becker, E. J., "Beiträge...", *ZHR*, 1872, p. 419.

[1641] Schlegelberger, Franz et al., *Aktiengesetz*, 3ª ed., § 84, Rn. 1, Geßler, Ernst, "Die Haftung...", *Neue Betriebswirtschaft*, nº 2, 1972, p. 14, Roth, Günther H., *Das Treuhandmodell...*, pp. 232-233 e 259-260, Grundmann, Stefan, *Der Treuhandvertrag...*, pp. 26-27, 32-34, 42-43, 122-132 e 421-457, Löhnig, Martin, *Treuhand*, pp. 118-120 e 154, Wiedemann, Herbert, *Gesellschaftsrecht*, I, p. 344, Wiedemann, Herbert, "Zu den Treuepflichten...", p. 951, Hopt, Klaus, "Großkommentar...", 4ª ed., § 93, Rn. 12 e 144, Mertens, Hans-Joachim, "Kölner...", 2ª ed., § 93, Rn. 6 e 57, Hefermehl, Wolfgang e Spindler, Gerald, "Münchener...", 2ª ed., § 93, Rn. 18, Spindler, Gerald, "Münchener...", 3ª ed., § 93, Rn. 23, 24 e 92, Raiser, Thomas e Veil, Rüdiger, *Recht...*, p. 166, Kübler, Friedrich, *Gesellschaftsrecht*, 5ª ed., p. 187, Lutter, Marcus, "Treupflichten...", *ZHR*, 1998, p. 176, Wiesner, Georg e Kraft, Thomas, *Münchener...*, IV, 3ª ed., p. 298, Krieger, Gerd, "Organpflichten...", 2ª ed., Rn. 4, Thümmel, Roderich, *Persönlich...*, 3ª ed., p. 98, Knapp, Christoph, *Die Treuepflicht...*, p. 175, Mertens, Hans-Joachim e Cahn, Andreas, "Kölner...", 3ª ed., § 93, Rn. 10, 13 e 95, Lutter, Marcus, " Entwicklung der Organpflichten...", 2ª ed., p. 1, e Kust, Egon, "Zur Sorgfaltspflicht...", *WM*, 1980, p. 760.

[1642] Referindo-se a uma posição análoga à de um fiduciário, Hüffer, Uwe, *Aktiengesetz*, 8ª ed., § 93, Rn. 4. Restringindo a semelhança ao âmbito do dever de lealdade, Roth, Markus, *Unternehmerisches Ermessen...*, p. 95. Aproximando a relação entre o diretor e a sociedade ao tipo contratual de gestão de negócios, Möllers, Thomas M. J., "Treuepflichten...", p. 410. Em geral, relativamente aos representantes legais das sociedades, Siebert, Wolfgang, *Das rechtsgeschäftliche Treuhandverhältnis...*, pp. 320-321.

[1643] Wiedemann, Herbert, "Zu den Treuepflichten...", p. 950. Remeto também para a antecedente exposição do pensamento de *Stefan Grundmann*.

DEVER DE GESTÃO

de lealdade[1644]. A lealdade determinará quais os interesses a prosseguir e a diligência especificará como podem ser acautelados.

Reconhece-se que o enquadramento da imposição de prossecução de interesses na esfera da lealdade implica a necessidade de reconhecer a existência de uma margem de discricionariedade no âmbito da lealdade[1645].

Em contraponto, a generalidade dos autores aborda de forma separada o dever de lealdade e o dever de diligência ou direção. Por vezes, afirma-se de forma expressa que se trata de deveres distintos[1646].

Nesta perspetiva, há quem faça eco da distinção norte-americana entre gestão negligente (*mismanagement*) e apropriação de valores patrimoniais alheios (*misappropriation*)[1647]. Afirma-se que a violação do dever de lealdade pressupõe um interesse pessoal, enquanto o dever de diligência convoca a gestão empresarial[1648].

Há quem faça equivaler a distinção entre dever de diligência e dever de lealdade à distinção entre os deveres de comportamento previstos no § 276 II BGB, que reclama do devedor uma diligência conforme às exigências do tráfico, e os deveres decorrentes da boa fé, tradicionalmente baseados no § 242 BGB[1649].

Alguma doutrina sustenta que a diligência é um conceito técnico, que reclama as capacidades e conhecimentos da pessoa, e que a lealdade é um conceito ético, que convoca questões de carácter[1650].

Afirma-se que o dever de diligência tem por conteúdo uma prestação[1651].

---

[1644] Bonin, Gregor von, *Die Leitung...*, pp. 359-360 e 365-369, Knapp, Christoph, *Die Treuepflicht...*, pp. 189-190 e 202-204, e, na doutrina suíça, Thalmann, Anton, *Die Treuepflicht...*, p. 9.

[1645] Bonin, Gregor von, *Die Leitung...*, pp. 365 e 368.

[1646] Mestmäcker, Ernst-Joachim, *Verwaltung...*, pp. 209-217, Roth, Günther H., *Das Treuhandmodell...*, p. 245, Hopt, Klaus, "Großkommentar...", 4ª ed., § 93, Rn. 72, Fleischer, Holger, "Die business...", pp. 843-844, Fleischer, Holger, "Zur organschaftlichen Treuepflicht...", *WM*, 2003, p. 1049, Fleischer, Holger, "Kommentar...", § 93, Rn. 188, Möllers, Thomas M. J., "Treuepflichten...", pp. 412-413, Roth, Markus, *Unternehmerisches Ermessen...*, pp. 94-96, e Winnen, Armin, *Die Innenhaftung...*, p. 63. No aprofundamento descritivo de ambos os deveres, em comparação com o regime norte--americano, Abeltshauser, Thomas, *Leitungshaftung...*, p. 334.

[1647] Fleischer, Holger, "Die business...", pp. 843-844, e Fleischer, Holger, "Zur organschaftlichen Treuepflicht...", *WM*, 2003, p. 1049, n. 84.

[1648] Arnold, Arnd, *Die Steuerung...*, pp. 168-170 (referindo que o dever de lealdade envolve um interesse pessoal financeiro), e Winnen, Armin, *Die Innenhaftung...*, p. 63.

[1649] Roth, Günther H., *Das Treuhandmodell...*, pp. 248-250 e 259, Hopt, Klaus, "Großkommentar...", 4ª ed., § 93, Rn. 72, e Katsas, Theodor, *Die Inhaltskontrolle...*, p. 79.

[1650] Knapp, Christoph, *Die Treuepflicht...*, pp. 202-204. Na doutrina suíça, Thalmann, Anton, *Die Treuepflicht...*, pp. 7-9.

[1651] Knapp, Christoph, *Die Treuepflicht...*, pp. 202-204.

Ainda em sede de contraposição entre diligência (ou direção) e lealdade, será de recordar a *business judgment rule* germânica, consagrada no § 93 I 2 AktG, e a perspetiva de que não é aplicável a situações de violação do dever de lealdade.

Embora a Lei das Sociedades por Ações não contenha uma referência expressa nesse sentido, é pacífica a oneração dos diretores com um dever de lealdade.

A proibição de concorrência e o dever de sigilo, especificados respetivamente nos §§ 88 I e 93 I 3 AktG, são apontados como concretizações do dever de lealdade[1652].

Afirma-se frequentemente que o dever de lealdade tem origem na nomeação orgânica (*Bestellung*), rejeitando-se a sua inserção na relação de emprego (*Anstellungsverhältnis*)[1653]. Mas sustenta-se que o contrato de emprego poderá concretizar ou modificar a proibição de concorrência[1654]... Aponta-se para uma sobreposição dos deveres de lealdade decorrentes da relação orgânica e da relação de emprego[1655].

O dever de lealdade é amiúde caracterizado como um dever particularmente intenso.

Sustenta-se frequentemente que os diretores devem colocar os interesses da sociedade à frente dos seus próprios interesses[1656]. Ressalve-se, por vezes, a

---

[1652] Por exemplo, Hopt, Klaus, "Großkommentar...", 4ª ed., § 93, Rn. 72 e 164, Hüffer, Uwe, *Aktiengesetz*, 8ª ed., § 84, Rn. 9, Abeltshauser, Thomas, *Leitungshaftung...*, p. 334, Fleischer, Holger, "Zur organschaftlichen Treuepflicht...", *WM*, 2003, p. 1045, Fleischer, Holger, "Kommentar...", § 93, Rn. 102, e Spindler, Gerald, "Münchener...", 3ª ed., § 76, Rn. 14, e § 93, Rn. 92. Alguns autores sustentam que o § 88 AktG não estabelece apenas uma proibição de concorrência, mas também uma proibição de desvio da força de trabalho, apenas apontando a primeira como uma manifestação da lealdade (Hüffer, Uwe, *Aktiengesetz*, 8ª ed., § 88, Rn. 1, e Fleischer, Holger, "Wettbewerbs- und Betätigungsverbote...", *AG*, 2005, p. 337).

[1653] Hüffer, Uwe, *Aktiengesetz*, 8ª ed., § 84, Rn. 8-9, Fleischer, Holger, "Treuepflicht...", Rn. 5, e Thüsing, Gregor, "Bestellung...", Rn. 39.

[1654] Mertens, Hans-Joachim, "Kölner...", 2ª ed., § 88, Rn. 6-7 e 26, Mertens, Hans-Joachim e Cahn, Andreas, "Kölner...", 3ª ed., § 88, Rn. 6-7 e 33, Fleischer, Holger, "Treuepflicht...", Rn. 5, Fleischer, Holger, "Kommentar...", § 93, Rn. 106, e Thüsing, Gregor, "Bestellung...", Rn. 104-107. Relativamente aos gerentes das sociedades por quotas, Zöllner, Wolfgang e Noack, Ulrich, "Kommentar...", 18ª ed., § 35, Rn. 39.

[1655] Fleischer, Holger, "Zur organschaftlichen Treuepflicht...", *WM*, 2003, p. 1046, e Fleischer, Holger, "Kommentar...", § 84, Rn. 76.

[1656] Hueck, Alfred, *Der Treuegedanke...*, pp. 10-19, Mestmäcker, Ernst-Joachim, *Verwaltung...*, pp. 214-215, Hopt, Klaus, "Großkommentar...", 4ª ed., § 93, Rn. 145 e 148, Fleischer, Holger, "Zur organschaftlichen Treuepflicht...", *WM*, 2003, p. 1045, Fleischer, Holger, "Treuepflicht...", Rn. 2, Fleischer, Holger, "Kommentar...", § 93, Rn. 103, Möllers, Thomas M. J., "Treuepflichten...",

DEVER DE GESTÃO

legítima prossecução de determinados interesses próprios, dando-se o exemplo da remuneração[1657]. Aponta-se também o direito do diretor ao livre desenvolvimento da sua personalidade e à salvaguarda da sua esfera privada[1658].

Uma parte da doutrina considera que o dever de lealdade dos diretores é distinto do dever de lealdade decorrente da regra de conduta da boa fé, tradicionalmente consagrada no § 242 BGB[1659]. Refere-se que a regra de conduta da boa fé apenas assegura um equilíbrio dos interesses de ambas partes em relações de troca e que, em contraponto, a lealdade dos diretores implica a prevalência do interesse da sociedade sobre o interesse do diretor.

Na defesa desta perspetiva merece destaque *Alfred Hueck*, cujo pensamento convoca a ideia germânica da pertença a uma comunidade de pessoas (*Gemeinschaft*), frequentemente associada às imposições de lealdade, quer no âmbito das relações societárias, quer no âmbito das relações de trabalho[1660]. O dever de lealdade em relações comunitárias é contraposto às imposições da regra de conduta da boa fé, sendo mais intenso, pois reclama a promoção da atividade comunitária e a omissão de ofensas aos interesses comuns[1661].

A apontada perspetiva é igualmente marcada por conceções gerais sobre a figura da fidúcia, que tive a oportunidade de descrever e para as quais remeto. Realço que *Stefan Grundmann* distingue o dever principal de lealdade do diretor, que implica a prevalência do interesse da sociedade sobre o seu interesse pes-

---

pp. 410-411, Raiser, Thomas e Veil, Rüdiger, *Recht...*, p. 166, e Spindler, Gerald, "Münchener...", 3ª ed., § 76, Rn. 14, e § 93, Rn. 92.

[1657] Hopt, Klaus, "Aktionärskreis...", *ZGR*, 1993, pp. 540-541, Hopt, Klaus, "Großkommentar...", 4ª ed., § 93, Rn. 155 e 160, Hopt, Klaus, "Interessenwahrung...", *ZGR*, 2004, p. 40, Fleischer, Holger, "Zur organschaftlichen Treuepflicht...", *WM*, 2003, p. 1047, Fleischer, Holger, "Treuepflicht...", Rn. 8, e Mertens, Hans-Joachim, "Kölner...", 2ª ed., § 93, Rn. 70.

[1658] Hopt, Klaus, "Großkommentar...", 4ª ed., § 93, Rn. 148 e 154. Para os gerentes de sociedades por quotas, Haas, Ulrich, "Kommentar...", § 43, Rn. 87.

[1659] Hueck, Alfred, *Der Treuegedanke...*, pp. 10-19, Eichler, Hermann, *Die Rechtslehre...*, pp. 29-30 e 64-66, Hefermehl, Wolfgang, "Aktiengesetz", § 76, Rn. 8, Hopt, Klaus, "Großkommentar...", 4ª ed., § 93, Rn. 72 e 144, Grundmann, Stefan, *Der Treuhandvertrag...*, pp. 148-152 e *passim*, Fleischer, Holger, "Zur organschaftlichen Treuepflicht...", *WM*, 2003, p. 1045, Fleischer, Holger, "Treuepflicht...", Rn. 3, Fleischer, Holger, "Kommentar...", § 93, Rn. 104, Knapp, Christoph, *Die Treuepflicht...*, pp. 185-191, e Spindler, Gerald, "Münchener...", 3ª ed., § 76, Rn. 14. Aparentemente também, Weisser, Johannes, *Corporate...*, pp. 131-132.

[1660] Hueck, Alfred, "Der Treuegedanke im Recht...", pp. 72-73, e Hueck, Alfred, *Der Treuegedanke...*, pp. 3-6 e 12-15. Defendendo a existência de uma relação pessoal comunitária entre os acionistas e a empresa, Fechner, Erich, *Die Treubindungen...*, pp. 26-27 e 62-83. Fundamentando o dever de lealdade dos sócios das sociedades em nome coletivo na confiança mútua no âmbito de uma relação pessoal comunitária, Fischer, Robert, "Großkommentar...", 3ª ed., § 105, Anm. 31a.

[1661] Hueck, Alfred, *Der Treuegedanke...*, pp. 10-19.

soal, dos deveres laterais de conduta decorrentes da regra da boa fé, apontando a concorrência e a apropriação de oportunidades de negócio como violações daquele dever principal.

Em contraponto, uma outra parte da doutrina sustenta que o dever de lealdade dos diretores constitui uma manifestação da regra de conduta da boa fé, tradicionalmente consagrada no § 242 BGB, realçando que se trata de uma manifestação particularmente intensa[1662].

Quanto ao fundamento do dever de lealdade dos diretores, uma corrente doutrinária já antiga, marcada pelo pensamento de *Alfred Hueck*, considera que a relação pessoal comunitária entre os diretores e a pessoa coletiva é baseada num investimento de confiança[1663].

A perspetiva de fundamentação da lealdade dos diretores na tutela da confiança é criticada, por fazer depender as exigências de lealdade da verificação de elementos subjetivos de confiança, característicos das relações pessoais de proximidade, os quais tendem a não ocorrer no âmbito das sociedades por ações[1664]. Afirma-se também que a adoção de critérios subjetivos leva a que os aplicadores do direito se socorram de ficções, tornando oculta a ponderação de valores subjacente à imposição de deveres de lealdade[1665].

Em contraponto, há quem aponte para uma ideia de confiança abstrata ou institucionalizada[1666].

Uma outra corrente doutrinária, atualmente maioritária, em que se destaca o nome de *Ernst-Joachim Mestmäcker*, considera que o fundamento para as imposições de lealdade dos diretores reside no elevado poder de interfe-

---

[1662] Roth, Günther H., *Das Treuhandmodell...*, pp. 259-260, e Ulmer, Peter, "Kündigungsschranken...", pp. 298-301. Baseando no § 242 BGB o particularmente intenso dever de lealdade, quer nas relações fiduciárias, quer nas relações comunitárias, Roth, Günther H., "Münchener...", 4ª ed., § 242, Rn. 46, 57, 62, 78, 82, 153, 166, 173-175 e 208-210. Relativamente aos acionistas, Schmiedel, Burkhard, "Die Treuepflicht...", *ZHR*, 1970, p. 182.

[1663] Fundamentando o dever de lealdade no âmbito de relações pessoais comunitárias no investimento de confiança, Hueck, Alfred, "Der Treuegedanke im Recht...", pp. 79-80. Adotando esta perspetiva, Eichler, Hermann, *Die Rechtslehre...*, pp. 29-30 e 64-66, e Ulmer, Peter, "Kündigungsschranken...", p. 298.

[1664] Zöllner, Wolfgang, *Die Schranken...*, pp. 339-342, Grundmann, Stefan, *Der Treuhandvertrag...*, pp. 137-140, Winter, Martin, *Mitgliedschaftliche...*, p. 16, e Knapp, Christoph, *Die Treuepflicht...*, pp. 172-173. De realçar que, relativamente aos acionistas, o próprio *Alfred Hueck* negava a existência de uma relação de confiança que pudesse fundamentar um dever de lealdade, quer entre si, quer face à sociedade (Hueck, Alfred, *Der Treuegedanke...*, pp. 14-15).

[1665] Grundmann, Stefan, *Der Treuhandvertrag...*, pp. 137-139.

[1666] Na doutrina suíça, Wiegand, Wolfgang, "Treuhand...", pp. 340-343.

DEVER DE GESTÃO

rência na esfera da sociedade[1667]. Aponta-se para a necessidade de estabelecer uma correlação entre os amplos poderes atribuídos e os deveres impostos[1668].

De referir que, já antes, *Erich Fechner* havia fundamentando o dever de lealdade dos acionistas perante a sociedade, quer dos "acionistas-empresários", quer dos meros "especuladores", na possibilidade de interferência na esfera comunitária empresarial[1669].

Na caracterização de tal poder de interferência é frequentemente evocado o pensamento de *Wolfgang Zöllner*, inicialmente focado na análise do dever de lealdade dos sócios. *Wolfgang Zöllner* afirma que o poder de interferência não consiste, por regra, num mero poder factual, resultante de um contacto social, ou mesmo num mero poder jurídico de atuação na esfera de outrem, resultante de uma relação jurídica, antes envolvendo uma ampla margem de discricionariedade na prossecução da finalidade dessa relação jurídica[1670].

Em tempos mais recentes, uma terceira corrente doutrinária, marcada pela pena de *Stefan Grundmann* e pelo enquadramento da posição dos diretores numa teoria geral das relações fiduciárias, erige, como já tive a oportunidade de referir, a transferência sem contraprestação de um bem fiduciário como fundamento para as exigências de lealdade. Esta corrente doutrinária não está muito longe da anterior: o poder de interferência na esfera da sociedade é considerado um bem fiduciário, apontando-se o requisito acrescido da falta de contraprestação[1671].

As conceções sobre o dever de lealdade dos diretores das sociedades por ações estão, por vezes, próximas de teorizações gerais sobre a posição dos sócios.

Como acabei de referir, o poder de interferência na esfera da sociedade é apontado como fundamento quer para o dever de lealdade dos diretores, quer para o dever de lealdade dos sócios.

---

[1667] Mestmäcker, Ernst-Joachim, *Verwaltung...*, pp. 214-215 (e 348-351). Acolhendo esta perspetiva, Wiedemann, Herbert, *Gesellschaftsrecht*, I, p. 432, Wiedemann, Herbert, "Zu den Treuepflichten...", p. 951, Hopt, Klaus, "Interessenwahrung...", ZGR, 2004, pp. 18-19, Fleischer, Holger, "Zur organschaftlichen Treuepflicht...", WM, 2003, p. 1046, Fleischer, Holger, "Treuepflicht...", Rn. 4, Möllers, Thomas M. J., "Treuepflichten...", p. 409, e Knapp, Christoph, *Die Treuepflicht...*, pp. 173-184. Para os gerentes das sociedades por quotas, Zöllner, Wolfgang e Noack, Ulrich, "Kommentar...", 18ª ed., § 35, Rn. 39, e Polley, Notker, *Wettbewerbsverbot...*, pp. 85-87.

[1668] Zöllner, Wolfgang, *Die Schranken...*, p. 342, n. 18, Wiedemann, Herbert, *Gesellschaftsrecht*, I, p. 432, Fleischer, Holger, "Zur organschaftlichen Treuepflicht...", WM, 2003, p. 1046, Fleischer, Holger, "Treuepflicht...", Rn. 4, e Möllers, Thomas M. J., "Treuepflichten...", p. 409.

[1669] Fechner, Erich, *Die Treubindungen...*, pp. 69-77 e 86.

[1670] Zöllner, Wolfgang, *Die Schranken...*, pp. 342-343. De referir que, relativamente aos sócios, uma outra corrente doutrinária justifica o dever de lealdade quer na confiança, quer no poder de interferência, consoante as situações (*vide* Hüffer, Uwe, "Zur gesellschaftsrechtlichen...", pp. 73-78).

[1671] Grundmann, Stefan, *Der Treuhandvertrag...*, p. 169.

O pensamento germânico sobre a comunidade de pessoas (*Gemeinschaft*) surge na base de diversas imposições de lealdade no domínio societário. Relativamente a sociedades em nome coletivo, *Alfred Hueck* sustenta que o exercício da gerência pelos sócios constitui um poder-dever, sendo marcado pela prevalência do interesse da sociedade[1672].

Alguma doutrina sustenta, em geral, que da posição de sócio (socialidade, *Mitgliedschaft*) decorre um dever de prossecução da finalidade comum (*Zweckförderpflicht*), também apelidado de dever de lealdade (*Treuepflicht*). Como base legal para este dever dos sócios é apontado o § 705 BGB, que estabelece que, através do contrato de sociedade, os sócios se obrigam reciprocamente a prosseguir uma finalidade comum, particularmente através da realização de entradas[1673].

Em todo o caso, existe uma tendência de clara distinção entre o dever de lealdade dos diretores e o dever de lealdade dos sócios. Refere-se que o primeiro decorre da posição orgânica, enquanto o segundo da posição de sócio[1674]. Afirma-se que os diretores são fiduciários[1675]. Alerta-se para a maior intensidade do dever de lealdade dos diretores[1676]. Realça-se que, ao contrário dos diretores, os acionistas podem exercer determinados direitos sociais no interesse próprio[1677].

### 4.3. Referência ao regime italiano

Nesta breve incursão sobre a experiência italiana, começarei por fazer uma descrição genérica do dever de administração, gestão ou diligência, apontando os seus traços principais. Aprofundarei a descrição, abordando aspetos relativos à diligência, ao objeto social e ao interesse social. Analisarei, de forma um pouco menos sucinta, a figura da delegação no interior do conselho de administração.

---

[1672] Hueck, Alfred, "Der Treuegedanke im Recht...", pp. 75-91.

[1673] Lutter, Marcus, "Theorie der Mitgliedschaft...", *AcP*, 1980, pp. 89-93 e 102-120, Timm, Wolfram, "Wettbewerbsverbot...", *GmbHR*, 1981, pp. 177-178, e Marsch-Barner, Reinhard, "Treuepflicht...", *ZHR*, 1993, pp. 172-173. Em relação alguns dos poderes dos sócios, Winter, Martin, *Mitgliedschaftliche...*, pp. 13-15 e 23-26.

[1674] Wiedemann, Herbert, "Zu den Treuepflichten...", pp. 950-951, Hopt, Klaus, "Interessenwahrung...", *ZGR*, 2004, p. 2, n. 1, e Hüffer, Uwe, *Aktiengesetz*, 8ª ed., § 84, Rn. 9. Argumentando no sentido de que os diretores têm uma função de direção, Abeltshauser, Thomas, *Leitungshaftung...*, p. 335.

[1675] Wiedemann, Herbert, "Zu den Treuepflichten...", pp. 950-951, e Lutter, Marcus, "Treupflichten...", *ZHR*, 1998, p. 176.

[1676] Fleischer, Holger, "Zur organschaftlichen Treuepflicht...", *WM*, 2003, pp. 1046-1047, Fleischer, Holger, "Treuepflicht...", Rn. 8, Fleischer, Holger, "Kommentar...", § 93, Rn. 109, e Hopt, Klaus, "Interessenwahrung...", *ZGR*, 2004, p. 2, n. 1.

[1677] Fleischer, Holger, "Zur organschaftlichen Treuepflicht...", *WM*, 2003, pp. 1046-1047, Fleischer, Holger, "Treuepflicht...", Rn. 8, e Fleischer, Holger, "Kommentar...", § 93, Rn. 109.

DEVER DE GESTÃO

Por último, darei breve nota do problema da sindicabilidade judicial da atuação dos administradores.

### 4.3.1. Dever geral de administração, gestão ou diligência

A doutrina italiana frequentemente opera uma distinção entre os deveres específicos dos administradores e o dever geral de administração[1678], de gestão[1679] ou de diligência[1680].

Este dever geral dos administradores é, por vezes, descrito como uma cláusula geral[1681].

Há quem convoque nesta sede a distinção, a que já fiz referência, entre os conceitos de administração e de gestão, sustentando que o dever geral de administração convoca não apenas a gestão da empresa social, como também a organização da sociedade[1682].

Uma parte da doutrina aponta como base legal do dever geral de diligência o art. 2392, 1º parágrafo, que reclama dos administradores o cumprimento dos seus deveres com determinada diligência[1683].

Uma outra parte da doutrina considera que a administração da sociedade constitui um poder-dever[1684]. É apontada como base legal do dever geral de administração a proposição normativa que atribui a função de administração aos

---

[1678] Allegri, Vincenzo, *Contributo...*, pp. 131-132, Borgioli, Alessandro, *L'amministrazione...*, pp. 31 e 239-240, Bonelli, Franco, *Gli amministratori...*, p. 162 (dever de administrar com diligência), Arrigoni, Alessandro, "La responsabilità...", *GC*, I, 1990, p. 122, Campobasso, Gian Franco e Campobasso, Mario, *Diritto commerciale...*, II, p. 377-378, Olivieri, Gustavo et al., *Il diritto...*, 2ª ed., p. 181, e De Nicola, Alessandro, "Commentario...", pp. 548-550.

[1679] Ferrara, Francesco, Jr. e Corsi, Francesco, *Gli imprenditori...*, 7ª ed., p. 519, Presti, Gaetano e Rescigno, Matteo, *Corso...*, II, pp. 154-155, e Monaci, Debora, "Sindicato...", *GC*, II, 2005, p. 410. Utilizando igualmente esta terminologia, Borgioli, Alessandro, *L'amministrazione...*, p. 240, e Arrigoni, Alessandro, "La responsabilità...", *GC*, I, 1990, p. 123.

[1680] Bonelli, Franco, "La responsabilità...", pp. 323-324 (utilizando também a expressão dever de administrar com diligência), Bonelli, Franco, *...riforma delle società*, pp. 162 e 179-181, Franzoni, Massimo, "La responsabilità...", p. 9, Vassalli, Francesco, "Società di capitali...", p. 677, e Zamperetti, Giorgio Maria, *Il dovere di informazione...*, p. 297.

[1681] Bonelli, Franco, "La responsabilità...", p. 324, Bonelli, Franco, *...riforma delle società*, p. 179, Franzoni, Massimo, "La responsabilità...", p. 34, e De Nicola, Alessandro, "Commentario...", p. 550. Cláusula geral ou conceito jurídico indeterminado, segundo Borgioli, Alessandro, *L'amministrazione...*, pp. 251-252.

[1682] Minervini, Gustavo, *Gli amministratori...*, pp. 182-183 e 215-216, e Allegri, Vincenzo, *Contributo...*, p. 139.

[1683] Bonelli, Franco, "La responsabilità...", p. 324.

[1684] Frè, Giancarlo, *Società...*, 5ª ed., p. 429, Allegri, Vincenzo, *Contributo...*, pp. 131-132, e Borgioli, Alessandro, *L'amministrazione...*, pp. 17 e 240.

administradores[1685]. O art. 2380, 1º parágrafo, do Código Civil italiano determinava que *"La amministrazione della società può essere affidata anche a non soci"*. Com a reforma societária de 2003, o art. 2380-*bis*, 1º parágrafo, sob a epígrafe *"Amministrazione della società"*, estabelece que *"La gestione dell`imprensa spetta esclusivamente agli amministratori, i quali compiono le operazioni necessarie per l`attuazione dell`oggetto sociale"*.

Esta última perspetiva surge, por vezes, associada à ideia de que a referência normativa à diligência exigida não constitui uma fonte de obrigações[1686].

Alguma doutrina considera que o dever de diligência compreende um dever de vigilância e de intervenção sobre os diretores e os restantes colaboradores da sociedade[1687].

Mas há quem tenda a apenas associar as imposições de vigilância e de intervenção à ocorrência de uma delegação no interior do conselho de administração[1688].

Alguma doutrina refere que os administradores devem agir de modo informado, instruindo corretamente as suas decisões[1689].

Com a reforma societária de 2003, o art. 2381, 6º parágrafo, passou a estabelecer que *"gli amministratori sono tenuti ad agire im modo informato"*. Embora esta proposição normativa respeite, antes de mais, às exigências de conduta dos administradores delegantes, é também apontada como base para a imposição geral de obtenção de informação de todos os administradores[1690].

Alguma doutrina considera que, embora o legislador não tenha estabelecido um dever específico sobre a matéria, a elaboração de planos estratégicos empresariais pode resultar do dever de gestão diligente da sociedade, atendendo à dimensão da empresa e a aspetos de oportunidade[1691].

---

[1685] Frè, Giancarlo, *Società*..., 5ª ed., p. 427, e Allegri, Vincenzo, *Contributo*..., pp. 131-132.

[1686] Frè, Giancarlo, *Società*..., 5ª ed., p. 501, e Allegri, Vincenzo, *Contributo*..., pp. 120-121.

[1687] Bonelli, Franco, *Gli amministratori*..., pp. 214-215, Bonelli, Franco, "La responsabilità...", pp. 355-356, e Mosco, Gian Domenico, "Società di capitali...", p. 600. Aparentemente, Ferrara, Francesco, Jr. e Corsi, Francesco, *Gli imprenditori*..., 7ª ed., p. 519.

[1688] Borgioli, Alessandro, *L`amministrazione*..., pp. 321-322, n. 178.

[1689] Presti, Gaetano e Rescigno, Matteo, *Corso*..., II, p. 155, Olivieri, Gustavo et al., *Il diritto*..., 2ª ed., p. 181, e Angelici, Carlo, "Diligentia...", *RDComm*, 2006, pp. 690-692. Também Frè, Giancarlo, *Società*..., 5ª ed., p. 502, e Borgioli, Alessandro, *L`amministrazione*..., p. 263.

[1690] Bonelli, Franco, *...riforma delle società*, pp. 179-180, Zamperetti, Giorgio Maria, *Il dovere di informazione*..., pp. 40-44 e 260, Angelici, Carlo, *La riforma*..., 2ª ed., pp. 166 e 184-187, e Angelici, Carlo, "Diligentia...", *RDComm*, 2006, pp. 690-692.

[1691] Abbadessa, Pietro, "Profili topici...", pp. 498-499. Em termos genéricos, Di Cataldo, Vincenzo, "Problemi nuovi...", *GC*, I, Suplemento, 2004, p. 646.

## 4.3.2. Diligência

Na sua redação anterior à reforma de 2003, o art. 2392, 1º parágrafo, estabelecia que os administradores deviam cumprir os seus deveres com a diligência do mandatário. Esta proposição normativa convocava a bitola do bom pai de família, consagrada no art. 1176, cujo 2º parágrafo determina que a diligência deve ser apreciada atendendo à natureza da atividade exercida.

Com base nestas referências normativas, uma parte da doutrina sustentava que estava em jogo uma diligência profissional, que envolveria perícia[1692].

Por vezes, realçava-se que, nas sociedades por ações de maiores dimensões, em que ocorre uma distribuição de tarefas no interior do conselho de administração, em função das competências específicas de cada administrador, a perícia exigida seria aprofundada em função das competências assumidas[1693].

Uma outra parte da doutrina, motivada por preocupações de limitação da responsabilidade dos administradores, considerava que a diligência reclamada dos administradores não envolvia perícia, nomeadamente perícia em contabilidade, finanças ou no sector de atividade da empresa[1694].

Com a reforma societária de 2003, o art. 2392, 1º parágrafo, passou a estabelecer o seguinte: *"Gli amministratori devono adempiere i doveri ad essi imposti dalla legge e dallo statuto con la diligenza richiesta dalla natura dell`incarico e dalle loro specifiche competenze. Essi sono solidalmente responsabili verso la società dei danni derivanti dall`inosservanza di tali doveri, a meno che si tratti di attribuzioni proprie del comitato esecutivo o di funzioni in concreto attribuite ad uno o più amministratori"*.

A nova redação não afastou a querela doutrinária.

Uma parte da doutrina interpreta a referência à diligência reclamada pela natureza do encargo como uma exigência de diligência profissional[1695]. Afirma-se

---

[1692] Allegri, Vincenzo, *Contributo...*, pp. 156-176, Abbadessa, Pietro, *La gestione...*, pp. 97-98, e Franzoni, Massimo, "La responsabilità...", pp. 34-44. Aparentemente, Borgioli, Alessandro, *L`amministrazione...*, pp. 252-253. Sustentando a exigência de perícia pelo menos nas situações de promessa tácita do administrador sobre qualidades profissionais, Minervini, Gustavo, *Gli amministratori...*, pp. 201-202.

[1693] Allegri, Vincenzo, *Contributo...*, pp. 164-165 e 172-175, e Arrigoni, Alessandro, "La responsabilità...", *GC*, I, 1990, pp. 150-151.

[1694] Bonelli, Franco, "La responsabilità...", pp. 351-353 e 360-361. Já antes, Frè, Giancarlo, *Società...*, 5ª ed., p. 503.

[1695] Galgano, Francesco, *Il nuovo...*, pp. 277-278, Buonocore, Vincenzo, "Le nuove forme...", *GC*, I, 2003, p. 406, Campobasso, Gian Franco e Campobasso, Mario, *Diritto commerciale...*, II, p. 377, Angelici, Carlo, *La riforma...*, 2ª ed., pp. 163-165 e 178, Vassalli, Francesco, "Società di capitali...", pp. 680-681, Montalenti, Paolo, "La responsabilità...", *GC*, I, 2005, p. 447, Di Cataldo, Vincenzo, "Problemi nuovi...", *GC*, I, Suplemento, 2004, pp. 645-646, Franchi, Antonio, *La responsabilità...*, pp. 19-21, Monaci, Debora, "Sindicato...", *GC*, II, 2005, p. 414, Lorenzoni, Adele, "Il comitato...", *GC*, I, 2006, p. 93, e Ferri, Giuseppe et al., *Manuale...*, 12ª ed., pp. 355-356.

que tal exigência é modelada pelo perfil profissional que esteve na origem da nomeação do administrador[1696].

Há quem acrescente que a referência às competências específicas do administrador implica um reforço da bitola de diligência atendendo às capacidades especiais do administrador, de acordo com um critério subjetivo[1697].

Uma outra parte da doutrina mantém a perspetiva de que a diligência reclamada dos administradores não envolve perícia[1698].

### 4.3.3. Objeto social

Ao caracterizar este dever geral dos administradores, alguma doutrina sustentava que o objeto social não constitui apenas um limite negativo à atuação dos administradores, assumindo um conteúdo positivo de delimitação da prestação gestória dos administradores[1699].

Com a reforma societária de 2003, o art. 2380-*bis*, 1º parágrafo, passou a estabelecer que *"La gestione dell`imprensa spetta esclusivamente agli amministratori, i quali compiono le operazioni necessarie per l`attuazione dell`oggetto sociale"*.

### 4.3.4. Interesse social

Uma parte da doutrina sustenta que o interesse social constitui um elemento finalístico caracterizador do dever geral de administração[1700]. A determinação das condutas exigidas aos administradores implicará sempre uma valoração em concreto, atendendo à necessidade de prosseguir o interesse social[1701].

Procurando uma teorização geral para esta perspetiva, refere-se que todas as prestações são aferidas pelo interesse do credor[1702].

---

[1696] Galgano, Francesco, *Il nuovo...*, p. 278, Presti, Gaetano e Rescigno, Matteo, *Corso...*, II, pp. 148-149 e 154, Olivieri, Gustavo et al., *Il diritto...*, 2ª ed., pp. 181-182, Angelici, Carlo, *La riforma...*, 2ª ed., pp. 163-165, Angelici, Carlo, "Diligentia...", *RDComm*, 2006, pp. 676-680 e 682-683, Vassalli, Francesco, "Società di capitali...", pp. 680-681, Zamperetti, Giorgio Maria, *Il dovere di informazione...*, p. 312, Visintini, Giovanna, "La regola della diligenza...", *Riv. Dir. Impr.*, 2004, p. 395, e Ferri, Giuseppe et al., *Manuale...*, 12ª ed., pp. 355-356.

[1697] Presti, Gaetano e Rescigno, Matteo, *Corso...*, II, p. 154.

[1698] Bonelli, Franco, *...riforma delle società*, pp. 179-180, n. 251. Exigindo diligência profissional, mas não perícia, De Nicola, Alessandro, "Commentario...", pp. 555-556.

[1699] Minervini, Gustavo, *Gli amministratori...*, pp. 216-217, e Allegri, Vincenzo, *Contributo...*, pp. 132-134.

[1700] Minervini, Gustavo, *Gli amministratori...*, pp. 189 e 216-217, Allegri, Vincenzo, *Contributo...*, pp. 132 e 134-139, Borgioli, Alessandro, *L`amministrazione...*, pp. 248-249, e Monaci, Debora, "Sindicato...", *GC*, II, 2005, p. 410.

[1701] Allegri, Vincenzo, *Contributo...*, p. 138.

[1702] Borgioli, Alessandro, *L`amministrazione...*, p. 248.

DEVER DE GESTÃO

Uma outra parte da doutrina não aponta a noção de interesse social como elemento caracterizador do dever geral de diligência. Antes opta por a reconduzir ao problema da atuação dos administradores em conflito de interesses com a sociedade[1703]. Afirma-se que o interesse social não tem um relevo positivo na determinação da administração social.

### 4.3.5. Delegação

A figura da delegação no interior do conselho de administração é frequente em Itália, pelo que se trata de uma matéria bastante desenvolvida pela doutrina italiana.

Recordo que pode estar em causa quer uma delegação numa comissão executiva, quer uma delegação em administradores delegados.

A delegação determina uma diferente configuração dos deveres dos administradores delegados e dos deveres dos administradores delegantes. Comecemos por analisar a esfera passiva dos administradores delegados.

Alguma doutrina sustenta que a delegação implica uma modificação da prestação dos administradores delegados[1704]. Afirma-se que ocorre um agravamento das tarefas, que surgem concentradas nas mãos de um menor número de administradores.

Neste contexto, acrescenta-se que a delegação pressupõe a aceitação do administrador delegado[1705].

Com a reforma societária de 2003, o art. 2381, 5º parágrafo, especificou alguns deveres dos administradores delegados. O preceito estabelece que "*gli organi delegati curano che l'assetto organizzativo, amministrativo e contabile sia adeguato alla natura e alle dimensioni dell'impresa e referiscono al consiglio di amministrazione e al collegio sindicale, con la periodicità fissata dallo statuto e in ogni caso almeno ogni sei mesi, sul generale andamento della gestione e sulla sua prevedibile evoluzione nonché sulle operazioni di maggior rilievo, per le loro dimensioni o caratteristiche, effettuate dalla società e dalle sue controllate*".

---

[1703] Bonelli, Franco, *Gli amministratori...*, pp. 221-224, Bonelli, Franco, "La responsabilità...", pp. 372-375, e Franzoni, Massimo, "La responsabilità...", p. 44.

[1704] Borgioli, Alessandro, *L'amministrazione...*, pp. 134-136.

[1705] Minervini, Gustavo, *Gli amministratori...*, pp. 450-452, Fanelli, Giuseppe, *La delega...*, pp. 69-100, e Borgioli, Alessandro, *L'amministrazione...*, pp. 134-135. Sustentando a natureza contratual da delegação, apesar de ser um defensor das teses não contratuais sobre a natureza da relação jurídica de administração, Frè, Giancarlo, *Società...*, 5ª ed., pp. 437-438 (anteriormente havia negado a natureza contratual da delegação – Frè, Giancarlo, *L'organo...*, pp. 186-188). Contra a necessidade de aceitação da delegação, Pesce, Angelo, *Amministrazioni...*, p. 95.

Para além do dever geral de administração, a lei impõe aos administradores delegados, através deste parágrafo, dois deveres específicos[1706].

Por um lado, através da proposição normativa *"gli organi delegati curano che l'assetto organizzativo, amministrativo e contabile sia adeguato alla natura e alle dimensioni dell'impresa"*, impõe-se um dever de cuidar que a sociedade tenha uma estrutura interna adequada[1707]. Afirma-se que não está apenas em jogo a estrutura organizativa, administrativa e contabilística, mas também a estrutura patrimonial e técnica da empresa[1708]. Aponta-se, por vezes, para a necessidade de controlo de riscos e de controlo da observância da lei[1709].

Uma parte da doutrina considera que *"l'assetto organizzativo, amministrativo e contabile"* equivale a um sistema de controlo interno[1710]. Outra parte da doutrina considera que um sistema de controlo interno implica procedimentos destinados a verificar a eficácia e a adequação da estrutura interna, sendo apenas uma componente possível do dever imposto no art. 2381, 5º parágrafo[1711].

A imposição deste dever específico revela-se controversa quando não está em causa uma delegação plena, que atribua aos administradores delegados a competência máxima admissível, mas sim uma delegação especial. Uma primeira corrente doutrinária sustenta que o dever de cuidar da estrutura organizativa é limitado às matérias delegadas[1712]. Em contraponto, afirma-se que o desenho da estrutura organizativa da empresa deve ser realizado de forma unitária. Nesta sequência, uma segunda corrente doutrinária atribui tal tarefa aos administradores delegados, mesmo no caso de uma delegação especial[1713]. E uma terceira corrente doutrinária considera que a tarefa cabe a todos os administradores, sem prejuízo de poder ela própria ser delegada[1714].

Por outro lado, um dever de informação sobre o andamento geral da gestão e sobre as operações de maior relevo, atendendo à necessidade de estabelecer fluxos informativos entre administradores delegados e administradores delegantes.

---

[1706] Abbadessa, Pietro, "Profili topici...", p. 493.

[1707] Abbadessa, Pietro, "Profili topici...", pp. 493-494, incluindo n. 3, e Buonocore, Vincenzo, "Adeguatezza...", *GC*, I, 2006, pp. 5-17 e 19-22.

[1708] Buonocore, Vincenzo, "Adeguatezza...", *GC*, I, 2006, pp. 11-12.

[1709] Buonocore, Vincenzo, "Adeguatezza...", *GC*, I, 2006, nomeadamente pp. 15-17, e Pettiti, Priscilla, "Appunti...", *RDComm*, 2009, pp. 594-599.

[1710] Angelici, Carlo, "Diligentia...", *RDComm*, 2006, p. 693.

[1711] Montalenti, Paolo, "La responsabilità...", *GC*, I, 2005, pp. 442-446.

[1712] Mosco, Gian Domenico, "Società di capitali...", p. 600.

[1713] Olivieri, Gustavo et al., *Il diritto...*, 2ª ed., p. 173.

[1714] Abbadessa, Pietro, "Profili topici...", pp. 494-496.

DEVER DE GESTÃO

Quanto a este dever específico, há quem limite a imposição de informação às matérias delegadas em situações de mera delegação especial[1715].

Relativamente aos deveres dos administradores delegantes, o art. 2392, 2º parágrafo, na redação anterior à reforma societária de 2003, estabelecia que *"in ogni caso gli amministratori sono solidamente responsabili si non hanno vigilato sul generale andamento della gestione"*.

Com base nesta proposição normativa, a doutrina referia que, relativamente às matérias delegadas, os administradores delegantes não tinham um dever de administração ativa, mas sim um dever de vigilância e de intervenção[1716].

Ao caracterizar tal dever de vigilância, a doutrina frequentemente sustentava que apenas estava em causa um controlo sintético sobre a atividade dos administradores delegados, não se exigindo um controlo analítico sobre cada ato praticado[1717]. Na ausência de circunstâncias extraordinárias, bastaria a obtenção de relatórios periódicos sobre o andamento das atividades sociais. Apenas haveria que ressalvar operações de especial envergadura.

Com a reforma societária de 2003, o art. 2381, 3º parágrafo, passou a estabelecer o seguinte: *"Il consiglio di amministrazione determina il contenuto, i limiti e le eventuali modalità di esercizio della delega; può sempre impartire direttive agli organi delegati e avocare a sè operazioni rientranti nella delega. Sulla base delle informazioni ricevute valuta l`adeguatezza dell`assetto organizzativo amministrativo e contabile della società; quando elaborati, esamina i piani strategici, industriali e finanziari della società; valuta, sulla base della relazione degli organi delegati, il generale andamento della gestione"*.

Ao justificar este regime, o legislador referiu que a jurisprudência italiana terá estendido, de forma algo indiscriminada, a responsabilidade dos administradores delegados a todos os membros do conselho de administração, transformando a responsabilidade dos administradores delegantes numa responsabilidade quase objetiva. Pretendeu-se inverter tal estado de coisas, substituindo a referência genérica a um dever de vigilância sobre o andamento geral da gestão por um sistema procedimentalizado de fluxos informativos dos órgãos delegados ao conselho de administração[1718].

---

[1715] Abbadessa, Pietro, "Profili topici...", pp. 500-501.

[1716] Por exemplo, Borgioli, Alessandro, *L`amministrazione...*, pp. 236-237 e 263-264, e Bonelli, Franco, "La responsabilità...", pp. 353-356.

[1717] Frè, Giancarlo, *Società...*, 5ª ed., pp. 505-506, Allegri, Vincenzo, *Contributo...*, pp. 231-232, Abbadessa, Pietro, *La gestione...*, pp. 104-105, Borgioli, Alessandro, "La responsabilità...", *RS*, 1978, p. 1088, Borgioli, Alessandro, *L`amministrazione...*, p. 265, e Dalmartello, Arturo e Portale, Giuseppe B., "I poteri...", *GC*, I, 1980, pp. 798-800.

[1718] Na exposição de motivos, Buonocore, Vincenzo, "Commento breve...", *GC*, I, Suplemento, 2003, p. 79.

Face ao novo regime, alguma doutrina sustenta que sobre os administradores delegantes deixou de incidir um dever geral de vigilância da gestão, apenas sendo impostos os deveres específicos enunciados no art. 2381, 3º parágrafo[1719]. Afirma-se, em todo o caso, que, em caso de insuficiência da informação recebida, os administradores delegantes têm o dever de solicitar informação acrescida[1720].

Outra parte da doutrina continua a fazer referência a um dever geral de vigilância da gestão a cargo dos administradores delegantes, no qual enquadra as imposições específicas[1721].

O art. 2381, na redação anterior à reforma societária de 2003, exigia uma autorização estatutária ou do colégio dos sócios para a delegação. Todavia, na prática societária italiana sempre ocorreram situações de repartição interna de funções pelo conselho de administração sem a referida autorização. Trata-se da chamada delegação interna, atípica ou não autorizada[1722]. Discutia-se se tal delegação não autorizada produzia modificações na esfera passiva dos administradores delegantes.

A maioria da doutrina considerava que a delegação interna não determinava que sobre os administradores delegantes apenas incidisse um dever de vigilância e de intervenção, afastando o dever de administração ativa[1723]. Face à ausência de autorização dos sócios, os administradores delegantes não podiam beneficiar de uma responsabilidade atenuada.

Em contraponto, uma posição doutrinária minoritária admitia algum reflexo da delegação interna sobre a esfera jurídica dos administradores delegantes,

---

[1719] Bonelli, Franco, ...*riforma delle società*, pp. 51-54, 159-160 e 181-182, n. 253 (também Bonelli, Franco, "Responsabilità...", *GC*, I, Suplemento, 2004, pp. 620-621, 636-637, n. 34, e p. 643), Vassalli, Francesco, "Società di capitali...", pp. 678-679, Ferri jr, Giuseppe, "L'amministrazione...", *RDComm*, I, 2003, p. 628, Campobasso, Gian Franco e Campobasso, Mario, *Diritto commerciale...*, II, p. 378, e De Nicola, Alessandro, "Commentario...", pp. 561-567.

[1720] Bonelli, Franco, ...*riforma delle società*, pp. 51-52, Abbadessa, Pietro, "Profili topici...", p. 504, e Pettiti, Priscilla, "Appunti...", *RDComm*, 2009, p. 601. Com fundamento no dever de obtenção de informação, De Nicola, Alessandro, "Commentario...", p. 564.

[1721] Colombo, Giovanni E., "Amministrazione...", pp. 182-183, Galgano, Francesco, *Il nuovo...*, pp. 264-265 e 279, Mosco, Gian Domenico, "Società di capitali...", p. 601, Presti, Gaetano e Rescigno, Matteo, *Corso...*, II, pp. 148-149, Giorgi, Vittorio, *Libertà...*, pp. 34-39, Zamperetti, Giorgio Maria, *Il dovere di informazione...*, p. 327, Montalenti, Paolo, "La responsabilità...", *GC*, I, 2005, pp. 446-450, e Barachini, Francesco, *La gestione...*, pp. 133-134.

[1722] Campobasso, Gian Franco e Campobasso, Mario, *Diritto commerciale...*, II, p. 371, n. 46, e Abbadessa, Pietro, "Profili topici...", pp. 507-511.

[1723] Borgioli, Alessandro, "La responsabilità...", *RS*, 1978, pp. 1079-1083, Borgioli, Alessandro, *L'amministrazione...*, p. 236, Allegri, Vincenzo, *Contributo...*, pp. 227-229, Bonelli, Franco, *Gli amministratori...*, pp. 43-44, e Franzoni, Massimo, "La responsabilità...", p. 58.

considerando que sobre estes passava a apenas incidir um dever de vigilância, já não com um carácter sintético e restrito, mas sim com um carácter intenso e analítico[1724].

Com a reforma de 2003, a necessidade de autorização estatutária ou do colégio dos sócios para a delegação foi mantida, passando a constar do 2º parágrafo do art. 2381. Mas, no art. 2392, 1º parágrafo, o legislador estabeleceu que a responsabilidade solidária dos administradores é excluída quando se trate de atribuições próprias da comissão executiva ou de funções em concreto atribuídas a um ou vários administradores.

Uma parte da doutrina considera que, com a referência às funções *em concreto* atribuídas, o legislador pretendeu equiparar o regime de responsabilidade dos administradores delegantes na delegação autorizada e na delegação não autorizada[1725].

Uma outra parte da doutrina entende que o art. 2392, 1º parágrafo, não se refere às situações de delegação não autorizada, mantendo a perspetiva de que tal delegação não modifica os deveres dos administradores[1726].

Uma terceira corrente doutrinária adota uma posição intermédia, sustentando que, na delegação não autorizada, incide sobre os administradores delegantes um dever de vigilância assídua e analítica[1727].

Recordo que, no âmbito do modelo de governação dualístico de matriz germânica, o art. 2409 *novies*, 1º parágrafo, admite expressamente a delegação do poder de gestão no seio do conselho de gestão (órgão de administração executiva).

O mesmo preceito opera uma remissão para os 3º e 5º parágrafos do art. 2381, que configuram os deveres dos administradores delegantes e os deveres dos administradores delegados.

Por sua vez, o art. 2409 *undecies* opera uma remissão para o art. 2381, 6º parágrafo, relativo ao dever de agir de modo informado.

Como tive a oportunidade de referir, no que respeita ao modelo de governação monístico de matriz anglo-americana, o art. 2409 *noviesdecies*, 1º parágrafo,

---

[1724] Abbadessa, Pietro, *La gestione...*, pp. 105-108.

[1725] Ferri jr, Giuseppe, "L'amministrazione...", *RDComm*, I, 2003, pp. 628 e 631, Di Cataldo, Vincenzo, "Problemi nuovi...", *GC*, I, Suplemento, 2004, p. 647, Campobasso, Gian Franco e Campobasso, Mario, *Diritto commerciale...*, II, p. 371, n. 46, e Presti, Gaetano e Rescigno, Matteo, *Corso...*, II, p. 149.

[1726] Bonelli, Franco, *...riforma delle società*, pp. 47-48.

[1727] Abbadessa, Pietro, "Profili topici...", pp. 508-511. Também nesta direção, Barachini, Francesco, *La gestione...*, pp. 196-202.

opera uma remissão integral para o art. 2381, que estabelece o regime de delegação no interior do conselho de administração[1728].

### 4.3.6. Sindicabilidade judicial da atuação dos administradores

A doutrina italiana manifesta frequentemente preocupações de limitação da sindicabilidade judicial da atuação dos administradores.

Afirma-se, neste contexto, que sobre os administradores não incide uma obrigação de resultado, mas sim uma obrigação de meios[1729]. Os maus resultados de gestão não são sinónimos de incumprimento.

Defende-se a existência de uma ampla discricionariedade, fundada na liberdade de iniciativa económica[1730].

Distingue-se o risco de má gestão do risco empresarial, realçando que este último corre pela sociedade e pelos sócios[1731].

Como critério de aferição da má gestão aponta-se para a exigência de um certo grau de racionalidade (ou razoabilidade) nas decisões de gestão, considerando que apenas são geradoras de responsabilidade as decisões absolutamente irracionais[1732].

Mas há quem defenda uma limitação mais profunda da sindicabilidade judicial do mérito das decisões de gestão, rejeitando um controlo da oportunidade e da conveniência das decisões adotadas e sustentando que apenas deve ser apreciado o procedimento decisório, a par da ausência de conflito de interesses. A diligência é concebida como uma exigência meramente procedimental, relativa à obtenção e ponderação da informação[1733].

---

[1728] Guaccero, Andrea, "Società di capitali...", pp. 912-913.

[1729] Galgano, Francesco, *La società...*, pp. 267-268, Galgano, Francesco, *Il nuovo...*, p. 277, Allegri, Vincenzo, *Contributo...*, pp. 147-156, Borgioli, Alessandro, *L'amministrazione...*, p. 248, Franzoni, Massimo, "La responsabilità...", pp. 11 e 56, Campobasso, Gian Franco e Campobasso, Mario, *Diritto commerciale...*, II, p. 378, Olivieri, Gustavo et al., *Il diritto...*, 2ª ed., p. 181, e Monaci, Debora, "Sindicato...", *GC*, II, 2005, p. 410.

[1730] Borgioli, Alessandro, *L'amministrazione...*, pp. 243 e 309-310, n. 33.

[1731] Allegri, Vincenzo, *Contributo...*, pp. 143-144, Borgioli, Alessandro, *L'amministrazione...*, pp. 241-247, e Franzoni, Massimo, "La responsabilità...", pp. 4 e 11. Referências ao risco empresarial podem igualmente ser colhidas em Frè, Giancarlo, *Società...*, 5ª ed., pp. 501-502.

[1732] Borgioli, Alessandro, *L'amministrazione...*, pp. 245-246, 251 e 310, n. 41. Com referência à irracionalidade ou imprudência, Presti, Gaetano e Rescigno, Matteo, *Corso...*, II, pp. 155-156.

[1733] Bonelli, Franco, "La responsabilità...", pp. 361-372, Bonelli, Franco, *...riforma delle società*, pp. 179-180 e 183-187, e Vassalli, Francesco, "Società di capitali...", pp. 681-683.

## 4.4. Doutrina nacional

Ao descrever o debate doutrinário nacional, referir-me-ei ao dever geral de gestão, administração, diligência ou cuidado e à sua caracterização genérica. De seguida, darei conta do pensamento nacional sobre elementos que podem relevar da configuração dos deveres dos administradores, como a noção de diligência, a questão dos interesses a prosseguir e o problema da legalidade. Analisarei os aspetos da delegação e da vigilância.

De seguida, descreverei o debate nacional sobre o problema da sindicabilidade judicial da atuação dos administradores, adotando uma perspetiva essencialmente cronológica. Nesta sequência, darei nota das posições doutrinárias suscitadas pelo novo art. 72, nº 2, do CSC

Por último, farei referência ao pensamento doutrinário nacional sobre a lealdade dos administradores.

### 4.4.1. Dever de gestão, administração, diligência ou cuidado

Como tive a oportunidade de referir em capítulo anterior, sob inspiração dos primeiros códigos comerciais, a doutrina nacional começou por reconduzir a posição dos administradores ao mandato. Tal recondução marcava a descrição dos seus deveres.

Em 1872, mas ainda em comentário ao Código Comercial de 1833 (Código Ferreira Borges), *Teixeira Duarte* referia que os administradores são obrigados a cumprir o mandato, observando os estatutos e as instruções dos sócios[1734].

Em comentário à Lei de 22 de Junho de 1867, publicado em 1875, *Forjaz de Sampaio* apontava para o regime do mandato, esclarecendo igualmente que os administradores estão sujeitos aos estatutos e às instruções dos sócios[1735].

Em 1886, *Tavares de Medeiros* distinguia a responsabilidade dos administradores pela execução do mandato e a responsabilidade dos administradores pela violação dos estatutos ou dos preceitos da lei. Relativamente à execução do mandato, referia que "*o mandatario deve dedicar á gerencia de que é encarregado a diligência e o cuidado de que é capaz para o bom desempenho do mandato*"[1736]. Mais associava a responsabilidade por erros de gestão à falta de execução do mandato[1737].

Já no âmbito de vigência do Código Comercial de 1888 (Código Veiga Beirão), em 1913, o *Visconde de Carnaxide* referia que a inexecução do mandato dos administradores "*consiste tanto na omissão de atos que deviam ser praticados, como na pratica de outros, que deviam ser omitidos*". Mais distinguia a responsabilidade pela

---

[1734] Duarte, Ricardo Teixeira, *Commentario...*, pp. 34-35.

[1735] Pimentel, Diogo Forjaz de Sampaio, *Annotações...*, II, p. 36.

[1736] Medeiros, João Tavares de, *Commentario...*, pp. 128-130.

[1737] Medeiros, João Tavares de, *Commentario...*, p. 127.

violação dos estatutos e preceitos da lei, por um lado, e a responsabilidade pela inexecução do mandato, por outro, acrescentando que a responsabilidade por erros de gestão não era atenuada quando o mandato fosse gratuito[1738].

No mesmo ano, *Adriano Anthero* referia também que a inexecução do mandato consistia tanto na omissão de atos que deviam ser praticados, como na prática de outros que deviam ser omitidos. Acrescentava que os administradores deviam dedicar à *"gerencia"* de que são encarregados a diligência e o cuidado de que fossem capazes. Exemplificando, referia-se à responsabilidade por terem *"feito emprestimos a descoberto, ou sem a caução indispensavel, ordenada pelos estatutos"*[1739].

Pouco depois, *Cunha Gonçalves* afirmava que os administradores incorriam na responsabilidade própria dos mandatários, a qual compreendia não apenas a inexecução, excesso ou violação do mandato, dos estatutos, das deliberações dos sócios e da lei, mas também a *"culpa ou negligência no cumprimento dos seus deveres de bons administradores"*. Referia-se à responsabilidade por má gestão, apontando para a necessidade de os administradores se fiscalizarem reciprocamente[1740].

Mais tarde, noutro registo, *José Tavares* sustentava que a responsabilidade dos administradores se referia apenas aos atos estranhos ao seu mandato[1741].

*Pinto Coelho* distinguia, por um lado, a responsabilidade dos administradores por inexecução do mandato e, por outro, a responsabilidade por violação dos estatutos ou preceitos da lei[1742].

Recordo que, ainda na vigência do Código Comercial de 1888 (Código Veiga Beirão), alguns autores começaram a negar a recondução da posição dos administradores ao mandato. Entre estes autores, *Ferrer Correia*, que acolhia a distinção analítica germânica entre nomeação e contrato de emprego, referia-se, num volume das suas lições publicado em 1968, a uma obrigação de gerir decorrente do contrato de emprego[1743].

O D.L. nº 49381, de 15 de Novembro de 1969, para além de aperfeiçoar o regime de fiscalização das sociedades anónimas, estabeleceu um extenso regime de responsabilidade dos administradores. Este regime veio a ser transposto para o CSC. Os trabalhos preparatórios do referido diploma consistiram num extenso estudo de *Raúl Ventura* e *Brito Correia*, publicado em 1970.

---

[1738] Visconde de Carnaxide, *Sociedades...*, pp. 147-150, 284-288 e 400-403.

[1739] Anthero, Adriano, *Comentario...*, I, pp. 335-336.

[1740] Gonçalves, Luiz da Cunha, *Comentário...*, I, pp. 428-429.

[1741] Tavares, José, *Sociedades...*, p. 309.

[1742] Coelho, José Gabriel Pinto, *Lições...*, II, pp. 31-32.

[1743] Correia, António Ferrer, *Lições...*, p. 389.

DEVER DE GESTÃO

Neste estudo, *Raúl Ventura* e *Brito Correia* sustentavam que sobre os administradores incide um dever de gestão[1744] ou de administração[1745]. Consideravam que tal dever resulta das normas que põem a cargo dos administradores a administração e a representação da sociedade[1746].

*Raúl Ventura* e *Brito Correia* contrapunham os casos precisos e nítidos de deveres legais ou estatutários ao conteúdo vago do "dever geral de administrar", realçando, por um lado, que as violações da lei e dos estatutos constituem inexecuções do mandato e até as mais importantes e, por outro, que as inexecuções do mandato constituem violações das normas legais que estabelecem as obrigações dos administradores[1747].

*Raúl Ventura* e *Brito Correia* afirmavam que as obrigações dos administradores têm, com frequência, um conteúdo indeterminado, sendo apenas referenciadas por certa finalidade, ficando ao critério do administrador a escolha dos comportamentos necessários para a alcançar, atendendo às circunstâncias e aos fins de cada caso. Mais sustentavam que na determinação do conteúdo destas obrigações, o administrador tem de recorrer à noção de diligência e à noção de interesse social[1748].

Uns anos mais tarde, na sua investigação sobre anulação de deliberações sociais, *Lobo Xavier* refere-se, em nota, aos deveres funcionais dos administradores na gestão da empresa social, que caracteriza como deveres de conteúdo indeterminado, para cujo preenchimento o sujeito, usando de um certo grau de diligência – diligência de um gestor criterioso e ordenado –, se tem de inspirar na consideração de um dado fim – prossecução do interesse da sociedade[1749]. Noutro ponto do seu discurso, de novo em nota, utiliza a terminologia deveres gerais de diligência na gestão da empresa[1750].

No âmbito de vigência do CSC, no período anterior à reforma societária de 2006, a doutrina fazia frequentemente referência a um dever de diligência[1751],

---

[1744] Esta terminologia é utilizada em Ventura, Raúl e Correia, Luís Brito, "Responsabilidade...", *BMJ*, nº 192, 1970, p. 112.

[1745] Esta outra terminologia é utilizada em Ventura, Raúl e Correia, Luís Brito, "Responsabilidade...", *BMJ*, nº 192, 1970, pp. 66-67.

[1746] Ventura, Raúl e Correia, Luís Brito, "Responsabilidade...", *BMJ*, nº 192, 1970, p. 112.

[1747] Ventura, Raúl e Correia, Luís Brito, "Responsabilidade...", *BMJ*, nº 192, 1970, pp. 64-67.

[1748] Ventura, Raúl e Correia, Luís Brito, "Responsabilidade...", *BMJ*, nº 192, 1970, pp. 94-95 e 101.

[1749] Xavier, Vasco da Gama Lobo, *Anulação...*, pp. 341-342 e 360-362, n. 101.

[1750] Xavier, Vasco da Gama Lobo, *Anulação...*, p. 386, n. 6.

[1751] Correia, Luís Brito, *Os administradores...*, pp. 49, 217, 490 e 596-597, Antunes, José Engrácia, *Os direitos...*, p. 149 (posteriormente, Antunes, José Engrácia, *Os grupos de sociedades...*, 2ª ed., pp. 324, 581 e 750-751, e Antunes, José Engrácia, "An economic analysis...", p. 189), Silva, João Soares da, "...os deveres gerais...", *ROA*, 1997, pp. 615-616, Ascensão, José de Oliveira, *Direito Comercial*, IV,

a um dever de gestão (ou dever de boa gestão)[1752] ou a um dever de adminis tração[1753]. Neste contexto, alguns autores atribuíam uma dupla função ao art. 64 do CSC, na sua redação primitiva: base legal de deveres e bitola de diligência[1754].

Por vezes, tal dever era caracterizado como um dever geral dos administradores, sendo contraposto a deveres específicos, apontados em pontuais previsões normativas[1755].

Mas havia quem se referisse a uma pluralidade de deveres gestórios. Assim, fazia-se referência, por um lado, ao dever de administração e, por outro, ao dever de diligência[1756]. Ressalva-se que o dever de diligência, para além de constituir

---

pp. 443 e 453, Silva, João Calvão da, "Acordo parassocial...", p. 247, Martins, Alexandre de Soveral, "A responsabilidade...", *BFDUC*, 2002, pp. 369 e 376, Abreu, Jorge Coutinho de, *Governação...*, p. 155, Almeida, António Pereira de, *Sociedades...*, 3ª ed., pp. 147-148, Osório, José Diogo Horta, *Da tomada...*, pp. 238-239, Estaca, José Nuno Marques, *O interesse...*, pp. 38 e 159-167 (utilizando também a terminologia "dever de gerir a empresa social com diligência"), e Cunha, Tânia Meireles da, *Da responsabilidade...*, p. 37. Ainda no âmbito de vigência do D.L. nº 49381, de 15 de Novembro de 1969, Furtado, Jorge Pinto, *Código...*, II, tomo I, pp. 402-403. Aparentemente, Labareda, João, *Direito societário...*, p. 70.

[1752] Duarte, Rui Pinto, "Portugal", p. 276, Vasconcelos, Pedro Pais de, *A participação...*, 2ª ed., pp. 73-79 e 366, e Coelho, Joana Pinto, "A administração...", *Revista de Ciências Empresariais e Jurídicas*, nº 9, 2006, p. 320. Referindo-se a um "dever geral de diligência na gestão", Ventura, Raúl, *Sociedades por quotas*, III, p. 150. Referindo-se a um dever de "gestão diligente", Abreu, Jorge Coutinho de, "Administradores e trabalhadores...", p. 11. Referindo que os administradores estão obrigados a gerir com a diligência de um gestor criterioso e ordenado, Antunes, José Engrácia, *A supervisão...*, pp. 99-100.

[1753] Ventura, Raúl, *Novos estudos...*, p. 120, Rodrigues, Ilídio Duarte, *A administração...*, pp. 133 e 173-186 (utilizando igualmente a expressão "obrigação de gerir"), Correia, Miguel Pupo, "Sobre a responsabilidade...", *ROA*, 2001, p. 671, Maia, Pedro, *Função...*, pp. 250-251, Frada, Manuel Carneiro da, *Direito civil...*, pp. 119-123, Figueiredo, Isabel Mousinho de, "O administrador...", *O Direito*, 2005, pp. 550-551, e Costa, Ricardo, "Responsabilidade civil...", pp. 32 e 41 (utilizando a expressão "obrigação genérica de administrar com diligência", bem como a expressão "deveres de gestão com conteúdo específico").

[1754] Frada, Manuel Carneiro da, *Direito civil...*, pp. 119-120, Silva, João Soares da, "...os deveres gerais...", *ROA*, 1997, pp. 615-616, e Cunha, Tânia Meireles da, *Da responsabilidade...*, pp. 42-44. Esta era também a opinião de *Coutinho de Abreu*, tendo sido consignada, mais tarde, em Abreu, Jorge Coutinho de, *Responsabilidade civil...*, pp. 17 e 24-25.

[1755] Rodrigues, Ilídio Duarte, *A administração...*, pp. 173-174, n. 253, Silva, João Soares da, "...os deveres gerais...", *ROA*, 1997, p. 614, Osório, José Diogo Horta, *Da tomada...*, pp. 237-238, e Abreu, Jorge Coutinho de, *Governação...*, p. 155.

[1756] Ramos, Maria Elisabete Gomes, *Responsabilidade civil...*, pp. 65-99 (utilizando ainda a terminologia "dever de gerir a sociedade"), e Cordeiro, Catarina Pires, "Algumas considerações...", *O Direito*, 2005, pp. 104-112. De forma tripartida, fazendo referência a um dever de cuidado (respeitante à diligência de um gestor criterioso e ordenado), a um dever de atuar em determinado interesse e a um dever de direção (ou gestão), França, Maria Augusta, *A estrutura...*, pp. 51-63 e 69-76.

## DEVER DE GESTÃO

um dever autónomo, funciona também, nos termos gerais, como um elemento que preside ao dever de administrar[1757].

E havia quem negasse a existência de um dever geral dos administradores, concebendo o art. 64 do CSC como uma mera parcela de norma. Afirmava-se que os erros de gestão apenas geram responsabilidade civil em caso de violação de específicos deveres legais, estatutários ou contratuais[1758]. Ressalvava-se que, no limite, perante o erro grosseiro, evidente e inadmissível, seria sempre possível construir uma norma com recurso, em última instância, ao princípio da boa fé[1759]. Subjacente encontrava-se a ideia de que a noção de interesse não é dogmaticamente aproveitável, não possibilitando elementos de concretização normativa da atuação devida pelos administradores[1760].

Com a reforma societária de 2006 (isto é, após a entrada em vigor do D.L. nº 76-A/2006, de 29 de Março), por força da alteração de redação do art. 64 do CSC e da introdução de um novo nº 2 no art. 72 do CSC, parece ser pacífica a existência de um dever geral dos administradores[1761].

Acolhendo a terminologia adotada pelo legislador, diversos autores passaram a fazer referência a um dever de cuidado ou a deveres de cuidado dos administradores[1762].

---

[1757] Cordeiro, Catarina Pires, "Algumas considerações...", *O Direito*, 2005, p. 109.

[1758] Cordeiro, António Menezes, *Da responsabilidade...*, p. 40, n. 21, e pp. 496-497 e 522-523, Varela, João Antunes, "Anotação...", *RLJ*, ano 126, 1994, pp. 313-316, Pinto, Filipe Vaz e Pereira, Marcos Keel, "A responsabilidade civil dos administradores de sociedades comerciais", Faculdade de Direito da Universidade Nova de Lisboa, 2001, pp. 12-15, e Augusto, Ana Micaela Pedrosa, "Insider trading...", *O Direito*, 2004, p. 1027.

[1759] Cordeiro, António Menezes, *Da responsabilidade...*, pp. 522-523.

[1760] Cordeiro, António Menezes, *Da responsabilidade...*, p. 517 (*vide* Cordeiro, António Menezes, *Tratado...*, II, tomo I, p. 294).

[1761] Assim, Cordeiro, António Menezes, "Código...", art. 64, an. 9 e 21, e int. arts. 71-84, an. 26. Destaco o argumento, a propósito do regime germânico, de que a consagração legal da *business judgment rule*, num efeito de retorno, torna mais claro que a imposição de diligência constitui fonte de ilicitude (Cordeiro, António Menezes, "Os deveres...", *ROA*, 2006, pp. 451-452, e Cordeiro, António Menezes, *Manual...*, I, 2ª ed., p. 808). Subjacente encontra-se sempre a teorização geral sobre a noção de interesse (Cordeiro, António Menezes, *Tratado...*, II, tomo I, pp. 293-295 e 306-309, bem como as referências episódicas a pp. 276, 285, 462-463, 478 e 523).

*Calvão da Silva*, embora qualifique o dever de cuidado como um elemento da culpa, admite a responsabilidade pela prática de atos de gestão sem a diligência devida (Silva, João Calvão da, "Corporate governance...", *RLJ*, ano 136, 2006, p. 54). A alusão à responsabilidade obrigacional por atos de gestão terá provavelmente subjacente o reconhecimento de um dever (geral) de gestão.

[1762] Abreu, Jorge Coutinho de, *Responsabilidade civil...*, p. 16 (utilizando também a terminologia "dever de diligência em sentido estrito"), Vasconcelos, Pedro Pais de, "Business...", *DSR*, nº 2, 2009, pp. 56-57 e 61-63 (utilizando também a terminologia "dever fiduciário de gestão da sociedade"), Antunes, José Engrácia, *...sociedades*, pp. 324-326, Cunha, Paulo Olavo, *Direito...*, 4ª ed., pp. 41-42,

A opção terminológica do legislador é justificada no facto de a expressão dever de gestão apenas ser adequada para caracterizar a posição orgânico--funcional dos administradores executivos, não caracterizando devidamente a posição dos atores societários sem funções executivas[1763].

Em contraponto, outros autores preferem a terminologia dever de diligência[1764], dever de gestão[1765] ou dever de administração[1766].

Alguns destes últimos autores atribuem um significado autónomo à referência normativa a deveres de cuidado. Há quem atribua um sentido mais amplo aos deveres de cuidado, considerando que compreendem não apenas o referido dever geral dos administradores perante a sociedade, como também um dever de atuar de boa fé subjetiva e, eventualmente, deveres de proteção perante os titulares de interesses elencados no art. 64, nº 1, do CSC[1767]. No pólo oposto, há quem atribua um sentido mais restrito aos deveres de cuidado, enquadrando-os no referido dever geral dos administradores perante a sociedade, como deveres secundários[1768].

---

570-573 e 806-808, Ramos, Maria Elisabete Gomes, *O seguro...*, pp. 103-111 (também Ramos, Maria Elisabete Gomes, "Debates...", *BFDUC*, 2008, pp. 629-631), Câmara, Paulo, "...deveres fiduciários...", pp. 165-172 (utilizando também a terminologia "dever de diligência" em Câmara, Paulo, "Conflito de interesses...", p. 67), e Gomes, Fátima, "Reflexões...", pp. 554-555 e 562-565.

[1763] Câmara, Paulo, "...deveres fiduciários...", p. 165 (equivalente a Câmara, Paulo, "...a reforma...", p. 27).

[1764] Dias, Gabriela Figueiredo, *Fiscalização...*, pp. 44 e 76 (noutro ponto do seu discurso, utilizando a terminologia "dever de administrar"), e Vasques, José, *Estruturas...*, pp. 233-234.

[1765] Duarte, Rui Pinto, *O ensino...*, pp. 117 e 202, Cordeiro, António Menezes, "Os deveres...", *ROA*, 2006, pp. 484-485, Cordeiro, António Menezes, "Código...", art. 64, an. 9 e 21, e Magalhães, Vânia Patrícia Filipe, "A conduta...", *RDS*, 2009, p. 381 (com referência aos poderes-deveres de gestão e representação).

[1766] Frada, Manuel Carneiro da, "A business...", p. 206, Oliveira, Ana Perestrelo de, *A responsabilidade...*, pp. 86 e 104-107, Almeida, António Pereira de, *Sociedades...*, 5ª ed., p. 234, Ferreira, Bruno, "Os deveres...", *RDS*, 2009, pp. 707-709 (todos apontando como sinónima a terminologia "dever de gestão"), Costa, Ricardo, "Responsabilidade dos administradores...", pp. 51-52 (n. 3), 67 e 80-81 (referindo-se a um dever de administrar e representar, mas utilizando também a expressão "dever de gestão"), Costa, Ricardo, "Código...", pp. 727-728, Reis, Nuno Trigo dos, "Os deveres...", *Cadernos O Direito*, nº 4, 2009, pp. 312-314, Guiné, Orlando Vogler, *Da conduta...*, pp. 59-60, Gomes, José Ferreira, "Conflitos de interesses...", pp. 158-161, e Gião, João Sousa, "Conflito de interesses...", p. 217.

[1767] Dias, Gabriela Figueiredo, *Fiscalização...*, pp. 43-46.

[1768] Oliveira, Ana Perestrelo de, *A responsabilidade...*, p. 105, Costa, Ricardo, "Responsabilidade dos administradores...", pp. 51-52, n. 3, Reis, Nuno Trigo dos, "Os deveres...", *Cadernos O Direito*, nº 4, 2009, p. 314, n. 106, e Magalhães, Vânia Patrícia Filipe, "A conduta...", *RDS*, 2009, p. 385, n. 20.

DEVER DE GESTÃO

Diversos autores mantêm a contraposição entre o dever geral dos administradores e os deveres específicos[1769]. Por vezes, os deveres específicos são entendidos como aspetos parcelares dos deveres gerais[1770].

Ao enquadrar este dever geral dos administradores nas categorias civilísticas gerais, alguma doutrina qualifica-o como um dever de prestar[1771]. Acrescenta-se, por vezes, que se trata de uma obrigação de meios[1772].

Noutra perspetiva, apela-se não à figura dos deveres de prestação, mas sim à dos deveres acessórios (de conduta)[1773].

Outra parte da doutrina rejeita a compreensão dos deveres dos administradores através da distinção civilística entre deveres de prestação e deveres de conduta[1774].

Uma via distinta de apelo às categorias civilísticas gerais é percorrida por *Adelaide Menezes Leitão*, ao considerar que os deveres de cuidado dos administradores constituem normas de proteção, convocando o regime da responsabilidade delitual[1775].

Alguma doutrina considera que o dever geral dos administradores é modelado pelas *legis artis* da economia e gestão de empresas[1776].

Mas realça-se que, em muitas situações, a escolha dos administradores é complexa, surgindo inúmeras alternativas de decisão[1777]. Neste contexto, surge a ideia de discricionariedade empresarial. Afirma-se que o administrador apenas

---

[1769] Por exemplo, Abreu, Jorge Coutinho de, *Responsabilidade civil...*, pp. 12-18, Abreu, Jorge Coutinho de e Ramos, Maria Elisabete Gomes, "Código...", p. 840, Antunes, José Engrácia, *...sociedades*, pp. 323-328, e Costa, Ricardo, "Responsabilidade dos administradores...", pp. 51-52, n. 3. Distinguindo os deveres operacionais de gestão dos deveres fundamentais de gestão, Vasconcelos, Pedro Pais de, "Business...", *DSR*, nº 2, 2009, pp. 61-65.

[1770] Dias, Gabriela Figueiredo, "Código...", pp. 753-754.

[1771] Frada, Manuel Carneiro da, "A business...", p. 206, Dias, Gabriela Figueiredo, *Fiscalização...*, p. 44, e Reis, Nuno Trigo dos, "Os deveres...", *Cadernos O Direito*, nº 4, 2009, pp. 314 e 316-317.

[1772] Frada, Manuel Carneiro da, "A business...", pp. 220-221 e 226, e Dias, Gabriela Figueiredo, *Fiscalização...*, pp. 45-46. Tecendo considerações que apontam nesse sentido, Correia, Luís Brito, *Os administradores...*, pp. 527-529. Em contraponto, sustentando que o dever de obtenção de informação é uma obrigação de resultado, Câmara, Paulo, "...deveres fiduciários...", p. 169.

[1773] Aparentemente, Cordeiro, António Menezes, *Tratado...*, II, tomo II, p. 269.

[1774] Abreu, Jorge Coutinho de, *Responsabilidade civil...*, pp. 35-36, n. 68.

[1775] Leitão, Adelaide Menezes, "Responsabilidade...", *RDS*, 2009, pp. 647-673.

[1776] Frada, Manuel Carneiro da, *Direito civil...*, p. 122, Dias, Gabriela Figueiredo, *Fiscalização...*, p. 44, Abreu, Jorge Coutinho de, *Responsabilidade civil...*, p. 22, e Oliveira, Ana Perestrelo de, *A responsabilidade...*, p. 107.

[1777] Abreu, Jorge Coutinho de, *Responsabilidade civil...*, p. 22.

violará os seus deveres se escolher uma solução irrazoável, incompatível com o interesse da sociedade[1778].

Outra parte da doutrina afasta-se de tal perspetiva, com receio de limitação da discricionariedade empresarial. Refere-se também que não há verdadeira-mente regras da arte da gestão de empresas[1779].

As referências legislativas à disponibilidade, à competência técnica e ao conhecimento da sociedade, constantes do art. 64, nº 1, alínea a), do CSC, são frequentemente consideradas elementos de densificação do dever geral dos administradores[1780].

Há quem afirme que tais referências seriam desnecessárias, pois decorreriam da ideia genérica de diligência de um gestor criterioso e ordenado[1781].

Alguma doutrina, num esforço de concretização do referido dever geral dos administradores, descreve diversas manifestações ou aspetos parcelares de tal dever.

Distingue-se o dever de controlo ou vigilância organizativo-funcional, o dever de atuação procedimentalmente correta (para a tomada de decisões) e o dever de tomar decisões (substancialmente) razoáveis[1782].

Noutra classificação, enumeram-se o dever de vigilância e investigação, o dever de disponibilidade, o dever de preparação das decisões, o dever de tomar decisões de gestão racionais e o dever de tomar decisões de gestão razoáveis[1783].

Diversas vozes atribuem destaque à componente procedimental do dever geral dos administradores[1784]. Por vezes, destaca-se quer a obrigação de obser-vância de processos decisórios adequados, quer as facetas de vigilância e de averiguação[1785].

---

[1778] Abreu, Jorge Coutinho de, *Responsabilidade civil...*, p. 22.

[1779] Ramos, Maria Elisabete Gomes, *O seguro...*, p. 105.

[1780] Cordeiro, António Menezes, "Os deveres...", *ROA*, 2006, p. 485 (posteriormente, Cordeiro, António Menezes, *Manual...*, I, 2ª ed., pp. 838 e 931-932, e Cordeiro, António Menezes, "Código...", art. 64, an. 21), Abreu, Jorge Coutinho de, *Responsabilidade civil...*, p. 19, Vasconcelos, Pedro Pais de, "Business...", *DSR*, nº 2, 2009, p. 63, Ferreira, Bruno, "Os deveres...", *RDS*, 2009, pp. 731-733 e 736, Guiné, Orlando Vogler, *Da conduta...*, p. 63, Marques, Tiago João Estevão, *Responsabilidade...*, p. 75, e Costa, Ricardo, "Código...", pp. 731-732 e 736.

[1781] Abreu, Jorge Coutinho de, *Responsabilidade civil...*, p. 19.

[1782] Abreu, Jorge Coutinho de, *Responsabilidade civil...*, pp. 18-19, e Abreu, Jorge Coutinho de, "Deve-res de cuidado...", pp. 19-20. Próximo, Costa, Ricardo, "Código...", pp. 732-733.

[1783] Ferreira, Bruno, "Os deveres...", *RDS*, 2009, p. 711.

[1784] Frada, Manuel Carneiro da, *Direito civil...*, pp. 121-122, Vasconcelos, Pedro Pais de, "Business...", *DSR*, nº 2, 2009, p. 73, e Cordeiro, António Menezes, "Código...", art. 64, an. 21 (também Cordeiro, António Menezes, *Manual...*, I, 2ª ed., p. 838).

[1785] Antunes, José Engrácia, *...sociedades*, pp. 324-326.

Em sede de concretização do dever geral dos administradores, alguma doutrina sustenta que o administrador está obrigado a não dissipar ou esbanjar o património social. Aponta-se também a obrigação de evitar riscos desmedidos. Este último aspeto traduzir-se-á no princípio de que a sociedade não deve perecer por causa de uma só decisão falhada[1786].

### 4.4.2. Diligência

Recordo a perspetiva, sustentada por *Raúl Ventura* e *Brito Correia* nos trabalhos preparatórios do D.L. nº 49381, de 15 de Novembro de 1969, de que as obrigações dos administradores, frequentemente de conteúdo indeterminado, são concretizadas por apelo nomeadamente à noção de diligência[1787].

*Raúl Ventura* e *Brito Correia* entendiam que a noção de diligência releva da delimitação do conteúdo do ato devido e não da culpa[1788].

Ao analisarem o art. 17, nº 1, do D.L. nº 49381, de 15 de Novembro de 1969, *Raúl Ventura* e *Brito Correia* afirmavam que, à semelhança da lei alemã, o preceito consagrava o dever de diligência, evitando acertadamente falar em apreciação da culpa. Realçavam a diferença entre aquele preceito e os arts. 487, nº 2, e 799, nº 2, do CC[1789].

*Lobo Xavier* aderia à caracterização do dever funcional dos administradores na gestão da empresa social como um dever de conteúdo indeterminado, cujo preenchimento convoca a noção de diligência[1790].

Na doutrina contemporânea do CSC, várias vozes mantêm a perspetiva de que o dever geral dos administradores é aferido por apelo à noção de diligência[1791].

Uma parte da doutrina considera que o critério do gestor criterioso e ordenado, previsto no art. 64 do CSC, é mais exigente que o critério civilístico comum do bom pai de família[1792].

---

[1786] Abreu, Jorge Coutinho de, "Deveres de cuidado...", pp. 20-22, e Abreu, Jorge Coutinho de, *Responsabilidade civil...*, pp. 20-24. Também , Ferreira, Bruno, "Os deveres...", *RDS*, 2009, p. 730.

[1787] Ventura, Raúl e Correia, Luís Brito, "Responsabilidade...", *BMJ*, nº 192, 1970, pp. 94-95 e 101.

[1788] Ventura, Raúl e Correia, Luís Brito, "Responsabilidade...", *BMJ*, nº 192, 1970, pp. 94-97.

[1789] Ventura, Raúl e Correia, Luís Brito, "Responsabilidade...", *BMJ*, nº 195, 1970, p. 32.

[1790] Xavier, Vasco da Gama Lobo, *Anulação...*, pp. 341-343 e 360-362, n. 101.

[1791] Rodrigues, Ilídio Duarte, *A administração...*, pp. 174-180, Correia, Miguel Pupo, "Sobre a responsabilidade...", *ROA*, 2001, p. 671, Estaca, José Nuno Marques, *O interesse...*, p. 37, Guiné, Orlando Vogler, *Da conduta...*, pp. 61-63, e Costa, Ricardo, "Código...", pp. 733-734.

[1792] Correia, Luís Brito, *Os administradores...*, p. 600, Ramos, Maria Elisabete Gomes, *Responsabilidade civil...*, p. 95, Abreu, Jorge Coutinho de, *Responsabilidade civil...*, p. 24, n. 35, Cordeiro, António Menezes, "Código...", art. 64, an. 11-12, Cordeiro, António Menezes, *Tratado...*, II, tomo I, p. 454, Cunha, Tânia Meireles da, *Da responsabilidade...*, p. 40, Costa, Ricardo, "Responsabilidade dos administradores...", p. 78, Gomes, Fátima, "Reflexões...", pp. 562-563, e Magalhães, Vânia Patrícia Filipe, "A conduta...", *RDS*, 2009, p. 391.

Uma outra parte da doutrina sustenta que o critério civilístico do bom pai de família, previsto no art. 487, nº 2, do CC, embora seja um critério objetivo e abstrato, atende às *"circunstâncias de cada caso"*, devendo apreciar-se em função da natureza da atividade exercida. Sendo uma atividade profissional, valerá o critério do profissional razoável. Neste contexto, o critério do gestor criterioso e ordenado, previsto no art. 64 do CSC, é apontado como uma explicitação do critério civilístico geral[1793].

Alguma doutrina refere que a diligência imposta ao administrador compreende a competência técnica[1794] ou a perícia[1795]. Tal imposição é, por vezes, associada a uma certa profissionalização e especialização próprias da classe dos gestores.

Mas há quem advogue alguma contenção na interpretação da referência normativa à competência técnica, realçando que o legislador não exige que os administradores sejam peritos em determinadas matérias[1796].

### 4.4.3. Interesse social

Retomo a referência, em *Raúl Ventura* e *Brito Correia*, à determinação do conteúdo das obrigações dos administradores por apelo à noção de interesse social[1797]. Recordo igualmente a afirmação, de *Lobo Xavier*, de que o dever funcional dos administradores na gestão da empresa social é aferido pela finalidade de prossecução do interesse da sociedade[1798].

Acrescento que, após a publicação do CSC, se manteve a ideia de determinação do conteúdo dos deveres dos administradores pela consideração

---

[1793] Silva, João Calvão da, "Corporate governance...", *RLJ*, ano 136, 2006, pp. 51-52, Dias, Gabriela Figueiredo, *Fiscalização*..., pp. 69-70, e Triunfante, Armando Manuel, *Código*..., pp. 60-61. Defendendo a equiparação à bitola civilística, Pinto, Filipe Vaz e Pereira, Marcos Keel, "A responsabilidade civil dos administradores de sociedades comerciais", Faculdade de Direito da Universidade Nova de Lisboa, 2001, pp. 11-12.

[1794] Abreu, Jorge Coutinho de, "Deveres de cuidado...", p. 22, Abreu, Jorge Coutinho de, *Responsabilidade civil*..., pp. 23-24, Costa, Ricardo, "Responsabilidade dos administradores...", p. 78, Reis, Nuno Trigo dos, "Os deveres...", *Cadernos O Direito*, nº 4, 2009, p. 315, e Magalhães, Vânia Patrícia Filipe, "A conduta...", *RDS*, 2009, pp. 388-389.

[1795] Rodrigues, Ilídio Duarte, *A administração*..., p. 178, e Ramos, Maria Elisabete Gomes, *Responsabilidade civil*..., pp. 92-96.

[1796] Ferreira, Bruno, "Os deveres...", *RDS*, 2009, pp. 732-733. Um afloramento anterior pode ser confrontado em Abreu, Jorge Coutinho de e Ramos, Maria Elisabete Gomes, "...sócios controladores", p. 26.

[1797] Ventura, Raúl e Correia, Luís Brito, "Responsabilidade...", *BMJ*, nº 192, 1970, pp. 94-95 e 101.

[1798] Xavier, Vasco da Gama Lobo, *Anulação*..., pp. 341-343 e 360-362, n. 101.

do interesse da sociedade[1799]. Próxima estava a afirmação de que o interesse social constitui parâmetro de atuação dos administradores, delimitando a sua responsabilidade[1800].

No pólo oposto surgia a ideia de que a noção de interesse não é dogmaticamente aproveitável, não possibilitando elementos de concretização normativa da atuação devida pelos administradores[1801].

Com a reforma societária de 2006, a referência aos interesses a prosseguir pelos administradores passou a constar do art. 64, nº 1, alínea b), do CSC, que especifica o dever de lealdade. Contudo, a ideia de que os deveres gestórios dos administradores são aferidos pelo interesse da sociedade perdura na doutrina nacional[1802]. Há inclusivamente quem critique a atual colocação sistemática da matéria, por considerar que o problema dos interesses a prosseguir não releva do dever de lealdade, mas sim do referido dever geral dos administradores[1803].

Alguma doutrina sustenta a inviabilidade de uma conceção unitária de interesse social, distinguindo o problema do interesse social para efeitos do comportamento dos sócios do problema do interesse social para efeitos do comportamento dos administradores[1804].

---

[1799] Ventura, Raúl, *Novos estudos...*, pp. 119-120, Correia, Luís Brito, *Os administradores...*, pp. 597 e 601-602, Rodrigues, Ilídio Duarte, *A administração...*, pp. 174, 181 e 186, França, Maria Augusta, *A estrutura...*, pp. 51-63, Antunes, José Engrácia, *Liability...*, pp. 105 e 108, Antunes, José Engrácia, *A supervisão...*, pp. 99-101, Ascensão, José de Oliveira, "Arguição...", *RFDUL*, 1998, p. 830, Ascensão, José de Oliveira, *Direito Comercial*, IV, pp. 443-446 e 453, Silva, João Calvão da, "Acordo parassocial...", pp. 247-248, Trigo, Maria da Graça, *Os acordos...*, p. 154, Correia, Miguel Pupo, "Sobre a responsabilidade...", *ROA*, 2001, p. 671, Estaca, José Nuno Marques, *O interesse...*, pp. 37 e 165, Frada, Manuel Carneiro da, *Direito civil...*, p. 121, Albuquerque, Pedro de, *Os limites à pluriocupação...*, p. 69, e Costa, Ricardo, "Código...", pp. 736-737. Aparentemente, Ramos, Maria Elisabete Gomes, *Responsabilidade civil...*, p. 99.

[1800] Antunes, José Engrácia, *Os grupos de sociedades...*, 2ª ed., pp. 581-585 e 758-760, e Abreu, Jorge Coutinho de, "Deveres de cuidado...", p. 34.

[1801] Cordeiro, António Menezes, *Da responsabilidade...*, p. 517.

[1802] Frada, Manuel Carneiro da, "A business...", pp. 212-215, Vasconcelos, Pedro Pais de, "Responsabilidade...", *DSR*, nº 1, 2009, pp. 19-20, Câmara, Paulo, "...deveres fiduciários...", pp. 173 e 178, Oliveira, Ana Perestrelo de, *A responsabilidade...*, p. 89, n. 210, Reis, Nuno Trigo dos, "Os deveres...", *Cadernos O Direito*, nº 4, 2009, p. 338, e Magalhães, Vânia Patrícia Filipe, "A conduta...", *RDS*, 2009, p. 392. Aparentemente, Guiné, Orlando Vogler, *Da conduta...*, p. 61.

[1803] Frada, Manuel Carneiro da, "A business...", pp. 212-213, e Oliveira, Ana Perestrelo de, *A responsabilidade...*, p. 89, n. 210.

[1804] Abreu, Jorge Coutinho de, *Curso...*, II, 3ª ed., pp. 291-293 (anteriormente, Abreu, Jorge Coutinho de, "Deveres de cuidado...", pp. 33-35, Abreu, Jorge Coutinho de, "Interés...", *RdS*, nº 19, 2002, pp. 40 e 46, e Abreu, Jorge Coutinho de, *Da empresarialidade...*, pp. 226 e 230), Vasconcelos, Pedro

O tema dos interesses a prosseguir pelos administradores gera, também entre nós, forte controvérsia. Descreverei o debate doutrinário nacional sobre a matéria sem pretensões de exaustividade. Recordo que se trata de um tema central do direito societário, com uma forte dimensão política e filosófica, que seria impossível abarcar em poucas páginas.

No período anterior à vigência do CSC, uma parte da doutrina adotava conceções monistas, definindo o interesse social como o interesse comum à maioria dos sócios[1805] ou como o interesse comum a todos os sócios na consecução do máximo lucro[1806].

Uma outra parte da doutrina sufragava conceções institucionalistas. Defendia-se o interesse da empresa e o bem comum[1807]. Apontava-se para o interesse na estabilidade e prosperidade da empresa social[1808]. Invocava-se a ideia de função social das sociedades comerciais[1809].

Com a entrada em vigor do CSC, surgiu, no seu art. 64, uma proposição normativa expressamente incidente sobre a matéria: os administradores deviam atuar *"no interesse da sociedade, tendo em conta os interesses dos sócios e dos trabalhadores"*.

Face a este texto legal, uma primeira corrente doutrinária adotava uma conceção monista, afirmando que os administradores devem atender aos interesses dos sócios. Reiteravam-se as ideias de interesse comum a todos os sócios na consecução do máximo lucro[1810] ou de interesse comum à maioria dos sócios[1811].

---

Pais de, *A participação...*, 2ª ed., pp. 321-323, e Rodrigues, Ilídio Duarte, *A administração...*, p. 186. Assim interpreto Duarte, Rui Pinto, *...sociedades*, p. 54.

[1805] Andrade, Manuel Domingues de e Correia, António Ferrer, "Suspensão...", *RDES*, 1947-1948, pp. 360-364, Correia, António Ferrer, *Lições...*, pp. 405-406, Ventura, Raúl e Correia, Luís Brito, "Responsabilidade...", *BMJ*, nº 192, 1970, pp. 101-102, e Caeiro, António e Serens, Manuel Nogueira, "Direito aos lucros...", *RDE*, 1979, pp. 372-376.

[1806] Xavier, Vasco da Gama Lobo, *Anulação...*, pp. 242-246, n. 116, e pp. 289.290, n. 38, Abreu, Jorge Coutinho de, *Do abuso de direito...*, pp. 108-121 (em escrito sobre deliberações dos sócios), e Abreu, Jorge Coutinho de, "A empresa...", pp. 282-285.

[1807] Cardoso, J. Pires, *Problemas...*, II, pp. 290-296.

[1808] Nunes, António Avelãs, *O direito...*, pp. 48-52.

[1809] Nunes, António Avelãs, *O direito...*, pp. 48-49.

[1810] Leitão, Luís Menezes, *Pressupostos...*, pp. 35-41, Coelho, Francisco Pereira, "Grupos...", *BFDUC*, 1988, p. 311, n. 36, Albuquerque, Pedro de, *Direito de preferência...*, pp. 303-342, Castro, Carlos Osório de, "Participação no capital...", *RDES*, 1994, p. 349 (interesse na obtenção e na distribuição dos lucros), Castro, Carlos Osório de, *Valores...*, pp. 211 e 216-217, Martins, Alexandre de Soveral, "O exercício...", *BFDUC*, 1996, pp. 321-322, n. 16, Martins, Alexandre de Soveral, *Os poderes...*, pp. 19-20, n. 26, Martins, Alexandre de Soveral, *Cláusulas...*, p. 23, n. 21, Triunfante, Armando Manuel, *A tutela...*, pp. 212-213, Vaz, Teresa Anselmo, "A responsabilidade...", *O Direito*, 1996, p. 333, e Trigo, Maria da Graça, *Os acordos...*, pp. 184-186. Aparentemente, Pita, Manuel António, *Direito aos lucros*, pp. 120-125. Afirmando que o interesse comum dos sócios

Uma segunda corrente doutrinária adotava uma conceção institucionalista, apontando o interesse da sociedade ou o interesse da empresa como critério da atuação dos administradores[1812].

Uma terceira corrente doutrinária adotava uma conceção pluralista, sustentando a possibilidade de os administradores atenderem não apenas aos interesses dos sócios, mas também, em alguma medida, aos interesses dos trabalhadores (e de outros sujeitos envolvidos na empresa)[1813]. Convocava-se a ideia de função social da propriedade[1814].

Com base numa perspetiva pluralista, havia quem sustentasse a necessidade de uma concordância prática dos diversos interesses[1815].

Reconhecia-se que a possibilidade de atender aos interesses dos trabalhadores tinha um efeito limitador da responsabilidade dos administradores, ampliando a sua discricionariedade[1816].

---

na rentabilidade e na prosperidade da empresa social acaba por estar em linha com o interesse dos credores sociais e com o interesse público, Antunes, José Engrácia, *Os grupos de sociedades...*, 2ª ed., pp. 106-108, n. 169.

[1811] Santos, Filipe Cassiano dos, *Estrutura...*, pp. 372-401, *maxime* nn. 675 e 678. Reconduzindo o interesse social ao interesse dos sócios, Ventura, Raúl, *Sociedades por quotas*, III, pp. 150-151.

[1812] Ascensão, José de Oliveira, *Direito Comercial*, I, pp. 446-447, Ascensão, José de Oliveira, "Arguição...", *RFDUL*, 1998, pp. 828-830, Ascensão, José de Oliveira, *Direito Comercial*, IV, pp. 65-74 e 443-446, Ascensão, José de Oliveira, "Invalidades das deliberações...", pp. 34-38 (interesse da sociedade, enquanto estrutura jurídica, e não interesse da empresa), Estaca, José Nuno Marques, *O interesse...*, pp. 75, 93-97, 117-119 e 165, e Almeida, António Pereira de, *Sociedades...*, 3ª ed., pp. 25 e 50-54.

[1813] Xavier, Vasco da Gama Lobo, "Relatório...", *BFDUC*, 1986, pp. 461-463, Abreu, Jorge Coutinho de, *Da empresarialidade...*, pp. 225-243, Abreu, Jorge Coutinho de, "Interés...", *RdS*, nº 19, 2002, pp. 42-46, Correia, Luís Brito, *Direito comercial*, II, pp. 49-58, Correia, Luís Brito, *Os administradores...*, p. 602, Rodrigues, Ilídio Duarte, *A administração...*, pp. 185-186, França, Maria Augusta, *A estrutura...*, pp. 54-63, Figueira, Eliseu, "Disciplina jurídica...", *CJ*, 1990, pp. 53-55, Ramos, Maria Elisabete Gomes, "Aspetos...", *BFDUC*, 1997, pp. 232-233, Ramos, Maria Elisabete Gomes, *Responsabilidade civil...*, pp. 99-113, Vasconcelos, Pedro Pais de, *A participação...*, pp. 297-302, Frada, Manuel Carneiro da, *Direito civil...*, p. 120, e Cunha, Tânia Meireles da, *Da responsabilidade...*, pp. 46-51.

[1814] Correia, Luís Brito, *Direito comercial*, II, pp. 55 e 57-58, e Figueira, Eliseu, "Disciplina jurídica...", *CJ*, 1990, p. 54.

[1815] Ramos, Maria Elisabete Gomes, "Aspetos...", *BFDUC*, 1997, pp. 232-233, e Ramos, Maria Elisabete Gomes, *Responsabilidade civil...*, pp. 111-112.

[1816] Xavier, Vasco da Gama Lobo, "Relatório...", *BFDUC*, 1986, p. 463, n. 26, e Abreu, Jorge Coutinho de, *Da empresarialidade...*, pp. 232-233 (posteriormente, Abreu, Jorge Coutinho de, "Interés...", *RdS*, nº 19, 2002, p. 46). Próximo, França, Maria Augusta, *A estrutura...*, pp. 61-63. Entre nós, na crítica às conceções institucionalistas e ao poder sem controlo dos administradores, já Carvalho, Orlando de, *Critério...*, pp. 301-304, n. 117.

Havia quem apontasse para a rendibilidade ou êxito da empresa, no longo prazo, como limite da discricionariedade dos administradores na prossecução dos diversos interesses[1817].

Com a reforma societária de 2006, o art. 64, nº 1, alínea b), do CSC passou a conter a proposição normativa *"no interesse da sociedade, atendendo aos interesses de longo prazo dos sócios e ponderando os interesses dos outros sujeitos relevantes para a sustentabilidade da sociedade, tais como os seus trabalhadores, clientes e credores".*

Face ao novo texto legal, algumas vozes mantêm uma conceção monista, apontando para os interesses dos sócios[1818]. Por vezes, as posições monistas surgem moderadas por uma referência à responsabilidade social da sociedade[1819].

Outras vozes defendem conceções institucionalistas[1820].

Outras vozes ainda adotam uma conceção pluralista, atribuindo alguma relevância aos interesses de outros sujeitos envolvidos na empresa[1821]. Aponta-se

---

[1817] Ramos, Maria Elisabete Gomes, "Aspetos...", *BFDUC*, 1997, pp. 232-233 (também, com referência simultânea ao curto prazo, Ramos, Maria Elisabete Gomes, *Responsabilidade civil...*, pp. 112-113), e Frada, Manuel Carneiro da, *Direito civil...*, p. 120. Fazendo referência à conservação e à rendibilidade da empresa, França, Maria Augusta, *A estrutura...*, pp. 59-60.

[1818] Cordeiro, António Menezes, "Os deveres...", *ROA*, 2006, pp. 455-469 e 485-486, Cordeiro, António Menezes, *Manual...*, I, 2ª ed., pp. 791-793 e 822-823, Martins, Alexandre de Soveral, *Cláusulas...*, p. 636, Triunfante, Armando Manuel, *Código...*, pp. 62-65, Serens, Manuel Nogueira, *A monopolização...*, pp. 136-139, Ramos, Maria Elisabete Gomes, *O seguro...*, pp. 115-117, Reis, Nuno Trigo dos, "Os deveres...", *Cadernos O Direito*, nº 4, 2009, pp. 335-342, e Magalhães, Vânia Patrícia Filipe, "A conduta...", *RDS*, 2009, pp. 408-414. Considerando que os interesses dos *stakeholders* apenas podem ter uma relevância instrumental e de caracter excecional, não com base no art. 64 do CSC, mas sim com base no art. 334 do CC, Guiné, Orlando Vogler, *Da conduta...*, pp. 65-83. Referindo, por um lado, que o interesse social é determinado pelos sócios e, por outro lado, que o interesse na obtenção de lucro por parte da sociedade constitui um obstáculo à atuação dos sócios e base para a tutela dos credores, Ribeiro, Maria de Fátima, *A tutela...*, pp. 507-543.

[1819] Cordeiro, António Menezes, "Os deveres...", *ROA*, 2006, p. 467 ("dimensões sociais da sociedade"). Não enquadrando a ideia de responsabilidade social em sede de interpretação art. 64, nº 1, alínea b), do CSC, Serra, Catarina, "A responsabilidade social...", pp. 837-838.

[1820] Almeida, António Pereira de, *Sociedades...*, 5ª ed., pp. 101-106.

[1821] Vasconcelos, Pedro Pais de, *A participação...*, 2ª ed., pp. 319-325, Vasconcelos, Pedro Pais de, "Responsabilidade...", *DSR*, nº 1, 2009, pp. 20-21, Abreu, Jorge Coutinho de, "Deveres de cuidado...", pp. 34-35 e 37-46, Abreu, Jorge Coutinho de, "Corporate...", pp. 17-19, Frada, Manuel Carneiro da, "A business...", pp. 216-218, Silva, João Calvão da, "Corporate governance...", *RLJ*, ano 136, 2006, p. 57, Duarte, Rui Pinto, *...sociedades*, pp. 50-56 e 71-77, Antunes, José Engrácia, *...sociedades*, pp. 74-75 e 326-327, Cunha, Paulo Olavo, *Direito...*, 4ª ed., pp. 119-121 e 570-573, Câmara, Paulo, "...deveres fiduciários...", pp. 174-178, Câmara, Paulo, "...a reforma...", pp. 36-42, Câmara, Paulo, "Conflito de interesses...", pp. 59-61, e Costa, Ricardo, "Código...", pp. 736-737 e 744-745. Aparentemente, Albuquerque, Pedro de, *Os limites à pluriocupação...*, p. 69.

para a ideia de responsabilidade social da atividade societária e para o problema da legitimação da propriedade[1822].

Entre os defensores de uma perspetiva pluralista surge a ideia de prevalência dos interesses dos sócios face aos interesses dos outros sujeitos, dada a utilização, pelo legislador, dos termos *"atendendo"* e *"ponderando"*[1823].

Mantém-se, em tom reforçado, a ideia de que a referência aos interesses dos diversos sujeitos tem um efeito potencialmente desresponsabilizador dos administradores[1824].

A referência ao *"longo prazo"* é entendida no sentido de dispensar os administradores de se preocuparem com os acionistas especuladores e com o interesse no lucro imediato[1825].

Ao interpretar a proposição normativa *"outros sujeitos relevantes para a sustentabilidade da sociedade"*, há quem realce que estão também em causa as pessoas para cuja sustentabilidade a sociedade desempenha um papel relevante[1826].

### 4.4.4. Legalidade

*Raúl Ventura* e *Brito Correia* consideravam que o administrador tem o dever funcional perante a sociedade, que não uma obrigação pessoal, de cumprir todas as obrigações da sociedade para com terceiros. Entendiam que não faz sentido impor uma obrigação a uma sociedade se não se impuser aos administradores o dever de a cumprir em nome e por conta da sociedade[1827]. Acrescentavam que o dever de cumprir as obrigações da sociedade pode enquadrar-se no dever de gestão[1828].

No âmbito de vigência do CSC, alguma doutrina aponta para a necessidade de observância pelos administradores de prescrições legais[1829].

Há quem sustente que o administrador não tem ou não tem sempre o dever perante a sociedade de cumprir as obrigações contratuais da sociedade para com terceiros[1830].

---

[1822] Frada, Manuel Carneiro da, "A business...", pp. 217-218, Duarte, Rui Pinto, ...*sociedades*, pp. 52-53, e Câmara, Paulo, "...deveres fiduciários...", p. 176.

[1823] Abreu, Jorge Coutinho de, "Deveres de cuidado...", pp. 43-45, Silva, João Calvão da, "Corporate governance...", *RLJ*, ano 136, 2006, p. 57, Frada, Manuel Carneiro da, "A business...", p. 216, Câmara, Paulo, "...deveres fiduciários...", pp. 174-178, Oliveira, António Fernandes de, "Responsabilidade...", pp. 263-264, e Guiné, Orlando Vogler, *Da conduta...*, p. 74.

[1824] Abreu, Jorge Coutinho de, "Deveres de cuidado...", pp. 39-46, Dias, Gabriela Figueiredo, *Fiscalização...*, pp. 48-49, e Guiné, Orlando Vogler, *Da conduta...*, p. 72.

[1825] Vasconcelos, Pedro Pais de, "Responsabilidade...", *DSR*, nº 1, 2009, p. 20.

[1826] Vasconcelos, Pedro Pais de, "Responsabilidade...", *DSR*, nº 1, 2009, pp. 20-21.

[1827] Ventura, Raúl e Correia, Luís Brito, "Responsabilidade...", *BMJ*, nº 192, 1970, pp. 109-112.

[1828] Ventura, Raúl e Correia, Luís Brito, "Responsabilidade...", *BMJ*, nº 192, 1970, p. 112.

[1829] Frada, Manuel Carneiro da, *Direito civil...*, p. 121.

[1830] Abreu, Jorge Coutinho de, *Responsabilidade civil...*, p. 11, n. 11.

### 4.4.5. Delegação

Nos trabalhos preparatórios do D.L. nº 49381, de 15 de Novembro de 1969, *Raúl Ventura* e *Brito Correia*, após esclarecem que a responsabilidade dos administradores pressupõe culpa (responsabilidade subjetiva)[1831], referiam-se a um dever de vigilância sobre a atividade dos colegas em caso de repartição de competências, acrescentando que os administradores devem designadamente impedir a prática de atos ilícitos e remediar quanto possível as suas consequências[1832].

Pouco depois, *Leite de Campos* referia-se igualmente a um dever geral de vigiar os atos praticados pelos colegas[1833].

Após a entrada em vigor do CSC, a doutrina nacional considera que, na sequência da delegação prevista no nº 3 do art. 407, os administradores não delegados deixam de ter o dever de participar ativamente na gestão, relativamente às matérias delegadas, passando a ter um dever de vigilância[1834].

Refere-se frequentemente que os administradores não delegados apenas estão obrigados a uma vigilância geral, relativamente às matérias delegadas, não se exigindo que acompanhem todo e qualquer ato concreto[1835].

Neste contexto, alguma doutrina acrescenta que o dever de vigilância dos administradores não delegados tem uma intensidade inferior ao dever de vigilância analítica dos órgãos de fiscalização[1836].

Mas também se afirma que o dever de vigilância implica não só a formulação periódica de pedidos de informação aos administradores delegados,

---

[1831] Ventura, Raúl e Correia, Luís Brito, "Responsabilidade...", *BMJ*, nº 193, 1970, p. 35, e nº 195, 1970, pp. 33-35.

[1832] Ventura, Raúl e Correia, Luís Brito, "Responsabilidade...", *BMJ*, nº 193, 1970, pp. 46-47, e nº 195, 1970, pp. 37-38.

[1833] Campos, Diogo Leite de, "A responsabilidade...", p. 64.

[1834] Rodrigues, Ilídio Duarte, *A administração...*, pp. 179-180, Maia, Pedro, *Função...*, pp. 250-251 e 279-281, Ramos, Maria Elisabete Gomes, *Responsabilidade civil...*, pp. 89, 95 e 114-116, Martins, Alexandre de Soveral, "A responsabilidade...", *BFDUC*, 2002, pp. 376-377, Santo, João Espírito, *Sociedades...*, p. 418, n. 1141, Abreu, Jorge Coutinho de, *Governação...*, pp. 100-102, Silva, João Calvão da, "Corporate governance...", *RLJ*, ano 136, 2006, pp. 37-39, e Figueiredo, Isabel Mousinho de, "O administrador...", *O Direito*, 2005, pp. 554 e 582. Referindo-se ao dever de vigilância dos administradores não delegados, Cordeiro, António Menezes, "Código...", art. 407, an. 10, Serens, Manuel Nogueira, *Notas...*, 2ª ed., p. 78, Vasques, José, *Estruturas...*, p. 145, e Neves, Rui de Oliveira, "O administrador...", pp. 180-181.

[1835] Rodrigues, Ilídio Duarte, *A administração...*, p. 180, Maia, Pedro, *Função...*, pp. 251 e 279-281, Ramos, Maria Elisabete Gomes, *Responsabilidade civil...*, p. 120, Martins, Alexandre de Soveral, "A responsabilidade...", *BFDUC*, 2002, pp. 376-377, Silva, João Calvão da, "Corporate governance...", *RLJ*, ano 136, 2006, pp. 37-38, e Figueiredo, Isabel Mousinho de, "O administrador...", *O Direito*, 2005, p. 582.

[1836] Silva, João Calvão da, "Corporate governance...", *RLJ*, ano 136, 2006, pp. 37 e 44-45.

DEVER DE GESTÃO

como uma postura ativa de procurar informação junto dos colaboradores da empresa[1837].

Há quem realce que o dever de vigilância não deve ser estendido desmesuradamente, ao ponto de conduzir, na prática, a uma responsabilização objetiva[1838].

A tarefa de fiscalização implica um dever de intervenção. Os administradores não delegados devem provocar a intervenção do pleno quando notam que poderá ocorrer um prejuízo para a sociedade[1839]. Afirma-se, por vezes, que, caso o pleno não atue, surge um dever de informar o órgão de fiscalização e o colégio dos sócios[1840].

No que respeita à posição dos administradores delegados, uma parte da doutrina sustenta a necessidade de aceitação da delegação, dada a concentração de poderes e deveres na sua esfera jurídica[1841].

Alguma doutrina considera que o conselho de administração tem o poder de emitir instruções dirigidas aos delegados[1842].

Relativamente ao encargo especial previsto no nº 1 do art. 407 do CSC, uma parte da doutrina nacional considera que não provoca qualquer alteração nos deveres dos administradores não encarregados[1843].

Diversamente, *Coutinho de Abreu* sustenta que a delegação restrita provoca alguma modificação do regime de responsabilidade dos administradores não encarregados. Oferece o exemplo do administrador encarregado

---

[1837] Figueiredo, Isabel Mousinho de, "O administrador...", *O Direito*, 2005, p. 586.

[1838] Silva, João Calvão da, "Corporate governance...", *RLJ*, ano 136, 2006, p. 39.

[1839] Rodrigues, Ilídio Duarte, *A administração...*, pp. 179-180, Maia, Pedro, *Função...*, pp. 271-273, n. 327, Ramos, Maria Elisabete Gomes, *Responsabilidade civil...*, pp. 119 e 121-122, Martins, Alexandre de Soveral, "A responsabilidade...", *BFDUC*, 2002, pp. 377-378, Silva, João Calvão da, "Corporate governance...", *RLJ*, ano 136, 2006, pp. 37-38, e Figueiredo, Isabel Mousinho de, "O administrador...", *O Direito*, 2005, p. 586. Também, Cordeiro, António Menezes, "Código...", art. 407, an. 10.

[1840] Figueiredo, Isabel Mousinho de, "O administrador...", *O Direito*, 2005, p. 586.

[1841] Figueiredo, Isabel Mousinho de, "O administrador...", *O Direito*, 2005, pp. 576-578.

[1842] Abreu, Jorge Coutinho de, *Governação...*, p. 98 (mais tarde, Abreu, Jorge Coutinho de, *Governação...*, 2ª ed., p. 100).

[1843] Martins, Alexandre de Soveral, *Os poderes...*, pp. 362 e 367, Martins, Alexandre de Soveral, *Os administradores...*, pp. 20 e 28, Martins, Alexandre de Soveral, "A responsabilidade...", *BFDUC*, 2002, p. 371, Maia, Pedro, *Função...*, p. 250, Ramos, Maria Elisabete Gomes, "Aspetos...", *BFDUC*, 1997, p. 249, Ramos, Maria Elisabete Gomes, *Responsabilidade civil...*, pp. 60 e 116, Santo, João Espírito, *Sociedades...*, p. 418, n. 1141, Silva, João Calvão da, "Corporate governance...", *RLJ*, ano 136, 2006, pp. 35-36, Figueiredo, Isabel Mousinho de, "O administrador...", *O Direito*, 2005, pp. 561-562 e 582, e Vasques, José, *Estruturas...*, pp. 145-146.

que celebra um contrato de compra e venda de matéria-prima com um novo fornecedor porque este lhe oferece "luvas", tendo a matéria-prima uma qualidade inferior, provocando danos. Afirma que os demais administradores, que não tiveram nem podiam ter tido em tempo oportuno conhecimento do negócio, não respondem solidariamente com o administrador encarregado[1844].

### 4.4.6. Vigilância

Alguma doutrina sustenta que, mesmo fora das situações de delegação, cada administrador tem um dever de vigilância sobre a atividade da sociedade. Reclama-se não apenas o controlo dos administradores executivos, mas também o controlo dos trabalhadores e demais colaboradores da sociedade[1845].

Alguma doutrina refere que tal dever é condicionado pela necessidade de confiar na correção da informação obtida junto de outras pessoas[1846].

Afirma-se que a imposição de vigilância implica um sistema de controlo interno[1847]. Outras vezes, sustenta-se que a obrigatoriedade de implementação de um sistema de controlo interno deve ser aferida em função da dimensão da sociedade e dos riscos com que lida[1848].

Sob inspiração anglo-americana, há quem realce que não é qualquer falha isolada de vigilância que implica responsabilidade, mas apenas uma falha continuada e tolerada do sistema de controlo[1849].

---

[1844] Abreu, Jorge Coutinho de, *Governação...*, pp. 100-101 (posteriormente, Abreu, Jorge Coutinho de, *Governação...*, 2ª ed., pp. 102-103).

[1845] Ventura, Raúl, *Estudos...*, p. 536, Abreu, Jorge Coutinho de, *Responsabilidade civil...*, pp. 20-21, Cordeiro, António Menezes, "Código...", art. 406, an. 18 (também art. 73, an. 3), Cordeiro, Catarina Pires, "Algumas considerações...", *O Direito*, 2005, pp. 111-112, e Ferreira, Bruno, "Os deveres...", *RDS*, 2009, pp. 712-718. Referindo-se a uma vigilância sobre "o curso da gestão societária" e sobre a atuação dos colegas, Ramos, Maria Elisabete Gomes, *Responsabilidade civil...*, pp. 116-117. Referindo-se a uma vigilância sobre a atuação dos colegas, Ventura, Raúl e Correia, Luís Brito, "Responsabilidade...", *BMJ*, nº 193, 1970, p. 46, Ventura, Raúl, *Sociedades por quotas*, III, pp. 152-153, Rodrigues, Ilídio Duarte, *A administração...*, p. 180, n. 272, e p. 211, e Martins, Alexandre de Soveral, "A responsabilidade...", *BFDUC*, 2002, pp. 375-376.

[1846] Ferreira, Bruno, "Os deveres...", *RDS*, 2009, p. 713. Referindo-se à necessidade de confiar na veracidade da informação, ao analisar a faceta de obtenção de informação dos deveres de cuidado, Câmara, Paulo, "...deveres fiduciários...", p. 169.

[1847] Aparentemente, Vasconcelos, Pedro Pais de, "Business...", *DSR*, nº 2, 2009, pp. 73-74.

[1848] Câmara, Paulo, "A auditoria interna...", p. 312 (anteriormente, Câmara, Paulo, "...deveres fiduciários...", p. 167), e Ferreira, Bruno, "Os deveres...", *RDS*, 2009, p. 717.

[1849] Vasconcelos, Pedro Pais de, "Business...", *DSR*, nº 2, 2009, pp. 73-74.

### 4.4.7. Sindicabilidade judicial da atuação dos administradores

O debate nacional sobre a sindicabilidade judicial da atuação dos administradores teve um recente impulso, em reação à crescente reflexão internacional sobre o governo das sociedades[1850]. Mas é um debate antigo.

Na exposição de motivos da Lei de 22 de Junho de 1867, consideraram-se injustas as soluções francesa e belga de responsabilização dos administradores por erros de gestão, por constituírem uma reação exagerada contra os abusos de algumas administrações[1851], dissuadindo a aceitação do mandato[1852].

Em tempos menos distantes, nos estudos preparatórios do D.L. nº 49381, de 15 de Novembro de 1969, publicados em 1970, após sustentarem a concretização das obrigações dos administradores com apelo à noção de diligência e à noção de interesse social, *Raúl Ventura* e *Brito Correia* ressalvaram que a atividade de uma sociedade envolve sempre risco económico, não podendo os deveres do administrador ser entendidos de forma a impedi-lo de correr os riscos normais da empresa[1853]. Mais acrescentaram que os riscos da atividade social correm por conta da sociedade e, em última análise, por conta dos sócios[1854].

Já no âmbito de vigência do CSC, *Ilídio Duarte Rodrigues*, ao questionar se o dever de administrar com diligência implica o não cometimento de erros de gestão, defendia a irresponsabilidade dos administradores pelo insucesso da gestão quando esta resultar do infortúnio ou de circunstâncias objetivas do mercado. Afirmava que ao exercício da gestão são inerentes os riscos normais da empresa. Referia que cabe aos administradores a opção sobre os atos que consideram mais convenientes e oportunos para a prossecução do interesse social, segundo os seus critérios discricionários. Acrescentava impor-se ao administrador diligente o recurso a colaboradores e consultores, perante as lacunas dos seus conheci-

---

[1850] Merecem destaque Antunes, José Engrácia, *Os grupos...*, p. 605, Castro, Carlos Osório de, *Valores...*, pp. 217-219 (também Castro, Carlos Osório de, "Da prestação de garantias...", *ROA*, 1996, p. 590), e Silva, João Soares da, "...os deveres gerais...", *ROA*, 1997, *passim*.

[1851] Trata-se seguramente de uma referência às falências e "fraudes" que acompanharam desde cedo os projetos societários de grande dimensão e com elevada dispersão do capital. Sobre este aspeto, Duarte, Rui Pinto, ...*sociedades*, pp. 92-93. Estes problemas das sociedades anónimas foram realçados nos próprios *Motifs* do *Code de Commerce* de 1807, com a afirmação de que "*trop souvent des associations mal combinées dans leur origine, ou mal gérées dans leurs opérations, ont compromis la fortune des actionnaires et des administrateurs, altéré momentanément le crédit général, mis en péril la tranquilité publique*" ("Discours...", p. 20).

[1852] *Diário de Lisboa* nº 19, de 24 de Janeiro de 1867, p. 195.

[1853] Ventura, Raúl e Correia, Luís Brito, "Responsabilidade...", *BMJ*, nº 192, 1970, pp. 94-95.

[1854] Ventura, Raúl e Correia, Luís Brito, "Responsabilidade...", *BMJ*, nº 193, 1970, p. 7.

mentos, e a realização de opções discricionárias com a devida ponderação dos riscos[1855].

*Engrácia Antunes* referia-se a um juízo de oportunidade insindicável dos administradores (*business judgment rule*). Sustentava que deveria ser reconhecido aos administradores um "direito ao erro". Apontava para as dificuldades de traçar, em abstrato, a linha de fronteira entre aquilo que ainda releva do risco de gestão empresarial e aquilo que constituirá uma leviandade ou imperícia na gestão[1856].

*Osório de Castro* caracterizava a *business judgment rule* como uma regra segundo a qual as decisões da administração são judicialmente insindicáveis se adotadas por administradores agindo convictamente no interesse da sociedade, de forma desinteressada e convenientemente informada. Por outro lado, afirmava que, no quadro da *business judgment rule*, a apreciação da conformidade com o interesse social é realizada de acordo com critérios de razoabilidade objetiva (*rational belief*). Por último, acrescentava que esta regra não conduz a resultados muitos diversos dos que se obteriam com o critério da indefensabilidade (*Unvertretbarkeit*), utilizado no espaço germânico para apreciar os atos administrativos proferidos no exercício de um poder discricionário[1857].

*Maria Elisabete Ramos* distinguia o risco de uma gestão negligente do risco da empresa[1858]. Afirmava que a lei reconhece aos administradores um espaço de discricionariedade na realização dos interesses da sociedade, dos sócios e dos trabalhadores. Sustentava que os administradores não devem omitir medidas arriscadas, exigindo-se antes uma estimativa diligente dos riscos. Como limite à assunção de riscos, apontava os riscos desproporcionados para a empresa ou que ponham em perigo a existência do estabelecimento[1859]. *Maria Elisabete Ramos* convocava a ideia de obrigação de meios, sustentando que os maus resultados empresariais não são necessariamente sinónimo de violação do padrão de diligência[1860].

*Menezes Cordeiro* sustentava que os erros de gestão apenas geram responsabilidade civil em caso de violação de específicos deveres legais, estatutários

---

[1855] Rodrigues, Ilídio Duarte, *A administração...*, pp. 176-179.

[1856] Antunes, José Engrácia, *Os grupos...*, p. 605. Posteriormente, Antunes, José Engrácia, *Os grupos de sociedades...*, 2ª ed., p. 740.

[1857] Castro, Carlos Osório de, *Valores...*, pp. 217-219.

[1858] Ramos, Maria Elisabete Gomes, "Aspetos...", *BFDUC*, 1997, p. 221. Também Ramos, Maria Elisabete Gomes, *Responsabilidade civil...*, pp. 91-92, Ramos, Maria Elisabete Gomes, "A insolvência...", *Prim@ Facie*, ano 4, nº 7, 2005, p. 10, n. 17, Ramos, Maria Elisabete Gomes, "Insolvência...", *BFDUC*, 2007, p. 456, n. 23, e Ramos, Maria Elisabete Gomes, "Código...", *RdS*, nº 30, 2008, p. 281, n. 7.

[1859] Ramos, Maria Elisabete Gomes, "Aspetos...", *BFDUC*, 1997, pp. 228-235. Também Ramos, Maria Elisabete Gomes, *Responsabilidade civil...*, pp. 77 e 85-86.

[1860] Ramos, Maria Elisabete Gomes, *Responsabilidade civil...*, pp. 86-87.

DEVER DE GESTÃO

ou contratuais, ressalvando que, no limite, perante o erro grosseiro, evidente e inadmissível, seria sempre possível construir uma norma com recurso, em última instância, ao princípio da boa fé[1861].

*Soares da Silva* deu conta da *business judgment rule* norte-americana, sustentando que, nas decisões empresariais, o cumprimento do dever de diligência se transforma na necessidade de observância de um processo (de informação, de ausência de conflitos de interesses, de boa fé), mais do que num juízo sobre a decisão em si[1862].

*Horta Osório* afirmava que, mais do que um dever genérico de diligência, de cuidado, de prudência, de atuação como bom pai de família, o art. 64 do CSC fixava, à semelhança da *business judgment rule*, um modo ou um procedimento de atuação empresarial ou de condução dos negócios sociais[1863].

*Vaz Pinto* e *Keel Pereira* fizeram eco da distinção entre risco da empresa e risco de uma gestão negligente, sustentando que está vedada ao julgador a apreciação da razoabilidade das medidas de gestão[1864].

*Pereira de Almeida* referia que a atividade empresarial envolve riscos e advogava a insindicabilidade do mérito das decisões de gestão[1865].

*Carneiro da Frada*, invocando a *business judgment rule* norte-americana, focava a imposição de obtenção das informações razoavelmente exigíveis para uma decisão conscienciosa, considerando que a escolha dos objetivos e dos meios para os atingir constitui um cerne insindicável do exercício da administração. Afirmava que o erro de gestão pode relevar, mesmo que não seja grosseiro, destacando o controlo procedimental das decisões de administração[1866]. Num escrito posterior, apontava também para a hipótese extrema de uma opção de gestão inequívoca e manifestamente irracional[1867]. Como pano de fundo, sublinhava a necessidade de permitir a adoção de medidas de gestão audazes, promovendo a agilidade das empresas e a competitividade[1868].

Entretanto, com o D.L. nº 76-A/2006, de 29 de Março, o legislador introduziu um novo nº 2 no art. 72 do CSC, fazendo constar que a responsabilidade

---

[1861] Cordeiro, António Menezes, Da responsabilidade..., p. 40, n. 21, e pp. 496-497 e 522-523.

[1862] Silva, João Soares da, "...os deveres gerais...", *ROA*, 1997, p. 626.

[1863] Osório, José Diogo Horta, *Da tomada...*, p. 238.

[1864] Pinto, Filipe Vaz e Pereira, Marcos Keel, "A responsabilidade civil dos administradores de sociedades comerciais", Faculdade de Direito da Universidade Nova de Lisboa, 2001, pp. 10 e 13.

[1865] Almeida, António Pereira de, *Sociedades...*, 3ª ed., pp. 147-148.

[1866] Frada, Manuel Carneiro da, *Direito civil...*, pp. 121-123.

[1867] Frada, Manuel Carneiro da, "A responsabilidade...", *ROA*, 2006, pp. 678-679.

[1868] Frada, Manuel Carneiro da, "A responsabilidade...", *ROA*, 2006, p. 678.

do administrador é excluída *"se provar que actuou em termos informados, livre de qualquer interesse pessoal e segundo critérios de racionalidade empresarial"*.

A reflexão doutrinária nacional sobre a sindicabilidade judicial da atuação dos administradores passou a incidir essencialmente na análise desta proposição normativa.

Em todo o caso, alguma doutrina aborda este problema também ao nível da delimitação do dever geral dos administradores, apontando para a ideia de discricionariedade empresarial. Afirma-se que, em muitas situações, a escolha dos administradores é complexa, surgindo inúmeras alternativas de decisão. Acrescenta-se que o administrador apenas violará os seus deveres se escolher uma solução irrazoável, incompatível com o interesse da sociedade[1869].

### 4.4.8. Art. 72, nº 2, do CSC

Uma primeira corrente doutrinária concebe o art. 72, nº 2, do CSC como uma cláusula de exclusão da culpa[1870]. Tal perspetiva é, por vezes, ancorada na conceção do dever de cuidado como um elemento da culpa[1871]. Outras vezes, resulta da ideia de que a observância da racionalidade empresarial, com conhecimento e isenção, não pode dispensar o cumprimento de quaisquer deveres, apenas significando que não é exigível outra conduta[1872].

Uma segunda corrente doutrinária enquadra o art. 72, nº 2, do CSC no universo da ilicitude, por jogar com o desvalor objetivo da conduta. Por vezes, o art. 72, nº 2, do CSC é visto como uma causa de exclusão da ilicitude[1873]. Outras vezes refere-se que a *business judgment rule* contribui para fixar a ilicitude, recortando por dentro o espaço de ilicitude provisoriamente indicado pelo art. 64, nº 1, alínea a), do CSC, evocando a figura dos elementos negativos do tipo-de-ilícito[1874].

---

[1869] Abreu, Jorge Coutinho de, *Responsabilidade civil...*, p. 22.

[1870] Silva, João Calvão da, "Corporate governance...", *RLJ*, ano 136, 2006, pp. 53-57, Cordeiro, António Menezes, *Manual...*, I, 2ª ed., pp. 927-929, Cordeiro, António Menezes, "Código...", art. 72, an. 8-14, Antunes, José Engrácia, "O regimento...", *DSR*, nº 2, 2009, p. 94, e Vasques, José, *Estruturas...*, pp. 206-208.

[1871] Silva, João Calvão da, "Corporate governance...", *RLJ*, ano 136, 2006, pp. 53-57.

[1872] Cordeiro, António Menezes, "Código...", art. 72, an. 8-14.

[1873] Dias, Gabriela Figueiredo, *Fiscalização...*, pp. 72 e 74-78 (posteriormente, Dias, Gabriela Figueiredo, "A fiscalização societária...", p. 312, e Dias, Gabriela Figueiredo, "Estruturas...", pp. 828-831), Abreu, Jorge Coutinho de, *Responsabilidade civil...*, pp. 42-43, Costa, Ricardo, "Responsabilidade dos administradores...", pp. 64 e 73-79, Oliveira, Ana Perestrelo de, *A responsabilidade...*, pp. 148- -149, e Câmara, Paulo, "...a reforma...", pp. 50-53. Aparentemente, Ramos, Maria Elisabete Gomes, *O seguro...*, p. 159.

[1874] Frada, Manuel Carneiro da, "A business...", pp. 223-233. Aderindo a esta perspetiva, Reis, Nuno Trigo dos, "Os deveres...", *Cadernos O Direito*, nº 4, 2009, pp. 324-330.

Uma terceira corrente doutrinária entende que o art. 72, nº 2, do CSC não visa delimitar a ilicitude, inserindo-se melhor em sede de causalidade, com uma função paralela à relevância negativa da causa virtual[1875].

Uma quarta corrente doutrinária considera que o art. 72, nº 2, do CSC nada acrescenta face ao art. 64 do CSC, limitando-se a explicitar o conteúdo dos deveres gerais dos administradores[1876].

Uma quinta corrente doutrinária sustenta, ainda que em tom crítico, que o art. 72, nº 2, do CSC consagra uma presunção de ilicitude, atribuindo aos administradores o ónus de prova do cumprimento dos deveres previstos no art. 64, nº 1, do CSC[1877].

Uma parte da doutrina refere que o regime do art. 72, nº 2, do CSC apenas respeita à responsabilidade civil, não se aplicando a outras reações jurídicas, como a destituição[1878]. Outra parte da doutrina sustenta a posição contrária, considerando inexistir justa causa quando a atuação do administrador é protegida pelo art. 72, nº 2, do CSC[1879].

No que respeita às finalidades prosseguidas pela *business judgment rule*, a doutrinal nacional refere frequentemente que se pretende salvaguardar a liberdade decisória do administrador e a assunção de riscos empresariais[1880]. Faz-se referência à ideia de incerteza empresarial[1881].

São, por vezes, apontadas como razões para a *business judgment rule* as dificuldades sentidas pelos tribunais na reconstituição intelectual das circunstâncias

---

[1875] Leitão, Adelaide Menezes, "Responsabilidade...", *RDS*, 2009, pp. 670-673.

[1876] Triunfante, Armando Manuel, *Código...*, p. 76, e Almeida, António Pereira de, *Sociedades...*, 5ª ed., pp. 258-263.

[1877] Vasconcelos, Pedro Pais de, "D&O insurance...", pp. 1168-1175, Vasconcelos, Pedro Pais de, "Responsabilidade...", *DSR*, nº 1, 2009, pp. 24-25, e Vasconcelos, Pedro Pais de, "Business...", *DSR*, nº 2, 2009, pp. 54-60.

[1878] Costa, Ricardo, "Responsabilidade dos administradores...", p. 72, e Frada, Manuel Carneiro da, "A business...", p. 224, n. 33, e pp. 231-232.

[1879] Reis, Nuno Trigo dos, "Os deveres...", *Cadernos O Direito*, nº 4, 2009, p. 330, n. 148.

[1880] Cordeiro, António Menezes, "Os deveres...", *ROA*, 2006, p. 478, Silva, João Calvão da, "Corporate governance...", *RLJ*, ano 136, 2006, p. 55, Frada, Manuel Carneiro da, "A business...", pp. 220--222, Vasconcelos, Pedro Pais de, "Business...", *DSR*, nº 2, 2009, pp. 57-58 e 61-62, Costa, Ricardo, "Responsabilidade dos administradores...", pp. 53-56 e 80, Câmara, Paulo, "...a reforma...", p. 45, Almeida, António Pereira de, *Sociedades...*, 5ª ed., p. 257, Reis, Nuno Trigo dos, "Os deveres...", *Cadernos O Direito*, nº 4, 2009, p. 318, Ferreira, Bruno, "Os deveres...", *RDS*, 2009, p. 724, Guiné, Orlando Vogler, *Da conduta...*, p. 124, Magalhães, Vânia Patrícia Filipe, "A conduta...", *RDS*, 2009, pp. 393-394, e Gomes, José Ferreira, "Conflitos de interesses...", p. 163. Aparentemente também, Abreu, Jorge Coutinho de, *Responsabilidade civil...*, pp. 38-39.

[1881] Frada, Manuel Carneiro da, "A business...", p. 220, Carrillo, Elena F. Pérez e Ramos, Maria Elisabete Gomes, "Responsabilidade...", *BFDUC*, 2006, p. 304, e Costa, Ricardo, "Responsabilidade dos administradores...", p. 52.

DEVER DE GESTÃO DOS ADMINISTRADORES DE SOCIEDADES ANÓNIMAS

em que a decisão foi tomada e a tendência de responsabilização dos administradores pelos resultados indesejáveis[1882].

São igualmente invocados a inexperiência e o desconhecimento empresarial dos juízes[1883].

Por vezes refere-se que a falta de ensinamentos seguros ou práticas empresariais comummente aceites constitui um motivo para a adoção da *business judgment rule*[1884].

Acrescenta-se, por último, que a sindicabilidade judicial das decisões dos administradores acabaria por transferir a sua autoridade decisória para os sujeitos que lhes podem pedir responsabilidade[1885].

Alguma doutrina refere que o art. 72, nº 2, do CSC pressupõe a existência de uma decisão empresarial, quer se trate de uma decisão positiva, quer se trate de uma decisão negativa, que opte pela não atuação. De fora ficariam as situações em que os administradores abdicam das suas funções e as puras omissões ou inações por esquecimento ou negligência[1886].

Uma parte da doutrina nega a aplicação do art. 72, nº 2, do CSC às situações de preterição de deveres legais[1887].

---

[1882] Carrillo, Elena F. Pérez e Ramos, Maria Elisabete Gomes, "Responsabilidade...", *BFDUC*, 2006, pp. 304-305, Abreu, Jorge Coutinho de, *Responsabilidade civil...*, p. 38, Costa, Ricardo, "Responsabilidade dos administradores...", pp. 53-56, Guiné, Orlando Vogler, *Da conduta...*, p. 124, e Gomes, José Ferreira, "Conflitos de interesses...", pp. 162-163. Aparentemente, Ferreira, Bruno, "Os deveres...", *RDS*, 2009, p. 724.

[1883] Silva, João Calvão da, "Corporate governance...", *RLJ*, ano 136, 2006, p. 55, Carrillo, Elena F. Pérez e Ramos, Maria Elisabete Gomes, "Responsabilidade...", *BFDUC*, 2006, pp. 304-305, Costa, Ricardo, "Responsabilidade dos administradores...", p. 54, Vasconcelos, Pedro Pais de, "Business...", *DSR*, nº 2, 2009, p. 79, e Câmara, Paulo, "...a reforma...", p. 45.

[1884] Abreu, Jorge Coutinho de, *Responsabilidade civil...*, p. 38, e Costa, Ricardo, "Responsabilidade dos administradores...", p. 55. Aparentemente também, Cordeiro, António Menezes, "Código...", art. 72, an. 20.

[1885] Costa, Ricardo, "Código...", p. 738.

[1886] Silva, João Calvão da, "Corporate governance...", *RLJ*, ano 136, 2006, pp. 54-55, Costa, Ricardo, "Responsabilidade dos administradores...", pp. 81-82, Ramos, Maria Elisabete Gomes, *O seguro...*, p. 156, e Abreu, Jorge Coutinho de e Ramos, Maria Elisabete Gomes, "Código...", pp. 845-846.

[1887] Abreu, Jorge Coutinho de, *Responsabilidade civil...*, p. 46, Abreu, Jorge Coutinho de, "Corporate...", p. 32, Abreu, Jorge Coutinho de e Ramos, Maria Elisabete Gomes, "Código...", pp. 846-848, Câmara, Paulo, "...a reforma...", p. 52, Almeida, António Pereira de, *Sociedades...*, 5ª ed., pp. 258 e 261, Reis, Nuno Trigo dos, "Os deveres...", *Cadernos O Direito*, nº 4, 2009, pp. 318-319, Guiné, Orlando Vogler, *Da conduta...*, pp. 125-126, e Gomes, José Ferreira, "Conflitos de interesses...", p. 160. Próximo, Silva, João Calvão da, "Corporate governance...", *RLJ*, ano 136, 2006, p. 57. Criticando a intervenção legislativa, por implicar a isenção de responsabilidade em caso de violação voluntária de deveres legais ou contratuais, Ventura, Paulo, "Algumas notas...", *Boletim da Ordem dos Advogados*, nº 42, 2006, p. 59.

## DEVER DE GESTÃO

Outra parte da doutrina sustenta que o art. 72, nº 2, do CSC apenas pode ser aplicado quando haja uma margem de discricionariedade na atuação do administrador[1888]. Refere-se que alguns deveres específicos poderão envolver discricionariedade[1889]. Mas acrescenta-se que, por regra, os deveres específicos implicam decisões vinculadas[1890].

Por vezes, a restrição do campo de aplicação do art. 72, nº 2, do CSC é operada com recurso simultâneo à contraposição entre vinculação e discricionariedade e à contraposição entre deveres específicos e dever geral dos administradores[1891].

Uma parte da doutrina considera que o art. 72, nº 2, do CSC não é aplicável às decisões procedimentais, relativas à atuação em termos informados[1892].

Outra parte da doutrina aparenta sujeitar o escrutínio judicial das decisões procedimentais ao crivo do art. 72, nº 2, do CSC[1893].

Uma parte da doutrina sustenta, em termos genéricos, a aplicação do art. 72, nº 2, do CSC ao dever de vigilância dos administradores[1894].

Outra parte da doutrina defende a aplicação da *business judgment rule* em contextos de vigilância, mas com ressalva das situações que não impliquem a tomada de decisões[1895].

Há também quem afirme que a *business judgment rule* poderá abarcar o dever de vigilância sempre que ele implique a decisão de adotar procedimentos de controlo da atividade de gestão social e a escolha desses procedimentos dependa da obtenção de informação relevante[1896].

---

[1888] Frada, Manuel Carneiro da, "A business...", pp. 220-222 e 229, Vasconcelos, Pedro Pais de, "Business...", *DSR*, nº 2, 2009, pp. 61-74, Antunes, José Engrácia, *...sociedades*, pp. 335-336, e Oliveira, Ana Perestrelo de, *A responsabilidade...*, pp. 147-148. Aparentemente, Dias, Gabriela Figueiredo, "A fiscalização societária...", p. 314, n. 73.

[1889] Vasconcelos, Pedro Pais de, "Business...", *DSR*, nº 2, 2009, pp. 61-74.

[1890] Antunes, José Engrácia, *...sociedades*, pp. 335-336.

[1891] Ramos, Maria Elisabete Gomes, *O seguro...*, pp. 156-157 (anteriormente, Carrillo, Elena F. Pérez e Ramos, Maria Elisabete Gomes, "Responsabilidade...", *BFDUC*, 2006, pp. 306-307), Costa, Ricardo, "Responsabilidade dos administradores...", pp. 65-69 e 71, e Ferreira, Bruno, "Os deveres...", *RDS*, 2009, p. 724.

[1892] Abreu, Jorge Coutinho de, *Responsabilidade civil...*, p. 46, Abreu, Jorge Coutinho de, "Corporate...", p. 32, e Abreu, Jorge Coutinho de e Ramos, Maria Elisabete Gomes, "Código...", p. 848. Perspetiva subjacente ao pensamento de Frada, Manuel Carneiro da, "A business...", p. 234, e Silva, João Calvão da, "Corporate governance...", *RLJ*, ano 136, 2006, p. 55.

[1893] Costa, Ricardo, "Responsabilidade dos administradores...", pp. 69-71 e 82-83, e Costa, Ricardo, "Código...", pp. 739-741.

[1894] Vasconcelos, Pedro Pais de, "Business...", *DSR*, nº 2, 2009, p. 74. Defendendo a aplicação do preceito a decisões sobre criação de sistemas de auditoria interna, Câmara, Paulo, "A auditoria interna...", p. 312.

[1895] Silva, João Calvão da, "Corporate governance...", *RLJ*, ano 136, 2006, pp. 55-56.

[1896] Costa, Ricardo, "Responsabilidade dos administradores...", p. 70, n. 47.

A maioria da doutrina sustenta a inaplicabilidade do art. 72, nº 2, do CSC a casos de violação do dever de lealdade[1897].

Mas há quem afirme, em termos lacónicos, que a *business judgment rule* se aplica aos deveres de lealdade[1898].

No que respeita à exigência de atuação livre de qualquer interesse pessoal, a doutrina nacional frequentemente realça que estará em causa qualquer atuação em conflito de interesses, não apenas por se atender a um interesse próprio, mas também por se privilegiar um interesse de terceiro[1899].

Ao analisar as situações de atuação coletiva, uma parte da doutrina sustenta que a participação na decisão de um administrador em conflito de interesses afasta a possibilidade de invocação da *business judgment rule* pelos restantes administradores[1900].

Outra parte da doutrina considera que está em causa uma aferição individual da existência de conflitos de interesses[1901].

No que respeita à exigência de racionalidade empresarial, sugere-se, sob inspiração anglo-americana, a distinção entre racionalidade e razoabilidade das decisões, apontando para a finalidade de limitação da sindicabilidade judicial do mérito das decisões empresariais[1902].

Afirma-se que não estará em causa um aturado escrutínio judicial da racionalidade económica das decisões adotadas, mas apenas a prova de que o administrador não atuou de modo irracional, incompreensivelmente, sem qualquer explicação coerente[1903].

---

[1897] Frada, Manuel Carneiro da, "A business...", pp. 221-222 (já antes, Frada, Manuel Carneiro da, "A responsabilidade...", *ROA*, 2006, pp. 679-680), Abreu, Jorge Coutinho de, *Responsabilidade civil...*, p. 46, Abreu, Jorge Coutinho de, "Corporate...", p. 32, Abreu, Jorge Coutinho de e Ramos, Maria Elisabete Gomes, "Código...", p. 848, Silva, João Calvão da, "Corporate governance...", *RLJ*, ano 136, 2006, pp. 56-57, Câmara, Paulo, "...a reforma...", pp. 51-52, Magalhães, Vânia Patrícia Filipe, "A conduta...", *RDS*, 2009, p. 394, Ramos, Maria Elisabete Gomes, *O seguro...*, p. 157, e Costa, Ricardo, "Código...", pp. 747-748. Aparentemente, Guiné, Orlando Vogler, *Da conduta...*, p. 125.

[1898] Leitão, Adelaide Menezes, "Responsabilidade...", *RDS*, 2009, pp. 670-671.

[1899] Abreu, Jorge Coutinho de, *Responsabilidade civil...*, pp. 42-43, Abreu, Jorge Coutinho de e Ramos, Maria Elisabete Gomes, "Código...", p. 845, Frada, Manuel Carneiro da, "A business...", p. 234, e Reis, Nuno Trigo dos, "Os deveres...", *Cadernos O Direito*, nº 4, 2009, pp. 319-322.

[1900] Reis, Nuno Trigo dos, "Os deveres...", *Cadernos O Direito*, nº 4, 2009, pp. 320-322, e Gomes, José Ferreira, "Conflitos de interesses...", pp. 164-166.

[1901] Câmara, Paulo, "...a reforma...", p. 49.

[1902] Abreu, Jorge Coutinho de, *Responsabilidade civil...*, pp. 43-46, Costa, Ricardo, "Responsabilidade dos administradores...", pp. 83-86, Ramos, Maria Elisabete Gomes, *O seguro...*, pp. 159-160, Ferreira, Bruno, "Os deveres...", *RDS*, 2009, pp. 725-729, e Guiné, Orlando Vogler, *Da conduta...*, pp. 125-126.

[1903] Abreu, Jorge Coutinho de, *Responsabilidade civil...*, pp. 43-46 (na sequência de anterior análise ao princípio da racionalidade económica, em Abreu, Jorge Coutinho de, "Definição de empresa...",

DEVER DE GESTÃO

Nesta linha, adverte-se para o perigo de tolhimento da atividade de administração de um entendimento excessivo do que sejam *critérios de racionalidade empresarial*[1904].

Todavia, em sede de interpretação da exigência de racionalidade empresarial, há quem sustente que uma decisão que adote um risco desmedido, que possa conduzir ao perecimento da sociedade, será irracional[1905].

Uma parte da doutrina sustenta que o critério da racionalidade empresarial tem um carácter objetivo, não se baseando na convicção subjetiva do administrador[1906].

Uma outra parte da doutrina associa a exigência de racionalidade empresarial ao facto de o administrador acreditar que atua razoável e honestamente, de boa fé, no melhor interesse da sociedade[1907].

Alguma doutrina sustenta a total insindicabilidade do mérito das decisões empresariais. Nesta sequência, as referências legais à competência técnica, ao conhecimento da atividade da sociedade e à diligência de um gestor criterioso e ordenado, constantes do art. 64, nº 1, do CSC, e a referência à racionalidade empresarial, apontada no art. 72, nº 2, do CSC, são reconduzidas somente ao escrutínio procedimental[1908].

### 4.4.9. Lealdade

É pacífica a oneração dos administradores com um dever de lealdade.

Em tempos mais afastados, na exposição de motivos da Lei de 22 de Junho de 1867, afirmou-se que a proibição de atuação por conta própria dos administradores, prevista no art. 19, era explicada pelas *mais elementares regras de lealdade e moralidade, para que não se supponha por modo algum que o interesse particular está em luta com o interesse da sociedade*[1909]. A referência às exigências de lealdade e mora-

---

*BFDUC*, suplemento, 1991, p. 430, e Abreu, Jorge Coutinho de, "A empresa...", pp. 284-285), Costa, Ricardo, "Responsabilidade dos administradores...", pp. 83-86, Ramos, Maria Elisabete Gomes, *O seguro...*, pp. 159-160, Câmara, Paulo, "...a reforma...", p. 49, Almeida, António Pereira de, *Sociedades...*, 5ª ed., p. 263, Ferreira, Bruno, "Os deveres...", *RDS*, 2009, pp. 728-729, e Guiné, Orlando Vogler, *Da conduta...*, pp. 125-126.

[1904] Frada, Manuel Carneiro da, "A business...", pp. 225 e 233-237.

[1905] Costa, Ricardo, "Responsabilidade dos administradores...", p. 84.

[1906] Frada, Manuel Carneiro da, "A business...", p. 237, Costa, Ricardo, "Responsabilidade dos administradores...", pp. 85-86, e Costa, Ricardo, "Código...", p. 742.

[1907] Silva, João Calvão da, "Corporate governance...", *RLJ*, ano 136, 2006, pp. 55-56.

[1908] Vasconcelos, Pedro Pais de, "Business...", *DSR*, nº 2, 2009, pp. 72-73.

[1909] Diário de Lisboa nº 19, de 24 de Janeiro de 1867, p. 195.

lidade dos administradores seria reproduzida por *Forjaz de Sampaio* e *Tavares de Medeiros*[1910].

Hoje, o dever de lealdade é frequentemente considerado um dos deveres gerais ou fundamentais dos administradores, a par do dever de cuidado, diligência, administração ou gestão[1911].

Alguns autores reconduzem o dever de lealdade dos administradores ao universo da regra de conduta da boa fé[1912].

Outros autores afastam-se de tal perspetiva. Umas vezes, por consideraram que o dever de lealdade dos administradores tem uma natureza especificamente societária, negando o caminho de recondução às categorias civilísticas comuns[1913]. Outras vezes, por entenderem que a regra de conduta da boa fé apenas visa promover uma forma de concordância prática de interesses contrapostos nas relações de troca e que o vínculo de lealdade ou fidelidade dos administradores tem uma natureza distinta[1914]. Subjacente a esta perspetiva encontrar-se-á, seguramente, o apelo à figura das relações fiduciárias em sentido amplo. Outras vezes ainda, são apontadas ambas as justificações para a não recondução do dever de lealdade dos administradores à regra de conduta da boa fé[1915].

---

[1910] Pimentel, Diogo Forjaz de Sampaio, *Annotações...*, II, p. 38, e Medeiros, João Tavares de, *Commentario...*, pp. 136-137.

[1911] Frada, Manuel Carneiro da, *Direito civil...*, pp. 120-122, e Abreu, Jorge Coutinho de, *Responsabilidade civil...*, pp. 14-16 e 25. Caracterizando o dever de lealdade como um dever geral, Serens, Manuel Nogueira e Maia, Pedro, "O art. 428...", *Revista da Banca*, 1996, p. 43, e Silva, João Calvão da, "Corporate governance...", *RLJ*, ano 136, 2006, pp. 51-53.

[1912] Cordeiro, António Menezes, "Os deveres...", *ROA*, 2006, pp. 475-476 (também, Cordeiro, António Menezes, "A lealdade...", *ROA*, 2006, pp. 1038-1039, 1056-1058 e 1061-1063, Cordeiro, António Menezes, *Manual...*, I, 2ª ed., pp. 238-239, 406-407, 423-424, 825-831 e 933, e Cordeiro, António Menezes, "Código...", art. 64, an. 16), Silva, João Calvão da, "Corporate governance...", *RLJ*, ano 136, 2006, pp. 51-53 e 57, Pinto, Filipe Vaz e Pereira, Marcos Keel, "A responsabilidade civil dos administradores de sociedades comerciais", Faculdade de Direito da Universidade Nova de Lisboa, 2001, p. 13, Dias, Gabriela Figueiredo, *Fiscalização...*, p. 43, Oliveira, Ana Perestrelo de, *A responsabilidade...*, p. 126 (posteriormente, Oliveira, Ana Perestrelo de, "Os credores...", *RDS*, 2009, pp. 119-123), Reis, Nuno Trigo dos, "Os deveres...", *Cadernos O Direito*, nº 4, 2009, pp. 412-419, e Leitão, Adelaide Menezes, "Responsabilidade...", *RDS*, 2009, pp. 664-666. Reconduzindo o dever de lealdade nos contratos fiduciários à regra de conduta da boa fé, Vasconcelos, Pedro Pais de, *Contratos...*, p. 406 (equivalente a Vasconcelos, Pedro Pais de, *Contratos...*, 2ª ed., pp. 409-410). Assim interpreto Frada, Manuel Carneiro da, *Teoria da confiança...*, pp. 551-552.

[1913] Ramos, Maria Elisabete Gomes, *O seguro...*, pp. 107-111. Relativamente ao dever de lealdade dos acionistas, Câmara, Paulo, *Parassocialidade...*, pp. 284-285.

[1914] Frada, Manuel Carneiro da, "A business...", pp. 210-211, e Costa, Ricardo, "Código...", p. 743. Aparentemente nesta direção, Gião, João Sousa, "Conflito de interesses...", p. 232.

[1915] Magalhães, Vânia Patrícia Filipe, "A conduta...", *RDS*, 2009, pp. 397-398.

Uma parte da doutrina considera que o dever de lealdade é aferido pela prossecução do interesse social[1916].

Outra parte da doutrina entende que a referência aos interesses a prosseguir, constante do art. 64, nº 1, alínea b), do CSC, não releva do dever de lealdade[1917].

Sob inspiração anglo-americana, alguma doutrina relativiza a fronteira entre o dever de cuidado e o dever de lealdade e sustenta que a displicência na gestão e a falta de zelo e brio na prossecução dos interesses alheios postos a cargo dos administradores constituem violações do dever de lealdade[1918].

### 4.5. Posição adotada

Ao tomar posição, começarei por sustentar que os administradores têm um dever de gestão, qualificando-o como um dever primário de prestação. Defenderei que o conteúdo da prestação de gestão pode ser aprofundado pela incorporação das *leges artis* da gestão de empresas, realçando que a tarefa de gestão empresarial engloba as tarefas relativas à organização da pessoa coletiva. Indicarei as proposições normativas que, em minha opinião, consagram o dever de gestão.

Aprofundando a descrição do dever de gestão, analisarei a contraposição entre dever de gestão e deveres específicos, sustentando que estes últimos constituem aspetos parcelares do primeiro. Sustentarei que o conteúdo do dever de gestão é determinado pela diligência exigida, pelo objeto social e pelos interesses a prosseguir, aprofundando estes diversos elementos. Debruçar-me-ei sobre o problema da legalidade externa, enquadrando-o no âmbito do cumprimento da prestação de gestão.

De seguida, realçarei que, com muita frequência, a concretização normativa do dever de gestão não conduz a uma imposição concreta. Referir-me-ei à discricionariedade dos administradores como reflexo do limite de concretização da norma impositiva da prestação de gestão. Defenderei a necessidade de alguma contenção judicial na tarefa de concretização normativa do dever de gestão e o inerente reconhecimento de uma ampla margem de discricionariedade, apon-

---

[1916] Abreu, Jorge Coutinho de, *Responsabilidade civil...*, pp. 16 e 25, Silva, João Calvão da, "Corporate governance...", *RLJ*, ano 136, 2006, p. 57, Câmara, Paulo, "...deveres fiduciários...", p. 173, Leitão, Adelaide Menezes, "Responsabilidade...", *RDS*, 2009, pp. 664-666, e Guiné, Orlando Vogler, *Da conduta...*, pp. 64-65. Fazendo referência a um dever de não atuar em conflito de interesses, que decorreria do dever de administrar no interesse da sociedade, já Rodrigues, Ilídio Duarte, *A administração...*, p. 187.

[1917] Frada, Manuel Carneiro da, "A business...", pp. 212-213, Cordeiro, António Menezes, "Os deveres...", *ROA*, 2006, pp. 467, 469 e 476 (posteriormente, Cordeiro, António Menezes, *Manual...*, I, 2ª ed., p. 823), e Oliveira, Ana Perestrelo de, *A responsabilidade...*, p. 89, n. 210.

[1918] Vasconcelos, Pedro Pais de, "Business...", *DSR*, nº 2, 2009, p. 72.

tando, sob inspiração do pensamento norte-americano, alguns argumentos nesse sentido.

Tentarei aprofundar a descrição do dever de gestão, focando alguns aspetos parcelares, tais como o risco empresarial, a obtenção de informação, a planificação, a organização e a vigilância. A propósito de alguns destes aspetos parcelares, voltarei a discutir os argumentos que justificam alguma contenção judicial na tarefa de concretização normativa do dever de gestão. A referência às imposições de organização e de vigilância levar-me-á a abordar os reflexos da delegação do poder de administração na situação jurídica passiva dos administradores.

Por fim, debruçar-me-ei sobre a questão da modelação da prestação de gestão através de atos de instrução do próprio conselho de administração.

Terminada a descrição do dever de gestão, analisarei, de forma sumária, a regra de limitação da responsabilidade civil dos administradores consagrada no art. 72, nº 2, do CSC.

Por último, farei uma breve incursão sobre a figura dos negócios jurídicos fiduciários em sentido amplo e sobre o dever de lealdade dos administradores, de forma a aprofundar a compreensão do dever de gestão.

### 4.5.1. Prestação de gestão

Considero que a esfera jurídica do administrador é integrada por um dever de gestão.

Concebo o dever de gestão como um dever primário de prestação[1919]. A prestação de gestão constitui uma modalidade de prestação de serviço – art. 1154 do CC[1920].

A gestão é a prestação que caracteriza o contrato de administração. Recordo que, em capítulo anterior, sustentei a recondução das declarações negociais

---

[1919] Destaco Frada, Manuel Carneiro da, "A business...", p. 206, bem como a referência a uma obrigação contratual de gerir em Correia, António Ferrer, *Lições...*, p. 389. Na doutrina suíça, qualificando o dever de direção como um dever de prestação (*"Leiten ist Leisten"*), Druey, Jean Nicolas, "Verantwortlichkeit...", pp. 136-137.
Sobre a noção de prestação, Frada, Manuel Carneiro da, *Teoria da confiança...*, pp. 272-273, n. 251 (atribuição de um bem jurídico novo, suplementar), Cordeiro, António Menezes, *Tratado...*, II, tomo I, pp. 253-309 e 443-454 (atribuição de uma vantagem), Rego, Margarida Lima, *Contrato de seguro...*, pp. 563-565, n. 1533, e Gernhuber, Joachim, "Das Schuldverhältnis", p. 16. Terei ainda a oportunidade de fazer referência ao interesse do credor e ao princípio utilitarista. Creio que as matérias estão relacionadas.

[1920] Afirmando que a relação de administração constitui uma prestação de serviço, Cordeiro, António Menezes, "A lealdade...", *ROA*, 2006, p. 1058, e Cordeiro, António Menezes, *Manual...*, I, 2ª ed., pp. 825-826.

DEVER DE GESTÃO

constitutivas da situação jurídica de administração à figura do contrato, tendo tecido algumas considerações sobre a deliberação, o poder de representação, os negócios jurídicos institutivos do poder de representação, o órgão e a situação jurídica das pessoas que integram a organização.

Alguns dados históricos apontam para a perspetiva de que a situação jurídica de administração é integrada por um dever de prestação de serviço.

Recordo que o art. 32 do *Code de Commerce* francês de 1807 se referia à responsabilidade dos administradores pela execução do mandato. Entre nós, o § 542 do Código Comercial de 1833 (Código Ferreira Borges) realizava referência paralela, a qual seria reiterada nos diplomas oitocentistas posteriores.

O art. 241 II ADHGB, na redação conferida pela *Aktienrechtsnovelle* de 1884, estabelecia que os membros da direção tinham que aplicar, na sua administração, a diligência de um comerciante ordenado. Na perspetiva do legislador germânico, tal regra não constituía uma inovação, mas sim uma aplicação dos princípios do contrato de mandato[1921]. Na esteira deste regime germânico, o art. 17, nº 1, do D.L. nº 49.381, de 15 de Novembro de 1969, estabeleceu que *"os administradores da sociedade são obrigados a empregar a diligência de um gestor criterioso e ordenado"*. Nos trabalhos preparatórios, *Raúl Ventura* e *Brito Correia* sustentaram que a noção de diligência releva da delimitação do conteúdo do ato devido e não da culpa[1922], aproximando aquela proposição normativa das normas germânicas que consagram o dever de diligência e afastando-a dos arts. 487, nº 2, e 799, nº 2, do CC, relativos à apreciação da culpa[1923]. A regra transitou para o art. 64 do CSC, sendo consignado que *"os administradores devem atuar com a diligência de um gestor criterioso e ordenado"*. Com o D.L. nº 76-A/2006, de 29 de Março, o art. 64, nº 1, alínea a), do CSC, passou a conter a proposição normativa *"empregando nesse âmbito a diligência de um gestor criterioso e ordenado"*. As terminologias "ter que aplicar", "ser obrigado a empregar", "dever atuar" e "empregar" denotam todas a sinalização de uma imposição normativa (dever jurídico). Os trabalhos preparatórios germânicos e nacionais favorecem esta leitura. No regime jurídico dos administradores de sociedades anónimas, a história e o teor literal das proposições normativas sobre diligência dos administradores apontam para a imposição de uma prestação de serviços.

---

[1921] Na exposição de motivos do projeto de 7.3.1884, "Entwurf...", *ZGR*, Sonderheft 4, 1985, pp. 461-463. Também no parecer do *Reichsoberhandelsgericht* de 1877, "Gutachten...", *ZGR*, Sonderheft 4, 1985, pp. 226-228. *Vide* Hommelhoff, Peter, "Eigenkontrolle...", *ZGR*, Sonderheft 4, 1985, pp. 94-95.

[1922] Ventura, Raúl e Correia, Luís Brito, "Responsabilidade...", *BMJ*, nº 192, 1970, pp. 94-97.

[1923] Ventura, Raúl e Correia, Luís Brito, "Responsabilidade...", *BMJ*, nº 195, 1970, p. 32.

Recordo que o art. 31 do *Code de Commerce* francês de 1807 e o § 538 do nosso Código Comercial de 1833 (Código Ferreira Borges) admitiam que os administradores não fossem sócios e que fossem remunerados[1924].

Entretanto, verificou-se uma tendência de profissionalização da atividade dos administradores[1925]. Ocorreu um desenvolvimento do conhecimento na área da gestão empresarial, reclamando crescente especialização e sofisticação. A meritocracia foi ganhando peso.

Esta tendência de profissionalização da atividade dos administradores insere-se num movimento geral de crescente especialização do trabalho, que caracteriza as sociedades modernas. Do ponto de vista jurídico, a crescente especialização do trabalho reclama um desenvolvimento dos regimes jurídicos das prestações de serviço e a necessidade de individualização dos correspondentes deveres de prestação.

É neste contexto que opto por apelidar o dever de prestação dos administradores de sociedades anónimas como um dever de gestão.

Reconheço que a expressão dever de administração pode ser utilizada em alternativa à expressão dever de gestão[1926]. Em todo o caso, prefiro utilizar a expressão dever de gestão, essencialmente com base no argumento de que o termo gestão reflete melhor a correlação com a atividade de gestão de empresas e com a correspondente área do saber[1927]. Realço ainda que o art. 64, nº 1, alínea a), do CSC se refere à diligência de um "gestor".

Opto por não utilizar a expressão dever de diligência. Aponto dois motivos. No âmbito do contrato de administração, tal como no âmbito de outros contratos de prestação de serviço, o carácter fortemente indeterminado do dever de prestação não deve constituir um obstáculo à "descoberta" de uma nomencla-

---

[1924] É certo que o art. 13 da Lei de 22 de Junho de 1867 passou a exigir que os administradores fossem acionistas, o mesmo se passando com o art. 172 do Código Comercial de 1888 (Código Veiga Beirão). A regra inicial só seria reposta com o D.L. nº 389/77, de 15 de Setembro. Mas, sob uma perspetiva sociológica, os administradores não seriam sempre recrutados entre os acionistas, como refere Duarte, Rui Pinto, *...sociedades*, p. 138, n. 133. *Vide* também Duarte, Rui Pinto, "O quadro...", pp. 486 e 493.

[1925] Referindo que, nas décadas posteriores à Segunda Guerra Mundial, se tem assistido a uma crescente profissionalização da classe dos administradores nos Estados Unidos da América, com seleção e promoção com base no mérito e com o desenvolvimento de uma atitude científica perante os problemas de organização empresarial, Blair, Margaret M., *Ownership...*, pp. 98-99. Entre nós, nomeadamente, Cunha, Paulo Olavo, "Corporate...", *DSR*, nº 4, 2010, p. 165.

[1926] Acompanho Frada, Manuel Carneiro da, "A business...", p. 206, n. 6. Realço que ambos os termos eram utilizados por Ventura, Raúl e Correia, Luís Brito, "Responsabilidade...", *BMJ*, nº 192, 1970, pp. 66-67 e 112.

[1927] Utilizando o termo gestão e fazendo-o equivaler ao termo *management*, Duarte, Rui Pinto, *O ensino...*, pp. 117 e 202, e Duarte, Rui Pinto, "Portugal", p. 276.

tura que individualize a prestação. A expressão diligência é utilizada com outro significado nos arts. 487, nº 2, e 799, nº 2, do CC.

Da mesma forma, opto por não utilizar as expressões dever de cuidado ou deveres de cuidado, apesar de esta última expressão constar da atual redação do art. 64, nº 1, alínea a), do CSC. Coloca-se o mesmo problema de individualização da prestação. Existe, de novo, uma possibilidade de confusão conceitual, na medida em que o termo cuidado é amplamente utilizado em matéria de responsabilidade civil, nomeadamente na distinção entre cuidado exterior e cuidado interior.

Considero que as proposições normativas que se referem à gestão e à diligência de um gestor, constantes dos arts. 64, nº 1, alínea a), 405, nº 1, e 431, nº 1, do CSC, possibilitam a incorporação das regras técnicas (*leges artis*) do saber em gestão de empresas[1928].

Haverá apenas de ressalvar as situações em que a sociedade anónima não exerça uma atividade empresarial.

Realço que as regras técnicas de gestão de empresas acabam, por vezes, por ser acolhidas pelo legislador. Pense-se nas referências que, em diversos quadrantes, os legisladores vêm operando à planificação empresarial e aos sistemas de controlo de riscos.

Considero que as tarefas de organização da pessoa coletiva relevam da prestação de gestão. Nesta sede, afasto-me da perspetiva doutrinária que separa a tarefa de gestão empresarial das tarefas relativas à organização da pessoa coletiva[1929].

A compreensão da empresa pelo prisma dos custos de transação, tal como proposta pelo economista *Ronald Coase*, pressupõe a sua caracterização como uma organização, com integração vertical (hierarquia), onde a alocação de

---

[1928] Destaco Semler, Johannes, "Die Unternehmensplanung...", *ZGR*, 1983, p. 13, e Lutter, Marcus, "Unternehmensplanung...", *AG*, 1991, p. 251. Entre nós, num ponto paralelo, Monteiro, Jorge Sinde, *Responsabilidade...*, p. 388.

[1929] A distinção foi aprofundada entre nós por Abreu, Jorge Coutinho de, *Da empresarialidade...*, pp. 214-225 (posteriormente, Abreu, Jorge Coutinho de, *Curso...*, II, 3ª ed., pp. 22-24). Na doutrina italiana, Minervini, Gustavo, *Gli amministratori...*, pp. 182-183 e 215-216. Ainda no âmbito do revogado Código de Comércio italiano de 1882, realizando a distinção tripartida entre atuação do contrato social, realização do sistema de organização social e gestão da empresa social, Frè, Giancarlo, *L'organo...*, pp. 226-227.

Sobre os planos de intersecção entre sociedade e empresa, também Antunes, José Engrácia, *Liability...*, pp. 26-28, Antunes, José Engrácia, *Direito das sociedades...*, pp. 30-40, *maxime* n. 45, Antunes, José Engrácia, *...sociedades*, pp. 13-23, Carvalho, Orlando de, *Critério...*, pp. 293 e ss., Duarte, Rui Pinto, *...sociedades*, p. 35, Almeida, Carlos Ferreira de, *Direito económico*, I, pp. 323-374, e Wiedemann, Herbert, *Gesellschaftsrecht*, I, pp. 16-24, 296-322 e 582-637.

DEVER DE GESTÃO DOS ADMINISTRADORES DE SOCIEDADES ANÓNIMAS

recursos é realizada através de ordens, em contraposição face ao mercado e à inerente alocação de recursos através de contratos e preços[1930].

Esta caracterização convoca a figura jurídica da ordem[1931] e a ideia de organização empresarial.

Creio que a organização empresarial não respeita apenas aos fatores de produção e ao relacionamento dos administradores com os trabalhadores. Respeita também ao relacionamento entre as diversas pessoas que integram a organização da pessoa coletiva (órgãos em sentido amplo, de acordo com a terminologia que tive a oportunidade de sustentar). A tarefa de organização da pessoa coletiva constitui uma faceta da tarefa de organização empresarial[1932].

A escolha e a implementação do modelo de organização da pessoa coletiva são tarefas de gestão empresarial. As opções de distribuição de competências internas e externas no seio do órgão de administração respeitam à gestão empresarial. Os atos internos entre órgãos (em sentido amplo) da pessoa coletiva, nomeadamente as delegações, avocações, instruções (ordens) orgânicas e autorizações integrativas orgânicas, relevam da gestão empresarial.

Creio que o cerne do dever de gestão reside na imposição de adoção de decisões empresariais[1933]. As restantes tarefas, nomeadamente as tarefas de execução das decisões, são comparativamente menos relevantes.

Recordo que o órgão de administração da sociedade anónima constitui um centro de iniciativa, estando excluída a competência dos restantes órgãos societários para emitirem instruções dirigidas aos administradores. Este aspeto

---

[1930] Coase, Ronald H., "The nature...", *Economica*, vol. 4, nº 16, 1937, nomeadamente pp. 386-389, 393 e 403-405. Também Williamson, Oliver E., "Corporate...", *The Journal of Finance*, 1988, pp. 567-575. Em contraponto, os economistas *Michael Jensen* e *William Meckling* descrevem a empresa como um conjunto de diversos contributos negociados com vista à produção de bens ou serviços – um nexo de contratos (*nexus of contracts*) –, trazendo para o universo da empresa a ideia de contrato (Jensen, Michael C. e Meckling, William H., "Theory of the firm...", *Journal of Financial Economics*, 1976, pp. 310-311). Entre os juristas, realça-se que *Michael Jensen* e *William Meckling* não utilizam uma noção técnica de contrato e afirma-se que a empresa não pode ser explicada apenas como um conjunto de diversos contributos negociados, constituindo uma organização hierárquica e burocrática (Eisenberg, Melvin A., "The conception...", *JCorpL*, nº 24, 1999, pp. 819-836).

[1931] Tive a oportunidade de caracterizar a figura da ordem como um ato jurídico performativo com eficácia obrigacional, praticado em exercício de um poder normativo, que gera uma imposição normativa (dever) não para o agente, mas sim para o sujeito. Recordo Almeida, Carlos Ferreira de, *Contratos*, II, p. 192, e Almeida, Carlos Ferreira de, *Texto...*, pp. 257, 451 e 468.

[1932] Penso que não estarei longe de Antunes, José Engrácia, *Liability...*, pp. 26-28 (recentemente, Antunes, José Engrácia, *...sociedades*, pp. 18-19).

[1933] Referindo-se à natureza decisória da atividade de direção ("*dezisionistischen Natur von Leitung*"), Druey, Jean Nicolas, "Verantwortlichkeit...", pp. 135-136.

DEVER DE GESTÃO

reforça a caracterização da atividade de gestão como uma atividade essencialmente decisória.

Em minha opinião, o conteúdo do dever de gestão é determinado pela diligência exigida, pelo objeto social e pelos interesses a prosseguir. As proposições normativas relativas à diligência exigida, ao objeto social e aos interesses a prosseguir integram a norma jurídica impositiva da prestação de gestão dos administradores[1934].

Terei a oportunidade de me referir, de forma autónoma e mais desenvolvida, a estes três aspetos.

O dever de gestão dos administradores tem a sua base legal essencialmente nos arts. 64, nº 1, alínea a), 405, nº 1, e 431, nº 1, do CSC.

Como tive a oportunidade de referir, a referência, no art. 64, nº 1, alínea a), do CSC, ao emprego da *"diligência de um gestor criterioso e ordenado"*, de inspiração germânica, sinaliza a imposição de uma prestação de serviço. Acrescento agora que o mesmo significado deve ser atribuído, em ambiente romano-germânico, à referência, de inspiração anglo-americana, à observância de *"deveres de cuidado"*[1935]. Tratar-se-á de proposições normativas repetitivas ou pleonásticas.

A instrumentalidade caracteriza a situação jurídica complexa do poder-dever. A atribuição do poder normativo é instrumental face à imposição normativa. Trata-se de meios para a prossecução de um fim[1936]. Não raro, ao delimitar o poder jurídico, o legislador está igualmente a caracterizar o correspondente dever jurídico. É, creio, o que se passa com as proposições normativas constantes dos arts. 405, nº 1, e 431, nº 1, do CSC.

Existem ainda outras proposições normativas que integram a norma jurídica impositiva da prestação de gestão dos administradores.

A proposição normativa *"no interesse da sociedade, atendendo aos interesses de longo prazo dos sócios e ponderando os interesses dos outros sujeitos relevantes para a sustentabilidade da sociedade, tais como os seus trabalhadores, clientes e credores"*, constante do

---

[1934] No apelo às ideias de diligência e de interesse social na descrição do dever de gestão merecem destaque Ventura, Raúl e Correia, Luís Brito, "Responsabilidade...", *BMJ*, nº 192, 1970, pp. 94-95 e 101, e Xavier, Vasco da Gama Lobo, *Anulação...*, pp. 341-342 e 360-362, n. 101. O mesmo apelo surge na descrição dos deveres dos deputados das companhias pombalinas de Marcos, Rui Manuel de Figueiredo, *As companhias...*, pp. 768-772. Acrescento a ideia de objeto social.

[1935] Realço que, na doutrina anglo-americana, há quem se refira a um dever de cuidado na gestão empresarial (Hamilton, Robert W., *The law of corporations...*, pp. 380-381, e Blair, Margaret M., *Ownership...*, p. 58) e há quem se refira, numa teorização mais geral sobre a posição dos fiduciários, a um dever de cuidado na prestação do serviço (Frankel, Tamar, "Fiduciary duties", pp. 129-130).

[1936] Já anteriormente foquei este aspeto, tendo citado Frada, Manuel Carneiro da, "A business...", p. 207, Ventura, Raúl e Correia, Luís Brito, "Responsabilidade...", *BMJ*, nº 192, 1970, p. 112, e Hommelhoff, Peter, *Die Konzernleitungspflicht...*, p. 169, n. 17.

art. 64, nº 1, alínea b), do CSC, constitui um elemento da norma jurídica impositiva que consagra o dever de prestação de serviço do administrador[1937].

As proposições normativas constantes dos arts. 6º, nº 4, e 11, nº 2, do CSC relevam igualmente da norma jurídica impositiva da prestação de gestão dos administradores, pois delas resulta a modelação da prestação dos administradores pelo objeto social.

Como tive a oportunidade de referir, ao analisar a posição jurídica das pessoas físicas que integram a organização de uma pessoa coletiva (ou pessoa coletiva rudimentar), a caracterização dos órgãos através da ideia de função constitui uma delimitação de poderes-deveres orgânicos. A função descreve a situação jurídica complexa em jogo, quer na componente do poder jurídico, quer na componente do dever jurídico.

No capítulo anterior, em que tracei um panorama dos poderes (ou competências) dos administradores, tive a oportunidade de contrapor às funções de administração ou gestão as funções de fiscalização e de supervisão[1938].

Neste capítulo, acrescento que a contraposição funcional dos órgãos acompanha a individualização dos seus deveres orgânicos de prestação gestória. O termo gestão (ou administração) individualiza o dever de prestação dos administradores. O termo supervisão descreve o dever de prestação dos membros do conselho geral e de supervisão. O termo fiscalização define o dever de prestação dos membros do conselho fiscal e da comissão de auditoria.

### 4.5.2. Dever de gestão e deveres específicos.

Distingo a imposição normativa de prestação de serviço de conteúdo genérico – dever de gestão – das imposições normativas de prestação de serviço de conteúdo específico – deveres específicos[1939].

Estes deveres específicos constituem aspetos parcelares do dever de gestão[1940].

---

[1937] Este será o entendimento de Frada, Manuel Carneiro da, "A business...", pp. 212-213.

[1938] Na esteira de Duarte, Rui Pinto, ...sociedades, pp. 41-48, nomeadamente n. 81.

[1939] Distinção já presente, recorde-se, em Ventura, Raúl e Correia, Luís Brito, "Responsabilidade...", *BMJ*, nº 192, 1970, pp. 64-67. Fazendo referência à contraposição entre *"o dever de administrar"* e os deveres específicos, o acórdão do Supremo Tribunal de Justiça de 9.5.06 (Paulo Sá), publicado em CJ-STJ 06-II-73.

[1940] Afirmando que o dever de empregar a diligência de um gestor ordenado e consciencioso compreendia não apenas a gestão da empresa, mas também as diversas funções especificadas na lei, Weipert, O., "Aktiengesetz", § 84, Anm. 1. Procedendo a uma teorização geral da decomposição e da unidade do dever de prestar, Cordeiro, António Menezes, *Tratado...*, II, tomo I, pp. 297-298 e 462-463.

## DEVER DE GESTÃO

Recordando, mais uma vez, a referência às situações jurídicas complexas (poder-dever) que associam uma imposição normativa e um poder normativo, reitero que a contraposição entre imposição normativa de prestação de serviço de conteúdo genérico (dever de gestão) e imposições normativas de prestação de serviço de conteúdo específico (deveres específicos) tem paralelo na contraposição entre poderes normativos de representação orgânica de conteúdo genérico (poderes genéricos) e poderes normativos de representação orgânica de conteúdo específico (poderes específicos). Subjacente encontra-se, mais uma vez, a ideia de instrumentalidade do poder normativo em relação à imposição normativa.

A história da sociedade anónima revela, a par da já referida crescente complexidade organizacional, uma crescente especificação das prestações de serviço das pessoas que integram a sua organização, com destaque para a prestação de serviço dos administradores.

Sem pretensões de exaustividade[1941], temos que o Código Comercial de 1833 (Código Ferreira Borges), para além de apontar, nos seus §§ 538 e 542, para a aplicação aos administradores do regime do mandato, especificava, no seu § 535, um dever de prestação de contas pelos administradores. A Lei de 22 de Junho de 1867 esclareceu, no seu art. 18, que os administradores *"não podem fazer por conta da sociedade operações alheias ao seu objeto ou fim, sendo os factos contrarios a este preceito considerados violação expressa de mandato"*. Esta primeira lei portuguesa sobre sociedades anónimas abordou também problemas de conservação patrimonial, impondo, no seu art. 33, a formação de um fundo de reserva, estabelecendo, no artigo seguinte, uma proibição de distribuição de dividendos fictícios e consagrando, no seu art. 42, um dever de convocação dos sócios quando *"as perdas da sociedade montem a metade do capital social"*. Relativamente à Lei de 22 de Junho de 1867 importa ainda destacar a ampliação da estrutura orgânica da sociedade anónima, com a criação do conselho fiscal, o que implicou o surgimento na esfera jurídica dos administradores de novos deveres inter-orgânicos. O Código Comercial de 1888 (Código Veiga Beirão) reproduziu, em grande medida, o regime consagrado na Lei de 22 de Junho de 1867. O D.L. nº 49.381, de 15 de Novembro de 1969, constitui um outro importante marco no desenvolvimento do regime da sociedade anónima. Este diploma aprofundou os deveres inter-orgânicos dos administradores perante os membros do conselho fiscal, tendo estabelecido, no seu art. 11, alínea b), um dever de prestação de esclarecimentos. O mencionado diploma procedeu igualmente a um desenvolvimento do regime

---

[1941] Vejam-se Cordeiro, António Menezes, *Da responsabilidade...*, pp. 187-224, e Duarte, Rui Pinto, *...sociedades*, pp. 81-177.

de prestação de contas. O Código das Sociedades Comerciais densificou significativamente a situação passiva dos administradores, quer em matérias tradicionais, quer em áreas novas, como a das sociedades coligadas e a do modelo de organização de matriz germânica. Destaco o dever de informação do órgão de supervisão sobre a política de gestão, consagrado no art. 432, nº 1, alínea a), do CSC. Em tempos mais recentes, o D.L. nº 76-A/2006, de 29 de Março, que realizou uma ampla reforma do CSC, para além de criar o modelo de organização de matriz anglo-americana, procedeu a uma pormenorização das competências e dos deveres dos órgãos de fiscalização e de supervisão, com possíveis reflexos na posição passiva dos administradores. Merece destaque a referência à fiscalização dos sistemas de gestão de riscos, de controlo interno e de auditoria interna, constante dos arts. 420, nº 1, alínea i), 423-F, alínea i), e 441, alínea i), do CSC.

A evolução do regime das sociedades por ações germânicas, que tive a oportunidade de descrever, documenta igualmente uma crescente e gradual especificação dos deveres dos diretores. Recordo que o ADHGB de 1861, para além da referência ao mandato, especificou, no seu art. 239 I, um dever de cuidar da escrituração mercantil e um dever de apresentação de contas. A *Aktienrechtsnovelle* de 1884 pormenorizou deveres relativos à conservação patrimonial. A AktG 1937 estabeleceu deveres de informação do conselho de supervisão. A AktG 1965 consagrou deveres relativos a grupos de sociedades. Com a KonTraG de 1998, os deveres de informação do conselho de supervisão passaram a incidir também sobre aspetos fundamentais da planificação empresarial. A mesma lei estabeleceu um dever de adotar medidas que possibilitem a descoberta precoce de riscos para a subsistência da sociedade, nomeadamente a implementação de um sistema de vigilância. Com a TransPuG de 2002, foram novamente modificados os deveres de informação da direção perante o conselho de supervisão.

Os denominados deveres de legalidade interna constituem frequentemente manifestações do dever de gestão. Nesse caso serão, em rigor, imposições normativas de prestação de serviço de conteúdo específico – deveres específicos. Mas nem sempre, servindo de exemplo a proibição de concorrência, que constitui uma manifestação do dever de lealdade dos administradores.

Opto por não utilizar a terminologia deveres de legalidade interna. Em primeiro lugar, porque os denominados deveres de legalidade interna constituem deveres caracterizados na lei, mas que tendem a surgir na esfera jurídica do administrador por força do contrato de administração (contrato este formado pela declaração de designação e pela declaração de aceitação, conforme sustentei). A sua origem tende a ser negocial. Em segundo lugar, porque a terminologia deveres de legalidade interna obscurece a separação entre manifestações do dever de lealdade e manifestações do dever de gestão. Em terceiro lugar, porque

DEVER DE GESTÃO

o dever de gestão também é delimitado pela lei, sendo impossível diferenciar as imposições normativas de prestação de serviço de conteúdo específico face à imposição normativa de prestação de serviço de conteúdo genérico com base na característica da legalidade.

### 4.5.3. Diligência

O discurso sobre a referência normativa à diligência de um gestor criterioso e ordenado convoca frequentemente a análise da bitola civilística da diligência do bom pai de família, consagrada no art. 487, nº 2, do CC (por remissão do art. 799, nº 2, do CC, no que respeita ao incumprimento das obrigações).

A bitola da diligência do bom pai de família é tradicionalmente enquadrada no regime da responsabilidade civil subjetiva, quer obrigacional, quer extra-obrigacional. Relativamente à responsabilidade obrigacional, a diligência do bom pai de família constituirá um elemento da norma que impõe o dever secundário de indemnização. A proposição normativa *"a culpa é apreciada"* aponta nesse sentido. A colocação sistemática do art. 799, nº 2, do CC reforça essa conclusão.

Contudo, alguma doutrina sustenta que a diligência não releva apenas da norma que impõe o dever secundário de indemnização, constituindo um elemento da norma que impõe o dever primário de prestação[1942].

---

[1942] Entre nós, merecem destaque Jorge, Fernando Pessoa, *Ensaio...*, pp. 71-79, 88-91 e 101-102, e Cordeiro, António Menezes, *Tratado...*, II, tomo I, pp. 443-454. Referindo que, nas obrigações de meios, o critério da culpa é ao mesmo tempo critério da prestação, Múrias, Pedro Ferreira e Pereira, Maria de Lurdes, "Obrigações de meios, obrigações de resultado e custos da prestação", 2008, p. 5. Noutros quadrantes, sustentando que, nas prestações de meios, a conduta devida é determinada pela medida da diligência exigida no tráfico, a qual corresponde igualmente à bitola de culpa do § 276 II BGB (*"Das geschuldete Verhalten wiederum bestimmt sich nach dem Maß verkehrserfordlicher Sorgfalt, welches zugleich Maßstab des Verschuldens in § 276 II BGB ist."*), e acrescentando que, no incumprimento de prestações de meios, a ilicitude e a culpa tendem a se sobrepor, apenas sendo possível a exclusão da culpa em situações marginais, como as de incapacidade, Medicus, Dieter e Lorenz, Stephan, *Schuldrecht I...*, 18ª ed., pp. 156-157. Na doutrina italiana, Allegri, Vincenzo, *Contributo...*, pp. 147-156. Subjacentes a estes pensamentos encontram-se diversos problemas.

Joga-se a distinção doutrinária entre prestação de meios (*verhaltensbezogene Leistung; obligation de moyen*) e prestação de resultado (*erfolgsbezogene Leistung; obligation de résultat*). Esta distinção releva de diversos problemas jurídicos, entre os quais o problema da distribuição do ónus de prova no incumprimento das obrigações. Relativamente a este último problema, a figura doutrinária da prestação de meios parece dar corpo às situações em que a prestação não envolve um resultado autonomizável da conduta do devedor que sinalize o incumprimento. Sobre esta distinção doutrinária, por exemplo, Silva, Manuel Gomes da, *O dever...*, pp. 233-248, Serra, Adriano Vaz, "Impossibilidade...", *BMJ*, n.º 46, 1955, pp. 20-29, Andrade, Manuel Domingues de, *...obrigações*, 3ª ed., pp. 409-415, Cordeiro, António Menezes, *Direito das obrigações*, I, pp. 358-359, Cordeiro, António Menezes, *Tratado...*, II, tomo I, pp. 443-447, Varela, João Antunes, *Das obrigações...*, I, 10ª ed., p. 86,

DEVER DE GESTÃO DOS ADMINISTRADORES DE SOCIEDADES ANÓNIMAS

Voltando ao regime jurídico dos administradores de sociedades anónimas, creio que a referência normativa à diligência de um gestor criterioso e ordenado constitui, desde logo, um elemento da norma que impõe o dever primário de

n. 2, Dias, Jorge Figueiredo e Monteiro, Jorge Sinde, "Responsabilidade médica...", *BMJ*, n.º 332, 1984, pp. 45-47, Silva, João Calvão da, *Cumprimento*..., pp. 75-88, Monteiro, António Pinto, *Cláusula penal*..., pp. 266-267, Frada, Manuel Carneiro da, *Contrato*..., pp. 193-194, Frada, Manuel Carneiro da, *Direito civil*..., pp. 80-83 e 115-116, Almeida, Carlos Ferreira de, "Os contratos civis...", pp. 110-112, Sousa, Miguel Teixeira de, "Sobre o ónus...", pp. 125-126, Dias, João Álvaro, *Procriação*..., pp. 223- -226, Leitão, Luís Menezes, *Direito*..., II, pp. 124-125, Faria, Jorge Ribeiro de, *Direito*..., I, pp. 73-75, e II, pp. 252-254 e 357-359, Faria, Jorge Ribeiro de, "Da prova na responsabilidade...", *RFDUP*, 2004, pp. 115-121 e 172-177, Oliveira, Nuno Manuel Pinto, *Direito*..., I, pp. 143-159, e Múrias, Pedro Ferreira e Pereira, Maria de Lurdes, "Obrigações de meios, obrigações de resultado e custos da prestação", 2008, *passim*. Na origem francófona, Demogue, René, *Traité*..., V, pp. 536-544, e VI, p. 644. Na doutrina germânica, Medicus, Dieter e Lorenz, Stephan, *Schuldrecht I*..., 18ª ed., pp. 66 e 156-157, Lobinger, Thomas, *Die Grenzen*..., pp. 194-208, Esser, Josef e Schmidt, Eike, *Schuldrecht*, I 1, 8ª ed., pp. 102-104, Hübner, Ulrich, "Beweislastverteilung...", pp. 151-161, e Sonnenberger, Hans Jürgen, "Leistungsstörung...", pp. 621-636. Na doutrina italiana, Mengoni, Luigi, "Obbligazioni...", *RDComm*, 1954, *passim*, Castronovo, Carlo, "Profili...", pp. 117-125, e Nicolussi, Andrea, "Il commiato...", *Europa e Diritto Privato*, 2006, *passim*. Esta distinção teve eco nos arts. 5.4 e 5.5 dos Princípios relativos aos Contratos Comerciais Internacionais, promulgados pelo Instituto Internacional para a Unificação do Direito Privado (UNIDROIT).

Coloca-se, a montante da distinção entre prestação de meios e prestação de resultado, o problema da ambivalência do conceito de prestação, que pode compreender quer uma faceta de imposição de conduta, quer uma faceta de resultado (sobre esta ambivalência, Wieacker, Franz, "Leistungshandlung...", pp. 783-813, e, entre nós, Machado, João Baptista, "Risco contratual...", nomeadamente pp. 262-273, Cordeiro, António Menezes, *Tratado*..., II, tomo I, pp. 443-447, Silva, João Calvão da, *Cumprimento*..., pp. 75-88, Frada, Manuel Carneiro da, *Contrato*..., pp. 86-87, Pereira, Maria de Lurdes, *Conceito de prestação*..., *passim*, Oliveira, Nuno Manuel Pinto, *Direito*..., I, pp. 119- -122, e Múrias, Pedro Ferreira e Pereira, Maria de Lurdes, "Obrigações de meios, obrigações de resultado e custos da prestação", 2008, *passim*.

Coloca-se o problema da compreensão dos pressupostos da responsabilidade obrigacional, no confronto com a responsabilidade delitual. Levantando as maiores dúvidas quanto à possibilidade de transpor a enumeração habitual dos pressupostos da responsabilidade delitual para o campo da responsabilidade obrigacional, por considerar que aí o incumprimento absorverá o facto, a ilicitude, a culpa e, provavelmente, a própria causalidade, Cordeiro, António Menezes, *Tratado*..., II, tomo III, p. 432. Noutro registo, por exemplo, Frada, Manuel Carneiro da, *Teoria da confiança*..., pp. 301-306, nn. 282 e 283, Leitão, Luís Menezes, *Direito*..., I, 8ª ed., pp. 350-352, e Faria, Jorge Ribeiro de, *Direito*..., II, pp. 398-405.

Surge o problema da distinção (melhor: das dificuldades de distinção) entre ilicitude e culpa. Veja-se, por exemplo, Jorge, Fernando Pessoa, *Ensaio*..., pp. 61-70 e 313-340, Varela, João Antunes, *Das obrigações*..., I, 10ª ed., pp. 525-597, Cordeiro, António Menezes, *Direito das obrigações*, II, pp. 302-310, Cordeiro, António Menezes, *Da responsabilidade*..., pp. 399-470 e 485-491, Cordeiro, António Menezes, *Manual*..., I, 2ª ed., pp. 926-927, Cordeiro, António Menezes, *Tratado*..., II, tomo III, pp. 303-395 e 429-509, Ascensão, José de Oliveira, "A teoria finalista...", *RFDUL*, 1986, *passim*,

prestação – o dever de gestão. A questão da diligência devida releva da delimitação da prestação de gestão[1943].

Tive a oportunidade de analisar o surgimento da referência à diligência de um comerciante ordenado, com a *Aktienrechtsnovelle* de 1884, bem como a sua receção pelo legislador nacional, através do D.L. nº 49.381, de 15 de Novembro de 1969, e, posteriormente, do CSC. Recordo ter concluído que a história e o teor literal das proposições normativas sobre diligência dos administradores apontam para a imposição normativa de uma prestação.

Assente que a questão da diligência devida pelos administradores releva da delimitação da prestação de gestão, resta-me aprofundar a sua descrição.

Voltando à bitola civilística do bom pai de família, temos que a diligência imposta ao devedor[1944] não se afere pelas suas capacidades e conhecimentos pessoais, mas sim pelas exigências do tráfico. Releva o cuidado exigível para a

---

Monteiro, Jorge Sinde, *Responsabilidade...*, pp. 263 e 300-307, Frada, Manuel Carneiro da, *Contrato...*, p. 20, n. 14, e pp. 130-137 e 188-194, Frada, Manuel Carneiro da, "A business...", p. 205, Faria, Jorge Ribeiro de, "Algumas notas...", *BFDUC*, 1993 e 1994, *passim*, Faria, Jorge Ribeiro de, *Direito...*, I, pp. 413-470, Leitão, Luís Menezes, *Direito...*, I, 8ª ed., pp. 287-292 e 313-320, Oliveira, Nuno Manuel Pinto, *Direito...*, I, pp. 154-159, Vasconcelos, Pedro Pais de, "Business...", *DSR*, n.º 2, 2009, p. 57, e Leitão, Adelaide Menezes, *Normas de proteção...*, pp. 639-689. Noutros quadrantes, Deutsch, Erwin, *Allgemeines Haftungsrecht*, 2ª ed., pp. 237-242 e 248-253, Deutsch, Erwin, "Die Fahrlässigkeit im neuen Schuldrecht", *AcP*, 2002, pp. 889-911, Deutsch, Erwin, "Die Medizinhaftung...", *JZ*, 2002, pp. 588-593, e Jansen, Nils, *Die Struktur...*, pp. 405-433. Seguindo o pensamento de *Nils Jansen*, temos que a associação da ilicitude a um desvalor de resultado, na esteira nomeadamente de *Rudolf von Jhering*, permite uma fácil distinção face à culpa. Mas não é compatível com a perspetiva de que o juízo de ilicitude deve assentar num desvalor de conduta. Ilícita é a conduta humana que viola uma imposição normativa. Nesta sequência surge a reconstrução da distinção entre ilicitude e culpa com base na diferenciação entre cuidado exterior e cuidado interior. Todavia, a bitola civilística de diligência é, por regra, objetiva, tornando difícil divisar um espaço de relevância do cuidado interior. Surge ainda a perspetiva de que os deveres no tráfico constituem imposições abstratas de prevenção de perigos, implicando uma bitola abstrata de cuidado, em sede de juízo de ilicitude, que se distinguiria da bitola concreta de cuidado, ao nível da culpa. Contudo, a jurisprudência não estabelece imposições abstratas de prevenção de perigos, mas apenas imposições concretas de prevenção de perigos.

No texto, limito-me a sustentar que a diligência releva do dever primário de prestação dos administradores. Deixo mais uma nota. A valoração do erro de gestão releva da delimitação do conteúdo do dever primário de prestação, a aferir de acordo com as *legis artis* da gestão de empresas. O problema do erro surge, logo, ao nível (do incumprimento) do dever primário de prestação.

[1943] Penso que não estarei longe de Abreu, Jorge Coutinho de, *Responsabilidade civil...*, pp. 24-25, n. 36, parte final, ou de quem qualifica a prestação de gestão como uma prestação de meios, como Frada, Manuel Carneiro da, "A business...", pp. 220-221 e 226.

[1944] Apesar de a bitola civilística do bom pai de família respeitar quer à responsabilidade extra-obrigacional – ao agente –, quer à responsabilidade obrigacional – ao devedor –, interessa-nos aqui apenas a posição do devedor.

atividade em causa. Tratar-se-á, frequentemente, do cuidado exigível em determinada atividade profissional[1945].

A mesma ideia de exigência do tráfico profissional decorre do art. 64 do CSC, quer na sua redação inicial, quer na redação conferida pelo D.L. nº 76-A/2006, de 29 de Março[1946]. Na redação atual, esta interpretação é reforçada pelas referências à *"disponibilidade"*, à *"competência técnica"* e ao *"conhecimento da atividade da sociedade adequados às suas funções"*.

Os conselhos de administração são frequentemente compostos por uma pluralidade de pessoas com percursos e conhecimentos profissionais diversificados. Pretende-se o trabalho em equipa e que o conjunto beneficie dos conhecimentos especializados de cada membro. Tal modelo implica distribuição de funções.

A atribuição de determinadas funções a um administrador reclama da sua parte uma diligência correspondente às exigências do tráfico profissional para essas funções. Este ponto foi focado pelo legislador nacional, através do D.L. nº 76-A/2006, de 29 de Março, com a introdução no art. 64 do CSC da proposição normativa *"adequados às suas funções"*[1947].

Relativamente a administradores executivos, valem as exigências do tráfico profissional para o concreto pelouro atribuído. Exemplificando, temos que um administrador executivo encarregue do pelouro financeiro deverá ter

---

[1945] Por exemplo, Varela, João Antunes, *Das obrigações...*, I, 10ª ed., pp. 574-576, *maxime* p. 576, n. 3, Leitão, Luís Menezes, *Direito...*, I, 8ª ed., pp. 320-321, Frada, Manuel Carneiro da, *Teoria da confiança...*, p. 309, n. 286, e Cordeiro, António Menezes, *Tratado...*, II, tomo I, pp. 451-454. Nos trabalhos preparatórios do CC, Serra, Adriano Vaz, "Culpa...", *BMJ*, nº 68, 1957, pp. 31-47. Noutros quadrantes, Larenz, Karl, "Über Fahrlässigkeitsmaßstäbe...", pp. 119-128, Larenz, Karl, *Lehrbuch...*, I, 14ª ed., pp. 282-288, Larenz, Karl e Canaris, Claus-Wilhelm, *Lehrbuch...*, II 2, 13ª ed., pp. 353-354, Medicus, Dieter e Lorenz, Stephan, *Schuldrecht I...*, 18ª ed., pp. 172-173, Deutsch, Erwin, *Allgemeines Haftungsrecht*, 2ª ed., pp. 259-261, Deutsch, Erwin, "Die Fahrlässigkeit im neuen Schuldrecht", *AcP*, 2002, pp. 889-890 e 899-900, Westermann, Harm Peter et al., *BGB – Schuldrecht...*, 6ª ed., p. 94, Grundmann, Stefan, "Münchener...", 5ª ed., § 276, Rn. 54-56 e 59, e Jansen, Nils, *Die Struktur...*, pp. 440-445 e 451-453.

[1946] Recordo Silva, João Calvão da, "Corporate governance...", *RLJ*, ano 136, 2006, pp. 51-52.

[1947] O mesmo percurso foi seguido pelo legislador inglês, com Lei Societária (*Companies Act*) de 2006, cuja secção 174, sob a epígrafe *"Duty to exercise reasonable care, skill and diligence"*, tem a seguinte redação: *"(1) A director of a company must exercise reasonable care, skill and diligence. (2) This means the care, skill and diligence that would be exercised by a reasonably diligent person with (a) the general knowledge, skill and experience that may reasonably be expected of a person carrying out the functions carried out by the director in relation to the company, and (b) the general knowledge, skill and experience that the director has."*. *Vide* Davies, Paul, *Principles...*, 8ª ed., p. 491. Já antes da vigência do *Companies Act* de 2006, Davies, Paul, *Gower...*, 7ª ed., p. 435. No espaço norte-americano, destaco American Law Institute, *Principles...*, pp. 148 e 151-152. Na doutrina germânica, recordo Mertens, Hans-Joachim, "Kölner...", 2ª ed., § 93, Rn. 29 e 99, Hopt, Klaus, "Großkommentar...", 4ª ed., § 93, Rn. 79, e Hefermehl, Wolfgang e Spindler, Gerald, "Münchener...", 2ª ed., § 93, Rn. 22.

DEVER DE GESTÃO

conhecimentos de finanças e deverá empregá-los de forma diligente. Um administrador executivo que coordena o desenvolvimento tecnológico da empresa deverá possuir conhecimentos de engenharia adequados, aplicando-os diligentemente.

Relativamente a administradores não executivos, valem as exigências do tráfico profissional para a função de vigilância. A figura do administrador não executivo incompetente, passivo e ausente, de que é paradigma o famoso *Marquis of Bute*, não é mais sustentável. Exige-se aos administradores não executivos algum profissionalismo. Quais as exigências do tráfico profissional para administradores não executivos? Para dar alguma resposta a esta interrogação, penso que talvez seja adequado evocar o precedente judicial norte-americano *Francis v. United Jersey Bank*, que tive a oportunidade de descrever, no qual se afirmou que um administrador não executivo deve, pelo menos, adquirir uma compreensão rudimentar sobre o modelo de negócio da sociedade, manter-se informado sobre as atividades da sociedade, ter uma presença assídua nas reuniões do conselho de administração e analisar com regularidade os relatórios financeiros. Nesta linha, talvez seja de exigir aos administradores não executivos uma capacidade mínima de análise financeira, uma compreensão mínima das unidades de negócio da sociedade e, acrescento, um conhecimento mínimo dos seus poderes e deveres jurídicos.

As exigências do tráfico profissional para as funções exercidas pelos administradores são modeladas pela atividade empresarial exercida pela sociedade e pela dimensão da empresa[1948]. Assim, as exigências do tráfico poderão ser distintas consoante esteja em causa o pelouro financeiro de uma instituição de crédito ou de uma sociedade que se dedique a uma atividade industrial, de uma pequena empresa ou de uma multinacional.

O administrador dotado de capacidades ou conhecimentos especiais tem de empregar uma diligência correspondente a tais capacidades ou conhecimentos especiais, independentemente da atribuição de um pelouro específico. Do exposto resulta que as características subjetivas do administrador não só não conduzem a uma diminuição da diligência exigível, como podem determinar a sua elevação[1949].

---

[1948] Na doutrina inglesa, Davies, Paul, *Principles...*, 8ª ed., p. 491 (anteriormente, Davies, Paul, *Gower...*, 7ª ed., p. 435). Na doutrina germânica, recordo Schilling, Wolfgang, "Großkommentar...", 3ª ed., § 93, Anm. 9, Hefermehl, Wolfgang, "Aktiengesetz", § 93, Rn. 12, Dose, Stefan, *Die Rechtsstellung...*, p. 140, Mertens, Hans-Joachim, "Kölner...", 2ª ed., § 93, Rn. 29, e Spindler, Gerald, "Münchener...", 3ª ed., § 93, Rn. 24.

[1949] No mesmo sentido apontou, de forma expressa, o legislador inglês, na referida secção 174 da Lei Societária (*Companies Act*) de 2006. *Vide* Davies, Paul, *Principles...*, 8ª ed., pp. 490-491. Já

## 4.5.4. Objeto social

O dever de gestão é determinado pelo objeto social, enquanto descrição do ponto nevrálgico da atividade social.

A cláusula estatutária que define o objeto social não tem apenas uma função de delimitação do poder de administração (poder normativo de representação orgânica interna), à qual já fiz referência, mas também uma função de determinação do dever de gestão (imposição normativa de prestação de serviço). O objeto social não constitui apenas um limite à possibilidade (*Können* – norma de poder) de produzir normas ou efeitos jurídicos no interior da organização, mas também um elemento de determinação do dever (*Müssen* – norma de conduta impositiva) de gestão do administrador.

Relativamente à função de determinação do dever (*Müssen* – norma de conduta impositiva), considero que o dever de gestão (imposição normativa de prestação de serviço do administrador) compreende não apenas a proibição (imposição negativa) de ultrapassar o objeto social, mas também a obrigação (imposição positiva) de prosseguir o objeto social.

A atividade social programada pelos estatutos deve ser positivamente prosseguida pelos administradores[1950].

Penso que a referência à proibição de ficar aquém (*Unterschreitungsverbot*) do objeto social, apontada por alguma doutrina germânica[1951], constitui uma forma imprecisa de descrever a obrigação (imposição positiva) de prosseguir o objeto social. Recorde-se que, em lógica deôntica, a proibição de negação de determinada conduta equivale à obrigação dessa mesma conduta.

Insisto, de novo, num aspeto: o objeto social não constitui um limite a uma permissão normativa (*Dürfen*) dos administradores. Recorde-se a referência à incompatibilidade lógica da permissão deôntica forte ou bilateral face à imposição deôntica positiva ou negativa. O objeto social apenas procede a uma determinação da imposição normativa (*Müssen*) de gestão dos administradores, para além de limitar a possibilidade (*Können*) de atuação eficaz inter-orgânica.

Já tive a oportunidade de referir que a delimitação do poder de administração (poder de representação orgânica interna) pelo objeto social não é absoluta,

---

antes, na doutrina inglesa, Davies, Paul, *Gower...*, 7ª ed., pp. 434-435. No espaço norte-americano, destaco American Law Institute, *Principles...*, p. 152. Na doutrina germânica, recordo Hefermehl, Wolfgang e Spindler, Gerald, "Münchener...", 2ª ed., § 93, Rn. 22, e, relativamente aos membros do conselho de supervisão, Lutter, Marcus, "Bankenvertreter...", *ZHR*, 1981, pp. 227-228, e Mutter, Stefan, *Unternehmerische Entscheidungen...*, pp. 291-293.

[1950] Destaco Hommelhoff, Peter, *Die Konzernleitungspflicht...*, pp. 44-71 e 169. Em sentido oposto, entre nós, Santos, Filipe Cassiano dos, *Estrutura...*, pp. 144-147.

[1951] Recordo, entre outros, Paefgen, Walter G., *Unternehmerische...*, pp. 22 e 474-475.

podendo excecionalmente impor-se a adoção de atos de representação interna que extravasem os limites do objeto social, nomeadamente quando esteja em causa a adoção de medidas cautelares para o aproveitamento de oportunidades de negócio societárias. Afirmei que estavam em jogo a possibilidade de aproveitamento de oportunidades de negócio societárias, a maximização dos lucros e as condições materiais para o exercício efetivo da liberdade de estipulação de uma alteração do objeto social.

Acrescento agora que a determinação do dever de gestão pelo objeto social e a proibição de ultrapassar o objeto social devem igualmente ser compreendidas em termos flexíveis, nomeadamente de forma a salvaguardar o aproveitamento de oportunidades de negócios societárias que extravasem o objeto social e a garantir as condições materiais para uma decisão de modificação (estatutária) do objeto social[1952].

### 4.5.5. Interesses a prosseguir

A atividade de gestão é orientada à prossecução de determinados interesses.

A referência normativa aos interesses a prosseguir, constante do art. 64, nº 1, alínea b), do CSC, constitui um elemento da imposição normativa de prestação de serviço dos administradores (dever de gestão).

O contrato de administração constitui um contrato de prestação de serviço por conta e no interesse de outrem, inserindo-se na tradição românica do mandato. A referência aos interesses a prosseguir pelos administradores tem uma função paralela à referência ao interesse do mandante. Joga-se a concretização da prestação de serviço de gestão[1953].

Dado que o conjunto dos sócios e, relativamente ao modelo de organização de matriz germânica, o conselho geral e de supervisão não têm competência para praticar atos de instrução dos administradores, que especifiquem a prestação de serviço de gestão, a referência normativa aos interesses a prosseguir assume um peso particular na concretização da prestação de serviço dos administradores.

---

[1952] A necessidade de equacionar uma modificação do objeto social poderá inclusivamente ser motivada pelo esgotamento do objeto social. Podem ocorrer situações em que seja impossível continuar a prosseguir a atividade social programada pelos estatutos. Analisando pormenorizadamente o problema do esgotamento do objeto social, Hommelhoff, Peter, *Die Konzernleitungspflicht...*, pp. 44-71.

[1953] Sigo o pensamento de Jorge, Fernando Pessoa, *O mandato...*, pp. 179-187, e Jorge, Fernando Pessoa, *Ensaio...*, pp. 73-75. Em geral, sobre a modelação da prestação pelo interesse do credor, Andrade, Manuel Domingues de, *...obrigações*, 3ª ed., pp. 10-11. Uma síntese sobre os diversos pontos de relevância do interesse do credor no regime das relações obrigacionais pode ser confrontada em Oliveira, Nuno Manuel Pinto, *Direito...*, I, pp. 99-101.

DEVER DE GESTÃO DOS ADMINISTRADORES DE SOCIEDADES ANÓNIMAS

Distingo o problema dos interesses a prosseguir pelos administradores, que respeita à norma jurídica de conduta que impõe a prestação de serviço dos administradores (dever de gestão), do problema do "interesse social" como limite à atuação dos sócios, que releva de outras normas jurídicas, nomeadamente das normas jurídicas de poder que regulam a ineficácia das deliberações do conjunto dos sócios[1954]. Remeto para a análise, em capítulo anterior, da contraposição entre as normas de conduta e as normas de poder.

A utilização no discurso jurídico da palavra "interesse" convoca o princípio utilitarista[1955].

De acordo com o pensamento de *Jeremy Bentham*, a utilidade ou o interesse de uma pessoa são medidos pelo prazer e pelo sofrimento – princípio do prazer[1956]. Algo será do interesse de uma pessoa quando tender a aumentar o somatório dos seus prazeres (ou a diminuir o somatório dos seus sofrimentos)[1957].

---

[1954] Recorde-se a ideia de inviabilidade de uma conceção unitária de interesse social em Abreu, Jorge Coutinho de, *Curso...*, II, 3ª ed., pp. 291-293 (anteriormente, Abreu, Jorge Coutinho de, "Deveres de cuidado...", pp. 33-35, e Abreu, Jorge Coutinho de, *Da empresarialidade...*, pp. 226 e 230), bem como o pensamento de Vasconcelos, Pedro Pais de, *A participação...*, 2ª ed., pp. 321-323, e de Duarte, Rui Pinto, *...sociedades*, p. 54. Noutros quadrantes, Galgano, Francesco, *La società...*, p. 70.

[1955] Defendendo o princípio utilitarista e utilizando o termo interesse como categoria basilar, Bentham, Jeremy, *An introduction...*, pp. 11-13 e 40-50. Associando o termo jurídico interesse ao utilitarismo, entre nós, Rego, Margarida Lima, *Contrato de seguro...*, pp. 172-191, e Correia, Luís Brito, *Os administradores...*, p. 33, e, noutros quadrantes, Coing, Helmut, "Benthams...", *Archiv für Rechts- und Sozialphilosophie*, 1968, pp. 75-84.

Na receção do princípio utilitarista na doutrina civilística germânica merece destaque Jhering, Rudolf von, *Der Zweck...*, II, 6ª-8ª ed., pp. 125-180, *maxime* p. 133 (já antes, medindo o interesse pelo prazer e pelo sofrimento, Jhering, Rudolf von, *Der Zweck...*, I, 6ª-8ª ed., pp. 24-34). Sobre a receção do utilitarismo benthamiano por *Rudolf von Jhering*, para além de *Helmut Coing*, Mestmäcker, Ernst-Joachim, "Systembezüge...", pp. 1198-1211, Luik, Steffen, *Die Rezeption...*, pp. 189-208, e Larenz, Karl, *Metodologia...*, 4ª ed., pp. 60-63.

Na discussão nacional sobre o significado do termo interesse, para além dos autores já citados nesta nota, por exemplo, Silva, Manuel Gomes da, *O dever...*, pp. 41-46, Jorge, Fernando Pessoa, *O mandato...*, pp. 174-175, Marques, José Dias, *Introdução...*, 2ª ed., pp. 17-19, Albuquerque, Pedro de, *Direito de preferência...*, pp. 310-324, Cordeiro, António Menezes, *Da responsabilidade...*, pp. 516-517, Pinto, Paulo Mota, *Interesse...*, nomeadamente pp. 493-501, Vasconcelos, Pedro Pais de, *Teoria geral...*, 6ª ed., pp. 244-245, Sousa, Miguel Teixeira de, *A legitimidade popular...*, pp. 21-35, e Leitão, Adelaide Menezes, *Normas de proteção...*, pp. 538-539. Na doutrina germânica sobre responsabilidade dos diretores de sociedades por ações, discutindo o significado do termo interesse, Schmidt-Leithoff, Christian, *Die Verantwortung...*, pp. 115-129.

[1956] Bentham, Jeremy, *An introduction...*, pp. 11-13 Medindo o interesse pelo prazer e pelo sofrimento, Jhering, Rudolf von, *Der Zweck...*, I, 6ª-8ª ed., pp. 24-34.

[1957] Bentham, Jeremy, *An introduction...*, pp. 11-12 – "*A thing is said to promote the interest, or to be for the interest, of an individual, when it tends to add to the sum total of his pleasures; or, what it comes to the same thing, to diminish the sum total of his pains.*".

DEVER DE GESTÃO

Nesta sequência, *Jeremy Bentham* concebe o interesse de uma comunidade como o somatório dos interesses das pessoas que a compõem[1958]. As pessoas coletivas são incapazes de experimentar prazer e sofrimento[1959].

Ao proceder à receção do utilitarismo na doutrina civilística germânica, *Rudolf von Jhering* afasta-se do critério de racionalização ética dos interesses coletivos com base na utilidade individual para os seres humanos, que reputa de hedonista, acolhendo uma ideia de utilidade social objetiva[1960]. Em minha opinião, a ideia de utilidade social objetiva constitui um desvio total, corrompendo o trilho de racionalização ética dos interesses coletivos proposto por *Jeremy Bentham*[1961].

Penso que a ideia benthamiana de recondução das utilidades coletivas ao somatório de utilidades individuais de seres humanos constitui a melhor pista para a interpretação da proposição normativa *"no interesse da sociedade, atendendo aos interesses de longo prazo dos sócios e ponderando os interesses dos outros sujeitos relevantes para a sustentabilidade da sociedade, tais como os seus trabalhadores, clientes e credores"*, constante do art. 64, nº 1, alínea b), do CSC.

Afasto-me das conceções supra-individuais sobre o interesse da sociedade ou da empresa.

Nesta sequência, em matéria dos interesses a prosseguir pelos administradores de sociedades anónimas, distingo uma perspetiva monista, que aponta para a prossecução exclusiva do interesse dos sócios, e uma perspetiva pluralista, que admite não apenas a prossecução do interesse dos sócios, mas também a pros-

---

[1958] Bentham, Jeremy, *An introduction...*, p. 12 – *"The interest of the community then is, what? – the sum of the interests of the several members who compose it."*. Também Hart, Herbert L., "Utilitarianism...", pp. 182-197.

[1959] Parkinson, John E., *Corporate power...*, pp. 76-77. Afirmando que a pessoa coletiva não sofre e não ri, Cordeiro, António Menezes, "Os deveres...", *ROA*, 2006, p. 466 (posteriormente, Cordeiro, António Menezes, *Manual...*, I, 2ª ed., p. 793). Afirmando que é impossível atribuir interesses a pessoas coletivas, Davies, Paul, *Principles...*, 8ª ed., p. 507, e, entre nós, Martins, Alexandre de Soveral, *Os poderes...*, p. 38, n. 56, e Maia, Pedro, *Função...*, p. 25. A mesma perspetiva subjaz ao pensamento de Carvalho, Orlando de, *A teoria geral..., passim*. Esta perspetiva será seguramente partilhada por muitos dos autores nacionais que adotam conceções pluralistas sobre os interesses a prosseguir pelos administradores.

[1960] Jhering, Rudolf von, *Der Zweck...*, II, 6ª-8ª ed., pp. XIII-XIV e 121-180, *maxime* pp. XIII-XIV e 134. Sobre este aspeto, Coing, Helmut, "Benthams...", *Archiv für Rechts- und Sozialphilosophie*, 1968, p. 76, e Mestmäcker, Ernst-Joachim, "Systembezüge...", pp. 1198-1199 e 1202-1205. Sustentando que esta divergência de *Rudolf von Jhering* face a *Jeremy Bentham* era mais apregoada do que exercida, Luik, Steffen, *Die Rezeption...*, pp. 193 e 197-200.

[1961] Ressalvo que não pretendo analisar o valor do utilitarismo, nas suas diversas correntes, para a compreensão do Direito.

secução do interesse de outros sujeitos, nomeadamente dos trabalhadores, dos credores, dos clientes e da comunidade.

Aprofundando os termos da contraposição entre monismo e pluralismo, acrescento que, em minha opinião, a perspetiva monista implica que os interesses de outros sujeitos apenas possam ser atendidos na estrita medida necessária, enquanto constrangimentos à maximização do interesse dos sócios. A possibilidade de atender aos interesses de outros sujeitos para além das exigências de mercado, tal como aparentemente aceite pela denominada teoria moderada do valor acionista (*moderate shareholder value*), pressupõe, em rigor, um enfoque pluralista, colocando a finalidade de prossecução dos interesses de outros sujeitos, em maior ou menor medida, a par da finalidade de prossecução do interesse dos sócios.

Para aprofundar este aspeto, impõe-se uma referência ao raciocínio prático aristotélico, ao *fiat* e à lógica da satisfatoriedade[1962].

O raciocínio prático aristotélico pode ser entendido como um raciocínio de meios para um fim. Trata-se de um fim de ação. Uma pessoa quer atingir um fim em função de algo que faz[1963].

O *fiat* é uma espécie de ato de discurso. Trata-se de um termo artificial utilizado em contraste com o termo asserção. Para compreender o que é um *fiat* e para o distinguir de uma asserção é necessário atender a um certo ónus de correspondência (*onus of match*). Qualquer frase pode ser considerada uma descrição de um estado de coisas, desde que não seja auto-contraditória ou desprovida de conteúdo. O estado de coisas descrito por cada frase é definido pelas convenções que regulam o sentido das expressões contidas na frase e pelo contexto, que determina a referência das expressões contidas na frase. Se supusermos que o eventual estado de coisas descrito na frase não se verifica, coloca-se a seguinte questão: culpabilizamos a frase ou culpabilizamos os factos? No primeiro caso, a frase é assertórica. No segundo caso, a frase constitui um *fiat*[1964].

Às asserções e aos *fiats* correspondem lógicas de raciocínio díspares. O raciocínio prático constitui um processo de transição de um *fiat* para outro de acordo com regras, tal como o raciocínio teorético constitui um processo de transição de uma asserção para outra de acordo com regras. Ao raciocínio teorético

---

[1962] No tratamento, entre nós, destes temas merece destaque Brito, José de Sousa e, "Science...", pp. 345-352 (posteriormente, Brito, José de Sousa e, *Hermenêutica...*, pp. 27-33, Brito, José de Sousa e, "Legal interpretation...", *International Journal for the Semiotics of Law*, nº 19, 1994, pp. 101-107, e Brito, José de Sousa e, "Law...", pp. 198-200).

[1963] Wright, Georg Henrik von, "Practical...", *The Philosophical Review*, 1963, pp. 159-161, Wright, Georg Henrik von, "The logic...", p. 157, e Kenny, Anthony, *Will...*, p. 95.

[1964] Kenny, Anthony, *Will...*, pp. 29-45, *maxime* pp. 38-39.

DEVER DE GESTÃO

corresponde a lógica da verdade. A lógica operativa no raciocínio prático é a lógica da satisfatoriedade. A lógica da satisfatoriedade consiste nas regras que garantem que, no raciocínio prático, nunca passamos de um *fiat* satisfatório em relação a determinada finalidade para um *fiat* insatisfatório em relação a tal finalidade. São regras de preservação da satisfatoriedade[1965].

A satisfatoriedade é uma noção relativa. Algo não é satisfatório *simpliciter*, mas satisfatório em relação a determinadas finalidades. Quanto a este aspeto, existe um paralelo com o raciocínio teorético: algo não é uma explicação *simpliciter*, mas uma explicação em relação a determinados dados. O carácter relativo da satisfatoriedade determina que o raciocínio prático seja anulável, na medida em que, se adicionarmos outras finalidades, não podemos ter a certeza que a conclusão permanece satisfatória[1966].

Voltando ao problema das finalidades de ação dos administradores das sociedades anónimas, temos que, face à finalidade exclusiva de prossecução dos interesses dos sócios, apenas será satisfatória a ação dos administradores que atenda aos interesses de outros sujeitos na estrita medida necessária, reclamada pelos constrangimentos de mercado. A ação que atenda aos interesses de outros sujeitos para além dos constrangimentos de mercado não será satisfatória em relação à finalidade exclusiva de prossecução dos interesses dos sócios. A ação que atenda aos interesses de outros sujeitos para além dos constrangimentos de mercado pressuporá que a prossecução dos interesses dos sócios não seja uma finalidade exclusiva. Pressuporá que a prossecução dos interesses de outros sujeitos também seja uma finalidade da ação dos administradores, em prejuízo da satisfação da finalidade de prossecução dos interesses dos sócios.

Reitero, assim, a conclusão de que a perspetiva que admite a possibilidade de atender aos interesses de outros sujeitos para além do estritamente necessário constitui, em rigor, uma perspetiva pluralista.

---

[1965] Kenny, Anthony, *Will...*, pp. 43 e 70-96. Deve ser distinguida satisfação de satisfatoriedade. Na lógica da satisfação, o *fiat* B pode ser inferido do *fiat* A se necessariamente sempre que A é satisfeito, então B também é satisfeito. Na lógica da satisfatoriedade, o *fiat* B pode ser inferido do *fiat* A se necessariamente quando A é satisfatório em relação a determinados fins, então B é satisfatório em relação a esses fins. As lógicas da satisfatoriedade e da satisfação correspondem respetivamente a um raciocínio para condições suficientes e a um raciocínio para condições necessárias. Os raciocínios práticos para condições suficientes são mais comuns. Mas também raciocinamos para condições necessárias em contextos práticos, nomeadamente quando pretendemos obedecer a uma proibição. Sobre a distinção entre satisfação e satisfatoriedade, para além de *Anthony Kenny*, Hare, Richard M., *Practical...*, pp. 59-73, *maxime* p. 68.

[1966] Kenny, Anthony, *Will...*, pp. 92-96.

Assente esta conclusão, posso afirmar que em diversas economias de mercado ocidentais, porventura as mais relevantes, vigora uma perspetiva pluralista sobre as finalidades de ação dos administradores das sociedades anónimas[1967]. Remeto para a descrição da jurisprudência norte-americana sobre os interesses a prosseguir pelos administradores e para a referência aos denominados *other constituencies statutes*.

Remeto para a descrição do regime germânico sobre a matéria, destacando a existência de mecanismos de cogestão e apontando para o argumento de que a nomeação de trabalhadores para o conselho de supervisão não se coaduna com a exigência aos membros de tal órgão (e, por necessidades de coerência de regime, aos membros da direção) da prossecução exclusiva do interesse dos sócios.

Acrescento que, em Inglaterra, a Lei Societária (*Companies Act*) de 1985 estabelecia, na sua secção 309, a possibilidade de, no exercício das suas funções, os administradores atenderem aos interesses dos trabalhadores em geral, bem como ao interesse dos sócios, ressalvando que este dever apenas é imposto perante a sociedade[1968]. Com a Lei Societária (*Companies Act*) de 2006, a secção 172 passou a estabelecer uma obrigação de promoção do êxito da sociedade, em benefício do conjunto dos sócios, com a possibilidade de atender nomeadamente aos interesses dos trabalhadores[1969].

---

[1967] Veja-se Abreu, Jorge Coutinho de, "Deveres de cuidado...", pp. 37-39.

[1968] Sob a epígrafe *"Directors to have regard to interests of employees"*, a secção 309 do *Companies Act* 1985 estabelecia o seguinte: *"(1) The matters to which the directors of a company are to have regard in the performance of their functions include the interests of the company's employees in general, as well as the interests of its members. (2) Accordingly, the duty imposed by this section on the directors is owed by them to the company (and the company alone) and is enforceable in the same way as any other fiduciary duty owed to a company by its directors. (3) This section applies to shadow directors as it does to directors.".* Vide Davies, Paul, *Gower...*, 7ª ed., pp. 376-379.

[1969] Sob a epígrafe *"Duty to promote the success of the company"*, a secção 172 do Companies Act 2006 estabelece o seguinte: *"(1) A director of a company must act in the way he considers, in good faith, would be most likely to promote the success of the company for the benefit of its members as a whole, and in doing so have regard (amongst other matters) to (a) the likely consequences of any decision in the long term, (b) the interests of the company's employees, (c) the need to foster the company's business relationships with suppliers, customers and others, (d) the impact of the company's operations on the community and the environment, (e) the desirability of the company maintaining a reputation for high standards of business conduct, and (f) the need to act fairly as between members of the company. (2) Where or to the extent that the purposes of the company consist of or include purposes other than the benefit of its members, subsection (1) has effect as if the reference to promoting the success of the company for the benefit of its members were to achieving those purposes. (3) The duty imposed by this section has effect subject to any enactment or rule of law requiring directors, in certain circumstances, to consider or act in the interests of creditors of the company.".* Contudo, ao interpretar a secção 172 do Companies Act 2006, *Paul Davies* sustenta que os interesses dos não sócios apenas podem ser atendidos na medida em que haja benefício para os sócios, rejeitando uma perspetiva pluralista (Davies, Paul, *Principles...*, 8ª ed., pp. 506-525, *maxime* p. 509).

DEVER DE GESTÃO

A adoção de perspetivas pluralistas constitui expressão do pensamento ocidental sobre a função social da propriedade e de preocupações de justiça distributiva. Recordo que a referência à responsabilidade social (*social responsability*) dos administradores surge logo em *E. Merrick Dodd*, enquadrada no problema dos limites sociais da propriedade privada[1970].

O legislador nacional acolheu, no art. 64 do CSC, uma perspetiva pluralista.

A proposição normativa *"interesse da sociedade"* aponta, em minha opinião, para o conjunto dos interesses dos sócios, enquanto membros de uma comunidade, para utilizar a terminologia de *Jeremy Bentham*.

Esta interpretação tem a vantagem de deixar claro que os administradores devem prosseguir não apenas os interesses de longo prazo dos sócios, mas também os seus interesses de curto prazo.

Nesta sequência, a proposição normativa seguinte – *"atendendo aos interesses de longo prazo dos sócios"* – opera uma especificação da imposição de prossecução dos interesses dos sócios, denotando um maior enfoque nos seus interesses de longo prazo. O legislador revela uma preocupação com a planificação e o investimento[1971]. Poderá estar também em jogo um menor peso dos interesses de curto prazo dos sócios no âmbito de operações de controlo da sociedade.

A referência à ponderação dos *"interesses dos outros sujeitos relevantes para a sustentabilidade da sociedade, tais como os seus trabalhadores, clientes e credores"* legitima, em alguma medida, a prossecução dos interesses destes sujeitos, em prejuízo da satisfação dos interesses dos sócios. Assim, por exemplo, poderão ser admissíveis opções de aumento de prestações sociais dos trabalhadores ou de realização de doações para causas políticas ou humanitárias, ainda que em detrimento dos sócios.

Partilho a perspetiva de que o legislador atribui um maior valor aos interesses dos sócios do que aos interesses dos outros sujeitos. A utilização do verbo "ponderar" denota esta perspetiva. Enquanto os interesses dos sócios devem ser prosseguidos, os interesses dos outros sujeitos devem apenas ser ponderados. Haverá uma primazia relativa dos interesses dos sócios.

Em apoio desta opção legislativa, gostaria de apontar essencialmente dois argumentos. O argumento de que, ressalvadas as situações de insolvência ou de proximidade da insolvência, os sócios têm o adequado incentivo para realizar ou suportar boas decisões de gestão, na medida em que são titulares de uma pre-

---

[1970] Dodd, E. Merrick, "For whom...", *Harvard Law Review*, 1932, pp. 1145-1163.

[1971] Recordo Rappaport, Alfred, *Creating...*, pp. 160-161, e Clark, Robert Charles, *Corporate Law*, p. 18, n. 46, na defesa de que a prossecução do valor acionista não implica uma focagem no curto prazo. Sobre a pressão para o curto prazo, entre nós, Antunes, José Engrácia, "Os hedge funds...", pp. 69-70.

tensão residual (*residual claim*)[1972]. E o argumento, já apontado por *Adolf A. Berle*, de que a possibilidade de prossecução dos interesses de outros sujeitos limita o controlo e a responsabilização (*accountability*) dos administradores[1973].

O problema da medida da relevância dos interesses dos outros sujeitos reclama, assim, uma concretização jurisprudencial particularmente criteriosa.

Aprofundando a ideia de prossecução dos interesses dos sócios, recordo que, de acordo com a teoria económica do portefólio, os acionistas com um portefólio de ações diversificado estão protegidos face ao risco não sistémico.

Dei conta da perspetiva de desconsideração do risco não sistémico nas decisões empresariais de investimento ou desinvestimento[1974], bem como da ressalva da aplicação desta regra relativamente a sociedades fechadas, a sociedades com escassa liquidez bolsista e, desde que haja consentimento de uma maioria qualificada dos acionistas, a sociedades com acionistas de referência[1975].

Neste contexto, penso ser adequado realizar uma leitura tipológica da proposição normativa "*no interesse da sociedade, atendendo aos interesses de longo prazo dos sócios*", para que, nas sociedades anónimas abertas, a gestão tenha por padrão um acionista com um portefólio de ações diversificado[1976]. Joga-se a responsabilização (*accountability*) dos administradores. Joga-se a tutela dos acionistas investidores.

Ressalvo que este aspeto apenas respeita à interpretação da proposição normativa "*no interesse da sociedade, atendendo aos interesses de longo prazo dos sócios*",

---

[1972] Merecem destaque Easterbrook, Frank e Fischel, Daniel, "Voting...", *Journal of Law and Economics*, vol. 26, nº 2, 1983, pp. 403-405, Easterbrook, Frank e Fischel, Daniel, *The economic structure...*, pp. 10-11 e 36-37, e Macey, Jonathan R., "An economic analysis...", *Stetson Law Review*, nº 21, 1991, pp. 26-31. O problema dos comportamentos oportunistas na proximidade da insolvência é suscitado, entre nós, por Ribeiro, Maria de Fátima, "A responsabilidade...", *O Direito*, 2010, pp. 81-82. Não pretendo aprofundar o regime dos deveres dos administradores em situações de insolvência ou de proximidade da insolvência e a questão da relevância, nessa sede, da referência aos interesses dos credores no art. 64, nº 1, alínea b), do CSC.

[1973] Berle, Adolf A., "For whom...", *Harvard Law Review*, 1932, pp. 1365-1372. Também merece destaque Easterbrook, Frank e Fischel, Daniel, *The economic structure...*, pp. 38 e 92-93 (anteriormente, Easterbrook, Frank e Fischel, Daniel, "The proper role...", *Harvard Law Review*, nº 94, 1981, pp. 1191-1192). Entre nós, fazendo referência ao problema da desresponsabilização, Carvalho, Orlando de, *Critério...*, pp. 301-304, n. 117, Xavier, Vasco da Gama Lobo, "Relatório...", *BFDUC*, 1986, p. 463, n. 26, Abreu, Jorge Coutinho de, *Da empresarialidade...*, pp. 232-233, e Abreu, Jorge Coutinho de, "Deveres de cuidado...", pp. 39-46.

[1974] Rappaport, Alfred, *Creating...*, p. 211, e Hu, Henry, "Risk...", *UCLA Law Review*, nº 38, 1990, pp. 292-293, 299-300 e 320-324.

[1975] Hu, Henry, "Risk...", *UCLA Law Review*, nº 38, 1990, pp. 362-366.

[1976] Algo próximos: Bonin, Gregor von, *Die Leitung...*, pp. 137-157 e 339, e Kuhner, Christoph, "Unternehmensinteresse...", *ZGR*, 2004, pp. 269-270 e 278-279.

DEVER DE GESTÃO

deixando em aberto a possibilidade de ponderação dos interesses de outros sujeitos. Esta possibilidade tende a diminuir a responsabilização (*accountability*) dos administradores. Neste contexto, reitero o apelo a uma concretização jurisprudencial particularmente criteriosa.

As decisões procedimentais, relativas à obtenção de informação, também são orientadas à prossecução dos mesmos interesses. As decisões procedimentais também se traduzem em raciocínios práticos (aristotélicos), marcados por uma lógica da satisfatoriedade em relação a determinadas finalidades – as finalidades apontadas na norma jurídica impositiva da prestação de gestão.

De acordo com o modelo do economista *George Stigler*, um agente económico investe em investigação até que o custo de uma investigação acrescida seja igual ao seu retorno marginal. Nesse ponto, o agente económico termina a investigação[1977].

Este retorno marginal é aferido pelos interesses a prosseguir. Pense-se na avaliação de um projeto de unidade de negócio. O âmbito e a profundidade das investigações serão condicionados pela predisposição perante o risco, com destaque para o risco não sistémico. Uma maior orientação pelos interesses de acionistas com um portefólio diversificado poderá reclamar um menor dispêndio de tempo e de recursos na avaliação do risco não sistémico. Uma maior orientação pelos interesses de acionistas de referência ou pelos interesses dos trabalhadores poderá reclamar um maior dispêndio de tempo e de recursos na avaliação do risco não sistémico.

Tive a oportunidade referir que *Adolf Großmann* considera que a lei não estabelece qualquer finalidade substancial para a atuação dos administradores, defendendo, em contraponto, a oneração dos administradores com deveres de diligência formais. Recordo que esta perspetiva é criticada, com o argumento de que a imposição de deveres de diligência, ainda que meramente formais, não pode prescindir da determinação de uma finalidade substancial. Reforço esta crítica, com base na evocação do raciocínio prático aristotélico e do pensamento de *George Stigler*.

Recordo que *Lyman Johnson*, ao aprofundar o conceito ético-filosófico de cuidado, distingue *take care of*, no sentido de assumir uma responsabilidade vigi-

---

[1977] Stigler, George J., "The economics...", *Journal of Political Economy*, nº 69, 1961, pp. 213-225. Do modelo de *George Stigler* decorre que um agente económico frequentemente adotará decisões num estado de ignorância racional sobre as alternativas e consequências de que se poderia ter apercebido, caso a investigação tivesse continuado (Eisenberg, Melvin A., "The limits...", *Stanford Law Review*, nº 47, 1995, pp. 214-216). Na doutrina alemã, apontando uma formulação equivalente à de *George Stigler*, Langenbucher, Katja, "Vostandshandeln...", *DStR*, 2005, pp. 2087-2088.

lante, *care for*, significando cuidar do interesse de outrem, e *act with care*, respei-tante à maneira de atuar. E sustenta que o dever de cuidado dos administradores norte-americanos, tal como restritivamente interpretado no âmbito da *business judgment rule*, com um carácter marcadamente procedimental, corresponde ape-nas à ideia de *act with care*. A referência ao raciocínio prático aristotélico, bem como a evocação do pensamento de *George Stigler*, permitem-me questionar o aprofundamento do conceito ético-filosófico de cuidado realizado por *Lyman Johnson*. Os raciocínios práticos, relativos à ação humana, são sempre orientados à prossecução de determinadas finalidades, mesmo quando apenas estejam em causa aspetos procedimentais ou de vigilância. Por conseguinte, para utilizar a terminologia oferecida por *Lyman Johnson*, temos que os supostos *act with care* (procedimental) e *take care of* (na vigilância) também envolverão o apontado *care for* (cuidar do interesse de outrem)[1978].

### 4.5.6. Dever de legalidade externa?

Rejeito a perspetiva de que o administrador tem perante a sociedade um dever de legalidade externa, enquanto refração automática sobre a esfera jurídica do administrador, na relação contratual com a sociedade, das normas jurídicas que impõem condutas à sociedade[1979].

Realço que esta questão se insere na problemática mais vasta da situação jurí-dica da pessoa que integra uma organização (órgão em sentido amplo), sobre a qual tive a oportunidade de tecer algumas considerações, para as quais remeto.

Creio que, neste contexto, a relação contratual do administrador com a sociedade apenas é integrada pela imposição normativa de prestação de serviço – o dever de gestão –, sendo que, no cumprimento da sua prestação, o adminis-trador deverá atender às normas jurídicas que impõem condutas à sociedade, de forma a prosseguir o interesse dos sócios e dos outros sujeitos[1980].

Distingo, por um lado, as normas jurídicas que impõem condutas à socie-dade, com as suas finalidades de prossecução do interesse público ou de ter-

---

[1978] Próximo, ao referir que está em causa um dever de cuidar da sociedade e não um simples dever de cuidado, Frada, Manuel Carneiro da, "A business...", p. 208.

[1979] Sobre o problema, na jurisprudência, veja-se o acórdão do Tribunal da Relação do Porto de 9.4.02 (M. Fernanda Pais Soares), publicado em CJ 02-II-216, onde se considerou que a elaboração de atas de aprovação de contas, sem correspondência com assembleias gerais efetivamente realizadas, com o único objetivo de evitar multas fiscais, não constitui uma violação do dever de diligência.

[1980] Referindo que o dever de cumprir as obrigações da sociedade pode enquadrar-se no dever de gestão, Ventura, Raúl e Correia, Luís Brito, "Responsabilidade...", *BMJ*, nº 192, 1970, p. 112. Não autonomizando o dever de legalidade e reconduzindo a matéria ao cumprimento do dever de cuidado, nos termos que tive a oportunidade de descrever, American Law Institute, *Principles...*, pp. 149-150.

ceiros, e, por outro, a norma jurídica impositiva da prestação de serviço do administrador perante a sociedade, com a sua finalidade de prossecução do interesse dos sócios e dos outros sujeitos. Nego a existência de uma norma jurídica impositiva da legalidade externa do administrador perante a sociedade, que faria valer diretamente, na relação entre o administrador e a sociedade, (apenas) aquelas finalidades de prossecução do interesse público ou de terceiros. Tal norma jurídica impositiva da legalidade externa não tem base legal. Tal norma jurídica impositiva da legalidade externa restringiria, sem base legal, o campo de aplicação da norma jurídica impositiva da prestação de serviço do administrador, negando a prossecução do interesse dos sócios e dos outros sujeitos.

Assente que os problemas de legalidade externa relevam da concretização do dever de gestão, colocam-se duas questões.

Os administradores que observem as normas jurídicas que impõem condutas à sociedade podem ser responsabilizados perante a sociedade, por violação do dever de gestão? Creio que a referência, no art. 64, nº 1, alínea b), do CSC, aos *"interesses dos outros sujeitos relevantes para a sustentabilidade da sociedade"* possibilita, em alguma medida, atuações conformes ao interesse público ou de terceiros e em prejuízo do interesse dos sócios. Ao abrigo desta proposição normativa, os administradores que observem normas jurídicas que impõem condutas à sociedade, ainda que em prejuízo do interesse dos sócios, dificilmente estarão a violar o dever de gestão.

Os administradores que não observem as normas jurídicas que impõem condutas à sociedade podem ser responsabilizados perante a sociedade, por violação do dever de gestão? Creio que, em situações marginais – dúvidas sobre a interpretação das normas jurídicas, imposições excessivamente burocráticas, bagatelas... –, a prossecução do interesse dos sócios (e dos restantes sujeitos) poderá fundamentar a inobservância de normas jurídicas que impõem condutas à sociedade, não existindo uma violação do dever de gestão. Todavia, por regra, a observância de normas jurídicas que impõem condutas à sociedade é do interesse dos sócios (e dos restantes sujeitos). A inobservância de normas jurídicas que impõem condutas à sociedade pode conduzir a sanções e afetar a imagem e a atividade económica da sociedade. No limite, a ilegalidade pode afetar a persistência da pessoa coletiva (art. 172 do CSC). Acresce que a perspetiva pluralista acolhida no art. 64, nº 1, alínea b), do CSC aponta para algum relevo do interesse da comunidade, convocando a consciência ética dos administradores e a ideia de legalidade externa. Assim, concluo no sentido de que a inobservância de normas jurídicas que impõem condutas à sociedade tende a constituir uma violação do dever de gestão.

DEVER DE GESTÃO DOS ADMINISTRADORES DE SOCIEDADES ANÓNIMAS

Ressalvo que existem situações de responsabilidade extra-obrigacional do administrador perante terceiros em concurso com a responsabilidade da sociedade perante esses terceiros[1981].

Não pretendo desenvolver o tema da responsabilidade extra-obrigacional do administrador perante terceiros em concurso com a responsabilidade da sociedade (ou, em termos genéricos, o tema da responsabilidade extra-obrigacional do órgão perante terceiros em concurso com a responsabilidade da pessoa coletiva ou pessoa coletiva rudimentar).

### 4.5.7. Concretização da norma impositiva da prestação de gestão e discricionariedade

As referências normativas à gestão, à diligência de um gestor criterioso e ordenado e ao interesse de diversas comunidades de pessoas (sócios, trabalhadores, clientes e credores) constituem conceitos jurídicos indeterminados. A norma jurídica impositiva da prestação de gestão reclama uma intensa concretização normativa[1982].

Sustentei que as proposições normativas que se referem à gestão e à diligência de um gestor criterioso e ordenado, constantes dos arts. 64, nº 1, alínea a), 405, nº 1, e 431, nº 1, do CSC, possibilitam a incorporação das *leges artis* da gestão de empresas. Acrescento agora que tal incorporação concorre para a concretização normativa do dever de gestão.

---

[1981] Recordo que tive a oportunidade de tecer algumas considerações sobre imputação delitual orgânica, tendo citado (e elogiado) o acórdão da Relação de Lisboa de 30.3.95 (Almeida Valadas), publicado em CJ 1999-II-98, em que foi realizada uma responsabilização simultânea da sociedade e de um gerente, apesar da imputação orgânica. Citei também Cordeiro, António Menezes, "Código...", Int. arts. 71-84, an. 8, quando refere que o privilégio da irresponsabilidade dos administradores pode ser quebrado por circunstâncias especiais.

[1982] Partilho a perspetiva de que a aplicação do direito envolve sempre alguma, maior ou menor, concretização normativa. Não existirá uma diferença abrupta entre as cláusulas-gerais, os conceitos jurídicos indeterminados e os conceitos jurídicos determinados, mas sim uma diferença de grau. *Vide* Engisch, Karl, *Introdução...*, 6ª ed., pp. 205-274, Canaris, Claus-Wilhelm, *Pensamento sistemático...*, 3ª ed., p. 44, Röthel, Anne, *Normkonkretisierung...*, pp. 21-22 e 25-35, e Müller, Friedrich e Christensen, Ralph, *Juristische...*, I, 9ª ed., pp. 279-282. Joga-se a ideia de que os textos legais constituem sempre limites ou fronteiras de concretização normativa, estabelecendo os termos da "delegação" de competências do poder legislativo no poder judicial (Röthel, Anne, *Normkonkretisierung...*, pp. 18-19 e *passim*, e Müller, Friedrich e Christensen, Ralph, *Juristische...*, I, 9ª ed., nomeadamente pp. 167-168, 250-254 e 269-277). Entre nós, sustentando que o raciocínio jurídico constitui um raciocínio prático limitado pela obrigação de referência às fontes de direito, Brito, José de Sousa e, "Law...", pp. 195-200 (posteriormente, Brito, José de Sousa e, "Razão democrática...", pp. 147-149, e Brito, José de Sousa e, "A democracia...", *Themis*, nº 1, 2000, pp. 130-132).

DEVER DE GESTÃO

Mas existem diversos aspetos que dificultam a tarefa de concretização normativa do dever de gestão.

Por um lado, aspetos factuais. As decisões empresariais são condicionadas pelas complexas circunstâncias do momento, relevando a situação económica e financeira da sociedade, o tempo disponível, a conjuntura... As decisões empresariais projetam-se no futuro, sendo profundamente marcadas pela incerteza quanto à evolução dos acontecimentos. Fala-se frequentemente de decisões sob incerteza.

Por outro lado, aspetos normativos. A possibilidade de prossecução do interesse de diversas comunidades de pessoas (sócios, trabalhadores, clientes e credores) abre diversas opções de conduta. São admissíveis quer opções satisfatórias para o interesse dos sócios e prejudiciais para o interesse dos trabalhadores, quer opções satisfatórias para o interesse dos trabalhadores e prejudiciais para o interesse dos sócios.

Da concretização normativa do dever de gestão nem sempre resulta a imposição de uma conduta concreta. É frequentemente admissível a opção entre diversas possibilidades de conduta.

Aprofundando este aspeto, com base nas considerações anteriormente tecidas sobre normas de conduta e lógica deôntica, temos que, nas situações em que a concretização normativa do dever de gestão desemboca numa conduta concreta, tal conduta é obrigatória, sendo as restantes condutas proibidas.

Nas situações em que a concretização normativa do dever de gestão aponta para um conjunto de possibilidades de conduta, existe uma obrigação de adoção de uma dessas possibilidades de conduta, a par de uma proibição de adoção de condutas que extravasem esse conjunto de possibilidades de conduta. Existe ainda uma permissão deôntica fraca, no sentido cunhado por *Georg Henrik von Wright*, quanto à opção por uma dessas possibilidades de conduta. A decisão da nada fazer (omissão) pode ser, em determinadas circunstâncias, uma das condutas permitidas e, noutras circunstâncias, uma das condutas proibidas.

No primeiro caso, ocorrerá uma imposição deôntica simples, referente a uma única conduta. No segundo caso, verificar-se-á uma imposição deôntica alternativa, referente a um conjunto de condutas.

Utilizo a expressão discricionariedade (ou margem de discricionariedade)[1983] para significar o conjunto de opções de gestão possíveis, decorrente de uma

---

[1983] Referindo que atuação representativa é sempre vinculada por um dever, correspondendo a figura da discricionariedade (*Ermessen*) à margem de decisão vinculada no exercício da atuação

imposição alternativa de condutas. Considero que a discricionariedade dos administradores constitui o reflexo do limite de concretização da norma impositiva da prestação de gestão.

A discricionariedade não corresponde a uma permissão normativa (direito subjetivo)[1984]. O espaço de iniciativa do órgão de administração da sociedade anónima e a impossibilidade de os restantes órgãos emitirem instruções não significam a atribuição aos administradores de uma permissão normativa (direito subjetivo).

O leque de opções de gestão possíveis não resulta de uma norma de permissão, consagradora de uma permissão deôntica forte ou bilateral (*free choice permission, Freistellung*), no sentido proposto por *Georg Henrik von Wright*. Não existe uma norma jurídica que atribua aos administradores uma permissão de atuação de acordo com o seu arbítrio.

Recordo a referência à incompatibilidade lógica da permissão deôntica forte ou bilateral (direito subjetivo) com a imposição deôntica positiva ou negativa (dever jurídico). Se a discricionariedade na gestão correspondesse a uma permissão normativa, então ocorreriam conflitos de normas. Tais conflitos de normas não se verificam.

A posição jurídica dos administradores convoca a figura do poder-dever. Os poderes dos administradores não devem ser exercidos no interesse próprio, mas sim no interesse de outrem.

Reitero que a discricionariedade dos administradores corresponde ao limite de concretização normativa do dever de gestão.

Neste contexto, opto por não utilizar a expressão "direito ao erro"[1985], pois pode induzir a ideia de que a atuação gestória dos administradores envolve uma permissão normativa (direito subjetivo).

---

representativa, Flume, Werner, *Allgemeiner Teil...*, II, 4ª ed., p. 9. Sobre a figura da discricionariedade, Hespanha, António Manuel, *O caleidoscópio...*, pp. 484-507, Caupers, João, *Introdução...*, 10ª ed., pp. 89-97, Neves, António Castanheira, *Digesta...*, pp. 531-596, Engisch, Karl, *Introdução...*, 6ª ed., pp. 214-274, e Larenz, Karl, *Metodologia...*, 4ª ed., pp. 413-419.

[1984] Afasto-me da perspetiva doutrinária germânica, com destaque para Raiser, Thomas, "Pflicht und Ermessen...", *Neue Juristische Wochenzeitung*, 1996, pp. 552-553, segundo a qual a discricionariedade tem base legal no § 76 AktG, contrapondo-se ao dever imposto pelo § 93 AktG.

[1985] Utilizando esta expressão, na doutrina germânica, Hommelhoff, Peter, *Die Konzernleitungspflicht...*, pp. 171-175, e Paefgen, Walter G., *Unternehmerische...*, pp. 176-177 e 180. Entre nós, utilizando a expressão, mas entre aspas, Antunes, José Engrácia, *Os grupos de sociedades...*, 2ª ed., p. 740, n. 1437.

DEVER DE GESTÃO

Afasto-me da perspetiva, sustentada por alguns autores germânicos[1986], de aplicação nesta sede das regras de limitação da discricionariedade dos órgãos administrativos.

A discricionariedade dos administradores resulta da concretização da norma impositiva da prestação de gestão. Os critérios de concretização da norma estabelecidos pelo legislador societário não podem ser desconsiderados.

Acresce que a discricionariedade dos órgãos administrativos releva, antes de mais, de normas de poder (ou normas de competência; *Ermächtigungsnormen*) e da inerente questão da eficácia e validade dos atos administrativos, enquanto aqui está em jogo uma norma de conduta (*Verhaltensnorm*).

### 4.5.8. Contenção judicial na concretização do dever de gestão

Como tive a oportunidade de sustentar em capítulo anterior, a proteção da iniciativa do órgão de administração da sociedade anónima releva, antes de mais, do regime de distribuição do poder de administração (poder normativo de representação interna; competência interna)[1987].

Acrescento agora que a necessidade de salvaguarda do espaço de iniciativa do órgão de administração da sociedade anónima se reflete na tarefa de concretização normativa do dever de gestão (imposição normativa de prestação de gestão).

Reclama-se do aplicador do direito alguma contenção (*judicial self-restraint*) na tarefa de concretização normativa do dever de gestão, atribuindo uma ampla margem de discricionariedade aos administradores, de forma a não inibir a iniciativa dos administradores.

Em abono desta perspetiva destaco a ideia de que autoridade e responsabilização (*accountability*) são antitéticas. O poder de responsabilizar é, em última análise, o poder de decidir. O controlo judicial das decisões do conselho de administração transfere necessariamente uma parte do poder decisório do conselho de administração para os sócios e para os juízes[1988].

[1986] Destaco Großmann, Adolf, *Unternehmensziele...*, pp. 169-173, e Lohse, Andrea, *Unternehmerisches..., passim.*
[1987] A necessidade de salvaguarda do espaço de iniciativa do órgão de administração pode relevar de diversos aspetos do regime do poder de administração na sociedade anónima. Já me referi ao aspeto da impossibilidade de emissão de instruções dirigidas à administração. Acrescento que também poderá relevar do aspeto da invalidade das deliberações do órgão de administração. Contudo, como já tive a oportunidade de referir, não pretendo desenvolver a análise deste aspeto. Limito-me a deixar a seguinte nota: os remédios que afetam a eficácia da atuação negocial dos administradores condicionam de forma mais intensa a sua autonomia e a sua iniciativa do que os remédios da responsabilidade civil ou da destituição (neste sentido, Kübler, Friedrich, "Shareholder...", p. 334).
[1988] Merece destaque Dooley, Michael P. e Veasey, E. Norman, "The role of the board...", *The Business Lawyer*, 1988, pp. 520-522 e 525-526. Recordo que na origem está o pensamento do economista

Existem outros argumentos que justificam alguma contenção judicial na concretização normativa do dever de gestão, entre os quais a necessidade de proteção do risco empresarial, a distorção retrospetiva (*hindsight bias*) e o problema da burocratização. Estes três argumentos convocam aspetos parcelares do dever de gestão, designadamente as questões do risco empresarial, da obtenção de informação e da vigilância. Desenvolverei tais argumentos a propósito de cada aspeto parcelar do dever de gestão.

Entretanto, como argumentos genéricos para a contenção judicial na concretização normativa do dever de gestão, para além da referida necessidade de salvaguarda do espaço de iniciativa da administração e da subjacente ideia de contraposição entre autoridade e responsabilização (*accountability*), aponto para a necessidade de não dissuadir a aceitação do mandato por pessoas talentosas, dado o receio de responsabilização.

O problema da limitação da sindicabilidade judicial da atuação dos administradores é marcado pelos ventos do Atlântico, frequentemente sob o signo da *business judgment rule*.

Como resulta das considerações que acabo de tecer, creio que o problema da limitação da sindicabilidade judicial da atuação dos administradores e a comparação com o regime norte-americano se jogam, antes de mais, ao nível da concretização da norma impositiva do dever primário de prestação de gestão[1989].

Num segundo momento, o problema da limitação da sindicabilidade judicial da atuação dos administradores e o olhar sobre o Atlântico relacionam-se com o regime de limitação da responsabilidade civil dos administradores previsto no art. 72, nº 2, do CSC. Estará em causa a interpretação da norma impositiva do dever secundário de indemnização, por incumprimento do dever primário de prestação de gestão.

Terei a oportunidade de, mais tarde, tecer algumas considerações sobre a regra portuguesa de limitação da responsabilidade civil dos administradores.

Entretanto, tentarei aprofundar a análise da norma impositiva do dever primário de prestação de gestão, focando alguns aspetos parcelares.

### 4.5.9. Risco empresarial e obtenção de informação

Os projetos empresariais de grande dimensão e de elevado risco estão paradigmaticamente associados à sociedade anónima[1990]. O tipo da sociedade anónima

---

Arrow, Kenneth J., *The limits...*, pp. 77-78.

[1989] Não estarei longe de Abreu, Jorge Coutinho de, *Responsabilidade civil...*, p. 22, quando aponta para a ideia de discricionariedade empresarial ao delimitar o dever geral dos administradores. Na doutrina germânica, Jungmann, Carsten, "Die Business...", p. 833, n. 15, e p. 838.

[1990] Realçando este aspeto, Roth, Markus, *Unternehmerisches Ermessen...*, p. 21.

DEVER DE GESTÃO

teve origem nas grandes companhias coloniais... A intensa adoção de risco empresarial é inerente à sociedade anónima.

Em minha opinião, a questão da adoção de riscos empresariais releva, antes de mais, da concretização do dever de gestão. Isto é, releva, antes de mais, da interpretação da norma impositiva da prestação de gestão.

Os administradores não só podem, como *devem* assumir opções empresariais arriscadas. Partilho a perspetiva de caracterização do dever de gestão através das componentes de iniciativa estratégica empresarial, de criatividade e de reação aos sinais do mercado[1991]. Exige-se alguma predisposição para o risco.

A bitola de diligência do gestor criterioso e ordenado deve ser interpretada no sentido de ter por referência um gestor inovador e sem aversão ao risco[1992]. Recordo que *Peter Hommelhoff* sustenta que a bitola de comparação do gestor ordenado e consciencioso falhará na generalidade dos casos, por considerar que a tarefa de administração não consiste em fazer o que faria um empresário médio, colocado na mesma situação concorrencial, mas sim em fazer algo original, em "atrever-se a algo"[1993]. Afastando-me parcialmente da posição de *Peter Hommelhoff*, considero que a exigência de originalidade e de adoção de riscos é plenamente compatível com a objetividade da bitola de diligência do gestor criterioso e ordenado.

Ao assumirem opções empresariais arriscadas, os administradores devem proceder a uma adequada avaliação e ponderação do risco.

Como referi anteriormente, defendo uma leitura tipológica da proposição normativa *"no interesse da sociedade, atendendo aos interesses de longo prazo dos sócios"*, para que, nas sociedades anónimas abertas, a gestão tenha por padrão um acionista com um portefólio de ações diversificado. Sem prejuízo da possibilidade de atenderem aos interesses de outros sujeitos, os administradores de sociedades abertas devem proceder a uma avaliação e ponderação do risco tendo por referência o interesse de acionistas imunes face ao risco não sistémico.

A avaliação e ponderação do risco são condicionadas, entre outros fatores, pela atividade exercida pela sociedade.

Neste contexto, realço que, para as sociedades anónimas que desenvolvam uma atividade financeira ou seguradora, a gestão do risco é extremamente sensível. Frequentemente surgem critérios prudenciais[1994], que procedem a uma especificação do risco adequado.

---

[1991] Destaco Hommelhoff, Peter, *Die Konzernleitungspflicht...*, pp. 169-175.

[1992] Referindo que, na bitola da *ordinarily prudent person*, o termo *prudent* não implica uma inibição da adoção de risco, American Law Institute, *Principles...*, pp. 148-149.

[1993] Hommelhoff, Peter, *Die Konzernleitungspflicht...*, pp. 174-175.

[1994] Veja-se Antunes, José Engrácia, *A supervisão...*, pp. 75-84.

Em todo o caso, creio que, dentro dos limites de especificação legal do risco adequado, será igualmente válida para os administradores de instituições de crédito e de seguradoras a perspetiva de que não só podem, como *devem* assumir opções empresariais arriscadas[1995].

A questão do risco empresarial convoca o problema da discricionariedade dos administradores.

Defendi, em geral, alguma contenção judicial na tarefa de concretização normativa do dever de gestão, de forma a atribuir uma ampla margem de discricionariedade aos administradores e a não inibir a iniciativa do órgão de administração da sociedade anónima. Invoquei o argumento de que autoridade e responsabilização (*accountability*) são antitéticas.

Acrescento que, relativamente a decisões que envolvam a adoção de riscos empresariais, a jurisprudência não deverá assumir uma perspetiva de concretização do dever de gestão que limite em excesso a margem de discricionariedade. A responsabilização dos administradores inibe sobremaneira a predisposição para o risco. Reclama-se uma concretização normativa da imposição de avaliação e ponderação do risco empresarial particularmente criteriosa, que não induza uma aversão ao risco empresarial e um empreendedorismo necessariamente conservador.

Relativamente ao subtipo da sociedade anónima aberta, existem razões acrescidas para a contenção judicial na concretização normativa da imposição de avaliação e ponderação do risco empresarial. Recordo que a diversificação de portefólios de ações imuniza os acionistas face ao risco não sistémico. A responsabilização dos administradores pela adoção de risco não sistémico é prejudicial para os acionistas[1996].

Como critério geral de concretização normativa da imposição de avaliação e ponderação do risco empresarial talvez seja de apelar para a ideia de manifesta desproporção entre as vantagens e as desvantagens associadas ao risco empresarial[1997].

Sob o signo da *business judgment rule* norte-americana, tem-se assistido a uma tendência de procedimentalização do dever de gestão. Recordo o precedente judicial norte-americano *Smith v. Van Gorkom*.

---

[1995] Sustentando que não existe uma distinção relevante entre as exigências de cuidado de um administrador de uma sociedade financeira e um administrador de uma sociedade industrial, American Law Institute, *Principles...*, pp. 160-161.

[1996] Destaco Easterbrook, Frank e Fischel, Daniel, *The economic structure...*, pp. 28-30, 99-100 e 229.

[1997] Ideia apontada por Hommelhoff, Peter, *Die Konzernleitungspflicht...*, pp. 171-173.

Mais do que a adoção de uma decisão empresarial adequada, exige-se dos administradores um adequado procedimento, com a obtenção e ponderação da informação relevante.

De novo, em minha opinião, um aspeto que releva, antes de mais, da concretização da norma impositiva da prestação de gestão. Joga-se a interpretação das proposições normativas que consagram o dever de gestão, com destaque para o art. 64, nº 1, alínea a), do CSC.

Os administradores *devem* proceder a um adequado processo decisório, com a obtenção e ponderação da informação relevante[1998].

Recordo que sustentei que as decisões procedimentais, relativas à obtenção de informação, são orientadas à prossecução dos interesses apontados na norma jurídica impositiva da prestação de gestão, não se distinguindo, quanto a este aspeto, das decisões substanciais. Fiz referência ao raciocínio prático (aristotélico) e à lógica da satisfatoriedade. Utilizei o exemplo da avaliação de um projeto de unidade de negócio, cuja investigação será condicionada pela predisposição perante o risco, com destaque para o risco não sistémico, em função do interesse dos acionistas e de outros sujeitos.

Noutros quadrantes, como tive a oportunidade de descrever, é apontada uma bitola subjetiva para aferir das exigências de obtenção e ponderação da informação no processo decisório empresarial. Do comentário aos *Principles of Corporate Governance* consta que a extensão da informação exigida depende do critério da razoabilidade na perspetiva do administrador[1999]. Da exposição de motivos da *Gesetz zur Unternehmensintegrität und Modernisierung des Anfechtungsrechts* (UMAG), que introduziu no § 93 AktG a *business judgment rule* germânica, consta que a exigência de obtenção de informação adequada deverá ser aferida de acordo com a perspetiva decisória do diretor[2000].

Entre nós, em contraponto, vale a bitola objetiva da diligência de um gestor criterioso e ordenado, que aponta, como sustentei, para as exigências do tráfico profissional.

---

[1998] Censurando a concessão de um empréstimo, sem prévio parecer dos serviços técnicos, a emissão de uma declaração de garantia a favor de determinada pessoa, sem ter obtido informações patrimoniais sobre essa pessoa, e a emissão de um seguro-caução, sem prévia avaliação dos prédios a que respeitava a contragarantia, o acórdão do Supremo Tribunal de Justiça de 16.5.00 (Silva Paixão), publicado em BMJ 497-396. Uma outra situação de responsabilização por falhas procedimentais pode ser confrontada no acórdão do Supremo Tribunal de Justiça de 28.4.09 (Moreira Alves), disponível em www.dgsi.pt, processo nº 09A0346.

[1999] American Law Institute, *Principles...*, pp. 177-178.

[2000] "Regierungsentwurf UMAG", *ZIP*, 2004, pp. 2455-2456. Recordo, em todo o caso, que existem diversas leituras doutrinárias para o problema.

Trata-se de uma solução que, em minha opinião, merece aplauso, pois obedece à necessidade de assegurar um tratamento igualitário dos cidadãos no tráfico negocial, para mais em áreas de crescente profissionalismo.

Convoquei anteriormente o modelo do economista *George Stigler*, segundo o qual um agente económico investe em investigação até que o custo de uma investigação acrescida seja igual ao seu retorno marginal. Creio que este modelo é essencial para a compreensão da componente procedimental do dever de gestão.

As exigências do tráfico profissional na obtenção de informação variam de acordo com a área de atividade, a importância e a complexidade da decisão, o tempo disponível (que pode ser muito escasso, apesar de importância da decisão), a variedade de soluções possíveis, os custos relativos, os benefícios possíveis... Joga-se o problema do retorno marginal de uma investigação acrescida.

A utilização, no pensamento económico, do modelo do agente económico envolve critérios objetivos de racionalidade que, no discurso jurídico, entroncam na bitola objetiva de diligência. O subjetivismo apontado noutros quadrantes afasta uma apreciação da atuação procedimental dos administradores de acordo com o modelo de *George Stigler*.

Em caso de obtenção de informação através de outras pessoas (colegas, trabalhadores, terceiros...), o administrador deverá poder confiar nesses auxiliares. Trata-se de um aspeto que convoca as componentes de organização empresarial e de vigilância, ao qual voltarei.

A informação prévia a uma decisão empresarial nem sempre é solicitada *ad hoc*, sendo antes obtida através do sistema corrente de análise e transmissão de informação. De novo, um aspeto que se relaciona com as componentes de organização e de vigilância do dever de gestão.

A necessidade de contenção judicial na concretização normativa do dever de gestão, que defendi em geral, é igualmente válida em matérias procedimentais, relativas à obtenção de informação. Também aqui é reclamada uma concretização normativa particularmente criteriosa, que confira aos administradores uma ampla margem de discricionariedade.

Como argumentos para a necessidade de contenção judicial na concretização normativa da componente procedimental do dever de gestão, realço que uma intensa responsabilização judicial por decisões procedimentais induz distorções na análise de custos e benefícios e uma excessiva burocratização da prestação de serviço dos administradores.

Como critério geral de concretização normativa talvez seja de apontar, de novo, para a ideia de manifesta desproporção entre vantagens e desvantagens. Será de apenas exigir a obtenção da informação cujo custo seja manifestamente inferior ao seu retorno marginal.

DEVER DE GESTÃO

Termino a análise dos problemas do risco empresarial e da obtenção de informação, enquanto aspetos do dever de gestão, com um distanciamento crítico face a duas perspetivas.

Em primeiro lugar, afasto-me da ideia segundo a qual a adoção de riscos que ponham em causa a sobrevivência da empresa constituirá sempre uma violação do dever de gestão. Em situações de crise financeira está inevitavelmente em jogo a sobrevivência da empresa[2001]. A criação de empresas (*start-ups*) envolve opções de risco, sendo que muitas não sobrevivem[2002]. O exercício da atividade de produção de energia nuclear envolve o risco de ocorrência de acidentes nucleares[2003]. Reitero a opinião de que os administradores devem assumir opções empresariais arriscadas, bem como o critério geral da manifesta desproporção entre as vantagens e as desvantagens associadas ao risco.

Em segundo lugar, rejeito a ideia de que os administradores devem, sempre que possível, proceder a uma minimização do risco. Trata-se de uma questão que convoca não apenas aspetos substanciais, mas também aspetos procedimentais, dado que o esforço de minimização do risco envolve frequentemente custos de investigação[2004]. Quanto a aspetos substanciais, sustentei que os administradores devem assumir opções empresariais arriscadas, tendo apontado para o critério geral da manifesta desproporção entre as vantagens e as desvantagens associadas ao risco. Relativamente a aspetos procedimentais, coloca-se o problema do retorno marginal de uma investigação acrescida. Reitero o critério de que apenas será de exigir a obtenção da informação cujo custo seja manifestamente inferior ao seu retorno marginal.

### 4.5.10. Planificação

A imposição de adoção de riscos joga com a definição de uma política ou estratégia de gestão empresarial.

O dever de gestão compreende uma componente de planificação estratégica empresarial[2005].

A esta faceta do dever de gestão refere-se, de forma indireta, o art. 432, nº 1, alínea a), do CSC, ao estabelecer um dever de comunicação ao conselho geral

---

[2001] Oltmanns, Martin, *Geschäftsleiterhaftung...*, pp. 247-248, e Hopt, Klaus e Roth, Markus, "Großkommentar...", 4ª ed., § 93 Abs 1 Satz 2, Rn. 36.

[2002] Oltmanns, Martin, *Geschäftsleiterhaftung...*, pp. 247-248. Abrindo uma exceção para as *start-ups*, apesar de sufragar o critério do risco que põe em causa a sobrevivência da empresa, Semler, Johannes, "Entscheidungen...", p. 635.

[2003] Oltmanns, Martin, *Geschäftsleiterhaftung...*, pp. 247-248.

[2004] Oltmanns, Martin, *Geschäftsleiterhaftung...*, pp. 246-247.

[2005] Destaco Semler, Johannes, *Die Überwachungsaufgabe...*, pp. 12 e 18, e Hommelhoff, Peter, *Die Konzernleitungspflicht...*, p. 167.

505

e de supervisão sobre a política de gestão que o conselho de administração executiva tenciona seguir.

A forma e extensão da planificação estratégica empresarial dependem das circunstâncias concretas. Trata-se de um aspeto do dever de gestão que implica uma margem de discricionariedade muito ampla.

### 4.5.11. Organização empresarial e vigilância

O dever de gestão envolve uma componente de organização empresarial.

Os administradores devem assegurar uma eficaz divisão do trabalho, quer ao nível do conselho de administração, quer junto dos patamares inferiores da empresa[2006]. Está em causa uma utilização eficiente e racional dos recursos disponíveis, indispensável à prossecução de atividades empresariais nas sociedades modernas.

Entre esses recursos está a capacidade de trabalho dos próprios administradores, que deve ser ocupada com as matérias mais relevantes. Uma insuficiente distribuição de tarefas pode gerar perdas.

A estratificação é um aspeto crucial. As organizações empresariais implicam frequentemente estruturas hierárquicas, com diferentes patamares de poderes-deveres.

A imposição de organização empresarial reclama a implementação de um sistema de distribuição de poderes jurídicos (poderes normativos ou competências normativas), quer ao nível dos órgãos da pessoa coletiva (representação orgânica), quer ao nível dos trabalhadores ou outros auxiliares (representação voluntária). A delimitação dos poderes de representação orgânica convoca frequentemente as figuras da delegação e da autorização integrativa. Relativamente aos trabalhadores e a outros auxiliares, surgem as figuras da procuração e, de acordo com a posição que sustentei, do contrato de mandato qualificado (ou outro contrato gestório com estipulação de poderes de representação).

A par da distribuição de poderes jurídicos, tal sistema deve proceder à paralela distribuição de deveres jurídicos (imposições normativas), quer aos órgãos da pessoa coletiva (deveres orgânicos), quer aos trabalhadores ou outros auxiliares. A delimitação dos deveres orgânicos aponta para as figuras da delegação e da instrução (ordem). Relativamente a trabalhadores ou outros auxiliares, joga-se a celebração de contratos de trabalho, de mandato e de outras prestações de serviço e, de novo, a figura da instrução (ordem).

---

[2006] Hommelhoff, Peter, *Die Konzernleitungspflicht...*, pp. 179-182. Acenando para o problema, Antunes, José Engrácia, *Liability...*, p. 169.

DEVER DE GESTÃO

A matéria convoca a tradicional distinção entre *cura in eligendo, cura in instruendo* e *cura in vigilando*. O último aspeto releva da componente de vigilância do dever de gestão, que será analisada em breve. Os dois primeiros aspetos respeitam à componente de organização empresarial. Mas não a esgotam. O momento de divisão do trabalho não respeita apenas à adequada escolha dos colaboradores, mas também, em grande medida, à adequada distribuição de tarefas.

O dever de gestão compreende uma componente de vigilância[2007].

A vigilância constitui um aspeto central da atividade dos administradores. O conselho de administração constitui, antes de mais, o centro de controlo ou vigilância da empresa[2008].

Reclama-se quer uma vigilância ao nível do conselho de administração, quer uma vigilância junto dos patamares inferiores da empresa[2009].

As necessidades de vigilância e controlo decorrem da divisão do trabalho[2010]. A organização empresarial reclama vigilância.

A vigilância reclama, por sua vez, organização empresarial, assumindo um carácter sistemático. Os administradores devem implementar um sistema de controlo, definindo procedimentos de recolha, análise e circulação da informação.

A imposição de vigilância tende a envolver a delimitação de mecanismos de controlo estratificados, ao longo da estrutura hierárquica. Pode igualmente envolver a diferenciação dos papéis de execução e de controlo, não apenas no interior do conselho de administração, mas também ao nível dos patamares inferiores da empresa (inclusivamente com a criação de departamentos autónomos de controlo).

---

[2007] Condenando determinados gerentes, *"por terem faltado ao seu dever de diligência e de vigilância"*, numa situação de utilização de pessoal, de uma betoneira e de um alvará da sociedade por outro gerente, o acórdão do Supremo Tribunal de Justiça de 19.11.87 (Menéres Pimentel), publicado em BMJ 371-473. Responsabilizando um gerente por uma falha de vigilância, ao permitir a emissão, com a finalidade de reduzir as existências contabilísticas, de duas faturas que não correspondiam a serviços prestados, o que originou um processo de infração fiscal, o acórdão do Tribunal da Relação do Porto de 24.3.03 (Pinto Ferreira), publicado em CJ 03-II-180. A decisão relativa ao pedido cautelar de suspensão do gerente – o acórdão do Tribunal da Relação do Porto de 19.5.01 (Moreira Alves) –, onde são tecidas considerações muito semelhantes, foi publicada em CJ 01-III-191.
[2008] Na teorização norte-americana do modelo de controlo do conselho de administração destaca-se Eisenberg, Melvin A., "Legal models...", *CalLRev*, vol. 63, 1975, pp. 375-439. Na doutrina germânica merece destaque Martens, Klaus-Peter, "Der Grundsatz...", pp. 200-202.
[2009] Apontando as duas facetas, já Lehmann, Karl, *Das Recht...*, II, pp. 259-263. Destaco também Semler, Johannes, *Die Überwachungsaufgabe...*, pp. 15-17.
[2010] Destaco Hommelhoff, Peter, *Die Konzernleitungspflicht...*, pp. 182-186.

Os administradores não devem tanto ser avaliados por falhas pontuais de vigilância, mas mais por deficiências na sua prática de monitorização da atividade social[2011].

Os administradores devem poder confiar nas pessoas (colegas, trabalhadores, terceiros...) que os auxiliam na tarefa de vigilância. A divisão do trabalho implica confiança[2012].

A componente de vigilância do dever de gestão joga com uma imposição de intervenção, sempre que sejam detetados indícios de problemas (*red flags*). Fala-se de circunstâncias espoletantes (*triggering circumstances*).

Vigiar é obter informação. O sistema de controlo procede à recolha, análise e circulação de informação.

A tarefa de vigilância convoca a já descrita componente de obtenção de informação do dever de gestão. É certo que aqui a informação não se destina a fundamentar decisões empresariais ativas, antes visando uma tarefa passiva de prevenção de riscos. Mas, reitero, vigiar é obter informação. Aliás, frequentemente a informação obtida é simultaneamente útil quer para a tarefa de vigilância, quer para as componentes de planificação estratégica empresarial e de adoção de risco empresarial.

Algumas das considerações tecidas sobre a imposição de obtenção de informação também descrevem a componente de vigilância do dever de gestão.

As decisões sobre vigilância são orientadas à prossecução dos já referidos interesses dos sócios e de outros sujeitos, consagrados na norma jurídica impositiva da prestação de gestão.

A medida da informação a obter em matérias de vigilância é igualmente determinada em função do retorno marginal da investigação acrescida, de acordo com o referido modelo de *George Stigler*.

A vigilância e o sistema de controlo podem incidir sobre diversos aspetos. Os arts. 420, nº 1, alínea i), 423-F, alínea i), e 441, alínea i), do CSC procedem a um elenco de diversos aspetos. Outros podem ser equacionados, nomeadamente o aspeto da observância da lei (*law compliance*).

Destaco o aspeto do controlo financeiro[2013]. O controlo financeiro constitui, desde sempre, um aspeto central da gestão. O Código Comercial de 1833

---

[2011] Recordo Manning, Bayless, "The business...", *The Business Lawyer*, 1984, p. 1494, e , entre nós, Vasconcelos, Pedro Pais de, "Business...", *DSR*, nº 2, 2009, pp. 73-74.

[2012] Remeto para os §§ 4.01(b), 4.02 e 4.03 dos *Principles of Corporate Governance*, que tive a oportunidade de descrever.

[2013] Destacando a necessidade de sofisticação financeira dos administradores no modelo de controlo (*monitoring* ou *oversight model*) do conselho de administração, Eisenberg, Melvin A., *The structure...*, pp. 165-166.

DEVER DE GESTÃO

(Código Ferreira Borges), para além de estabelecer um regime geral de escrituração comercial, especificava, no seu § 535, um dever de prestação de contas pelos administradores. Por seu turno, o Código Comercial Alemão de 1861 especificava um dever de cuidar da escrituração mercantil e um dever de apresentação de contas. Muitos dos recentes desenvolvimentos nas técnicas de gestão empresarial estão associados a novos métodos de análise financeira. Recordo que as teorizações de *Alfred Rappaport* têm subjacente o método de avaliação empresarial através do *discounted cash flow* (DCF).

Os aspetos a incluir no sistema de controlo e a sua profundidade devem ser aferidos em função do interesse dos sócios (e dos restantes sujeitos), de acordo com o modelo de *George Stigler*. Apenas devem ser implementados mecanismos de controlo eficazes, isto é, que envolvam uma adequada expectativa de retorno face aos seus custos.

As exigências de organização e vigilância são também modeladas, entre outros fatores, pela atividade exercida pela sociedade.

Destaco, mais uma vez, as atividades financeira e seguradora, em que os problemas de controlo de riscos são particularmente acutilantes. Nestas áreas surge, não raro, a especificação legislativa de exigências de organização e vigilância.

A necessidade de contenção judicial na concretização normativa do dever de gestão também se faz sentir em matéria de vigilância. Os administradores devem gozar de alguma margem de discricionariedade na delimitação do sistema de controlo e nas demais opções de vigilância.

Apontei como argumento geral para a contenção judicial na concretização normativa do dever de gestão a necessidade de salvaguarda do espaço de iniciativa dos administradores. Referi que autoridade e responsabilização (*accountability*) são antitéticas.

Já tive igualmente a oportunidade de sustentar que um escrutínio judicial excessivo em matéria de obtenção de informação gera um perigo de burocratização. Este perigo é particularmente sensível em matéria de vigilância[2014]. O julgador deverá ter em mente a necessidade de não induzir uma prática de excessiva documentação.

É quanto à componente de vigilância do dever de gestão que penso ser mais útil o apelo à figura da distorção retrospetiva (*hindsight bias*). Em análise judicial retrospetiva, determinado risco pode parecer elevado, pelo simples facto de se ter materializado, censurando-se a falta de implementação de mecanismos de controlo desse risco. Mas, ao momento da adoção da decisão empresarial de delimitação do sistema de controlo, tal risco poderia parecer diminuto,

---

[2014] Destaco Spindler, Gerald, "Vorstandspflichten....", Rn. 56.

face ao custo de implementação dos correspondentes mecanismos de controlo. Reclama-se um esforço judicial de imunização face à tendência natural de, em análise retrospetiva, atribuir uma probabilidade elevada de ocorrência de um resultado simplesmente porque tal resultado acabou por acontecer.

Como critério geral de concretização normativa da imposição de vigilância talvez seja de apontar, mais uma vez, para a ideia de manifesta desproporção entre vantagens e desvantagens. Será de apenas exigir a adoção de medidas de vigilância cujo custo seja manifestamente inferior ao seu retorno marginal.

Em todo o caso, gostaria de realçar que, em minha opinião, a matéria da vigilância, como nenhuma outra, é palco de um difícil equilíbrio entre autoridade e responsabilização (*accountability*). Se é certo que uma curta margem de discricionariedade em matéria de implementação do sistema de controlo restringe a capacidade de alocação eficiente dos recursos empresariais, não é menos certo que uma excessiva margem de discricionariedade desresponsabiliza sobremaneira os administradores. Recorde-se que o conselho de administração constitui, antes de mais, o centro de controlo ou vigilância da empresa.

### 4.5.12. Delegação

Como acabei de referir, quer a imposição de organização empresarial, quer a imposição de vigilância incidem não apenas sobre os patamares inferiores da empresa, mas também ao nível do conselho de administração.

Passo a tecer mais algumas considerações sobre a imposição de organização e vigilância no interior do conselho de administração. Trata-se de uma matéria que se centra na figura da delegação.

Recordo que, em capítulo anterior, distingui a delegação do poder de representação orgânica externa (poder de representação *tout court*), prevista no art. 408, nº 2, do CSC, da delegação do poder de representação orgânica interna (poder de administração), prevista no art. 407 do CSC. Relativamente a esta última, distingui a delegação ampla, prevista no nº 3 do art. 407 do CSC, da delegação restrita (encargo especial), referida no nº 1 do mesmo artigo. Sustentei que a diferença entre a delegação ampla e a delegação restrita respeita ao âmbito das matérias delegáveis.

A delegação do poder de representação orgânica externa (poder de representação *tout court*) apenas modifica o poder jurídico (externo) dos administradores, não afetando a sua esfera passiva. Pelo contrário, a delegação do poder de representação orgânica interna (poder de administração) não só modifica o poder jurídico (interno) dos administradores, como afeta a sua esfera passiva, modelando o dever de gestão.

DEVER DE GESTÃO

As considerações que passo a tecer, sobre a modelação do dever de gestão, respeitam apenas à figura da delegação do poder de representação orgânica interna. Doravante, para facilitar a exposição, utilizarei o termo delegação para me referir apenas à delegação do poder de representação orgânica interna.

A delegação determina uma bifurcação do conteúdo da prestação de gestão relativamente às matérias delegadas: sobre os administradores delegados incide uma imposição de gestão ativa; sobre os administradores delegantes passa a apenas incidir uma imposição de vigilância.

A delegação produz quer uma modificação da imposição normativa de gestão dos administradores delegantes, quer uma modificação da imposição normativa de gestão dos administradores delegados.

Relativamente à esfera jurídica dos administradores delegantes, a delegação produz uma restrição do conteúdo da prestação de gestão. No que respeita às matérias delegadas, os administradores delegantes deixam de ter um dever de gestão ativa, apenas permanecendo com a componente de vigilância do dever de gestão. Realço que esta limitação do dever de gestão não abrange as matérias não delegadas.

Em minha opinião, a restrição do conteúdo da prestação de gestão dos administradores delegantes ocorre não apenas na delegação ampla, prevista no nº 3 do art. 407 do CSC, mas também na delegação restrita, a que se refere o nº 1 do mesmo artigo. No que respeita à delegação ampla, a restrição do conteúdo da prestação de gestão dos administradores delegantes é expressamente consignada no art. 407, nº 8, do CSC. Relativamente à delegação restrita, o legislador não só não se refere expressamente a uma restrição do conteúdo da prestação de gestão dos administradores delegantes, como, no nº 2 do art. 407 do CSC, estabelece que o *encargo especial (...) não exclui a competência normal dos outros administradores ou do conselho nem a responsabilidade daqueles, nos termos da lei*. A afirmação de que a delegação restrita gera uma restrição do conteúdo da prestação de gestão dos administradores delegantes requer uma fundamentação mais extensa. Vejamos.

Referi anteriormente que os administradores devem assegurar uma eficaz divisão do trabalho ao nível do conselho de administração, no âmbito da componente de organização empresarial do seu dever de gestão. Acrescentei que a componente de vigilância do dever de gestão decorre desta necessidade de divisão do trabalho. O art. 407, nº 1, do CSC tem por finalidade promover a divisão do trabalho ao nível do conselho de administração. A divisão do trabalho promovida pelo art. 407, nº 1, do CSC só opera com uma diferenciação entre as tarefas de gestão ativa e de vigilância.

Tive a oportunidade de referir que a instrumentalidade caracteriza a situação jurídica complexa do poder-dever. A atribuição do poder normativo é instrumental face à imposição normativa. Referi ainda que, por vezes, ao estabelecer o regime dos poderes jurídicos, o legislador está igualmente a regular os deveres jurídicos. Neste contexto, creio que o art. 407, nº 1, do CSC deve ser interpretado não apenas no sentido de permitir uma delegação restrita do poder normativo de representação interna, mas também no sentido de modificar a imposição normativa de gestão dos administradores delegantes.

A favor desta interpretação do art. 407, nº 1, do CSC jogam aspetos sistemáticos. A divisão do trabalho e a inerente modificação da imposição normativa de gestão dos administradores delegantes é imposta pelas componentes de organização empresarial e de vigilância do dever de gestão, cuja base legal reside nomeadamente no art. 64, nº 1, alínea a), do CSC.

Esta leitura do art. 407, nº 1, do CSC é reclamada pelo princípio da liberdade de estipulação em matéria de modelos de governação, pela ideia de adequação dos modelos de governação à dimensão e à complexidade das sociedades anónimas e pela perspetiva de que a distribuição de competências e tarefas é inerente a uma organização empresarial racional.

Em abono desta interpretação do art. 407, nº 1, do CSC invocaria ainda o paralelo com o regime germânico dos deveres dos diretores em caso de repartição de pelouros, que tive a oportunidade de descrever e que terá seguramente inspirado o legislador nacional.

Neste contexto, considero que a proposição normativa constante do nº 2 do art. 407 do CSC, segundo a qual o *"encargo especial (...) não exclui a competência normal dos outros administradores ou do conselho nem a responsabilidade daqueles, nos termos da lei"*, não significa que permaneça sobre todos os administradores uma imposição de gestão ativa sobre as matérias delegadas. Se assim fosse, a possibilidade de divisão do trabalho conferida pelo nº 1 do art. 407 acabaria por ser negada pelo nº 2 do mesmo artigo. De forma a assegurar um conteúdo útil a esta proposição normativa, interpreto-a no sentido de se referir ao poder de avocação e ao dever de vigilância dos administradores delegantes.

Tentando aprofundar a descrição do dever de vigilância dos administradores delegantes, começaria por dizer que é difícil determinar o grau de vigilância devida sobre os pelouros dos colegas. Recordo que a divisão do trabalho implica confiança. Sem um mínimo de confiança recíproca não é possível gerir uma grande empresa[2015].

---

[2015] Destaco Mestmäcker, Ernst-Joachim, *Verwaltung...*, p. 213.

A imposição de vigilância sobre os colegas, tal como a que incide sobre os patamares inferiores da empresa, assume um carácter sistemático. Os administradores devem definir procedimentos de análise e circulação de informação no interior do conselho de administração. A correta delimitação dos fluxos de informação a instituir no interior do conselho de administração constitui um ponto nevrálgico do dever de gestão dos administradores delegantes[2016].

Também aqui os administradores não devem tanto ser avaliados por falhas pontuais de vigilância, mas mais por deficiências na sua prática de monitorização dos pelouros dos colegas.

Destaco, de novo, o aspeto do controlo financeiro. Reclama-se dos administradores não delegados uma particular vigilância sobre matérias financeiras[2017]. A delimitação dos fluxos de informação financeira no interior do conselho de administração deve ser particularmente criteriosa. A análise da informação deve ser muito atenta.

Se existirem indícios de má gestão, surge uma imposição de intervenção. Como referi em capítulo anterior, o poder de avocação é instrumental face ao dever de intervenção.

A imposição de intervenção é focada pelo legislador na parte final do nº 8 do art. 407 do CSC, ao determinar que seja provocada a intervenção do pleno do conselho de administração[2018]. Outras condutas podem ser reclamadas, nomeadamente o pedido de obtenção de informação acrescida junto do administrador delegado, de trabalhadores ou de outros auxiliares. Situações urgentes poderão inclusivamente reclamar intervenções cautelares diretas.

Já tive a oportunidade de referir que a medida da informação a obter em matérias de vigilância é determinada em função do retorno marginal da investigação acrescida, de acordo com o modelo de *George Stigler*. Este raciocínio vale para a vigilância ao nível do conselho de administração. A definição dos procedimentos de análise e circulação de informação no interior do conselho de administração e as demais opções de vigilância e de intervenção sobre o pelouro

---

[2016] Creio que é este o sentido da teorização do modelo de controlo (*monitoring model*) do conselho de administração de Eisenberg, Melvin A., *The structure...*, pp. 164-170 e 210-211.

[2017] De novo, Eisenberg, Melvin A., *The structure...*, pp. 164-170 e 210-211. Também Hefermehl, Wolfgang e Spindler, Gerald, "Münchener...", 2ª ed., § 91, Rn. 2.

[2018] Nas hipóteses de delegação no interior do conselho de administração executivo (no modelo de governação dualístico de matriz germânica), surge também a possibilidade de intervenção junto do conselho geral e de supervisão. Remeto para a descrição da doutrina germânica sobre a matéria.

DEVER DE GESTÃO DOS ADMINISTRADORES DE SOCIEDADES ANÓNIMAS

dos colegas devem ser aferidas em função da expectativa de retorno face aos seus custos.

Dou aqui por reproduzidas todas as considerações tecidas sobre a necessidade de contenção judicial na concretização normativa do dever de gestão em matérias de vigilância, com destaque para o problema do difícil equilíbrio entre autoridade e responsabilização (*accountability*).

Relativamente à esfera jurídica dos administradores delegados, a delegação produz uma ampliação do conteúdo da prestação de gestão. Afasto-me da perspetiva de que a delegação não implica uma modificação da situação passiva dos administradores delegados, apenas afetando a esfera jurídica dos administradores delegantes.

Em abono deste entendimento, recordo que a atribuição de funções especiais a um concreto administrador reclama da sua parte uma diligência correspondente às exigências do tráfico profissional para essas funções especiais – art. 64, nº 1, alínea a), do CSC. O administrador terá que se encarregar de determinadas áreas da gestão de forma mais intensa.

Como referi em capítulo anterior, por força do princípio da intangibilidade da esfera jurídica alheia, a ampliação do conteúdo da prestação de gestão pressupõe a aceitação. A declaração negocial deliberativa de delegação constitui uma proposta, sujeita a aceitação pelo administrador delegado, produzindo um contrato modificativo do contrato de administração.

Uma delegação proibida, que extravase os limites do regime de delegação, não opera uma bifurcação do conteúdo da prestação de gestão relativamente às matérias delegadas. Sobre todos os administradores permanece uma imposição de gestão ativa.

### 4.5.13. Instrução

A prestação de gestão pode ser modelada por atos de instrução.

Tive a oportunidade de reconduzir os atos de instrução à figura da ordem, que caracterizei como um negócio jurídico unilateral com eficácia obrigacional, praticado em exercício de um poder normativo, que gera uma imposição normativa não para o agente, mas sim para o sujeito.

Não está em causa a prática de atos de instrução pelo conjunto dos sócios e, relativamente ao modelo de organização de matriz germânica, pelo conselho geral e de supervisão, pois, como referi, são afastados pelos arts. 373, nº 3, 405, nº 1, 406 e 431, nº 1, do CSC.

Está em causa a emissão de instruções pelo conselho de administração. Recordo a referência à dissociação entre decisão e execução na distribuição de competências no seio do órgão de administração, que é paradigmaticamente caracterizada pela conjugação de uma declaração negocial deliberativa de instrução, ao nível da competência interna, com uma declaração negocial singular ou conjunta de execução, ao nível da competência externa[2019].

Neste contexto, qualifiquei os planos estratégicos empresariais como instruções genéricas. Os planos estratégicos empresariais procedem a uma modelação do dever de prestação de gestão. Os administradores devem observar as indicações constantes dos planos estratégicos empresariais.

Acrescento que a modelação do dever de prestação de gestão operada pelas instruções do conselho de administração pode relevar da questão do risco empresarial adequado[2020]. Exemplifiquemos. Um determinado plano estratégico empresarial poderá apontar para uma diversificação do portefólio de atividades e de unidades de negócio da sociedade, implicando uma gestão algo conservadora. Um outro plano estratégico empresarial poderá apontar para a realização de determinados investimentos, com desconsideração do risco não sistémico para os acionistas, reclamando uma gestão comparativamente mais arriscada.

### 4.5.14. Limitação da responsabilidade – art. 72, nº 2, do CSC

Finalizada a descrição do dever de gestão, passo a tecer algumas considerações sobre o art. 72, nº 2, do CSC, que consagra uma regra de limitação da responsabilidade civil dos administradores, sob inspiração da *business judgment rule* norte-americana.

Concebo o art. 72, nº 2, do CSC como uma cláusula de exclusão da responsabilidade civil pela violação do dever de gestão.

A proposição normativa constante do art. 72, nº 2, do CSC não releva da norma que estabelece o dever primário de prestação dos administradores – o dever de gestão. Releva da norma que estabelece o dever secundário de indemnização pela violação do dever de gestão. O legislador refere, de forma expressa,

---

[2019] Discutindo a existência de um dever de executar as deliberações do conselho de administração, Ventura, Raúl e Correia, Luís Brito, "Responsabilidade...", *BMJ*, nº 192, 1970, pp. 88-90. Sustentando que o conselho de administração tem o poder de emitir instruções dirigidas aos delegados, Abreu, Jorge Coutinho de, *Governação...*, p. 98 (mais tarde, Abreu, Jorge Coutinho de, *Governação...*, 2ª ed., p. 100).

[2020] Num escrito sobre os deveres dos administradores de sociedades comerciais em geral, afirmando que, quer no início do contrato de administração, quer na sua execução, pode ser estipulado o grau de risco da gestão, mais ativa e agressiva ou mais prudente e conservadora, Vasconcelos, Pedro Pais de, "Business...", *DSR*, nº 2, 2009, p. 60, n. 43. Sublinho a ideia de estipulação do grau de risco da gestão durante a execução, que, relativamente a administradores de sociedades anónimas, convoca, em minha opinião, a figura da instrução do conselho de administração.

que "*a responsabilidade é excluída*", em caso de verificação de determinados pressupostos[2021].

O *non liquet* sobre os elementos da previsão normativa descritos no art. 72, nº 2, do CSC não releva da apreciação da violação do dever de gestão, antes deixando totalmente em aberto a análise do problema da violação do dever de gestão. O *non liquet* sobre os elementos da previsão normativa descritos no art. 72, nº 2, do CSC determina a não aplicação do privilégio de limitação da responsabilidade civil[2022].

A inexistência de conflitos de interesses constitui um elemento da previsão normativa de exclusão da responsabilidade civil. A existência ou inexistência de conflitos de interesses não releva, de todo, do dever de gestão (dever de prestação). Relevará, isso sim, do dever de lealdade (dever acessório de conduta).

O legislador nacional obteve seguramente inspiração na ideia de porto de abrigo, acolhida pelos *Principles of Corporate Governance*[2023], e na distinção entre *standard of care* e *standard of review*[2024]. Em ambiente romano-germânico, tais ideias convocam a contraposição entre o dever primário de prestação e o dever secundário de indemnização[2025].

Prossigo com um breve aprofundamento dos elementos da regra nacional de limitação da responsabilidade civil dos administradores. Não procederei a uma ampla discussão sobre a matéria, pois não respeita ao cerne da investigação

---

[2021] A referência expressa à consequência jurídica da responsabilidade civil determina que a eventual aplicação do seu regime ao remédio da destituição com justa causa apenas possa ser realizada por analogia. Não pretendo desenvolver a questão da eventual aplicação analógica do regime do art. 72, nº 2, do CSC ao remédio da destituição com justa causa. Deixaria apenas uma nota. Não fará grande sentido limitar a aplicação da consequência jurídica da destituição com base na violação do dever de prestação se tal consequência jurídica também puder ser fundamentada em factos menos censuráveis, que não correspondem ao incumprimento de deveres, como a incapacidade para o exercício das funções (nomeadamente por falta de conhecimentos técnicos ou impedimentos físicos). Nesta linha de argumentação, Frada, Manuel Carneiro da, "A business...", p. 231, e Hopt, Klaus e Roth, Markus, "Großkommentar...", 4ª ed., § 93 Abs 1 Satz 2, Rn. 61-62. Sobre a destituição com justa causa, com profundas indicações, Abreu, Jorge Coutinho de, *Curso...*, II, 3ª ed., pp. 585-591 (anteriormente, Abreu, Jorge Coutinho de, "Destituição...", *BFDUC*, 2007, pp. 79-84), e Cordeiro, António Menezes, *Manual...*, I, 2ª ed., pp. 894-903. Na doutrina germânica, com indicações, Thüsing, Gregor, "Abberufung...", Rn. 7-30 e 56-62. Sugerindo como fundamento de destituição uma demonstrada fraca capacidade de gestão (*underperformance*), Peltzer, Martin e Werder, Axel von, "Der German Code...", *AG*, 2001, p. 3, e Paefgen, Walter G., *Unternehmerische...*, p. 142.

[2022] Na apreciação da *business judgment rule* germânica, apontando a ideia de privilégio de limitação da responsabilidade civil, Lutter, Marcus, "Interessenkonflikte...", p. 249.

[2023] American Law Institute, *Principles...*, p. 142.

[2024] Recordo Eisenberg, Melvin A., "The divergence...", *Fordham Law Review*, nº 62, 1993, pp. 437, 445-446 e 462-464.

[2025] Nesta direção, Fleischer, Holger, "Sorgfaltspflicht...", Rn. 50-51.

– norma impositiva do dever primário de prestação dos administradores –, mas sim à norma impositiva do dever secundário de indemnização.

Não pretendo discutir se o art. 72, nº. 2, do CSC consagra uma cláusula de exclusão da ilicitude ou uma cláusula de exclusão da culpa. A resposta a esta questão reclama uma análise das noções de ilicitude e culpa, que está para lá do âmbito da investigação[2026]. Limito-me a afirmar que se trata de uma cláusula de exclusão da responsabilidade civil.

A regra de limitação da responsabilidade prevista no art. 72, nº. 2, do CSC não exclui totalmente a sindicabilidade judicial do mérito das decisões empresariais. O legislador apenas isenta de responsabilidade o administrador que atue *"segundo critérios de racionalidade empresarial"*.

Trata-se de um critério visivelmente inspirado nos *Principles of Corporate Governance* e na distinção entre razoabilidade, na apreciação do processo decisório, e racionalidade, na apreciação do conteúdo da decisão[2027]. Recordo que a referência à racionalidade remonta ao *any rational business purpose test*, apontado na decisão *Sinclair Oil Corporation v. Levien*, tirada pelo Supremo Tribunal de Delaware em 1971.

Sustentei que o dever de gestão impõe a prossecução do interesse dos sócios (ou de outros sujeitos) de acordo com uma lógica de satisfatoriedade. Trata-se da lógica inerente ao raciocínio prático (aristotélico). A referência no art. 72, nº 2, do CSC a *"critérios de racionalidade empresarial"* não deve ser interpretada no sentido de impor a prossecução do interesse dos sócios (ou de outros sujeitos) de acordo com uma lógica de satisfatoriedade. Se assim fosse, a norma não teria um conteúdo útil. A intervenção legislativa pretende restringir o âmbito do dever secundário de indemnização, estabelecendo um critério privilegiante face ao decorrente da norma impositiva do dever primário de prestação[2028].

Creio que a interpretação desta proposição normativa passa pelo apelo à formulação apontada na decisão *Sinclair Oil Corporation v. Levien*. Não bastará que a decisão não seja satisfatória face às finalidades a prosseguir. Apenas será geradora de responsabilidade civil uma decisão que não possa ser atribuída a um qualquer propósito racional.

O aprofundamento deste critério não é fácil. Na jurisprudência do Estado de Delaware não são apontados casos de efetiva responsabilidade dos administradores com base na impossibilidade de atribuir a decisão a um qualquer propó-

---

[2026] Tive a oportunidade de, em nota anterior, indicar alguma bibliografia sobre a matéria, apontando para as profundas dificuldades da distinção civilística entre ilicitude e culpa...

[2027] American Law Institute, *Principles...*, pp. 142 e 179.

[2028] Raciocínio semelhante aos de Abreu, Jorge Coutinho de, *Responsabilidade civil...*, pp. 44-46, e Frada, Manuel Carneiro da, "A business...", p. 233.

sito racional. Como pistas possíveis restam as decisões *Litwin v. Allen* e *Selheimer v. Manganese Corp. of America*, que tive a oportunidade de descrever[2029].

Será difícil operar em concreto esta distinção entre a satisfatoriedade face aos interesses a prosseguir, reclamada pelo dever de gestão consagrado no art. 64, n.º 1, alínea a), do CSC, e a racionalidade (*rectius*, falta de qualquer propósito racional), apontada como elemento da regra de exclusão da responsabilidade estabelecida no art. 72, n.º 2, do CSC. Estará sempre em causa uma análise lógica da decisão em função das circunstâncias concretas[2030].

Acrescento que as preocupações de contenção judicial na concretização do dever de gestão, com o consequente reconhecimento de uma ampla margem de discricionariedade dos administradores, tenderão a deixar pouco espaço de relevo para o regime de limitação da responsabilidade civil consagrado no art. 72, n.º 2, do CSC.

No art. 72, n.º 2, do CSC são também elencados como requisitos para a exclusão da responsabilidade civil a atuação *"em termos informados"* e *"livre de qualquer interesse pessoal"*.

A limitação da sindicabilidade judicial do mérito das decisões empresariais nos termos do *any rational business purpose test* é condicionada pelo cumprimento da imposição de obtenção de informação. A obtenção de informação respeita não apenas à norma impositiva da prestação de gestão, como também à norma impositiva da responsabilidade civil pelo incumprimento da prestação de gestão. Atuar em termos informados constitui não apenas um dever do administrador, como também um dos pressupostos de exclusão da responsabilidade civil com base no art. 72, n.º 2, do CSC.

Atuar *"em termos informados"* significa observar as imposições procedimentais da prestação de gestão. Para aprofundamento do significado desta proposição normativa remeto para a descrição da componente de obtenção de informação do dever de gestão. Recordo que sustentei alguma contenção judicial na concretização normativa das exigências de obtenção de informação, com o inerente reconhecimento de uma margem de discricionariedade.

A proposição normativa *"interesse pessoal"* constitui um conceito jurídico indeterminado, que atribui ao aplicador do direito um amplo espaço de concretização normativa. Trata-se de um conceito que convoca o universo da imposi-

---

[2029] Recordo que *Melvin A. Eisenberg*, académico que liderou a comissão de redação dos *Principles of Corporate Governance*, aponta para o litígio *Selheimer v. Manganese Corp. of America* ao analisar o critério da racionalidade (Eisenberg, Melvin A., "An overview...", *The Business Lawyer*, 1993, p. 1282).
[2030] Destaco Frada, Manuel Carneiro da, "A business...", p. 235, e, noutros quadrantes, Allen, William T. et al., "Realigning...", *NwULRev*, n.º 96, 2002, p. 452, n. 13.

ção ético-jurídica de lealdade, sobre o qual ainda terei a oportunidade de tecer algumas considerações.

Tentando apontar algumas pistas para a concretização do conceito de interesse pessoal, diria que não se trata de um estrito regime de incompatibilidades[2031]. Joga-se apenas a verificação de conflitos de interesses por referência a uma determinada decisão.

A noção de interesse pessoal abarca não apenas o interesse direto, mas também o interesse indireto, através de uma pessoa (física ou coletiva) próxima. Na ponderação do que seja um interesse indireto talvez seja útil um olhar para o regime dos *Principles of Corporate Governance*, que oportunamente descrevi.

Creio que a proposição normativa *"interesse pessoal"* reclama uma análise necessariamente individualizada. O conflito de interesses de um administrador (ou da maioria dos administradores) não afasta a aplicação do benefício de exclusão da responsabilidade civil aos restantes administradores, desde que o conflito de interesses (direto ou indireto) não se manifeste igualmente nestes outros administradores. Em abono desta perspetiva, para além do teor do texto legal, importa considerar que o regime da responsabilidade civil dos administradores assenta no princípio da culpa, como denota a parte final do nº 1 do art. 72 do CSC.

O regime privilegiante do art. 72, nº 2, do CSC não se aplica às decisões sobre a obtenção de informação, dado que a obtenção de informação constitui precisamente um elemento da previsão normativa. Trata-se de um sintoma da referida tendência de procedimentalização da gestão.

A regra introduzida pelo legislador no art. 72, nº 2, do CSC força uma distinção estrutural entre decisões procedimentais e decisões substanciais[2032].

Como sustentei anteriormente, a imposição de vigilância assume um carácter procedimental. Na sua estrutura analítica, a vigilância traduz-se numa atividade de obtenção de informação, convocando o referido modelo do economista *George Stigler*, segundo o qual um agente económico investe em investigação até que o custo de uma investigação acrescida seja igual ao seu retorno marginal.

A imposição de intervenção, face a uma circunstância espoletante, já implicará opções substanciais, salvo quando apenas esteja em causa uma investigação acrescida.

---

[2031] Eisenberg, Melvin A., "An overview...", *The Business Lawyer*, 1993, pp. 1285-1286.

[2032] Sustentando que a componente procedimental do dever de cuidado, na qual engloba não apenas a preparação de decisões, mas também a vigilância geral e a investigação de circunstâncias suspeitas, está sujeita ao critério da razoabilidade e não ao critério de racionalidade, Eisenberg, Melvin A., *Corporations...*, 8ª ed., p. 568.

Em matérias procedimentais, os administradores não são protegidos pelo regime de exclusão da responsabilidade consagrado no art. 72, nº 2, do CSC, mas tão só através da contenção judicial na concretização normativa do dever de gestão e do inerente reconhecimento de uma ampla margem de discricionariedade. Em matérias procedimentais apenas se joga a discricionariedade no cumprimento do dever de gestão, sendo inaplicável a cláusula de exclusão da responsabilidade civil pela violação do dever de gestão.

No regime de responsabilidade civil dos administradores, as decisões substanciais gozam de uma proteção acrescida face às decisões procedimentais.

Prossigo com uma análise das razões que podem justificar o privilégio de limitação da responsabilidade civil dos administradores, na esperança de melhor delimitar o seu campo de aplicação.

A ideia de distorção retrospetiva (*hindsight bias*) não fundamenta a regra de exclusão da responsabilidade civil consagrada no art. 72, nº 2, do CSC. O problema da distorção retrospetiva na atividade jurisdicional não se faz sentir apenas em matéria de responsabilidade civil dos administradores, ocorrendo em inúmeros domínios da responsabilidade civil. Pense-se na prestação de serviços de medicina, de arquitetura, de engenharia ou de aconselhamento financeiro. Pense-se na responsabilidade delitual estradal. O problema da distorção retrospetiva na atividade jurisdicional não constitui motivo para estabelecer um privilégio exclusivo dos administradores[2033].

A ideia de que autoridade e responsabilização (*accountability*) são antitéticas, só por si, não constitui justificação suficiente para o privilégio de exclusão de responsabilidade civil dos administradores. O problema de perda de autoridade provocada pelo controlo judicial não é exclusivo dos administradores. Pense-se na autoridade dos magistrados. Pense-se na autonomia dos advogados.

Em minha opinião, o regime de exclusão da responsabilidade civil dos administradores tem o seu fundamento na necessidade de proteção do risco empresarial[2034]. A sindicabilidade judicial das decisões empresariais induz aversão ao

---

[2033] Com considerações semelhantes em relação à *business judgment rule* germânica, Langenbucher, Katja, "Vostandshandeln...", *DStR*, 2005, p. 2086, e Jungmann, Carsten, "Die Business...", pp. 834 e 836-837. Em sentido divergente, por considerar que a distorção retrospetiva, apesar de constituir um fenómeno geral, é particularmente relevante na área económica, na medida em que as decisões empresariais estão sujeitas a uma incerteza particularmente elevada, Schneider, Sven H., ""Unternehmerische Entscheidungen"...", *DB*, 2005, pp. 708-709.

[2034] Afirmando que, ao contrário dos restantes regimes de responsabilidade civil, que visam tipicamente a redução de riscos, o regime de responsabilidade civil dos administradores visa antes definir o grau adequado de adoção de risco, Langenbucher, Katja, "Vostandshandeln...", *DStR*, 2005, p. 2084.

risco empresarial, condicionando o êxito das empresas e o desenvolvimento económico.

Acrescento que a necessidade de proteção do risco empresarial é particularmente intensa no tipo da sociedade anónima, dado que os projetos empresariais de grande dimensão e de elevado risco estão paradigmaticamente associados a este tipo societário.

Acrescento ainda que, relativamente ao subtipo da sociedade anónima aberta, se justifica sobremaneira o regime de exclusão da responsabilidade civil dos administradores, dada a imunização face ao risco não sistémico do acionista com um portefólio de ações diversificado[2035].

Na doutrina germânica, há quem aponte esta ideia de imunização face ao risco não sistémico dos acionistas com um portefólio diversificado como fundamento exclusivo da *business judgment rule* e adote uma posição restritiva face à possibilidade de aplicação da *business judgment rule* a outros tipos societários[2036]. Afasto-me desta perspetiva. A imunização propiciada pela diversificação do portefólio de ações apenas respeita ao risco não sistémico, pelo que, caso constituísse o fundamento único do privilégio de limitação da responsabilidade civil dos administradores, reclamaria a exclusão deste privilégio quando estivesse em jogo o risco sistémico. A necessidade de proteção do risco empresarial faz-se sentir em todos os tipos de sociedades comerciais, ainda que com intensidades variáveis, justificando a inclusão da regra nacional de limitação da responsabilidade civil dos administradores na parte geral do CSC.

Destas considerações sobre a teleologia do art. 72, nº 2, do CSC resulta que o privilégio de exclusão da responsabilidade civil deve essencialmente incidir sobre decisões de adoção de risco empresarial, com destaque para as decisões de planificação, de investimento e desinvestimento[2037] e de realização ou não realização de determinadas operações ou negócios.

Realizada esta delimitação positiva do campo de aplicação do art. 72, nº 2, do CSC, acrescento que existem aspetos sistemáticos que reclamam uma delimitação negativa.

Por regra, a aplicação do art. 72, nº 2, do CSC deve ser afastada relativamente a deveres dos administradores especificados pelo legislador – os deveres específicos (imposições normativas de prestação de serviço de conteúdo

---

[2035] Na referência ao argumento da imunização face ao risco não sistémico e na diferenciação entre sociedades abertas e sociedades fechadas, merece destaque Easterbrook, Frank e Fischel, Daniel, *The economic structure...*, pp. 28-30, 99-100 e 229.

[2036] Jungmann, Carsten, "Die Business...", pp. 839-854.

[2037] Foi precisamente uma decisão de desinvestimento que foi apreciada na sentença da 3ª Vara Cível de Lisboa de 27.10.2003, publicada em CJ STJ 2003-III-17.

específico)[2038]. A especificação legislativa de aspetos parcelares do dever de gestão denota especiais necessidades de tutela legal dos sócios ou de outros sujeitos, bem como a sedimentação de práticas mínimas de boa gestão. A iniciativa legislativa de especificação de deveres dos administradores será, por regra, incompatível com a aplicação do critério lasso do *any rational business purpose test*.

A exclusão da aplicação do art. 72, nº 2, do CSC operará na medida da especificação legislativa. Assim, a referência normativa (indireta, no art. 432, nº 1, alínea a), do CSC) à planificação empresarial reclama a realização de alguma planificação. As decisões sobre a profundidade e o horizonte temporal da planificação empresarial já poderão beneficiar do privilégio da exclusão da responsabilidade. O art. 72, nº 2, do CSC não se aplica à proibição (imposição negativa) de ultrapassar o objeto social, consagrada no art. 6º, nº 4, do CSC[2039]. Já as opções de prossecução de determinada atividade ou de prática de determinada operação, em detrimento de outras atividades ou operações, convocam a questão do cumprimento dever de gestão e da inerente obrigação (imposição positiva) de prossecução o objeto social, estando a coberto do art. 72, nº 2, do CSC.

Tive a oportunidade de sustentar que a ideia de legalidade externa assume um papel relevante no regime das sociedades comerciais, tendo apontado para o controlo público previsto no art. 172 do CSC e para a perspetiva pluralista acolhida no art. 64, nº 1, alínea b), do CSC. Neste contexto, penso ser de afastar a aplicação do art. 72, nº 2, do CSC e do inerente critério lasso do *any rational business purpose test* quando esteja em causa a observância de normas legais que incidem sobre a sociedade, com destaque para as penais e contraordenacionais.

O problema da limitação do campo de aplicação do art. 72, nº 2, do CSC em função da ideia de legalidade externa não é isento de dificuldades. Assim, o desenho de um novo modelo de negócio pode levantar obstáculos contraordenacionais. Joga-se o investimento estratégico, ponto nodal do privilégio de exclusão da responsabilidade civil. Simultaneamente, surge a ideia de legalidade externa. Em todo o caso, creio que será de afastar a aplicação do art. 72, nº 2, do CSC aos aspetos decisórios que envolvam a inobservância de normas legais que incidem sobre a sociedade.

Reitero que, nas matérias em que não são protegidos pelo regime de exclusão da responsabilidade consagrado no art. 72, nº 2, do CSC, os administradores poderão, ainda assim, gozar de alguma margem de discricionariedade, decorrente da concretização normativa do dever de gestão.

---

[2038] Acompanho nomeadamente Abreu, Jorge Coutinho de, *Responsabilidade civil...*, p. 46.
[2039] Por exemplo, Vasconcelos, Pedro Pais de, "Business...", *DSR*, nº 2, 2009, p. 66.

DEVER DE GESTÃO

### 4.5.15. Fidúcia, lealdade e gestão

Passo a tecer algumas breves considerações sobre a fidúcia e a lealdade, na estrita medida necessária à compreensão do dever de gestão.

O contrato de administração convoca a ideia de desproporção entre meios e fins, envolvendo problemas de abuso do poder[2040]. Integra-se na categoria dogmática dos negócios jurídicos fiduciários em sentido amplo (*fiduciary relations, treuhänderische Rechtsgeschäften im weiteren Sinne*)[2041]. Insere-se na tradição românica do mandato.

Rejeito a caracterização do contrato de administração (e dos negócios jurídicos fiduciários em sentido amplo) através da ideia de sinalagma claudicante[2042] ou através da ideia de transferência sem contraprestação de um bem fiduciário[2043]. No contrato de administração ocorre efetivamente um sinalagma – troca de uma prestação de serviço por uma remuneração[2044]. Os poderes jurídicos atribuídos são instrumentais face à imposição de prestação de serviço.

Creio que a apontada desproporção entre meios e fins e a possibilidade de abusos de poder apenas reclamam um dever de lealdade (ou de fidelidade) particularmente intenso, que sancione precisamente tais abusos de poder.

Afasto-me da perspetiva de que a prestação de gestão é configurada pelo dever de lealdade, do qual decorreria a imposição da prossecução do interesse de outrem[2045].

---

[2040] Recordo Regelsberger, Ferdinand, "Zwei Beiträge...", *AcP*, 1880, pp. 170-173.

[2041] Distingo a categoria dogmática dos negócios jurídicos fiduciários em sentido amplo da categoria dogmática dos negócios jurídicos fiduciários em sentido estrito, na esteira de Coing, Helmut, *Die Treuhand...*, pp. 1-3 e 85-88. Entre nós, Frada, Manuel Carneiro da, *Teoria da confiança...*, pp. 474-479 e 544-559. Sobre a categoria dogmática dos negócios jurídicos fiduciários em sentido estrito, entre nós, por exemplo, Vasconcelos, Pedro Pais de, *Contratos...*, pp. 254-301 (equivalente a Vasconcelos, Pedro Pais de, *Contratos...*, 2ª ed., pp. 258-305), Cordeiro, António Menezes, *Tratado...*, II, tomo II, pp. 255-271, Andrade, Manuel Domingues de, *...relação jurídica*, II, pp. 175-179, Carvalho, Orlando de, "Negócio jurídico...", pp. 118-129, Fernandes, Luís Carvalho, *Estudos...*, pp. 243-274, Gomes, Manuel Januário da Costa, *Assunção fidejussória...*, pp. 86-100, e Tomé, Maria João e Campos, Diogo Leite de, *A propriedade...*, *passim*.

[2042] Defendendo esta ideia, Martinek, Michael, "Staudingers...", 13ª ed., Vor §§ 662 ff, Rn. 28-31.

[2043] Sustentando esta perspetiva, Grundmann, Stefan, *Der Treuhandvertrag...*, pp. 135-169 e 193-220.

[2044] Enquadrando o contrato de administração na categoria dos contratos com uma função de troca, Almeida, Carlos Ferreira de, *Contratos*, II, p. 196. Assim interpreto Vasconcelos, Pedro Pais de, *A participação...*, 2ª ed., p. 342.

[2045] Na defesa desta tese, recordo Martinek, Michael, "Staudingers...", 13ª ed., § 675, Rn. A 24, 26 e 55, e Grundmann, Stefan, *Der Treuhandvertrag...*, p. 151. Já antes, sustentando que o dever de lealdade compreende o dever de execução diligente do mandato, Coing, Helmut, *Die Treuhand...*, pp. 139-140. Entre nós, afirmando que, nos negócios jurídicos fiduciários em sentido amplo, o próprio conteúdo do dever principal de prestar é modelado pelos deveres de lealdade, Reis, Nuno Trigo dos, "Os deveres...", *Cadernos O Direito*, nº 4, 2009, p. 358. Na doutrina nacional sobre o tema

As prestações contratuais são aferidas pelo interesse do credor. No contrato de administração, no contrato de mandato e noutros contratos gestórios, o carácter frequentemente mais indeterminado da prestação confere um maior realce ao problema do interesse (ou dos interesses) a prosseguir. Em todo o caso, a modelação da prestação pelo interesse do credor não constitui uma característica exclusiva dos contratos gestórios[2046].

As proposições normativas sobre o interesse (ou os interesses) a prosseguir respeitam à norma impositiva de prestação gestória. A norma impositiva de lealdade tem como consequência jurídica uma exigência de conduta; não tem como consequência jurídica o "preenchimento" de outra norma.

A prestação de serviço de gestão envolve uma faceta técnica, que não pode ser explicada ou apreendida pela noção de lealdade[2047]. As complexas exigências de avaliação do risco sistémico e não sistémico dos investimentos societários, em função da prossecução do interesse dos sócios ou de outros sujeitos, não correspondem a uma imposição de lealdade.

Defendo a autonomia entre o dever de gestão e o dever de lealdade[2048].

Prossigo com algumas brevíssimas notas sobre o dever de lealdade dos administradores, consagrado no art. 64, nº 1, alínea b), do CSC.

Partilho a perspetiva de recondução do dever de lealdade dos administradores ao universo da regra de conduta da boa fé[2049].

---

destaca-se Frada, Manuel Carneiro da, *Teoria da confiança...*, p. 557, n. 590, Frada, Manuel Carneiro da, "A responsabilidade...", *ROA*, 2006, p. 680, n. 31, e Frada, Manuel Carneiro da, "A business...", p. 210.

[2046] Recordo Esser, Josef e Weyers, Hans Leo, *Schuldrecht*, II 1, 8ª ed., p. 308. Entre nós, destaco Andrade, Manuel Domingues de, *...obrigações*, 3ª ed., pp. 10-11.

[2047] Nesta linha de argumentação, Thalmann, Anton, *Die Treuepflicht...*, pp. 7-9, e Knapp, Christoph, *Die Treuepflicht...*, pp. 202-204.

[2048] Na doutrina anglo-americana, recordo, por um lado, a perspetiva de que o dever de cuidado dos administradores não é um dever fiduciário, sendo-o apenas o dever de lealdade (Henn, Harry G. e Alexander, John R., *Laws of corporations...*, 3ª ed., p. 611, n. 3, e pp. 621-628, Eisenberg, Melvin A., "The duty of care...", *University of Pittsburgh Law Review*, nº 51, 1990, pp. 945-949, e Eisenberg, Melvin A., "The divergence...", *Fordham Law Review*, nº 62, 1993, p. 439), e, por outro, a referência a um dever gestório (*agency duty*) de atuar no interesse da sociedade (Flannigan, Robert, "The adulteration...", *LQR*, 2006, pp. 453-455).

[2049] Destaco Cordeiro, António Menezes, "Os deveres...", *ROA*, 2006, pp. 475-476 (posteriormente, Cordeiro, António Menezes, *Manual...*, I, 2ª ed., pp. 238-239, 406-407, 423-424, 825-831 e 933). Assim interpreto a teorização dos negócios jurídicos fiduciários em sentido amplo em Frada, Manuel Carneiro da, *Teoria da confiança...*, pp. 551-552 (embora aponte noutra direção em Frada, Manuel Carneiro da, "A business...", p. 210). Na recondução do dever de lealdade nos contratos fiduciários à regra de conduta da boa fé, também Vasconcelos, Pedro Pais de, *Contratos...*, p. 406 (equivalente a Vasconcelos, Pedro Pais de, *Contratos...*, 2ª ed., pp. 409-410). No âmbito vizinho das relações de trabalho, Abrantes, José João, *Contrato de trabalho...*, pp. 175-182.

DEVER DE GESTÃO

A estrutura normativa do art. 64, nº 1, alínea b), do CSC e do art. 762, nº 2, do CC é semelhante. Este tem como elemento da previsão normativa a existência de uma relação obrigacional e como consequência jurídica um conceito jurídico profundamente indeterminado – o de boa fé. Aquele tem como elemento da previsão normativa a existência de uma relação obrigacional de administração e como consequência jurídica um conceito jurídico profundamente indeterminado – o de lealdade.

Partilho a perspetiva de que a cláusula geral da boa fé consagrada no art. 762, nº 2, do CC constitui uma norma jurídica que possibilita a incorporação de normas éticas no direito[2050], sendo a sua concretização normativa marcada pela ponderação de valores e pela argumentação[2051]. O art. 64, nº 1, alínea b), do CSC possibilita a mesma incorporação de regras éticas no direito. Em ambos os casos, no âmbito de relações obrigacionais.

Afasto-me da perspetiva de que o fundamento do dever de lealdade dos administradores reside necessariamente na existência de uma relação de confiança[2052]. Não apenas por duvidar da frequente ocorrência de relações pessoais de confiança no âmbito das sociedades anónimas, mas sobretudo por dificuldades gerais de fundamentação da lealdade na confiança. Vejamos.

Nos requisitos (móveis) da tutela da confiança, tal como cristalizados no pensamento de *Claus-Wilhelm Canaris*, destaca-se o requisito da verificação de uma situação de confiança. Exige-se a presença de circunstâncias objetivas que justifiquem o despertar da confiança. Não basta um sentimento de confiança; é

---

[2050] Frada, Manuel Carneiro da, *Teoria da confiança...*, pp. 447-448, incluindo n. 463, Brito, José de Sousa e, "Razão democrática...", p. 149, Brito, José de Sousa e, "A constituição do direito...", p. 710, Brito, José de Sousa e, "Falsas...", p. 328 (*"normas remissivas do direito para a ética"*), e Pinto, Paulo Mota, "Die Generalklausel...", pp. 123 e 126. Noutros quadrantes, Bydlinski, Franz, *Juristische Methodenlehre...*, 2ª ed., pp. 582-585, Röthel, Anne, *Normkonkretisierung...*, pp. 30-35, 49-52 e 146-151, Larenz, Karl, *Metodologia...*, 4ª ed., pp. 310-312, 406-413 e 599-600, Larenz, Karl, *Lehrbuch...*, I, 14ª ed., pp. 125-130, Wieacker, Franz, *Zur rechtstheoretischen...*, pp. 10-16, Gernhuber, Joachim, "§ 242 BGB...", *JuS*, 1983, pp. 764-765, Roth, Günther H., "Münchener...", 4ª ed., § 242, Rn. 3, 11 e 31-33, Mansel, Heinz-Peter, "Jauernig...", 12ª ed., § 242, Rn. 2, Westermann, Harm Peter et al., *BGB – Schuldrecht...*, 6ª ed., pp. 60-83, Auer, Mariette, *Materialisierung...*, pp. 212-219, e Looschelders, Dirk e Olzen, Dirk, "Staudingers...", 13ª ed., § 242, Rn. 140-143 e 150-153. Referindo-se à função de receção de normas sociais nas cláusulas gerais, Teubner, Gunther, *Standards...*, 2ª ed., pp. 61 e 65-98.

[2051] Westermann, Harm Peter et al., *BGB – Schuldrecht...*, 6ª ed., pp. 63, 68-69 e 78-83.

[2052] Recordo que, na fundamentação da lealdade dos administradores na confiança, merece destaque Hueck, Alfred, "Der Treuegedanke im Recht...", pp. 79-80. Com referência à confiança institucionalizada, Wiegand, Wolfgang, "Treuhand...", pp. 340-343.

necessário que tal confiança seja justificada[2053]. Tratar-se-á de uma permissão de confiança (*Vertrauen-dürfen*)[2054].

Em minha opinião, a permissão de confiança é reflexo ou, no mínimo, reverso de uma imposição de lealdade[2055]. Quando é que uma pessoa pode confiar noutra? Quando lhe é devida lealdade. O discurso ético-jurídico sobre a confiança pressupõe a prévia ou, no mínimo, simultânea indução de uma imposição ético-jurídica de lealdade. Sendo assim, a confiança não constitui o fundamento da lealdade[2056].

Assente que a confiança não constitui o fundamento da lealdade, acrescento que a imposição de deveres ético-jurídicos de lealdade, com base no art. 64, nº 1, alínea b), do CSC ou no art. 762, nº 2, do CC, não deve ser limitada pela sistemática exigência de verificação dos requisitos da tutela da confiança, ainda que matizada pela consideração de um sistema móvel[2057]. A sistemática exigência de verificação de requisitos da tutela da confiança, com destaque para a verificação de um investimento de confiança, constitui uma limitação da margem de concretização normativa pelo aplicador do direito que não é reclamada pelo legislador. No art. 64, nº 1, alínea b), do CSC, o legislador apenas consignou o conceito jurídico indeterminado de lealdade, não fazendo qualquer referência ao investimento de confiança ou sequer à confiança. Relativamente ao art. 762, nº 2, do CC, o legislador limitou-se a consagrar o conceito jurídico indeterminado de boa fé. Embora a análise histórico-linguística do conceito de boa fé

---

[2053] Canaris, Claus-Wilhelm, *Die Vertrauenshaftung...*, pp. 491-503. Com antecedentes em Hübner, Heinz, "Zurechnung...", pp. 385-390, e Diederichsen, Uwe, *Die Haftung...*, pp. 306-313. Entre nós, com referência à situação de confiança e à justificação da confiança, Cordeiro, António Menezes, *Da boa fé...*, p. 1248. Apontando o elemento de verificação de uma situação objetiva de confiança, num escrito focado apenas na proibição de *venire contra factum proprium*, Machado, João Baptista, "Tutela...", pp. 416-417. Fazendo referência a uma relação de confiança que o contrato fundamenta, ao analisar os deveres laterais de conduta decorrentes da regra da boa fé, já Pinto, Carlos Mota, *Cessão...*, p. 339.

[2054] Frada, Manuel Carneiro da, "Die Zukunft...", pp. 103-106 (já antes, Frada, Manuel Carneiro da, *Contrato...*, pp. 252-253), Monteiro, Jorge Sinde, *Responsabilidade...*, pp. 505-506, Pinto, Paulo Mota, *Declaração tácita...*, p. 428, n. 472 (posteriormente, Pinto, Paulo Mota, *Interesse...*, pp. 25, 29-30 e 1553-1554), e, noutros quadrantes, Ballerstedt, Kurt, "Zur Haftung...", *AcP*, nº 151, 1950/1951, p. 508, Köndgen, Johannes, *Selbstbindung...*, pp. 116-118, e Picker, Eduard, "Positive Forderungsverletzung...", *AcP*, 1983, pp. 419-420.

[2055] Afirmando que a lealdade é o reverso da confiança, Cordeiro, António Menezes, "Die Dogmatisierung...", p. 865.

[2056] Penso que não estarei longe de Monteiro, Jorge Sinde, *Responsabilidade...*, p. 505.

[2057] Acompanho Frada, Manuel Carneiro da, *Teoria da confiança...*, nomeadamente pp. 231, 389-395, 431-479, 584-589 e 765-766 (também, Frada, Manuel Carneiro da, "A business...", pp. 210-212; acenando para o problema, Frada, Manuel Carneiro da, "Deliberações...", p. 323, n. 13).

DEVER DE GESTÃO

possa convocar, entre outras, a ideia de confiança[2058], não se trata seguramente de uma indicação legislativa que condiciona a margem jurisdicional de concretização normativa à verificação de um investimento de confiança.

Afasto-me igualmente da ideia de que o fundamento do dever de lealdade dos administradores reside no poder de interferência na esfera jurídica de outrem[2059]. O poder de interferência pode ser entendido como um poder factual ou como um poder jurídico.

O critério do poder factual confunde relações de origem negocial com situações de mera proteção delitual. Pense-se no exemplo de uma pessoa que, por força dos seus conhecimentos de informática, sem qualquer contacto negocial com a sociedade, consegue desviar fundos monetários, segredos empresariais ou oportunidades de negócio da sociedade.

Quanto ao critério do poder jurídico, temos que o negócio jurídico que atribui o poder jurídico aos administradores impõe simultaneamente a finalidade de atuação no interesse de outrem. Parece-me extremamente redutora a perspetiva de fundamentação da lealdade na existência de um poder jurídico de interferência na esfera jurídica de outrem, desvalorizando o compromisso negocial de atuação no interesse de outrem[2060].

Creio que o dever de lealdade dos administradores tem fundamento na ética, convocada no âmbito de uma relação obrigacional. O poder de interferência do administrador e a confiança depositada no administrador constituem meros tópicos de argumentação na tarefa de concretização normativa do conceito ético-jurídico de lealdade, a par de outros tópicos, como a natureza do compromisso negocial de atuação no interesse de outrem e o grau de dedicação (exclusiva ou não) reclamado.

Afasto-me da perspetiva, frequente na doutrina germânica[2061], de que o dever de lealdade dos administradores exige que estes privilegiem sempre o interesse da sociedade face aos seus interesses pessoais. Creio que aqui, como noutras relações fiduciárias, o dever de lealdade não pode ser caracterizado

---

[2058] Na análise histórico-linguística do conceito de boa fé merece destaque Cordeiro, António Menezes, *Da boa fé...*, pp. 53-414, e Cordeiro, António Menezes, "Die Dogmatisierung...", pp. 857-858 e 865.

[2059] Recordo que, na fundamentação do dever de lealdade dos administradores num poder jurídico de interferência, merece destaque Mestmäcker, Ernst-Joachim, *Verwaltung...*, pp. 214--215 (e 348-351). Na caracterização de tal poder jurídico, Zöllner, Wolfgang, *Die Schranken...*, pp. 342-343.

[2060] Recordo Löhnig, Martin, *Treuhand*, pp. 172-173, e Geibel, Stefan J., *Treuhandrecht...*, p. 123.

[2061] Destaco Grundmann, Stefan, *Der Treuhandvertrag...*, pp. 8, 92-96, 133-135 e 147-191, Hueck, Alfred, *Der Treuegedanke...*, pp. 10-19, e Mestmäcker, Ernst-Joachim, *Verwaltung...*, pp. 214-215.

pela sistemática prevalência do interesse do beneficiário sobre o interesse do fiduciário.

Em diversas situações, os fiduciários podem privilegiar o seu interesse pessoal[2062]. Pense-se no interesse do administrador num aumento da sua remuneração. Pense-se no interesse no exercício de uma outra atividade profissional por parte de um administrador não executivo. Pense-se nos interesses pessoais familiares ou lúdicos, como o interesse em assistir os familiares na doença ou o interesse em gozar férias. Repare-se que estes aspetos frequentemente convocam a relação de troca entre prestação de serviço e remuneração...

O conteúdo do dever de lealdade dos fiduciários apresenta uma intensidade variável, divergindo de uma relação fiduciária para outra relação fiduciária[2063]. Se o dever de lealdade em relações fiduciárias fosse caracterizado pela sistemática prevalência do interesse do beneficiário sobre o interesse do fiduciário, então teria sempre o máximo recorte em todas as relações fiduciárias.

Limito-me a reconhecer a particular intensidade, com graus variáveis, do dever de lealdade dos fiduciários. Utilizo a terminologia dever de fidelidade para denotar esta particular intensidade do dever de lealdade dos fiduciários[2064].

Afasto-me da conceção de que o dever de lealdade dos administradores decorre da imposição de prossecução do interesse da sociedade.

Esta conceção é incompatível com a defesa de um dever de lealdade particularmente intenso, como é típico de uma relação fiduciária. A recondução da lealdade do administrador à imposição de prossecução do interesse da sociedade implicaria uma contração do espaço jurisdicional de indução de imposições ético-jurídicas de lealdade. A apropriação de oportunidades de negócios societárias apenas poderia ser considerada proibida se a utilização das oportunidades de negócios fosse do interesse da sociedade. Estaria vedada ao aplicador do direito a desvalorização das defesas relativas à incapacidade financeira da sociedade ou a obstáculos legais (estas defesas são típicas em conflitos judiciais norte-americanos relativos a oportunidades de negócios societárias).

---

[2062] Entre nós, Vasconcelos, Pedro Pais de, *A participação...*, 2ª ed., p. 342. Na doutrina germânica, na ressalva das situações de prossecução do interesse pessoal, destaca-se Hopt, Klaus, "Aktionärskreis...", *ZGR*, 1993, pp. 540-541. Em contraponto a *Klaus Hopt*, não me limito a proceder a uma mera *ressalva* das situações de prossecução do interesse pessoal. Creio que o dever de lealdade dos fiduciários não pode ser caracterizado pela sistemática prevalência do interesse do beneficiário.

[2063] Cooter, Robert e Freedman, Bradley J., "The fiduciary relationship...", *NYULRev*, nº 66, 1991, p. 1066, Easterbrook, Frank e Fischel, Daniel, "Contract...", *The Journal of Law and Economics*, 1993, pp. 432-434, e Romano, Roberta, "Comment...", *The Journal of Law and Economics*, 1993, pp. 449-450.

[2064] Referindo que, no português atual, a fidelidade constitui uma noção mais estrita do que a lealdade, postulando um compromisso estrito de tipo pessoal, Cordeiro, António Menezes, "A lealdade...", *ROA*, 2006, p. 1036.

DEVER DE GESTÃO

Retomo a ideia de que a complexa questão dos interesses a prosseguir pelos administradores, com destaque para o problema da avaliação do risco sistémico e não sistémico nos investimentos societários, não releva do dever de lealdade.

Considero que a proposição normativa *"no interesse da sociedade, atendendo aos interesses de longo prazo dos sócios e ponderando os interesses dos outros sujeitos relevantes para a sustentabilidade da sociedade, tais como os seus trabalhadores, clientes e credores"*, constante do art. 64, nº 1, alínea b), do CSC, não constitui um elemento da norma jurídica que consagra o dever de lealdade do administrador[2065]. O legislador pretendeu simplesmente especificar o dever de lealdade dos administradores[2066], tornando explícita uma regra que já decorreria do regime civilístico geral. Seguramente não pretendeu proceder a uma restrição do conteúdo do dever de lealdade dos administradores.

Na sequência da análise do dever de gestão e da sua contraposição face ao dever de lealdade, termino com uma nota de enquadramento jurídico da noção económica de custos de agência (*agency costs*).

Tive a oportunidade de referir que a análise económica da situação jurídica dos administradores é marcada pela noção de custos de agência, cunhada pelos economistas *Michael Jensen* e *William Meckling*. Recordo que os custos de agência são gerados pela divergência entre o interesse do principal e o interesse do agente e incluem os custos de controlo (*monitoring costs*) pelo principal, os custos de vinculação (*bonding costs*) do agente e as perdas residuais (*residual loss*), correspondentes à diminuição do bem-estar do principal decorrente de atuações prejudicais do agente[2067].

Na relação entre o administrador e a sociedade, a categoria económica das perdas residuais convoca, em ambiente jurídico romano-germânico, por um lado, as perturbações da prestação de gestão e, por outro lado, as violações do dever de lealdade.

---

[2065] Acompanho Frada, Manuel Carneiro da, "A business...", pp. 212-213, e Cordeiro, António Menezes, "Os deveres...", *ROA*, 2006, pp. 467, 469 e 476 (posteriormente, Cordeiro, António Menezes, *Manual...*, I, 2ª ed., p. 823, e, em termos genéricos, Cordeiro, António Menezes, *Tratado...*, II, tomo I, p. 463).

[2066] Comissão do Mercado de Valores Mobiliários, *Governo das sociedades anónimas: propostas de alteração...*, pp. 15-16, e Comissão do Mercado de Valores Mobiliários, *Governo das sociedades anónimas: proposta de articulado modificativo...*, pp. 4-5.

[2067] Jensen, Michael C. e Meckling, William H., "Theory of the firm...", *Journal of Financial Economics*, 1976, pp. 308-309.

# 5. Conclusões

Na introdução, questionei se a má gestão dos administradores de sociedades anónimas constitui incumprimento de um dever e levantei o problema dos limites de sindicabilidade judicial da gestão dos administradores de sociedades anónimas.

Realizada a investigação, concluo que sobre os administradores de sociedades anónimas incide um dever de gestão.

Trata-se, em minha opinião, de um dever primário de prestação de serviço, caracterizador do contrato de administração. Subjacente encontra-se a recondução da designação do administrador e da aceitação à categoria do contrato. Por sua, vez, esta recondução pressupõe um olhar crítico sobre alguns aspetos da teoria do negócio jurídico, da teoria das normas jurídicas e da teoria das pessoas coletivas. A recondução da designação do administrador e da aceitação à categoria do contrato pressupõe a compreensão da deliberação com performatividade jurídica como uma declaração negocial – a declaração negocial deliberativa. Nesta sequência, temos que a deliberação de designação constitui uma declaração negocial tendente à formação de um contrato. Pressupõe a autonomia entre o poder de representação e a permissão ou obrigação gestórias, decorrente da distinção entre a situação jurídica básica poder normativo (poder jurídico), correspondente a uma norma de poder, e as situações jurídicas básicas permissão normativa (direito subjetivo) e imposição normativa (dever jurídico), correspondentes a normas de conduta. Pressupõe que a instituição do poder de representação perante o representado possa integrar o mesmo negócio jurídico onde se estipula a obrigação gestória – o mandato qualificado. Nesta sequência, temos que a designação do administrador e a aceitação estabelecem simultaneamente o poder de representação e a obrigação gestória. Pressupõe a compatibilização entre os estatutos e o contrato de administração, através da delimitação estatutária do poder jurídico de configuração do contrato de administração. Pressupõe que as pessoas físicas que integram a organização são titulares de poderes de representação orgânica da pessoa coletiva, com rejeição da sistemática distinção entre órgão (enquanto subjetividade jurídica) e titular do órgão. Nesta sequência, temos que quer a obrigação gestória orgânica do administrador, quer o seu poder de representação orgânico, apesar de delimitados pelos estatutos, são originados pelo contrato de administração.

A norma jurídica que estabelece o dever de gestão possibilita a incorporação das regras técnicas (*leges artis*) da gestão de empresas.

Da concretização normativa do dever de gestão nem sempre resulta a imposição de uma conduta concreta, mas sim a imposição de um leque de condutas possíveis. São admissíveis quer opções de gestão satisfatórias para o interesse dos sócios e prejudiciais para o interesse de outros sujeitos (incluindo os trabalhadores), quer opções de gestão satisfatórias para o interesse desses outros sujeitos e prejudiciais para o interesse dos sócios. Por outro lado, as decisões empresariais projetam-se no futuro, sendo profundamente marcadas pela incerteza quanto à evolução dos acontecimentos (decisões sob incerteza). O limite de concretização normativa do dever de gestão corresponde a uma margem de discricionariedade. A discricionariedade dos administradores não corresponde a uma permissão normativa (direito subjetivo), mas sim ao limite de concretização da imposição normativa (dever jurídico) de gestão.

Defendo alguma contenção judicial (*judicial self-restraint*) na tarefa de concretização normativa do dever de gestão, de forma a assegurar uma ampla margem de discricionariedade. Joga-se, em geral, a necessidade de salvaguardar o espaço de iniciativa dos administradores. Autoridade e responsabilização (*accountability*) são antitéticas. Surgem também a questão da proteção do risco empresarial e os problemas da distorção retrospetiva (*hindsight bias*) e da burocratização.

O dever de gestão compreende as imposições de adoção de risco empresarial, de obtenção de informação no processo decisório, de planificação, de organização e de vigilância.

Merece destaque a componente de vigilância do dever de gestão. O conselho de administração constitui, antes de mais, o centro de controlo ou vigilância da empresa. Reclama-se quer uma vigilância no interior do conselho de administração, quer uma vigilância junto dos patamares inferiores da empresa. A vigilância assume um carácter sistemático, envolvendo a delimitação de mecanismos de controlo estratificados, ao longo da estrutura hierárquica.

CONCLUSÕES

Tendo subjacente a referida necessidade de contenção judicial, aponto como critério geral de concretização normativa da imposição de adoção de risco empresarial a ideia de manifesta desproporção entre as vantagens e as desvantagens associadas ao risco empresarial. Em matérias procedimentais, será de apenas exigir a obtenção da informação cujo custo seja manifestamente inferior ao seu retorno marginal. O critério de concretização normativa em matérias procedimentais vale para a componente de vigilância do dever de gestão, pois vigiar é obter informação.

No direito português vigente, a limitação da sindicabilidade judicial da atuação dos administradores joga-se, antes de mais, ao nível da concretização da norma impositiva do dever primário de prestação de gestão. Num segundo momento, releva do correspondente dever secundário de indemnização, através da regra de exclusão da responsabilidade civil dos administradores prevista no art. 72, nº 2, do CSC.

No art. 72, nº 2, do CSC apenas se isenta de responsabilidade o administrador que atue *"segundo critérios de racionalidade empresarial"*, sob inspiração do *any rational business purpose test* norte-americano. Será difícil operar em concreto a distinção entre a satisfatoriedade face aos interesses a prosseguir, reclamada pelo dever primário de prestação de gestão, e a falta de qualquer propósito racional, para efeitos de exclusão do dever secundário de indemnização, pois estará sempre em causa uma análise lógica da decisão em função das circunstâncias concretas. O art. 72, nº 2, do CSC não se aplica a matérias procedimentais, incluindo as de vigilância. O privilégio de exclusão da responsabilidade civil deve essencialmente incidir sobre decisões de adoção de risco empresarial, com destaque para as decisões de planificação, de investimento e desinvestimento e de realização ou não realização de determinadas operações ou negócios. A aplicação do art. 72, nº 2, do CSC deverá ser, por regra, afastada relativamente a deveres dos administradores especificados pelo legislador e quando esteja em causa a observância de normas legais que incidem sobre a sociedade.

# 6. BIBLIOGRAFIA

"Discours des orateurs du Conseil d'État, au corps legislatif, en lui présentant le Code du Commerce", in *Code de Commerce*, Paris, Collin, 1807, 1-152 (citado "Discours...").

"Motive zum Allgemeinen Theile des BGB", in *Die gesamten Materialien zum Bürgerlichen Gesetzbuch für das Deutsche Reich*, I, Aalen, Scientia, 1979 (reimpressão), 359-567 (citado „Motive...").

„Protokolle zum Allgemeinen Theile", in *Die gesamten Materialien zum Bürgerlichen Gesetzbuch für das Deutsche Reich*, I, Aalen, Scientia, 1979 (reimpressão), 568-820 (citado „Protokolle...").

„Código das Sociedades (projecto)", *BMJ*, nº 327, 1983, 43-339 (citado "... projecto").

"Entwurf eines Gesetzes, betreffend die Kommanditgesellschaft auf Aktien und die Aktiengesellschaft vom 7.März 1884", *ZGR*, Sonderheft 4, 1985, 404-559 (citado „Entwurf...").

„Gutachten über die geeignetsten Mittel zur Abhülfe der nach den Erfahrungen des Reichs-Oberhandelsgerichts bei der Gründung, der Verwaltung und dem geschäftlichen Betriebe von Aktienunternehmungen hervorgetretenen Uebelstände", *ZGR*, Sonderheft 4, 1985, 157-262 (citado „Gutachten...").

„Entwurf eines Gesetzes zur Kontrolle und Transparenz im Unternehmensbereich (KonTraG)", *ZIP*, 1997, 2059-2068 (citado „Entwurf KonTraG").

„Regierungsentwurf eines Gesetzes zur Unternehmensintegrität und Modernisierung des Anfechtungsrechts (UMAG)", *ZIP*, 2004, 2455-2472 (citado „Regierungsentwurf UMAG").

ABBADESSA, Pietro, *La gestione dell'impresa nella società per azioni*, Milano, Giuffrè, 1975 (citado "La gestione...").

— "L'assemblea: competenza", in *Trattato delle società per azioni*, III, tomo 1, Torino, Utet, 1994, 1-48 (citado "L'assemblea...").

—, "Profili topici della nuova disciplina della delega amministrativa", in *Il nuovo diritto delle società – Liber amicorum Gian Franco Campobasso*, II, Torino, Utet, 2006, 491-511 (citado "Profili topici...").

ABELTSHAUSER, Thomas, *Leitungshaftung im Kapitalgesellschaftsrecht: Zu den Sorgfalts- und Loyalitätspflichten von Unternehmensleitern im deutschen und im US-amerikanischen Kapitalgesellschaftsrecht*, Köln/Berlin/Bonn/München, Heymanns, 1998 (citado „Leitungshaftung...").

ABRANTES, José João, *Contrato de trabalho e direitos fundamentais*, Coimbra, Coimbra ed., 2005 (citado "Contrato de trabalho...").

ABREU, Jorge Coutinho de, "A empresa e o empregador em direito do trabalho", in *Estudos em homenagem ao Prof. Doutor J. J. Teixeira Ribeiro*, III, Coimbra, Coimbra ed., 1983, 257-314 (citado "A empresa...").

—, "Definição de empresa pública", *BFDUC*, suplemento, 1991, 287-497 (citado "Definição de empresa...").

—, *Da empresarialidade. As empresas no direito*, Coimbra, Almedina, 1999 (reimpressão) (citado "Da empresarialidade...").

—, "Interés social y deber de lealtad de los socios", *RdS*, nº 19, 2002, 39-56 (citado "Interés...").

—, "Administradores e trabalhadores de sociedades (cúmulos e não)", in *Temas societários*, Coimbra, Almedina, 2006, 9-21 (citado "Administradores e trabalhadores...").

—, *Governação das sociedades comerciais*, Coimbra, Almedina, 2006 (citado "Governação...").

—, *Do abuso de direito – ensaio de um critério em Direito Civil e nas deliberações sociais*, Coimbra, Almedina, 2006 (reimpressão) (citado "Do abuso de direito...").

—, "Destituição de administradores de sociedades", *BFDUC*, 2007, 75-98 (citado "Destituição...").

—, "Deveres de cuidado e de lealdade dos administradores e interesse social", in *Reformas do Código das Sociedades*, Coimbra, Almedina, 2007, 15-47 (citado "Deveres de cuidado...").

—, *Responsabilidade civil dos administradores de sociedades*, Coimbra, Almedina, 2007 (citado "Responsabilidade civil...").

—, "Notas sobre o poder nas sociedades anónimas", in *O direito e o futuro; o futuro e o direito*, Coimbra, Almedina, 2008, 339-353 (citado "Notas sobre o poder...").

—, "Vinculação das sociedades comerciais", in *Estudos em honra do Professor Doutor José de Oliveira Ascensão*, II, Coimbra, Almedina, 2008, 1213-1239 (citado "Vinculação...").

—, *Curso de direito comercial*, II, 3ª ed., Coimbra, Almedina, 2009 (citado "Curso...").

—, "Corporate governance em Portugal", in *Miscelâneas*, Coimbra, Almedina, 2010, 7-47 (citado "Corporate...").

—, "Deliberações ineficazes dos sócios", in *Estudos em homenagem ao Prof. Doutor Jorge de Figueiredo Dias*, IV, Coimbra, Coimbra ed., 2010, 11-22 (citado "Deliberações...").

—, *Governação das sociedades comerciais*, 2ª ed., Coimbra, Almedina, 2010 (citado "Governação...").

ABREU, Jorge Coutinho de e RAMOS, Maria Elisabete Gomes, "Responsabilidade civil de administradores e de sócios controladores", in *Miscelâneas nº 3*, Coimbra, Almedina, 2004, 7-55 (citado "...sócios controladores").

—, in *Código das Sociedades Comerciais em comentário*, art. 72, Coimbra, Almedina, 2010, (citado "Código...").

ABREU, Luís Vasconcelos, "A parte subjectivamente complexa: uma aproximação ao seu conceito e regime de direito substantivo", in *Estudos em honra do Professor Doutor José de Oliveira Ascensão*, I, Coimbra, Almedina, 2008, 357-378 (citado "A parte...").

ADAMS, Renée B. e FERREIRA, Daniel, "A theory of friendly boards", *ECGI*

*Working Paper Series in Finance*, nº 100/2005, 2005, in www.ecgi.org/wp.

ADOMEIT, Klaus, *Rechtstheorie für Studenten: Normlogik, Methodenlehre, Rechtspolitologie*, 2ª ed., Heidelberg/Hamburg, Decker, 1981 (citado „Rechtstheorie...").

ALARCÃO, Rui de, "Erro, dolo e coacção – representação – objecto negocial – negócios usurários – condição", *BMJ*, nº 102, 1961, 167-180 (citado "Erro...").

—, "Do negócio jurídico. Anteprojecto para o novo Código Civil", *BMJ*, nº 105, 1961, 249-279 (citado "Do negócio...").

—, "Breve motivação do anteprojecto sobre o negócio jurídico na parte relativa ao erro, dolo e coacção, representação, condição e objecto negocial", *BMJ*, nº 138, 1964, 71-122 (citado "Breve motivação...").

—, *A confirmação dos negócios anuláveis*, Coimbra, Atlântida, 1971 (citado "A confirmação...").

ALBACH, Horst, „Strategische Unternehmensplanung und Aufsichtsrat", *ZGR*, 1997, 32-40 (citado „Strategische Unternehmensplanung...").

ALBUQUERQUE, Pedro de, *Direito de preferência dos sócios em aumentos de capital nas sociedades anónimas e por quotas*, Coimbra, Almedina, 1993 (citado "Direito de preferência...").

—, "A vinculação das sociedades comerciais por garantia de dívidas de terceiros", *ROA*, 1995, 689-711 (citado "A vinculação das sociedades...").

—, *A representação voluntária em direito civil. Ensaio de reconstrução dogmática*, Coimbra, Almedina, 2004 (citado "A representação...").

—, *Os limites à pluriocupação dos membros do conselho geral e de supervisão e do conselho fiscal*, Coimbra, Alme-dina, 2007 (citado "Os limites à pluriocupação...").

ALBUQUERQUE, Rita, "A vinculação das sociedades anónimas e a limitação dos poderes de representação dos administradores", *O Direito*, 2007, 103-140 (citado "A vinculação...").

ALCHOURRÓN, Carlos e BULYGIN, Eugenio, „Permission and permissive norms", in *Theorie der Normen. Festgabe für Ota Weinberger zum 65. Geburtstag*, Berlin, Duncker & Humblot, 1984, 349-371 (citado „Permission...").

ALEXY, Robert, *Theorie der Grundrechte*, 3ª ed., Baden-Baden, Nomos, 1996 (citado „...Grundrechte").

ALLEGRI, Vincenzo, *Contributo allo studio della responsabilità civile degli amministratori*, Milano, Giuffrè, 1979 (citado "Contributo...").

ALLEN, William T., "Our schizophrenic conception of the business corporation", *Cardozo Law Review*, nº 14, 1992, 261-281 (citado "Our schizophrenic conception...").

—, "The corporate director's fiduciary duty of care and the business judgment rule under U.S. corporate law", in *Comparative corporate governance. The state of the art and emerging research*, Oxford/New York, Oxford University Press, 1998, 307-331 (citado "The corporate...").

ALLEN, William T., JACOBS, Jack B. e STRINE JR., Leo E., "Realigning the standard of review of director due care with the Delaware public policy: a critique of van Gorkom and its progeny as a standard of review problem", *NwULRev*, nº 96, 2002, 449-466 (citado "Realigning...").

ALMEIDA, António Pereira de, "Estrutura organizatória das sociedades", in *Problemas do direito das sociedades*, Coimbra, Almedina, 2003, 95-118 (citado "Estrutura organizatória...").

—, *Sociedades comerciais*, 3ª ed., Coimbra, Coimbra ed., 2003 (citado "Sociedades...").

—, *Sociedades comerciais e valores mobiliários*, 5ª ed., Coimbra, Coimbra ed., 2008 (citado "Sociedades...").

ALMEIDA, Carlos Ferreira de, *Publicidade e teoria dos registos*, Coimbra, Almedina, 1966 (citado "Publicidade...").

—, *Direito económico*, I, Lisboa, AAFDL, 1979 (citado "Direito económico").

—, *Texto e enunciado na teoria do negócio jurídico*, Coimbra, Almedina, 1992 (citado "Texto...").

—, "Interpretação do contrato", *O Direito*, 1992, 629-651 (citado "Interpretação...").

—, "Os contratos civis de prestação de serviço médico", in *Direito da saúde e bioética*, Lisboa, AAFDL, 1996, 75-120 (citado "Os contratos civis...").

—, *Introdução ao direito comparado*, Coimbra, Almedina, 1998 (citado "Introdução...").

—, *Direito comparado. Ensino e método*, Lisboa, Cosmos, 2000 (citado "Direito comparado...").

—, *Direito do consumo*, Coimbra, Almedina, 2005 (citado "Direito do consumo").

—, "As pessoas no conteúdo dos contratos", in *Estudos jurídicos e económicos em homenagem ao Prof. Doutor António de Sousa Franco*, Coimbra, Coimbra ed., 2006, 517-544 (citado "As pessoas...").

—, *Contratos*, II, Coimbra, Almedina, 2007 (citado "Contratos").

—, *Contratos*, I, 4ª ed., Coimbra, Almedina, 2008 (citado "Contratos").

ALMEIDA, Mário Aroso de, *Anulação de actos administrativos e relações jurídicas emergentes*, Coimbra, Almedina, 2002 (citado "Anulação...").

ALTMEPPEN, Holger, „Die Auswirkungen des KonTrag auf die GmbH", *ZGR*, 1999, 291-313 (citado „Die Auswirkungen...").

—, „Grenzen der Zustimmungsvorbehalte des Aufsichtsrats und die Folgen ihrer Verletzung durch den Vorstand", in *Festschrift für Karsten Schmidt zum 70. Geburtstag*, Köln, Schmidt, 2009, 23-40 (citado "Grenzen...").

ALVES, Carlos Francisco, *Os investidores institucionais e o governo das sociedades: disponibilidade, condicionantes e implicações*, Coimbra, Almedina, 2005 (citado "Os investidores...").

AMARAL, Diogo Freitas do, *Curso de direito administrativo*, I, 2ª ed., Coimbra, Almedina, 1994 (citado Curso...").

AMARAL, Diogo Freitas do, FÁBRICA, Luís, GOMES, Carla Amado e SILVA, Jorge Pereira da, *Curso de direito administrativo*, I, 3ª ed., Coimbra, Almedina, 2006 (citado "Curso...").

AMERICAN LAW INSTITUTE, *Principles of corporate governance: analysis and recommendations*, St. Paul, American Law Institute Publishers, 1994 (citado "Principles...").

ANDRADE, Manuel Domingues de, *Teoria geral da relação jurídica*, Coimbra, 1953 (citado "Teoria geral da relação jurídica").

—, *Teoria geral das obrigações*, 3ª ed., Coimbra, Almedina, 1966 (citado "...obrigações").

—, *Teoria geral da relação jurídica*, I, Coimbra, Almedina, 1992 (reimpressão) (citado "...relação jurídica").

—, *Teoria geral da relação jurídica*, II, Coimbra, Almedina, 1998 (reimpressão) (citado "...relação jurídica").

ANDRADE, Manuel Domingues de, BARROS, Araújo e BARBAS, Orbílio, *Direito civil português*, Coimbra, Casa do Castelo, 1939 (citado "Direito...").

ANDRADE, Manuel Domingues de e CORREIA, António Ferrer, "Suspensão e anulação de deliberações sociais", *RDES*, 1947-1948, 329-392 (citado "Suspensão...").

ANGELICI, Carlo, "Diligentia quam in suis e business judgement rule", *RDComm*, 2006, 675-693 (citado "Diligentia...").

—, *La riforma delle società di capitali – Lezioni di diritto commerciale*, 2ª ed., Padova, Cedam, 2006 (citado "La riforma...").

ANTHERO, Adriano, *Comentario ao Codigo Commercial portuguez*, I, Porto, Artes e Letras, 1913 (citado "Comentario...").

ANTUNES, José Engrácia, *Os grupos de sociedades. Estrutura e organização jurídica da empresa plurissocietária*, Coimbra, Almedina, 1993 (citado "Os grupos...").

—, *Os direitos dos sócios da sociedade-mãe na formação e direcção dos grupos societários*, Porto, UCP, 1994 (citado "Os direitos...").

—, *Liability of corporate groups: autonomy and control in parent-subsidiary relationships in US, German and EU law: an international and comparative perspective*, Deventer, Kluwer Law and Taxation Publishers, 1994 (citado "Liability...").

—, *Direito das sociedades comerciais – perspectivas do seu ensino*, Coimbra, Almedina, 2000 (citado "Direito das sociedades...").

—, *A supervisão consolidada dos grupos financeiros*, Porto, Católica, 2000 (citado "A supervisão...").

—, *A aquisição tendente ao domínio total – da sua constitucionalidade*, Coimbra, Coimbra ed., 2001 (citado "A aquisição...").

—, *Os grupos de sociedades. Estrutura e organização jurídica da empresa plurissocietária*, 2ª ed., Coimbra, Almedina, 2002 (citado "Os grupos de sociedades...").

—, "An economic analysis of portuguese corporation law", in *Estudos em homenagem ao Prof. Doutor Manuel Henrique Mesquita*, I, Coimbra, Coimbra ed., 2009, 149-204 (citado "An economic analysis...").

—, "Os hedge funds e o governo das sociedades", in *Direito dos valores mobiliários*, IX, Coimbra, Coimbra ed., 2009, 9-70 (citado "Os hedge funds...").

—, "O regimento do órgão de administração", *DSR*, nº 2, 2009, 81-95 (citado "O regimento...").

—, "As sociedades gestoras de participações sociais", *DSR*, nº 1, 2009, 77-113 (citado "As sociedades gestoras...").

—, *Direito das sociedades*, 2010 (citado "...sociedades").

ANTUNES, José Engrácia e TORRES, Nuno Pinheiro, "The portuguese East India Company (1628-1633)", in *VOC 1602--2002. 400 years of company law*, Deventer, Kluwer, 2005, 159-186 (citado "The portuguese...").

ARAÚJO, Fernando, *Teoria económica do contrato*, Coimbra, Almedina, 2007 (citado "Teoria económica...").

ARNOLD, Arnd, *Die Steuerung des Vorstandshandelns. Eine rechtsökonomische Untersuchung der Principal-Agent-Problematik in Publikumskapitalgesellschaften*, München, Beck, 2007 (citado „Die Steuerung...").

ARRIGONI, Alessandro, "La responsabilità sociale degli amministratori tra regole e principi", *GC*, I, 1990, 122-157 (citado "La responsabilità...").

ARROW, Kenneth J., *The limits of organization*, York/London, Norton & Company, 1974 (citado "The limits...").

—, "Social responsability and economic efficiency", in *Collected papers*, VI, Cambridge/London, Belknap Press, 1985, 130-142 (citado "Social responsability...").

ASCARELLI, Tullio, "Considerazioni in tema di società e personalità giuridica", *RDComm*, I, 1954, 245-270, 333-349 e 421-443 (citado "Considerazioni...").

ASCENSÃO, José de Oliveira, *A tipicidade dos direitos reais*, Lisboa, 1968 (citado "A tipicidade...").

—, *Direito comercial*, I, Lisboa, 1986 (citado "Direito comercial").

—, "A teoria finalista e o ilícito civil", *RFDUL*, 1986, 9-28 (citado "A teoria finalista...").

—, *Direito civil – Reais*, Coimbra, Coimbra ed., 1993 (citado "...Reais").

—, "Arguição do currículo apresentado pelo Doutor António Menezes Cordeiro nas provas para obtenção do título de professor agregado", *RFDUL*, 1998, 821-830 (citado "Arguição...").

—, *Direito comercial*, IV, Lisboa, 2000 (citado "Direito Comercial").

—, *Direito civil – Teoria geral*, II, 2ª ed., Coimbra, Coimbra ed., 2003 (citado "Teoria Geral").

—, "Invalidades das deliberações dos sócios", in *Estudos em homenagem ao Prof. Doutor Raúl Ventura*, II, Coimbra, Coimbra ed., 2003, 17-44 (citado "Invalidades das deliberações...").

ASCENSÃO, José de Oliveira e FRADA, Manuel Carneiro da, "Contrato celebrado por agente de pessoa colectiva. Representação, responsabilidade e enriquecimento sem causa", *RDE*, 1990-1993, 43-77 (citado "Contrato celebrado por agente...").

ASMUS, Wolfgang, *Dogmengeschichtliche Grundlagen der Treuhand – Eine Untersuchung zur romanistischen und germa-*nistischen Treuhandlehre, Frankfurt am Main/Bern/Las Vegas, Lang, 1977 (citado „Dogmengeschichtliche...").

ATAÍDE, Rui de Mascarenhas, *A responsabilidade do "representado" na representação tolerada – um problema de representação sem poderes*, Lisboa, AAFDL, 2008 (citado "A responsabilidade...").

AUER, Mariette, *Materialisierung, Flexibilisierung, Richterfreiheit*, Tübingen, Mohr Siebeck, 2005 (citado „Materialisierung...").

AUERBACH, W, *Das Gesellschaftswesen in juristischer und volkswirtschaftlicher Hinsicht unter besonderer Berücksichtigung des allgemeinen deutschen Handelsgesetzbuches*, Frankfurt am Main, Sauerländer, 1861 (citado „Das Gesellschaftswesen...").

AUGUSTO, Ana Micaela Pedrosa, "Insider trading: perspectiva sobre o enquadramento jurídico-societário no ordenamento português", *O Direito*, 2004, 999-1042 (citado "Insider trading...").

AUSTIN, J. L., *How to do things with words*, 2ª ed., Oxford/New York/Toronto/Melbourne, Oxford University Press, 1976 (citado "How to do things...").

AXHAUSEN, Michael, *Anfechtbarkeit aktienrechtlicher Aufsichtsratsbeschlüsse*, Frankfurt, Lang, 1986 (citado „Anfechtbarkeit...").

BACHOF, Otto, „Teilrechtsfähige Verbände des öffentlichen Rechts. Die Rechtsnatur der Technischen Ausschüsse des § 24 der Gewerbeordnung", *AöR*, 1958, 208-279 (citado „Teilrechtsfähige Verbände...").

BÄHR, Otto, „Entwurf eines bürgerlichen Gesetzbuchs für das Deutsche Reich. Erste Lesung. Ausgearbeitet durch die von dem Bundesrathe berufene Commission. Amtliche Ausgabe. Berlin und Leipzig, J. Guttentag. 1888",

*Kritische Vierteljahresschrift für Gesetzgebung und Rechtswissenschaft*, nº 30, 1888, 321-414 (citado „Entwurf...").

BAINBRIDGE, Stephen M., "Exclusive merger agreements and lock-ups in negotiated corporate acquisitions", *Minnesota Law Review*, nº 75, 1990, 239-334 (citado "Exclusive merger...").

—, "In defense of the shareholder wealth maximization norm: a reply to Professor Green", *Washington and Lee Law Review*, nº 50, 1993, 1423-1447 (citado "In defense...").

—, *Corporation law and economics*, New York, Foundation Press, 2002 (citado "Corporation law...").

—, "Why a board? Group decisionmaking in corporate governance", *VnLR*, vol. 55, 2002, 1-55 (citado "Why a board?...").

—, "The business judgment rule as abstention doctrine", *VnLR*, vol. 57, 2004, 83-132 (citado "The business judgment...").

BAINBRIDGE, Stephen M., LOPEZ, Star e OKLAN, Benjamin, "The convergence of good faith and oversight", *UCLA Law Review*, vol. 55, 2008, 559-605 (citado "The convergence...").

BALLERSTEDT, Kurt, „Zur Haftung für culpa in contrahendo bei Geschäftsabschluß durch Stellvertreter", *AcP*, nº 151, 1950/1951, 501-531 (citado „Zur Haftung...").

BALLWIESER, Wolfgang, „Controlling und Risikomanagement: Aufgaben des Vorstands", in *Handbuch Corporate Governance*, Köln/Stuttgart, Schmidt/ Schäffer-Poeschel, 2003, 429-440 (citado „Controlling...").

BALOTTI, R. Franklin e HANKS, James J., Jr, "Rejudging the business judgment rule", *The Business Lawyer*, 1993, 1337--1353 (citado "Rejudging...").

BALP, Gaia, in *Commentario alla riforma delle società – Amministratori*, art. *2409-octies*, Milano, Egea, 2005, (citado „Commentario").

BALTZER, Johannes, *Der Beschluß als rechtstechnisches Mittel organschaftlicher Funktion im Privatrecht*, Köln/ Berlin, Grote, 1965 (citado „Der Beschluß...").

BANDEIRA, Paulo Fernando, "Princípios de *corporate governance* e a reforma dos modelos societários", *Boletim da Ordem dos Advogados*, nº 41, 2006, 27-32 (citado "Princípios...").

BARACHINI, Francesco, *La gestione delegata nella società per azioni*, Torino, Giappichelli, 2008 (citado "La gestione...").

BARBOSA, Nuno, *Competência das assembleias de obrigacionistas*, Coimbra, Almedina, 2002 (citado "Competência...").

BARTHOLOMEYCZIK, Horst, *Die Stimmabgabe im System unserer Rechtshandlungen*, Würzburg, Konrad Triltsch, 1937 (citado „Die Stimmabgabe...").

—, „Die Anfechtung der Stimmabgabe zum Körperschaftsbeschluss", *AcP*, 1938, 287-331 (citado „Die Anfechtung...").

—, „Der Körperschaftsbeschluß als Rechtsgeschäft", *ZHR*, nº 105, 1938, 293-334 (citado „Der Körperschaftsbeschluß...").

BASTUCK, Burkhard, *Enthaftung des Managements. Corporate Indemnification im amerikanischen und deutschen Recht*, Köln/Berlin/Bonn/München, Heymanns, 1986 (citado „Enthaftung...").

BAUMBACH, Adolf e HUECK, Alfred, *Aktiengesetz*, 8ª ed., München/Berlin, Beck, 1954 (citado „Aktiengesetz").

BAUMBACH, Adolf, HUECK, Alfred e SCHULZE, Joachim, *Aktiengesetz*, 13ª ed., München, Beck, 1968 (citado „Aktiengesetz").

BAUMS, Theodor, *Der Geschäftsleitervertrag*, Köln, Otto Schmidt, 1987 (citado „Der Geschäftsleitervertrag").

—, *Bericht der Regierungskommission Corporate Governance*, Köln, Otto Schmidt, 2001 (citado „Bericht...").

BAYER, Walter, „Legalitätspflicht der Unternehmensleitung, nützliche Gesetzesverstöße und Regress bei verhängten Sanktionen – dargstelltam Beispiel von Kartellverstößen", in *Festschrift für Karsten Schmidt zum 70. Geburtstag*, Köln, Schmidt, 2009, 85-103 (citado „Legalitätspflicht...").

BECKER, E. J., „Beiträge zum Aktienrecht", *ZHR*, 1872, 379-465 (citado „Beiträge...").

BECKER, Michael, *Verwaltungskontrolle durch Gesellschafterrechte*, Tübingen, Mohr Siebeck, 1997 (citado „Verwaltungskontrolle...").

BEDKOWSKI, Dorothea, *Die Geschäftsleiterpflichten – Eine rechtsvergleichende Abhandlung zum deutschen und englischen Kapitalgesellschaftsrecht*, Berlin, Duncker & Humblot, 2006 (citado „Die Geschäftsleiterpflichten...").

BEHREND, Jakob Friedrich, *Lehrbuch des Handelsrechts*, I, 2, Berlin, Guttentag, 1896 (citado „Lehrbuch...").

BEIRÃO, Francisco da Veiga, *Direito commercial portuguez – esboço do curso*, Coimbra, Imprensa da Universidade, 1912 (citado "Direito...").

BENTHAM, Jeremy, *An introduction to the principles of morals and legislation*, London, Athlone, 1970 (citado "An introduction...").

—, *On laws in general*, London, Athlone, 1970 (citado "On laws...").

BERLE, Adolf A., "Corporate powers as powers in trust", *Harvard Law Review*, nº 44, 1931, 1049-1074 (citado "Corporate powers...").

—, "For whom corporate managers are trustees: a note", *Harvard Law Review*, 1932, 1365-1372 (citado "For whom...").

BERLE, Adolf A. e MEANS, Gardiner C., *The modern corporation and private property*, 2ª ed., New Bruswick/London, Transaction Publishers, 2003 (reimpressão, 1968) (citado "The modern corporation...").

BESELER, Georg, *System des gemeinen deutschen Privatrechts*, I, Leipzig, Weidmann, 1847 (citado „System...").

BETTI, Emilio, *Teoria generale del negozio giuridico*, Napoli, Edizioni Scientifiche Italiane, 1994 (citado "Teoria generale...").

BEUTHIEN, Volker, „Zur Theorie der Stellvertretung im Gesellschaftsrecht", in *Festschrift für Wolfgang Zöllner*, Köln/Berlin/Bonn/München, Heymanns, 1998, 87-109 (citado „Zur Theorie...").

—, „Gibt es eine organschaftliche Stellvertretung?" *NJW*, 1999, 1142-1146 (citado „...organschaftliche Stellvertretung?").

—, „Gilt im Stellvertretungsrecht ein Abstraktionsprinzip? Zum Verhältnis von Auftrag, Amt und Vollmacht", in *50 Jahre Bundesgerichtshof. Festgabe aus der Wissenschaft*, I, Beck, München, 2000, 81-109 (citado „... Abstraktionsprinzip?").

—, „Gibt es im Gesellschaftsrecht eine gesetzliche Stellvertretung?" in *Festschrift für Claus-Wilhelm Canaris zum 70. Geburtstag*, II, Beck, München, 2007, 41-48 (citado „Gibt es im Gesellschaftsrecht...").

BEUTHIEN, Volker e GÄTSCH, Andreas, „Vereinsautonomie und Satzungsrechte Dritter. Statutarische Einfluß Dritter auf die Gestaltung von Körperschaftssatzungen", *ZHR*, 1992, 459--479 (citado „Vereinsautonomie...").

BEYERLE, Franz, *Die Treuhand im Grundriss des deutschen Privatrechts*, Weimar, Böhlaus, 1932 (citado „Die Treuhand...").

BEZZENBERGER, Tilman, „Der Vorstandsvorsitzende der Aktiengesellschaft", *ZGR*, 1996, 661-673 (citado „Der Vorstandsvorsitzende...").

BISHOP, Joseph W., "Sitting ducks and decoy ducks: new trends in the indemnification of corporate directors and officers", *The Yale Law Journal*, nº 77, 1968, 1078-1103 (citado "Sitting ducks...").

BLAIR, Margaret M., *Ownership and control: rethinking corporate governance for the twenty-first century*, Washington, Brookings, 1995 (citado "Ownership...").

BLAIR, Margaret M. e STOUT, Lynn A., "A team production theory of corporate law", *Virginia Law Review*, nº 85, 1999, 247-328 (citado "A team production...").

BLOCK, Dennis J., BARTON, Nancy E. e RADIN, Stephen A., *The business judgment rule. Fiduciary duties of corporate directors*, 5ª ed., New York, Aspen, 1998 (citado "The business...").

BLOCK, Dennis J., RADIN, Stephen A. e MAIMONE, Michael J., "Derivative litigation: current law versus the American Law Institute", *The Business Lawyer*, 1993, 1443-1483 (citado "Derivative litigation...").

BÖCKENFÖRDE, Ernst-Wolfgang, „Organ, Organisation, Juristische Person. Kritische Überlegungen zu Grundbegriffen und Konstruktionsbasis des staatlichen Organisationsrechts", in *Festschrift für Hans J. Wolff zum 75. Geburtstag*, München, Beck, 1973, 269-305 (citado „Organ...").

BÖCKLI, Peter, „Konvergenz: Annäherung des monitischen und des dualistischen Führings- und Aufsichtssystems", in *Handbuch Corporate Governance*, Köln/Stuttgart, Schmidt/Schäffer-Poeschel, 2003, 201-222 (citado „Konvergenz...").

BOHN, Matthias, *Wesen und Rechtsnatur des Gesellschaftsbeschlusses*, Hamburg, 1950, policopiado (citado „Wesen...").

BONELLI, Franco, *Gli amministratori di società per azioni*, Milano, Giuffrè, 1985 (citado "Gli amministratori...").

—, "La responsabilità degli amministratori", in *Trattato delle società per azioni*, IV, Torino, Utet, 1991, 323-458 (citado "La responsabilità...").

—, *Gli amministratori di s.p.a. dopo la riforma delle società*, Milano, Giuffrè, 2004 (citado "...riforma delle società").

—, "Responsabilità degli amministratori di s.p.a." *GC*, I, Suplemento, 2004, 620-643 (citado "Responsabilità...").

BONIN, Gregor von, *Die Leitung der Aktiengesellschaft zwischen Shareholder Value und Stakeholder-Interessen*, Baden--Baden, Nomos, 2004 (citado „Die Leitung...").

BORGES, José Ferreira, *Jurisprudencia do contracto-mercantil de sociedade, segundo a legislação, e arestos dos codigos, e tribunaes das naçoens mais cultas da uropa*, Londres, 1830 (citado "Jurisprudencia...").

—, *Diccionario juridico-commercial*, Londres, 1833 (citado "Diccionario...").

—, *Diccionario juridico-commercial*, 2ª ed., Porto, 1856 (citado "Diccionario...").

BORGIOLI, Alessandro, "La responsabilità solidale degli amministratori di società per azioni", *RS*, 1978, 1056--1092 (citado "La responsabilità...").

—, *L`amministrazione delegata*, Firenze, Nardini, 1982 (citado "L`amministrazione...").

BORK, Reinhard, „Materiell-rechtliche und prozessrechtliche Probleme des Organstreits zwischen Vorstand und Aufsichtsrat einer Aktiengesellschaft", *ZGR*, 1989, 1-43 (citado „Materiell-rechtliche...").

—, *Allgemeiner Teil des Bürgerlichen Gesetzbuchs*, 2ª ed., Tübingen, Mohr Siebeck, 2006 (citado „Allgemeiner Teil...").

BRANSON, Douglas M., "The rule that isn`t a rule – the business judgment rule", *Valparaiso University Law Review*, 36, 2002, 631-651 (citado "The rule...").

BRINKMANN, Tomas, „Unternehmensziele im Aktienrecht", *AG*, 1982, 122-129 (citado „Unternehmensziele...").

BRINZ, Alois, *Lehrbuch der Pandekten*, IV, 2ª ed., Erlangen/Leipzig, Deichert, 1892 (citado „Lehrbuch...").

BRITO, José de Sousa e, "Hart`s criticism of Bentham", *Rechtstheorie*, 1979, 449--461 (citado "Hart`s criticism...").

—, "Droits et utilité chez Bentham", *Archives de Philosophie du Droit*, 1981, 93-119 (citado "Droits...").

—, "Science and technique in jurisprudence", in *Rechtstheorie*, Beiheft 10, Berlin, Duncker & Humblot, 1986, 345-352 (citado "Science...").

—, *Hermenêutica e direito*, Coimbra, Coimbra ed., 1990 (citado "Hermenêutica...").

—, "Legal interpretation and practical inference", *International Journal for the Semiotics of Law*, nº 19, 1994, 100-107 (citado "Legal interpretation...").

—, "Law, reason and justice: questioning the modern triad", in *Spaces and significations*, New York, Lang, 1996, 191-203 (citado "Law...").

—, "Razão democrática e direito", in *Ética e futuro da democracia*, Lisboa, Colibri, 1998, 143-150 (citado "Razão democrática...").

—, "A democracia e o fim da história", *Themis*, nº 1, 2000, 127-136 (citado "A democracia...").

—, "O positivismo jurídico e a lei de Hume", in *Estudos em homenagem à Professora Doutora Isabel de Magalhães Collaço*, II, Coimbra, Almedina, 2002, 895-919 (citado "O positivismo...").

—, "A constituição do direito e o positivismo jurídico", in *Homenagem da Faculdade de Direito de Lisboa ao Prof. Doutor Inocêncio Galvão Telles*, Coimbra, Almedina, 2007, 705-718 (citado "A constituição do direito...").

—, "Falsas e verdadeiras alternativas na teoria da justiça", in *Ars Ivdicandi. Estudos em homenagem ao Prof. Doutor António Castanheira Neves*, I, Coimbra, Coimbra ed., 2008, 289-334 (citado "Falsas...").

BRITO, Maria Helena, "A representação sem poderes – um caso de efeito reflexo das obrigações", *Revista Jurídica*, 1987, 17-80 (citado "A representação sem poderes...").

—, *O contrato de concessão comercial*, Coimbra, Almedina, 1990 (citado "O contrato...").

—, *A representação nos contratos internacionais. Um contributo para o estudo do princípio da coerência em direito internacional privado*, Coimbra, Almedina, 1999 (citado "A representação...").

—, "A representação em direito internacional privado. Análise da Convenção de Haia de 1978 sobre a lei aplicável aos contratos de intermediação e à representação", in *Estudos de direito comercial internacional*, I, Coimbra, Almedina, 2004, 143-194 (citado "... Convenção de Haia...").

BRODMANN, Erich, in *Handbuch des gesa-*

*mten Handelsrechts*, vol. 2, II, Leipzig, Reisland, 1918, (citado „Handbuch...").

—, *Aktienrecht*, Berlin/Leipzig, de Gruyter, 1928 (citado „Aktienrecht").

BRÖMMELMEYER, Christoph, „Neue Regeln für die Binnenhaftung des Vorstands – ein Beitrag zur Konkretisierung der Business Judgment Rule", *WM*, 2005, 2065-2070 (citado „Neue Regeln...").

BUCHTA, Jens, „Haftung und Verantwortlichkeit des Vorstands einer Aktiengesellschaft – Eine Bestandsaufnahme", *DB*, 2006, 1939-1943 (citado „Haftung...").

BULYGIN, Eugenio, "On norms of competence", *Law and Philosophy*, nº 11, 1992, 201-216 (citado "On norms...").

BUONAURA, Vincenzo Calandra, *Gestione dell'imprensa e competenze dell'assemblea nella società per azioni*, Milano, Giuffrè, 1985 (citado "Gestione...").

—, "I modelli di amministrazione e controllo nella riforma del diritto societario", *GC*, I, 2003, 535-560 (citado "I modelli...").

BUONOCORE, Vincenzo, "Commento breve al decreto legislativo 17 gennaio 2003 n. 6, recante la "Riforma organica della disciplina delle società di capitali e società cooperative"", *GC*, I, Suplemento, 2003, 1-125 (citado "Commento breve...").

—, "Le nuove forme di amministrazioni nelle società di capitali non quotate", *GC*, I, 2003, 389-413 (citado "Le nuove forme...").

—, "Adeguatezza, precauzione, gestione, responsabilità: chiose sull'art. 2381, commi terzo e quinto, del codice civile", *GC*, I, 2006, 5-41 (citado "Adeguatezza...").

BUSCHE, Jan, in *Münchener Kommentar zum Bürgerlichen Gesetzbuch*, § 631, 4ª ed., München, Beck, 2005, (citado „Münchener...").

BYDLINSKI, Franz, *Privatautonomie und objektive Grundlagen des verpflichtenden Rechtsgeschäftes*, Wien/ New York, Springer, 1967 (citado „Privatautonomie...").

—, *Juristische Methodenlehre und Rechtsbegriff*, 2ª ed., Wien/New York, Springer, 1991 (citado „Juristische Methodenlehre...").

CABRAL, Rita Amaral, "A teoria da aparência e a relação jurídica cambiária", *ROA*, 1984, 629-654 (citado "A teoria...").

CAEIRO, António e SERENS, Manuel Nogueira, "Direito aos lucros e direito ao dividendo anual", *RDE*, 1979, 369-383 (citado "Direito aos lucros...").

CAETANO, Marcello, *Manual de direito administrativo*, I, 10ª ed., Coimbra, Almedina, 1984 (citado "Manual...").

CÂMARA, Paulo, *Parassocialidade e transmissão de valores mobiliários*, Lisboa, 1996, policopiado (citado "Parassocialidade...").

—, "O governo das sociedades em Portugal: uma introdução", *CadMVM*, nº 12, 2001, 45-55 (citado "O governo das sociedades...").

—, "O governo das sociedades e os deveres fiduciários dos administradores", in *Sociedades abertas, valores mobiliários e intermediação financeira*, Coimbra, Almedina, 2007, 163-179 (citado "...deveres fiduciários...").

—, "Os modelos de governo das sociedades anónimas", in *Reformas do Código das Sociedades*, Coimbra, Almedina, 2007, 179-242 (citado "Os modelos de governo...").

—, "O governo das sociedades e a reforma do Código das Sociedades Comerciais", in *Código das Sociedades Comerciais e governo das sociedades*, Coimbra, Almedina, 2008, 9-141 (citado "...a reforma...").

—, "A auditoria interna e o governo das sociedades", in *Estudos em homenagem ao Professor Doutor Paulo de Pitta e Cunha*, III, Coimbra, Almedina, 2010, 303-316 (citado "A auditoria interna...").

—, "Conflito de interesses no direito financeiro e societário: um retrato anatómico", in *Conflito de interesses no direito societário e financeiro. Um balanço a partir da crise financeira*, Coimbra, Almedina, 2010, 9-74 (citado "Conflito de interesses...").

CAMPOBASSO, Gian Franco e CAMPOBASSO, Mario, *Diritto commerciale. Diritto delle società*, II, Torino, Utet, 2006 (citado "Diritto commerciale...").

CAMPOS, Diogo Leite de, "A responsabilidade civil do administrador de empresa e o seu seguro", in *A responsabilidade civil profissional e de empresa e o seu seguro. Colóquio luso-francês promovido pelas secções portuguesa e francesa da Association Internationale du Droit de l'Assurance*, 1974, 59-71 (citado "A responsabilidade...").

CANARIS, Claus-Wilhelm, *Die Vertrauenshaftung im deutschen Privatrecht*, München, Beck, 1971 (citado „Die Vertrauenshaftung...").

—, *Pensamento sistemático e conceito de sistema na ciência do Direito* (trad. CORDEIRO, António Menezes), 3ª ed., Lisboa, Gulbenkian, 2002 (citado "Pensamento sistemático...").

CARDOSO, J. Pires, *Problemas do anonimato. Fiscalização das sociedades anónimas*, II, Lisboa, Empresa Nacional de Publicidade, 1943 (citado "Problemas...").

CARNELUTTI, Francesco, *Teoria generale del diritto*, 3ª ed., Roma, Foro Italiano, 1951 (citado "Teoria generale...").

CARRILLO, Elena F. Pérez e RAMOS, Maria Elisabete Gomes, "Responsabilidade civil e seguro dos administradores (reflexões em torno das experiências portuguesa e espanhola)", *BFDUC*, 2006, 291-347 (citado "Responsabilidade...").

CARVALHO, Orlando de, *Critério e estrutura do estabelecimento comercial*, Coimbra, 1967 (citado "Critério...").

—, *A teoria geral da relação jurídica – seu sentido e limites*, Coimbra, Centelha, 1981 (citado "A teoria geral...").

—, "Contrato administrativo e acto jurídico público", in *Escritos. Páginas de direito*, I, Coimbra, Almedina, 1998, 165-246 (citado "Contrato...").

—, "Negócio jurídico indirecto (teoria geral)", in *Escritos. Páginas de direito*, I, Coimbra, Almedina, 1998, 31-164 (citado "Negócio jurídico...").

CASTRO, Carlos Osório de, "Participação no capital das sociedades anónimas e poder de influência", *RDES*, 1994, 333-356 (citado "Participação no capital...").

—, "Da prestação de garantias por sociedades a dívidas de outras entidades", *ROA*, 1996, 565-593 (citado "Da prestação de garantias...").

—, *Valores mobiliários: conceito e espécies*, Porto, Universidade Católica Portuguesa, 1996 (citado "Valores...").

CASTRO, Carlos Osório de e CASTRO, Gonçalo Andrade e, "A distribuição de lucros a trabalhadores de uma sociedade anónima, por deliberação da assembleia geral", *O Direito*, 2005, 57-80 (citado "A distribuição...").

CASTRONOVO, Carlo, "Profili della responsabilità medica", in *Studi in onore*

## BIBLIOGRAFIA

*di Pietro Rescigno*, V, Milano, Giuffrè, 1998, 117-136 (citado "Profili...").

CAUPERS, João, *Introdução ao direito administrativo*, 10ª ed., Lisboa, Âncora, 2009 (citado "Introdução...").

CLARK, Robert Charles, *Corporate law*, New York, Aspen, 1986 (citado "Corporate Law").

COASE, Ronald H., "The nature of the firm", *Economica*, vol. 4, nº 16, 1937, 386-405 (citado "The nature...").

COELHO, Eduardo Lucas, *A formação das deliderações sociais*, Coimbra, Coimbra ed., 1994 (citado "A formação...").

—, "Formas de deliberação e de votação dos sócios", in *Problemas do Direito das sociedades*, Coimbra, Almedina, 2003, 333-370 (citado "Formas...").

COELHO, Francisco Manuel Pereira, *A renúncia abdicativa no direito civil (algumas notas tendentes à definição do seu regime)*, Coimbra, Coimbra ed., 1995 (citado "A renúncia...").

—, "Causa objectiva e motivos individuais no negócio jurídico", in *Comemorações dos 35 anos do Código Civil e dos 25 anos da reforma de 1977*, II, Coimbra, Coimbra ed., 2006, 423-457 (citado "Causa...").

COELHO, Francisco Pereira, "Grupos de sociedades", *BFDUC*, 1988, 297-353 (citado "Grupos...").

COELHO, Joana Pinto, "A administração e a fiscalização das sociedades. Novos rumos", *Revista de Ciências Empresariais e Jurídicas*, nº 9, 2006, 287-326 (citado "A administração...").

COELHO, José Gabriel Pinto, *Lições de direito comercial*, II, Lisboa, 1952 (citado "Lições...").

COFFEE, John C., Jr., "No exit?: opting out, the contractual theory of the corporation, and the special case of remedies", *Brooklyn Law Review*, nº 53, 1988, 919-977 (citado "No exit...").

COING, Helmut, „Benthams Bedeutung für die Entwicklung der Interessenjurisprudenz und der allgemeinen Rechtslehre", *Archiv für Rechts- und Sozialphilosophie*, 1968, 69-88 (citado „Benthams...").

—, *Die Treuhand kraft privaten Rechtsgeschäfts*, München, Beck, 1973 (citado „Die Treuhand...").

COLLAÇO, Isabel de Magalhães, *Da legitimidade no acto jurídico*, Lisboa, 1947--1948, policopiado (citado "Da legitimidade no ato jurídico...").

—, "Da legitimidade no acto jurídico", *BMJ*, nº 10, 1949, 20-112 (citado "Da legitimidade...").

COLOMBO, Giovanni E., "Amministrazione e controllo", in *Il nuovo ordinamento delle società – Lezioni sulla riforma e modelli statutari*, [sem local publicação], Ipsoa, 2003, 175-211 (citado "Amministrazione...").

COMISSÃO DO MERCADO DE VALORES MOBILIÁRIOS, *Governo das sociedades anónimas: proposta de articulado modificativo do Código das Sociedades Comerciais*, 2006 (citado "Governo das sociedades anónimas: proposta de articulado modificativo...").

—, *Governo das sociedades anónimas: propostas de alteração ao Código das Sociedades Comerciais*, 2006 (citado "Governo das sociedades anónimas: propostas de alteração...").

COOTER, Robert e FREEDMAN, Bradley J., "The fiduciary relationship: its economic character and legal consequences", *NYULRev*, nº 66, 1991, 1045-1075 (citado "The fiduciary relationship...").

CORDEIRO, António Menezes, *Noções gerais de direito*, Lisboa, 1979 (citado "Noções...").

—, *Direito das obrigações*, I e II, Lisboa,

AAFDL, 1980 (citado "Direito das obrigações").

—, *Direitos reais*, Lisboa, Lex, 1993 (1979) (citado "Direitos reais").

—, *Da responsabilidade civil dos administradores das sociedades comerciais*, Lisboa, Lex, 1997 (citado "Da responsabilidade...").

—, *Da boa fé no direito civil*, Coimbra, Almedina, 1997 (reimpressão) (citado "Da boa fé...").

—, *A posse: perspectivas dogmáticas actuais*, 3ª ed., Coimbra, Almedina, 2000 (citado "A posse....").

—, *Tratado de direito civil português*, I, tomo I, 2ª ed., Coimbra, Almedina, 2000 (citado "Tratado...").

—, *Da modernização do direito civil*, I, Coimbra, Almedina, 2004 (citado "Da modernização...").

—, *Tratado de direito civil português*, I, tomo III, Coimbra, Almedina, 2004 (citado "Tratado...").

—, *Tratado de direito civil português*, I, tomo IV, Coimbra, Almedina, 2005 (citado "Tratado...").

—, "Os deveres fundamentais dos administradores das sociedades", *ROA*, 2006, 443-488 (citado "Os deveres...").

—, "A lealdade no direito das sociedades", *ROA*, 2006, 1033-1065 (citado "A lealdade...").

—, *Manual de direito das sociedades*, II, Coimbra, Almedina, 2006 (citado "Manual...").

—, "A representação no Código Civil: sistema e perspectivas de reforma", in *Comemorações dos 35 anos do Código Civil e dos 25 anos da reforma de 1977*, II, Coimbra, Coimbra ed., 2006, 393-422 (citado "A representação...").

—, „Die Dogmatisierung des Systemdenkens durch Treu und Glauben", in *Festschrift für Claus-Wilhelm Cana-*

*ris zum 70. Geburtstag*, München, Beck, 2007, 857-869 (citado "Die Dogmatisierung...").

—, *Manual de direito das sociedades*, I, 2ª ed., Coimbra, Almedina, 2007 (citado "Manual...").

—, *Sociedade anónima: assembleia geral e deliberações sociais*, Coimbra, Almedina, 2007 (citado "Sociedade anónima...").

—, in *Código das Sociedades Comerciais anotado*, Coimbra, Almedina, 2009, (citado "Código...").

—, *Tratado de direito civil português*, II, tomo I, Coimbra, Almedina, 2009 (citado "Tratado...").

—, *Tratado de direito civil português*, II, tomo II, Coimbra, Almedina, 2010 (citado "Tratado...").

—, *Tratado de direito civil português*, II, tomo III, Coimbra, Almedina, 2010 (citado "Tratado...").

CORDEIRO, Catarina Pires, "Algumas considerações críticas sobre a responsabilidade civil dos administradores perante os accionistas no ordenamento jurídico português", *O Direito*, 2005, 81-135 (citado "Algumas considerações...").

CORREIA, António Ferrer, "A procuração na teoria da representação voluntária", *BFDUC*, 1948, 253-293 (citado "A procuração...").

—, *Lições de direito comercial*, Lisboa, Lex, 1994 (reimpressão) (citado "Lições...").

CORREIA, José Manuel Sérvulo, *Noções de direito administrativo*, I, Lisboa, Danúbio, 1982 (citado "Noções...").

—, *Legalidade e autonomia contratual nos contratos administrativos*, Coimbra, Almedina, 1987 (citado "Legalidade...").

CORREIA, Luís Brito, *Direito comercial*, II e III, Lisboa, AAFDL, 1989 (citado "Direito comercial").

—, *Os administradores de sociedades anónimas*, Coimbra, Almedina, 1993 (citado "Os administradores...").

—, "Admissibilidade de remuneração variável de um gerente de sociedades por quotas", *DSR*, nº 2, 2009, 9-40 (citado "Admissibilidade...").

CORREIA, Miguel Pupo, "Sobre a responsabilidade por dívidas sociais dos membros dos órgãos da sociedade", *ROA*, 2001, 667-698 (citado "Sobre a responsabilidade...").

—, *Direito comercial, direito da empresa*, 10ª ed., Lisboa, Ediforum, 2007 (citado "Direito...").

COSTA, Mário Júlio de Almeida, "A vontade e a declaração na teoria do negócio jurídico representativo", *BMJ*, nº 127, 1963, 145-174 (citado "A vontade...").

COSTA, RICARDO, "Responsabilidade civil societária dos administradores de facto", in *Temas societários*, Coimbra, Almedina, 2006, 23-43 (citado "Responsabilidade civil...").

—, "Responsabilidade dos administradores e *business judgment rule*", in *Reformas do Código das Sociedades*, Coimbra, Almedina, 2007, 49-86 (citado "Responsabilidade dos administradores...").

—, in *Código das Sociedades Comerciais em comentário*, art. 64, Coimbra, Almedina, 2010, (citado "Código...").

COX, James D. e Hazen, Thomas Lee, *Cox & Hazen on corporations*, I, 2ª ed., New York, Aspen, 2003 (citado "... corporations").

CRISTAS, Maria de Assunção Oliveira, *Transmissão contratual do direito de crédito. Do carácter real do direito de crédito*, Coimbra, Almedina, 2005 (citado "Transmissão...").

CROSS, Frank B. e PRENTICE, Robert A., *Law and corporate finance*, Chelten-ham/Northampton, Edward Elgar Publishing, 2007 (citado "Law...").

CUNHA, Paulo, *Teoria geral do direito civil. Resumo desenvolvido das lições*, Lisboa, Serviços Sociais da Universidade de Lisboa, 1971/1972 (citado "Teoria geral...").

CUNHA, Paulo Olavo, "Designação de pessoas colectivas para os órgãos de sociedades anónimas e por quotas", *DSR*, nº 1, 2009, 165-213 (citado "Designação...").

—, "Corporate & public governance nas sociedades anónimas: primeira reflexão", *DSR*, nº 4, 2010, 159-179 (citado "Corporate...").

—, *Direito das sociedades comerciais*, 4ª ed., Coimbra, Almedina, 2010 (citado "Direito...").

CUNHA, Tânia Meireles da, *Da responsabilidade dos gestores de sociedades perante os credores sociais: a culpa nas responsabilidades civil e tributária*, Coimbra, Almedina, 2004 (citado "Da responsabilidade...").

CUNNINGHAM, Lawrence A. e YABLON, Charles M., "Delaware fiduciary duty law after QVC and Technicolor: a unified standard (and the end of the Revlon duties?)", *The Business Lawyer*, 1993, 1593-1628 (citado "Delaware...").

CURA, António Alberto Vieira, "Fiducia cum creditore", *BFDUC*, Suplemento vol. XXXIV, 1991, 1-285 (citado "Fiducia...").

D'ALESSANDRO, Floriano, "Persone giuridiche e analisi del linguaggio", in *Studi in memoria di Tullio Ascarelli*, I, Milano, Giuffrè, 1969, 241-343 (citado "Persone...").

DALMARTELLO, Arturo, *I rapporti giuridici interni nelle società commerciali*, Milano, Giuffrè, 1937 (citado "I rapport...").

DALMARTELLO, Arturo e PORTALE, Giuseppe B., "I poteri di controllo degli amministratori "di minoranza" (membro del comitato esecutivo com "voto consultivo"?)", *GC*, I, 1980, 785-807 (citado "I poteri...").

DAUNER-LEIB, Barbara, *Unternehmen in Sondervermögen*, Tübingen, Mohr Siebeck, 1998 (citado „Unternehmen...").

—, „Unternehmerische Tätigkeit zwischen Kontrolle und Kreativität", in *Festschrift für Volker Röhricht zum 65. Geburtstag*, Köln, Otto Schmidt, 2005, 83-103 (citado "Unternehmerische Tätigkeit...").

DAVIES, Paul, *Gower and Davies` principles of modern company law*, 7ª ed., London, Sweet & Maxwell, 2003 (citado "Gower...").

—, *Principles of modern company law*, 8ª ed., London, Sweet & Maxwell, 2008 (citado "Principles...").

DE NICOLA, Alessandro, in *Commentario alla riforma delle società – Amministratori*, art. 2392, Milano, Egea, 2005, (citado "Commentario...").

DEMELIUS, Heinrich, „M. Wellspachers Vollmachtslehre", *AcP*, 1954, 1-40 (citado „M. Wellspachers...").

DEMOGUE, René, *Traité des obligations en général*, V, Paris, Rousseau, 1925 (citado „Traité...").

—, *Traité des obligations en général*, VI, Paris, Rousseau, 1931 (citado „Traité...").

DEUTSCH, Erwin, *Allgemeines Haftungsrecht*, 2ª ed., Köln/Berlin/Bonn/München, Heymanns, 1996 (citado „Allgemeines Haftungsrecht").

—, „Die Fahrlässigkeit im neuen Schuldrecht", *AcP*, 2002, 889-911 (citado „Die Fahrlässigkeit im neuen Schuldrecht").

—, „Die Medizinhaftung nach dem neuen Schuldrecht und dem neuen Scha-

densrecht", *JZ*, 2002, 588-593 (citado „Die Medizinhaftung...").

DI CATALDO, Vincenzo, "Problemi nuovi in tema di responsabilità di amministratori di società per azioni: dal possibile affievolimento della solidarietà all`incerto destino dell`azione della minoranza", *GC*, I, Suplemento, 2004, 644-661 (citado "Problemi nuovi...").

DI NANNI, Carlo, *La vigilanza degli amministratori sulla gestione nella società per azioni*, Napoli, Jovene, 1992 (citado "La vigilanza...").

DIAS, Gabriela Figueiredo, *Fiscalização de sociedades e responsabilidade civil*, Coimbra, Coimbra ed., 2006 (citado "Fiscalização...").

—, "Estruturas de fiscalização de sociedades e responsabilidade civil", in *Nos 20 anos do Código das Sociedades Comerciais. Homenagem aos Professores Doutores A. Ferrer Correia, Orlando de Carvalho e Vasco Lobo Xavier*, I, Coimbra, Coimbra ed., 2007, 803-836 (citado "Estruturas...").

—, "A fiscalização societária redesenhada: independência, exclusão de responsabilidade e caução obrigatória dos fiscalizadores", in *Reformas do Código das Sociedades*, Coimbra, Almedina, 2007, 277-334 (citado "A fiscalização societária...").

—, in *Código das Sociedades Comerciais em comentário*, art. 64, Coimbra, Almedina, 2010, (citado "Código...").

DIAS, João Álvaro, *Procriação assistida e responsabilidade médica*, Coimbra, Coimbra ed., 1996 (citado "Procriação...").

DIAS, Jorge Figueiredo e MONTEIRO, Jorge Sinde, "Responsabilidade médica em Portugal", *BMJ*, nº 332, 1984, 21-79 (citado "Responsabilidade médica...").

DIEDERICHSEN, Uwe, *Die Haftung des*

*Warenherstellers*, München, Beck, 1967 (citado „Die Haftung...").

DNIESTRZANSKI, Stanislaus, *Die Aufträge zugunsten Dritter*, Leipzig, Deichert, 1904 (citado „Die Aufträge...").

DODD, E. Merrick, "For whom are corporate managers trustees?" *Harvard Law Review*, 1932, 1145-1163 (citado "For whom...").

DOMINGUES, Paulo de Tarso, "A vinculação das sociedades por quotas no Código das Sociedades Comerciais", *RFDUP*, 2004, 277-307 (citado "A vinculação...").

—, *Variações sobre o capital social*, Coimbra, Almedina, 2009 (citado "Variações...").

DOOLEY, Michael P. e VEASEY, E. Norman, "The role of the board in derivative litigation: Delaware law and the current ALI proposals compared", *The Business Lawyer*, 1988, 503-542 (citado "The role of the board...").

DORALT, Peter, „Die Unabhängigkeit des Vorstands nach österreichischem und deutschem Aktienrecht – Schein und Wirklichkeit", in *Die Gestaltung der Organisationsdynamik, Konfiguration und Evolution. Festschrift für Professor Dipl.-Kfm. Dr. Oskar Grün zum 65. Geburtstag*, Stuttgart, Schäffer-Poeschel, 2004, 31-52 (citado „Die Unabhängigkeit...").

DOSE, Stefan, *Die Rechtsstellung der einzelnen Vorstandsmitglieder in einem mehrgliedrigen Vorstand der Aktiengesellschaft unter besonderer berücksichtigung der Ernennung eines Vorstandsvorsitzenden nach dem neuen Aktiengesetz vom 6. September 1965*, Hamburg, 1967 (citado „Die Rechtsstellung...").

DREHER, Meinrad, „Unternehmen und Politik", *ZHR*, 1991, 349-377 (citado „Unternehmen...").

—, „Das Ermessen des Aufsichtsrats", *ZHR*, 1994, 614-645 (citado „Das Ermessen...").

—, „Nochmals: Das unternehmerische Ermessen des Aufsichtsrats", *ZIP*, 1995, 628-629 (citado „Nochmals...").

—, „Anmerkung zu BGHZ 135-244 – ARAG/Garmenbeck", *JZ*, 1997, 1074-1076 (citado „Anmerkung...").

—, „Die kartellrechtliche Bußgeldverantwortlichkeit von Vorstandsmitgliedern – Vorstandshandeln zwischen aktienrechtlichem Legalitätsprinzip und kartellrechtlicher Unsicherheit", in *Festschrift für Horst Konzen zum 70. Geburtstag*, Tübingen, Mohr Siebeck, 2006, 85-107 (citado „Die kartellrechtliche...").

DRUEY, Jean Nicolas, „Verantwortlichkeit aus Leitung", in *Festschrift für Wolfgang Zöllner*, Köln/Berlin/Bonn/München, Heymanns, 1998, 129-141 (citado „Verantwortlichkeit...").

DRYGALA, Tim e DRYGALA, Anja, „Wer braucht ein Frühwarnsystem?" *ZIP*, 2000, 297-305 (citado „Wer braucht...").

DUARTE, David, "Os argumentos da interdefinibilidade dos modos deônticos em Alf Ross: a crítica, a inexistência de permissões fracas e a completude do ordenamento em matéria de normas primárias", *RFDUL*, 2002, 257-281 (citado "Os argumentos...").

—, *A norma de legalidade procedimental administrativa. A teoria da norma e a criação de normas de decisão na discricionariedade instrutória*, Coimbra, Almedina, 2006 (citado "A norma de legalidade...").

DUARTE, Diogo Pereira, "Causa: motivo, fim, função e fundamento do negócio jurídico", in *Estudos em honra do Professor Doutor José de Oliveira Ascensão*, I, Coimbra, Almedina, 2008, 431-461 (citado "Causa...").

Duarte, Inocêncio de Sousa, *Diccionario de direito commercial*, Lisboa, Empreza Litteraria de Lisboa, 1880 (citado "Diccionario...").

Duarte, Ricardo Teixeira, *Commentario ao titulo XII, parte I, livro II do Codigo Commercial Portuguez*, Lisboa, Imprensa Nacional, 1872 (citado "Commentario...").

Duarte, Rui Pinto, "Contratos de intermediação no Código dos Valores Mobiliários", *CadMVM*, nº 7, 2000, 351-372 (citado "Contratos de intermediação...").

—, *Tipicidade e atipicidade dos contratos*, Coimbra, Almedina, 2000 (citado "Tipicidade...").

—, "A locação financeira (estudo jurídico do *leasing* financeiro)", in *Escritos sobre leasing e factoring*, Cascais, Principia, 2001, 9-94 (citado "A locação...").

—, "Portugal", in *The European Company – all over Europe*, Berlin, de Gruyter, 2004, 269-278 (citado "Portugal").

—, *Curso de direitos reais*, 2ª ed., Estoril, Principia, 2007 (citado "...direitos reais").

—, *O ensino do direito das sociedades*, Lisboa, 2008 (citado "O ensino...").

—, *Escritos sobre direito das sociedades*, Coimbra, Coimbra ed., 2008 (citado "...sociedades").

—, "O quadro legal das sociedades comerciais ao tempo da *Alves & C.ª*", in *Estudos comemorativos dos 10 anos da Faculdade de Direito da Universidade Nova de Lisboa*, II, Coimbra, Almedina, 2008, 479-505 (citado "O quadro...").

—, "A *Societas Privata Europaea*: uma revolução viável", *DSR*, nº 1, 2009, 49-76 (citado "A *societas privata*...").

Easterbrook, Frank e Fischel, Daniel, "The proper role of a target's management in responding to a tender offer", *Harvard Law Review*, nº 94, 1981, 1161-1204 (citado "The proper role...").

—, "Voting in corporate law", *Journal of Law and Economics*, vol. 26, nº 2, 1983, 395-427 (citado "Voting...").

—, *The economic structure of corporate law*, Cambridge, Harvard University Press, 1991 (citado "The economic structure...").

—, "Contract and fiduciary duty", *The Journal of Law and Economics*, 1993, 425-446 (citado "Contract...").

Eberhard, Harald, *Der verwaltungsrechtliche Vertrag. Ein Beitrag zur Handlungsformenlehre*, Wien/New York, Springer, 2005 (citado „Der verwaltungsrechtliche...").

Eden, Siegfried, *Treuhandschaft an Unternehmen und Unternehmensanteilen*, 3ª ed., Berlin, Schmidt, 2007 (citado „Treuhandschaft...").

Ehmann, Horst, in *Erman Bürgerliches Gesetzbuch*, Vor § 662, 11ª ed., Münster/Köln, Aschendorff/Schmidt, 2004, (citado „Erman BGB").

Eichler, Hermann, *Die Rechtslehre vom Vertrauen*, Tübingen, Mohr Siebeck, 1950 (citado „Die Rechtslehre...").

Eisenberg, Melvin A., "Legal models of management structure in the modern corporation: officers, directors, and accountants", *CalLRev*, vol. 63, 1975, 375-439 (citado "Legal models...").

—, *The structure of the corporation: a legal analysis*, Boston/Toronto, Little, Brown and Company, 1976 (citado "The structure...").

—, "The duty of care of corporate directors and officers", *University of Pittsburgh Law Review*, nº 51, 1990, 945-972 (citado "The duty of care...").

—, "Obblighi e responsabilità degli amministratori e dei funzionari delle società nel diritto americano", *GC*, I, 1992, 617-636 (citado "Obblighi...").

—, "The divergence of standards of conduct and standards of review in corporate law", *Fordham Law Review*, nº 62, 1993, 437-468 (citado "The divergence...").

—, "An overview of the Principles of Corporate Governance", *The Business Lawyer*, 1993, 1271-1296 (citado "An overview...").

—, "The limits of cognition and the limits of contract", *Stanford Law Review*, nº 47, 1995, 211 (citado "The limits...").

—, "The conception that the corporation is a nexus of contracts, and the dual nature if the firm", *JCorpL*, nº 24, 1999, 819-836 (citado "The conception...").

—, *Corporations and other business organizations. Cases and materials*, 8ª ed., New York, Foundation Press, 2000 (citado "Corporations...").

—, „Die Sorgfaltspflicht im amerikanischen Gesellschaftsrecht", *Der Konzern*, 2004, 386-405 (citado „Die Sorgfaltspflicht...").

—, "The duty of good faith in american corporate law", *Delaware Journal of Corporate Law*, vol. 31, 2006, 1-75 (citado "The duty of good faith...").

EMDE, Raimond, „Die Bestimmtheit von Gesellschafterbeschlüssen", *ZIP*, 2000, 59-64 (citado „Die Bestimmtheit...").

ENGISCH, Karl, *Die Idee der Konkretisierung in Recht und Rechtswissenschaft unserer Zeit*, Heidelberg, Winter, 1953 (citado „Die Idee...").

—, *La idea de concrecion en el derecho y en la ciencia juridica actuales* (trad. CREMADES, Juan Jose Gil), Pamplona, Universidad de Navarra, 1968 (citado "La idea...").

—, *Introdução ao pensamento jurídico* (trad. MACHADO, João Baptista), 6ª ed., Lisboa, Gulbenkian, 1988 (citado "Introdução...").

ENNECCERUS, Ludwig, KIPP, Theodor e WOLFF, Martin, *Lehrbuch des Bürgerlichen Rechts*, I, 1, 29ª ed., Marburg, Elwert, 1926 (citado „Lehrbuch...").

ENNECCERUS, Ludwig e NIPPERDEY, Hans Carl, *Allgemeiner Teil des Bürgerlichen Rechts*, 15ª ed., Tübingen, Mohr Siebeck, 1960 (citado „Allgemeiner Teil...").

ESSER, Josef e SCHMIDT, Eike, *Schuldrecht*, I 1, 8ª ed., Heidelberg, Müller, 1995 (citado „Schuldrecht").

ESSER, Josef e WEYERS, Hans Leo, *Schuldrecht*, II 1, 8ª ed., Heidelberg, Müller, 1998 (citado „Schuldrecht").

ESSER, Robert e ESSER, Ferdinand, *Die Aktiengesellschaft nach der Vorschriften des Handelsgesetzbuchs vom 10. Mai 1987*, 3ª ed., Berlin, Springer, 1907 (citado "Die Aktiengesellschaft...").

ESTACA, José Nuno Marques, *O interesse da sociedade nas deliberações sociais*, Coimbra, Almedina, 2003 (citado "O interesse...").

FAMA, Eugene F. e JENSEN, Michael C., "Separation of ownership and control", *Journal of Law and Economics*, 1983, 301-325 (citado "Separation...").

FANELLI, Giuseppe, *La delega di potere amministrativo nella società per azioni*, Milano, Giuffrè, 1952 (citado "La delega...").

FARIA, Jorge Ribeiro de, "Algumas notas sobre o finalismo no direito civil", *BFDUC*, 1993 e 1994, 71-160 e 133-219 (citado "Algumas notas...").

—, *Direito das obrigações*, II, Coimbra, Almedina, 2001 (reimpressão) (citado "Direito...").

—, *Direito das obrigações*, I, Coimbra, Almedina, 2003 (reimpressão) (citado "Direito...").

—, "Da prova na responsabilidade civil médica – reflexões em torno do Direito alemão", *RFDUP*, 2004, 115-195 (citado "Da prova na responsabilidade...").

FECHNER, Erich, *Die Treubindungen des Aktionärs – Zugleich eine Untersuchung über das Verhältnis von Sittlichkeit, Recht und Treue*, Weimar, Böhlaus, 1942 (citado „Die Treubindungen...").

FEDDERSEN, Dieter, „Nochmals – Die Pflichten des Vorstands zur Unternehmensplanung", *ZGR*, 1993, 114-117 (citado „Nochmals – Die Pflichten...").

FERNANDES, LUÍS CARVALHO, *A conversão dos negócios jurídicos civis*, Lisboa, Quid Juris?, 1993 (citado "A conversão...").

—, *Teoria geral do direito civil*, I e II, 3ª ed., Lisboa, Universidade Católica, 2001 (citado "Teoria geral...").

—, *Estudos sobre a simulação*, Lisboa, Quid Juris?, 2004 (citado "Estudos...").

—, "Da renúncia dos direitos reais", in *Estudos em memória do Professor Doutor José Dias Marques*, Coimbra, Almedina, 2007, 571-592 (citado "Da renúncia...").

FERRARA, Francesco, Jr. e CORSI, Francesco, *Gli imprenditori e le società*, 7ª ed., Milano, Giuffrè, 1987 (citado "Gli imprenditori...").

FERREIRA, Bruno, "Os deveres de cuidado dos administradores e gerentes (análise dos deveres de cuidado em Portugal e nos Estados Unidos da América fora das situações de disputa sobre o controlo societário)", *RDS*, 2009, 681-737 (citado "Os deveres...").

FERREIRA, Durval, *Do mandato civil e comercial*, Famalicão, edição do autor, 1967 (citado "Do mandato...").

FERRI, Giuseppe, *Manuale di diritto commerciale*, 5ª ed., Torino, Utet, 1980 (citado "Manuale...").

FERRI, Giuseppe, ANGELICI, Carlo e FERRI, Giovanni B., *Manuale di diritto commerciale*, 12ª ed., Torino, Utet, 2008 (citado "Manuale...").

FERRI JR, Giuseppe, "L`amministrazione delegata nella riforma", *RDComm*, I, 2003, 625-638 (citado "L`amministrazione...").

FIGUEIRA, Eliseu, "Disciplina jurídica dos grupos de sociedades", *CJ*, 1990, IV, 35-59 (citado "Disciplina jurídica...").

FIGUEIREDO, Isabel Mousinho de, "O administrador delegado. A delegação de poderes de gestão no direito das sociedades", *O Direito*, 2005, 547-599 (citado "O administrador...").

FIKENTSCHER, Wolfgang, „Scheinvollmacht und Vertreterbegriff", *AcP*, 1955, 1-21 (citado „Scheinvollmacht...").

FIKENTSCHER, Wolfgang e HEINEMANN, Andreas, *Schuldrecht*, 10ª ed., Berlin, de Gruyter, 2006 (citado „Schuldrecht").

FISCHEL, Daniel, "The business judgment rule and the *Trans Union* case", *The Business Lawyer*, 1985, 1437-1455 (citado "The business...").

FISCHER, Christian, „Die persönliche Haftung, ein wirksames Mittel zur Verbesserung der Kontrolltätigkeit des Aufsichtsrats bei kapitalmarktorientierten Unternehmen?" *Der Konzern*, 2005, 67-79 (citado „Die persönliche Haftung...").

FISCHER, Robert, in *Großkommentar zum Handelsgesetzbuch*, § 105, 3ª ed., Berlin/New York, de Gruyter, 1973, (citado „Großkommentar...").

FISCHER, Rudolf, in *Handbuch des gesamten Handelsrechts*, vol. 3, I, Leipzig, Reisland, 1916, (citado „Handbuch...").

FLANNIGAN, Robert, "The adulteration of fiduciary doctrine in corporate law", *LQR*, 2006, 449-468 (citado "The adulteration...").

FLECK, Hans-Joachim, „Zur Haftung des GmbH-Geschäftsführers", *GmbHR*, 1974, 224-235 (citado „Zur Haftung...").

FLEISCHER, Holger, „Unternehmensspenden und Leitungsermessen des Vorstands im Aktienrecht", *AG*, 2001, 171-181 (citado „Unternehmensspenden...").

—, „Die „business judgment rule" im Spiegel von Rechtsvergleichung und Rechtsökonomie", in *Festschrift für Herbert Wiedemann zum 70. Geburtstag*, München, Beck, 2002, 827-849 (citado „Die business...").

—, „Shareholders vs. Stakeholders: aktien- und übernahmerechtliche Fragen", in *Handbuch Corporate Governance*, Köln/Stuttgart, Schmidt/Schäffer-Poeschel, 2003, 129-155 (citado „Shareholders...").

—, „Vorstandsverantwortlichkeit und Fehlverhalten von Unternehmensangehörigen – Von der Einzelüberwachung zur Errichtung einer Compliance-Organisation", *AG*, 2003, 291-300 (citado „Vorstandsverantwortlichkeit...").

—, „Zum Grundsatz der Gesamtverantwortung im Aktienrecht", *NZG*, 2003, 449-459 (citado „Zum Grundsatz...").

—, „Zur Leitungsaufgabe des Vorstands im Aktienrecht", *ZIP*, 2003, 1-11 (citado „Zur Leitungsaufgabe...").

—, „Zur organschaftlichen Treuepflicht der Geschäftsleiter im Aktien- und GmbH-Recht", *WM*, 2003, 1045--1058 (citado „Zur organschaftlichen Treuepflicht...").

—, „Behavioral Law and Economics im Gesellschafts- und Kapitalmarktrecht – ein Werkstattbericht", in *Festschrift für Ulrich Immenga zum 70. Geburtstag*, München, Beck, 2004, 575-587 (citado „Behavioral Law...").

—, „Die „business judgment rule": vom Richterrecht zur Kodifizierung", *ZIP*, 2004, 685-692 (citado „... Kodifizierung").

—, „Gesetz und Vertrag als alternative Problemlösungsmodelle im Gesellschaftsrecht", *ZHR*, 2004, 673-707 (citado „Gesetz...").

—, „Aktienrechtliche Legalitätspflicht und „nützlich" Pflichtverletzungen von Vorstandsmitgliedern", *ZIP*, 2005, 141-152 (citado „Aktienrechtliche Legalitätspflicht...").

—, „Das Gesetz zur Unternehmensintegrität und Modernisierung des Anfechtungsrechts", *NJW*, 2005, 3525--3530 (citado „Das Gesetz...").

—, „Wettbewerbs- und Betätigungsverbote für Vorstandsmitglieder im Aktienrecht", *AG*, 2005, 336--348 (citado „Wettbewerbs- und Betätigungsverbote...").

—, „Buchführungsverantwortung des Vorstands und Haftung der Vorstandsmitglieder für fehlerhafte Buchführung", *WM*, 2006, 2021--2029 (citado „Buchführungsverantwortung...").

—, „Leitungsaufgabe des Vorstands", in *Handbuch des Vorstandsrechts*, München, Beck, 2006, 1-38 (citado „Leitungsaufgabe...").

—, „Sorgfaltspflicht der Vorstandsmitglieder", in *Handbuch des Vorstandsrechts*, München, Beck, 2006, 237-265 (citado „Sorgfaltspflicht...").

—, „Treuepflicht der Vorstandsmitglieder", in *Handbuch des Vorstandsrechts*, München, Beck, 2006, 285-311 (citado „Treuepflicht...").

—, „Überwachungspflicht der Vorstandsmitglieder", in *Handbuch des Vorstandsrechts*, München, Beck, 2006, 266-284 (citado „Überwachungspflicht...").

—, „Vorstandspflichten bei Verlust, Überschuldung und Zahlungsunfähigkeit", in *Handbuch des Vorstandsrechts*, München, Beck, 2006, 742-765 (citado „Vorstandspflichten bei Verlust...").

—, in *Kommentar zum Aktiengesetz*, §§ 84, 76, 77, 91 e 93, München, Beck, 2007, (citado „Kommentar...").

—, „Aktuelle Entwicklungen der Managerhaftung", *NJW*, 2009, 2337-2343 (citado „Aktuelle...").

FLUME, Werner, *Allgemeiner Teil des bürgerlichen Rechts*, I, 2, Berlin/Heidelberg/New York/Tokyo, Springer, 1983 (citado „Allgemeiner Teil...").

—, *Allgemeiner Teil des bürgerlichen Rechts*, II, 4ª ed., Berlin/Heidelberg/New York, Springer, 1992 (citado „Allgemeiner Teil...").

FRADA, Manuel Carneiro da, *Renovação de deliberações sociais*, Coimbra, Coimbra ed., 1987 (citado "Renovação...").

—, "Deliberações sociais inválidas no novo Código das Sociedades", in *Novas perspectivas do direito comercial*, Coimbra, Almedina, 1988, 315-336 (citado "Deliberações...").

—, *Contrato e deveres de protecção*, Coimbra, Coimbra ed., 1994 (citado "Contrato...").

—, *Teoria da confiança e responsabilidade civil*, Coimbra, Almedina, 2004 (citado "Teoria da confiança...").

—, *Direito civil. Responsabilidade civil. O método do caso.*, Coimbra, Almedina, 2006 (citado "Direito civil...").

—, "A responsabilidade dos administradores na insolvência", *ROA*, 2006, 653-702 (citado "A responsabilidade...").

—, "A business judgment rule no quadro dos deveres gerais dos administradores", in *Sociedades abertas, valores mobiliários e intermediação financeira*, Coim-

bra, Almedina, 2007, 201-242 (citado "A business...").

—, "A business judgment rule no quadro dos deveres gerais dos administradores", in *A reforma do Código das Sociedades Comerciais. Jornadas em homenagem ao Professor Doutor Raúl Ventura*, Coimbra, Almedina, 2007, 61-102 (citado "A business judgment rule...").

—, „Die Zukunft der Vertrauenshaftung oder Plädoyer für eine „reine" Vertrauenshaftung", in *Festschrift für Claus-Wilhelm Canaris zum 70. Geburtstag*, I, München, Beck, 2007, 99-113 (citado "Die Zukunft...").

FRANÇA, Maria Augusta, *A estrutura das sociedades anónimas em relação de grupo*, Lisboa, AAFDL, 1990 (citado "A estrutura...").

FRANCHI, Antonio, *La responsabilità degli amministratori di s.p.a. nel nuovo Diritto Societario. I principi per una disciplina "europea" e i riflessi nell'ambito delle società bancarie*, Milano, Giuffrè, 2004 (citado "La responsabilità...").

FRANKEL, Tamar, "Fiduciary duties", in *The new Palgrave dictionary of economics and the law*, II, London, Macmillan, 1998, 127-132 (citado "Fiduciary duties").

FRANZONI, Massimo, "La responsabilità civili degli amministratori di società di capitali", in *Trattato di diritto commerciale e di diritto pubblico dell'economia*, vol. 19º, Padova, CEDAM, 1994, 1-103 (citado "La responsabilità...").

FRÈ, Giancarlo, *L'organo amministrativo nelle società anonime*, Roma, Soc. Ed. del Foro Italiano, 1938 (citado "L'organo...").

—, *Società per azioni*, 5ª ed., Bologna//Roma, Zanichelli/Foro Italiano, 1982 (citado "Società...").

FREEMAN, R. Edward, "The politics of stakeholder theory: some future directions", *Business Ethics Quarterly*, 1994, 409-421 (citado "The politics of stakeholder theory...").

FRIEDMAN, Milton, *Capitalism and Freedom*, Chicago/London, University of Chicago Press, 1962 (citado "Capitalism...").

—, "The social responsibility of business is to increase its profits", *The New York Times Magazine*, Sept. 13, 1970, pp. 32-33 e 122-124 (citado "The social responsibility...").

FROTZ, Gerhard, *Verkehrsschutz im Vertretungsrecht. Zugleich ein Beitrag zur sozialen Verantwortung als Korrelat privatautonomer Gestaltungsfreiheit*, Frankfurt am Main, Athenäum, 1972 (citado „Verkehrschutz...").

FURTADO, Jorge Pinto, *Código Comercial anotado*, II, tomo I, Coimbra, Almedina, 1979 (citado "Código...").

—, *Deliberações dos sócios*, Coimbra, Almedina, 1993 (citado "Deliberações dos sócios").

—, *Curso de direito das sociedades*, 5ª ed., Coimbra, Almedina, 2004 (citado "Curso...").

—, *Deliberações de sociedades comerciais*, Coimbra, Almedina, 2005 (citado "Deliberações de sociedades...").

GALBRAITH, John Kenneth, *The new industrial state*, 2ª ed., London, Andre Deutsch, 1972 (citado "The new...").

GALGANO, Francesco, "Struttura logica e contenuto normativo del concetto di persona giuridica", *Rivista di Diritto Civile*, I, 1965, 553-633 (citado "Struttura...").

—, *La società per azioni*, Padova, Cedam, 1984 (citado "La società...").

—, *Il nuovo diritto societario*, Padova, Cedam, 2003 (citado "Il nuovo...").

GEIBEL, Stefan J., *Treuhandrecht als Gesellschaftsrecht*, Tübingen, Mohr Siebeck, 2008 (citado „Treuhandrecht...").

GEPKEN-JAGER, Ella, „Verenigde Oost-Indische Compagnie (VOC)", in *VOC 1602-2002. 400 years of company law*, Deventer, Kluwer, 2005, 41-81 (citado „Verenigde...").

GERKAN, Hartwin von, „Die Beweislastverteilung beim Schadensersatzanspruch der GmbH gegen ihre Geschäftsführer", *ZHR*, 1990, 39-63 (citado „Die Beweislastverteilung...").

GERKE, Eckhard, *Vertretungsmacht und Vertretungsberechtigung. Eine civilistische Untersuchung*, Köln/Berlin/Bonn/ /München, Heymanns, 1981 (citado „Vertretungsmacht...").

GERNHUBER, Joachim, „§ 242 BGB – Funktionen und Tatbestände", *JuS*, 1983, 764-769 (citado „§ 242 BGB...").

—, „Die fiduziarische Treuhand", *JuS*, 1988, 355-363 (citado „Die fiduziarische Treuhand").

—, „Das Schuldverhältnis", in *Handbuch des Schuldrechts*, VIII, Tübingen, Mohr Siebeck, 1989, (citado „Das Schuldverhältnis").

GESSLER, Ernst, „Vorstand und Aufsichtsrat im neuen Aktiengesetz", *Juristische Wochenschrift*, 1937, 497-503 (citado „Vorstand...").

—, „Die Haftung des Vorstandes für wirtschaftliche Fehlentscheidungen", *Neue Betriebswirtschaft*, nº 2, 1972, 13-20 (citado „Die Haftung...").

GEVURTZ, Franklin A., *Corporation Law*, St. Paul, West, 2000 (citado "Corporation Law").

GHEZZI, Federico, in *Commentario alla riforma delle società – Amministratori*, art. 2409-*novies*, Milano, Egea, 2005, (citado "Commentario...").

GIÃO, João Sousa, "Conflito de interesses entre administradores e os accionistas na sociedade anónima: os negócios com a sociedade e a remuneração dos administradores", in *Conflito de interesses no direito societário e financeiro. Um balanço a partir da crise financeira*, Coimbra, Almedina, 2010, 215-291 (citado "Conflito de interesses...").

GIERKE, Otto von, *Deutsches Privatrecht*, I, München/Leipzig, Duncker & Humblot, 1936 (reimpressão, 1895) (citado „Deutsches Privatrecht").

—, *Die Genossenschaftstheorie und die deutsche Rechtsprechung*, Berlin/Hildesheim, Weidmannsche/Georg Olms, 1963 (reimpressão, 1887) (citado „Die Genossenschaftstheorie...").

GIORGI, Vittorio, *Libertà di informazione e dovere di riservatezza degli amministratori nei gruppi di società*, Torino, Giappichelli, 2005 (citado "Libertà...").

GODIN, Reinhard Freiherr von e WILHELMI, Hans, *Aktiengesetz*, 2ª ed., Berlin, Gruyter, 1950 (citado „Aktiengesetz").

GOETTE, Wulf, „Leitung, Aufsicht, Haftung – zur Rolle der Rechtsprechung bei der Sicherung einer modernen Unternehmensführung", in *Festschrift aus Anlass des fünfzigjährigen Bestehens von Bundesgerichtshof, Bundesanwaltschaft und Rechtsanwaltschaft beim Bundesgerichtshof*, Köln/Berlin/Bonn/ /München, Heymanns, 2000, 123-142 (citado „Leitung...").

GOLD, Andrew S., "A decision theory approach to the business judgment rule: reflections on *Disney*, good faith, and judicial uncertainty", *MdLRev*, vol. 66, 2007, 398-474 (citado "A decision theory...").

—, "The new concept of loyalty in corporate law", *U. C. Davis Law Review*, vol. 43, 2009, 457-528 (citado "The new concept...").

GOLDSCHMIDT, Robert, „Die zivilrechtliche Verantwortlichkeit der Verwaltungsmitglieder der Aktiengesellschaft – eine rechtsvergleichende Untersuchung", *ZHR*, 1949, 33-79 (citado „Die zivilrechtliche Verantwortlichkeit...").

GOLLING, Hans-Joachim, *Sorgfaltspflicht und Verantwortlichkeit der Vorstandsmitglieder für ihre Geschäftsführung innerhalb der nicht konzerngebundenen Aktiengesellschaft*, Köln, 1968 (citado „Sorgfaltspflicht...").

GOMES, Fátima, "Reflexões em torno dos deveres fundamentais dos membros dos órgãos de gestão (e fiscalização) das sociedades comerciais à luz da nova redacção do artigo 64 do CSC", in *Nos 20 anos do Código das Sociedades Comerciais. Homenagem aos Professores Doutores A. Ferrer Correia, Orlando de Carvalho e Vasco Lobo Xavier*, II, Coimbra, Coimbra ed., 2007, 551-569 (citado "Reflexões...").

GOMES, José Ferreira, "Conflitos de interesses entre accionistas nos negócios celebrados entre a sociedade anónima e o seu accionista controlador", in *Conflito de interesses no direito societário e financeiro. Um balanço a partir da crise financeira*, Coimbra, Almedina, 2010, 75-213 (citado "Conflitos de interesses...").

GOMES, Júlio Vieira, *A gestão de negócios: um instituto numa encruzilhada*, Coimbra, Coimbra ed., 1993 (citado "A gestão...").

—, *O conceito de enriquecimento, o enriquecimento forçado e os vários paradigmas do enriquecimento sem causa*, Porto, Universidade Católica, 1998 (citado "O conceito de enriquecimento...").

—, *Direito do trabalho*, Coimbra, Coimbra ed., 2007 (citado "Direito do trabalho").

GOMES, Manuel Januário da Costa, *Em tema de revogação do mandato civil,*

Coimbra, Almedina, 1989 (citado "Em tema de revogação...").

—, *Assunção fidejussória de dívida. Sobre o sentido e o âmbito da vinculação como fiador*, Coimbra, Almedina, 2000 (citado "Assunção fidejussória...").

—, *Contrato de mandato*, Lisboa, AAFDL, 2007 (1990) (citado "Contrato...").

GONÇALVES, Luiz da Cunha, *Comentário ao Código Comercial Português*, I, Lisboa, 1914 (citado "Comentário...").

GONÇALVES, Pedro, *O contrato administrativo: uma instituição do direito administrativo do nosso tempo*, Coimbra, Almedina, 2003 (citado "O contrato...").

—, *Entidades privadas com poderes públicos. O exercício de poderes públicos de autoridade por entidades privadas com funções administrativas*, Coimbra, Almedina, 2005 (citado "Entidades...").

GÖTZ, Heinrich, „Die Überwachung der Aktiengesellschaft im Lichte jüngerer Unternehmenskrisen", *AG*, 1995, 337--353 (citado „Die Überwachung...").

—, „Leitungssorgfalt und Leitungskontrolle der Aktiengesellschaft hinsichtlich abhängiger Unternehmen", *ZGR*, 1998, 524-546 (citado „Leitungssorgfalt...").

GOUVEIA, Jorge Bacelar, *Os direitos fundamentais atípicos*, Lisboa, Aequitas/ /Notícias, 1995 (citado "Os direitos...").

GÖZ, Philipp e HOLZBORN, Timo, „Die Aktienrechtsreform durch das Gesetz für Unternehmensintegrität und Modernisierung des Anfechtungsrechts – UMAG", *WM*, 2006, 157--164 (citado „Die Aktienrechtsreform...").

GRIFFITH, Sean J., "Good faith business judgment: a theory of rethoric in corporate law jurisprudence", *Duke Law Journal*, vol. 55, 2005, 1-73 (citado "Good faith...").

GROSSFELD, Bernhard, *Aktiengesellschaft, Unternehmenskonzentration und Kleinaktionär*, Tübingen, Mohr Siebeck, 1968 (citado „Aktiengesellschaft...").

GROSSMANN, Adolf, *Unternehmensziele im Aktienrecht. Eine Untersuchung über Handlungsmaßstäbe für Vorstand und Aufsichtsrat*, Köln/Berlin/Bonn/ München, Heymanns, 1980 (citado „Unternehmensziele...").

GRUNDEI, Jens e WERDER, Axel von, „Die Angemessenheit der Informationsgrundlage als Anwendungsvoraussetzung der Business Judgment Rule", *AG*, 2005, 825-834 (citado „Die Angemessenheit...").

GRUNDMANN, Stefan, *Der Treuhandvertrag, insbesondere die werbende Treuhand*, München, Beck, 1997 (citado „Der Treuhandvertrag...").

—, in *Münchener Kommentar zum Bürgerlichen Gesetzbuch*, § 276, 5ª ed., München, Beck, 2007, (citado „Münchener...").

—, in *Großkommentar zum Aktiengesetz*, § 133, 4ª ed., Berlin, de Gruyter, 2008, (citado „Großkommentar...").

GUACCERO, Andrea, in *Società di capitali – commentario*, artt. 2409-*octies*/ /*quinquiesdecies* e artt. 2409-*sexiesdecies*/*noviesdecies*, Napoli, Jovene, 2004, (citado "Società di capitali...").

GUEDES, Agostinho Cardoso, "A limitação dos poderes dos administradores das sociedades anónimas operada pelo objecto social no novo Código das Sociedades Comerciais", *RDE*, 1987, 127-159 (citado "A limitação...").

GUICHARD, Raúl, "Notas sobre a falta e limites do poder de representação", *RDES*, 1995, 3-53 (citado "Notas...").

—, "Sobre a distinção entre núncio e representante", *Scientia Iuridica*, 1995, 317-329 (citado "Sobre a distinção...").

—, *Da relevância jurídica do conhecimento no direito civil*, Porto, Universidade Católica Portuguesa, 1996 (citado "Da relevância jurídica...").

—, "Tópicos sobre técnicas legislativas", *Revista de Ciências Empresariais e Jurídicas*, nº 17, 2010, 31-92 (citado "Tópicos...").

GUINÉ, Orlando Vogler, *Da conduta (defensiva) da administração "opada"*, Coimbra, Almedina, 2009 (citado "Da conduta...").

HAAS, Ulrich, in *Kommentar zum Gesetz betreffend die Gesellschaft mit beschränkter Haftung*, § 43, München, Beck, 2002, (citado „Kommentar...").

HABERSACK, Mathias, in *Großkommentar zum Aktiengesetz*, §§ 78 e 82, 4ª ed., Berlin, de Gruyter, 2003, (citado „Großkommentar...").

—, „Gesteigerte Überwachungspflichten des Leiters eines „Sachnahen" Vorstandsressorts? – Kritische Bemerkung zum Urteil des VG Frankfurt a.M. vom 8.7.2004", *WM*, 2005, 2360-2364 (citado „Gesteigerte Überwachungspflichten...").

—, in *Münchener Kommentar zum Aktiengesetz*, §§ 108, 111 e 116, 3ª ed., München, Beck/Vahlen, 2008, (citado „Münchener...").

HADDING, Walther, in *Soergel Bürgerliches Gesetzbuch*, §§ 26 e 27, 13ª ed., Stuttgart, Kohlhammer, 2000, (citado „Soergel...").

HAHN, Otto, *Das Handelsrecht nach dem allgemeinen deutschen Handelsgesetzbuch*, Stuttgart, Maier, 1870 (citado „Das Handelsrecht...").

HAMILTON, Robert W., *The law of corporations in a nutshell*, St. Paul, West, 1996 (citado "The law of corporations...").

HANSEN, Charles, "The duty of care, the business judgment rule, and the American Law Institute corporate governance project", *The Business Lawyer*, 1993, 1355-1376 (citado "The duty...").

HANSMANN, Henry e KRAAKMAN, Reinier, "The end of history for corporate law", *The Georgetown Law Journal*, 2001, 439-468 (citado "The end of history...").

—, "The basic governance structure", in *The anatomy of corporate law: a comparative and functional approach*, Oxford/ /New York, Oxford University Press, 2004, 33-70 (citado "The basic governance...").

HARE, Richard M., *Practical inferences*, London, MacMillan, 1971 (citado "Practical...").

HARRIS, Ron, "The english East India Company and the history of company law", in *VOC 1602-2002. 400 years of company law*, Deventer, Kluwer, 2005, 217-247 (citado "The english...").

HART, Herbert L., "Definition and theory in jurisprudence", *LQR*, 1954, 37-60 (citado "Definition...").

—, *Essays on Bentham*, Oxford, Clarendon, 1982 (citado "Essays...").

—, "Utilitarianism and natural rights", in *Essays in jurisprudence and philosophy*, Oxford, Clarendon, 1983, 181-197 (citado "Utilitarianism...").

—, *O conceito de Direito* (trad. MENDES, Armindo Ribeiro), 3ª ed., Lisboa, Gulbenkian, 2001 (citado "O conceito...").

HAUSCHKA, Christoph E., „Compliance am Beispiel der Korruptionsbekämpfung", *ZIP*, 2004, 877-883 (citado „Compliance...").

—, „Corporate Compliance – Unternehmensorganisatorische Ansätze zur Erfüllung der Pflichten von Vorständen und Geschäftsführern", *AG*, 2004, 461-475 (citado „Corporate Compliance...").

—, „Grundsätze pflichtgemäßer Unternehmensführung", *ZRP*, 2004, 65-67 (citado „Grundsätze...").

—, „Ermessensentscheidungen bei der Unternehmensführung", *GmbHR*, 2007, 11-16 (citado „Ermessensentscheidungen...").

HAUSSMANN, Fritz, „Die Aktiengesellschaft als „Unternehmen an sich"", *Juristische Wochenschrift*, 1927, 2953--2956 (citado „Die Aktiengesellschaft...").

HAYEK, Friedrich A., "The corporation in a democratic society: in whose interest ought it to and will it be run?" in *Studies in philosophy, politics and economics*, Chicago, The University of Chicago Press, 1967, 300-312 (citado "The corporation...").

HAZEN, Thomas Lee e MARKHAM, Jerry W., *Corporations and other business enterprises. Cases and materials*, St. Paul, West, 2003 (citado „Corporations...").

HEERMANN, Peter, „Unternehmerisches Ermessen, Organhaftung und Beweislastverteilung", *ZIP*, 1998, 761-769 (citado „Unternehmerisches Ermessen...").

—, in *Münchener Kommentar zum Bürgerlichen Gesetzbuch*, § 675, 5ª ed., München, Beck, 2009, (citado „Münchener...").

HEFERMEHL, Wolfgang, in *Aktiengesetz*, §§ 76, 77 e 93, München, Vahlen, 1973, (citado „Aktiengesetz").

HEFERMEHL, Wolfgang, SEMLER, Johannes e SPINDLER, Gerald, in *Münchener Kommentar zum Aktiengesetz*, Vor § 76, 2ª ed., München, Beck/Vahlen, 2004, (citado „Münchener...").

HEFERMEHL, Wolfgang e SPINDLER, Gerald, in *Münchener Kommentar zum Aktiengesetz*, §§ 76, 77, 78, 82, 84, 91 e 93, 2ª ed., München, Beck/Vahlen, 2004, (citado „Münchener...").

HEIN, Jan von, *Die Rezeption US-amerikanischen Gesellschaftsrecht in Deutschland*, Tübingen, Mohr Siebeck, 2008 (citado „Die Rezeption...").

HENN, Harry G. e ALEXANDER, John R., *Laws of corporations and other business enterprises*, 3ª ed., St. Paul, West, 1983 (citado "Laws of corporations...").

HENNRICHS, Joachim, „Prognosen im Bilanzrecht", *AG*, 2006, 698-706 (citado „Prognosen...").

HENSSLER, Martin, „Treuhandgeschäft – Dogmatik und Wirklichkeit", *AcP*, 1996, 37-87 (citado „Treuhandgeschäft...").

HENZE, Hartwig, „Prüfungs- und Kontrollaufgaben des Aufsichtsrates in der Aktiengesellschaft", *Neue Juristische Wochenzeitung*, 1998, 3309-3312 (citado „Prüfungs- und Kontrollaufgaben...").

—, „Leitungsverantwortung des Vorstands – Überwachungspflicht des Aufsichtsrats", *BB*, 2000, 209-216 (citado „Leitungsverantwortung...").

—, „Neuere Rechtsprechung zu Rechtsstellung und Aufgaben des Aufsichtsrats", *BB*, 2005, 165-175 (citado „Neuere Rechtsprechung...").

HESPANHA, António Manuel, *O caleidoscópio do direito – o direito e a justiça nos dias e no mundo de hoje*, Coimbra, Almedina, 2007 (citado "O caleidoscópio...").

HILL, Claire A. e McDONNELL, Brett H., "*Stone v. Ritter* and the expanding duty of loyalty", *Fordham Law Review*, vol. 76, 2007, 1769-1796 (citado "Stone...").

HOFFMANN-BECKING, Michael, „Zur rechtlichen Organisation der Zusammenarbeit im Vorstand der AG", *ZGR*, 1998, 497-519 (citado „Zur rechtlichen Organisation...").

—, *Münchener Handbuch des Gesellschafts-rechts*, IV, 2ª ed., München, Beck, 1999 (citado „Münchener..."). 

HOHFELD, Wesley N., *Fundamental legal conceptions as applied in judicial reasoning*, Westport, Greenwood, 1978 (1919) (citado "Fundamental legal...").

HÖLDER, Eduard, „Zum Allgemeinen Teil des Entwurfes eines deutschen bürgerlichen Gesetzbuches", *AcP*, 1888, 1-160 (citado „Zum Allgemeinen Teil...").

HOMMELHOFF, Peter, „Der aktienrechtliche Organstreit. Vorüberlegungen zu den Organkompetenzen und ihrer gerichtlichen Durchsetzbarkeit", *ZHR*, 1979, 288-316 (citado „... Organstreit...").

—, *Die Konzernleitungspflicht – Zentrale Aspekte eines Konzernverfassungsrechts*, Köln/Berlin/Bonn/München, Heymanns, 1982 (citado „Die Konzernleitungspflicht...").

—, „Eigenkontrolle statt Staatskontrolle – rechtsdogmatischer Überblick zur Aktienrechtsreform 1884", *ZGR*, Sonderheft 4, 1985, 53-105 (citado „Eigenkontrolle...").

—, „Corporate governance: Vertragen sich die deutsche Unternehmensverfassung und das shareholder value-Prinzip?" *Zeitschrift für Betriebswirtschaft*, Ergänzungsheft 4/97, 1997, 17-21 (citado „...shareholder value-Prinzip?").

—, „Das Unternehmensrecht vor den Herausforderungen der Globalisierung", in *Festschrift für Marcus Lutter zum 70. Geburtstag*, Köln, Schmidt, 2000, 95-106 (citado „Das Unternehmensrecht...").

HOMMELHOFF, Peter e MATTHEUS, Daniela, „Corporate Governance nach dem KonTraG", *AG*, 1998, 249-259 (citado „Corporate...").

—, „Gesetzlich Grundlagen: Deutschland und international", in *Praxis des Risikomanagements: Grundlagen, Kategorien, branchenspezifische und strukturelle Aspekte*, Stuttgart, Schäffer-Poeschel, 2000, 5-40 (citado „Gesetzlich Grundlagen...").

—, „Risikomanagement im Konzern – ein Problemaufriß", *BFuP*, 2000, 217-230 (citado „Risikomanagement...").

HOMMELHOFF, Peter e TEICHMANN, Christoph, „Eine GmbH für Europa: Der Vorschlag der EU-Kommission zur Societas Privata Europaea (SPE)", *GmbHR*, 2008, 897-911 (citado „Eine GmbH für Europa...").

HOOR, Gerd, „Die Präzisierung der Sorgfaltsanforderungen nach § 93 Abs. 1 AktG durch den Entwurf des UMAG", *DStR*, 2004, 2104-2108 (citado „Die Präzisierung...").

HOPT, Klaus, „Berufshaftung und Berufsrecht der Börsendienste, Anlageberater und Vermögensverwalter", in *Festschrift für Robert Fischer*, Berlin/ /New York, de Gruyter, 1979, 237-261 (citado „Berufshaftung...").

—, „Aktionärskreis und Vorstandsneutralität", *ZGR*, 1993, 534-566 (citado „Aktionärskreis...").

—, „Die Haftung von Vorstand und Aufsichtsrat – Zugleich ein Beitrag zur corporate governance-Debatte", in *Festschrift für Ernst-Joachim Mestmäcker*, Baden-Baden, Nomos, 1996, 909-931 (citado „Die Haftung...").

—, in *Großkommentar zum Aktiengesetz*, § 93, 4ª ed., Berlin/New York, de Gruyter, 1999, (citado „Großkommentar...").

—, „Interessenwahrung und Interessenkonflikte im Aktien-, Bank- und

Berufsrecht", *ZGR*, 2004, 1-52 (citado „Interessenwahrung...").

HOPT, Klaus e ROTH, Markus, in *Großkommentar zum Aktiengesetz*, §§ 108, 111 e 116, 4ª ed., Berlin, de Gruyter, 2005, (citado „Großkommentar...").

—, in *Großkommentar zum Aktiengesetz*, § 93 Abs 1 Satz 2, 4 nF, 4ª ed., Berlin, de Gruyter, 2006, (citado „Großkommentar...").

HORN, Norbert, „Die Haftung des Vorstands der AG nach § 93 AktG und die Pflichten des Aufsichtsrats", *ZIP*, 1997, 1129-1139 (citado „Die Haftung...").

—, „Unternehmerisches Ermessen und Vorstandshaftung nach § 93 AktG", in *Festschrift für Harm Peter Westermann zum 70. Geburtstag*, Köln, Schmidt, 2008, 1053-1065 (citado "Unternehmerisches Ermessen...").

HÖRSTER, Heinrich Ewald, *A parte geral do Código Civil português. Teoria geral do direito civil*, Coimbra, Almedina, 1992 (citado "A parte geral...").

HU, Henry, "Risk, time, and fiduciary principles in corporate investment", *UCLA Law Review*, nº 38, 1990, 277--389 (citado "Risk...").

HÜBNER, Heinz, „Zurechnung statt Fiktion einer Willenserklärung", in *Festschrift für Hans Carl Nipperdey zum 70. Geburtstag*, I, München/Berlin, Beck, 1965, 373-400 (citado „Zurechnung...").

HÜBNER, Ulrich, „Beweislastverteilung bei Verletzung von Vertragspflichten im französischen und deutschen Recht", in *Festschrift für Gottfried Baumgärtel zum 70. Geburtstag*, Köln/Berlin/Bonn/München, Heymanns, 1990, 151-161 (citado „Beweislastverteilung...").

—, *Managerhaftung. Rechtsgrundlagen und Risikopotentiale einer persönlichen Inanspruchnahme der Unternehmensleiter von Kapitalgesellschaften*, München, Beck, 1992 (citado „Managerhaftung...").

HUECK, Alfred, „Der Treuegedanke im Recht der offenen Handelsgesellschaft", in *Festschrift für Rudolf Hübner zum 70. Geburtstag*, Jena, Frommannsche, 1935, 72-91 (citado „Der Treuegedanke im Recht...").

—, *Der Treuegedanke im modernen Privatrecht*, München, Bayerischen Akademie der Wissenschaften, 1947 (citado „Der Treuegedanke...").

HÜFFER, Uwe, „Zur gesellschaftsrechtlichen Treupflicht als richterrechtlicher Generalklausel", in *Festschrift für Ernst Steindorff zum 70. Geburtstag*, Berlin/New York, de Gruyter, 1990, 59-78 (citado „Zur gesellschaftsrechtlichen...").

—, in *Hachenburg Kommentar zum Gesetz betreffend die Gesellschaften mit beschränkter Haftung*, § 46, 8ª ed., Berlin, de Gruyter, 1997, (citado „Hachenburg...").

—, „Das Leitungsermessen des Vorstands in der Aktiengesellschaft", in *Festschrift für Thomas Raiser zum 70. Geburtstag*, Berlin, de Gruyter, 2005, 163-180 (citado „Das Leitungsermessen...").

—, *Aktiengesetz*, 8ª ed., München, Beck, 2008 (citado „Aktiengesetz").

HUPKA, Josef, *La representatión voluntaria en los negocios jurídicos* (trad. SERAL, Luis Sancho), Madrid, Victoriano Suárez, 1930 (citado "La representatión...").

IHRIG, Hans-Christoph, "Reformbedarf beim Haftungstatbestand des § 93 Aktg", *WM*, 2004, 2098-2107 (citado "Reformbedarf...").

ISAY, Hermann, *Die Geschäftsführung nach dem Bürgerlichen Gesetzbuche für das*

*Deutsche Reich*, Jena, Fischer, 1900 (citado „Die Geschäftsführung...").

JACOBY, Florian, *Das private Amt*, Tübingen, Mohr Siebeck, 2007 (citado „Das private Amt").

JANSEN, Nils, *Die Struktur des Haftungsrechts*, Tübingen, Mohr Siebeck, 2003 (citado „Die Struktur...").

JELLINEK, GEORG, *Sistema dei diritti pubblici subbiettivi* (trad. VITAGLIANO, Gaetano), Milano, Società Editrice Libraria, 1912 (citado "Sistema...").

—, *L`État moderne et son droit* (trad. FARDIS, Georges), II, Paris, Giard & Brière, 1913 (citado „L`État...").

—, *Allgemeine Staatslehre*, 3ª ed., Bad Homburg vor der Höhe, Gentner, 1960 (reimpressão, 1913) (citado „Allgemeine Staatslehre").

JENSEN, Michael C. e MECKLING, William H., "Theory of the firm: managerial behaviour, agency costs and ownership structure", *Journal of Financial Economics*, 1976, 305-360 (citado "Theory of the firm...").

JHERING, Rudolf von, *Der Zweck im Recht*, I e II, 6ª-8ª ed., Leipzig, Breitkopf & Härtel, 1923 (citado „Der Zweck...").

—, „Mittwirkung für fremde Rechtsgeschäfte (Erster Band, 1857)", in *Gesammelte Aufsätze aus den Jahrbüchern für die Dogmatik des heutigen römischen und deutschen Privatrechts*, I, Aalen, Scientia, 1969 (1881), 122-188 (citado „Mittwirkung...").

JOHNSON, Lyman, "Rethinking judicial review of director care", *Delaware Journal of Corporate Law*, vol. 24, 1999, 787-833 (citado "Rethinking...").

—, "After Enron: remenbering loyalty discourse in corporate law", *Delaware Journal of Corporate Law*, vol. 28, 2003, 27-73 (citado "After Enron...").

—, "Corporate officers and the business judgment rule", *The Business Lawyer*, 2005, 439-469 (citado "Corporate officers...").

JOLLY, Julius, „Das Recht der Actiengesellschaften", *Zeitschrift für deutsches Recht und deutsche Rechtswissenschaft*, 1847, 317-449 (citado „Das Recht...").

JORGE, Fernando Pessoa, *O mandato sem representação*, Lisboa, Ática, 1961 (citado "O mandato...").

—, *Ensaio sobre os pressupostos da responsabilidade civil*, Coimbra, Almedina, 1995 (reimpressão, 1968) (citado "Ensaio...").

JUNGMANN, Carsten, „Die Business Judgment Rule – ein Institut des allgemeinen Verbandsrechts? Zur Geltung von § 93 Abs. 1 Satz 2 AktG außerhalb des AktienRechts", in *Festschrift für Karsten Schmidt zum 70. Geburtstag*, Köln, Schmidt, 2009, 831-855 (citado "Die Business...").

JÚNIOR, Eduardo Santos, *Da responsabilidade civil de terceiro por lesão do direito de crédito*, Coimbra, Almedina, 2003 (citado "Da responsabilidade...").

JUSTO, A. SANTOS, *Direito privado romano*, III, Coimbra, Coimbra ed., 2003 (citado "Direito...").

KALLMEYER, Harald, „Pflichten des Vorstands der Aktiengesellschaft zur Unternehmensplanung", *ZGR*, 1993, 104-113 (citado „Pflichten...").

KASER, MAX, *Direito privado romano* (trad. RODRIGUES, Samuel e HÄMMERLE, Ferdinand), Lisboa, Gulbenkian, 1999 (citado "Direito...").

KATSAS, Theodor, *Die Inhaltskontrolle unternehmerischer Entscheidungen von Verbandsorganen im Spannungsfeld zwischen Ermessensfreiheit und Gesetzesbindung. Eine rechtsvergleichende Untersu-*

*chung am Beispiel des deutschen und französischen Kapitalgesellschaftsrechts*, Berlin, Duncker & Humblot, 2006 (citado „Die Inhaltskontrolle...“).

KELSEN, Hans, *Reine Rechtslehre. Das Problem der Gerechtigkeit*, 2ª ed., Wien, Deuticke, 1960 (citado „Reine Rechtslehre“).

—, *Teoria pura do Direito* (trad. MACHADO, João Baptista), 6ª ed., Coimbra, Arménio Amado, 1984 (citado "Teoria pura...").

KENNY, Anthony, *Will, freedom and power*, Oxford, Basil Blackwell, 1975 (citado "Will...").

KESSLER, Manfred H., *Die Leitungsmacht des Vorstandes einer Aktiengesellschaft. Der Versuch der Integration eines ökonomietheoretischen Konzeptes in die Verbandsrechtsordnung zur Auflösung organspezifischer Kompetenzkonflikte*, Tübingen, Köhler, 1991 (citado „Die Leitungsmacht des Vorstandes...“).

—, „Die Leitungsmacht des Vorstandes einer Aktiengesellschaft“, *AG*, 1995, 61-76 e 120-132 (citado „Die Leitungsmacht...“).

KEYSSNER, Hugo, *Allgemeines deutsches Handelsgesetzbuch*, Stuttgart, Enke, 1878 (citado „Allgemeines...“).

KINDLER, Peter, „Unternehmerisches Ermessen und Pflichtenbindung“, *ZHR*, 1998, 101-119 (citado „Unternehmerisches Ermessen...“).

KINZL, Ulrich-Peter, „Wie angemessen muss „angemessen Information“ als Grundlage für Vorstandsentscheidungen sein?“ *DB*, 2004, 1653-1654 (citado „Wie angemessen...“).

KLAUSING, Friedrich, *Gesetz über Aktiengesellschaften und Kommanditgesellschaften auf Aktien nebst Einführungsgesetz und „Amtlicher Begründung“*, Berlin, Heymanns, 1937 (citado „Gesetz...“).

KNAPP, Christoph, *Die Treuepflicht der Aufsichtsratsmitglieder von Aktiengesellschaften und Directors von Corporations*, München, Utz, 2004 (citado „Die Treuepflicht...“).

KNEPPER, William e BAILEY, Dan, *Liability of corporate officers and directors*, I, 6ª ed., Charlottesville, Lexis, 1998 (citado "Liability...").

—, *Liability of corporate officers and directors*, II, 6ª ed., Charlottesville, Lexis, 1998 (citado "Liability...").

KNÜTEL, Rolf, „Weisungen bei Geschäftsbesorgung verhältnissen, insbesondere bei Kommission und Spedition“, *ZHR*, 1973, 285-333 (citado „Weisungen...“).

KOCH, C. F., *Allgemeines deutsches Handelsgesetzbuch herausgegeben mit Kommentar in Anmerkungen*, Berlin, Guttentag, 1863 (citado „Allgemeines...“).

KOCH, Jens, „Das Gesetz zur Unternehmensintegrität und Modernisierung des Anfechtungsrechts (UMAG)“, *ZGR*, 2006, 769-804 (citado „Das Gesetz...“).

KOCK, Martin e DINKEL, Renate, „Die zivilrechtliche Haftung von Vorständen für unternehmerische Entscheidungen“, *NZG*, 2004, 441-448 (citado „Die zivilrechtliche Haftung...“).

KOLLER, Tim, GOEDHART, Marc e WESSELS, David, *Valuation: measuring and managing the value of companies*, 4ª ed., Hoboken, Wiley, 2005 (citado "Valuation...").

KÖNDGEN, Johannes, *Selbstbindung ohne Vertrag. Zur Haftung aus geschäftsbezogenem Handeln*, Tübingen, Mohr Siebeck, 1981 (citado „Selbstbindung...“).

KOPPENSTEINER, Hans-Georg, in *Gesetz betreffend die Gesellschaften mit beschränkter Haftung*, § 43, 4ª ed., München, Vahlen, 2002, (citado „Gesetz...“).

KORT, Michael, in *Großkommentar zum Aktiengesetz*, Vor § 76, §§ 76 e 77, 4ª ed., Berlin, de Gruyter, 2003, (citado „Großkommentar...").

—, in *Großkommentar zum Aktiengesetz*, § 84, 4ª ed., Berlin, de Gruyter, 2006, (citado „Großkommentar...").

—, „Geschäftsverteilung und Geschäftsordnung des Vorstands", in *Handbuch des Vorstandsrechts*, München, Beck, 2006, 74-95 (citado „Geschäftsverteilung...").

—, „Vertretungs- und Geschäftsführungsbefugnis des Vorstands", in *Handbuch des Vorstandsrechts*, München, Beck, 2006, 39-73 (citado „Vertretungs- und Geschäftsführungsbefugnis...").

KRAMER, Ernst, in *Münchener Kommentar zum Bürgerlichen Gesetzbuch*, Vor § 116, 5ª ed., München, Beck, 2006, (citado „Münchener...").

KRIEGER, Gerd, *Personalentscheidungen des Aufsichtsrats*, Köln/Berlin/Bonn/München, Heymanns, 1981 (citado „Personalentscheidungen...").

—, „Organpflichten und Haftung in der AG", in *Handbuch Managerhaftung*, 2ª ed., Köln, Schmidt, 2010, 41-74 (citado „Organpflichten...").

KRIEGER, Gerd e SAILER, Viola, in *Aktiengesetz Kommentar*, § 93, Köln, Schmidt, 2008, (citado „Aktiengesetz...").

KROPFF, Bruno, *Textausgabe des Aktiengesetz vom 6.9.1965*, Düsseldorf, Instituts der Wirtschaftsprüfer, 1965 (citado „Textausgabe...").

—, „Mitwirkung des Aufsichtsrats bei einzelnen Maßnahmen der Geschäftsführung", in *Arbeitshandbuch für Aufsichtsratsmitglieder*, München, Beck/Vahlen, 1999, 351-436 (citado „Mitwirkung...").

—, „Informationsbeschaffungspflichten des Aufsichtsrats", in *Festschrift für Thomas Raiser zum 70. Geburtstag*, Berlin, de Gruyter, 2005, 226-245 (citado „Informationsbeschaffungspflichten...").

KÜBLER, Friedrich, „Shareholder value: eine Herausforderung für das Deutsche Recht?" in *Festschrift für Wolfgang Zöllner*, Köln/Berlin/Bonn/München, Heymanns, 1998, 321-335 (citado „Shareholder...").

—, *Gesellschaftsrecht*, 5ª ed., Heidelberg, Müller, 1999 (citado „Gesellschaftsrecht").

KUHNER, Christoph, „Unternehmensinteresse vs. Shareholder Value als Leitmaxime kapitalmarktorientierter Aktiengesellschaften", *ZGR*, 2004, 244-279 (citado „Unternehmensinteresse...").

KUNTZE, Johannes Emil, „Der Gesamtakt, ein neuer Rechtsbegriff", in *Festgabe der Leipziger Juristenfakultät für Dr. Jur. Otto Müller zum 14. Mai 1892*, Leipzig, Veit & Comp., 1892, 27-87 (citado „Der Gesammtakt...").

KUST, Egon, „Zur Sorgfaltspflicht und Verantwortlichkeit eines ordentlichen und gewissenhaften Geschäftsleiters", *WM*, 1980, 758-765 (citado „Zur Sorgfaltspflicht...").

LABAND, Paul, „Die Stellvertretung bei dem Abschluss von Rechtsgeschäften nach dem allgem. Deutsch. Handelsgesetzbuch", *ZHR*, nº 10, 1866, 183--241 (citado „Die Stellvertretung...").

—, „Zum zweiten Buch des Entwurfes eines bürgerlichen Gesetzbuch für das Deutsche Reich. I. Abschnitt. Titel 1 – 3", *AcP*, 1888, 161-208 (citado "Zum zweiten Buch...").

LABAREDA, João, *Direito societário português. Algumas questões*, Lisboa, Quid Juris?, 1998 (citado "Direito societário...").

LANGENBUCHER, Katja, „Vostandshandeln und Kontrolle. Zu einigen Neuerungen durch das UMAG", *DStR*, 2005, 2083-2090 (citado „Vostandshandeln...").

LANGHANS, F. de Almeida, "Poderes de gerência nas sociedades comerciais", *ROA*, 1951, 104-168 (citado "Poderes de gerência...").

LARENZ, Karl, *Die Methode der Auslegung des Rechtsgeschäfts. Zugleich ein Beitrag zur Theorie der Willenserklärung*, Frankfurt/Berlin, Metzner, 1960 (reimpressão, 1930) (citado „Die Methode...").

—, „Über Fahrlässigkeitsmaßstäbe im Zivilrecht", in *Festschrift zum 60. Geburtstag von Walter Wilburg*, Graz, Leykam, 1965, 119-128 (citado „Über Fahrlässigkeitsmaßstäbe...").

—, *Lehrbuch des Schuldrechts*, II 1, 13ª ed., München, Beck, 1986 (citado „Lehrbuch...").

—, *Lehrbuch des Schuldrechts*, I, 14ª ed., München, Beck, 1987 (citado „Lehrbuch...").

—, *Metodologia da ciência do direito* (trad. LAMEGO, José), 4ª ed., Lisboa, Gulbenkian, 2005 (citado "Metodologia...").

LARENZ, Karl e CANARIS, Claus-Wilhelm, *Lehrbuch des Schuldrechts*, II 2, 13ª ed., München, Beck, 1994 (citado „Lehrbuch...").

LARENZ, Karl e WOLF, Manfred, *Allgemeiner Teil des Bürgerlichen Rechts*, 8ª ed., München, Beck, 1997 (citado „Allgemeiner Teil...").

LASKE, Stephan, „Unternehmensinteresse und Mitbestimmung", *ZGR*, 1979, 173-200 (citado „Unternehmensinteresse...").

LEE, Denise Ping, "The business judgment rule: should it protect nonprofit directors?" *Columbia Law Review*, 103, 2003, 925-968 (citado „The business...").

LEHMANN, Karl, *Das Recht der Aktiengesellschaften*, II, Berlin, Heymanns, 1904 (citado „Das Recht...").

LEHMANN, Karl e RING, Viktor, *Das Handelsgesetzbuch für das Deutsche Reich*, I, Berlin, Heymanns, 1902 (citado „Das Handelsgesetzbuch...").

LEITÃO, Adelaide Menezes, *Normas de protecção e danos puramente patrimoniais*, Coimbra, Almedina, 2009 (citado "Normas de proteção...").

—, "Responsabilidade dos administradores para com a sociedade e os credores sociais por violação de normas de protecção", *RDS*, 2009, 647-679 (citado "Responsabilidade...").

LEITÃO, Luís Menezes, *Pressupostos da exclusão de sócios nas sociedades comerciais*, Lisboa, AAFDL, 1988 (citado "Pressupostos...").

—, *A responsabilidade do gestor perante o dono do negócio no direito civil português*, Lisboa, Centro de Estudos Fiscais, 1991 (citado "A responsabilidade do gestor...").

—, *Direito das obrigações*, II, Coimbra, Almedina, 2000 (citado "Direito...").

—, *Direito das obrigações*, I, 8ª ed., Coimbra, Almedina, 2009 (citado "Direito...").

LENEL, Otto, „Stellvertretung und Vollmacht", *JhJb*, nº 36, 1896, 1-144 (citado „Stellvertretung...").

LIMA, António Pires de e VARELA, João Antunes, *Código civil anotado*, I, 4ª ed., Coimbra, Coimbra ed., 1987 (citado "Código...").

—, *Código civil anotado*, III, 2ª ed., Coimbra, Coimbra ed., 1987 (citado "Código...").

LINDAHL, Lars, *Position and change – a study in law and logic*, Dordrecht, Reidel, 1977 (citado "Position...").

LÖBBE, Marc, *Unternehmenskontrolle im Konzern – Die Kontrollaufgaben von Vorstand, Geschäftsführer und Aufsichtsrat*, Heidelberg, Recht und Wirtschaft, 2003 (citado „Unternehmenskontrolle...").

LOBINGER, Thomas, *Rechtsgeschäftliche Verpflichtung und autonome Bindung. Zu den Entstehungsgründen vermögensaufstockender Leistungspflichten im Bürgerlichen Rechts*, Tübingen, Mohr Siebeck, 1999 (citado „Rechtsgeschäftliche...").

—, *Die Grenzen rechtsgeschäftlicher Leistungspflichten: Zugleich ein Beitrag zur Korrekturbedürftigkeit der §§ 275, 311a, 313 BGB n.F.*, Tübingen, Mohr Siebeck, 2004 (citado „Die Grenzen...").

LÖHNIG, Martin, *Treuhand*, Tübingen, Mohr Siebeck, 2006 (citado „Treuhand").

LOHSE, Andrea, *Unternehmerisches Ermessen. Zu den Aufgaben und Pflichten von Vorstand und Aufsichtsrat*, Tübingen, Mohr Siebeck, 2005 (citado „Unternehmerisches...").

LOOSCHELDERS, Dirk e OLZEN, Dirk, in *Staudingers Kommentar zum Bürgerliches Gesetzbuch*, § 242, 13ª ed., Berlin, Sellier/de Gruyter, 2009, (citado „Staudingers...").

LORENZONI, Adele, "Il comitato per il controllo sulla gestione nel sistema monistico: alcune riflessioni comparatistiche", *GC*, I, 2006, 66-97 (citado "Il comitato...").

LUBBEN, Stephen J. e DARNELL, Alana J., "Delaware`s duty of care", *Delaware Journal of Corporate Law*, vol. 31, 2006, 589-630 (citado "Delaware`s duty...").

LUIK, Steffen, *Die Rezeption Jeremy Benthams in der Deutschen Rechtswissenschaft*, Köln, Böhlau, 2003 (citado „Die Rezeption...").

LUTTER, Marcus, „Zur Wirkung von Zustimmungsvorbehalten nach § 111 Abs.4 Staz 2 AktG auf nahestehende Gesellschaften", in *Festschrift für Robert Fischer*, Berlin/New York, de Gruyter, 1979, 419-436 (citado „Zur Wirkung...").

—, „Theorie der Mitgliedschaft – Prolegomena zu einem Allgemeinen Teil des Korporationsrechts", *AcP*, 1980, 84-159 (citado „Theorie der Mitgliedschaft...").

—, „Bankenvertreter im Aufsichtsrat", *ZHR*, 1981, 224-251 (citado „Bankenvertreter...").

—, „Unternehmensplanung und Aufsichtsrat", *AG*, 1991, 249-255 (citado „Unternehmensplanung...").

—, „Defizite für eine effiziente Aufsichtsratstätigkeit und gesetzliche Möglichkeiten der Verbesserung", *ZHR*, 1995, 287-309 (citado „Defizite...").

—, „Zum unternehmerischen Ermessen des Aufsichtsrats", *ZIP*, 1995, 441-442 (citado „Zum unternehmerischen Ermessen...").

—, „Treupflichten und ihre Anwendungsprobleme", *ZHR*, 1998, 164-185 (citado „Treupflichten...").

—, „Entwicklung und Fortbildung des Rechts durch Entscheidung: Der Bundesgerichtshof und das Aktienrecht", in *50 Jahre Bundesgerichtshof – Festgabe aus der Wissenschaft*, II, München, Beck, 2000, 321-336 (citado „Entwicklung...").

—, „Haftung und Haftungsfreiräume des GmbH-Geschäftsführers – 10 Gebote an den Geschäftsführer", *GmbHR*, 2000, 301-312 (citado „Haftung...").

—, „Die Business Judgment Rule und ihre praktische Anwendung", *ZIP*, 2007, 841-848 (citado „Die Business Judgment...").

—, „Interessenkonflikte und Business Judgment Rule", in *Festschrift für Claus-Wilhelm Canaris zum 70. Geburtstag*, II, München, Beck, 2007, 245-256 (citado „Interessenkonflikte...").

—, „Verhaltenspflichten von Organmitgliedern bei Interessenkonflikten", in *Festschrift für Hans-Joachim Priester zum 70. Geburtstag*, Köln, Schmidt, 2007, 417-425 (citado „Verhaltenspflichten...").

—, „Entwicklung der Organpflichten und der Organhaftung", in *Handbuch Managerhaftung*, 2ª ed., Köln, Schmidt, 2010, 1-14 (citado „Entwicklung der Organpflichten...").

LUTTER, Marcus e KRIEGER, Gerd, *Rechte und Pflichten des Aufsichtsrats*, 4ª ed., Köln, Schmidt, 2002 (citado „Rechte...").

MACCORMICK, Neil, *H. L. A. Hart*, London, Edward Arnold, 1981 (citado "...Hart").

—, "Powers and power-conferring norms", in *Normativity and norms. Critical perspectives on kelsenian themes*, Oxford, Clarendon, 1998, 493-506 (citado "Powers...").

MACEY, Jonathan R., "An economic analysis of the various rationales for making shareholders the exclusive beneficiaries of corporate fiduciary duties", *Stetson Law Review*, nº 21, 1991, 23-44 (citado "An economic analysis...").

MACEY, Jonathan R. e MILLER, Geoffrey P., "Toward an interest-group theory of Delaware corporate law", *Texas Law Review*, nº 65, 1987, 469-523 (citado "Toward...").

—, "Trans Union reconsidered", *The Yale Law Journal*, nº 98, 1988, 127-143 (citado "Trans Union...").

MACHADO, João Baptista, *Introdução do direito e ao discurso legitimador*, Coimbra, Almedina, 1983 (citado "Introdução...").

—, "Acordo negocial e erro na venda de coisas defeituosas", in *Obra dispersa*, Braga, Scientia Iuridica, 1991, 31-124 (citado "Acordo...").

—, "Risco contratual e mora do credor", in *Obra dispersa*, Braga, Scientia Iuridica, 1991, 257-343 (citado "Risco contratual...").

—, "Tutela da confiança e "venire contra factum proprium"", in *Obra dispersa*, I, Braga, Scientia Iuridica, 1991, 345-423 (citado "Tutela...").

MAGALHÃES, Vânia Patrícia Filipe, "A conduta dos administradores das sociedades anónimas: deveres gerais e interesse social", *RDS*, 2009, 379-414 (citado "A conduta...").

MAIA, Pedro, *Função e funcionamento do conselho de administração da sociedade anónima*, Coimbra, Coimbra ed., 2002 (citado "Função...").

—, "Deliberações dos sócios e respectiva documentação: algumas reflexões", in *Nos 20 anos do Código das Sociedades Comerciais. Homenagem aos Professores Doutores A. Ferrer Correia, Orlando de Carvalho e Vasco Lobo Xavier*, I, Coimbra, Coimbra ed., 2007, 651-691 (citado "...documentação").

—, "Deliberações dos sócios", in *Estudos de direito das sociedades*, 9ª ed., Coimbra, Almedina, 2008, 235-275 (citado "Deliberações...").

—, "Tipos de sociedades comerciais", in *Estudos de direito das sociedades*, 9ª ed., Coimbra, Almedina, 2008, 7-39 (citado "Tipos...").

MANNING, Bayless, "The business judgment rule and the director's duty of attention: time for reality", *The Business Lawyer*, 1984, 1477-1501 (citado "The business...").

MANSEL, Heinz-Peter, in *Jauernig Bürgerliches Gesetzbuch*, § 242, Vor § 611, e § 675, 12ª ed., München, Beck, 2007, (citado „Jauernig...").

MARCOS, Rui Manuel de Figueiredo, *As companhias pombalinas. Contributo para a história das sociedades por acções em Portugal*, Coimbra, Almedina, 1997 (citado "As companhias...").

MARQUES, José Dias, "A simulação nas deliberações sociais", *ROA*, 1951, 328-344 (citado "A simulação...").

—, *Teoria geral do direito civil*, II, Coimbra, Coimbra ed., 1959 (citado "Teoria geral...").

—, *Introdução ao estudo do direito*, 2ª ed., Lisboa, 1994 (citado "Introdução...").

MARQUES, Tiago João Estevão, *Responsabilidade civil dos membros dos órgãos de fiscalização das sociedades anónimas*, Coimbra, Almedina, 2009 (citado "Responsabilidade...").

MARSCH-BARNER, Reinhard, „Treuepflicht zwischen Aktionären und Verhaltenspflichten bei der Stimmrechtsbündelung", *ZHR*, 1993, 172-195 (citado „Treuepflicht...").

MARTENS, Klaus-Peter, „Der Ausschluß des Bezugsrechts: BGHZ 33, S. 175. Zum Interesse an wirtschaftlicher Selbständigkeit", in *Festschrift für Robert Fischer*, Berlin/New York, de Gruyter, 1979, 437-460 (citado „Der Ausschluß...").

—, „Die außerordentliche Beendigung von Organ- und Anstellungsverhältnis", in *Festschrift für Winfried Werner zum 65. Geburtstag*, Berlin/New York, de Gruyter, 1984, 495-519 (citado „Die außerordentliche Beendigung...").

—, „Der Grundsatz gemeinsamer Vorstandsverantwortung", in *Festschrift für Hans-Joachim Fleck zum 70. Geburtstag am 30. Januar 1988*, Berlin/New York, de Gruyter, 1988, 191-208 (citado „Der Grundsatz...").

MARTINEK, Michael, in *Staudingers Kommentar zum Bürgerliches Gesetzbuch*, Vor §§ 662 ff e § 675, 13ª ed., Berlin, Sellier/de Gruyter, 2006, (citado „Staudingers...").

MARTINS, Afonso D`Oliveira, "Para um conceito de contrato público", in *Estudos em homenagem ao Professor Doutor Inocêncio Galvão Telles*, V, Coimbra, Almedina, 2003, 475-493 (citado "Para um conceito...").

MARTINS, Alexandre de Soveral, "O exercício de actividades concorrentes pelos gerentes de sociedades por quotas", *BFDUC*, 1996, 315-342 (citado "O exercício...").

—, *Os administradores delegados das sociedades anónimas – algumas considerações*, Coimbra, Fora do Texto, 1998 (citado "Os administradores...").

—, *Os poderes de representação dos administradores de sociedades anónimas*, Coimbra, Coimbra ed., 1998 (citado "Os poderes...").

—, "A responsabilidade dos membros do conselho de administração por actos ou omissões dos administradores delegados ou dos membros da comissão executiva", *BFDUC*, 2002, 365-380 (citado "A responsabilidade...").

—, "Capacidade e representação das sociedades comerciais", in *Problemas do direito das sociedades*, Coimbra, Almedina, 2003, 471-496 (citado "Capacidade...").

—, *Cláusulas do contrato de sociedade que limitam a transmissibilidade das acções. Sobre os arts. 328º e 329º do CSC*, Coimbra, Almedina, 2006 (citado "Cláusulas...").

—, "Comissão executiva, comissão de auditoria e outras comissões na administração", in *Reformas do Código das Sociedades*, Coimbra, Almedina, 2007, 243-275 (citado "Comissão executiva...").

—, "Da personalidade e capacidade jurídicas das sociedades comerciais", in *Estudos de direito das sociedades*, 9ª ed., Coimbra, Almedina, 2008, 99-130 (citado "Da personalidade...").

MARULLI, Marco, "La delega gestoria tra regole di corporate governance e diritto societario riformato", *GC*, I, 2005, 85-111 (citado "La delega gestoria...").

MATOS, Albino, *Constituição de sociedades*, 5ª ed., Coimbra, Almedina, 2001 (citado "Constituição...").

MATOS, Pedro Verga e RODRIGUES, Vasco, *Fusões e aquisições. Motivações, efeitos e política*, Cascais, Principia, 2000 (citado "Fusões...").

MAURER, HARTMUT, *Allgemeines Verwaltungsrecht*, 16ª ed., München, Beck, 2006 (citado „Allgemeines Verwaltungsrecht").

MAYER, Otto, *Deutsches Verwaltungsrecht*, 3ª ed., Berlin, Duncker & Humblot, 1924 (citado „Deutsches Verwaltungsrecht").

MEDEIROS, João Tavares de, *Commentario da Lei das Sociedades Anonymas de 22 de Junho de 1867*, Lisboa, Livraria Ferreira, 1886 (citado "Commentario...").

MEDICUS, Dieter, *Allgemeiner Teil des BGB: ein Lehrbuch*, 8ª ed., Heidelberg, Müller, 2002 (citado „Allgemeiner Teil...").

MEDICUS, Dieter e LORENZ, Stephan, *Schuldrecht I, Allgemeiner Teil*, 18ª ed., München, Beck, 2008 (citado „Schuldrecht I...").

—, *Schuldrecht II, Besonderer Teil*, 15ª ed., München, Beck, 2010 (citado „Schuldrecht II...").

MENDES, Armindo Ribeiro, *A gestão de negócios no direito civil português*, Lisboa, 1971, policopiado (citado "A gestão...").

MENGONI, Luigi, "Obbligazioni di risultato e obbligazioni di mezzi", *RDComm*, 1954, 185-209, 280-320 e 366-396 (citado "Obbligazioni...").

MERTENS, Hans-Joachim, in *Kölner Kommentar zum Aktiengesetz*, §§ 76 e 93, Köln/Berlin/ /Bonn/Müchen, Heymanns, 1970, (citado „Kölner...").

—, „Zuständigkeiten des mitbestimmten Aufsichtsrats", *ZGR*, 1977, 270-289 (citado „Zuständigkeiten...").

—, in *Kölner Kommentar zum Aktiengesetz*, Vorb. § 76, §§ 76, 77, 78, 84, 85, 88, 91, 93 e 111, 2ª ed., Köln/Berlin/Bonn/ München, Heymanns, 1996, (citado „Kölner...").

MERTENS, Hans-Joachim e CAHN, Andreas, in *Kölner Kommentar zum Aktiengesetz*, Vorb. § 76, §§ 76, 77, 78, 84, 85, 88, 91 e 93, 3ª ed., Köln, Heymanns, 2010, (citado „Kölner...").

MESQUITA, Manuel Henrique, *Obrigações reais e ónus reais*, Coimbra, Almedina, 2000 (reimpressão) (citado "Obrigações reais...").

MESTMÄCKER, Ernst-Joachim, *Verwaltung, Konzerngewalt und Rechte der Aktionäre*, Karlsruhe, Müller, 1958 (citado „Verwaltung...").

—, „Systembezüge subjektiver Rechte", in *Festschrift für Karsten Schmidt zum 70. Geburtstag*, Köln, Schmidt, 2009, 1197-1217 (citado „Systembezüge...").

MEYER-LANDRUT, Joachim, in *Großkommentar zum Aktiengesetz*, §§ 76, 78, 84, 91 e 111, 3ª ed., Berlin/ /New York, de Gruyter, 1973, (citado „Großkommentar...").

MICHOUD, Léon, *La théorie de la personnalité morale et son application au droit français*, I, Librairie Générale de Droit & de Jurisprudence, 1906 (citado „La théorie...").

MINERVINI, Gustavo, *Gli amministratori di società per azioni*, Milano, Giuffrè, 1956 (citado "Gli amministratori...").

MITTEIS, Ludwig, *Die Lehre von der Stellvertretung nach römischen Recht mit Berücksichtigung des österreichischen Rechts*, Aalen, Scientia, 1962 (reimpressão, 1885) (citado „Die Lehre...").

MOLITOR, Erich, „Die Bestellung zum Vorstandsmitglied einer Aktiengesellschaft, ihre Voraussetzungen un Folgen", in *Festschrift der Leipziger Juristenfakultät für Dr. Victor Ehrenberg zum 30.März 1926*, Leipzig, Theodor Weicher, 1927, 41-73 (citado „Die Bestellung...").

MÖLLERS, Thomas M. J., „Treuepflichten und Interessenkonflikte bei Vorstands- und Aufsichtsratsmitgliedern", in *Handbuch Corporate Governance*, Köln/Stuttgart, Schmidt/Schäffer-Poeschel, 2003, 405-427 (citado „Treuepflichten...").

MONACI, Debora, "Sindicato giudiziario della diligenza dell`amministratore e prova dei vantaggi compensativi", *GC*, II, 2005, (citado "Sindicato...").

MONCADA, Luís Cabral de, *Lições de direito civil*, 4ª ed., Coimbra, Almedina, 1995 (citado "Lições").

MONTALENTI, Paolo, "La responsabilità degli amministratori nell`imprensa globalizzata", *GC*, I, 2005, 435-455 (citado "La responsabilità...").

MONTEIRO, António Pinto, *Cláusula penal e indemnização*, Coimbra, Almedina, 1999 (reimpressão, 1990) (citado "Cláusula penal...").

MONTEIRO, Henrique Salinas, "Critérios de distinção entre a anulabilidade e a nulidade das deliberações sociais no Código das Sociedades Comerciais",

*Direito e Justiça*, 1994, 211-259 (citado "Critérios...").

MONTEIRO, Jorge Sinde, *Responsabilidade por conselhos, recomendações ou informações*, Coimbra, Almedina, 1989 (citado "Responsabilidade...").

MONTEIRO, Luís Miguel, "Algumas notas sobre o trabalhador dirigente", in *VII Congresso Nacional de Direito do Trabalho*, Coimbra, Almedina, 2006, 235--250 (citado "Algumas notas...").

MORAIS, Carlos Blanco de, "Introdução aos princípios de corporate governance aplicáveis às sociedades anónimas cotadas em bolsa", in *Estudos em honra de Ruy de Albuquerque*, I, Coimbra, Coimbra ed., 2006, 233-268 (citado "Introdução...").

MOREIRA, Guilherme Alves, *Instituições do direito civil português*, I, Coimbra, 1907 (citado "Instituições...").

MOSCO, Gian Domenico, in *Società di capitali – commentario*, art. 2380-*bis*, Napoli, Jovene, 2004, (citado "Società di capitali...").

—, in *Società di capitali – commentario*, art. 2381, Napoli, Jovene, 2004, (citado "Società di capitali...").

MOTA, Helena, *Do abuso de representação. Uma análise da problemática subjacente ao artigo 269º do Código Civil de 1966*, Coimbra, Coimbra ed., 2001 (citado "Do abuso de representação...").

MÜLBERT, Peter O., *Aktiengesellschaft, Unternehmensgruppe und Kapitalmarkt*, München, Beck, 1995 (citado „Aktiengesellschaft...").

—, „Shareholder Value aus rechtlicher Sicht", *ZGR*, 1997, 129-172 (citado „Shareholder...").

—, „Marktwertmaximierung als Unternehmensziel der Aktiengesellschaft", in *Festschrift für Volker Röhricht zum 65. Geburtstag*, Köln,

Schmidt, 2005, 421-441 (citado „Marktwertmaximierung...").

MÜLLER-FREIENFELS, Wolfram, *Die Vertretung beim Rechtsgeschäft*, Tübingen, Mohr Siebeck, 1955 (citado „Die Vertretung...").

—, „Die Abstraktion der Vollmachtserteilung im 19. Jahrhundert", in *Wissenschaft und Kodifikation des Privatrechts im 19. Jahrhundert*, II, Frankfurt am Main, Klostermann, 1977, 144-212 (citado „Die Abstraktion...").

MÜLLER-GLÖGE, Rudi, in *Münchener Kommentar zum Bürgerlichen Gesetzbuch*, § 611, 4ª ed., München, Beck, 2005, (citado „Münchener...").

MÜLLER, Friedrich e CHRISTENSEN, Ralph, *Juristische Methodik*, I, 9ª ed., Berlin, Duncker & Humblot, 2004 (citado „Juristische...").

MÜLLER, Welf, „Bilanzentscheidungen und business judgment rule", in *Liber amicorum Wilhelm Happ*, Köln/Berlin//München, Heymanns, 2006, 179-199 (citado „Bilanzentscheidungen...").

MÚRIAS, Pedro Ferreira e PEREIRA, Maria de Lurdes, "Obrigações de meios, obrigações de resultado e custos da prestação", 2008, in www.muriasjuridico.no.sapo.pt.

MUTTER, Stefan, *Unternehmerische Entscheidungen und Haftung des Aufsichtsrats der Aktiengesellschaft*, Köln, Schmidt, 1994 (citado „Unternehmerische Entscheidungen...").

NEVES, António Castanheira, *Questão--de-facto – questão-de-direito ou o problema metodológico da juridicidade*, Coimbra, Almedina, 1967 (citado "Questão-de-facto...").

—, *Digesta. Escritos acerca do direito, do pensamento jurídico, da sua metodologia e outros*, Coimbra, Coimbra ed., 1995 (citado "Digesta...").

NEVES, Rui de Oliveira, "O administrador independente", in *Código das Sociedades Comerciais e governo das sociedades*, Coimbra, Almedina, 2008, 143-194 (citado "O administrador...").

NICOLAYSEN, Isaschar, *Leitungsermessen und Shareholder Value-Konzept*, Frankfurt am Main, Lang, 2002 (citado „Leitungsermessen...").

NICOLUSSI, Andrea, „Il commiato della giurisprudenza dalla distinzione tra obbligazioni di risultato e obbligazioni di mezzi", *Europa e Diritto Privato*, 2006, 797-823 (citado „Il commiato...").

NOACK, Ulrich, *Fehlerhafte Beschlüsse in Gesellschaften und Verein*, Köln/Berlin/Bonn/München, Heymanns, 1989 (citado „Fehlerhafte Beschlüsse...").

NUNES, António Avelãs, *O direito de exclusão de sócios nas sociedades comerciais*, Coimbra, Almedina, 2002 (reimpressão, 1968) (citado "O direito...").

OLAVO, Carlos, "Impugnação das deliberações sociais", *CJ*, 1988, III, 21-31 (citado "Impugnação...").

OLAVO, Fernando, *Direito comercial*, II, Lisboa, AAFDL, 1963 (citado "Direito comercial").

OLIVEIRA, Ana Perestrelo de, *A responsabilidade civil dos administradores nas sociedades em relação de grupo*, Coimbra, Almedina, 2007 (citado "A responsabilidade...").

—, "Os credores e o governo societário: deveres de lealdade para os credores controladores?" *RDS*, 2009, 95-133 (citado "Os credores...").

OLIVEIRA, António Fernandes de, "Responsabilidade civil dos administradores", in *Código das Sociedades Comerciais e governo das sociedades*, Coimbra, Almedina, 2008, 257-341 (citado "Responsabilidade...").

OLIVEIRA, António Sarmento de, "O contrato de administração. Sua natureza e possibilidade de cumulação com um contrato de trabalho", *Revista de Ciências Empresariais e Jurídicas*, nº 5, 2005, 183-206 (citado "O contrato...").

OLIVEIRA, Nuno Manuel Pinto, *Direito das obrigações*, I, Coimbra, Almedina, 2005 (citado "Direito...").

OLIVIERI, Gustavo, PRESTI, Gaetano e VELLA, Francesco, *Il diritto delle società*, 2ª ed., Bologna, Mulino, 2006 (citado "Il diritto...").

OLTMANNS, Martin, *Geschäftsleiterhaftung und unternehmerisches Ermessen. Die Business Judgment Rule im deutschen und im amerikanischen Recht*, Frankfurt, Lang, 2001 (citado „Geschäftsleiterhaftung...").

ONZA, Maurizio, "La delega delle funzioni del consiglio di gestione", *RS*, 2009, 115-1133 (citado "La delega...").

OSÓRIO, José Diogo Horta, *Da tomada do controlo de sociedades (takeovers) por leveraged buy-out e a sua harmonização com o direito português*, Coimbra, Almedina, 2001 (citado "Da tomada...").

OTERO, Paulo, *A competência delegada no direito administrativo português*, Lisboa, AAFDL, 1987 (citado "A competência...").

PAEFGEN, Walter G., *Unternehmerische Entscheidungen und Rechtsbindung der Organe in der AG*, Tübingen, Otto Schmidt, 2002 (citado „Unternehmerische...").

—, „Dogmatische Grundlagen, Anwendungsbereich und Formulierung einer Business Judgment Rule im künftigen UMAG", *AG*, 2004, 245-261 (citado „Dogmatische Grundlagen...").

—, „Die Inanspruchnahme pflichtvergessener Vorstandsmitglieder als unternehmerische Ermessensentscheidung des Aufsichtsrats", *AG*, 2008, 761-769 (citado „Die Inanspruchnahme...").

—, „Die Darlegungs- und Beweislast bei der Business Judgment Rule", *NZG*, 2009, 891-896 (citado „Die Darlegungs- und Beweislast...").

PARKINSON, John E., *Corporate power and responsibility: issues in the theory of company law*, Oxford, Clarendon Press, 1993 (citado "Corporate power...").

PAWLOWSKI, Hans-Martin, „Die gewillkürte Stellvertretung", *JZ*, 1996, 125-132 (citado „Die gewillkürte...").

—, *Methodenlehre für Juristen: ein Lehrbuch*, 3ª ed., Heidelberg, Müller, 1999 (citado „Methodenlehre...").

—, *Allgemeiner Teil des BGB*, 7ª ed., Heidelberg, Müller, 2003 (citado „Allgemeiner Teil...").

PELTZER, Martin, „Vorstand/Board: Aufgaben, Organisation, Entscheidungsfindung und Willensbildung", in *Handbuch Corporate Governance*, Köln/Stuttgart, Schmidt/Schäffer-Poeschel, 2003, 223-244 (citado „Vorstand/Board...").

PELTZER, Martin e WERDER, Axel von, „Der „German Code of Corporate Governance (GCCG)" des Berliner Initiativkreises", *AG*, 2001, 1-15 (citado „Der German Code...").

PENTZ, Andreas, „Vorstand und Aufsichtsrat", in *Handbuch des Vorstandsrechts*, München, Beck, 2006, 531-591 (citado „Vorstand...").

PERALTA, Ana Maria, "Vinculação das sociedades comerciais", *Boletim da Faculdade de Direito de Bissau*, nº 2, 1993, 107-128 (citado "Vinculação...").

PEREIRA, André Gonçalves, *Da delegação de poderes em direito administrativo*, Coimbra, Coimbra ed., 1960 (citado "Da delegação...").

PEREIRA, Maria de Lurdes, "Os estados subjectivos na representação voluntária, em especial o conhecimento ou desconhecimento juridicamente relevante", *RFDUL*, 1998, 135-192 (citado "Os estados subjetivos...").

—, *Conceito de prestação e destino da contraprestação*, Coimbra, Almedina, 2001 (citado "Conceito de prestação...").

PEREIRA, Maria de Lurdes e MÚRIAS, Pedro Ferreira, "Sobre o conceito e a extensão do sinalagma", in *Estudos em honra do Professor Doutor José de Oliveira Ascensão*, I, Coimbra, Almedina, 2008, 379-430 (citado "...sinalagma").

PEREIRA, Ravi Afonso, "Contributo para o estudo da delegação dita tácita de competências", *Themis*, nº 8, 2004, 177-204 (citado "Contributo...").

PESCE, Angelo, *Amministrazioni e delega di potere amministrativo nella società per azioni*, Milano, Giuffrè, 1969 (citado "Amministrazioni...").

PETTITI, Priscilla, "Appunti sull'adeguatezza dell'assetto organizzativo, amministrativo e contabile del nuovo 2381 c.c." *RDComm*, 2009, 585-602 (citado "Appunti...").

PICKER, Eduard, „Positive Forderungsverletzung und culpa in contrahendo – Zur Problematik der Haftungen „zwischen" Vertrag und Delikt", *AcP*, 1983, 369-524 (citado „Positive Forderungsverletzung...").

PIMENTA, Alberto, "Suspensão e anulação de deliberações sociais", *Revista dos Tribunais*, 1964, 147-158, 195-203, 243-250, 291-298, 339-350, 387-402 e 435-448 (citado "Suspensão...").

—, "A nova lei alemã das sociedades por acções", *BMJ*, nº 175, 1968, 303-383 (citado "A nova lei alemã...").

PIMENTEL, Diogo Forjaz de Sampaio, *Annotações ou synthese annotada do Codigo do Commercio*, II, Coimbra, Imprensa da Universidade, 1875 (citado "Annotações...").

PINTO, Carlos Mota, *Cessão da posição contratual*, Coimbra, Almedina, 2003 (reimpressão) (citado "Cessão...").

PINTO, Carlos Mota, MONTEIRO, António Pinto e PINTO, Paulo Mota, *Teoria geral do direito civil*, 4ª ed., Coimbra, Coimbra ed., 2005 (citado "Teoria geral...").

PINTO, Filipe Vaz e PEREIRA, Marcos Keel, "A responsabilidade civil dos administradores de sociedades comerciais", Faculdade de Direito da Universidade Nova de Lisboa, Working Paper nº 5, 2001, in www.fd.unl.pt.

PINTO, Paulo Mota, "Aparência de poderes de representação e tutela de terceiros", *BFDUC*, 1993, 587-645 (citado "Aparência de poderes...").

—, *Declaração tácita e comportamento concludente no negócio jurídico*, Coimbra, Almedina, 1995 (citado "Declaração tácita...").

—, „Die Generalklausel in Kontinentaleuropa: Erwartungen der portugiesischen Rechtwissenschaft an die deutsche Rechtwissenschaft „, in *Die Generalklausel im Europäischen Privatrecht: Zur Leistungsfähigkeit der deutschen Wissenschaft aus romanischer Perspektive*, München, Sellier/European Law, 2006, 115-127 (citado „Die Generalklausel...").

—, *Interesse contratual negativo e interesse contratual positivo*, Coimbra, Coimbra ed., 2008 (citado "Interesse...").

PINTO, Rui, *Falta e abuso de poderes na representação voluntária*, Lisboa, AAFDL, 1994 (citado "Falta e abuso de poderes...").

PITA, Manuel António, *Direito aos lucros*, Coimbra, Almedina, 1989 (citado "Direito aos lucros").

POLLEY, Notker, *Wettbewerbsverbot und Geschäftschancen: eine Untersuchung am Beispiel der Geschäftsleitung von US--Corporation und deutscher GmbH.*, Baden-Baden, Nomos, 1993 (citado „Wettbewerbsverbot...").

PORTALE, Giuseppe B., "Rapporti fra assemblea e organo gestorio nei sistemi di amministrazione", in *Il nuovo diritto delle società – Liber amicorum Gian Franco Campobasso*, II, Torino, Utet, 2006, 5-33 (citado "Rapporti...").

—, *Lezioni di diritto privato comparato*, Torino, Giappichelli, 2007 (citado "Lezioni...").

POSNER, Richard A., *Economic analysis of law*, 6ª ed., New York, Aspen, 2003 (citado "Economic analysis...").

PRATA, Ana, *Dicionário jurídico*, I, 5ª ed., Coimbra, Almedina, 2008 (citado "Dicionário...").

PRESTI, Gaetano e RESCIGNO, Matteo, *Corso di diritto commerciale*, II, Bologna, Zanichelli, 2005 (citado "Corso...").

PREUSSNER, Joachim e BECKER, Florian, „Ausgestaltung von Risikomanagementsystemen durch die Geschäftsleitung", *NZG*, 2002, 846-851 (citado „Ausgestaltung...").

PREUSSNER, Joachim e ZIMMERMANN, Dörte, „Risikomanagement als Gesamtaufgabe des Vorstandes", *AG*, 2002, 657-662 (citado „Risikomanagement...").

QUEIRÓ, Afonso Rodrigues, *Lições de direito administrativo*, Coimbra, 1956 (citado "Lições...").

RAISCH, Peter, „Zum Begriff und zur Bedeutung des Unternehmensinteresses als Verhaltensmaxime von Vorstands- und Aufsichtsratsmitgliedern", in *Strukturen und Entwicklungen im Handels-, Gesellschafts- und Wirtschaftsrecht. Festschrift für Wolfgang Hefermehl zum 70. Geburtstag am 18. September 1976*, München, Beck, 1976, 347-364 (citado „Zum Begriff...").

RAISER, Thomas, „Das Unternehmensinteresse", in *Festschrift für Reimer Schmidt*, Karlsruhe, Versicherungswirtschaft, 1976, 101-119 (citado „Das Unternehmensinteresse").

—, „Unternehmensziele und Unternehmensbegriff", *ZHR*, 1980, 206-231 (citado „Unternehmensziele...").

—, „Gesamthand und juristische Person im Licht des neuen Umwandlungsrechts", *AcP*, 1994, 495-512 (citado „Gesamthand...").

—, „Pflicht und Ermessen von Aufsichtsratsmitgliedern", *Neue Juristische Wochenzeitung*, 1996, 552-554 (citado „Pflicht und Ermessen...").

—, „Der Begriff der juristischen Person. Eine Neubesinnung", *AcP*, 1999, 104-144 (citado „Der Begriff...").

RAISER, Thomas e VEIL, Rüdiger, *Recht der Kapitalgesellschaften*, München, Vahlen, 2006 (citado „Recht...").

RAMOS, Maria Elisabete Gomes, "Aspectos substantivos da responsabilidade civil dos membros do órgão de administração perante a sociedade", *BFDUC*, 1997, 211-250 (citado "Aspetos...").

—, *Responsabilidade civil dos administradores e directores de sociedades anónimas perante os credores sociais*, Coimbra, Coimbra ed., 2002 (citado "Responsabilidade civil...").

—, "A responsabilidade de membros da administração", in *Problemas do Direito das sociedades*, Coimbra, Almedina, 2003, 71-92 (citado "A responsabilidade de membros...").

—, "A insolvência da sociedade e a responsabilização dos administradores no ordenamento jurídico português",

*Prim@ Facie*, ano 4, n.º 7, 2005, 5-32 (citado "A insolvência...").

—, "Insolvência da sociedade e efectivação da responsabilidade civil dos administradores", *BFDUC*, 2007, 449--489 (citado "Insolvência...").

—, "Código de la insolvencia portugués y responsabilidad civil de los administradores", *RdS*, n.º 30, 2008, 279-296 (citado "Código...").

—, "Debates actuais em torno da responsabilidade e da protecção dos administradores. Surtos de influência anglo--saxónica", *BFDUC*, 2008, 591-636 (citado "Debates...").

—, *O seguro de responsabilidade civil dos administradores (entre a exposição ao risco e a delimitação da cobertura)*, Coimbra, Almedina, 2010 (citado "O seguro...").

RAPPAPORT, Alfred, *Creating shareholder value. The new standard for business performance*, New York, The Free Press, 1986 (citado "Creating...").

RATHENAU, Walther, *Vom Aktienwesen. Eine geschäftliche Betrachtung*, Berlin, Fischer, 1917 (citado „Vom Aktienwesen...").

RAWLS, John, "Two concepts of rules", in *Collected papers*, Cambridge/London, Harvard University Press, 1999, 20-46 (citado "Two concepts...").

RAZ, Joseph, "Voluntary obligations and normative powers", in *Normativity and norms. Critical perspectives on kelsenian themes*, Oxford, Clarendon, 1998, 451-470 (citado "Voluntary...").

—, *Pratical reason and norms*, 3ª ed., Oxford, Oxford University Press, 1999 (citado "Pratical reason...").

REGELSBERGER, Ferdinand, „Zwei Beiträge zur Lehre von der Cession", *AcP*, 1880, 157-207 (citado „Zwei Beiträge...").

REGO, Margarida Lima, *Contrato de seguro e terceiros. Estudo de direito civil*, Lisboa, Coimbra ed., 2010 (citado "Contrato de seguro...").

REINHARDT, Thorsten, *Delegation und Mandat im öffentlichen Recht. Eine Untersuchung zur rechtlichen Zulässigkeit von Kompetenzübertragungen*, Berlin, Duncker & Humblot, 2006 (citado „Delegation...").

REIS, Nuno Trigo dos, "Os deveres de lealdade dos administradores de sociedades comerciais", *Cadernos O Direito*, n.º 4, 2009, 279.419 (citado "Os deveres...").

—, "A eficácia negocial da mensagem publicitária", *Cadernos O Direito*, n.º 4, 2009, 183-278 (citado "A eficácia...").

RENAUD, Achilles, *Das Recht der Actiengesellschaften*, 2ª ed., Leipzig, Tauchnitz, 1875 (citado „Das Recht...").

REUTER, Dieter, „Die handelsrechtliche Erbenhaftung (§ 27 HGB)", *ZHR*, 1971, 511-527 (citado „Die handelsrechtliche...").

—, „Bestellung und Anstellung von Organmitgliedern im Körperschaftsrecht", in *Festschrift für Wolfgang Zöllner*, Köln/Berlin/Bonn/München, Heymanns, 1998, 487-502 (citado „Bestellung...").

—, in *Münchener Kommentar zum Bürgerlichen Gesetzbuch*, § 27, 5ª ed., München, Beck, 2006, (citado „Münchener...").

RIBEIRO, José António e DUARTE, Rui Pinto, *Dos agrupamentos complementares de empresas*, Lisboa, CEF, 1980 (citado "Dos agrupamentos...").

RIBEIRO, Maria de Fátima, *A tutela dos credores da sociedade por quotas e a "desconsideração da personalidade jurídica"*, Coimbra, Almedina, 2009 (citado "A tutela...").

—, "A responsabilidade de gerentes e administradores pela actuação na proximidade da insolvência de sociedade comercial", *O Direito*, 2010, 81-128 (citado "A responsabilidade...").

RIECHERS, Arndt, *Das „Unternehmen an sich"*, Tübingen, Mohr Siebeck, 1996 (citado „Das „Unternehmen...").

RINGLEB, Henrik-Michael, KREMER, Thomas, LUTTER, Marcus e WERDER, Axel von, *Kommentar zum Deutschen Corporate Governance Kodex*, München, Beck, 2003 (citado „Kommentar...").

RITTNER, Fritz, „Zur Verantwortung des Vorstandes nach § 76 Abs. 1 AktG 1965", in *Festschrift für Ernst Geßler zum 65. Geburtstag*, München, Vahlen, 1971, 139-158 (citado „Zur Verantwortung des Vorstandes...").

—, „Zur Verantwortung der Unternehmensleitung", *JZ*, 1980, 113-118 (citado „Zur Verantwortung der Unternehmensleitung").

ROCHA, M. A. Coelho da, *Instituições de direito civil português*, I, 6ª ed., Coimbra, Imprensa da Universidade, 1886 (citado "Instituições...").

RODRIGUES, Ilídio Duarte, *A administração das sociedades por quotas e anónimas. Organização e estatuto dos administradores*, Lisboa, Petrony, 1990 (citado "A administração...").

ROMANO, Roberta, "Comment on Easterbrook and Fischel "contract and fiduciary duty"", *The Journal of Law and Economics*, 1993, 447-451 (citado "Comment...").

—, *Foundations of corporate law*, New York//Oxford, Oxford University Press, 1993 (citado "Foundations...").

ROSENBERG, David, "Galactic stupidity and the business judgment rule", *The Journal of Corporation Law*, nº 32, 2007, 301-322 (citado "Galactic stupidity...").

ROSENBERG, Leo, *Stellvertretung im Prozess*, Berlin, Vahlen, 1908 (citado „Stellvertretung...").

ROSS, Alf, *Directives and norms*, New York (London), Humanities Press (Routledge & Kegan Paul), 1968 (citado "Directives...").

—, *On law and justice*, Berkeley/Los Angeles, University of California Press, 1974 (1958) (citado "On law...").

ROTH, Günther H., *Das Treuhandmodell des Investmentrechts. Eine Alternative zur Aktiengesellschaft?*, Frankfurt, Athenäum, 1972 (citado „Das Treuhandmodell...").

—, in *Münchener Kommentar zum Bürgerlichen Gesetzbuch*, § 242, 4ª ed., München, Beck, 2003, (citado „Münchener...").

ROTH, Markus, *Unternehmerisches Ermessen und Haftung des Vorstands*, München, Beck, 2001 (citado „Unternehmerisches Ermessen...").

—, „Das unternehmerische Ermessen des Vorstands", *BB*, 2004, 1066-1069 (citado „Das unternehmerische...").

RÖTHEL, Anne, *Normkonkretisierung im Privatrecht*, Tübingen, Mohr Siebeck, 2004 (citado „Normkonkretisierung...").

RUITER, Dick W. P., "Legal powers", in *Normativity and norms. Critical perspectives on kelsenian themes*, Oxford, Clarendon, 1998, 471-491 (citado "Legal...").

RUMPF, Max, „Wirtschaftsrechtliche Vertrauensgeschäfte", *AcP*, nº 119, 1921, 1-156 (citado „Wirtschaftsrechtliche...").

RUPP, Hans Heinrich, *Grundfragen der heutigen Verwaltungsrechtslehre*, 2ª ed., Tübingen, Mohr Siebeck, 1991 (citado „Grundfragen...").

SALE, Hillary A., "Delaware`s good faith", *Cornell Law Review*, nº 89, 2004, 456--495 (citado "Delaware`s good faith").

SANTO, João Espírito, *Sociedades por quotas e anónimas. Vinculação: objecto social e representação plural*, Coimbra, Almedina, 2000 (citado "Sociedades...").

SANTOS, Filipe Cassiano dos, *Estrutura associativa e participação societária capitalística*, Coimbra, Coimbra ed., 2006 (citado "Estrutura...").

SAUSSURE, Ferdinand de, *Curso de linguística geral* (trad. ADRAGÃO, José Victor), Lisboa, Dom Quixote, 1977 (citado "Curso...").

SAVIGNY, Friedrich Karl von, *System des heutigen römischen Rechts*, III, Aalen, Scientia, 1981 (reimpressão, 1840) (citado „System...").

—, *System des heutigen römischen Rechts*, II, Aalen, Scientia, 1981 (reimpressão, 1840) (citado „System...").

SCHÄFER, Carsten, „Die Binnenhaftung von Vorstand und Aufsichtsrat nach der Renovierung durch das UMAG", *ZIP*, 2005, 1253-1259 (citado „Die Binnenhaftung...").

SCHEFFLER, Eberhard, „Betriebswirtschaftliche Überlegungen zur Entwicklung von Grundsätzen ordnungsmäßiger Überwachung der Geschäftsführung durch den Aufsichtsrat", *AG*, 1995, 207-212 (citado „Betriebswirtschaftliche Überlegungen...").

SCHILKEN, Eberhard, in *Staudingers Kommentar zum Bürgerliches Gesetzbuch*, Vor §§ 164 ff, §§ 171 e 172, 13ª ed., Berlin, Sellier/de Gruyter, 2009, (citado „Staudingers...").

SCHILLING, Wolfgang, in *Großkommentar zum Aktiengesetz*, § 84, 2ª ed., Berlin, de Gruyter, 1961, (citado „Großkommentar...").

—, „Macht und Verantwortung in der Aktiengesellschaft (oder das Prinzip der Interesseneinheit)", in *Festschrift für Ernst Geßler zum 65. Geburtstag am 5. März 1970*, München, Vahlen, 1971, 159-169 (citado „Macht...").

—, in *Großkommentar zum Aktiengesetz*, § 93, 3ª ed., Berlin/New York, de Gruyter, 1973, (citado „Großkommentar...").

—, „Gesellschafterbeschluß und Insichgeschäft", in *Beiträge zum Zivil- und Wirtschaftsrecht. Festschrift für Kurt Ballerstedt zum 70. Geburtstag am 24. Dezember 1975*, Berlin, Duncker & Humblot, 1975, 257-277 (citado „Gesellschafterbeschluß...").

—, „Das Aktienunternehmen", *ZHR*, 1980, 136-144 (citado „Das Aktienunternehmen").

SCHIMPF, Christian, *Der verwaltungsrechtliche Vertrag unter besonderer Berücksichtigung seiner Rechtswidrigkeit*, Berlin, Duncker & Humblot, 1982 (citado „Der verwaltungsrechtliche...").

SCHIUMA, Laura, "Il sistema dualistico. I poteri del consiglio di sorveglianza e del consiglio di gestione", in *Il nuovo diritto delle società – Liber amicorum Gian Franco Campobasso*, Torino, Utet, 2006, 685-731 (citado "Il sistema dualistico...").

SCHLEGELBERGER, Franz, QUASSOWSKI, Leo, HERBIG, Gustav, GESSLER, Ernst e HEFERMEHL, Wolfgang, *Aktiengesetz*, 3ª ed., Berlin, Vahlen, 1939 (citado „Aktiengesetz").

SCHLIMM, Katrin, *Das Geshäftsleiterermessen des Vorstands einer Aktiengesellschaft. Die Kodifikation einer „business judgment rule" deutscher Prägung in § 93 Abs. 1 S. 2 AktG*, Baden-Baden, Nomos, 2008 (citado „Das Geshäftsleiterermessen...").

SCHLOSSMANN, Siegmund, *Die Lehre von der Stellvertretung insbesondere bei obligatorischen Verträgen*, I, Aalen, Scientia,

1970 (reimpressão, 1900) (citado „Die Lehre...").

—, *Die Lehre von der Stellvertretung insbesondere bei obligatorischen Verträgen*, II, Aalen, Scientia, 1970 (reimpressão, 1902) (citado „Die Lehre...").

SCHMIDT-LEITHOFF, Christian, *Die Verantwortung der Unternehmensleitung*, Tübingen, Mohr Siebeck, 1989 (citado „Die Verantwortung...").

SCHMIDT, Karsten, *Gesellschaftsrecht*, 4ª ed., Köln/Berlin/Bonn/München, Heymanns, 2002 (citado „Gesellschaftsrecht").

SCHMIDT, Reinhard H. e SPINDLER, Gerald, „Shareholder-Value zwischen Ökonomie und Recht", in *Freundesgabe für Friederich Kübler zum 65. Geburtstag*, Heidelberg, Müller, 1997, 515-555 (citado „Shareholder-Value...").

SCHMIDT, Walter e MEYER-LANDRUT, Joachim, in *Großkommentar zum Aktiengesetz*, §§ 70 e 71, 2ª ed., Berlin, de Gruyter, 1961, (citado „Großkommentar...").

SCHMIEDEL, Burkhard, „Die Treuepflicht des Aktionärs", *ZHR*, 1970, 173-183 (citado „Die Treuepflicht...").

SCHNAPP, Friedrich, „Dogmatische Überlegungen zu einer Theorie des Organisationsrechts", *AöR*, 1980, 243-278 (citado „Dogmatische...").

SCHNEIDER, Sven H., „„Unternehmerische Entscheidungen" als Anwendungsvoraussetzung für die Business Judgment Rule", *DB*, 2005, 707-712 (citado „"Unternehmerische Entscheidungen"...").

—, *Informationspflichten und Informationssystemeinrichtungspflichten im Aktienkonzern: Überlegungen zu einem Unternehmensinformationsgesetzbuch*, Berlin, Duncker & Humblot, 2006 (citado „Informationspflichten...").

SCHNEIDER, Uwe H., „Unentgeltliche Zuwendungen durch Unternehmen", *AG*, 1983, 205-216 (citado „Unentgeltliche Zuwendungen...").

—, „Haftungsmilderung für Vorstandsmitglieder und Geschäftsführer bei fehlerhafter Unternehmensleitung?" in *Festschrift für Winfried Werner zum 65. Geburtstag*, Berlin/New York, de Gruyter, 1984, 795-815 (citado „Haftungsmilderung...").

—, in *Scholz Kommentar zum GmbH-Gesetz*, § 43, 7ª ed., Köln, Schmidt, 1988, (citado „Scholz...").

—, „Compliance als Aufgabe der Unternehmensleitung", *ZIP*, 2003, 645-650 (citado „Compliance...").

SCHOTT, Clausdieter, „Der Mißbrauch der Vertretungsmacht", *AcP*, 1971, 385-402 (citado „Der Mißbrauch...").

SCHRAMM, Karl-Heinz, in *Münchener Kommentar zum Bürgerlichen Gesetzbuch*, Vor § 164, §§ 164 e 170, 5ª ed., München, Beck, 2006, (citado „Münchener...").

SCHUBERT, Werner, *Akademie für Deutsches Recht 1933-1945. Protokolle der Ausschüsse. Ausschuß für Aktienrecht*, Berlin/New York, de Gruyter, 1986 (citado „Akademie...").

SCHUBERT, Werner e HOMMELHOFF, Peter, *Hundert Jahre modernes Aktienrecht*, Berlin/New York, de Gruyter, 1985 (citado „Hundert Jahre...").

—, *Die Aktienrechtsreform am Ende der Weimarer Republik. Die Protokolle der Verhandlungen im Aktienrechtsausschuß des Vorläufigen Reichswirtschaftsrats unter dem Vorsitz von Max Hachenburg*, Berlin/New York, de Gruyter, 1987 (citado „Die Aktienrechtsreform...").

SCHÜRNBRAND, Jan, *Organschaft im Recht der privaten Verbände*, Tübingen, Mohr Siebeck, 2007 (citado „Organschaft...“).

SCHWARK, Eberhard, „Spartenorganisation in Grossunternehmen und Unternehmensrecht“, *ZHR*, 1978, 203-227 (citado „Spartenorganisation...“).

SCHWARZ, Günter Christian, „Rechtsfragen der Vorstandsermächtigung nach § 78 Abs. 4 AktG“, *ZGR*, 2001, 744-781 (citado „Rechtsfragen...“).

—, „Vertretungsregelungen durch den Aufsichtsrat (§ 78 Abs. 3 S. 2 AktG) und durch Vorstandsmitglieder (§ 78 Abs. 4 S. 1 AktG)“, *ZHR*, 2002, 625-655 (citado „Vertretungsregelungen...“).

SCHWARZ, Hubertus, "Sobre a evolução do mandato aparente nos Direitos romanísticos. Seu significado para o Direito português", *RDES*, 1972, 99-122 (citado "Sobre a evolução...").

SCHWEPPE, Albrecht, *Das Römische Privatrecht in seiner heutigen Anwendung*, III, 4ª ed., Göttingen, 1831 (citado „Das Römische Privatrecht...“).

SEARLE, John R., *Speech acts – an essay in the philosophy of language*, Cambridge, Cambridge University Press, 1969 (citado "Speech acts...").

—, *The construction of social reality*, New York, The Free Press, 1995 (citado "The construction...").

SECKEL, Emil, *Die Gestaltungsrechte des Bürgerlichen Rechts*, Darmstadt, Wissenschaftliche Buchgemeinschaft, 1954 (reimpressão, 1903) (citado „Die Gestaltungsrechte...“).

SEELER, Wilhelm von, „Vollmacht und Scheinvollmacht“, *Archiv für bürgerliches Recht*, 1906, 1-52 (citado „Vollmacht...“).

SEIBERT, Ulrich, „UMAG – Zu den Begriffen „Unredlichkeit oder grobe Verletzung des Gesetes oder der Satzung“ in § 148 AktG und zu den Zusammenhängen zwischen §§ 93 und 148 AktG“, in *Festschrift für Hans-Joachim Priester zum 70. Geburtstag*, Köln, Schmidt, 2007, 763-774 (citado „UMAG...“).

SEIBERT, Ulrich e SCHÜTZ, Carsten, „Der Referentenentwurf eines Gesetzes zur Unternehmensintegrität und Modernisierung des Anfechtungsrechts – UMAG“, *ZIP*, 2004, 252-258 (citado „Der Referentenentwurf...“).

SEIBT, Christoph H., in *Aktiengesetz Kommentar*, § 78, Köln, Schmidt, 2008, (citado „Aktiengesetz...“).

—, „Dekonstruktion des Delegationsverbots bei der Unternehmensleitung“, in *Festschrift für Karsten Schmidt zum 70. Geburtstag*, Köln, Schmidt, 2009, 1463-1487 (citado „Dekonstruktion...“).

SEILER, Hans Hermann, in *Münchener Kommentar zum Bürgerlichen Gesetzbuch*, § 662, 5ª ed., München, Beck, 2009, (citado „Münchener...“).

SEMLER, Johannes, *Die Überwachungsaufgabe des Aufsichtsrats*, Köln/Berlin/Bonn/München, Heymanns, 1980 (citado „Die Überwachungsaufgabe...“).

—, „Die Unternehmensplanung in der Aktiengesellschaft – eine Betrachtung unter rechtlichen Aspekten“, *ZGR*, 1983, 1-33 (citado „Die Unternehmensplanung...“).

—, „Vom Gesellschaftsrecht zum Unternehmensrecht – Versuch einer Orientierung“, in *Festschrift für Peter Raisch zum 70. Geburtstag*, Köln/Berlin/Bonn/München, Heymanns, 1995, 291-308 (citado „Vom Gesellschaftsrecht...“).

—, *Leitung und Überwachung der Aktiengesellschaft: die Leitungsaufgabe des Vorstands und die Überwachungsaufgabe des Aufsichtsrats*, 2ª ed., Köln/Berlin/

Bonn/München, Heymanns, 1996 (citado „Leitung...").

—, *Münchener Handbuch des Gesellschaftsrechts*, IV, 2ª ed., München, Beck, 1999 (citado „Münchener...").

—, „Entscheidungen und Ermessen im Aktienrecht", in *Festschrift für Peter Ulmer*, Berlin, de Gruyter, 2003, 627--642 (citado „Entscheidungen...").

—, in *Münchener Kommentar zum Aktiengesetz*, §§ 111 e 116, 2ª ed., München, Beck/Vahlen, 2004, (citado „Münchener...").

—, „Zur aktienrechtlichen Haftung der Organmitglieder einer Aktiengesellschaft", *AG*, 2005, 321-336 (citado „Zur aktienrechtlichen Haftung...").

SEMLER, Johannes e SPINDLER, Gerald, in *Münchener Kommentar zum Aktiengesetz*, Vor § 76, 2ª ed., München, Beck/Vahlen, 2004, (citado „Münchener...").

SEQUEIRA, Alexandra Marques, "Do exercício da administração societária em regime de comissão de serviço: laboral – a profissionalização dos administradores?" *Maia Jurídica*, 2007, 39-58 (citado "Do exercício...").

SERENS, Manuel Nogueira, *Notas sobre a sociedade anónima*, 2ª ed., Coimbra, Coimbra ed., 1997 (citado "Notas...").

—, *A monopolização da concorrência e a (re-) emergência da tutela da marca*, Coimbra, Almedina, 2007 (citado "A monopolização...").

SERENS, Manuel Nogueira e MAIA, Pedro, "O art. 428, nº 1 e 2 do Código das Sociedades Comerciais – análise da sua natureza jurídica", *Revista da Banca*, 1996, 27-73 (citado "O art. 428...").

SERRA, Adriano Vaz, "Impossibilidade superveniente por causa não imputável ao devedor e desaparecimento do interesse do credor", *BMJ*, nº 46, 1955, 5-152 (citado "Impossibilidade...").

—, "Culpa do devedor ou do agente", *BMJ*, nº 68, 1957, 13-149 (citado "Culpa...").

—, "Gestão de negócios", *BMJ*, nº 66, 1957, 45-283 (citado "Gestão...").

—, "Assembleia geral", *BMJ*, nº 197, 1970, 23-176 (citado "Assembleia geral").

—, "Anotação ao acórdão do Supremo Tribunal de Justiça de 29 de Junho de 1976", *RLJ*, ano 110, 1977-1978, 214--224 e 226-229 (citado "Anotação... 29 de Junho de 1976").

—, "Anotação ao acórdão do Supremo Tribunal de Justiça de 15 de Junho de 1978", *RLJ*, ano 112, 1979-1980, 50-58 (citado "Anotação...15 de Junho de 1978").

SERRA, Catarina, "A responsabilidade social das empresas – sinais de um instituto jurídico iminente?" in *Estudos em homenagem ao Prof. Doutor Manuel Henrique Mesquita*, II, Coimbra, Coimbra ed., 2009, 835-867 (citado "A responsabilidade social...").

SIEBERT, Wolfgang, *Das rechtsgeschäftliche Treuhandverhältnis: Ein dogmatischer und rechtsvergleichender Beitrag zum allgemeinen Treuhandproblem*, Marburg in Kessen, Elwert, 1933 (citado „Das rechtsgeschäftliche Treuhandverhältnis...").

SILVA, João Calvão da, *Cumprimento e sanção pecuniária compulsória*, Coimbra, Coimbra ed., 1987 (citado "Cumprimento...").

—, "Acordo parassocial respeitante à conduta da administração e à divisão de poderes entre órgãos sociais", in *Estudos jurídicos (pareceres)*, Coimbra, Almedina, 2001, 235-252 (citado "Acordo parassocial...").

—, "Conflito de interesses e abuso do direito nas sociedades", in *Estudos jurídicos (pareceres)*, Coimbra, Almedina, 2001, 105-140 (citado "Conflito de interesses...").

—, "Corporate governance: responsabilidade civil de administradores não executivos, da comissão de auditoria e do conselho geral e de supervisão", *RLJ*, ano 136, 2006, 31-59 (citado "Corporate governance...").

—, "Responsabilidade civil dos administradores não executivos, da comissão de auditoria e do conselho geral e de supervisão", in *A reforma do Código das Sociedades Comerciais. Jornadas em homenagem ao Professor Doutor Raúl Ventura*, Coimbra, Almedina, 2007, 103-151 (citado "Responsabilidade civil...").

—, "Responsabilidade civil dos administradores não executivos, da comissão de auditoria e do conselho geral e de supervisão", *ROA*, 2007, 103-158 (citado "Responsabilidade...").

SILVA, João Soares da, "Responsabilidade civil dos administradores de sociedades: os deveres gerais e os princípios da "corporate governance"", *ROA*, 1997, 605-628 (citado "...os deveres gerais...").

SILVA, Manuel Gomes da, *O dever de prestar e o dever de indemnizar*, Lisboa, 1944 (citado "O dever...").

SILVA, Vasco Pereira da, *Em busca do acto administrativo perdido*, Coimbra, Almedina, 1998 (citado "Em busca...").

SMITH, D. Gordon, "The shareholder primacy norm", *The Journal of Corporation Law*, nº 23, 1998, 277-323 (citado "The shareholder...").

—, "A proposal to eliminate director standards from the Model Business Corporation Act", *University of Cincinnati Law Review*, nº 67, 1999, 1201-1228 (citado "A proposal...").

SOARES, Rogério Ehrhardt, *Direito administrativo*, Coimbra, 1978 (citado "Direito...").

SONNENBERGER, Hans Jürgen, „Leistungsstörung, positive Forderungsverletzung und Beweislast – rechtsvergleichende Bemerkungen", in *Festschrift für Dieter Medicus zum 70. Geburtstag*, Köln/Berlin/Bonn/München, Heymanns, 1999, 621-636 (citado „Leistungsstörung...").

SOPRANO, Enrico, *Della responsabilità civile e penale degli amministratori di società per azioni*, Milano/Torino/Roma, Fratelli Bocca, 1910 (citado „Della responsabilità...").

SOUSA, Marcelo Rebelo de, *O concurso público na formação do contrato administrativo*, Lisboa, Lex, 1994 (citado "O concurso...").

SOUSA, Marcelo Rebelo de e MATOS, André Salgado de, *Direito administrativo geral*, III, Lisboa, Dom Quixote, 2007 (citado "Direito...").

SOUSA, Miguel Teixeira de, "Sobre o ónus da prova nas acções de responsabilidade civil médica", in *Direito da saúde e bioética*, Lisboa, AAFDL, 1996, 121-144 (citado "Sobre o ónus...").

—, *A legitimidade popular na tutela dos interesses difusos*, Lisboa, Lex, 2003 (citado "A legitimidade popular...").

—, "Linguagem e direito", in *Estudos em honra do Professor Doutor José de Oliveira Ascensão*, I, Coimbra, Almedina, 2008, 267-290 (citado "Linguagem...").

SPAAK, Torben, "Norms that confer competence", *RT*, 2003, 89-104 (citado "Norms...").

SPARKS III, A. Gilchrist e HAMERMESH, Lawrence A., "Common law duties of non-director corporate officers", *The Business Lawyer*, 1992, 215-237 (citado "Common law duties...").

SPINDLER, Gerald, „Haftung und Aktionärsklage nach dem neuen UMAG", *NZG*, 2005, 865-872 (citado „Haftung und Aktionärsklage...").

—, „Prognosen im Unternehmens-recht", *AG*, 2006, 677-689 (citado „Prognosen...").

—, „Vorstandspflichten zur Einrich-tung eines Frühwarnsystems", in *Handbuch des Vorstandsrechts*, Mün-chen, Beck, 2006, 703-741 (citado „Vorstandspflichten....").

—, „Die Haftung von Vorstand und Auf-sichtsrat für fehlerhafte Auslegung von Rechtsbegriffen", in *Festschrift für Claus-Wilhelm Canaris zum 70. Geburtstag*, II, München, Beck, 2007, 403-428 (citado „Die Haftung von Vorstand...").

—, in *Münchener Kommentar zum Aktienge-setz*, §§ 76, 77, 82, 91, 92 e 93, 3ª ed., München, Beck/Vahlen, 2008, (citado „Münchener...").

—, in *Aktiengesetz Kommentar*, § 133, Köln, Schmidt, 2008, (citado „Aktiengesetz...").

SPRAU, Hartwig, in *Palandt Bürgerliches Gesetzbuch*, § 675, 69ª ed., München, Beck, 2010, (citado „Palandt...").

STIGLER, George J., "The economics of information", *Journal of Political Eco-nomy*, nº 69, 1961, 213-225 (citado "The economics...").

STOUT, Lynn A., "In praise of procedure: an economic and behavioral defense of Smith v. van Gorkom and the busi-ness judgment rule", *NwULRev*, nº 96, 2002, 675-693 (citado "In praise...").

STRINE Jr., Leo E., HAMERMESH, Lawrence A., BALOTTI, R. Franklin e GORRIS, Jeffrey M., "Loyalty`s core demand: the defining role of good faith in corporation law", *The George-town Law Journal*, nº 98, 2010, 629-696 (citado "Loyalty`s core demand...").

TAVARES, José, *Sociedades e empresas comer-ciais*, Coimbra, Coimbra ed., 1924 (citado "Sociedades...").

TEICHMANN, Christoph, "ECLR – Cor-porate Governance in Europa", *ZGR*, 2001, 645-679 (citado "ECLR – Corporate...").

—, *Binnenmarktkonformes Gesellschafts-recht*, Berlin, de Gruyter, 2006 (citado "Binnenmarktkonformes...").

TELES, Miguel Galvão, "Direitos abso-lutos e relativos", in *Estudos em home-nagem ao Prof. Doutor Joaquim Moreira da Silva Cunha*, Lisboa, FDUL, 2005, 649-676 (citado "Direitos...").

TELES, Inocêncio Galvão, *Dos contratos em geral*, Coimbra, Coimbra ed., 1947 (citado "Dos contratos...").

—, "Contratos civis – projecto", *RFDUL*, 1953, 144-221 (citado "Contratos civis...").

—, *Manual dos contratos em geral*, 3ª ed., Lisboa, 1965 (citado "Manual dos contratos...").

—, *Manual dos contratos em geral*, 4ª ed., Coimbra, Coimbra ed., 2002 (citado "Manual dos contratos...").

TEUBNER, Gunther, *Standards und Direkti-ven in Generalklauseln: Möglichkeit und Grenzen der empirischen Sozialforschung bei der Präzisierung der Gute-Sitten--Klauseln im Privatrecht*, 2ª ed., Frank-furt am Main, Athenäum, 1971 (citado „Standards...").

—, „Unternehmensinteresse – das gesell-schaftliche Interesse des Unterneh-mens „an sich"?" *ZHR*, 1984, 470-488 (citado "Unternehmensinteresse...").

—, "Corporate fiduciary duties and their beneficiaries. A functional approach to the legal institutionalization of corporate responsibility", in *Corpo-rate governance and directors` liabilities*, Berlin/New York, de Gruyter, 1985, 149-177 (citado "Corporate...").

—, *O direito como sistema autopoiético* (trad. ANTUNES, José Engrácia),

Lisboa, Gulbenkian, 1993 (citado "O direito...").

THALMANN, Anton, *Die Treuepflicht der Verwaltung der Aktiengesellschaft*, Zürich, Juris, 1975 (citado „Die Treuepflicht...").

THEISEN, Manuel René, *Überwachung der Unternehmungsführung*, Stuttgart, Poeschel, 1987 (citado „Überwachung...").

—, „Grundsätze ordnungsgemäßer Kontrolle und Beratung der Geschäftsführung durch den Aufsichtsrat", *AG*, 1995, 193-203 (citado „Grundsätze ordnungsgemäßer...").

THÜMMEL, Roderich, *Persönlich Haftung von Managern und Aufsichtsräten*, 3ª ed., Stuttgart/München/Hannover/Berlin/Weimar/Dresden, Richard Boorberg, 2003 (citado „Persönlich...").

—, „Organhaftung nach dem Referentenentwurf des Gesetzes zur Unternehmensintegrität und Modernisierung des Anfechtungsrechts (UMAG) – Neue Risiken für Manager?" *DB*, 2004, 471-474 (citado „Organhaftung...").

THÜSING, Gregor, „Abberufung und Kündigung der Anstellung des Vorstands", in *Handbuch des Vorstandsrechts*, München, Beck, 2006, 156-186 (citado „Abberufung...").

—, „Bestellung und Anstellung des Vorstands", in *Handbuch des Vorstandsrechts*, München, Beck, 2006, 97-155 (citado „Bestellung...").

TIETZ, Christoph, *Vertretungsmacht und Vertretungsbefugnis im Recht der BGB-Vollmacht und der Prokura. Die Bedeutung der Vertretungsbefugnis für die Bestimmung der Vertretungsmacht*, Frankfurt, Lang, 1990 (citado „Vertretungsmacht...").

TIMM, Wolfram, „Wettbewerbsverbot und „Geschäftschancen" – Lehre im Recht der GmbH", *GmbHR*, 1981, 177-186 (citado „Wettbewerbsverbot...").

TOMÉ, Maria João e CAMPOS, Diogo Leite de, *A propriedade fiduciária (trust) – estudo para a sua consagração no direito português*, Coimbra, Almedina, 1999 (citado "A propriedade...").

TORRES, Carlos Maria Pinheiro, *O direito à informação nas sociedades comerciais*, Coimbra, Almedina, 1998 (citado "O direito à informação...").

TRIGO, Maria da Graça, *Os acordos parassociais sobre o exercício do direito de voto*, Lisboa, Universidade Católica ed., 1998 (citado "Os acordos...").

TRIUNFANTE, Armando Manuel, *A tutela das minorias na sociedade anónima. Direitos de minoria qualificada. Abuso de direito*, Coimbra, Coimbra ed., 2004 (citado "A tutela...").

—, *Código das Sociedades Comerciais anotado*, Coimbra, Coimbra ed., 2007 (citado "Código...").

TUHR, Andreas von, *Der Allgemeine Teil des Deutschen Bürgerlichen Rechts*, I, Leipzig, Duncker & Humblot, 1910 (citado „Der Allgemeine Teil...").

—, *Der Allgemeine Teil des Deutschen Bürgerlichen Rechts*, II, tomo I, München/Leipzig, Duncker & Humblot, 1914 (citado „Der Allgemeine Teil...").

—, *Der Allgemeine Teil des Deutschen Bürgerlichen Rechts*, II, tomo 2, München/Leipzig, Duncker & Humblot, 1918 (citado „Der Allgemeine Teil...").

ULMER, Peter, „Kündigungsschranken im Handels- und Gesellschaftsrecht: Zum Einfluss der Treupflicht auf die einseitige Vertragsbeendigung", in *Festschrift für Philipp Möhring zum 75. Geburtstag*, München, Beck, 1975, 295-317 (citado „Kündigungsschranken...").

—, „Die Aktionärsklage als Instrument zur Kontrolle des Vorstands- und Aufsichtsratshandelns", *ZHR*, 1999, 290--342 (citado „Die Aktionärsklage...").

—, „Aktienrecht im Wandel", *AcP*, 2002, 143-178 (citado „Aktienrecht...").

—, „Haftungsfreistellung bis zur Grenze grober Fahrlässigkeit bei unternehmerischen Fehlentscheidungen von Vorstand und Aufsichtsrat?" *DB*, 2004, 859-863 (citado "Haftungsfreistellung...").

VARELA, João Antunes, *Ensaio sobre o conceito de modo*, Coimbra, Atlântida, 1955 (citado "Ensaio...").

—, "Anotação ao acórdão do tribunal arbitral de 31 de Março de 1993", *RLJ*, ano 126, 1994, 128-160, 180-192, 285-288, 311-320 e 347-352 (citado "Anotação...").

—, *Das obrigações em geral*, I, 10ª ed., Coimbra, Almedina, 2000 (citado "Das obrigações...").

VASCONCELOS, Pedro Leitão Pais de, *A procuração irrevogável*, Coimbra, Almedina, 2002 (reimpressão) (citado "A procuração...").

VASCONCELOS, Pedro Pais de, *Contratos atípicos*, Coimbra, Almedina, 1995 (citado "Contratos...").

—, "As obrigações no financiamento da empresa", in *Problemas do Direito das sociedades*, Coimbra, Almedina, 2003, 321-329 (citado "As obrigações...").

—, *A participação social nas sociedades comerciais*, Coimbra, Almedina, 2005 (citado "A participação...").

—, *A participação social nas sociedades comerciais*, 2ª ed., Coimbra, Almedina, 2006 (citado "A participação...").

—, "D&O insurance: o seguro de responsabilidade civil dos administradores e outros dirigentes da sociedade anónima", in *Homenagem da Faculdade de Direito de Lisboa ao Prof. Doutor Inocêncio Galvão Telles*, Coimbra, Almedina, 2007, 1153-1182 (citado "D&O insurance...").

—, *Contratos atípicos*, 2ª ed., Coimbra, Almedina, 2009 (citado "Contratos...").

—, "Business judgment rule, deveres de cuidado e de lealdade, ilicitude e culpa e o artigo 64º do Código das Sociedades Comerciais", *DSR*, nº 2, 2009, 41-79 (citado "Business...").

—, "Responsabilidade civil dos gestores das sociedades comerciais", *DSR*, nº 1, 2009, 11-32 (citado "Responsabilidade...").

—, *Teoria geral do direito civil*, 6ª ed., Coimbra, Almedina, 2010 (citado "Teoria geral...").

VASQUES, José, *Estruturas e conflitos de poderes nas sociedades anónimas*, Coimbra, Coimbra ed., 2007 (citado "Estruturas...").

VASSALLI, Francesco, in *Società di capitali – commentario*, art. 2392, Napoli, Jovene, 2004, (citado "Società di capitali...").

VAZ, Teresa Anselmo, "A responsabilidade do accionista controlador", *O Direito*, 1996, 329-405 (citado "A responsabilidade...").

VEASEY, E. Norman e DI GUGLIELMO, Christine T., "What happened in Delaware corporate law and governance from 1992-2004? A retrospective on some key developments", *University of Pennsylvania Law Review*, vol. 153, 2005, 1399-1512 (citado "What happened...").

VENTURA, Paulo, "Algumas notas sobre as recentes alterações ao Código das Sociedades Comerciais", *Boletim da Ordem dos Advogados*, nº 42, 2006, 54-68 (citado "Algumas notas...").

VENTURA, Raúl, *Sociedades comerciais: dissolução e liquidação*, II, Lisboa, Ática, 1960 (citado "Sociedades comerciais...").

—, "Funcionamento da gerência das sociedades por quotas", *O Direito*, 1968, 145-181 (citado "Funcionamento da gerência...").

—, "Adaptação do direito português à 1ª Directiva do Conselho da Comunidade Económica Europeia sobre direito das sociedades", *Documentação e Direito Comparado*, nº 2, 1980, 89-217 (citado "Adaptação...").

—, *Sociedades por quotas*, III, Coimbra, Almedina, 1991 (citado "Sociedades por quotas").

—, *Estudos vários sobre sociedades anónimas*, Coimbra, Almedina, 1992 (citado "Estudos...").

—, "Nota sobre a substituição de membros de órgãos de sociedades anónimas", *O Direito*, 1993, 251-259 (citado "Nota sobre a substituição...").

—, *Novos estudos sobre sociedades anónimas e sociedades em nome colectivo*, Coimbra, Almedina, 1994 (citado "Novos estudos...").

VENTURA, Raúl e CORREIA, Luís Brito, "Responsabilidade civil dos administradores de sociedades anónimas e dos gerentes de sociedades por quotas", *BMJ*, nº 192, 1970, 5-112, nº 193, 1970, 5-182, e nº 195, 1970, 21-90 (citado "Responsabilidade...").

VETTER, Eberhard, „Risikobereich und Haftung: Organisation (Geschäftsverteilung und Delegation) und Überwachung", in *Handbuch Managerhaftung*, 2ª ed., Köln, Schmidt, 2010, 501-539 (citado „Risikobereich...").

VISCONDE DE CARNAXIDE, *Sociedades anonymas – Estudo theorico e pratico de direito interno e comparado*, Coimbra, França Amado, 1913 (citado "Sociedades...").

VISINTINI, Giovanna, "La regola della diligenza nel nuovo diritto societario", *Riv. Dir. Impr.*, 2004, 383-395 (citado „La regola della diligenza...").

VÖLDERNDORFF UND WARADEIN, Otto von, *Das Reichsgesetz betreffend die Kommanditgesellschaften auf Aktien und die Aktiengesellschaften vom 18. Juli 1884*, Erlangen, Palm & Enke, 1885 (citado „Das Reichsgesetz...").

VOLHARD, Rüdiger, in *Münchener Kommentar zum Aktiengesetz*, § 133, 2ª ed., München, Beck/Vahlen, 2004, (citado „Münchener...").

VON HIPPEL, Thomas, „Gilt die Business Judgment Rule auch im Stiftungsrecht?" in *Perspektiven des Wirtschaftsrechts. Beiträge für Klaus J. Hopt aus Anlass seiner Emeritierung*, Berlin, de Gruyter, 2008, 167-189 (citado „Gilt die Business...").

WEICK, Günter, in *Staudingers Kommentar zum Bürgerliches Gesetzbuch*, § 27, 13ª ed., Berlin, Sellier/de Gruyter, 2005, (citado „Staudingers...").

WEINBERGER, Christiane e WEINBERGER, Ota, *Logik, Semantik, Hermeneutik*, München, Beck, 1979 (citado „Logik...").

WEINBERGER, Ota, *Rechtslogik*, Wien//New York, Springer, 1970 (citado „Rechtslogik").

—, "Prima facie ought. A logical and methodological enquiry", *RT*, 1999, 239-251 (citado "Prima facie...").

WEIPERT, O., in *Aktiengesetz*, § 84, Berlin, de Gruyter, 1939, (citado „Aktiengesetz").

WEISS, Susanne e BUCHNER, Markus, „Wird das UMAG die Haftung und Inanspruchnahme der Unternehmensleiter verändern?" WM, 2005, 162-171 (citado „Wird das UMAG...").

WEISSER, Johannes, *Corporate opportunities: zum Schutz der Geschäftschancen des Unternehmens im deutschen und im*

*US-amerikanischen Recht*, Köln/Berlin/Bonn/München, Heymann, 1991 (citado „Corporate...").

WELLENHOFER-KLEIN, Marina, „Treupflichten im Handels-, Gesellschafts- und Arbeitsrecht", *RabelsZ*, 2000, 564-594 (citado „Treupflichten...").

WELLSPACHER, Moriz, *Das Vertrauen auf äußere Tatbestände im bürgerlichen Rechte*, Wien, Manzsche, 1906 (citado „Das Vertrauen...").

WERDER, Axel von, „Management: Mythos oder regelgeleitete Kunst des Möglichen? – Plädoyer für die Formulierung von Grundsätzen ordnungsmäßiger Unternehmensführung", *DB*, 1995, 2177-2183 (citado „Management...").

—, „Shareholder Value-Ansatz als (einzige) Richteschnur des Vorstandshandelns?" *ZGR*, 1998, 69-91 (citado „Shareholder...").

—, „Grundsätze ordnungsmäßiger Unternehmensleitung in der Arbeit des Aufsichtsrats", *DB*, 1999, 2221--2224 (citado „Grundsätze...").

WESTERMANN, Harm Peter, „Haftung und Zurechnung im Unternehmensbereich", *Karlsruher Forum*, 1993, 15-23 (citado „Haftung...").

WESTERMANN, Harm Peter, BYDLINSKI, Peter e WEBER, Ralph, *BGB – Schuldrecht, Allgemeiner Teil*, 6ª ed., Heidelberg, Müller, 2007 (citado „BGB – Schuldrecht...").

WESTERMANN, Harry, „Die Verantwortung des Vorstandes der Aktiengesellschaft", in *Eine Freudesgabe der Wissenschaft für Ernst Hellmut Vits*, Frankfurt, Fritz Knapp, 1963, 251-276 (citado „Die Verantwortung...").

WIEACKER, Franz, *Zur rechtstheoretischen Präzisierung des § 242 BGB*, Tübingen, Mohr Siebeck, 1956 (citado „Zur rechtstheoretischen...").

—, „Leistungshandlung und Leistungserfolg im bürgerlichen Schuldrecht", in *Festschrift für Hans Carl Nipperdey zum 70. Geburtstag*, I, München/Berlin, Beck, 1965, 783-813 (citado „Leistungshandlung...").

WIEDEMANN, Herbert, „Unternehmerische Verantwortlichkeit und formale Unternehmensziele in einer zukünftigen Unternehmensverfassung – Eine rechtsvergleichende und rechtspolitische Studie", in *Festschrift für Carl Hans Barz zum 65. Geburtstag*, Berlin/New York, de Gruyter, 1974, 561-577 (citado „Unternehmerische...").

—, „Stellung des Mitbestimmungsgesetzes", *ZGR*, 1977, 160-169 (citado „Stellung...").

—, *Gesellschaftsrecht. Ein Lehrbuch des Unternehmens- und Verbansrechts*, I, München, Beck, 1980 (citado „Gesellschaftsrecht").

—, *Organverantwortung und Gesellschafterklagen in der Aktiengesellschaft*, Opladen, Westdeutscher, 1989 (citado „Organverantwortung...").

—, „Zu den Treuepflichten im Gesellschaftsrecht", in *Festschrift für Theodor Heinsius zum 65. Geburtstag*, Berlin/New York, de Gruyter, 1991, 948-966 (citado „Zu den Treuepflichten...").

WIEGAND, Wolfgang, „Treuhand und Vertrauen", in *Festschrift für Wolfgang Fikentscher zum 70. Geburtstag*, Tübingen, Mohr Siebeck, 1998, 329-346 (citado „Treuhand...").

WIESNER, Georg, *Münchener Handbuch des Gesellschaftsrechts*, IV, 2ª ed., München, Beck, 1999 (citado „Münchener...").

WIESNER, Georg e KRAFT, Thomas, *Münchener Handbuch des Gesellschafts-*

*rechts*, IV, 3ª ed., München, Beck, 2007 (citado „Münchener...").

WILHELM, Jan, *Kapitalgesellschaftsrecht*, 2ª ed., Berlin, de Gruyter, 2005 (citado „Kapitalgesellschaftsrecht").

WILHELMI, Hans e WILHELMI, Sylvester, *Aktiengesetz*, 3ª ed., Berlin, de Gruyter, 1967 (citado „Aktiengesetz").

WILLIAMSON, Oliver E., "Corporate finance and corporate governance", *The Journal of Finance*, 1988, 567-591 (citado "Corporate...").

WILSING, Hans-Ulrich, „Neuerungen des UMAG für die aktienrechtliche Beratungspraxis", *ZIP*, 2004, 1082-1091 (citado „Neuerungen...").

WINDSCHEID, Bernhard, *Lehrbuch des Pandektenrechts*, I, 3ª ed., Düsseldorf, Julius Buddens, 1870 (citado „Lehrbuch...").

—, „Wille und Willenserklärung", *AcP*, 1880, 72-122 (citado „Wille...").

—, *Lehrbuch des Pandektenrechts*, I, 6ª ed., Frankfurt am Main, Bütten & Loening, 1887 (citado „Lehrbuch...").

—, *Diritto delle pandette* (trad. FADDA, Carlo e BENSA, Paolo Emilio), I, tomo I, Torino, Unione Tipografico-Editrice, 1902 (citado "Diritto...").

WINDSCHEID, Bernhard e KIPP, Theodor, *Lehrbuch des Pandektenrechts*, I, 9ª ed., Aalen, Scientia, 1963 (citado „Lehrbuch...").

WINNEN, Armin, *Die Innenhaftung des Vorstands nach dem UMAG*, Baden-Baden, Nomos, 2009 (citado „Die Innenhaftung...").

WINTER, Martin, *Mitgliedschaftliche Treubindungen im GmbH-Recht – Rechtsformspezifische Aspekte eines allgemeinen gesellschaftsrechtlichen Prinzips*, München, Beck, 1988 (citado „Mitgliedschaftliche...").

WITTGENSTEIN, Ludwig, "Investigações filosóficas", in *Tratado lógico-filosófico – Investigações filosóficas*, 2ª ed., Lisboa, Gulbenkian, 1995, (citado "Investigações...").

WOLFF, Hans Julius, *Organschaft und juristische Person – Untersuchungen zur Rechtstheorie und zum Öffentlichen Recht*, I, Aalen, Scientia, 1968 (reimpressão, 1933) (citado „Organschaft...").

—, *Organschaft und juristische Person – Untersuchungen zur Rechtstheorie und zum Öffentlichen Recht*, II, Aalen, Scientia, 1968 (reimpressão, 1934) (citado „Organschaft...").

WOLFF, Hans Julius e BACHOF, Otto, *Verwaltungsrecht*, I, 9ª ed., München, Beck, 1974 (citado „Verwaltungsrecht").

—, *Verwaltungsrecht*, II, 4ª ed., München, Beck, 1976 (citado „Verwaltungsrecht").

WOLFF, Hans Julius, BACHOF, Otto e STOBER, Rolf, *Verwaltungsrecht*, II, 6ª ed., München, Beck, 2000 (citado „Verwaltungsrecht").

—, *Verwaltungsrecht*, III, 5ª ed., München, Beck, 2004 (citado „Verwaltungsrecht").

WRIGHT, Georg Henrik von, *Logical Studies*, London, Routledge/Kegan Paul, 1957 (citado "Logical Studies").

—, *Norm and action. A logical enquiry*, London, Routledge & Kegan Paul, 1963 (citado "Norm and action...").

—, "Practical inference", *The Philosophical Review*, 1963, 159-179 (citado "Practical...").

—, "The logic of pratical discourse", in *Contemporary philosophy. A survey*, Firenze, La Nuova Italia Editrice, 1968, 141-167 (citado "The logic...").

—, "Deontic logic: a personal view", *RT*, 1999, 26-38 (citado "Deonticlogic...").

WÜRDINGER, Hans, *Gesellschaften. Recht der Personalgesellschaften*, Hamburg, Hanseatische Verlagsanstalt, 1937 (citado „Gesellschaften...").

XAVIER, Vasco da Gama Lobo, "Relatório sobre o programa, os conteúdos e os métodos do ensino de uma disciplina de direito comercial", *BFDUC*, 1986, 437-490 (citado "Relatório...").

—, *Anulação de deliberação social e deliberações conexas*, Coimbra, Almedina, 1998 (reimpressão) (citado "Anulação...").

ZAMPERETTI, Giorgio Maria, *Il dovere di informazione degli amministratori nella governance della società per azioni*, Milano, Giuffrè, 2005 (citado "Il dovere di informazione...").

ZIMMERMANN, Ernst, *Die Lehre von der stellvertretenden Negotiorum Gestio*, Strassburg, Schulz, 1876 (citado „Die Lehre...").

ZITELMANN, Ernst, *Irrtum und Rechtsgeschäft. Eine psychologisch-juristische Untersuchung*, Leipzig, Duncker & Humblot, 1879 (citado „Irrtum...").

—, *Das Recht des Bürgerlichen Gesetzbuchs. System zum Selbststudium und zum Gebrauch bei Vorträgen*, I, Leipzig, Duncker & Humblot, 1900 (citado „Das Recht...").

ZÖLLNER, Wolfgang, *Die Schranken mitgliedschaftlicher Stimmrechtsmacht bei den privatrechtlichen Personenverbänden*, München/Berlin, Beck, 1963 (citado „Die Schranken...").

—, in *Kölner Kommentar zum Aktiengesetz*, § 133, Köln/Berlin/Bonn, München, Heymanns, 1973, (citado „Kölner...").

—, „Die sogenannten Gesellschafterklagen im Kapitalgesellschaftsrecht", *ZGR*, 1988, 392-440 (citado „Die sogenannten Gesellschafterklagen...").

—, „Beschluss, Beschlussergebnis und Beschlussergebnisfeststellung – Ein Beitrag zu Theorie und Dogmatik des Beschlussrechts", in *Festschrift für Marcus Lutter*, Köln, Otto Schmidt, 2000, 821-831 (citado „Beschluss...").

ZÖLLNER, Wolfgang e NOACK, Ulrich, in *Kommentar zum Gesetz betreffend die Gesellschaften mit beschräkter Haftung*, §§ 35 e 43, 18ª ed., München, Beck, 2006, (citado „Kommentar...").

# 7. ÍNDICE IDEOGRÁFICO

As remissões são feitas para os números em que o texto se encontra dividido e para os números das notas. Por regra, não são relacionados conceitos que surgem no índice geral.

ato conjunto: 2.3.2.2.3, 2.3.2.2.5, (100), (101)

ato jurídico quase-negocial: 2.3.2.2.1, (656)

atuação singular, conjunta e deliberativa: 2.3.2.2.9, 2.3.4.4.2

autorização constitutiva (ou legitimação; *Ermächtigung*): 2.3.2.2.4

autorização integrativa: 2.3.2.2.4, 3.4.6, 3.4.7, (654)

autorização justificativa (ou consentimento prévio): 2.3.2.2.4

avocação: 3.4.7

cláusula-geral: (1982)

conceito jurídico indeterminado: (1982)

conflitos orgânicos: 2.3.4.4.2

conselho (ou recomendação): 2.3.2.2.3, 3.4.6, (206)

culpa: (1942)

custos de agência (*agency costs*): 4.1.2, 4.5.15

custos de transação (*transaction costs*): 4.5.1

definições legais: (372)

delegação-documento: 3.1.3, 3.4.7, 3.4.9

deliberação positiva de conteúdo negativo: (121), (209)

democracia: 3.4.3, 3.4.6, (230), (704)

destituição: (2021)

dever de sigilo: 3.4.10, 4.2.13

dever jurídico: 2.3.3.5.1

direito de voto dos sócios: 2.3.4.4.2, 2.3.4.4.3

direito subjectivo: 2.3.3.5.1

direito potestativo: 2.3.3.5.1

distorção retrospetiva (*hindsight bias*): 4.1.7, 4.5.8, 4.5.11, 4.5.14

erro de gestão: (1942)

estatutos: 2.3.2.2.4, 2.3.4.1, 2.3.4.4.1

estrutura da declaração negocial: 2.3.2.2.3, 2.3.2.2.4

função (orgânica): 2.3.4.4.3, 3.4.3, 3.4.4, 4.5.1

gestão corrente: 3.4.4, 3.4.8

ilicitude: (1942)

insolvência: 4.1.2, (1972)

instrução (ou ordem): 2.3.2.2.3, 2.3.4.4.2, 3.4.6, 4.5.1, 4.5.13, (357)

legitimidade: 2.3.2.2.4, (214)

lógica da satisfatoriedade: 4.5.5

lógica deôntica: 2.3.3.5.1

nexo de contratos (*nexus of contracts*): 4.1.2, (1930)

núncio: 2.3.2.2.4

observância da lei (*law compliance*): 4.1.4, 4.2.9, 4.5.11

oportunidades de negócio societárias: 3.4.6, 4.5.4, 4.5.15

órgãos deliberativos e órgãos representativos: 2.3.2.2.7

personalidade coletiva: (200)

personalidade coletiva rudimentar: 2.3.2.2.4

plano estratégico empresarial: 3.4.3, 3.4.8, 4.5.10, 4.5.13, 4.5.14, (426)

plutocracia: 3.4.3, (678), (704)

poder-dever: 2.3.3.5.1

prestação: (1919), (1940), (1942)

prestação de meios: (1942)

pretensão residual (*residual claim*): 4.1.2, 4.5.5

propensação para a inércia (*status quo bias*): 4.1.7

regras constitutivas: 2.3.2.2.1, 2.3.3.5.3

responsabilização (*accountability*): 4.1.2, 4.1.7, 4.5.8, 4.5.9, 4.5.11, 4.5.14

risco não sistémico: 4.1.2, 4.1.7, 4.5.5, 4.5.9, 4.5.13, 4.5.14

tipicidade: 2.3.6, 3.4.6

trabalhadores executivos (diretores): 3.4.1, 3.4.3, 3.4.8, (453)

valor acionista (*shareholder value*): 4.1.2, 4.2.5, 4.5.5

# 8. ÍNDICE GERAL

| | |
|---|---|
| 1. INTRODUÇÃO | 9 |
| 2. CONSTITUIÇÃO DA SITUAÇÃO JURÍDICA DE ADMINISTRAÇÃO | 11 |
| 2.1. Panorama das teorias explicativas | 12 |
|     2.1.1. Mandato | 12 |
|     2.1.2. Teoria germânica da separação entre procuração e mandato | 13 |
|     2.1.3. Concepções organicistas | 14 |
|     2.1.4. Teoria analítica germânica | 16 |
|     2.1.5. Referência à doutrina italiana | 20 |
| 2.2. Doutrina portuguesa | 21 |
| 2.3. Posição adoptada | 28 |
|     2.3.1. Aceitação | 28 |
|     2.3.2. Deliberação | 30 |
|     2.3.2.1. Conceções sobre a natureza da deliberação | 31 |
|     2.3.2.2. Posição adotada | 38 |
|     2.3.2.2.1. Noção e de fundamento do negócio jurídico | 38 |
|     2.3.2.2.2. Negócio jurídico unilateral e contrato | 42 |
|     2.3.2.2.3. Enunciado negocial, declaração negocial e negócio jurídico. Declaração negocial plural e declaração negocial singular | 44 |
|     2.3.2.2.4. Declaração negocial representativa. Representação orgânica | 47 |
|     2.3.2.2.5. Declaração negocial conjunta | 59 |
|     2.3.2.2.6. Processo deliberativo e estrutura da deliberação | 61 |
|     2.3.2.2.7. Declaração negocial deliberativa | 65 |
|     2.3.2.2.8. Contra-argumentos | 71 |
|     2.3.2.2.9. A declaração negocial deliberativa no panorama das declarações negociais | 76 |
|     2.3.2.2.10. Conclusões | 78 |
|     2.3.3. Procuração e mandato | 80 |
|     2.3.3.1. Teoria germânica da separação entre procuração e mandato | 81 |

DEVER DE GESTÃO DOS ADMINISTRADORES DE SOCIEDADES ANÓNIMAS

| | | |
|---|---|---|
| 2.3.3.2. | Reflexos na teoria analítica germânica sobre a natureza da situação jurídica de administração | 96 |
| 2.3.3.3. | Recepção nacional da teoria da separação entre procuração e mandato | 97 |
| 2.3.3.4. | Reflexos nas concepções sobre a natureza da situação jurídica de administração | 102 |
| 2.3.3.5. | Posição adotada | 104 |
| 2.3.3.5.1. | Poder de representação. Normas de conduta e normas de poder | 104 |
| 2.3.3.5.2. | Procuração externa e mandato qualificado | 115 |
| 2.3.3.5.3. | Procuração-documento. Garantia de eficácia representativa | 121 |
| 2.3.3.5.4. | Proposições normativas sobre a procuração e o mandato | 125 |
| 2.3.3.5.5. | Conclusão | 130 |
| 2.3.4. | Concepções organicistas | 131 |
| 2.3.4.1. | Designação e estatutos | 132 |
| 2.3.4.2. | Conceito de órgão e de titular do órgão | 133 |
| 2.3.4.3. | Configuração da posição jurídica do titular do órgão | 138 |
| 2.3.4.4. | Posição adotada | 139 |
| 2.3.4.4.1. | Designação e estatutos | 139 |
| 2.3.4.4.2. | Conceito de órgão | 140 |
| 2.3.4.4.3. | Posição jurídica das pessoas físicas que integram a organização | 150 |
| 2.3.4.4.4. | Conclusão | 153 |
| 2.3.5. | Argumentos residuais | 153 |
| 2.3.6. | Contrato de administração. Confronto face ao mandato | 155 |
| 3. | PANORAMA DOS PODERES DOS ADMINISTRADORES | 159 |
| 3.1. | Referência ao regime germânico | 160 |
| 3.1.1. | Direcção, administração e representação | 160 |
| 3.1.2. | Administração | 165 |
| 3.1.3. | Representação | 174 |
| 3.1.4. | Obtenção de informação | 179 |
| 3.2. | Referência ao regime italiano | 180 |
| 3.2.1. | Gestão e representação | 180 |
| 3.2.2. | Gestão | 181 |
| 3.2.3. | Gestão e delegação | 183 |
| 3.2.4. | Representação | 187 |
| 3.2.5. | Obtenção de informação | 188 |
| 3.3. | Doutrina portuguesa | 189 |
| 3.3.1. | Gestão, administração e representação | 189 |
| 3.3.2. | Delimitação de competências internas entre o órgão de administração e o conjunto dos sócios | 191 |
| 3.3.3. | Poder de representação | 193 |
| 3.3.4. | Delegação do poder de administração | 193 |

| | | |
|---|---|---|
| 3.3.5. | Representação por administradores delegados | 197 |
| 3.3.6. | Obtenção de informação | 199 |
| 3.4. Posição adotada | | 200 |
| 3.4.1. | Poder de administração e poder de representação – poderes de representação orgânica interna e externa | 200 |
| 3.4.2. | Poderes de representação orgânica de conteúdo genérico e de conteúdo específico | 207 |
| 3.4.3. | Distribuição de poderes de representação orgânica interna e externa | 208 |
| 3.4.4. | Significados dos termos gestão e administração | 214 |
| 3.4.5. | Poder de representação | 216 |
| 3.4.6. | Poder de administração | 218 |
| 3.4.7. | Delegação | 226 |
| 3.4.8. | Delegação do poder de administração | 230 |
| 3.4.9. | Delegação do poder de representação | 236 |
| 3.4.10. | Poder de obtenção de informação | 243 |
| | | |
| 4. | DEVER DE GESTÃO | 247 |
| 4.1. Referência ao regime norte-americano | | 248 |
| 4.1.1. | Dever de cuidado | 248 |
| 4.1.2. | Interesses a prosseguir | 256 |
| 4.1.3. | Dever de cuidado e business judgment rule | 270 |
| 4.1.4. | Vigilância | 278 |
| 4.1.5. | Possibilidade de limitação estatutária da responsabilidade pela violação do dever de cuidado. Dever de boa fé e dever de lealdade | 283 |
| 4.1.6. | Executivos | 291 |
| 4.1.7. | Justificações para a limitação da sindicabilidade judicial da actuação dos administradores | 292 |
| 4.1.8. | Principles of corporate governance | 298 |
| 4.2. Referência ao regime germânico | | 312 |
| 4.2.1. | Percurso histórico | 313 |
| 4.2.2. | Dever de diligência ou de direção | 322 |
| 4.2.3. | Bitola de diligência | 328 |
| 4.2.4. | Objeto social | 330 |
| 4.2.5. | Interesses a prosseguir | 331 |
| 4.2.6. | Concretizações do dever de diligência ou de direcção | 343 |
| 4.2.7. | Dever de legalidade | 345 |
| 4.2.8. | Obtenção de informação | 348 |
| 4.2.9. | Organização e vigilância | 348 |
| 4.2.10. | Repartição de pelouros e vigilância | 357 |
| 4.2.11. | Sindicabilidade judicial da actuação dos diretores | 360 |

| | | |
|---|---|---|
| 4.2.12. | Codificação da business judgment rule | 398 |
| 4.2.13. | Fidúcia, contrato de gestão de negócios e lealdade | 414 |

4.3. Referência ao regime italiano ............................................................ 430
| | | |
|---|---|---|
| 4.3.1. | Dever geral de administração, gestão ou diligência | 431 |
| 4.3.2. | Diligência | 433 |
| 4.3.3. | Objecto social | 434 |
| 4.3.4. | Interesse social | 434 |
| 4.3.5. | Delegação | 435 |
| 4.3.6. | Sindicabilidade judicial da atuação dos administradores | 440 |

4.4. Doutrina nacional ............................................................................. 441
| | | |
|---|---|---|
| 4.4.1. | Dever de gestão, administração, diligência ou cuidado | 441 |
| 4.4.2. | Diligência | 449 |
| 4.4.3. | Interesse social | 450 |
| 4.4.4. | Legalidade | 455 |
| 4.4.5. | Delegação | 456 |
| 4.4.6. | Vigilância | 458 |
| 4.4.7. | Sindicabilidade judicial da atuação dos administradores | 459 |
| 4.4.8. | Art. 72, nº 2, do CSC | 462 |
| 4.4.9. | Lealdade | 467 |

4.5. Posição adotada ............................................................................... 469
| | | |
|---|---|---|
| 4.5.1. | Prestação de gestão | 470 |
| 4.5.2. | Dever de gestão e deveres específicos | 476 |
| 4.5.3. | Diligência | 479 |
| 4.5.4. | Objecto social | 484 |
| 4.5.5. | Interesses a prosseguir | 485 |
| 4.5.6. | Dever de legalidade externa? | 494 |
| 4.5.7. | Concretização da norma impositiva da prestação de gestão e discricionariedade | 496 |
| 4.5.8. | Contenção judicial na concretização do dever de gestão | 499 |
| 4.5.9. | Risco empresarial e obtenção de informação | 500 |
| 4.5.10. | Planificação | 505 |
| 4.5.11. | Organização empresarial e vigilância | 506 |
| 4.5.12. | Delegação | 510 |
| 4.5.13. | Instrução | 514 |
| 4.5.14. | Limitação da responsabilidade – art. 72, nº 2, do CSC | 515 |
| 4.5.15. | Fidúcia, lealdade e gestão | 523 |

5. CONCLUSÕES ............................................................................................ 531

6. BIBLIOGRAFIA ......................................................................................... 535

7. ÍNDICE IDEOGRÁFICO ........................................................................... 591

8. ÍNDICE GERAL ......................................................................................... 593